索　引

ハンディ
HANDY TYPE
条約集
〔第2版〕

編集代表　浅田 正彦

Documents of International Law

東信堂

〔第2版〕はしがき

『ハンディ条約集』は、法科大学院(ロースクール)の開校を受けた、法学部における国際法授業のスリム化や、国際関係学部、国際学部、総合政策学部、政策科学部といった国際系・政策系の学部の新設を受けた、導入科目としての国際法教育の需要の拡大などを背景に、二〇〇九年に初版が刊行された。幸い、非常な好評を得て広く利用していただいたため、早々に在庫切れとなり、増刷の希望も多くもたらされた。そこで、この機会に収録文書を再検討して第2版を刊行しようということになり、第2版の編集作業を開始した。しかし、多くの編集委員の多忙と、毎年刊行している年版の『ベーシック条約集』の改訂作業に時間を奪われる形で、予定通りには作業が進まなかった。そのうちに当初の収録予定文書のリストにも修正が必要となり、さらに刊行が遅れることにもなった。

今回、姉妹書である『ベーシック条約集』の編集に三名の研究者が新たに加わることになったのを機に、懸案の本書第2版についても刊行するとの決意を新たにし、ようやく刊行にこぎつけることができた。この版が、初版と同様、国際法を学ぶ多くの学生、国際法や国際関係に関心を有する多くの一般の読者の方々にとって、使いやすく持ち運びに便利な、文字通りハンディな条約集として広く活用されることを、編集委員一同心より願っている。なお、より高度で専門的な情報を希望される読者の方々には、『ベーシック条約集』の参照を併せてお勧めしたい。

最後に、第2版の刊行を辛抱強く待っていただき、『ベーシック条約集』の編集と同時並行という困難な作業を効率的に進めていただいた、東信堂の下田勝司社長と下田奈々枝氏に心よりお礼を申し上げたい。

二〇二一年二月

編集委員一同

〔初版〕はしがき

一九九七年に刊行された『ベーシック条約集』は、二〇〇六年から年度版として刊行されるようになり、二〇〇八年版を例にとれば、全一二六〇頁、二九〇に及ぶ条約や宣言などを収録するまでに至っている。グローバリゼーションの進行も手伝って、収録条約数は毎年増え続け、その結果、頁数も増大していった。大学における国際法の学習に必要かつ十分な条約や宣言を収め、使いやすく持ち運びに便利な条約集を作るという当初のコンセプトとは異なる状況になってしまった。

ところで、日本の法学教育の現場では二つの事態が進行している。二〇〇四年の法科大学院（ロースクール）の開校により、法曹養成のための専門的法学教育が開始される一方で、法学部における専門科目のスリム化が進行している。それは、各科目の単位数の減少にあらわれている。国際法も同様である。授業で取り上げるべき内容にも選択と集中が行われている。このように、学部における国際法教育のあり方にも大きな変化がみられる。他方で、国際法を受講する学生のすそ野は広がっており、法学部にとどまらず、国際関係学部や総合政策学部などで、導入科目として国際法が提供されることが増えてきている。そうした入門段階の初学者が授業に必要とする条約の数はさほど多くない。

こうした今日的要請の中で、『ベーシック条約集』に掲載されている条約や宣言の中から、一般教養教育や学部教育の入門科目のような、基礎段階の講義に最小限必要と思われる条約や宣言をセレクトし、新たに『ハンディ条約集』として刊行することを決定した。入門的な条約集という類例のない条約集の誕生である。

使いやすく持ち運びに便利な、文字通りハンディな条約集として、本書が国際法を学ぶ学生や国際法および国際関係に関心を抱く一般の読者の方々に広く活用されることを、編集者一同心より願っている。導入科目としての国際法に接するうちに、より高度で専門的な情報が必要であると考える方には、『ベーシック条約集』の参照を併せて勧めたい。

最後に、新学期に間に合うような形で本書を刊行できたのは、東信堂の下田勝司社長と松井哲郎氏のご努力のおかげである。編集委員一同、これらの東信堂関係者にも厚くお礼を申し上げたい。

二〇〇九年二月

編集委員一同

ハンディ条約集〔第2版〕／目　次

装丁：デザインヒットタワー

凡　例

一　**本書のねらい**　本書は国際法を学習する際に必要不可欠な条約等の文書を全一五章に編集したものである。

二　**文書の配列**　各章における文書は、必要に応じて主題による節別を行うとともに、原則として年代順に配列したが、関連の文書は一括して収録した。

三　**文書番号**　収録した条約等の文書のすべてに文書番号を「章番号、条約番号」という形式で付してある。例えば、1 1は1国際機構1国際連合憲章の文書番号である。

四　**文書の名称**　文書はすべて正式名称を掲げ、長いものには通称・略称を（　）で示した。目次と索引、奇数頁の柱の表記では通称・略称を用いた。

五　**条約文**　日本が当事国で、官報で日本語の正文又は公定訳が公布された条約は、そのまま収録した（ただし、表記方法参照）。それ以外の文書は、既存の各種の訳文を参考にしながら、編集委員が翻訳した。改正が行われて効力を発生した条約等は、改正後の条文を収録した。

公定訳には示されていないが、原語を示すことが有益だと判断したものについては、（　）に原語を掲げてある（例えば、外交関係条約）。公定訳でも明らかに不適切な訳と思われるものは、その用語のあとに〔　〕で原語を表示した。

安保理事会決議については、外務省訳が官報で「告示」される場合があり、これも一種の「公定訳」であるが、この場合は外務省訳を参考にして、編集委員が翻訳を行った。

六　**条文見出し**　原則として条文に見出しを付した。原文についている見出しは（　）で、原文にはついておらず編集委員が付したものは【　】で示した。

国内法で、数箇条に共通の見出しを冒頭に掲げたものがあるが、この場合には最初の条文に（　）で見出しを示し、それ以後の条文には（同）と記載した。

七　**省略方法**

㈠　収録文書は、大きく分けて三つのランクがある。

①全条文（前文と末文・署名以外の全条文）を収録している場合には、文書名に（抄）の記載をしていない。

②一部の条文を省略した場合には、文書名に（抄）と記載した。

③必要な条文のみを一部収録した場合には、文書名に（抜粋）と記載した。

㈡　文書の前文は必要な場合掲げたが、前文の一部を掲げる場合、省略部分に（略）と表記した。前文全体が省略されている場合には、原則として前文（略）と表記した。

八　**表記方法**

㈠　条文、年月日、番号の数字について、第三百二十三条は第三二三条、千九百四十五年八月十五日は一九四五年八月一五日のように単位語を省略して表記した。

㈡　促音「つ」は読みやすくするため、右付き活字「っ」に統一した。

㈢　日本語の正文または公定訳文中の漢字にルビが付されている場合には、（　）を用いて示した。また、国名、地名等の難読な漢字について、読み方を示しておいた方がよいと編集委員が判断した場合には、〔　〕を用いて示した。

九　**文書の索引**　収録した条約等の正式名称のほか、柱に使用した通称・略称等も加えて、表紙の表と裏の見返しに索引を付した。

一〇　**国際法関係資料**　15章には国際法に関連した資料を収録して、学習の助けとなるよう配慮した。

一一　国際司法裁判所争訟事件、常設国際司法裁判所争訟事件の当事者表示は次の通りである。

ギリシャ対イギリス　　　　原告対被告
ギリシャ／ブルガリア　　　共同付託
イギリス、フランス、イタリア、日本　共同訴訟国

一二　内容の現在　二〇二一年一月三一日現在までに入手可能な資料に拠った。

ハンディ条約集

第2版

1章　国際機構

1 1　国際連合憲章（国連憲章）

署　　名　一九四五年六月二六日（サン・フランシスコ）
効力発生　一九四五年一〇月二四日
改　　正　一九六三年一二月一七日国際連合総会第一八回会期決議一九九一（XVIII）
一九六五年八月三一日効力発生
一九六五年一二月二〇日国際連合総会第二〇回会期決議二一〇一（XX）一九六八年六月一二日効力発生
一九七一年一二月二〇日国際連合総会第二六回会期決議二八四七（XXVI）
一九七三年九月二四日効力発生
日 本 国　一九五二年三月二〇日内閣決定、六月四日国会承認、六月二三日加盟申請、一九五六年一二月一八日効力発生、一二月一九日公布（条約第二六号）

われら連合国の人民は、

われらの一生のうちに二度まで言語に絶する悲哀を人類に与えた戦争の惨害から将来の世代を救い、

基本的人権と人間の尊厳及び価値と男女及び大小各国の同権とに関する信念をあらためて確認し、

正義と条約その他の国際法の源泉から生ずる義務の尊重とを維持することができる条件を確立し、

一層大きな自由の中で社会的進歩と生活水準の向上とを促進すること、

並びに、このために、

寛容を実行し、且つ、善良な隣人として互に平和に生活し、

国際の平和及び安全を維持するためにわれらの力を合わせ、

共同の利益の場合を除く外は武力を用いないことを原則の受諾と方法の設定によって確保し、

すべての人民の経済的及び社会的発達を促進するために国際機構を用いることを決意して、

これらの目的を達成するために、われらの努力を結集することに決定した。

よって、われらの各自の政府は、サン・フランシスコ市に会合し、全権委任状を示してそれが良好妥当であると認められた代表者を通じて、この国際連合憲章に同意したので、ここに国際連合という国際機構を設ける。

第一章　目的及び原則

第一条【目的】 国際連合の目的は、次のとおりである。

1　国際の平和及び安全を維持すること。そのために、平和に対する脅威の防止及び除去と侵略行為その他の平和の破壊の鎮圧とのため有効な集団的措置をとること並びに平和を破壊するに至る虞のある国際的の紛争又は事態の調整又は解決を平和的手段によって且つ正義及び国際法の原則に従って実現すること。

2　人民の同権及び自決の原則の尊重に基礎をおく諸国間の友好関係を発展させること並びに世界平和を強化するために他の適当な措置をとること。

3　経済的、社会的、文化的又は人道的性質を有する国際問題を解決することについて、並びに人種、性、言語又は宗教による差別なくすべての者のために人権及び基本的自由を尊重するように助長奨励することについて、国際協力を達成すること。

4　これらの共通の目的の達成に当って諸国の行動を調和するための中心となること。

第二条【原則】 この機構及びその加盟国は、第一条に掲げる目的を達成するに当っては、次の原則に従って行動しなければならない。

1　この機構は、そのすべての加盟国の主権平等の原則に基礎をおいている。

2　すべての加盟国は、加盟国の地位から生ずる権利及び利益を加盟国のすべてに保障するために、この

憲章に従って負っている義務を誠実に履行しなければならない。
3　すべての加盟国は、その国際紛争を平和的手段によって国際の平和及び安全並びに正義を危くしないように解決しなければならない。
4　すべての加盟国は、その国際関係において、武力による威嚇又は武力の行使を、いかなる国の領土保全又は政治的独立に対するものも、また、国際連合の目的と両立しない他のいかなる方法によるものも慎まなければならない。
5　すべての加盟国は、国際連合がこの憲章に従ってとるいかなる行動についても国際連合にあらゆる援助を与え、且つ、国際連合の防止行動又は強制行動の対象となっているいかなる国に対しても援助の供与を慎まなければならない。
6　この機構は、国際連合加盟国でない国が、国際の平和及び安全の維持に必要な限り、これらの原則に従って行動することを確保しなければならない。
7　この憲章のいかなる規定も、本質上いずれかの国の国内管轄権内にある事項に干渉する権限を国際連合に与えるものではなく、また、その事項をこの憲章に基く解決に付託することを加盟国に要求するものでもない。但し、この原則は、第七章に基く強制措置の適用を妨げるものではない。

第二章　加盟国の地位

第三条【原加盟国】国際連合の原加盟国とは、サン・フランシスコにおける国際機構に関する連合国会議に参加した国又はさきに一九四二年一月一日の連合国宣言に署名した国で、この憲章に署名し、且つ、第一一〇条に従ってこれを批准するものをいう。

第四条【加盟】1　国際連合における加盟国の地位は、この憲章に掲げる義務を受諾し、且つ、この機構によってこの義務を履行する能力及び意思があると認められる他のすべての平和愛好国に開放されている。
2　前記の国が国際連合加盟国となることの承認は、安全保障理事会の勧告に基いて、総会の決定によって行われる。

第五条【権利と特権の停止】安全保障理事会の防止行動又は強制行動の対象となった国際連合加盟国に対しては、総会が、安全保障理事会の勧告に基いて、加盟国としての権利及び特権の行使を停止することができる。これらの権利及び特権の行使は、安全保障理事会が回復することができる。

第六条【除名】この憲章に掲げる原則に執ように違反した国際連合加盟国は、総会が、安全保障理事会の勧告に基いて、この機構から除名することができる。

第三章　機　関

第七条【機関】1　国際連合の主要機関として、総会、安全保障理事会、経済社会理事会、信託統治理事会、国際司法裁判所及び事務局を設ける。
2　必要と認められる補助機関は、この憲章に従って設けることができる。

第八条【男女の資格の平等】国際連合は、その主要機関及び補助機関に男女がいかなる地位にも平等の条件で参加する資格があることについて、いかなる制限も設けてはならない。

第四章　総　会

構　成

第九条【構成】1　総会は、すべての国際連合加盟国で構成する。
2　各加盟国は、総会において五人以下の代表者を有するものとする。

任務及び権限

第一〇条【総則】総会は、この憲章の範囲内にある問題若しくは事項又はこの憲章に規定する機関の権限及び任務に関する問題若しくは事項を討議し、並びに、第一二条に規定する場合を除く外、このような問題又は事項について国際連合加盟国若しくは安全保障理事会又はこの両者に対して勧告をすることができる。

第一一条【平和と安全の維持】1　総会は、国際の平和及び安全の維持についての協力に関する一般原則を、軍備縮少及び軍備規制を律する原則も含めて、審議し、並びにこのような原則について加盟国若しくは安全保障理事会又はこの両者に対して勧告をすることができる。
2　総会は、国際連合加盟国若しくは安全保障理事会によって、又は第三五条2に従い国際連合加盟国でない国によって総会に付託される国際の平和及び安全の維持に関するいかなる問題も討議し、並びに、第一二条に規定する場合を除く外、このような問題について、一若しくは二以上の関係国又は安全保障理事会あるいはこの両者に対して勧告をすることができる。このような問題で行動を必要とするものは、討議の前又は後に、総会によって安全保障理事会に付託されなければならない。
3　総会は、国際の平和及び安全を危くする虞のある事態について、安全保障理事会の注意を促すことができる。
4　本条に掲げる総会の権限は、第一〇条の一般的範囲を制限するものではない。

第一二条【安全保障理事会との関係】1　安全保障理事会がこの憲章によって与えられた任務をいずれかの紛争又は事態について遂行している間は、総会は、安全保障理事会が要請しない限り、この紛争又は事態について、いかなる勧告もしてはならない。
2　事務総長は、国際の平和及び安全の維持に関する事項で安全保障理事会が取り扱っているものを、その同意を得て、会期ごとに総会に対して通告しなければならない。事務総長は、安全保障理事会がその事項を取り扱うことをやめた場合にも、直ちに、総会又は、総会が開会中でないときは、国際連合加盟国に対して同様に通告しなければならない。

第一三条【国際協力】1　総会は、次の目的のために研究を発議し、及び勧告をする。

a　政治的分野において国際協力を促進すること並びに国際法の漸進的発達及び法典化を奨励すること。

b　経済的、社会的、文化的、教育的及び保健的分野において国際協力を促進すること並びに人種、性、言語又は宗教による差別なくすべての者のために人権及び基本的自由を実現するように援助すること。

2　前記の1bに掲げる事項に関する総会の他の責任、任務及び権限は、第九章及び第一〇章に掲げる。

第一四条【平和的調整】第一二条の規定を留保して、総会は、起因にかかわりなく、一般的福祉又は諸国間の友好関係を害する虞があると認めるいかなる事態についても、これを平和的に調整するための措置を勧告することができる。この事態には、国際連合の目的及び原則を定めるこの憲章の規定の違反から生ずる事態が含まれる。

第一五条【報告の受理】1　総会は、安全保障理事会から年次報告及び特別報告を受け、これを審議する。この報告は、安全保障理事会が国際の平和及び安全を維持するために決定し、又はとった措置の説明を含まなければならない。

2　総会は、国際連合の他の機関から報告を受け、これを審議する。

第一六条【信託統治に関する任務】総会は、第一二章及び第一三章に基いて与えられる国際信託統治制度に関する任務を遂行する。この任務には、戦略地区として指定されない地区に関する信託統治協定の承認が含まれる。

第一七条【財政に関する任務】1　総会は、この機構の予算を審議し、且つ、承認する。

2　この機構の経費は、総会によって割り当てられるところに従って、加盟国が負担する。

3　総会は、第五七条に掲げる専門機関との財政上及び予算上の取極を審議し、且つ、承認し、並びに、当該専門機関に勧告をする目的で、この専門機関の行政的予算を検査する。

表　決

第一八条【表決手続】1　総会の各構成国は、一個の投票権を有する。

2　重要問題に関する総会の決定は、出席し且つ投票する構成国の三分の二の多数によって行われる。重要問題には、国際の平和及び安全の維持に関する勧告、安全保障理事会の非常任理事国の選挙、経済社会理事会の理事国の選挙、第八六条1cによる信託統治理事会の理事国の選挙、新加盟国の国際連合への加盟の承認、加盟国としての権利及び特権の停止、加盟国の除名、信託統治制度の運用に関する問題並びに予算問題が含まれる。

3　その他の問題に関する決定は、三分の二の多数によって決定されるべき問題の新たな部類の決定を含めて、出席し且つ投票する構成国の過半数によって行われる。

第一九条【分担金の支払遅滞】この機構に対する分担金の支払が延滞している国際連合加盟国は、その延滞金の額がその時までの満二年間にその国から支払われるべきであった分担金の額に等しいか又はこれをこえるときは、総会で投票権を有しない。但し、総会は、支払の不履行がこのような加盟国にとってやむを得ない事情によると認めるときは、その加盟国に投票を許すことができる。

手　続

第二〇条【会期】総会は、年次通常会期として、また、必要がある場合に特別会期として会合する。特別会期は、安全保障理事会の要請又は国際連合加盟国の過半数の要請があったとき、事務総長が招集する。

第二一条【手続規則】総会は、その手続規則を採択する。総会は、その議長を会期ごとに選挙する。

第二二条【補助機関】総会は、その任務の遂行に必要と認める補助機関を設けることができる。

第五章　安全保障理事会

構　成

第二三条【構成】1　安全保障理事会は、一五の国際連合加盟国で構成する。中華民国、フランス、ソヴィエト社会主義共和国連邦、グレート・ブリテン及び北部アイルランド連合王国及びアメリカ合衆国は、安全保障理事会の常任理事国となる。総会は、第一に国際の平和及び安全の維持とこの機構のその他の目的とに対する国際連合加盟国の貢献に、更に衡平な地理的分配に特に妥当な考慮を払って、安全保障理事会の非常任理事国となる他の一〇の国際連合加盟国を選挙する。

2　安全保障理事会の非常任理事国は、二年の任期で選挙される。安全保障理事会の理事国の定数が一一から一五に増加された後の第一回の非常任理事国の選挙では、追加の四理事国のうち二理事国は、一年の任期で選ばれる。退任理事国は、引き続いて再選される資格がない。

3　安全保障理事会の各理事国は、一人の代表者を有する。

任務及び権限

第二四条【平和と安全の維持】1　国際連合の迅速且つ有効な行動を確保するために、国際連合加盟国は、国際の平和及び安全の維持に関する主要な責任を安全保障理事会に負わせるものとし、且つ、安全保障理事会がこの責任に基く義務を果すに当って加盟国に代って行動することに同意する。

2　前記の義務を果すに当っては、安全保障理事会は、国際連合の目的及び原則に従って行動しなければならない。この義務を果すために安全保障理事会に与えられる特定の権限は、第六章、第七章、第八章及び第一二章で定める。

3　安全保障理事会は、年次報告を、また、必要があるときは特別報告を総会に審議のため提出しなければならない。

第二五条【決定の拘束力】国際連合加盟国は、安全保障理事会の決定をこの憲章に従って受諾し且つ履行することに同意する。

第二六条【軍備規制】世界の人的及び経済的資源を軍備のために転用することを最も少くして国際の平和及び安全の確立及び維持を促進する目的で、安全保障理事会は、軍備規制の方式を確立するため国際連合加盟国に提出される計画を、第四七条に掲げる軍事参謀委員会の援助を得て、作成する責任を負う。

表　決

第二七条【表決手続】1　安全保障理事会の各理事国は、一個の投票権を有する。

2　手続事項に関する安全保障理事会の決定は、九理事国の賛成投票によって行われる。

3　その他のすべての事項に関する安全保障理事会の決定は、常任理事国の同意投票を含む九理事国の賛成投票によって行われる。但し、第六章及び第五二条3に基く決定については、紛争当事国は、投票を棄権しなければならない。

手　続

第二八条【組織と会議】1　安全保障理事会は、継続して任務を行うことができるように組織する。このために、安全保障理事会の各理事国は、この機構の所在地に常に代表者をおかなければならない。

2　安全保障理事会は、定期会議を開く。この会議においては、各理事国は、希望すれば、閣員又は特に指名する他の代表者によって代表されることができる。

3　安全保障理事会は、その事業を最も容易にすると認めるこの機構の所在地以外の場所で、会議を開くことができる。

第二九条【補助機関】安全保障理事会は、その任務の遂行に必要と認める補助機関を設けることができる。

第三〇条【手続規則】安全保障理事会は、議長を選定する方法を含むその手続規則を採択する。

第三一条【利害関係国の参加】安全保障理事会の理事国でない国際連合加盟国は、安全保障理事会に付託された問題について、理事会がこの加盟国の利害に特に影響があると認めるときはいつでも、この問題の討議に投票権なしで参加することができる。

第三二条【紛争当事国の参加】安全保障理事会の理事国でない国際連合加盟国又は国際連合加盟国でない国は、安全保障理事会の審議中の紛争の当事者であるときは、この紛争に関する討議に投票権なしで参加するように勧誘されなければならない。安全保障理事会は、国際連合加盟国でない国の参加のために公正と認める条件を定める。

第六章　紛争の平和的解決

第三三条【平和的解決の義務】1　いかなる紛争でもその継続が国際の平和及び安全の維持を危くする虞のあるものについては、その当事者は、まず第一に、交渉、審査、仲介、調停、仲裁裁判、司法的解決、地域的機関又は地域的取極の利用その他当事者が選ぶ平和的手段による解決を求めなければならない。

2　安全保障理事会は、必要と認めるときは、当事者に対して、その紛争を前記の手段によって解決するように要請する。

第三四条【調査】安全保障理事会は、いかなる紛争についても、国際的摩擦に導き又は紛争を発生させる虞のあるいかなる事態についても、その紛争又は事態の継続が国際の平和及び安全の維持を危くする虞があるかどうかを決定するために調査することができる。

第三五条【付託】1　国際連合加盟国は、いかなる紛争についても、第三四条に掲げる性質のいかなる事態についても、安全保障理事会又は総会の注意を促すことができる。

2　国際連合加盟国でない国は、自国が当事者であるいかなる紛争についても、この憲章に定める平和的解決の義務をこの紛争についてあらかじめ受諾すれば、安全保障理事会又は総会の注意を促すことができる。

3　本条に基いて注意を促された事項に関する総会の手続は、第一一条及び第一二条の規定に従うものとする。

第三六条【調整の手続と方法の勧告】1　安全保障理事会は、第三三条に掲げる性質の紛争又は同様の性質の事態のいかなる段階においても、適当な調整の手続又は方法を勧告することができる。

2　安全保障理事会は、当事者が既に採用した紛争解決の手続を考慮に入れなければならない。

3　本条に基いて勧告をするに当っては、安全保障理事会は、法律的紛争が国際司法裁判所規程の規定に従い当事者によって原則として同裁判所に付託されなければならないことも考慮に入れなければならない。

第三七条【付託の義務と勧告】1　第三三条に掲げる性質の紛争の当事者は、同条に示す手段によってこの紛争を解決することができなかったときは、これを安全保障理事会に付託しなければならない。

2　安全保障理事会は、紛争の継続が国際の平和及び安全の維持を危くする虞が実際にあると認めるときは、第三六条に基く行動をとるか、適当と認める解決条件を勧告するかのいずれかを決定しなければならない。

第三八条【合意による付託】第三三条から第三七条まで

の規定にかかわらず、安全保障理事会は、いかなる紛争についても、すべての紛争当事者が要請すれば、その平和的解決のためにこの当事者に対して勧告をすることができる。

第七章　平和に対する脅威、平和の破壊及び侵略行為に関する行動

第三九条【安全保障理事会の一般的権能】安全保障理事会は、平和に対する脅威、平和の破壊又は侵略行為の存在を決定し、並びに、国際の平和及び安全を維持し又は回復するために、勧告をし、又は第四一条及び第四二条に従っていかなる措置をとるかを決定する。

第四〇条【暫定措置】事態の悪化を防ぐため、第三九条の規定により勧告をし、又は措置を決定する前に、安全保障理事会は、必要又は望ましいと認める暫定措置に従うように関係当事者に要請することができる。この暫定措置は、関係当事者の権利、請求権又は地位を害するものではない。安全保障理事会は、関係当事者がこの暫定措置に従わなかったときは、そのことに妥当な考慮を払わなければならない。

第四一条【非軍事的措置】安全保障理事会は、その決定を実施するために、兵力の使用を伴わないいかなる措置を使用すべきかを決定することができ、且つ、この措置を適用するように国際連合加盟国に要請することができる。この措置は、経済関係及び鉄道、航海、航空、郵便、電信、無線通信その他の運輸通信の手段の全部又は一部の中断並びに外交関係の断絶を含むことができる。

第四二条【軍事的措置】安全保障理事会は、第四一条に定める措置では不充分であろうと認め、又は不充分なことが判明したと認めるときは、国際の平和及び安全の維持又は回復に必要な空軍、海軍又は陸軍の行動をとることができる。この行動は、国際連合加盟国の空軍、海軍又は陸軍による示威、封鎖その他の行動を含むことができる。

第四三条【特別協定】1　国際の平和及び安全の維持に貢献するため、すべての国際連合加盟国は、安全保障理事会の要請に基き且つ一又は二以上の特別協定に従って、国際の平和及び安全の維持に必要な兵力、援助及び便益を安全保障理事会に利用させることを約束する。この便益には、通過の権利が含まれる。

2　前記の協定は、兵力の数及び種類、その出動準備程度及び一般的配置並びに提供されるべき便益及び援助の性質を規定する。

3　前記の協定は、安全保障理事会の発議によって、なるべくすみやかに交渉する。この協定は、安全保障理事会と加盟国との間又は安全保障理事会と加盟国群との間に締結され、且つ、署名国によって各自の憲法上の手続に従って批准されなければならない。

第四四条【非理事国の参加】安全保障理事会は、兵力を用いることに決定したときは、理事会に代表されていない加盟国に対して第四三条に基いて負った義務の履行として兵力を提供するように要請する前に、その加盟国が希望すれば、その加盟国の兵力中の割当部隊の使用に関する安全保障理事会の決定に参加するようにその加盟国を勧誘しなければならない。

第四五条【空軍割当部隊】国際連合が緊急の軍事措置をとることができるようにするために、加盟国は、合同の国際的強制行動のため国内空軍割当部隊を直ちに利用に供することができるように保持しなければならない。これらの割当部隊の数量及び出動準備程度並びにその合同行動の計画は、第四三条に掲げる一又は二以上の特別協定の定める範囲内で、軍事参謀委員会の援助を得て安全保障理事会が決定する。

第四六条【兵力の使用計画】兵力使用の計画は、軍事参謀委員会の援助を得て安全保障理事会が作成する。

第四七条【軍事参謀委員会】1　国際の平和及び安全の維持のための安全保障理事会の軍事的要求、理事会の自由に任された兵力の使用及び指揮、軍備規制並びに可能な軍備縮少に関するすべての問題について理事会に助言及び援助を与えるために、軍事参謀委員会を設ける。

2　軍事参謀委員会は、安全保障理事会の常任理事国の参謀総長又はその代表者で構成する。この委員会に常任委員として代表されていない国際連合加盟国は、委員会の責任の有効な遂行のため委員会の事業へのその国の参加が必要であるときは、委員会によってこれと提携するように勧誘されなければならない。

3　軍事参謀委員会は、安全保障理事会の下で、理事会の自由に任された兵力の戦略的指導について責任を負う。この兵力の指揮に関する問題は、後に解決する。

4　軍事参謀委員会は、安全保障理事会の許可を得て、且つ、適当な地域的機関と協議した後に、地域的小委員会を設けることができる。

第四八条【決定の履行】1　国際の平和及び安全の維持のための安全保障理事会の決定を履行するのに必要な行動は、安全保障理事会が定めるところに従って国際連合加盟国の全部又は一部によってとられる。

2　前記の決定は、国際連合加盟国によって直接に、また、国際連合加盟国が参加している適当な国際機関におけるこの加盟国の行動によって履行される。

第四九条【相互的援助】国際連合加盟国は、安全保障理事会が決定した措置を履行するに当って、共同して相互援助を与えなければならない。

第五〇条【経済的困難についての協議】安全保障理事会がある国に対して防止措置又は強制措置をとったときは、他の国でこの措置の履行から生ずる特別の経済問題に自国が当面したと認めるものは、国際連合加盟国であるかどうかを問わず、この問題の解決について安全保障理事会と協議する権利を有する。

第五一条【自衛権】この憲章のいかなる規定も、国際連

合加盟国に対して武力攻撃が発生した場合には、安全保障理事会が国際の平和及び安全の維持に必要な措置をとるまでの間、個別的又は集団的自衛の固有の権利を害するものではない。この自衛権の行使に当って加盟国がとった措置は、直ちに安全保障理事会に報告しなければならない。また、この措置は、安全保障理事会が国際の平和及び安全の維持又は回復のために必要と認める行動をいつでもとるこの憲章に基く権能及び責任に対しては、いかなる影響も及ぼすものではない。

第八章　地域的取極

第五二条【地域的取極、地方的紛争の解決】1　この憲章のいかなる規定も、国際の平和及び安全の維持に関する事項で地域的行動に適当なものを処理するための地域的取極又は地域的機関が存在することを妨げるものではない。但し、この取極又は機関及びその行動が国際連合の目的及び原則と一致することを条件とする。

2　前記の取極を締結し、又は前記の機関を組織する国際連合加盟国は、地方的紛争を安全保障理事会に付託する前に、この地域的取極又は地域的機関によってこの紛争を平和的に解決するようにあらゆる努力をしなければならない。

3　安全保障理事会は、関係国の発意に基くものであるか安全保障理事会からの付託によるものであるかを問わず、前記の地域的取極又は地域的機関による地方的紛争の平和的解決の発達を奨励しなければならない。

4　本条は、第三四条及び第三五条の適用をなんら害するものではない。

第五三条【強制行動】1　安全保障理事会は、その権威の下における強制行動のために、適当な場合には、前記の地域的取極又は地域的機関を利用する。但し、いかなる強制行動も、安全保障理事会の許可がなければ、地域的取極に基いて又は地域的機関によってとられてはならない。もっとも、本条2に定める敵国のいずれかに対する措置で、第一〇七条に従って規定されるもの又はこの敵国における侵略政策の再現に備える地域的取極において規定されるものは、関係政府の要請に基いてこの機構がこの敵国による新たな侵略を防止する責任を負うときまで例外とする。

2　本条1で用いる敵国という語は、第二次世界戦争中にこの憲章のいずれかの署名国の敵国であった国に適用される。

第五四条【安全保障理事会に対する通報】安全保障理事会は、国際の平和及び安全の維持のために地域的取極に基いて又は地域的機関によって開始され又は企図されている活動について、常に充分に通報されていなければならない。

第九章　経済的及び社会的国際協力

第五五条【目的】人民の同権及び自決の原則の尊重に基礎をおく諸国間の平和的且つ友好的関係に必要な安定及び福祉の条件を創造するために、国際連合は、次のことを促進しなければならない。

a　一層高い生活水準、完全雇用並びに経済的及び社会的の進歩及び発展の条件

b　経済的、社会的及び保健的国際問題と関係国際問題の解決並びに文化的及び教育的国際協力

c　人種、性、言語又は宗教による差別のないすべての者のための人権及び基本的自由の普遍的な尊重及び遵守

第五六条【加盟国の誓約】すべての加盟国は、第五五条に掲げる目的を達成するために、この機構と協力して、共同及び個別の行動をとることを誓約する。

第五七条【専門機関】1　政府間の協定によって設けられる各種の専門機関で、経済的、社会的、文化的、教育的及び保健的分野並びに関係分野においてその基本的文書で定めるところにより広い国際的責任を有するものは、第六三条の規定に従って国際連合と連携関係をもたされなければならない。

2　こうして国際連合と連携関係をもたされる前記の機関は、以下専門機関という。

第五八条【専門機関に対する勧告】この機構は、専門機関の政策及び活動を調整するために勧告をする。

第五九条【新専門機関の創設】この機構は、適当な場合には、第五五条に掲げる目的の達成に必要な新たな専門機関を設けるために関係国間の交渉を発議する。

第六〇条【総会と経済社会理事会の責任】この章に掲げるこの機構の任務を果す責任は、総会及び、総会の権威の下に、経済社会理事会に課せられる。理事会は、このために第一〇章に掲げる権限を有する。

第一〇章　経済社会理事会

構　成

第六一条【構成】1　経済社会理事会は、総会によって選挙される五四の国際連合加盟国で構成する。

2　3の規定を留保して、経済社会理事会の一八理事国は、三年の任期で毎年選挙される。退任理事国は、引き続いて再選される資格がある。

3　経済社会理事会の理事国の定数が二七から五四に増加された後の第一回の選挙では、その年の終りに任期が終了する九理事国に代わって選挙される理事国に加えて、更に二七理事国が選挙される。このようにして選挙された追加の二七理事国のうち、総会の定めるところに従って、九理事国の任期は一年の終りに、他の九理事国の任期は二年の終りに終了する。

4　経済社会理事会の各理事国は、一人の代表者を有する。

任務及び権限

第六二条【研究、報告、勧告】1　経済社会理事会は、経済的、社会的、文化的、教育的及び保健的国際事

項並びに関係国際事項に関する研究及び報告を行い、又は発議し、並びにこれらの事項に関して総会、国際連合加盟国及び関係専門機関に勧告をすることができる。

2　理事会は、すべての者のための人権及び基本的自由の尊重及び遵守を助長するために、勧告をすることができる。

3　理事会は、その権限に属する事項について、総会に提出するための条約案を作成することができる。

4　理事会は、国際連合の定める規則に従って、その権限に属する事項について国際会議を招集することができる。

第六三条【専門機関との協定】1　経済社会理事会は、第五七条に掲げる機関のいずれとの間にも、その機関が国際連合と連携関係をもたされるについての条件を定める協定を締結することができる。この協定は、総会の承認を受けなければならない。

2　理事会は、専門機関との協議及び専門機関に対する勧告並びに総会及び国際連合加盟国に対する勧告によって、専門機関の活動を調整することができる。

第六四条【報告の受理】1　経済社会理事会は、専門機関から定期報告を受けるために、適当な措置をとることができる。理事会は、理事会の勧告と理事会の権限に属する事項に関する総会の勧告とを実施するためにとられた措置について報告を受けるため、国際連合加盟国及び専門機関と取極を行うことができる。

2　理事会は、前記の報告に関するその意見を総会に通報することができる。

第六五条【安全保障理事会に対する援助】経済社会理事会は、安全保障理事会に情報を提供することができる。経済社会理事会は、また、安全保障理事会の要請があったときは、これを援助しなければならない。

第六六条【他の任務】1　経済社会理事会は、総会の勧告の履行に関して、自己の権限に属する任務を遂行しなければならない。

2　理事会は、国際連合加盟国の要請があったとき、又は専門機関の要請があったときは、総会の承認を得て役務を提供することができる。

3　理事会は、この憲章の他の箇所に定められ、又は総会によって自己に与えられるその他の任務を遂行しなければならない。

表　決

第六七条【表決手続】1　経済社会理事会の各理事国は、一個の投票権を有する。

2　経済社会理事会の決定は、出席し且つ投票する理事国の過半数によって行われる。

手　続

第六八条【委員会】経済社会理事会は、経済的及び社会的分野における委員会、人権の伸張に関する委員会並びに自己の任務の遂行に必要なその他の委員会を設ける。

第六九条【特別の関係を有する国の参加】経済社会理事会は、いずれの国際連合加盟国に対しても、その加盟国に特に関係のある事項についての審議に投票権なしで参加するように勧誘しなければならない。

第七〇条【専門機関との相互的代表】経済社会理事会は、専門機関の代表者が理事会の審議及び理事会の設ける委員会の審議に投票権なしで参加するための取極並びに理事会の代表者が専門機関の審議に参加するための取極を行うことができる。

第七一条【民間団体】経済社会理事会は、その権限内にある事項に関係のある民間団体と協議するために、適当な取極を行うことができる。この取極は、国際団体との間に、また、適当な場合には、関係のある国際連合加盟国と協議した後に国内団体との間に行うことができる。

第七二条【手続規則】1　経済社会理事会は、議長を選定する方法を含むその手続規則を採択する。

2　経済社会理事会は、その規則に従って必要があるときに会合する。この規則は、理事国の過半数の要請による会議招集の規定を含まなければならない。

第一一章　非自治地域に関する宣言

第七三条【住民の福利】人民がまだ完全には自治を行うに至っていない地域の施政を行う責任を有し、又は引き受ける国際連合加盟国は、この地域の住民の利益が至上のものであるという原則を承認し、且つ、この地域の住民の福祉をこの憲章の確立する国際の平和及び安全の制度内で最高度まで増進する義務並びにそのために次のことを行う義務を神聖な信託として受諾する。

a　関係人民の文化を充分に尊重して、この人民の政治的、経済的、社会的及び教育的進歩、公正な待遇並びに虐待からの保護を確保すること。

b　各地域及びその人民の特殊事情並びに人民の進歩の異なる段階に応じて、自治を発達させ、人民の政治的願望に妥当な考慮を払い、且つ、人民の自由な政治制度の漸進的発達について人民を援助すること。

c　国際の平和及び安全を増進すること。

d　本条に掲げる社会的、経済的及び科学的目的を実際に達成するために、建設的な発展措置を促進し、研究を奨励し、且つ、相互に及び適当な場合には専門国際団体と協力すること。

e　第一二章及び第一三章の適用を受ける地域を除く外、前記の加盟国がそれぞれ責任を負う地域における経済的、社会的及び教育的状態に関する専門的性質の統計その他の資料を、安全保障及び憲法上の考慮から必要な制限に従うことを条件として、情報用として事務総長に定期的に送付すること。

第七四条【世界各国の利益の考慮】国際連合加盟国は、また、本章の適用を受ける地域に関するその政策を、その本土に関する政策と同様に、世界の他の地域の利益及び福祉に妥当な考慮を払った上で、社会的、経済的及び商業的事項に関して善隣主義の一般原則に基かせなければならないことに同意する。

第一二章　国際信託統治制度

第七五条【信託統治制度の設定】国際連合は、その権威の下に、国際信託統治制度を設ける。この制度は、今後の個個の協定によってこの制度の下におかれる地域の施政及び監督を目的とする。この地域は、以下信託統治地域という。

第七六条【基本目的】信託統治制度の基本目的は、この憲章の第一条に掲げる国際連合の目的に従って、次のとおりとする。

a　国際の平和及び安全を増進すること。

b　信託統治地域の住民の政治的、経済的、社会的及び教育的進歩を促進すること。各地域及びその人民の特殊事情並びに関係人民が自由に表明する願望に適合するように、且つ、各信託統治協定の条項が規定するところに従って、自治又は独立に向っての住民の漸進的発達を促進すること。

c　人種、性、言語又は宗教による差別なくすべての者のために人権及び基本的自由を尊重するように奨励し、且つ、世界の人民の相互依存の認識を助長すること。

d　前記の目的の達成を妨げることなく、且つ、第八〇条の規定を留保して、すべての国際連合加盟国及びその国民のために社会的、経済的及び商業的事項について平等の待遇を確保し、また、その国民のために司法上で平等の待遇を確保すること。

第七七条【信託統治地域】1　信託統治制度は、次の種類の地域で信託統治協定によってこの制度の下におかれるものに適用する。

a　現に委任統治の下にある地域

b　第二次世界戦争の結果として敵国から分離される地域

c　施政について責任を負う国によって自発的にこの制度の下におかれる地域

2　前記の種類のうちのいずれの地域がいかなる条件で信託統治制度の下におかれるかについては、今後の協定で定める。

第七八条【国際連合の加盟国となった地域】国際連合加盟国の間の関係は、主権平等の原則の尊重を基礎とするから、信託統治制度は、加盟国となった地域には適用しない。

第七九条【信託統治協定】信託統治制度の下におかれる各地域に関する信託統治の条項は、いかなる変更又は改正も含めて、直接関係国によって協定され、且つ、第八三条及び第八五条に規定するところに従って承認されなければならない。この直接関係国は、国際連合加盟国の委任統治の下にある地域の場合には、受任国を含む。

第八〇条【現存権利の留保】1　第七七条、第七九条及び第八一条に基いて締結され、各地域を信託統治制度の下におく個個の信託統治協定において協定されるところを除き、また、このような協定が締結される時まで、本章の規定は、いずれの国又はいずれの人民のいかなる権利をも、また、国際連合加盟国がそれぞれ当事国となっている現存の国際文書の条項をも、直接又は間接にどのようにも変更するものと解釈してはならない。

2　本条1は、第七七条に規定するところに従って委任統治地域及びその他の地域を信託統治制度の下におくための協定の交渉及び締結の遅滞又は延期に対して、根拠を与えるものと解釈してはならない。

第八一条【施政権者】信託統治協定は、各場合において、信託統治地域の施政を行うについての条件を含み、且つ、信託統治地域の施政を行う当局を指定しなければならない。この当局は、以下施政権者といい、一若しくは二以上の国又はこの機構自身であることができる。

第八二条【戦略地区】いかなる信託統治協定においても、その協定が適用される信託統治地域の一部又は全部を含む一又は二以上の戦略地区を指定することができる。但し、第四三条に基いて締結される特別協定を害してはならない。

第八三条【戦略地区に関する安全保障理事会の任務】1　戦略地区に関する国際連合のすべての任務は、信託統治協定の条項及びその変更又は改正の承認を含めて、安全保障理事会が行う。

2　第七六条に掲げる基本目的は、各戦略地区の人民に適用する。

3　安全保障理事会は、国際連合の信託統治制度に基く任務で戦略地区の政治的、経済的、社会的及び教育的事項に関するものを遂行するために、信託統治理事会の援助を利用する。但し、信託統治協定の規定には従うものとし、また、安全保障の考慮が妨げられてはならない。

第八四条【平和に関する施政権者の義務】信託統治地域が国際の平和及び安全の維持についてその役割を果すようにすることは、施政権者の義務である。このため、施政権者は、この点に関して安全保障理事会に対して負う義務を履行するに当って、また、地方的防衛並びに信託統治地域における法律及び秩序の維持のために、信託統治地域の義勇軍、便益及び援助を利用することができる。

第八五条【非戦略地区に関する総会と信託統治理事会の任務】1　戦略地区として指定されないすべての地区に関する信託統治協定についての国際連合の任務は、この協定の条項及びその変更又は改正の承認を含めて、総会が行う。

2　総会の権威の下に行動する信託統治理事会は、前記の任務の遂行について総会を援助する。

第一三章　信託統治理事会

構　成

第八六条【構成】1　信託統治理事会は、次の国際連合加盟国で構成する。

a　信託統治地域の施政を行う加盟国

b　第二三条に名を掲げる加盟国で信託統治地域の施政を行っていないもの

c　総会によって三年の任期で選挙されるその他の加盟国。その数は、信託統治地域の施政を行う国際連合加盟国の総数を、信託統治理事会の理事国の総数を、信託統治地域の施政を行う国際連合加盟国とこれを行っていないものとの間に均分するのに必要な数とする。

2　信託統治理事会の各理事国は、理事会で自国を代表する特別の資格を有する者一人を指名しなければならない。

任務及び権限

第八七条【総会と信託統治理事会の権限】総会及び、その権威の下に、信託統治理事会は、その任務の遂行に当って次のことを行うことができる。

a　施政権者の提出する報告を審議すること。

b　請願を受理し、且つ、施政権者と協議してこれを審査すること。

c　施政権者と協定する時期に、それぞれの信託統治地域の定期視察を行わせること。

d　信託統治協定の条項に従って、前記の行動その他の行動をとること。

第八八条【質問書の作成】信託統治理事会は、各信託統治地域の住民の政治的、経済的、社会的及び教育的進歩に関する質問書を作成しなければならない。また、総会の権限内にある各信託統治地域の施政権者は、この質問書に基いて、総会に年次報告を提出しなければならない。

表　決

第八九条【表決手続】1　信託統治理事会の各理事国は、一個の投票権を有する。

2　信託統治理事会の決定は、出席し且つ投票する理事国の過半数によって行われる。

手　続

第九〇条【手続規則】1　信託統治理事会は、議長を選定する方法を含むその手続規則を採択する。

2　信託統治理事会は、その規則に従って必要があるときに会合する。この規則は、理事国の過半数の要請による会議招集の規定を含まなければならない。

第九一条【経済社会理事会と専門機関の利用】信託統治理事会は、適当な場合には、経済社会理事会及び専門機関がそれぞれ関係している事項について、両者の援助を利用する。

第一四章　国際司法裁判所

第九二条【裁判所の地位】国際司法裁判所は、国際連合の主要な司法機関である。この裁判所は、附属の規程に従って任務を行う。この規程は、常設国際司法裁判所規程を基礎とし、且つ、この憲章と不可分の一体をなす。

第九三条【規程の参加国】1　すべての国際連合加盟国は、当然に、国際司法裁判所規程の当事国となる。

2　国際連合加盟国でない国は、安全保障理事会の勧告に基いて総会が各場合に決定する条件で国際司法裁判所規程の当事国となることができる。

第九四条【判決の履行】1　各国際連合加盟国は、自国が当事者であるいかなる事件においても、国際司法裁判所の裁判に従うことを約束する。

2　事件の一方の当事者が裁判所の与える判決に基いて自国が負う義務を履行しないときは、他方の当事者は、安全保障理事会に訴えることができる。理事会は、必要と認めるときは、判決を執行するために勧告をし、又はとるべき措置を決定することができる。

第九五条【他の裁判所への付託】この憲章のいかなる規定も、国際連合加盟国が相互間の紛争の解決を既に存在し又は将来締結する協定によって他の裁判所に付託することを妨げるものではない。

第九六条【勧告的意見】1　総会又は安全保障理事会は、いかなる法律問題についても勧告的意見を与えるように国際司法裁判所に要請することができる。

2　国際連合のその他の機関及び専門機関でいずれかの時に総会の許可を得るものは、また、その活動の範囲内において生ずる法律問題について裁判所の勧告的意見を要請することができる。

第一五章　事務局

第九七条【構成】事務局は、一人の事務総長及びこの機構が必要とする職員からなる。事務総長は、安全保障理事会の勧告に基いて総会が任命する。事務総長は、この機構の行政職員の長である。

第九八条【事務総長の任務】事務総長は、総会、安全保障理事会、経済社会理事会及び信託統治理事会のすべての会議において事務総長の資格で行動し、且つ、これらの機関から委託される他の任務を遂行する。事務総長は、この機構の事業について総会に年次報告を行う。

第九九条【平和維持に関する任務】事務総長は、国際の平和及び安全の維持を脅威すると認める事項について、安全保障理事会の注意を促すことができる。

第一〇〇条【職員の国際性】1　事務総長及び職員は、その任務の遂行に当って、いかなる政府からも又はこの機構外のいかなる他の当局からも指示を求め、又は受けてはならない。事務総長及び職員は、この機構に対してのみ責任を負う国際的職員としての地位を損ずる虞のあるいかなる行動も慎まなければならない。

2　各国際連合加盟国は、事務総長及び職員の責任のもっぱら国際的な性質を尊重すること並びにこれらの者が責任を果すに当ってこれらの者を左右しようとしないことを約束する。

第一〇一条【職員の任命】1　職員は、総会が設ける規則に従って事務総長が任命する。

2 経済社会理事会、信託統治理事会及び、必要に応じて、国際連合のその他の機関に、適当な職員を常任として配属する。この職員は、事務局の一部をなす。

3 職員の雇用及び勤務条件の決定に当って最も考慮すべきことは、最高水準の能率、能力及び誠実を確保しなければならないことである。職員をなるべく広い地理的基礎に基いて採用することの重要性については、妥当な考慮を払わなければならない。

第一六章 雑則

第一〇二条【条約の登録】1 この憲章が効力を生じた後に国際連合加盟国が締結するすべての条約及びすべての国際協定は、なるべくすみやかに事務局に登録され、且つ、事務局によって公表されなければならない。

2 前記の条約又は国際協定で本条1の規定に従って登録されていないものの当事国は、国際連合のいかなる機関に対しても当該条約又は協定を援用することができない。

第一〇三条【憲章義務の優先】国際連合加盟国のこの憲章に基く義務と他のいずれかの国際協定に基く義務とが抵触するときは、この憲章に基く義務が優先する。

第一〇四条【法律行為能力】この機構は、その任務の遂行及びその目的の達成のために必要な法律上の能力を各加盟国の領域において享有する。

第一〇五条【特権及び免除】1 この機構は、その目的の達成に必要な特権及び免除を各加盟国の領域において享有する。

2 これと同様に、国際連合加盟国の代表者及びこの機構の職員は、この機構に関連する自己の任務を独立に遂行するために必要な特権及び免除を享有する。

3 総会は、本条1及び2の適用に関する細目を決定するために勧告をし、又はそのために国際連合加盟国に条約を提案することができる。

第一七章 安全保障の過渡的規定

第一〇六条【特別協定成立前の五大国の責任】第四三条に掲げる特別協定でそれによって安全保障理事会が第四二条に基く責任の遂行を開始することができると認めるものが効力を生ずるまでの間、一九四三年一〇月三〇日にモスコーで署名された四国宣言の当事国及びフランスは、この宣言の第五項の規定に従って、国際の平和及び安全の維持のために必要な共同行動をこの機構に代ってとるために相互に及び必要に応じて他の国際連合加盟国と協議しなければならない。

第一〇七条【敵国に関する行動】この憲章のいかなる規定も、第二次世界戦争中にこの憲章の署名国の敵であった国に関する行動でその行動について責任を有する政府がこの戦争の結果としてとり又は許可したものを無効にし、又は排除するものではない。

第一八章 改正

第一〇八条【改正】この憲章の改正は、総会の構成国の三分の二の多数で採択され、且つ、安全保障理事会のすべての常任理事国を含む国際連合加盟国の三分の二によって各自の憲法上の手続に従って批准された時に、すべての国際連合加盟国に対して効力を生ずる。

第一〇九条【全体会議】1 この憲章を再審議するための国際連合加盟国の全体会議は、総会の構成国の三分の二の多数及び安全保障理事会の九理事国の投票によって決定される日及び場所で開催することができる。各国際連合加盟国は、この会議において一個の投票権を有する。

2 全体会議の三分の二の多数によって勧告されるこの憲章の変更は、安全保障理事会のすべての常任理事国を含む国際連合加盟国の三分の二によって各自の憲法上の手続に従って批准された時に効力を生ずる。

3 この憲章の効力発生後の総会の第一〇回年次会期までに全体会議が開催されなかった場合には、これを招集する提案を総会の第一〇回年次会期の議事日程に加えなければならず、全体会議は、総会の構成国の過半数及び安全保障理事会の七理事国の投票によって決定されたときに開催しなければならない。

第一九章 批准及び署名

第一一〇条【批准と効力発生】1 この憲章は、署名国によって各自の憲法上の手続に従って批准されなければならない。

2 批准書は、アメリカ合衆国政府に寄託される。同政府は、すべての署名国及び、この機構の事務総長が任命された場合には、事務総長に対して各寄託を通告する。

3 この憲章は、中華民国、フランス、ソヴィエト社会主義共和国連邦、グレート・ブリテン及び北部アイルランド連合王国、アメリカ合衆国及びその他の署名国の過半数が批准書を寄託した時に効力を生ずる。批准書寄託調書は、その時にアメリカ合衆国政府が作成し、その謄本をすべての署名国に送付する。

4 この憲章の署名国で憲章が効力を生じた後に批准するものは、各自の批准書の寄託の日に国際連合の原加盟国となる。

第一一一条【正文】この憲章は、中国語、フランス語、ロシア語、英語及びスペイン語の本文をひとしく正文とし、アメリカ合衆国政府の記録に寄託しておく。この憲章の認証謄本は、同政府が他の署名国の政府に送付する。

以上の証拠として、連合国政府の代表者は、この憲章に署名した。

一九四五年六月二六日にサン・フランシスコ市で作成した。

12　国際連合憲章に従った諸国間の友好関係と協力に関する国際法の諸原則についての宣言（友好関係宣言）

採　択　一九七〇年一〇月二四日
国際連合総会第二五回会期決議二六二五（XXV）附属書

総会は、

前　文（略）

一、次の諸原則を厳粛に宣言する

国は、その国際関係において、武力による威嚇又は武力の行使を、いかなる国の領土保全又は政治的独立に対するものも、また国際連合の目的と両立しない他のいかなる方法によるものも慎まなければならないという原則

すべての国は、その国際関係において、武力による威嚇又は武力の行使を、いかなる国の領土保全又は政治的独立に対するものも、また国際連合の目的と両立しない他のいかなる方法によるものも慎まなければならない義務を有する。このような武力による威嚇又は武力の行使は、国際法と国際連合憲章に違反するものであり、国際問題を解決する手段としてはけっして使用されてはならない。

侵略戦争は平和に対する罪を構成するものであり、それに対しては国際法上の責任が生じる。

国際連合の目的及び原則に従って、国は侵略戦争の宣伝を慎む義務を有する。

すべての国は、他の国の現存する国際境界線を侵すための、又は領土紛争及び国境問題を含む国際紛争を解決する手段としての、武力による威嚇又は武力の行使を慎む義務を有する。

すべての国は同様に、みずから当事国であるか又は他の理由によって尊重する義務を負う国際的合意により、若しくはそれに従って確定された休戦ラインなどの国際分界線を侵すための、武力による威嚇又は武力の行使を慎む義務を有する。上記のどの部分も、各々の特別の制度のもとにおけるかかる分界線の地位及び効果に関して、関係当事者の立場をそこなうものと解釈されてはならず、又は、それらの暫定的性格に影響を及ぼすものと解釈されてはならない。

国は、武力行使をともなう復仇行為を慎む義務を有する。

すべての国は、同権及び自決の原則の詳述に当たって言及される人民から自決権及び自由並びに独立を奪う、いかなる武力行動をも慎む義務を有する。

すべての国は、他の国の領域に侵入させる目的をもって、傭兵を含む不正規軍若しくは武装集団を組織し、又は組織を奨励することを慎む義務を有する。

すべての国は、他の国において内戦行為若しくはテロ行為を組織し、教唆し、援助を与え又はそれらに参加すること、又はかかる行為の実行に向けられた自国領域内における組織的活動を黙認することを、上記の諸行為が武力による威嚇又は武力の行使を含む場合には慎む義務を有する。

国の領土は、憲章の諸条項に反する武力の行使の結果生じる軍事占領の対象とされてはならない。国の領土は、武力による威嚇又は武力の行使の結果生じる他の国による取得の対象とされてはならない。武力による威嚇又は武力の行使の結果としてのいかなる領土取得も、合法的なものとして承認されてはならない。上記のどの部分も、次のことに影響を及ぼすものと解釈されてはならない。

(a)　憲章の諸規定、又は憲章の制度以前のいずれかの国際的合意であって国際法のもとで有効なもの

(b)　憲章のもとにおける安全保障理事会の権限

すべての国は、効果的な国際管理のもとにおける全面完全軍縮に関する普遍的条約の早期締結のために誠実に交渉を行わなければならず、国際緊張を和らげ、諸国間の信頼を強める目的で適切な措置をとるために努力しなければならない。

すべての国は、国際の平和及び安全の維持に関する国際法の一般に承認された原則と規則のもとにおける義務を、誠実に履行しなければならず、憲章に基づく国際連合の安全保障体制をより効果的にするために努力しなければならない。

上記の項目のいずれも、武力の行使が合法的である場合に関する憲章の諸規定の範囲を、いかなる形においても拡大し又は縮小するものと解釈されてはならない。

国は、その国際紛争を、平和的手段によって、国際の平和及び安全並びに正義を危くしないように解決しなければならないという原則

すべての国は、他の国との国際紛争を、平和的手段によって、国際の平和及び安全並びに正義を危くしないように解決しなければならない。

したがって、国は、その国際紛争を、交渉、審査、仲介、調停、仲裁裁判、司法的解決、地域的機関又は地域的取極の利用、その他当事国が選ぶ平和的手段によって、速やかにかつ公正に解決することを求めなければならない。このような解決を求めるに当たって、当事国は紛争の事情と性質に応じた平和的手段について合意しなければならない。

紛争の当事国は、上記の平和的手段のいずれか一つによって解決に到達しない場合には、合意する他の平和的手段によって紛争の解決をひきつづいて求める義務を有する。

国際紛争の当事国及び他の諸国は、国際の平和及び

安全の維持を危くしないように、事態の悪化をもたらすおそれのあるいかなる行為をも慎まなければならず、国際連合の目的及び原則に従って行動しなければならない。

国際紛争は、国の主権平等を基礎として、かつ手段の自由な選択の原則に従って解決されなければならない。みずからが当事者である現存の、又は将来の紛争に関して、国が自由に合意する解決手続に訴え、又はそれを受諾することは、主権平等と両立しないものとみなされてはならない。

上記の各項のいずれも、憲章の適用可能な諸規定、特に国際紛争の平和的解決に関する諸規定を害し、又はそれから逸脱するものではない。

憲章に従って、いかなる国の国内管轄権内にある事項にも干渉しない義務に関する原則

いかなる国又は国の集団も、直接又は間接に、理由のいかんを問わず、他の国の国内又は対外の事項に干渉する権利を有しない。したがって、国の人格又はその政治的、経済的及び文化的要素に対する、武力干渉及びその他すべての形の介入又は威嚇の試みは、国際法に違反する。

いかなる国も、他の国の主権的権利の行使を自国に従属させ、またその国から何らかの利益を得るために、経済的、政治的若しくはその他いかなる形であれ他国を強制する措置の使用又は使用の奨励をしてはならない。また、いかなる国も、他の国の政権の暴力による転覆を目的とする、破壊活動、テロ活動若しくは武力活動を、組織し、援助を与え、あおり、資金を与え、扇動し、若しくは許容してはならず、又は他の国の内戦に介入してはならない。

人民からその民族的アイデンティティーを奪うための武力の行使は、彼らの不可譲の権利及び不干渉の原則を侵害するものである。

すべての国は、他の国によるいかなる形の介入も受けずに、その政治的、経済的、社会的及び文化的体制を選択する不可譲の権利を有する。

上記の各項のいずれも、国際の平和及び安全の維持に関する憲章の関連諸規定に影響を及ぼすものと解釈されてはならない。

憲章に従って、相互に協力する国の義務

国は、その政治的、経済的、社会的体制の相違にかかわりなく、国際の平和及び安全を維持し、国際経済の安定及び発展、並びに上記の相違に基づく差別をともなわない諸国の一般的福祉及び国際協力を促進するために、国際関係のさまざまの分野において相互に協力する義務を有する。

この目的のために、

(a)　国は、国際の平和及び安全の維持のために、他の国と協力しなければならない。

(b)　国は、すべての者のための人権及び基本的自由の普遍的な尊重及び遵守の促進のため、並びにあらゆる形態の人種差別及び宗教的不寛容の撤廃のために協力しなければならない。

(c)　国は、経済、社会、文化、技術及び貿易の分野における国際関係を、主権平等及び不干渉の原則に従って処理しなければならない。

(d)　国際連合加盟国は、憲章の関連諸規定に従って、国際連合と協力して共同及び個別の行動をとる義務を有する。

国は、経済、社会及び文化の分野、並びに科学及び技術の分野において協力するべきであり、国際的な文化及び教育の進歩のために協力するべきである。国は世界における経済成長、特に発展途上国における経済成長の促進のために協力するべきである。

人民の同権と自決の原則

国際連合憲章にうたわれた人民の同権及び自決の原則によって、すべての人民は、外部からの介入なしに、その政治的地位を自由に決定し、その経済的、社会的及び文化的発展を自由に追求する権利を有し、すべての国は憲章の諸規定に従ってこの権利を尊重する義務を有する。

すべての国は、共同及び個別の行動を通じて、憲章の諸規定に従って人民の同権と自決の原則の実現を促進し、並びに

(a)　諸国間の友好関係及び協力を促進するため、及び

(b)　当該人民の自由に表明した意思に妥当な考慮を払って、植民地主義を早急に終了させるために、

また外国による征服、支配及び搾取への人民の服従は、この原則の違反を構成し、基本的人権を否認し、憲章に違反するものであることに留意して、この原則の実施に関して憲章が委託した責任を履行することについて国際連合に援助を与える義務を有する。

すべての国は、共同及び個別の行動を通じて、憲章に従って人権及び基本的自由の普遍的な尊重及び遵守を促進する義務を有する。

主権独立国の確立、独立国との自由な連合若しくは統合、又は人民が自由に決定したその他の政治的地位の獲得は、この人民による自決権の行使の諸形態を構成するものである。

すべての国は、この原則の詳述に当たって上に言及された人民から自決権及び自由並びに独立を奪う、いかなる武力行動をも慎む義務を有する。かかる人民は、自決権行使の過程でこのような武力行動に反対し抵抗する行動において、憲章の目的及び原則に従って援助を求めかつ受ける権利を有する。

植民地又はその他の非自治地域は、憲章のもとにおいて、それを施政する国の領域とは別個のかつ異なった地位を有し、このような地位は、植民地又は非自治地域の人民が、憲章特にその目的及び原則に従って自決権を行使するまで存続するものとする。

上記の各項のいずれも、上に規定された人民の同権

と自決の原則に従って行動し、それゆえ人種、信条又は皮膚の色による差別なくその領域に属するすべての人民を代表する政府を有する主権独立国の領土保全又は政治的統一を全部又は一部分割し若しくは毀損するいかなる行動をも、承認し又は奨励するものと解釈されてはならない。

すべての国は、他のいずれかの国又は領域の国民的統一及び領土保全の一部又は全部の分断を目的とするいかなる行為をも慎まなければならない。

国の主権平等の原則

すべての国は主権平等を享受する。すべての国は、経済的、社会的、政治的又はその他の性質の相違にかかわりなく、平等の権利及び義務を有し、国際社会の平等の構成員である。

特に、主権平等は次の諸要素を含むものである。

(a) 国は、法的に平等である。

(b) すべての国は、完全な主権に固有の諸権利を享受する。

(c) すべての国は、他の国の人格を尊重する義務を有する。

(d) 国の領土保全及び政治的独立は、不可侵である。

(e) すべての国は、その政治的、社会的、経済的及び文化的体制を自由に選択し発展させる権利を有する。

(f) すべての国は、その国際的義務を完全にかつ誠実に履行し、他の国と平和に生活する義務を有する。

国は、みずから受諾した義務を、憲章に従って誠実に履行しなければならないという原則

すべての国は、みずから受諾した義務を、国際連合憲章に従って誠実に履行する義務を有する。

すべての国は、国際法の一般に承認された原則及び規則のもとにおける義務を、誠実に履行する義務を有する。

すべての国は、国際法の一般に承認された原則及び規則のもとで有効な国際的合意に基づく義務を、誠実に履行する義務を有する。

国際的合意から生ずる義務と、国際連合加盟国の国際連合憲章上の義務とが抵触するときは、憲章上の義務が優先する。

一般的部分

二、次のことを宣言する

上記の諸原則は、その解釈及び適用に関しては相互に関連しており、各々の原則は他の諸原則にてらして解釈されるべきである。

本宣言のどの部分も、憲章の諸規定、憲章のもとにおける加盟国の権利義務、又は憲章における人民の権利を、本宣言におけるこれら諸権利の詳述を考慮にいれつつ、いかなる方法によってもそこなうものと解釈されてはならない。

三、更に、次のことを宣言する

本宣言に具現された憲章の諸原則は、国際法の基本原則を構成するものであり、したがってすべての国に対して、その国際的行動においてこれらの諸原則によって導かれるよう、そしてその相互関係をこれらの諸原則の厳格な遵守を基礎として発展させるよう訴えるものである。

3 国際連盟規約

署名　一九一九年六月二八日
効力発生　一九二〇年一月一〇日
解散　一九四六年四月一九日
日本国　一九一九年六月二八日署名、一一月七日批准、一九二〇年一月一〇日公布（条約第一号）、効力発生、三月一九日批准書寄託、一九三三年三月二七日脱退、一九三五年三月二七日効力発生

締約国ハ
戦争ニ訴ヘサルノ義務ヲ受諾シ、
各国間ニ於ケル公明正大ナル関係ヲ規律シ、
各国政府間ノ行為ヲ律スル現実ノ規準トシテ国際法ノ原則ヲ確立シ、
組織アル人民ノ相互ノ交渉ニ於テ正義ヲ保持シ且厳ニ一切ノ条約上ノ義務ヲ尊重シ、
以テ国際協力ヲ促進シ、且各国間ノ平和安寧ヲ完成セムカ為、
茲ニ国際連盟規約ヲ協定ス。

第一条【加盟及び脱退】一　本規約附属書列記ノ署名国及留保ナクシテ本規約ニ加盟スル該附属書列記ノ爾余諸国ヲ以テ、国際連盟ノ原連盟国トス。右加盟ハ、本規約実施後二月以内ニ宣言書ヲ連盟事務局ニ寄託シテ之ヲ為スヘシ。右ニ関シテハ、一切ノ他ノ連盟国ニ通告スヘキモノトス。

二　附属書ニ列記セサル国、領地又ハ殖民地ニシテ完全ナル自治ヲ有スルモノハ、其ノ加入ニ付、連盟総会三分ノ二ノ同意ヲ得ルニ於テハ、総テ連盟国ト為ルコトヲ得。但シ其ノ国際義務遵守ノ誠意アルコトニ付有効ナル保障ヲ与ヘ、且其ノ陸海及空軍ノ兵力其ノ他ノ軍備ニ関シ連盟ノ定ムルコトアルヘキ準則ヲ受諾スルコトヲ要ス。

三　連盟国ハ、二年ノ予告ヲ以テ連盟ヲ脱退スルコト

ヲ得。但シ脱退ノ時迄ニ其ノ一切ノ国際上及本規約上ノ義務ハ履行セラレタルコトヲ要ス。

第二条【機関】本規約ニ依ル連盟ノ行動ハ、連盟総会及連盟理事会並附属ノ常設連盟事務局ニ依リテ之ヲ為スヘキモノトス。

第三条【連盟総会】一　連盟総会ハ、連盟国ノ代表者ヲ以テ之ヲ組織ス。

二　連盟総会ハ、連盟本部所在地又ハ別ニ定ムルコトアルヘキ地ニ於テ定期ニ及必要ニ応シ随時ニ之ヲ開ク。

三　連盟総会ハ、連盟ノ行動範囲ニ属シ又ハ世界ノ平和ニ影響スル一切ノ事項ヲ其ノ会議ニ於テ処理ス。

四　連盟国ハ、連盟総会ノ会議ニ於テ各一箇ノ表決権ヲ有スヘク、且三名ヲ超エサル代表者ヲ出スコトヲ得。

第四条【連盟理事会】一　連盟理事会ハ、主タル同盟及連合国ノ代表者並他ノ四連盟国ノ代表者ヲ以テ之ヲ組織ス。該四連盟国ハ、連盟総会其ノ裁量ニ依リ随時之ヲ選定ス。連盟総会カ第一次ニ選定スル四連盟国ニ於テ其ノ代表者ヲ任命スル迄ハ、白耳義〔ベルギー〕国、伯剌西爾〔ブラジル〕国、西班牙〔スペイン〕国及希臘〔ギリシア〕国ノ代表者ヲ以テ連盟理事会員トス。

二　連盟理事会ハ、連盟総会ノ過半数ノ同意アルトキハ、連盟理事会ニ常ニ代表者ヲ出スヘキ連盟国ヲ追加指定スルコトヲ得。連盟理事会ハ、同会ニ代表セシムル為、連盟総会ノ選定スヘキ連盟国ノ数ヲ前同様ノ同意ヲ以テ増加スルコトヲ得。

二ノ二　連盟総会ハ、連盟理事会非常任代表国ノ選挙ニ関スル規則特ニ其ノ任期及再選ノ条件ニ関スル規則ヲ三分ノ二ノ多数ニ依リ定ムヘシ。

三　連盟理事会ハ、連盟本部所在地又ハ別ニ定ムルコトアルヘキ地ニ於テ必要ニ応シ随時ニ且少クトモ毎年一回之ヲ開ク。

四　連盟理事会ハ、連盟ノ行動範囲ニ属シ又ハ世界ノ平和ニ影響スル一切ノ事項ヲ其ノ会議ニ於テ処理ス。

五　連盟理事会ニ代表セラレサル連盟各国ハ、特ニ其ノ利益ニ影響スル事項ノ審議中、連盟理事会会議ニ理事会員トシテ列席スル代表者一名ノ派遣ヲ招請セラルヘシ。

六　連盟理事会ニ代表セラルル連盟各国ハ、連盟理事会会議ニ於テ一箇ノ表決権ヲ有スヘク、且一名ノ代表者ヲ出スコトヲ得。

第五条【総会と理事会の議事】一　本規約中又ハ本条約ノ条項中別段ノ明文アル場合ヲ除クノ外、連盟総会又ハ連盟理事会ノ会議ノ議決ハ、其ノ会議ニ代表セラルル連盟国全部ノ同意ヲ要ス。

二　連盟総会又ハ連盟理事会ノ会議ニ於ケル手続ニ関スル一切ノ事項ハ、特殊事項調査委員ノ任命ト共ニ、連盟総会又ハ連盟理事会之ヲ定ム。此ノ場合ニ於テハ、其ノ会議ニ代表セラルル連盟国ノ過半数ニ依リテ、之ヲ決定スルコトヲ得。

三　連盟総会ノ第一回会議及連盟理事会ノ第一回会議ハ、亜米利加〔アメリカ〕合衆国大統領之ヲ招集スヘシ。

第六条【連盟事務局】一　常設連盟事務局ハ、連盟本部所在地ニ之ヲ設置ス。連盟事務局ニハ、事務総長一名並必要ナル事務官及属員ヲ置ク。

二　第一次ノ事務総長ハ、附属書ニ之ヲ指定シ、爾後ノ事務総長ハ、連盟総会過半数ノ同意ヲ以テ連盟理事会之ヲ任命ス。

三　連盟事務局ノ事務官及属員ハ、連盟理事会ノ同意ヲ以テ、事務総長之ヲ任命ス。

四　事務総長ハ、連盟総会及連盟理事会ノ一切ノ会議ニ於テ、其ノ資格ニテ行動ス。

五　連盟ノ経費ハ、連盟総会ノ決定スル割合ニ従ヒ、連盟国之ヲ負担ス。

第七条【連盟本部、特権及び免除】一　連盟本部所在地ハ、「ジュネーヴ」トス。

二　連盟理事会ハ、何時タリトモ、其ノ議決ニ依リ、他ノ地ヲ以テ連盟本部所在地ト為スコトヲ得。

三　連盟ニ関シ又ハ之ニ附帯スル一切ノ地位ハ、連盟事務局ノ地位ト共ニ、男女均シク之ニ就クコトヲ得。

四　連盟国代表者及連盟職員ハ、連盟ノ事務ニ従事スル間、外交官ノ特権及免除ヲ享有ス。

五　連盟、連盟職員又ハ連盟会議参列代表者ノ使用スル建物其ノ他ノ財産ハ、之ヲ不可侵トス。

第八条【軍備縮少】一　連盟国ハ、平和維持ノ為ニハ、其ノ軍備ヲ国ノ安全及国際義務ヲ協同動作ヲ以テスル強制ニ支障ナキ最低限度迄縮少スルノ必要アルコトヲ承認ス。

二　連盟理事会ハ、各国政府ノ審議及決定ニ資スル為、各国ノ地理的地位及諸般ノ事情ヲ参酌シテ、軍備縮少ニ関スル案ヲ作成スヘシ。

三　該案ハ、少クトモ一〇年毎ニ再審議ニ付セラルヘク、且更正セラルヘキモノトス。

四　各国政府前記ノ案ヲ採用シタルトキハ、連盟理事会ノ同意アルニ非サレハ、該案所定ノ軍備ノ限度ヲ超ユルコトヲ得ス。

五　連盟国ハ、民業ニ依ル兵器弾薬及軍用器材ノ製造カ重大ナル非議ヲ免レサルモノナルコトヲ認ム。仍テ連盟理事会ハ、該製造ニ伴フ弊害ヲ防遏〔ボウアツ〕シ得ヘキ方法ヲ具申スヘシ。尤モ連盟国中其ノ安全ニ必要ナル兵器弾薬及軍用器材ヲ製造シ得サルモノノ需要ニ関シテハ、相当斟酌スヘキモノトス。

六　連盟国ハ、其ノ軍備ノ規模、陸海及空軍ノ企画並軍事上ノ目的ニ供用シ得ヘキ工業ノ状況ニ関シ、充分ニシテ隔意ナキ報道ヲ交換スヘキコトヲ約ス。

第九条【常設軍事委員会】第一条及第八条ノ規定ノ実行並陸海及空軍問題全般ニ関シテハ、連盟理事会ニ意見ヲ具申スヘキ常設委員会ヲ設置スヘシ。

第一〇条【領土保全と政治的独立】連盟国ハ、連盟各国ノ領土保全及現在ノ政治的独立ヲ尊重シ、且外部ノ侵略ニ対シ之ヲ擁護スルコトヲ約ス。右侵略ノ場合又ハ其ノ脅威若ハ危険アル場合ニ於テハ、連盟理事会ハ、本条ノ義務ヲ履行スヘキ手段ヲ具申スヘシ。

第一一条【戦争の脅威】一　戦争又ハ戦争ノ脅威ハ、連盟国ノ何レカニ直接ノ影響アルト否トヲ問ハス、総テ連盟全体ノ利害関係事項タルコトヲ茲ニ声明ス。

仍テ連盟ハ、国際ノ平和ヲ擁護スル為適当且有効ト認ムル措置ヲ執ルヘキモノトス。此ノ種ノ事変発生シタルトキハ、事務総長ハ、何レカノ連盟国ノ請求ニ基キ直ニ連盟理事会ノ会議ヲ招集スヘシ。

二　国際関係ニ影響スル一切ノ事態ニシテ国際ノ平和又ハ其ノ基礎タル各国間ノ良好ナル了解ヲ攪乱セムトスル虞アルモノニ付、連盟総会又ハ連盟理事会ノ注意ヲ喚起スルハ、連盟各国ノ友誼的権利ナルコトヲ併セテ茲ニ声明ス。

第一二条【紛争の平和的解決】一　連盟国ハ、連盟国間ニ国交断絶ニ至ルノ虞アル紛争発生スルトキハ、当該事件ヲ仲裁裁判若ハ司法的解決又ハ連盟理事会ノ審査ニ付スヘク、且仲裁裁判官ノ判決若ハ司法裁判ノ判決後又ハ連盟理事会ノ報告後三月ヲ経過スル迄、如何ナル場合ニ於テモ、戦争ニ訴ヘサルコトヲ約ス。

二　本条ニ依ル一切ノ場合ニ於テ、仲裁裁判官ノ判決又ハ司法裁判ノ判決ハ、相当期間内ニ、連盟理事会ノ報告ハ、紛争事件付託後六月以内ニ之ヲ為スヘシ。

第一三条【裁判】一　連盟国ハ、連盟国間ニ仲裁裁判又ハ司法的解決ニ付シ得ト認ムル紛争ヲ生シ、其ノ紛争カ外交手段ニ依リテ満足ナル解決ヲ得ルコト能ハサルトキハ、当該事件全部ヲ仲裁裁判又ハ司法的解決ニ付スヘキコトヲ約ス。

二　条約ノ解釈、国際法上ノ問題、国際義務ノ違反ト為ルヘキ事実ノ存否並該違反ニ対スル賠償ノ範囲及性質ニ関スル紛争ハ、一般ニ仲裁裁判又ハ司法的解決ニ付シ得ル事項ニ属スルモノナルコトヲ声明ス。

三　審理ノ為紛争事件ヲ付託スヘキ裁判所ハ、第一四条ノ規定ニ依リ設立セラレタル常設国際司法裁判所又ハ当事国ノ合意ヲ以テ定メ若ハ当事国間ニ現存スル条約ノ規定ノ定ムル裁判所タルヘシ。

四　連盟国ハ、一切ノ判決ヲ誠実ニ履行スヘク、且判決ニ服スル連盟国ニ対シテハ戦争ニ訴ヘサルコトヲ約ス。判決ヲ履行セサルモノアルトキハ、連盟理事会ハ、其ノ履行ヲ期スル為必要ナル処置ヲ提議スヘシ。

第一四条【常設国際司法裁判所】連盟理事会ハ、常設国際司法裁判所設置案ヲ作成シ、之ヲ連盟国ノ採択ニ付スヘシ。該裁判所ハ、国際的性質ヲ有スル一切ノ紛争ニシテ其ノ当事国ノ付託ニ係ルモノヲ裁判スルノ権限ヲ有ス。尚該裁判所ハ、連盟理事会又ハ連盟総会ノ諮問スル一切ノ紛争又ハ問題ニ関シ意見ヲ提出スルコトヲ得。

第一五条【紛争解決手続】一　連盟国間ニ国交断絶ニ至ルノ虞アル紛争発生シ、第一三条ニ依ル仲裁裁判又ハ司法的解決ニ付セラレサルトキハ、連盟国ハ、当該事件ヲ連盟理事会ニ付託スヘキコトヲ約ス。何レノ紛争当事国モ、紛争ノ存在ヲ事務総長ニ通告シ、以テ前記ノ付託ヲ為スコトヲ得。事務総長ハ、之カ充分ナル取調及審理ニ必要ナル一切ノ準備ヲ為スモノトス。

二　此ノ目的ノ為、紛争当事国ハ、成ルヘク速ニ当該事件ニ関スル陳述書ヲ一切ノ関係事実及書類ト共ニ事務総長ニ提出スヘク、連盟理事会ハ、直ニ其ノ公表ヲ命スルコトヲ得。

三　連盟理事会ハ、紛争ノ解決ニカムヘク、其ノ努力効ヲ奏シタルトキハ、其ノ適当ト認ムル所ニ依リ、当該紛争ニ関スル事実及説明並其ノ解決条件ヲ記載セル調書ヲ公表スヘシ。

四　紛争解決ニ至ラサルトキハ、連盟理事会ハ、全会一致又ハ過半数ノ表決ニ基キ当該紛争ノ事実ヲ述ヘ、公正且適当ト認ムル勧告ヲ載セタル報告書ヲ作成シ之ヲ公表スヘシ。

五　連盟理事会ニ代表セラルル連盟国ハ、何レモ当該紛争ノ事実及之ニ関スル自国ノ決定ニ付陳述書ヲ公表スルコトヲ得。

六　連盟理事会ノ報告書カ紛争当事国ノ代表者ヲ除キ他ノ連盟理事会員全部ノ同意ヲ得タルモノナルトキハ、連盟国ハ、該報告書ノ勧告ニ応スル紛争当事国ニ対シ戦争ニ訴ヘサルヘキコトヲ約ス。

七　連盟理事会ニ於テ、紛争当事国ノ代表者ヲ除キ、他ノ連盟理事会員全部ノ同意アル報告書ヲ得ルニ至ラサルトキハ、連盟国ハ、正義公道ヲ維持スル為必要ト認ムル処置ヲ執ルノ権利ヲ留保ス。

八　紛争当事国ノ一国ニ於テ、紛争カ国際法上専ラ該当事国ノ管轄ニ属スル事項ニ付生シタルモノナルコトヲ主張シ、連盟理事会之ヲ是認シタルトキハ、連盟理事会ハ、其ノ旨ヲ報告シ、且之カ解決ニ関シ何等ノ勧告ヲモ為ササルモノトス。

九　連盟理事会ハ、本条ニ依ル一切ノ場合ニ於テ紛争ヲ連盟総会ニ移スコトヲ得。紛争当事国一方ノ請求アリタルトキハ、亦之ヲ連盟総会ニ移スヘシ。但シ右請求ハ、紛争ヲ連盟理事会ニ付託シタル後一四日以内ニ之ヲ為スコトヲ要ス。

一〇　連盟理事会ノ行動及権限ニ関スル本条及第一二条ノ規定ハ、連盟総会ニ移シタル事件ニ関シ、総テ之ヲ連盟総会ノ行動及権能ニ適用ス。但シ紛争当事国ノ代表者ヲ除キ連盟理事会ニ代表セラルル連盟各国代表者及爾余過半数連盟国ノ代表者ノ同意ヲ得タル連盟総会ノ報告書ハ、紛争当事国ノ代表者ヲ除キ他ノ連盟理事会員全部ノ同意ヲ得タル連盟理事会ノ報告書ト同一ノ効力ヲ有スヘキモノトス。

第一六条【制裁】一　第一二条、第一三条又ハ第一五条ニ依ル約束ヲ無視シテ戦争ニ訴ヘタル連盟国ハ、当然他ノ総テノ連盟国ニ対シ戦争行為ヲ為シタルモノト看做ス。他ノ総テノ連盟国ハ、之ニ対シ直ニ一切ノ通商上又ハ金融上ノ関係ヲ断絶シ、自国民ト違約国国民トノ一切ノ交通ヲ禁止シ、且連盟国タルト否トヲ問ハス他ノ総テノ国ノ国民ト違約国国民トノ間ノ一切ノ金融上、通商上又ハ個人的交通ヲ防遏〔ボウアツ〕スヘキコトヲ約ス。

二　連盟理事会ハ、前項ノ場合ニ於テ連盟ノ約束擁護ノ為使用スヘキ兵力ニ対スル連盟各国ノ陸海又ハ空軍ノ分担程度ヲ関係各国政府ニ提案スルノ義務アルモノトス。

三　連盟国ハ、本条ニ依リ金融上及経済上ノ措置ヲ執リタル場合ニ於テ之ニ基ク損失及不便ヲ最小限度ニ止ムル為相互ニ支持スヘキコト、連盟ノ一国ニ対スル違約国ノ特殊ノ措置ヲ抗拒スル為相互ニ支持スヘキコト、並連盟ノ約束擁護ノ為協力スル連盟国軍隊ノ版図内通過ニ付必要ナル処置ヲ執ルヘキコトヲ約ス。

四　連盟ノ約束ニ違反シタル連盟国ニ付テハ、連盟理事会ニ代表セラルル他ノ一切ノ連盟国代表者ノ連盟理事会ニ於ケル一致ノ表決ヲ以テ、連盟ヨリ之ヲ除名スル旨ヲ声明スルコトヲ得。

第一七条【非連盟国の関係する紛争】一　連盟国ト非連盟国トノ間又ハ非連盟国相互ノ間ニ紛争ヲ生シタルトキハ、此ノ種紛争解決ノ為連盟国ノ負フヘキ義務ヲ該非連盟国カ連盟理事会ノ正当ト認ムル条件ヲ以テ受諾スルコトヲ之ニ勧誘スヘシ。勧誘ノ受諾アリタル場合ニ於テハ、第一二条乃至第一六条ノ規定ハ、連盟理事会ニ於テ必要ト認ムル修正ヲ加ヘテ、之ヲ適用ス。

二　前項ノ勧誘ヲ為シタルトキハ、連盟理事会ハ、直ニ紛争事情ノ審査ヲ開始シ、当該事情ノ下ニ於テ最善且最有効ト認ムル行動ヲ勧告スヘシ。

三　勧誘ヲ受ケタル国カ此ノ種紛争解決ノ為連盟国ノ負フヘキ義務ノ受諾ヲ拒ミ、連盟国ニ対シ戦争ニ訴フル場合ニ於テハ、第一六条ノ規定ハ、該行動ヲ執ル国ニ之ヲ適用ス。

四　勧誘ヲ受ケタル紛争当事国ノ双方カ此ノ種紛争解決ノ為連盟国ノ負フヘキ義務ノ受諾ヲ拒ム場合ニ於テハ、連盟理事会ハ、敵対行為ヲ防止シ紛争ヲ解決スヘキ措置及勧告ヲ為スコトヲ得。

第一八条【条約の登録】連盟国カ将来締結スヘキ一切ノ条約又ハ国際約定ハ、直ニ之ヲ連盟事務局ニ登録シ、連盟事務局ハ成ルヘク速ニ之ヲ公表スヘシ。右条約又ハ国際約定ハ、前記ノ登録ヲ了スル迄、其ノ拘束力ヲ生スルコトナカルヘシ。

第一九条【平和的調整】連盟総会ハ、適用不能ト為リタル条約ノ再審議又ハ継続ノ結果世界ノ平和ヲ危殆ナラシムヘキ国際状態ノ審議ヲ随時連盟国ニ慫慂〔ショウヨウ〕スルコトヲ得。

第二〇条【規約と両立しない国際約定】一　連盟国ハ、本規約ノ条項ト両立セサル連盟国相互間ノ義務又ハ了解カ各自国ノ関スル限リ総テ本規約ニ依リ廃棄セラルヘキモノナルコトヲ承認シ、且今後本規約ノ条項ト両立セサル一切ノ約定ヲ締結セサルヘキコトヲ誓約ス。

二　連盟国ト為ル以前本規約ノ条項ト両立セサル義務ヲ負担シタル連盟国ハ、直ニ該義務ノ解除ヲ得ルノ処置ヲ執ルコトヲ要ス。

第二一条【平和に関する約定】本規約ハ、仲裁裁判条約ノ如キ国際約定又ハ「モンロー」主義ノ如キ一定ノ地域ニ関スル了解ニシテ平和ノ確保ヲ目的トスルモノノ効力ニ何等ノ影響ナキモノトス。

第二二条【委任統治】一　今次ノ戦争ノ結果従前支配シタル国ノ統治ヲ離レタル殖民地及領土ニシテ近代世界ノ激甚ナル生存競争状態ノ下ニ未タ自立シ得サル人民ノ居住スルモノニ対シテハ、該人民ノ福祉及発達ヲ計ルハ、文明ノ神聖ナル使命ナルコト、及其ノ使命遂行ノ保障ハ本規約中ニ之ヲ包容スルコトノ主義ヲ適用ス。

二　此ノ主義ヲ実現スル最善ノ方法ハ、該人民ニ対スル後見ノ任務ヲ先進国ニシテ資源、経験又ハ地理的位置ニ因リ最此ノ責任ヲ引受クルニ適シ且之ヲ受諾スルモノニ委任シ、之ヲシテ連盟ニ代リ受任国トシテ右後見ノ任務ヲ行ハシムルニ在リ。

三　委任ノ性質ニ付テハ、人民発達ノ程度、領土ノ地理的地位、経済状態其ノ他類似ノ事情ニ従ヒ差異ヲ設クルコトヲ要ス。

四　従前土耳其〔トルコ〕帝国ニ属シタル或部族ハ、独立国トシテ仮承認ヲ受ケ得ル発達ノ程度ニ達シタリ。尤モ其ノ自立シ得ル時期ニ至ル迄、施政上受任国ノ助言及援助ヲ受クヘキモノトス。前記受任国ノ選定ニ付テハ、主トシテ当該部族ノ希望ヲ考慮スルコトヲ要ス。

五　他ノ人民殊ニ中央阿弗利加〔アフリカ〕ノ人民ハ、受任国ニ於テ其ノ地域ノ施政ノ責ニ任スヘキ程度ニ在リ。尤モ受任国ハ、公ノ秩序及善良ノ風俗ニ反セサル限リ良心及信教ノ自由ヲ許与シ、奴隷ノ売買又ハ武器若ハ火酒類ノ取引ノ如キ弊習ヲ禁止シ、並築城又ハ陸海軍根拠地ノ建設及警察又ハ地域防衛以外ノ為ニスル土民ノ軍事教育ヲ禁遏〔キンアツ〕スヘキコトヲ保障シ、且他ノ連盟国ノ通商貿易ニ対シ均等ノ機会ヲ確保スルコトヲ要ス。

六　西南阿弗利加〔アフリカ〕及或南太平洋諸島ノ如キ地域ハ、人口ノ稀薄、面積ノ狭小、文明ノ中心ヨリ遠キコト又ハ受任国領土ト隣接セルコト其ノ他ノ事情ニ因リ受任国領土ノ構成部分トシテ其ノ国法ノ下ニ施政ヲ行フヲ以テ最善トス。但シ受任国ハ、土著〔ドチャク〕人民ノ利益ノ為前記ノ保障ヲ与フルコトヲ要ス。

七　各委任ノ場合ニ於テ、受任国ハ、其ノ委託地域ニ関スル年報ヲ連盟理事会ニ提出スヘシ。

八　受任国ノ行フ権限、監理又ハ施政ノ程度ニ関シ、予メ連盟国間ニ合意ナキトキハ、連盟理事会ハ、各場合ニ付之ヲ明定スヘシ。

九　受任国ノ年報ヲ受理審査セシメ、且委任ノ実行ニ関スル一切ノ事項ニ付連盟理事会ニ意見ヲ具申セシムル為、常設委員会ヲ設置スヘシ。

第二三条【人道的、社会的、経済的国際協力】連盟国ハ、現行又ハ将来協定セラルヘキ国際条約ノ規定ニ遵由〔ジュンユウ〕シ、

(イ)自国内ニ於テ及其ノ通商産業関係ノ及フ一切ノ国ニ於テ、男女及児童ノ為ニ、公平ニシテ人道的ナル労働条件ヲ確保スルニ力メ、且之カ為必要ナル国際機関ヲ設立維持スヘシ。

(ロ)自国ノ監理ニ属スル地域内ノ土着住民ニ対シ、公正ナル待遇ヲ確保スルコトヲ約ス。

(ハ)婦人及児童ノ売買並阿片其ノ他ノ有害薬物ノ取引ニ関スル取極ノ実行ニ付、一般監視ヲ連盟ニ委託スヘシ。

(ニ)武器及弾薬ノ取引ヲ共通ノ利益上取締ルノ必要アル諸国トノ間ニ於ケル該取引ノ一般監視ヲ連盟ニ委託スヘシ。

(ホ)交通及通過ノ自由並一切ノ連盟国ノ通商ニ対スル衡平ナル待遇ヲ確保スル為方法ヲ講スヘシ。右ニ関シテハ、一九一四年乃至一九一八年ノ戦役中荒廃ニ帰シタル地方ノ特殊ノ事情ヲ考慮スヘシ。

(ヘ)疾病ノ予防及撲滅ノ為、国際利害関係事項ニ付措置ヲ執ルニ力ムヘシ。

第二四条【国際事務局】一　一般条約ニ依ル既設ノ国際事務局ハ、当該条約当事国ノ承諾アルニ於テハ、総テ之ヲ連盟ノ指揮下ニ属セシムヘシ。国際利害関係事項処理ノ為今後設ケラルヘキ国際事務局及委員会ハ、総テ之ヲ連盟ノ指揮下ニ属セシムヘキモノトス。

二　一般条約ニ依リ規定セラレタル国際利害関係事項ニシテ国際事務局又ハ委員会ノ管理ニ属セサルモノニ関シテハ、連盟事務局ハ、当事国ノ請求ニ基キ連盟理事会ノ同意ヲ得テ其ノ一切ノ関係情報ヲ蒐集頒布シ、其ノ他必要又ハ望マシキ一切ノ援助ヲ与フヘシ。

三　連盟理事会ハ、連盟ノ指揮下ニ属セシメタル事務局又ハ委員会ノ経費ヲ連盟事務局ノ経費中ニ編入スルコトヲ得。

第二五条【赤十字篤志機関】連盟国ハ、全世界ニ亘リ健康ノ増進、疾病ノ予防及苦痛ノ軽減ヲ目的トスル公認ノ国民赤十字篤志機関ノ設立及協力ヲ奨励促進スルコトヲ約ス。

第二六条【改正】一　本規約ノ改正ハ、連盟理事会ヲ構成スル代表者ヲ出ス連盟各国及連盟総会ヲ構成スル代表者ヲ出ス過半数連盟国之ヲ批准シタルトキ、其ノ効力ヲ生スルモノトス。

二　右改正ハ、之ニ不同意ヲ表シタル連盟国ヲ拘束スルコトナシ。但シ此ノ場合ニ於テ当該国ハ連盟国タラサルニ至ルヘシ。

附属書（略）

4　平和のための結集(Uniting for Peace)決議(抄)

採択　一九五〇年一一月三日
国際連合総会第五回会期決議三七七(V)

決議A

総会は、

国際連合の目的に記された最初の二つの目的が、

「国際の平和及び安全を維持すること。そのために、平和に対する脅威の防止及び除去と侵略行為その他の平和の破壊の鎮圧とのため有効な集団的措置をとること並びに平和を破壊するに至る虞のある国際的の紛争又は事態の調整又は解決を平和的手段によって且つ正義及び国際法の原則に従って実現すること」及び、

「人民の同権及び自決の原則の尊重に基礎をおく諸国間の友好関係を発展させること並びに世界平和を強化するために他の適当な措置をとること」であることを承認し、

国際紛争に捲き込まれた場合には、憲章第六章に定められた手続に従って平和的手段によりこのような紛争の解決を求めることが、依然としてすべての国際連合加盟国の第一の義務であることを再確認し、また、国際連合がこの点に関してこれまで数多の場合に成果のある業績をあげたことを想起し、

国際的緊張が危険な規模において存在することを認め、

国際連合憲章の諸原則の無視が国際的緊張の継続の主たる原因であると述べている「平和の要点(Essentials of Peace)」と題する、総会決議第二九〇(iv)を想起し、かつ、この決議の目的に一層寄与することを希望し、

安全保障理事会による国際の平和及び安全の維持のための第一義的責任の遂行の重要性と、全員一致を求めかつ拒否権の行使を抑制すべき常任理事国の義務とを再確認し

憲章第四三条に規定した軍隊のための協定の交渉を発議することが安全保障理事会に属することを再確認し、また、この協定の締結に至るまで、国際連合が、国際の平和及び安全を維持する手段を任意に使用しうるよう確保することを希望し、

安全保障理事会がその責任、特に前記の二項に掲げられた責任を、すべての加盟国に代って遂行することに失敗することが、加盟国から自己の義務を解除せず、また、国際連合から国際の平和及び安全を維持するという憲章に基くその責任を解除するものでないことを認識し、

このような失敗が、総会からその権利を奪わないこと、また、総会から憲章に基く国際の平和及び安全の維持に関するその責任を解除しないことを特に承認し、

総会は、これらの点に関してその責任を遂行するためには、事実を確認しかつ侵略者を発見しうる観察の可能性と、集団的に使用できる軍隊の存在と、効果的であるためには迅速でなければならぬ集団的行動を総会が時を移さず国際連合加盟国に勧告できる可能性とを必要とすることを承認し、

A

1　平和に対する脅威、平和の破壊又は侵略行為があると思われる場合において、安全保障理事会が、常任理事国の全員一致が得られないために、国際の平和及び安全の維持に関するその第一義的責任の遂行に失敗したときには、総会は、国際の平和及び安全を維持し又は回復するための集団的措置(平和の破壊又は侵略行為の場合には必要とあれば軍隊の使用をも含む。)について、加盟国に対して適当な勧告をするために直ちにその事項を審議しなければならないことを決議する。総会がその時に会期中でない場

合には、そのための要請があってから二四時間以内に緊急特別会期として会合することができる。この緊急特別会期は、安全保障理事会のいずれかの七理事国（注、現在は九理事国）の投票に基く要請、又は、国際連合加盟国の過半数の要請があったときに、招集されるものとする。

2　この目的のために、この決議の附属書に定める総会の手続規則の改正を採択する。

B3～6、C7（略）

C8　各加盟国が、その憲法上の手続に従い、安全保障理事会又は総会の勧告に基づき国連の部隊として迅速に活用できるよう訓練され、組織され及び装備された要員をその国軍の中に維持することを、国連加盟国に対し勧告する。但し、それら要員が、憲章第51条で認められた個別的又は集団的自衛の権利の行使に利用されることを害さない。

C9～10
D11～13
E14～15（略）

附属書
決議B
決議C（略）

2章 国家

2 1 国の権利及び義務に関する条約（モンテビデオ条約）（抄）

署　　名　一九三三年一二月二六日（モンテビデオ）
効力発生　一九三四年一二月二六日

第一条【国の要件】国際法人格としての国は、次の要件を有するべきである。
a　永続的住民
b　確定した領域
c　政府
d　他の国と関係を取り結ぶ能力

第二条【連邦国】連邦国は、国際法上単一の人格をなす。

第三条【未承認国の地位】国の政治的存在は、他の国による承認にはかかわらない。承認の以前においても、国はその統一及び独立を擁護し、並びにその保存及び繁栄を追求する権利を有し、したがって、自国を望むままに組織し、その利害について立法し、その役務について行政し、並びにその裁判所の管轄権及び権限について定める権利を有する。
　これらの権利の行使は、他の国が国際法に従って行う権利の行使以外に、いかなる制約にも服さない。

第四条【国の平等】国は、法的に平等であって同一の権利を有し、及び権利の行使において同一の能力を有する。各々の国の権利は、その行使を確保するためにそれが有する能力に依存するものではなく、もっぱらそれが国際法人格であるという事実自体に依存する。

第五条【国の基本権の不可譲性】国の基本権は、いかなる方法によっても損なわれるものではない。

第六条【承認の意味】国の承認はもっぱら、承認国が被承認国の人格を国際法が定めるすべての権利義務を伴うものとして受諾することを意味する。承認は無条件であり、撤回することができない。

第七条【承認の方式】国の承認は、明示的であると黙示的であるとを問わない。黙示的承認は、新国家を承認する意図を含むいかなる行為からも生じる。

第八条【不干渉】いかなる国も、他の国の国内又は対外の事項に干渉する権利を有しない。

第九条【内外人の平等】領域内における国の管轄権は、すべての住民に及ぶ。
　国民及び外国人は、法の同一の保護を受け、並びに国の当局及び外国人は、国民の権利以外の権利及びそれ以上の権利を主張することはできない。

第一〇条【紛争の平和的解決】国の第一の利益は、平和の保持にある。国の間に生じるいかなる性質の不和も、承認された平和的手段によって解決されるべきである。

第一一条【力による領域取得等の不承認】締約国は、武力の使用であると脅迫的な外交的抗議であるとその他の何らかの効果的な強制的措置であるとを問わず、力によってもたらされた領域の取得又は特別の利益を承認しないという厳格な義務を、行為規則として明確に確立する。国の領域は不可侵であり、直接又は間接に若しくはいかなる動機によるものであっても、一時的にさえ他の国の軍事占領又はその他の力による措置の対象とされることはない。

第一二条【他の条約上の義務の優先】この条約は、締約国が国際協定によってそれ以前に引き受けた義務に影響を及ぼさない。

第一三～一六条（略）

22 植民地諸国、諸人民に対する独立付与に関する宣言（植民地独立付与宣言）

採　択　一九六〇年一二月一四日
国際連合総会第一五回会期決議一五一四（XV）

総会は、

前　文（一部略）

いかなる形式及び表現を問わず、植民地主義を急速かつ無条件に終結せしめる必要があることを厳粛に表明し、

この目的のために、

次のことを宣言する。

一　外国による人民の征服、支配及び搾取は、基本的人権を否認し、国際連合憲章に違反し、世界の平和及び協力の促進に障害となっている。

二　すべての人民は、自決の権利を有する。この権利に基づき、すべての人民は、その政治的地位を自由に決定し、並びにその経済的、社会的及び文化的発展を自由に追求する。

三　政治的、経済的、社会的又は教育的準備が不十分なことをもって、独立を遅延する口実としてはならない。

四　従属下の人民が完全な独立を達成する権利を、平和にかつ自由に行使しうるようにするため、かれらに向けられたすべての武力行動又はあらゆる種類の抑圧手段を停止し、かつかれらの国土の保全を尊重する。

五　信託統治地域及び非自治地域又はまだ独立を達成していない他のすべての地域において、これらの地域の住民が完全な独立及び自由を享受しうるようにするため、なんらの条件又は留保もつけず、その自由に表明する意思及び希望に従い、人種、信条又は皮膚の色による差別なく、すべての権力をかれらに委譲するため、速やかな措置を講じる。

六　国の国民的統一及び領土保全の一部又は全部の破壊をめざすいかなる企図も、国際連合憲章の目的及び原則と両立しない。

七　すべての国は、平等、あらゆる国の国内問題への不干与、並びにすべての人民の主権的権利及び領土保全の尊重を基礎とする、国際連合憲章、世界人権宣言、及び本宣言の諸条項を誠実にかつ厳格に遵守する。

23 国及びその財産の裁判権からの免除に関する国際連合条約（国連国家免除条約）

採　択　二〇〇四年一二月二日
国際連合総会第五九回決議五九／三八附属書
効力発生
日 本 国　二〇〇七年一月一一日署名、二〇〇九年六月一〇日国会承認
二〇一〇年五月一一日受諾書寄託

この条約の締約国は、

国及びその財産の裁判権からの免除が国際慣習法の原則として一般的に受け入れられていることを考慮し、

国際連合憲章に規定する国際法の諸原則に留意し、

国及びその財産の裁判権からの免除に関する国際条約が、特に国と自然人又は法人との間の取引における法の支配及び法的な確実性を高め、並びに国際法の法典化及び発展並びにこの分野における慣行の調和に貢献することを信じ、

国及びその財産の裁判権からの免除に関する国の慣行の推移を考慮し、

この条約により規律されない事項については、引き続き国際慣習法の諸規則により規律されることを確認して、

次のとおり協定した。

第一部　序

第一条（この条約の適用範囲） この条約は、国及びその財産の他の国の裁判所の裁判権からの免除について適用する。

第二条（用語） 1　この条約の適用上、

(a)　「裁判所」とは、名称のいかんを問わず、司法機能を遂行する権限を有する国の機関をいう。

(b)　「国」とは、次のものをいう。

(i)　国家及びその政府の諸機関

(ii)　連邦国家の構成単位又は国家の行政区画であって、主権的な権能の行使としての行為を行う権限を有し、かつ、それらの資格において行動しているもの

(iii)　国家の機関若しくは下部機関又は他の団体（これらが国家の主権的な権能の行使としての行為を行う権限を有し、かつ、そのような行為を現に行っている場合に限る。）

(iv)　国家の代表であってその資格において行動しているもの

(c)　「商業的取引」とは、次のものをいう。

(i)　物品の販売又は役務の提供のための商業的な契約又は取引

(ii)　貸付けその他の金融的な性質を有する取引に係る契約（そのような貸付け又は取引についての保証又はてん補に係る義務を含む。）

(iii)　商業的、工業的、通商的又は職業的な性質を有するその他の契約又は取引。ただし、人の雇用契約を含まない。

2　契約又は取引が1(c)に定める「商業的取引」であるか否かを決定するに当たっては、その契約又は取引の性質を主として考慮すべきものとする。ただし、契約若しくは取引の当事者間でその契約若しくは取引の目的も考慮すべきことについて合意した場合又は法廷地国の慣行により契約若しくは取引の目的がその契約若しくは取引の非商業的な性質を決定することに関係を有する場合には、当該契約又は取引の目的も考慮すべきものとする。

3　この条約における用語について定める1及び2の規定は、他の国際文書又はいずれの国の国内法におけるこれらの用語の用法及び意味に影響を及ぼすものではない。

第三条（この条約によって影響を受けない特権及び免除）1　この条約は、次に掲げるものの任務の遂行に関係する国際法に基づき国が享有する特権及び免除に影響を及ぼすものではない。

(a)　外交使節団、領事機関、特別使節団、国際機関に派遣されている使節団又は国際機関の内部機関若しくは国際会議に派遣されている代表団

(b)　(a)に規定するものに関係する者

2　この条約は、国の元首に対し、その者が国の元首であるとの理由により国際法に基づいて与えられる特権及び免除に影響を及ぼすものではない。

3　この条約は、国が所有し又は運航する航空機又は宇宙物体に関し、国際法に基づき国が享有する免除に影響を及ぼすものではない。

第四条（この条約の不遡及）この条約は、国及びその財産の裁判権からの免除の問題であって、関係国についてこの条約が効力を生ずる日前にいずれかの国に対して開始された他の国の裁判所における裁判手続において生じたものについては、適用しない。ただし、この条約に規定されている規則のうちこの条約との関係を離れ国際法に基づき国及びその財産の裁判権からの免除を規律する規則については、その適用を妨げるものではない。

第二部　一般原則

第五条（免除）いずれの国も、この条約に従い、自国及びその財産に関し、他の国の裁判所の裁判権からの免除を享有する。

第六条（免除を実施するための方法）1　いずれの国も、自国の裁判所における裁判手続において他の国に対して裁判権を行使することを差し控えることにより前条に規定する免除を実施するものとし、このため、自国の裁判所が、当該他の国が同条の規定に基づいて享有する免除が尊重されるよう職権によって決定することを確保する。

2　いずれかの国の裁判所における裁判手続は、次の(a)又は(b)の場合には、他の国に対して開始されたものとみなす。

(a)　当該他の国が当該裁判手続の当事者として指定される場合

(b)　当該他の国が当該裁判手続の当事者として指定されていないが、当該裁判手続が実際には当該他の国の財産、権利、利益又は活動に影響を及ぼすものである場合

第七条（裁判権の行使についての明示の同意）1　いずれの国も、次のいずれかの方法により、ある事項又は事件に関して他の国の裁判所による裁判権の行使について明示的に同意した場合には、当該事項又は事件に関する当該他の国の裁判所における裁判手続において、裁判権からの免除を援用することができない。

(a)　国際的な合意

(b)　書面による契約

(c)　裁判所において行う宣言又は個別の裁判手続における書面による通知

2　他の国の法令を適用することに関するいずれかの国の同意は、当該他の国の裁判所による裁判権の行使についての同意と解してはならない。

第八条（裁判所における裁判手続への参加の効果）1　いずれの国も、次の場合には、他の国の裁判所における裁判手続において、裁判権からの免除を援用することができない。

(a)　自ら当該裁判手続を開始した場合

(b)　当該裁判手続に参加し、又は本案に関して他の措置をとった場合。この場合において、自国が当該措置をとるまで免除の請求の根拠となる事実を知ることができなかったことを裁判所に対して証明するときは、当該事実に基づいて免除を主張することができる。ただし、できる限り速やかにその主張を行うことを条件とする。

2　いずれの国も、次の(a)又は(b)のことのみを目的として、裁判手続に参加し、又は他の措置をとる場合には、他の国の裁判所による裁判権の行使について同意したものとは認められない。

(a)　免除を援用すること。

(b)　裁判手続において対象となっている財産に関する権利又は利益を主張すること。

3　国の代表が他の国の裁判所に証人として出廷することは、当該他の国の裁判所による裁判権の行使についての当該国の同意と解してはならない。

4　いずれかの国が他の国の裁判所における裁判手続において出廷しなかったことは、当該他の国の裁判所による裁判権の行使についての当該国の同意と解してはならない。

第九条（反訴）1　いずれの国も、他の国の裁判所において裁判手続を開始した場合には、本訴に係る法律関係又は事実と同一のものから生じたいかなる反訴についても、当該他の国の裁判所の裁判権からの免除を援用することができない。

2　いずれの国も、他の国の裁判所における裁判手続において請求を行うために当該裁判手続に参加した場合には、自国が行った請求に係る法律関係又は事

実と同一のものから生じたいかなる反訴についても、当該他の国の裁判所の裁判権からの免除を援用することができない。

3　いずれの国も、自国に対して開始された他の国の裁判所における裁判手続において反訴を行った場合には、本訴について当該他の国の裁判所の裁判権からの免除を援用することができない。

第三部　免除を援用することができない裁判手続

第一〇条（商業的取引） 1　いずれの国も、自国以外の国の自然人又は法人との間で商業的取引を行う場合において、適用のある国際私法の規則に基づき他の国の裁判所が当該商業的取引に関する紛争について管轄権を有するときは、当該商業的取引から生じた裁判手続において、当該他の国の裁判所の裁判権からの免除を援用することができない。

2　1の規定は、次の場合には、適用しない。

(a)　国の間で行う商業的取引の場合

(b)　商業的取引の当事者間で明示的に別段の合意をした場合

3　独立の法人格を有し、かつ、次の(a)及び(b)の能力を有する国営企業その他の国によって設立された団体が、当該団体が行う商業的取引に関する裁判手続に関与する場合であっても、当該国が享有する裁判権からの免除は、影響を受けない。

(a)　訴え、又は訴えられる能力

(b)　財産（当該国が当該団体による運用又は管理を許可した財産を含む。）を取得し、所有し、又は占有し、及び処分する能力

第一一条（雇用契約） 1　いずれの国も、自国と個人との間の雇用契約であって、他の国の領域内において全部又は一部が行われ、又は行われるべき労働に係るものに関する裁判手続において、それについて管轄権を有する当該他の国の裁判所の裁判権からの免除を援用することができない。ただし、関係国間で別段の合意をする場合は、この限りでない。

2　1の規定は、次の場合には、適用しない。

(a)　被用者が政府の権限の行使としての特定の任務を遂行するために採用されている場合

(b)　被用者が次の者である場合

(i)　一九六一年の外交関係に関するウィーン条約に定める外交官

(ii)　一九六三年の領事関係に関するウィーン条約に定める領事官

(iii)　国際機関に派遣されている常駐の使節団若しくは特別使節団の外交職員又は国際会議において国を代表するために採用された者

(iv)　外交上の免除を享有するその他の者

(c)　裁判手続の対象となる事項が個人の採用、雇用契約の更新又は復職に係るものである場合

(d)　裁判手続の対象となる事項が個人の解雇又は雇用契約の終了に係るものであり、かつ、雇用主である国の元首、政府の長又は外務大臣が当該裁判手続が当該国の安全保障上の利益を害し得るものであると認める場合

(e)　裁判手続が開始された時点において、被用者が雇用主である国の国民である場合。ただし、当該被用者が法廷地国に通常居住している場合を除く。

(f)　雇用主である国と被用者との間で書面により別段の合意をした場合。ただし、公の秩序に関する考慮により、裁判手続の対象となる事項を理由として法廷地国の裁判所に専属的な管轄権が与えられているときは、この限りでない。

第一二条（身体の傷害及び財産の損傷） いずれの国も、人の死亡若しくは身体の傷害又は有体財産の損傷若しくは滅失が自国の責めに帰するとされる作為又は不作為によって生じた場合において、当該作為又は不作為の全部又は一部が他の国の領域内で行われ、かつ、当該作為又は不作為を行った者が当該作為又は不作為を行った時点において当該他の国の領域内に所在していたときは、当該人の死亡若しくは身体の傷害又は有体財産の損傷若しくは滅失に対する金銭によるてん補に関する裁判手続において、それについて管轄権を有する当該他の国の裁判所の裁判権からの免除を援用することができない。ただし、関係国間で別段の合意をする場合は、この限りでない。

第一三条（財産の所有、占有及び使用） いずれの国も、次の事項についての決定に関する裁判手続において、それについて管轄権を有する他の国の裁判所の裁判権からの免除を援用することができない。ただし、関係国間で別段の合意をする場合は、この限りでない。

(a)　法廷地国にある不動産に関する自国の権利若しくは利益、自国による当該不動産の占有若しくは使用又は当該不動産に関する自国の利益から若しくは自国による当該不動産の占有若しくは使用から生ずる自国の義務

(b)　動産又は不動産に関する自国の権利又は利益であって、承継、贈与又は無主物の取得によって生ずるもの

(c)　信託財産、破産者の財産、清算時の会社の財産その他の財産の管理に関する自国の権利又は利益

第一四条（知的財産及び産業財産） いずれの国も、次の事項に関する裁判手続において、それについて管轄権を有する他の国の裁判所の裁判権からの免除を援用することができない。ただし、関係国間で別段の合意をする場合は、この限りでない。

(a)　特許、意匠、商号、商標、著作権その他すべての種類の知的財産又は産業財産に係る自国の権利であって、法廷地国において法的な保護措置（暫定的なものを含む。）の対象となるものについての決定

(b)　(a)に規定する性質を有する権利であって、第三者に属し、かつ、法廷地国において保護されてい

るものに対して自国が法廷地国の領域内において行ったとされる侵害

第一五条（会社その他の団体への参加） 1　いずれの国も、次の(a)及び(b)の条件を満たす会社その他の団体（法人格の有無を問わない。）に自国が参加していることに関する裁判手続、すなわち、自国と当該団体又は当該団体の他の参加者との関係に関する裁判手続において、それについて管轄権を有する他の国の裁判所の裁判権からの免除を援用することができない。

(a)　当該団体が国又は国際機関以外の参加者を有すること。

(b)　当該団体が法廷地国の法令に基づいて設立されていること又はその本部若しくは主たる営業所が法廷地国内に所在すること。

2　もっとも、1に規定する裁判手続において裁判権からの免除を援用することができる旨を関係国間で合意している場合、紛争当事者間の書面による合意によりその旨を定めている場合又は1に規定する団体を設立し若しくは規律する文書がその旨の規定を有する場合には、いずれの国も、当該裁判手続において、裁判権からの免除を援用することができる。

第一六条（国が所有し又は運航する船舶） 1　船舶を所有し又は運航する国は、当該船舶が裁判の原因の生じた時点において政府の非商業的目的以外に使用されていた場合には、当該船舶の運航に関する裁判手続において、それについて管轄権を有する他の国の裁判所の裁判権からの免除を援用することができない。ただし、関係国間で別段の合意をする場合は、この限りでない。

2　1の規定は、軍艦又は軍の支援船については適用せず、また、国が所有し又は運航する他の船舶であって政府の非商業的役務にのみ使用されているものについても適用しない。

3　いずれの国も、自国が所有し又は運航する船舶が裁判の原因の生じた時点において政府の非商業的目的以外に使用されていた場合には、当該船舶による貨物の運送に関する裁判手続において、それについて管轄権を有する他の国の裁判所の裁判権からの免除を援用することができない。ただし、関係国間で別段の合意をする場合は、この限りでない。

4　3の規定は、2に規定する船舶によって運送される貨物については適用せず、また、国が所有し、かつ、政府の非商業的目的にのみ使用され、又はそのような使用が予定される貨物についても適用しない。

5　いずれの国も、私有の船舶及び貨物並びにこれらの所有者にとって利用可能な防御、時効及び責任の制限に関するすべての措置を申し立てることができる。

6　裁判手続において、いずれかの国が所有し若しくは運航する船舶又はいずれかの国が所有する貨物に係る政府の非商業的な性質に関して問題が生ずる場合には、当該国の外交上の代表者その他の権限のある当局が署名した証明書であって裁判所に送付されたものが、当該船舶又は貨物の性質に関する証拠となる。

第一七条（仲裁の合意の効果） いずれの国も、自国以外の国の自然人又は法人との間で商業的取引に関する紛争を仲裁に付することを書面により合意する場合には、次の事項に関する裁判手続において、それについて管轄権を有する他の国の裁判所の裁判権からの免除を援用することができない。ただし、仲裁の合意に別段の定めがある場合は、この限りでない。

(a)　仲裁の合意の有効性、解釈又は適用

(b)　仲裁手続

(c)　仲裁判断の確認又は取消し

第四部　裁判所における裁判手続に関連する強制的な措置からの免除

第一八条（判決前の強制的な措置からの免除） いずれの国の財産に対するいかなる判決前の強制的な措置（仮差押え、仮処分等）も、他の国の裁判所における裁判手続に関連してとられてはならない。ただし、次の場合は、この限りでない。

(a)　当該国が、次のいずれかの方法により、そのような強制的な措置がとられることについて明示的に同意した場合

(i)　国際的な合意

(ii)　仲裁の合意又は書面による契約

(iii)　裁判所において行う宣言又は当事者間で紛争が生じた後に発出する書面による通知

(b)　当該国が当該裁判手続の目的である請求を満たすために財産を割り当て、又は特定した場合

第一九条（判決後の強制的な措置からの免除） いずれの国の財産に対するいかなる判決後の強制的な措置（差押え、強制執行等）も、他の国の裁判所における裁判手続に関連してとられてはならない。ただし、次の場合は、この限りでない。

(a)　当該国が、次のいずれかの方法により、そのような強制的な措置がとられることについて明示的に同意した場合

(i)　国際的な合意

(ii)　仲裁の合意又は書面による契約

(iii)　裁判所において行う宣言又は当事者間で紛争が生じた後に発出する書面による通知

(b)　当該国が当該裁判手続の目的である請求を満たすために財産を割り当て、又は特定した場合

(c)　当該財産が、政府の非商業的目的以外に当該国により特定的に使用され、又はそのような使用が予定され、かつ、法廷地国の領域内にあることが立証された場合。ただし、そのような強制的な措置については、裁判手続の対象とされた団体と関係を有する財産に対してのみとることができる。

第二〇条（裁判権の行使についての同意が強制的な措置に及ぼす効果） 前二条の規定に基づき強制的な措

置についての同意が必要となる場合において、第七条の規定に基づく裁判権の行使についての同意は、強制的な措置がとられることについての同意を意味するものではない。

第二一条（特定の種類の財産）1　国の財産のうち特に次の種類の財産は、第一九条(c)に規定する政府の非商業的目的以外に当該国により特定的に使用され、又はそのような使用が予定される財産とは認められない。

(a)　当該国の外交使節団、領事機関、特別使節団、国際機関に派遣されている使節団又は国際機関の内部機関若しくは国際会議に派遣されている代表団の任務の遂行に当たって使用され、又はそのような使用が予定される財産（銀行預金を含む。）

(b)　軍事的な性質の財産又は軍事的な任務の遂行に当たって使用され、若しくはそのような使用が予定される財産

(c)　当該国の中央銀行その他金融当局の財産

(d)　当該国の文化遺産の一部又は公文書の一部を構成する財産であって、販売されておらず、かつ、販売が予定されていないもの

(e)　科学的、文化的又は歴史的に意義のある物の展示の一部を構成する財産であって、販売されておらず、かつ、販売が予定されていないもの

2　1の規定は、第一八条並びに第一九条(a)及び(b)の規定の適用を妨げるものではない。

第五部　雑　則

第二二条（送達）1　呼出状その他のいずれかの国に対して裁判手続を開始する文書の送達は、次のいずれかの方法によって実施する。

(a)　法廷地国及び当該国に対して拘束力を有する適用のある国際条約に基づく方法

(b)　申立人と当該国との間の送達のための特別の合意に基づく方法。ただし、法廷地国の法令によって禁止されていない場合に限る。

(c)　(a)に規定する国際条約又は(b)に規定する特別の合意が存在しない場合には、

(i)　外交上の経路を通じて当該国の外務省に送付する方法

(ii)　当該国が受け入れるその他の方法。ただし、法廷地国の法令によって禁止されていない場合に限る。

2　1(c)(i)の方法による送達は、外務省による文書の受領により、実施されたものとみなす。

3　これらの文書には、必要があるときは、1に規定する国の公用語（公用語が二以上あるときは、そのうちの一）による訳文を付する。

4　いずれの国も、自国に対して開始された裁判手続の本案に関して出廷した場合には、その後は、送達が1又は3の規定に適合していなかった旨を主張することができない。

第二三条（欠席判決）1　欠席判決は、裁判所が次のすべてのことを認定しない限り、いずれの国に対してもこれを言い渡してはならない。

(a)　前条1及び3に定める要件が満たされたこと。

(b)　前条1及び2の規定に従い呼出状その他の裁判手続を開始する文書の送達が実施された日又は実施されたとみなされる日から四箇月以上の期間が経過したこと。

(c)　当該裁判所が当該国に対して裁判権を行使することがこの条約によって禁止されていないこと。

2　いずれかの国に対して言い渡した欠席判決の写しは、必要があるときは当該国の公用語（公用語が二以上あるときは、そのうちの一）による訳文を付して、前条1に定めるいずれかの方法により、かつ、同条1の規定に従って当該国に送付する。

3　欠席判決の取消しを求める申立ての期限は、四箇月を下回らないものとし、2に規定する国が判決の写しを受領した日又は受領したとみなされる日から起算する。

第二四条（裁判手続における特権及び免除）1　裁判手続のために特定の行為を行い、若しくは行うことを差し控え、又は書類を提出し、若しくは他の情報を開示することをいずれかの国に対して求める他の国の裁判所の命令に当該国が従わなかったこと又は従うことを拒否したことは、事件の本案との関係においてそのような行動がもたらすことのある結果を除くほか、他のいかなる結果ももたらすものではない。特に、命令に従わなかったこと又は従うことを拒否したことを理由として、当該国に対して過料又は制裁を課してはならない。

2　いずれの国も、他の国の裁判所において相手方となっている裁判手続において、裁判費用の支払を保証するためのいかなる担保、保証証書又は供託金（いかなる名称が付されているかを問わない。）の提供も要求されない。

第六部　最終規定

第二五条（附属書）この条約の附属書は、この条約の不可分の一部を成す。

第二六条（他の国際協定）この条約のいかなる規定も、この条約で取り扱われている事項に関する既存の国際協定の当事国の間において締約国が当該国際協定に基づいて有する権利及び義務に影響を及ぼすものではない。

第二七条（紛争の解決）1　締約国は、この条約の解釈又は適用に関する紛争を交渉によって解決するよう努める。

2　この条約の解釈又は適用に関する締約国間の紛争であって六箇月以内に交渉によって解決することができないものは、いずれかの紛争当事国の要請により、仲裁に付される。仲裁の要請の日の後六箇月以内に仲裁の組織について紛争当事国間で合意に達しない場合には、いずれの紛争当事国も、国際司法裁

判所規程に従い国際司法裁判所に紛争を付託することができる。

3　締約国は、この条約への署名、この条約の批准、受諾若しくは承認又はこの条約への加入の際に、2の規定に拘束されない旨を宣言することができる。他の締約国は、そのような宣言を行った締約国との関係において同規定に拘束されない。

4　3の規定に基づいて宣言を行った締約国は、国際連合事務総長に対して通告を行うことにより、いつでもその宣言を撤回することができる。

第二八条（署名）この条約は、二〇〇七年一月一七日まで、ニューヨークにある国際連合本部において、すべての国による署名のために開放しておく。

第二九条（批准、受諾、承認又は加入）1　この条約は、批准され、受諾され、又は承認されなければならない。

2　この条約は、すべての国による加入のために開放しておく。

3　批准書、受諾書、承認書又は加入書は、国際連合事務総長に寄託する。

第三〇条（効力発生）1　この条約は、三〇番目の批准書、受諾書、承認書又は加入書が国際連合事務総長に寄託された日の後三〇日目の日に効力を生ずる。

2　三〇番目の批准書、受諾書、承認書又は加入書が寄託された日の後にこの条約を批准し、受諾し、若しくは承認し、又はこれに加入する国については、この条約は、その批准書、受諾書、承認書又は加入書の寄託の後三〇日目の日に効力を生ずる。

第三一条（廃棄）1　いずれの締約国も、国際連合事務総長に対して書面による通告を行うことにより、この条約を廃棄することができる。

2　廃棄は、国際連合事務総長が1の通告を受領した日の後一年で効力を生ずる。ただし、この条約は、国及びその財産の裁判権からの免除の問題であって、関係国のいずれかについて廃棄が効力を生ずる日前にいずれかの国に対して開始された他の国の裁判所における裁判手続において生じたものについては、引き続き適用する。

3　廃棄は、この条約に定める義務のうちこの条約との関係を離れ国際法に従って負うこととなる義務を履行する締約国の責務に何ら影響を及ぼすものではない。

第三二条（寄託者及び通告）1　国際連合事務総長は、この条約の寄託者として指名される。

2　国際連合事務総長は、この条約の寄託者として、すべての国に対し、次の事項を通報する。

(a)　この条約への署名並びに第二九条及び前条の規定に従って行われる批准書、受諾書、承認書若しくは加入書の寄託又は廃棄の通告

(b)　第三〇条の規定に従いこの条約が効力を生ずる日

(c)　この条約に関連する行為、通告又は通報

第三三条（正文）この条約は、アラビア語、中国語、英語、フランス語、ロシア語及びスペイン語をひとしく正文とする。

以上の証拠として、下名は、各自の政府から正当に委任を受けて、二〇〇五年一月一七日にニューヨークにある国際連合本部で署名のために開放されたこの条約に署名した。

附属書　この条約の特定の規定に関する了解

この附属書は、この条約の特定の規定に関する了解を定めることを目的とするものである。

第一〇条の規定に関する了解

第一〇条に規定する「免除」とは、この条約全体の文脈により了解される。

同条3の規定は、「法人格の否認」の問題、国営企業その他の国によって設立された団体が、裁判手続の目的である請求を満たすことを避けるため、その財務状況について故意に虚偽の表示を行い、若しくは事後にその資産を減ずるような事態に関する問題又はその他の関連する問題を予断するものではない。

第一一条の規定に関する了解

第一一条2(d)に規定する雇用主である国の「安全保障上の利益」とは、国家の安全保障並びに外交使節団及び領事機関の安全に関する事項を主として意図したものである。

一九六一年の外交関係に関するウィーン条約第四一条及び一九六三年の領事関係に関するウィーン条約第五五条の規定に基づき、これらの規定にいうすべての者は、接受国の法令（労働諸法令を含む。）を尊重する義務を有する。また、接受国は、一九六一年の外交関係に関するウィーン条約第三八条及び一九六三年の領事関係に関するウィーン条約第七一条の規定に基づき、外交使節団又は領事機関の任務の遂行を不当に妨げないような方法によって裁判権を行使する義務を有する。

第一三条及び第一四条の規定に関する了解

「決定」は、保護される権利の存否についての確認又は検証のみでなく、当該権利の実体（当該権利の内容、範囲及び程度を含む。）の評価も意味するものとして用いる。

第一七条の規定に関する了解

「商業的取引」には、投資に関する事項を含む。

第一九条の規定に関する了解

第一九条(c)に規定する「団体」とは、独立した法人格としての国家又は連邦国家の構成単位、国家の行政区画、国家の機関若しくは下部機関若しくは他の団体であって、独立した法人格を有するものをいう。

同条(c)に規定する「団体と関係を有する財産」とは、

所有され、又は占有される財産よりも広範なものと了解される。

同条の規定は、「法人格の否認」の問題、国営企業その他の国によって設立された団体が、裁判手続の目的である請求を満たすことを避けるため、その財務状況について故意に虚偽の表示を行い、若しくは事後にその資産を減ずるような事態に関する問題又はその他の関連する問題を予断するものではない。

24 国際違法行為に対する国家責任に関する条文（国家責任条文）

採択 二〇〇一年国連国際法委員会第五三回会期。同年国際連合総会第五六回会期決議五六／八三によりテーク・ノート

［注］（＊）の下に記載した条項は、一九九六年までに国際法委員会が暫定的に採択した国家責任に関する条文草案（第一読）の該当条項（必ずしも同一文言ではない）である。

第一部 国の国際違法行為

第一章 一般原則

第一条（国際違法行為に対する国の責任）（＊第一条）国のすべての国際違法行為は、その国の国際責任を生じさせる。

第二条（国の国際違法行為の要素）（＊第三条）国の国際違法行為は、作為又は不作為からなる行為が次の条件を満たす場合に存在する。

(a) 国際法に基づき当該国に帰属し、かつ、

(b) 当該国の国際義務の違反を構成するとき。

第三条（国の行為を国際違法行為とする性格づけ）（＊第四条）国の行為を国際違法行為とする性格づけは、国際法に基づいて規律される。この性格づけは、当該同一の行為が国内法によって適法と性格づけられることによっては影響を受けない。

第二章 行為の国への帰属

第四条（国の機関の行為） 1 国のいかなる機関の行為も、その機関が立法上、行政上、司法上又はその他の任務を遂行しているか、当該国の組織上のどのような地位を有するか、また、その機関が中央政府又は当該国の領域的単位の機関としてどのような性格をもつかを問わず、国際法上その国の行為とみなす。

2 機関には、その国の国内法に基づいて機関としての地位を有するすべての者又は実体が含まれる。

第五条（統治権能の要素を行使する者又は実体の行為）（＊第七条2）第四条に定める国の機関ではないがその国の法により統治権能の要素を行使する権限を与えられている者又は実体の行為は、当該の者又は実体が特定の事案においてその資格で行動している場合には、国際法上国の行為とみなす。

第六条（他の国により国の利用に供された機関の行為） 他の国により国の利用に供された機関の行為は、その機関がそれを利用する国の統治権能の要素を行使して行動している場合には、国際法上当該利用国の行為とみなす。

第七条（権限の逸脱又は指示の違反） 国の機関又は統治権能の要素を行使する権限を与えられた者若しくは実体の行為は、その機関、者又は実体がその資格で行動する場合には、与えられた権限を逸脱し又は指示に違反する場合であっても国際法上国の行為とみなす。

第八条（国が指揮し又は支配する行為）（＊第八条ⓐ）人又は人の集団の行為は、当該の者又は集団がその行為を遂行する際に事実上その国の指示に基づき又はその国の指揮若しくは支配の下に行動している場合には、国際法上国の行為とみなす。

第九条（公の当局が存在しないか又は機能停止の場合に行われた行為）（＊第八条ⓑ）人又は人の集団の行為は、当該の者又は集団が公の当局が存在しないか又は機能停止している場合であってかつ統治権能の要素の行使を必要とするような事情の下で統治権能の要素を事実上行使している場合には、国際法上国の行為とみなす。

第一〇条（反乱団体その他の活動団体の行為） 1 反乱団体が国の新政府となる場合には、当該団体の行為は、国際法上その国の行為とみなす。

2 反乱団体その他の活動団体が先行国の領域の一部又はその施政下にある領域で新国家の樹立に成功する場合には、当該活動団体の行為は、国際法上新国家の行為とみなす。

3 この条は、第四条ないし第九条より国の行為とみなすべき行為が、関連する活動団体の行為に関係するものであっても、その国に帰属することを妨げない。

第一一条（国が国自身のものとして承認し及び採用する行為） 前条までの規定に基づいて国に帰属しない行為も、その国が当該の行為を国自身のものとして承認し及び採用する場合にはその限度において、国際法上その国の行為とみなす。

第三章 国際義務の違反

第一二条（国際義務の違反の存在）（＊第一六条）国の行為が国際義務により当該国に要求されているものと一致しないときは、当該義務の淵源又は性質に関係なく、国による国際義務の違反が存在する。

第一三条（国に対して有効な国際義務）国の行為は、行為が生じるときにその国が関連する義務に拘束されているのでなければ、国際義務の違反を構成しない。

第一四条（国際義務の違反の時間的範囲）1　国の継続的性質を有しない行為による国際義務の違反は、その効果が継続する場合であっても、その行為が行われる時点で発生する。

2　国の継続的性質を有する行為による国際義務の違反は、その行為が継続しかつ国際義務と一致しない状態が続くすべての期間に及ぶ。

3　特定の事態の発生を防止するよう国に要求する国際義務の違反は、その事態が生じるときに発生し、並びに、その事態が継続しかつ当該義務と一致しない状態が続くすべての期間に及ぶ。

第一五条（合成的行為から成る違反）1　全体として違法となる一連の作為又は不作為を通じての国の国際義務の違反は、作為又は不作為が他の作為又は不作為と結合して違法行為を構成するに足りる程度になるときに発生する。

2　この場合、違反は、当該の一連の作為又は不作為の最初のものに始まる全期間に及び、並びに、これらの作為又は不作為が繰り返されかつ国際義務と一致しない状態が続く限り継続する。

第四章　他の国の行為に関連する国の責任

第一六条（国際違法行為の実行に対する支援又は援助）他の国の国際違法行為の実行を支援し又は援助する国は、次の場合に支援又は援助につき国際責任を負う。

(a)　その国が国際違法行為の事情を了知して支援又は援助を行い、かつ、

(b)　その国がその行為を行ったとすれば当該行為が国際的に違法となる場合。

第一七条（国際違法行為の実行に対する指揮及び支配）他の国の国際違法行為の実行を指揮し及び支配する国は、次の場合に当該他の国の国際違法行為につき国際責任を負う。

(a)　その国が国際違法行為の事情を了知して指揮及び支配を行い、かつ、

(b)　その国がその行為を行ったとすれば当該行為が国際違法行為となる場合。

第一八条（他の国の強制）他の国に行為を強制する国は、次の場合に当該他の国の行為につき国際責任を負う。

(a)　強制がなければその行為は強制された国の国際違法行為となるもので、かつ、

(b)　強制国が当該行為の事情を了知して強制する場合。

第一九条（この章の効果）この章は、当該の行為を実行する国又はいずれかの他の国がこの責任条文の他の規定に基づいて負う国際責任を妨げるものではない。

第五章　違法性阻却事由

第二〇条（同意）（＊第二九条1）他の国の特定の行為に対する国の有効な同意は、その行為が当該同意の範囲内にある限り、同意を与える国との関係でその行為の違法性を阻却する。

第二一条（自衛）（＊第三四条）国の行為の違法性は、その行為が国際連合憲章に一致してとられる適法な自衛の措置を構成する場合には阻却される。

第二二条（国際違法行為に対する対抗措置）他の国に対する国際義務と一致しない国の行為の違法性は、その行為が当該他の国に対する第三部の第二章に従ってとられる対抗措置を構成する場合にはその限度で阻却される。

第二三条（不可抗力）1　国際義務と一致しない国の行為の違法性は、その行為が不可抗力、すなわち、当該国の支配を超える抵抗しがたい力又は予測できない事態の発生であって、その事情の下で義務の履行を実質的に不可能とするものによる場合には阻却される。

2　1は、次の場合には適用しない。

(a)　不可抗力の状態が不可抗力を援用する国それ自体の行為又は他の要因と結びついたその国の行為による場合、又は、

(b)　その国が不可抗力の状態が生じる危険の負担を予め引き受けていた場合。

第二四条（遭難）1　国際義務と一致しない国の行為の違法性は、当該行為の実行者が遭難状態の下でその者の生命又はその者に保護を託された者の生命を救うために合理的な他の手段を有しない場合には阻却される。

2　1は、次の場合には適用しない。

(a)　遭難の状態が遭難を援用する国それ自体の行為又は他の要因と結びついたその国の行為による場合、又は、

(b)　当該の行為が同等の又はより大きな危険を生じさせる虞がある場合。

第二五条（緊急状態）1　国は、次の場合を除き、国際義務と一致しない国の行為の違法性を阻却する根拠として緊急状態を援用することはできない。

(a)　その行為が重大でかつ急迫した危険に対して不可欠の利益を保護するための当該国にとっての唯一の手段であり、かつ、

(b)　その行為が義務の相手国又は国際社会全体の不可欠の利益に対する重大な侵害とならない場合。

2　いかなる場合にも、国は、次の場合には違法性を阻却する根拠として緊急状態を援用することはできない。

(a)　当該の国際義務が緊急状態を援用する可能性を排除する場合、又は、

(b)　当該国が緊急状態に寄与する場合。

第二六条（強行規範の遵守）この章のいかなる規定も、一般国際法の強行規範に基づいて生ずる義務と一致しない国の行為の違法性を阻却しない。

第二七条（違法性阻却事由を援用する場合の効果）この

章に従った違法性阻却事由の援用は、次のことを妨げない。

(a)　違法性阻却事由が存在しなくなる場合その限度で、当該の義務を遵守すること。

(b)　当該の行為から生ずる物的損失に対する金銭補償の問題。

第二部　国の国際責任の内容

第一章　一般原則

第二八条（国際違法行為の法的効果）（＊第三六条1）第一部の規定に従った国際違法行為から生ずる国の国際責任は、この部に定める法的効果を伴う。

第二九条（履行する義務の継続）（＊第三六条2）この部に基づく国際違法行為の法的効果は、違反した義務を履行する責任国の継続的な義務に影響を与えるものではない。

第三〇条（停止と再発防止）国際違法行為に責任を有する国は、次の義務を負う。

(a)　当該の行為が継続している場合には、それを停止すること。

(b)　事情により必要な場合には、再発防止の適当な約束及び保証を提供すること。

第三一条（賠償）1　責任国は、国際違法行為により生じた侵害に完全な賠償を行う義務を負う。

2　侵害には、物的か精神的かを問わず、国の国際違法行為により生じたすべての損害を含む。

第三二条（国内法の無関係性）責任国は、この部の義務の不履行を正当化する根拠として自国の国内法の規定を援用することはできない。

第三三条（この部に定める国際義務の範囲）1　この部に定める責任国の義務は、特に国際義務の性格及び内容並びに違反の事情に応じて、他の国、複数の国又は国際社会全体に対して負うことがある。

2　この部は、国の国際責任から生ずる権利であって国以外の私人又は実体に直接生じるものを妨げるものではない。

第二章　侵害の賠償

第三四条（賠償の形態）国際違法行為により生じた侵害に対する完全な賠償は、この章の規定に従って、原状回復、金銭賠償及び満足の形態を単独に又はそれらの組み合わせで行うものとする。

第三五条（原状回復）国際違法行為に対し責任を有する国は、次の条件の下にかつその限度において、原状回復を行う義務、すなわち違法行為が行われる以前に存在した状態を回復する義務を負う。

(a)　原状回復が実質的に不可能ではないこと。

(b)　原状回復が金銭賠償の代わりに原状回復を行うことによって得る利益と全く比例しない負担をもたらさないこと。

第三六条（金銭賠償）1　国際違法行為に対し責任を有する国は、当該行為に起因する損害に対して、当該損害が原状回復によって埋め合わせされない限度において、金銭賠償を行う義務を負う。

2　金銭賠償には、証明される限りにおいて逸失利益を含む、金銭的に評価できるすべての損害を含む。

第三七条（満足）1　国際違法行為に対し責任を有する国は、当該行為に起因する侵害に対して、当該侵害が原状回復又は金銭賠償によって埋め合わせされない限度において、満足を与える義務を負う。

2　満足は、違反の確認、遺憾の意の表明、公式の陳謝又は他の適当な形態をとることができる。

3　満足は、侵害と比例しないものであってはならず、かつ、責任国に屈辱を与える形態をとることはできない。

第三八条（利子）1　完全な賠償を確保するために必要な場合には、この章に基づいて支払うべき賠償の元金に対して利子が支払われる。利子の率及び計算方法は、完全な賠償を達成するように定められる。

2　利子は、賠償の元金が支払われているべき日から支払義務が履行される日までの期間について生じる。

第三九条（侵害に対する寄与）賠償の決定にあたっては、被侵害国又はそれとの関係で賠償が請求される人若しくは実体の故意又は過失による作為又は不作為によってもたらされる侵害への寄与について考慮する。

第三章　一般国際法の強行規範に基づく義務の重大な違反

第四〇条（この章の適用）1　この章は、一般国際法の強行規範に基づく義務の国による重大な違反によってもたらされる国際責任に適用する。

2　そのような義務の違反は、責任国による当該義務の著しい又は系統的な不履行を伴う場合には重大な違反となる。

第四一条（この章に基づく重大な義務違反の特別の効果）1　国は、前条に定める重大な違反を終了させるために適法な手段を通じて協力する。

2　いかなる国も、前条に定める重大な違反が生じさせた状態を適法なものとして承認してはならず、並びに、その状態の維持を支援し又は援助してはならない。

3　この条は、この部に定める他の効果、及び、この章を適用する違反が国際法上もたらすことのあるそれ以外の効果に影響を及ぼすものではない。

第三部　国の国際責任の実施

第一章　国の責任の援用

第四二条（被侵害国による責任の援用）国は、違反のあった義務が次の条件を満たす場合には、被侵害国として他の国の責任を援用する権利を有する。

(a)　当該被侵害国に対し個別的に負う義務であるとき、又は、

(b)　当該被侵害国を含む国の集団又は国際社会全体

に対して負う義務であって、かつ、
(i) その義務違反が、当該被侵害国に特に影響を与えるとき、若しくは、
(ii) その義務違反が、当該義務の履行の継続についての他のすべての国の立場を根本的に変更する性質のものであるとき。

第四三条(被侵害国による請求の通告) 1　他の国の責任を援用する被侵害国は、自国の請求を当該他の国に通告する。
2　被侵害国は、特に次のことを特定することができる。
(a) 違法行為が継続している場合には、その違法行為を停止するために責任国がとるべき行為。
(b) 第二部の規定に従ってとられるべき賠償の形態。

第四四条(請求の受理可能性) 国の責任は、次の場合には援用することができない。
(a) 請求が、請求の国籍に関して適用される規則に従ってなされていないとき。
(b) 国内的救済完了の原則が適用される請求であって、利用可能でかつ効果的な国内的救済手段が未だ尽くされていないとき。

第四五条(責任を援用する権利の喪失) 国の責任は、次の場合には援用することができない。
(a) 被侵害国が請求を有効に放棄したとき。
(b) 被侵害国が、請求の消滅をその行為により有効に黙認したとみなされるとき。

第四六条(被侵害国が複数ある場合) 同一の国際違法行為により複数の国が侵害を受ける場合には、各被侵害国は、国際違法行為を行った国の責任を個別に援用することができる。

第四七条(責任国が複数ある場合) 1　同一の国際違法行為に対し複数の国が責任を有する場合には、当該の行為についてそれぞれの国の責任を援用することができる。
2　1は、
(a) いかなる被侵害国もその国が被った損害以上のものを金銭賠償によって回復することを許すものではない。
(b) 他の責任国に対して請求を行う権利を妨げるものではない。

第四八条(被侵害国以外の国による責任の援用) 1　被侵害国以外の国は、次の場合には2に基づいて他の国の責任を援用する権利を有する。
(a) 違反のあった義務が、当該国を含む国の集団に対して負う義務であってかつその集団の集団的利益を保護するために設けられたものであるとき、又は、
(b) 違反のあった義務が、国際社会全体に対して負う義務であるとき。
2　1に基づき責任を援用する権利を有するいかなる国も、責任国に対して次のことを請求することができる。
(a) 第三〇条に従った国際違法行為の停止、並びに再発防止の約束及び保証、並びに
(b) 被侵害国又は違反のあった義務の受益者のために、前諸条文に従った賠償義務の履行。
3　被侵害国が責任を援用するための第四三条、第四四条及び第四五条に基づく要件は、1に基づき責任を援用する権利を有する国が責任を援用する場合に適用する。

第二章　対抗措置

第四九条(対抗措置の目的及び限定) 1　被侵害国は、国際違法行為に責任を有する国に対して第二部に基づく義務に従うように促すためにのみ対抗措置をとることができる。
2　対抗措置は、その措置をとる国が責任国に対して負う国際義務を当分の間履行しないことに限られる。
3　対抗措置は、できる限り、関連する義務の履行を回復できるような方法でとらなければならない。

第五〇条(対抗措置により影響を受けない義務) 1　対抗措置は、次の義務に影響を与えてはならない。
(a) 国際連合憲章に具現された武力による威嚇又は武力の行使を慎む義務
(b) 基本的人権を保護する義務
(c) 復仇を禁止する人道的性質の義務
(d) 一般国際法の強行規範に基づく他の義務
2　対抗措置をとる国は、次の義務を履行することを免れない。
(a) 当該国と責任国との間で適用可能なあらゆる紛争解決手続に基づく義務
(b) 外交官、領事官、外交又は領事の公館、公文書及び書類の不可侵を尊重する義務

第五一条(均衡性) 対抗措置は、国際違法行為の重大性及び関連する権利を考慮して、被った侵害と均衡するものでなければならない。

第五二条(対抗措置に訴える条件) 1　対抗措置をとる前に、被侵害国は、次のことを行うものとする。
(a) 責任国に、第四三条に従って、第二部に基づく義務を履行するよう要請する。
(b) 責任国に対抗措置をとる決定を通告し及び責任国との交渉を提案する。
2　1(b)に拘わらず、被侵害国は、自国の権利を保全するために必要な緊急の対抗措置をとることができる。
3　対抗措置は、次の場合にはとることができず、既にとっている場合には不当に遅延することなく停止しなければならない。
(a) 国際違法行為が停止されたときであって、かつ、
(b) 紛争が当事国を拘束する決定を行う権限をもつ裁判所に係属しているとき。
4　3は、責任国が紛争解決手続を誠実に履行しない場合には適用しない。

第五三条(対抗措置の終了) 対抗措置は、責任国が国際違法行為につき第二部に基づく義務を履行したときは速やかに終了する。

第五四条（被侵害国以外の国がとる措置）この章は、第四八条1に基づいて他の国の責任を援用する権利を有する国が、違反の停止及び被侵害国又は違反のあった義務の受益者のために賠償を確保する目的で責任国に対して適法な措置をとる権利を妨げるものではない。

第四部　一般規定

第五五条（特別法）この責任条文は、国際違法行為が存在するための要件又は国の国際責任の内容若しくは実施が国際法の特別規則により定められる場合にはその限度で適用しない。

第五六条（この責任条文が規律しない国家責任の問題）国際違法行為についての国の責任に関する問題は、この責任条文で規律されない限度で、引き続き国際法の適用のある規則が規律する。

第五七条（国際機関の責任）この責任条文は、国際機関が有する又は国際機関の行為につき国が有する国際法上の責任の問題に影響を及ぼすものではない。

第五八条（個人責任）この責任条文は、国のために行動する者の国際法上の個人責任の問題に影響を及ぼすものではない。

第五九条（国際連合憲章）この責任条文は、国際連合憲章に影響を及ぼすものではない。

〈参考〉国家責任に関する暫定条文草案（国家責任条文草案）（第一読）（抜粋）

第一部　国家責任の淵源

第一一条（国のために行動しているのでない私人の行為）1　国のために行動しているのでない私人又は私人の集団の行為は、国際法上、国の行為とはみなさない。

2　1は、1に定める私人又は私人の集団の行為に関係するいずれか他の行為であって第五条から第一〇条までの規定に基づいてその国の行為とみなされるものの国への帰属を妨げるものではない。

第一九条（国際犯罪及び単なる国際違法行為）1　国際義務の違反を構成する国の行為は、違反された義務が対象とする事項に関係なく、国際違法行為となる。

2　国際違法行為であって、国際社会の根本的利益の保護のために不可欠であるためその違反が国際社会全体によって犯罪と認められるような国際義務の国による違反から生じるものは、国際犯罪を構成する。

3　2に従って、かつ、効力のある国際法の規則に基づいて、国際犯罪は、特に、次のものから生ずることがある。

(a)　侵略を禁止する義務のように、国際の平和及び安全の維持のために不可欠の重要性を有する国際義務の重大な違反、

(b)　植民地支配の力による確立又は維持を禁止する義務のように、人民の自決権を保護するために不可欠の重要性を有する国際義務の重大な違反、

(c)　奴隷制度、集団殺害及びアパルトヘイトを禁止する義務のように、人間を保護するために不可欠の重要性を有する国際義務の大規模で重大な違反、

(d)　大気又は海洋の大量の汚染を禁止する義務のように、人間環境を保護し及び保全するために不可欠の重要性を有する国際義務の重大な違反。

4　2に従って、国際犯罪に該当しない国際違法行為は、単なる国際違法行為を構成する。

第二〇条（特定の行為形態の採用を要求する国際義務の違反）　特定の行為形態を採用することを要求する国際義務の国による違反は、当該国の行為がその義務により当該国に要求されているものと一致しないときに、存在する。

第二一条（特定された結果の達成を要求する国際義務の違反）1　国が自ら選択する手段により、特定された結果を達成するように要求する国際義務の国による違反は、当該国が、採用した行為によって、その義務により当該国に要求されている結果を達成しない場合に、存在する。

2　国の行為が国際義務により当該国に要求されている結果と一致しない状況を生じさせたが、なお国のその後の行為によって当該の結果又は同等の結果を達成することができることをその義務が許している場合には、その義務の違反は、当該国がその後の行為によってもその義務により当該国に要求されている結果を達成できない場合にのみ、存在する。

第二五条（時間的に継続する国の行為による国際義務の違反の時点及び期間）1　継続的性質を有する国の行為による国際義務の違反は、その行為が始まる時点で生じる。ただし、違反が行われる時間は、その行為が継続し及び国際義務と一致しない状態が続く全期間に及ぶ。

2　別個の事案について認められる一連の作為又は不作為から成立する国の行為による国際義務の違反は、一連の作為又は不作為であって合成された行為の存在を証明するものが完了した時点で生じる。ただし、違反が行われる時間は、国際義務と一致しない合成された行為を構成する作為又は不作為の最初のものから及びこのような作為又は不作為が繰り返される限りで全期間に及ぶ。

3　同一の事案において認められる国の同一の又は異なる期間の連続した作為又は不作為から構成される国の複合的行為による国際義務の違反は、当該複合行為の最後の構成部分が完了する時点で生じる。ただし、違反が行われる時間は違反を開始させる行為又は不作為と違反を完成される作為又は不作為の間の全時間に及ぶ。

25 日本国憲法（抄）

公　布　一九四六（昭和二一）年一一月三日
施　行　一九四七（昭和二二）年五月三日

日本国民は、正当に選挙された国会における代表者を通じて行動し、われらとわれらの子孫のために、諸国民との協和による成果と、わが国全土にわたつて自由のもたらす恵沢を確保し、政府の行為によつて再び戦争の惨禍が起ることのないやうにすることを決意し、ここに主権が国民に存することを宣言し、この憲法を確定する。そもそも国政は、国民の厳粛な信託によるものであつて、その権威は国民に由来し、その権力は国民の代表者がこれを行使し、その福利は国民がこれを享受する。これは人類普遍の原理であり、この憲法は、かかる原理に基くものである。われらは、これに反する一切の憲法、法令及び詔勅を排除する。

日本国民は、恒久の平和を念願し、人間相互の関係を支配する崇高な理想を深く自覚するのであつて、平和を愛する諸国民の公正と信義に信頼して、われらの安全と生存を保持しようと決意した。われらは、平和を維持し、専制と隷従、圧迫と偏狭を地上から永遠に除去しようと努めてゐる国際社会において、名誉ある地位を占めたいと思ふ。われらは、全世界の国民が、ひとしく恐怖と欠乏から免かれ、平和のうちに生存する権利を有することを確認する。

われらは、いづれの国家も、自国のことのみに専念して他国を無視してはならないのであつて、政治道徳の法則は、普遍的なものであり、この法則に従ふことは、自国の主権を維持し、他国と対等関係に立たうとする各国の責務であると信ずる。

日本国民は、国家の名誉にかけ、全力をあげてこの崇高な理想と目的を達成することを誓ふ。

第二章　戦争の放棄

第九条【戦争の放棄、戦力の不保持、交戦権の否認】
1　日本国民は、正義と秩序を基調とする国際平和を誠実に希求し、国権の発動たる戦争と、武力による威嚇又は武力の行使は、国際紛争を解決する手段としては、永久にこれを放棄する。
2　前項の目的を達するため、陸海空軍その他の戦力は、これを保持しない。国の交戦権は、これを認めない。

第三章　国民の権利及び義務

第一〇条【国民の要件】日本国民たる要件は、法律でこれを定める。

第一一条【基本的人権の普遍性、永久不可侵性、固有性】国民は、すべての基本的人権の享有を妨げられない。この憲法が国民に保障する基本的人権は、侵すことのできない永久の権利として、現在及び将来の国民に与へられる。

第一二条【自由及び権利の保持責任と濫用禁止】この憲法が国民に保障する自由及び権利は、国民の不断の努力によつて、これを保持しなければならない。又、国民は、これを濫用してはならないのであつて、常に公共の福祉のためにこれを利用する責任を負ふ。

第一三条【個人の尊重と公共の福祉】すべて国民は、個人として尊重される。生命、自由及び幸福追求に対する国民の権利については、公共の福祉に反しない限り、立法その他の国政の上で、最大の尊重を必要とする。

第一四条【法の下の平等、貴族制度の廃止、栄典】1　すべて国民は、法の下に平等であつて、人種、信条、性別、社会的身分又は門地により、政治的、経済的又は社会的関係において、差別されない。
2　華族その他の貴族の制度は、これを認めない。
3　栄誉、勲章その他の栄典の授与は、いかなる特権も伴はない。栄典の授与は、現にこれを有し、又は将来これを受ける者の一代に限り、その効力を有する。

第一五条【公務員の選定・罷免権、全体の奉仕者性、普通選挙・秘密投票の保障】1　公務員を選定し、及びこれを罷免することは、国民固有の権利である。
2　すべて公務員は、全体の奉仕者であつて、一部の奉仕者ではない。
3　公務員の選挙については、成年者による普通選挙を保障する。
4　すべて選挙における投票の秘密は、これを侵してはならない。選挙人は、その選択に関し公的にも私的にも責任を問はれない。

第一六条【請願権】何人も、損害の救済、公務員の罷免、法律、命令又は規則の制定、廃止又は改正その他の事項に関し、平穏に請願する権利を有し、何人も、かかる請願をしたためにいかなる差別待遇も受けない。

第一七条【国及び公共団体の賠償責任】何人も、公務員の不法行為により、損害を受けたときは、法律の定めるところにより、国又は公共団体に、その賠償を求めることができる。

第一八条【奴隷的拘束・苦役からの自由】何人も、いかなる奴隷的拘束も受けない。又、犯罪に因る処罰の場合を除いては、その意に反する苦役に服させられない。

第一九条【思想・良心の自由】思想及び良心の自由は、これを侵してはならない。

第二〇条【信教の自由、政教分離】1　信教の自由は、何人に対してもこれを保障する。いかなる宗教団体も、国から特権を受け、又は政治上の権力を行使してはならない。
2　何人も、宗教上の行為、祝典、儀式又は行事に参加することを強制されない。
3　国及びその機関は、宗教教育その他いかなる宗教的活動もしてはならない。

第二一条【集会・結社・表現の自由、検閲の禁止、通

信の秘密】1 集会、結社及び言論、出版その他一切の表現の自由は、これを保障する。

2 検閲は、これをしてはならない。通信の秘密は、これを侵してはならない。

第二二条【居住・移転・職業選択の自由、外国移住、国籍離脱の自由】1 何人も、公共の福祉に反しない限り、居住、移転及び職業選択の自由を有する。

2 何人も、外国に移住し、又は国籍を離脱する自由を侵されない。

第二三条【学問の自由】学問の自由は、これを保障する。

第二四条【家族生活における個人の尊厳・両性の平等】

1 婚姻は、両性の合意のみに基いて成立し、夫婦が同等の権利を有することを基本として、相互の協力により、維持されなければならない。

2 配偶者の選択、財産権、相続、住居の選定、離婚並びに婚姻及び家族に関するその他の事項に関しては、法律は、個人の尊厳と両性の本質的平等に立脚して、制定されなければならない。

第二五条【国民の生存権、国の社会保障的義務】1 すべて国民は、健康で文化的な最低限度の生活を営む権利を有する。

2 国は、すべての生活部面について、社会福祉、社会保障及び公衆衛生の向上及び増進に努めなければならない。

第二六条【教育を受ける権利・教育の義務】1 すべて国民は、法律の定めるところにより、その能力に応じて、ひとしく教育を受ける権利を有する。

2 すべて国民は、法律の定めるところにより、その保護する子女に普通教育を受けさせる義務を負ふ。義務教育は、これを無償とする。

第二七条【勤労の権利義務、勤労条件の基準、児童酷使の禁止】1 すべて国民は、勤労の権利を有し、義務を負ふ。

2 賃金、就業時間、休息その他の勤労条件に関する基準は、法律でこれを定める。

3 児童は、これを酷使してはならない。

第二八条【労働基本権】勤労者の団結する権利及び団体交渉その他の団体行動をする権利は、これを保障する。

第二九条【財産権】1 財産権は、これを侵してはならない。

2 財産権の内容は、公共の福祉に適合するやうに、法律でこれを定める。

3 私有財産は、正当な補償の下に、これを公共のために用ひることができる。

第三〇条【納税の義務】国民は、法律の定めるところにより、納税の義務を負ふ。

第三一条【法定手続の保障】何人も、法律の定める手続によらなければ、その生命若しくは自由を奪はれ、又はその他の刑罰を科せられない。

第三二条【裁判を受ける権利】何人も、裁判所において裁判を受ける権利を奪はれない。

第三三条【逮捕の要件】何人も、現行犯として逮捕される場合を除いては、権限を有する司法官憲が発し、且つ理由となつてゐる犯罪を明示する令状によらなければ、逮捕されない。

第三四条【抑留・拘禁の要件、拘禁理由の開示】何人も、理由を直ちに告げられ、且つ、直ちに弁護人に依頼する権利を与へられなければ、抑留又は拘禁されない。又、何人も、正当な理由がなければ、拘禁されず、要求があれば、その理由は、直ちに本人及びその弁護人の出席する公開の法廷で示されなければならない。

第三五条【住居の不可侵、捜索・押収の要件】1 何人も、その住居、書類及び所持品について、侵入、捜索及び押収を受けることのない権利は、第三三条の場合を除いては、正当な理由に基いて発せられ、且つ捜索する場所及び押収する物を明示する令状がなければ、侵されない。

2 捜索又は押収は、権限を有する司法官憲が発する各別の令状により、これを行ふ。

第三六条【拷問・残虐刑の禁止】公務員による拷問及び残虐な刑罰は、絶対にこれを禁ずる。

第三七条【刑事被告人の諸権利】1 すべて刑事事件においては、被告人は、公平な裁判所の迅速な公開裁判を受ける権利を有する。

2 刑事被告人は、すべての証人に対して審問する機会を充分に与へられ、又、公費で自己のために強制的手続により証人を求める権利を有する。

3 刑事被告人は、いかなる場合にも、資格を有する弁護人を依頼することができる。被告人が自らこれを依頼することができないときは、国でこれを附する。

第三八条【不利益供述の不強要、自白の証拠能力】1 何人も、自己に不利益な供述を強要されない。

2 強制、拷問若しくは脅迫による自白又は不当に長く抑留若しくは拘禁された後の自白は、これを証拠とすることができない。

3 何人も、自己に不利益な唯一の証拠が本人の自白である場合には、有罪とされ、又は刑罰を科せられない。

第三九条【遡及処罰の禁止・二重処罰の禁止】1 何人も、実行の時に適法であつた行為又は既に無罪とされた行為については、刑事上の責任を問はれない。又、同一の犯罪について、重ねて刑事上の責任を問はれない。

第四〇条【刑事補償】何人も、抑留又は拘禁された後、無罪の裁判を受けたときは、法律の定めるところにより、国にその補償を求めることができる。

第五章 内 閣

第七三条【内閣の職権】内閣は、他の一般行政事務の外、左の事務を行ふ。

一 法律を誠実に執行し、国務を総理すること。

二 外交関係を処理すること。

三　条約を締結すること。但し、事前に、時宜によっては事後に、国会の承認を経ることを必要とする。
四　法律の定める基準に従ひ、官吏に関する事務を掌理すること。
五　予算を作成して国会に提出すること。
六　この憲法及び法律の規定を実施するために、政令を制定すること。但し、政令には、特にその法律の委任がある場合を除いては、罰則を設けることができない。
七　大赦、特赦、減刑、刑の執行の免除及び復権を決定すること。

第一〇章　最高法規

第九七条【基本的人権の本質】この憲法が日本国民に保障する基本的人権は、人類の多年にわたる自由獲得の努力の成果であつて、これらの権利は、過去幾多の試錬に堪へ、現在及び将来の国民に対し、侵すことのできない永久の権利として信託されたものである。

第九八条【憲法の最高法規性、国際法規の遵守】1　この憲法は、国の最高法規であつて、その条規に反する法律、命令、詔勅及び国務に関するその他の行為の全部又は一部は、その効力を有しない。

2　日本国が締結した条約及び確立された国際法規は、これを誠実に遵守することを必要とする。

3章
人 権

3 1 世界人権宣言

採 択 一九四八年一二月一〇日
国際連合総会第三回会期決議二一七A(III)

前 文

人類社会のすべての構成員の固有の尊厳及び平等で奪い得ない権利を認めることが世界における自由、正義及び平和の基礎をなすものであるので、

人権の無視及び軽侮が、人類の良心を踏みにじった野蛮行為をもたらし、また、人間が言論及び信念の自由並びに恐怖及び欠乏からの自由を享受する世界の到来が、一般の人民の最高の願望として宣明されたので、

人間が、専制及び抑圧に対して、最後の手段として反逆に訴えることを余儀なくされてはならないとすれば、人権を法の支配によって保護することが不可欠であるので、

諸国民の間の友好関係の発展を促進することが不可欠であるので、

連合国の人民は、憲章において、基本的人権、人間の尊厳及び価値並びに男女の同権への信念をあらためて確認し、かつ、一層大きな自由の中で社会的進歩及び生活水準の向上を促進することを決意したので、

加盟国は、国際連合と協力して、人権及び基本的自由の普遍的な尊重及び遵守の促進を達成することを誓約したので、

これらの権利及び自由に関する共通の理解は、この誓約の完全な実現にとって最も重要であるので、

したがって、ここに、総会は、

社会のすべての個人及びすべての機関が、この宣言を常に念頭におきながら、加盟国自身の人民の間にも加盟国の管轄下にある領域の人民の間にも、これらの権利及び自由の尊重を指導及び教育によって促進し、並びにそれらの普遍的かつ効果的な承認及び遵守を国内的及び国際的な漸進的措置によって確保するよう努力するため、すべての人民とすべての国とが達成すべき共通の基準として、この世界人権宣言を公布する。

第一条【自由平等】すべての人間は、生まれながらにして自由であり、かつ、尊厳及び権利において平等である。人間は、理性及び良心を授けられており、互いに同胞の精神をもって行動しなければならない。

第二条【権利と自由の享有に関する無差別待遇】すべての者は、人種、皮膚の色、性、言語、宗教、政治的意見その他の意見、国民的若しくは社会的出身、財産、出生又は他の地位等によるいかなる差別もなしに、この宣言に規定するすべての権利及び自由を享有する権利を有する。

更に、個人の属する国又は地域が独立国であるか、信託統治地域であるか、非自治地域であるか、又は他の何らかの主権制限の下にあるかを問わず、その国又は地域の政治上、管轄上又は国際上の地位に基づくいかなる差別もされない。

第三条【生命、自由及び身体の安全の権利】すべての者は、生命、自由及び身体の安全についての権利を有する。

第四条【奴隷の禁止】何人も、奴隷の状態に置かれず、また、苦役に服することはない。あらゆる形態の奴隷制度及び奴隷取引は、禁止する。

第五条【拷問又は残虐な刑罰の禁止】何人も、拷問又は残虐な、非人道的な若しくは品位を傷つける取扱い若しくは刑罰を受けない。

第六条【人として認められる権利】すべての者は、すべての場所において、法律の前に人として認められる権利を有する。

第七条【法の前の平等】すべての者は、法律の前に平等であり、いかなる差別もなしに法律による平等の保

護を受ける権利を有する。すべての者は、この宣言に違反するいかなる差別に対しても、またそのような差別をそそのかす行為に対しても、平等の保護を受ける権利を有する。

第八条【基本権の侵害に対する救済】すべての者は、憲法又は法律によって与えられた基本的権利を侵害する行為に対して、権限のある国内裁判所による効果的な救済を受ける権利を有する。

第九条【逮捕、抑留又は追放の制限】何人も、恣意的に逮捕され、抑留され又は追放されない。

第一〇条【公正な裁判を受ける権利】すべての者は、その権利及び義務並びに刑事上の罪の決定のため、独立のかつ公平な裁判所による公正な公開審理を完全に平等に受ける権利を有する。

第一一条【無罪の推定、遡及刑の禁止】1　刑事上の罪に問われているすべての者は、自己の弁護のために必要なすべての保障を与えられた公開の裁判において法律に基づいて有罪とされるまでは、無罪と推定される権利を有する。

2　何人も、実行の時に国内法又は国際法により犯罪を構成しなかった作為又は不作為を理由として有罪とされることはない。何人も、犯罪が行われた時に適用されていた刑罰よりも重い刑罰を科されない。

第一二条【私生活、名誉、信用の保護】何人も、その私生活、家族、住居若しくは通信に対して恣意的に干渉され又は名誉及び信用を攻撃されない。すべての者は、そのような干渉又は攻撃に対する法律の保護を受ける権利を有する。

第一三条【移動と居住の自由】1　すべての者は、各国の境界内において移動及び居住の自由についての権利を有する。

2　すべての者は、いずれの国(自国を含む。)からも離れ、及び、自国に帰る権利を有する。

第一四条【迫害からの庇護】1　すべての者は、迫害からの庇護を他国に求め、かつ、これを他国で享受する権利を有する。

2　この権利は、もっぱら非政治犯罪又は国際連合の目的及び原則に反する行為から生ずる訴追の場合には、援用することができない。

第一五条【国籍の権利】1　すべての者は、国籍をもつ権利を有する。

2　何人も、その国籍を恣意的に奪われ、又は、国籍を変更する権利を否認されない。

第一六条【婚姻及び家族の権利】1　成年の男女は、人種、国籍又は宗教によるいかなる制限もなしに、婚姻をし、かつ家族を形成する権利を有する。成年の男女は、婚姻中及び婚姻の解消の際に、婚姻に関し平等の権利を有する。

2　婚姻は、両当事者の自由かつ完全な合意のみによって成立する。

3　家族は、社会の自然かつ基礎的な単位であり、社会及び国による保護を受ける権利を有する。

第一七条【財産権】1　すべての者は、単独で又は他の者と共同して財産を所有する権利を有する。

2　何人も、その財産を恣意的に奪われない。

第一八条【思想、良心及び宗教の自由】すべての者は、思想、良心及び宗教の自由についての権利を有する。この権利には、宗教又は信念を変更する自由、並びに、単独で又は他の者と共同して及び公に又は私的に、教導、行事、礼拝及び儀式によってその宗教又は信念を表明する自由を含む。

第一九条【意見及び表現の自由】すべての者は、意見及び表現の自由についての権利を有する。この権利には、干渉されることなく意見をもつ自由、並びにあらゆる方法によりかつ国境とのかかわりなく、情報及び考えを求め、受け及び伝える自由を含む。

第二〇条【集会及び結社の自由】1　すべての者は、平和的な集会及び結社の自由についての権利を有する。

2　何人も、結社に属することを強制されない。

第二一条【参政権】1　すべての者は、直接に、又は自由に選んだ代表者を通じて、自国の統治に参与する権利を有する。

2　すべての者は、自国の公務に平等に携わる権利を有する。

3　人民の意思は、統治の権力の基礎である。この意思は、普通かつ平等の選挙権に基づき秘密投票又は同等の自由な投票手続により行われる定期的かつ真正な選挙において表明される。

第二二条【社会保障についての権利】すべての者は、社会の構成員として、社会保障についての権利を有し、かつ、国内的努力及び国際協力により、並びに、各国の組織及び資源に応じて、その尊厳及び人格の自由な発展に不可欠な経済的、社会的及び文化的権利の実現を求める権利を有する。

第二三条【労働の権利】1　すべての者は、労働し、職業を自由に選択し、公正かつ良好な労働条件を確保し、及び失業に対する保護についての権利を有する。

2　すべての者は、いかなる差別もなしに、同一の労働について同一の報酬を受ける権利を有する。

3　労働するすべての者は、自己及び家族のために人間の尊厳にふさわしい生活を確保し、及び、必要な場合には他の社会的保護手段により補完される公正かつ良好な報酬を受ける権利を有する。

4　すべての者は、その利益を保護するため、労働組合を結成し、及び加入する権利を有する。

第二四条【休息及び余暇の権利】すべての者は、休息及び余暇(労働時間の合理的な制限及び定期的な有給休暇を含む。)についての権利を有する。

第二五条【相当な生活水準についての権利】1　すべての者は、自己及びその家族の健康及び福祉のための相当な生活水準(食糧、衣類、住居及び医療並びに必要な社会的役務を含む。)についての権利、並びに失業、疾病、障害、配偶者の死亡、老齢その他不可抗力による生活不能の場合に保障を受ける権利を有する。

2 母親及び児童は、特別の保護及び援助を受ける権利を有する。すべての児童は、嫡出であるかどうかを問わず、同一の社会的保護を享受する。

第二六条【教育についての権利】1 すべての者は、教育についての権利を有する。教育は、少なくとも初等の及び基礎的な段階においては無償とする。初等教育は、義務的とする。技術的及び職業的教育は、一般的に利用可能なものとし、かつ、高等教育は能力に応じてすべての者に対して均等に機会が与えられるものとする。

2 教育は、人格の完成並びに人権及び基本的自由の尊重の強化を指向するものとする。教育は、すべての国民、人種的集団又は宗教的集団の間の理解、寛容及び友好を促進し、かつ、平和の維持のための国際連合の活動を助長するものとする。

3 父母は、その児童に与える教育の種類を選択する優先的権利を有する。

第二七条【文化的な生活に参加する権利】1 すべての者は、自由に社会の文化生活に参加し、芸術を享受し、並びに科学の進歩及びその利益にあずかる権利を有する。

2 すべての者は、自己の科学的、文学的又は芸術的作品により生ずる精神的及び物質的利益の保護についての権利を有する。

第二八条【社会的及び国際的秩序への権利】すべての者は、この宣言に規定する権利及び自由が完全に実現される社会的及び国際的秩序についての権利を有する。

第二九条【社会に対する義務】1 すべての者は、その人格の自由かつ完全な発展がその中にあってのみ可能である社会に対して義務を負う。

2 すべての者は、自己の権利及び自由の行使に当たって、他の者の権利及び自由の正当な承認及び尊重を確保すること、並びに民主的社会における道徳、公の秩序及び一般的福祉の正当な要求を満たすことをもっぱら目的として法律により定められた制限にのみ服する。

3 これらの権利及び自由は、いかなる場合にも、国際連合の目的及び原則に反して行使することはできない。

第三〇条【権利及び自由を破壊する活動の不承認】この宣言のいかなる規定も、いずれかの国、集団又は個人に対して、この宣言に規定する権利及び自由のいずれかを破壊することを目的とする活動に従事し、又はそのような行為を行う権利を認めるものと解釈することはできない。

32 先住人民の権利に関する国際連合宣言

採択 二〇〇七年九月一三日 国際連合総会第六一回会期決議六一／二九五附属書

総会は、

国際連合憲章の目的及び原則並びに憲章に従って国が負う義務の履行についての信頼に導かれ、

すべての人民の異なる存在である権利、異なる存在であると自ら考える権利及びかかる存在として尊重される権利を認めつつ、先住人民(indigenous peoples)がすべての他の人民と同等であることを確認し、

すべての人民が人類の共同財産を構成する文明及び文化の多様性及び豊潤性に貢献することもまた確認し、

さらに、国民的出身又は人種的、宗教的、種族的若しくは文化的相違に基づき人民又は個人の優越性に基礎をおく又はそれを唱道するあらゆる理論、政策又は慣行は、人種主義的なものであり、科学的に虚偽であり、法的に無効であり、道徳的に非難されるべきであり、かつ、社会的に不当であることを確認し、

先住人民が、その権利を行使する上で、いかなる種類の差別もうけないことを再確認し、

先住人民が、とりわけ植民地化され、土地、領域及び資源を収奪され、かくしてとくに自らの必要と利益に従って発展する権利を行使することを妨げられてきたことの結果として、歴史的不正義をこうむってきたことを懸念し、

その政治的、経済的及び社会的構造並びに文化、精神的伝統、歴史及び哲学から生ずる先住人民の固有の権利、とりわけ土地、領域及び資源に対する権利を尊重し促進する緊急の必要性を承認し、

国との条約、協定その他の準取極に確認された先住人民の諸権利を尊重し促進する緊急の必要性をもまた承認し、

先住人民が、政治的、経済的及び文化的向上のために、並びにあらゆる形態の差別及び抑圧が生ずる場合には常にそれらを終わらせるために、自ら組織しつつあるという事実を歓迎し、

先住人民による、自ら、自らの土地、領域及び資源に影響を及ぼす開発についての管理は、彼らが、その組織、文化及び伝統を維持し強化し、並びにその希望と必要性に従ったその開発を促進することを可能にするであろうことを確信し、

先住民の知識、文化及び伝統的慣行(indigenous knowledge, cultures and tranditonal practice)の尊重が、環境の持続的かつ衡平な発展及び適正な管理に貢献することを承認し、

先住人民の土地及び領域の非軍事化が、平和、経済的及び社会的進歩及び発展、理解、並びに、世界の国及び人民の友好関係に貢献することを強調し、

その児童の養育、訓練、教育及び福祉についての

共同責任を、児童の権利との両立を図りつつ保持する、先住民の家族と共同体(indigenous families and communities)の権利をとりわけ承認し、

国と先住人民との間の条約、協定その他の準取極で確認された諸権利は、ある状況の下では、国際的関心、国際的利益、国際的責任及び国際的性格の事項であることを考慮し、

条約、協定その他の取極及びそれらが示す関係は、先住人民と国との間の強化された提携関係の基礎であることをもまた考慮し、

国際連合憲章、経済的、社会的及び文化的権利に関する国際規約、市民的及び政治的権利に関する国際規約、並びに、ウィーン宣言及び行動計画は、それによって人民が自らの政治的地位を自由に決定し、自らの経済的、社会的及び文化的発展を自由に追求するところの、すべての人民の自決権の基本的重要性を確認していることを認め、

本宣言のいかなる規定も、国際法に従って行使されるいかなる人民の自決権をも否定するために用いられてはならないことに留意し、

本宣言における先住人民の諸権利の承認が、国と先住人民との間の、正義、民主主義、人権の尊重、差別禁止及び信義誠実の原則に基礎をおく、調和的かつ協力的関係を向上させるであろうことを確信し、

国が、国際文書とりわけ人権に関する国際文書に基づくあらゆるその義務であって先住人民に適用されるものを、関係先住人民との協議及び協力により、履行し、実効的に実施することを奨励し、

国際連合が、先住人民の諸権利の促進及び保護について重要かつ継続的な役割を果たすべきであることを強調し、

本宣言が、先住人民の権利及び自由の承認、促進及び保護について、また、この分野における国際連合システムの関連活動の発展において、重要なさらなる一歩であることを確信し、

先住民の個人が、国際法により承認されたあらゆる人権を差別なく享受すること、並びに、先住人民が、人民としてのその存在、福祉及び総体的発展に不可欠な集団的権利を有することを承認しかつ再確認し、

先住人民の状況は、地域ごとにまた国ごとに異なること、並びに、国ごと、地域ごとの特性及びさまざまな歴史的及び文化的な背景が考慮に入れられるべきこともまた承認し、

以下の先住人民の権利に関する国際連合宣言を、提携と相互尊重の精神により追求されるべき達成基準として厳粛に布告する。

第一条【国際的人権の享受】先住人民は、集団として又は個人として、国際連合憲章、世界人権宣言及び国際人権法において認められるすべての人権及び基本的自由の完全な享受に対する権利を有する。

第二条【差別の禁止】先住人民及び先住民の個人(indigenous peoples and individuals)は、自由かつ他のすべての人民及び個人と平等であり、自らの権利の行使において、あらゆる種類の差別、とくにその先住的出身又はアイデンティティに基づくいかなる差別も受けない権利を有する。

第三条【自決権】先住人民は、自決権を有する。先住人民は、この権利によって、自らの政治的地位を自由に決定し、自らの経済的、社会的及び文化的発展を自由に追求する。

第四条【自治権】先住人民は、その自決権を行使して、その対内的及び地域的事項並びにその自律的機能についての資金調達の方法と手段について、自律又は自治の権利を有する。

第五条【組織の維持・強化権】先住人民は、自ら望む場合には、国家の政治的、経済的、社会的及び文化的生活に完全に参加する権利を保持しつつ、自らの別個の政治的、法的、経済的、社会的及び文化的組織を維持し強化する権利を有する。

第六条【国籍をもつ権利】すべての先住民の個人は、国籍をもつ権利を有する。

第七条【個人及び集団としての存立】1　先住民の個人は、生命、肉体的及び精神的完全性、身体の自由及び安全に対する権利を有する。

2　先住人民は、別個の人民として自由、平和的でかつ安全に生存する集団的権利を有し、集団殺害行為その他のいかなる暴力行為(集団の児童の他の集団への強制移動を含む)も受けない。

第八条【強制的同化の禁止】1　先住人民及び先住民の個人は、強制的に同化され又は自らの文化を破壊されることはない。

2　国は、次の行為に対する防止及び救済の実効的仕組みを提供しなければならない。

(a)　彼らから、別個の人民としてのその完全性又は文化的価値若しくは種族的アイデンティティを奪う目的又は効果を有するあらゆる行動

(b)　彼らから、彼らの土地、領域又は資源を収奪する目的又は効果を有するあらゆる行動

(c)　彼らのいずれかの権利を侵害し損なう目的又は効果を有するあらゆる形態の強制住民移送

(d)　あらゆる形態の強制同化又は統合

(e)　彼らに向けられた人種若しくは種族差別を助長し又は煽動するあらゆる形態の宣伝

第九条【共同体に所属する権利】先住人民及び先住民の個人は、共同体又は民族の伝統と慣習に従って、当該先住民の共同体又は民族に所属する権利を有する。この権利の行使によって、いかなる差別も生じてはならない。

第一〇条【移住】先住人民は、強制的にその土地又は領域から移転させられることはない。自由で、事前かつ十分な説明を受けた上での当該先住人民の同意、正当かつ公正な補償についての合意及び可能な場合には戻ってくる選択権なしのいかなる移住もあってはならない。

第一一条【文化的財産権】1　先住人民は、自らの文

化的伝統及び慣習を実践し再活性化する権利を有する。この権利には、考古学的及び歴史的遺跡、工芸品、意匠、儀式、技術、視覚芸術、芸能並びに文学のような、自らの文化の過去、現在及び将来の表示を維持し、保護し並びに発展させる権利を含む。

2　国は、先住人民の自由で、事前のかつ十分な説明を受けた上での同意なく、又は彼らの法、伝統及び慣習に違反して奪われた、彼らの文化的、知的、宗教的及び精神的財産に関し、彼らとともに発展させた実効的装置による救済(返還を含むことがある)を提供するものとする。

第一二条【伝統儀礼を行う権利】1　先住人民は、自らの精神的及び宗教的伝統、慣習及び儀礼を表示し、実践し、発展させ及び教育する権利、宗教的及び文化的遺跡を維持し、保護し、私的に立ち入る権利を有し、儀式用の物を使用し、管理する権利並びに遺骨の帰還の権利を有する。

2　国は、自らが占有する儀礼の対象および遺骨に接近し帰還させることを、関係先住人民とともに発展させた公正、透明で実効的な装置により可能にするよう務めなければならない。

第一三条【伝統の維持についての権利】1　先住人民は、その歴史、言語、口頭伝承、哲学、書記体系及び文学を再生させ、使用し、発展させ及び将来の世代に伝達し、共同体、場所及び人物について彼らの名前を付け保持する権利を有する。

2　国は、この権利が保護されることを確保し、先住人民が政治的、法的、行政的手続において、必要な場合には通訳の提供その他の適当な手段により、理解し、理解されることを確保する実効的な措置をとるものとする。

第一四条【教育権】1　先住人民は、自らの言語での教育を行う教育制度及び組織を、自らの文化的な教育・学習方法に適当な方式で、設け管理する権利を有する。

2　先住民の個人、とりわけ児童は、あらゆる等級及び形態の国の教育を、差別なくうける権利を有する。

3　国は、先住民の個人(その共同体の外に住んでいる者を含む)、とりわけ児童が、可能な場合、自らの文化の自らの言語により提供される教育をうけるために、先住人民とともに、実効的措置をとるものとする。

第一五条【理解と寛容の促進】1　先住人民は、自らの文化、伝統、歴史及び願望が尊厳あるものでありかつ相違しているものであると認められる権利を有する。その文化、伝統、歴史及び願望は、教育及び広報に適切に反映されなければならない。

2　国は、偏見と闘い差別を撤廃し、先住人民と他のすべての社会の構成部分との間の寛容、理解及び良好な関係を促進するため、当該先住人民と協議及び協力して、実効的措置をとるものとする。

第一六条【メディアへのアクセス】1　先住人民は、自らの言語による自身のメディアを設ける権利、及び、差別なくあらゆる形態の先住民のものでないメディアにアクセスする権利を有する。

2　国は、国有メディアが、先住民の文化的相違を正当に反映することを確保する実効的措置をとるものとする。国は、表現の完全な自由を害することなく、私有メディアが先住民の文化的相違を十分に反映することを奨励すべきである。

第一七条【労働法上の権利】1　先住民の個人と先住人民は、適用可能な国際及び国内労働法に基づき設けられているあらゆる権利を完全に享受する権利を有する。

2　国は、先住民の児童の特別の脆弱性及び彼らのエンパワーメントのために教育が重要であることを考慮に入れて、彼らを、経済的な搾取から保護するため、また、有害である蓋然性のある、彼らの教育に影響を及ぼす蓋然性のある、又は彼らの健康又は肉体的、知的、精神的、道徳的若しくは社会的発達に害があるという蓋然性のある、いかなる作業をも行わないよう保護するため、先住人民と協議及び協力して、特別の措置をとるものとする。

3　先住民の個人は、いかなる差別的な労働条件、とりわけ雇用又は給与条件にも服さない権利を有する。

第一八条【政治過程への権利】先住人民は、自らの権利に影響を及ぼす事項についての決定過程に、自らの手続に従って自ら選定した代表者を通じて参加する権利、及び、自らの固有の決定過程を維持し発展させる権利を有する。

第一九条【先住人民と協議する国家の義務】国は、先住人民に影響を及ぼしうる立法又は行政措置を採択し実施する前に、彼らの自由で、事前の十分に説明を受けた上での同意を得るために、その代表組織を通じて当該先住人民と誠実に協議し協力するものとする。

第二〇条【生活手段を維持する権利】1　先住人民は、自らの生活及び発展手段の享受を確保するため、及び、自らのあらゆる伝統的その他の経済活動に自由に従事するため、自らの政治的、経済的及び社会的制度又は組織を維持し発展させる権利を有する。

2　自らの生活及び発展手段を奪われた先住人民は、正当かつ公正な救済をうける権利を有する。

第二一条【経済的・社会的条件の改善】1　先住人民は、差別なく、自らの経済的及び社会的条件(とくに教育、雇用、職業訓練、再訓練、住居、衛生、保健及び社会保障の領域における条件を含む)の改善に対する権利を有する。

2　国は、先住人民の経済的及び社会的条件の継続的改善を確保する実効的な、かつ適当な場合には特別の措置をとるものとする。先住民の高齢者、女性、青年、児童及び障害者の権利及び特別の必要性に、格別の注意が払われなければならない。

第二二条【女性・児童等への特別の配慮】1　この宣言の実施にあたっては、先住民の高齢者、女性、青年、児童及び障害者の権利と特別の必要性に、格別の注意が払われなければならない。

2　国は、先住民の女性及び児童が、あらゆる形態の暴力及び差別に対する完全な保護と保障を享受することを確保するため、先住人民とともに、措置をとるものとする。

第二三条【発展の権利】先住人民は、その発展の権利を行使するための優先事項と戦略を決定し、発展させる権利を有する。とりわけ、先住人民は、自らに影響する保健、住宅その他の経済計画及び社会計画を発展させかつ決定することに能動的に関与し、可能な限りかかる計画を自らの組織を使って管理する権利を有する。

第二四条【健康に対する権利】1　先住人民は、自らの伝統的薬品を用い、自らの保健上の慣行(自らの不可欠な薬事植物、動物及び鉱物を保全することを含む)を維持する権利を有する。

2　先住民の個人は、到達可能な最高水準の身体及び精神の健康を享受する平等な権利を有する。国は、この権利の完全な実現を漸進的に達成するため、必要な措置をとるものとする。

第二五条【土地等に対する精神的権利】先住人民は、自らが伝統的に所有するかあるいは占有しかつ使用する土地、領域、水域及び沿岸海域その他の資源に対する格別の精神的関係を維持し、強化する権利、並びにこの点について将来世代に対する自らの責任を保持する権利を有する。

第二六条【土地等を開発する権利】1　先住人民は、自らが伝統的に所有し、占有し又はその他の形で使用し若しくは取得している土地、領域及び資源に対する権利を有する。

2　先住人民は、伝統的な所有その他の伝統的占有又は使用により、保有しているか又は取得している土地、領域及び資源を所有し、使用し、開発し及び管理する権利を有する。

3　国は、これらの土地、領域及び資源に対して、法的承認及び保護を与えなければならない。かかる承認は、当該先住人民の慣行、伝統及び土地保有態様に対する適正な尊重をもってなされなければならない。

第二七条【土地等に対する権利についての手続】国は、先住人民のその土地、領域および資源(彼らが伝統的に所有しているか又は占有しかつ使用しているものを含む)に関する権利を承認し裁決するための公正で独立で公平で開かれかつ透明性ある手続を、先住人民の法、伝統、慣習及び土地保有制度を適正に認めつつ、当該先住人民とともに設け実施しなければならない。先住人民は、この過程に参加する権利を有する。

第二八条【土地等の取得に対する補償】1　先住人民は、自らが伝統的に所有するか又は占有し使用していた土地、領域及び資源であって、その自由で、事前の十分に説明を受けた上での同意なしで収用、取得、占有若しくは使用されたか又は損害をこうむったものについて、救済を受ける権利を有する。救済の方式は、原状回復、又はそれが不可能な場合は正当、公正かつ衡平な補償を含むことができる。

2　当該人民による自由な同意がある場合は別として、補償は、質、大きさ及び法的地位において同等の土地、領域及び資源の形態、又は金銭的補償その他適当な救済の形態をとるものとする。

第二九条【土地等にかかわる環境権】1　先住人民は、自らの土地又は領域及び資源の環境及び生産力の保全及び保護に対する権利を有する。国は、かかる保全および保護のために先住人民を援助する計画を、差別なく設け実施しなければならない。

2　国は、先住人民の土地又は領域において、彼らの自由で、事前のかつ十分に説明を受けた上での同意なしに、いかなる危険物質の貯蔵又は処分も行われないことを確保するため、実効的措置をとらなければならない。

3　国はまた必要な場合には、2にいう物質により影響を被った先住人民が開発し実施する計画であって、このような人民の健康を観察し、維持し及び回復するためのものが、適正に実施されることを確保する措置をとる。

第三〇条【土地等における軍事活動の制限】1　軍事活動は、関連する公共の利益により正当化される場合か又は当該先住人民が自由に同意し若しくは要請した場合を除くほか、先住人民の土地又は領域においては行われてはならない。

2　国は、先住人民の土地又は領域を軍事活動のために用いるのに先立ち、適当な手続とりわけ彼らの代表組織を通じて、当該先住人民と実効的な協議を行うものとする。

第三一条【伝統遺産に対する知的財産権】1　先住人民は、その文化遺産、伝統的知識及び伝統的な文化的表現並びにその科学、技能及び文化(人的遺伝的資源、種子、薬品、動植物の特質、口頭伝承、文学、意匠、スポーツ及び伝統的試合、並びに視覚芸術及び芸能を含む)を維持し、管理し、保護し、発展させる権利を有する。先住人民はまた、かかる文化遺産、伝統的知識及び伝統的文化的表現に対する知的財産権を維持し、管理し、保護し、発展させる権利を有する。

2　国は、先住人民とともに、これらの権利の行使を認め保護するため実効的措置をとるものとする。

第三二条【先住人民の土地等の開発】1　先住人民は、土地又は領域その他の資源の開発又は使用についての優先事項及び戦略を決定し発展させる権利を有する。

2　国は、先住人民の土地又は領域その他の資源に影響を及ぼす、とりわけ鉱物、水その他の資源の開発及び利用との関係でのいかなる計画についてもその承認に先立ち、当該先住人民の自由のかつ十分に説明を受けた上での同意を得るために、彼ら自身の代表組織を通じて彼らと誠実に協議し協力しなければならない。

3　国は、いかなるかかる活動に対しても正当かつ公正な救済のための実効的仕組みを提供し、環境上の又は経済的、社会的、文化的若しくは精神的な悪影響を軽減する適当な措置が取られなければならない。

第三三条【先住人民の構成員資格決定権】1　先住人民は、自らの慣習及び伝統に従って、自らのアイデンティティ又は構成員資格を決定する権利を有する。このことは、先住民の個人が居住国の市民権を所得する権利を害するものではない。

2　先住人民は、自らの手続に従って、その組織の構造を決定し構成員を選ぶ権利を有する。

第三四条【慣習を維持する権利】先住人民は、国際人権基準に従って、その組織構造並びにその独特の慣習、精神性、伝統、手続、慣行及び、存在する場合には司法制度又は慣習を促進し、発展させ及び維持する権利を有する。

第三五条【共同体に対する個人の責任】先住人民は、自らの共同体に対する個人の責任を決定する権利を有する。

第三六条【自らの構成員その他の人民と交流する権利】

1　先住人民、とくに国際的境界により分断されている先住人民は、境界をまたぐ自らの構成員及び他の人民との、精神的、文化的、政治的、経済的及び社会的目的の活動を含め接触、関係及び協力を維持し発展させる権利を有する。

2　国は、先住民と協議及び協力して、この権利の行使を容易にし、実施を確保するため実効的措置をとるものとする。

第三七条【条約等の遵守】1　先住人民は、国又はその承継者と締結した条約、協定その他の準取極の承認、遵守及び執行に対する権利を有し、国によりかかる条約、協定その他の準取極を遵守され、尊重される権利を有する。

2　本宣言のいかなる規定も、条約、協定その他の建設的取極に含まれた先住人民の権利を縮減又は除去するものと解釈されてはならない。

第三八条【国の一般的義務】国は、先住人民と協議及び協力して、本宣言の目的を達成するため立法措置を含む適当な措置をとるものとする。

第三九条【財政・技術援助へのアクセス】先住人民は、本宣言に含まれた諸権利の享受のために、国による及び国際協力を通じての財政的及び技術的援助を利用する権利を有する。

第四〇条【実効的救済手段に対する権利】先住人民は、国その他の当事者との抗争及び紛争の解決のために、正当かつ公正な手続を利用しそれによる迅速な決定を受ける権利、並びに、自らの個別的及び集団的権利のあらゆる侵害に対して実効的救済手段をもつ権利を有する。かかる決定は、当該先住人民の慣習、伝統、規則及び法制度並びに国際人権に十分な考慮を払うものでなければならない。

第四一条【国際連合その他の政府間機構の責任】国際連合システムの機関及び専門機関その他の政府間機構は、とりわけ財政協力及び技術援助の動員により本宣言の規定の完全な実現に貢献しなければならない。先住人民の自らに影響を及ぼす問題についての参加を確保する方法と手段が設けられなければならない。

第四二条【国際的フォローアップ】国際連合、先住民問題常設フォーラムを含むその機関及び専門機関(国別のレヴェルにおけるそれらの機関も含む)並びに国家は、本宣言の規定の尊重及び完全な適用を促進し、本宣言の実効性のフォローアップをしなければならない。

第四三条【最低限基準としての宣言】ここで認められた諸権利は、世界の先住人民の存立、尊厳及び福祉のための最低限の基準を構成するものである。

第四四条【男女平等】ここで認められたすべての権利及び自由は、男女の先住民の個人に平等に保障される。

第四五条【先住人民の権利の保持】本宣言のいかなる規定も、先住人民が現在有し又は将来獲得する権利を縮減し又は消滅させるものと解されてはならない。

第四六条【セーフガード】1　本宣言のいかなる規定も、国、人民、集団又は個人が国際連合憲章に反する活動に従事し、行為を行う権利を有することを意味するものと解されてはならず、また、主権独立国の領土保全又は政治的統一を全部又は一部分割又は毀損するものと解されてはならない。

2　本宣言に列挙された諸権利の行使にあたって、すべての者の人権及び基本的自由が尊重されなければならない。本宣言に定める権利の行使は、法律によって決定された制限であって、国際人権義務に従ったものにのみ服する。いかなるこうした制限も、非差別的なものであり、かつ、他の者の権利及び自由の適正な承認及び尊重を確保するために、および、民主的社会の正当でごくやむを得ない必要に合致するために、厳に必要なものでなければならない。

3　本宣言の規定は、正義、民主主義、人権の尊重、平等、非差別、良き統治及び信義誠実の原則に従って解釈されなければならない。

33　経済的、社会的及び文化的権利に関する国際規約(社会権規約)(抄)

採　　択　一九六六年一二月一六日　国際連合総会第二一回会期決議二二〇〇A(XXI)附属書
効力発生　一九七六年一月三日
日本国　一九七八年五月三〇日署名、一九七九年六月六日国会承認、六月二一日批准書寄託、八月四日公布(条約第六号)、九月

二一日効力発生

前　文（略）

第一部【人民の自決権】

第一条【人民の自決の権利】（3 11第一条と同じ）

第二部【一般規定】

第二条【締約国の義務】1　この規約の各締約国は、立法措置その他のすべての適当な方法によりこの規約において認められる権利の完全な実現を漸進的に達成するため、自国における利用可能な手段を最大限に用いることにより、個々に又は国際的な援助及び協力、特に、経済上及び技術上の援助及び協力を通じて、行動をとることを約束する。

2　この規約の締約国は、この規約に規定する権利が人種、皮膚の色、性、言語、宗教、政治的意見その他の意見、国民的[nationl]若しくは社会的出身、財産、出生又は他の地位によるいかなる差別もなしに行使されることを保障することを約束する。

3　開発途上にある国は、人権及び自国の経済の双方に十分な考慮を払い、この規約において認められる経済的権利をどの程度まで外国人に保障するかを決定することができる。

第三条【男女同等の権利】この規約の締約国は、この規約に定めるすべての経済的、社会的及び文化的権利の享有について男女に同等の権利を確保することを約束する。

第四条【権利の制限】この規約の締約国は、この規約に合致するものとして国により確保される権利の享受に関し、その権利の性質と両立しており、かつ、民主的社会における一般的福祉を増進することを目的としている場合に限り、法律で定める制限のみをその権利に課することができることを認める。

第五条【権利の制限の範囲を超える制限】1　この規約のいかなる規定も、国、集団又は個人が、この規約において認められる権利若しくは自由を破壊し若しくはこの規約に定める制限の範囲を超えて制限することを目的とする活動に従事し又はそのようなことを目的とする行為を行う権利を有することを意味するものと解することはできない。

2　いずれかの国において法律、条約、規則又は慣習によって認められ又は存する基本的人権については、この規約がそれらの権利を認めていないこと又はその認める範囲がより狭いことを理由として、それらの権利を制限し又は侵すことは許されない。

第三部【実体規定】

第六条【労働の権利】1　この規約の締約国は、労働の権利を認めるものとし、この権利を保障するため適当な措置をとる。この権利には、すべての者が自由に選択し又は承諾する労働によって生計を立てる機会を得る権利を含む。

2　この規約の締約国が1の権利の完全な実現を達成するためとる措置には、個人に対して基本的な政治的及び経済的自由を保障する条件の下で着実な経済的、社会的及び文化的発展を実現し並びに完全かつ生産的な雇用を達成するための技術及び職業の指導及び訓練に関する計画、政策及び方法を含む。

第七条【労働条件】この規約の締約国は、すべての者が公正かつ良好な労働条件を享受する権利を有することを認める。この労働条件は、特に次のものを確保する労働条件とする。

(a)　すべての労働者に最小限度次のものを与える報酬

(i)　公正な賃金及びいかなる差別もない同一価値の労働についての同一報酬。特に、女子については、同一の労働についての同一報酬とともに男子が享受する労働条件に劣らない労働条件が保障されること。

(ii)　労働者及びその家族のこの規約に適合する相応な生活

(b)　安全かつ健康的な作業条件

(c)　先任及び能力以外のいかなる事由も考慮されることなく、すべての者がその雇用関係においてより高い適当な地位に昇進する均等な機会

(d)　休息、余暇、労働時間の合理的な制限及び定期的な有給休暇並びに公の休日についての報酬

第八条【労働基本権】1　この規約の締約国は、次の権利を確保することを約束する。

(a)　すべての者がその経済的及び社会的利益を増進し及び保護するため、労働組合を結成し及び当該労働組合の規則にのみ従うことを条件として自ら選択する労働組合に加入する権利。この権利の行使については、法律で定める制限であって国の安全若しくは公の秩序のため又は他の者の権利及び自由の保護のため民主的社会において必要なもの以外のいかなる制限も課することができない。

(b)　労働組合が国内の連合又は総連合を設立する権利及びこれらの連合又は総連合が国際的な労働組合団体を結成し又はこれに加入する権利

(c)　労働組合が、法律で定める制限であって国の安全若しくは公の秩序のため又は他の者の権利及び自由の保護のため民主的社会において必要なもの以外のいかなる制限も受けることなく、自由に活動する権利

(d)　同盟罷業をする権利。ただし、この権利は、各国の法律に従って行使されることを条件とする。

2　この条の規定は、軍隊若しくは警察の構成員又は公務員による1の権利の行使について合法的な制限を課することを妨げるものではない。

3　この条のいかなる規定も、結社の自由及び団結権の保護に関する一九四八年の国際労働機関の条約の

締約国が、同条約に規定する保障を阻害するような立法措置を講ずること又は同条約に規定する保障を阻害するような方法により法律を適用することを許すものではない。

第九条【社会保障】この規約の締約国は、社会保険その他の社会保障についてのすべての者の権利を認める。

第一〇条【家族に対する保護及び援助】この規約の締約国は、次のことを認める。

1　できる限り広範な保護及び援助が、社会の自然かつ基礎的な単位である家族に対し、特に、家族の形成のために並びに扶養児童の養育及び教育について責任を有する間に、与えられるべきである。婚姻は、両当事者の自由な合意に基づいて成立するものでなければならない。

2　産前産後の合理的な期間においては、特別な保護が母親に与えられるべきである。働いている母親には、その期間において、有給休暇又は相当な社会保障給付を伴う休暇が与えられるべきである。

3　保護及び援助のための特別な措置が、出生その他の事情を理由とするいかなる差別もなく、すべての児童及び年少者のためにとられるべきである。児童及び年少者は、経済的及び社会的な搾取から保護されるべきである。児童及び年少者を、その精神若しくは健康に有害であり、その生命に危険があり又はその正常な発育を妨げるおそれのある労働に使用することは、法律で処罰すべきである。また、国は、年齢による制限を定め、その年齢に達しない児童を賃金を支払って使用することを法律で禁止しかつ処罰すべきである。

第一一条【相当な生活水準についての権利】1　この規約の締約国は、自己及びその家族のための相当な食糧、衣類及び住居を内容とする相当な生活水準についての並びに生活条件の不断の改善についてのすべての者の権利を認める。締約国は、この権利の実現を確保するために適当な措置をとり、このためには、自由な合意に基づく国際協力が極めて重要であることを認める。

2　この規約の締約国は、すべての者が飢餓から免れる基本的な権利を有することを認め、個々に及び国際協力を通じて、次の目的のため、具体的な計画その他の必要な措置をとる。

(a)　技術的及び科学的知識を十分に利用することにより、栄養に関する原則についての知識を普及させることにより並びに天然資源の最も効果的な開発及び利用を達成するように農地制度を発展させ又は改革することにより、食糧の生産、保存及び分配の方法を改善すること。

(b)　食糧の輸入国及び輸出国の双方の問題に考慮を払い、需要との関連において世界の食糧の供給の衡平な分配を確保すること。

第一二条【身体及び精神の健康を享受する権利】1　この規約の締約国は、すべての者が到達可能な最高水準の身体及び精神の健康を享受する権利を有することを認める。

2　この規約の締約国が1の権利の完全な実現を達成するためにとる措置には、次のことに必要な措置を含む。

(a)　死産率及び幼児の死亡率を低下させるための並びに児童の健全な発育のための対策

(b)　環境衛生及び産業衛生のあらゆる状態の改善

(c)　伝染病、風土病、職業病その他の疾病の予防、治療及び抑圧

(d)　病気の場合にすべての者に医療及び看護を確保するような条件の創出

第一三条【教育についての権利】1　この規約の締約国は、教育についてのすべての者の権利を認める。締約国は、教育が人格の完成及び人格の尊厳についての意識の十分な発達を指向し並びに人権及び基本的自由の尊重を強化すべきことに同意する。更に、締約国は、教育が、すべての者に対し、自由な社会に効果的に参加すること、諸国民の間及び人種的、種族的又は宗教的集団の間の理解、寛容及び友好を促進すること並びに平和の維持のための国際連合の活動を助長することを可能にすべきことに同意する。

2　この規約の締約国は、1の権利の完全な実現を達成するため、次のことを認める。

(a)　初等教育は、義務的なものとし、すべての者に対して無償のものとすること。

(b)　種々の形態の中等教育(技術的及び職業的中等教育を含む。)は、すべての適当な方法により、特に、無償教育の漸進的な導入により、一般的に利用可能であり、かつ、すべての者に対して機会が与えられるものとすること。

(c)　高等教育は、すべての適当な方法により、特に、無償教育の漸進的な導入により、能力に応じ、すべての者に対して均等に機会が与えられるものとすること。

(d)　基礎教育は、初等教育を受けなかった者又はその全課程を修了しなかった者のため、できる限り奨励され又は強化されること。

(e)　すべての段階にわたる学校制度の発展を積極的に追求し、適当な奨学金制度を設立し及び教育職員の物質的条件を不断に改善すること。

3　この規約の締約国は、父母及び場合により法定保護者が、公の機関によって設置される学校以外の学校であって国によって定められ又は承認される最低限度の教育上の基準に適合するものを児童のために選択する自由並びに自己の信念に従って児童の宗教的及び道徳的教育を確保する自由を有することを尊重することを約束する。

4　この条のいかなる規定も、個人及び団体が教育機関を設置し及び管理する自由を妨げるものと解してはならない。ただし、常に、1に定める原則が遵守されること及び当該教育機関において行われる教育が国によって定められる最低限度の基準に適合する

ことを条件とする。

第一四条【無償の初等義務教育】この規約の締約国となる時にその本土地域又はその管轄の下にある他の地域において無償の初等義務教育を確保するに至っていない各締約国は、すべての者に対する無償の義務教育の原則をその計画中に定める合理的な期間内に漸進的に実施するための詳細な行動計画を二年以内に作成しかつ採用することを約束する。

第一五条【文化的な生活に参加する権利】1　この規約の締約国は、すべての者の次の権利を認める。

(a)　文化的な生活に参加する権利

(b)　科学の進歩及びその利用による利益を享受する権利

(c)　自己の科学的、文学的又は芸術的作品により生ずる精神的及び物質的利益が保護されることを享受する権利

2　この規約の締約国が1の権利の完全な実現を達成するためにとる措置には、科学及び文化の保存、発展及び普及に必要な措置を含む。

3　この規約の締約国は、科学研究及び創作活動に不可欠な自由を尊重することを約束する。

4　この規約の締約国は、科学及び文化の分野における国際的な連絡及び協力を奨励し及び発展させることによって得られる利益を認める。

第四部　【実施措置】

第一六条【報告の提出義務】1　この規約の締約国は、この規約において認められる権利の実現のためにとった措置及びこれらの権利の実現についてもたらされた進歩に関する報告をこの部の規定に従って提出することを約束する。

2(a)　すべての報告は、国際連合事務総長に提出するものとし、同事務総長は、この規約による経済社会理事会の審議のため、その写しを同理事会に送付する。

(b)　国際連合事務総長は、また、いずれかの専門機関の加盟国であるこの規約の締約国によって提出される報告又はその一部が当該専門機関の基本文書によりその任務の範囲内にある事項に関連を有するものである場合には、それらの報告又は関係部分の写しを当該専門機関に送付する。

第一七条【報告の提出手続】1　この規約の締約国は、経済社会理事会が締約国及び関係専門機関との協議の後この規約の効力発生の後一年以内に作成する計画に従い、報告を段階的に提出する。

2　報告には、この規約に基づく義務の履行程度に影響を及ぼす要因及び障害を記載することができる。

3　関連情報がこの規約の締約国により国際連合又はいずれかの専門機関に既に提供されている場合には、その情報については、再び提供の必要はなく、提供に係る情報について明確に言及することで足りる。

第一八条【経済社会理事会と専門機関の取極】経済社会理事会は、人権及び基本的自由の分野における国際連合憲章に規定する責任に基づき、いずれかの専門機関の任務の範囲内にある事項に関するこの規約の規定の遵守についてもたらされた進歩に関し当該専門機関が同理事会に報告することにつき、当該専門機関と取極を行うことができる。報告には、当該専門機関の権限のある機関がこの規約の当該規定の実施に関して採択した決定及び勧告についての詳細を含ませることができる。

第一九条【国連人権委員会への送付】経済社会理事会は、第一六条及び第一七条の規定により締約国が提出する人権に関する報告並びに前条の規定により専門機関が提出する人権に関する報告を、検討及び一般的な性格を有する勧告のため又は適当な場合には情報用として、人権委員会に送付することができる。

第二〇条【意見の提出】この規約の締約国及び関係専門機関は、前条にいう一般的な性格を有する勧告に関する意見又は人権委員会の報告において若しくはその報告で引用されている文書において言及されている一般的な性格を有する勧告に関する意見を、経済社会理事会に提出することができる。

第二一条【情報等の概要の総会への提出】経済社会理事会は、一般的な性格を有する勧告を付した報告、並びにこの規約の締約国及び専門機関から得た情報であってこの規約において認められる権利の実現のためにとられた措置及びこれらの権利の実現についてもたらされた進歩に関する情報の概要を、総会に随時提出することができる。

第二二条【経済社会理事会による注意の喚起】経済社会理事会は、技術援助の供与に関係を有する国際連合の他の機関及びこれらの補助機関並びに専門機関に対し、この部に規定する報告により提起された問題であって、これらの機関がそれぞれの権限の範囲内でこの規約の効果的かつ漸進的な実施に寄与すると認められる国際的措置をとることの適否の決定に当たって参考となるものにつき、注意を喚起することができる。

第二三条【権利実現のための国際的措置】この規約の締約国は、この規約において認められる権利の実現のための国際的措置には条約の締結、勧告の採択、技術援助の供与並びに関係国の政府との連携により組織される協議及び検討のための地域会議及び専門家会議の開催のような措置が含まれることに同意する。

第二四条【国連憲章及び専門機関の基本文書との関係】この規約のいかなる規定も、この規約に規定されている事項につき、国際連合の諸機関及び専門機関の任務をそれぞれ定めている国際連合憲章及び専門機関の基本文書の規定の適用を妨げるものと解してはならない。

第二五条【天然の富及び資源の享受】この規約のいかなる規定も、すべての人民がその天然の富及び資源を十分かつ自由に享受し及び利用する固有の権利を害するものと解してはならない。

第五部【最終規定】（34第六部と同じ）

日本国の留保・宣言

一 日本国は、経済的、社会的及び文化的権利に関する国際規約第七条(d)の規定の適用に当たり、この規定にいう「公の休日についての報酬」に拘束されない権利を留保する。

二 日本国は、経済的、社会的及び文化的権利に関する国際規約第八条1(d)の規定に拘束されない権利を留保する。ただし、日本国政府による同規約の批准の時に日本国の法令により前記の規定にいう権利が与えられている部門については、この限りでない。

三 日本国は、経済的、社会的及び文化的権利に関する国際規約第一三条2(b)及び(c)の規定の適用に当たり、これらの規定にいう「特に、無償教育の漸進的な導入により」に拘束されない権利を留保する。

〔二〇一二年九月一一日、本項撤回〕

四 日本国政府は、結社の自由及び団結権の保護に関する条約の批准に際し同条約第九条にいう「警察」には日本国の消防が含まれると解する旨の立場をとったことを想起し、経済的、社会的及び文化的権利に関する国際規約第八条2及び市民的及び政治的権利に関する国際規約第二二条2にいう「警察の構成員」には日本国の消防職員が含まれると解釈するものであることを宣言する。

34 市民的及び政治的権利に関する国際規約（自由権規約）

採　択　一九六六年一二月一六日
国際連合総会第二一回会期決議二二〇〇A(XXI)附属書
効力発生　一九七六年三月二三日
日本国　一九七八年五月三〇日署名、一九七九年六月六日国会承認、六月二一日批准書寄託、八月四日公布（条約第七号）、九月二一日効力発生

この規約の締約国は、

国際連合憲章において宣明された原則によれば、人類社会のすべての構成員の固有の尊厳及び平等のかつ奪い得ない権利を認めることが世界における自由、正義及び平和の基礎をなすものであることを考慮し、

これらの権利が人間の固有の尊厳に由来することを認め、

世界人権宣言によれば、自由な人間は市民的及び政治的自由並びに恐怖及び欠乏からの自由を享受するものであるとの理想は、すべての者がその経済的、社会的及び文化的権利とともに市民的及び政治的権利を享有することのできる条件が作り出される場合に初めて達成されることになることを認め、

人権及び自由の普遍的な尊重及び遵守を助長すべき義務を国際連合憲章に基づき諸国が負っていることを考慮し、

個人が、他人に対し及びその属する社会に対して義務を負うこと並びにこの規約において認められる権利の増進及び擁護のために努力する責任を有することを認識して、

次のとおり協定する。

第一部【人民の自決権】

第一条【人民の自決の権利】 1 すべての人民は、自決の権利を有する。この権利に基づき、すべての人民は、その政治的地位を自由に決定し並びにその経済的、社会的及び文化的発展を自由に追求する。

2 すべての人民は、互恵の原則に基づく国際的経済協力から生ずる義務及び国際法上の義務に違反しない限り、自己のためにその天然の富及び資源を自由に処分することができる。人民は、いかなる場合にも、その生存のための手段を奪われることはない。

3 この規約の締約国（非自治地域及び信託統治地域の施政の責任を有する国を含む。）は、国際連合憲章の規定に従い、自決の権利が実現されることを促進し及び自決の権利を尊重する。

第二部【一般規定】

第二条【締約国の義務】 1 この規約の各締約国は、その領域内にあり、かつ、その管轄の下にあるすべての個人に対し、人種、皮膚の色、性、言語、宗教、政治的意見その他の意見、国民的〔national〕若しくは社会的出身、財産、出生又は他の地位等によるいかなる差別もなしにこの規約において認められる権利を尊重し及び確保することを約束する。

2 この規約の各締約国は、立法措置その他の措置がまだとられていない場合には、この規約において認められる権利を実現するために必要な立法措置その他の措置をとるため、自国の憲法上の手続及びこの規約の規定に従って必要な行動をとることを約束する。

3 この規約の各締約国は、次のことを約束する。

(a) この規約において認められる権利又は自由を侵害された者が、公的資格で行動する者によりその侵害が行われた場合にも、効果的な救済措置を受けることを確保すること。

(b) 救済措置を求める者の権利が権限のある司法上、行政上若しくは立法上の機関又は国の法制で定める他の権限のある機関によって決定されることを

確保すること及び司法上の救済措置の可能性を発展させること。

(c) 救済措置が与えられる場合に権限のある機関によって執行されることを確保すること。

第三条【男女同等の権利】この規約の締約国は、この規約に定めるすべての市民的及び政治的権利の享有について男女に同等の権利を確保することを約束する。

第四条【権利の制限】1　国民の生存を脅かす公の緊急事態の場合においてその緊急事態の存在が公式に宣言されているときは、この規約の締約国は、事態の緊急性が真に必要とする限度において、この規約に基づく義務に違反する措置をとることができる。ただし、その措置は、当該締約国が国際法に基づき負う他の義務に抵触してはならず、また、人種、皮膚の色、性、言語、宗教又は社会的出身のみを理由とする差別を含んではならない。

2　1の規定は、第六条、第七条、第八条1及び2、第一一条、第一五条、第一六条並びに第一八条の規定に違反することを許すものではない。

3　義務に違反する措置をとる権利を行使するこの規約の締約国は、違反した規定及び違反するに至った理由を国際連合事務総長を通じてこの規約の他の締約国に直ちに通知する。更に、違反が終了する日に、同事務総長を通じてその旨通知する。

第五条【権利の制限の範囲を超える制限】1　この規約のいかなる規定も、国、集団又は個人が、この規約において認められる権利及び自由を破壊し若しくはこの規約に定める制限の範囲を超えて制限することを目的とする活動に従事し又はそのようなことを目的とする行為を行う権利を有することを意味するものと解することはできない。

2　この規約のいずれかの締約国において法律、条約、規則又は慣習によって認められ又は存する基本的人権については、この規約がそれらの権利を認めていないこと又はその認める範囲がより狭いことを理由として、それらの権利を制限し又は侵してはならない。

第三部【実体規定】

第六条【生命に対する権利】1　すべての人間は、生命に対する固有の権利を有する。この権利は、法律によって保護される。何人も、恣意的にその生命を奪われない。

2　死刑を廃止していない国においては、死刑は、犯罪が行われた時に効力を有しており、かつ、この規約の規定及び集団殺害犯罪の防止及び処罰に関する条約の規定に抵触しない法律により、最も重大な犯罪についてのみ科することができる。この刑罰は、権限のある裁判所が言い渡した確定判決によってのみ執行することができる。

3　生命の剥奪が集団殺害犯罪を構成する場合には、この条のいかなる規定も、この規約の締約国が集団殺害犯罪の防止及び処罰に関する条約の規定に基づいて負う義務を方法のいかんを問わず免れることを許すものではないと了解する。

4　死刑を言い渡されたいかなる者も、特赦又は減刑を求める権利を有する。死刑に対する大赦、特赦又は減刑は、すべての場合に与えることができる。

5　死刑は、一八歳未満の者が行った犯罪について科してはならず、また、妊娠中の女子に対して執行してはならない。

6　この条のいかなる規定も、この規約の締約国により死刑の廃止を遅らせ又は妨げるために援用されてはならない。

第七条【拷問又は残虐な刑の禁止】何人も、拷問又は残虐な、非人道的な若しくは品位を傷つける取扱い若しくは刑罰を受けない。特に、何人も、その自由な同意なしに医学的又は科学的実験を受けない。

第八条【奴隷及び強制労働】1　何人も、奴隷の状態に置かれない。あらゆる形態の奴隷制度及び奴隷取引は、禁止する。

2　何人も、隷属状態に置かれない。

3(a)　何人も、強制労働に服することを要求されない。

(b)　(a)の規定は、犯罪に対する刑罰として強制労働を伴う拘禁刑を科することができる国において、権限のある裁判所による刑罰の言渡しにより強制労働をさせることを禁止するものと解してはならない。

(c)　この3の規定の適用上、「強制労働」には、次のものを含まない。

(i)　作業又は役務であって、(b)の規定において言及されておらず、かつ、裁判所の合法的な命令によって抑留されている者又はその抑留を条件付きで免除されている者に通常要求されるもの

(ii)　軍事的性質の役務及び、良心的兵役拒否が認められている国においては、良心的兵役拒否者が法律によって要求される国民的役務

(iii)　社会の存立又は福祉を脅かす緊急事態又は災害の場合に要求される役務

(iv)　市民としての通常の義務とされる作業又は役務

第九条【身体の自由及び逮捕又は抑留の手続】1　すべての者は、身体の自由及び安全についての権利を有する。何人も、恣意的に逮捕され又は抑留されない。何人も、法律で定める理由及び手続によらない限り、その自由を奪われない。

2　逮捕される者は、逮捕の時にその理由を告げられるものとし、自己に対する被疑事実を速やかに告げられる。

3　刑事上の罪に問われて逮捕され又は抑留された者は、裁判官又は司法権を行使することが法律によって認められている他の官憲の面前に速やかに連れて行かれるものとし、妥当な期間内に裁判を受ける権利又は釈放される権利を有する。裁判に付される者を抑留することが原則であってはならず、釈放に当たっては、裁判その他の司法上の手続のすべての段階における出頭及び必要な場合における判決の執行

のための出頭が保証されることを条件とすることができる。

4　逮捕又は抑留によって自由を奪われた者は、裁判所がその抑留が合法的であるかどうかを遅滞なく決定すること及びその抑留が合法的でない場合にはその釈放を命ずることができるように、裁判所において手続をとる権利を有する。

5　違法に逮捕され又は抑留された者は、賠償を受ける権利を有する。

第一〇条【自由を奪われた者及び被告人の取扱い】1　自由を奪われたすべての者は、人道的にかつ人間の固有の尊厳を尊重して、取り扱われる。

2(a)　被告人は、例外的な事情がある場合を除くほか有罪の判決を受けた者とは分離されるものとし、有罪の判決を受けていない者としての地位に相応する別個の取扱いを受ける。

(b)　少年の被告人は、成人とは分離されるものとし、できる限り速やかに裁判に付される。

3　行刑の制度は、被拘禁者の矯正及び社会復帰を基本的な目的とする処遇を含む。少年の犯罪者は、成人とは分離されるものとし、その年齢及び法的地位に相応する取扱いを受ける。

第一一条【契約義務不履行による拘禁】何人も、契約上の義務を履行することができないことのみを理由として拘禁されない。

第一二条【移動及び居住の自由】1　合法的にいずれかの国の領域内にいるすべての者は、当該領域内において、移動の自由及び居住の自由についての権利を有する。

2　すべての者は、いずれの国(自国を含む。)からも自由に離れることができる。

3　1及び2の権利は、いかなる制限も受けない。ただし、その制限が、法律で定められ、国の安全、公の秩序、公衆の健康若しくは道徳又は他の者の権利及び自由を保護するために必要であり、かつ、この規約において認められる他の権利と両立するものである場合は、この限りでない。

4　何人も、自国に戻る権利を恣意的に奪われない。

第一三条【外国人の追放】合法的にこの規約の締約国の領域内にいる外国人は、法律に基づいて行われた決定によってのみ当該領域から追放することができる。国の安全のためのやむを得ない理由がある場合を除くほか、当該外国人は、自己の追放に反対する理由を提示すること及び権限のある機関又はその機関が特に指名する者によって自己の事案が審査されることが認められるものとし、このためにその機関又はその者に対する代理人の出頭が認められる。

第一四条【公正な裁判を受ける権利】1　すべての者は、裁判所の前に平等とする。すべての者は、その刑事上の罪の決定又は民事上の権利及び義務の争いについての決定のため、法律で設置された、権限のある、独立の、かつ、公平な裁判所による公正な公開審理を受ける権利を有する。報道機関及び公衆に対しては、民主的社会における道徳、公の秩序若しくは国の安全を理由として、当事者の私生活の利益のため必要な場合において又はその公開が司法の利益を害することとなる特別な状況において裁判所が真に必要があると認める限度で、裁判の全部又は一部を公開しないことができる。もっとも、刑事訴訟又は他の訴訟において言い渡される判決は、少年の利益のために必要がある場合又は当該手続が夫婦間の争い若しくは児童の後見に関するものである場合を除くほか、公開する。

2　刑事上の罪に問われているすべての者は、法律に基づいて有罪とされるまでは、無罪と推定される権利を有する。

3　すべての者は、その刑事上の罪の決定について、十分平等に、少なくとも次の保障を受ける権利を有する。

(a)　その理解する言語で速やかにかつ詳細にその罪の性質及び理由を告げられること。

(b)　防御の準備のために十分な時間及び便益を与えられ並びに自ら選任する弁護人と連絡すること。

(c)　不当に遅延することなく裁判を受けること。

(d)　自ら出席して裁判を受け及び、直接に又は自ら選任する弁護人を通じて、防御すること。弁護人がいない場合には、弁護人を持つ権利を告げられること。司法の利益のために必要な場合には、十分な支払手段を有しないときは自らその費用を負担することなく、弁護人を付されること。

(e)　自己に不利な証人を尋問し又はこれに対し尋問させること並びに自己に不利な証人と同じ条件で自己のための証人の出席及びこれに対する尋問を求めること。

(f)　裁判所において使用される言語を理解すること又は話すことができない場合には、無料で通訳の援助を受けること。

(g)　自己に不利益な供述又は有罪の自白を強要されないこと。

4　少年の場合には、手続は、その年齢及びその更生の促進が望ましいことを考慮したものとする。

5　有罪の判決を受けたすべての者は、法律に基づきその判決及び刑罰を上級の裁判所によって再審理される権利を有する。

6　確定判決によって有罪と決定された場合において、その後に、新たな事実又は新しく発見された事実により誤審のあったことが決定的に立証されたことを理由としてその有罪の判決が破棄され又は赦免が行われたときは、その有罪の判決の結果刑罰に服した者は、法律に基づいて補償を受ける。ただし、その知られなかった事実が適当な時に明らかにされなかったことの全部又は一部がその者の責めに帰するものであることが証明される場合は、この限りでない。

7　何人も、それぞれの国の法律及び刑事手続に従って既に確定的に有罪又は無罪の判決を受けた行為について再び裁判され又は処罰されることはない。

第一五条【遡及処罰の禁止】1　何人も、実行の時に国内法又は国際法により犯罪を構成しなかった作為又は不作為を理由として有罪とされることはない。何人も、犯罪が行われた時に適用されていた刑罰よりも重い刑罰を科されない。犯罪が行われた後により軽い刑罰を科する規定が法律に設けられる場合には、罪を犯した者は、その利益を受ける。

2　この条のいかなる規定も、国際社会の認める法の一般原則により実行の時に犯罪とされていた作為又は不作為を理由として裁判しかつ処罰することを妨げるものではない。

第一六条【人として認められる権利】すべての者は、すべての場所において、法律の前に人として認められる権利を有する。

第一七条【私生活等の尊重】1　何人も、その私生活、家族、住居若しくは通信に対して恣意的に若しくは不法に干渉され又は名誉及び信用を不法に攻撃されない。

2　すべての者は、1の干渉又は攻撃に対する法律の保護を受ける権利を有する。

第一八条【思想、良心及び宗教の自由】1　すべての者は、思想、良心及び宗教の自由についての権利を有する。この権利には、自ら選択する宗教又は信念を受け入れ又は有する自由並びに、単独で又は他の者と共同して及び公に又は私的に、礼拝、儀式、行事及び教導によってその宗教又は信念を表明する自由を含む。

2　何人も、自ら選択する宗教又は信念を受け入れ又は有する自由を侵害するおそれのある強制を受けない。

3　宗教又は信念を表明する自由については、法律で定める制限であって公共の安全、公の秩序、公衆の健康若しくは道徳又は他の者の基本的な権利及び自由を保護するために必要なもののみを課することができる。

4　この規約の締約国は、父母及び場合により法定保護者が、自己の信念に従って児童の宗教的及び道徳的教育を確保する自由を有することを尊重することを約束する。

第一九条【表現の自由】1　すべての者は、干渉されることなく意見を持つ権利を有する。

2　すべての者は、表現の自由についての権利を有する。この権利には、口頭、手書き若しくは印刷、芸術の形態又は自ら選択する他の方法により、国境とのかかわりなく、あらゆる種類の情報及び考えを求め、受け及び伝える自由を含む。

3　2の権利の行使には、特別の義務及び責任を伴う。したがって、この権利の行使については、一定の制限を課することができる。ただし、その制限は、法律によって定められ、かつ、次の目的のために必要とされるものに限る。

(a)　他の者の権利又は信用の尊重

(b)　国の安全、公の秩序又は公衆の健康若しくは道徳の保護

第二〇条【戦争宣伝及び差別唱道の禁止】1　戦争のためのいかなる宣伝も、法律で禁止する。

2　差別、敵意又は暴力の扇動となる国民的〔nationl〕、人種的又は宗教的憎悪の唱道は、法律で禁止する。

第二一条【集会の権利】平和的な集会の権利は、認められる。この権利の行使については、法律で定める制限であって国の安全若しくは公共の安全、公の秩序、公衆の健康若しくは道徳の保護又は他の者の権利及び自由の保護のため民主的社会において必要なもの以外のいかなる制限も課することができない。

第二二条【結社の自由】1　すべての者は、結社の自由についての権利を有する。この権利には、自己の利益の保護のために労働組合を結成し及びこれに加入する権利を含む。

2　1の権利の行使については、法律で定める制限であって国の安全若しくは公共の安全、公の秩序、公衆の健康若しくは道徳の保護又は他の者の権利及び自由の保護のため民主的社会において必要なもの以外のいかなる制限も課することができない。この条の規定は、1の権利の行使につき、軍隊及び警察の構成員に対して合法的な制限を課することを妨げるものではない。

3　この条のいかなる規定も、結社の自由及び団結権の保護に関する一九四八年の国際労働機関の条約の締約国が、同条約に規定する保障を阻害するような立法措置を講ずること又は同条約に規定する保障を阻害するような方法により法律を適用することを許すものではない。

第二三条【家族に対する保護】1　家族は、社会の自然かつ基礎的な単位であり、社会及び国による保護を受ける権利を有する。

2　婚姻をすることができる年齢の男女が婚姻をしかつ家族を形成する権利は、認められる。

3　婚姻は、両当事者の自由かつ完全な合意なしには成立しない。

4　この規約の締約国は、婚姻中及び婚姻の解消の際に、婚姻に係る配偶者の権利及び責任の平等を確保するため、適当な措置をとる。その解消の場合には、児童に対する必要な保護のため、措置がとられる。

第二四条【児童の権利】1　すべての児童は、人種、皮膚の色、性、言語、宗教、国民的〔nationl〕若しくは社会的出身、財産又は出生によるいかなる差別もなしに、未成年者としての地位に必要とされる保護の措置であって家族、社会及び国による措置についての権利を有する。

2　すべての児童は、出生の後直ちに登録され、かつ、氏名を有する。

3　すべての児童は、国籍を取得する権利を有する。

第二五条【政治に参与する権利】すべての市民は、第二条に規定するいかなる差別もなく、かつ、不合理な制限なしに、次のことを行う権利及び機会を有する。

(a) 直接に、又は自由に選んだ代表者を通じて、政治に参与すること。
(b) 普通かつ平等の選挙権に基づき秘密投票により行われ、選挙人の意思の自由な表明を保障する真正な定期的選挙において、投票し及び選挙されること。
(c) 一般的な平等条件の下で自国の公務に携わること。

第二六条【法律の前の平等】すべての者は、法律の前に平等であり、いかなる差別もなしに法律による平等の保護を受ける権利を有する。このため、法律は、あらゆる差別を禁止し及び人種、皮膚の色、性、言語、宗教、政治的意見その他の意見、国民的[national]若しくは社会的出身、財産、出生又は他の地位等のいかなる理由による差別に対しても平等のかつ効果的な保護をすべての者に保障する。

第二七条【少数民族の権利】種族的、宗教的又は言語的少数民族が存在する国において、当該少数民族に属する者は、その集団の他の構成員とともに自己の文化を享有し、自己の宗教を信仰しかつ実践し又は自己の言語を使用する権利を否定されない。

第四部　【実施措置】

第二八条【自由権規約委員会の設置】1　人権委員会(以下「委員会」という。)を設置する。委員会は、一八人の委員で構成するものとし、この部に定める任務を行う。
2　委員会は、高潔な人格を有し、かつ、人権の分野において能力を認められたこの規約の締約国の国民で構成する。この場合において、法律関係の経験を有する者の参加が有益であることに考慮を払う。
3　委員会の委員は、個人の資格で、選挙され及び職務を遂行する。

第二九条【委員の指名及び選出】1　委員会の委員は、前条に定める資格を有し、かつ、この規約の締約国により選挙のために指名された者の名簿の中から秘密投票により選出される。
2　この規約の各締約国は、一人又は二人を指名することができる。指名される者は、指名する国の国民とする。
3　いずれの者も、再指名される資格を有する。

第三〇条【委員の選挙】1　委員会の委員の最初の選挙は、この規約の効力発生の日の後六箇月以内に行う。
2　第三四条の規定に従って空席(第三三条の規定により宣言された空席をいう。)を補充するための選挙の場合を除くほか、国際連合事務総長は、委員会の委員の選挙の日の遅くとも四箇月前までに、この規約の締約国に対し、委員会の委員に指名された者の氏名を三箇月以内に提出するよう書面で要請する。
3　国際連合事務総長は、2にいう指名された者のアルファベット順による名簿(これらの者を指名した締約国名を表示した名簿とする。)を作成し、名簿を各選挙の日の遅くとも一箇月前までにこの規約の締約国に送付する。
4　委員会の委員の選挙は、国際連合事務総長により国際連合本部に招集されるこの規約の締約国の会合において行う。この会合は、この規約の締約国の三分の二をもって定足数とする。この会合においては、出席しかつ投票する締約国の代表によって投じられた票の最多数で、かつ、過半数の票を得た指名された者をもって委員会に選出された委員とする。

第三一条【委員の配分】1　委員会は、一の国の国民を二人以上含むことができない。
2　委員会の選挙に当たっては、委員の配分が地理的に衡平に行われること並びに異なる文明形態及び主要な法体系が代表されることを考慮に入れる。

第三二条【委員の任期】1　委員会の委員は、四年の任期で選出される。委員は、再指名された場合には、再選される資格を有する。ただし、最初の選挙において選出された委員のうち九人の委員の任期は、二年で終了するものとし、これらの九人の委員は、最初の選挙の後直ちに、第三〇条4に規定する会合において議長によりくじ引で選ばれる。
2　任期満了の際の選挙は、この部の前諸条の規定に従って行う。

第三三条【委員の職の空席】1　委員会の委員が一時的な不在以外の理由のためその職務を遂行することができなくなったことを他の委員が一致して認める場合には、委員会の委員長は、国際連合事務総長にその旨を通知するものとし、同事務総長は、当該委員の職が空席となったことを宣言する。
2　委員会の委員が死亡し又は辞任した場合には、委員長は、直ちに国際連合事務総長にその旨を通知するものとし、同事務総長は、死亡し又は辞任した日から当該委員の職が空席となったことを宣言する。

第三四条【空席の補充】1　前条の規定により空席が宣言された場合において、当該宣言の時から六箇月以内に交代される委員の任期が満了しないときは、国際連合事務総長は、この規約の各締約国にその旨を通知する。各締約国は、空席を補充するため、二箇月以内に第二九条の規定により指名された者の氏名を提出することができる。
2　国際連合事務総長は、1にいう指名された者のアルファベット順による名簿を作成し、この規約の締約国に送付する。空席を補充するための選挙は、この部の関連規定に従って行う。
3　前条の規定により宣言された空席を補充するために選出された委員会の委員は、同条の規定により委員会における職が空席となった委員の残余の期間在任する。

第三五条【委員の報酬】委員会の委員は、国際連合総会が委員会の任務の重要性を考慮して決定する条件に従い、同総会の承認を得て、国際連合の財源から報酬を受ける。

第三六条【職員等の提供】国際連合事務総長は、委員会がこの規約に定める任務を効果的に遂行するために必要な職員及び便益を提供する。

第三七条【委員会の会合】1　国際連合事務総長は、委員会の最初の会合を国際連合本部に招集する。

2　委員会は、最初の会合の後は、手続規則に定める時期に会合する。

3　委員会は、通常、国際連合本部又はジュネーヴにある国際連合事務所において会合する。

第三八条【委員の宣誓】委員会のすべての委員は、職務の開始に先立ち、公開の委員会において、職務を公平かつ良心的に遂行する旨の厳粛な宣誓を行う。

第三九条【役員選出】1　委員会は、役員を二年の任期で選出する。役員は、再選されることができる。

2　委員会は、手続規則を定める。この手続規則には、特に次のことを定める。

(a)　一二人の委員をもって定足数とすること。

(b)　委員会の決定は、出席する委員が投ずる票の過半数によって行うこと。

第四〇条【報告の提出義務】1　この規約の締約国は、(a)当該締約国についてこの規約が効力を生ずる時から一年以内に、(b)その後は委員会が要請するときに、この規約において認められる権利の実現のためにとった措置及びこれらの権利の享受についてもたらされた進歩に関する報告を提出することを約束する。

2　すべての報告は、国際連合事務総長に提出するものとし、同事務総長は、検討のため、これらの報告を委員会に送付する。報告には、この規約の実施に影響を及ぼす要因及び障害が存在する場合には、これらの要因及び障害を記載する。

3　国際連合事務総長は、委員会との協議の後、報告に含まれるいずれかの専門機関の権限の範囲内にある事項に関する部分の写しを当該専門機関に送付することができる。

4　委員会は、この規約の締約国の提出する報告を検討する。委員会は、委員会の報告及び適当と認める一般的な性格を有する意見を締約国に送付しなければならず、また、この規約の締約国から受領した報告の写しとともに当該一般的な性格を有する意見を経済社会理事会に送付することができる。

5　この規約の締約国は、4の規定により送付される一般的な性格を有する意見に関する見解を委員会に提示することができる。

第四一条【締約国の義務不履行と委員会の検討権限】

1　この規約の締約国は、この規約に基づく義務が他の締約国によって履行されていない旨を主張するいずれかの締約国からの通報を委員会が受理しかつ検討する権限を有することを認めることを、この条の規定に基づいていつでも宣言することができる。この条の規定に基づく通報は、委員会の当該権限を自国について認める宣言を行った締約国による通報である場合に限り、受理しかつ検討することができる。委員会は、宣言を行っていない締約国についての通報を受理してはならない。この条の規定により受理される通報は、次の手続に従って取り扱う。

(a)　この規約の締約国は、他の締約国がこの規約を実施していないと認める場合には、書面による通知により、その事態につき当該他の締約国の注意を喚起することができる。通知を受領する国は、通知の受領の後三箇月以内に、当該事態について説明する文書その他の文書を、通知を送付した国に提供する。これらの文書は、当該事態について既にとられ、現在とっており又は将来とることができる国内的な手続及び救済措置に、可能かつ適当な範囲において、言及しなければならない。

(b)　最初の通知の受領の後六箇月以内に当該事案が関係締約国の双方の満足するように調整されない場合には、いずれの一方の締約国も、委員会及び他方の締約国に通告することにより当該事案を委員会に付託する権利を有する。

(c)　委員会は、付託された事案について利用し得るすべての国内的な救済措置がとられかつ尽くされたことを確認した後に限り、一般的に認められた国際法の原則に従って、付託された事案を取り扱う。ただし、救済措置の実施が不当に遅延する場合は、この限りでない。

(d)　委員会は、この条の規定により通報を検討する場合には、非公開の会合を開催する。

(e)　(c)の規定に従うことを条件として、委員会は、この規約において認められる人権及び基本的自由の尊重を基礎として事案を友好的に解決するため、関係締約国に対してあっ旋を行う。

(f)　委員会は、付託されたいずれの事案についても、(b)にいう関係締約国に対し、あらゆる関連情報を提供するよう要請することができる。

(g)　(b)にいう関係締約国は、委員会において事案が検討されている間において代表を出席させる権利を有するものとし、また、口頭又は書面により意見を提出する権利を有する。

(h)　委員会は、(b)の通告を受領した日の後一二箇月以内に、報告を提出する。報告は、各事案ごとに、関係締約国に送付する。

(i)　(e)の規定により解決に到達した場合には、委員会は、事実及び到達した解決について簡潔に記述したものを報告する。

(ii)　(e)の規定により解決に到達しない場合には、委員会は、事実について簡潔に記述したものを報告するものとし、当該報告に関係締約国の口頭による意見の記録及び書面による意見を添付する。

2　この条の規定は、この規約の一〇の締約国が1の規定に基づく宣言を行った時に効力を生ずる。宣言は、締約国が国際連合事務総長に寄託するものとし、同事務総長は、その写しを他の締約国に送付する。宣言は、同事務総長に対する通告によりいつでも撤回することができる。撤回は、この条の規定に従って既に送付された通報におけるいかなる事案の検討をも妨げるものではない。宣言を撤回した締約国による新たな通報は、同事務総長がその宣言の撤回の通告を受領した後は、当該締約国が新たな宣言を行わない限り、受理しない。

第四二条【特別調停委員会の設置と運用】 1(a) 前条の規定により委員会に付託された事案が関係締約国の満足するように解決されない場合には、委員会は、関係締約国の事前の同意を得て、特別調停委員会(以下「調停委員会」という。)を設置することができる。調停委員会は、この規約の尊重を基礎として当該事案を友好的に解決するため、関係締約国に対してあっ旋を行う。

(b) 調停委員会は、関係締約国が容認する五人の者で構成する。調停委員会の構成について三箇月以内に関係締約国が合意に達しない場合には、合意が得られない調停委員会の委員については、委員会の秘密投票により、三分の二以上の多数による議決で、委員会の委員の中から選出する。

2 調停委員会の委員は、個人の資格で、職務を遂行する。委員は、関係締約国、この規約の締約国でない国又は前条の規定に基づく宣言を行っていない締約国の国民であってはならない。

3 調停委員会は、委員長を選出し及び手続規則を採択する。

4 調停委員会の会合は、通常、国際連合本部又はジュネーヴにある国際連合事務所において開催する。もっとも、この会合は、調停委員会が国際連合事務総長及び関係締約国との協議の上決定する他の適当な場所において開催することができる。

5 第三六条の規定により提供される事務局は、また、この条の規定に基づいて設置される調停委員会のために役務を提供する。

6 委員会が受領しかつ取りまとめる情報は、調停委員会の利用に供しなければならず、また、調停委員会は、関係締約国に対し、他のあらゆる関連情報を提供するよう要請することができる。

7 調停委員会は、事案を十分に検討した後に、かつ、検討のため事案を取り上げた後いかなる場合にも一二箇月以内に、関係締約国に通知するため、委員会の委員長に報告を提出する。

(a) 一二箇月以内に事案の検討を修了することができない場合には、調停委員会は、事案の検討状況について簡潔に記述したものを報告する。

(b) この規約において認められる人権の尊重を基礎として事案の友好的な解決に到達した場合には、調停委員会は、事実及び到達した解決について簡潔に記述したものを報告する。

(c) (b)に規定する解決に到達しない場合には、調停委員会の報告には、関係締約国間の係争問題に係るすべての事実関係についての調査結果及び当該事案の友好的な解決の可能性に関する意見を記載するとともに関係締約国の口頭による意見の記録及び書面による意見を添付する。

(d) (c)の規定により調停委員会の報告が提出される場合には、関係締約国は、その報告の受領の後三箇月以内に、委員会の委員長に対し、調停委員会の報告の内容を受諾するかどうかを通告する。

8 この条の規定は、前条の規定に基づく委員会の任務に影響を及ぼすものではない。

9 関係締約国は、国際連合事務総長が作成する見積りに従って、調停委員会の委員に係るすべての経費を平等に分担する。

10 国際連合事務総長は、必要なときは、9の規定による関係締約国の経費の分担に先立って調停委員会の委員の経費を支払う権限を有する。

第四三条【委員の特権免除】 委員会の委員及び前条の規定に基づいて設置される調停委員会の委員は、国際連合の特権及び免除に関する条約の関連規定に規定する国際連合のための職務を行う専門家の便益、特権及び免除を享受する。

第四四条【他の条約による手続との関係】 この規約の実施に関する規定は、国際連合及び専門機関の基本文書並びに国際連合及び専門機関において作成された諸条約により又はこれらの基本文書及び諸条約に基づき人権の分野に関し定められた手続を妨げることなく適用するものとし、この規約の締約国の間で効力を有する一般的な又は特別の国際取極による紛争の解決のため、この規約の締約国が他の手続を利用することを妨げるものではない。

第四五条【委員会の年次報告】 委員会は、その活動に関する年次報告を経済社会理事会を通じて国際連合総会に提出する。

第五部 【雑則】

第四六条【国連憲章及び専門機関の基本文書との関係】 この規約のいかなる規定も、この規約に規定されている事項につき、国際連合の諸機関及び専門機関の任務をそれぞれ定めている国際連合憲章及び専門機関の基本文書の規定の適用を妨げるものと解してはならない。

第四七条【天然の富及び資源の享受】 この規約のいかなる規定も、すべての人民がその天然の富及び資源を十分かつ自由に享受し及び利用する固有の権利を害するものと解してはならない。

第六部 【最終規定】

第四八条【署名、批准、加入、寄託】 1 この規約は、国際連合又はいずれかの専門機関の加盟国、国際司法裁判所規程の当事国及びこの規約の締約国となるよう国際連合総会が招請する他の国による署名のために開放しておく。

2 この規約は、批准されなければならない。批准書は、国際連合事務総長に寄託する。

3 この規約は、1に規定する国による加入のために開放しておく。

4　加入は、加入書を国際連合事務総長に寄託することによって行う。

5　国際連合事務総長は、この規約に署名し又は加入したすべての国に対し、各批准書又は各加入書の寄託を通報する。

第四九条【効力発生】1　この規約は、三五番目の批准書又は加入書が国際連合事務総長に寄託された日の後三箇月で効力を生ずる。

2　この規約は、三五番目の批准書又は加入書が寄託された後に批准し又は加入する国については、その批准書又は加入書が寄託された日の後三箇月で効力を生ずる。

第五〇条【適用地域】この規約は、いかなる制限又は例外もなしに、連邦国家のすべての地域について適用する。

第五一条【改正】1　この規約のいずれの締約国も、改正を提案し及び改正案を国際連合事務総長に提出することができる。同事務総長は、直ちに、この規約の締約国に対し、改正案を送付するものとし、締約国による改正案の審議及び投票のための締約国会議の開催についての賛否を同事務総長に通告するよう要請する。締約国の三分の一以上が会議の開催に賛成する場合には、同事務総長は、国際連合の主催の下に会議を招集する。会議において出席しかつ投票する締約国の過半数によって採択された改正案は、承認のため、国際連合総会に提出する。

2　改正は、国際連合総会が承認し、かつ、この規約の締約国の三分の二以上の多数がそれぞれの国の憲法上の手続に従って受諾したときに、効力を生ずる。

3　改正は、効力を生じたときは、改正を受諾した締約国を拘束するものとし、他の締約国は、改正前のこの規約の規定（受諾した従前の改正を含む。）により引き続き拘束される。

第五二条【通報】第四八条5の規定により行われる通報にかかわらず、国際連合事務総長は、同条1に規定するすべての国に対し、次の事項を通報する。

(a)　第四八条の規定による署名、批准及び加入

(b)　第四九条の規定に基づきこの規約が効力を生ずる日及び前条の規定により改正が効力を生ずる日

第五三条【正文】1　この規約は、中国語、英語、フランス語、ロシア語及びスペイン語をひとしく正文とし、国際連合に寄託される。

2　国際連合事務総長は、この規約の認証謄本を第二六条に規定するすべての国に送付する。

日本国の留保・宣言　【44頁を見よ】

35　市民的及び政治的権利に関する国際規約の選択議定書（自由権規約第一選択議定書）（抄）

採択　一九六六年一二月一六日
国際連合総会第二一回会期決議二二〇〇A(XXI)附属書
効力発生　一九七六年三月二三日
日本国

この議定書の締約国は、

市民的及び政治的権利に関する規約（以下「規約」という。）の目的並びに、その規定の実施をよりよく達成するためには、規約第四部において設置される人権委員会（以下「委員会」という。）が、この議定書に定めるところにより、この規約に定める権利の侵害の被害者であることを主張する個人からの通報を受理し、かつ、検討しうるようにすることが適当であると考え、

次のとおり協定した。

第一条【個人通報と委員会の検討権限】規約の締約国であって、この議定書の締約国となるものは、その管轄の下にある個人であって規約に定めるいずれかの権利の右の締約国による侵害の被害者であると主張する者からの通報を、委員会が受理し及び検討する権限を有することを認める。委員会は、規約の締約国であるがこの議定書の締約国でないものについての通報を受理してはならない。

第二条【個人通報の提出】第一条の規定に従うことを条件として、規約に掲げるいずれかの権利の侵害の被害者であると主張し、かつ、利用し得るすべての国内的な救済措置を尽くした者は、文書による通報を検討のため委員会に提出することができる。

第三条【受理できない通報】委員会は、この議定書に基づく通報であっても、匿名のもの又は通報を行う権利の濫用であるか若しくは規約の規定と両立しないと認めるものについてはこれを受理することのできないものとしなければならない。

第四条【締約国の注意喚起】1　委員会は、第三条の規定に従うことを条件として、この議定書に基づいて行われたいずれの通報についても、規約のいずれかの規定に違反しているとされたこの議定書の締約国の注意を喚起する。

2　注意を喚起された国は、六箇月以内に、当該事案について及び、当該国がとった救済措置がある場合には、当該救済措置についての書面による説明又は声明を委員会に提出する。

第五条【委員会による検討】1　委員会は、個人及び関係締約国により委員会の利用に供された文書によるすべての情報に照らしてこの議定書に基づいて受理した通報を検討する。

2　委員会は、次のことを確認した場合を除き、個人

からのいかなる通報も検討してはならない。

(a) 同一の事案が他の国際的調査又は解決の手続の下で検討されていないこと。

(b) 当該個人が利用し得るすべての国内的な救済措置を尽くしたこと。ただし、救済措置の実施が不当に遅延する場合は、この限りでない。

3 委員会は、この議定書に基づいて通報を検討する場合は、非公開の会合を開催する。

4 委員会は、その見解を関係する締約国及び個人に送付する。

第六条【年次報告】委員会は、規約第四五条による年次報告の中に、この議定書に基づく活動の概要を含める。

第七条【他の条約上の権利との関係】この議定書の規定は、一九六〇年一二月一四日の国際連合総会によって採択された植民地及びその人民に対する独立付与宣言に関する決議一五一四(XV)の目的が達成されるまでの間、国際連合憲章並びに国際連合及びその専門機関の下に締結された他の国際条約及び文書によって、当該の人民に付与された請願の権利を何ら制限するものではない。

第八条【署名、批准、加入、寄託】1 この議定書は、規約に署名したすべての国による署名のために開放しておく。

2 この議定書は、規約を批准し又はこれに加入したすべての国により批准されなければならない。批准書は、国際連合事務総長に寄託する。

3 この議定書は、規約を批准し又はこれに加入したすべての国による加入のために開放しておく。

4 加入は、加入書を国際連合事務総長に寄託することによって行う。

5 国際連合事務総長は、この議定書に署名し又は加入したすべての国に対し、各批准書又は加入書の寄託を通知する。

第九条【効力発生】1 規約の効力発生を条件として、この議定書は、一〇番目の批准書又は加入書が国際連合事務総長に寄託された日の後三箇月で効力を生ずる。

2 この議定書は、一〇番目の批准書又は加入書が寄託された後に批准し又は加入する国については、その批准書又は加入書が寄託された日の後三箇月で効力を生ずる。

第一〇条【適用地域】この議定書は、いかなる制限又は例外もなしに、連邦国家のすべての地域について適用する。

第一一条【改正】(略)

第一二条【廃棄】1 いずれの締約国も、国際連合事務総長に対して書面による通告を行うことにより、いつでもこの議定書を廃棄することができる。廃棄は、同事務総長が通告を受領した日の後三箇月で効力を生ずる。

2 廃棄は、廃棄が効力を生ずる日前に第二条に基づいて提出された通報に対して、この議定書の規定が引き続き適用されることを妨げない。

第一三条【国連事務総長による通報】
第一四条【正文】 (略)

36 あらゆる形態の人種差別の撤廃に関する国際条約(人種差別撤廃条約)(抄)

採　択　一九六五年一二月二一日　国際連合総会第二〇回会期決議二一〇六(XX)附属書
効力発生　一九六九年一月四日
改正(八条)　一九九二年一月一五日、一二月一六日　締約国会議・国際連合総会第四七回会期決議四七／一一一(未発効)
日本国　一九九五年一二月一日国会承認、一二月一五日加入書寄託、一二月二〇日公布(条約第二六号)、一九九六年一月一四日効力発生

この条約の締約国は、

国際連合憲章がすべての人間に固有の尊厳及び平等の原則に基礎を置いていること並びにすべての加盟国が、人種、性、言語又は宗教による差別のないすべての者のための人権及び基本的自由の普遍的な尊重及び遵守を助長し及び奨励するという国際連合の目的の一を達成するために、国際連合と協力して共同及び個別の行動をとることを誓約したことを考慮し、

世界人権宣言が、すべての人間は生まれながらにして自由であり、かつ、尊厳及び権利について平等であること並びにすべての人がいかなる差別をも、特に人種、皮膚の色又は国民的出身による差別を受けることなく同宣言に掲げるすべての権利及び自由を享有することができることを宣明していることを考慮し、

すべての人間が法律の前に平等であり、いかなる差別に対しても、また、いかなる差別の扇動に対しても法律による平等の保護を受ける権利を有することを考慮し、

国際連合が植民地主義並びにこれに伴う隔離及び差別のあらゆる慣行(いかなる形態であるかいかなる場所に存在するかを問わない。)を非難してきたこと並びに一九六〇年一二月一四日の植民地及びその人民に対する独立の付与に関する宣言(国際連合総会決議第一五一四号(第一五回会期))がこれらを速やかにかつ無条件に終了させる必要性を確認し及び厳粛に宣明したことを考慮し、

一九六三年一一月二〇日のあらゆる形態の人種差別の撤廃に関する国際連合宣言(国際連合総会決議第一九〇四号(第一八回会期))が、あらゆる形態及び表現による人種差別を全世界から速やかに撤廃し並びに

人間の尊厳に対する理解及び尊重を確保する必要性を厳粛に確認していることを考慮し、

人種的相違に基づく優越性のいかなる理論も科学的に誤りであり、道徳的に非難されるべきであり及び社会的に不正かつ危険であること並びに理論上又は実際上、いかなる場所においても、人種差別を正当化することはできないことを確信し、

人種、皮膚の色又は種族的出身を理由とする人間の差別が諸国間の友好的かつ平和的な関係に対する障害となること並びに諸国民の間の平和及び安全並びに同一の国家内に共存している人々の調和をも害するおそれがあることを再確認し、

人種に基づく障壁の存在がいかなる人間社会の理想にも反することを確信し、

世界のいくつかの地域において人種差別が依然として存在していること及び人種的優越又は憎悪に基づく政府の政策（アパルトヘイト、隔離又は分離の政策等）がとられていることを危険な事態として受けとめ、

あらゆる形態及び表現による人種差別を速やかに撤廃するために必要なすべての措置をとること並びに人種間の理解を促進し、いかなる形態の人種隔離及び人種差別もない国際社会を建設するため、人種主義に基づく理論及び慣行を防止し並びにこれらと戦うことを決意し、

一九五八年に国際労働機関が採択した雇用及び職業についての差別に関する条約及び一九六〇年に国際連合教育科学文化機関が採択した教育における差別の防止に関する条約に留意し、

あらゆる形態の人種差別の撤廃に関する国際連合宣言に具現された原則を実現すること及びこのための実際的な措置を最も早い時期にとることを確保することを希望して、

次のとおり協定した。

第一部【実体規定】

第一条【人種差別の定義】1　この条約において、「人種差別」とは、人種、皮膚の色、世系又は民族的若しくは種族的出身に基づくあらゆる区別、排除、制限又は優先であって、政治的、経済的、社会的、文化的その他のあらゆる公的生活の分野における平等の立場での人権及び基本的自由を認識し、享有し又は行使することを妨げ又は害する目的又は効果を有するものをいう。

2　この条約は、締約国が市民と市民でない者との間に設ける区別、排除、制限又は優先については、適用しない。

3　この条約のいかなる規定も、国籍、市民権又は帰化に関する締約国の法規に何ら影響を及ぼすものと解してはならない。ただし、これらに関する法規は、いかなる特定の民族に対しても差別を設けていないことを条件とする。

4　人権及び基本的自由の平等な享有又は行使を確保するため、保護を必要としている特定の人種若しくは種族の集団又は個人の適切な進歩を確保することのみを目的として、必要に応じてとられる特別措置は、人種差別とみなさない。ただし、この特別措置は、その結果として、異なる人種の集団に対して別個の権利を維持することとなってはならず、また、その目的が達成された後は継続してはならない。

第二条【締約国の差別撤廃義務】1　締約国は、人種差別を非難し、また、あらゆる形態の人種差別を撤廃する政策及びあらゆる人種間の理解を促進する政策をすべての適当な方法により遅滞なくとることを約束する。このため、

(a)　各締約国は、個人、集団又は団体に対する人種差別の行為又は慣行に従事しないこと並びに国及び地方のすべての公の当局及び機関がこの義務に従って行動するよう確保することを約束する。

(b)　各締約国は、いかなる個人又は団体による人種差別も後援せず、擁護せず又は支持しないことを約束する。

(c)　各締約国は、政府（国及び地方）の政策を再検討し及び人種差別を生じさせ又は永続化させる効果を有するいかなる法令も改正し、廃止し又は無効にするために効果的な措置をとる。

(d)　各締約国は、すべての適当な方法（状況により必要とされるときは、立法を含む。）により、いかなる個人、集団又は団体による人種差別も禁止し、終了させる。

(e)　各締約国は、適当なときは、人種間の融和を目的とし、かつ、複数の人種で構成される団体及び運動を支援し並びに人種間の障壁を撤廃する他の方法を奨励すること並びに人種間の分断を強化するようないかなる動きも抑制することを約束する。

2　締約国は、状況により正当とされる場合には、特定の人種の集団又はこれに属する個人に対し人権及び基本的自由の十分かつ平等な享有を保障するため、社会的、経済的、文化的その他の分野において、当該人種の集団又は個人の適切な発展及び保護を確保するための特別かつ具体的な措置をとる。この措置は、いかなる場合においても、その目的が達成された後、その結果として、異なる人種の集団に対して不平等な又は別個の権利を維持することとなってはならない。

第三条【アパルトヘイトの禁止】締約国は、特に、人種隔離及びアパルトヘイトを非難し、また、自国の管轄の下にある領域におけるこの種のすべての慣行を防止し、禁止し及び根絶することを約束する。

第四条【人種的優越主義に基づく差別と扇動の禁止】締約国は、一の人種の優越性若しくは一の皮膚の色若しくは種族的出身の人の集団の優越性の思想若しくは理論に基づくあらゆる宣伝及び団体又は人種的憎悪及び人種差別（形態のいかんを問わない。）を正当化し若しくは助長することを企てるあらゆる宣伝及び団体を非難し、また、このような差別のあらゆる

扇動又は行為を根絶することを目的とする迅速かつ積極的な措置をとることを約束する。このため、締約国は、世界人権宣言に具現された原則及び次条に明示的に定める権利に十分な考慮を払って、特に次のことを行う。

(a) 人種的優越又は憎悪に基づく思想のあらゆる流布、人種差別の扇動、いかなる人種若しくは皮膚の色若しくは種族的出身を異にする人の集団に対するものであるかを問わずすべての暴力行為又はその行為の扇動及び人種主義に基づく活動に対する資金援助を含むいかなる援助の提供も、法律で処罰すべき犯罪であることを宣言すること。

(b) 人種差別を助長し及び扇動する団体及び組織的宣伝活動その他のすべての宣伝活動を違法であるとして禁止するものとし、このような団体又は活動への参加が法律で処罰すべき犯罪であることを認めること。

(c) 国又は地方の公の当局又は機関が人種差別を助長し又は扇動することを認めないこと。

第五条【法律の前の平等、権利享有の無差別】第二条に定める基本的義務に従い、締約国は、特に次の権利の享有に当たり、あらゆる形態の人種差別を禁止し及び撤廃すること並びに人種、皮膚の色又は民族的若しくは種族的出身による差別なしに、すべての者が法律の前に平等であるという権利を保障することを約束する。

(a) 裁判所その他のすべての裁判及び審判を行う機関の前での平等な取扱いについての権利

(b) 暴力又は傷害(公務員によって加えられるものであるかいかなる個人、集団又は団体によって加えられるものであるかを問わない。)に対する身体の安全及び国家による保護についての権利

(c) 政治的権利、特に普通かつ平等の選挙権に基づく選挙に投票及び立候補によって参加し、国政及びすべての段階における政治に参与し並びに公務に平等に携わる権利

(d) 他の市民的権利、特に、

(i) 国境内における移動及び居住の自由についての権利

(ii) いずれの国(自国を含む。)からも離れ及び自国に戻る権利

(iii) 国籍についての権利

(iv) 婚姻及び配偶者の選択についての権利

(v) 単独で及び他の者と共同して財産を所有する権利

(vi) 相続する権利

(vii) 思想、良心及び宗教の自由についての権利

(viii) 意見及び表現の自由についての権利

(ix) 平和的な集会及び結社の自由についての権利

(e) 経済的、社会的及び文化的権利、特に、

(i) 労働、職業の自由な選択、公正かつ良好な労働条件、失業に対する保護、同一の労働についての同一報酬及び公正かつ良好な報酬についての権利

(ii) 労働組合を結成し及びこれに加入する権利

(iii) 住居についての権利

(iv) 公衆の健康、医療、社会保障及び社会的サービスについての権利

(v) 教育及び訓練についての権利

(vi) 文化的な活動への平等な参加についての権利

(f) 輸送機関、ホテル、飲食店、喫茶店、劇場、公園等一般公衆の使用を目的とするあらゆる場所又はサービスを利用する権利

第六条【人種差別に対する救済】締約国は、自国の管轄の下にあるすべての者に対し、権限のある自国の裁判所及び他の国家機関を通じて、この条約に反して人権及び基本的自由を侵害するあらゆる人種差別の行為に対する効果的な保護及び救済措置を確保し、並びにその差別の結果として被ったあらゆる損害に対し、公正かつ適正な賠償又は救済を当該裁判所に求める権利を確保する。

第七条【人種差別に対する闘いと教育】締約国は、人種差別につながる偏見と戦い、諸国民の間及び人種又は種族の集団の間の理解、寛容及び友好を促進し並びに国際連合憲章、世界人権宣言、あらゆる形態の人種差別の撤廃に関する国際連合宣言及びこの条約の目的及び原則を普及させるため、特に教授、教育、文化及び情報の分野において、迅速かつ効果的な措置をとることを約束する。

第二部 【実施措置】

第八条【人種差別撤廃委員会】1 締約国により締約国の国民の中から選出される徳望が高く、かつ、公平と認められる一八人の専門家で構成する人種差別の撤廃に関する委員会(以下「委員会」という。)を設置する。委員会の委員は、個人の資格で職務を遂行する。その選出に当たっては、委員の配分が地理的に衡平に行われること並びに異なる文明形態及び主要な法体系が代表されることを考慮に入れる。

2 委員会の委員は、締約国により指名された者の名簿の中から秘密投票により選出される。各締約国は、自国民の中から一人を指名することができる。

3 委員会の委員の最初の選挙は、この条約の効力発生の日の後六箇月を経過した時に行う。国際連合事務総長は、委員会の委員の選挙の日の遅くとも三箇月前までに、締約国に対し、自国が指名する者の氏名を二箇月以内に提出するよう書簡で要請する。同事務総長は、指名された者のアルファベット順による名簿(これらの者を指名した締約国名を表示した名簿とする。)を作成し、締約国に送付する。

4 委員会の委員の選挙は、国際連合事務総長により国際連合本部に招集される締約国の会合において行う。この会合は、締約国の三分の二をもって定足数とする。この会合においては、出席しかつ投票する締約国の代表によって投じられた票の最多数で、か

つ、過半数の票を得た指名された者をもって委員会に選出された委員とする。

5(a)　委員会の委員は、四年の任期で選出される。ただし、最初の選挙において選出された委員のうち九人の委員の任期は、二年で終了するものとし、これらの九人の委員は、最初の選挙の後直ちに、委員会の委員長によりくじ引きで選ばれる。

(b)　締約国は、自国の専門家が委員会の委員としての職務を遂行することができなくなった場合には、その空席を補充するため、委員会の承認を条件として自国民の中から他の専門家を任命する。

6　締約国は、委員会の委員が委員会の任務を遂行している間、当該委員に係る経費について責任を負う。

第九条【締約国の報告義務】1　締約国は、次の場合に、この条約の諸規定の実現のためにとった立法上、司法上、行政上その他の措置に関する報告を、委員会による検討のため、国際連合事務総長に提出することを約束する。

(a)　当該締約国についてこの条約が効力を生ずる時から一年以内

(b)　その後は二年ごとに、更には委員会が要請するとき。委員会は、追加の情報を締約国に要請することができる。

2　委員会は、その活動につき国際連合事務総長を通じて毎年国際連合総会に報告するものとし、また、締約国から得た報告及び情報の検討に基づく提案及び一般的な性格を有する勧告を行うことができる。これらの提案及び一般的な性格を有する勧告は、締約国から意見がある場合にはその意見と共に、総会に報告する。

第一〇条【委員会の運営】1　委員会は、手続規則を採択する。

2　委員会は、役員を二年の任期で選出する。

3　委員会の事務局は、国際連合事務総長が提供する。

4　委員会の会合は、原則として、国際連合本部において開催する。

第一一条【締約国の義務不履行と委員会の審議権】1　締約国は、他の締約国がこの条約の諸規定を実現していないと認める場合には、その事案につき委員会の注意を喚起することができる。委員会は、その通知を関係締約国に送付する。当該通知を受領する国は、三箇月以内に、当該事案について及び、当該国がとった救済措置がある場合には、当該救済措置についての書面による説明又は声明を委員会に提出する。

2　最初の通知の受領の後六箇月以内に当該事案が二国間交渉又は当事国にとって可能な他のいかなる手続によっても当事国の双方の満足するように調整されない場合には、いずれの一方の締約国も、委員会及び他方の締約国に通告することにより当該事案を再び委員会に付託する権利を有する。

3　委員会は、2の規定により委員会に付託された事案について利用し得るすべての国内的な救済措置がとられかつ尽くされたことを確認した後に、一般的に認められた国際法の原則に従って、当該事案を取り扱う。ただし、救済措置の実施が不当に遅延する場合は、この限りでない。

4　委員会は、付託されたいずれの事案についても、関係締約国に対し、他のあらゆる関連情報を提供するよう要請することができる。

5　この条の規定から生ずるいずれかの事案が委員会により検討されている場合には、関係締約国は、当該事案が検討されている間、投票権なしで委員会の議事に参加する代表を派遣する権利を有する。

第一二条【特別調停委員会】1(a)　委員長は、委員会が必要と認めるすべての情報を入手し、かつ、取りまとめた後、五人の者(委員会の委員であるか否かを問わない。)から成る特別調停委員会(以下「調停委員会」という。)を設置する。調停委員会の委員は、すべての紛争当事国の同意を得て任命するものとし、調停委員会は、この条約の尊重を基礎として事案を友好的に解決するため、関係国に対してあっせんを行う。

(b)　調停委員会の構成について三箇月以内に紛争当事国が合意に達しない場合には、合意が得られない調停委員会の委員については、委員会の秘密投票により、三分の二以上の多数による議決で、委員会の委員の中から選出する。

2　調停委員会の委員は、個人の資格で、職務を遂行する。委員は、紛争当事国の国民又はこの条約の締約国でない国の国民であってはならない。

3　調停委員会は、委員長を選出し、及び手続規則を採択する。

4　調停委員会の会合は、原則として、国際連合本部又は調停委員会が決定する他の適当な場所において開催する。

5　第一〇条3の規定により提供される事務局は、締約国間の紛争のために調停委員会が設けられた場合には、調停委員会に対しても役務を提供する。

6　紛争当事国は、国際連合事務総長が作成する見積りに従って、調停委員会の委員に係るすべての経費を平等に分担する。

7　国際連合事務総長は、必要なときは、6の規定による紛争当事国の経費の分担に先立って調停委員会の委員の経費を支払う権限を有する。

8　委員会が入手し、かつ、取りまとめる情報は、調停委員会の利用に供しなければならず、また、調停委員会は、関係国に対し、他のあらゆる関連情報を提供するよう要請することができる。

第一三条【調停委員会の活動】1　調停委員会は、事案を十分に検討した後、当事国間の係争問題に係るすべての事実関係についての調査結果を記載し、かつ、紛争の友好的な解決のために適当と認める勧告を付した報告を作成し、委員会の委員長に提出する。

2　委員会の委員長は、調停委員会の報告を各紛争当事国に通知する。これらの紛争当事国は、三箇月以内に、委員会の委員長に対し、調停委員会の報告に付されている勧告を受諾するか否かを通知する。

3 委員会の委員長は、2に定める期間の後、調停委員会の報告及び関係締約国の意図の表明を、他の締約国に通知する。

第一四条【個人及び集団の申立と委員会の権限】 1 締約国は、この条約に定めるいずれかの権利の当該締約国による侵害の被害者であると主張する当該締約国の管轄の下にある個人又は集団からの通報を、委員会が受理しかつ検討する権限を有することを認める旨を、いつでも宣言することができる。委員会は、宣言を行っていない締約国についての通報を受理してはならない。

2 1に規定する宣言を行う締約国は、その管轄の下にある個人又は集団であって、この条約に定めるいずれかの権利の侵害の被害者であると主張し、かつ、他の利用し得る国内的な救済措置を尽くしたものからの請願を受理しかつ検討する権限を有する機関を、国内の法制度の枠内に設置し又は指定することができる。

3 1の規定に基づいて行われた宣言及び2の規定に基づいて設置され又は指定される機関の名称は、関係締約国が国際連合事務総長に寄託するものとし、同事務総長は、その写しを他の締約国に送付する。宣言は、同事務総長に対する通告によりいつでも撤回することができる。ただし、その撤回は、委員会で検討中の通報に影響を及ぼすものではない。

4 2の規定に基づいて設置され又は指定される機関は、請願の登録簿を保管するものとし、登録簿の証明された謄本は、その内容が公開されないとの了解の下に、適当な経路を通じて毎年国際連合事務総長に提出する。

5 請願者は、2の規定に基づいて設置され又は指定される機関から満足な結果が得られない場合には、その事案を六箇月以内に委員会に通報する権利を有する。

6(a) 委員会は、付託されたいずれの通報についても、この条約のいずれかの規定に違反していると申し立てられている締約国の注意を内密に喚起する。ただし、関係のある個人又は集団の身元は、当該個人又は集団の明示の同意なしに明らかにしてはならない。委員会は、匿名の通報を受領してはならない。

(b) 注意を喚起された国は、三箇月以内に、当該事案について及び、当該国がとった救済措置がある場合には、当該救済措置についての書面による説明又は声明を委員会に提出する。

7(a) 委員会は、関係締約国及び請願者により委員会の利用に供されたすべての情報に照らして通報を検討する。委員会は、請願者が利用し得るすべての国内的な救済措置を尽くしたことを確認しない限り、請願者からのいかなる通報も検討してはならない。ただし、救済措置の実施が不当に遅延する場合は、この限りでない。

(b) 委員会は、提案及び勧告をする場合には、これらを関係締約国及び請願者に送付する。

8 委員会は、通報の概要並びに、適当なときは、関係締約国の書面による説明及び声明の概要並びに当該委員会の提案及び勧告の概要を、その年次報告に記載する。

9 委員会は、少なくとも一〇の締約国が1の規定に基づいて行った宣言に拘束される場合にのみ、この条に規定する任務を遂行する権限を有する。

第一五条【他の国際文書による個人の請願権】 1 この条約の規定は、一九六〇年一二月一四日の植民地及びその人民に対する独立の付与に関する宣言(国際連合総会決議第一五一四号(第一五回会期))の目的が達成されるまでの間、他の国際文書又は国際連合及びその専門機関により当該人民に付与された請願の権利を何ら制限するものではない。

2(a) 国際連合の諸機関が、信託統治地域及び非自治地域並びに国際連合総会決議第一五一四号(第一五回会期)が適用される他のすべての地域の住民からの請願であって、この条約の対象とする事項に関連するものを検討するに当たって、この条約の原則及び目的に直接関連する事項を取り扱っている場合には、第八条1の規定に基づいて設置される委員会は、当該請願の写しを受領し、これらの機関に対し、当該請願に関する意見の表明及び勧告を提出する。

(b) 委員会は、(a)に規定する地域内において施政国により適用されるこの条約の原則及び目的に直接関連する立法上、司法上、行政上その他の措置についての報告の写しを国際連合の権限のある機関から受領し、これらの機関に対し、意見を表明し及び勧告を行う。

3 委員会は、国際連合の諸機関から受領した請願及び報告の概要並びに当該請願及び報告に関連する委員会の意見の表明及び勧告を、国際連合総会に対する報告に記載する。

4 委員会は、国際連合事務総長に対し、2(a)に規定する地域について、この条約の目的に関連しかつ同事務総長が入手し得るすべての情報を要求する。

第一六条【他の国際文書による紛争又は苦情の解決】 紛争又は苦情の解決に関するこの条約の規定は、国際連合及びその専門機関の基本文書又は国際連合及びその専門機関により採択された条約に定める差別の分野における紛争又は苦情の解決のための他の手続を妨げることなく適用するものとし、締約国の間で効力を有する一般的な又は特別の国際取極による紛争の解決のため、締約国が他の手続を利用することを妨げるものではない。

第三部 【最終規定】

第一七条【署名、批准】
第一八条【加入】
第一九条【効力発生】　（略）

第二〇条【留保】1　国際連合事務総長は、批准又は加入の際に行われた留保を受領し、かつ、この条約の締約国であるか又は将来締約国となる可能性のあるすべての国に当該留保を送付する。留保に異議を有する国は、その送付の日から九〇日の期間内に、その留保を承認しない旨を同事務総長に通告する。

2　この条約の趣旨及び目的と両立しない留保は、認められない。また、この条約により設置する機関の活動を抑制するような効果を有する留保は、認められない。留保は、締約国の少なくとも三分の二が異議を申し立てる場合には、両立しないもの又は抑制的なものとみなされる。

3　留保は、国際連合事務総長にあてた通告によりいつでも撤回することができる。通告は、その受領の日に効力を生ずる。

第二一条【廃棄】締約国は、国際連合事務総長に対して書面による通告を行うことにより、この条約を廃棄することができる。廃棄は、同事務総長がその通告を受領した日の後一年で効力を生ずる。

第二二条【紛争の解決】この条約の解釈又は適用に関する二以上の締約国の間の紛争であって、交渉又はこの条約に明示的に定められている手続によって解決されないものは、紛争当事国が他の解決方法について合意しない限り、いずれかの紛争当事国の要請により、決定のため国際司法裁判所に付託される。

第二三条【改正】
第二四条【国際連合事務総長による通報】
第二五条【正文】　（略）

日本国の留保

日本国は、あらゆる形態の人種差別の撤廃に関する国際条約第四条の(a)及び(b)の規定の適用に当たり、同条に「世界人権宣言に具現された原則及び次条に明示的に定める権利に十分な考慮を払って」と規定してあることに留意し、日本国憲法の下における集会、結社及び表現の自由その他の権利の保障と抵触しない限度において、これらの規定に基づく義務を履行する。

37　女子に対するあらゆる形態の差別の撤廃に関する条約（女子差別撤廃条約）（抄）

採　択　一九七九年一二月一八日
国際連合総会第三四回会期決議三四／一八〇附属書
効力発生　一九八一年九月三日
改正（二〇条一項）　一九九五年五月二二日、一二月二二日締約国会議・国際連合総会第五〇回会期決議五〇／二〇二（未発効）
日本国　一九八〇年七月一七日署名、一九八五年六月二四日国会承認、六月二五日批准書寄託、七月一日公布（条約第七号）、七月二五日効力発生、一九九五年五月二二日の改正につき二〇〇三年五月一四日国会承認、六月一二日受諾書寄託

この条約の締約国は、

国際連合憲章が基本的人権、人間の尊厳及び価値並びに男女の権利の平等に関する信念を改めて確認していることに留意し、

世界人権宣言が、差別は容認することができないものであるとの原則を確認していること、並びにすべての人間は生まれながらにして自由であり、かつ、尊厳及び権利について平等であること並びにすべての人は性による差別その他のいかなる差別もなしに同宣言に掲げるすべての権利及び自由を享有することができることを宣明していることに留意し、

人権に関する国際規約の締約国がすべての経済的、社会的、文化的、市民的及び政治的権利の享有について男女に平等の権利を確保する義務を負っていることに留意し、

国際連合及び専門機関の主催の下に各国が締結した男女の権利の平等を促進するための国際条約を考慮し、

更に、国際連合及び専門機関が採択した男女の権利の平等を促進するための決議、宣言及び勧告に留意し、

しかしながら、これらの種々の文書にもかかわらず女子に対する差別が依然として広範に存在していることを憂慮し、

女子に対する差別は、権利の平等の原則及び人間の尊厳の尊重の原則に反するものであり、女子が男子と平等の条件で自国の政治的、社会的、経済的及び文化的活動に参加する上で障害となるものであり、社会及び家族の繁栄の増進を阻害するものであり、また、女子の潜在能力を自国及び人類に役立てるために完全に開発することを一層困難にするものであることを想起し、

窮乏の状況においては、女子が食糧、健康、教育、雇用のための訓練及び機会並びに他の必要とするものを享受する機会が最も少ないことを憂慮し、

衡平及び正義に基づく新たな国際経済秩序の確立が男女の平等の促進に大きく貢献することを確信し、

アパルトヘイト、あらゆる形態の人種主義、人種差別、植民地主義、新植民地主義、侵略、外国による占領及び支配並びに内政干渉の根絶が男女の権利の完全な享有に不可欠であることを強調し、

国際の平和及び安全を強化し、国際緊張を緩和し、すべての国（社会体制及び経済体制のいかんを問わな

い。)の間で相互に協力し、全面的かつ完全な軍備縮小を達成し、特に厳重かつ効果的な国際管理の下での核軍備の縮小を達成し、諸国間の関係における正義、平等及び互恵の原則を確認し、外国の支配の下、植民地支配の下又は外国の占領の下にある人民の自決の権利及び人民の独立の権利を実現し並びに国の主権及び領土保全を尊重することが、社会の進歩及び発展を促進し、ひいては、男女の完全な平等の達成に貢献することを確認し、

国の完全な発展、世界の福祉及び理想とする平和は、あらゆる分野において女子が男子と平等の条件で最大限に参加することを必要としていることを確信し、

家族の福祉及び社会の発展に対する従来完全には認められていなかった女子の大きな貢献、母性の社会的重要性並びに家庭及び子の養育における両親の役割に留意し、また、出産における女子の役割が差別の根拠となるべきではなく、子の養育には男女及び社会全体が共に責任を負うことが必要であることを認識し、

社会及び家庭における男子の伝統的役割を女子の役割とともに変更することが男女の完全な平等の達成に必要であることを認識し、

女子に対する差別の撤廃に関する宣言に掲げられている諸原則を実施すること及びこのために女子に対するあらゆる形態の差別を撤廃するための必要な措置をとることを決意して、

次のとおり協定した。

第一部　【一般規定】

第一条【女子差別の定義】この条約の適用上、「女子に対する差別」とは、性に基づく区別、排除又は制限であって、政治的、経済的、社会的、文化的、市民的その他のいかなる分野においても、女子(婚姻をしているかいないかを問わない。)が男女の平等を基礎として人権及び基本的自由を認識し、享有し又は行使することを害し又は無効にする効果又は目的を有するものをいう。

第二条【締約国の差別撤廃義務】締約国は、女子に対するあらゆる形態の差別を非難し、女子に対する差別を撤廃する政策をすべての適当な手段により、かつ、遅滞なく追求することに合意し、及びこのため次のことを約束する。

(a)　男女の平等の原則が自国の憲法その他の適当な法令に組み入れられていない場合にはこれを定め、かつ、男女の平等の原則の実際的な実現を法律その他の適当な手段により確保すること。

(b)　女子に対するすべての差別を禁止する適当な立法その他の措置(適当な場合には制裁を含む。)をとること。

(c)　女子の権利の法的な保護を男子との平等を基礎として確立し、かつ、権限のある自国の裁判所その他の公の機関を通じて差別となるいかなる行為からも女子を効果的に保護することを確保すること。

(d)　女子に対する差別となるいかなる行為又は慣行も差し控え、かつ、公の当局及び機関がこの義務に従って行動することを確保すること。

(e)　個人、団体又は企業による女子に対する差別を撤廃するためのすべての適当な措置をとること。

(f)　女子に対する差別となる既存の法律、規則、慣習及び慣行を修正し又は廃止するためのすべての適当な措置(立法を含む。)をとること。

(g)　女子に対する差別となる自国のすべての刑罰規定を廃止すること。

第三条【保障措置】締約国は、あらゆる分野、特に、政治的、社会的、経済的及び文化的分野において、女子に対して男子との平等を基礎として人権及び基本的自由を行使し及び享有することを保障することを目的として、女子の完全な能力開発及び向上を確保するためのすべての適当な措置(立法を含む。)をとる。

第四条【差別とならない特別措置】1　締約国が男女の事実上の平等を促進することを目的とする暫定的な特別措置をとることは、この条約に定義する差別と解してはならない。ただし、その結果としていかなる意味においても不平等な又は別個の基準を維持し続けることとなってはならず、これらの措置は、機会及び待遇の平等の目的が達成された時に廃止されなければならない。

2　締約国が母性を保護することを目的とする特別措置(この条約に規定する措置を含む。)をとることは、差別と解してはならない。

第五条【役割に基づく偏見等の撤廃】締約国は、次の目的のためのすべての適当な措置をとる。

(a)　両性いずれかの劣等性若しくは優越性の観念又は男女の定型化された役割に基づく偏見及び慣習その他あらゆる慣行の撤廃を実現するため、男女の社会的及び文化的な行動様式を修正すること。

(b)　家庭についての教育に、社会的機能としての母性についての適正な理解並びに子の養育及び発育における男女の共同責任についての認識を含めることを確保すること。あらゆる場合において、子の利益は最初に考慮するものとする。

第六条【売買・売春からの搾取の禁止】締約国は、あらゆる形態の女子の売買及び女子の売春からの搾取を禁止するためのすべての適当な措置(立法を含む。)をとる。

第二部　【政治的及び公的活動における差別の撤廃】

第七条【政治的及び公的活動における平等】締約国は、自国の政治的及び公的活動における女子に対する差別を撤廃するためのすべての適当な措置をとるものとし、特に、女子に対して男子と平等の条件で次の権利を確保する。

(a)　あらゆる選挙及び国民投票において投票する権利並びにすべての公選による機関に選挙される資

格を有する権利

(b) 政府の政策の策定及び実施に参加する権利並びに政府のすべての段階において公職に就き及びすべての公務を遂行する権利

(c) 自国の公的又は政治的活動に関係のある非政府機関及び非政府団体に参加する権利

第八条【国際的活動への参加の平等】締約国は、国際的に自国政府を代表し及び国際機関の活動に参加する機会を、女子に対して男子と平等の条件でかついかなる差別もなく確保するためのすべての適当な措置をとる。

第九条【国籍に関する権利の平等】1　締約国は、国籍の取得、変更及び保持に関し、女子に対して男子と平等の権利を与える。締約国は、特に、外国人との婚姻又は婚姻中の夫の国籍の変更が、自動的に妻の国籍を変更し、妻を無国籍にし又は夫の国籍を妻に強制することとならないことを確保する。

2　締約国は、子の国籍に関し、女子に対して男子と平等の権利を与える。

第三部　【経済的及び社会的活動における差別の撤廃】

第一〇条【教育における差別の撤廃】締約国は、教育の分野において、女子に対して男子と平等の権利を確保することを目的として、特に、男女の平等を基礎として次のことを確保することを目的として、女子に対する差別を撤廃するためのすべての適当な措置をとる。

(a) 農村及び都市のあらゆる種類の教育施設における職業指導、修学の機会及び資格証書の取得のための同一の条件。このような平等は、就学前教育、普通教育、技術教育、専門教育及び高等技術教育並びにあらゆる種類の職業訓練において確保されなければならない。

(b) 同一の教育課程、同一の試験、同一の水準の資格を有する教育職員並びに同一の質の学校施設及び設備を享受する機会

(c) すべての段階及びあらゆる形態の教育における男女の役割についての定型化された概念の撤廃を、この目的の達成を助長する男女共学その他の種類の教育を奨励することにより、また、特に、教材用図書及び指導計画を改訂すること並びに指導方法を調整することにより行うこと。

(d) 奨学金その他の修学援助を享受する同一の機会

(e) 継続教育計画(成人向けの及び実用的な識字計画を含む。)、特に、男女間に存在する教育上の格差をできる限り早期に減少させることを目的とした継続教育計画を利用する同一の機会

(f) 女子の中途退学率を減少させること及び早期に退学した女子のための計画を策定すること。

(g) スポーツ及び体育に積極的に参加する同一の機会

(h) 家族の健康及び福祉の確保に役立つ特定の教育的情報(家族計画に関する情報及び助言を含む。)を享受する機会

第一一条【雇用における差別の撤廃】1　締約国は、男女の平等を基礎として同一の権利、特に次の権利を確保することを目的として、雇用の分野における女子に対する差別を撤廃するためのすべての適当な措置をとる。

(a) すべての人間の奪い得ない権利としての労働の権利

(b) 同一の雇用機会(雇用に関する同一の選考基準の適用を含む。)についての権利

(c) 職業を自由に選択する権利、昇進、雇用の保障並びに労働に係るすべての給付及び条件についての権利並びに職業訓練及び再訓練(見習、上級職業訓練及び継続的訓練を含む。)を受ける権利

(d) 同一価値の労働についての同一報酬(手当を含む。)及び同一待遇についての権利並びに労働の質の評価に関する取扱いの平等についての権利

(e) 社会保障(特に、退職、失業、傷病、障害、老齢その他の労働不能の場合における社会保障)についての権利及び有給休暇についての権利

(f) 作業条件に係る健康の保護及び安全(生殖機能の保護を含む。)についての権利

2　締約国は、婚姻又は母性を理由とする女子に対する差別を防止し、かつ、女子に対して実効的な労働の権利を確保するため、次のことを目的とする適当な措置をとる。

(a) 妊娠又は母性休暇を理由とする解雇及び婚姻をしているかいないかに基づく差別的解雇を制裁を課して禁止すること。

(b) 給料又はこれに準ずる社会的給付を伴い、かつ、従前の雇用関係、先任及び社会保障上の利益の喪失を伴わない母性休暇を導入すること。

(c) 親が家庭責任と職業上の責務及び社会的活動への参加とを両立させることを可能とするために必要な補助的な社会的サービスの提供を、特に保育施設網の設置及び充実を促進することにより奨励すること。

(d) 妊娠中の女子に有害であることが証明されている種類の作業においては、当該女子に対して特別の保護を与えること。

3　この条に規定する事項に関する保護法令は、科学上及び技術上の知識に基づき定期的に検討するものとし、必要に応じて、修正し、廃止し、又はその適用を拡大する。

第一二条【保健における差別の撤廃】1　締約国は、男女の平等を基礎として保健サービス(家族計画に関連するものを含む。)を享受する機会を確保することを目的として、保健の分野における女子に対する差別を撤廃するためのすべての適当な措置をとる。

2　1の規定にかかわらず、締約国は、女子に対し、妊娠、分べん及び産後の期間中の適当なサービス(必要な場合には無料にする。)並びに妊娠及び授乳の期

間中の適当な栄養を確保する。

第一三条【その他の差別の撤廃】締約国は、男女の平等を基礎として同一の権利、特に次の権利を確保することを目的として、他の経済的及び社会的活動の分野における女子に対する差別を撤廃するためのすべての適当な措置をとる。

(a) 家族給付についての権利
(b) 銀行貸付け、抵当その他の形態の金融上の信用についての権利
(c) レクリエーション、スポーツ及びあらゆる側面における文化的活動に参加する権利

第一四条【農村女子に対する差別の撤廃】1 締約国は、農村の女子が直面する特別の問題及び家族の経済的生存のために果たしている重要な役割(貨幣化されていない経済の部門における労働を含む。)を考慮に入れるものとし、農村の女子に対するこの条約の適用を確保するためのすべての適当な措置をとる。

2 締約国は、男女の平等を基礎として農村の女子が農村の開発に参加すること及びその開発から生ずる利益を受けることを確保することを目的として、農村の女子に対する差別を撤廃するためのすべての適当な措置をとるものとし、特に、これらの女子に対して次の権利を確保する。

(a) すべての段階における開発計画の作成及び実施に参加する権利
(b) 適当な保健サービス(家族計画に関する情報、カウンセリング及びサービスを含む。)を享受する権利
(c) 社会保障制度から直接に利益を享受する権利
(d) 技術的な能力を高めるために、あらゆる種類(正規であるかないかを問わない。)の訓練及び教育(実用的な識字に関するものを含む。)並びに、特に、すべての地域サービス及び普及サービスからの利益を享受する権利
(e) 経済分野における平等な機会を雇用又は自営を通じて得るために、自助的集団及び協同組合を組織する権利
(f) あらゆる地域活動に参加する権利
(g) 農業信用及び貸付け、流通機構並びに適当な技術を利用する権利並びに土地及び農地の改革並びに入植計画において平等な待遇を享受する権利
(h) 適当な生活条件(特に、住居、衛生、電力及び水の供給、運輸並びに通信に関する条件)を享受する権利

第四部 【法の前の平等と差別の撤廃】

第一五条【法の前の平等】1 締約国は、女子に対し、法律の前の男子との平等を認める。

2 締約国は、女子に対し、民事に関して男子と同一の法的能力を与えるものとし、また、この能力を行使する同一の機会を与える。特に、締約国は、契約を締結し及び財産を管理することにつき女子に対して男子と平等の権利を与えるものとし、裁判所における手続のすべての段階において女子を男子と平等に取り扱う。

3 締約国は、女子の法的能力を制限するような法的効果を有するすべての契約及び他のすべての私的文書(種類のいかんを問わない。)を無効とすることに同意する。

4 締約国は、個人の移動並びに居所及び住所の選択の自由に関する法律において男女に同一の権利を与える。

第一六条【婚姻及び家族関係における差別の撤廃】1 締約国は、婚姻及び家族関係に係るすべての事項について女子に対する差別を撤廃するためのすべての適当な措置をとるものとし、特に、男女の平等を基礎として次のことを確保する。

(a) 婚姻をする同一の権利
(b) 自由に配偶者を選択し及び自由かつ完全な合意のみにより婚姻をする同一の権利
(c) 婚姻中及び婚姻の解消の際の同一の権利及び責任
(d) 子に関する事項についての親(婚姻をしているかいないかを問わない。)としての同一の権利及び責任。あらゆる場合において、子の利益は至上である。
(e) 子の数及び出産の間隔を自由にかつ責任をもって決定する同一の権利並びにこれらの権利の行使を可能にする情報、教育及び手段を享受する同一の権利
(f) 子の後見及び養子縁組又は国内法令にこれらに類する制度が存在する場合にはその制度に係る同一の権利及び責任。あらゆる場合において、子の利益は至上である。
(g) 夫及び妻の同一の個人的権利(姓及び職業を選択する権利を含む。)
(h) 無償であるか有償であるかを問わず、財産を所有し、取得し、運用し、管理し、利用し及び処分することに関する配偶者双方の同一の権利

2 児童の婚約及び婚姻は、法的効果を有しないものとし、また、婚姻最低年齢を定め及び公の登録所への婚姻の登録を義務付けるためのすべての必要な措置(立法を含む。)がとられなければならない。

第五部 【女子に対する差別の撤廃に関する委員会】

第一七条【女子差別撤廃委員会の設置】1 この条約の実施に関する進捗(ちょく)状況を検討するために、女子に対する差別の撤廃に関する委員会(以下「委員会」という。)を設置する。委員会は、この条約の効力発生の時は一八人の、三五番目の締約国による批准又は加入の後は二三人の徳望が高く、かつ、この条約が対象とする分野において十分な能力を有する専門家で構成する。委員は、締約国の国民の中から締約国により選出されるものとし、個人の資格で職務を遂行する。その選出に当たっては、委員の配分が

地理的に衡平に行われること並びに異なる文明形態及び主要な法体系が代表されることを考慮に入れる。

2　委員会の委員は、締約国により指名された者の名簿の中から秘密投票により選出される。各締約国は、自国民の中から一人を指名することができる。

3　委員会の委員の最初の選挙は、この条約の効力発生の日の後六箇月を経過した時に行う。国際連合事務総長は、委員会の委員の選挙の日の遅くとも三箇月前までに、締約国に対し、自国が指名する者の氏名を二箇月以内に提出するよう書簡で要請する。同事務総長は、指名された者のアルファベット順による名簿(これらの者を指名した締約国名を表示した名簿とする。)を作成し、締約国に送付する。

4　委員会の委員の選挙は、国際連合事務総長により国際連合本部に招集される締約国の会合において行う。この会合は、締約国の三分の二をもって定足数とする。この会合においては、出席しかつ投票する締約国の代表によって投じられた票の最多数で、かつ、過半数の票を得た指名された者をもって委員会に選出された委員とする。

5　委員会の委員は、四年の任期で選出される。ただし、最初の選挙において選出された委員のうち九人の委員の任期は、二年で終了するものとし、これらの九人の委員は、最初の選挙の後直ちに、委員会の委員長によりくじ引で選ばれる。

6　委員会の五人の追加的な委員の選挙は、三五番目の批准又は加入の後、2から4までの規定に従って行う。この時に選出された追加的な委員のうち二人の委員の任期は、二年で終了するものとし、これらの二人の委員は、委員会の委員長によりくじ引で選ばれる。

7　締約国は、自国の専門家が委員会の委員としての職務を遂行することができなくなった場合には、その空席を補充するため、委員会の承認を条件として自国民の中から他の専門家を任命する。

8　委員会の委員は、国際連合総会が委員会の任務の重要性を考慮して決定する条件に従い、同総会の承認を得て、国際連合の財源から報酬を受ける。

9　国際連合事務総長は、委員会がこの条約に定める任務を効果的に遂行するために必要な職員及び便益を提供する。

第一八条【締約国の報告義務】1　締約国は、次の場合に、この条約の実施のためにとった立法上、司法上、行政上その他の措置及びこれらの措置によりもたらされた進歩に関する報告を、委員会による検討のため、国際連合事務総長に提出することを約束する。

(a)　当該締約国についてこの条約が効力を生ずる時から一年以内

(b)　その後は少なくとも四年ごと、更には委員会が要請するとき。

2　報告には、この条約に基づく義務の履行の程度に影響を及ぼす要因及び障害を記載することができる。

第一九条【手続規則、役員の任期】1　委員会は、手続規則を採択する。

2　委員会は、役員を二年の任期で選出する。

第二〇条【会合】1　委員会は、第一八条の規定により提出される報告を検討するために原則として毎年二週間を超えない期間会合する。

[注]改正テキスト(未発効)

「1　委員会は、第一八条の規定により提出される報告を検討するために原則として毎年一回会合する。委員会の会合の期間は、国際連合総会の承認を条件としてこの条約の締約国の会合において決定する。」

2　委員会の会合は、原則として、国際連合本部又は委員会が決定する他の適当な場所において開催する。

第二一条【報告、提案、勧告】1　委員会は、その活動につき経済社会理事会を通じて毎年国際連合総会に報告するものとし、また、締約国から得た報告及び情報の検討に基づく提案及び一般的な性格を有する勧告を行うことができる。これらの提案及び一般的な性格を有する勧告は、締約国から意見がある場合にはその意見とともに、委員会の報告に記載する。

2　国際連合事務総長は、委員会の報告を、情報用として、婦人の地位委員会に送付する。

第二二条【専門機関との関係】（略）

第六部　【最終規定】

第二三条【国内法及び他の国際条約との関係】この条約のいかなる規定も、次のものに含まれる規定であって男女の平等の達成に一層貢献するものに影響を及ぼすものではない。

(a)　締約国の法令

(b)　締約国について効力を有する他の国際条約又は国際協定

第二四条【条約上の権利の完全な実現】締約国は、自国においてこの条約の認める権利の完全な実現を達成するためのすべての必要な措置をとることを約束する。

第二五条【署名、批准、加入、寄託】
第二六条【改正】
第二七条【効力発生】
（略）

第二八条【留保】1　国際連合事務総長は、批准又は加入の際に行われた留保の書面を受領し、かつ、すべての国に送付する。

2　この条約の趣旨及び目的と両立しない留保は、認められない。

3　留保は、国際連合事務総長にあてた通告によりいつでも撤回することができるものとし、同事務総長は、その撤回をすべての国に通報する。このようにして通報された通告は、受領された日に効力を生ずる。

第二九条【紛争の解決】1　この条約の解釈又は適用に関する締約国間の紛争で交渉によって解決されないものは、いずれかの紛争当事国の要請により、仲裁に付される。仲裁の要請の日から六箇月以内に仲裁の組織について紛争当事国が合意に達しない場合には、いずれの紛争当事国も、国際司法裁判所規程に従って国際司法裁判所に紛争を付託することができる。

2　各締約国は、この条約の署名若しくは批准又はこの条約への加入の際に、1の規定に拘束されない旨を宣言することができる。他の締約国は、そのような留保を付した締約国との関係において1の規定に拘束されない。

3　2の規定に基づいて留保を付した締約国は、国際連合事務総長にあてた通告により、いつでもその留保を撤回することができる。

第三〇条【正文】（略）

38　児童の権利に関する条約（抄）

採　択　一九八九年一一月二〇日　国際連合総会第四四回会期決議四四／二五附属書

効力発生　一九九〇年九月二日

改正（四三条2）　一九九五年一二月一二日、一二月二一日締約国会議・国際連合総会第五〇回会期決議五〇／一五五、効力発生二〇〇二年一一月一八日

日本国　一九九〇年九月二一日署名、一九九四年三月二九日国会承認、四月二二日批准書寄託、五月一六日公布（条約第二号）、五月二二日効力発生、一九九五年一二月一二日の改正につき二〇〇三年五月一四日国会承認、六月一二日受諾書寄託、同日日本につき効力発生、同日公布（条約第三号）

前　文

この条約の締約国は、

国際連合憲章において宣明された原則によれば、人類社会のすべての構成員の固有の尊厳及び平等のかつ奪い得ない権利を認めることが世界における自由、正義及び平和の基礎を成すものであることを考慮し、

国際連合加盟国の国民が、国際連合憲章において、基本的人権並びに人間の尊厳及び価値に関する信念を改めて確認し、かつ、一層大きな自由の中で社会的進歩及び生活水準の向上を促進することを決意したことに留意し、

国際連合が、世界人権宣言及び人権に関する国際規約において、すべての人は人種、皮膚の色、性、言語、宗教、政治的意見その他の意見、国民的若しくは社会的出身、財産、出生又は他の地位等によるいかなる差別もなしに同宣言及び同規約に掲げるすべての権利及び自由を享有することができることを宣明し及び合意したことを認め、

国際連合が、世界人権宣言において、児童は特別な保護及び援助についての権利を享有することができることを宣明したことを想起し、

家族が、社会の基礎的な集団として、並びに家族のすべての構成員特に児童の成長及び福祉のための自然な環境として、社会においてその責任を十分に引き受けることができるよう必要な保護及び援助を与えられるべきであることを確信し、

児童が、その人格の完全なかつ調和のとれた発達のため、家庭環境の下で幸福、愛情及び理解のある雰囲気の中で成長すべきであることを認め、

児童が、社会において個人として生活するため十分な準備が整えられるべきであり、かつ、国際連合憲章において宣明された理想の精神並びに特に平和、尊厳、寛容、自由、平等及び連帯の精神に従って育てられるべきであることを考慮し、

児童に対して特別な保護を与えることの必要性が、一九二四年の児童の権利に関するジュネーヴ宣言及び一九五九年一一月二〇日に国際連合総会で採択された児童の権利に関する宣言において述べられており、また、世界人権宣言、市民的及び政治的権利に関する国際規約（特に第二三条及び第二四条）、経済的、社会的及び文化的権利に関する国際規約（特に第一〇条）並びに児童の福祉に関係する専門機関及び国際機関の規程及び関係文書において認められていることに留意し、

児童の権利に関する宣言において示されているとおり「児童は、身体的及び精神的に未熟であるため、その出生の前後において、適当な法的保護を含む特別な保護及び世話を必要とする。」ことに留意し、

国内の又は国際的な里親委託及び養子縁組を特に考慮した児童の保護及び福祉についての社会的及び法的な原則に関する宣言、少年司法の運用のための国際連合最低基準規則（北京規則）及び緊急事態及び武力紛争における女子及び児童の保護に関する宣言の規定を想起し、

極めて困難な条件の下で生活している児童が世界のすべての国に存在すること、また、このような児童が特別の配慮を必要としていることを認め、

児童の保護及び調和のとれた発達のために各人民の伝統及び文化的価値が有する重要性を十分に考慮し、

あらゆる国特に開発途上国における児童の生活条件を改善するために国際協力が重要であることを認めて、

次のとおり協定した。

第一部　【実体規定】

第一条【児童の定義】 この条約の適用上、児童とは、一八歳未満のすべての者をいう。ただし、当該児童で、その者に適用される法律によりより早く成年に達したものを除く。

第二条【差別の禁止】 1　締約国は、その管轄の下にある児童に対し、児童又はその父母若しくは法的保

護者の人種、皮膚の色、性、言語、宗教、政治的意見その他の意見、国民的、種族的若しくは社会的出身、財産、心身障害、出生又は他の地位にかかわらず、いかなる差別もなしにこの条約に定める権利を尊重し、及び確保する。

2　締約国は、児童がその父母、法定保護者又は家族の構成員の地位、活動、表明した意見又は信念によるあらゆる形態の差別又は処罰から保護されることを確保するためのすべての適当な措置をとる。

第三条【児童の最善の利益】1　児童に関するすべての措置をとるに当たっては、公的若しくは私的な社会福祉施設、裁判所、行政当局又は立法機関のいずれによって行われるものであっても、児童の最善の利益が主として考慮されるものとする。

2　締約国は、児童の父母、法定保護者又は児童について法的に責任を有する他の者の権利及び義務を考慮に入れて、児童の福祉に必要な保護及び養護を確保することを約束し、このため、すべての適当な立法上及び行政上の措置をとる。

3　締約国は、児童の養護又は保護のための施設、役務の提供及び設備が、特に安全及び健康の分野に関し並びにこれらの職員の数及び適格性並びに適正な監督に関し権限のある当局の設定した基準に適合することを確保する。

第四条【立法上、行政上その他の措置】締約国は、この条約において認められる権利の実現のため、すべての適当な立法措置、行政措置その他の措置を講ずる。締約国は、経済的、社会的及び文化的権利に関しては、自国における利用可能な手段の最大限の範囲内で、また、必要な場合には国際協力の枠内で、これらの措置を講ずる。

第五条【親などの指導、責任等の尊重】締約国は、児童がこの条約において認められる権利を行使するに当たり、父母若しくは場合により地方の慣習により定められている大家族若しくは共同体の構成員、法定保護者又は児童について法的に責任を有する他の者がその児童の発達しつつある能力に適合する方法で適当な指示及び指導を与える責任、権利及び義務を尊重する。

第六条【生命に対する権利】1　締約国は、すべての児童が生命に対する固有の権利を有することを認める。

2　締約国は、児童の生存及び発達を可能な最大限の範囲において確保する。

第七条【氏名及び国籍についての権利】1　児童は、出生の後直ちに登録される。児童は、出生の時から氏名を有する権利及び国籍を取得する権利を有するものとし、また、できる限りその父母を知りかつその父母によって養育される権利を有する。

2　締約国は、特に児童が無国籍となる場合を含めて、国内法及びこの分野における関連する国際文書に基づく自国の義務に従い、1の権利の実現を確保する。

第八条【身元の保全】1　締約国は、児童が法律によって認められた国籍、氏名及び家族関係を含むその身元関係事項について不法に干渉されることなく保持する権利を尊重することを約束する。

2　締約国は、児童がその身元関係事項の一部又は全部を不法に奪われた場合には、その身元関係事項を速やかに回復するため、適当な援助及び保護を与える。

第九条【親からの分離の禁止】1　締約国は、児童がその父母の意思に反してその父母から分離されないことを確保する。ただし、権限のある当局が司法の審査に従うことを条件として適用のある法律及び手続に従いその分離が児童の最善の利益のために必要であると決定する場合は、この限りでない。このような決定は、父母が児童を虐待し若しくは放置する場合又は父母が別居しており児童の居住地を決定しなければならない場合のような特定の場合において必要となることがある。

2　すべての関係当事者は、1の規定に基づくいかなる手続においても、その手続に参加しかつ自己の意見を述べる機会を有する。

3　締約国は、児童の最善の利益に反する場合を除くほか、父母の一方又は双方から分離されている児童が定期的に父母のいずれとも人的な関係及び直接の接触を維持する権利を尊重する。

4　3の分離が、締約国がとった父母の一方若しくは双方又は児童の抑留、拘禁、追放、退去強制、死亡(その者が当該締約国により身体を拘束されている間に何らかの理由により生じた死亡を含む。)等のいずれかの措置に基づく場合には、当該締約国は、要請に応じ、父母、児童又は適当な場合には家族の他の構成員に対し、家族のうち不在となっている者の所在に関する重要な情報を提供する。ただし、その情報の提供が児童の福祉を害する場合は、この限りでない。締約国は、更に、その要請の提出自体が関係者に悪影響を及ぼさないことを確保する。

第一〇条【家族の再統合】1　前条1の規定に基づく締約国の義務に従い、家族の再統合を目的とする児童又はその父母による締約国への入国又は締約国からの出国の申請については、締約国が積極的、人道的かつ迅速な方法で取り扱う。締約国は、更に、その申請の提出が申請者及びその家族の構成員に悪影響を及ぼさないことを確保する。

2　父母と異なる国に居住する児童は、例外的な事情がある場合を除くほか定期的に父母との人的な関係及び直接の接触を維持する権利を有する。このため、前条1の規定に基づく締約国の義務に従い、締約国は、児童及びその父母がいずれの国(自国を含む。)からも出国し、かつ、自国に入国する権利を尊重する。出国する権利は、法律で定められ、国の安全、公の秩序、公衆の健康若しくは道徳又は他の者の権利及び自由を保護するために必要であり、かつ、この条約において認められる他の権利と両立する制限にのみ従う。

第一一条【不法な移送及び不帰還の防止】1　締約国は、

児童が不法に国外へ移送されることを防止し及び国外から帰還することができない事態を除去するための措置を講ずる。

2　このため、締約国は、二国間若しくは多数国間の協定の締結又は現行の協定への加入を促進する。

第一二条【意見を表明する権利】1　締約国は、自己の意見を形成する能力のある児童がその児童に影響を及ぼすすべての事項について自由に自己の意見を表明する権利を確保する。この場合において、児童の意見は、その児童の年齢及び成熟度に従って相応に考慮されるものとする。

2　このため、児童は、特に、自己に影響を及ぼすあらゆる司法上及び行政上の手続において、国内法の手続規則に合致する方法により直接に又は代理人若しくは適当な団体を通じて聴取される機会を与えられる。

第一三条【表現及び情報の自由】1　児童は、表現の自由についての権利を有する。この権利には、口頭、手書き若しくは印刷、芸術の形態又は自ら選択する他の方法により、国境とのかかわりなく、あらゆる種類の情報及び考えを求め、受け及び伝える自由を含む。

2　1の権利の行使については、一定の制限を課することができる。ただし、その制限は、法律によって定められ、かつ、次の目的のために必要とされるものに限る。

(a)　他の者の権利又は信用の尊重

(b)　国の安全、公の秩序又は公衆の健康若しくは道徳の保護

第一四条【思想、良心、宗教の自由】1　締約国は、思想、良心及び宗教の自由についての児童の権利を尊重する。

2　締約国は、児童が1の権利を行使するに当たり、父母及び場合により法定保護者が児童に対しその発達しつつある能力に適合する方法で指示を与える権利及び義務を尊重する。

3　宗教又は信念を表明する自由については、法律で定める制限であって公共の安全、公の秩序、公衆の健康若しくは道徳又は他の者の基本的な権利及び自由を保護するために必要なもののみを課することができる。

第一五条【結社及び集会の自由】1　締約国は、結社の自由及び平和的な集会の自由についての児童の権利を認める。

2　1の権利の行使については、法律で定める制限であって国の安全若しくは公共の安全、公の秩序、公衆の健康若しくは道徳の保護又は他の者の権利及び自由の保護のため民主的社会において必要なもの以外のいかなる制限も課することができない。

第一六条【私生活、名誉及び信用の尊重】1　いかなる児童も、その私生活、家族、住居若しくは通信に対して恣(し)意的に若しくは不法に干渉され又は名誉及び信用を不法に攻撃されない。

2　児童は、1の干渉又は攻撃に対する法律の保護を受ける権利を有する。

第一七条【マス・メディア】締約国は、大衆媒体(マス・メディア)の果たす重要な機能を認め、児童が国の内外の多様な情報源からの情報及び資料、特に児童の社会面、精神面及び道徳面の福祉並びに心身の健康の促進を目的とした情報及び資料を利用することができることを確保する。このため、締約国は、

(a)　児童にとって社会面及び文化面において有益であり、かつ、第二九条の精神に沿う情報及び資料を大衆媒体(マス・メディア)が普及させるよう奨励する。

(b)　国の内外の多様な情報源(文化的にも多様な情報源を含む。)からの情報及び資料の作成、交換及び普及における国際協力を奨励する。

(c)　児童用書籍の作成及び普及を奨励する。

(d)　少数集団に属し又は原住民である児童の言語上の必要性について大衆媒体(マス・メディア)が特に考慮するよう奨励する。

(e)　第一三条及び次条の規定に留意して、児童の福祉に有害な情報及び資料から児童を保護するための適当な指針を発展させることを奨励する。

第一八条【親の養育責任】1　締約国は、児童の養育及び発達について父母が共同の責任を有するという原則についての認識を確保するために最善の努力を払う。父母又は場合により法定保護者は、児童の養育及び発達についての第一義的な責任を有する。児童の最善の利益は、これらの者の基本的な関心事項となるものとする。

2　締約国は、この条約に定める権利を保障し及び促進するため、父母及び法定保護者が児童の養育についての責任を遂行するに当たりこれらの者に対して適当な援助を与えるものとし、また、児童の養護のための施設、設備及び役務の提供の発展を確保する。

3　締約国は、父母が働いている児童が利用する資格を有する児童の養護のための役務の提供及び設備からその児童が便益を受ける権利を有することを確保するためのすべての適当な措置をとる。

第一九条【虐待からの保護】1　締約国は、児童が父母、法定保護者又は児童を監護する他の者による監護を受けている間において、あらゆる形態の身体的若しくは精神的な暴力、傷害若しくは虐待、放置若しくは怠慢な取扱い、不当な取扱い又は搾取(性的虐待を含む。)からその児童を保護するためすべての適当な立法上、行政上、社会上及び教育上の措置をとる。

2　1の保護措置には、適当な場合には、児童及び児童を監護する者のために必要な援助を与える社会的計画の作成その他の形態による防止のための効果的な手続並びに1に定める児童の不当な取扱いの事件の発見、報告、付託、調査、処置及び事後措置並びに適当な場合には司法の関与に関する効果的な手続を含むものとする。

第二〇条【代替的監護】1　一時的若しくは恒久的にその家庭環境を奪われた児童又は児童自身の最善の利

益にかんがみその家庭環境にとどまることが認められない児童は、国が与える特別の保護及び援助を受ける権利を有する。

2　締約国は、自国の国内法に従い、1の児童のための代替的な監護を確保する。

3　2の監護には、特に、里親委託、イスラム法のカファーラ、養子縁組又は必要な場合には児童の監護のための適当な施設への収容を含むことができる。解決策の検討に当たっては、児童の養育において継続性が望ましいこと並びに児童の種族的、宗教的、文化的及び言語的な背景について、十分な考慮を払うものとする。

第二一条【養子縁組】養子縁組の制度を認め又は許容している締約国は、児童の最善の利益について最大の考慮が払われることを確保するものとし、また、

(a)　児童の養子縁組が権限のある当局によってのみ認められることを確保する。この場合において、当該権限のある当局は、適用のある法律及び手続に従い、かつ、信頼し得るすべての関連情報に基づき、養子縁組が父母、親族及び法定保護者に関する児童の状況にかんがみ許容されること並びに必要な場合には、関係者が所要のカウンセリングに基づき養子縁組について事情を知らされた上での同意を与えていることを認定する。

(b)　児童がその出身国内において里親若しくは養家に託され又は適切な方法で監護を受けることができない場合には、これに代わる児童の監護の手段として国際的な養子縁組を考慮することができることを認める。

(c)　国際的な養子縁組が行われる児童が国内における養子縁組の場合における保護及び基準と同等のものを享受することを確保する。

(d)　国際的な養子縁組において当該養子縁組が関係者に不当な金銭上の利得をもたらすことがないことを確保するためのすべての適当な措置をとる。

(e)　適当な場合には、二国間又は多数国間の取極又は協定を締結することによりこの条の目的を促進し、及びこの枠組みの範囲内で他国における児童の養子縁組が権限のある当局又は機関によって行われることを確保するよう努める。

第二二条【難民である児童の保護】1　締約国は、難民の地位を求めている児童又は適用のある国際法及び国際的な手続若しくは国内法及び国内的な手続に基づき難民と認められている児童が、父母又は他の者に付き添われているかいないかを問わず、この条約及び自国が締約国となっている人権又は人道に関する他の国際文書に定める権利であって適用のあるものの享受に当たり、適当な保護及び人道的援助を受けることを確保するための適当な措置をとる。

2　このため、締約国は、適当と認める場合には、1の児童を保護し及び援助するため、並びに難民の児童の家族との再統合に必要な情報を得ることを目的としてその難民の児童の父母又は家族の他の構成員を捜すため、国際連合及びこれと協力する他の権限のある政府間機関又は関係非政府機関による努力に協力する。その難民の児童は、父母又は家族の他の構成員が発見されない場合には、何らかの理由により恒久的又は一時的にその家庭環境を奪われた他の児童と同様にこの条約に定める保護が与えられる。

第二三条【障害児の権利】1　締約国は、精神的又は身体的な障害を有する児童が、その尊厳を確保し、自立を促進し及び社会への積極的な参加を容易にする条件の下で十分かつ相応な生活を享受すべきであることを認める。

2　締約国は、障害を有する児童が特別の養護についての権利を有することを認めるものとし、利用可能な手段の下で、申込みに応じた、かつ、当該児童の状況及び父母又は当該児童を養護している他の者の事情に適した援助を、これを受ける資格を有する児童及びこのような児童の養護について責任を有する者に与えることを奨励し、かつ、確保する。

3　障害を有する児童の特別な必要を認めて、2の規定に従って与えられる援助は、父母又は当該児童を養護している他の者の資力を考慮して可能な限り無償で与えられるものとし、かつ、障害を有する児童が可能な限り社会への統合及び個人の発達（文化的及び精神的な発達を含む。）を達成することに資する方法で当該児童が、教育、訓練、保健サービス、リハビリテーション・サービス、雇用のための準備及びレクリエーションの機会を実質的に利用し及び享受することができるように行われるものとする。

4　締約国は、国際協力の精神により、予防的な保健並びに障害を有する児童の医学的、心理学的及び機能的治療の分野における適当な情報の交換（リハビリテーション、教育及び職業サービスの方法に関する情報の普及及び利用を含む。）であってこれらの分野における自国の能力及び技術を向上させ並びに自国の経験を広げることができるようにすることを目的とするものを促進する。これに関しては、特に、開発途上国の必要を考慮する。

第二四条【健康及び医療についての権利】1　締約国は、到達可能な最高水準の健康を享受すること並びに病気の治療及び健康の回復のための便宜を与えられることについての児童の権利を認める。締約国は、いかなる児童もこのような保健サービスを利用する権利が奪われないことを確保するために努力する。

2　締約国は、1の権利の完全な実現を追求するものとし、特に、次のことのための適当な措置をとる。

(a)　幼児及び児童の死亡率を低下させること。

(b)　基礎的な保健の発展に重点を置いて必要な医療及び保健をすべての児童に提供することを確保すること。

(c)　環境汚染の危険を考慮に入れて、基礎的な保健の枠組みの範囲内で行われることを含めて、特に容易に利用可能な技術の適用により並びに十分に

栄養のある食物及び清潔な飲料水の供給を通じて、疾病及び栄養不良と戦うこと。
(d) 母親のための産前産後の適当な保健を確保すること。
(e) 社会のすべての構成員特に父母及び児童が、児童の健康及び栄養、母乳による育児の利点、衛生(環境衛生を含む。)並びに事故の防止についての基礎的な知識に関して、情報を提供され、教育を受ける機会を有し及びその知識の使用について支援されることを確保すること。
(f) 予防的な保健、父母のための指導並びに家族計画に関する教育及びサービスを発展させること。
3 締約国は、児童の健康を害するような伝統的な慣行を廃止するため、効果的かつ適当なすべての措置をとる。
4 締約国は、この条において認められる権利の完全な実現を漸進的に達成するため、国際協力を促進し及び奨励することを約束する。これに関しては、特に、開発途上国の必要を考慮する。

第二五条【収容された児童の定期的審査】締約国は、児童の身体又は精神の養護、保護又は治療を目的として権限のある当局によって収容された児童に対する処遇及びその収容に関連する他のすべての状況に関する定期的な審査が行われることについての児童の権利を認める。

第二六条【社会保障についての権利】1 締約国は、すべての児童が社会保険その他の社会保障からの給付を受ける権利を認めるものとし、自国の国内法に従い、この権利の完全な実現を達成するための必要な措置をとる。
2 1の給付は、適当な場合には、児童及びその扶養について責任を有する者の資力及び事情並びに児童によって又は児童に代わって行われる給付の申請に関する他のすべての事項を考慮して、与えられるものとする。

第二七条【生活水準についての権利】1 締約国は、児童の身体的、精神的、道徳的及び社会的な発達のための相当な生活水準についてのすべての児童の権利を認める。
2 父母又は児童について責任を有する他の者は、自己の能力及び資力の範囲内で、児童の発達に必要な生活条件を確保することについての第一義的な責任を有する。
3 締約国は、国内事情に従い、かつ、その能力の範囲内で、1の権利の実現のため、父母及び児童について責任を有する他の者を援助するための適当な措置をとるものとし、また、必要な場合には、特に栄養、衣類及び住居に関して、物的援助及び支援計画を提供する。
4 締約国は、父母又は児童について金銭上の責任を有する他の者から、児童の扶養料を自国内で及び外国から、回収することを確保するためのすべての適当な措置をとる。特に、児童について金銭上の責任を有する者が児童と異なる国に居住している場合には、締約国は、国際協定への加入又は国際協定の締結及び他の適当な取決めの作成を促進する。

第二八条【教育についての権利】1 締約国は、教育についての児童の権利を認めるものとし、この権利を漸進的にかつ機会の平等を基礎として達成するため、特に、
(a) 初等教育を義務的なものとし、すべての者に対して無償のものとする。
(b) 種々の形態の中等教育(一般教育及び職業教育を含む。)の発展を奨励し、すべての児童に対し、これらの中等教育が利用可能であり、かつ、これらを利用する機会が与えられるものとし、例えば、無償教育の導入、必要な場合における財政的援助の提供のような適当な措置をとる。
(c) すべての適当な方法により、能力に応じ、すべての者に対して高等教育を利用する機会が与えられるものとする。
(d) すべての児童に対し、教育及び職業に関する情報及び指導が利用可能であり、かつ、これらを利用する機会が与えられるものとする。
(e) 定期的な登校及び中途退学率の減少を奨励するための措置をとる。
2 締約国は、学校の規律が児童の人間の尊厳に適合する方法で及びこの条約に従って運用されることを確保するためのすべての適当な措置をとる。
3 締約国は、特に全世界における無知及び非識字の廃絶に寄与し並びに科学上及び技術上の知識並びに最新の教育方法の利用を容易にするため、教育に関する事項についての国際協力を促進し、及び奨励する。これに関しては、特に、開発途上国の必要を考慮する。

第二九条【教育の目的】1 締約国は、児童の教育が次のことを指向すべきことに同意する。
(a) 児童の人格、才能並びに精神的及び身体的な能力をその可能な最大限度まで発達させること。
(b) 人権及び基本的自由並びに国際連合憲章にうたう原則の尊重を育成すること。
(c) 児童の父母、児童の文化的同一性、言語及び価値観、児童の居住国及び出身国の国民的価値観並びに自己の文明と異なる文明に対する尊重を育成すること。
(d) すべての人民の間の、種族的、国民的及び宗教的集団の間の並びに原住民である者の間の理解、平和、寛容、両性の平等及び友好の精神に従い、自由な社会における責任ある生活のために児童に準備させること。
(e) 自然環境の尊重を育成すること。
2 この条又は前条のいかなる規定も、個人及び団体が教育機関を設置し及び管理する自由を妨げるものと解してはならない。ただし、常に、1に定める原則が遵守されること及び当該教育機関において行われる教育が国によって定められる最低限度の基準に

適合することを条件とする。

第三〇条【少数民族及び原住民の児童の権利】種族的、宗教的若しくは言語的少数民族又は原住民である者が存在する国において、当該少数民族に属し又は原住民である児童は、その集団の他の構成員とともに自己の文化を享有し、自己の宗教を信仰しかつ実践し又は自己の言語を使用する権利を否定されない。

第三一条【休息、余暇などについての権利】1　締約国は、休息及び余暇についての児童の権利並びに児童がその年齢に適した遊び及びレクリエーションの活動を行い並びに文化的な生活及び芸術に自由に参加する権利を認める。

2　締約国は、児童が文化的及び芸術的な生活に十分に参加する権利を尊重しかつ促進するものとし、文化的及び芸術的な活動並びにレクリエーション及び余暇の活動のための適当かつ平等な機会の提供を奨励する。

第三二条【経済的搾取などからの保護】1　締約国は、児童が経済的な搾取から保護され及び危険となり若しくは児童の教育の妨げとなり又は児童の健康若しくは身体的、精神的、道徳的若しくは社会的な発達に有害となるおそれのある労働への従事から保護される権利を認める。

2　締約国は、この条の規定の実施を確保するための立法上、行政上、社会上及び教育上の措置をとる。このため、締約国は、他の国際文書の関連規定を考慮して、特に、

(a)　雇用が認められるための一又は二以上の最低年齢を定める。

(b)　労働時間及び労働条件についての適当な規則を定める。

(c)　この条の規定の効果的な実施を確保するための適当な罰則その他の制裁を定める。

第三三条【麻薬及び向精神薬からの保護】締約国は、関連する国際条約に定義された麻薬及び向精神薬の不正な使用から児童を保護し並びにこれらの物質の不正な生産及び取引における児童の使用を防止するための立法上、行政上、社会上及び教育上の措置を含むすべての適当な措置をとる。

第三四条【性的搾取からの保護】締約国は、あらゆる形態の性的搾取及び性的虐待から児童を保護することを約束する。このため、締約国は、特に、次のことを防止するためのすべての適当な国内、二国間及び多数国間の措置をとる。

(a)　不法な性的な行為を行うことを児童に対して勧誘し又は強制すること。

(b)　売春又は他の不法な性的な業務において児童を搾取的に使用すること。

(c)　わいせつな演技及び物において児童を搾取的に使用すること。

第三五条【誘拐、取引の防止】締約国は、あらゆる目的のための又はあらゆる形態の児童の誘拐、売春又は取引を防止するためのすべての適当な国内、二国間及び多数国間の措置をとる。

第三六条【他の形態の搾取からの保護】締約国は、いずれかの面において児童の福祉を害する他のすべての形態の搾取から児童を保護する。

第三七条【自由を奪われた児童の取扱い】締約国は、次のことを確保する。

(a)　いかなる児童も、拷問又は他の残虐な、非人道的な若しくは品位を傷つける取扱い若しくは刑罰を受けないこと。死刑又は釈放の可能性がない終身刑は、一八歳未満の者が行った犯罪について科さないこと。

(b)　いかなる児童も、不法に又は恣(し)意的にその自由を奪われないこと。児童の逮捕、抑留又は拘禁は、法律に従って行うものとし、最後の解決手段として最も短い適当な期間のみ用いること。

(c)　自由を奪われたすべての児童は、人道的に、人間の固有の尊厳を尊重して、かつ、その年齢の者の必要を考慮した方法で取り扱われること。特に、自由を奪われたすべての児童は、成人とは分離されないことがその最善の利益であると認められない限り成人とは分離されるものとし、例外的な事情がある場合を除くほか、通信及び訪問を通じてその家族との接触を維持する権利を有すること。

(d)　自由を奪われたすべての児童は、弁護人その他適当な援助を行う者と速やかに接触する権利を有し、裁判所その他の権限のある、独立の、かつ、公平な当局においてその自由の剥(はく)奪の合法性を争い並びにこれについての決定を速やかに受ける権利を有すること。

第三八条【武力紛争からの保護】1　締約国は、武力紛争において自国に適用される国際人道法の規定で児童に関係を有するものを尊重し及びこれらの規定の尊重を確保することを約束する。

2　締約国は、一五歳未満の者が敵対行為に直接参加しないことを確保するためのすべての実行可能な措置をとる。

3　締約国は、一五歳未満の者を自国の軍隊に採用することを差し控えるものとし、また、一五歳以上一八歳未満の者の中から採用するに当たっては、最年長者を優先させるよう努める。

4　締約国は、武力紛争において文民を保護するための国際人道法に基づく自国の義務に従い、武力紛争の影響を受ける児童の保護及び養護を確保するためのすべての実行可能な措置をとる。

第三九条【回復及び復帰】締約国は、あらゆる形態の放置、搾取若しくは虐待、拷問若しくは他のあらゆる形態の残虐な、非人道的な若しくは品位を傷つける取扱い若しくは刑罰又は武力紛争による被害者である児童の身体的及び心理的な回復及び社会復帰を促進するためのすべての適当な措置をとる。このような回復及び復帰は、児童の健康、自尊心及び尊厳を育成する環境において行われる。

第四〇条【少年司法】1　締約国は、刑法を犯したと申

し立てられ、訴追され又は認定されたすべての児童が尊厳及び価値についての当該児童の意識を促進させるような方法であって、当該児童が他の者の人権及び基本的自由を尊重することを強化し、かつ、当該児童の年齢を考慮し、更に、当該児童が社会に復帰し及び社会において建設的な役割を担うことがなるべく促進されることを配慮した方法により取り扱われる権利を認める。

2　このため、締約国は、国際文書の関連する規定を考慮して、特に次のことを確保する。

(a)　いかなる児童も、実行の時に国内法又は国際法により禁じられていなかった作為又は不作為を理由として刑法を犯したと申し立てられ、訴追され又は認定されないこと。

(b)　刑法を犯したと申し立てられ又は訴追されたすべての児童は、少なくとも次の保障を受けること。

(i)　法律に基づいて有罪とされるまでは無罪と推定されること。

(ii)　速やかにかつ直接に、また、適当な場合には当該児童の父母又は法定保護者を通じてその罪を告げられること並びに防御の準備及び申立てにおいて弁護人その他適当な援助を行う者を持つこと。

(iii)　事案が権限のある、独立の、かつ、公平な当局又は司法機関により法律に基づく公正な審理において、弁護人その他適当な援助を行う者の立会い及び、特に当該児童の年齢又は境遇を考慮して児童の最善の利益にならないと認められる場合を除くほか、当該児童の父母又は法定保護者の立会いの下に遅滞なく決定されること。

(iv)　供述又は有罪の自白を強要されないこと。不利な証人を尋問し又はこれに対し尋問させること並びに対等の条件で自己のための証人の出席及びこれに対する尋問を求めること。

(v)　刑法を犯したと認められた場合には、その認定及びその結果科せられた措置について、法律に基づき、上級の、権限のある、独立の、かつ、公平な当局又は司法機関によって再審理されること。

(vi)　使用される言語を理解すること又は話すことができない場合には、無料で通訳の援助を受けること。

(vii)　手続のすべての段階において当該児童の私生活が十分に尊重されること。

3　締約国は、刑法を犯したと申し立てられ、訴追され又は認定された児童に特別に適用される法律及び手続の制定並びに当局及び施設の設置を促進するよう努めるものとし、特に、次のことを行う。

(a)　その年齢未満の児童は刑法を犯す能力を有しないと推定される最低年齢を設定すること。

(b)　適当なかつ望ましい場合には、人権及び法的保護が十分に尊重されていることを条件として、司法上の手続に訴えることなく当該児童を取り扱う措置をとること。

4　児童がその福祉に適合し、かつ、その事情及び犯罪の双方に応じた方法で取り扱われることを確保するため、保護、指導及び監督命令、カウンセリング、保護観察、里親委託、教育及び職業訓練計画、施設における養護に代わる他の措置等の種々の処置が利用し得るものとする。

第四一条【国内及び国際法令の優先適用】この条約のいかなる規定も、次のものに含まれる規定であって児童の権利の実現に一層貢献するものに影響を及ぼすものではない。

(a)　締約国の法律

(b)　締約国について効力を有する国際法

第二部　【実施措置】

第四二条【条約の広報】締約国は、適当かつ積極的な方法でこの条約の原則及び規定を成人及び児童のいずれにも広く知らせることを約束する。

第四三条【児童の権利委員会】1　この条約において負う義務の履行の達成に関する締約国による進捗（ちょく）の状況を審査するため、児童の権利に関する委員会（以下「委員会」という。）を設置する。委員会は、この部に定める任務を行う。

2　委員会は、徳望が高く、かつ、この条約が対象とする分野において能力を認められた一八人の専門家で構成する。委員会の委員は、締約国の国民の中から締約国により選出されるものとし、個人の資格で職務を遂行する。その選出に当たっては、衡平な地理的配分及び主要な法体系を考慮に入れる。

3　委員会の委員は、締約国により指名された者の名簿の中から秘密投票により選出される。各締約国は、自国民の中から一人を指名することができる。

4　委員会の委員の最初の選挙は、この条約の効力発生の日の後六箇月以内に行うものとし、その後の選挙は、二年ごとに行う。国際連合事務総長は、委員会の委員の選挙の日の遅くとも四箇月前までに、締約国に対し、自国が指名する者の氏名を二箇月以内に提出するよう書簡で要請する。その後、同事務総長は、指名された者のアルファベット順による名簿（これらの者を指名した締約国名を表示した名簿とする。）を作成し、この条約の締約国に送付する。

5　委員会の委員の選挙は、国際連合事務総長により国際連合本部に招集される締約国の会合において行う。これらの会合は、締約国の三分の二をもって定足数とする。これらの会合においては、出席しかつ投票する締約国の代表によって投じられた票の最多数で、かつ、過半数の票を得た者をもって委員会に選出された委員とする。

6　委員会の委員は、四年の任期で選出される。委員は、再指名された場合には、再選される資格を有する。最初の選挙において選出された委員のうち五人の委員の任期は、二年で終了するものとし、これらの五人の委員は、最初の選挙の後直ちに、最初の選挙が行われた締約国の会合の議長によりくじ引で選ばれる。

7　委員会の委員が死亡し、辞任し又は他の理由のため委員会の職務を遂行することができなくなったことを宣言した場合には、当該委員を指名した締約国は、委員会の承認を条件として自国民の中から残余の期間職務を遂行する他の専門家を任命する。

8　委員会は、手続規則を定める。

9　委員会は、役員を二年の任期で選出する。

10　委員会の会合は、原則として、国際連合本部又は委員会が決定する他の適当な場所において開催する。委員会は、原則として毎年一回会合する。委員会の会合の期間は、国際連合総会の承認を条件としてこの条約の締約国の会合において決定し、必要な場合には、再検討する。

11　国際連合事務総長は、委員会がこの条約に定める任務を効果的に遂行するために必要な職員及び便益を提供する。

12　この条約に基づいて設置する委員会の委員は、国際連合総会が決定する条件に従い、同総会の承認を得て、国際連合の財源から報酬を受ける。

第四四条【締約国の報告義務】1　締約国は、(a)当該締約国についてこの条約が効力を生ずる時から二年以内に、(b)その後は五年ごとに、この条約において認められる権利の実現のためにとった措置及びこれらの権利の享受についてもたらされた進歩に関する報告を国際連合事務総長を通じて委員会に提出することを約束する。

2　この条の規定により行われる報告には、この条約に基づく義務の履行の程度に影響を及ぼす要因及び障害が存在する場合には、これらの要因及び障害を記載する。当該報告には、また、委員会が当該国における条約の実施について包括的に理解するために十分な情報を含める。

3　委員会に対して包括的な最初の報告を提出した締約国は、1(b)の規定に従って提出するその後の報告においては、既に提供した基本的な情報を繰り返す必要はない。

4　委員会は、この条約の実施に関する追加の情報を締約国に要請することができる。

5　委員会は、その活動に関する報告を経済社会理事会を通じて二年ごとに国際連合総会に提出する。

6　締約国は、1の報告を自国において公衆が広く利用できるようにする。

第四五条【委員会と他の機関】（略）

第三部　【最終規定】

第四六条【署名】
第四七条【批准】
第四八条【加入】
第四九条【効力発生】
第五〇条【改正】（略）

第五一条【留保】（3 15第二八条と同じ）

第五二条【廃棄】締約国は、国際連合事務総長に対して書面による通告を行うことにより、この条約を廃棄することができる。廃棄は、同事務総長がその通告を受領した日の後一年で効力を生ずる。

第五三条【寄託】
第五四条【正文】（略）

日本国の留保

日本国は、児童の権利に関する条約第三七条(c)の適用に当たり、日本国においては、自由を奪われた者に関しては、国内法上原則として二〇歳未満の者と二〇歳以上の者とを分離することとされていることにかんがみ、この規定の第二文にいう「自由を奪われたすべての児童は、成人とは分離されないことがその最善の利益であると認められない限り成人とは分離される」に拘束されない権利を留保する。

同宣言

1　日本国政府は、児童の権利に関する条約第九条1は、出入国管理法に基づく退去強制の結果として児童が父母から分離される場合に適用されるものではないと解釈するものであることを宣言する。

2　日本国政府は、更に、児童の権利に関する条約第一〇条1に規定される家族の再統合を目的とする締約国への入国又は締約国からの出国の申請を「積極的、人道的かつ迅速な方法」で取り扱うとの義務は、そのような申請の結果に影響を与えるものではないと解釈するものであることを宣言する。

3 9　拷問及び他の残虐な、非人道的な又は品位を傷つける取扱い又は刑罰に関する条約（拷問等禁止条約）（抄）

採択　一九八四年一二月一〇日　国際連合総会第三九回会期決議三九／四六附属書
効力発生　一九八七年六月二六日
改正（一七条7及び一八条5）　一九九二年九月八日、一二月一六日、締約国会議・国際連合総会第四七回会期決議四七／一一一（未発効）
日本国　一九九九年六月九日国会承認、六月二九日加入書寄託、七月五日公布（条約第六号）、七月二九日効力発生

この条約の締約国は、

国際連合憲章において宣明された原則によれば、人類社会のすべての構成員の平等のかつ奪い得ない権利を認めることが世界における自由、正義及び平和の基礎を成すものであることを考慮し、

これらの権利が人間の固有の尊厳に由来することを認め、

人権及び基本的自由の普遍的な尊重及び遵守を助長すべき義務を国際連合憲章、特にその第五五条の規定に基づいて諸国が負っていることを考慮し、

何人も拷問又は残虐な、非人道的な若しくは品位を傷つける取扱い若しくは刑罰を受けないことを定めている世界人権宣言第五条及び市民的及び政治的権利に関する国際規約第七条の規定に留意し、

また、一九七五年一二月九日に国際連合総会で採択された拷問及び他の残虐な、非人道的な又は品位を傷つける取扱い又は刑罰を受けることからのすべての人の保護に関する宣言に留意し、

拷問及び他の残虐な、非人道的な又は品位を傷つける取扱い又は刑罰を無くすための世界各地における努力を一層効果的なものとすることを希望して、

次のとおり協定した。

第一部　【実体規定】

第一条【拷問の定義】1　この条約の適用上、「拷問」とは、身体的なものであるか精神的なものであるかを問わず人に重い苦痛を故意に与える行為であって、本人若しくは第三者から情報若しくは自白を得ること、本人若しくは第三者が行ったか若しくはその疑いがある行為について本人を罰すること、本人若しくは第三者を脅迫し若しくは強要することその他これらに類することを目的として又は何らかの差別に基づく理由によって、かつ、公務員その他の公的資格で行動する者により又はその扇動により若しくはその同意若しくは黙認の下に行われるものをいう。「拷問」には、合法的な制裁の限りで苦痛が生ずること又は合法的な制裁に固有の若しくは付随する苦痛を与えることを含まない。

2　1の規定は、適用範囲が一層広い規定を含んでおり又は含むことのある国際文書又は国内法令に影響を及ぼすものではない。

第二条【拷問の禁止】1　締約国は、自国の管轄の下にある領域内において拷問に当たる行為が行われることを防止するため、立法上、行政上、司法上その他の効果的な措置をとる。

2　戦争状態、戦争の脅威、内政の不安定又は他の公の緊急事態であるかどうかにかかわらず、いかなる例外的な事態も拷問を正当化する根拠として援用することはできない。

3　上司又は公の機関による命令は、拷問を正当化する根拠として援用することはできない。

第三条【追放及び送還の禁止】1　締約国は、いずれの者をも、その者に対する拷問が行われるおそれがあると信ずるに足りる実質的な根拠がある他の国へ追放し、送還し又は引き渡してはならない。

2　権限のある当局は、1の根拠の有無を決定するに当たり、すべての関連する事情（該当する場合には、関係する国における一貫した形態の重大な、明らかな又は大規模な人権侵害の存在を含む。）を考慮する。

第四条【拷問の処罰】1　締約国は、拷問に当たるすべての行為を自国の刑法上の犯罪とすることを確保する。拷問の未遂についても同様とし、拷問の共謀又は拷問への加担に当たる行為についても同様とする。

2　締約国は、1の犯罪について、その重大性を考慮した適当な刑罰を科することができるようにする。

第五条【裁判権の設定】1　締約国は、次の場合において前条の犯罪についての自国の裁判権を設定するため、必要な措置をとる。

(a)　犯罪が自国の管轄の下にある領域内で又は自国において登録された船舶若しくは航空機内で行われる場合

(b)　容疑者が自国の国民である場合

(c)　自国が適当と認めるときは、被害者が自国の国民である場合

2　締約国は、容疑者が自国の管轄の下にある領域内に所在し、かつ、自国が1のいずれの締約国に対しても第八条の規定による当該容疑者の引渡しを行わない場合において前条の犯罪についての自国の裁判権を設定するため、同様に、必要な措置をとる。

3　この条約は、国内法に従って行使される刑事裁判権を排除するものではない。

第六条【容疑者に対する措置】1　第四条の犯罪の容疑者が領域内に所在する締約国は、自国が入手することができる情報を検討した後、状況によって正当であると認める場合には、当該容疑者の所在を確実にするため、抑留その他の法的措置をとる。この措置は、当該締約国の法令に定めるところによるものとするが、刑事訴訟手続又は犯罪人引渡手続を開始するために必要とする期間に限って継続することができる。

2　1の措置をとった締約国は、事実について直ちに予備調査を行う。

3　1の規定に基づいて抑留された者は、その国籍国の最寄りの適当な代表と又は、当該者が無国籍者である場合には、当該者が通常居住している国の代表と直ちに連絡を取ることについて援助を与えられる。

4　いずれの国も、この条の規定に基づいていずれかの者を抑留する場合には、前条1(a)、(b)又は(c)の場合に該当する国に対し、当該者が抑留されている事実及びその抑留が正当とされる事情を直ちに通報する。2の予備調査を行う国は、その結果をこれらの国に対して速やかに報告するものとし、また、自国が裁判権を行使する意図を有するか否かを明らかにする。

第七条【訴追】1　第四条の犯罪の容疑者がその管轄の

下にある領域内で発見された締約国は、第五条の規定に該当する場合において、当該容疑者を引き渡さないときは、訴追のため自国の権限のある当局に事件を付託する。

2　1の当局は、自国の法令に規定する通常の重大な犯罪の場合と同様の方法で決定を行う。第五条2の規定に該当する場合における訴追及び有罪の言渡しに必要な証拠の基準は、同条1の規定に該当する場合において適用される基準よりも緩やかなものであってはならない。

3　いずれの者も、自己につき第四条の犯罪のいずれかに関して訴訟手続がとられている場合には、そのすべての段階において公正な取扱いを保障される。

第八条【犯罪人引渡し】1　第四条の犯罪は、締約国間の現行の犯罪人引渡条約における引渡犯罪とみなされる。締約国は、相互間で将来締結されるすべての犯罪人引渡条約に同条の犯罪を引渡犯罪として含めることを約束する。

2　条約の存在を犯罪人引渡しの条件とする締約国は、自国との間に犯罪人引渡条約を締結していない他の締約国から犯罪人引渡しの請求を受けた場合には、この条約を第四条の犯罪に関する犯罪人引渡しのための法的根拠とみなすことができる。この犯罪人引渡しは、請求を受けた国の法令に定める他の条件に従う。

3　条約の存在を犯罪人引渡しの条件としない締約国は、犯罪人引渡しの請求を受けた国の法令に定める条件に従い、相互間で、第四条の犯罪を引渡犯罪と認める。

4　第四条の犯罪は、締約国間の犯罪人引渡しに関しては、当該犯罪が発生した場所のみでなく、第五条1の規定に従って裁判権を設定しなければならない国の領域内においても行われたものとみなされる。

第九条【相互援助】1　締約国は、第四条の犯罪のいずれかについてとられる刑事訴訟手続に関し、相互に最大限の援助（当該訴訟手続に必要であり、かつ、自国が提供することができるすべての証拠の提供を含む。）を与える。

2　締約国は、相互間に司法上の相互援助に関する条約が存在する場合には、当該条約に合致するように1に規定する義務を履行する。

第一〇条【法執行職員の教育】1　締約国は、拷問の禁止についての教育及び情報が、逮捕され、抑留され又は拘禁される者の身体の拘束、尋問又は取扱いに関与する法執行の職員（文民であるか軍人であるかを問わない。）、医療職員、公務員その他の者に対する訓練に十分取り入れられることを確保する。

2　締約国は、1に規定する職員、公務員その他の者の義務及び職務に関する規則又は指示に拷問の禁止を含める。

第一一条【尋問規則等の検討】締約国は、拷問が発生することを無くすため、尋問に係る規則、指示、方法及び慣行並びに自国の管轄の下にある領域内で逮捕され、抑留され又は拘禁される者の身体の拘束及び取扱いに係る措置についての体系的な検討を維持する。

第一二条【国内当局による調査】締約国は、自国の管轄の下にある領域内で拷問に当たる行為が行われたと信ずるに足りる合理的な理由がある場合には、自国の権限のある当局が迅速かつ公平な調査を行うことを確保する。

第一三条【国内当局への申立】締約国は、自国の管轄の下にある領域内で拷問を受けたと主張する者が自国の権限のある当局に申立てを行い迅速かつ公平な検討を求める権利を有することを確保する。申立てを行った者及び証人をその申立て又は証拠の提供の結果生ずるあらゆる不当な取扱い又は脅迫から保護することを確保するための措置がとられるものとする。

第一四条【賠償を受ける権利】1　締約国は、拷問に当たる行為の被害者が救済を受けること及び公正かつ適正な賠償を受ける強制執行可能な権利を有すること（できる限り十分なリハビリテーションに必要な手段が与えられることを含む。）を自国の法制において確保する。被害者が拷問に当たる行為の結果死亡した場合には、その被扶養者が賠償を受ける権利を有する。

2　1の規定は、賠償に係る権利であって被害者その他の者が国内法令に基づいて有することのあるものに影響を及ぼすものではない。

第一五条【拷問による自白の証拠能力】締約国は、拷問によるものと認められるいかなる供述も、当該供述が行われた旨の事実についての、かつ、拷問の罪の被告人に不利な証拠とする場合を除くほか、訴訟手続における証拠としてはならないことを確保する。

第一六条【拷問以外の行為】1　締約国は、自国の管轄の下にある領域内において、第一条に定める拷問には至らない他の行為であって、残虐な、非人道的な又は品位を傷つける取扱い又は刑罰に当たり、かつ、公務員その他の公的資格で行動する者により又はその扇動により若しくはその同意若しくは黙認の下に行われるものを防止することを約束する。特に、第一〇条から第一三条までに規定する義務については、これらの規定中「拷問」を「他の形態の残虐な、非人道的な又は品位を傷つける取扱い又は刑罰」と読み替えた上で適用する。

2　この条約は、残虐な、非人道的な若しくは品位を傷つける取扱い若しくは刑罰を禁止し又は犯罪人引渡し若しくは追放に関連する他の国際文書又は国内法令に影響を及ぼすものではない。

第二部　【実施措置】

第一七条【拷問禁止委員会】1　拷問の禁止に関する委員会（以下「委員会」という。）を設置する。委員会は、この部に定める任務を行う。委員会は、徳望が高く、かつ、人権の分野において能力を認められた一〇人の専門家により構成され、これらの専門家は、個人の資格で職務を遂行する。これらの専門家については、締約国が、委員会の委員の配分が地理的に衡平に行われること及び法律関係の経験を有する者の参加が有益であることを考慮して選出する。

2　委員会の委員は、締約国により指名された者の名簿の中から秘密投票により選出される。各締約国は、自国民の中から一人を指名することができる。締約国は、市民的及び政治的権利に関する国際規約に基づいて設置された人権委員会の委員でもあり、かつ、拷問の禁止に関する委員会の任務を遂行する意思を有する者を指名することが有益であることに留意する。

3　委員会の委員の選挙は、国際連合事務総長により招集される二年ごとの締約国の会合において行う。この会合は締約国の三分の二をもって定足数とし、この会合に出席しかつ投票する締約国の代表によって投じられた票の最多数で、かつ、過半数の票を得た者をもって委員会に選出された委員とする。

4　委員会の委員の最初の選挙は、この条約の効力発生の日の後六箇月以内に行う。国際連合事務総長は、委員会の委員の選挙の日の遅くとも四箇月前までに、締約国に対し、自国が指名する者の氏名を三箇月以内に提出するよう書簡で要請する。同事務総長は、このようにして指名された者のアルファベット順による名簿(これらの者を指名した締約国名を表示した名簿とする。)を作成し、締約国に送付する。

5　委員会の委員は、四年の任期で選出され、再指名された場合には、再選される資格を有する。最初の選挙において選出された委員のうち五人の委員(これらの委員は、最初の選挙の後直ちに、3に規定する会合において議長がくじで定めるものとする。)の任期は、二年で終了する。

6　委員会の委員が死亡し、辞任し又は他の理由により委員会の任務を遂行することができなくなった場合には、当該委員を指名した締約国は、締約国の過半数の承認が得られることを条件として、自国民の中から当該委員の残任期間中その職務を遂行する他の専門家を任命する。その任命については、国際連合事務総長がこれを通報した後六週間以内に締約国の二分の一以上が反対しない限り、必要な承認が得られたものとする。

7　締約国は、委員会の任務を遂行中の委員に係る経費について責任を負う。

第一八条【委員会の運営】1　委員会は、役員を二年の任期で選出する。役員は、再選されることができる。

2　委員会は、手続規則を定める。この手続規則には、特に次のことを定める。

(a)　六人の委員をもって定足数とすること。

(b)　委員会の決定は、出席する委員が投ずる票の過半数によって行うこと。

3　国際連合事務総長は、委員会がこの条約に基づく任務を効果的に遂行するために必要な職員及び便益を提供する。

4　国際連合事務総長は、委員会の最初の会合を招集する。委員会は、最初の会合の後は、手続規則に定める時期に会合する。

5　締約国は、締約国の会合及び委員会の会合の開催に関連して生じた経費(職員及び便益に係る費用等3に規定するところにより国際連合に生じた経費の国際連合に対する償還を含む。)について責任を負う。

第一九条【報告の提出義務と委員会の検討】1　締約国は、自国がこの条約に基づく約束を履行するためにとった措置に関する報告を、この条約が自国について効力を生じた後一年以内に、国際連合事務総長を通じて委員会に提出する。その後は、締約国は、新たにとった措置に関する補足報告を四年ごとに提出し、及び委員会が要請することのある他の報告を提出する。

2　国際連合事務総長は、1の報告をすべての締約国に送付する。

3　1の報告は、委員会によって検討される。委員会は、当該報告について、一般的な性格を有する意見であって適当と認めるものを表明することができる。この場合には、当該意見は関係締約国に送付され、当該関係締約国は委員会に対する応答として自国が適当と認めるいかなる見解も表明することができる。

4　委員会は、第二四条の規定に従って提出する委員会の年次報告に、その裁量により、3の規定に従って表明した意見を、当該意見について関係締約国から受領した見解と共に含める旨を決定することができるものとし、また、当該関係締約国が要請する場合には、1の規定に基づいて提出された報告の写しを含めることができる。

第二〇条【委員会の調査】1　委員会は、いずれかの締約国の領域内における拷問の制度的な実行の存在が十分な根拠をもって示されていると認める信頼すべき情報を受領した場合には、当該締約国に対し、当該情報についての検討に協力し及びこのために当該情報についての見解を提出するよう要請する。

2　委員会は、関係締約国が提出することのあるすべての見解を他の入手可能なすべての情報と共に考慮した上で、正当であると認める場合には、一人又は二人以上の委員を指名して秘密調査を行わせ及び委員会への早急な報告を行わせることができる。

3　委員会は、2の規定に従って調査が行われる場合には、関係締約国の協力を求める。この調査を行うに当たっては、当該関係締約国の同意がある場合には、その領域を訪問することができる。

4　委員会は、2の規定に従って委員から提出された調査結果を検討した後、当該状況に照らして適当と認める意見又は提案を付して当該調査結果を関係締約国に送付する。

5　1から4までに規定する委員会のすべての手続は秘密とし、また、当該手続のすべての段階において

1の締約国の協力を求める。委員会は、2の規定に従って行われた調査に係る手続が完了した後、当該締約国と協議の上、当該手続の結果の概要を第二四条の規定に従って提出する委員会の年次報告に含めることを決定することができる。

第二一条【締約国の義務不履行と委員会の検討権限】

1　この条約の締約国は、この条約に基づく義務が他の締約国によって履行されていない旨を主張するいずれかの締約国からの通報を委員会が受理し及び検討する権限を有することを認める宣言を、この条の規定に基づいていつでも行うことができる。この通報は、委員会が当該権限を有することを自国について認める宣言を行った締約国によるものである場合に限り、この条に定める手続に従って受理し及び検討することができる。委員会は、宣言を行っていない締約国についての通報をこの条の規定の下で取り扱ってはならない。この条の規定に基づいて受理される通報は、次の手続に従って取り扱う。

(a)　締約国は、他の締約国がこの条約を実施していないと認める場合には、書面による通知により、当該事案につき当該他の締約国の注意を喚起することができる。通知を受領した国は、その受領の後三箇月以内に、当該事案について事情を明らかにするための説明その他の陳述を、書面により、通知を送付した国に提供する。当該説明その他の陳述には、当該事実について既にとられたか、とることとなっているか又は利用することのできる国内的な手続及び救済措置への言及を、可能かつ適当な範囲内において含めなければならない。

(b)　最初の通知の受領の後六箇月以内に(a)の事案が関係締約国の双方が満足するように調整されない場合には、いずれの一方の締約国も、委員会及び他方の締約国に対する通報により当該事案を委員会に付託する権利を有する。

(c)　委員会は、この条の規定に基づいて付託された事案についてすべての国内的な救済措置がとられかつ尽くされたことを確認した後に限り、一般的に認められた国際法の原則に従い、当該付託された事案を取り扱う。ただし、救済措置の実施が不当に遅延する場合又はこの条約の違反の被害者である者に効果的な救済を与える可能性に乏しい場合は、この限りでない。

(d)　委員会は、この条の規定に基づいて通報を検討する場合には、非公開の会合を開催する。

(e)　(c)の規定に従うことを条件として、委員会は、この条約に定める義務の尊重を基礎として事案を友好的に解決するため、関係締約国に対してあっせんを行う。このため、委員会は、適当な場合には、特別調停委員会を設置することができる。

(f)　委員会は、この条の規定に基づいて付託されたいずれの事案についても、(b)の関係締約国に対し、あらゆる関連情報を提供するよう要請することができる。

(g)　(b)の関係締約国は、委員会において事案が検討されている間において代表を出席させ及び口頭又は書面により意見を述べる権利を有する。

(h)　委員会は、(b)の通報を受領した日の後一二箇月以内に、次の(i)又は(ii)の規定に従って報告を提出する。報告は、各事案ごとに、関係締約国に送付する。

(i)　(e)の規定により解決が得られた場合には、委員会は、事実及び得られた解決について簡潔に記述した報告を提出する。

(ii)　(e)の規定により解決が得られない場合には、委員会は、事実について簡潔に記述した報告を提出し、その報告に関係締約国の口頭による意見の記録及び書面による意見を添付する。

2　この条の規定は、五の締約国が1の規定に基づく宣言を行った時に効力を生ずる。宣言は、締約国が国際連合事務総長に寄託するものとし、同事務総長は、その写しを他の締約国に送付する。宣言は、同事務総長に対する通告により、いつでも撤回することができる。撤回は、この条の規定に基づく通報により既に付託された事案の検討を妨げるものではない。同事務総長が宣言の撤回の通告を受領した後は、いずれの締約国による新たな通報も、関係締約国が新たに宣言を行わない限り、この条の規定に基づいて受理してはならない。

第二二条【個人の通報と委員会の権限】1　この条約の締約国は、自国の管轄の下にある個人であっていずれかの締約国によるこの条約の規定の違反の被害者であると主張する者により又はその者のために行われる通報を、委員会が受理し及び検討する権限を有することを認める宣言を、この条の規定に基づいていつでも行うことができる。委員会は、宣言を行っていない締約国についての通報を受理してはならない。

2　委員会は、この条の規定に基づく通報であっても、匿名のもの又は通報を行う権利の濫用であるか若しくはこの条約の規定と両立しないと認めるものについては、これを受理することのできないものとしなければならない。

3　委員会は、2の規定に従うことを条件として、この条の規定に基づいて行われたいずれの通報についても、1の規定に基づく宣言を行いかつこの条約のいずれかの規定に違反しているとされた締約国の注意を喚起する。注意を喚起された国は、六箇月以内に、当該事案及び救済措置が当該国によりとられている場合には当該救済措置についての事情を明らかにするための説明その他の陳述を、書面により、委員会に提出する。

4　委員会は、関係する個人により又はその者のために及び関係締約国により委員会の利用に供されたすべての情報に照らして、この条の規定に基づいて受理する通報を検討する。

5　委員会は、次のことを確認しない限り、この条の規定に基づく個人からのいかなる通報も検討してはならない。

(a)　同一の事案が他の国際的な調査又は解決の手続によってかつて検討されたことがなく、かつ、現在検討されていないこと。

(b)　当該個人が、利用し得るすべての国内的な救済措置を尽くしたこと。ただし、救済措置の実施が不当に遅延する場合又はこの条約の違反の被害者である者に効果的な救済を与える可能性に乏しい場合は、この限りでない。

6　委員会は、この条の規定に基づいて通報を検討する場合には、非公開の会合を開催する。

7　委員会は、その見解を関係する締約国及び個人に送付する。

8　この条の規定は、五の締約国が1の規定に基づく宣言を行った時に効力を生ずる。宣言は、締約国が国際連合事務総長に寄託するものとし、同事務総長は、その写しを他の締約国に送付する。宣言は、同事務総長に対する通告により、いつでも撤回することができる。撤回は、この条の規定に基づく通報により既に付託された事案の検討を妨げるものではない。同事務総長が宣言の撤回の通告を受領した後は、個人によるか又はその者のための新たな通報は、関係締約国が新たに宣言を行わない限り、この条の規定に基づいて受理してはならない。

第二三条【委員の特権免除】委員会の委員及び第二一条1(e)の規定に基づいて設置される特別調停委員会の委員は、国際連合の特権及び免除に関する条約の関連規定に規定する国際連合のための任務を行う専門家の便益、特権及び免除を享受する。

第二四条【年次報告】委員会は、この条約に基づく活動に関する年次報告を締約国及び国際連合総会に提出する。

第三部　【最終条項】

第二五条【署名、批准、寄託】
第二六条【加入】
第二七条【効力発生】　（略）

第二八条【留保】1　各国は、この条約の署名若しくは批准又はこの条約への加入の際に、委員会が第二〇条に規定する権限を有することを認めない旨を宣言することができる。

2　1の規定に従って留保を付した締約国は、国際連合事務総長に対する通告により、いつでもその留保を撤回することができる。

第二九条【改正】（略）

第三〇条【紛争の解決】（3 15第二九条と同じ）

第三一条【廃棄】
第三二条【国際連合事務総長による通報】
第三三条【正文】　（略）

日本国の宣言

条約の第二一条に従って、日本国政府は、この条約に基づく義務が他の締約国によって履行されていない旨を主張する締約国からの通報を受理し及び検討する拷問禁止委員会の権限を承認することを宣言する。

3 10　障害者の権利に関する条約（抄）

採　択　二〇〇六年一二月一三日（国際連合総会第六一会期決議六一／一〇六）
効力発生　二〇〇八年五月三日
日本国　二〇〇七年九月二八日署名、二〇一三年一二月四日国会承認、二〇一四年一月二〇日批准書寄託、二〇一四年一月二二日公布（条約第一号）、二〇一四年二月一九日効力発生

第一条（目的）この条約は、全ての障害者によるあらゆる人権及び基本的自由の完全かつ平等な享有を促進し、保護し、及び確保すること並びに障害者の固有の尊厳の尊重を促進することを目的とする。

障害者には、長期的な身体的、精神的、知的又は感覚的な機能障害であって、様々な障壁との相互作用により他の者との平等を基礎として社会に完全かつ効果的に参加することを妨げ得るものを有する者を含む。

第二条（定義）この条約の適用上、

「意思疎通」とは、言語、文字の表示、点字、触覚を使った意思疎通、拡大文字、利用しやすいマルチメディア並びに筆記、音声、平易な言葉、朗読その他の補助的及び代替的な意思疎通の形態、手段及び様式（利用しやすい情報通信機器を含む。）をいう。

「言語」とは、音声言語及び手話その他の形態の非音声言語をいう。

「障害に基づく差別」とは、障害に基づくあらゆる区別、排除又は制限であって、政治的、経済的、社会的、文化的、市民的その他のあらゆる分野において、他の者との平等を基礎として全ての人権及び基本的自由を認識し、享有し、又は行使することを害し、又は妨げる目的又は効果を有するものをいう。障害に基づく差別には、あらゆる形態の差別（合理的配慮の否定を含む。）を含む。

「合理的配慮」とは、障害者が他の者との平等を基礎として全ての人権及び基本的自由を享有し、又は行使することを確保するための必要かつ適当な変更及び調整であって、特定の場合において必要とされ

るものであり、かつ、均衡を失した又は過度の負担を課さないものをいう。

「ユニバーサルデザイン」とは、調整又は特別な設計を必要とすることなく、最大限可能な範囲で全ての人が使用することのできる製品、環境、計画及びサービスの設計をいう。ユニバーサルデザインは、特定の障害者の集団のための補装具が必要な場合には、これを排除するものではない。

第三条（一般原則） この条約の原則は、次のとおりとする。

(a) 固有の尊厳、個人の自律（自ら選択する自由を含む。）及び個人の自立の尊重
(b) 無差別
(c) 社会への完全かつ効果的な参加及び包容
(d) 差異の尊重並びに人間の多様性の一部及び人類の一員としての障害者の受入れ
(e) 機会の均等
(f) 施設及びサービス等の利用の容易さ
(g) 男女の平等
(h) 障害のある児童の発達しつつある能力の尊重及び障害のある児童がその同一性を保持する権利の尊重

第四条（一般的義務） 1　締約国は、障害に基づくいかなる差別もなしに、全ての障害者のあらゆる人権及び基本的自由を完全に実現することを確保し、及び促進することを約束する。このため、締約国は、次のことを約束する。

(a) この条約において認められる権利の実現のため、全ての適当な立法措置、行政措置その他の措置をとること。
(b) 障害者に対する差別となる既存の法律、規則、慣習及び慣行を修正し、又は廃止するための全ての適当な措置（立法を含む。）をとること。
(c) 全ての政策及び計画において障害者の人権の保護及び促進を考慮に入れること。
(d) この条約と両立しないいかなる行為又は慣行も差し控えること。また、公の当局及び機関がこの条約に従って行動することを確保すること。
(e) いかなる個人、団体又は民間企業による障害に基づく差別も撤廃するための全ての適当な措置をとること。
(f) 第二条に規定するユニバーサルデザインの製品、サービス、設備及び施設であって、障害者に特有のニーズを満たすために必要な調整が可能な限り最小限であり、かつ、当該ニーズを満たすために必要な費用が最小限であるべきものについての研究及び開発を実施し、又は促進すること。また、当該ユニバーサルデザインの製品、サービス、設備及び施設の利用可能性及び使用を促進すること。さらに、基準及び指針を作成するに当たっては、ユニバーサルデザインが当該基準及び指針に含まれることを促進すること。
(g) 障害者に適した新たな機器（情報通信機器、移動補助具、補装具及び支援機器を含む。）についての研究及び開発を実施し、又は促進し、並びに当該新たな機器の利用可能性及び使用を促進すること。この場合において、締約国は、負担しやすい費用の機器を優先させる。
(h) 移動補助具、補装具及び支援機器（新たな機器を含む。）並びに他の形態の援助、支援サービス及び施設に関する情報であって、障害者にとって利用しやすいものを提供すること。
(i) この条約において認められる権利によって保障される支援及びサービスをより良く提供するため、障害者と共に行動する専門家及び職員に対する当該権利に関する研修を促進すること。

2　各締約国は、経済的、社会的及び文化的権利に関しては、これらの権利の完全な実現を漸進的に達成するため、自国における利用可能な手段を最大限に用いることにより、また、必要な場合には国際協力の枠内で、措置をとることを約束する。ただし、この条約に定める義務であって、国際法に従って直ちに適用されるものに影響を及ぼすものではない。

3　締約国は、この条約を実施するための法令及び政策の作成及び実施において、並びに障害者に関する問題についての他の意思決定過程において、障害者（障害のある児童を含む。以下この3において同じ。）を代表する団体を通じ、障害者と緊密に協議し、及び障害者を積極的に関与させる。

4　この条約のいかなる規定も、締約国の法律又は締約国について効力を有する国際法に含まれる規定であって障害者の権利の実現に一層貢献するものに影響を及ぼすものではない。この条約のいずれかの締約国において法律、条約、規則又は慣習によって認められ、又は存する人権及び基本的自由については、この条約がそれらの権利若しくは自由を認めていないこと又はその認める範囲がより狭いことを理由として、それらの権利及び自由を制限し、又は侵してはならない。

5　この条約は、いかなる制限又は例外もなしに、連邦国家の全ての地域について適用する。

第五条（平等及び無差別） 1　締約国は、全ての者が、法律の前に又は法律に基づいて平等であり、並びにいかなる差別もなしに法律による平等の保護及び利益を受ける権利を有することを認める。

2　締約国は、障害に基づくあらゆる差別を禁止するものとし、いかなる理由による差別に対しても平等かつ効果的な法的保護を障害者に保障する。

3　締約国は、平等を促進し、及び差別を撤廃することを目的として、合理的配慮が提供されることを確保するための全ての適当な措置をとる。

4　障害者の事実上の平等を促進し、又は達成するために必要な特別の措置は、この条約に規定する差別と解してはならない。

第六条（障害のある女子） 1　締約国は、障害のある女

子が複合的な差別を受けていることを認識するものとし、この点に関し、障害のある女子が全ての人権及び基本的自由を完全かつ平等に享有することを確保するための措置をとる。

2 締約国は、女子に対してこの条約に定める人権及び基本的自由を行使し、及び享有することを保障することを目的として、女子の完全な能力開発、向上及び自律的な力の育成を確保するための全ての適当な措置をとる。

第七条(障害のある児童) 1 締約国は、障害のある児童が他の児童との平等を基礎として全ての人権及び基本的自由を完全に享有することを確保するための全ての必要な措置をとる。

2 障害のある児童に関する全ての措置をとるに当たっては、児童の最善の利益が主として考慮されるものとする。

3 締約国は、障害のある児童が、自己に影響を及ぼす全ての事項について自由に自己の意見を表明する権利並びにこの権利を実現するための障害及び年齢に適した支援を提供される権利を有することを確保する。この場合において、障害のある児童の意見は、他の児童との平等を基礎として、その児童の年齢及び成熟度に従って相応に考慮されるものとする。

第八条(意識の向上) 1 締約国は、次のことのための即時の、効果的なかつ適当な措置をとることを約束する。

(a) 障害者に関する社会全体(各家庭を含む。)の意識を向上させ、並びに障害者の権利及び尊厳に対する尊重を育成すること。

(b) あらゆる活動分野における障害者に関する定型化された観念、偏見及び有害な慣行(性及び年齢に基づくものを含む。)と戦うこと。

(c) 障害者の能力及び貢献に関する意識を向上させること。

2 (略)

第九条(施設及びサービス等の利用の容易さ) 1 締約国は、障害者が自立して生活し、及び生活のあらゆる側面に完全に参加することを可能にすることを目的として、障害者が、他の者との平等を基礎として、都市及び農村の双方において、物理的環境、輸送機関、情報通信(情報通信機器及び情報通信システムを含む。)並びに公衆に開放され、又は提供される他の施設及びサービスを利用する機会を有することを確保するための適当な措置をとる。この措置は、施設及びサービス等の利用の容易さに対する妨げ及び障壁を特定し、及び撤廃することを含むものとし、特に次の事項について適用する。

(a) 建物、道路、輸送機関その他の屋内及び屋外の施設(学校、住居、医療施設及び職場を含む。)

(b) 情報、通信その他のサービス(電子サービス及び緊急事態に係るサービスを含む。)

2 (略)

第一〇条(生命に対する権利)(略)

第一一条(危険な状況及び人道上の緊急事態) 締約国は、国際法(国際人道法及び国際人権法を含む。)に基づく自国の義務に従い、危険な状況(武力紛争、人道上の緊急事態及び自然災害の発生を含む。)において障害者の保護及び安全を確保するための全ての必要な措置をとる。

第一二条(法律の前にひとしく認められる権利) 1 締約国は、障害者が全ての場所において法律の前に人として認められる権利を有することを再確認する。

2 締約国は、障害者が生活のあらゆる側面において他の者との平等を基礎として法的能力を享有することを認める。

3 締約国は、障害者がその法的能力の行使に当たって必要とする支援を利用する機会を提供するための適当な措置をとる。

4 締約国は、法的能力の行使に関連する全ての措置において、濫用を防止するための適当かつ効果的な保障を国際人権法に従って定めることを確保する。当該保障は、法的能力の行使に関連する措置が、障害者の権利、意思及び選好を尊重すること、利益相反を生じさせず、及び不当な影響を及ぼさないこと、障害者の状況に応じ、かつ、適合すること、可能な限り短い期間に適用されること並びに権限のある、独立の、かつ、公平な当局又は司法機関による定期的な審査の対象となることを確保するものとする。当該保障は、当該措置が障害者の権利及び利益に及ぼす影響の程度に応じたものとする。

5 締約国は、この条の規定に従うことを条件として、障害者が財産を所有し、又は相続し、自己の会計を管理し、及び銀行貸付け、抵当その他の形態の金融上の信用を利用する均等な機会を有することについての平等の権利を確保するための全ての適当かつ効果的な措置をとるものとし、障害者がその財産を恣意的に奪われないことを確保する。

第一三条(司法手続の利用の機会) 1 締約国は、障害者が全ての法的手続(捜査段階その他予備的な段階を含む。)において直接及び間接の参加者(証人を含む。)として効果的な役割を果たすことを容易にするため、手続上の配慮及び年齢に適した配慮が提供されること等により、障害者が他の者との平等を基礎として司法手続を利用する効果的な機会を有することを確保する。

2 締約国は、障害者が司法手続を利用する効果的な機会を有することを確保することに役立てるため、司法に係る分野に携わる者(警察官及び刑務官を含む。)に対する適当な研修を促進する。

第一四条(身体の自由及び安全)(略)

第一五条(拷問又は残虐な、非人道的な若しくは品位を傷つける取扱い若しくは刑罰からの自由) 1 (略)

2 締約国は、障害者が、他の者との平等を基礎として、拷問又は残虐な、非人道的な若しくは品位を傷つける取扱い若しくは刑罰を受けることがないようにするため、全ての効果的な立法上、行政上、司法上その他の措置をとる。

第一六条（搾取、暴力及び虐待からの自由） 1　締約国は、家庭の内外におけるあらゆる形態の搾取、暴力及び虐待（性別に基づくものを含む。）から障害者を保護するための全ての適当な立法上、行政上、社会上、教育上その他の措置をとる。

2　また、締約国は、特に、障害者並びにその家族及び介護者に対する適当な形態の性別及び年齢に配慮した援助及び支援（搾取、暴力及び虐待の事案を防止し、認識し、及び報告する方法に関する情報及び教育を提供することによるものを含む。）を確保することにより、あらゆる形態の搾取、暴力及び虐待を防止するための全ての適当な措置をとる。締約国は、保護事業が年齢、性別及び障害に配慮したものであることを確保する。

3　締約国は、あらゆる形態の搾取、暴力及び虐待の発生を防止するため、障害者に役立つことを意図した全ての施設及び計画が独立した当局により効果的に監視されることを確保する。

4　締約国は、あらゆる形態の搾取、暴力又は虐待の被害者となる障害者の身体的、認知的及び心理的な回復、リハビリテーション並びに社会復帰を促進するための全ての適当な措置（保護事業の提供によるものを含む。）をとる。このような回復及び復帰は、障害者の健康、福祉、自尊心、尊厳及び自律を育成する環境において行われるものとし、性別及び年齢に応じたニーズを考慮に入れる。

5　締約国は、障害者に対する搾取、暴力及び虐待の事案が特定され、捜査され、及び適当な場合には訴追されることを確保するための効果的な法令及び政策（女子及び児童に重点を置いた法令及び政策を含む。）を策定する。

第一七条（個人をそのままの状態で保護すること）（Protecting the integrity of the person）　全ての障害者は、他の者との平等を基礎として、その心身がそのままの状態で（his or her physical and mental integrity）尊重される権利を有する。

第一八条（移動の自由及び国籍についての権利）（略）

第一九条（自立した生活及び地域社会への包容） この条約の締約国は、全ての障害者が他の者と平等の選択の機会をもって地域社会で生活する平等の権利を有することを認めるものとし、障害者が、この権利を完全に享受し、並びに地域社会に完全に包容され、及び参加することを容易にするための効果的かつ適当な措置をとる。この措置には、次のことを確保することによるものを含む。

(a)　障害者が、他の者との平等を基礎として、居住地を選択し、及びどこで誰と生活するかを選択する機会を有すること並びに特定の生活施設で生活する義務を負わないこと。

(b)　地域社会における生活及び地域社会への包容を支援し、並びに地域社会からの孤立及び隔離を防止するために必要な在宅サービス、居住サービスその他の地域社会支援サービス（個別の支援を含む。）を障害者が利用する機会を有すること。

(c)　一般住民向けの地域社会サービス及び施設が、障害者にとって他の者との平等を基礎として利用可能であり、かつ、障害者のニーズに対応していること。

第二〇条（個人の移動を容易にすること） 締約国は、障害者自身ができる限り自立して移動することを容易にすることを確保するための効果的な措置をとる。この措置には、次のことによるものを含む。

(a)　障害者自身が、自ら選択する方法で、自ら選択する時に、かつ、負担しやすい費用で移動することを容易にすること。

(b)　障害者が質の高い移動補助具、補装具、支援機器、人又は動物による支援及び仲介する者を利用する機会を得やすくすること（これらを負担しやすい費用で利用可能なものとすることを含む。）。

(c)　障害者及び障害者と共に行動する専門職員に対し、移動のための技能に関する研修を提供すること。

(d)　移動補助具、補装具及び支援機器を生産する事業体に対し、障害者の移動のあらゆる側面を考慮するよう奨励すること。

第二一条（表現及び意見の自由並びに情報の利用の機会） 締約国は、障害者が、第二条に定めるあらゆる形態の意思疎通であって自ら選択するものにより、表現及び意見の自由（他の者との平等を基礎として情報及び考えを求め、受け、及び伝える自由を含む。）についての権利を行使することができることを確保するための全ての適当な措置をとる。この措置には、次のことによるものを含む。

(a)　障害者に対し、様々な種類の障害に相応した利用しやすい様式及び機器により、適時に、かつ、追加の費用を伴わず、一般公衆向けの情報を提供すること。

(b)　公的な活動において、手話、点字、補助的及び代替的な意思疎通並びに障害者が自ら選択する他の全ての利用しやすい意思疎通の手段、形態及び様式を用いることを受け入れ、及び容易にすること。

(c)　一般公衆に対してサービス（インターネットによるものを含む。）を提供する民間の団体が情報及びサービスを障害者にとって利用しやすい又は使用可能な様式で提供するよう要請すること。

(d)　マスメディア（インターネットを通じて情報を提供する者を含む。）がそのサービスを障害者にとって利用しやすいものとするよう奨励すること。

(e)　手話の使用を認め、及び促進すること。

第二二条（プライバシーの尊重）（略）

第二三条（家庭及び家族の尊重） 1　締約国は、他の者との平等を基礎として、婚姻、家族、親子関係及び個人的な関係に係る全ての事項に関し、障害者に対する差別を撤廃するための効果的かつ適当な措置をとる。この措置は、次のことを確保することを目的とする。

(a) 婚姻をすることができる年齢の全ての障害者が、両当事者の自由かつ完全な合意に基づいて婚姻をし、かつ、家族を形成する権利を認められること。

(b) 障害者が子の数及び出産の間隔を自由にかつ責任をもって決定する権利を認められ、また、障害者が生殖及び家族計画について年齢に適した情報及び教育を享受する権利を認められること。さらに、障害者がこれらの権利を行使することを可能とするために必要な手段を提供されること。

(c) 障害者(児童を含む。)が、他の者との平等を基礎として生殖能力を保持すること。

2 締約国は、子の後見、養子縁組又はこれらに類する制度が国内法令に存在する場合には、それらの制度に係る障害者の権利及び責任を確保する。あらゆる場合において、子の最善の利益は至上である。締約国は、障害者が子の養育についての責任を遂行するに当たり、当該障害者に対して適当な援助を与える。

3 締約国は、障害のある児童が家庭生活について平等の権利を有することを確保する。締約国は、この権利を実現し、並びに障害のある児童の隠匿、遺棄、放置及び隔離を防止するため、障害のある児童及びその家族に対し、包括的な情報、サービス及び支援を早期に提供することを約束する。

4 締約国は、児童がその父母の意思に反してその父母から分離されないことを確保する。ただし、権限のある当局が司法の審査に従うことを条件として適用のある法律及び手続に従いその分離が児童の最善の利益のために必要であると決定する場合は、この限りでない。いかなる場合にも、児童は、自己の障害又は父母の一方若しくは双方の障害に基づいて父母から分離されない。

5 締約国は、近親の家族が障害のある児童を監護することができない場合には、一層広い範囲の家族の中で代替的な監護を提供し、及びこれが不可能なときは、地域社会の中で家庭的な環境により代替的な監護を提供するようあらゆる努力を払う。

第二四条(教育) 1 締約国は、教育についての障害者の権利を認める。締約国は、この権利を差別なしに、かつ、機会の均等を基礎として実現するため、障害者を包容するあらゆる段階の教育制度及び生涯学習を確保する。当該教育制度及び生涯学習は、次のことを目的とする。

(a) 人間の潜在能力並びに尊厳及び自己の価値についての意識を十分に発達させ、並びに人権、基本的自由及び人間の多様性の尊重を強化すること。

(b) 障害者が、その人格、才能及び創造力並びに精神的及び身体的な能力をその可能な最大限度まで発達させること。

(c) 障害者が自由な社会に効果的に参加することを可能とすること。

2 締約国は、1の権利の実現に当たり、次のことを確保する。

(a) 障害者が障害に基づいて一般的な教育制度から排除されないこと及び障害のある児童が障害に基づいて無償のかつ義務的な初等教育から又は中等教育から排除されないこと。

(b) 障害者が、他の者との平等を基礎として、自己の生活する地域社会において、障害者を包容し、質が高く、かつ、無償の初等教育を享受することができること及び中等教育を享受することができること。

(c) 個人に必要とされる合理的配慮が提供されること。

(d) 障害者が、その効果的な教育を容易にするために必要な支援を一般的な教育制度の下で受けること。

(e) 学問的及び社会的な発達を最大にする環境において、完全な包容という目標に合致する効果的で個別化された支援措置がとられること。

3 締約国は、障害者が教育に完全かつ平等に参加し、及び地域社会の構成員として完全かつ平等に参加することを容易にするため、障害者が生活する上での技能及び社会的な発達のための技能を習得することを可能とする。このため、締約国は、次のことを含む適当な措置をとる。

(a) 点字、代替的な文字、意思疎通の補助的及び代替的な形態、手段及び様式並びに定位及び移動のための技能の習得並びに障害者相互による支援及び助言を容易にすること。

(b) 手話の習得及び聾社会の言語的な同一性の促進を容易にすること。

(c) 盲人、聾者又は盲聾者(特に盲人、聾者又は盲聾者である児童)の教育が、その個人にとって最も適当な言語並びに意思疎通の形態及び手段で、かつ、学問的及び社会的な発達を最大にする環境において行われることを確保すること。

4 締約国は、1の権利の実現の確保を助長することを目的として、手話又は点字について能力を有する教員(障害のある教員を含む。)を雇用し、並びに教育に従事する専門家及び職員(教育のいずれの段階において従事するかを問わない。)に対する研修を行うための適当な措置をとる。この研修には、障害についての意識の向上を組み入れ、また、適当な意思疎通の補助的及び代替的な形態、手段及び様式の使用並びに障害者を支援するための教育技法及び教材の使用を組み入れるものとする。

5 締約国は、障害者が、差別なしに、かつ、他の者との平等を基礎として、一般的な高等教育、職業訓練、成人教育及び生涯学習を享受することができることを確保する。このため、締約国は、合理的配慮が障害者に提供されることを確保する。

第二五条（健康） 締約国は、障害者が障害に基づく差別なしに到達可能な最高水準の健康を享受する権利を有することを認める。締約国は、障害者が性別(gender)に配慮した保健サービス（保健に関連するリハビリテーションを含む。）を利用する機会を有することを確保するための全ての適当な措置をとる。締約国は、特に、次のことを行う。

(a) 障害者に対して他の者に提供されるものと同一の範囲、質及び水準の無償の又は負担しやすい費用の保健及び保健計画（性及び生殖に係る健康並びに住民のための公衆衛生計画の分野のものを含む。）を提供すること。

(b) 障害者が特にその障害のために必要とする保健サービス（早期発見及び適当な場合には早期関与並びに特に児童及び高齢者の新たな障害を最小限にし、及び防止するためのサービスを含む。）を提供すること。

(c) これらの保健サービスを、障害者自身が属する地域社会（農村を含む。）の可能な限り近くにおいて提供すること。

(d) 保健に従事する者に対し、特に、研修を通じて及び公私の保健に関する倫理基準を広く知らせることによって障害者の人権、尊厳、自律及びニーズに関する意識を高めることにより、他の者と同一の質の医療（例えば、事情を知らされた上での自由な同意を基礎とした医療）を障害者に提供するよう要請すること。

(e) 健康保険及び国内法により認められている場合には生命保険の提供に当たり、公正かつ妥当な方法で行い、及び障害者に対する差別を禁止すること。

(f) 保健若しくは保健サービス又は食糧及び飲料の提供に関し、障害に基づく差別的な拒否を防止すること。

第二六条（ハビリテーション（適応のための技能の習得）及びリハビリテーション） 1　締約国は、障害者が、最大限の自立並びに十分な身体的、精神的、社会的及び職業的な能力を達成し、及び維持し、並びに生活のあらゆる側面への完全な包容及び参加を達成し、及び維持することを可能とするための効果的かつ適当な措置（障害者相互による支援を通じたものを含む。）をとる。このため、締約国は、特に、保健、雇用、教育及び社会に係るサービスの分野において、ハビリテーション及びリハビリテーションについての包括的なサービス及びプログラムを企画し、強化し、及び拡張する。この場合において、これらのサービス及びプログラムは、次のようなものとする。

(a) 可能な限り初期の段階において開始し、並びに個人のニーズ及び長所に関する学際的な評価を基礎とするものであること。

(b) 地域社会及び社会のあらゆる側面への参加及び包容を支援し、自発的なものであり、並びに障害者自身が属する地域社会（農村を含む。）の可能な限り近くにおいて利用可能なものであること。

2　締約国は、ハビリテーション及びリハビリテーションのサービスに従事する専門家及び職員に対する初期研修及び継続的な研修の充実を促進する。

3　締約国は、障害者のために設計された補装具及び支援機器であって、ハビリテーション及びリハビリテーションに関連するものの利用可能性、知識及び使用を促進する。

第二七条（労働及び雇用） 1　締約国は、障害者が他の者との平等を基礎として労働についての権利を有することを認める。この権利には、障害者に対して開放され、障害者を包容し、及び障害者にとって利用しやすい労働市場及び労働環境において、障害者が自由に選択し、又は承諾する労働によって生計を立てる機会を有する権利を含む。締約国は、特に次のことのための適当な措置（立法によるものを含む。）をとることにより、労働についての障害者（雇用の過程で障害を有することとなった者を含む。）の権利が実現されることを保障し、及び促進する。

(a) あらゆる形態の雇用に係る全ての事項（募集、採用及び雇用の条件、雇用の継続、昇進並びに安全かつ健康的な作業条件を含む。）に関し、障害に基づく差別を禁止すること。

(b) 他の者との平等を基礎として、公正かつ良好な労働条件（均等な機会及び同一価値の労働についての同一報酬を含む。）、安全かつ健康的な作業条件（嫌がらせからの保護を含む。）及び苦情に対する救済についての障害者の権利を保護すること。

(c) 障害者が他の者との平等を基礎として労働及び労働組合についての権利を行使することができることを確保すること。

(d) 障害者が技術及び職業の指導に関する一般的な計画、職業紹介サービス並びに職業訓練及び継続的な訓練を利用する効果的な機会を有することを可能とすること。

(e) 労働市場において障害者の雇用機会の増大を図り、及びその昇進を促進すること並びに職業を求め、これに就き、これを継続し、及びこれに復帰する際の支援を促進すること。

(f) 自営活動の機会、起業家精神、協同組合の発展及び自己の事業の開始を促進すること。

(g) 公的部門において障害者を雇用すること。

(h) 適当な政策及び措置（積極的差別是正措置、奨励措置その他の措置を含めることができる。）を通じて、民間部門における障害者の雇用を促進すること。

(i) 職場において合理的配慮が障害者に提供されることを確保すること。

(j) 開かれた労働市場において障害者が職業経験を得ることを促進すること。

(k) 障害者の職業リハビリテーション、職業の保持及び職場復帰計画を促進すること。

2 締約国は、障害者が、奴隷の状態又は隷属状態に置かれないこと及び他の者との平等を基礎として強制労働から保護されることを確保する。

第二八条（相当な生活水準及び社会的な保障）（略）

第二九条（政治的及び公的活動への参加）締約国は、障害者に対して政治的権利を保障し、及び他の者との平等を基礎としてこの権利を享受する機会を保障するものとし、次のことを約束する。

(a) 特に次のことを行うことにより、障害者が、直接に、又は自由に選んだ代表者を通じて、他の者との平等を基礎として、政治的及び公的活動に効果的かつ完全に参加することができること（障害者が投票し、及び選挙される権利及び機会を含む。）を確保すること。

(i) 投票の手続、設備及び資料が適当な及び利用しやすいものであり、並びにその理解及び使用が容易であることを確保すること。

(ii) 障害者が、選挙及び国民投票において脅迫を受けることなく秘密投票によって投票し、選挙に立候補し、並びに政府のあらゆる段階において実質的に在職し、及びあらゆる公務を遂行する権利を保護すること。この場合において、適当なときは支援機器及び新たな機器の使用を容易にするものとする。

(iii) 選挙人としての障害者の意思の自由な表明を保障すること。このため、必要な場合には、障害者の要請に応じて、当該障害者により選択される者が投票の際に援助することを認めること。

(b) 障害者が、差別なしに、かつ、他の者との平等を基礎として、政治に効果的かつ完全に参加することができる環境を積極的に促進し、及び政治への障害者の参加を奨励すること。政治への参加には、次のことを含む。

(i) 国の公的及び政治的活動に関係のある非政府機関及び非政府団体に参加し、並びに政党の活動及び運営に参加すること。

(ii) 国際、国内、地域及び地方の各段階において障害者を代表するための障害者の組織を結成し、並びにこれに参加すること。

第三〇条（文化的な生活、レクリエーション、余暇及びスポーツへの参加）1　締約国は、障害者が他の者との平等を基礎として文化的な生活に参加する権利を認めるものとし、次のことを確保するための全ての適当な措置をとる。

(a) 障害者が、利用しやすい様式を通じて、文化的な作品を享受する機会を有すること。

(b) 障害者が、利用しやすい様式を通じて、テレビジョン番組、映画、演劇その他の文化的な活動を享受する機会を有すること。

(c) 障害者が、文化的な公演又はサービスが行われる場所（例えば、劇場、博物館、映画館、図書館、観光サービス）を利用する機会を有し、並びに自国の文化的に重要な記念物及び場所を享受する機会をできる限り有すること。

2 締約国は、障害者が、自己の利益のためのみでなく、社会を豊かにするためにも、自己の創造的、芸術的及び知的な潜在能力を開発し、及び活用する機会を有することを可能とするための適当な措置をとる。

3 締約国は、国際法に従い、知的財産権を保護する法律が、障害者が文化的な作品を享受する機会を妨げる不当な又は差別的な障壁とならないことを確保するための全ての適当な措置をとる。

4 障害者は、他の者との平等を基礎として、その独自の文化的及び言語的な同一性（手話及び聾文化を含む。）の承認及び支持を受ける権利を有する。

5 締約国は、障害者が他の者との平等を基礎としてレクリエーション、余暇及びスポーツの活動に参加することを可能とすることを目的として、次のことのための適当な措置をとる。

(a) 障害者があらゆる水準の一般のスポーツ活動に可能な限り参加することを奨励し、及び促進すること。

(b) 障害者が障害に応じたスポーツ及びレクリエーションの活動を組織し、及び発展させ、並びにこれらに参加する機会を有することを確保すること。このため、適当な指導、研修及び資源が他の者との平等を基礎として提供されるよう奨励すること。

(c) 障害者がスポーツ、レクリエーション及び観光の場所を利用する機会を有することを確保すること。

(d) 障害のある児童が遊び、レクリエーション、余暇及びスポーツの活動（学校制度におけるこれらの活動を含む。）への参加について他の児童と均等な機会を有することを確保すること。

(e) 障害者がレクリエーション、観光、余暇及びスポーツの活動の企画に関与する者によるサービスを利用する機会を有することを確保すること。

第三一条（統計及び資料の収集）
第三二条（国際協力）（略）

第三三条（国内における実施及び監視）1　締約国は、自国の制度に従い、この条約の実施に関連する事項を取り扱う一又は二以上の中央連絡先を政府内に指定する。また、締約国は、異なる部門及び段階における関連のある活動を容易にするため、政府内における調整のための仕組みの設置又は指定に十分な考慮を払う。

2 締約国は、自国の法律上及び行政上の制度に従い、この条約の実施を促進し、保護し、及び監視するための枠組み（適当な場合には、一又は二以上の独立した仕組みを含む。）を自国内において維持し、強化し、指定し、又は設置する。締約国は、このような仕組みを指定し、又は設置する場合には、人権の保護及び促進のための国内機構の地位及び役割に関する原則を考慮に入れる。

3　市民社会（特に、障害者及び障害者を代表する団体）は、監視の過程に十分に関与し、かつ、参加する。

第三四条（障害者の権利に関する委員会）
第三五条（締約国による報告）
第三六条（報告の検討）
（略）

第三七条（締約国と委員会との間の協力）1　各締約国は、委員会と協力するものとし、委員の任務の遂行を支援する。

2　委員会は、締約国との関係において、この条約の実施のための当該締約国の能力を向上させる方法及び手段（国際協力を通じたものを含む。）に十分な考慮を払う。

第三八条（委員会と他の機関との関係）
第三九条（委員会の報告）
（略）

第四〇条（締約国会議）1　締約国は、この条約の実施に関する事項を検討するため、定期的に締約国会議を開催する。

2　締約国会議は、この条約が効力を生じた後六箇月以内に国際連合事務総長が招集する。その後の締約国会議は、二年ごとに又は締約国会議の決定に基づき同事務総長が招集する。

第四一条（寄託者）
第四二条（署名）
第四三条（拘束されることについての同意）
第四四条（地域的な統合のための機関）
第四五条（効力発生）
（略）

第四六条（留保）1　この条約の趣旨及び目的と両立しない留保は、認められない。

2　留保は、いつでも撤回することができる。

第四七条（改正）
第四八条（廃棄）
（略）

第四九条（利用しやすい様式）この条約の本文は、利用しやすい様式で提供される。

第五〇条（正文）（略）

3 11　難民の地位に関する条約（難民条約）（抄）

採　択　一九五一年七月二八日（ジュネーヴ）難民及び無国籍者の地位に関する国際連合全権会議
効力発生　一九五四年四月二二日
日本国　一九八一年六月五日国会承認、一〇月三日加入書寄託、一〇月一五日公布（条約第二一号）、一九八二年一月　日効力発生

前　文

締約国は、

国際連合憲章及び一九四八年一二月一〇日に国際連合総会により承認された世界人権宣言が、人間は基本的な権利及び自由を差別を受けることなく享有するとの原則を確認していることを考慮し、

国際連合が、種々の機会に難民に対する深い関心を表明し並びに難民に対して基本的な権利及び自由のできる限り広範な行使を保証することに努力してきたことを考慮し、

難民の地位に関する従前の国際協定を修正し及び統合すること並びにこれらの文書の適用範囲及びこれらの文書に定める保護を新たな協定において拡大することが望ましいと考え、

難民に対する庇護の付与が特定の国にとって不当に重い負担となる可能性のあること並びに国際的な広がり及び国際的な性格を有すると国際連合が認める問題についての満足すべき解決は国際協力なしには得ることができないことを考慮し、

すべての国が、難民問題の社会的及び人道的性格を認識して、この問題が国家間の緊張の原因となることを防止するため可能なすべての措置をとることを希望し、

国際連合難民高等弁務官が難民の保護について定める国際条約の適用を監督する任務を有していることに留意し、また、各国と国際連合難民高等弁務官との協力により、難民問題を処理するためにとられる措置の効果的な調整が可能となることを認めて、

次のとおり協定した。

第一章　一般規定

第一条（「難民」の定義）A　この条約の適用上、「難民」とは、次の者をいう。

(1)　一九二六年五月一二日の取極、一九二八年六月三〇日の取極、一九三三年一〇月二八日の条約、一九三八年二月一〇日の条約、一九三九年九月一四日の議定書又は国際避難民機関憲章により難民と認められている者

国際避難民機関がその活動期間中いずれかの者について難民としての要件を満たしていないと決定したことは、当該者が(2)の条件を満たす場合に当該者に対し難民の地位を与えることを妨げるものではない。

(2)　一九五一年一月一日前に生じた事件の結果として、かつ、人種、宗教、国籍若しくは特定の社会的集団の構成員であること又は政治的意見を理由に迫害を受けるおそれがあるという十分に理由のある恐怖を有するために、国籍国の外にいる者であって、その国籍国の保護を受けることができないもの又はそのような恐怖を有するためにその国籍国の保護を受けることを望まないもの及びこれらの事件の結果として常居所を有していた国の外

にいる無国籍者であって、当該常居所を有していた国に帰ることができないもの又はそのような恐怖を有するために当該常居所を有していた国に帰ることを望まないもの

二以上の国籍を有する者の場合には、「国籍国」とは、その者がその国籍を有する国のいずれをもいい、迫害を受けるおそれがあるという十分に理由のある恐怖を有するという正当な理由なくいずれか一の国籍国の保護を受けなかったとしても、国籍国の保護がないとは認められない。

B(1) この条約の適用上、Aの「一九五一年一月一日前に生じた事件」とは、次の事件のいずれかをいう。

(a) 一九五一年一月一日前に欧州において生じた事件

(b) 一九五一年一月一日前に欧州又は他の地域において生じた事件

各締約国は、署名、批准又は加入の際に、この条約に基づく自国の義務を履行するに当たって(a)又は(b)のいずれの規定を適用するかを選択する宣言を行う。

(2) (a)の規定を適用することを選択した国は、いつでも、(b)の規定を適用することを選択する旨を国際連合事務総長に通告することにより、自国の義務を拡大することができる。

C Aの規定に該当する者についてのこの条約の適用は、当該者が次の場合のいずれかに該当する場合には、終止する。

(1) 任意に国籍国の保護を再び受けている場合

(2) 国籍を喪失していたが、任意にこれを回復した場合

(3) 新たな国籍を取得し、かつ、新たな国籍国の保護を受けている場合

(4) 迫害を受けるおそれがあるという恐怖を有するため、定住していた国を離れ又は定住していた国の外にとどまっていたが、当該定住していた国に任意に再び定住するに至った場合

(5) 難民であると認められる根拠となった事由が消滅したため、国籍国の保護を受けることを拒むことができなくなった場合

ただし、この(5)の規定は、A(1)の規定に該当する難民であって、国籍国の保護を受けることを拒む理由として過去における迫害に起因するやむを得ない事情を援用することができるものについては、適用しない。

(6) 国籍を有していない場合において、難民であると認められる根拠となった事由が消滅したため、常居所を有していた国に帰ることができるとき。

ただし、この(6)の規定は、A(1)の規定に該当する難民であって、常居所を有していた国に帰ることを拒む理由として過去における迫害に起因するやむを得ない事情を援用することができるものについては、適用しない。

D この条約は、国際連合難民高等弁務官以外の国際連合の機関の保護又は援助を現に受けている者については、適用しない。

これらの保護又は援助を現に受けている者の地位に関する問題が国際連合総会の採択する関連決議に従って最終的に解決されることなくこれらの保護又は援助の付与が終止したときは、これらの者は、その終止により、この条約により与えられる利益を受ける。

E この条約は、居住国の権限のある機関によりその国の国籍を保持することに伴う権利及び義務と同等の権利を有し及び同等の義務を負うと認められる者については、適用しない。

F この条約は、次のいずれかに該当すると考えられる相当な理由がある者については、適用しない。

(a) 平和に対する犯罪、戦争犯罪及び人道に対する犯罪に関して規定する国際文書の定めるこれらの犯罪を行ったこと。

(b) 難民として避難国に入国することが許可される前に避難国の外で重大な犯罪(政治的犯罪を除く。)を行ったこと。

(c) 国際連合の目的及び原則に反する行為を行ったこと。

第二条(一般的義務) すべての難民は、滞在する国に対し、特に、その国の法令を遵守する義務及び公の秩序を維持するための措置に従う義務を負う。

第三条(無差別) 締約国は、難民に対し、人種、宗教又は出身国による差別なしにこの条約を適用する。

第四条(宗教) 締約国は、その領域内の難民に対し、宗教を実践する自由及び子の宗教的教育についての自由に関し、自国民に与える待遇と少なくとも同等の好意的待遇を与える。

第五条(この条約に係わりなく与えられる権利) この条約のいかなる規定も、締約国がこの条約に係わりなく難民に与える権利及び利益を害するものと解してはならない。

第六条(「同一の事情の下で」の意味) この条約の適用上、「同一の事情の下で」とは、その性格上難民が満たすことのできない要件を除くほか、ある者が難民でないと仮定した場合に当該者が特定の権利を享受するために満たさなければならない要件(滞在又は居住の期間及び条件に関する要件を含む。)が満たされていることを条件として、ということを意味する。

第七条(相互主義の適用の免除) 1 締約国は、難民に対し、この条約が一層有利な規定を設けている場合を除くほか、一般に外国人に対して与える待遇と同一の待遇を与える。

2 すべての難民は、いずれかの締約国の領域内に三年間居住した後は、当該締約国の領域内において立法上の相互主義を適用されることはない。

3 締約国は、自国についてこの条約の効力が生ずる日に相互の保証なしに難民に既に認めている権利及び利益が存在する場合には、当該権利及び利益を引

き続き与える。

4　締約国は、2及び3の規定により認められる権利及び利益以外の権利及び利益を相互の保証なしに難民に与えることの可能性並びに2に規定する居住の条件を満たしていない難民並びに3に規定する権利及び利益が認められていない難民に対しても相互主義を適用しないことの可能性を好意的に考慮する。

5　2及び3の規定は、第一三条、第一八条、第一九条、第二一条及び第二二条に規定する権利及び利益並びにこの条約に規定していない権利及び利益のいずれについても、適用する。

第八条（例外的措置の適用の免除）締約国は、特定の外国の国民の身体、財産又は利益に対してとることのある例外的措置については、形式上当該外国の国民である難民に対し、その国籍のみを理由としてこの措置を適用してはならない。前段に定める一般原則を適用することが法制上できない締約国は、適当な場合には、当該難民について当該例外的措置の適用を免除する。

第九条（暫定措置）この条約のいかなる規定も、締約国が、戦時に又は他の重大かつ例外的な状況において、特定の個人について国の安全のために不可欠であると認める措置を暫定的にとることを妨げるものではない。もっとも、当該特定の個人について真に難民であるか難民でないか又は当該特定の個人について当該不可欠であると認める措置を引き続き適用することが国の安全のために必要であるか必要でないかを当該締約国が決定するまでの間に限る。

第一〇条（居住の継続）1　第二次世界戦争中に退去を強制されていずれかの締約国の領域に移動させられ、かつ、当該領域内に居住している難民は、この滞在を強制された期間合法的に当該領域内に居住していたものとみなす。

2　難民が第二次世界戦争中にいずれかの締約国の領域からの退去を強制され、かつ、居住のため当該領域にこの条約の効力発生の日前に帰った場合には、この強制された退去の前後の居住期間は、継続的な居住が必要とされるいかなる場合においても継続した一の期間とみなす。

第一一条（難民である船員）締約国は、自国を旗国とする船舶の常備の乗組員として勤務している難民については、自国の領域における定住について好意的考慮を払うものとし、特に他の国における定住を容易にすることを目的として、旅行証明書を発給し又は自国の領域に一時的に入国を許可することについて好意的考慮を払う。

第二章　法的地位

第一二条（属人法）1　難民については、その属人法は住所を有する国の法律とし、住所を有しないときは、居所を有する国の法律とするものとする。

2　難民が既に取得した権利であって属人法に基づくもの特に婚姻に伴う権利は、難民が締約国の法律に定められる手続に従うことが必要な場合にはこれに従うことを条件として、当該締約国により尊重される。ただし、この権利は、当該難民が難民でないとした場合においても、当該締約国の法律により認められるものでなければならない。

第一三条（動産及び不動産）締約国は、難民に対し、動産及び不動産の所有権並びに動産及び不動産についてのその他の権利の取得並びに動産及び不動産に関する賃貸借その他の契約に関し、できる限り有利な待遇を与えるものとし、いかなる場合にも、同一の事情の下で一般に外国人に対して与える待遇よりも不利でない待遇を与える。

第一四条（著作権及び工業所有権）難民は、発明、意匠、商標、商号等の工業所有権の保護並びに文学的、美術的及び学術的著作物についての権利の保護に関しては、常居所を有する国において、その国の国民に与えられる保護と同一の保護を与えられるものとし、他のいずれの締約国の領域においても、当該難民が常居所を有する国の国民に対して当該締約国の領域において与えられる保護と同一の保護を与えられる。

第一五条（結社の権利）締約国は、合法的にその領域内に滞在する難民に対し、非政治的かつ非営利的な団体及び労働組合に係る事項に関し、同一の事情の下で外国の国民に与える待遇のうち最も有利な待遇を与える。

第一六条（裁判を受ける権利）1　難民は、すべての締約国の領域において、自由に裁判を受ける権利を有する。

2　難民は、常居所を有する締約国において、裁判を受ける権利に関連する事項（法律扶助及び訴訟費用の担保の免除を含む。）につき、当該締約国の国民に与えられる待遇と同一の待遇を与えられる。

3　難民は、常居所を有する締約国以外の締約国において、2に規定する事項につき、当該常居所を有する締約国の国民に与えられる待遇と同一の待遇を与えられる。

第三章　職　業

第一七条（賃金が支払われる職業）1　締約国は、合法的にその領域内に滞在する難民に対し、賃金が支払われる職業に従事する権利に関し、同一の事情の下で外国の国民に与える待遇のうち最も有利な待遇を与える。

2　いかなる場合にも、締約国が国内労働市場の保護のため外国人又は外国人の雇用に関してとる制限的措置は、当該締約国についてこの条約の効力が生ずる日に既にそれらの措置の適用を免除されている難民又は次の条件のいずれかを満たす難民については、適用しない。

(a)　当該締約国に三年以上居住していること。

(b)　当該難民が居住している当該締約国の国籍を有する配偶者があること。難民は、その配偶者を遺棄した場合には、この(b)の規定による利益を受けることができない。

(c) 当該難民が居住している当該締約国の国籍を有する子があること。

3 締約国は、賃金が支払われる職業に関し、すべての難民、特に、労働者募集計画又は移住者受入計画によって当該締約国の領域に入国した難民の権利を自国民の権利と同一のものとすることについて好意的考慮を払う。

第一八条(自営業) 締約国は、合法的にその領域内にいる難民に対し、独立して農業、工業、手工業及び商業に従事する権利並びに商業上及び産業上の会社を設立する権利に関し、できる限り有利な待遇を与えるものとし、いかなる場合にも、同一の事情の下で一般に外国人に対して与える待遇よりも不利でない待遇を与える。

第一九条(自由業) 1 締約国は、合法的にその領域内に滞在する難民であって、当該締約国の権限のある機関が承認した資格証書を有し、かつ、自由業に従事することを希望するものに対し、できる限り有利な待遇を与えるものとし、いかなる場合にも、同一の事情の下で一般に外国人に対して与える待遇よりも不利でない待遇を与える。

2 締約国は、自国が国際関係について責任を有する領域(本土地域を除く。)内に1に規定する難民が定住することを確保するため、自国の憲法及び法律に従って最善の努力を払う。

第四章 福祉

第二〇条(配給) 難民は、供給が不足する物資の分配を規制する配給制度であって住民全体に適用されるものが存在する場合には、当該配給制度の適用につき、国民に与えられる待遇と同一の待遇を与えられる。

第二一条(住居) 締約国は、住居に係る事項が法令の規制を受け又は公の機関の管理の下にある場合には、合法的にその領域内に滞在する難民に対し、住居に関し、できる限り有利な待遇を与えるものとし、いかなる場合にも、同一の事情の下で一般に外国人に対して与える待遇よりも不利でない待遇を与える。

第二二条(公の教育) 1 締約国は、難民に対し、初等教育に関し、自国民に与える待遇と同一の待遇を与える。

2 締約国は、難民に対し、初等教育以外の教育、特に、修学の機会、学業に関する証明書、資格証書及び学位であって外国において与えられたものの承認、授業料その他の納付金の減免並びに奨学金の給付に関し、できる限り有利な待遇を与えるものとし、いかなる場合にも、同一の事情の下で一般に外国人に対して与える待遇よりも不利でない待遇を与える。

第二三条(公的扶助) 締約国は、合法的にその領域内に滞在する難民に対し、公的扶助及び公的援助に関し、自国民に与える待遇と同一の待遇を与える。

第二四条(労働法制及び社会保障) 1 締約国は、合法的にその領域内に滞在する難民に対し、次の事項に関し、自国民に与える待遇と同一の待遇を与える。

(a) 報酬(家族手当がその一部を成すときは、これを含む。)、労働時間、時間外労働、有給休暇、家内労働についての制限、雇用についての最低年齢、見習及び訓練、女子及び年少者の労働並びに団体交渉の利益の享受に係る事項であって、法令の規律を受けるもの又は行政機関の管理の下にあるもの

(b) 社会保障(業務災害、職業病、母性、疾病、廃疾、老齢、死亡、失業、家族的責任その他国内法令により社会保障制度の対象とされている給付事由に関する法規)。ただし、次の措置をとることを妨げるものではない。

(i) 当該難民が取得した権利又は取得の過程にあった権利の維持に関し適当な措置をとること。

(ii) 当該難民が居住している当該締約国の国内法令において、公の資金から全額支給される給付の全部又は一部に関し及び通常の年金の受給のために必要な拠出についての条件を満たしていない者に支給される手当に関し、特別の措置を求めること。

2 業務災害又は職業病に起因する難民の死亡について補償を受ける権利は、この権利を取得する者が締約国の領域外に居住していることにより影響を受けない。

3 締約国は、取得された又は取得の過程にあった社会保障についての権利の維持に関し他の締約国との間で既に締結した協定又は将来締結することのある協定の署名国の国民に適用される条件を難民が満たしている限り、当該協定による利益と同一の利益を当該難民に与える。

4 締約国は、取得された又は取得の過程にあった社会保障についての権利の維持に関する協定であって非締約国との間で現在効力を有し又は将来効力を有することのあるものによる利益と同一の利益をできる限り難民に与えることについて好意的考慮を払うものとする。

第五章 行政上の措置

第二五条(行政上の援助) 1 難民がその権利の行使につき通常外国の機関の援助を必要とする場合において当該外国の機関の援助を求めることができないときは、当該難民が居住している締約国は、自国の機関又は国際機関により同様の援助が当該難民に与えられるように取り計らう。

2 1にいう自国の機関又は国際機関は、難民に対し、外国人が通常本国の機関から又は本国の機関を通じて交付を受ける文書又は証明書と同様の文書又は証明書を交付するものとし、また、その監督の下にこれらの文書又は証明書が交付されるようにする。

3 2の規定により交付される文書又は証明書は、外

国人が本国の機関から又は本国の機関を通じて交付を受ける公文書に代わるものとし、反証のない限り信用が与えられるものとする。

4　生活に困窮する者に対する例外的な取扱いがある場合には、これに従うことを条件として、この条に規定する事務については手数料を徴収することができるが、その手数料は、妥当な、かつ、同種の事務について国民から徴収する手数料に相応するものでなければならない。

5　この条の規定は、第二七条及び第二八条の規定の適用を妨げるものではない。

第二六条（移動の自由）締約国は、合法的にその領域内にいる難民に対し、当該難民が同一の事情の下で一般に外国人に対して適用される規制に従うことを条件として、居住地を選択する権利及び当該締約国の領域内を自由に移動する権利を与える。

第二七条（身分証明書）締約国は、その領域内にいる難民であって有効な旅行証明書を所持していないものに対し、身分証明書を発給する。

第二八条（旅行証明書）1　締約国は、合法的にその領域内に滞在する難民に対し、国の安全又は公の秩序のためのやむを得ない理由がある場合を除くほか、その領域外への旅行のための旅行証明書を発給するものとし、この旅行証明書に関しては、附属書の規定が適用される。締約国は、その領域内にいる他の難民に対してもこの旅行証明書を発給することができるものとし、特に、その領域内にいる難民であって合法的に居住している国から旅行証明書の発給を受けることができないものに対して旅行証明書を発給することについて好意的考慮を払う。

2　従前の国際協定の締約国が当該国際協定の定めるところにより難民に対して発給した旅行証明書は、この条約の締約国により有効なものとして認められ、かつ、この条の規定により発給されたものとして取り扱われる。

第二九条（公租公課）1　締約国は、難民に対し、同様の状態にある自国民に課している若しくは課することのある租税その他の公課（名称のいかんを問わない。）以外の公課を課してはならず、また、租税その他の公課（名称のいかんを問わない。）につき同様の状態にある自国民に課する額よりも高額のものを課してはならない。

2　1の規定は、行政機関が外国人に対して発給する文書（身分証明書を含む。）の発給についての手数料に関する法令を難民について適用することを妨げるものではない。

第三〇条（資産の移転）1　締約国は、自国の法令に従い、難民がその領域内に持ち込んだ資産を定住のために入国を許可された他の国に移転することを許可する。

2　締約国は、難民が入国を許可された他の国において定住するために必要となる資産（所在地のいかんを問わない。）につき当該難民から当該資産の移転の許可の申請があった場合には、この申請に対し好意的考慮を払う。

第三一条（避難国に不法にいる難民）1　締約国は、その生命又は自由が第一条の意味において脅威にさらされていた領域から直接来た難民であって許可なく当該締約国の領域に入国し又は許可なく当該締約国の領域内にいるものに対し、不法に入国し又は不法にいることを理由として刑罰を科してはならない。ただし、当該難民が遅滞なく当局に出頭し、かつ、不法に入国し又は不法にいることの相当な理由を示すことを条件とする。

2　締約国は、1の規定に該当する難民の移動に対し、必要な制限以外の制限を課してはならず、また、この制限は、当該難民の当該締約国における滞在が合法的なものとなるまでの間又は当該難民が他の国への入国許可を得るまでの間に限って課することができる。締約国は、1の規定に該当する難民に対し、他の国への入国許可を得るために妥当と認められる期間の猶予及びこのために必要なすべての便宜を与える。

第三二条（追放）1　締約国は、国の安全又は公の秩序を理由とする場合を除くほか、合法的にその領域内にいる難民を追放してはならない。

2　1の規定による難民の追放は、法律の定める手続に従って行われた決定によってのみ行う。国の安全のためのやむを得ない理由がある場合を除くほか、1に規定する難民は、追放される理由がないことを明らかにする証拠の提出並びに権限のある機関又はその機関が特に指名する者に対する不服の申立て及びこのための代理人の出頭を認められる。

3　締約国は、1の規定により追放されることとなる難民に対し、他の国への入国許可を求めるのに妥当と認められる期間の猶予を与える。締約国は、この期間中必要と認める国内措置をとることができる。

第三三条（追放及び送還の禁止）1　締約国は、難民を、いかなる方法によっても、人種、宗教、国籍若しくは特定の社会的集団の構成員であること又は政治的意見のためにその生命又は自由が脅威にさらされるおそれのある領域の国境へ追放し又は送還してはならない。

2　締約国にいる難民であって、当該締約国の安全にとって危険であると認めるに足りる相当な理由があるもの又は特に重大な犯罪について有罪の判決が確定し当該締約国の社会にとって危険な存在となったものは、1の規定による利益の享受を要求することができない。

第三四条（帰化）締約国は、難民の当該締約国の社会への適応及び帰化をできる限り容易なものとする。締約国は、特に、帰化の手続が迅速に行われるようにするため並びにこの手続に係る手数料及び費用をできる限り軽減するため、あらゆる努力を払う。

第六章　実施規定及び経過規定

第三五条（締約国の機関と国際連合との協力） 1　締約国は、国際連合難民高等弁務官事務所又はこれを承継する国際連合の他の機関の任務の遂行に際し、これらの機関と協力することを約束するものとし、特に、これらの機関のこの条約の適用を監督する責務の遂行に際し、これらの機関に便宜を与える。

2　締約国は、国際連合難民高等弁務官事務所又はこれを承継する国際連合の他の機関が国際連合の権限のある機関に報告することのできるよう、要請に応じ、次の事項に関する情報及び統計を適当な様式で提供することを約束する。

(a)　難民の状態

(b)　この条約の実施状況

(c)　難民に関する現行法令及び難民に関して将来施行される法令

第三六条（国内法令に関する情報） 締約国は、国際連合事務総長に対し、この条約の適用を確保するために制定する法令を送付する。

第三七条（従前の条約との関係） この条約は、締約国の間において、一九二二年七月五日、一九二四年五月三一日、一九二六年五月一二日、一九二八年六月三〇日及び一九三五年七月三〇日の取極、一九三三年一〇月二八日及び一九三八年二月一〇日の条約、一九三九年九月一四日の議定書並びに一九四六年一〇月一五日の協定に代わるものとする。ただし、第二八条2の規定の適用を妨げない。

第七章　最終条項

第三八条（紛争の解決） この条約の解釈又は適用に関する締約国間の紛争であって他の方法によって解決することができないものは、いずれかの紛争当事国の要請により、国際司法裁判所に付託する。

第三九条（署名、批准及び加入）（略）

第四〇条（適用地域条項）
第四一条（連邦条項）｝（略）

第四二条（留保） 1　いずれの国も、署名、批准又は加入の際に、第一条、第三条、第四条、第一六条1、第三三条及び第三六条から第四六条までの規定を除くほか、この条約の規定について留保を付することができる。

2　1の規定に基づいて留保を付した国は、国際連合事務総長にあてた通告により、いつでも当該留保を撤回することができる。

第四三条（効力発生）
第四四条（廃棄）
第四五条（改正）
第四六条（国際連合事務総長による通報）｝（略）

附属書　（第二八条の旅行証明書）（抜粋）

第一三項（発給国の引取義務） 1　締約国は、第二八条の規定により発給した旅行証明書の名義人に対し、その旅行証明書の有効期間内のいずれの時点においても当該締約国の領域に戻ることを許可することを約束する。

2　締約国は、1の規定に従うことを条件として、旅行証明書の名義人に対し、出入国について定める手続に従うことを要求することができる。

3　締約国は、例外的な場合又は難民の滞在が一定の期間に限って許可されている場合には、難民が当該締約国の領域に戻ることのできる期間を旅行証明書の発給の際に三箇月を下らない期間に限定することができる。

3 12　難民の地位に関する議定書（難民議定書）（抄）

承認　一九六六年一一月一八日　経済社会理事会第四一回会期決議一一八六（XLI）
作成　一九六七年一月三一日
効力発生　一九六七年一〇月四日
日本国　一九八一年六月五日国会承認、一九八二年一月一日加入書寄託、公布（条約第一号）、効力発生

この議定書の締約国は、

一九五一年七月二八日にジュネーヴで作成された難民の地位に関する条約（以下「条約」という。）が、一九五一年一月一日前に生じた事件の結果として難民となった者にのみ適用されることを考慮し、

条約が採択された後新たな事態により難民が生じたこと及びこれらの難民が条約の適用を受けることができないことを考慮し、

一九五一年一月一日前という制限を考慮に入れない場合に条約の定義に該当することとなるすべての難民に等しい地位を与えることが望ましいと考えて、

次のとおり協定した。

第一条（一般規定） 1　この議定書の締約国は、2に定義する難民に対し、条約第二条から第三四条までの規定を適用することを約束する。

2　この議定書の適用上、「難民」とは、3の規定の適用があることを条件として、条約第一条を同条A(2)の「一九五一年一月一日前に生じた事件の結果として、かつ、」及び「これらの事件の結果として」という文言が除かれているものとみなした場合に同条の定義に該当するすべての者をいう。

3　この議定書は、この議定書の締約国によりいかな

る地理的な制限もなしに適用される。ただし、既に条約の締約国となっている国であって条約第一条B1aの規定を適用する旨の宣言を行っているものについては、この宣言は、同条B2の規定に基づいてその国の義務が拡大されていない限り、この議定書についても適用される。

第二条(締約国の機関と国際連合との協力) 1　この議定書の締約国は、国際連合難民高等弁務官事務所又はこれを承継する国際連合の他の機関の任務の遂行に際し、これらの機関と協力することを約束するものとし、特に、これらの機関のこの議定書の適用を監督する責務の遂行に際し、これらの機関に便宜を与える。

2　この議定書の締約国は、国際連合難民高等弁務官事務所又はこれを承継する国際連合の他の機関が国際連合の権限のある機関に報告することのできるよう、要請に応じ、次の事項に関する情報及び統計を適当な様式で提供することを約束する。

(a)　難民の状態

(b)　この議定書の実施状況

(c)　難民に関する現行法令及び難民に関して将来施行される法令

第三条(国内法令に関する情報) この議定書の締約国は、国際連合事務総長に対し、この議定書の適用を確保するために制定する法令を送付する。

第四条(紛争の解決) この議定書の解釈又は適用に関するこの議定書の締約国間の紛争であって他の方法によって解決することができないものは、いずれかの紛争当事国の要請により、国際司法裁判所に付託する。

第五条(加入)
第六条(連邦条項) (略)

第七条(留保及び宣言) 1　いずれの国も、この議定書への加入の際に、第四条の規定について及び第一条の規定による条約のいずれかの規定の適用(条約の第一条、第三条、第四条、第一六条1及び第三三条の規定の適用を除く。)について留保を付することができる。ただし、条約の締約国がこの条の規定に基づいて付する留保については、その効果は、条約の適用を受ける難民には及ばない。

2　条約第四二条の規定に基づいて条約の締約国が条約の規定に付した留保は、撤回されない限り、この議定書に基づく義務についても有効なものとする。

3　1の規定に基づいて留保を付した国は、国際連合事務総長にあてた通告により、いつでも当該留保を撤回することができる。

4　条約の締約国であってこの議定書に加入するものが条約第四〇条1又は2の規定により行った宣言は、この議定書についても適用があるものとみなす。ただし、当該条約の締約国がこの議定書に加入する際に国際連合事務総長に対して別段の通告をした場合は、この限りでない。同条2及び3並びに条約第四四条3の規定は、この議定書について準用する。

第八条(効力発生)
第九条(廃棄)
第一〇条(国際連合事務総長による通報) (略)
第一一条(国際連合事務局への寄託)

13　出入国管理及び難民認定法(抄)

公　布　一九五一(昭和二六)年一〇月四日(政令第三一九号)
施　行　一九五一(昭和二六)年一一月一日
主要改正　一九八一(昭和五六)年(法律第八六号)、一九八九(平成元)年(法律第七九号)、二〇〇四(平成一六)年(法律第七三号)、二〇〇六(平成一八)年(法律第四三号)、二〇〇九(平成二一)年(法律第七九号)。二〇一四(平成二六)年(法律第七四号)、二〇一六(平成二八)年(法律第八八号)、二〇一八(平成三〇)年(法律第一〇二号)
最終改正　二〇一九(令和元)年(法律第六三号)
存　続　(一九五二(昭和二七)年法律第一二六号により一九五二(昭和二七)年四月二八日以後法律としての効力を有する)

第一章　総　則

第一条(目的) 出入国管理及び難民認定法は、本邦に入国し、又は本邦から出国する全ての人の出入国及び本邦に在留する全ての外国人の在留の公正な管理を図るとともに、難民の認定手続を整備することを目的とする。

第二条(定義) 出入国管理及び難民認定法及びこれに基づく命令において、次の各号に掲げる用語の意義は、それぞれ当該各号に定めるところによる。

一　[削除]

二　外国人　日本の国籍を有しない者をいう。

三　乗員　船舶又は航空機(以下「船舶等」という。)の乗組員をいう。

三の二　難民　難民の地位に関する条約(以下「難民条約」という。)第一条の規定又は難民の地位に関する議定書第一条の規定により難民条約の適用を受ける難民をいう。

四　日本国領事官等　外国に駐在する日本国の大使、公使又は領事官をいう。

五　旅券　次に掲げる文書をいう。

イ　日本国政府、日本国政府の承認した外国政府又は権限のある国際機関の発行した旅券又は難民旅行証明書その他当該旅券に代わる証明書(日本国領事官等の発行した渡航証明書を含む。)

ロ　政令で定める地域の権限のある機関の発行したイに掲げる文書に相当する文書
六　乗員手帳　権限のある機関の発行した船員手帳その他乗員に係るこれに準ずる文書をいう。
七　人身取引等　次に掲げる行為をいう。
イ　営利、わいせつ又は生命若しくは身体に対する加害の目的で、人を略取し、誘拐し、若しくは売買し、又は略取され、誘拐され、若しくは売買された者を引き渡し、収受し、輸送し、若しくは蔵匿すること。
ロ　イに掲げるもののほか、営利、わいせつ又は生命若しくは身体に対する加害の目的で、一八歳未満の者を自己の支配下に置くこと。
ハ　イに掲げるもののほか、一八歳未満の者が営利、わいせつ若しくは生命若しくは身体に対する加害の目的を有する者の支配下に置かれ、又はそのおそれがあることを知りながら、当該一八歳未満の者を引き渡すこと。
八　出入国港　外国人が出入国すべき港又は飛行場で法務省令で定めるものをいう。
九　運送業者　本邦と本邦外の地域との間において船舶等により人又は物を運送する事業を営む者をいう。
一〇　入国審査官　第六一条の三に定める入国審査官をいう。
一一　主任審査官　上級の入国審査官で出入国在留管理庁長官が指定するものをいう。
一二　特別審理官　口頭審理を行わせるため出入国在留管理庁長官が指定する入国審査官をいう。
一二の二　難民調査官　第六一条の三第二項第二号(第六一条の二の八第二項において準用する第二二条の四第二項に係る部分に限る。)及び第三号(第六一条の二の一四第一項に係る部分に限る。)に掲げる事務を行わせるため出入国在留管理庁長官が指定する入国審査官をいう。
一三　入国警備官　第六一条の三の二に定める入国警備官をいう。
一四　違反調査　入国警備官が行う外国人の入国、上陸又は在留に関する違反事件の調査をいう。
一五　入国者収容所　法務省設置法(平成一一年法律第九三号)第三〇条に定める入国者収容所をいう。
一六　収容場　第六一条の六に定める収容場をいう。

第二条の二(在留資格及び在留期間) 1　本邦に在留する外国人は、出入国管理及び難民認定法及び他の法律に特別の規定がある場合を除き、それぞれ、当該外国人に対する上陸許可若しくは当該外国人の取得に係る在留資格(高度専門職の在留資格にあっては別表第一の二の表の高度専門職の項の下欄に掲げる第一号イからハまで又は第二号の区分を含み、特定技能の在留資格にあっては同表の特定技能の項の下欄に掲げる第一号又は第二号の区分を含み、技能実習の在留資格にあっては、同表の技能実習の項の下欄に掲げる第一号イ若しくはロ、第二号イ若しくはロ又は第三号イ若しくはロの区分を含む。以下同じ。)又はそれらの変更に係る在留資格をもって在留するものとする。

2　在留資格は、別表第一の上欄(高度専門職の在留資格にあっては二の表の高度専門職の項の下欄に掲げる第一号イからハまで又は第二号の区分を含み、特定技能の在留資格にあっては同表の特定技能の項の下欄に掲げる第一号又は第二号の区分を含み、技能実習の在留資格にあっては、同表の技能実習の項の下欄に掲げる第一号イ若しくはロ、第二号イ若しくはロ又は第三号イ若しくはロの区分を含む。以下同じ。)又は別表第二の上欄に掲げるとおりとし、別表第一の上欄の在留資格をもって在留する者は当該在留資格に応じそれぞれ本邦において同表の下欄に掲げる活動を行うことができ、別表第二の上欄の在留資格をもって在留する者は当該在留資格に応じそれぞれ本邦において同表の下欄に掲げる身分若しくは地位を有する者としての活動を行うことができる。

3　第一項の外国人が在留することのできる期間(以下「在留期間」という。)は、各在留資格について、法務省令で定める。この場合において、外交、公用、高度専門職及び永住者の在留資格(高度専門職の在留資格にあっては、別表第一の二の表の高度専門職の項の下欄第二号に係るものに限る。)以外の在留資格に伴う在留期間は、五年を超えることができない。

第二条の三(特定技能の在留資格に係る制度の運用に関する基本方針)
第二条の四(特定技能の在留資格に係る制度の運用に関する分野別の方針)
第二条の五(特定技能雇用契約等)
(略)

第二章　入国及び上陸

第一節　外国人の入国

第三条(外国人の入国) 1　次の各号のいずれかに該当する外国人は、本邦に入ってはならない。
一　有効な旅券を所持しない者(有効な乗員手帳を所持する乗員を除く。)
二　入国審査官から上陸許可の証印又は上陸の許可(以下「上陸の許可等」という。)を受けないで本邦に上陸する目的を有する者(前号に掲げる者を除く。)

2　本邦において乗員となる外国人は、前項の規定の適用については、乗員とみなす。

第二節　外国人の上陸

第四条　[削除]

第五条(上陸の拒否) 1　次の各号のいずれかに該当する外国人は、本邦に上陸することができない。
一　感染症の予防及び感染症の患者に対する医療に関する法律(平成一〇年法律第一一四号)に定める一類感染症、二類感染症、新型インフルエンザ等感染症若しくは指定感染症(同法第七条の規定に基づき、政令で定めるところにより、同法第一九条又は第二〇条の規定を準用するものに限る。）の患者（同法第八条（同法第七条において準用する場合を含む。）の規定により一類感染症、二類感染症又は指定感染症の患者とみなされる者を含む。）又は新感染症の所見がある者

二　精神上の障害により事理を弁識する能力を欠く常況にある者又はその能力が著しく不十分な者で、本邦におけるその活動又は行動を補助する者として法務省令で定めるものが随伴しないもの

三　貧困者、放浪者等で生活上国又は地方公共団体の負担となるおそれのある者

四　日本国又は日本国以外の国の法令に違反して、一年以上の懲役若しくは禁錮又はこれらに相当する刑に処せられたことのある者。ただし、政治犯罪により刑に処せられた者は、この限りでない。

五　麻薬、大麻、あへん、覚せい剤又は向精神薬の取締りに関する日本国又は日本国以外の国の法令に違反して刑に処せられたことのある者

五の二　国際的規模若しくはこれに準ずる規模で開催される競技会若しくは国際的規模で開催される会議（以下「国際競技会等」という。）の経過若しくは結果に関連して、又はその円滑な実施を妨げる目的をもつて、人を殺傷し、人に暴行を加え、人を脅迫し、又は建造物その他の物を損壊したことにより、日本国若しくは日本国以外の国の法令に違反して刑に処せられ、又は出入国管理及び難民認定法の規定により本邦からの退去を強制され、若しくは日本国以外の国の法令の規定によりその国から退去させられた者であつて、本邦において行われる国際競技会等の経過若しくは結果に関連して、又はその円滑な実施を妨げる目的をもつて、当該国際競技会等の開催場所又はその所在する市町村（特別区を含むものとし、地方自治法（昭和二二年法律第六七号）第二五二条の一九第一項の指定都市にあつては、区又は総合区）の区域内若しくはその近傍の不特定若しくは多数の者の用に供される場所において、人を殺傷し、人に暴行を加え、人を脅迫し、又は建造物その他の物を損壊するおそれのあるもの

六　麻薬及び向精神薬取締法（昭和二八年法律第一四号）に定める麻薬若しくは向精神薬、大麻取締法（昭和二三年法律第一二四号）に定める大麻、あへん法（昭和二九年法律第七一号）に定めるけし、あへん若しくはけしがら、覚醒剤取締法（昭和二六年法律第二五二号）に定める覚醒剤若しくは覚醒剤原料又はあへん煙を吸食する器具を不法に所持する者

七　売春又はその周旋、勧誘、その場所の提供その他売春に直接に関係がある業務に従事したことのある者（人身取引等により他人の支配下に置かれていた者が当該業務に従事した場合を除く。）

七の二　人身取引等を行い、唆し、又はこれを助けた者

八　銃砲刀剣類所持等取締法（昭和三三年法律第六号）に定める銃砲若しくは刀剣類又は火薬類取締法（昭和二五年法律第一四九号）に定める火薬類を不法に所持する者

九　次のイからニまでに掲げる者で、それぞれ当該イからニまでに定める期間を経過していないもの

イ　第六号又は前号の規定に該当して上陸を拒否された者　拒否された日から一年

ロ　第二四条各号（第四号オからヨまで及び第四号の三を除く。）のいずれかに該当して本邦からの退去を強制された者で、その退去の日前に本邦からの退去を強制されたこと及び第五五条の三第一項の規定による出国命令により出国したことのないもの　退去した日から五年

ハ　第二四条各号（第四号オからヨまで及び第四号の三を除く。）のいずれかに該当して本邦からの退去を強制された者（ロに掲げる者を除く。）　退去を強制された日から一〇年

ニ　第五五条の三第一項の規定による出国命令により出国した者　出国した日から一年

九の二　別表第一の上欄の在留資格をもつて本邦に在留している間に刑法（明治四〇年法律第四五号）第二編第一二章、第一六章から第一九章まで、第二三章、第二六章、第二七章、第三一章、第三三章、第三六章、第三七章若しくは第三九章の罪、暴力行為等処罰に関する法律（大正一五年法律第六〇号）第一条、第一条ノ二若しくは第一条ノ三（刑法第二二二条又は第二六一条に係る部分を除く。）の罪、盗犯等の防止及び処分に関する法律（昭和五年法律第九号）の罪又は特殊開錠用具の所持の禁止等に関する法律（平成一五年法律第六五号）第一五条若しくは第一六条の罪により懲役又は禁錮に処する判決の宣告を受けた者で、その後出国して本邦外にある間にその判決が確定し、確定の日から五年を経過していないもの

一〇　第二四条第四号オからヨまでのいずれかに該当して本邦からの退去を強制された者

一一　日本国憲法又はその下に成立した政府を暴力で破壊することを企て、若しくは主張し、又はこれを企て若しくは主張する政党その他の団体を結成し、若しくはこれに加入している者

一二　次に掲げる政党その他の団体を結成し、若しくはこれに加入し、又はこれと密接な関係を有する者

イ　公務員であるという理由により、公務員に暴行を加え、又は公務員を殺傷することを勧奨する政党その他の団体

ロ　公共の施設を不法に損傷し、又は破壊することを勧奨する政党その他の団体

ハ　工場事業場における安全保持の施設の正常な維持又は運行を停廃し、又は妨げるような争議

行為を勧奨する政党その他の団体

一三　第一一号又は前号に規定する政党その他の団体の目的を達するため、印刷物、映画その他の文書図画を作成し、頒布し、又は展示することを企てる者

一四　前各号に掲げる者を除くほか、法務大臣において日本国の利益又は公安を害する行為を行うおそれがあると認めるに足りる相当の理由がある者

2　法務大臣は、本邦に上陸しようとする外国人が前項各号のいずれにも該当しない場合でも、その者の国籍又は市民権の属する国が同項各号以外の事由により日本人の上陸を拒否するときは、同一の事由により当該外国人の上陸を拒否することができる。

第五条の二（上陸の拒否の特例）法務大臣は、外国人について、前条第一項第四号、第五号、第七号、第九号又は第九号の二に該当する特定の事由がある場合であっても、当該外国人に第二六条第一項の規定により再入国の許可を与えた場合その他の法務省令で定める場合において、相当と認めるときは、法務省令で定めるところにより、当該事由のみによっては上陸を拒否しないこととすることができる。

第三章　上陸の手続

第一節　上陸のための審査

第六条（上陸の申請）1　本邦に上陸しようとする外国人（乗員を除く。以下この節において同じ。）は、有効な旅券で日本国領事官等の査証を受けたものを所持しなければならない。ただし、国際約束若しくは日本国政府が外国政府に対して行った通告により日本国領事官等の査証を必要としないこととされている外国人の旅券、第二六条第一項の規定により再入国の許可を受けている者（第二六条の二第一項又は第二六条の三第一項の規定により再入国の許可を受けたものとみなされる者を含む。以下同じ。）の旅券又は第六一条の二の一二第一項の規定により難民旅行証明書の交付を受けている者の当該証明書には、日本国領事官等の査証を要しない。

2　前項本文の外国人は、その者が上陸しようとする出入国港において、法務省令で定める手続により、入国審査官に対し上陸の申請をして、上陸のための審査を受けなければならない。

3　前項の申請をしようとする外国人は、入国審査官に対し、申請者の個人の識別のために用いられる法務省令で定める電子計算機の用に供するため、法務省令でさだめるところにより、電磁的方式（電子的方式、磁気的方式その他人の知覚によっては認識することができない方式をいう。以下同じ。）によって個人識別情報（指紋、写真その他の個人を識別することができる情報として法務省令で定めるものをいう。以下同じ。）を提供しなければならない。ただし、次の各号のいずれかに該当するものについては、この限りでない。

一　日本国との平和条約に基づき日本の国籍を離脱した者等の出入国管理に関する特例法（平成三年法律第七一号）に定める特別永住者（以下「特別永住者」という。）

二　一六歳に満たない者

三　本邦において別表第一の一の表の外交の項又は公用の項の下欄に掲げる活動を行おうとするもの。

四　国の行政機関の長が招へいする者

五　前二号に掲げる者に準ずる者として法務省令で定めるもの

第七条（入国審査官の審査）1　入国審査官は、前条第二項の申請があったときは、当該外国人が次の各号（第二六条第一項の規定により再入国の許可を受けている者又は第六一条の二の一二第一項の規定により交付を受けた難民旅行証明書を所持している者については、第一号及び第四号）に掲げる上陸のための条件に適合しているかどうかを審査しなければならない。

一　その所持する旅券及び、査証を必要とする場合には、これに与えられた査証が有効であること。

二　申請に係る本邦において行おうとする活動が虚偽のものでなく、別表第一の下欄に掲げる活動（二の表の高度専門職の項の下欄第二号に掲げる活動を除き、五の表の下欄に掲げる活動については、法務大臣があらかじめ告示をもって定める活動に限る。）又は別表第二の下欄に掲げる身分若しくは地位（永住者の項の下欄に掲げる地位を除き、定住者の項の下欄に掲げる地位については、法務大臣があらかじめ告示をもって定めるものに限る。）を有する者としての活動のいずれかに該当し、かつ、別表第一の二の表及び四の表の下欄に掲げる活動を行おうとする者については我が国の産業及び国民生活に与える影響その他の事情を勘案して法務省令で定める基準に適合すること（別表第一の二の表の特定技能の項の下欄第一号に掲げる活動を行おうとする外国人については、一号特定技能外国人支援計画が第二条の五第六項及び第七項の規定に適合するものであることを含む。）。

三　申請に係る在留期間が第二条の二第三項の規定に基づく法務省令の規定に適合するものであること。

四　当該外国人が第五条第一項各号のいずれにも該当しないこと（第五条の二の規定の適用を受ける外国人にあっては、当該外国人が同条に規定する特定の事由によって同項第四号、第五号、第七号、第九号又は第九号の二に該当する場合であって、当該事由以外の事由によっては同項各号のいずれにも該当しないこと。以下同じ。）。

2　前項の審査を受ける外国人は、同項に規定する上陸のための条件に適合していることを自ら立証しなければならない。この場合において、別表第一の二の表の高度専門職の項の下欄第一号イからハまで又は同表の特定技能の項の下欄第一号若しくは第二号

に掲げる活動を行おうとする外国人は、同項第二号に掲げる条件に適合していることの立証については、次条第一項に規定する在留資格認定証明書をもってしなければならない。

3　法務大臣は、第一項第二号の法務省令を定めようとするときは、あらかじめ、関係行政機関の長と協議するものとする。

4　入国審査官は、第一項の規定にかかわらず、前条第三項各号のいずれにも該当しないと認める外国人が同項の規定による個人識別情報の提供をしないときは、第一〇条の規定による口頭審理を行うため、当該外国人を特別審理官に引き渡さなければならない。

第七条の二（在留資格認定証明書）1　法務大臣は、法務省令で定めるところにより、本邦に上陸しようとする外国人（本邦において別表第一の三の表の短期滞在の項の下欄に掲げる活動を行おうとする者を除く。）から、あらかじめ申請があったときは、当該外国人が前条第一項第二号に掲げる条件に適合している旨の証明書（以下「在留資格認定証明書」という。）を交付することができる。

2　前項の申請は、当該外国人を受け入れようとする機関の職員その他の法務省令で定める者を代理人としてこれをすることができる。

3　特定産業分野（別表第一の二の表の特定技能の項の下欄第一号に規定する特定産業分野をいう。以下この項及び第二〇条第一項において同じ。）を所管する関係行政機関の長は、当該特定産業分野に係る分野別運用方針に基づき、当該特定産業分野において必要とされる人材が確保されたと認めるときは、法務大臣に対し、一時的に在留資格認定証明書の交付の停止の措置をとることを求めるものとする。

4　法務大臣は、前項の規定による求めがあったときは、分野別運用方針に基づき、一時的に在留資格認定証明書の交付の停止の措置をとるものとする。

5　前二項の規定は、一時的に在留資格認定証明書の交付の停止の措置がとられた場合において、在留資格認定証明書の交付の再開の措置をとるときについて準用する。この場合において、第三項中「確保された」とあるのは「不足する」と、前二項中「ものとする」とあるのは「ことができる」と読み替えるものとする。

第八条（船舶等への乗込）入国審査官は、第七条第一項の審査を行う場合には、船舶等に乗り込むことができる。

第九条（上陸許可の証印）1　入国審査官は、審査の結果、外国人が第七条第一項に規定する上陸のための条件に適合していると認定したときは、当該外国人の旅券に上陸許可の証印をしなければならない。

2　前項の場合において、第五条第一項第一号又は第二号の規定に該当するかどうかの認定は、厚生労働大臣又は出入国在留管理庁長官の指定する医師の診断を経た後にしなければならない。

3　第一項の証印をする場合には、入国審査官は、当該外国人の在留資格及び在留期間を決定し、旅券にその旨を明示しなければならない。ただし、当該外国人が第二六条第一項の規定により再入国の許可を受けている者又は第六一条の二の一二第一項の規定により交付を受けた難民旅行証明書を所持している者である場合は、この限りでない。

4　入国審査官は、次の各号のいずれにも該当する外国人が第七条第一項に規定する上陸のための条件に適合していると認定したときは、氏名、上陸年月日、上陸する出入国港その他の法務省令で定める事項を上陸許可の証印に代わる記録のために用いられるファイルであって法務省令で定める電子計算機に備えられたものに記録することができる。この場合においては、第一項の規定にかかわらず、同項の証印をすることを要しない。

一　第八項の規定による登録を受けた者（同項第一号ハに該当するものとして登録を受けた者にあっては、次条第一項又は第八項の規定により交付を受けた特定登録者カードを所持している者に限る。）であること。

二　上陸の申請に際して、法務省令で定めるところにより、電磁的方式によって個人識別情報を提供していること。

5　入国審査官は、次条第一項又は第八項の規定により交付を受けた特定登録者カードを所持する外国人について前項の規定による記録をする場合には、当該外国人について短期滞在の在留資格及び在留期間を決定し、当該特定登録者カードにその旨を明示しなければならない。

6　第一項の規定による上陸許可の証印又は第四項の規定による記録をする場合を除き、入国審査官は、第一〇条の規定による口頭審理を行うため、当該外国人を特別審理官に引き渡さなければならない。

7　外国人は、第四節に特別の規定がある場合を除き、第一項、第一〇条第八項又は第一一条第四項の規定による上陸許可の証印又は前項の規定による記録を受けなければ上陸してはならない。

8　出入国在留管理庁長官は、本邦に在留する外国人で本邦に再び上陸する意図をもって出国しようとするものが、次の各号（特別永住者にあっては、第三号を除く。）のいずれにも該当し、かつ、その上陸しようとする出入国港において第四項の規定による記録を受けることを希望するときは、法務省令で定めるところにより、その旨の登録をすることができる。

一　次のイからハまでのいずれかに該当する者であること。

イ　第二六条第一項の規定により再入国の許可を受けている者

ロ　第六一条の二の一二第一項の規定により交付を受けた難民旅行証明書を所持している者

ハ　次の(1)から(4)までのいずれにも該当する者

(1) 本邦に再び上陸するに当たり、本邦において別表第一の三の表の短期滞在の項の下欄に掲げる活動を行おうとする者であること(イに該当する者を除く。)。
(2) 第一項、第一〇条第八項若しくは第一一条第四項の規定による上陸許可の証印又は第四項の規定による記録を受けた回数が、法務省令で定める回数以上であること。
(3) 過去に本邦からの退去を強制されたこと又は第五五条の三第一項の規定による出国命令により出国したことがないこと。
(4) その他出入国の公正な管理に必要なものとして法務省令で定める要件に該当する者であること。
二 法務省令で定めるところにより、電磁的方式によって個人識別情報を提供していること。
三 当該登録の時において、第五条第一項各号のいずれにも該当しないこと。

第九条の二(特定登録者カード)(略)

第二節 口頭審理及び異議の申出

第一〇条(口頭審理) 1 特別審理官は、第七条第四項又は第九条第六項の規定による引渡しを受けたときは、当該外国人に対し、速やかに口頭審理を行わなければならない。
2 特別審理官は、口頭審理を行った場合には、口頭審理に関する記録を作成しなければならない。
3 当該外国人又はその者の出頭させる代理人は、口頭審理に当って、証拠を提出し、及び証人を尋問することができる。
4 当該外国人は、特別審理官の許可を受けて、親族又は知人の一人を立ち会わせることができる。
5 特別審理官は、職権に基き、又は当該外国人の請求に基き、法務省令で定める手続により、証人の出頭を命じて、宣誓をさせ、証言を求めることができる。
6 特別審理官は、口頭審理に関し必要がある場合には、公務所又は公私の団体に照会して必要な事項の報告を求めることができる。
7 特別審理官は、口頭審理の結果、第七条第四項の規定による引渡しを受けた外国人が、第六条第三項各号のいずれにも該当しないと認定したときは、当該外国人に対し、速やかにその旨を知らせて本邦からの退去を命ずるとともに、当該外国人が乗ってきた船舶等の長又はその船舶等を運航する運送業者にその旨を通知しなければならない。ただし、当該外国人が、特別審理官に対し、法務省令で定めるところにより、電磁的方式によって個人識別情報を提供したときは、この限りでない。
8 特別審理官は、口頭審理の結果、当該外国人(第七条第四項の規定による引渡しを受けた外国人にあっては、第六条第三項各号のいずれかに該当すると認定した者又は特別審理官に対し法務省令で定めるところにより電磁的方式によって個人識別情報を提供した者に限る。第一〇項において同じ。)が第七条第一項に規定する上陸のための条件に適合していると認定したときは、直ちにその者の旅券に上陸許可の証印をしなければならない。
9 第九条第三項の規定は、前項の証印をする場合に準用する。
10 特別審理官は、口頭審理の結果、当該外国人が第七条第一項に規定する上陸のための条件に適合していないと認定したときは、その者に対し、速やかに理由を示してその旨を知らせるとともに、次条の規定により異議を申し出ることができる旨を知らせなければならない。
11 前項の通知を受けた場合において、当該外国人が同項の認定に服したときは、特別審理官は、その者に対し、異議を申し出ない旨を記載した文書に署名させ、本邦からの退去を命ずるとともに、当該外国人が乗ってきた船舶等の長又はその船舶等を運航する運送業者にその旨を通知しなければならない。

第一一条(異議の申出) 1 前条第一〇項の通知を受けた外国人は、同項の認定に異議があるときは、その通知を受けた日から三日以内に、法務省令で定める手続により、不服の事由を記載した書面を主任審査官に提出して、法務大臣に対し異議を申し出ることができる。
2 主任審査官は、前項の異議の申出があったときは、前条第二項の口頭審理に関する記録その他の関係書類を法務大臣に提出しなければならない。
3 法務大臣は、第一項の規定による異議の申出を受理したときは、異議の申出が理由があるかどうかを裁決して、その結果を主任審査官に通知しなければならない。
4 主任審査官は、法務大臣から異議の申出が理由があると裁決した旨の通知を受けたときは、直ちに当該外国人の旅券に上陸許可の証印をしなければならない。
5 第九条第三項の規定は、前項の証印をする場合に準用する。
6 主任審査官は、法務大臣から異議の申出が理由がないと裁決した旨の通知を受けたときは、速やかに当該外国人に対しその旨を知らせて、本邦からの退去を命ずるとともに、当該外国人が乗ってきた船舶等の長又はその船舶等を運航する運送業者にその旨を知らせなければならない。

第一二条(法務大臣の裁決の特例) 1 法務大臣は、前条第三項の裁決に当たって、異議の申出が理由がないと認める場合でも、当該外国人が次の各号のいずれかに該当するときは、その者の上陸を特別に許可することができる。
一 再入国の許可を受けているとき。
二 人身取引等により他人の支配下に置かれて本邦に入ったものであるとき。
三 その他法務大臣が特別に上陸を許可すべき事情

があると認めるとき。

2　前項の許可は、前条第四項の適用については、異議の申出が理由がある旨の裁決とみなす。

第三節　仮上陸等

第一三条(仮上陸の許可) 1　主任審査官は、この章に規定する上陸の手続中において特に必要があると認める場合には、その手続が完了するときまでの間、当該外国人に対し仮上陸を許可することができる。

2　前項の許可を与える場合には、主任審査官は、当該外国人に仮上陸許可書を交付しなければならない。

3　第一項の許可を与える場合には、主任審査官は、当該外国人に対し、法務省令で定めるところにより、住居及び行動範囲の制限、呼出しに対する出頭の義務その他必要と認める条件を付し、かつ、二〇〇万円を超えない範囲内で法務省令で定める額の保証金を本邦通貨又は外国通貨で納付させることができる。

4　前項の保証金は、当該外国人が第一〇条第八項若しくは第一一条第四項の規定により上陸許可の証印を受けたとき、又は第一〇条第七項若しくは第一一条第六項の規定により本邦からの退去を命ぜられたときは、その者に返還しなければならない。

5　主任審査官は、第一項の許可を受けた外国人が第三項の規定に基き附された条件に違反した場合には、法務省令で定めるところにより、逃亡し、又は正当な理由がなくて呼出に応じないときは同項の保証金の全部、その他のときはその一部を没取するものとする。

6　主任審査官は、第一項の許可を受けた外国人が逃亡する虞があると疑うに足りる相当の理由があるときは、収容令書を発付して入国警備官に当該外国人を収容させることができる。

7　第四〇条から第四二条第一項までの規定は、前項の規定による収容に準用する。この場合において、第四〇条中「前条第一項の収容令書」とあるのは「第一三条第六項の収容令書」と、「容疑者」とあるのは「仮上陸の許可を受けた外国人」と、「容疑事実の要旨」とあるのは「収容すべき事由」と、第四一条第一項中「三〇日以内とする。但し、主任審査官は、やむを得ない事由があると認めるときは、三〇日を限り延長することができる。」とあるのは「第三章に規定する上陸の手続が完了するまでの間において、主任審査官が必要と認める期間とする。」と、同条第三項及び第四二条第一項中「容疑者」とあるのは「仮上陸の許可を受けた外国人」と読み替えるものとする。

第一三条の二(退去命令を受けた者がとどまることができる場所) 1　特別審理官又は主任審査官は、それぞれ第一〇条第七項若しくは第一一条第六項の規定により退去を命ずる場合において、当該外国人が船舶等の運航の都合その他その者の責めに帰することができない事由により直ちに本邦から退去することができないと認めるときは、法務省令で定めるところにより、当該外国人に対して、その指定する期間内に限り、出入国港の近傍にあるその指定する施設にとどまることを許すことができる。

2　特別審理官又は主任審査官は、前項の指定をしたときは、当該外国人及びその者が乗ってきた船舶等の長又はその船舶等を運航する運送業者に対しその旨を通知しなければならない。

第四節　上陸の特例

第一四条(寄港地上陸の許可)
第一四条の二(船舶観光上陸の許可)
第一五条(通過上陸の許可)
第一六条(乗員上陸の許可)
第一七条(緊急上陸の許可)
第一八条(遭難による上陸の許可)
(略)

第一八条の二(一時庇護のための上陸の許可) 1　入国審査官は、船舶等に乗っている外国人から申請があった場合において、次の各号に該当すると思料するときは、一時庇護のための上陸を許可することができる。

一　その者が難民条約第一条A(2)に規定する理由その他これに準ずる理由により、その生命、身体又は身体の自由を害されるおそれのあった領域から逃れて、本邦に入った者であること。

二　その者を一時的に上陸させることが相当であること。

2　入国審査官は、前項の許可に係る審査のために必要があると認めるときは、法務省令で定めるところにより、当該外国人に対し、電磁的方式によって個人識別情報を提供させることができる。

3　第一項の許可を与える場合には、入国審査官は、当該外国人に一時庇護許可書を交付しなければならない。

4　第一項の許可を与える場合には、入国審査官は、法務省令で定めるところにより、当該外国人に対し、上陸期間、住居及び行動範囲の制限その他必要と認める条件を付する。

第四章　在留及び出国

第一節　在　留

第一款　在留中の活動

第一九条(活動の範囲) 1　別表第一の上欄の在留資格をもって在留する者は、次項の許可を受けて行う場合を除き、次の各号に掲げる区分に応じ当該各号に掲げる活動を行ってはならない。

一　別表第一の一の表、二の表及び五の表の上欄の在留資格をもって在留する者　当該在留資格に応じこれらの表の下欄に掲げる活動に属しない収入を伴う事業を運営する活動又は報酬(業として行うものではない講演に対する謝金、日常生活に伴

う臨時の報酬その他の法務省令で定めるものを除く。以下同じ。)を受ける活動

二　別表第一の三の表及び四の表の上欄の在留資格をもって在留する者　収入を伴う事業を運営する活動又は報酬を受ける活動

2　出入国在留管理庁長官は、別表第一の上欄の在留資格をもって在留する者から、法務省令で定める手続により、当該在留資格に応じ同表の下欄に掲げる活動の遂行を阻害しない範囲内で当該活動に属しない収入を伴う事業を運営する活動又は報酬を受ける活動を行うことを希望する旨の申請があった場合において、相当と認めるときは、これを許可することができる。この場合において、出入国在留管理庁長官は、当該許可に必要な条件を付することができる。

3　出入国在留管理庁長官は、前項の許可を受けている者が同項の規定に基づき付された条件に違反した場合その他その者に引き続き当該許可を与えておくことが適当でないと認める場合には、法務省令で定める手続により、当該許可を取り消すことができる。

4　第一六条から第一八条までに規定する上陸の許可を受けた外国人である乗員は、解雇により乗員でなくなっても、本邦にある間は、引き続き乗員とみなす。

第一九条の二(就労資格証明書) 1　出入国在留管理庁長官は、本邦に在留する外国人から申請があったときは、法務省令で定めるところにより、その者が行うことができる収入を伴う事業を運営する活動又は報酬を受ける活動を証明する文書を交付することができる。

2　何人も、外国人を雇用する等に際し、その者が行うことができる収入を伴う事業を運営する活動又は報酬を受ける活動が明らかな場合に、当該外国人が前項の文書を提示し又は提出しないことを理由として、不利益な取扱いをしてはならない。

第二款　中長期の在留

第一九条の三(中長期在留者) 出入国在留管理庁長官は、本邦に在留資格をもって在留する外国人のうち、次に掲げる者以外の者(以下「中長期在留者」という。)に対し、在留カードを交付するものとする。

一　三月以下の在留期間が決定された者

二　短期滞在の在留資格が決定された者

三　外交又は公用の在留資格が決定された者

四　前三号に準ずる者として法務省令で定めるもの

第一九条の四(在留カードの記載事項等) 1　在留カードの記載事項は、次に掲げる事項とする。

一　氏名、生年月日、性別及び国籍の属する国又は第二条第五号ロに規定する地域

二　住居地(本邦における主たる住居の所在地をいう。以下同じ。)

三　在留資格、在留期間及び在留期間の満了の日

四　許可の種類及び年月日

五　在留カードの番号、交付年月日及び有効期間の満了の日

六　就労制限の有無

七　第一九条第二項の規定による許可を受けているときは、その旨

2　前項第五号の在留カードの番号は、法務省令で定めるところにより、在留カードの交付(再交付を含む。)ごとに異なる番号を定めるものとする。

3　在留カードには、法務省令で定めるところにより、中長期在留者の写真を表示するものとする。この場合において、出入国在留管理庁長官は、第六条第三項の規定その他法務省令で定める法令の規定により当該中長期在留者から提供された写真を利用することができる。

4　前三項に規定するもののほか、在留カードの様式、在留カードに表示すべきものその他在留カードについて必要な事項は、法務省令で定める。

5　出入国在留管理庁長官は、法務省令で定めるところにより、第一項各号に掲げる事項及び前二項の規定により表示されるものについて、その全部又は一部を、在留カードに電磁的方式により記録することができる。

第一九条の五(在留カードの有効期間)(略)

第一九条の七(新規上陸後の住居地届出) 1　前条に規定する中長期在留者は、住居地を定めた日から一四日以内に、法務省令で定める手続により、住居地の市町村(特別区を含むものとし、地方自治法第二五二条の一九第一項の指定都市にあっては、区又は総合区。以下同じ。)の長に対し、在留カードを提出した上、当該市町村の長を経由して、出入国在留管理庁長官に対し、その住居地を届け出なければならない。

2　市町村の長は、前項の規定による在留カードの提出があった場合には、当該在留カードにその住居地の記載(第一九条の四第五項の規定による記録を含む。)をし、これを当該中長期在留者に返還するものとする。

3　第一項に規定する中長期在留者が、在留カードを提出して住民基本台帳法(昭和四二年法律第八一号)第三〇条の四六の規定による届出をしたときは、当該届出は同項の規定による届出とみなす。

第一九条の八(在留資格変更等に伴う住居地届出)(略)

第一九条の九(住居地の変更届出) 1　中長期在留者は、住居地を変更したときは、新住居地(変更後の住居地をいう。以下同じ。)に移転した日から一四日以内に、法務省令で定める手続により、新住居地の市町村の長に対し、在留カードを提出した上、当該市町村の長を経由して、出入国在留管理庁長官に対し、その新住居地を届け出なければならない。

2　第一九条の七第二項の規定は、前項の規定による在留カードの提出があった場合に準用する。

3　第一項に規定する中長期在留者が、在留カードを

提出して住民基本台帳法第二二条、第二三条又は第三〇条の四六の規定による届出をしたときは、当該届出は同項の規定による届出とみなす。

第一九条の一〇（住居地以外の記載事項の変更届出） 中長期在留者は、第一九条の四第一項第一号に掲げる事項に変更を生じたときは、その変更を生じた日から一四日以内に、法務省令で定める手続により、出入国在留管理庁長官に対し、変更の届出をしなければならない。

2　出入国在留管理庁長官は、前項の届出があった場合には、入国審査官に、当該中長期在留者に対し、新たな在留カードを交付させるものとする。

第一九条の一一（在留カードの有効期間の更新）
第一九条の一二（紛失等による在留カードの再交付）
第一九条の一三（汚損等による在留カードの再交付）
第一九条の一四（在留カードの失効）
第一九条の一五（在留カードの返納）
（略）

第一九条の一六（所属機関等に関する届出） 中長期在留者であって、次の各号に掲げる在留資格をもって本邦に在留する者は、当該各号に掲げる在留資格の区分に応じ、当該各号に定める事由が生じたときは、当該事由が生じた日から一四日以内に、法務省令で定める手続により、出入国在留管理庁長官に対し、その旨及び法務省令で定める事項を届け出なければならない。

一　教授、高度専門職（別表第一の二の表の高度専門職の項の下欄第一号ハ又は第二号（同号ハに掲げる活動に従事する場合に限る。）に係るものに限る。）、経営・管理、法律・会計業務、医療、教育、企業内転勤、技能実習、留学又は研修　当該在留資格に応じてそれぞれ別表第一の下欄に掲げる活動を行う本邦の公私の機関の名称若しくは所在地の変更若しくはその消滅又は当該機関からの離脱若しくは移籍

二　高度専門職（別表第一の二の表の高度専門職の項の下欄第一号イ若しくはロ又は第二号（同号イ又はロに掲げる活動に従事する場合に限る。）に係るものに限る。）、研究、技術・人文知識・国際業務、介護、興行（本邦の公私の機関との契約に基づいて当該在留資格に係る活動に従事する場合に限る。）、技能又は特定技能　契約の相手方である本邦の公私の機関（高度専門職の在留資格（同表の高度専門職の項の下欄第一号イに係るものに限る。）にあっては、法務大臣が指定する本邦の公私の機関）の名称若しくは所在地の変更若しくはその消滅又は当該機関との契約の終了若しくは新たな契約の締結

三　家族滞在（配偶者として行う日常的な活動を行うことができる者に係るものに限る。）、日本人の配偶者等（日本人の配偶者の身分を有する者に係るものに限る。）又は永住者の配偶者等（永住者の在留資格をもって在留する者又は特別永住者（以下「永住者等」という。）の配偶者の身分を有する者に係るものに限る。）配偶者との離婚又は死別

第一九条の一七（所属機関による届出） 別表第一の在留資格をもって在留する中長期在留者が受け入れられている本邦の公私の機関その他の法務省令で定める機関（次条第一項に規定する特定技能所属機関及び労働施策の総合的な推進並びに労働者の雇用の安定及び職業生活の充実等に関する法律（昭和四一年法律第一三二号）第二八条第一項の規定による届出をしなければならない事業主を除く。）は、法務省令で定めるところにより、出入国在留管理庁長官に対し、当該中長期在留者の受入れの開始及び終了その他の受入れの状況に関する事項を届け出るよう努めなければならない。

第一九条の一八（特定技能所属機関による届出）（略）

第一九条の一九（特定技能所属機関に対する指導及び助言） 出入国在留管理庁長官は、次に掲げる事項を確保するために必要があると認めるときは、特定技能所属機関に対し、必要な指導及び助言を行うことができる。

一　特定技能雇用契約が第二条の五第一項から第四項までの規定に適合すること。

二　適合特定技能雇用契約の適正な履行

三　一号特定技能外国人支援計画が第二条の五第六項及び第七項の規定に適合すること。

四　適合一号特定技能外国人支援計画の適正な実施

五　前各号に掲げるもののほか、特定技能所属機関による特定技能外国人の受入れが出入国又は労働に関する法令に適合すること。

第一九条の二〇（報告徴収等） 出入国在留管理庁長官は、前条各号に掲げる事項を確保するために必要な限度において、特定技能所属機関若しくは特定技能所属機関の役員若しくは職員（以下この項において「役職員」という。）に対し、報告若しくは帳簿書類の提出若しくは提示を命じ、若しくは特定技能所属機関若しくは役職員に対し出頭を求め、又は入国審査官若しくは入国警備官に関係人に対して質問させ、若しくは特定技能所属機関に係る事業所その他特定技能外国人の受入れに関係のある場所に立ち入り、その設備若しくは帳簿書類その他の物件を検査させることができる。

2　前項の規定による質問又は立入検査を行う場合においては、入国審査官又は入国警備官は、その身分を示す証票を携帯し、関係人の請求があるときは、これを提示しなければならない。

3　第一項の規定による権限は、犯罪捜査のために認められたものと解釈してはならない。

第一九条の二一（改善命令等） 出入国在留管理庁長官は、第一九条の一九各号に掲げる事項が確保されていないと認めるときは、特定技能所属機関に対し、期限を定めて、その改善に必要な措置をとるべきことを命ずることができる。

2　出入国在留管理庁長官は、前項の規定による命令をした場合には、その旨を公示しなければならない。

第一九条の二二（特定技能所属機関による一号特定技能外国人支援等）特定技能所属機関は、適合一号特定技能外国人支援計画に基づき、一号特定技能外国人支援を行わなければならない。

2　特定技能所属機関は、契約により他の者に一号特定技能外国人支援の全部又は一部の実施を委託することができる。

第一九条の二三（登録支援機関の登録）契約により委託を受けて適合一号特定技能外国人支援計画の全部の実施の業務（以下「支援業務」という。）を行う者は、出入国在留管理庁長官の登録を受けることができる。

2　前項の登録は、五年ごとにその更新を受けなければ、その期間の経過によって、その効力を失う。

3　第一項の登録（前項の登録の更新を含む。以下この款において同じ。）を受けようとする者は、実費を勘案して政令で定める額の手数料を納付しなければならない。

第一九条の二四（登録の申請）
第一九条の二五（登録の実施）
第一九条の二六（登録の拒否）
第一九条の二七（変更の届出等）
第一九条の二八（登録支援機関登録簿の閲覧）
第一九条の二九（支援業務の休廃止の届出）
（略）

第一九条の三〇（支援業務の実施等）　登録支援機関は、委託に係る適合一号特定技能外国人支援計画に基づき、支援業務を行わなければならない。

2　登録支援機関は、法務省令で定めるところにより、支援業務の実施状況その他法務省令で定める事項を出入国在留管理庁長官に届け出なければならない。

第一九条の三一（登録支援機関に対する指導及び助言）出入国在留管理庁長官は、登録支援機関の支援業務の適正な運営を確保するために必要があると認めるときは、登録支援機関に対し、必要な指導及び助言を行うことができる。

第一九条の三二（登録の取消し）出入国在留管理庁長官は、登録支援機関が次の各号のいずれかに該当するときは、その登録を取り消すことができる。

一　第一九条の二六　第一項各号（第七号を除く。）のいずれかに該当するに至ったとき。

二　第一九条の二七　第一項、第一九条の二九第一項又は第一九条の三〇第二項の規定に違反したとき。

三　第一〇九条の三〇第一項の規定に違反したとき。

四　不正の手段により第一九条の二三第一項の登録を受けたとき。

五　第一九条の三四の規定による報告若しくは資料の提出をせず、又は虚偽の報告若しくは資料の提出をしたとき。

2　第一九条の二六第二項の規定は、前項の規定により第一九条の二三第一項の登録を取り消した場合について準用する。

第一九条の三三（登録の抹消）（略）

第一九条の三四（報告又は資料の提出）出入国在留管理庁長官は、支援業務の適正な運営を確保するために必要な限度において、登録支援機関に対し、その業務の状況に関し報告又は資料の提出を求めることができる。

第一九条の三五（法務省令への委任）（略）

第一九条の三六（中長期在留者に関する情報の継続的な把握）出入国在留管理庁長官は、中長期在留者の身分関係、居住関係、活動状況及び所属機関の状況（特定技能外国人（別表第一の二の表の特定技能の項の下欄第一号に掲げる活動を行う者に限る。以下この項において同じ。）については、一号特定技能外国人支援の状況（登録支援機関への委託の状況を含む。以下この項において同じ。）を含む。）を継続的に把握するため、出入国管理及び難民認定法その他の法令の定めるところにより取得した中長期在留者の氏名、生年月日、性別、国籍の属する国、住居地、所属機関その他在留管理に必要な情報（特定技能外国人については、一号特定技能外国人支援の状況に関する情報を含む。以下この条及び次条第一項において「中長期在留者に関する情報」という。）を整理しなければならない。

2　出入国在留管理庁長官は、中長期在留者に関する情報を正確かつ最新の内容に保つよう努めなければならない。

3　法務大臣及び出入国在留管理庁長官は、在留管理の目的を達成するために必要な最小限度の範囲を超えて、中長期在留者に関する情報を取得し、又は保有してはならず、当該情報の取扱いに当たっては、個人の権利利益の保護に留意しなければならない。

第一九条の三七（事実の調査）1　出入国在留管理庁長官は、中長期在留者に関する情報の継続的な把握のため必要があるときは、この款の規定により届け出ることとされている事項について、その職員に事実の調査をさせることができる。

2　入国審査官又は入国警備官は、前項の調査のため必要があるときは、関係人に対し、出頭を求め、質問をし、又は文書の提示を求めることができる。

3　出入国在留管理庁長官、入国審査官又は入国警備官は、第一項の調査について、公務所又は公私の団体に照会して必要な事項の報告を求めることができる。

第二節　在留資格の変更及び取消し等

第二〇条（在留資格の変更）1　在留資格を有する外国人は、その者の有する在留資格（これに伴う在留期間を含む。以下第三項まで及び次条において同じ。）の変更（高度専門職の在留資格（別表第一の二の表の高度専門職の項の下欄第一号イからハまでに係るものに限る。）を有する者については、法務大臣が指定する本邦の公私の機関の変更を含み、特定技能の在留資格を有する者については、法務大臣が指定する本邦の公私の機関又は特定産業分野の変更を含み、特定活動の在留資格を有する者については、法務大臣が個々の外国人について特に指定する活動の変更を含む。）を受けることができる。

2 前項の規定により在留資格の変更を受けようとする外国人は、法務省令で定める手続により、法務大臣に対し在留資格の変更を申請しなければならない。ただし、永住者の在留資格への変更を希望する場合は、第二二条第一項の定めるところによらなければならない。

3 前項の申請があった場合には、法務大臣は、当該外国人が提出した文書により在留資格の変更を適当と認めるに足りる相当の理由があるときに限り、これを許可することができる。ただし、短期滞在の在留資格をもって在留する者の申請については、やむを得ない特別の事情に基づくものでなければ許可しないものとする。

4 法務大臣は、前項の規定による許可をすることとしたときは、出入国在留管理庁長官に、当該外国人に対し、その旨を通知させるものとする。この場合において、その通知は、出入国在留管理庁長官が、入国審査官に、次の各号に掲げる区分に応じ、当該各号に定める措置をとらせることにより行うものとする。

一 当該許可に係る外国人が引き続き中長期在留者に該当し、又は新たに中長期在留者に該当することとなるとき 当該外国人に対する在留カードの交付

二 前号に掲げる場合以外の場合において、当該許可に係る外国人が旅券を所持しているとき 当該旅券への新たな在留資格及び在留期間の記載

三 第一号に掲げる場合以外の場合において、当該許可に係る外国人が旅券を所持していないとき 当該外国人に対する新たな在留資格及び在留期間を記載した在留資格証明書の交付又は既に交付を受けている在留資格証明書への新たな在留資格及び在留期間の記載

5 第三項の規定による法務大臣の許可は、それぞれ前項各号に定める措置があった時に、その効力を生ずる。

6 第二項の規定による申請があった場合（三〇日以下の在留期間を決定されている者から申請があった場合を除く。）において、その申請の時に当該外国人が有する在留資格に伴う在留期間の満了の日までにその申請に対する処分がされないときは、当該外国人は、その在留期間の満了後も、当該処分がされる時又は従前の在留期間の満了の日から二月を経過する日が終了する時のいずれか早い時までの間は、引き続き当該在留資格をもって本邦に在留することができる。

第二〇条の二（高度専門職の在留資格の変更の特則） 1 高度専門職の在留資格（別表第一の二の表の高度専門職の項の下欄第二号に係るものに限る。）への変更は、前条第一項の規定にかかわらず、高度専門職の在留資格（同表の高度専門職の項の下欄第一号イからハまでに係るものに限る。）をもって本邦に在留していた外国人でなければ受けることができない。

2 法務大臣は、外国人から前条第二項の規定による高度専門職の在留資格（別表第一の二の表の高度専門職の項の下欄第二号に係るものに限る。）への変更の申請があったときは、当該外国人が法務省令で定める基準に適合する場合でなければ、これを許可することができない。

3 法務大臣は、前項の法務省令を定めようとするときは、あらかじめ、関係行政機関の長と協議するものとする。

第二一条（在留期間の更新） 1 本邦に在留する外国人は、現に有する在留資格を変更することなく、在留期間の更新を受けることができる。

2 前項の規定により在留期間の更新を受けようとする外国人は、法務省令で定める手続により、法務大臣に対し在留期間の更新を申請しなければならない。

3 前項の規定による申請があった場合には、法務大臣は、当該外国人が提出した文書により在留期間の更新を適当と認めるに足りる相当の理由があるときに限り、これを許可することができる。

4 第二〇条第四項及び第五項の規定は前項の規定による許可をする場合について、同条第六項の規定は第二項の規定による申請があった場合について、それぞれ準用する。この場合において、同条第四項第二号及び第三号中「新たな在留資格及び在留期間」とあるのは、「在留資格及び新たな在留期間」と読み替えるものとする。

第二二条（永住許可） 1 在留資格を変更しようとする外国人で永住者の在留資格への変更を希望するものは、法務省令で定める手続により、法務大臣に対し永住許可を申請しなければならない。

2 前項の申請があった場合には、法務大臣は、その者が次の各号に適合し、かつ、その者の永住が日本国の利益に合すると認めたときに限り、これを許可することができる。ただし、その者が日本人、永住許可を受けている者又は特別永住者の配偶者又は子である場合においては、次の各号に適合することを要しない。

一 素行が善良であること。

二 独立の生計を営むに足りる資産又は技能を有すること。

3 法務大臣は、前項の規定による許可をすることとしたときは、出入国在留管理庁長官に、当該外国人に対し、その旨を通知させるものとする。この場合において、その通知は、出入国在留管理庁長官が、入国審査官に、当該許可に係る外国人に対し在留カードを交付させることにより行うものとする。

4 第二項の規定による法務大臣の許可は、前項の規

定による在留カードの交付があった時に、その効力を生ずる。

第二二条の二(在留資格の取得) 1　日本の国籍を離脱した者又は出生その他の事由により前章に規定する上陸の手続を経ることなく本邦に在留することとなる外国人は、第二条の二第一項の規定にかかわらず、それぞれ日本の国籍を離脱した日又は出生その他当該事由が生じた日から六〇日を限り、引き続き在留資格を有することなく本邦に在留することができる。

2　前項に規定する外国人で同項の期間をこえて本邦に在留しようとするものは、日本の国籍を離脱した日又は出生その他当該事由が生じた日から三〇日以内に、法務省令で定めるところにより、法務大臣に対し在留資格の取得を申請しなければならない。

3　第二〇条第三項本文、第四項及び第五項の規定は、前項に規定する在留資格の取得の申請(永住者の在留資格の取得の申請を除く。)の手続について準用する。この場合において、同条第三項本文中「在留資格の変更」とあるのは、「在留資格の取得」と読み替えるものとする。

4　前条の規定は、第二項に規定する在留資格の取得の申請中永住者の在留資格の取得の申請の手続に準用する。この場合において、同条第一項中「変更しよう」とあるのは「取得しよう」と、「在留資格への変更」とあるのは「在留資格の取得」と読み替えるものとする。

第二二条の三(同) 前条第二項から第四項までの規定は、第一八条の二第一項に規定する一時庇護のための上陸の許可を受けた外国人で別表第一又は別表第二の上欄の在留資格のいずれかをもって在留しようとするものに準用する。この場合において、前条第二項中「日本の国籍を離脱した日又は出生その他当該事由が生じた日から三〇日以内」とあるのは、「当該上陸の許可に係る上陸期間内」と読み替えるものとする。

第二二条の四(在留資格の取消し) 1　法務大臣は、別表第一又は別表第二の上欄の在留資格をもって本邦に在留する外国人(第六一条の二第一項の難民の認定を受けている者を除く。)について、次の各号に掲げるいずれかの事実が判明したときは、法務省令で定める手続により、当該外国人が現に有する在留資格を取り消すことができる。

一　偽りその他不正の手段により、当該外国人が第五条第一項各号のいずれにも該当しないものとして、前章第一節又は第二節の規定による上陸許可の証印(第九条第四項の規定による記録を含む。次号において同じ。)又は許可を受けたこと。

二　前号に掲げるもののほか、偽りその他不正の手段により、上陸許可の証印等(前章第一節若しくは第二節の規定による上陸許可の証印若しくは許可(在留資格の決定を伴うものに限る。)又はこの節(第一九条第二項を除く。)の規定による許可をいい、これらが二以上ある場合には直近のものをいうものとする。以下この項において同じ。)を受けたこと。

三　前二号に掲げるもののほか、不実の記載のある文書(不実の記載のある文書又は図画の提出又は提示により交付を受けた在留資格認定証明書及び不実の記載のある文書又は図画の提出又は提示により旅券に受けた査証を含む。)又は図画の提出又は提示により、上陸許可の証印等を受けたこと。

四　偽りその他不正の手段により、第五〇条第一項又は第六一条の二の二第二項の規定による許可を受けたこと(当該許可の後、これらの規定による許可又は上陸許可の証印等を受けた場合を除く。)。

五　別表第一の上欄の在留資格をもって在留する者が、当該在留資格に応じ同表の下欄に掲げる活動を行っておらず、かつ、他の活動を行い又は行おうとして在留していること(正当な理由がある場合を除く。)。

六　別表第一の上欄の在留資格をもって在留する者が、当該在留資格に応じ同表の下欄に掲げる活動を継続して三月(高度専門職の在留資格(別表第一の二の表の高度専門職の項の下欄第二号に係るものに限る。)をもって在留する者にあっては、六月)以上行わないで在留していること(当該活動を行わないで在留していることにつき正当な理由がある場合を除く。)。

七　日本人の配偶者等の在留資格(日本人の配偶者の身分を有する者(兼ねて日本人の特別養子(民法(明治二九年法律第八九号)第八一七条の二の規定による特別養子をいう。以下同じ。)又は日本人の子として出生した者の身分を有する者を除く。)に係るものに限る。)をもって在留する者又は永住者の配偶者等の在留資格(永住者等の配偶者の身分を有する者(兼ねて永住者等の子として本邦で出生しその後引き続き本邦に在留している者の身分を有する者を除く。)に係るものに限る。)をもって在留する者が、その配偶者の身分を有する者としての活動を継続して六月以上行わないで在留していること(当該活動を行わないで在留していることにつき正当な理由がある場合を除く。)。

八　前章第一節若しくは第二節の規定による上陸許可の証印若しくは許可、この節の規定による許可又は第五〇条第一項若しくは第六一条の二の二第二項の規定による許可を受けて、新たに中長期在留者となった者が、当該上陸許可の証印又は許可を受けた日から九〇日以内に、出入国在留管理庁長官に、住居地の届出をしないこと(届出をしないことにつき正当な理由がある場合を除く。)。

九　中長期在留者が、出入国在留管理庁長官に届け出た住居地から退去した場合において、当該退去の日から九〇日以内に、出入国在留管理庁長官に、新住居地の届出をしないこと(届出をしないことにつき正当な理由がある場合を除く。)。

一〇　中長期在留者が、出入国在留管理庁長官に、虚偽の住居地を届け出たこと。

2　法務大臣は、前項の規定による在留資格の取消しをしようとするときは、その指定する入国審査官に、当該外国人の意見を聴取させなければならない。

3　法務大臣は、前項の意見の聴取をさせるときは、あらかじめ、意見の聴取の期日及び場所並びに取消しの原因となる事実を記載した意見聴取通知書を当該外国人に送達しなければならない。ただし、急速を要するときは、当該通知書に記載すべき事項を入国審査官又は入国警備官に口頭で通知させてこれを行うことができる。

4　当該外国人又はその者の代理人は、前項の期日に出頭して、意見を述べ、及び証拠を提出することができる。

5　法務大臣は、当該外国人が正当な理由がなくて第二項の意見の聴取に応じないときは、同項の規定にかかわらず、意見の聴取を行わないで、第一項の規定による在留資格の取消しをすることができる。

6　在留資格の取消しは、法務大臣が在留資格取消通知書を送達して行う。

7　法務大臣は、第一項(第一号及び第二号を除く。)の規定により在留資格を取り消す場合には、三〇日を超えない範囲内で当該外国人が出国するために必要な期間を指定するものとする。ただし、同項(第五項に係るものに限る。)の規定により在留資格を取り消す場合において、当該外国人が逃亡すると疑うに足りる相当の理由がある場合は、この限りでない。

8　法務大臣は、前項本文の規定により期間を指定する場合には、法務省令で定めるところにより、当該外国人に対し、住居及び行動範囲の制限その他必要と認める条件を付することができる。

9　法務大臣は、第六項に規定する在留資格取消通知書に第七項本文の規定により指定された期間及び前項の規定により付された条件を記載しなければならない。

第二二条の五(在留資格の取消しの手続における配慮)　法務大臣は、前条第一項に規定する外国人について、同項第七号に掲げる事実が判明したことにより在留資格の取消しをしようとする場合には、第二〇条第二項の規定による在留資格の変更の申請又は第二二条第一項の規定による永住許可の申請の機会を与えるよう配慮しなければならない。

第三節　在留の条件

第二三条(旅券等の携帯及び提示)1　本邦に在留する外国人は、常に旅券(次の各号に掲げる者にあっては、当該各号に定める文書)を携帯していなければならない。ただし、次項の規定により在留カードを携帯する場合は、この限りでない。

一　第九条第五項の規定により短期滞在の在留資格及び在留期間を決定された者　特定登録者カード

二　仮上陸の許可を受けた者　仮上陸許可書

三　船舶観光上陸の許可を受けた者　船舶観光上陸許可書

四　乗員上陸の許可を受けた者　乗員上陸許可書及び旅券又は乗員手帳

五　緊急上陸の許可を受けた者　緊急上陸許可書

六　遭難による上陸の許可を受けた者　遭難による上陸許可書

七　一時庇護のための上陸の許可を受けた者　一時庇護許可書

八　仮滞在の許可を受けた者　仮滞在許可書

2　中長期在留者は、出入国在留管理庁長官が交付し、又は市町村の長が返還する在留カードを受領し、常にこれを携帯していなければならない。

3　前二項の外国人は、入国審査官、入国警備官、警察官、海上保安官その他法務省令で定める国又は地方公共団体の職員が、その職務の執行に当たり、これらの規定に規定する旅券、乗員手帳、特定登録者カード、許可書又は在留カード(以下この条において「旅券等」という。)の提示を求めたときは、これを提示しなければならない。

4　前項に規定する職員は、旅券等の提示を求める場合には、その身分を示す証票を携帯し、請求があるときは、これを提示しなければならない。

5　一六歳に満たない外国人は、第一項本文及び第二項の規定にかかわらず、旅券等を携帯することを要しない。

第二四条(退去強制)　次の各号のいずれかに該当する外国人については、次章に規定する手続により、本邦からの退去を強制することができる。

一　第三条の規定に違反して本邦に入った者

二　入国審査官から上陸の許可等を受けないで本邦に上陸した者

二の二　第二二条の四第一項(第一号又は第二号に係るものに限る。)の規定により在留資格を取り消された者

二の三　第二二条の四第一項(第五号に係るものに限る。)の規定により在留資格を取り消された者(同条第七項本文の規定により期間の指定を受けた者を除く。)

二の四　第二二条の四第七項本文(第六一条の二の八第二項において準用する場合を含む。)の規定により期間の指定を受けた者で、当該期間を経過して本邦に残留するもの

三　他の外国人に不正に前章第一節若しくは第二節の規定による証明書の交付、上陸許可の証印(第九条第四項の規定による記録を含む。)若しくは許可、同章第四節の規定による上陸の許可又は前二節若しくは次章第三節の規定による許可を受けさせる目的で、文書若しくは図画を偽造し、若しくは変造し、虚偽の文書若しくは図画を作成し、若しくは偽造若しくは変造された文書若しくは図画若しくは虚偽の文書若しくは図画を行使し、所

持し、若しくは提供し、又はこれらの行為を唆し、若しくはこれを助けた者

三の二　公衆等脅迫目的の犯罪行為のための資金等の提供等の処罰に関する法律（平成一四年法律第六七号）第一条に規定する公衆等脅迫目的の犯罪行為（以下この号において「公衆等脅迫目的の犯罪行為」という。）、公衆等脅迫目的の犯罪行為の予備行為又は公衆等脅迫目的の犯罪行為の実行を容易にする行為を行うおそれがあると認めるに足りる相当の理由がある者として法務大臣が認定する者

三の三　国際約束により本邦への入国を防止すべきものとされている者

三の四　次のイからハまでに掲げるいずれかの行為を行い、唆し、又はこれを助けた者

イ　事業活動に関し、外国人に不法就労活動（第一九条第一項の規定に違反する活動又は第七〇条第一項第一号、第二号、第三号から第三号の三まで、第五号、第七号から第七号の三まで若しくは第八号の二から第八号の四までに掲げる者が行う活動であって報酬その他の収入を伴うものをいう。以下同じ。）をさせること。

ロ　外国人に不法就労活動をさせるためにこれを自己の支配下に置くこと。

ハ　業として、外国人に不法就労活動をさせる行為又はロに規定する行為に関しあっせんすること。

三の五　次のイからニまでに掲げるいずれかの行為を行い、唆し、又はこれを助けた者

イ　行使の目的で、在留カード若しくは日本国との平和条約に基づき日本の国籍を離脱した者等の出入国管理に関する特例法第七条第一項に規定する特別永住者証明書（以下単に「特別永住者証明書」という。）を偽造し、若しくは変造し、又は偽造若しくは変造の在留カード若しくは特別永住者証明書を提供し、収受し、若しくは所持すること。

ロ　行使の目的で、他人名義の在留カード若しくは特別永住者証明書を提供し、収受し、若しくは所持し、又は自己名義の在留カードを提供すること。

ハ　偽造若しくは変造の在留カード若しくは特別永住者証明書又は他人名義の在留カード若しくは特別永住者証明書を行使すること。

ニ　在留カード若しくは特別永住者証明書の偽造又は変造の用に供する目的で、器械又は原料を準備すること。

四　本邦に在留する外国人（仮上陸の許可、寄港地上陸の許可、船舶観光上陸の許可、通過上陸の許可、乗員上陸の許可又は遭難による上陸の許可を受けた者を除く。）で次のイからヨまでに掲げる者のいずれかに該当するもの

イ　第一九条第一項の規定に違反して収入を伴う事業を運営する活動又は報酬を受ける活動を専ら行っていると明らかに認められる者（人身取引等により他人の支配下に置かれている者を除く。）

ロ　在留期間の更新又は変更を受けないで在留期間（第二〇条第六項の規定により本邦に在留することができる期間を含む。第二六条第一項及び第二六条の二第二項（第二六条の三第二項において準用する場合を含む。）において同じ。）を経過して本邦に残留する者

ハ　人身取引等を行い、唆し、又はこれを助けた者

ニ　旅券法（昭和二六年法律第二六七号）第二三条第一項（第六号を除く。）から第三項までの罪により刑に処せられた者

ホ　第七四条から第七四条の六の三まで又は第七四条の八の罪により刑に処せられた者

ヘ　第七三条の罪により禁錮（こ）以上の刑に処された者

ト　少年法（昭和二三年法律第一六八号）に規定する少年で昭和二六年一一月一日以後に長期三年を超える懲役又は禁錮（こ）に処せられたもの

チ　昭和二六年一一月一日以後に麻薬及び向精神薬取締法、大麻取締法、あへん法、覚醒剤取締法、国際的な協力の下に規制薬物に係る不正行為を助長する行為等の防止を図るための麻薬及び向精神薬取締法等の特例等に関する法律（平成三年法律第九四号）又は刑法第二編第一四章の規定に違反して有罪の判決を受けた者

リ　ニからチまでに掲げる者のほか、昭和二六年一一月一日以後に無期又は一年を超える懲役若しくは禁錮に処せられた者。ただし、執行猶予の言渡しを受けた者を除く。

ヌ　売春又はその周旋、勧誘、その場所の提供その他売春に直接に関係がある業務に従事する者（人身取引等により他人の支配下に置かれている者を除く。）

ル　次に掲げる行為をあおり、唆し、又は助けた者

(1)　他の外国人が不法に本邦に入り、又は上陸すること。

(2)　他の外国人が偽りその他不正の手段により、上陸の許可等を受けて本邦に上陸し、又は前節の規定による許可を受けること。

オ　日本国憲法又はその下に成立した政府を暴力で破壊することを企て、若しくは主張し、又はこれを企て若しくは主張する政党その他の団体を結成し、若しくはこれに加入している者

ワ　次に掲げる政党その他の団体を結成し、若しくはこれに加入し、又はこれと密接な関係を有する者

(1)　公務員であるという理由により、公務員に

暴行を加え、又は公務員を殺傷することを勧奨する政党その他の団体

(2) 公共の施設を不法に損傷し、又は破壊することを勧奨する政党その他の団体

(3) 工場事業場における安全保持の施設の正常な維持又は運行を停廃し、又は妨げるような争議行為を勧奨する政党その他の団体

カ　オ又はワに規定する政党その他の団体の目的を達するため、印刷物、映画その他の文書図画を作成し、頒布し、又は展示した者

ヨ　イからカまでに掲げる者のほか、法務大臣が日本国の利益又は公安を害する行為を行ったと認定する者

四の二　別表第一の上欄の在留資格をもって在留する者で、刑法第二編第一二章、第一六章から第一九章まで、第二三章、第二六章、第二七章、第三一章、第三三章、第三六章、第三七章若しくは第三九章の罪、暴力行為等処罰に関する法律第一条、第一条ノ二若しくは第一条ノ三(刑法第二二二条又は第二六一条に係る部分を除く。)の罪、盗犯等の防止及び処分に関する法律の罪又は特殊開錠用具の所持の禁止等に関する法律第一五条若しくは第一六条の罪により懲役又は禁錮に処せられたもの

四の三　短期滞在の在留資格をもって在留する者で、本邦において行われる国際競技会等の経過若しくは結果に関連して、又はその円滑な実施を妨げる目的をもって、当該国際競技会等の開催場所又はその所在する市町村(東京都の特別区の存する区域及び地方自治法第二五二条の一九第一項の指定都市にあっては、区)の区域内若しくはその近傍の不特定若しくは多数の者の用に供される場所において、不法に、人を殺傷し、人に暴行を加え、人を脅迫し、又は建造物その他の物を損壊したもの

四の四　中長期在留者で、第七一条の二又は第七五条の二の罪により懲役に処せられたもの

五　仮上陸の許可を受けた者で、第一三条第三項の規定に基づき付された条件に違反して、逃亡し、又は正当な理由がなくて呼出しに応じないもの

五の二　第一〇条第一〇項又は第一一条第六項の規定により退去を命ぜられた者で、遅滞なく本邦から退去しないもの

六　寄港地上陸の許可、船舶観光上陸の許可、通過上陸の許可、乗員上陸の許可、緊急上陸の許可、遭難による上陸の許可又は一時庇護のための上陸の許可を受けた者で、旅券又は当該許可書に記載された期間を経過して本邦に残留するもの

六の二　船舶観光上陸の許可を受けた者で、当該許可に係る指定旅客船が寄港する本邦の出入国港において下船した後当該出入国港から当該指定旅客船が出港するまでの間に帰船することなく逃亡したもの

六の三　第一四条の二第九項の規定により期間の指定を受けた者で、当該期間内に出国しないもの

六の四　第一六条第七項の規定により期間の指定を受けた者で、当該期間内に帰船し又は出国しないもの

七　第二二条の二第一項に規定する者で、同条第三項において準用する第二〇条第三項の規定又は第二二条の二第四項において準用する第二二条第二項及び第三項の規定による許可を受けないで、第二二条の二第一項に規定する期間を経過して本邦に残留するもの

八　第五五条の三第一項の規定により出国命令を受けた者で、当該出国命令に係る出国期限を経過して本邦に残留するもの

九　第五五条の六の規定により出国命令を取り消された者

一〇　第六一条の二の二第一項若しくは第二項又は第六一条の二の三の許可を受けて在留する者で、第六一条の二の七第一項(第一号又は第三号に係るものに限る。)の規定により難民の認定を取り消されたもの

第二四条の二(同)　法務大臣は、前条第三号の二の規定による認定をしようとするときは、外務大臣、警察庁長官、公安調査庁長官及び海上保安庁長官の意見を聴くものとする。

2　外務大臣、警察庁長官、公安調査庁長官又は海上保安庁長官は、前条第三号の二の規定による認定に関し法務大臣に意見を述べることができる。

第二四条の三(出国命令)　第二四条第二号の四、第四号ロ又は第六号から第七号までのいずれかに該当する外国人で次の各号のいずれにも該当するもの(以下「出国命令対象者」という。)については、同条の規定にかかわらず、次章第一節から第三節まで及び第五章の二に規定する手続により、出国を命ずるものとする。

一　速やかに本邦から出国する意思をもって自ら出入国在留管理官署に出頭したこと。

二　第二四条第三号から第三号の五まで、第四号ハからヨまで、第八号又は第九号のいずれにも該当しないこと。

三　本邦に入った後に、刑法第二編第一二章、第一六章から第一九章まで、第二三章、第二六章、第二七章、第三一章、第三三章、第三六章、第三七章若しくは第三九章の罪、暴力行為等処罰に関する法律第一条、第一条ノ二若しくは第一条ノ三(刑法第二二二条又は第二六一条に係る部分を除く。)の罪、盗犯等の防止及び処分に関する法律の罪又は特殊開錠用具の所持の禁止等に関する法律第一五条若しくは第一六条の罪により懲役又は禁錮に処せられたものでないこと。

四　過去に本邦からの退去を強制されたこと又は第五五条の三第一項の規定による出国命令により出

国したことがないこと。

五　速やかに本邦から出国することが確実と見込まれること。

第四節　出　国

第二五条(出国の手続) 1　本邦外の地域に赴く意図をもって出国しようとする外国人(乗員を除く。次条において同じ。)は、その者が出国する出入国港において、法務省令で定める手続により、入国審査官から出国の確認を受けなければならない。

2　前項の外国人は、出国の確認を受けなければ出国してはならない。

第二五条の二(出国確認の留保) 1　入国審査官は、本邦に在留する外国人が本邦外の地域に赴く意図をもって出国しようとする場合において、関係機関から当該外国人が次の各号のいずれかに該当する者である旨の通知を受けているときは、前条の出国の確認を受けるための手続がされた時から二四時間を限り、その者について出国の確認を留保することができる。

一　死刑若しくは無期若しくは長期三年以上の懲役若しくは禁錮に当たる罪につき訴追されている者又はこれらの罪を犯した疑いにより逮捕状、勾引状、勾留状若しくは鑑定留置状が発せられている者

二　禁錮以上の刑に処せられ、その刑につき執行猶予の言渡しを受けなかった者で、刑の執行を終わるまで、又は執行を受けることがなくなるまでの者(当該刑につき仮出獄を許されている者を除く。)

三　逃亡犯罪人引渡法(昭和二八年法律第六八号)の規定により仮拘禁許可状又は拘禁許可状が発せられている者

2　入国審査官は、前項の規定により出国の確認を留保したときは、直ちに同項の通知をした機関にその旨を通報しなければならない(当該刑につき仮保釈中の者を除く。)

第二六条(再入国の許可) 1　出入国在留管理庁長官は、本邦に在留する外国人(仮上陸の許可を受けている者及び第一四条から第一八条までに規定する上陸の許可を受けている者を除く。)がその在留期間(在留期間の定めのない者にあっては、本邦に在留し得る期間)の満了の日以前に本邦に再び入国する意図をもって出国しようとするときは、法務省令で定める手続により、その者の申請に基づき、再入国の許可を与えることができる。この場合において、出入国在留管理庁長官は、その者の申請に基づき、相当と認めるときは、当該許可を数次再入国の許可とすることができる。

2　出入国在留管理庁長官は、前項の許可をする場合には、入国審査官に、当該許可に係る外国人が旅券を所持しているときは旅券に再入国の許可の証印をさせ、旅券を所持していない場合で国籍を有しないことその他の事由で旅券を取得することができないときは、法務省令で定めるところにより、再入国許可書を交付させるものとする。この場合において、その許可は、当該証印又は再入国許可書に記載された日からその効力を生ずる。

3　出入国在留管理庁長官は、再入国の許可(数次再入国の許可を含む。)を与える場合には、当該許可が効力を生ずるものとされた日から五年を超えない範囲内においてその有効期間を定めるものとする。

4　出入国在留管理庁長官は、再入国の許可を受けている外国人から、法務大臣に対する第二〇条第二項又は第二一条第二項の規定による申請があった場合において、相当と認めるときは、当該外国人が第二〇条第六項の規定により在留できる期間の終了の時まで、当該許可の有効期間を延長することができる。

5　出入国在留管理庁長官は、再入国の許可を受けて出国した者について、当該許可の有効期間内に再入国することができない相当の理由があると認めるときは、その者の申請に基づき、一年を超えず、かつ、当該許可が効力を生じた日から六年を超えない範囲内で、当該許可の有効期間の延長の許可をすることができる。

6　前項の許可は、旅券又は再入国許可書にその旨を記載して行うものとし、その事務は、日本国領事官等に委任するものとする。

7　出入国在留管理庁長官は、再入国の許可を受けている外国人で再入国したものに対し、引き続き当該許可を与えておくことが適当でないと認める場合には、その者が本邦にある間において、当該許可を取り消すことができる。

8　第二項の規定により交付される再入国許可書は、当該再入国許可書に係る再入国の許可に基づき本邦に入国する場合に限り、旅券とみなす。

第二六条の二(みなし再入国許可) 1　本邦に在留資格をもって在留する外国人(第一九条の三第一号及び第二号に掲げる者を除く。)で有効な旅券(第六一条の二の一二第一項に規定する難民旅行証明書を除く。)を所持するもの(中長期在留者にあっては、在留カードを所持するものに限る。)が、法務省令で定めるところにより、入国審査官に対し、再び入国する意図を表明して出国するときは、前条第一項の規定にかかわらず、同項の再入国の許可を受けたものとみなす。ただし、出入国の公正な管理のため再入国の許可を要する者として法務省令で定めるものに該当する者については、この限りでない。

2　前項の規定により外国人が受けたものとみなされる再入国の許可の有効期間は、前条第三項の規定にかかわらず、出国の日から一年(在留期間の満了の日が出国の日から一年を経過する日前に到来する場合には、在留期間の満了までの期間)とする。

3　第一項の規定により外国人が受けたものとみなさ

れる再入国の許可については、前条第五項の規定は、適用しない。

第二六条の三（短期滞在に係るみなし再入国許可）1　本邦に短期滞在の在留資格をもって在留する外国人で有効な旅券を所持するものが、法務省令で定めるところにより、入国審査官に対し、指定旅客船で再び入国する意図を表明して当該指定旅客船で出国するときは、第二六条第一項の規定にかかわらず、同項の再入国の許可を受けたものとみなす。ただし、出入国の公正な管理のため再入国の許可を要する者として法務省令で定めるものに該当する者については、この限りでない。

第五章　退去強制の手続

第一節　違反調査

第二七条（違反調査）入国警備官は、第二四条各号の一に該当すると思料する外国人があるときは、当該外国人（以下「容疑者」という。）につき違反調査をすることができる。

第二八条（違反調査について必要な取調べ及び報告の要求）1　入国警備官は、違反調査の目的を達するため必要な取調べをすることができる。ただし、強制の処分は、この章及び第八章に特別の規定がある場合でなければすることができない。

2　入国警備官は、違反調査について、公務所又は公私の団体に照会して必要な事項の報告を求めることができる。

第二九条（容疑者の出頭要求及び取調）1　入国警備官は、違反調査をするため必要があるときは、容疑者の出頭を求め、当該容疑者を取り調べることができる。

2　前項の場合において、入国警備官は、容疑者の供述を調書に記載しなければならない。

3　前項の調書を作成したときは、入国警備官は、容疑者に閲覧させ、又は読み聞かせて、署名をさせ、且つ、自らこれに署名しなければならない。

4　前項の場合において、容疑者が署名することができないとき、又は署名を拒んだときは、入国警備官は、その旨を調書に附記しなければならない。

第三〇条（証人の出頭要求）1　入国警備官は、違反調査をするため必要があるときは、証人の出頭を求め、当該証人を取り調べることができる。

2　前項の場合において、入国警備官は、証人の供述を調書に記載しなければならない。

3　前条第三項及び第四項の規定は、前項の場合に準用する。この場合において、前条第三項及び第四項中「容疑者」とあるのは「証人」と読み替えるものとする。

第三一条（臨検、捜索及び押収）1　入国警備官は、違反調査をするため必要があるときは、その所属官署の所在地を管轄する地方裁判所又は簡易裁判所の裁判官の許可を得て、臨検、捜索又は押収をすることができる。

2　前項の場合において、急速を要するときは、入国警備官は、臨検すべき場所、捜索すべき身体若しくは物件又は押収すべき物件の所在地を管轄する地方裁判所又は簡易裁判所の裁判官の許可を得て、同項の処分をすることができる。

3　入国警備官は、第一項又は前項の許可を請求しようとするときは、容疑者が第二四条各号の一に該当すると思料されるべき資料並びに、容疑者以外の者の住居その他の場所を臨検しようとするときは、その場所が違反事件に関係があると認めるに足りる状況があることを認めるべき資料、容疑者以外の者の身体、物件又は住居その他の場所について捜索しようとするときは、押収すべき物件の存在及びその物件が違反事件に関係があると認めるに足りる状況があることを認めるべき資料、容疑者以外の者の物件を押収しようとするときは、その物件が違反事件に関係があると認めるに足りる状況があることを認めるべき資料を添付して、これをしなければならない。

4　前項の請求があった場合においては、地方裁判所又は簡易裁判所の裁判官は、臨検すべき場所、捜索すべき身体又は物件、押収すべき物件、請求者の官職氏名、有効期間及び裁判所名を記載し、自ら記名押印した許可状を入国警備官に交付しなければならない。

5　入国警備官は、前項の許可状を他の入国警備官に交付して、臨検、捜索又は押収をさせることができる。

第三二条（必要な処分）入国警備官は、捜索又は押収をするため必要があるときは、錠をはずし、封を開き、その他必要な処分をすることができる。

第三三条（証票の携帯）
第三四条（捜索又は押収の立会）
第三五条（時刻の制限）
第三六条（出入禁止）
第三七条（押収の手続）
（略）

第三八条（調書の作成）1　入国警備官は、臨検、捜索又は押収をしたときは、これらに関する調書を作成し、立会人に閲覧させ、又は読み聞かせて、署名をさせ、且つ、自らこれに署名しなければならない。

2　前項の場合において、立会人が署名することができないとき、又は署名を拒んだときは、入国警備官は、その旨を調書に附記しなければならない。

第二節　収容

第三九条（収容）1　入国警備官は、容疑者が第二四条各号の一に該当すると疑うに足りる相当の理由があるときは、収容令書により、その者を収容することができる。

2　前項の収容令書は、入国警備官の請求により、その所属官署の主任審査官が発付するものとする。

第四〇条（収容令書の方式）前条第一項の収容令書には、容疑者の氏名、居住地及び国籍、容疑事実の要旨、収容すべき場所、有効期間、発付年月日その他法務省令で定める事項を記載し、且つ、主任審査官がこれに記名押印しなければならない。

第四一条（収容の期間及び場所並びに留置の嘱託） 1　収容令書によって収容することができる期間は、三〇日以内とする。但し、主任審査官は、やむを得ない事由があると認めるときは、三〇日を限り延長することができる。

2　収容令書によって収容することができる場所は、入国者収容所、収容場その他出入国在留管理庁長官又はその委任を受けた主任審査官が指定する適当な場所とする。

3　警察官は、主任審査官が必要と認めて依頼したときは、容疑者を留置施設に留置することができる。

第四二条（収容の手続） 1　入国警備官は、収容令書により容疑者を収容するときは、収容令書を容疑者に示さなければならない。

2　入国警備官は、収容令書を所持しない場合でも、急速を要するときは、容疑者に対し、容疑事実の要旨及び収容令書が発付されている旨を告げて、その者を収容することができる。但し、収容令書は、できるだけすみやかに示さなければならない。

第四三条（要急事件） 1　入国警備官は、第二四条各号の一に明らかに該当する者が収容令書の発付をまっていては逃亡の虞があると信ずるに足りる相当の理由があるときは、収容令書の発付をまたずに、その者を収容することができる。

2　前項の収容を行ったときは、入国警備官は、すみやかにその理由を主任審査官に報告して、収容令書の発付を請求しなければならない。

3　前項の場合において、主任審査官が第一項の収容を認めないときは、入国警備官は、直ちにその者を放免しなければならない。

第四四条（容疑者の引渡） 入国警備官は、第三九条第一項の規定により容疑者を収容したときは、容疑者の身体を拘束した時から四八時間以内に、調書及び証拠物とともに、当該容疑者を入国審査官に引き渡さなければならない。

第三節　審査、口頭審理及び異議の申出

第四五条（入国審査官の審査） 1　入国審査官は、前条の規定により容疑者の引渡しを受けたときは、容疑者が退去強制対象者（第二四条各号のいずれかに該当し、かつ、出国命令対象者に該当しない外国人をいう。以下同じ。）に該当するかどうかを速やかに審査しなければならない。

2　入国審査官は、前項の審査を行った場合には、審査に関する調書を作成しなければならない。

第四六条（容疑者の立証責任） 前条の審査を受ける容疑者のうち第二四条第一号（第三条第一項第二号に係る部分を除く。）又は第二号に該当するとされたものは、その号に該当するものでないことを自ら立証しなければならない。

第四七条（審査後の手続） 1　入国審査官は、審査の結果、容疑者が第二四条各号のいずれにも該当しないと認定したときは、直ちにその者を放免しなければならない。

2　入国審査官は、審査の結果、容疑者が出国命令対象者に該当すると認定したときは、速やかに主任審査官にその旨を知らせなければならない。この場合において、入国審査官は、当該容疑者が第五五条の三第一項の規定により出国命令を受けたときは、直ちにその者を放免しなければならない。

3　入国審査官は、審査の結果、容疑者が退去強制対象者に該当すると認定したときは、速やかに理由を付した書面をもって、主任審査官及びその者にその旨を知らせなければならない。

4　前項の通知をする場合には、入国審査官は、当該容疑者に対し、第四八条の規定による口頭審理の請求をすることができる旨を知らせなければならない。

5　第三項の場合において、容疑者がその認定に服したときは、主任審査官は、その者に対し、口頭審理の請求をしない旨を記載した文書に署名させ、速やかに第五一条の規定による退去強制令書を発付しなければならない。

第四八条（口頭審理） 1　前条第三項の通知を受けた容疑者は、同項の認定に異議があるときは、その通知を受けた日から三日以内に、口頭をもって、特別審理官に対し口頭審理の請求をすることができる。

2　入国審査官は、前項の口頭審理の請求があったときは、第四五条第二項の調書その他の関係書類を特別審理官に提出しなければならない。

3　特別審理官は、第一項の口頭審理の請求があったときは、容疑者に対し、時及び場所を通知して速やかに口頭審理を行わなければならない。

4　特別審理官は、前項の口頭審理を行った場合には、口頭審理に関する調書を作成しなければならない。

5　第一〇条第三項から第六項までの規定は、第三項の口頭審理の手続に準用する。

6　特別審理官は、口頭審理の結果、前条第三項の認定が事実に相違すると判定したとき（容疑者が第二四条各号のいずれにも該当しないことを理由とする場合に限る。）は、直ちにその者を放免しなければならない。

7　特別審理官は、口頭審理の結果、前条第三項の認定が事実に相違すると判定したとき（容疑者が出国命令対象者に該当することを理由とする場合に限る。）は、速やかに主任審査官にその旨を知らせなければならない。この場合において、特別審理官は、当該容疑者が第五五条の三第一項の規定により出国命令を受けたときは、直ちにその者を放免しなければならない。

8　特別審理官は、口頭審理の結果、前条第三項の認定が誤りがないと判定したときは、速やかに主任審査官及び当該容疑者にその旨を知らせるとともに、

当該容疑者に対し、第四九条の規定により異議を申し出ることができる旨を知らせなければならない。

9　前項の通知を受けた場合において、当該容疑者が同項の判定に服したときは、主任審査官は、その者に対し、異議を申し出ない旨を記載した文書に署名させ、速やかに第五一条の規定による退去強制令書を発付しなければならない。

第四九条（異議の申出） 1　前条第八項の通知を受けた容疑者は、同項の判定に異議があるときは、その通知を受けた日から三日以内に、法務省令で定める手続により、不服の事由を記載した書面を主任審査官に提出して、法務大臣に対し異議を申し出ることができる。

2　主任審査官は、前項の異議の申出があったときは、第四五条第二項の審査に関する調書、前条第四項の口頭審理に関する調書その他の関係書類を法務大臣に提出しなければならない。

3　法務大臣は、第一項の規定による異議の申出を受理したときは、異議の申出が理由があるかどうかを裁決して、その結果を主任審査官に通知しなければならない。

4　主任審査官は、法務大臣から異議の申出（容疑者が第二四条各号のいずれにも該当しないことを理由とするものに限る。）が理由があると裁決した旨の通知を受けたときは、直ちに当該容疑者を放免しなければならない。

5　主任審査官は、法務大臣から異議の申出（容疑者が出国命令対象者に該当することを理由とするものに限る。）が理由があると裁決した旨の通知を受けた場合において、当該容疑者に対し第五五条の三第一項の規定により出国命令をしたときは、直ちにその者を放免しなければならない。

6　主任審査官は、法務大臣から異議の申出が理由がないと裁決した旨の通知を受けたときは、速やかに当該容疑者に対し、その旨を知らせるとともに、第五一条の規定による退去強制令書を発付しなければならない。

第五〇条（法務大臣の裁決の特例） 1　法務大臣は、前条第三項の裁決に当たって、異議の申出が理由がないと認める場合でも、当該容疑者が次の各号のいずれかに該当するときは、その者の在留を特別に許可することができる。

一　永住許可を受けているとき。

二　かつて日本国民として本邦に本籍を有したことがあるとき。

三　人身取引等により他人の支配下に置かれて本邦に在留するものであるとき。

四　その他法務大臣が特別に在留を許可すべき事情があると認めるとき。

2　前項の場合には、法務大臣は、法務省令で定めるところにより、在留資格及び在留期間を決定し、その他必要と認める条件を付することができる。

3　法務大臣が第一項の規定による許可（在留資格の決定を伴うものに限る。）をする場合において、当該外国人が中長期在留者となるときは、出入国在留管理庁長官は、入国審査官に、当該外国人に対し、在留カードを交付させるものとする。

4　第一項の許可は、前条第四項の規定の適用については、異議の申出が理由がある旨の裁決とみなす。

第四節　退去強制令書の執行

第五一条（退去強制令書の方式） 第四七条第五項、第四八条第九項若しくは第四九条第六項の規定により、又は第六三条第一項の規定に基づく退去強制の手続において発付される退去強制令書には、退去強制を受ける者の氏名、年齢及び国籍、退去強制の理由、送還先、発付年月日その他法務省令で定める事項を記載し、かつ、主任審査官がこれに記名押印しなければならない。

第五二条（退去強制令書の執行） 1　退去強制令書は、入国警備官が執行するものとする。

2　警察官又は海上保安官は、入国警備官が足りないため主任審査官が必要と認めて依頼したときは、退去強制令書の執行をすることができる。

3　入国警備官（前項の規定により退去強制令書を執行する警察官又は海上保安官を含む。以下この条において同じ。）は、退去強制令書を執行するときは、退去強制を受ける者に退去強制令書又はその写しを示して、速やかにその者を次条に規定する送還先に送還しなければならない。ただし、第五九条の規定により運送業者が送還する場合には、入国警備官は、当該運送業者に引き渡すものとする。

4　前項の場合において、退去強制令書の発付を受けた者が、自らの負担により、自ら本邦を退去しようとするときは、入国者収容所長又は主任審査官は、その者の申請に基づき、これを許可することができる。この場合においては、退去強制令書の記載及び次条の規定にかかわらず、当該申請に基づき、その者の送還先を定めることができる。

5　入国警備官は、第三項本文の場合において、退去強制を受ける者を直ちに本邦外に送還することができないときは、送還可能のときまで、その者を入国者収容所、収容場その他出入国在留管理庁長官又はその委任を受けた主任審査官が指定する場所に収容することができる。この場合においては、退去強制令書の記載及び次条の規定にかかわらず、当該申請に基づき、その者の送還先を定めることができる。

6　入国者収容所長又は主任審査官は、前項の場合において、退去強制を受ける者を送還することができないことが明らかになったときは、住居及び行動範囲の制限、呼出しに対する出頭の義務その他必要と認める条件を附して、その者を放免することができる。

7　入国警備官は、退去強制令書の執行に関し必要がある場合には、公務所又は公私の団体に照会して必要な事項の報告を求めることができる。

第五三条（送還先） 退去強制を受ける者は、その者の国籍又は市民権の属する国に送還されるものとする。

2 前項の国に送還することができないときは、本人の希望により、左に掲げる国のいずれかに送還されるものとする。

一 本邦に入国する直前に居住していた国

二 本邦に入国する前に居住していたことのある国

三 本邦に向けて船舶等に乗った港の属する国

四 出生地の属する国

五 出生時にその出生地の属していた国

六 その他の国

3 前二項の国には、次に掲げる国を含まないものとする。

一 難民条約第三三条第一項に規定する領域の属する国（法務大臣が日本国の利益又は公安を著しく害すると認める場合を除く。）

二 拷問及び他の残虐な、非人道的な又は品位を傷つける取扱い又は刑罰に関する条約第三条第一項に規定する国

三 強制失踪（そう）からのすべての者の保護に関する国際条約第一六条第一項に規定する国

第五節 仮放免

第五四条（仮放免） 1 収容令書若しくは退去強制令書の発付を受けて収容されている者又はその者の代理人、保佐人、配偶者、直系の親族若しくは兄弟姉妹は、法務省令で定める手続により、入国者収容所長又は主任審査官に対し、その者の仮放免を請求することができる。

2 入国者収容所長又は主任審査官は、前項の請求により又は職権で、法務省令で定めるところにより、収容令書又は退去強制令書の発付を受けて収容されている者の情状及び仮放免の請求の理由となる証拠並びにその者の性格、資産等を考慮して、三〇〇万円を超えない範囲内で法務省令で定める額の保証金を納付させ、かつ、住居及び行動範囲の制限、呼出しに対する出頭の義務その他必要と認める条件を付して、その者を仮放免することができる。

3 入国者収容所長又は主任審査官は、適当と認めるときは、収容令書又は退去強制令書の発付を受けて収容されている者以外の者の差し出した保証書をもって保証金に代えることを許すことができる。保証書には、保証金額及びいつでもその保証金を納付する旨を記載しなければならない。

第五五条（仮放免の取消）（略）

第五章の二 出国命令

第五五条の二（出国命令に係る審査） 1 入国警備官は、容疑者が出国命令対象者に該当すると認めるに足りる相当の理由があるときは、第三九条の規定にかかわらず、当該容疑者に係る違反事件を入国審査官に引き継がなければならない。

2 入国審査官は、前項の規定により違反事件の引継ぎを受けたときは、当該容疑者が出国命令対象者に該当するかどうかを速やかに審査しなければならない。

3 入国審査官は、審査の結果、当該容疑者が出国命令対象者に該当すると認定したときは、速やかに主任審査官にその旨を知らせなければならない。

4 入国審査官は、当該容疑者が退去強制対象者に該当すると疑うに足りる相当の理由があるときは、その旨を入国警備官に通知するとともに、当該違反事件を入国警備官に差し戻すものとする。

第五五条の三（出国命令） 1 主任審査官は、第四七条第二項、第四八条第七項、第四九条第五項又は前条第三項の規定による通知を受けたときは、速やかに当該通知に係る容疑者に対し、本邦からの出国を命じなければならない。この場合において、主任審査官は、一五日を超えない範囲内で出国期限を定めるものとする。

2 主任審査官は、前項の規定により出国命令をする場合には、当該容疑者に対し、次条の規定による出国命令書を交付しなければならない。

3 主任審査官は、第一項の規定により出国命令をする場合には、法務省令で定めるところにより、当該容疑者に対し、住居及び行動範囲の制限その他必要と認める条件を付することができる。

第五五条の四（出国命令書の方式） 前条第二項の規定により交付される出国命令書には、出国命令を受ける者の氏名、年齢及び国籍、出国命令の理由、出国期限、交付年月日その他法務省令で定める事項を記載し、かつ、主任審査官がこれに記名押印しなければならない。

第五五条の五（出国期限の延長） 主任審査官は、法務省令で定めるところにより、第五五条の三第一項の規定により出国命令を受けた者から、当該出国命令に係る出国期限内に出国することができない旨の申出があった場合には、船舶等の運航の都合その他その者の責めに帰することができない事由があると認めるときに限り、当該出国期限を延長することができる。

第五五条の六（出国命令の取消し） 主任審査官は、第五五条の三第一項の規定により出国命令を受けた者が同条第三項の規定に基づき付された条件に違反したときは、当該出国命令を取り消すことができる。

第六章 船舶等の長及び運送業者の責任

第五六条（協力の義務） 1 本邦に入る船舶等の長及びその船舶等を運航する運送業者は、入国審査官の行う審査その他の職務の遂行に協力しなければならない。

第五六条の二（旅券等の確認義務） 本邦に入る船舶等を運航する運送業者（運送業者がないときは、当該船舶等の長）は、外国人が不法に本邦に入ることを防止するため、当該船舶等に乗ろうとする外国人の旅

券、乗員手帳又は再入国許可書を確認しなければならない。

第五七条（報告の義務）
第五八条（上陸防止の義務）｝（略）

第五九条（送還の義務）1　次の各号のいずれかに該当する外国人が乗ってきた船舶等の長又はその船舶等を運航する運送業者は、当該外国人をその船舶等又は当該運送業者に属する他の船舶等により、その責任と費用で、速やかに本邦外の地域に送還しなければならない。

一　第三章第一節又は第二節の規定により上陸を拒否された者

二　第二四条第五号から第六号の四までのいずれかに該当して本邦からの退去強制を受けた者

三　前号に規定する者を除き、上陸後五年以内に、第二四条各号のいずれかに該当して退去強制を受けた者のうち、その者の上陸のときに当該船舶等の長又は運送業者がその者について退去強制の理由となった事実があることを明らかに知っていたと認められるもの

2　前項の場合において、当該運送業者は、その外国人を同項に規定する船舶等により送還することができないときは、その責任と費用で、すみやかに他の船舶等により送還しなければならない。

3　主任審査官は、前二項の規定にかかわらず、これらの規定により船舶等の長又はその船舶等を運航する運送業者が負うべき責任と費用の負担のうち、第一三条の二第一項の規定によりとどまることができる場所として法務省令で定める施設（第六一条の七の六において「出国待機施設」という。）の指定を受けている第一項第一号に該当する外国人を当該指定に係る施設にとどめておくことに伴うものについては、有効な旅券で日本国領事官等の査証を受けたものを所持する外国人に係るものに限り、その全部又は一部を免除することができる。

第六章の二　事実の調査

第五九条の二（事実の調査）1　法務大臣又は出入国在留管理庁長官は、在留資格認定証の交付、第九条第八項の規定による登録（同項第一号ハに該当する者に係るものに限る。）又は第一二条第一項、第一九条第二項、第二〇条第三項本文（第二二条の二第三項（第二二条の三において準用する場合を含む。）において準用する場合を含む。）、第二一条第三項、第二二条第二項（第二二条の二第四項（第二二条の三において準用する場合を含む。）において準用する場合を含む。）、第二六条第一項、第五〇条第一項若しくは第六一条の二の一一の規定による許可に関する処分を行うため必要がある場合には入国審査官に、第二二条の四第一項の規定による在留資格の取消しに関する処分を行うため必要がある場合には入国審査官又は入国警備官に、それぞれ事実の調査をさせることができる。

2　入国審査官又は入国警備官は、前項の調査のため必要があるときは、外国人その他の関係人に対し出頭を求め、質問をし、又は文書の提示を求めることができる。

3　法務大臣、出入国在留管理庁長官、入国審査官又は入国警備官は、第一項の調査について、公務所又は公私の団体に照会して必要な事項の報告を求めることができる。

第七章　日本人の出国及び帰国（略）

第七章の二　難民の認定等

第六一条の二（難民の認定）1　法務大臣は、本邦にある外国人から法務省令で定める手続により申請があったときは、その提出した資料に基づき、その者が難民である旨の認定（以下「難民の認定」という。）を行うことができる。

2　法務大臣は、難民の認定をしたときは、法務省令で定める手続により、当該外国人に対し、難民認定証明書を交付し、その認定をしないときは、当該外国人に対し、理由を付した書面をもって、その旨を通知する。

第六一条の二の二（在留資格に係る許可）1　法務大臣は、前条第一項の規定により難民の認定をする場合であって、同項の申請をした外国人が在留資格未取得外国人（別表第一又は別表第二の上欄の在留資格をもって本邦に在留する者、一時庇（ひ）護のための上陸の許可を受けた者で当該許可書に記載された期間を経過していないもの及び特別永住者以外の者をいう。以下同じ。）であるときは、当該在留資格未取得外国人が次の各号のいずれかに該当する場合を除き、その者に定住者の在留資格の取得を許可するものとする。

一　本邦に上陸した日（本邦にある間に難民となる事由が生じた者にあっては、その事実を知った日）から六月を経過した後前条第一項の申請を行ったものであるとき。ただし、やむを得ない事情がある場合を除く。

二　本邦にある間に難民となる事由が生じた場合を除き、その者の生命、身体又は身体の自由が難民条約第一条A(2)に規定する理由によって害されるおそれのあった領域から直接本邦に入ったものでないとき。

三　第二四条第三号から第三号の五まで又は第四号ハからヨまでに掲げる者のいずれかに該当するとき。

四　本邦に入った後に、刑法第二編第一二章、第一六章から第一九章まで、第二三章、第二六章、第二七章、第三一章、第三三章、第三六章、第三七章若しくは第三九章の罪、暴力行為等処罰に関する法律第一条、第一条ノ二若しくは第一条ノ三（刑法第二二二条又は第二六一条に係る部分を除く。）の罪、盗犯等の防止及び処分に関する法律

の罪又は特殊開錠用具の所持の禁止等に関する法律第一五条若しくは第一六条の罪により懲役又は禁錮に処せられたものであるとき。

2　法務大臣は、前条第一項の申請をした在留資格未取得外国人について、難民の認定をしない処分をするとき、又は前項の許可をしないときは、当該在留資格未取得外国人の在留を特別に許可すべき事情があるか否かを審査するものとし、当該事情があると認めるときは、その在留を特別に許可することができる。

3　法務大臣は、前二項の規定による許可をすることとしたときは、出入国在留管理庁長官に、当該外国人に対し、その旨を通知させるものとする。この場合において、その通知は、出入国在留管理庁長官が、入国審査官に、次の各号に掲げる区分に応じ、当該各号に定める措置をとらせることにより行うものとする。

一　当該許可に係る外国人が中長期在留者となるとき　入国審査官に、当該外国人に対する在留カードの交付

二　前号に掲げる場合以外の場合　当該外国人に対する在留資格及び在留期間を記載した在留資格証明書の交付

4　第一項又は第二項の規定による法務大臣の許可は、それぞれ前項各号に定める措置があった時に、その効力を生ずる。

5　法務大臣は、第一項又は第二項の規定による許可をする場合において、当該在留資格未取得外国人が仮上陸の許可又は第三章第四節の規定による上陸の許可を受けているときは、当該仮上陸の許可又は上陸の許可を取り消すものとする。

第六一条の二の三（同）　出入国在留管理庁長官は、難民の認定を受けている外国人（前条第二項の許可により在留資格を取得した者を除く。）から、第二〇条第二項の規定による定住者の在留資格への変更の申請があったとき、又は第二二条の二第二項（第二二条の三において準用する場合を含む。）の規定による定住者の在留資格の取得の申請があったときは、第二〇条第三項本文（第二二条の二第三項（第二二条の三において準用する場合を含む。）において準用する場合を含む。）の規定にかかわらず、当該外国人が前条第一項第一号に該当する場合を除き、これを許可するものとする。

第六一条の二の四（仮滞在の許可）1　法務大臣は、在留資格未取得外国人から第六一条の二第一項の申請があったときは、当該在留資格未取得外国人が次の各号のいずれかに該当する場合を除き、その者に仮に本邦に滞在することを許可するものとする。

一　仮上陸の許可を受けているとき。

二　寄港地上陸の許可、船舶観光上陸の許可、通過上陸の許可、乗員上陸の許可、緊急上陸の許可又は遭難による上陸の許可を受け、旅券又は当該許可書に記載された期間を経過していないとき。

三　第二二条の二第一項の規定により本邦に在留することができるとき。

四　本邦に入った時に、第五条第一項第四号から第一四号までに掲げる者のいずれかに該当していたとき。

五　第二四条第三号から第三号の五まで又は第四号ハからヨまでに掲げる者のいずれかに該当すると疑うに足りる相当の理由があるとき。

六　第六一条の二の二第一項第一号又は第二号のいずれかに該当することが明らかであるとき。

七　本邦に入った後に、刑法第二編第一二章、第一六章から第一九章まで、第二三章、第二六章、第二七章、第三一章、第三三章、第三六章、第三七章若しくは第三九章の罪、暴力行為等処罰に関する法律第一条、第一条ノ二若しくは第一条ノ三（刑法第二二二条又は第二六一条に係る部分を除く。）の罪、盗犯等の防止及び処分に関する法律の罪又は特殊開錠用具の所持の禁止等に関する法律第一五条若しくは第一六条の罪により懲役又は禁錮に処せられたものであるとき。

八　退去強制令書の発付を受けているとき。

九　逃亡するおそれがあると疑うに足りる相当の理由があるとき。

2　法務大臣は、前項の許可をする場合には、法務省令で定めるところにより、当該許可に係る滞在期間（以下「仮滞在期間」という。）を決定し、入国審査官に、当該在留資格未取得外国人に対し当該仮滞在期間を記載した仮滞在許可書を交付させるものとする。この場合において、その許可は、当該交付のあった時に、その記載された内容をもって効力を生ずる。

3　法務大臣は、第一項の許可をする場合には、法務省令で定めるところにより、当該在留資格未取得外国人に対し、住居及び行動範囲の制限、活動の制限、呼出しに対する出頭の義務その他必要と認める条件を付し、かつ、必要があると認める場合は、指紋を押なつさせることができる。

4　法務大臣は、第一項の許可を受けた外国人から仮滞在期間の更新の申請があったときは、これを許可するものとする。この場合においては、第二項の規定を準用する。

5　第一項の許可を受けた外国人が次の各号に掲げるいずれかの事由に該当することとなったときは、当該外国人に係る仮滞在期間（前項の規定により更新された仮滞在期間を含む。以下同じ。）は、当該事由に該当することとなった時に、その終期が到来したものとする。

一　難民の認定をしない処分につき第六一条の二の九第一項の審査請求がなくて同条第二項の期間が経過したこと。

二　難民の認定をしない処分につき第六一条の二の九第一項の審査請求があった場合において、当該審査請求が取り下げられ、又はこれを却下し若し

くは棄却する旨の裁決があったこと。
三　難民の認定がされた場合において、第六一条の二の二第一項及び第二項の許可をしない処分があったこと。
四　次条の規定により第一項の許可が取り消されたこと。
五　第六一条の二第一項の申請が取り下げられたこと。

第六一条の二の五（仮滞在の許可の取消し）法務大臣は、前条第一項の許可を受けた外国人について、次の各号に掲げるいずれかの事実が判明したときは、法務省令で定める手続により、当該許可を取り消すことができる。
一　前条第一項の許可を受けた当時同項第四号から第八号までのいずれかに該当していたこと。
二　前条第一項の許可を受けた後に同項第五号又は第七号に該当することとなったこと。
三　前条第三項の規定に基づき付された条件に違反したこと。
四　不正に難民の認定を受ける目的で、偽造若しくは変造された資料若しくは虚偽の資料を提出し、又は虚偽の陳述をし、若しくは関係人に虚偽の陳述をさせたこと。
五　第二五条の出国の確認を受けるための手続をしたこと。

第六一条の二の六（退去強制手続との関係）1　第六一条の二の二第一項又は第二項の許可を受けた外国人については、当該外国人が当該許可を受けた時に第二四条各号のいずれかに該当していたことを理由としては、第五章に規定する退去強制の手続（第六三条第一項の規定に基づく退去強制の手続を含む。以下この条において同じ。）を行わない。
2　第六一条の二第一項の申請をした在留資格未取得外国人で第六一条の二の四第一項の許可を受けたものについては、第二四条各号のいずれかに該当すると疑うに足りる相当の理由がある場合であっても、当該許可に係る仮滞在期間が経過するまでの間は、第五章に規定する退去強制の手続を停止するものとする。
3　第六一条の二第一項の申請をした在留資格未取得外国人で、第六一条の二の四第一項の許可を受けていないもの又は当該許可に係る仮滞在期間が経過することとなったもの（同条第五項第一号から第三号まで及び第五号に該当するものを除く。）について、第五章に規定する退去強制の手続を行う場合には、同条第五項第一号から第三号までに掲げるいずれかの事由に該当することとなるまでの間は、第五二条第三項の規定による送還（同項ただし書の規定による引渡し及び第五九条の規定による送還を含む。）を停止するものとする。
4　第五〇条第一項の規定は、第二項に規定する者で第六一条の二の四第五項第一号から第三号までのいずれかに該当することとなったもの又は前項に規定する者に対する第五章に規定する退去強制の手続については、適用しない。

第六一条の二の七（難民の認定の取消し）1　法務大臣は、本邦に在留する外国人で難民の認定を受けているものについて、次の各号に掲げるいずれかの事実が判明したときは、法務省令で定める手続により、その難民の認定を取り消すものとする。
一　偽りその他不正の手段により難民の認定を受けたこと。
二　難民条約第一条C(1)から(6)までのいずれかに掲げる場合に該当することとなったこと。
三　難民の認定を受けた後に、難民条約第一条F(a)又は(c)に掲げる行為を行ったこと。
2　法務大臣は、前項の規定により難民の認定を取り消す場合には、当該外国人に対し、理由を付した書面をもって、その旨を通知するとともに、当該外国人に係る難民認定証明書及び難民旅行証明書がその効力を失った旨を官報に告示する。
3　前項の規定により難民の認定の取消しの通知を受けたときは、難民認定証明書又は難民旅行証明書の交付を受けている外国人は、速やかに出入国在留管理庁長官にこれらの証明書を返納しなければならない。

第六一条の二の八（難民の認定を受けた者の在留資格の取消し）法務大臣は、別表第一又は別表第二の上欄の在留資格をもって本邦に在留する外国人で難民の認定を受けているものについて、偽りその他不正の手段により第六一条の二の二第一項各号のいずれにも該当しないものとして同項の許可を受けたことが判明したときは、法務省令で定める手続により、当該外国人が現に有する在留資格を取り消すことができる。
2　第二二条の四第二項から第九項まで（第七項ただし書を除く。）の規定は、前項の規定による在留資格の取消しに準用する。この場合において、同条第二項中「入国審査官」とあるのは「難民調査官」と、同条第七項本文中「第一項（第一号及び第二号を除く。）」とあるのは「第六一条の二の八第一項」と読み替えるものとする。

第六一条の二の九（審査請求）1　次に掲げる処分又は不作為についての審査請求は、法務大臣に対し、法務省令で定める事項を記載した審査請求書を提出しなければならない。
一　難民の認定をしない処分
二　第六一条の二第一項の申請に係る不作為
三　第六一条の二の七第一項の規定による難民の認定の取消し
2　前項の第一号及び第三号に掲げる処分についての審査請求に関する行政不服審査法（平成二六年法律第六八号）第一八条第一項本文の期間は、第六一条の二第二項又は第六一条の二の七第二項の通知を受けた日から七日とする。

3 法務大臣は、第一項の審査請求に対する裁決に当たっては、法務省令で定めるところにより、難民審査参与員の意見を聴かなければならない。

4 法務大臣は、第一項の審査請求について行政不服審査法第四五条第一項若しくは第二項又は第四九条第一項若しくは第二項の規定による裁決をする場合には、当該裁決に付する理由において、前項の難民審査参与員の意見の要旨を明らかにしなければならない。

5 難民審査参与員については、行政不服審査法第一一条第二項に規定する審理員とみなして、同法の規定を適用する。

6 第一項の審査請求については、行政不服審査法第九条第一項、第一四条、第一七条、第一九条、第二九条、第四一条第二項（第一号イに係る部分に限る。）、第二章第四節及び第五〇条第二項の規定は適用しないものとし、同法の他の規定の適用については、次の表の上欄に掲げる同法の規定中同表の中欄に掲げる字句は、同表の下欄に掲げる字句とするほか、必要な技術的読み替えは、政令で定める。

読み替えられる行政不服審査法の規定	読み替えられる字句	読み替える字句
第一八条第三項	次条	出入国管理及び難民認定法（昭和二六年政令第三一九号。以下「入管法」という。）第六一条の二の九第一項
第二三条	第一九条	入管法第六一条の二の九第一項
第三〇条第一項	前条第五項の規定により送付された弁明書に記載された事項に対する反論を記載した書面（以下「反論書」という。）	入管法第六一条の二の九第一項各号に掲げる処分又は不作為に対する審査請求人の主張その他の審査請求人の意見を記載した書面（以下「申述書」という。）
	反論書を	申述書を
第三〇条第三項	反論書	申述書
第三一条第一項ただし書	場合	場合又は申述書に記載された事実その他の申立人の主張に係る事実が真実であっても、何らの難民となる事由を包含していないことその他の事情により当該意見を述べる機会を与えることが適当でないと認められる場合
第三一条第二項	審理員が期日及び場所を指定し、全ての審理関係人を招集してさせるものとする。	審理員が、あらかじめ審査請求に係る事件に関する処分庁等に対する質問の有無及びその内容について申立人から聴取した上で、期日及び場所を指定し、全ての審理関係人を招集してさせるものとする。ただし、次の各号のいずれかに該当する場合には、処分庁等を招集することを要しない。 一 申立人から処分庁等の招集を要しない旨の意思の表明があったとき。 二 前号に掲げる場合のほか、当該聴取の結果、処分庁等を招集することを要しないと認めるとき。
第四一条第二項第一号ロ	反論書	申述書
第四四条	行政不服審査会等から諮問に対する答申を受けたとき（前条第一項の規定による諮問を要しない場合（同項第二号又は第三号に該当する場合を除く。）にあっては審理員意見書が提出されたとき、同項第二号又は第三号に該当する場合にあっては同項第二号又は第三号に規定する議を経たとき）	審理員意見書が提出されたとき
第五〇条第一項第四号	審理員意見書又は行政不服審査会等若しくは審議会等の答申書	審理員意見書
第八三条第二項	第一九条（第五項第一号及び第二号を除く。）	入管法第六一条の二の九第一項

第六一条の二の一〇（難民審査参与員） 1 法務省に、前条第一項の規定による審査請求について、難民の認定に関する意見を提出させるため、難民審査参与員若干人を置く。

2 難民審査参与員は、人格が高潔であって、前条第一項の審査請求に関し公正な判断をすることができ、かつ、法律又は国際情勢に関する学識経験を有する者のうちから、法務大臣が任命する。

3 難民審査参与員の任期は、二年とする。ただし、再任を妨げない。

4 難民審査参与員は、非常勤とする。

第六一条の二の一一（難民に関する永住許可の特則） 難民の認定を受けている者から第二二条第一項の永住

許可の申請があった場合には、法務大臣は、同条第二項本文の規定にかかわらず、その者が同項第二号に適合しないときであっても、これを許可することができる。

第六一条の二の一二（難民旅行証明書） 1　出入国在留管理庁長官は、本邦に在留する外国人で難民の認定を受けているものが出国しようとするときは、法務省令で定める手続により、その者の申請に基づき、難民旅行証明書を交付するものとする。ただし、出入国在留管理庁長官においてその者が日本国の利益又は公安を害する行為を行うおそれがあると認める場合は、この限りでない。

2　前項の規定により難民旅行証明書の交付を受ける外国人で、外国の難民旅行証明書を所持するものは、その交付を受ける際に当該外国の難民旅行証明書を出入国在留管理庁長官に提出しなければならない。

3　第一項の難民旅行証明書の有効期間は、一年とする。

4　第一項の難民旅行証明書の交付を受けている者は、当該証明書の有効期間内は本邦に入国し、及び出国することができる。この場合において、入国については、第二六条第一項の規定による再入国の許可を要しない。

5　前項の場合において、出入国在留管理庁長官が特に必要があると認めるときは、三月以上一年未満の範囲内で、当該難民旅行証明書により入国することのできる期限を定めることができる。

6　出入国在留管理庁長官は、第一項の難民旅行証明書の交付を受けて出国した者について、当該証明書の有効期間内に入国することができない相当の理由があると認めるときは、その者の申請に基づき、六月を超えない範囲内で、当該証明書の有効期間を延長することができる。

7　前項の延長は、難民旅行証明書にその旨を記載して行うものとし、その事務は、日本国領事官等に委任するものとする。

8　出入国在留管理庁長官は、第一項の難民旅行証明書の交付を受けている者が日本国の利益又は公安を害する行為を行うおそれがあると認めるときは、その者が本邦にある間において、法務省令で定めるところにより、その者に対して、期限を付して、その所持する難民旅行証明書の返納を命ずることができる。

9　前項の規定により返納を命ぜられた難民旅行証明書は、その返納があったときは当該返納の時に、同項の期限までに返納がなかったときは当該期限を経過した時に、その効力を失う。この場合において、出入国在留管理庁長官は、当該難民旅行証明書がその効力を失った旨を官報に告示する。

第六一条の二の一三（退去強制令書の発付に伴う難民認定証明書等の返納） 本邦に在留する外国人で難民の認定を受けているものが、第四七条第五項、第四八条第九項若しくは第四九条第六項の規定により、又は第六三条第一項の規定に基づく退去強制の手続において退去強制令書の発付を受けたときは、当該外国人は、速やかに出入国在留管理庁長官にその所持する難民認定証明書及び難民旅行証明書を返納しなければならない。

第六一条の二の一四（事実の調査） 1　法務大臣は、難民の認定、第六一条の二の二第一項若しくは第二項、第六一条の二の三若しくは第六一条の二の四第一項の規定による許可、第六一条の二の五の規定による許可の取消し、第六一条の二の七第一項の規定による難民の認定の取消し又は第六一条の二の八第一項の規定による在留資格の取消しに関する処分を行うため必要がある場合には、難民調査官に事実の調査をさせることができる。

2　難民調査官は、前項の調査のため必要があるときは、関係人に対し出頭を求め、質問をし、又は文書の提示を求めることができる。

3　法務大臣又は難民調査官は、第一項の調査について、公務所又は公私の団体に照会して必要な事項の報告を求めることができる。

第八章　補　則

第六一条の三（入国審査官） 1　入国者収容所及び地方出入国在留管理局に、入国審査官を置く。

2　入国審査官は、次に掲げる事務を行う。

一　上陸及び退去強制についての審査及び口頭審理並びに出国命令についての審査を行うこと。

二　第二二条の四第二項（第六一条の二の八第二項において準用する場合を含む。次条第二項第六号において同じ。）の規定による意見の聴取、第二二条の四第三項ただし書（第六一条の二の八第二項において準用する場合を含む。）の規定による通知並びに第六一条の九の二第四項及び第五項の規定による交付送達を行うこと。

三　第一九条の三七第一項、第五九条の二第一項及び第六一条の二の一四第一項に規定する事実の調査を行うこと。

四　第一九条の二〇第一項の規定による関係人に対する質問並びに特定技能外国人の受入れに関係のある場所への立入り及びその設備又は帳簿書類その他の物件の検査を行うこと。

五　収容令書及び退去強制令書を発付すること。

六　収容令書又は退去強制令書の発付を受けて収容されている者を仮放免すること。

七　第五五条の三第一項の規定による出国命令をすること。

3　地方出入国在留管理局に置かれた入国審査官は、必要があるときは、その地方出入国在留管理局の管轄区域外においても、職務を行うことができる。

第六一条の三の二（入国警備官） 1　入国者収容所及び

地方出入国在留管理局に、入国警備官を置く。
2　入国警備官は、次に掲げる事務を行う。
一　入国、上陸及び在留に関する違反事件を調査すること。
二　収容令書及び退去強制令書を執行するため、その執行を受ける者を収容し、護送し、及び送還すること。
三　入国者収容所、収容場その他の施設を警備すること。
四　第一九条の三七第一項及び第五九条の二第一項に規定する事実の調査を行うこと。
五　第一九条の二〇第一項の規定による関係人に対する質問並びに特定技能所属機関に係る事業所その他特定技能外国人の受入れに関係のある場所への立入り及びその設備又は帳簿書類その他の物件の検査を行うこと。
六　第二二条の四第三項ただし書の規定による通知並びに第六一条の九の二第四項及び第五項の規定による交付送達を行うこと。
3　前条第三項の規定は、入国警備官に準用する。
4　入国警備官は、国家公務員法(昭和二二年法律第一二〇号)の規定の適用については、警察職員とする。
5　入国警備官の階級は、別に政令で定める。

第六一条の四(武器の携帯及び使用)　1　入国審査官及び入国警備官は、その職務を行うに当り、武器を携帯することができる。
2　入国審査官及び入国警備官は、その職務の執行に関し、その事態に応じ、合理的に必要と判断される限度において、武器を使用することができる。但し、左の各号の一に該当する場合を除く外、人に危害を加えてはならない。
一　刑法第三六条又は第三七条に該当するとき。
二　収容令書又は退去強制令書の執行を受ける者がその者に対する入国審査官若しくは入国警備官の職務の執行に対して抵抗しようとする場合又は第三者がその者を逃がそうとして入国審査官若しくは入国警備官に抵抗する場合において、これを防止するために他の手段がないと入国審査官又は入国警備官において信ずるに足りる相当の理由があるとき。

第六一条の五(制服及び証票)(略)

第六一条の六(収容場)　地方出入国在留管理局に、収容令書の執行を受ける者を収容する収容場を設ける。

第六一条の七(被収容者の処遇)　1　入国者収容所又は収容場(以下「入国者収容所等」という。)に収容されている者(以下「被収容者」という。)には、入国者収容所等の保安上支障がない範囲内においてできる限りの自由が与えられなければならない。
2　被収容者には、一定の寝具を貸与し、及び一定の糧食を給与するものとする。
3　被収容者に対する給養は、適正でなければならず、入国者収容所等の設備は、衛生的でなければならない。
4　入国者収容所長又は地方出入国在留管理局長(以下「入国者収容所長等」という。)は、入国者収容所等の保安上又は衛生上必要があると認めるときは、被収容者の身体、所持品又は衣類を検査し、及びその所持品又は衣類を領置することができる。
5　入国者収容所長等は、入国者収容所等の保安上必要があると認めるときは、被収容者の発受する通信を検査し、及びその発受を禁止し、又は制限することができる。
6　前各項に規定するものを除く外、被収容者の処遇に関し必要な事項は、法務省令で定める。

第六一条の七の二(入国者収容所等視察委員会)　1　法務省令で定める出入国在留管理官署に、入国者収容所等視察委員会(以下「委員会」という。)を置く。
2　委員会は、入国者収容所等の適正な運営に資するため、法務省令で定める担当区域内にある入国者収容所等を視察し、その運営に関し、入国者収容所長等に対して意見を述べるものとする。

第六一条の七の三(組織等)　1　委員会は、委員一〇人以内で組織する。
2　委員は、人格識見が高く、かつ、入国者収容所等の運営の改善向上に熱意を有する者のうちから、法務大臣が任命する。
3　委員の任期は、一年とする。ただし、再任を妨げない。
4　委員は、非常勤とする。
5　前各項に定めるもののほか、委員会の組織及び運営に関し必要な事項は、法務省令で定める。

第六一条の七の四(委員会に対する情報の提供及び委員の視察等)　1　入国者収容所長等は、入国者収容所等の運営の状況について、法務省令で定めるところにより、定期的に、又は必要に応じて、委員会に対し、情報を提供するものとする。
2　委員会は、入国者収容所等の運営の状況を把握するため、委員による入国者収容所等の視察をすることができる。この場合において、委員会は、必要があると認めるときは、入国者収容所長等に対し、委員による被収容者との面接の実施について協力を求めることができる。
3　入国者収容所長等は、前項の視察及び面接について、必要な協力をしなければならない。
4　第六一条の七第五項の規定にかかわらず、被収容者が委員会に対して提出する書面については、検査し、又はその提出を禁止し、若しくは制限してはならない。

第六一条の七の五(委員会の意見等の公表)　法務大臣は、毎年、委員会が入国者収容所長等に対して述べた意見及びこれを受けて入国者収容所長等が講じた措置の内容を取りまとめ、その概要を公表するものとする。

第六一条の七の六(出国待機施設の視察等)　1　委員会は、第六一条の七の二第二項に規定する事務を行うほか、出国待機施設の適正な運営に資するため、法務省令で定める担当区域内にある出国待機施設を視察し、その運営に関し、当該出国待機施設の所在地を管轄する地方出入国在留管理局の長に対して意見を述べるものとする。

2　前二条の規定は、前項に規定する事務を行う場合に準用する。

第六一条の七（関係行政機関との関係）出入国在留管理庁長官又は入国者収容所長等は、出入国及び在留の管理並びに難民の認定に関する事務の遂行に当たり、当該事務の遂行が他の行政機関の事務に関連する場合には、関係行政機関と情報交換を行うことにより緊密に連絡し、及び協力して行うものとする。

第六一条の八（関係行政機関の協力）（略）

第六一条の八の二（住民票の記載等に係る通知）市町村の長は、住民基本台帳法第三〇条の四五に規定する外国人住民に係る住民票について、政令で定める事由により、その記載、消除又は記載の修正をしたときは、直ちにその旨を出入国在留管理庁長官に通知しなければならない。

第六一条の九（情報提供）1　出入国在留管理庁長官は、出入国管理及び難民認定法に規定する出入国の管理及び難民の認定の職務に相当する職務を行う外国の当局（以下この条において「外国入国管理当局」という。）に対し、その職務（出入国管理及び難民認定法に規定する出入国及び在留の管理並びに難民の認定の職務に相当するものに限る。次項において同じ。）の遂行に資すると認める情報を提供することができる。

2　前項の規定による情報の提供については、当該情報が当該外国出入国在留管理当局の職務の遂行に資する目的以外の目的で使用されないよう適切な措置がとられなければならない。

3　出入国在留管理庁長官は、外国出入国在留管理当局からの要請があったときは、前項の規定にかかわらず、次の各号のいずれかに該当する場合を除き、第一項の規定により提供した情報を当該要請に係る外国の刑事事件の捜査又は審判（以下この項において「捜査等」という。）に使用することについて同意をすることができる。

一　当該要請に係る刑事事件の捜査等の対象とされている犯罪が政治犯罪であるとき、又は当該要請が政治犯罪について捜査等を行う目的で行われたものと認められるとき。

二　当該要請に係る刑事事件の捜査等の対象とされている犯罪に係る行為が日本国内において行われたとした場合において、その行為が日本国の法令によれば罪に当たるものでないとき。

三　日本国が行う同種の要請に応ずる旨の要請国の保証がないとき。

4　出入国在留管理庁長官は、前項の同意をする場合においては、あらかじめ、同項第一号及び第二号に該当しないことについて法務大臣の確認を、同項第三号に該当しないことについて外務大臣の確認を、それぞれ受けなければならない。

第六一条の九の二（送達）（略）

第六一条の一〇（出入国在留管理基本計画）1　法務大臣は、出入国及び在留の公正な管理を図るため、外国人の入国及び在留の管理に関する施策の基本となるべき計画（以下「出入国在留管理基本計画」という。）を定めるものとする。

2　出入国在留管理基本計画に定める事項は、次のとおりとする。

一　本邦に入国し、在留する外国人の状況に関する事項

二　外国人の入国及び在留の管理の指針となるべき事項

三　前二号に掲げるもののほか、外国人の入国及び在留の管理に関する施策に関し必要な事項

3　法務大臣は、出入国在留管理基本計画を定めるに当たっては、あらかじめ、関係行政機関の長と協議するものとする。

4　法務大臣は、出入国在留管理基本計画を定めたときは、遅滞なく、その概要を公表するものとする。

5　前二項の規定は、出入国在留管理基本計画の変更について準用する。

第六一条の一一（同）法務大臣は、出入国在留管理基本計画に基づいて、外国人の出入国及び在留を公正に管理するよう努めなければならない。

第六二条（通報）1　何人も、第二四条各号の一に該当すると思料する外国人を知ったときは、その旨を通報することができる。

2　国又は地方公共団体の職員は、その職務を遂行するに当って前項の外国人を知ったときは、その旨を通報しなければならない。

3　矯正施設の長（支所及び分院の長を含む。以下同じ。）は、第一項の外国人が刑の執行を受けている場合において、刑期の満了、刑の執行の停止その他の事由（仮釈放を除く。）により釈放されるとき、又は少年法第二四条第一項第三号若しくは売春防止法（昭和三一年法律第一一八号）第一七条の処分を受けて退院するときは、直ちにその旨を通報しなければならない。

4　地方更生保護委員会は、第一項の外国人が刑の執行を受けている場合又は少年法第二四条第一項第三号の処分を受けて少年院に在院している場合若しくは売春防止法第一七条の処分を受けて婦人補導院に在院している場合において、当該外国人について仮釈放又は仮退院の許可決定をしたときは、直ちにその旨を通報しなければならない。

5　前四項の通報は、書面又は口頭をもって、所轄の入国審査官又は入国警備官に対してしなければならない。

第六三条（刑事手続との関係）1　退去強制対象者に該当する外国人について刑事訴訟に関する法令、刑

の執行に関する法令又は少年院若しくは婦人補導院の在院者の処遇に関する法令の規定による手続が行われる場合には、その者を収容しないときでも、その者について第五章（第二節並びに第五二条及び第五三条を除く。）の規定に準じ退去強制の手続を行うことができる。この場合において、第二九条第一項中「容疑者の出頭を求め」とあるのは「容疑者の出頭を求め、又は自ら出張して」と、第四五条第一項中「前条の規定により容疑者の引渡を受けたときは」とあるのは「違反調査の結果、容疑者が第二四条各号の一に該当すると疑うに足りる理由があるときは」と読み替えるものとする。

2　前項の規定に基き、退去強制令書が発付された場合には、刑事訴訟に関する法令、刑の執行に関する法令又は少年院若しくは婦人補導院の在院者の処遇に関する法令の規定による手続が終了した後、その執行をするものとする。但し、刑の執行中においても、検事総長又は検事長の許可があるときは、その執行をすることができる。

3　入国審査官は、第四五条又は第五五条の二第二項の審査に当たって、容疑者が罪を犯したと信ずるに足りる相当の理由があるときは、検察官に告発するものとする。

第六四条（身柄の引渡）1　検察官は、第七〇条の罪に係る被疑者を受け取った場合において、公訴を提起しないと決定するときは、入国警備官による収容令書又は退去強制令書の呈示をまって、当該被疑者を釈放して当該入国警備官に引き渡さなければならない。

2　矯正施設の長は、第六二条第三項又は第四項の場合において、当該外国人に対し収容令書又は退去強制令書の発付があったときは、入国警備官による収容令書又は退去強制令書の呈示をまって、釈放と同時にその者を当該入国警備官に引き渡さなければならない。

第六五条（刑事訴訟法の特例）1　司法警察員は、第七〇条の罪に係る被疑者を逮捕し、若しくは受け取り、又はこれらの罪に係る現行犯人を受け取った場合には、収容令書が発付され、且つ、その者が他に罪を犯した嫌疑のないときに限り、刑事訴訟法（昭和二三年法律第一三一号）第二〇三条（同法第二一一条及び第二一六条の規定により準用する場合を含む。）の規定にかかわらず、書類及び証拠物とともに、当該被疑者を入国警備官に引き渡すことができる。

2　前項の場合には、被疑者が身体を拘束された時から四八時間以内に、当該被疑者を引き渡す手続をしなければならない。

第六六条（報償金）第六二条第一項の規定による通報をした者がある場合において、その通報に基いて退去強制令書が発付されたときは、法務大臣は、法務省令で定めるところにより、その通報者に対し、五万円以下の金額を報償金として交付することができる。但し、通報が国又は地方公共団体の職員がその職務の遂行に伴い知り得た事実に基くものであるときは、この限りでない。

第六七条（手数料）
第六七条の二（同）　（略）
第六八条（同）

第六八条の二（事務の区分）第一九条の七第一項及び第二項（第一九条の八第二項及び第一九条の九第二項において準用する場合を含む。）、第一九条の八第一項並びに第一九条の九第一項の規定により市町村が処理することとされている事務は、地方自治法第二条第九項第一号に規定する第一号法定受託事務とする。

第六九条（政令等への委任）第二章からこの章までの規定の実施のための手続その他その執行について必要な事項は、法務省令（市町村の長が行うべき事務については、政令）で定める。

第六九条の二（権限の委任）出入国管理及び難民認定法に規定する法務大臣の権限は、政令で定めるところにより、出入国在留管理庁長官に委任することができる。ただし、第二条の三第三項及び第四項（これらの規定を同条第五項において準用する場合を含む。）、第二条の四第一項、同条第三項及び第四項（これらの規定を同条第五項において準用する場合を含む。）並びに第七条の二第三項及び第四項（これらの規定を同条第五項において準用する場合を含む。）に規定する権限については、この限りでない。

2　出入国管理及び難民認定法に規定する出入国在留管理庁長官の権限（前項の規定により委任された権限を含む。）は、法務省令で定めるところにより、地方出入国在留管理局長に委任することができる。

第六九条の三（経過措置）（略）

第九章　罰　則

第七〇条1　次の各号のいずれかに該当する者は、三年以下の懲役若しくは禁錮若しくは三〇〇万円以下の罰金に処し、又はその懲役若しくは禁錮及び罰金を併科する。

一　第三条の規定に違反して本邦に入った者

二　入国審査官から上陸の許可等を受けないで本邦に上陸した者

二の二　偽りその他不正の手段により、上陸の許可等を受けて本邦に上陸し、又は第四章第二節の規定による許可を受けた者

三　第二二条の四第一項（第一号又は第二号に係るものに限る。）の規定により在留資格を取り消された者で本邦に残留するもの

三の二　第二二条の四第一項（第五号に係るものに限る。）の規定により在留資格を取り消された者（同条第七項本文の規定により期間の指定を受けた者を除く。）で本邦に残留するもの

三の三　第二二条の四第七項本文（第六一条の二の八第二項において準用する場合を含む。）の規定に

より期間の指定を受けた者で、当該期間を経過して本邦に残留するもの

四　第一九条第一項の規定に違反して収入を伴う事業を運営する活動又は報酬を受ける活動を専ら行っていると明らかに認められる者

五　在留期間の更新又は変更を受けないで在留期間（第二〇条第六項（第二一条第四項において準用する場合を含む。）の規定により本邦に在留することができる期間を含む。）を経過して本邦に残留する者

六　仮上陸の許可を受けた者で、第一三条第三項の規定に基づき付された条件に違反して、逃亡し、又は正当な理由がなくて呼出しに応じないもの

七　寄港地上陸の許可、船舶観光上陸の許可、通過上陸の許可、乗員上陸の許可、緊急上陸の許可、遭難による上陸の許可又は一時庇護のための上陸の許可を受けた者で、旅券又は当該許可書に記載された期間を経過して本邦に残留するもの

七の二　第一四条の二第九項の規定により期間の指定を受けた者で当該期間内に出国しないもの

七の三　第一六条第九項の規定により期間の指定を受けた者で当該期間内に帰船し又は出国しないもの

八　第二二条の二第一項に規定する者で、同条第三項において準用する第二〇条第三項本文の規定又は第二二条の二第四項において準用する第二二条第二項及び第三項の規定による許可を受けないで、第二二条の二第一項に規定する期間を経過して本邦に残留するもの

八の二　第五五条の三第一項の規定により出国命令を受けた者で、当該出国命令に係る出国期限を経過して本邦に残留するもの

八の三　第五五条の六の規定により出国命令を取り消された者で本邦に残留するもの

八の四　第六一条の二の四第一項の許可を受けた者で、仮滞在期間を経過して本邦に残留するもの

九　偽りその他不正の手段により難民の認定を受けた者

2　前項第一号又は第二号に掲げる者が、本邦に上陸した後引き続き不法に在留するときも、同項と同様とする。

第七〇条の二　前条第一項第一号から第二号の二まで、第五号若しくは第七号又は同条第二項の罪を犯した者については、次の各号に該当することの証明があったときは、その刑を免除する。ただし、当該罪に係る行為をした後遅滞なく入国審査官の面前において、次の各号に該当することの申出をした場合に限る。

一　難民であること。

二　その者の生命、身体又は身体の自由が難民条約第一条A(2)に規定する理由によって害されるおそれのあった領域から、直接本邦に入ったものであること。

三　前号のおそれがあることにより当該罪に係る行為をしたものであること。

第七一条　第二五条第二項又は第六〇条第二項の規定に違反して出国し、又は出国することを企てた者は、一年以下の懲役若しくは禁錮若しくは三〇万円以下の罰金に処し、又はその懲役若しくは禁錮及び罰金を併科する。

第七一条の二　（略）

第七二条　次の各号のいずれかに該当する者は、一年以下の懲役若しくは二〇万円以下の罰金に処し、又はこれを併科する。

一　収容令書又は退去強制令書によって身柄を拘束されている者で逃走したもの

二　船舶観光上陸の許可を受けた者で、当該許可に係る指定旅客船が寄港する本邦の出入国港において下船した後当該出入国港から当該指定旅客船が出港するまでの間に帰船することなく逃亡したもの

三　一時庇護のための上陸の許可を受けた者で、第一八条の二第四項の規定に基づき付された条件に違反して逃亡したもの

四　第五二条第六項の規定により放免された者で、同項の規定に基づき付された条件に違反して、逃亡し、又は正当な理由がなくて呼出しに応じないもの

五　第五五条の三第一項の規定により出国命令を受けた者で、同条第三項の規定に基づき付された条件に違反して逃亡したもの

六　第六一条の二の四第一項の許可を受けた者で、同条第三項の規定に基づき付された条件に違反して、逃亡し、又は正当な理由がなくて呼出しに応じないもの

七　第六一条の二の七第三項又は第六一条の二の一三の規定に違反して難民認定証明書又は難民旅行証明書を返納しなかった者

八　第六一条の二の一二第八項の規定により難民旅行証明書の返納を命ぜられた者で、同項の規定により付された期限内にこれを返納しなかったもの

第七三条　第七〇条第一項第四号に該当する場合を除き、第一九条第一項の規定に違反して収入を伴う事業を運営する活動又は報酬を受ける活動を行った者は、一年以下の懲役若しくは禁錮若しくは二〇〇万円以下の罰金に処し、又はその懲役若しくは禁錮及び罰金を併科する。

第七三条の二　次の各号のいずれかに該当する者は、三年以下の懲役若しくは三〇〇万円以下の罰金に処し、又はこれを併科する。

一　事業活動に関し、外国人に不法就労活動をさせた者

二　外国人に不法就労活動をさせるためにこれを自己の支配下に置いた者

三　業として、外国人に不法就労活動をさせる行為

又は前号の行為に関しあっせんした者

2　前項各号に該当する行為をした者は、次の各号のいずれかに該当することを知らないことを理由として、同項の規定による処罰を免れることができない。ただし、過失のないときは、この限りでない。

一　当該外国人の活動が当該外国人の在留資格に応じた活動に属しない収入を伴う事業を運営する活動又は報酬を受ける活動であること。

二　当該外国人が当該外国人の活動を行うに当たり第一九条第二項の許可を受けていないこと。

三　当該外国人が第七〇条第一項第一号、第二号、第三号から第三号の三まで、第五号、第七号から第七号の三まで又は第八号の二から第八号の四までに掲げる者であること。

第七三条の三　行使の目的で、在留カードを偽造し、又は変造した者は、一年以上一〇年以下の懲役に処する。

2　偽造又は変造の在留カードを行使した者も、前項と同様とする。

3　行使の目的で、偽造又は変造の在留カードを提供し、又は収受した者も、第一項と同様とする。

4　前三項の罪の未遂は、罰する。

第七三条の四　行使の目的で、偽造又は変造の在留カードを所持した者は、五年以下の懲役又は五〇万円以下の罰金に処する。

第七三条の五　第七三条の三第一項の犯罪行為の用に供する目的で、器械又は原料を準備した者は、三年以下の懲役又は五〇万円以下の罰金に処する。

第七三条の六　次の各号のいずれかに該当する者は、一年以下の懲役又は二〇万円以下の罰金に処する。

一　他人名義の在留カードを行使した者

二　行使の目的で、他人名義の在留カードを提供し、収受し、又は所持した者

三　行使の目的で、自己名義の在留カードを提供した者

2　前項（所持に係る部分を除く。）の罪の未遂は、罰する。

第七四条　自己の支配又は管理の下にある集団密航者（入国審査官から上陸の許可等を受けないで、又は偽りその他不正の手段により入国審査官から上陸の許可等を受けて本邦に上陸する目的を有する集合した外国人をいう。以下同じ。）を本邦に入らせ、又は上陸させた者は、五年以下の懲役又は三〇〇万円以下の罰金に処する。

2　営利の目的で前項の罪を犯した者は、一年以上一〇年以下の懲役及び一、〇〇〇万円以下の罰金に処する。

3　前二項の罪（本邦に上陸させる行為に係る部分に限る。）の未遂は、罰する。

第七四条の二　自己の支配又は管理の下にある集団密航者を本邦に向けて輸送し、又は本邦内において上陸の場所に向けて輸送した者は、三年以下の懲役又は二〇〇万円以下の罰金に処する。

2　営利の目的で前項の罪を犯した者は、七年以下の懲役及び五〇〇万円以下の罰金に処する。

第七四条の三　第七四条第一項若しくは第二項又は前条の罪を犯す目的で、その用に供する船舶等を準備した者は、二年以下の懲役又は一〇〇万円以下の罰金に処する。情を知って、その用に供する船舶等を提供した者も、同様とする。

第七四条の四　第七四条第一項又は第二項の罪を犯した者からその上陸させた外国人の全部若しくは一部を収受し、又はその収受した外国人を輸送し、蔵匿し、若しくは隠避させた者は、五年以下の懲役又は三〇〇万円以下の罰金に処する。当該外国人の全部若しくは一部を、これを収受した者から収受し、又はその収受した外国人を輸送し、蔵匿し、若しくは隠避させた者も、同様とする。

2　営利の目的で前項の罪を犯した者は、一年以上一〇年以下の懲役及び一、〇〇〇万円以下の罰金に処する。

3　前二項の罪の未遂は、罰する。

第七四条の五　前条第一項又は第二項の罪を犯す目的で、その予備をした者は、二年以下の懲役又は一〇〇万円以下の罰金に処する。

第七四条の六　営利の目的で第七〇条第一項第一号若しくは第二号に規定する行為（以下「不法入国等」という。）又は同項第二号の二に規定する行為の実行を容易にした者は、三年以下の懲役若しくは三〇〇万円以下の罰金に処し、又はこれを併科する。

第七四条の六の二　次の各号のいずれかに該当する者は、三年以下の懲役若しくは三〇〇万円以下の罰金に処し、又はこれを併科する。

一　他人の不法入国等の実行を容易にする目的で、偽りその他不正の手段により、日本国の権限のある機関から難民旅行証明書、渡航証明書、乗員手帳又は再入国許可書の交付を受けた者

二　他人の不法入国等の実行を容易にする目的で、次に掲げる文書を所持し、提供し、又は収受した者

イ　旅券（旅券法第二条第一号及び第二号に規定する旅券並びに同法第一九条の三第一項に規定する渡航書を除く。以下この項において同じ。）、乗員手帳又は再入国許可書として偽造された文書

ロ　当該不法入国等を実行する者について効力を有しない旅券、乗員手帳又は再入国許可書

三　第七〇条第一項第一号又は第二号の罪を犯す目的で、偽りその他不正の手段により、日本国の権限のある機関から難民旅行証明書、渡航証明書、乗員手帳又は再入国許可書の交付を受けた者

四　第七〇条第一項第一号又は第二号の罪を犯す目的で、次に掲げる文書を所持し、又は収受した者

イ　旅券、乗員手帳又は再入国許可書として偽造された文書

ロ　自己について効力を有しない旅券、乗員手帳又は再入国許可書

2　営利の目的で前項第一号又は第二号の罪を犯した者は、五年以下の懲役及び五〇〇万円以下の罰金に処する。

第七四条の六の三　前条の罪（所持に係る部分を除く。）の未遂は、罰する。

第七四条の七　第七三条の二第一項第二号及び第三号、第七三条の三から第七三条の六まで、第七四条の二（本邦内における輸送に係る部分を除く。）、第七四条の三並びに前三条の罪は、刑法第二条の例に従う。

第七四条の八1　退去強制を免れさせる目的で、第二四条第一号又は第二号に該当する外国人を蔵匿し、又は隠避させた者は、三年以下の懲役又は三〇〇万円以下の罰金に処する。

2　営利の目的で前項の罪を犯した者は、五年以下の懲役及び五〇〇万円以下の罰金に処する。

3　前二項の罪の未遂は、罰する。

第七五条　（略）

第七五条の二　次の各号のいずれかに該当する者は、一年以下の懲役又は二〇万円以下の罰金に処する。

一　第二三条第二項の規定に違反して在留カードを受領しなかった者

二　第二三条第三項の規定に違反して在留カードの提示を拒んだ者

第七五条の三　第二三条第二項の規定に違反して在留カードを携帯しなかった者は、二〇万円以下の罰金に処する。

第七六条　次の各号のいずれかに該当する者は、一〇万円以下の罰金に処する。

一　第二三条第一項の規定に違反した者（特別永住者を除く。）

二　第二三条第三項の規定に違反して旅券、乗員手帳又は許可書の提示を拒んだ者

第七六条の二（両罰規定）法人の代表者又は法人若しくは人の代理人、使用人その他の従業者が、その法人又は人の業務に関して第七一条の三、第七一条の四、第七三条の二若しくは第七四条から第七四条の六までの罪、第七四条の六の二（第一項第三号及び第四号を除く。）の罪若しくはその未遂罪又は第七四条の八の罪を犯したときは、行為者を罰するほか、その法人又は人に対しても、各本条の罰金刑を科する。

第七七条（過料）
第七八条（没収）　｝（略）

別表第一（第二条の二、第二条の五、第五条、第七条、第七条の二、第一九条、第一九条の六、第一九条の一七、第一九条の三六、第二〇条の二、第二二条の三、第二二条の四、第二四条、第六一条の二の二、第六一条の二の八関係）

一

在留資格	本邦において行うことができる活動
外交	日本国政府が接受する外国政府の外交使節団若しくは領事機関の構成員、条約若しくは国際慣行により外交使節と同様の特権及び免除を受ける者又はこれらの者と同一の世帯に属する家族の構成員としての活動
公用	日本国政府の承認した外国政府若しくは国際機関の公務に従事する者又はその者と同一の世帯に属する家族の構成員としての活動（この表の外交の項の下欄に掲げる活動を除く。）
教授	本邦の大学若しくはこれに準ずる機関又は高等専門学校において研究、研究の指導又は教育をする活動
芸術	収入を伴う音楽、美術、文学その他の芸術上の活動（二の表の興行の項の下欄に掲げる活動を除く。）
宗教	外国の宗教団体により本邦に派遣された宗教家の行う布教その他の宗教上の活動
報道	外国の報道機関との契約に基づいて行う取材その他の報道上の活動

別表第一の二

在留資格	本邦において行うことができる活動
高度専門職	一　高度の専門的な能力を有する人材として法務省令で次のイからハまでのいずれかに該当する活動であって、我が国の学術研究又は経済の発展に寄与することが見込まれるもの イ　法務大臣が指定する本邦の公私の機関との契約に基づいて研究、研究の指導若しくは教育をする活動又は当該活動と併せて当該活動と関連する事業を自ら経営し若しくは当該機関以外の本邦の公私の機関との契約に基づいて研究、研究の指導若しくは教育をする活動 ロ　法務大臣が指定する本邦の公私の機関との契約に基づいて自然科学若しくは人文科学の分野に属する知識若しくは技術を要する業務に従事する活動又は当該活動と併せて当該活動と関連する事業を自ら経営する活動 ハ　法務大臣が指定する本邦の公私の機関において貿易その他の事業の経営を行い若しくは当該事業の管理に従事する活動又は当該活動と併せて当該活動と関連する事業を自ら経営する活動

高度専門職（つづき）	二　前号に掲げる活動を行った者であって、その在留が我が国の利益に資するものとして法務省令で定める基準に適合するものが行う次に掲げる活動 イ　本邦の公私の機関との契約に基づいて研究、研究の指導又は教育をする活動 ロ　本邦の公私の機関との契約に基づいて自然科学又は人文科学の分野に属する知識又は技術を要する業務に従事する活動 ハ　本邦の公私の機関において貿易その他の事業の経営を行い又は当該事業の管理に従事する活動 ニ　イからハまでのいずれかの活動と併せて行う一の表の教授の項から報道の項までの下欄に掲げる活動又はこの表の法律・会計業務の項、医療の項、教育の項、技術・人文知識・国際業務の項、介護の項、興行の項若しくは技能の項の下欄若しくは特定技能の項の下欄第二号に掲げる活動（イからハまでのいずれかに該当する活動を除く。）
経営・管理	本邦において貿易その他の事業の経営を行い又は当該事業の管理に従事する活動（この表の法律・会計業務の項の下欄に掲げる資格を有しなければ法律上行うことができないこととされている事業の経営又は管理に従事する活動を除く。）
法律・会計業務	外国法事務弁護士、外国公認会計士その他法律上資格を有する者が行うこととされている法律又は会計に係る業務に従事する活動
医療	医師、歯科医師その他法律上資格を有する者が行うこととされている医療に係る業務に従事する活動
研究	本邦の公私の機関との契約に基づいて研究を行う業務に従事する活動（一の表の教授の項の下欄に掲げる活動を除く。）

教育	本邦の小学校、中学校、義務教育学校、高等学校、中等教育学校、特別支援学校、専修学校又は各種学校若しくは設備及び編制に関してこれに準ずる教育機関において語学教育その他の教育をする活動
技術・人文知識・国際業務	本邦の公私の機関との契約に基づいて行う理学、工学その他の自然科学の分野若しくは法律学、経済学、社会学その他の人文科学の分野に属する技術若しくは知識を要する業務又は外国の文化に基盤を有する思考若しくは感受性を必要とする業務に従事する活動（一の表の教授の項、芸術の項及び報道の項の下欄に掲げる活動並びにこの表の経営・管理の項から教育の項まで及び企業内転勤の項から興行の項までの下欄に掲げる活動を除く。）
企業内転勤	本邦に本店、支店その他の事業所のある公私の機関の外国にある事業所の職員が本邦にある事業所に期間を定めて転勤して当該事業所において行うこの表の技術・人文知識・国際業務の項の下欄に掲げる活動
介護	本邦の公私の機関との契約に基づいて介護福祉士の資格を有する者が介護又は介護の指導を行う業務に従事する活動
興行	演劇、演芸、演奏、スポーツ等の興行に係る活動又はその他の芸能活動（この表の経営・管理の項の下欄に掲げる活動を除く。）
技能	本邦の公私の機関との契約に基づいて行う産業上の特殊な分野に属する熟練した技能を要する業務に従事する活動

特定技能	一　法務大臣が指定する本邦の公私の機関との雇用に関する契約（第二条の五第一項から第四項までの規定に適合するものに限る。次号において同じ。）に基づいて行う特定産業分野（人材を確保することが困難な状況にあるため外国人により不足する人材の確保を図るべき産業上の分野として法務省令で定めるものをいう。同号において同じ。）であって法務大臣が指定するものに属する法務省令で定める相当程度の知識又は経験を必要とする技能を要する業務に従事する活動 二　法務大臣が指定する本邦の公私の機関との雇用に関する契約に基づいて行う特定産業分野であって法務大臣が指定するものに属する法務省令で定める熟練した技能を要する業務に従事する活動
技能実習	一　次のイ又はロのいずれかに該当する活動 イ　技能実習法第八条第一項の認定（技能実習法第十一条第一項の規定による変更の認定があったときは、その変更後のもの。以下同じ。）を受けた技能実習法第八条第一項に規定する技能実習計画（技能実習法第二条第二項第一号に規定する第一号企業単独型技能実習に係るものに限る。）に基づいて、講習を受け、及び技能、技術又は知識（以下「技能等」という。）に係る業務に従事する活動 ロ　技能実習法第八条第一項の認定を受けた同項に規定する技能実習計画（技能実習法第二条第四項第一号に規定する第一号団体監理型技能実習に係るものに限る。）に基づいて、講習を受け、及び技能等に係る業務に従事する活動 二　次のイ又はロのいずれかに該当する活動

技能実習（つづき）	イ　技能実習法第八条第一項の認定を受けた同項に規定する技能実習計画（技能実習法第二条第二項第二号に規定する第二号企業単独型技能実習に係るものに限る。）に基づいて技能等を要する業務に従事する活動 ロ　技能実習法第八条第一項の認定を受けた同項に規定する技能実習計画（技能実習法第二条第四項第二号に規定する第二号団体監理型技能実習に係るものに限る。）に基づいて技能等を要する業務に従事する活動 三　次のイ又はロのいずれかに該当する活動 イ　技能実習法第八条第一項の認定を受けた同項に規定する技能実習計画（技能実習法第二条第二項第三号に規定する第三号企業単独型技能実習に係るものに限る。）に基づいて技能等を要する業務に従事する活動 ロ　技能実習法第八条第一項の認定を受けた同項に規定する技能実習計画（技能実習法第二条第四項第三号に規定する第三号団体監理型技能実習に係るものに限る。）に基づいて技能等を要する業務に従事する活動

備考　法務大臣は、特定技能の項の下欄の法務省令を定めようとするときは、あらかじめ、関係行政機関の長と協議するものとする。

別表第一の三

在留資格	本邦において行うことができる活動
文化活動	収入を伴わない学術上若しくは芸術上の活動又は我が国特有の文化若しくは技芸について専門的な研究を行い若しくは専門家の指導を受けてこれを修得する活動（四の表の留学の項から研修の項までの下欄に掲げる活動を除く。）
短期滞在	本邦に短期間滞在して行う観光、保養、スポーツ、親族の訪問、見学、講習又は会合への参加、業務連絡その他これらに類似する活動

別表第一の四

在留資格	本邦において行うことができる活動
留学	本邦の大学、高等専門学校、高等学校（中等教育学校の後期課程を含む。）若しくは特別支援学校の高等部、中学校（義務教育学校の後期課程及び中等教育学校の前期課程を含む。）若しくは特別支援学校の中等部、小学校（義務教育学校の前期課程を含む。）若しくは特別支援学校の小学部、専修学校若しくは各種学校又は設備及び編制に関してこれらに準ずる機関において教育を受ける活動
研修	本邦の公私の機関により受け入れられて行う技術、技能又は知識の修得をする活動（この表の留学の項及び就学の項の下欄に掲げる活動を除く。）
家族滞在	一の表、二の表又は三の表の上欄の在留資格（外交、公用、特定技能（二の表の特定技能の項の下欄第一号に係るものに限る。）、技能実習及び短期滞在を除く。）をもって在留する者又はこの表の留学の在留資格をもって在留する者の扶養を受ける配偶者又は子として行う日常的な活動

別表第一の五

在留資格	本邦において行うことができる活動
特定活動	法務大臣が個々の外国人について特に指定する活動

別表第二（第二条の二、第七条、第二二条の三、第二二条の四、第六一条の二の二、第六一条の二の八関係）

在留資格	本邦において有する身分または地位
永住者	法務大臣が永住を認める者
日本人の配偶者等	日本人の配偶者若しくは特別養子又は日本人の子として出生した者
永住者の配偶者等	永住者等の配偶者又は永住者等の子として本邦で出生しその後引き続き本邦に在留している者
定住者	法務大臣が特別な理由を考慮し一定の在留期間を指定して居住を認める者

3 14　国際的な子の奪取の民事上の側面に関する条約（子の奪取条約）（抄）

作　　成　一九八〇年一〇月二五日（ハーグ国際私法会議）
効力発生　一九八三年一二月一日
日 本 国　二〇一三年五月二二日国会承認、二〇一四年一月二四日署名、受託書寄託、四月一日効力発生

この条約の署名国は、
子の監護に関する事項において子の利益が最も重要

であることを深く確信し、

不法な連れ去り又は留置によって生ずる有害な影響から子を国際的に保護すること並びに子が常居所を有していた国への当該子の迅速な返還を確保する手続及び接触の権利の保護を確保する手続を定めることを希望し、

このための条約を締結することを決定して、次のとおり協定した。

第一章 条約の適用範囲

第一条【目的】この条約は、次のことを目的とする。

a いずれかの締約国に不法に連れ去られ、又はいずれかの締約国において不法に留置されている子の迅速な返還を確保すること。

b 一の締約国の法令に基づく監護の権利及び接触の権利が他の締約国において効果的に尊重されることを確保すること。

第二条【一般的義務】締約国は、自国の領域内においてこの条約の目的の実現を確保するため、全ての適当な措置をとる。このため、締約国は、利用可能な手続のうち最も迅速なものを用いる。

第三条【連れ去り等の不法性】子の連れ去り又は留置は、次のa及びbに該当する場合には、不法とする。

a 当該連れ去り又は留置の直前に当該子が常居所を有していた国の法令に基づいて個人、施設又は他の機関が共同又は単独で有する監護の権利を侵害していること。

b 当該連れ去り若しくは留置の時にaに規定する監護の権利が共同若しくは単独で現実に行使されていたこと又は当該連れ去り若しくは留置がなかったならば当該権利が共同若しくは単独で現実に行使されていたであろうこと。

aに規定する監護の権利は、特に、法令の適用により、司法上若しくは行政上の決定により、又はaに規定する国の法令に基づいて法的効果を有する合意により生ずるものとする。

第四条【適用範囲】この条約は、監護の権利又は接触の権利が侵害される直前にいずれかの締約国に常居所を有していた子について適用する。この条約は、子が一六歳に達した場合には、適用しない。

第五条【定義】この条約の適用上

a 「監護の権利」には、子の監護に関する権利、特に、子の居所を決定する権利を含む。

b 「接触の権利」には、一定の期間子をその常居所以外の場所に連れて行く権利を含む。

第二章 中央当局

第六条【中央当局の指定】締約国は、この条約により中央当局に対して課される義務を履行するため、一の中央当局を指定する。

連邦制の国、二以上の法制を有する国並びに自治権及び領域的管轄を有する組織を有する国は、二以上の中央当局を指定し、その権限が及ぶ領域の範囲を定めることができる。二以上の中央当局を指定した国は、申請が自国内の適当な中央当局に移送されるよう、申請の送付先となる一の中央当局を指定する。

第七条【中央当局の措置】中央当局は、子の迅速な返還を確保し、及びこの条約の他の目的を達成するため、相互に協力し、及びそれぞれの国内における権限のある当局の間の協力を促進する。

特に、中央当局は、直接に又は仲介者を通じて、次の事項を目的として、全ての適当な措置をとる。

a 不法に連れ去られ、又は留置されている子の所在を特定すること。

b 暫定措置をとり、又はとらせることによって、子に対する更なる害悪又は利害関係者に対する不利益を防止すること。

c 子の任意の返還を確保し、又は問題の友好的な解決をもたらすこと。

d 望ましい場合には、子の社会的背景に関する情報を交換すること。

e この条約の適用に関連する自国の法令につき一般的な情報を提供すること。

f 子の返還を得るための司法上若しくは行政上の手続を開始し、又は当該手続の開始について便宜を与えること、及び適当な場合には接触の権利について内容を定め、又は効果的な行使を確保するように取り計らうこと。

g 状況により必要とされる場合には、法律に関する援助及び助言(弁護士その他法律に関する助言者の参加を含む。)を提供し、又はこれらの提供について便宜を与えること。

h 子の安全な返還を確保するための必要かつ適当な行政上の措置をとること。

i この条約の実施に関する情報を常に相互に通報し、及びこの条約の適用に対する障害を可能な限り除去すること。

第三章 子の返還

第八条【援助の申請】監護の権利が侵害されて子が連れ去られ、又は留置されたと主張する個人、施設又は他の機関は、当該子の常居所の中央当局又は他の締約国の中央当局に対し、当該子の返還を確保するための援助の申請を行うことができる。

当該申請には、次のものを含める。

a 申請者、子及び当該子を連れ去り、又は留置しているとされる者の特定に関する情報

b 可能な場合には、子の生年月日

c 申請者が子の返還を請求する根拠

d 子の所在及び子と共に所在すると推定される者の特定に関する全ての入手可能な情報

当該申請に次のものを添付し、又は当該申請を次のものにより補足することができる。

e 関係する決定又は合意の写しであって、証明を

受けたもの

f　子が常居所を有していた国の関係法令に関する証明書又は宣誓供述書であって、当該国の中央当局その他の権限のある当局又は資格を有する者が作成したもの

g　その他の関係文書

第九条【申請の移送】前条に規定する申請を受領した中央当局は、子が他の締約国に現に所在すると信ずるに足りる理由がある場合には、当該申請を当該他の締約国の中央当局に直接かつ遅滞なく移送し、要請を行った中央当局又は申請者に対しその旨を通知する。

第一〇条【所在国の義務】子が現に所在する国の中央当局は、当該子が任意に返還されるよう全ての適当な措置をとり、又はとらせる。

第一一条【手段の迅速性の確保】締約国の司法当局又は行政当局は、子の返還のための手続を迅速に行う。

関係する司法当局又は行政当局が当該手続の開始の日から六週間以内に決定を行うことができない場合には、申請者は、遅延の理由を明らかにするよう要求する権利を有するものとし、要請を受けた国の中央当局は、自己の職権により又は要請を行った国の中央当局が求めるときは、遅延の理由を明らかにするよう要求する権利を有する。要請を受けた国の中央当局は、その要求への回答を受領したときは、当該回答を要請を行った国の中央当局又は申請者に転送する。

第一二条【返還命令】子が第三条の規定の意味において不法に連れ去られ、又は留置されている場合において、当該子が現に所在する締約国の司法当局又は行政当局が手続を開始した日において当該子の不法な連れ去り又は留置の日から一年が経過していないときは、当該司法当局又は行政当局は、直ちに、当該子の返還を命ずる。

司法当局又は行政当局は、前項に規定する一年が経過した後に手続を開始した場合においても、子が新たな環境に適応していることが証明されない限り、当該子の返還を命ずる。

要請を受けた国の司法当局又は行政当局は、子が他の国に連れ出されたと信ずるに足りる理由がある場合には、当該子の返還のための手続を中止し、又は当該子の返還の申請を却下することができる。

第一三条【返還の拒否】前条の規定にかかわらず、要請を受けた国の司法当局又は行政当局は、子の返還に異議を申し立てる個人、施設又は他の機関が次のいずれかのことを証明する場合には、当該子の返還を命ずる義務を負わない。

a　子を監護していた個人、施設又は他の機関が、連れ去り若しくは留置の時に現実に監護の権利を行使していなかったこと、連れ去り若しくは留置の時以前にこれに同意していたこと又は連れ去り若しくは留置の後にこれを黙認したこと。

b　返還することによって子が心身に害悪を受け、又は他の耐え難い状態に置かれることとなる重大な危険があること。

司法当局又は行政当局は、子が返還されることを拒み、かつ、その意見を考慮に入れることが適当である年齢及び成熟度に達していると認める場合には、当該子の返還を命ずることを拒むことができる。

司法当局又は行政当局は、この条に規定する状況について検討するに当たり、子の社会的背景に関する情報であって当該子の常居所の中央当局その他の権限のある当局により提供されるものを考慮に入れる。

第一四条【常居所地法の考慮】要請を受けた国の司法当局又は行政当局は、第三条の規定の意味において不法な連れ去り又は留置があったか否かを確認するに当たり、子が常居所を有していた国の法令及び司法上又は行政上の決定（当該国において正式に承認されたものであるか否かを問わない。）を、当該法令に関する証明のため又は外国の決定の承認のために適用される特定の手続がある場合においてもこれによることなく、直接に考慮することができる。

第一五条【常居所地国における不法性の決定】締約国の司法当局又は行政当局は、子の連れ去り又は留置が第三条の規定の意味において不法なものであるとの決定又は判断を申請者が当該子が常居所を有していた国において得ることができる場合には、当該子の返還を命ずる前に、当該申請者に対し当該決定又は判断を得るよう要請することができる。締約国の中央当局は、申請者が当該決定又は判断を得ることをできる限り援助する。

第一六条【所在地国による本案決定の回避】子が自国に連れ去られ、又は自国において留置されている締約国の司法当局又は行政当局は、当該子が第三条の規定の意味において不法に連れ去られ、又は留置されている旨の通知を受領した後は、この条約に基づいて子が返還されないことが決定されるまで又はこの条約に基づく申請が当該通知を受領した後合理的な期間内に行われない場合を除くほか、監護の権利についての本案の決定を行わない。

第一七条【監護決定の効力】
第一八条【返還命令権の留保】（略）

第一九条【返還決定の効力】この条約に基づく子の返還に関する決定は、監護の権利についての本案の判断としてはならない。

第二〇条【人権に関する基本原則】第一二条の規定に基づく子の返還については、要請を受けた国における人権及び基本的自由の保護に関する基本原則により認められないものである場合には、拒むことができる。

第四章　接触の権利　（略）

第五章　一般規定
第六章　最終条項
（略）

4章 条約

41 条約法に関するウィーン条約(条約法条約)

署名　一九六九年五月二三日(ウィーン)
効力発生　一九八〇年一月二七日
日本国　一九八一年五月二九日国会承認、七月二日加入書寄託、七月二〇日公布(条約第一六号)、八月一日効力発生

この条約の当事国は、

国際関係の歴史における条約の基本的な役割を考慮し、

条約が、国際法の法源として、また、国(憲法体制及び社会体制のいかんを問わない。)の間の平和的協力を発展させるための手段として、引き続き重要性を増しつつあることを認め、

自由意思による同意の原則及び信義誠実の原則並びに「合意は守られなければならない」との規則が普遍的に認められていることに留意し、

条約に係る紛争が、他の国際紛争の場合におけると同様に、平和的手段により、かつ、正義の原則及び国際法の諸原則に従って解決されなければならないことを確認し、

国際連合加盟国の国民が、正義と条約から生ずる義務の尊重とを維持するために必要な条件の確立を決意したことを想起し、

人民の同権及び自決の原則、すべての国の主権平等及び独立の原則、国内問題への不干渉の原則、武力による威嚇又は武力の行使の禁止の原則、すべての者の人権及び基本的自由の普遍的な尊重及び遵守の原則等国際連合憲章に規定する国際法の諸原則を考慮し、

この条約において条約法の法典化及び漸進的発達が図られたことにより、国際連合憲章に定める国際連合の目的、すなわち、国際の平和及び安全の維持、諸国間の友好関係の発展並びに国際協力の達成が推進されることを確信し、

この条約により規律されない問題については、引き続き国際慣習法の諸規則により規律されることを確認して、

次のとおり協定した。

第一部　序

第一条(この条約の適用範囲) この条約は、国の間の条約について適用する。

第二条(用語) 1　この条約の適用上、

(a)　「条約」とは、国の間において文書の形式により締結され、国際法によって規律される国際的な合意(単一の文書によるものであるか関連する二以上の文書によるものであるかを問わず、また、名称のいかんを問わない。)をいう。

(b)　「批准」、「受諾」、「承認」及び「加入」とは、それぞれ、そのように呼ばれる国際的な行為をいい、条約に拘束されることについての国の同意は、これらの行為により国際的に確定的なものとされる。

(c)　「全権委任状」とは、国の権限のある当局の発給する文書であって、条約文の交渉、採択若しくは確定を行うため、条約に拘束されることについての国の同意を表明するため又は条約に関するその他の行為を遂行するために国を代表する一又は二以上の者を指名しているものをいう。

(d)　「留保」とは、国が、条約の特定の規定の自国への適用上その法的効果を排除し又は変更することを意図して、条約への署名、条約の批准、受諾若しくは承認又は条約への加入の際に単独に行う声明(用いられる文言及び名称のいかんを問わない。)をいう。

(e)　「交渉国」とは、条約文の作成及び採択に参加した国をいう。

(f)　「締約国」とは、条約(効力を生じているかいな

いかを問わない。）に拘束されることに同意した国をいう。

(g)　「当事国」とは、条約に拘束されることに同意し、かつ、自国について条約の効力が生じている国をいう。

(h)　「第三国」とは、条約の当事国でない国をいう。

(i)　「国際機関」とは、政府間機関をいう。

2　この条約における用語につき規定する1の規定は、いずれの国の国内法におけるこれらの用語の用法及び意味にも影響を及ぼすものではない。

第三条（この条約の適用範囲外の国際的な合意）この条約が国と国以外の国際法上の主体との間において又は国以外の国際法上の主体の間において締結される国際的な合意及び文書の形式によらない国際的な合意については適用されないということは、次の事項に影響を及ぼすものではない。

(a)　これらの合意の法的効力

(b)　この条約に規定されている規則のうちこの条約との関係を離れ国際法に基づきこれらの合意を規律するような規則のこれらの合意についての適用

(c)　国及び国以外の国際法上の主体が当事者となっている国際的な合意により規律されている国の間の関係へのこの条約の適用

第四条（この条約の不遡及）この条約は、自国についてこの条約の効力が生じている国によりその効力発生の後に締結される条約についてのみ適用する。ただし、この条約に規定されている規則のうちこの条約との関係を離れ国際法に基づき条約を規律するような規則のいかなる条約についての適用も妨げるものではない。

第五条（国際機関を設立する条約及び国際機関内において採択される条約）この条約は、国際機関の設立文書である条約及び国際機関内において採択される条約について適用する。ただし、当該国際機関の関係規則の適用を妨げるものではない。

第二部　条約の締結及び効力発生

第一節　条約の締結

第六条（国の条約締結能力）いずれの国も、条約を締結する能力を有する。

第七条（全権委任状）1　いずれの者も、次の場合には、条約文の採択若しくは確定又は条約に拘束されることについての国の同意の表明の目的のために国を代表するものと認められる。

(a)　当該者から適切な全権委任状の提示がある場合

(b)　当該者につきこの1に規定する目的のために国を代表するものと認めかつ全権委任状の提示を要求しないことを関係国が意図していたことが関係国の慣行又はその他の状況から明らかである場合

2　次の者は、職務の性質により、全権委任状の提示を要求されることなく、自国を代表するものと認められる。

(a)　条約の締結に関するあらゆる行為について、元首、政府の長及び外務大臣

(b)　派遣国と接受国との間の条約の条約文の採択については、外交使節団の長

(c)　国際会議又は国際機関若しくはその内部機関における条約文の採択については、当該国際会議又は国際機関若しくはその内部機関に対し国の派遣した代表者

第八条（権限が与えられることなく行われた行為の追認）条約の締結に関する行為について国を代表する権限を有するとは前条の規定により認められない者の行ったこれらの行為は、当該国の追認がない限り、法的効果を伴わない。

第九条（条約文の採択）1　条約文は、2の場合を除くほか、その作成に参加したすべての国の同意により採択される。

2　国際会議においては、条約文は、出席しかつ投票する国の三分の二以上の多数による議決で採択される。ただし、出席しかつ投票する国が三分の二以上の多数による議決で異なる規則を適用することを決定した場合は、この限りでない。

第一〇条（条約文の確定）条約文は、次のいずれかの方法により真正かつ最終的なものとされる。

(a)　条約文に定められている手続又は条約文の作成に参加した国が合意する手続

(b)　(a)の手続がない場合には、条約文の作成に参加した国の代表者による条約文又は条約文を含む会議の最終議定書への署名、追認を要する署名又は仮署名

第一一条（条約に拘束されることについての同意の表明の方法）条約に拘束されることについての国の同意は、署名、条約を構成する文書の交換、批准、受諾、承認若しくは加入により又は合意がある場合には他の方法により表明することができる。

第一二条（条約に拘束されることについての同意の署名による表明）1　条約に拘束されることについての国の同意は、次の場合には、国の代表者の署名により表明される。

(a)　署名が同意の表明の効果を有することを条約が定めている場合

(b)　署名が同意の表明の効果を有することを交渉国が合意したことが他の方法により認められる場合

(c)　署名に同意の表明の効果を付与することを国が意図していることが当該国の代表者の全権委任状から明らかであるか又は交渉の過程において表明されたかのいずれかの場合

2　1の規定の適用上、

(a)　条約文への仮署名は、交渉国の合意があると認められる場合には、条約への署名とされる。

(b)　国の代表者による条約への追認を要する署名は、当該国が追認をする場合には、条約への完全な署名とされる。

第一三条（条約に拘束されることについての同意の条約構成文書の交換による表明）国の間で交換される文書により構成されている条約に拘束されることについての国の同意は、次の場合には、当該文書の交換により表明される。

(a) 文書の交換が同意の表明の効果を有することを当該文書が定めている場合

(b) 文書の交換が同意の表明の効果を有することを国の間で合意したことが他の方法により認められる場合

第一四条（条約に拘束されることについての同意の批准、受諾又は承認による表明）1　条約に拘束されることについての国の同意は、次の場合には、批准により表明される。

(a) 同意が批准により表明されることを条約が定めている場合

(b) 批准を要することを交渉国が合意したことが他の方法により認められる場合

(c) 国の代表者が批准を条件として条約に署名した場合

(d) 批准を条件として条約に署名することを国が意図していることが当該国の代表者の全権委任状から明らかであるか又は交渉の過程において表明されたかのいずれかの場合

2　条約に拘束されることについての国の同意は、批准により表明される場合の条件と同様の条件で、受諾又は承認により表明される。

第一五条（条約に拘束されることについての同意の加入による表明）条約に拘束されることについての国の同意は、次の場合には、加入により表明される。

(a) 当該国が加入により同意を表明することができることを条約が定めている場合

(b) 当該国が加入により同意を表明することができることを交渉国が合意したことが他の方法により認められる場合

(c) 当該国が加入により同意を表明することができることをすべての当事国が後に合意した場合

第一六条（批准書、受諾書、承認書又は加入書の交換又は寄託）条約に別段の定めがない限り、批准書、受諾書、承認書又は加入書は、これらについて次のいずれかの行為が行われた時に、条約に拘束されることについての国の同意を確定的なものとする。

(a) 締約国の間における交換

(b) 寄託者への寄託

(c) 合意がある場合には、締約国又は寄託者に対する通告

第一七条（条約の一部に拘束されることについての同意及び様々な規定のうちからの特定の規定の選択）1　条約の一部に拘束されることについての国の同意は、条約が認めている場合又は他の締約国の同意がある場合にのみ、有効とされる。もっとも、第一九条から第二三条までの規定の適用を妨げるものではない。

2　様々な規定のうちからの特定の規定の選択を認めている条約に拘束されることについての国の同意は、いずれの規定に係るものであるかが明らかにされる場合にのみ、有効とされる。

第一八条（条約の効力発生前に条約の趣旨及び目的を失わせてはならない義務）いずれの国も、次の場合には、それぞれに定める期間、条約の趣旨及び目的を失わせることとなるような行為を行わないようにする義務がある。

(a) 批准、受諾若しくは承認を条件として条約に署名し又は条約を構成する文書を交換した場合には、その署名又は交換の時から条約の当事国とならない意図を明らかにする時までの間

(b) 条約に拘束されることについての同意を表明した場合には、その表明の時から条約が効力を生ずる時までの間。ただし、効力発生が不当に遅延する場合は、この限りでない。

第二節　留保

第一九条（留保の表明）いずれの国も、次の場合を除くほか、条約への署名、条約の批准、受諾若しくは承認又は条約への加入に際し、留保を付することができる。

(a) 条約が当該留保を付することを禁止している場合

(b) 条約が、当該留保を含まない特定の留保のみを付することができる旨を定めている場合

(c) (a)及び(b)の場合以外の場合において、当該留保が条約の趣旨及び目的と両立しないものであるとき。

第二〇条（留保の受諾及び留保に対する異議）1　条約が明示的に認めている留保については、条約に別段の定めがない限り、他の締約国による受諾を要しない。

2　すべての当事国の間で条約を全体として適用することが条約に拘束されることについての各当事国の同意の不可欠の条件であることが、交渉国数が限定されていること並びに条約の趣旨及び目的から明らかである場合には、留保については、すべての当事国による受諾を要する。

3　条約が国際機関の設立文書である場合には、留保については、条約に別段の定めがない限り、当該国際機関の権限のある内部機関による受諾を要する。

4　1から3までの場合以外の場合には、条約に別段の定めがない限り、

(a) 留保を付した国は、留保を受諾する他の締約国との間においては、条約がこれらの国の双方について効力を生じているときはその受諾の時に、条約がこれらの国の双方又は一方について効力を生じていないときは双方について効力を生ずる時に、条約の当事国関係に入る。

(b) 留保に対し他の締約国が異議を申し立てることにより、留保を付した国と当該他の締約国との間における条約の効力発生が妨げられることはない。

ただし、当該他の締約国が別段の意図を明確に表明する場合は、この限りでない。

(c) 条約に拘束されることについての国の同意を表明する行為で留保を伴うものは、他の締約国の少なくとも一が留保を受諾した時に有効となる。

5 2及び4の規定の適用上、いずれかの国が、留保の通告を受けた後十二箇月の期間が満了する日又は条約に拘束されることについての同意を表明する日のいずれか遅い日までに、留保に対し異議を申し立てなかった場合には、留保は、当該国により受諾されたものとみなす。

第二一条（留保及び留保に対する異議の法的効果） 1 第一九条、前条及び第二三条の規定により他の当事国との関係において成立した留保は、

(a) 留保を付した国に関しては、当該他の当事国との関係において、留保に係る条約の規定を留保の限度において変更する。

(b) 当該他の当事国に関しては、留保を付した国との関係において、留保に係る条約の規定を留保の限度において変更する。

2 1に規定する留保は、留保を付した国以外の条約の当事国相互の間においては、条約の規定を変更しない。

3 留保に対し異議を申し立てた国が自国と留保を付した国との間において条約が効力を生ずることに反対しなかった場合には、留保に係る規定は、これらの二の国の間において、留保の限度において適用がない。

第二二条（留保の撤回及び留保に対する異議の撤回）

1 留保は、条約に別段の定めがない限り、いつでも撤回することができるものとし、撤回については、留保を受諾した国の同意を要しない。

2 留保に対する異議は、条約に別段の定めがない限り、いつでも撤回することができる。

3 条約に別段の定めがある場合及び別段の合意がある場合を除くほか、

(a) 留保の撤回は、留保を付した国と他の締約国との関係において、当該他の締約国が当該撤回の通告を受領した時に効果を生ずる。

(b) 留保に対する異議の撤回は、留保を付した国が当該撤回の通告を受領した時に効果を生ずる。

第二三条（留保に関連する手続） 1 留保、留保の明示的な受諾及び留保に対する異議は、書面によって表明しなければならず、また、締約国及び条約の当事国となる資格を有する他の国に通報しなければならない。

2 批准、受諾又は承認を条件として条約に署名するに際して付された留保は、留保を付した国により、条約に拘束されることについての同意を表明する際に、正式に確認されなければならない。この場合には、留保は、その確認の日に付されたものとみなす。

3 留保の確認前に行われた留保の明示的な受諾又は留保に対する異議の申立てについては、確認を要しない。

4 留保の撤回及び留保に対する異議の撤回は、書面によって行わなければならない。

第三節 条約の効力発生及び暫定的適用

第二四条（効力発生） 1 条約は、条約に定める態様又は交渉国が合意する態様により、条約に定める日又は交渉国が合意する日に効力を生ずる。

2 1の場合以外の場合には、条約は、条約に拘束されることについての同意がすべての交渉国につき確定的なものとされた時に、効力を生ずる。

3 条約に拘束されることについての国の同意が条約の効力発生の後に確定的なものとされる場合には、条約は、条約に別段の定めがない限り、当該国につき、その同意が確定的なものとされた日に効力を生ずる。

4 条約文の確定、条約に拘束されることについての国の同意の確定、条約の効力発生の態様及び日、留保、寄託者の任務その他必然的に条約の効力発生前に生ずる問題について規律する規定は、条約文の採択の時から適用する。

第二五条（暫定的適用） 1 条約又は条約の一部は、次の場合には、条約が効力を生ずるまでの間、暫定的に適用される。

(a) 条約に定めがある場合

(b) 交渉国が他の方法により合意した場合

2 条約又は条約の一部のいずれかの国についての暫定的適用は、条約に別段の定めがある場合及び交渉国による別段の合意がある場合を除くほか、当該いずれかの国が、条約が暫定的に適用されている関係にある他の国に対し、条約の当事国とならない意図を通告した場合には、終了する。

第三部 条約の遵守、適用及び解釈

第一節 条約の遵守

第二六条（合意は守られなければならない） 効力を有するすべての条約は、当事国を拘束し、当事国は、これらの条約を誠実に履行しなければならない。

第二七条（国内法と条約の遵守） 当事国は、条約の不履行を正当化する根拠として自国の国内法を援用することができない。この規則は、第四六条の規定の適用を妨げるものではない。

第二節 条約の適用

第二八条（条約の不遡及） 条約は、別段の意図が条約自体から明らかである場合及びこの意図が他の方法によって確認される場合を除くほか、条約の効力が当事国について生ずる日前に行われた行為、同日前に生じた事実又は同日前に消滅した事態に関し、当該当事国を拘束しない。

第二九条（条約の適用地域） 条約は、別段の意図が条約

自体から明らかである場合及びこの意図が他の方法によって確認される場合を除くほか、各当事国をその領域全体について拘束する。

第三〇条（同一の事項に関する相前後する条約の適用） 1 国際連合憲章第一〇三条の規定が適用されることを条件として、同一の事項に関する相前後する条約の当事国の権利及び義務は、2から5までの規定により決定する。

2 条約が前の若しくは後の条約に従うものであること又は前の若しくは後の条約と両立しないものとみなしてはならないことを規定している場合には、当該前の又は後の条約が優先する。

3 条約の当事国のすべてが後の条約の当事国となっている場合において、第五九条の規定による条約の終了又は運用停止がされていないときは、条約は、後の条約と両立する限度においてのみ、適用する。

4 条約の当事国のすべてが後の条約の当事国となっている場合以外の場合には、

(a) 双方の条約の当事国である国の間においては、3の規則と同一の規則を適用する。

(b) 双方の条約の当事国である国といずれかの条約のみの当事国である国との間においては、これらの国が共に当事国となっている条約が、これらの国の相互の権利及び義務を規律する。

5 4の規定は、第四一条の規定の適用を妨げるものではなく、また、第六〇条の規定による条約の終了又は運用停止の問題及びいずれかの国が条約により他の国に対し負っている義務に反することとなる規定を有する他の条約を締結し又は運用することから生ずる責任の問題に影響を及ぼすものではない。

第三節　条約の解釈

第三一条（解釈に関する一般的な規則） 1 条約は、文脈によりかつその趣旨及び目的に照らして与えられる用語の通常の意味に従い、誠実に解釈するものとする。

2 条約の解釈上、文脈というときは、条約文（前文及び附属書を含む。）のほかに、次のものを含める。

(a) 条約の締結に関連してすべての当事国の間でされた条約の関係合意

(b) 条約の締結に関連して当事国の一又は二以上が作成した文書であってこれらの当事国以外の当事国が条約の関係文書として認めたもの

3 文脈とともに、次のものを考慮する。

(a) 条約の解釈又は適用につき当事国の間で後にされた合意

(b) 条約の適用につき後に生じた慣行であって、条約の解釈についての当事国の合意を確立するもの

(c) 当事国の間の関係において適用される国際法の関連規則

4 用語は、当事国がこれに特別の意味を与えることを意図していたと認められる場合には、当該特別の意味を有する。

第三二条（解釈の補足的な手段） 前条の規定の適用により得られた意味を確認するため又は次の場合における意味を決定するため、解釈の補足的な手段、特に条約の準備作業及び条約の締結の際の事情に依拠することができる。

(a) 前条の規定による解釈によっては意味があいまい又は不明確である場合

(b) 前条の規定による解釈により明らかに常識に反した又は不合理な結果がもたらされる場合

第三三条（二以上の言語により確定がされた条約の解釈） 1 条約について二以上の言語により確定がされた場合には、それぞれの言語による条約文がひとしく権威を有する。ただし、相違があるときは特定の言語による条約文によることを条約が定めている場合又はこのことについて当事国が合意する場合は、この限りでない。

2 条約文の確定に係る言語以外の言語による条約文は、条約に定めがある場合又は当事国が合意する場合にのみ、正文とみなされる。

3 条約の用語は、各正文において同一の意味を有すると推定される。

4 1の規定に従い特定の言語による条約文による場合を除くほか、各正文の比較により、第三一条及び前条の規定を適用しても解消されない意味の相違があることが明らかとなった場合には、条約の趣旨及び目的を考慮した上、すべての正文について最大の調和が図られる意味を採用する。

第四節　条約と第三国

第三四条（第三国に関する一般的な規則） 条約は、第三国の義務又は権利を当該第三国の同意なしに創設することはない。

第三五条（第三国の義務について規定している条約） いずれの第三国も、条約の当事国が条約のいずれかの規定により当該第三国に義務を課することを意図しており、かつ、当該第三国が書面により当該義務を明示的に受け入れる場合には、当該規定に係る当該義務を負う。

第三六条（第三国の権利について規定している条約） 1 いずれの第三国も、条約の当事国が条約のいずれかの規定により当該第三国若しくは当該第三国の属する国の集団に対し又はいずれの国に対しても権利を与えることを意図しており、かつ、当該第三国が同意する場合には、当該規定に係る当該権利を取得する。同意しない旨の意思表示がない限り、第三国の同意は、存在するものと推定される。ただし、条約に別段の定めがある場合は、この限りでない。

2 1の規定により権利を行使する国は、当該権利の行使につき、条約に定められている条件又は条約に合致するものとして設定される条件を遵守する。

第三七条（第三国の義務又は権利についての撤回又は変更） 1 第三五条の規定によりいずれかの第三国

が義務を負っている場合には、条約の当事国及び当該第三国の同意があるときに限り、当該義務についての撤回又は変更をすることができる。ただし、条約の当事国及び当該第三国が別段の合意をしたと認められる場合は、この限りでない。

2　前条の規定によりいずれかの第三国が権利を取得している場合において、当該第三国の同意なしに当該権利についての撤回又は変更をすることができないことが意図されていたと認められるときは、条約の当事国は、当該権利についての撤回又は変更をすることができない。

第三八条（国際慣習となることにより第三国を拘束することとなる条約の規則）第三四条から前条までの規定のいずれも、条約に規定されている規則が国際法の慣習的規則と認められるものとして第三国を拘束することとなることを妨げるものではない。

第四部　条約の改正及び修正

第三九条（条約の改正に関する一般的な規則）条約は、当事国の間の合意によって改正することができる。当該合意については、条約に別段の定めがある場合を除くほか、第二部に定める規則を適用する。

第四〇条（多数国間の条約の改正）1　多数国間の条約の改正は、当該条約に別段の定めがない限り、2から5までの規定により規律する。

2　多数国間の条約をすべての当事国の間で改正するための提案は、すべての締約国に通告しなければならない。各締約国は、次のことに参加する権利を有する。

(a)　当該提案に関してとられる措置についての決定

(b)　当該条約を改正する合意の交渉及び締結

3　条約の当事国となる資格を有するいずれの国も、改正がされた条約の当事国となる資格を有する。

4　条約を改正する合意は、既に条約の当事国となっている国であっても当該合意の当事者とならないものについては、拘束しない。これらの国については、第三〇条4(b)の規定を適用する。

5　条約を改正する合意が効力を生じた後に条約の当事国となる国は、別段の意図を表明しない限り、

(a)　改正がされた条約の当事国とみなす。

(b)　条約を改正する合意に拘束されていない条約の当事国との関係においては、改正がされていない条約の当事国とみなす。

第四一条（多数国間の条約を一部の当事国の間においてのみ修正する合意）1　多数国間の条約の二以上の当事国は、次の場合には、条約を当該二以上の当事国の間においてのみ修正する合意を締結することができる。

(a)　このような修正を行うことができることを条約が規定している場合

(b)　当該二以上の当事国が行おうとする修正が条約により禁止されておらずかつ次の条件を満たしている場合

(i)　条約に基づく他の当事国による権利の享有又は義務の履行を妨げるものでないこと。

(ii)　逸脱を認めれば条約全体の趣旨及び目的の効果的な実現と両立しないこととなる条約の規定に関するものでないこと。

2　条約を修正する合意を締結する意図を有する当事国は、当該合意を締結する意図及び当該合意による修正を他の当事国に通告する。ただし、1(a)の場合において条約に別段の定めがあるときは、この限りでない。

第五部　条約の無効、終了及び運用停止

第一節　総　則

第四二条（条約の有効性及び条約の効力の存続）1　条約の有効性及び条約に拘束されることについての国の同意の有効性は、この条約の適用によってのみ否認することができる。

2　条約の終了若しくは廃棄又は条約からの当事国の脱退は、条約又はこの条約の適用によってのみ行うことができる。条約の運用停止についても、同様とする。

第四三条（条約との関係を離れ国際法に基づいて課される義務）この条約又は条約の適用によりもたらされる条約の無効、終了若しくは廃棄、条約からの当事国の脱退又は条約の運用停止は、条約に規定されている義務のうち条約との関係を離れても国際法に基づいて課されるような義務についての国の履行の責務に何ら影響を及ぼすものではない。

第四四条（条約の可分性）1　条約を廃棄し、条約から脱退し又は条約の運用を停止する当事国の権利であって、条約に定めるもの又は第五六条の規定に基づくものは、条約全体についてのみ行使することができる。ただし、条約に別段の定めがある場合又は当事国が別段の合意をする場合は、この限りでない。

2　条約の無効若しくは終了、条約からの脱退又は条約の運用停止の根拠としてこの条約において認められるものは、3から5まで及び第六〇条に定める場合を除くほか、条約全体についてのみ援用することができる。

3　2に規定する根拠が特定の条項にのみ係るものであり、かつ、次の条件が満たされる場合には、当該根拠は、当該条項についてのみ援用することができる。

(a)　当該条項がその適用上条約の他の部分から分離可能なものであること。

(b)　当該条項の受諾が条約全体に拘束されることについての他の当事国の同意の不可欠の基礎を成すものでなかったことが、条約自体から明らかであるか又は他の方法によって確認されるかのいずれかであること。

(c)　条約の他の部分を引き続き履行することとして

も不当ではないこと。

4　第四九条及び第五〇条の場合には、詐欺又は買収を根拠として援用する権利を有する国は、条約全体についてこの権利を行使することができるものとし、特定の条項のみについても、3の規定に従うことを条件として、この権利を行使することができる。

5　第五一条から第五三条までの場合には、条約の分割は、認められない。

第四五条（条約の無効若しくは終了、条約からの脱退又は条約の運用停止の根拠を援用する権利の喪失）いずれの国も、次条から第五〇条までのいずれか、第六〇条又は第六二条の規定に基づき条約を無効にし若しくは終了させ、条約から脱退し又は条約の運用を停止する根拠となるような事実が存在することを了知した上で次のことを行った場合には、当該根拠を援用することができない。

(a)　条約が有効であること、条約が引き続き効力を有すること又は条約が引き続き運用されることについての明示的な同意

(b)　条約の有効性、条約の効力の存続又は条約の運用の継続を黙認したとみなされるような行為

第二節　条約の無効

第四六条（条約を締結する権能に関する国内法の規定）1　いずれの国も、条約に拘束されることについての同意が条約を締結する権能に関する国内法の規定に違反して表明されたという事実を、当該同意を無効にする根拠として援用することができない。ただし、違反が明白でありかつ基本的な重要性を有する国内法の規則に係るものである場合は、この限りでない。

2　違反は、条約の締結に関し通常の慣行に従いかつ誠実に行動するいずれの国にとっても客観的に明らかであるような場合には、明白であるとされる。

第四七条（国の同意を表明する権限に対する特別の制限）特定の条約に拘束されることについての国の同意を表明する代表者の権限が特別の制限を付して与えられている場合に代表者が当該制限に従わなかったという事実は、当該制限が代表者による同意の表明に先立って他の交渉国に通告されていない限り、代表者によって表明された同意を無効にする根拠として援用することができない。

第四八条（錯誤）1　いずれの国も、条約についての錯誤が、条約の締結の時に存在すると自国が考えていた事実又は事態であって条約に拘束されることについての自国の同意の不可欠の基礎を成していた事実又は事態に係る錯誤である場合には、当該錯誤を条約に拘束されることについての自国の同意を無効にする根拠として援用することができる。

2　1の規定は、国が自らの行為を通じて当該錯誤の発生に寄与した場合又は国が何らかの錯誤の発生の可能性を予見することができる状況に置かれていた場合には、適用しない。

3　条約文の字句のみに係る錯誤は、条約の有効性に影響を及ぼすものではない。このような錯誤については、第七九条の規定を適用する。

第四九条（詐欺）いずれの国も、他の交渉国の詐欺行為によって条約を締結することとなった場合には、当該詐欺を条約に拘束されることについての自国の同意を無効にする根拠として援用することができる。

第五〇条（国の代表者の買収）いずれの国も、条約に拘束されることについての自国の同意が、他の交渉国が直接又は間接に自国の代表者を買収した結果表明されることとなった場合には、その買収を条約に拘束されることについての自国の同意を無効にする根拠として援用することができる。

第五一条（国の代表者に対する強制）条約に拘束されることについての国の同意の表明は、当該国の代表者に対する行為又は脅迫による強制の結果行われたものである場合には、いかなる法的効果も有しない。

第五二条（武力による威嚇又は武力の行使による国に対する強制）国際連合憲章に規定する（embodied）国際法の諸原則に違反する武力による威嚇又は武力の行使の結果締結された条約は、無効である。

第五三条（一般国際法の強行規範に抵触する条約）締結の時に一般国際法の強行規範に抵触する条約は、無効である。この条約の適用上、一般国際法の強行規範とは、いかなる逸脱も許されない規範として、また、後に成立する同一の性質を有する一般国際法の規範によってのみ変更することのできる規範として、国により構成されている国際社会全体が受け入れ、かつ、認める規範をいう。

第三節　条約の終了及び運用停止

第五四条（条約又は当事国の同意に基づく条約の終了又は条約からの脱退）条約の終了又は条約からの当事国の脱退は、次のいずれかの場合に行うことができる。

(a)　条約に基づく場合

(b)　すべての当事国の同意がある場合。この場合には、いかなる時点においても行うことができる。もっとも、当事国となっていない締約国は、事前に協議を受ける。

第五五条（多数国間の条約の効力発生に必要な数を下回る数への当事国数の減少）多数国間の条約は、条約に別段の定めがない限り、当事国数が条約の効力発生に必要な数を下回る数に減少したことのみを理由として終了することはない。

第五六条（終了、廃棄又は脱退に関する規定を含まない条約の廃棄又はこのような条約からの脱退）1　終了に関する規定を含まずかつ廃棄又は脱退について規定していない条約については、次の場合を除くほか、これを廃棄し、又はこれから脱退することができない。

(a)　当事国が廃棄又は脱退の可能性を許容する意図を有していたと認められる場合

(b) 条約の性質上廃棄又は脱退の権利があると考えられる場合

2 当事国は、1の規定に基づき条約を廃棄し又は条約から脱退しようとする場合には、その意図を廃棄又は脱退の一二箇月前までに通告する。

第五七条(条約又は当事国の同意に基づく条約の運用停止) 条約の運用は、次のいずれかの場合に、すべての当事国又は特定の当事国について停止することができる。

(a) 条約に基づく場合

(b) すべての当事国の同意がある場合。この場合には、いかなる時点においても停止することができる。もっとも、当事国となっていない締約国は、事前に協議を受ける。

第五八条(多数国間の条約の一部の当事国の間のみの合意による条約の運用停止) 1 多数国間の条約の二以上の当事国は、次の場合には、条約の運用を一時的にかつ当該二以上の当事国の間においてのみ停止する合意を締結することができる。

(a) このような運用停止を行うことができることを条約が規定している場合

(b) 当該二以上の当事国が行おうとする運用停止が条約により禁止されておらずかつ次の条件を満たしている場合

(i) 条約に基づく他の当事国による権利の享有又は義務の履行を妨げるものでないこと。

(ii) 条約の趣旨及び目的に反することとなるものでないこと。

2 条約の運用を停止する合意を締結する意図を有する当事国は、当該合意を締結する意図及びその運用を停止することとしている条約の規定を他の当事国に通告する。ただし、1(a)の場合において条約に別段の定めがあるときは、この限りでない。

第五九条(後の条約の締結による条約の終了又は運用停止) 1 条約は、すべての当事国が同一の事項に関し後の条約を締結する場合において次のいずれかの条件が満たされるときは、終了したものとみなす。

(a) 当事国が当該事項を後の条約によって規律することを意図していたことが後の条約自体から明らかであるか又は他の方法によって確認されるかのいずれかであること。

(b) 条約と後の条約とが著しく相いれないものであるためこれらの条約を同時に適用することができないこと。

2 当事国が条約の運用を停止することのみを意図していたことが後の条約自体から明らかである場合又は他の方法によって確認される場合には、条約は、運用を停止されるにとどまるものとみなす。

第六〇条(条約違反の結果としての条約の終了又は運用停止) 1 二国間の条約につきその一方の当事国による重大な違反があった場合には、他方の当事国は、当該違反を条約の終了又は条約の全部若しくは一部の運用停止の根拠として援用することができる。

2 多数国間の条約につきその一の当事国による重大な違反があった場合には、

(a) 他の当事国は、一致して合意することにより、次の関係において、条約の全部若しくは一部の運用を停止し又は条約を終了させることができる。

(i) 他の当事国と違反を行った国との間の関係

(ii) すべての当事国の間の関係

(b) 違反により特に影響を受けた当事国は、自国と当該違反を行った国との間の関係において、当該違反を条約の全部又は一部の運用停止の根拠として援用することができる。

(c) 条約の性質上、一の当事国による重大な違反が条約に基づく義務の履行の継続についてのすべての当事国の立場を根本的に変更するものであるときは、当該違反を行った国以外の当事国は、当該違反を自国につき条約の全部又は一部の運用を停止する根拠として援用することができる。

3 この条の規定の適用上、重大な条約違反とは、次のものをいう。

(a) 条約の否定であってこの条約により認められないもの

(b) 条約の趣旨及び目的の実現に不可欠な規定についての違反

4 1から3までの規定は、条約違反があった場合に適用される当該条約の規定に影響を及ぼすものではない。

5 1から3までの規定は、人道的性格を有する条約に定める身体[human person]の保護に関する規定、特にこのような条約により保護される者に対する報復[reprisals](形式のいかんを問わない。)を禁止する規定については、適用しない。

第六一条(後発的履行不能) 1 条約の実施に不可欠である対象が永久的に消滅し又は破壊された結果条約が履行不能となった場合には、当事国は、当該履行不能を条約の終了又は条約からの脱退の根拠として援用することができる。履行不能は、一時的なものである場合には、条約の運用停止の根拠としてのみ援用することができる。

2 当事国は、条約に基づく義務についての自国の違反又は他の当事国に対し負っている他の国際的な義務についての自国の違反の結果条約が履行不能となった場合には、当該履行不能を条約の終了、条約からの脱退又は条約の運用停止の根拠として援用することができない。

第六二条(事情の根本的な変化) 1 条約の締結の時に存在していた事情につき生じた根本的な変化が当事国の予見しなかったものである場合には、次の条件が満たされない限り、当該変化を条約の終了又は条約からの脱退の根拠として援用することができない。

(a) 当該事情の存在が条約に拘束されることについての当事国の同意の不可欠の基礎を成していたこと。

(b) 当該変化が、条約に基づき引き続き履行しなければならない義務の範囲を根本的に変更する効果を有するものであること。

2 事情の根本的な変化は、次の場合には、条約の終了又は条約からの脱退の根拠として援用することができない。

(a) 条約が境界を確定している場合

(b) 事情の根本的な変化が、これを援用する当事国による条約に基づく義務についての違反又は他の当事国に対し負っている他の国際的な義務についての違反の結果生じたものである場合

3 当事国は、1及び2の規定に基づき事情の根本的な変化を条約の終了又は条約からの脱退の根拠として援用することができる場合には、当該変化を条約の運用停止の根拠としても援用することができる。

第六三条（外交関係又は領事関係の断絶）条約の当事国の間の外交関係又は領事関係の断絶は、当事国の間に当該条約に基づき確立されている法的関係に影響を及ぼすものではない。ただし、外交関係又は領事関係の存在が当該条約の適用に不可欠である場合は、この限りでない。

第六四条（一般国際法の新たな強行規範の成立）一般国際法の新たな強行規範が成立した場合には、当該強行規範に抵触する既存の条約は、効力を失い、終了する。

第四節　手続

第六五条（条約の無効若しくは終了、条約からの脱退又は条約の運用停止に関してとられる手続）1 条約の当事国は、この条約に基づき、条約に拘束されることについての自国の同意の瑕疵を援用する場合又は条約の有効性の否認、条約の終了、条約からの脱退若しくは条約の運用停止の根拠を援用する場合には、自国の主張を他の当事国に通告しなければならない。通告においては、条約についてとろうとする措置及びその理由を示す。

2 一定の期間（特に緊急を要する場合を除くほか、通告の受領の後三箇月を下る期間であってはならない。）の満了の時までに他のいずれの当事国も異議を申し立てなかった場合には、通告を行った当事国は、とろうとする措置を第六七条に定めるところにより実施に移すことができる。

3 他のいずれかの当事国が異議を申し立てた場合には、通告を行った当事国及び当該他のいずれかの当事国は、国際連合憲章第三三条に定める手段により解決を求める。

4 1から3までの規定は、紛争の解決に関し当事国の間において効力を有するいかなる条項に基づく当事国の権利又は義務にも影響を及ぼすものではない。

5 第四五条の規定が適用される場合を除くほか、1の通告を行っていないいずれの国も、他の当事国からの条約の履行の要求又は条約についての違反の主張に対する回答として、1の通告を行うことを妨げられない。

第六六条（司法的解決、仲裁及び調停の手続）前条3の規定が適用された場合において、異議が申し立てられた日の後一二箇月以内に何らの解決も得られなかったときは、次の手続に従う。

(a) 第五三条又は第六四条の規定の適用又は解釈に関する紛争の当事者のいずれも、国際司法裁判所に対し、その決定を求めるため書面の請求により紛争を付託することができる。ただし、紛争の当事者が紛争を仲裁に付することについて合意する場合は、この限りでない。

(b) この部の他の規定の適用又は解釈に関する紛争の当事者のいずれも、国際連合事務総長に対し要請を行うことにより、附属書に定める手続を開始させることができる。

第六七条（条約の無効を宣言し、条約を終了させ、条約から脱退させ又は条約の運用を停止させる文書）

1 第六五条1の通告は、書面によって行わなければならない。

2 条約の規定又は第六五条2若しくは3の規定に基づく条約の無効の宣言、条約の終了、条約からの脱退又は条約の運用停止は、他の当事国に文書を伝達することにより実施に移される。文書に元首、政府の長又は外務大臣の署名がない場合には、文書を伝達する国の代表者は、全権委任状の提示を要求されることがある。

第六八条（第六五条及び前条に規定する通告及び文書の撤回）第六五条及び前条に規定する通告又は文書は、効果を生ずる前にいつでも撤回することができる。

第五節　条約の無効、終了又は運用停止の効果

第六九条（条約の無効の効果）1 この条約によりその有効性が否定された条約は、無効である。無効な条約は、法的効力を有しない。

2 この条約によりその有効性が否定された条約に依拠して既に行為が行われていた場合には、

(a) いずれの当事国も、他の当事国に対し、当該行為が行われなかったとしたならば存在していたであろう状態を相互の関係においてできる限り確立するよう要求することができる。

(b) 条約が無効であると主張される前に誠実に行われた行為は、条約が無効であることのみを理由として違法とされることはない。

3 第四九条から第五二条までの場合には、2の規定は、詐欺、買収又は強制を行った当事国については、適用しない。

4 多数国間の条約に拘束されることについての特定の国の同意が無効とされた場合には、1から3までに定める規則は、当該特定の国と条約の当事国との関係において適用する。

第七〇条(条約の終了の効果) 1 条約に別段の定めがある場合及び当事国が別段の合意をする場合を除くほか、条約又はこの条約に基づく条約の終了により、

(a) 当事国は、条約を引き続き履行する義務を免除される。

(b) 条約の終了前に条約の実施によって生じていた当事国の権利、義務及び法的状態は、影響を受けない。

2 1の規定は、いずれかの国が多数国間の条約を廃棄し又はこれから脱退する場合には、その廃棄又は脱退が効力を生ずる日から、当該いずれかの国と条約の他の各当事国との間において適用する。

第七一条(一般国際法の強行規範に抵触する条約の無効の効果) 1 条約が第五三条の規定により無効であるとされた場合には、当事国は、次のことを行う。

(a) 一般国際法の強行規範に抵触する規定に依拠して行った行為によりもたらされた結果をできる限り除去すること。

(b) 当事国の相互の関係を一般国際法の強行規範に適合したものとすること。

2 第六四条の規定により効力を失い、終了するとされた条約については、その終了により、

(a) 当事国は、条約を引き続き履行する義務を免除される。

(b) 条約の終了前に条約の実施によって生じていた当事国の権利、義務及び法的状態は、影響を受けない。ただし、これらの権利、義務及び法的状態は、条約の終了後は、一般国際法の新たな強行規範に抵触しない限度においてのみ維持することができる。

第七二条(条約の運用停止の効果) 1 条約に別段の定めがある場合及び当事国が別段の合意をする場合を除くほか、条約又はこの条約に基づく条約の運用停止により、

(a) 運用が停止されている関係にある当事国は、運用停止の間、相互の関係において条約を履行する義務を免除される。

(b) 当事国の間に条約に基づき確立されている法的関係は、(a)の場合を除くほか、いかなる影響も受けない。

2 当事国は、運用停止の間、条約の運用の再開を妨げるおそれのある行為を行わないようにしなければならない。

第六部 雑則

第七三条(国家承継、国家責任及び敵対行為の発生の場合) この条約は、国家承継、国の国際責任又は国の間の敵対行為の発生により条約に関連して生ずるいかなる問題についても予断を下しているものではない。

第七四条(外交関係及び領事関係と条約の締結) 国の間において外交関係又は領事関係が断絶した場合又はこれらの関係が存在しない場合にも、これらの国の間における条約の締結は、妨げられない。条約を締結すること自体は、外交関係又は領事関係につきいかなる影響も及ぼさない。

第七五条(侵略を行った国の場合) この条約は、侵略を行った国が、当該侵略に関して国際連合憲章に基づいてとられる措置の結果いずれかの条約に関連して負うことのある義務に影響を及ぼすものではない。

第七部 寄託者、通告、訂正及び登録

第七六条(条約の寄託者) 1 交渉国は、条約において又は他の方法により条約の寄託者を指定することができる。寄託者は、国(その数を問わない。)、国際機関又は国際機関の主たる行政官のいずれであるかを問わない。

2 条約の寄託者の任務は、国際的な性質を有するものとし、寄託者は、任務の遂行に当たり公平に行動する義務を負う。特に、この義務は、条約が一部の当事国の間においては効力を生じていないという事実又は寄託者の任務の遂行に関しいずれかの国と寄託者との間に意見の相違があるという事実によって影響を受けることがあってはならない。

第七七条(寄託者の任務) 1 寄託者は、条約に別段の定めがある場合及び締約国が別段の合意をする場合を除くほか、特に次の任務を有する。

(a) 条約の原本及び寄託者に引き渡された全権委任状を保管すること。

(b) 条約の原本の認証謄本及び条約の要求する他の言語による条約文を作成し、これらを当事国及び当事国となる資格を有する国に送付すること。

(c) 条約への署名を受け付けること並びに条約に関連する文書、通告及び通報を受領しかつ保管すること。

(d) 条約への署名又は条約に関連する文書、通告若しくは通報が正式な手続によるものであるかないかを検討し、必要な場合には関係国の注意を喚起すること。

(e) 条約に関連する行為、通告及び通報を当事国及び当事国となる資格を有する国に通知すること。

(f) 条約の効力発生に必要な数の署名、批准書、受諾書、承認書又は加入書の受付又は寄託の日を当事国となる資格を有する国に通知すること。

(g) 国際連合事務局に条約を登録すること。

(h) この条約の他の規定に定める任務を遂行すること。

2 寄託者の任務の遂行に関しいずれかの国と寄託者との間に意見の相違がある場合には、寄託者は、この場合の問題につき、署名国及び締約国又は適当なときは関係国際機関の権限のある内部機関の注意を喚起する。

第七八条(通告及び通報) 条約又はこの条約に別段の定めがある場合を除くほか、この条約に基づいていずれの国の行う通告又は通報も、

(a) 寄託者がない場合には通告又は通報があてられている国に直接送付し、寄託者がある場合には寄託者に送付する。
(b) 通告又は通報のあてられている国が受領した時又は場合により寄託者が受領した時に行われたものとみなす。
(c) 寄託者に送付される場合には、通告又は通報のあてられている国が前条1(e)の規定による寄託者からの通知を受けた時に当該国によって受領されたものとみなす。

第七九条(条約文又は認証謄本における誤りの訂正)

1 条約文の確定の後に署名国及び締約国が条約文に誤りがあると一致して認めた場合には、誤りは、これらの国が別段の訂正方法を決定しない限り、次のいずれかの方法によって訂正する。
(a) 条約文について適当な訂正を行い、正当な権限を有する代表者がこれにつき仮署名すること。
(b) 合意された訂正を記載した文書を作成し又は交換すること。
(c) 訂正済みの条約文全体を原本の作成手続と同一の手続によって作成すること。

2 寄託者のある条約の場合には、寄託者は、誤り及び誤りを訂正する提案を署名国及び締約国に通告し、かつ、これらの国が提案された訂正に対して異議を申し立てることができる適当な期限を定めるものとし、
(a) 定められた期限内に異議が申し立てられなかったときは、条約文の訂正を行い、これにつき仮署名するとともに訂正の調書を作成し、その写しを当事国及び当事国となる資格を有する国に送付する。
(b) 定められた期限内に異議が申し立てられたときは、これを署名国及び締約国に通報する。

3 1及び2に定める規則は、条約文が二以上の言語により確定されている場合において、これらの言語による条約文が符合していないことが明らかにされかつ署名国及び締約国がこれらを符合させるよう訂正することを合意するときにも、適用する。

4 訂正された条約文は、署名国及び締約国が別段の決定をしない限り、誤りがあった条約文に当初から代わる。

5 登録された条約の条約文の訂正は、国際連合事務局に通告する。

6 条約の認証謄本に誤りが発見された場合には、寄託者は、訂正の調書を作成し、その写しを署名国及び締約国に送付する。

第八〇条(条約の登録及び公表) 1 条約は、効力発生の後、登録又は記録のため及び公表のため国際連合事務局に送付する。

2 寄託者が指定された場合には、寄託者は、1の規定による行為を遂行する権限を与えられたものとする。

第八部　最終規定

第八一条(署名) この条約は、一九六九年一一月三〇日まではオーストリア共和国連邦外務省において、その後一九七〇年四月三〇日まではニュー・ヨークにある国際連合本部において、国際連合、いずれかの専門機関又は国際原子力機関のすべての加盟国、国際司法裁判所規程の当事国及びこの条約の当事国となるよう国際連合総会が招請したその他の国による署名のために開放しておく。

第八二条(批准) この条約は、批准されなければならない。批准書は、国際連合事務総長に寄託する。

第八三条(加入) この条約は、第八一条に定める種類のいずれかに属する国による加入のために開放しておく。加入書は、国際連合事務総長に寄託する。

第八四条(効力発生) 1 この条約は、三五番目の批准書又は加入書が寄託された日の後三〇日目の日に効力を生ずる。

2 三五番目の批准書又は加入書が寄託された後にこの条約を批准し又はこれに加入する国については、この条約は、その批准書又は加入書の寄託の後三〇日目の日に効力を生ずる。

第八五条(正文) 中国語、英語、フランス語、ロシア語及びスペイン語をひとしく正文とするこの条約の原本は、国際連合事務総長に寄託する。

以上の証拠として、下名の全権委員は、それぞれの政府から正当に委任を受けてこの条約に署名した。

一九六九年五月二三日にウィーンで作成した。

附属書

1 国際連合事務総長は、優秀な法律専門家から成る調停人の名簿を作成し、これを保管する。このため、国際連合のすべての加盟国及びこの条約の当事国は、二人の調停人を指名するよう要請されるものとし、指名された者の氏名が名簿に記載される。調停人の任期は、五年とし、更新することができる。臨時の空席を補充するために指名される調停人の任期についても、同様とする。2の規定によりいずれか特定の任務を遂行するために選定された調停人は、任期の満了後も引き続き当該任務を遂行する。

2 国際連合事務総長は、第六六条の規定に基づく要請があった場合には、次のとおり構成される調停委員会に紛争を付託する。

紛争の一方の当事者である一又は二以上の国は、次の者を任命する。
(a) 紛争の一方の当事者であるいずれかの国の国籍を有する一人の調停人(1に規定する名簿から選定されるか選定されないかを問わない。)
(b) 紛争の一方の当事者であるいずれの国の国籍も有しない一人の調停人(1に規定する名簿から選定される。)

紛争の他方の当事者である一又は二以上の国は、

同様の方法により二人の調停人を任命する。紛争の双方の当事者の選定に係る四人の調停人の任命は、国際連合事務総長が要請を受領した日の後六〇日以内に行われる。

四人の調停人は、最後の者が任命された日の後六〇日以内に、議長となる五人目の調停人(1に規定する名簿から選定される。)を任命する。

議長又は議長以外の調停人の任命が、それぞれの任命について定められた期間内に行われなかった場合には、国際連合事務総長が当該期間の満了の後六〇日以内に任命を行う。国際連合事務総長は、1に規定する名簿に記載された者又は国際法委員会の委員のうちから議長を任命することができる。任命を行うためのいずれの期間も、紛争の当事者の間の合意によって延長することができる。

調停人が欠けたときは、当該調停人の任命の場合と同様の方法によって空席を補充する。

3 調停委員会は、その手続を決定する。調停委員会は、紛争の当事者の同意を得て、条約の当事国に対しその見解を口頭又は書面により調停委員会に提示するよう要請することができる。調停委員会の決定及び勧告は、五人の調停人の過半数による議決で行う。

4 調停委員会は、紛争の友好的な解決を容易にすると考えられる措置について紛争の当事者の注意を喚起することができる。

5 調停委員会は、紛争の友好的な解決を図るため、紛争の当事者からの意見の聴取、紛争の当事者の主張及び異議の審理並びに紛争の当事者に対する提案を行う。

6 調停委員会は、その設置の日から一二箇月以内に報告を行う。報告は、国際連合事務総長に提出し、かつ、紛争の当事者に送付する。事実又は法律問題に関し報告に記載されている結論を含め、報告は、紛争の当事者を拘束するものではなく、また、紛争の友好的な解決を容易にするために当事者の検討に付される勧告としての性質以外のいかなる性質も有しない。

7 国際連合事務総長は、調停委員会に対しその必要とする援助及び便宜を与える。調停委員会の経費は、国際連合が負担する。

5章
海・宇宙・南極

5 1 海洋法に関する国際連合条約(国連海洋法条約)

採択　一九八二年四月三〇日　第三次国連海洋法会議第一一回会期
署名　一九八二年一二月一〇日(モンテゴ・ベイ)
効力発生　一九九四年一一月一六日
日本国　一九八三年二月七日署名、一九九六年六月七日国会承認、六月二〇日批准書寄託、七月一二日公布(条約第六号)、七月二〇日効力発生

この条約の締約国は、

海洋法に関するすべての問題を相互の理解及び協力の精神によって解決する希望に促され、また、平和の維持、正義及び世界のすべての人民の進歩に対する重要な貢献としてのこの条約の歴史的な意義を認識し、

一九五八年及び一九六〇年にジュネーヴで開催された国際連合海洋法会議以降の進展により新たなかつ一般的に受け入れられ得る海洋法に関する条約の必要性が高められたことに留意し、

海洋の諸問題が相互に密接な関連を有し及び全体として検討される必要があることを認識し、

この条約を通じ、すべての国の主権に妥当な考慮を払いつつ、国際交通を促進し、かつ、海洋の平和的利用、海洋資源の衡平かつ効果的な利用、海洋生物資源の保存並びに海洋環境の研究、保護及び保全を促進するような海洋の法的秩序を確立することが望ましいことを認識し、

このような目標の達成が、人類全体の利益及びニーズ、特に開発途上国(沿岸国であるか内陸国であるかを問わない。)の特別の利益及びニーズを考慮した公正かつ衡平な国際経済秩序の実現に貢献することに留意し、

国の管轄権の及ぶ区域の境界の外の海底及びその下並びにその資源が人類の共同の財産であり、その探査及び開発が国の地理的な位置のいかんにかかわらず人類全体の利益のために行われること等を国際連合総会が厳粛に宣言した一九七〇年一二月一七日の決議第二七四九号(第二五回会期)に規定する諸原則をこの条約により発展させることを希望し、

この条約により達成される海洋法の法典化及び漸進的発展が、国際連合憲章に規定する国際連合の目的及び原則に従い、正義及び同権の原則に基づくすべての国の間における平和、安全、協力及び友好関係の強化に貢献し並びに世界のすべての人民の経済的及び社会的発展を促進することを確信し、

この条約により規律されない事項は、引き続き一般国際法の規則及び原則により規律されることを確認して、

次のとおり協定した。

第一部　序

第一条(用語及び適用範囲) 1 この条約の適用上、

(1) 「深海底」とは、国の管轄権の及ぶ区域の境界の外の海底及びその下をいう。

(2) 「機構」とは、国際海底機構をいう。

(3) 「深海底における活動」とは、深海底の資源の探査及び開発のすべての活動をいう。

(4) 「海洋環境の汚染」とは、人間による海洋環境(三角江を含む。)への物質又はエネルギーの直接的又は間接的な導入であって、生物資源及び海洋生物に対する害、人の健康に対する危険、海洋活動(漁獲及びその他の適法な海洋の利用を含む。)に対する障害、海水の水質を利用に適さなくすること並びに快適性の減殺のような有害な結果をもたらし又はもたらすおそれのあるものをいう。

(5)(a) 「投棄」とは、次のことをいう。

(i) 廃棄物その他の物を船舶、航空機又はプラットフォームその他の人工海洋構築物から故意に処分すること。

(ii)　船舶、航空機又はプラットフォームその他の人工海洋構築物を故意に処分すること。

(b)　「投棄」には、次のことを含まない。

(i)　船舶、航空機又はプラットフォームその他の人工海洋構築物及びこれらのものの設備の通常の運用に付随し又はこれに伴って生ずる廃棄物その他の物を処分すること。ただし、廃棄物その他の物であって、その処分に従事する船舶、航空機又はプラットフォームその他の人工海洋構築物によって又はこれらに向けて運搬されるもの及び当該船舶、航空機又はプラットフォームその他の人工海洋構築物における当該廃棄物その他の物の処理に伴って生ずるものを処分することを除く。

(ii)　物を単なる処分の目的以外の目的で配置すること。ただし、その配置がこの条約の目的に反しない場合に限る。

2 (1)　「締約国」とは、この条約に拘束されることに同意し、かつ、自国についてこの条約の効力が生じている国をいう。

(2)　この条約は、第三〇五条1の(b)から(f)までに規定する主体であって、そのそれぞれに関連する条件に従ってこの条約の当事者となるものについて準用し、その限度において「締約国」というときは、当該主体を含む。

第二部　領海及び接続水域

第一節　総則

第二条（領海、領海の上空並びに領海の海底及びその下の法的地位）1　沿岸国の主権は、その領土若しくは内水又は群島国の場合にはその群島水域に接続する水域で領海といわれるものに及ぶ。

2　沿岸国の主権は、領海の上空並びに領海の海底及びその下に及ぶ。

3　領海に対する主権は、この条約及び国際法の他の規則に従って行使される。

第二節　領海の限界

第三条（領海の幅）いずれの国も、この条約の定めるところにより決定される基線から測定して一二海里を超えない範囲でその領海の幅を定める権利を有する。

第四条（領海の外側の限界）領海の外側の限界は、いずれの点をとっても基線上の最も近い点からの距離が領海の幅に等しい線とする。

第五条（通常の基線）この条約に別段の定めがある場合を除くほか、領海の幅を測定するための通常の基線は、沿岸国が公認する大縮尺海図に記載されている海岸の低潮線とする。

第六条（礁）環礁の上に所在する島又は裾(きょ)礁を有する島については、領海の幅を測定するための基線は、沿岸国が公認する海図上に適当な記号で示される礁の海側の低潮線とする。

第七条（直線基線）1　海岸線が著しく曲折しているか又は海岸に沿って至近距離に一連の島がある場所においては、領海の幅を測定するための基線を引くに当たって、適当な点を結ぶ直線基線の方法を用いることができる。

2　三角州その他の自然条件が存在するために海岸線が非常に不安定な場所においては、低潮線上の海へ向かって最も外側の適当な諸点を選ぶことができるものとし、直線基線は、その後、低潮線が後退する場合においても、沿岸国がこの条約に従って変更するまで効力を有する。

3　直線基線は、海岸の全般的な方向から著しく離れて引いてはならず、また、その内側の水域は、内水としての規制を受けるために陸地と十分に密接な関連を有しなければならない。

4　直線基線は、低潮高地との間に引いてはならない。ただし、恒久的に海面上にある灯台その他これに類する施設が低潮高地の上に建設されている場合及び低潮高地との間に基線を引くことが一般的な国際的承認を受けている場合は、この限りでない。

5　直線基線の方法が1の規定に基づいて適用される場合には、特定の基線を決定するに当たり、その地域に特有な経済的利益でその現実性及び重要性が長期間の慣行によって明白に証明されているものを考慮に入れることができる。

6　いずれの国も、他の国の領海を公海又は排他的経済水域から切り離すように直線基線の方法を適用することができない。

第八条（内水）1　第四部に定める場合を除くほか、領海の基線の陸地側の水域は、沿岸国の内水の一部を構成する。

2　前条に定める方法に従って定めた直線基線がそれ以前には内水とされていなかった水域を内水として取り込むこととなる場合には、この条約に定める無害通航権は、これらの水域において存続する。

第九条（河口）河川が海に直接流入している場合には、基線は、河口を横切りその河川の両岸の低潮線上の点の間に引いた直線とする。

第一〇条（湾）1　この条は、海岸が単一の国に属する湾についてのみ規定する。

2　この条約の適用上、湾とは、奥行が湾口の幅との対比において十分に深いため、陸地に囲まれた水域を含み、かつ、単なる海岸のわん曲以上のものを構成する明白な湾入をいう。ただし、湾入は、その面積が湾口を横切って引いた線を直径とする半円の面積以上のものでない限り、湾とは認められない。

3　測定上、湾入の面積は、その海岸の低潮線と天然の入口の両側の低潮線上の点を結ぶ線とにより囲まれる水域の面積とする。島が存在するために湾入が二以上の湾口を有する場合には、それぞれの湾口に引いた線の長さの合計に等しい長さの線上に半円を描くものとする。湾入内にある島は、湾入の水域の一部とみなす。

4　湾の天然の入口の両側の低潮線上の点の間の距離が二四海里を超えないときは、これらの点を結ぶ閉鎖線を引き、その線の内側の水域を内水とする。

5　湾の天然の入口の両側の低潮線上の点の間の距離が二四海里を超えるときは、二四海里の直線基線を、この長さの線で囲むことができる最大の水域を囲むような方法で湾内に引く。

6　この条の規定は、いわゆる歴史的湾について適用せず、また、第七条に定める直線基線の方法が適用される場合についても適用しない。

第一一条（港）領海の限界の画定上、港湾の不可分の一部を成す恒久的な港湾工作物で最も外側にあるものは、海岸の一部を構成するものとみなされる。沖合の施設及び人工島は、恒久的な港湾工作物とはみなされない。

第一二条（停泊地）積込み、積卸し及び船舶の投びょうのために通常使用されている停泊地は、その全部又は一部が領海の外側の限界よりも外方にある場合にも、領海とみなされる。

第一三条（低潮高地）1　低潮高地とは、自然に形成された陸地であって、低潮時には水に囲まれ水面上にあるが、高潮時には水中に没するものをいう。低潮高地の全部又は一部が本土又は島から領海の幅を超えない距離にあるときは、その低潮線は、領海の幅を測定するための基線として用いることができる。

2　低潮高地は、その全部が本土又は島から領海の幅を超える距離にあるときは、それ自体の領海を有しない。

第一四条（基線を決定する方法の組合せ）沿岸国は、異なる状態に適応させて、前諸条に規定する方法を適宜用いて基線を決定することができる。

第一五条（向かい合っているか又は隣接している海岸を有する国の間における領海の境界画定）二の国の海岸が向かい合っているか又は隣接しているときは、いずれの国も、両国間に別段の合意がない限り、いずれの点をとっても両国の領海の幅を測定するための基線上の最も近い点から等しい距離にある中間線を越えてその領海を拡張することができない。ただし、この規定は、これと異なる方法で両国の領海の境界を定めることが歴史的権原その他特別の事情により必要であるときは、適用しない。

第一六条（海図及び地理学的経緯度の表）1　第七条、第九条及び第一〇条の規定に従って決定される領海の幅を測定するための基線又はこれに基づく限界線並びに第一二条及び前条の規定に従って引かれる境界画定線は、それらの位置の確認に適した縮尺の海図に表示する。これに代えて、測地原子を明示した各点の地理学的経緯度の表を用いることができる。

2　沿岸国は、1の海図又は地理学的経緯度の表を適当に公表するものとし、当該海図又は表の写しを国際連合事務総長に寄託する。

第三節　領海における無害通航

A　すべての船舶に適用される規則

第一七条（無害通航権）すべての国の船舶は、沿岸国であるか内陸国であるかを問わず、この条約に従うことを条件として、領海において無害通航権を有する。

第一八条（通航の意味）1　通航とは、次のことのために領海を航行することをいう。

(a)　内水に入ることなく又は内水の外にある停泊地若しくは港湾施設に立ち寄ることなく領海を通過すること。

(b)　内水に向かって若しくは内水から航行すること又は(a)の停泊地若しくは港湾施設に立ち寄ること。

2　通航は、継続的かつ迅速に行わなければならない。ただし、停船及び投びょうは、航行に通常付随するものである場合、不可抗力若しくは遭難により必要とされる場合又は危険若しくは遭難に陥った人、船舶若しくは航空機に援助を与えるために必要とされる場合に限り、通航に含まれる。

第一九条（無害通航の意味）1　通航は、沿岸国の平和、秩序又は安全を害しない限り、無害とされる。無害通航は、この条約及び国際法の他の規則に従って行わなければならない。

2　外国船舶の通航は、当該外国船舶が領海において次の活動のいずれかに従事する場合には、沿岸国の平和、秩序又は安全を害するものとされる。

(a)　武力による威嚇又は武力の行使であって、沿岸国の主権、領土保全若しくは政治的独立に対するもの又はその他の国際連合憲章に規定する国際法の諸原則に違反する方法によるもの

(b)　兵器（種類のいかんを問わない。）を用いる訓練又は演習

(c)　沿岸国の防衛又は安全を害することとなるような情報の収集を目的とする行為

(d)　沿岸国の防衛又は安全に影響を与えることを目的とする宣伝行為

(e)　航空機の発着又は積込み

(f)　軍事機器の発着又は積込み

(g)　沿岸国の通関上、財政上、出入国管理上又は衛生上の法令に違反する物品、通貨又は人の積込み又は積卸し

(h)　この条約に違反する故意のかつ重大な汚染行為

(i)　漁獲活動

(j)　調査活動又は測量活動の実施

(k)　沿岸国の通信系又は他の施設への妨害を目的とする行為

(l)　通航に直接の関係を有しないその他の活動

第二〇条（潜水船その他の水中航行機器）潜水船その他の水中航行機器は、領海においては、海面上を航行し、かつ、その旗を掲げなければならない。

第二一条（無害通航に係る沿岸国の法令）1　沿岸国は、この条約及び国際法の他の規則に従い、次の事項の全部又は一部について領海における無害通航に係る

法令を制定することができる。
(a)　航行の安全及び海上交通の規制
(b)　航行援助施設及び他の施設の保護
(c)　電線及びパイプラインの保護
(d)　海洋生物資源の保存
(e)　沿岸国の漁業に関する法令の違反の防止
(f)　沿岸国の環境の保全並びにその汚染の防止、軽減及び規制
(g)　海洋の科学的調査及び水路測量
(h)　沿岸国の通関上、財政上、出入国管理上又は衛生上の法令の違反の防止

2　1に規定する法令は、外国船舶の設計、構造、乗組員の配乗又は設備については、適用しない。ただし、当該法令が一般的に受け入れられている国際的な規則又は基準を実施する場合は、この限りでない。

3　沿岸国は、1に規定するすべての法令を適当に公表する。

4　領海において無害通航権を行使する外国船舶は、1に規定するすべての法令及び海上における衝突の予防に関する一般的に受け入れられているすべての国際的な規則を遵守する。

第二二条（領海における航路帯及び分離通航帯）1　沿岸国は、航行の安全を考慮して必要な場合には、自国の領海において無害通航権を行使する外国船舶に対し、船舶の通航を規制するために自国が指定する航路帯及び設定する分離通航帯を使用するよう要求することができる。

2　沿岸国は、特に、タンカー、原子力船及び核物質又はその他の本質的に危険若しくは有害な物質若しくは原料を運搬する船舶に対し、1の航路帯のみを通航するよう要求することができる。

3　沿岸国は、この条の規定により航路帯の指定及び分離通航帯の設定を行うに当たり、次の事項を考慮する。
(a)　権限のある国際機関の勧告
(b)　国際航行のために慣習的に使用されている水路
(c)　特定の船舶及び水路の特殊な性質
(d)　交通のふくそう状況

4　沿岸国は、この条に定める航路帯及び分離通航帯を海図上に明確に表示し、かつ、その海図を適当に公表する。

第二三条（外国の原子力船及び核物質又はその他の本質的に危険若しくは有害な物質を運搬する船舶）外国の原子力船及び核物質又はその他の本質的に危険若しくは有害な物質を運搬する船舶は、領海において無害通航権を行使する場合には、そのような船舶について国際協定が定める文書を携行し、かつ、当該国際協定が定める特別の予防措置をとる。

第二四条（沿岸国の義務）1　沿岸国は、この条約に定めるところによる場合を除くほか、領海における外国船舶の無害通航を妨害してはならない。沿岸国は、特に、この条約又はこの条約に従って制定される法令の適用に当たり、次のことを行ってはならない。
(a)　外国船舶に対し無害通航権を否定し又は害する実際上の効果を有する要件を課すること。
(b)　特定の国の船舶に対し又は特定の国へ、特定の国から若しくは特定の国のために貨物を運搬する船舶に対して法律上又は事実上の差別を行うこと。

2　沿岸国は、自国の領海内における航行上の危険で自国が知っているものを適当に公表する。

第二五条（沿岸国の保護権）1　沿岸国は、無害でない通航を防止するため、自国の領海内において必要な措置をとることができる。

2　沿岸国は、また、船舶が内水に向かって航行している場合又は内水の外にある港湾施設に立ち寄る場合には、その船舶が内水に入るため又は内水の外にある港湾施設に立ち寄るために従うべき条件に違反することを防止するため、必要な措置をとる権利を有する。

3　沿岸国は、自国の安全の保護（兵器を用いる訓練を含む。）のため不可欠である場合には、その領海内の特定の水域において、外国船舶の間に法律上又は事実上の差別を設けることなく、外国船舶の無害通航を一時的に停止することができる。このような停止は、適当な方法で公表された後においてのみ、効力を有する。

第二六条（外国船舶に対して課し得る課徴金）1　外国船舶に対しては、領海の通航のみを理由とするいかなる課徴金も課することができない。

2　領海を通航する外国船舶に対しては、当該外国船舶に提供された特定の役務の対価としてのみ、課徴金を課することができる。これらの課徴金は、差別なく課する。

B　商船及び商業的目的のために運航する政府船舶に適用される規則

第二七条（外国船舶内における刑事裁判権）1　沿岸国の刑事裁判権は、次の場合を除くほか、領海を通航している外国船舶内において、その通航中に当該外国船舶内で行われた犯罪に関連していずれかの者を逮捕し又は捜査を行うために行使してはならない。
(a)　犯罪の結果が当該沿岸国に及ぶ場合
(b)　犯罪が当該沿岸国の安寧又は領海の秩序を乱す性質のものである場合
(c)　当該外国船舶の船長又は旗国の外交官若しくは領事官が当該沿岸国の当局に対して援助を要請する場合
(d)　麻薬又は向精神薬の不正取引を防止するために必要である場合

2　1の規定は、沿岸国が、内水を出て領海を通航している外国船舶内において逮捕又は捜査を行うため、自国の法令で認められている措置をとる権利に影響を及ぼすものではない。

3　1及び2に定める場合においては、沿岸国は、船長の要請があるときは、措置をとる前に当該外国船

船の旗国の外交官又は領事官に通報し、かつ、当該外交官又は領事官と当該外国船舶の乗組員との間の連絡を容易にする。緊急の場合には、その通報は、当該措置をとっている間に行うことができる。

4　沿岸国の当局は、逮捕すべきか否か、また、いかなる方法によって逮捕するかを考慮するに当たり、航行の利益に対して妥当な考慮を払う。

5　沿岸国は、第一二部に定めるところによる場合及び第五部に定めるところにより制定する法令の違反に関する場合を除くほか、外国の港を出て、内水に入ることなく単に領海を通航する外国船舶につき、当該外国船舶が領海に入る前に船内において行われた犯罪に関連していずれかの者を逮捕し又は捜査を行うため、いかなる措置もとることができない。

第二八条（外国船舶に関する民事裁判権）1　沿岸国は、領海を通航している外国船舶内にある者に関して民事裁判権を行使するために当該外国船舶を停止させてはならず、又はその航路を変更させてはならない。

2　沿岸国は、外国船舶が沿岸国の水域を航行している間に又はその水域を航行するために当該外国船舶について生じた債務又は責任に関する場合を除くほか、当該外国船舶に対し民事上の強制執行又は保全処分を行うことができない。

3　2の規定は、沿岸国が、領海に停泊しているか又は内水を出て領海を通航している外国船舶に対し、自国の法令に従って民事上の強制執行又は保全処分を行う権利を害するものではない。

C　軍艦及び非商業的目的のために運航するその他の政府船舶に適用される規則

第二九条（軍艦の定義）この条約の適用上、「軍艦」とは、一の国の軍隊に属する船舶であって、当該国の国籍を有するそのような船舶であることを示す外部標識を掲げ、当該国の政府によって正式に任命されてその氏名が軍務に従事する者の適当な名簿又はこれに相当するものに記載されている士官の指揮の下にあり、かつ、正規の軍隊の規律に服する乗組員が配置されているものをいう。

第三〇条（軍艦による沿岸国の法令の違反）軍艦が領海の通航に係る沿岸国の法令を遵守せず、かつ、その軍艦に対して行われた当該法令の遵守の要請を無視した場合には、当該沿岸国は、その軍艦に対し当該領海から直ちに退去することを要求することができる。

第三一条（軍艦又は非商業的目的のために運航するその他の政府船舶がもたらした損害についての旗国の責任）旗国は、軍艦又は非商業的目的のために運航するその他の政府船舶が領海の通航に係る沿岸国の法令、この条約又は国際法の他の規則を遵守しなかった結果として沿岸国に与えたいかなる損失又は損害についても国際的責任を負う。

第三二条（軍艦及び非商業的目的のために運航するその他の政府船舶に与えられる免除）この節のA及び前二条の規定による例外を除くほか、この条約のいかなる規定も、軍艦及び非商業的目的のために運航するその他の政府船舶に与えられる免除に影響を及ぼすものではない。

第四節　接続水域

第三三条（接続水域）1　沿岸国は、自国の領海に接続する水域で接続水域といわれるものにおいて、次のことに必要な規制を行うことができる。

(a)　自国の領土又は領海内における通関上、財政上、出入国管理上又は衛生上の法令の違反を防止すること。

(b)　自国の領土又は領海内で行われた(a)の法令の違反を処罰すること。

2　接続水域は、領海の幅を測定するための基線から二四海里を超えて拡張することができない。

第三部　国際航行に使用されている海峡

第一節　総則

第三四条（国際航行に使用されている海峡を構成する水域の法的地位）1　この部に定める国際航行に使用されている海峡の通航制度は、その他の点については、当該海峡を構成する水域の法的地位に影響を及ぼすものではなく、また、当該水域、当該水域の上空並びに当該水域の海底及びその下に対する海峡沿岸国の主権又は管轄権の行使に影響を及ぼすものではない。

2　海峡沿岸国の主権又は管轄権は、この部の規定及び国際法の他の規則に従って行使される。

第三五条（この部の規定の適用範囲）この部のいかなる規定も、次のものに影響を及ぼすものではない。

(a)　海峡内の内水である水域。ただし、第七条に定める方法に従って定めた直線基線がそれ以前には内水とされていなかった水域を内水として取り込むこととなるものを除く。

(b)　海峡沿岸国の領海を越える水域の排他的経済水域又は公海としての法的地位

(c)　特にある海峡について定める国際条約であって長い間存在し現に効力を有しているものがその海峡の通航を全面的又は部分的に規制している法制度

第三六条（国際航行に使用されている海峡内の公海又は排他的経済水域の航路）この部の規定は、国際航行に使用されている海峡であって、その海峡内に航行上及び水路上の特性において同様に便利な公海又は排他的経済水域の航路が存在するものについては、適用しない。これらの航路については、この条約の他の関連する部の規定（航行及び上空飛行の自由に関する規定を含む。）を適用する。

第二節　通過通航

第三七条（この節の規定の適用範囲）この節の規定は、公海又は排他的経済水域の一部分と公海又は排他的経済水域の他の部分との間にある国際航行に使用されている海峡について適用する。

第三八条（通過通航権）1　すべての船舶及び航空機は、前条に規定する海峡において、通過通航権を有するものとし、この通過通航権は、害されない。ただし、海峡が海峡沿岸国の島及び本土から構成されている場合において、その島の海側に航行上及び水路上の特性において同様に便利な公海又は排他的経済水域の航路が存在するときは、通過通航は、認められない。

2　通過通航とは、この部の規定に従い、公海又は排他的経済水域の一部分と公海又は排他的経済水域の他の部分との間にある海峡において、航行及び上空飛行の自由が継続的かつ迅速な通過のためのみに行使されることをいう。ただし、継続的かつ迅速な通過という要件は、海峡沿岸国への入国に関する条件に従い当該海峡沿岸国への入国又は当該海峡沿岸国からの出国若しくは帰航の目的で海峡を通航することを妨げるものではない。

3　海峡における通過通航権の行使に該当しないいかなる活動も、この条約の他の適用される規定に従うものとする。

第三九条（通過通航中の船舶及び航空機の義務）1　船舶及び航空機は、通過通航権を行使している間、次のことを遵守する。

(a)　海峡又はその上空を遅滞なく通過すること。

(b)　武力による威嚇又は武力の行使であって、海峡沿岸国の主権、領土保全若しくは政治的独立に対するもの又はその他の国際連合憲章に規定する国際法の諸原則に違反する方法によるものを差し控えること。

(c)　不可抗力又は遭難により必要とされる場合を除くほか、継続的かつ迅速な通過の通常の形態に付随する活動以外のいかなる活動も差し控えること。

(d)　この部の他の関連する規定に従うこと。

2　通過通航中の船舶は、次の事項を遵守する。

(a)　海上における安全のための一般的に受け入れられている国際的な規則、手続及び方式（海上における衝突の予防のための国際規則を含む。）

(b)　船舶からの汚染の防止、軽減及び規制のための一般的に受け入れられている国際的な規則、手続及び方式

3　通過通航中の航空機は、次のことを行う。

(a)　国際民間航空機関が定める民間航空機に適用される航空規則を遵守すること。国の航空機については、航空規則に係る安全措置を原則として遵守し及び常に航行の安全に妥当な考慮を払って運航すること。

(b)　国際的に権限のある航空交通管制当局によって割り当てられた無線周波数又は適当な国際遭難無線周波数を常に聴取すること。

第四〇条（調査活動及び測量活動）外国船舶（海洋の科学的調査又は水路測量を行う船舶を含む。）は、通過通航中、海峡沿岸国の事前の許可なしにいかなる調査活動又は測量活動も行うことができない。

第四一条（国際航行に使用されている海峡における航路帯及び分離通航帯）1　海峡沿岸国は、船舶の安全な通航を促進するために必要な場合には、この部の規定により海峡内に航行のための航路帯を指定し及び分離通航帯を設定することができる。

2　1の海峡沿岸国は、必要がある場合には、適当に公表した後、既に指定した航路帯又は既に設定した分離通航帯を他の航路帯又は分離通航帯に変更することができる。

3　航路帯及び分離通航帯は、一般的に受け入れられている国際的な規則に適合したものとする。

4　海峡沿岸国は、航路帯の指定若しくは変更又は分離通航帯の設定若しくは変更を行う前に、これらの採択のための提案を権限のある国際機関に行う。当該権限のある国際機関は、当該海峡沿岸国が同意する航路帯及び分離通航帯のみを採択することができるものとし、当該海峡沿岸国は、その採択の後にそれに従って航路帯の指定若しくは変更又は分離通航帯の設定若しくは変更を行うことができる。

5　ある海峡において二以上の海峡沿岸国の水域を通る航路帯又は分離通航帯が提案される場合には、関係国は、権限のある国際機関と協議の上、その提案の作成に協力する。

6　海峡沿岸国は、自国が指定したすべての航路帯及び設定したすべての分離通航帯を海図上に明確に表示し、かつ、その海図を適当に公表する。

7　通過通航中の船舶は、この条の規定により設定された適用される航路帯及び分離通航帯を尊重する。

第四二条（通過通航に係る海峡沿岸国の法令）1　海峡沿岸国は、この節に定めるところにより、次の事項の全部又は一部について海峡の通過通航に係る法令を制定することができる。

(a)　前条に定めるところに従う航行の安全及び海上交通の規制

(b)　海峡における油、油性廃棄物その他の有害な物質の排出に関して適用される国際的な規則を実施することによる汚染の防止、軽減及び規制

(c)　漁船については、漁獲の防止（漁具の格納を含む。）

(d)　海峡沿岸国の通関上、財政上、出入国管理上又は衛生上の法令に違反する物品、通貨又は人の積込み又は積卸し

2　1の法令は、外国船舶の間に法律上又は事実上の差別を設けるものであってはならず、また、その適用に当たり、この節に定める通過通航権を否定し、妨害し又は害する実際上の効果を有するものであってはならない。

3　海峡沿岸国は、1のすべての法令を適当に公表する。
4　通過通航権を行使する外国船舶は、1の法令を遵守する。
5　主権免除を享受する船舶又は航空機が1の法令又はこの部の他の規定に違反して行動した場合には、その旗国又は登録国は、海峡沿岸国にもたらしたいかなる損失又は損害についても国際的責任を負う。

第四三条（航行及び安全のための援助施設及び他の改善措置並びに汚染の防止、軽減及び規制）海峡利用国及び海峡沿岸国は、合意により、次の事項について協力する。
(a) 航行及び安全のために必要な援助施設又は国際航行に資する他の改善措置の海峡における設定及び維持
(b) 船舶からの汚染の防止、軽減及び規制

第四四条（海峡沿岸国の義務）海峡沿岸国は、通過通航を妨害してはならず、また、海峡内における航行上又はその上空における飛行上の危険で自国が知っているものを適当に公表する。通過通航は、停止してはならない。

第三節　無害通航

第四五条（無害通航）1　第二部第三節の規定に基づく無害通航の制度は、国際航行に使用されている海峡のうち次の海峡について適用する。
(a) 第三八条1の規定により通過通航の制度の適用から除外される海峡
(b) 公海又は一の国の排他的経済水域の一部と他の国の領海との間にある海峡
2　1の海峡における無害通航は、停止してはならない。

第四部　群島国

第四六条（用語）この条約の適用上、
(a) 「群島国」とは、全体が一又は二以上の群島から成る国をいい、他の島を含めることができる。
(b) 「群島」とは、島の集団又はその一部、相互に連結する水域その他天然の地形が極めて密接に関係しているため、これらの島、水域その他天然の地形が本質的に一の地理的、経済的及び政治的単位を構成しているか又は歴史的にそのような単位と認識されているものをいう。

第四七条（群島基線）1　群島国は、群島の最も外側にある島及び低潮時に水面上にある礁の最も外側の諸点を結ぶ直線の群島基線を引くことができる。ただし、群島基線の内側に主要な島があり、かつ、群島基線の内側の水域の面積と陸地（環礁を含む。）の面積との比率が一対一から九対一までの間のものとなることを条件とする。
2　群島基線の長さは、一〇〇海里を超えてはならない。ただし、いずれの群島についても、これを取り囲む基線の総数の三パーセントまでのものについて、最大の長さを一二五海里までにすることができる。
3　群島基線は、群島の全般的な輪郭から著しく離れて引いてはならない。
4　群島基線は、低潮高地との間に引いてはならない。ただし、恒久的に海面上にある灯台その他これに類する施設が低潮高地の上に建設されている場合及び低潮高地の全部又は一部が最も近い島から領海の幅を超えない距離にある場合は、この限りでない。
5　いずれの群島国も、他の国の領海を公海又は排他的経済水域から切り離すように群島基線の方法を適用してはならない。
6　群島国の群島水域の一部が隣接する国の二の部分の間にある場合には、当該隣接する国が当該群島水域の一部で伝統的に行使している現行の権利及び他のすべての適法な利益並びにこれらの国の間の合意により定められているすべての権利は、存続しかつ尊重される。
7　1の水域と陸地との面積の比率の計算に当たり、陸地の面積には、島の裾礁及び環礁の内側の水域（急斜面を有する海台の上部の水域のうちその周辺にある一連の石灰岩の島及び低潮時に水面上にある礁によって取り囲まれ又はほとんど取り囲まれている部分を含む。）を含めることができる。
8　この条の規定に従って引かれる基線は、その位置の確認に適した縮尺の海図に表示する。これに代えて、測地原子を明示した各点の地理学的経緯度の表を用いることができる。
9　群島国は、8の海図又は地理学的経緯度の表を適当に公表するものとし、当該海図又は表の写しを国際連合事務総長に寄託する。

第四八条（領海、接続水域、排他的経済水域及び大陸棚の幅の測定）領海、接続水域、排他的経済水域及び大陸棚の幅は、前条の規定に従って引かれる群島基線から測定する。

第四九条（群島水域、群島水域の上空並びに群島水域の海底及びその下の法的地位）1　群島国の主権は、第四七条の規定に従って引かれる群島基線により取り囲まれる水域で群島水域といわれるもの（その水深又は海岸からの距離を問わない。）に及ぶ。
2　群島国の主権は、群島水域の上空、群島水域の海底及びその下並びにそれらの資源に及ぶ。
3　群島国の主権は、この部の規定に従って行使される。
4　この部に定める群島航路帯の通航制度は、その他の点については、群島水域（群島航路帯を含む。）の法的地位に影響を及ぼすものではなく、また、群島水域の上空、群島水域の海底及びその下並びにそれらの資源に対する群島国の主権の行使に影響を及ぼすものではない。

第五〇条（内水の境界画定）群島国は、その群島水域において、第九条から第一一条までの規定に従って内

水の境界画定のための閉鎖線を引くことができる。

第五一条(既存の協定、伝統的な漁獲の権利及び既設の海底電線) 1　群島国は、第四九条の規定の適用を妨げることなく、他の国との既存の協定を尊重するものとし、また、群島水域内の一定の水域における自国に隣接する国の伝統的な漁獲の権利及び他の適法な活動を認めるものとする。そのような権利を行使し及びそのような活動を行うための条件(これらの権利及び活動の性質、限度及び適用される水域を含む。)については、いずれかの関係国の要請により、関係国間における二国間の協定により定める。そのような権利は、第三国又はその国民に移転してはならず、また、第三国又はその国民との間で共有してはならない。

2　群島国は、他の国により敷設された既設の海底電線であって、陸地に接することなく自国の水域を通っているものを尊重するものとし、また、そのような海底電線の位置及び修理又は交換の意図についての適当な通報を受領した場合には、その海底電線の維持及び交換を許可する。

第五二条(無害通航権) 1　すべての国の船舶は、第五〇条の規定の適用を妨げることなく、第二部第三節の規定により群島水域において無害通航権を有する。ただし、次条の規定に従うものとする。

2　群島国は、自国の安全の保護のため不可欠である場合には、その群島水域内の特定の水域において、外国船舶の間に法律上又は事実上の差別を設けることなく、外国船舶の無害通航を一時的に停止することができる。このような停止は、適当な方法で公表された後においてのみ、効力を有する。

第五三条(群島航路帯通航権) 1　群島国は、自国の群島水域、これに接続する領海及びそれらの上空における外国の船舶及び航空機の継続的かつ迅速な通航に適した航路帯及びその上空における航空路を指定することができる。

2　すべての船舶及び航空機は、1の航路帯及び航空路において群島航路帯通航権を有する。

3　群島航路帯通航とは、この条約に従い、公海又は排他的経済水域の一部分と公海又は排他的経済水域の他の部分との間において、通常の形態での航行及び上空飛行の権利が継続的な、迅速なかつ妨げられることのない通過のためのみに行使されることをいう。

4　1の航路帯及び航空路は、群島水域及びこれに接続する領海を貫通するものとし、これらの航路帯及び航空路には、群島水域又はその上空における国際航行又は飛行に通常使用されているすべての通航のための航路及び船舶に関してはその航路に係るすべての通常の航行のための水路を含める。ただし、同一の入口及び出口の間においては、同様に便利な二以上の航路は必要としない。

5　1の航路帯及び航空路は、通航のための航路の入口の点から出口の点までの一連の連続する中心線によって定める。群島航路帯を通航中の船舶及び航空機は、これらの中心線のいずれの側についても二五海里を超えて離れて通航してはならない。ただし、その船舶及び航空機は、航路帯を挟んで向かい合っている島と島とを結ぶ最短距離の一〇パーセントの距離よりも海岸に近づいて航行してはならない。

6　この条の規定により航路帯を指定する群島国は、また、当該航路帯内の狭い水路における船舶の安全な通航のために分離通航帯を設定することができる。

7　群島国は、必要がある場合には、適当に公表した後、既に指定した航路帯又は既に設定した分離通航帯を他の航路帯又は分離通航帯に変更することができる。

8　航路帯及び分離通航帯は、一般的に受け入れられている国際的な規則に適合したものとする。

9　群島国は、航路帯の指定若しくは変更又は分離通航帯の設定若しくは変更を行うに当たり、これらの採択のための提案を権限のある国際機関に行う。当該権限のある国際機関は、当該群島国が同意する航路帯及び分離通航帯のみを採択することができるものとし、当該群島国は、その採択の後にそれに従って航路帯の指定若しくは変更又は分離通航帯の設定若しくは変更を行うことができる。

10　群島国は、自国が指定した航路帯の中心線及び設定した分離通航帯を海図上に明確に表示し、かつ、その海図を適当に公表する。

11　群島航路帯を通航中の船舶は、この条の規定により設定された適用される航路帯及び分離通航帯を尊重する。

12　群島国が航路帯又は航空路を指定しない場合には、群島航路帯通航権は、通常国際航行に使用されている航路において行使することができる。

第五四条(通航中の船舶及び航空機の義務、調査活動及び測量活動、群島国の義務並びに群島航路帯通航に関する群島国の法令) 第三九条、第四〇条、第四二条及び第四四条の規定は、群島航路帯通航について準用する。

第五部　排他的経済水域

第五五条(排他的経済水域の特別の法制度) 排他的経済水域とは、領海に接続する水域であって、この部に定める特別の法制度によるものをいう。この法制度の下において、沿岸国の権利及び管轄権並びにその他の国の権利及び自由は、この条約の関連する規定によって規律される。

第五六条(排他的経済水域における沿岸国の権利、管轄権及び義務) 1　沿岸国は、排他的経済水域において、次のものを有する。

(a)　海底の上部水域並びに海底及びその下の天然資源(生物資源であるか非生物資源であるかを問わない。)の探査、開発、保存及び管理のための主権的権利並びに排他的経済水域における経済的な目

的で行われる探査及び開発のためのその他の活動（海水、海流及び風からのエネルギーの生産等）に関する主権的権利

(b)　この条約の関連する規定に基づく次の事項に関する管轄権

(i)　人工島、施設及び構築物の設置及び利用

(ii)　海洋の科学的調査

(iii)　海洋環境の保護及び保全

(c)　この条約に定めるその他の権利及び義務

2　沿岸国は、排他的経済水域においてこの条約により自国の権利を行使し及び自国の義務を履行するに当たり、他の国の権利及び義務に妥当な考慮を払うものとし、また、この条約と両立するように行動する。

3　この条に定める海底及びその下についての権利は、第六部の規定により行使する。

第五七条（排他的経済水域の幅）排他的経済水域は、領海の幅を測定するための基線から二〇〇海里を超えて拡張してはならない。

第五八条（排他的経済水域における他の国の権利及び義務）1　すべての国は、沿岸国であるか内陸国であるかを問わず、排他的経済水域において、この条約の関連する規定に定めるところにより、第八七条に定める航行及び上空飛行の自由並びに海底電線及び海底パイプラインの敷設の自由並びにこれらの自由に関連し及びこの条約のその他の規定と両立するその他の国際的に適法な海洋の利用（船舶及び航空機の運航並びに海底電線及び海底パイプラインの運用に係る海洋の利用等）の自由を享有する。

2　第八八条から第一一五条までの規定及び国際法の他の関連する規則は、この部の規定に反しない限り、排他的経済水域について適用する。

3　いずれの国も、排他的経済水域においてこの条約により自国の権利を行使し及び自国の義務を履行するに当たり、沿岸国の権利及び義務に妥当な考慮を払うものとし、また、この部の規定に反しない限り、この条約及び国際法の他の規則に従って沿岸国が制定する法令を遵守する。

第五九条（排他的経済水域における権利及び管轄権の帰属に関する紛争の解決のための基礎）この条約により排他的経済水域における権利又は管轄権が沿岸国又はその他の国に帰せられていない場合において、沿岸国とその他の国との間に利害の対立が生じたときは、その対立は、当事国及び国際社会全体にとっての利益の重要性を考慮して、衡平の原則に基づき、かつ、すべての関連する事情に照らして解決する。

第六〇条（排他的経済水域における人工島、施設及び構築物）1　沿岸国は、排他的経済水域において、次のものを建設し並びにそれらの建設、運用及び利用を許可し及び規制する排他的権利を有する。

(a)　人工島

(b)　第五六条に規定する目的その他の経済的な目的のための施設及び構築物

(c)　排他的経済水域における沿岸国の権利の行使を妨げ得る施設及び構築物

2　沿岸国は、1に規定する人工島、施設及び構築物に対して、通関上、財政上、保健上、安全上及び出入国管理上の法令に関する管轄権を含む排他的管轄権を有する。

3　1に規定する人工島、施設又は構築物の建設については、適当な通報を行わなければならず、また、その存在について注意を喚起するための恒常的な措置を維持しなければならない。放棄され又は利用されなくなった施設又は構築物は、権限のある国際機関がその除去に関して定める一般的に受け入れられている国際的基準を考慮して、航行の安全を確保するために除去する。その除去に当たっては、漁業、海洋環境の保護並びに他の国の権利及び義務に対しても妥当な考慮を払う。完全に除去されなかった施設又は構築物の水深、位置及び規模については、適当に公表する。

4　沿岸国は、必要な場合には、1に規定する人工島、施設及び構築物の周囲に適当な安全水域を設定することができるものとし、また、当該安全水域において、航行の安全並びに人工島、施設及び構築物の安全を確保するために適当な措置をとることができる。

5　沿岸国は、適用のある国際的基準を考慮して安全水域の幅を決定する。安全水域は、人工島、施設又は構築物の性質及び機能と合理的な関連を有するようなものとし、また、その幅は、一般的に受け入れられている国際的基準によって承認され又は権限のある国際機関によって勧告される場合を除くほか、当該人工島、施設又は構築物の外縁のいずれの点から測定した距離についても五〇〇メートルを超えるものであってはならない。安全水域の範囲に関しては、適当な通報を行う。

6　すべての船舶は、4の安全水域を尊重しなければならず、また、人工島、施設、構築物及び安全水域の近傍における航行に関して一般的に受け入れられている国際的基準を遵守する。

7　人工島、施設及び構築物並びにそれらの周囲の安全水域は、国際航行に不可欠な認められた航路帯の使用の妨げとなるような場所に設けてはならない。

8　人工島、施設及び構築物は、島の地位を有しない。これらのものは、それ自体の領海を有せず、また、その存在は、領海、排他的経済水域又は大陸棚の境界画定に影響を及ぼすものではない。

第六一条（生物資源の保存）1　沿岸国は、自国の排他的経済水域における生物資源の漁獲可能量を決定する。

2　沿岸国は、自国が入手することのできる最良の科学的証拠を考慮して、排他的経済水域における生物資源の維持が過度の開発によって脅かされないことを適当な保存措置及び管理措置を通じて確保する。このため、適当な場合には、沿岸国及び権限のある国際機関（小地域的なもの、地域的なもの又は世界

的なもののいずれであるかを問わない。）は、協力する。

3　2に規定する措置は、また、環境上及び経済上の関連要因（沿岸漁業社会の経済上のニーズ及び開発途上国の特別の要請を含む。）を勘案し、かつ、漁獲の態様、資源間の相互依存関係及び一般的に勧告された国際的な最低限度の基準（小地域的なもの、地域的なもの又は世界的なもののいずれであるかを問わない。）を考慮して、最大持続生産量を実現することのできる水準に漁獲される種の資源量を維持し又は回復することのできるようなものとする。

4　沿岸国は、2に規定する措置をとるに当たり、漁獲される種に関連し又は依存する種の資源量をその再生産が著しく脅威にさらされることとなるような水準よりも高く維持し又は回復するために、当該関連し又は依存する種に及ぼす影響を考慮する。

5　入手することのできる科学的情報、漁獲量及び漁獲努力量に関する統計その他魚類の保存に関連するデータについては、適当な場合には権限のある国際機関（小地域的なもの、地域的なもの又は世界的なもののいずれであるかを問わない。）を通じ及びすべての関係国（その国民が排他的経済水域における漁獲を認められている国を含む。）の参加を得て、定期的に提供し及び交換する。

第六二条（生物資源の利用）1　沿岸国は、前条の規定の適用を妨げることなく、排他的経済水域における生物資源の最適利用の目的を促進する。

2　沿岸国は、排他的経済水域における生物資源についての自国の漁獲能力を決定する。沿岸国は、自国が漁獲可能量のすべてを漁獲する能力を有しない場合には、協定その他の取極により4に規定する条件及び法令に従い、第六九条及び第七〇条の規定（特に開発途上国に関するもの）に特別の考慮を払って漁獲可能量の余剰分の他の国による漁獲を認める。

3　沿岸国は、この条の規定に基づく他の国による自国の排他的経済水域における漁獲を認めるに当たり、すべての関連要因、特に、自国の経済その他の国家的利益にとっての当該排他的経済水域における生物資源の重要性、第六九条及び第七〇条の規定、小地域又は地域の開発途上国が余剰分の一部を漁獲する必要性、その国民が伝統的に当該排他的経済水域で漁獲を行ってきた国又は資源の調査及び識別に実質的な努力を払ってきた国における経済的混乱を最小のものにとどめる必要性等の関連要因を考慮する。

4　排他的経済水域において漁獲を行う他の国の国民は、沿岸国の法令に定める保存措置及び他の条件を遵守する。これらの法令は、この条約に適合するものとし、また、特に次の事項に及ぶことができる。

(a)　漁業者、漁船及び設備に関する許可証の発給（手数料その他の形態の報酬の支払を含む。これらの支払は、沿岸国である開発途上国の場合については、水産業に関する財政、設備及び技術の分野での十分な補償から成ることができる。）

(b)　漁獲することのできる種及び漁獲割当ての決定。この漁獲割当てについては、特定の資源若しくは資源群の漁獲、一定の期間における一隻当たりの漁獲又は特定の期間におけるいずれかの国の国民による漁獲のいずれについてのものであるかを問わない。

(c)　漁期及び漁場、漁具の種類、大きさ及び数量並びに利用することのできる漁船の種類、大きさ及び数の規制

(d)　漁獲することのできる魚その他の種の年齢及び大きさの決定

(e)　漁船に関して必要とされる情報（漁獲量及び漁獲努力量に関する統計並びに漁船の位置に関する報告を含む。）の明示

(f)　沿岸国の許可及び規制の下で特定の漁業に関する調査計画の実施を要求すること並びにそのような調査の実施（漁獲物の標本の抽出、標本の処理及び関連する科学的データの提供を含む。）を規制すること。

(g)　沿岸国の監視員又は訓練生の漁船への乗船

(h)　漁船による漁獲量の全部又は一部の沿岸国の港への陸揚げ

(i)　合弁事業に関し又はその他の協力についての取決めに関する条件

(j)　要員の訓練及び漁業技術の移転（沿岸国の漁業に関する調査を行う能力の向上を含む。）のための要件

(k)　取締手続

5　沿岸国は、保存及び管理に関する法令について適当な通報を行う。

第六三条（二以上の沿岸国の排他的経済水域内に又は排他的経済水域内及び当該排他的経済水域に接続する水域内の双方に存在する資源）1　同一の資源又は関連する種の資源が二以上の沿岸国の排他的経済水域内に存在する場合には、これらの沿岸国は、この部の他の規定の適用を妨げることなく、直接に又は適当な小地域的若しくは地域的機関を通じて、当該資源の保存及び開発を調整し及び確保するために必要な措置について合意するよう努める。

2　同一の資源又は関連する種の資源が排他的経済水域内及び当該排他的経済水域に接続する水域内の双方に存在する場合には、沿岸国及び接続する水域において当該資源を漁獲する国は、直接に又は適当な小地域的若しくは地域的機関を通じて、当該接続する水域における当該資源の保存のために必要な措置について合意するよう努める。

第六四条（高度回遊性の種）1　沿岸国その他その国民がある地域において附属書Iに掲げる高度回遊性の種を漁獲する国は、排他的経済水域の内外を問わず当該地域全体において当該種の保存を確保しかつ最適利用の目的を促進するため、直接に又は適当な国際機関を通じて協力する。適当な国際機関が存在

しない地域においては、沿岸国その他その国民が当該地域において高度回遊性の種を漁獲する国は、そのような機関を設立し及びその活動に参加するため、協力する。

2　1の規定は、この部の他の規定に加えて適用する。

第六五条(海産哺乳動物) この部のいかなる規定も、沿岸国又は適当な場合には国際機関が海産哺乳動物の開発についてこの部に定めるよりも厳しく禁止し、制限し又は規制する権利又は権限を制限するものではない。いずれの国も、海産哺乳動物の保存のために協力するものとし、特に、鯨類については、その保存、管理及び研究のために適当な国際機関を通じて活動する。

第六六条(溯(さく)河性資源) 1　溯河性資源の発生する河川の所在する国は、当該溯河性資源について第一義的利益及び責任を有する。

2　溯河性資源の母川国は、自国の排他的経済水域の外側の限界より陸地側のすべての水域における漁獲及び3(b)に規定する漁獲のための適当な規制措置を定めることによって溯河性資源の保存を確保する。母川国は、当該溯河性資源を漁獲する3及び4に規定する他の国と協議の後、自国の河川に発生する資源の総漁獲可能量を定めることができる。

3(a)　溯河性資源の漁獲は、排他的経済水域の外側の限界より陸地側の水域においてのみ行われる。ただし、これにより母川国以外の国に経済的混乱がもたらされる場合は、この限りでない。排他的経済水域の外側の限界を越える水域における溯河性資源の漁獲に関しては、関係国は、当該溯河性資源に係る保存上の要請及び母川国のニーズに妥当な考慮を払い、当該漁獲の条件に関する合意に達するため協議を行う。

(b)　母川国は、溯河性資源を漁獲する他の国の通常の漁獲量及び操業の形態並びにその漁獲が行われてきたすべての水域を考慮して、当該他の国の経済的混乱を最小のものにとどめるために協力する。

(c)　母川国は、(b)に規定する他の国が自国との合意により溯河性資源の再生産のための措置に参加し、特に、そのための経費を負担する場合には、当該他の国に対して、自国の河川に発生する資源の漁獲について特別の考慮を払う。

(d)　排他的経済水域を越える水域における溯河性資源に関する規制の実施は、母川国と他の関係国との間の合意による。

4　溯河性資源が母川国以外の国の排他的経済水域の外側の限界より陸地側の水域に入り又はこれを通過して回遊する場合には、当該国は、当該溯河性資源の保存及び管理について母川国と協力する。

5　溯河性資源の母川国及び当該溯河性資源を漁獲するその他の国は、適当な場合には、地域的機関を通じて、この条の規定を実施するための取極を締結する。

第六七条(降河性の種) 1　降河性の種がその生活史の大部分を過ごす水域の所在する沿岸国は、当該降河性の種の管理について責任を有し、及び回遊する魚が出入りすることができるようにする。

2　降河性の種の漁獲は、排他的経済水域の外側の限界より陸地側の水域においてのみ行われる。その漁獲は、排他的経済水域において行われる場合には、この条の規定及び排他的経済水域における漁獲に関するこの条約のその他の規定に定めるところによる。

3　降河性の魚が稚魚又は成魚として他の国の排他的経済水域を通過して回遊する場合には、当該魚の管理(漁獲を含む。)は、1の沿岸国と当該他の国との間の合意によって行われる。この合意は、種の合理的な管理が確保され及び1の沿岸国が当該種の維持について有する責任が考慮されるようなものとする。

第六八条(定着性の種族) この部の規定は、第七七条4に規定する定着性の種族については、適用しない。

第六九条(内陸国の権利) 1　内陸国は、自国と同一の小地域又は地域の沿岸国の排他的経済水域における生物資源の余剰分の適当な部分の開発につき、すべての関係国の関連する経済的及び地理的状況を考慮し、この条、第六一条及び第六二条に定めるところにより、衡平の原則に基づいて参加する権利を有する。

2　1に規定する参加の条件及び方法は、関係国が二国間の、小地域的な又は地域的な協定により定めるものとし、特に次の事項を考慮する。

(a)　沿岸国の漁業社会又は水産業に対する有害な影響を回避する必要性

(b)　内陸国が、この条の規定に基づき、現行の二国間の、小地域的な又は地域的な協定により、他の沿岸国の排他的経済水域における生物資源の開発に参加しており又は参加する権利を有する程度

(c)　その他の内陸国及び地理的不利国が沿岸国の排他的経済水域における生物資源の開発に参加している程度及びその結果としていずれかの単一の沿岸国又はその一部が特別の負担を負うことを回避する必要性が生ずること。

(d)　それぞれの国の国民の栄養上の必要性

3　沿岸国の漁獲能力がその排他的経済水域における生物資源の漁獲可能量のすべてを漁獲することのできる点に近づいている場合には、当該沿岸国その他の関係国は、同一の小地域又は地域の内陸国である開発途上国が当該小地域又は地域の沿岸国の排他的経済水域における生物資源の開発について状況により適当な方法で及びすべての当事者が満足すべき条件の下で参加することを認めるため、二国間の、小地域的な又は地域的な衡平な取極の締結に協力する。この規定の実施に当たっては、2に規定する要素も考慮する。

4　内陸国である先進国は、この条の規定に基づき、自国と同一の小地域又は地域の沿岸国である先進国の排他的経済水域においてのみ生物資源の開発に参

加することができる。この場合において、当該沿岸国である先進国がその排他的経済水域における生物資源について他の国による漁獲を認めるに当たり、その国民が伝統的に当該排他的経済水域で漁獲を行ってきた国の漁業社会に対する有害な影響及び経済的混乱を最小のものにとどめる必要性をどの程度考慮してきたかが勘案される。

5　1から4までの規定は、沿岸国が自国と同一の小地域又は地域の内陸国に対して排他的経済水域における生物資源の開発のための平等又は優先的な権利を与えることを可能にするため当該小地域又は地域において合意される取極に影響を及ぼすものではない。

第七〇条（地理的不利国の権利）1　地理的不利国は、自国と同一の小地域又は地域の沿岸国の排他的経済水域における生物資源の余剰分の適当な部分の開発につき、すべての関係国の関連する経済的及び地理的状況を考慮し、この条、第六一条及び第六二条に定めるところにより、衡平の原則に基づいて参加する権利を有する。

2　この部の規定の適用上、「地理的不利国」とは、沿岸国（閉鎖海又は半閉鎖海に面した国を含む。）であって、その地理的状況のため自国民又はその一部の栄養上の目的のための魚の十分な供給を自国と同一の小地域又は地域の他の国の排他的経済水域における生物資源の開発に依存するもの及び自国の排他的経済水域を主張することができないものをいう。

3　1に規定する参加の条件及び方法は、関係国が二国間の、小地域的な又は地域的な協定により定めるものとし、特に次の事項を考慮する。

(a)　沿岸国の漁業社会又は水産業に対する有害な影響を回避する必要性

(b)　地理的不利国が、この条の規定に基づき、現行の二国間の、小地域的な又は地域的な協定により、他の沿岸国の排他的経済水域における生物資源の開発に参加しており又は参加する権利を有する程度

(c)　その他の地理的不利国及び内陸国が沿岸国の排他的経済水域における生物資源の開発に参加している程度及びその結果としていずれかの単一の沿岸国又はその一部が特別の負担を負うことを回避する必要性が生ずること。

(d)　それぞれの国の国民の栄養上の必要性

4　沿岸国の漁獲能力がその排他的経済水域における生物資源の漁獲可能量のすべてを漁獲することのできる点に近づいている場合には、当該沿岸国その他の関係国は、同一の小地域又は地域の地理的不利国である開発途上国が当該小地域又は地域の沿岸国の排他的経済水域における生物資源の開発について状況により適当な方法で及びすべての当事者が満足すべき条件の下で参加することを認めるため、二国間の、小地域的な又は地域的な及び衡平な取極の締結に協力する。この規定の実施に当たっては、3に規定する要素も考慮する。

5　地理的不利国である先進国は、この条の規定に基づき、自国と同一の小地域又は地域の沿岸国である先進国の排他的経済水域においてのみ生物資源の開発に参加することができる。この場合において、当該沿岸国である先進国がその排他的経済水域における生物資源について他の国による漁獲を認めるに当たりその国民が伝統的に当該排他的経済水域で漁獲を行ってきた国の漁業社会に対する有害な影響及び経済的混乱を最小のものにとどめる必要性をどの程度考慮してきたかが勘案される。

6　1から5までの規定は、沿岸国が自国と同一の小地域又は地域の地理的不利国に対して排他的経済水域における生物資源の開発のための平等又は優先的な権利を与えることを可能にするため当該小地域又は地域において合意される取極に影響を及ぼすものではない。

第七一条（前二条の規定の不適用）前二条の規定は、沿岸国の経済がその排他的経済水域における生物資源の開発に依存する度合が極めて高い場合には、当該沿岸国については、適用しない。

第七二条（権利の移転の制限）1　第六九条及び第七〇条に定める生物資源を開発する権利は、関係国の間に別段の合意がない限り、貸借契約又は許可、合弁事業の設立その他の権利の移転の効果を有する方法によって、第三国又はその国民に対して直接又は間接に移転してはならない。

2　1の規定は、1に規定する効果をもたらさない限り、関係国が第六九条及び第七〇条の規定に基づく権利の行使を容易にするために第三国又は国際機関から技術的又は財政的援助を得ることを妨げるものではない。

第七三条（沿岸国の法令の執行）1　沿岸国は、排他的経済水域において生物資源を探査し、開発し、保存し及び管理するための主権的権利を行使するに当たり、この条約に従って制定する法令の遵守を確保するために必要な措置（乗船、検査、拿（だ）捕及び司法上の手続を含む。）をとることができる。

2　拿捕された船舶及びその乗組員は、合理的な保証金の支払又は合理的な他の保証の提供の後に速やかに釈放される。

3　排他的経済水域における漁業に関する法令に対する違反について沿岸国が科する罰には、関係国の別段の合意がない限り拘禁を含めてはならず、また、その他のいかなる形態の身体刑も含めてはならない。

4　沿岸国は、外国船舶を拿捕し又は抑留した場合には、とられた措置及びその後科した罰について、適当な経路を通じて旗国に速やかに通報する。

第七四条（向かい合っているか又は隣接している海岸を有する国の間における排他的経済水域の境界画定）1　向かい合っているか又は隣接している海岸を有する国の間における排他的経済水域の境界画定

は、衡平な解決を達成するために、国際司法裁判所規程第三八条に規定する国際法に基づいて合意により行う。

2　関係国は、合理的な期間内に合意に達することができない場合には、第一五部に定める手続に付する。

3　関係国は、1の合意に達するまでの間、理解及び協力の精神により、実際的な性質を有する暫定的な取極を締結するため及びそのような過渡的期間において最終的な合意への到達を危うくし又は妨げないためにあらゆる努力を払う。暫定的な取極は、最終的な境界画定に影響を及ぼすものではない。

4　関係国間において効力を有する合意がある場合には、排他的経済水域の境界画定に関する問題は、当該合意に従って解決する。

第七五条（海図及び地理学的経緯度の表）1　排他的経済水域の外側の限界線及び前条の規定に従って引かれる境界画定線は、この部に定めるところにより、それらの位置の確認に適した縮尺の海図に表示する。適当な場合には、当該外側の限界線又は当該境界画定線に代えて、測地原子を明示した各点の地理学的経緯度の表を用いることができる。

2　沿岸国は、1の海図又は地理学的経緯度の表を適当に公表するものとし、当該海図又は表の写しを国際連合事務総長に寄託する。

第六部　大陸棚

第七六条（大陸棚の定義）1　沿岸国の大陸棚とは、当該沿岸国の領海を越える海面下の区域の海底及びその下であってその領土の自然の延長をたどって大陸縁辺部の外縁に至るまでのもの又は、大陸縁辺部の外縁が領海の幅を測定するための基線から二〇〇海里の距離まで延びていない場合には、当該沿岸国の領海を越える海面下の区域の海底及びその下であって当該基線から二〇〇海里の距離までのものをいう。

2　沿岸国の大陸棚は、4から6までに定める限界を越えないものとする。

3　大陸縁辺部は、沿岸国の陸塊の海面下まで延びている部分から成るものとし、棚、斜面及びコンチネンタル・ライズの海底及びその下で構成される。ただし、大洋底及びその海洋海嶺（れい）又はその下を含まない。

4(a)　この条約の適用上、沿岸国は、大陸縁辺部が領海の幅を測定するための基線から二〇〇海里を超えて延びている場合には、次のいずれかの線により大陸縁辺部の外縁を設定する。

(i)　ある点における堆（たい）積岩の厚さが当該点から大陸斜面の脚部までの最短距離の一パーセント以上であるとの要件を満たすときにこのような点のうち最も外側のものを用いて7の規定に従って引いた線

(ii)　大陸斜面の脚部から六〇海里を超えない点を用いて7の規定に従って引いた線

(b)　大陸斜面の脚部は、反証のない限り、当該大陸斜面の基部における勾（こう）配が最も変化する点とする。

5　4(a)の(i)又は(ii)の規定に従って引いた海底における大陸棚の外側の限界線は、これを構成する各点において、領海の幅を測定するための基線から三五〇海里を超え又は二五〇〇メートル等深線（二五〇〇メートルの水深を結ぶ線をいう。）から一〇〇海里を超えてはならない。

6　5の規定にかかわらず、大陸棚の外側の限界は、海底海嶺の上においては領海の幅を測定するための基線から三五〇海里を超えてはならない。この6の規定は、海台、海膨、キャップ、堆及び海脚のような大陸縁辺部の自然の構成要素である海底の高まりについては、適用しない。

7　沿岸国は、自国の大陸棚が領海の幅を測定するための基線から二〇〇海里を超えて延びている場合には、その大陸棚の外側の限界線を経緯度によって定める点を結ぶ六〇海里を超えない長さの直線によって引く。

8　沿岸国は、領海の幅を測定するための基線から二〇〇海里を超える大陸棚の限界に関する情報を、衡平な地理的代表の原則に基づき附属書Ⅱに定めるところにより設置される大陸棚の限界に関する委員会に提出する。この委員会は、当該大陸棚の外側の限界の設定に関する事項について当該沿岸国に対し勧告を行う。沿岸国がその勧告に基づいて設定した大陸棚の限界は、最終的なものとし、かつ、拘束力を有する。

9　沿岸国は、自国の大陸棚の外側の限界が恒常的に表示された海図及び関連する情報（測地原子を含む。）を国際連合事務総長に寄託する。同事務総長は、これらを適当に公表する。

10　この条の規定は、向かい合っているか又は隣接している海岸を有する国の間における大陸棚の境界画定の問題に影響を及ぼすものではない。

第七七条（大陸棚に対する沿岸国の権利）1　沿岸国は、大陸棚を探査し及びその天然資源を開発するため、大陸棚に対して主権的権利を行使する。

2　1の権利は、沿岸国が大陸棚を探査せず又はその天然資源を開発しない場合においても、当該沿岸国の明示の同意なしにそのような活動を行うことができないという意味において、排他的である。

3　大陸棚に対する沿岸国の権利は、実効的な若しくは名目上の先占又は明示の宣言に依存するものではない。

4　この部に規定する天然資源は、海底及びその下の鉱物その他の非生物資源並びに定着性の種族に属する生物、すなわち、採捕に適した段階において海底若しくはその下で静止しており又は絶えず海底若しくはその下に接触していなければ動くことのできない生物から成る。

第七八条（上部水域及び上空の法的地位並びに他の国

の権利及び自由）1　大陸棚に対する沿岸国の権利は、上部水域又はその上空の法的地位に影響を及ぼすものではない。

2　沿岸国は、大陸棚に対する権利の行使により、この条約に定める他の国の航行その他の権利及び自由を侵害してはならず、また、これらに対して不当な妨害をもたらしてはならない。

第七九条（大陸棚における海底電線及び海底パイプライン）1　すべての国は、この条の規定に従って大陸棚に海底電線及び海底パイプラインを敷設する権利を有する。

2　沿岸国は、大陸棚における海底電線又は海底パイプラインの敷設又は維持を妨げることができない。もっとも、沿岸国は、大陸棚の探査、その天然資源の開発並びに海底パイプラインからの汚染の防止、軽減及び規制のために適当な措置をとる権利を有する。

3　海底パイプラインを大陸棚に敷設するための経路の設定については、沿岸国の同意を得る。

4　この部のいかなる規定も、沿岸国がその領土若しくは領海に入る海底電線若しくは海底パイプラインに関する条件を定める権利又は大陸棚の探査、その資源の開発若しくは沿岸国が管轄権を有する人工島、施設及び構築物の運用に関連して建設され若しくは利用される海底電線及び海底パイプラインに対する当該沿岸国の管轄権に影響を及ぼすものではない。

5　海底電線又は海底パイプラインを敷設する国は、既に海底に敷設されている電線又はパイプラインに妥当な考慮を払わなければならない。特に、既設の電線又はパイプラインを修理する可能性は、害してはならない。

第八〇条（大陸棚における人工島、施設及び構築物）第六〇条の規定は、大陸棚における人工島、施設及び構築物について準用する。

第八一条（大陸棚における掘削）沿岸国は、大陸棚におけるあらゆる目的のための掘削を許可し及び規制する排他的権利を有する。

第八二条（二〇〇海里を超える大陸棚の開発に関する支払及び拠出）1　沿岸国は、領海の幅を測定する基線から二〇〇海里を超える大陸棚の非生物資源の開発に関して金銭による支払又は現物による拠出を行う。

2　支払又は拠出は、鉱区における最初の五年間の生産の後、当該鉱区におけるすべての生産に関して毎年行われる。六年目の支払又は拠出の割合は、当該鉱区における生産額又は生産量の一パーセントとする。この割合は、一二年目まで毎年一パーセントずつ増加するものとし、その後は七パーセントとする。生産には、開発に関連して使用された資源を含めない。

3　その大陸棚から生産される鉱物資源の純輸入国である開発途上国は、当該鉱物資源に関する支払又は拠出を免除される。

4　支払又は拠出は、機構を通じて行われるものとし、機構は、開発途上国、特に後発開発途上国及び内陸国である開発途上国の利益及びニーズに考慮を払い、衡平な配分基準に基づいて締約国にこれらを配分する。

第八三条（向かい合っているか又は隣接している海岸を有する国の間における大陸棚の境界画定）1　向かい合っているか又は隣接している海岸を有する国の間における大陸棚の境界画定は、衡平な解決を達成するために、国際司法裁判所規程第三八条に規定する国際法に基づいて合意により行う。

2　関係国は、合理的な期間内に合意に達することができない場合には、第一五部に定める手続に付する。

3　関係国は、1の合意に達するまでの間、理解及び協力の精神により、実際的な性質を有する暫定的な取極を締結するため及びそのような過渡的期間において最終的な合意への到達を危うくし又は妨げないためにあらゆる努力を払う。暫定的な取極は、最終的な境界画定に影響を及ぼすものではない。

4　関係国間において効力を有する合意がある場合には、大陸棚の境界画定に関する問題は、当該合意に従って解決する。

第八四条（海図及び地理学的経緯度の表）1　大陸棚の外側の限界線及び前条の規定に従って引かれる境界画定線は、この部に定めるところにより、それらの位置の確認に適した縮尺の海図に表示する。適当な場合には、当該外側の限界線又は当該境界画定線に代えて、測地原子を明示した各点の地理学的経緯度の表を用いることができる。

2　沿岸国は、1の海図又は地理学的経緯度の表を適当に公表するものとし、当該海図又は表の写しを国際連合事務総長に及び、大陸棚の外側の限界線を表示した海図又は表の場合には、これらの写しを機構の事務局長に寄託する。

第八五条（トンネルの掘削）この部の規定は、トンネルの掘削により海底（水深のいかんを問わない。）の下を開発する沿岸国の権利を害するものではない。

第七部　公海

第一節　総則

第八六条（この部の規定の適用）この部の規定は、いずれの国の排他的経済水域、領海若しくは内水又はいずれの群島国の群島水域にも含まれない海洋のすべての部分に適用する。この条の規定は、第五八条の規定に基づきすべての国が排他的経済水域において享有する自由にいかなる制約も課するものではない。

第八七条（公海の自由）1　公海は、沿岸国であるか内陸国であるかを問わず、すべての国に開放される。公海の自由は、この条約及び国際法の他の規則に定める条件に従って行使される。この公海の自由には、沿岸国及び内陸国のいずれについても、特に次のものが含まれる。

(a)　航行の自由

(b)　上空飛行の自由

(c)　海底電線及び海底パイプラインを敷設する自由。ただし、第六部の規定の適用が妨げられるものではない。

(d)　国際法によって認められる人工島その他の施設を建設する自由。ただし、第六部の規定の適用が妨げられるものではない。

(e)　第二節に定める条件に従って漁獲を行う自由

(f)　科学的調査を行う自由。ただし、第六部及び第一三部の規定の適用が妨げられるものではない。

2　1に規定する自由は、すべての国により、公海の自由を行使する他の国の利益及び深海底における活動に関するこの条約に基づく権利に妥当な考慮を払って行使されなければならない。

第八八条（平和的目的のための公海の利用）　公海は、平和的目的のために利用されるものとする。

第八九条（公海に対する主権についての主張の無効）　いかなる国も、公海のいずれかの部分をその主権の下に置くことを有効に主張することができない。

第九〇条（航行の権利）　いずれの国も、沿岸国であるか内陸国であるかを問わず、自国を旗国とする船舶を公海において航行させる権利を有する。

第九一条（船舶の国籍）　1　いずれの国も、船舶に対する国籍の許与、自国の領域内における船舶の登録及び自国の旗を掲げる権利に関する条件を定める。船舶は、その旗を掲げる権利を有する国の国籍を有する。その国と当該船舶との間には、真正な関係が存在しなければならない。

2　いずれの国も、自国の旗を掲げる権利を許与した船舶に対し、その旨の文書を発給する。

第九二条（船舶の地位）　1　船舶は、一の国のみの旗を掲げて航行するものとし、国際条約又はこの条約に明文の規定がある特別の場合を除くほか、公海においてその国の排他的管轄権に服する。船舶は、所有権の現実の移転又は登録の変更の場合を除くほか、航海中又は寄港中にその旗を変更することができない。

2　二以上の国の旗を適宜に使用して航行する船舶は、そのいずれの国の国籍も第三国に対して主張することができないものとし、また、このような船舶は、国籍のない船舶とみなすことができる。

第九三条（国際連合、その専門機関及び国際原子力機関の旗を掲げる船舶）　前諸条の規定は、国際連合、その専門機関又は国際原子力機関の公務に使用され、かつ、これらの機関の旗を掲げる船舶の問題に影響を及ぼすものではない。

第九四条（旗国の義務）　1　いずれの国も、自国を旗国とする船舶に対し、行政上、技術上及び社会上の事項について有効に管轄権を行使し及び有効に規制を行う。

2　いずれの国も、特に次のことを行う。

(a)　自国を旗国とする船舶の名称及び特徴を記載した登録簿を保持すること。ただし、その船舶が小さいため一般的に受け入れられている国際的な規則から除外されているときは、この限りでない。

(b)　自国を旗国とする船舶並びにその船長、職員及び乗組員に対し、当該船舶に関する行政上、技術上及び社会上の事項について国内法に基づく管轄権を行使すること。

3　いずれの国も、自国を旗国とする船舶について、特に次の事項に関し、海上における安全を確保するために必要な措置をとる。

(a)　船舶の構造、設備及び堪航性

(b)　船舶における乗組員の配乗並びに乗組員の労働条件及び訓練。この場合において、適用のある国際文書を考慮に入れるものとする。

(c)　信号の使用、通信の維持及び衝突の予防

4　3の措置には、次のことを確保するために必要な措置を含める。

(a)　船舶が、その登録前に及びその後は適当な間隔で、資格のある船舶検査員による検査を受けること並びに船舶の安全な航行のために適当な海図、航海用刊行物、航行設備及び航行器具を船内に保持すること。

(b)　船舶が、特に運用、航海、通信及び機関について適当な資格を有する船長及び職員の管理の下にあること並びに乗組員の資格及び人数が船舶の型式、大きさ、機関及び設備に照らして適当であること。

(c)　船長、職員及び適当な限度において乗組員が海上における人命の安全、衝突の予防、海洋汚染の防止、軽減及び規制並びに無線通信の維持に関して適用される国際的な規則に十分に精通しており、かつ、その規則の遵守を要求されていること。

5　いずれの国も、3及び4に規定する措置をとるに当たり、一般的に受け入れられている国際的な規則、手続及び慣行を遵守し並びにその遵守を確保するために必要な措置をとることを要求される。

6　船舶について管轄権が適正に行使されず又は規制が適正に行われなかったと信ずるに足りる明白な理由を有する国は、その事実を旗国に通報することができる。旗国は、その通報を受領したときは、その問題の調査を行うものとし、適当な場合には、事態を是正するために必要な措置をとる。

7　いずれの国も、自国を旗国とする船舶の公海における海事損害又は航行上の事故であって、他の国の国民に死亡若しくは重大な傷害をもたらし又は他の国の船舶若しくは施設若しくは海洋環境に重大な損害をもたらすものについては、適正な資格を有する者によって又はその立会いの下で調査が行われるようにしなければならない。旗国及び他の国は、海事損害又は航行上の事故について当該他の国が行う調査の実施において協力する。

第九五条（公海上の軍艦に与えられる免除）公海上の軍艦は、旗国以外のいずれの国の管轄権からも完全に免除される。

第九六条（政府の非商業的役務にのみ使用される船舶に与えられる免除）国が所有し又は運航する船舶で政府の非商業的役務にのみ使用されるものは、公海において旗国以外のいずれの国の管轄権からも完全に免除される。

第九七条（衝突その他の航行上の事故に関する刑事裁判権）1　公海上の船舶につき衝突その他の航行上の事故が生じた場合において、船長その他当該船舶に勤務する者の刑事上又は懲戒上の責任が問われるときは、これらの者に対する刑事上又は懲戒上の手続は、当該船舶の旗国又はこれらの者が属する国の司法当局又は行政当局においてのみとることができる。

2　懲戒上の問題に関しては、船長免状その他の資格又は免許の証明書を発給した国のみが、受有者がその国の国民でない場合においても、適正な法律上の手続を経てこれらを取り消す権限を有する。

3　船舶の拿捕又は抑留は、調査の手段としても、旗国の当局以外の当局が命令してはならない。

第九八条（援助を与える義務）1　いずれの国も、自国を旗国とする船舶の船長に対し、船舶、乗組員又は旅客に重大な危険を及ぼさない限度において次の措置をとることを要求する。

(a)　海上において生命の危険にさらされている者を発見したときは、その者に援助を与えること。

(b)　援助を必要とする旨の通報を受けたときは、当該船長に合理的に期待される限度において、可能な最高速力で遭難者の救助に赴くこと。

(c)　衝突したときは、相手の船舶並びにその乗組員及び旅客に援助を与え、また、可能なときは、自己の船舶の名称、船籍港及び寄港しようとする最も近い港を相手の船舶に知らせること。

2　いずれの沿岸国も、海上における安全に関する適切かつ実効的な捜索及び救助の機関の設置、運営及び維持を促進し、また、状況により必要とされるときは、このため、相互間の地域的な取極により隣接国と協力する。

第九九条（奴隷の運送の禁止）いずれの国も、自国の旗を掲げることを認めた船舶による奴隷の運送を防止し及び処罰するため並びに奴隷の運送のために自国の旗が不法に使用されることを防止するため、実効的な措置をとる。いずれの船舶（旗国のいかんを問わない。）に避難する奴隷も、避難したという事実によって自由となる。

第一〇〇条（海賊行為の抑止のための協力の義務）すべての国は、最大限に可能な範囲で、公海その他いずれの国の管轄権にも服さない場所における海賊行為の抑止に協力する。

第一〇一条（海賊行為の定義）海賊行為とは、次の行為をいう。

(a)　私有の船舶又は航空機の乗組員又は旅客が私的目的のために行うすべての不法な暴力行為、抑留又は略奪行為であって次のものに対して行われるもの

(i)　公海における他の船舶若しくは航空機又はこれらの内にある人若しくは財産

(ii)　いずれの国の管轄権にも服さない場所にある船舶、航空機、人又は財産

(b)　いずれかの船舶又は航空機を海賊船舶又は海賊航空機とする事実を知って当該船舶又は航空機の運航に自発的に参加するすべての行為

(c)　(a)又は(b)に規定する行為を扇動し又は故意に助長するすべての行為

第一〇二条（乗組員が反乱を起こした軍艦又は政府の船舶若しくは航空機による海賊行為）前条に規定する海賊行為であって、乗組員が反乱を起こして支配している軍艦又は政府の船舶若しくは航空機が行うものは、私有の船舶又は航空機が行う行為とみなされる。

第一〇三条（海賊船舶又は海賊航空機の定義）船舶又は航空機であって、これを実効的に支配している者が第一〇一条に規定するいずれかの行為を行うために使用することを意図しているものについては、海賊船舶又は海賊航空機とする。当該いずれかの行為を行うために使用された船舶又は航空機であって、当該行為につき有罪とされる者により引き続き支配されているものについても、同様とする。

第一〇四条（海賊船舶又は海賊航空機の国籍の保持又は喪失）船舶又は航空機は、海賊船舶又は海賊航空機となった場合にも、その国籍を保持することができる。国籍の保持又は喪失は、当該国籍を与えた国の法律によって決定される。

第一〇五条（海賊船舶又は海賊航空機の拿捕）いずれの国も、公海その他いずれの国の管轄権にも服さない場所において、海賊船舶、海賊航空機又は海賊行為によって奪取され、かつ、海賊の支配下にある船舶又は航空機を拿捕し及び当該船舶又は航空機内の人を逮捕し又は財産を押収することができる。拿捕を行った国の裁判所は、科すべき刑罰を決定することができるものとし、また、善意の第三者の権利を尊重することを条件として、当該船舶、航空機又は財産についてとるべき措置を決定することができる。

第一〇六条（十分な根拠なしに拿捕が行われた場合の責任）海賊行為の疑いに基づく船舶又は航空機の拿捕が十分な根拠なしに行われた場合には、拿捕を行った国は、その船舶又は航空機がその国籍を有する国に対し、その拿捕によって生じたいかなる損失又は損害についても責任を負う。

第一〇七条（海賊行為を理由とする拿捕を行うことが認められる船舶及び航空機）海賊行為を理由とする拿捕は、軍艦、軍用航空機その他政府の公務に使用されていることが明らかに表示されておりかつ識別

されることのできる船舶又は航空機でそのための権限を与えられているものによってのみ行うことができる。

第一〇八条（麻薬又は向精神薬の不正取引）1　すべての国は、公海上の船舶が国際条約に違反して麻薬及び向精神薬の不正取引を行うことを防止するために協力する。

2　いずれの国も、自国を旗国とする船舶が麻薬又は向精神薬の不正取引を行っていると信ずるに足りる合理的な理由がある場合には、その取引を防止するため他の国の協力を要請することができる。

第一〇九条（公海からの許可を得ていない放送）1　すべての国は、公海からの許可を得ていない放送の防止に協力する。

2　この条約の適用上、「許可を得ていない放送」とは、国際的な規則に違反して公海上の船舶又は施設から行われる音響放送又はテレビジョン放送のための送信であって、一般公衆による受信を意図するものをいう。ただし、遭難呼出しの送信を除く。

3　許可を得ていない放送を行う者については、次の国の裁判所に訴追することができる。

(a)　船舶の旗国
(b)　施設の登録国
(c)　当該者が国民である国
(d)　放送を受信することができる国
(e)　許可を得ている無線通信が妨害される国

4　3の規定により管轄権を有する国は、公海において、次条の規定に従い、許可を得ていない放送を行う者を逮捕し又はそのような船舶を拿捕することができるものとし、また、放送機器を押収することができる。

第一一〇条（臨検の権利）1　条約上の権限に基づいて行われる干渉行為によるものを除くほか、公海において第九五条及び第九六条の規定に基づいて完全な免除を与えられている船舶以外の外国船舶に遭遇した軍艦が当該外国船舶を臨検することは、次のいずれかのことを疑うに足りる十分な根拠がない限り、正当と認められない。

(a)　当該外国船舶が海賊行為を行っていること。
(b)　当該外国船舶が奴隷取引に従事していること。
(c)　当該外国船舶が許可を得ていない放送を行っており、かつ、当該軍艦の旗国が前条の規定に基づく管轄権を有すること。
(d)　当該外国船舶が国籍を有していないこと。
(e)　当該外国船舶が、他の国の旗を掲げているか又は当該外国船舶の旗を示すことを拒否したが、実際には当該軍艦と同一の国籍を有すること。

2　軍艦は、1に規定する場合において、当該外国船舶がその旗を掲げる権利を確認することができる。このため、当該軍艦は、疑いがある当該外国船舶に対し士官の指揮の下にボートを派遣することができる。文書を検閲した後もなお疑いがあるときは、軍艦は、その船舶内において更に検査を行うことができるが、その検査は、できる限り慎重に行わなければならない。

3　疑いに根拠がないことが証明され、かつ、臨検を受けた外国船舶が疑いを正当とするいかなる行為も行っていなかった場合には、当該外国船舶は、被った損失又は損害に対する補償を受ける。

4　1から3までの規定は、軍用航空機について準用する。

5　1から3までの規定は、政府の公務に使用されていることが明らかに表示されておりかつ識別されることのできるその他の船舶又は航空機で正当な権限を有するものについても準用する。

第一一一条（追跡権）1　沿岸国の権限のある当局は、外国船舶が自国の法令に違反したと信ずるに足りる十分な理由があるときは、当該外国船舶の追跡を行うことができる。この追跡は、外国船舶又はそのボートが追跡国の内水、群島水域、領海又は接続水域にある時に開始しなければならず、また、中断されない限り、領海又は接続水域の外において引き続き行うことができる。領海又は接続水域にある外国船舶が停船命令を受ける時に、その命令を発する船舶も同様に領海又は接続水域にあることは必要でない。外国船舶が第三三条に定める接続水域にあるときは、追跡は、当該接続水域の設定によって保護しようとする権利の侵害があった場合に限り、行うことができる。

2　追跡権については、排他的経済水域又は大陸棚（大陸棚上の施設の周囲の安全水域を含む。）において、この条約に従いその排他的経済水域又は大陸棚（当該安全水域を含む。）に適用される沿岸国の法令の違反がある場合に準用する。

3　追跡権は、被追跡船舶がその旗国又は第三国の領海に入ると同時に消滅する。

4　追跡は、被追跡船舶又はそのボート若しくは被追跡船舶を母船としてこれと一団となって作業する舟艇が領海又は、場合により、接続水域、排他的経済水域若しくは大陸棚の上部にあることを追跡船舶がその場における実行可能な手段により確認しない限り、開始されたものとされない。追跡は、視覚的又は聴覚的停船信号を外国船舶が視認し又は聞くことができる距離から発した後にのみ、開始することができる。

5　追跡権は、軍艦、軍用航空機その他政府の公務に使用されていることが明らかに表示されておりかつ識別されることのできる船舶又は航空機でそのための権限を与えられているものによってのみ行使することができる。

6　追跡が航空機によって行われる場合には、

(a)　1から4までの規定を準用する。
(b)　停船命令を発した航空機は、船舶を自ら拿捕することができる場合を除くほか、自己が呼び寄せた沿岸国の船舶又は他の航空機が到着して追跡を引き継ぐまで、当該船舶を自ら積極的に追跡しなければならない。当該船舶が停船命令を受け、かつ、当該航空機又は追跡を中断することなく引き続き行う他の航空機若しくは船舶によって追跡されたのでない限り、当該航空機が当該船舶を違反を犯したもの又は違反の疑いがあるものとして発見しただけでは、領海の外における拿捕を正当とするために十分ではない。

7　いずれかの国の管轄権の及ぶ範囲内で拿捕され、かつ、権限のある当局の審理を受けるためその国の港に護送される船舶は、事情により護送の途中において排他的経済水域又は公海の一部を航行することが必要である場合に、その航行のみを理由として釈放を要求することができない。

8　追跡権の行使が正当とされない状況の下に領海の外において船舶が停止され又は拿捕されたときは、その船舶は、これにより被った損失又は損害に対する補償を受ける。

第一一二条（海底電線及び海底パイプラインを敷設する権利）1　すべての国は、大陸棚を越える公海の海底に海底電線及び海底パイプラインを敷設する権利を有する。

2　第七九条5の規定は、1の海底電線及び海底パイプラインについて適用する。

第一一三条（海底電線又は海底パイプラインの損壊）いずれの国も、自国を旗国とする船舶又は自国の管轄権に服する者が、故意又は過失により、電気通信を中断し又は妨害することとなるような方法で公海にある海底電線を損壊し、及び海底パイプライン又は海底高圧電線を同様に損壊することが処罰すべき犯罪であることを定めるために必要な法令を制定する。この法令の規定は、その損壊をもたらすことを意図し又はその損壊をもたらすおそれのある行為についても適用する。ただし、そのような損壊を避けるために必要なすべての予防措置をとった後に自己の生命又は船舶を守るという正当な目的のみで行動した者による損壊については、適用しない。

第一一四条（海底電線又は海底パイプラインの所有者による他の海底電線又は海底パイプラインの損壊）いずれの国も、自国の管轄権に服する者であって公海にある海底電線又は海底パイプラインの所有者であるものが、その海底電線又は海底パイプラインを敷設し又は修理するに際して他の海底電線又は海底パイプラインを損壊したときにその修理の費用を負担すべきであることを定めるために必要な法令を制定する。

第一一五条（海底電線又は海底パイプラインの損壊を避けるための損失に対する補償）いずれの国も、海底電線又は海底パイプラインの損壊を避けるためにいかり、網その他の漁具を失ったことを証明することができる船舶の所有者に対し、当該船舶の所有者が事前にあらゆる適当な予防措置をとったことを条件として当該海底電線又は海底パイプラインの所有者により補償が行われることを確保するために必要な法令を制定する。

第二節　公海における生物資源の保存及び管理

第一一六条（公海における漁獲の権利）すべての国は、自国民が公海において次のものに従って漁獲を行う権利を有する。

(a)　自国の条約上の義務

(b)　特に第六三条2及び第六四条から第六七条までに規定する沿岸国の権利、義務及び利益

(c)　この節の規定

第一一七条（公海における生物資源の保存のための措置を自国民についてとる国の義務）すべての国は、公海における生物資源の保存のために必要とされる措置を自国民についてとる義務及びその措置をとるに当たって他の国と協力する義務を有する。

第一一八条（生物資源の保存及び管理における国の間の協力）いずれの国も、公海における生物資源の保存及び管理について相互に協力する。二以上の国の国民が同種の生物資源を開発し又は同一の水域において異なる種類の生物資源を開発する場合には、これらの国は、これらの生物資源の保存のために必要とされる措置をとるために交渉を行う。このため、これらの国は、適当な場合には、小地域的又は地域的な漁業機関の設立のために協力する。

第一一九条（公海における生物資源の保存）1　いずれの国も、公海における生物資源の漁獲可能量を決定し及び他の保存措置をとるに当たり、次のことを行う。

(a)　関係国が入手することのできる最良の科学的証拠に基づく措置であって、環境上及び経済上の関連要因（開発途上国の特別の要請を含む。）を勘案し、かつ、漁獲の態様、資源間の相互依存関係及び一般的に勧告された国際的な最低限度の基準（小地域的なもの、地域的なもの又は世界的なもののいずれであるかを問わない。）を考慮して、最大持続生産量を実現することのできる水準に漁獲される種の資源量を維持し又は回復することのできるようなものをとること。

(b)　漁獲される種に関連し又は依存する種の資源量をその再生産が著しく脅威にさらされることとなるような水準よりも高く維持し又は回復するために、当該関連し又は依存する種に及ぼす影響を考慮すること。

2　入手することのできる科学的情報、漁獲量及び漁獲努力量に関する統計その他魚類の保存に関連するデータは、適当な場合には権限のある国際機関（小地域的なもの、地域的なもの又は世界的なもののいずれであるかを問わない。）を通じ及びすべての関係国の参加を得て、定期的に提供し、及び交換する。

3　関係国は、保存措置及びその実施がいずれの国の

漁業者に対しても法律上又は事実上の差別を設けるものではないことを確保する。

第一二〇条(海産哺(ほ)乳動物) 第六五条の規定は、公海における海産哺乳動物の保存及び管理についても適用する。

第八部　島の制度

第一二一条(島の制度) 1　島とは、自然に形成された陸地であって、水に囲まれ、高潮時においても水面上にあるものをいう。

2　3に定める場合を除くほか、島の領海、接続水域、排他的経済水域及び大陸棚は、他の領土に適用されるこの条約の規定に従って決定される。

3　人間の居住又は独自の経済的生活を維持することのできない岩は、排他的経済水域又は大陸棚を有しない。

第九部　閉鎖海又は半閉鎖海

第一二二条(定義) この条約の適用上、「閉鎖海又は半閉鎖海」とは、湾、海盆又は海であって、二以上の国によって囲まれ、狭い出口によって他の海若しくは外洋につながっているか又はその全部若しくは大部分が二以上の沿岸国の領海若しくは排他的経済水域から成るものをいう。

第一二三条(閉鎖海又は半閉鎖海に面した国の間の協力) 同一の閉鎖海又は半閉鎖海に面した国は、この条約に基づく自国の権利を行使し及び義務を履行するに当たって相互に協力すべきである。このため、これらの国は、直接に又は適当な地域的機関を通じて、次のことに努める。

(a)　海洋生物資源の管理、保存、探査及び開発を調整すること。

(b)　海洋環境の保護及び保全に関する自国の権利の行使及び義務の履行を調整すること。

(c)　自国の科学的調査の政策を調整し及び、適当な場合には、当該水域における科学的調査の共同計画を実施すること。

(d)　適当な場合には、この条の規定の適用の促進について協力することを関係を有する他の国又は国際機関に要請すること。

第一〇部　内陸国の海への出入りの権利及び通過の自由

第一二四条(用語) 1　この条約の適用上、

(a)「内陸国」とは、海岸を有しない国をいう。

(b)「通過国」とは、内陸国と海との間に位置しており、その領域において通過運送が行われる国(海岸の有無を問わない。)をいう。

(c)「通過運送」とは、人、荷物、物品及び輸送手段の一又は二以上の通過国の領域における通過をいう。ただし、その通過が、積換、倉入れ、荷分け又は輸送方法の変更を伴うかどうかを問わず、内陸国の領域内に始まり又は終わる全行程の一部にすぎないときに限る。

(d)「輸送手段」とは、次のものをいう。

(i)　鉄道車両並びに海洋用、湖用及び河川用船舶並びに道路走行車両

(ii)　現地の状況が必要とする場合には、運搬人及び積載用動物

2　内陸国及び通過国は、相互間の合意により、パイプライン(ガス用輸送管を含む。)及び1(d)に規定するもの以外の輸送の手段を輸送手段に含めることができる。

第一二五条(海への出入りの権利及び通過の自由) 1　内陸国は、公海の自由及び人類の共同の財産に関する権利を含むこの条約に定める権利の行使のために海への出入りの権利を有する。このため、内陸国は、通過国の領域においてすべての輸送手段による通過の自由を享有する。

2　通過の自由を行使する条件及び態様については、関係する内陸国と通過国との間の二国間の、小地域的な又は地域的な協定によって合意する。

3　通過国は、自国の領域における完全な主権の行使として、この部に定める内陸国の権利及び内陸国のための便益が自国の正当な利益にいかなる害も及ぼさないようすべての必要な措置をとる権利を有する。

第一二六条(最恵国条項の適用除外) 内陸国の特別な地理的位置を理由とする権利及び便益を定めるこの条約及び海への出入りの権利の行使に関する特別の協定は、最恵国条項の適用から除外する。

第一二七条(関税、租税その他の課徴金) 1　通過運送に対しては、いかなる関税、租税その他の課徴金も課してはならない。ただし、当該通過運送に関連して提供された特定の役務の対価として課される課徴金を除く。

2　内陸国に提供され又は内陸国により利用される通過のための輸送手段及び他の便益に対しては、通過国の輸送手段の利用に対して課される租税又は課徴金よりも高い租税又は課徴金を課してはならない。

第一二八条(自由地帯及び他の通関上の便益) 通過運送の便宜のため、通過国と内陸国との間の合意により、通過国の出入港において自由地帯及び他の通関上の便益を設けることができる。

第一二九条(輸送手段の建設及び改善における協力) 通過国において通過の自由を実施するための輸送手段がない場合又は現存の手段(港の施設及び設備を含む。)が何らかの点で不十分な場合には、関係する通過国及び内陸国は、そのような輸送手段又は現存の手段の建設及び改善について協力することができる。

第一三〇条(通過運送における遅延又はその他の困難で技術的性質のものを回避し又は無くすための措置) 1　通過国は、通過運送における遅延又はその他の困難で技術的性質のものを回避するためすべての適当な措置をとる。

2　1の遅延又は困難が生じたときは、関係する通過

国及び内陸国の権限のある当局は、その遅延又は困難を迅速に無くすため協力する。

第一三一条（海港における同等の待遇）内陸国を旗国とする船舶は、海港において他の外国船舶に与えられる待遇と同等の待遇を与えられる。

第一三二条（通過のための一層大きい便益の供与）この条約は、この条約に定める通過のための便益よりも大きい便益であって、締約国間で合意され又は締約国が供与するものの撤回をもたらすものではない。この条約は、また、将来において一層大きい便益が供与されることを排除するものではない。

第一一部　深海底

第一節　総　則

第一三三条（用語）この部の規定の適用上、

(a)「資源」とは、自然の状態で深海底の海底又はその下にあるすべての固体状、液体状又は気体状の鉱物資源（多金属性の団塊を含む。）をいう。

(b) 深海底から採取された資源は、「鉱物」という。

第一三四条（この部の規定の適用範囲）1　この部の規定は、深海底について適用する。

2　深海底における活動は、この部の規定により規律される。

3　第一条1(1)に規定する境界を示す海図又は地理学的経緯度の表の寄託及び公表に関する要件については、第六部に定める。

4　この条の規定は、第六部に定めるところによる大陸棚の外側の限界の設定に影響を及ぼすものではなく、また、向かい合っているか又は隣接している海岸を有する国の間の境界画定に関する合意の有効性に影響を及ぼすものではない。

第一三五条（上部水域及び上空の法的地位）この部の規定及びこの部の規定により認められ又は行使される権利は、深海底の上部水域又はその上空の法的地位に影響を及ぼすものではない。

第二節　深海底を規律する原則

第一三六条（人類の共同の財産）深海底及びその資源は、人類の共同の財産である。

第一三七条（深海底及びその資源の法的地位）1　いずれの国も深海底又はその資源のいかなる部分についても主権又は主権的権利を主張し又は行使してはならず、また、いずれの国又は自然人若しくは法人も深海底又はその資源のいかなる部分も専有してはならない。このような主権若しくは主権的権利の主張若しくは行使又は専有は、認められない。

2　深海底の資源に関するすべての権利は、人類全体に付与されるものとし、機構は、人類全体のために行動する。当該資源は、譲渡の対象とはならない。ただし、深海底から採取された鉱物は、この部の規定並びに機構の規則及び手続に従うことによってのみ譲渡することができる。

3　いずれの国又は自然人若しくは法人も、この部の規定に従う場合を除くほか、深海底から採取された鉱物について権利を主張し、取得し又は行使することはできず、このような権利のいかなる主張、取得又は行使も認められない。

第一三八条（深海底に関する国の一般的な行為）深海底に関する国の一般的な行為は、平和及び安全の維持並びに国際協力及び相互理解の促進のため、この部の規定、国際連合憲章に規定する原則及び国際法の他の規則に従う。

第一三九条（遵守を確保する義務及び損害に対する責任）1　締約国は、深海底における活動（締約国、国営企業又は締約国の国籍を有し若しくは締約国若しくはその国民によって実効的に支配されている自然人若しくは法人のいずれにより行われるかを問わない。）がこの部の規定に適合して行われることを確保する義務を負う。国際機関は、当該国際機関の行う深海底における活動に関し、同様の義務を負う。

2　締約国又は国際機関によるこの部の規定に基づく義務の不履行によって生ずる損害については、国際法の規則及び附属書Ⅲ第二二条の規定の適用を妨げることなく、責任が生ずる。共同で行動する締約国又は国際機関は、連帯して責任を負う。ただし、締約国は、第一五三条4及び同附属書第四条4の規定による実効的な遵守を確保するためのすべての必要かつ適当な措置をとった場合には、第一五三条2bに定めるところによって当該締約国が保証した者がこの部の規定を遵守しないことにより生ずる損害について責任を負わない。

3　国際機関の構成国である締約国は、当該国際機関につきこの条の規定の実施を確保するための適当な措置をとる。

第一四〇条（人類の利益）1　深海底における活動については、沿岸国であるか内陸国であるかの地理的位置にかかわらず、また、開発途上国の利益及びニーズ並びに国際連合総会決議第一五一四号（第一五回会期）及び他の関連する総会決議に基づいて国際連合によって認められた完全な独立又はその他の自治的地位を獲得していない人民の利益及びニーズに特別の考慮を払って、この部に明示的に定めるところに従い、人類全体の利益のために行う。

2　機構は、第一六〇条2(f)(i)の規定により、深海底における活動から得られる金銭的利益その他の経済的利益の衡平な配分を適当な制度を通じて、かつ、無差別の原則に基づいて行うことについて定める。

第一四一条（専ら平和的目的のための深海底の利用）深海底は、無差別に、かつ、この部の他の規定の適用を妨げることなく、すべての国（沿岸国であるか内陸国であるかを問わない。）による専ら平和的目的のための利用に開放する。

第一四二条（沿岸国の権利及び正当な利益）1　沿岸国の管轄権の及ぶ区域の境界にまたがって存在する深

海底の資源の鉱床に関する深海底における活動については、当該沿岸国の権利及び正当な利益に妥当な考慮を払って行う。

2　1の権利及び利益の侵害を回避するため、関係国との間において協議(事前通報の制度を含む。)を維持するものとする。深海底における活動により沿岸国の管轄権の及ぶ区域内に存在する資源を開発する可能性がある場合には、当該沿岸国の事前の同意を得るものとする。

3　この部の規定及びこの部の規定により認められ又は行使されるいかなる権利も、自国の沿岸又は関係利益に対する重大なかつ急迫した危険であって深海底における活動に起因し又はこれから生ずる汚染、汚染のおそれ又はその他の危険な事態から生ずるものを防止し、軽減し又は除去するために必要な措置(第一二部の関連する規定に適合するもの)をとる沿岸国の権利に影響を及ぼすものではない。

第一四三条(海洋の科学的調査)1　深海底における海洋の科学的調査は、第一三部の規定に従い、専ら平和的目的のため、かつ、人類全体の利益のために実施する。

2　機構は、深海底及びその資源に関する海洋の科学的調査を実施することができるものとし、この目的のため、契約を締結することができる。機構は、深海底における海洋の科学的調査の実施を促進し及び奨励するものとし、また、調査及び分析の結果が利用可能な場合には、当該結果を調整し及び普及させる。

3　締約国は、深海底における海洋の科学的調査を実施することができる。締約国は、次に掲げることにより深海底における海洋の科学的調査における国際協力を促進する。

(a)　国際的な計画に参加すること並びに各国及び機構の要員による海洋の科学的調査における協力を奨励すること。

(b)　機構又は適当な場合には他の国際機関を通じ、開発途上国及び技術面における開発の程度が低い国の利益のため、次に掲げることを目的とする計画が作成されることを確保すること。

(i)　これらの国の調査能力を強化すること。

(ii)　調査の技術及び実施に関し、これらの国及び機構の要員を訓練すること。

(iii)　深海底における調査において、これらの国の資格を有する要員の雇用を促進すること。

(c)　調査及び分析の結果が利用可能な場合には、機構を通じ又は適当なときは他の国際的な経路を通じて当該結果を効果的に普及させること。

第一四四条(技術の移転)1　機構は、次に掲げることを目的として、この条約に従って措置をとる。

(a)　深海底における活動に関する技術及び科学的知識を取得すること。

(b)　すべての締約国が(a)の技術及び科学的知識から利益を得るようにするため、当該技術及び科学的知識の開発途上国への移転を促進し及び奨励すること。

2　機構及び締約国は、このため、事業体及びすべての締約国が利益を得ることができるように、深海底における活動に関する技術及び科学的知識の移転の促進に協力する。機構及び締約国は、特に、次の計画及び措置を提案し及び促進する。

(a)　事業体及び開発途上国に対し深海底における活動に関する技術を移転するための計画(当該計画には、特に、事業体及び開発途上国が公正かつ妥当な条件の下で関連する技術を取得することを容易にするための方策を含める。)

(b)　事業体の技術及び開発途上国の技術の進歩を目的とする措置(特に、事業体及び開発途上国の要員に対し、海洋科学及び海洋技術に関する訓練の機会並びに深海底における活動に対する十分な参加の機会を与えるもの)

第一四五条(海洋環境の保護)深海底における活動に関しては、当該活動により生ずる有害な影響からの海洋環境の効果的な保護を確保するため、この条約に基づき必要な措置をとる。機構は、このため、特に、次の事項に関する適当な規則及び手続を採択する。

(a)　海洋環境(沿岸を含む。)の汚染その他の危険の防止、軽減及び規制並びに海洋環境の生態学的均衡に対する影響の防止、軽減及び規制。特に、ボーリング、しゅんせつ、掘削、廃棄物の処分、これらの活動に係る施設、パイプラインその他の装置の建設、運用及び維持等の活動による有害な影響からの保護の必要性に対して特別の注意が払われなければならない。

(b)　深海底の天然資源の保護及び保存並びに海洋環境における植物相及び動物相に対する損害の防止

第一四六条(人命の保護)深海底における活動に関し、人命の効果的な保護を確保するために必要な措置をとるものとする。機構は、このため、関連する条約に規定されている現行の国際法を補足するために適当な規則及び手続を採択する。

第一四七条(深海底における活動と海洋環境における活動との調整)1　深海底における活動については、海洋環境における他の活動に対して合理的な考慮を払いつつ行う。

2　深海底における活動を行うために使用される施設は、次の条件に従うものとする。

(a)　当該施設については、専らこの部の規定に基づき、かつ、機構の規則及び手続に従い、組み立て、設置し及び撤去する。当該施設の組立て、設置及び撤去については、適当な通報を行わなければならず、また、当該施設の存在について注意を喚起するための恒常的な措置を維持しなければならない。

(b)　当該施設については、国際航行に不可欠な認められた航路帯の使用の妨げとなるような場所又は漁業活動が集中的に行われている水域に設置してはならない。

(c) 航行及び当該施設の安全を確保するため、その施設の周囲に適当な標識を設置することによって安全水域を設定するものとする。当該安全水域の形状及び位置は、船舶の特定の海域への合法的な出入り又は国際的な航路帯上の航行を妨げる帯状となるようなものとしてはならない。

(d) 当該施設については、専ら平和的目的のために使用する。

(e) 当該施設は、島の地位を有しない。当該施設は、それ自体の領海を有せず、また、その存在は、領海、排他的経済水域又は大陸棚の境界画定に影響を及ぼすものではない。

3 海洋環境における他の活動については、深海底における活動に対して合理的な考慮を払いつつ行う。

第一四八条（深海底における活動への開発途上国の参加）深海底における活動への開発途上国の効果的な参加については、開発途上国の特別の利益及びニーズ、特に開発途上国のうちの内陸国及び地理的不利国が不利な位置にあること（深海底から離れていること、深海底への及び深海底からのアクセスが困難であること等）から生ずる障害を克服することの必要性に妥当な考慮を払い、この部に明示的に定めるところによって促進する。

第一四九条（考古学上の物及び歴史的な物）深海底において発見された考古学上の又は歴史的な特質を有するすべての物については、当該物の原産地である国、文化上の起源を有する国又は歴史上及び考古学上の起源を有する国の優先的な権利に特別の考慮を払い、人類全体の利益のために保存し又は用いる。

第三節　深海底の資源の開発

第一五〇条（深海底における活動に関する方針）深海底における活動については、この部に明示的に定めるところにより、世界経済の健全な発展及び国際貿易の均衡のとれた成長を助長し、かつ、すべての国、特に開発途上国の全般的な発展のための国際協力を促進するように、次に掲げることを確保することを目的として行う。

(a) 深海底の資源を開発すること。

(b) 深海底の資源の秩序ある、安全な、かつ、合理的な管理（深海底における活動の効率的な実施を含む。）を行うこと及び保存に関する適切な原則に従って不必要な浪費を回避すること。

(c) 深海底における活動に参加する機会を、特に第一四四条及び第一四八条の規定に即して拡大すること。

(d) この条約に定めるところにより、機構が収入の一部を得ること並びに事業体及び開発途上国に技術が移転されること。

(e) 消費者への供給を確保するため、深海底以外の供給源から採取される鉱物との関係で必要に応じ、深海底から採取される鉱物の入手可能性を増大させること。

(f) 深海底及び他の供給源から採取された鉱物について、生産者にとって採算がとれ、かつ、消費者にとって公平である公正なかつ安定した価格の形成を促進すること並びに供給と需要との間の長期的な均衡を促進すること。

(g) すべての締約国（社会的及び経済的制度又は地理的位置を問わない。）に対し深海底の資源の開発に参加する機会を増大させること及び深海底における活動の独占を防止すること。

(h) 次条に定めるところに従い、深海底における活動によって影響を受けた鉱物の価格の下落又は当該鉱物の輸出量の減少による経済又は輸出所得に対する悪影響から、当該下落又は減少が深海底における活動によって生じた限度において、開発途上国を保護すること。

(i) 人類全体の利益のために共同の財産を開発すること。

(j) 深海底の資源から生産される鉱物の輸入品及び当該鉱物から生産される産品の輸入品の市場へのアクセスの条件は、他の供給源からの輸入品に適用される最も有利な条件よりも有利なものであってはならないこと。

第一五一条（生産政策）1(a) 機構は、前条に定める目的を妨げることなく、また、同条(h)の規定を実施するため、生産者及び消費者の双方を含む関係のあるすべての当事者が参加する既存の場又は適当な新たな取決め若しくは合意を通じて行動することにより、深海底から採取された鉱物から生産される産品の市場の成長、効率及び安定を生産者にとって採算のとれる、かつ、消費者にとって公正な価格で促進するために必要な措置をとる。すべての締約国は、このために協力する。

(b) 機構は、深海底から採取された鉱物から生産される産品に関する会議であって生産者及び消費者の双方を含む関係のあるすべての当事者が参加するものに参加する権利を有する。機構は、当該会議の結果作成されるすべての取決め又は合意の当事者となる権利を有する。当該取決め又は合意に基づいて設立される機関への機構の参加は、深海底における生産に関して行われるものに限られるものとし、当該機関の関連する規則に従う。

(c) 機構は、深海底における鉱物のすべての生産に関し、この1の取決め又は合意に基づく義務を履行するに当たり、一律のかつ無差別な実施を確保するように行う。機構は、その義務の履行に当たり、既存の契約及び承認された事業体の業務計画の条件に即して行動する。

2(a) 3に定める暫定期間中、操業者が機構に生産認可を申請し、その発給を受けるまでは、承認された業務計画に従った商業的生産を行ってはならない。当該生産認可については、業務計画に基づいて商業的生産の開始が予定されている時から五年さかのぼる日前に、申請し又はその発給を受けることができない。ただし、機構が、事業の進展の性質及び日程を考慮してその規則及び手続において他の期間を定める場合は、これによる。

(b) 操業者は、承認された業務計画に基づいて一年間に採取されることが予想されるニッケルの量を生産認可の申請書に明記する。当該申請書には、操業者が認可の取得後に行う支出(予定されている日程に従って商業的生産を開始することを可能にするよう合理的に計算されたもの)の計画表を含める。

(c) (a)及び(b)の規定の適用上、機構は、附属書Ⅲ第一七条の規定に従って適当な実施に関する要件を定める。

(d) 機構は、暫定期間中の生産が計画されている各年について、申請された生産量及び既に認可が与えられている生産量の合計が、生産認可の発給される年について4の規定に従って計算したニッケルの生産量の上限を超えない限り、当該申請された生産量について生産認可を発給する。

(e) 生産認可及び承認された申請は、生産認可の発給の後、承認された業務計画の一部となる。

(f) 操業者は、生産認可の申請が(d)の規定に基づいて却下された場合には、機構に対しいつでも新たに申請することができる。

3 暫定期間は、承認された業務計画に基づき最初の商業的生産の開始が予定されている年の一月一日の五年前に始まる。最初の商業的生産の開始が当初予定された年より遅れる場合には、その遅れに従い暫定期間の開始時期及び当初計算された生産量の上限を調整する。暫定期間は、二五年の期間が経過する時、第一五五条に規定する再検討のための会議が終了する時又は1に規定する新たな取決め若しくは合意が効力を生ずる時のうちいずれか早い時まで継続する。機構は、当該取決め又は合意が終了し又は理由のいかんを問わず効力を失う場合には、暫定期間の残余の期間についてこの条に定める権限を回復する。

4(a) 暫定期間の各年の生産量の上限は、次の(i)及び(ii)の規定によって得られた値の合計とする。

(i) (b)の規定に従って計算されるニッケルの消費量の傾向線上の値であって最初の商業的生産が開始される年の前年のものと当該傾向線上の値であって暫定期間が開始される年の前年のものとの差

(ii) (b)の規定に従って計算されるニッケルの消費量の傾向線上の値であって生産認可が申請される年のものと当該傾向線上の値であって最初の商業的生産が開始される年の前年のものとの差の六〇パーセント

(b) (a)の規定の適用上、

(i) ニッケルの生産量の上限を計算するために用いられる傾向線上の値は、生産認可が発給される年において計算される当該傾向線上のニッケルの年間消費量の値とする。当該傾向線は、時間を独立変数とし、データを入手し得る最近の一五年間の実際のニッケルの消費量の対数の線形回帰から得るものとする。この傾向線を原傾向線という。

(ii) 原傾向線の年間増加率が三パーセント未満の場合には、(a)に定める生産量を決定するために用いられる傾向線は、原傾向線上における(i)に規定する一五年間の最初の年の値を始点として毎年三パーセントの率で増加する傾向線とする。ただし、暫定期間の各年における生産量の上限は、いかなる場合にも、当該原傾向線上の当該年の値と当該原傾向線上の暫定期間が開始される年の前年の値との差を超えてはならない。

5 機構は、4の規定に従って計算される生産量の上限のうち、事業体の当初の生産分として三万八千メートル・トンの量のニッケルを留保する。

6(a) 操業者は、全体の生産量が生産認可に定める量を超えないことを条件として、いずれの年においても生産認可に定める多金属性の団塊からの鉱物のその年の年間の生産量未満の量又は当該年間の生産量にその八パーセントの量を加えた量までの生産を行うことができる。各年における当該年間の生産量の八パーセント超二〇パーセント以下の超過について又は二年連続して当該年間の生産量を超過した後の最初の及びその後の年における当該年間の生産量の超過については、機構と交渉するものとし、機構は、操業者に対し追加的な生産認可を受けるよう要求することができる。

(b) (a)の補足的な生産認可の申請については、生産認可を受けていない操業者によるまだ処理のされていないすべての申請について決定が行われ、かつ、他の予想される申請者について妥当な考慮が払われた後においてのみ、機構が検討する。機構は、暫定期間のいずれの年においても認められた生産量の合計が当該年の生産量の上限を超えてはならないという原則に従う。機構は、いかなる業務計画の下においても、年間四万六千五〇〇メートル・トンを超える量のニッケルの生産を認可してはならない。

7 生産認可に従って採取された多金属性の団塊から抽出される銅、コバルト、マンガン等のニッケル以外の鉱物の生産量は、操業者がこの条の規定に従って当該団塊からニッケルを最大限に生産した場合の当該ニッケル以外の鉱物の生産量を超えるべきではない。機構は、この7の規定を実施するため、附属書Ⅲ第一七条の規定によって規則及び手続を定める。

8 関連する多数国間の貿易協定の下での不公正な経済的慣行に関する権利及び義務は、深海底の鉱物の探査及び開発について適用される。当該貿易協定の当事国である締約国は、この8の規定に関して生ずる紛争の解決に当たって、当該貿易協定の紛争解決手続を利用する。

9 機構は、第一六一条8の規定に従って規則を採択することにより、適当な条件の下で、かつ、適当な方法を用いて、多金属性の団塊から抽出される鉱物以外の深海底の鉱物の生産量を制限する権限を有する。

10 総会は、深海底における活動によって影響を受けた鉱物の価格の下落又は当該鉱物の輸出量の減少によりその輸出所得又は経済が深刻な悪影響を受ける開発途上国を、当該下落又は減少が深海底における活動によって生じた限度において援助するため、経済計画委員会の助言に基づく理事会の勧告に従って、補償制度を設け又は経済調整を援助する他の措置（専門機関及び他の国際機関との協力を含む。）をとる。機構は、要請に基づき、最も深刻な影響を受けることが予想される国の困難を最小のものとし、かつ、当該国の経済調整を援助するため、当該国が有する問題について研究を開始する。

第一五二条（機構による権限の行使及び任務の遂行）

1 機構は、その権限の行使及び任務の遂行（深海底における活動の機会を提供することを含む。）に当たって、差別をしてはならない。

2 1の規定にかかわらず、開発途上国に対しこの部に明示的に定める特別の考慮を払うこと（開発途上国のうちの内陸国及び地理的不利国に対し特に考慮を払うことを含む。）が、認められる。

第一五三条（探査及び開発の制度） 1 深海底における活動は、機構が、この条の規定、この部の他の規定、関連する附属書並びに機構の規則及び手続に従い、人類全体のために組織し、行い及び管理する。

2 深海底における活動は、3に定めるところに従って次の者が行う。

(a) 事業体

(b) 機構と提携することを条件として、締約国、国営企業又は締約国の国籍を有し若しくは締約国若しくはその国民によって実効的に支配されている自然人若しくは法人であって当該締約国によって保証されているもの並びにこの(b)に規定する者の集団であってこの部及び附属書Ⅲに定める要件を満たすもの

3 深海底における活動については、附属書Ⅲの規定に従って作成され、法律・技術委員会による検討の後理事会によって承認された書面による正式の業務計画に従って行う。機構によって認められたところによって2(b)に定める主体が行う深海底における活動の場合には、業務計画は、同附属書第三条の規定に基づいて契約の形式をとる。当該契約は、同附属書第一一条に定める共同取決めについて規定することができる。

4 機構は、この部の規定、この部に関連する附属書、機構の規則及び手続並びに3に規定する承認された業務計画の遵守を確保するために必要な深海底における活動に対する管理を行う。締約国は、第一三九条の規定に従い当該遵守を確保するために必要なすべての措置をとることによって機構を援助する。

5 機構は、この部の規定の遵守を確保するため並びにこの部又はいずれかの契約によって機構に与えられる管理及び規制の任務の遂行を確保するため、いつでもこの部に定める措置をとる権利を有する。機構は、深海底における活動に関連して使用される施設であって深海底にあるすべてのものを査察する権利を有する。

6 3に定める契約は、当該契約の定める期間中の有効性が保証されることについて規定する。当該契約は、附属書Ⅲの第一八条及び第一九条の規定に基づく場合を除くほか、改定されず、停止されず又は終了しない。

第一五四条（定期的な再検討） 総会は、この条約の効力発生の後五年ごとに、この条約によって設けられる深海底の国際的な制度の実際の運用について全般的かつ系統的な再検討を行う。総会は、当該再検討に照らし、この部及びこの部に関連する附属書の規定及び手続に従って当該制度の運用の改善をもたらすような措置をとることができ、又は他の機関がそのような措置をとるよう勧告することができる。

第一五五条（再検討のための会議） 1 総会は、承認された業務計画に従って最初の商業的生産が開始される年の一月一日から一五年が経過した年に、深海底の資源の探査及び開発の制度を規律するこの部及び関連する附属書の規定を再検討するために会議を招集する。再検討のための会議は、当該一五年の間に得られた経験に照らして、次に掲げる事項を詳細に検討する。

(a) 当該制度を規律するこの部の規定が、人類全体に利益を与えたか否かを含め、すべての点でその目的を達成したか否か。

(b) 当該一五年の間に、留保されていない鉱区と比較して留保鉱区が効果的にかつ均衡のとれた形で開発されたか否か。

(c) 深海底及びその資源の開発及び利用が世界経済の健全な発展及び国際貿易の均衡のとれた成長を助長するように行われたか否か。

(d) 深海底における活動の独占が防止されたか否か。

(e) 第一五〇条及び第一五一条に定める方針及び政策が実施されたか否か。

(f) 当該制度が深海底における活動から生ずる利益の衡平な配分をもたらしたか否か（特に開発途上国の利益及びニーズに考慮を払う。）。

2 再検討のための会議は、人類の共同の財産という原則、すべての国、特に開発途上国の利益のために深海底の資源の衡平な開発を確保することを目的とした国際制度並びに深海底における活動を組織し、

行い及び管理するための機構が維持されることを確保する。再検討のための会議は、また、深海底のあらゆる部分に対する主権の主張又は行使の排除、国の深海底に関する権利及び一般的な行為、この条約に適合する深海底における活動への国の参加、深海底における活動の独占の防止、専ら平和的目的のための深海底の利用、深海底における活動の経済的側面、海洋の科学的調査、技術の移転、海洋環境の保護、人命の保護、沿岸国の権利、深海底の上部水域及びその上空の法的地位並びに深海底における活動と海洋環境における他の活動との間の調整に関するこの部に定める原則が維持されることを確保する。

3　再検討のための会議における意思決定手続は、第三次国際連合海洋法会議における手続と同一のものとする。再検討のための会議は、いかなる改正についてもコンセンサス方式によって合意に達するためのあらゆる努力を払う。コンセンサスに達するためのあらゆる努力が払われるまで、改正に関する投票は行われるべきではない。

4　再検討のための会議は、その開始の後五年の間に深海底の資源の探査及び開発の制度に関して合意に達しない場合には、当該五年の経過後の一二箇月の間に、当該制度を変更し又は修正する改正であって必要かつ適当と認めるものを採択し及び批准又は加入のため締約国に提出することにつき、締約国の四分の三以上の多数による議決で決定することができる。当該改正は、締約国の四分の三による批准書又は加入書の寄託の日の後一二箇月ですべての締約国について効力を生ずる。

5　この条の規定に従い再検討のための会議によって採択された改正は、既存の契約に基づいて取得された権利に影響を及ぼすものではない。

第四節　機構

A　総則

第一五六条（機構の設立） 1　この部の規定に基づいて任務を遂行する国際海底機構を設立する。

2　すべての締約国は、締約国であることによって機構の構成国となる。

3　第三次国際連合海洋法会議のオブザーバーであって、最終議定書に署名し、かつ、第三〇五条1の(c)、(d)、(e)又は(f)に規定するものに該当しないものは、機構の規則及び手続に従ってオブザーバーとして機構に参加する権利を有する。

4　機構の所在地は、ジャマイカとする。

5　機構は、その任務の遂行のために必要と認める地域のセンター又は事務所を設置することができる。

第一五七条（機構の性質及び基本原則） 1　機構は、締約国が、特に深海底の資源を管理することを目的として、この部の規定に従って深海底における活動を組織し及び管理するための機関である。

2　機構の権限及び任務は、この条約によって明示的に規定される。機構は、深海底における活動についての権限の行使及び任務の遂行に含まれ、かつ、必要である付随的な権限であって、この条約に適合するものを有する。

3　機構は、そのすべての構成国の主権平等の原則に基礎を置くものである。

4　機構のすべての構成国は、すべての構成国が構成国としての地位から生ずる権利及び利益を享受することができるよう、この部の規定に基づいて負う義務を誠実に履行する。

第一五八条（機構の機関） 1　機構の主要な機関として総会、理事会及び事務局を設置する。

2　事業体を設置する。機構は、この機関を通じて第一七〇条1の任務を遂行する。

3　必要と認められる補助機関については、この部の規定に基づいて設置することができる。

4　機構の主要な機関及び事業体は、与えられた権限の行使及び任務の遂行についてそれぞれ責任を負う。各機関は、当該権限の行使及び任務の遂行に当たり、他の機関に与えられた特定の権限の行使及び任務の遂行を害し又は妨げるような行動を回避する。

B　総会

第一五九条（構成、手続及び投票） 1　総会は、機構のすべての構成国で構成される。各構成国は、総会において一人の代表を有するものとし、代表は、代表代理及び顧問を伴うことができる。

2　総会は、毎年通常会期として会合し、また、総会によって決定される特別会期として又は理事会の要請若しくは機構の構成国の過半数の要請に基づいて機構の事務局長によって招集される特別会期として会合する。

3　総会の会合は、総会により別段の決定が行われる場合を除くほか、機構の所在地において開催する。

4　総会は、その手続規則を採択する。総会は、各通常会期の初めに議長及び必要とされるその他の役員を選出する。これらの者は、次の通常会期において新たな議長及びその他の役員が選出されるまで在任する。

5　総会の会合の定足数は、構成国の過半数とする。

6　総会の各構成国は、一の票を有する。

7　特別会期として総会の会合を招集する決定を含む手続問題についての決定は、出席しかつ投票する構成国の過半数による議決で行う。

8　実質問題についての決定は、出席しかつ投票する構成国の三分の二以上の多数による議決で行う。ただし、当該多数が当該会期に参加する構成国の過半数であることを条件とする。実質問題であるか否かに関して問題が生じた場合には、当該問題は、実質問題についての決定に要する多数による議決で総会によって別段の決定が行われる場合を除くほか、実質問題として取り扱われる。

9　実質問題が初めて投票に付される場合には、議長は、当該実質問題に関する投票を五日を超えない期間延期することができる。もっとも、総会の構成国の五分の一以上の国が延期を要請する場合には、議長は、延期しなければならない。この規則は、いかなる実質問題についても一回のみ適用することができるものとし、会期末を超えて実質問題の投票を延期するために適用してはならない。

10　いずれかの問題について総会に提出された提案とこの条約との適合性に関する勧告的意見が議長に対して書面によって要請され、機構の構成国の四分の一以上の国がその要請を支持する場合には、総会は、当該勧告的意見を与えるよう国際海洋法裁判所の海底紛争裁判部に要請する。総会は、同裁判部によって勧告的意見が与えられるまで当該提案に関する投票を延期する。勧告的意見の要請が行われた会期の最後の週までに当該勧告的意見が与えられない場合には、総会は、当該提案に関して投票を行うために会合する時期を決定する。

第一六〇条（権限及び任務）1　総会は、機構のすべての構成国で構成される機構の唯一の機関として、他の主要な機関がこの条約に明示的に定めるところによって責任を負う機構の最高機関とみなされる。総会は、この条約の関連する規定に従い機構の権能の範囲内のあらゆる問題又は事項に関して一般的な政策を定める権限を有する。

2　1に定める権限のほか、総会の権限及び任務は、次のとおりとする。

(a)　次条の規定に従って理事国を選出すること。

(b)　理事会が提案する候補者のうちから機構の事務局長を選出すること。

(c)　理事会の勧告に基づき、事業体の総務会の総務及び事業体の事務局長を選出すること。

(d)　この部の規定に基づく総会の任務の遂行に必要と認める補助機関を設置すること。当該補助機関の構成については、衡平な地理的配分の原則、特別の利益並びに当該補助機関が取り扱う関連する技術的事項について資格及び能力を有する者で構成することの必要性に妥当な考慮を払う。

(e)　機構がその運営経費に充てるための十分な収入を他の財源から得るようになるまでの間、国際連合の通常予算に用いられる分担率に基づいて合意される分担率に従って機構の運営予算に対する構成国の分担金の額を決定すること。

(f)(i)　開発途上国及び完全な独立又はその他の自治的地位を獲得していない人民の利益及びニーズに特別の考慮を払って、深海底における活動から得られる金銭的利益その他の経済的利益の衡平な配分並びに第八二条の規定に基づいて行われる支払及び拠出に関する規則及び手続を、理事会の勧告に基づいて審議し、承認すること。総会は、理事会の勧告を承認しない場合には、総会によって表明された意見に照らした再検討のため当該勧告を理事会に差し戻す。

(ii)　機構の規則及び手続並びにこれらの改正であって、第一六二条2(o)(ii)の規定に基づいて理事会によって暫定的に採択されたものを審議し、承認すること。暫定的に採択された規則及び手続は、深海底における概要調査、深海底における探査及び開発、機構の財政管理及び内部運営並びに事業体の総務会の勧告を受けて行われる事業体から機構への資金の移転に関係するものとする。

(g)　深海底における活動から得られる金銭的利益その他の経済的利益をこの条約並びに機構の規則及び手続に即して衡平に配分することについて決定すること。

(h)　理事会が提出した機構の年次予算案を審議し、承認すること。

(i)　理事会及び事業体の定期的な報告並びに理事会及び機構のその他の機関に要請した特別の報告を検討すること。

(j)　深海底における活動に関する国際協力を促進するため並びに深海底における活動に関連する国際法の漸進的発展及び法典化を奨励するため、研究を開始し及び勧告を行うこと。

(k)　深海底における活動に関連する一般的な性質の問題（特に開発途上国に生ずるもの）及び深海底における活動に関連する問題で地理的位置に起因するもの（特に内陸国及び地理的不利国に生ずるもの）を審議すること。

(l)　経済計画委員会の助言に基づく理事会の勧告に従い、第一五一条の規定に基づき、補償制度を設け又は経済調整を援助するその他の措置をとること。

(m)　第一八五条の規定に基づき構成国としての権利及び特権の行使を停止すること。

(n)　機構の権能の範囲内のあらゆる問題又は事項について討議すること並びに機構の特定の機関に明示的に付託されていない問題又は事項を機構のいずれの機関が取り扱うかを機構の諸機関の間の権限及び任務の配分に適合するように決定すること。

C　理事会

第一六一条（構成、手続及び投票）1　理事会は、総会が選出する機構の三六の構成国で構成される。その選出については、次の順序によって行う。

(a)　統計が入手可能な最近の五年間に、深海底から採取される種類の鉱物から生産された産品について、世界全体の消費量の二パーセントを超える量を消費した締約国又は世界全体の輸入量の二パーセントを超える量を輸入した締約国のうちから四の理事国。ただし、いかなる場合にも、一の理事国は東欧地域の社会主義国から選出するものとし、また、一の理事国は最大の消費国をもって充てる。

(b)　直接に又はその国民を通じて、深海底における活動の準備及び実施に最大の投資を行っている八の締約国のうちから四の理事国。ただし、少なくとも一の理事国は、東欧地域の社会主義国から選出する。

(c)　その管轄の下にある地域における生産を基礎として、深海底から採取される種類の鉱物の主要な純輸出国である締約国のうちから四の理事国。ただし、少なくとも二の理事国は、自国による当該鉱物の輸出がその経済に重要な関係を有している開発途上国から選出する。

(d)　開発途上国である締約国のうちから特別の利益を代表する六の理事国。代表される当該特別の利益には、人口の多い国、内陸国又は地理的不利国、深海底から採取される種類の鉱物の主要な輸入国、当該鉱物の潜在的な生産国及び後発開発途上国の利益を含む。

(e)　理事会全体の議席の衡平な地理的配分を確保するという原則に従って選出される一八の理事国。ただし、各地理的地域からこの(e)の規定により少なくとも一の理事国を選出するものとする。この規定の適用上、地理的地域とは、アフリカ、アジア、東欧（ただし、社会主義国に限る。）、ラテン・アメリカ並びに西欧及びその他をいう。

2　総会は、1の規定に従って理事国を選出するに当たり、次のことを確保する。

(a)　内陸国及び地理的不利国が、総会において代表される程度と合理的に均衡のとれる程度に代表されること。

(b)　1の(a)から(d)までに定める要件を満たしていない沿岸国（特に開発途上国）が、総会において代表される程度と合理的に均衡のとれる程度に代表されること。

(c)　理事会において代表される締約国の集団が指名する機構の構成国がある場合には、当該機構の構成国によって当該集団が代表されること。

3　選出は、総会の通常会期に行われる。各理事国は、四年の任期で選出される。ただし、第一回の選出においては、1に定める各集団の理事国の半数は、二年の任期で選出される。

4　理事国は、再選されることができる。もっとも、輪番制による議席の交代が望ましいことに妥当な考慮が払われるべきである。

5　理事会は、機構の所在地で任務を遂行し、機構の業務の必要に応じて会合する。ただし、年三回以上会合するものとする。

6　理事会の会合の定足数は、理事国の過半数とする。

7　各理事国は、一の票を有する。

8 (a)　手続問題についての決定は、出席しかつ投票する理事国の過半数による議決で行う。

(b)　次に掲げる規定の適用に関して生ずる実質問題についての決定は、出席しかつ投票する理事国の三分の二以上の多数による議決で行う。ただし、当該多数が理事国の過半数であることを条件とする。

次条2の(f)から(i)まで、(n)、(p)及び(v)並びに第一九一条

(c)　次に掲げる規定の適用に関して生ずる実質問題についての決定は、出席しかつ投票する理事国の四分の三以上の多数による議決で行う。ただし、当該多数が理事国の過半数であることを条件とする。

次条1、同条2の(a)から(e)まで、(l)、(q)から(t)まで、(u)（契約者又は保証国による不履行の場合）、(w)（ただし、(w)に規定する命令は、8(d)に定めるコンセンサス方式による決定によって確認される場合を除くほか、三〇日を超えて拘束力を有することができない。）及び(x)から(z)まで、第一六三条2、第一七四条3並びに附属書Ⅳ第一一条

(d)　次に掲げる規定の適用に関して生ずる実質問題についての決定は、コンセンサス方式によって行う。

次条2の(m)及び(o)並びにこの部の規定の改正の採択

(e)　(d)、(f)及び(e)の規定の適用上、「コンセンサス」とは、正式の異議がないことを意味する。議長は、理事会に対する提案の提出から一四日以内に、当該提案を採択することに対する正式の異議があるか否かを判断する。理事会の議長は、提案を採択することに対する正式の異議があると判断した場合には、意見の相違を調停し、コンセンサス方式による採択が可能となるような提案を作成することを目的として、その判断の後三日以内に、九を超えない理事国から成り、理事会の議長を委員長とする調停委員会を設置し、招集する。調停委員会は、迅速に作業を行い、その設置の後一四日以内に理事会に対して報告する。調停委員会は、コンセンサス方式による採択が可能となるような提案を勧告することができない場合には、その報告において、そのような提案に対して異議が申し立てられている理由を明らかにする。

(f)　(a)から(d)までに規定していない問題であって、機構の規則及び手続その他により理事会が決定を行うことが認められているものについては、当該規則及び手続に明記されている(a)から(d)までのいずれかに定める手続に従って決定する。いずれの手続によるかについて当該規則及び手続に明記されていない場合には、理事会が、可能なときは事前に、コンセンサス方式によって決定する(a)から(d)までのいずれかに定める手続に従って決定する。

(g)　問題が(a)から(d)までのうちのいずれに規定する問題に該当するかについて疑義が生ずる場合には、場合に応じ、より多くの多数による議決を必要とする問題又は、コンセンサス方式を必要とする問

題に該当する可能性があるときは、同方式を必要とする問題に該当するものとして取り扱う。ただし、その問題について適用されることとなる議決の方式によって理事会において別段の決定が行われる場合は、この限りでない。

9　理事会は、理事国でない機構の構成国の要請がある場合又は理事国でない機構の構成国に特に影響を及ぼす事項が審議される場合に当該構成国が理事会の会合に代表を出席させることができるようにするための手続を定める。当該代表は、審議に参加することができるが、投票することはできない。

第一六二条（権限及び任務） 1　理事会は、機構の執行機関であり、機構の権能の範囲内のあらゆる問題又は事項について、機構の従うべき個別の政策を、総会が定める一般的な政策及びこの条約に即して定める権限を有する。

2　理事会は、1に定める権限を行使するほか、次のことを行う。

(a)　不履行の事案について総会の注意を喚起すること並びに、機構の権能の範囲内のあらゆる問題又は事項について、この部の規定の実施を監督し及び調整すること。

(b)　機構の事務局長の選出のための候補者の名簿を総会に提案すること。

(c)　事業体の総務会の総務及び事業体の事務局長の選出のために候補者を総会に推薦すること。

(d)　適当な場合には、経済性及び効率に妥当な考慮を払い、この部の規定に基づく理事会の任務の遂行に必要と認める補助機関を設置すること。当該補助機関の構成については、衡平な地理的配分の原則及び特別の利益に妥当な考慮が払われることを条件として、当該補助機関が取り扱う関連する技術的事項について資格及び能力を有する者で構成することの必要性に重点を置くものとする。

(e)　議長の選出方法に関する規則を含む理事会の手続規則を採択すること。

(f)　総会の承認を条件として、機構のためにかつ機構の権能の範囲内で国際連合又は他の国際機関と協定を締結すること。

(g)　事業体の報告を審議し、勧告を付して総会に送付すること。

(h)　年次報告及び総会が要請する特別の報告を総会に提出すること。

(i)　第一七〇条の規定に基づいて事業体に指示を与えること。

(j)　附属書Ⅲ第六条の規定に従って業務計画を承認すること。理事会は、法律・技術委員会によって業務計画が提出された日から六〇日以内に、理事会の会期中に次の手続に従って当該業務計画について決定を行う。

(i)　委員会が業務計画の承認を勧告した場合において、いずれの理事国も一四日以内に議長に対し附属書Ⅲ第六条の要件を満たしていない旨の具体的な異議を書面によって申し立てないときは、当該業務計画については、理事会によって承認されたものとみなす。異議が申し立てられたときは、前条8(e)に定める調停手続を適用する。調停手続の終了時においても当該異議が維持されている場合には、理事会（当該業務計画を申請した国又は当該業務計画の申請者を保証している国が理事国である場合には、これらの国を除く。）がコンセンサス方式により不承認とすることを決定しない限り、当該業務計画については、承認されたものとみなす。

(ii)　委員会が業務計画の不承認を勧告する場合又はいかなる勧告も行わない場合には、理事会は、出席しかつ投票する理事国の四分の三以上の多数による議決で当該業務計画の承認を決定することができる。ただし、当該多数が当該会期に出席する理事国の過半数であることを条件とする。

(k)　(j)に規定する手続を準用して、附属書Ⅳ第一二条の規定に基づいて事業体が提出する業務計画を承認すること。

(l)　第一五三条4の規定並びに機構の規則及び手続に従って深海底における活動の管理を行うこと。

(m)　第一五〇条(h)に規定する経済的な悪影響からの保護を行うため、経済計画委員会の勧告に基づき同条hの規定に従って必要かつ適当な措置をとること。

(n)　経済計画委員会の助言に基づき、第一五一条10に規定する補償制度又は経済調整を援助するその他の措置について総会に勧告すること。

(o)(i)　開発途上国及び完全な独立又はその他の自治的地位を獲得していない人民の利益及びニーズに特別の考慮を払って、深海底における活動から得られる金銭的利益その他の経済的利益の衡平な配分並びに第八二条の規定に基づいて行われる支払及び拠出に関する規則及び手続を総会に勧告すること。

(ii)　総会によって承認されるまでの間、法律・技術委員会又はその他の関係する補助機関の勧告を考慮して、機構の規則及び手続（これらの改正を含む。）を暫定的に採択し、暫定的に適用すること。これらの規則及び手続は、深海底における概要調査、深海底における探査及び開発並びに機構の財政管理及び内部運営に関係するものとする。多金属性の団塊の探査及び開発に関する規則及び手続の採択を優先する。多金属性の団塊以外の資源の探査及び開発のための規則及び手続については、当該資源に関し機構の構成国が当該規則及び手続を採択することを機構に要請した日から三年以内に採択する。すべての規則及び手続は、総会によって承認される時又は総会の表明する見解に照らして理事会によって改正される時まで、暫定的に効力を有する。

(p)　この部の規定に基づく活動に関連して機構が行い又は機構に対して行われるすべての支払の状況を検討すること。

(q)　附属書Ⅲ第七条の規定により必要とされる場合には、生産認可を申請した者のうちから同条の規定に従って選定を行うこと。

(r)　総会の承認を得るため機構の年次予算案を総会に提出すること。

(s)　機構の権能の範囲内のあらゆる問題又は事項に関する政策について総会に勧告すること。

(t)　第一八五条の規定に基づき構成国としての権利及び特権の行使を停止することに関して総会に勧告すること。

(u)　不履行がある場合に、海底紛争裁判部において機構のために手続を開始すること。

(v)　(u)の規定に基づいて開始された手続における海底紛争裁判部の決定に関して総会に通報し、とるべき措置につき適当と認める勧告を行うこと。

(w)　深海底における活動から生ずる海洋環境に対する重大な害を防止するため、緊急の命令(操業を停止し又は調整するための命令を含む。)を発すること。

(x)　海洋環境に対し重大な害を及ぼす危険性のあることを実質的な証拠が示している場合に、契約者又は事業体による開発のための鉱区を承認しないこと。

(y)　次の事項に関する財政上の規則及び手続の案を作成するための補助機関を設置すること。

(i)　第一七一条から第一七五条までの規定に基づく財政管理

(ii)　附属書Ⅲの第一三条及び第一七条1(c)の規定に基づく財政上の措置

(z)　この部の規定、機構の規則及び手続並びに機構との契約の条件が遵守されているか否かを決定するために深海底における活動を査察する査察員に対し指示を与え及び査察員を監督するための適当な制度を設けること。

第一六三条(理事会の機関)　1　理事会の機関として次のものを設置する。

(a)　経済計画委員会

(b)　法律・技術委員会

2　各委員会は、締約国が指名した候補者のうちから理事会が選出する一五人の委員で構成される。ただし、理事会は、必要な場合には、経済性及び効率に妥当な考慮を払い各委員会の委員の人数を増加させることについて決定することができる。

3　委員は、その属する委員会が権限を有する分野についての適当な資格を有していなければならない。締約国は、委員会の任務の効果的な遂行を確保するため、関連する分野についての資格と共に最高水準の能力及び誠実性を有する候補者を指名する。

4　委員の選出に当たっては、衡平な地理的配分及び特別の利益が代表されることの必要性に妥当な考慮を払う。

5　いずれの締約国も、同一の委員会につき二人以上の候補者を指名することができない。いかなる者も、二以上の委員会で職務を遂行するために選出されることはできない。

6　委員は、五年の任期を有する。委員は、一の任期について再選されることができる。

7　委員の任期満了前に、委員の死亡、心身の故障又は辞任があった場合には、理事会は、当該委員と同一の地理的地域又は利益の分野から、その残任期間について委員を任命する。

8　委員は、深海底における探査及び開発に関するいかなる活動についても、金銭上の利害関係を有してはならない。委員は、その属する委員会の任務を遂行する場合を除くほか、産業上の秘密、附属書Ⅲ第一四条の規定に基づいて機構に移転された財産的価値を有するデータその他機構における職務上知り得た秘密の情報をその職を退いた後も開示してはならない。

9　委員会は、理事会が採択する指針及び指示に従ってその任務を遂行する。

10　委員会は、その任務の効率的な遂行のために必要な規則を作成し、承認を得るために理事会に提出する。

11　委員会の意思決定手続は、機構の規則及び手続において定める。理事会に対する勧告には、必要な場合には、委員会における意見の相違についての要約を添付する。

12　委員会は、通常機構の所在地で任務を遂行し、その任務の効率的な遂行の必要に応じて会合する。

13　委員会は、その任務の遂行に当たり、適当な場合には、他の委員会、国際連合若しくはその専門機関の権限のある機関又は対象となる事項について権限を有する国際機関と協議を行うことができる。

第一六四条(経済計画委員会)　1　経済計画委員会の委員は、鉱業、鉱物資源に関する活動の管理、国際貿易、国際経済等についての適当な資格を有していなければならない。理事会は、すべての適当な資格が委員会の構成において反映されることを確保するよう努力する。委員会には、深海底から採取される種類の鉱物の自国による輸出がその経済に重要な関係を有している開発途上国から少なくとも二人の委員を選出する。

2　経済計画委員会は、次のことを行う。

(a)　理事会の要請に基づき、深海底における活動に関しこの条約の定めるところに従って行われた決定を実施するための措置を提案すること。

(b)　輸入国及び輸出国の双方の利益、特にこれらの国のうちの開発途上国の利益を考慮に入れて、深海底から採取される鉱物の供給、需要及び価格の動向並びに供給、需要及び価格に影響を与える要因を検討すること。

(c)　関係締約国による注意の喚起を受けて、第一五〇条(h)に規定する悪影響をもたらすおそれのある事態について、調査すること及び理事会に適当な勧告を行うこと。

(d)　深海底における活動によって悪影響を受けた開発途上国のための補償制度又は経済調整を援助するその他の措置を、総会に提出するために、第一五一条10の規定に基づいて理事会に提案すること。委員会は、総会によって採択された当該補償制度又は経済調整を援助するその他の措置を個別の事案に適用するために必要な勧告を理事会に行う。

第一六五条（法律・技術委員会）1　法律・技術委員会の委員は、鉱物資源の探査、開発及び製錬、海洋学、海洋環境の保護、海洋における鉱業及び関連する専門分野に関する経済的又は法律的事項等についての適当な資格を有していなければならない。理事会は、すべての適当な資格が委員会の構成において反映されることを確保するよう努力する。

2　法律・技術委員会は、次のことを行う。

(a)　理事会の要請に基づき、機構の任務の遂行に関して勧告すること。

(b)　深海底における活動に関する書面による正式の業務計画を第一五三条3の規定に基づいて検討し、理事会に適当な勧告を提出すること。委員会は、附属書Ⅲに定める基準のみに基づいて勧告し、その勧告に関して理事会に十分な報告を行う。

(c)　理事会の要請に基づき、適当な場合には深海底における活動を行う主体又は関係国と協議し及び協力して、当該活動を監督し、理事会に報告すること。

(d)　深海底における活動が環境に及ぼす影響についての評価を作成すること。

(e)　海洋環境の保護につき、その分野において認められた専門家の見解を考慮して、理事会に勧告すること。

(f)　深海底における活動が環境に及ぼす影響についての評価を含むすべての関連する要素を考慮して、第一六二条2(o)に規定する規則及び手続を作成し、理事会に提出すること。

(g)　(f)の規則及び手続を常に検討し、必要又は望ましいと認める改正を随時理事会に勧告すること。

(h)　認められた科学的方法により、深海底における活動に起因する海洋環境の汚染の危険又は影響についての観察、計測、評価及び分析を定期的に行うための監視計画を作成することに関して理事会に勧告すること、現行の規則が適切でありかつ遵守されることを確保すること並びに理事会が承認した監視計画の実施を調整すること。

(i)　この部及びこの部に関連する附属書に基づき、特に第一八七条の規定を考慮して、海底紛争裁判部において機構のために手続を開始するよう理事会に勧告すること。

(j)　(i)の規定によって開始された手続における海底紛争裁判部の決定を踏まえて、とるべき措置について理事会に勧告すること。

(k)　深海底における活動から生ずる海洋環境に対する重大な害を防止するため、緊急の命令（操業を停止し又は調整するための命令を含む。）を発するよう理事会に勧告すること。理事会は、勧告を優先的に取り上げる。

(l)　海洋環境に対し重大な害を及ぼす危険性のあることを実質的な証拠が示している場合に、契約者又は事業体による開発のための鉱区を承認しないよう理事会に勧告すること。

(m)　この部の規定、機構の規則及び手続並びに機構との契約の条件が遵守されているか否かを決定するために深海底における活動を査察する査察員に対し指示を与え及び査察員を監督することに関し、理事会に勧告すること。

(n)　生産量の上限を計算すること及び、生産認可を申請した者のうちから理事会が附属書Ⅲ第七条の規定に従って必要な選定を行った後、第一五一条の2から7までの規定に従って機構のために生産認可を発給すること。

3　法律・技術委員会の委員は、監督及び査察の職務を遂行するに当たり、締約国又は他の関係当事者の要請があった場合には、当該締約国又は他の関係当事者の代表者を同伴する。

D　事務局

第一六六条（事務局）1　機構の事務局は、事務局長及び機構が必要とする職員で構成される。

2　事務局長は、理事会が推薦する候補者のうちから総会によって四年の任期で選出されるものとし、再選されることができる。

3　事務局長は、機構の首席行政官である。事務局長は、総会、理事会及び補助機関のすべての会合において首席行政官の資格で行動するものとし、また、これらの機関が委任する他の運営上の任務を遂行する。

4　事務局長は、機構の活動に関し、総会に対して年次報告を行う。

第一六七条（機構の職員）1　機構の職員は、機構の運営上の任務を遂行するために必要な資格を有する科学要員、技術要員その他の要員で構成される。

2　職員の採用及び雇用並びに勤務条件の決定に当たっては、最高水準の能率、能力及び誠実性を確保することの必要性に最大の考慮を払う。その考慮を払った上で、できる限り広範な地理的基礎に基づいて職員を採用することが重要であることについて妥当な考慮を払う。

3　職員は、事務局長が任命する。職員の任命、報酬及び解雇の条件は、機構の規則及び手続による。

第一六八条（事務局の国際的な性質） 1　事務局長及び職員は、その職務の遂行に当たって、いかなる政府からも又は機構外のいかなるところからも指示を求め又は受けてはならない。事務局長及び職員は、機構に対してのみ責任を負う国際公務員としての立場に影響を及ぼすおそれのあるいかなる行動も慎まなければならない。締約国は、事務局長及び職員の責任の専ら国際的な性質を尊重すること並びにこれらの者がその責任を果たすに当たってこれらの者を左右しようとしないことを約束する。職員による義務の違反は、機構の規則及び手続に規定する適当な行政審判所に付託される。

2　事務局長及び職員は、深海底における探査及び開発に関するいかなる活動についても、金銭上の利害関係を有してはならない。事務局長及び職員は、機構の任務を遂行する場合を除くほか、産業上の秘密、附属書Ⅲ第一四条の規定に基づいて機構に移転された財産的価値を有するデータその他機構における職務上知り得た秘密の情報をその職を退いた後も開示してはならない。

3　2に規定する機構の職員の義務の違反については、当該違反によって影響を受けた締約国の要請に基づき又は第一五三条2(b)の規定によって締約国が保証する自然人若しくは法人であって当該違反によって影響を受けたものの要請に基づき、機構が当該職員を相手として機構の規則及び手続によって指定される審判所に付託する。当該影響を受けた締約国は、当該審判所における手続に参加する権利を有する。事務局長は、審判所が当該職員の解雇を勧告する場合には、当該職員を解雇する。

4　この条の規定を実施するために必要な規定については、機構の規則及び手続に含める。

第一六九条（国際機関及び非政府機関との協議及び協力） 1　事務局長は、機構の権能の範囲内の事項につき、国際連合経済社会理事会が認める国際機関及び非政府機関と協議し及び協力するため、理事会の承認を得てこれらの機関との間で適当な取決めを行う。

2　事務局長が1の規定により取決めを行った機関は、機構の機関の手続規則に従い当該機構の機関の会合にオブザーバーとして出席する代表者を指名することができる。適当な場合には、事務局長が1の規定によって取決めを行った機関の見解を得るための手続を定める。

3　事務局長は、1に規定する非政府機関が特別の能力を有する事項であって機構の活動に関係するものについて、当該非政府機関の提出する報告書を締約国に配布することができる。

E　事業体

第一七〇条（事業体） 1　事業体は、機構の機関であり、第一五三条2(a)の規定に基づいて深海底における活動を直接に行い、並びに深海底から採取された鉱物の輸送、製錬及び販売を行う。

2　事業体は、機構の国際法上の法人格の枠内で、附属書Ⅳの規程に定める法律上の能力を有する。事業体は、この条約、機構の規則及び手続並びに総会の定める一般的な政策に従って行動し、かつ、理事会の指示及び管理に服する。

3　事業体は、その業務のための主たる事務所を機構の所在地に置く。

4　事業体は、第一七三条2及び附属書Ⅳ第一一条に定めるところによりその任務の遂行に必要な資金を供与され、また、第一四四条及びこの条約の他の規定に定めるところによって技術を供与される。

F　機構の財政制度

第一七一条（機構の資金） 機構の資金には、次のものが含まれる。

(a)　第一六〇条2(e)の規定に従って決定された機構の構成国の分担金

(b)　附属書Ⅲ第一三条の規定に基づき機構が深海底における活動に関連して受領する資金

(c)　附属書Ⅳ第一〇条の規定に従って事業体から移転される資金

(d)　第一七四条の規定に基づいて借り入れる資金

(e)　構成国又はその他の者が支払う任意の拠出金

(f)　第一五一条10の規定に基づく補償のための基金（その財源については、経済計画委員会が勧告する。）への支払

第一七二条（機構の年次予算） 機構の事務局長は、機構の年次予算案を作成し、理事会に提出する。理事会は、予算案を審議し、これに関する勧告と共に総会に提出する。総会は、第一六〇条2(h)の規定に基づいて予算案を審議し、承認する。

第一七三条（機構の経費） 1　第一七一条(a)に規定する分担金は、機構がその運営経費に充てるための十分な資金を他の財源から得るようになるまでの間、その運営経費に充てるために特別勘定に払い込まれるものとする。

2　機構の資金は、機構の運営経費に優先的に充てられる。第一七一条(a)に規定する分担金を除くほか、運営経費の支払後に残った資金は、特に次のとおり配分し又は使用することができる。

(a)　第一四〇条及び第一六〇条2(g)の規定に従って配分する。

(b)　第一七〇条4の規定に基づいて事業体に資金を供与するために使用する。

(c)　第一五一条10及び第一六〇条2(l)の規定に基づいて開発途上国に補償するために使用する。

第一七四条（機構の借入れの権限） 1　機構は、資金を借り入れる権限を有する。

2　総会は、第一六〇条2(f)の規定に従って採択する財政規則において、機構の借入れの権限についての

制限を定める。

3　理事会は、機構の借入れの権限を行使する。

4　締約国は、機構の債務について責任を負わない。

第一七五条（年次会計検査）年次会計報告を含む機構の記録、帳簿及び決算報告については、総会によって任命される独立の会計検査専門家が毎年検査する。

G　法的地位、特権及び免除

第一七六条（法的地位）機構は、国際法上の法人格並びに任務の遂行及び目的の達成に必要な法律上の能力を有する。

第一七七条（特権及び免除）機構は、その任務の遂行を可能にするため、締約国の領域においてこのGに規定する特権及び免除を享受する。事業体に関する特権及び免除は、附属書Ⅳ第一三条に定める。

第一七八条（訴訟手続の免除）機構並びにその財産及び資産は、機構が個別の事案について明示的に放棄する場合を除くほか、訴訟手続の免除を享受する。

第一七九条（捜索及びあらゆる形式の押収の免除）機構の財産及び資産は、所在地及び占有者のいかんを問わず、行政上又は立法上の措置による捜索及び徴発、没収、収用その他あらゆる形式の押収を免除される。

第一八〇条（制限、規制、管理及びモラトリアムの免除）機構の財産及び資産は、いかなる性質の制限、規制、管理及びモラトリアムも免除される。

第一八一条（機構の文書及び公用の通信）1　機構の文書は、所在地のいかんを問わず、不可侵とする。

2　財産的価値を有するデータ、産業上の秘密又はこれらと同様の情報及び人事の記録は、公衆の閲覧の用に供される記録保管所に置いてはならない。

3　機構は、その公用の通信に関し、各締約国が他の国際機関に与える待遇よりも不利でない待遇を与えられる。

第一八二条（機構に関係する特定の者の特権及び免除）総会若しくは理事会の会合又は総会若しくは理事会の機関の会合に出席する締約国の代表並びに機構の事務局長及び職員は、各締約国の領域において次の特権及び免除を享受する。

(a)　これらの者が代表する締約国又は場合により機構が個別の事案について免除を明示的に放棄する場合を除くほか、これらの者がその職務の遂行に当たって行った行為に関する訴訟手続の免除

(b)　これらの者が特権及び免除を与える締約国の国民でない場合には、当該締約国が他の締約国の同等の地位の代表者、公務員及び被用者に与える出入国制限、外国人登録義務及び国民的服役義務の免除、為替制限に関する便宜並びに旅行の便宜に関する待遇と同一の免除、便宜及び待遇

第一八三条（租税及び関税の免除）1　機構、その資産、財産及び収入並びにこの条約によって認められる機構の活動及び取引は、機構の公的な活動の範囲内のものについては、すべての直接税を免除されるものとし、機構の公用のために輸入され又は輸出される産品は、すべての関税を免除される。ただし、機構は、提供された役務の使用料にすぎない税の免除を要求してはならない。

2　締約国は、機構の公的な活動のために必要な相当の価額の産品又はサービスが機構により又は機構のために購入される場合において、当該産品又はサービスの価格の一部として租税又は関税が含まれるときは、実行可能な限り、当該租税又は関税を免除するため又はその還付をするため、適当な措置をとる。この条に規定する免除を受けて輸入され又は購入された産品については、当該免除を認めた締約国の同意した条件に従う場合を除くほか、当該締約国の領域内で売却その他の方法で処分してはならない。

3　締約国は、機構の事務局長及び職員並びに機構のために職務を遂行する専門家が自国民でない場合には、これらの者に機構が支払う給料、報酬その他すべての支払に関しいかなる課税も行ってはならない。

H　構成国としての権利及び特権の行使の停止

第一八四条（投票権の行使の停止）機構に対する分担金の支払が延滞している締約国は、その延滞金の額がその時までの満二年間に当該締約国が支払うべきであった分担金の額に等しいか又はこれを超える場合には、投票権を失う。もっとも、総会は、支払の不履行が構成国にとってやむを得ない事情によると認めるときは、当該構成国に投票を認めることができる。

第一八五条（構成国としての権利及び特権の行使の停止）1　総会は、この部の規定に対する重大かつ執ような違反を行った締約国について、理事会の勧告に基づき、構成国としての権利及び特権の行使を停止することができる。

2　締約国がこの部の規定に対する重大かつ執ような違反を行ったと海底紛争裁判部が認定するまでは、1の規定に基づく措置をとってはならない。

第五節　紛争の解決及び勧告的意見

第一八六条（国際海洋法裁判所の海底紛争裁判部）海底紛争裁判部の設置及びその管轄権の行使については、この節、第一五部及び附属書Ⅵの規定によって規律する。

第一八七条（海底紛争裁判部の管轄権）海底紛争裁判部は、深海底における活動に関する次の種類の紛争につき、この部及びこの部に関連する附属書の規定により管轄権を有する。

(a)　この部及びこの部に関連する附属書の規定の解釈又は適用に関する締約国間の紛争

(b)　締約国と機構との間の紛争であって、次の事項に関するもの

(i)　この部若しくはこの部に関連する附属書の規定又はこれらの規定に従って採択された機構の規則及び手続に違反すると申し立てられた機構

又は締約国の作為又は不作為

(ii) 機構の管轄に属する事項からの逸脱又は権限の濫用と申し立てられた機構の作為

(c) 契約の当事者(締約国、機構若しくは事業体、国営企業又は第一五三条2(b)に規定する自然人若しくは法人)の間の紛争であって、次の事項に関するもの

(i) 関連する契約又は業務計画の解釈又は適用

(ii) 深海底における活動に関する契約の当事者の作為又は不作為であって、他方の当事者に向けられたもの又は他方の当事者の正当な利益に直接影響を及ぼすもの

(d) 第一五三条2(b)に定めるところにより締約国によって保証されておりかつ附属書Ⅲの第四条6及び第一三条2に定める条件を適正に満たした者で契約することが見込まれているものと機構との間の紛争であって、契約交渉において生ずる法律問題又は契約の拒否に関するもの

(e) 締約国、国営企業又は第一五三条2(b)に定めるところにより締約国によって保証されている自然人若しくは法人と機構との間の紛争であって、機構が附属書Ⅲ第二二条に規定する責任を負うと申し立てられる場合のもの

(f) その他この条約において海底紛争裁判部の管轄権が明示的に定められている紛争

第一八八条(国際海洋法裁判所の特別裁判部、海底紛争裁判部臨時裁判部又は拘束力のある商事仲裁への紛争の付託) 1　前条(a)に掲げる締約国間の紛争は、

(a) 両紛争当事者の要請がある場合には、附属書Ⅵの第一五条及び第一七条の規定に基づいて設置される国際海洋法裁判所の特別裁判部に付託することができる。

(b) いずれかの紛争当事者の要請がある場合には、附属書Ⅵ第三六条の規定に基づいて設置される海底紛争裁判部臨時裁判部に付託することができる。

2 (a) いずれかの紛争当事者の要請がある場合には、前条c(i)に掲げる契約の解釈又は適用に関する紛争は、紛争当事者が別段の合意をしない限り、拘束力のある商事仲裁に付されるものとする。当該紛争が付託される商事仲裁裁判所は、この条約の解釈の問題を決定する管轄権を有しない。当該紛争が深海底における活動に関しこの部及びこの部に関連する附属書の規定の解釈の問題を含む場合には、当該問題は、裁定のため海底紛争裁判部に付託されるものとする。

(b) (a)の商事仲裁の開始の時又はその過程において、仲裁裁判所が、いずれかの紛争当事者の要請がある場合に又は自己の発意によりその仲裁判断が海底紛争裁判部の裁定に依存すると決定するときは、当該仲裁裁判所は、問題を裁定のため海底紛争裁判部に付託する。当該仲裁裁判所は、その後、海底紛争裁判部の裁定に従って仲裁判断を行う。

(c) 契約中に紛争に適用する仲裁手続に関する規定がない場合には、両紛争当事者が別段の合意をしない限り、仲裁は、国際連合国際商取引法委員会の仲裁規則又は機構の規則及び手続に定める他の仲裁規則に従って行われる。

第一八九条(機構の決定についての管轄権の制限) 海底紛争裁判部は、この部の規定に基づく機構の裁量権の行使について管轄権を有せず、いかなる場合にも機構に代わって裁量権を行使してはならない。海底紛争裁判部は、第一八七条の規定に基づいて管轄権を行使するに当たり、機構の規則及び手続がこの条約に適合しているか否かの問題について意見を述べてはならず、また、当該規則及び手続の無効を宣言してはならない。もっとも、第一九一条の規定の適用は妨げられない。この点に関する海底紛争裁判部の管轄権は、個々の事案についての機構の規則及び手続の適用が紛争当事者の契約上の義務若しくはこの条約上の義務に抵触するとの主張若しくは管轄に属する事項からの逸脱若しくは権限の濫用に関する主張についての決定又は紛争当事者による契約上若しくは条約上の義務の不履行に起因する損害に対する他方の当事者による賠償請求若しくはその他の救済の請求に限られる。

第一九〇条(保証締約国の手続への参加及び出席) 1　第一八七条に規定する紛争において、自然人又は法人が当事者である場合には、当該自然人又は法人の保証国は、当該紛争について通報を受けるものとし、また、書面又は口頭による陳述を行うことにより当該手続に参加する権利を有する。

2　第一八七条(c)に規定する紛争において、締約国を相手方として他の締約国によって保証されている自然人又は法人により紛争が提起される場合には、紛争を提起された締約国は、当該自然人又は法人を保証している締約国に対しこれらの者に代わって手続に出席することを要請することができる。その保証している締約国が出席しない場合には、当該紛争を提起された締約国は、自国の国籍を有する法人によって自国を代表させることができる。

第一九一条(勧告的意見) 海底紛争裁判部は、総会又は理事会の要請に応じて、総会又は理事会の活動の範囲内で生ずる法律問題に関し、勧告的意見を与える。当該勧告的意見の付与は、緊急に処理を要する事項として取り扱われるものとする。

第一二部　海洋環境の保護及び保全

第一節　総　則

第一九二条(一般的義務) いずれの国も、海洋環境を保護し及び保全する義務を有する。

第一九三条(天然資源を開発する国の主権的権利) いずれの国も、自国の環境政策に基づき、かつ、海洋環境を保護し及び保全する義務に従い、自国の天然資源を開発する主権的権利を有する。

第一九四条(海洋環境の汚染を防止し、軽減し及び規制するための措置) 1　いずれの国も、あらゆる発生源からの海洋環境の汚染を防止し、軽減し及び規制するため、利用することができる実行可能な最善の手段を用い、かつ、自国の能力に応じ、単独で又は適当なときは共同して、この条約に適合するすべての必要な措置をとるものとし、また、この点に関して政策を調和させるよう努力する。

2　いずれの国も、自国の管轄又は管理の下における活動が他の国及びその環境に対し汚染による損害を生じさせないように行われること並びに自国の管轄又は管理の下における事件又は活動から生ずる汚染がこの条約に従って自国が主権的権利を行使する区域を越えて拡大しないことを確保するためにすべての必要な措置をとる。

3　この部の規定によりとる措置は、海洋環境の汚染のすべての発生源を取り扱う。この措置には、特に、次のことをできる限り最小にするための措置を含める。

(a)　毒性の又は有害な物質(特に持続性のもの)の陸にある発生源からの放出、大気からの若しくは大気を通ずる放出又は投棄による放出

(b)　船舶からの汚染(特に、事故を防止し及び緊急事態を処理し、海上における運航の安全を確保し、意図的な及び意図的でない排出を防止し並びに船舶の設計、構造、設備、運航及び乗組員の配乗を規制するための措置を含む。)

(c)　海底及びその下の天然資源の探査又は開発に使用される施設及び機器からの汚染(特に、事故を防止し及び緊急事態を処理し、海上における運用の安全を確保し並びにこのような施設又は機器の設計、構造、設備、運用及び人員の配置を規制するための措置を含む。)

(d)　海洋環境において運用される他の施設及び機器からの汚染(特に、事故を防止し及び緊急事態を処理し、海上における運用の安全を確保し並びにこのような施設又は機器の設計、構造、設備、運用及び人員の配置を規制するための措置を含む。)

4　いずれの国も、海洋環境の汚染を防止し、軽減し又は規制するための措置をとるに当たり、他の国のこの条約に基づく権利の行使に当たっての活動及び義務の履行に当たっての活動に対する不当な干渉を差し控える。

5　この部の規定によりとる措置には、希少又はぜい弱な生態系及び減少しており、脅威にさらされており又は絶滅のおそれのある種その他の海洋生物の生息地を保護し及び保全するために必要な措置を含める。

第一九五条(損害若しくは危険を移転させ又は一の類型の汚染を他の類型の汚染に変えない義務) いずれの国も、海洋環境の汚染を防止し、軽減し又は規制するための措置をとるに当たり、損害若しくは危険を一の区域から他の区域へ直接若しくは間接に移転させないように又は一の類型の汚染を他の類型の汚染に変えないように行動する。

第一九六条(技術の利用又は外来種若しくは新種の導入) 1　いずれの国も、自国の管轄又は管理の下における技術の利用に起因する海洋環境の汚染及び海洋環境の特定の部分に重大かつ有害な変化をもたらすおそれのある外来種又は新種の当該部分への導入(意図的であるか否かを問わない。)を防止し、軽減し及び規制するために必要なすべての措置をとる。

2　この条の規定は、海洋環境の汚染の防止、軽減及び規制に関するこの条約の適用に影響を及ぼすものではない。

第二節　世界的及び地域的な協力

第一九七条(世界的又は地域的基礎における協力) いずれの国も、世界的基礎において及び、適当なときは地域的基礎において、直接に又は権限のある国際機関を通じ、地域的特性を考慮した上で、海洋環境を保護し及び保全するため、この条約に適合する国際的な規則及び基準並びに勧告される方式及び手続を作成するため協力する。

第一九八条(損害の危険が差し迫った場合又は損害が実際に生じた場合の通報) 海洋環境が汚染により損害を受ける差し迫った危険がある場合又は損害を受けた場合において、このことを知った国は、その損害により影響を受けるおそれのある他の国及び権限のある国際機関に直ちに通報する。

第一九九条(汚染に対する緊急時の計画) 前条に規定する場合において、影響を受ける地域にある国及び権限のある国際機関は、当該国についてはその能力に応じ、汚染の影響を除去し及び損害を防止し又は最小にするため、できる限り協力する。このため、いずれの国も、海洋環境の汚染をもたらす事件に対応するための緊急時の計画を共同して作成し及び促進する。

第二〇〇条(研究、調査の計画並びに情報及びデータの交換) いずれの国も、直接に又は権限のある国際機関を通じ、研究を促進し、科学的調査の計画を実施し並びに海洋環境の汚染について取得した情報及びデータの交換を奨励するため協力する。いずれの国も、汚染の性質及び範囲、汚染にさらされたものの状態並びに汚染の経路、危険及び対処の方法を評価するための知識を取得するため、地域的及び世界的な計画に積極的に参加するよう努力する。

第二〇一条(規則のための科学的基準) 前条の規定により取得した情報及びデータに照らし、いずれの国も、直接に又は権限のある国際機関を通じ、海洋環境の汚染の防止、軽減及び規制のための規則及び基準並びに勧告される方式及び手続を作成するための適当な科学的基準を定めるに当たって協力する。

第三節　技術援助

第二〇二条（開発途上国に対する科学及び技術の分野における援助） いずれの国も、直接に又は権限のある国際機関を通じ、次のことを行う。

(a) 海洋環境を保護し及び保全するため並びに海洋汚染を防止し、軽減し及び規制するため、開発途上国に対する科学、教育、技術その他の分野における援助の計画を推進すること。この援助には、特に次のことを含める。

(i) 科学及び技術の分野における開発途上国の要員を訓練すること。

(ii) 関連する国際的な計画への開発途上国の参加を容易にすること。

(iii) 必要な機材及び便宜を開発途上国に供与すること。

(iv) (iii)の機材を製造するための開発途上国の能力を向上させること。

(v) 調査、監視、教育その他の計画について助言し及び施設を整備すること。

(b) 重大な海洋環境の汚染をもたらすおそれのある大規模な事件による影響を最小にするため、特に開発途上国に対し適当な援助を与えること。

(c) 環境評価の作成に関し、特に開発途上国に対し適当な援助を与えること。

第二〇三条（開発途上国に対する優先的待遇） 開発途上国は、海洋環境の汚染の防止、軽減及び規制のため又は汚染の影響を最小にするため、国際機関から次の事項に関し優先的待遇を与えられる。

(a) 適当な資金及び技術援助の配分

(b) 国際機関の専門的役務の利用

第四節　監視及び環境評価

第二〇四条（汚染の危険又は影響の監視） 1　いずれの国も、他の国の権利と両立する形で、直接に又は権限のある国際機関を通じ、認められた科学的方法によって海洋環境の汚染の危険又は影響を観察し、測定し、評価し及び分析するよう、実行可能な限り努力する。

2　いずれの国も、特に、自国が許可し又は従事する活動が海洋環境を汚染するおそれがあるか否かを決定するため、当該活動の影響を監視する。

第二〇五条（報告の公表） いずれの国も、前条の規定により得られた結果についての報告を公表し、又は適当な間隔で権限のある国際機関に提供する。当該国際機関は、提供された報告をすべての国の利用に供すべきである。

第二〇六条（活動による潜在的な影響の評価） いずれの国も、自国の管轄又は管理の下における計画中の活動が実質的な海洋環境の汚染又は海洋環境に対する重大かつ有害な変化をもたらすおそれがあると信ずるに足りる合理的な理由がある場合には、当該活動が海洋環境に及ぼす潜在的な影響を実行可能な限り評価するものとし、前条に規定する方法によりその評価の結果についての報告を公表し又は国際機関に提供する。

第五節　海洋環境の汚染を防止し、軽減し及び規制するための国際的規則及び国内法

第二〇七条（陸にある発生源からの汚染） 1　いずれの国も、国際的に合意される規則及び基準並びに勧告される方式及び手続を考慮して、陸にある発生源（河川、三角江、パイプライン及び排水口を含む。）からの海洋環境の汚染を防止し、軽減し及び規制するため法令を制定する。

2　いずれの国も、1に規定する汚染を防止し、軽減し及び規制するために必要な他の措置をとる。

3　いずれの国も、1に規定する汚染に関し、適当な地域的規模において政策を調和させるよう努力する。

4　いずれの国も、地域的特性並びに開発途上国の経済力及び経済開発のニーズを考慮して、特に、権限のある国際機関又は外交会議を通じ、陸にある発生源からの海洋環境の汚染を防止し、軽減し及び規制するため、世界的及び地域的な規則及び基準並びに勧告される方式及び手続を定めるよう努力する。これらの規則、基準並びに勧告される方式及び手続は、必要に応じ随時再検討する。

5　1、2及び4に規定する法令、措置、規則、基準並びに勧告される方式及び手続には、毒性の又は有害な物質（特に持続性のもの）の海洋環境への放出をできる限り最小にするためのものを含める。

第二〇八条（国の管轄の下で行う海底における活動からの汚染） 1　沿岸国は、自国の管轄の下で行う海底における活動から又はこれに関連して生ずる海洋環境の汚染並びに第六〇条及び第八〇条の規定により自国の管轄の下にある人工島、施設及び構築物から生ずる海洋環境の汚染を防止し、軽減し及び規制するため法令を制定する。

2　いずれの国も、1に規定する汚染を防止し、軽減し及び規制するために必要な他の措置をとる。

3　1及び2に規定する法令及び措置は、少なくとも国際的な規則及び基準並びに勧告される方式及び手続と同様に効果的なものとする。

4　いずれの国も、1に規定する汚染に関し、適当な地域的規模において政策を調和させるよう努力する。

5　いずれの国も、特に、権限のある国際機関又は外交会議を通じ、1に規定する海洋環境の汚染を防止し、軽減し及び規制するため、世界的及び地域的な規則及び基準並びに勧告される方式及び手続を定める。これらの規則、基準並びに勧告される方式及び手続は、必要に応じ随時再検討する。

第二〇九条（深海底における活動からの汚染） 1　深海底における活動からの海洋環境の汚染を防止し、軽減し及び規制するため、国際的な規則及び手続が、第一一部の規定に従って定められる。これらの規則及び手続は、必要に応じ随時再検討される。

2　いずれの国も、この節の関連する規定に従うことを条件として、自国を旗国とし、自国において登録され又は自国の権限の下で運用される船舶、施設、構築物及び他の機器により行われる深海底における活動からの海洋環境の汚染を防止し、軽減し及び規制するため法令を制定する。この法令の要件は、少なくとも1に規定する国際的な規則及び手続と同様に効果的なものとする。

第二一〇条（投棄による汚染）1　いずれの国も、投棄による海洋環境の汚染を防止し、軽減し及び規制するため法令を制定する。

2　いずれの国も、1に規定する汚染を防止し、軽減し及び規制するために必要な他の措置をとる。

3　1及び2に規定する法令及び措置は、国の権限のある当局の許可を得ることなく投棄が行われないことを確保するものとする。

4　いずれの国も、特に、権限のある国際機関又は外交会議を通じ、投棄による海洋環境の汚染を防止し、軽減し及び規制するため、世界的及び地域的な規則及び基準並びに勧告される方式及び手続を定めるよう努力する。これらの規則、基準並びに勧告される方式及び手続は、必要に応じ随時再検討する。

5　領海及び排他的経済水域における投棄又は大陸棚への投棄は、沿岸国の事前の明示の承認なしに行わないものとし、沿岸国は、地理的事情のため投棄により悪影響を受けるおそれのある他の国との問題に妥当な考慮を払った後、投棄を許可し、規制し及び管理する権利を有する。

6　国内法令及び措置は、投棄による海洋環境の汚染を防止し、軽減し及び規制する上で少なくとも世界的な規則及び基準と同様に効果的なものとする。

第二一一条（船舶からの汚染）1　いずれの国も、権限のある国際機関又は一般的な外交会議を通じ、船舶からの海洋環境の汚染を防止し、軽減し及び規制するため、国際的な規則及び基準を定めるものとし、同様の方法で、適当なときはいつでも、海洋環境（沿岸を含む。）の汚染及び沿岸国の関係利益に対する汚染損害をもたらすおそれのある事故の脅威を最小にするための航路指定の制度の採択を促進する。これらの規則及び基準は、同様の方法で必要に応じ随時再検討する。

2　いずれの国も、自国を旗国とし又は自国において登録された船舶からの海洋環境の汚染を防止し、軽減し及び規制するための法令を制定する。この法令は、権限のある国際機関又は一般的な外交会議を通じて定められる一般的に受け入れられている国際的な規則及び基準と少なくとも同等の効果を有するものとする。

3　いずれの国も、外国船舶が自国の港若しくは内水に入り又は自国の沖合の係留施設に立ち寄るための条件として海洋環境の汚染を防止し、軽減し及び規制するための特別の要件を定める場合には、当該要件を適当に公表するものとし、また、権限のある国際機関に通報する。二以上の沿岸国が政策を調和させるために同一の要件を定める取決めを行う場合には、通報には、当該取決めに参加している国を明示する。いずれの国も、自国を旗国とし又は自国において登録された船舶の船長に対し、このような取決めに参加している国の領海を航行している場合において、当該国の要請を受けたときは、当該取決めに参加している同一の地域の他の国に向かって航行しているか否かについての情報を提供すること及び、当該他の国に向かって航行しているときは、当該船舶がその国の入港要件を満たしているか否かを示すことを要求する。この条の規定は、船舶による無害通航権の継続的な行使又は第二五条2の規定の適用を妨げるものではない。

4　沿岸国は、自国の領海における主権の行使として、外国船舶（無害通航権を行使している船舶を含む。）からの海洋汚染を防止し、軽減し及び規制するための法令を制定することができる。この法令は、第二部第三節の定めるところにより、外国船舶の無害通航を妨害するものであってはならない。

5　沿岸国は、第六節に規定する執行の目的のため、自国の排他的経済水域について、船舶からの汚染を防止し、軽減し及び規制するための法令であって、権限のある国際機関又は一般的な外交会議を通じて定められる一般的に受け入れられている国際的な規則及び基準に適合し、かつ、これらを実施するための法令を制定することができる。

6(a)　沿岸国は、1に規定する国際的な規則及び基準が特別の事情に応ずるために不適当であり、かつ、自国の排他的経済水域の明確に限定された特定の水域において、海洋学上及び生態学上の条件並びに当該水域の利用又は資源の保護及び交通の特殊性に関する認められた技術上の理由により、船舶からの汚染を防止するための拘束力を有する特別の措置をとることが必要であると信ずるに足りる合理的な理由がある場合には、権限のある国際機関を通じて他のすべての関係国と適当な協議を行った後、当該水域に関し、当該国際機関に通告することができるものとし、その通告に際し、裏付けとなる科学的及び技術的証拠並びに必要な受入施設に関する情報を提供する。当該国際機関は、通告を受領した後一二箇月以内に当該水域における条件が第一段に規定する要件に合致するか否かを決定する。当該国際機関が合致すると決定した場合には、当該沿岸国は、当該水域について、船舶からの汚染の防止、軽減及び規制のための法令であって、当該国際機関が特別の水域に適用し得るとしている国際的な規則及び基準又は航行上の方式を実施するための法令を制定することができる。この法令は、当該国際機関への通告の後一五箇月間は、外国船舶に適用されない。

(b)　沿岸国は、(a)に規定する明確に限定された特定の水域の範囲を公表する。

(c) 沿岸国は、(a)に規定する水域について船舶からの汚染の防止、軽減及び規制のための追加の法令を制定する意図を有する場合には、その旨をaの通報と同時に国際機関に通報する。この追加の法令は、排出又は航行上の方式について定めることができるものとし、外国船舶に対し、設計、構造、乗組員の配乗又は設備につき、一般的に受け入れられている国際的な規則及び基準以外の基準の遵守を要求するものであってはならない。この追加の法令は、当該国際機関への通報の後一二箇月以内に当該国際機関が合意することを条件として、通報の後一五箇月で外国船舶に適用される。

7 この条に規定する国際的な規則及び基準には、特に、排出又はその可能性を伴う事件(海難を含む。)により自国の沿岸又は関係利益が影響を受けるおそれのある沿岸国への迅速な通報に関するものを含めるべきである。

第二一二条(大気からの又は大気を通ずる汚染) 1 いずれの国も、国際的に合意される規則及び基準並びに勧告される方式及び手続並びに航空の安全を考慮し、大気からの又は大気を通ずる海洋環境の汚染を防止し、軽減し及び規制するため、自国の主権の下にある空間及び自国を旗国とする船舶又は自国において登録された船舶若しくは航空機について適用のある法令を制定する。

2 いずれの国も、1に規定する汚染を防止し、軽減し及び規制するために必要な他の措置をとる。

3 いずれの国も、特に、権限のある国際機関又は外交会議を通じ、1に規定する汚染を防止し、軽減し及び規制するため、世界的及び地域的な規則及び基準並びに勧告される方式及び手続を定めるよう努力する。

第六節　執　行

第二一三条(陸にある発生源からの汚染に関する執行) いずれの国も、第二〇七条の規定に従って制定する自国の法令を執行するものとし、陸にある発生源からの海洋環境の汚染を防止し、軽減し及び規制するため、権限のある国際機関又は外交会議を通じて定められる適用のある国際的な規則及び基準を実施するために必要な法令を制定し及び他の措置をとる。

第二一四条(海底における活動からの汚染に関する執行) いずれの国も、第二〇八条の規定に従って制定する自国の法令を執行するものとし、自国の管轄の下で行う海底における活動から又はこれに関連して生ずる海洋環境の汚染並びに第六〇条及び第八〇条の規定により自国の管轄の下にある人工島、施設及び構築物から生ずる海洋環境の汚染を防止し、軽減し及び規制するため、権限のある国際機関又は外交会議を通じて定められる適用のある国際的な規則及び基準を実施するために必要な法令を制定し及び他の措置をとる。

第二一五条(深海底における活動からの汚染に関する執行) 深海底における活動からの海洋環境の汚染を防止し、軽減し及び規制するため第一一部の規定に従って定められる国際的な規則及び手続の執行は、同部の規定により規律される。

第二一六条(投棄による汚染に関する執行) 1 この条約に従って制定する法令並びに権限のある国際機関又は外交会議を通じて定められる適用のある国際的な規則及び基準であって、投棄による海洋環境の汚染を防止し、軽減し及び規制するためのものについては、次の国が執行する。

(a) 沿岸国の領海若しくは排他的経済水域における投棄又は大陸棚への投棄については当該沿岸国

(b) 自国を旗国とする船舶については当該旗国又は自国において登録された船舶若しくは航空機についてはその登録国

(c) 国の領土又は沖合の係留施設において廃棄物その他の物を積み込む行為については当該国

2 いずれの国も、他の国がこの条の規定に従って既に手続を開始している場合には、この条の規定により手続を開始する義務を負うものではない。

第二一七条(旗国による執行) 1 いずれの国も、自国を旗国とし又は自国において登録された船舶が、船舶からの海洋環境の汚染の防止、軽減及び規制のため、権限のある国際機関又は一般的な外交会議を通じて定められる適用のある国際的な規則及び基準に従うこと並びにこの条約に従って制定する自国の法令を遵守することを確保するものとし、これらの規則、基準及び法令を実施するために必要な法令を制定し及び他の措置をとる。旗国は、違反が生ずる場所のいかんを問わず、これらの規則、基準及び法令が効果的に執行されるよう必要な手段を講ずる。

2 いずれの国も、特に、自国を旗国とし又は自国において登録された船舶が1に規定する国際的な規則及び基準の要件(船舶の設計、構造、設備及び乗組員の配乗に関する要件を含む。)に従って航行することができるようになるまで、その航行を禁止されることを確保するために適当な措置をとる。

3 いずれの国も、自国を旗国とし又は自国において登録された船舶が1に規定する国際的な規則及び基準により要求され、かつ、これらに従って発給される証書を船内に備えることを確保する。いずれの国も、当該証書が船舶の実際の状態と合致しているか否かを確認するため自国を旗国とする船舶が定期的に検査されることを確保する。当該証書は、他の国により船舶の状態を示す証拠として認容されるものとし、かつ、当該他の国が発給する証書と同一の効力を有するものとみなされる。ただし、船舶の状態が実質的に証書の記載事項どおりでないと信ずるに足りる明白な理由がある場合は、この限りでない。

4 船舶が権限のある国際機関又は一般的な外交会議を通じて定められる規則及び基準に違反する場合に

は、旗国は、違反が生じた場所又は当該違反により引き起こされる汚染が発生し若しくは発見された場所のいかんを問わず、当該違反について、調査を直ちに行うために必要な措置をとるものとし、適当なときは手続を開始する。ただし、次条、第二二〇条及び第二二八条の規定の適用を妨げるものではない。

5　旗国は、違反の調査を実施するに当たり、事件の状況を明らかにするために他の国の協力が有用である場合には、当該他の国の援助を要請することができる。いずれの国も、旗国の適当な要請に応ずるよう努力する。

6　いずれの国も、他の国の書面による要請により、自国を旗国とする船舶によるすべての違反を調査する。旗国は、違反につき手続をとることを可能にするような十分な証拠が存在すると認める場合には、遅滞なく自国の法律に従って手続を開始する。

7　旗国は、とった措置及びその結果を要請国及び権限のある国際機関に速やかに通報する。このような情報は、すべての国が利用し得るものとする。

8　国の法令が自国を旗国とする船舶に関して定める罰は、場所のいかんを問わず違反を防止するため十分に厳格なものとする。

第二一八条（寄港国による執行）1　いずれの国も、船舶が自国の港又は沖合の係留施設に任意にとどまる場合には、権限のある国際機関又は一般的な外交会議を通じて定められる適用のある国際的な規則及び基準に違反する当該船舶からの排出であって、当該国の内水、領海又は排他的経済水域の外で生じたものについて、調査を実施することができるものとし、証拠により正当化される場合には、手続を開始することができる。

2　1に規定するいかなる手続も、他の国の内水、領海又は排他的経済水域における排出の違反については、開始してはならない。ただし、当該他の国、旗国若しくは排出の違反により損害若しくは脅威を受けた国が要請する場合又は排出の違反が手続を開始する国の内水、領海若しくは排他的経済水域において汚染をもたらし若しくはもたらすおそれがある場合は、この限りでない。

3　いずれの国も、船舶が自国の港又は沖合の係留施設に任意にとどまる場合には、1に規定する排出の違反であって、他の国の内水、領海若しくは排他的経済水域において生じたもの又はこれらの水域に損害をもたらし若しくはもたらすおそれがあると認めるものについて、当該他の国からの調査の要請に実行可能な限り応ずる。いずれの国も、船舶が自国の港又は沖合の係留施設に任意にとどまる場合には、1に規定する排出の違反について、違反が生じた場所のいかんを問わず、旗国からの調査の要請に同様に実行可能な限り応ずる。

4　この条の規定に従い寄港国により実施された調査の記録は、要請により、旗国又は沿岸国に送付する。違反が、沿岸国の内水、領海又は排他的経済水域において生じた場合には、当該調査に基づいて寄港国により開始された手続は、第七節の規定に従うことを条件として、当該沿岸国の要請により停止することができる。停止する場合には、事件の証拠及び記録並びに寄港国の当局に支払われた保証金又は提供された他の金銭上の保証は、沿岸国に送付する。寄港国における手続は、その送付が行われた場合には、継続することができない。

第二一九条（汚染を回避するための船舶の堪（たん）航性に関する措置）いずれの国も、第七節の規定に従うことを条件として、要請により又は自己の発意により、自国の港の一又は沖合の係留施設の一にある船舶が船舶の堪航性に関する適用のある国際的な規則及び基準に違反し、かつ、その違反が海洋環境に損害をもたらすおそれがあることを確認した場合には、実行可能な限り当該船舶を航行させないようにするための行政上の措置をとる。当該国は、船舶に対し最寄りの修繕のための適当な場所までに限り航行を許可することができるものとし、当該違反の原因が除去された場合には、直ちに当該船舶の航行の継続を許可する。

第二二〇条（沿岸国による執行）1　いずれの国も、船舶が自国の港又は沖合の係留施設に任意にとどまる場合において、この条約に従って制定する自国の法令又は適用のある国際的な規則及び基準であって、船舶からの汚染の防止、軽減及び規制のためのものに対する違反が自国の領海又は排他的経済水域において生じたときは、第七節の規定に従うことを条件として、当該違反について手続を開始することができる。

2　いずれの国も、自国の領海を航行する船舶が当該領海の通航中にこの条約に従って制定する自国の法令又は適用のある国際的な規則及び基準であって、船舶からの汚染の防止、軽減及び規制のためのものに違反したと信ずるに足りる明白な理由がある場合には、第二部第三節の関連する規定の適用を妨げることなく、その違反について当該船舶の物理的な検査を実施することができ、また、証拠により正当化されるときは、第七節の規定に従うことを条件として、自国の法律に従って手続（船舶の抑留を含む。）を開始することができる。

3　いずれの国も、自国の排他的経済水域又は領海を航行する船舶が当該排他的経済水域において船舶からの汚染の防止、軽減及び規制のための適用のある国際的な規則及び基準又はこれらに適合し、かつ、これらを実施するための自国の法令に違反したと信ずるに足りる明白な理由がある場合には、当該船舶に対しその識別及び船籍港に関する情報、直前及び次の寄港地に関する情報並びに違反が生じたか否かを確定するために必要とされる他の関連する情報を提供するよう要請することができる。

4　いずれの国も、自国を旗国とする船舶が3に規定する情報に関する要請に従うように法令を制定し及び他の措置をとる。

5　いずれの国も、自国の排他的経済水域又は領海を航行する船舶が当該排他的経済水域において3に規定する規則及び基準又は法令に違反し、その違反により著しい海洋環境の汚染をもたらし又はもたらすおそれのある実質的な排出が生じたと信ずるに足りる明白な理由がある場合において、船舶が情報の提供を拒否したとき又は船舶が提供した情報が明白な実際の状況と明らかに相違しており、かつ、事件の状況により検査を行うことが正当と認められるときは、当該違反に関連する事項について当該船舶の物理的な検査を実施することができる。

6　いずれの国も、自国の排他的経済水域又は領海を航行する船舶が当該排他的経済水域において3に規定する規則及び基準又は法令に違反し、その違反により自国の沿岸若しくは関係利益又は自国の領海若しくは排他的経済水域の資源に対し著しい損害をもたらし又はもたらすおそれのある排出が生じたとの明白かつ客観的な証拠がある場合には、第七節の規定に従うこと及び証拠により正当化されることを条件として、自国の法律に従って手続（船舶の抑留を含む。）を開始することができる。

7　6の規定にかかわらず、6に規定する国は、保証金又は他の適当な金銭上の保証に係る要求に従うことを確保する適当な手続が、権限のある国際機関を通じ又は他の方法により合意されているところに従って定められる場合において、当該国が当該手続に拘束されるときは、船舶の航行を認めるものとする。

8　3から7までの規定は、第二一一条6の規定に従って制定される国内法令にも適用する。

第二二一条（海難から生ずる汚染を回避するための措置）1　この部のいずれの規定も、著しく有害な結果をもたらすことが合理的に予測される海難又はこれに関連する行為の結果としての汚染又はそのおそれから自国の沿岸又は関係利益（漁業を含む。）を保護するため実際に被った又は被るおそれのある損害に比例する措置を領海を越えて慣習上及び条約上の国際法に従ってとり及び執行する国の権利を害するものではない。

2　この条の規定の適用上、「海難」とは、船舶の衝突、座礁その他の航行上の事故又は船舶内若しくは船舶外のその他の出来事であって、船舶又は積荷に対し実質的な損害を与え又は与える急迫したおそれがあるものをいう。

第二二二条（大気からの又は大気を通ずる汚染に関する執行）いずれの国も、自国の主権の下にある空間において又は自国を旗国とする船舶若しくは自国において登録された船舶若しくは航空機について、第二一二条1の規定及びこの条約の他の規定に従って制定する自国の法令を執行するものとし、航空の安全に関するすべての関連する国際的な規則及び基準に従って、大気からの又は大気を通ずる海洋環境の汚染を防止し、軽減し及び規制するため、権限のある国際機関又は外交会議を通じて定められる適用のある国際的な規則及び基準を実施するために必要な法令を制定し及び他の措置をとる。

第七節　保障措置

第二二三条（手続を容易にするための措置）いずれの国も、この部の規定に従って開始する手続において、証人尋問及び他の国の当局又は権限のある国際機関から提出される証拠の認容を容易にするための措置をとるものとし、権限のある国際機関、旗国又は違反から生ずる汚染により影響を受けた国の公式の代表の手続への出席を容易にする。手続に出席する公式の代表は、国内法令又は国際法に定める権利及び義務を有する。

第二二四条（執行の権限の行使）この部の規定に基づく外国船舶に対する執行の権限は、公務員又は軍艦、軍用航空機その他政府の公務に使用されていることが明らかに表示されており、かつ、識別されることのできる船舶若しくは航空機で当該権限を与えられているものによってのみ行使することができる。

第二二五条（執行の権限の行使に当たり悪影響を回避する義務）いずれの国も、外国船舶に対する執行の権限をこの条約に基づいて行使するに当たっては、航行の安全を損ない、その他船舶に危険をもたらし、船舶を安全でない港若しくはびょう地に航行させ又は海洋環境を不当な危険にさらしてはならない。

第二二六条（外国船舶の調査）1(a)　いずれの国も、第二一六条、第二一八条及び第二二〇条に規定する調査の目的のために必要とする以上に外国船舶を遅延させてはならない。外国船舶の物理的な検査は、一般的に受け入れられている国際的な規則及び基準により船舶が備えることを要求されている証書、記録その他の文書又は船舶が備えている類似の文書の審査に制限される。外国船舶に対するこれ以上の物理的な検査は、その審査の後に限り、かつ、次の場合に限り行うことができる。

(i)　船舶又はその設備の状態が実質的にこれらの文書の記載事項どおりでないと信ずるに足りる明白な理由がある場合

(ii)　これらの文書の内容が疑わしい違反について確認するために不十分である場合

(iii)　船舶が有効な証書及び記録を備えていない場合

(b)　調査により、海洋環境の保護及び保全のための適用のある法令又は国際的な規則及び基準に対する違反が明らかとなった場合には、合理的な手続（例えば、保証金又は他の適当な金銭上の保証）に従うことを条件として速やかに釈放する。

(c)　海洋環境に対し不当に損害を与えるおそれがある場合には、船舶の堪航性に関する適用のある国際的な規則及び基準の適用を妨げることなく、船舶の釈放を拒否することができ又は最寄りの修繕のための適当な場所への航行を釈放の条件とすることができる。釈放が拒否され又は条件を付された場合には、当該船舶の旗国は、速やかに通報を受けるものとし、第一五部の規定に従い当該船舶の釈放を求めることができる。

2 いずれの国も、海洋における船舶の不必要な物理的な検査を回避するための手続を作成することに協力する。

第二二七条（外国船舶に対する無差別） いずれの国も、この部の規定に基づく権利の行使及び義務の履行に当たって、他の国の船舶に対して法律上又は事実上の差別を行ってはならない。

第二二八条（手続の停止及び手続の開始の制限） 1 手続を開始する国の領海を越える水域における外国船舶による船舶からの汚染の防止、軽減及び規制に関する適用のある当該国の法令又は国際的な規則及び基準に対する違反について罰を科するための手続は、最初の手続の開始の日から六箇月以内に旗国が同一の犯罪事実について罰を科するための手続をとる場合には、停止する。ただし、その手続が沿岸国に対する著しい損害に係る事件に関するものである場合又は当該旗国が自国の船舶による違反について適用のある国際的な規則及び基準を有効に執行する義務を履行しないことが繰り返されている場合は、この限りでない。この条の規定に基づいて当該旗国が手続の停止を要請した場合には、当該旗国は、適当な時期に、当該事件の一件書類及び手続の記録を先に手続を開始した国の利用に供する。当該旗国が開始した手続が完了した場合には、停止されていた手続は、終了する。当該手続に関して負担した費用の支払を受けた後、沿岸国は、当該手続に関して支払われた保証金又は提供された他の金銭上の保証を返還する。

2 違反が生じた日から三年が経過した後は、外国船舶に罰を科するための手続を開始してはならない。いずれの国も、他の国が、1の規定に従うことを条件として、手続を開始している場合には、外国船舶に罰を科するための手続をとってはならない。

3 この条の規定は、他の国による手続のいかんを問わず、旗国が自国の法律に従って措置（罰を科するための手続を含む。）をとる権利を害するものではない。

第二二九条（民事上の手続の開始） この条約のいずれの規定も、海洋環境の汚染から生ずる損失又は損害に対する請求に関する民事上の手続の開始に影響を及ぼすものではない。

第二三〇条（金銭罰及び被告人の認められている権利の尊重） 1 海洋環境の汚染の防止、軽減及び規制のための国内法令又は適用のある国際的な規則及び基準に対する違反であって、領海を越える水域における外国船舶によるものについては、金銭罰のみを科することができる。

2 海洋環境の汚染の防止、軽減及び規制のための国内法令又は適用のある国際的な規則及び基準に対する違反であって、領海における外国船舶によるものについては、当該領海における故意によるかつ重大な汚染行為の場合を除くほか、金銭罰のみを科することができる。

3 外国船舶による1及び2に規定する違反であって、罰が科される可能性のあるものについての手続の実施に当たっては、被告人の認められている権利を尊重する。

第二三一条（旗国その他の関係国に対する通報） いずれの国も、第六節の規定により外国船舶に対してとった措置を旗国その他の関係国に速やかに通報するものとし、旗国に対しては当該措置に関するすべての公の報告書を提供する。ただし、領海における違反については、前段の沿岸国の義務は、手続においてとられた措置にのみ適用する。第六節の規定により外国船舶に対してとられた措置は、旗国の外交官又は領事官及び、可能な場合には、当該旗国の海事当局に直ちに通報する。

第二三二条（執行措置から生ずる国の責任） いずれの国も、第六節の規定によりとった措置が違法であった場合又は入手可能な情報に照らして合理的に必要とされる限度を超えた場合には、当該措置に起因する損害又は損失であって自国の責めに帰すべきものについて責任を負う。いずれの国も、このような損害又は損失に関し、自国の裁判所において訴えを提起する手段につき定める。

第二三三条（国際航行に使用されている海峡に関する保障措置） 第五節からこの節までのいずれの規定も、国際航行に使用されている海峡の法制度に影響を及ぼすものではない。ただし、第一〇節に規定する船舶以外の外国船舶が第四二条1の(a)及び(b)に規定する法令に違反し、かつ、海峡の海洋環境に対し著しい損害をもたらし又はもたらすおそれがある場合には、海峡沿岸国は、適当な執行措置をとることができるものとし、この場合には、この節の規定を適用する。

第八節 氷に覆われた水域

第二三四条（氷に覆われた水域） 沿岸国は、自国の排他的経済水域の範囲内における氷に覆われた水域であって、特に厳しい気象条件及び年間の大部分の期間当該水域を覆う氷の存在が航行に障害又は特別の危険をもたらし、かつ、海洋環境の汚染が生態学的均衡に著しい害又は回復不可能な障害をもたらすおそれのある水域において、船舶からの海洋汚染の防止、軽減及び規制のための無差別の法令を制定し及び執行する権利を有する。この法令は、航行並びに入手可能な最良の科学的証拠に基づく海洋環境の保護及び保全に妥当な考慮を払ったものとする。

第九節　責任

第二三五条（責任） 1　いずれの国も、海洋環境の保護及び保全に関する自国の国際的義務を履行するものとし、国際法に基づいて責任を負う。

2　いずれの国も、自国の管轄の下にある自然人又は法人による海洋環境の汚染によって生ずる損害に関し、自国の法制度に従って迅速かつ適正な補償その他の救済のための手段が利用し得ることを確保する。

3　いずれの国も、海洋環境の汚染によって生ずるすべての損害に関し迅速かつ適正な賠償及び補償を確保するため、損害の評価、賠償及び補償並びに関連する紛争の解決について、責任に関する現行の国際法を実施し及び国際法を一層発展させるために協力するものとし、適当なときは、適正な賠償及び補償の支払に関する基準及び手続（例えば、強制保険又は補償基金）を作成するために協力する。

第一〇節　主権免除

第二三六条（主権免除） 海洋環境の保護及び保全に関するこの条約の規定は、軍艦、軍の支援船又は国が所有し若しくは運航する他の船舶若しくは航空機で政府の非商業的役務にのみ使用しているものについては、適用しない。ただし、いずれの国も、自国が所有し又は運航するこれらの船舶又は航空機の運航又は運航能力を阻害しないような適当な措置をとることにより、これらの船舶又は航空機が合理的かつ実行可能である限りこの条約に即して行動することを確保する。

第一一節　海洋環境の保護及び保全に関する他の条約に基づく義務

第二三七条（海洋環境の保護及び保全に関する他の条約に基づく義務） 1　この部の規定は、海洋環境の保護及び保全に関して既に締結された特別の条約及び協定に基づき国が負う特定の義務に影響を与えるものではなく、また、この条約に定める一般原則を促進するために締結される協定の適用を妨げるものではない。

2　海洋環境の保護及び保全に関し特別の条約に基づき国が負う特定の義務は、この条約の一般原則及び一般的な目的に適合するように履行すべきである。

第一三部　海洋の科学的調査

第一節　総則

第二三八条（海洋の科学的調査を実施する権利） すべての国（地理的位置のいかんを問わない。）及び権限のある国際機関は、この条約に規定する他の国の権利及び義務を害さないことを条件として、海洋の科学的調査を実施する権利を有する。

第二三九条（海洋の科学的調査の促進） いずれの国及び権限のある国際機関も、この条約に従って海洋の科学的調査の発展及び実施を促進し及び容易にする。

第二四〇条（海洋の科学的調査の実施のための一般原則） 海洋の科学的調査の実施に当たっては、次の原則を適用する。

(a)　海洋の科学的調査は、専ら平和的目的のために実施する。

(b)　海洋の科学的調査は、この条約に抵触しない適当な科学的方法及び手段を用いて実施する。

(c)　海洋の科学的調査は、この条約に抵触しない他の適法な海洋の利用を不当に妨げないものとし、そのような利用の際に十分に尊重される。

(d)　海洋の科学的調査は、この条約に基づいて制定されるすべての関連する規則（海洋環境の保護及び保全のための規則を含む。）に従って実施する。

第二四一条（権利の主張の法的根拠としての海洋の科学的調査の活動の否認） 海洋の科学的調査の活動は、海洋環境又はその資源のいずれの部分に対するいかなる権利の主張の法的根拠も構成するものではない。

第二節　国際協力

第二四二条（国際協力の促進） 1　いずれの国及び権限のある国際機関も、主権及び管轄権の尊重の原則に従い、かつ、相互の利益を基礎として、平和的目的のための海洋の科学的調査に関する国際協力を促進する。

2　このため、いずれの国も、この部の規定の適用上、この条約に基づく国の権利及び義務を害することなく、適当な場合には、人の健康及び安全並びに海洋環境に対する損害を防止し及び抑制するために必要な情報を、自国から又は自国が協力することにより他の国が得るための合理的な機会を提供する。

第二四三条（好ましい条件の創出） いずれの国及び権限のある国際機関も、海洋環境における海洋の科学的調査の実施のための好ましい条件を創出し、かつ、海洋環境において生ずる現象及び過程の本質並びにそれらの相互関係を研究する科学者の努力を統合するため、二国間又は多数国間の協定の締結を通じて協力する。

第二四四条（情報及び知識の公表及び頒布） 1　いずれの国及び権限のある国際機関も、この条約に従って、主要な計画案及びその目的に関する情報並びに海洋の科学的調査から得られた知識を適当な経路を通じて公表し及び頒布する。

2　このため、いずれの国も、単独で並びに他の国及び権限のある国際機関と協力して、科学的データ及び情報の流れを円滑にし並びに特に開発途上国に対し海洋の科学的調査から得られた知識を移転すること並びに開発途上国が自ら海洋の科学的調査を実施する能力を、特に技術及び科学の分野における開発途上国の要員の適切な教育及び訓練を提供するための計画を通じて強化することを積極的に促進する。

第三節　海洋の科学的調査の実施及び促進

第二四五条（領海における海洋の科学的調査）沿岸国は、自国の主権の行使として、自国の領海における海洋の科学的調査を規制し、許可し及び実施する排他的権利を有する。領海における海洋の科学的調査は、沿岸国の明示の同意が得られ、かつ、沿岸国の定める条件に基づく場合に限り、実施する。

第二四六条（排他的経済水域及び大陸棚における海洋の科学的調査）1　沿岸国は、自国の管轄権の行使として、この条約の関連する規定に従って排他的経済水域及び大陸棚における海洋の科学的調査を規制し、許可し及び実施する権利を有する。

2　排他的経済水域及び大陸棚における海洋の科学的調査は、沿岸国の同意を得て実施する。

3　沿岸国は、自国の排他的経済水域又は大陸棚において他の国又は権限のある国際機関が、この条約に従って、専ら平和的目的で、かつ、すべての人類の利益のために海洋環境に関する科学的知識を増進させる目的で実施する海洋の科学的調査の計画については、通常の状況においては、同意を与える。このため、沿岸国は、同意が不当に遅滞し又は拒否されないことを確保するための規則及び手続を定める。

4　3の規定の適用上、沿岸国と調査を実施する国との間に外交関係がない場合にも、通常の状況が存在するものとすることができる。

5　沿岸国は、他の国又は権限のある国際機関による自国の排他的経済水域又は大陸棚における海洋の科学的調査の計画の実施について、次の場合には、自国の裁量により同意を与えないことができる。

(a)　計画が天然資源（生物であるか非生物であるかを問わない。）の探査及び開発に直接影響を及ぼす場合

(b)　計画が大陸棚の掘削、爆発物の使用又は海洋環境への有害物質の導入を伴う場合

(c)　計画が第六〇条及び第八〇条に規定する人工島、施設及び構築物の建設、運用又は利用を伴う場合

(d)　第二四八条の規定により計画の性質及び目的に関し提供される情報が不正確である場合又は調査を実施する国若しくは権限のある国際機関が前に実施した調査の計画について沿岸国に対する義務を履行していない場合

6　5の規定にかかわらず、沿岸国は、領海の幅を測定するための基線から二〇〇海里を超える大陸棚（開発又は詳細な探査の活動が行われており又は合理的な期間内に行われようとしている区域として自国がいつでも公の指定をすることのできる特定の区域を除く。）においてこの部の規定に従って実施される海洋の科学的調査の計画については、5ａの規定に基づく同意を与えないとする裁量を行使してはならない。沿岸国は、当該区域の指定及びその変更について合理的な通報を行う。ただし、当該区域における活動の詳細を通報する義務を負わない。

7　6の規定は、第七七条に定める大陸棚に対する沿岸国の権利を害するものではない。

8　この条の海洋の科学的調査の活動は、沿岸国がこの条約に定める主権的権利及び管轄権を行使して実施する活動を不当に妨げてはならない。

第二四七条（国際機関により又は国際機関の主導により実施される海洋の科学的調査の計画）国際機関の構成国である沿岸国又は国際機関との間で協定を締結している沿岸国の排他的経済水域又は大陸棚において当該国際機関が海洋の科学的調査の計画を直接に又は自己の主導により実施することを希望する場合において、当該沿岸国が当該国際機関による計画の実施の決定に当たり詳細な計画を承認したとき又は計画に参加する意思を有し、かつ、当該国際機関による計画の通報から四箇月以内に反対を表明しなかったときは、合意された細目により実施される調査について当該沿岸国の許可が与えられたものとする。

第二四八条（沿岸国に対し情報を提供する義務）沿岸国の排他的経済水域又は大陸棚において海洋の科学的調査を実施する意図を有する国及び権限のある国際機関は、海洋の科学的調査の計画の開始予定日の少なくとも六箇月前に当該沿岸国に対し次の事項についての十分な説明を提供する。

(a)　計画の性質及び目的

(b)　使用する方法及び手段（船舶の名称、トン数、種類及び船級並びに科学的機材の説明を含む。）

(c)　計画が実施される正確な地理的区域

(d)　調査船の最初の到着予定日及び最終的な出発予定日又は、適当な場合には、機材の設置及び撤去の予定日

(e)　責任を有する機関の名称及びその代表者の氏名並びに計画の担当者の氏名

(f)　沿岸国が計画に参加し又は代表を派遣することができると考えられる程度

第二四九条（一定の条件を遵守する義務）1　いずれの国及び権限のある国際機関も、沿岸国の排他的経済水域又は大陸棚において海洋の科学的調査を実施するに当たり、次の条件を遵守する。

(a)　沿岸国が希望する場合には、沿岸国の科学者に対し報酬を支払うことなく、かつ、沿岸国に対し計画の費用の分担の義務を負わせることなしに、海洋の科学的調査の計画に参加し又は代表を派遣する沿岸国の権利を確保し、特に、実行可能なときは、調査船その他の舟艇又は科学的調査のための施設への同乗の権利を確保すること。

(b)　沿岸国に対し、その要請により、できる限り速やかに暫定的な報告並びに調査の完了の後は最終的な結果及び結論を提供すること。

(c)　沿岸国に対し、その要請により、海洋の科学的調査の計画から得られたすべてのデータ及び試料を利用する機会を提供することを約束し並びに写

しを作成することのできるデータについてはその写し及び科学的価値を害することなく分割することのできる試料についてはその部分を提供することを約束すること。

(d) 要請があった場合には、沿岸国に対し、cのデータ、試料及び調査の結果の評価を提供し又は沿岸国が当該データ、試料及び調査の結果を評価し若しくは解釈するに当たり援助を提供すること。

(e) 2の規定に従うことを条件として、調査の結果ができる限り速やかに適当な国内の経路又は国際的な経路を通じ国際的な利用に供されることを確保すること。

(f) 調査の計画の主要な変更を直ちに沿岸国に通報すること。

(g) 別段の合意がない限り、調査が完了したときは、科学的調査のための施設又は機材を撤去すること。

2　この条の規定は、第二四六条5の規定に基づき同意を与えるか否かの裁量を行使するため沿岸国の法令によって定められる条件(天然資源の探査及び開発に直接影響を及ぼす計画の調査の結果を国際的な利用に供することについて事前の合意を要求することを含む。)を害するものではない。

第二五〇条(海洋の科学的調査の計画に関する通報) 別段の合意がない限り、海洋の科学的調査の計画に関する通報は、適当な公の経路を通じて行う。

第二五一条(一般的な基準及び指針) いずれの国も、各国が海洋の科学的調査の性質及び意味を確認することに資する一般的な基準及び指針を定めることを権限のある国際機関を通じて促進するよう努力する。

第二五二条(黙示の同意) いずれの国又は権限のある国際機関も、第二四八条の規定によって要求される情報を沿岸国に対し提供した日から六箇月が経過したときは、海洋の科学的調査の計画を進めることができる。ただし、沿岸国が、この情報を含む通報の受領の後四箇月以内に、調査を実施しようとする国又は権限のある国際機関に対し次のいずれかのことを通報した場合は、この限りでない。

(a) 第二四六条の規定に基づいて同意を与えなかったこと。

(b) 計画の性質又は目的について当該国又は国際機関が提供した情報が明白な事実と合致しないこと。

(c) 第二四八条及び第二四九条に定める条件及び情報に関連する補足的な情報を要求すること。

(d) 当該国又は国際機関が前に実施した海洋の科学的調査の計画に関し、第二四九条に定める条件についての義務が履行されていないこと。

第二五三条(海洋の科学的調査の活動の停止又は終了)

1　沿岸国は、次のいずれかの場合には、自国の排他的経済水域又は大陸棚において実施されている海洋の科学的調査の活動の停止を要求する権利を有する。

(a) 活動が、第二四八条の規定に基づいて提供された情報であって沿岸国の同意の基礎となったものに従って実施されていない場合

(b) 活動を実施している国又は権限のある国際機関が、海洋の科学的調査の計画についての沿岸国の権利に関する第二四九条の規定を遵守していない場合

2　沿岸国は、第二四八条の規定の不履行であって海洋の科学的調査の計画又は活動の主要な変更に相当するものがあった場合には、当該海洋の科学的調査の活動の終了を要求する権利を有する。

3　沿岸国は、また、1に規定するいずれかの状態が合理的な期間内に是正されない場合には、海洋の科学的調査の活動の終了を要求することができる。

4　海洋の科学的調査の活動の実施を許可された国又は権限のある国際機関は、沿岸国による停止又は終了を命ずる決定の通報に従い、当該通報の対象となっている調査の活動を取りやめる。

5　調査を実施する国又は権限のある国際機関が第二四八条及び第二四九条の規定により要求される条件を満たした場合には、沿岸国は、1の規定による停止の命令を撤回し、海洋の科学的調査の活動の継続を認めるものとする。

第二五四条(沿岸国に隣接する内陸国及び地理的不利国の権利) 1　第二四六条3に規定する海洋の科学的調査を実施する計画を沿岸国に提出した国及び権限のある国際機関は、提案された調査の計画を沿岸国に隣接する内陸国及び地理的不利国に通報するものとし、また、その旨を沿岸国に通報する。

2　第二四六条及びこの条約の他の関連する規定に従って沿岸国が提案された海洋の科学的調査の計画に同意を与えた後は、当該計画を実施する国及び権限のある国際機関は、沿岸国に隣接する内陸国及び地理的不利国に対し、これらの国の要請があり、かつ、適当である場合には、第二四八条及び第二四九条1(f)の関連する情報を提供する。

3　2の内陸国及び地理的不利国は、自国の要請により、提案された海洋の科学的調査の計画について、沿岸国と海洋の科学的調査を実施する国又は権限のある国際機関との間でこの条約の規定に従って合意された条件に基づき、自国が任命し、かつ、沿岸国の反対がない資格のある専門家の参加を通じ、実行可能な限り、当該計画に参加する機会を与えられる。

4　1に規定する国及び権限のある国際機関は、3の内陸国及び地理的不利国に対し、これらの国の要請により、第二四九条2の規定に従うことを条件として、同条1(d)の情報及び援助を提供する。

第二五五条(海洋の科学的調査を容易にし及び調査船を援助するための措置) いずれの国も、自国の領海を越える水域においてこの条約に従って実施される海洋の科学的調査を促進し及び容易にするため合理的な規則及び手続を定めるよう努力するものとし、また、適当な場合には、自国の法令に従い、この部の関連する規定を遵守する海洋の科学的調査のための調査船の自国の港への出入りを容易にし及び当該

調査船に対する援助を促進する。

第二五六条（深海底における海洋の科学的調査） すべての国（地理的位置のいかんを問わない。）及び権限のある国際機関は、第一一部の規定に従って、深海底における海洋の科学的調査を実施する権利を有する。

第二五七条（排他的経済水域を越える水域（海底及びその下を除く。）における海洋の科学的調査） すべての国（地理的位置のいかんを問わない。）及び権限のある国際機関は、この条約に基づいて、排他的経済水域を越える水域（海底及びその下を除く。）における海洋の科学的調査を実施する権利を有する。

第四節 海洋環境における科学的調査のための施設又は機材

第二五八条（設置及び利用） 海洋環境のいかなる区域においても、科学的調査のためのいかなる種類の施設又は機材の設置及び利用も、当該区域における海洋の科学的調査の実施についてこの条約の定める条件と同一の条件に従う。

第二五九条（法的地位） この節に規定する施設又は機材は、島の地位を有しない。これらのものは、それ自体の領海を有せず、また、その存在は、領海、排他的経済水域又は大陸棚の境界画定に影響を及ぼすものではない。

第二六〇条（安全水域） この条約の関連する規定に従って、科学的調査のための施設の周囲に五〇〇メートルを超えない合理的な幅を有する安全水域を設定することができる。すべての国は、自国の船舶が当該安全水域を尊重することを確保する。

第二六一条（航路を妨げてはならない義務） 科学的調査のためのいかなる種類の施設又は機材の設置及び利用も、確立した国際航路の妨げとなってはならない。

第二六二条（識別標識及び注意を喚起するための信号） この節に規定する施設又は機材は、権限のある国際機関が定める規則及び基準を考慮して、登録国又は所属する国際機関を示す識別標識を掲げるものとし、海上における安全及び航空の安全を確保するため、国際的に合意される注意を喚起するための適当な信号を発することができるものとする。

第五節 責任

第二六三条（責任） 1 いずれの国及び権限のある国際機関も、海洋の科学的調査（自ら実施するものであるか自らに代わって実施されるものであるかを問わない。）がこの条約に従って実施されることを確保する責任を負う。

2 いずれの国及び権限のある国際機関も、他の国、その自然人若しくは法人又は権限のある国際機関が実施する海洋の科学的調査に関し、この条約に違反してとる措置について責任を負い、当該措置から生ずる損害を賠償する。

3 いずれの国及び権限のある国際機関も、自ら実施し又は自らに代わって実施される海洋の科学的調査から生ずる海洋環境の汚染によりもたらされた損害に対し第二三五条の規定に基づいて責任を負う。

第六節 紛争の解決及び暫定措置

第二六四条（紛争の解決） 海洋の科学的調査に関するこの条約の解釈又は適用に関する紛争は、第一五部の第二節及び第三節の規定によって解決する。

第二六五条（暫定措置） 海洋の科学的調査の計画を実施することを許可された国又は権限のある国際機関は、第一五部の第二節及び第三節の規定により紛争が解決されるまでの間、関係沿岸国の明示の同意なしに調査の活動を開始し又は継続してはならない。

第一四部 海洋技術の発展及び移転

第一節 総則

第二六六条（海洋技術の発展及び移転の促進） 1 いずれの国も、直接に又は権限のある国際機関を通じ、公正かつ合理的な条件で海洋科学及び海洋技術を発展させ及び移転することを積極的に促進するため、自国の能力に応じて協力する。

2 いずれの国も、開発途上国の社会的及び経済的開発を促進することを目的として、海洋資源の探査、開発、保存及び管理、海洋環境の保護及び保全、海洋の科学的調査並びにこの条約と両立する海洋環境における他の活動について、海洋科学及び海洋技術の分野において、技術援助を必要とし及び要請することのある国（特に開発途上国（内陸国及び地理的不利国を含む。））の能力の向上を促進する。

3 いずれの国も、海洋技術を衡平な条件ですべての関係者の利益のため移転させることについて、好ましい経済的及び法的な条件を促進するよう努力する。

第二六七条（正当な利益の保護） いずれの国も、前条の規定により協力を促進するに当たり、すべての正当な利益（特に、海洋技術の所有者、提供者及び受領者の権利及び義務を含む。）に妥当な考慮を払う。

第二六八条（基本的な目的） いずれの国も、直接に又は権限のある国際機関を通じ、次の事項を促進する。

(a) 海洋技術に関する知識の取得、評価及び普及並びにこれらに関連する情報及びデータの利用
(b) 適当な海洋技術の開発
(c) 海洋技術の移転を容易にするための必要な技術的基盤の整備
(d) 開発途上国の国民（特に後発開発途上国の国民）の訓練及び教育による人的資源の開発
(e) すべての規模、特に、地域的な、小地域的な及び二国間の規模における国際協力

第二六九条（基本的な目的を達成するための措置） 前条の目的を達成するため、いずれの国も、直接に又は権限のある国際機関を通じ、特に次のことを行うよう努力する。

(a) すべての種類の海洋技術を、この分野におけ

る技術援助を必要とし及び要請することのある国（特に、内陸国である開発途上国及び地理的不利国である開発途上国並びに他の開発途上国であって海洋科学並びに海洋資源の探査及び開発における自国の技術上の能力を確立し若しくは向上させることができなかったか又はこのような海洋技術の基盤を整備することができなかったもの）に対し効果的に移転するための技術協力計画を作成すること。

(b)　衡平かつ合理的な条件で、協定、契約その他これらに類する取決めの締結のための好ましい条件を促進すること。

(c)　科学的及び技術的な事項、特に、海洋技術の移転のための政策及び方法に関する会議、セミナー及びシンポジウムを開催すること。

(d)　科学者、技術専門家その他の専門家の交流を促進すること。

(e)　計画を実施し並びに合弁事業及び他の形態による二国間及び多数国間の協力を促進すること。

第二節　国際協力

第二七〇条（国際協力の方法及び手段） 海洋技術の発展及び移転のための国際協力は、海洋の科学的調査、海洋技術の移転（特に新しい分野におけるもの）並びに海洋の調査及び開発に対する適当な国際的な資金供与を容易にするため、実行可能かつ適当な場合には、既存の二国間の、地域的な又は多数国間の計画を通じ並びに拡大された計画及び新規の計画を通じて行う。

第二七一条（指針及び基準） いずれの国も、特に開発途上国の利益及びニーズを考慮して、直接に又は権限のある国際機関を通じ、二国間で又は国際機関その他の場において海洋技術の移転のための一般的に受け入れられている指針及び基準を定めることを促進する。

第二七二条（国際的な計画の調整） いずれの国も、海洋技術の移転の分野において、開発途上国（特に、内陸国及び地理的不利国）の利益及びニーズを考慮して、権限のある国際機関がその活動（地域的又は世界的な計画を含む。）を調整することを確保するよう努力する。

第二七三条（国際機関及び機構との協力） いずれの国も、深海底における活動に関する技能及び海洋技術を開発途上国、その国民及び事業体に対し移転することを奨励し及び容易にするため、権限のある国際機関及び機構と積極的に協力する。

第二七四条（機構の目的） 機構は、すべての正当な利益（特に、技術の所有者、提供者及び受領者の権利及び義務を含む。）に従うことを条件として、深海底における活動に関し、次のことを確保する。

(a)　衡平な地理的配分の原則に基づき、開発途上国（沿岸国、内陸国又は地理的不利国のいかんを問わない。）の国民を訓練するため、当該国民を機構の活動のための管理及び調査に係る職員並びに技術職員として受け入れること。

(b)　関連する機材、機器、装置及び製法に関する技術上の書類をすべての国（特に、これらの分野における技術援助を必要とし及び要請することのある開発途上国）の利用に供すること。

(c)　海洋技術の分野において技術援助を必要とし及び要請することのある国（特に開発途上国）が当該技術援助を取得すること並びに当該国の国民が必要な技能及びノウハウを取得すること（職業訓練を受けることを含む。）を容易にするため、機構が適当な措置をとること。

(d)　海洋技術の分野において技術援助を必要とし及び要請することのある国（特に開発途上国）がこの条約の財政上の措置を通じ、必要な機材、製法、工場及び他の技術上のノウハウの取得に当たって援助を受けること。

第三節　海洋科学及び海洋技術に関する国及び地域のセンター

第二七五条（国のセンターの設置） 1　いずれの国も、直接に又は権限のある国際機関及び機構を通じ、沿岸国である開発途上国による海洋の科学的調査の実施を奨励し及び発展させるため並びにこれらの国が自国の経済的利益のために自国の海洋の資源を利用し及び保全する能力を向上させるため、海洋科学及び海洋技術に関する調査のための国のセンターを、特に沿岸国である開発途上国に設置し並びに既存の国のセンターを強化することを促進する。

2　いずれの国も、権限のある国際機関及び機構を通じ、高度の訓練のための施設、必要な機材、技能、ノウハウ及び技術専門家をこれらの援助を必要とし及び要請することのある国に提供するため、国のセンターを設置し及び強化することを容易にすることにつき適切な支援を与える。

第二七六条（地域のセンターの設置） 1　いずれの国も、開発途上国による海洋の科学的調査の実施を奨励し及び発展させるため並びに海洋技術の移転を促進するため、権限のある国際機関、機構並びに海洋科学及び海洋技術に関する自国の調査機関との調整の下に、特に開発途上国において、海洋科学及び海洋技術に関する調査のための地域のセンターを設置することを促進する。

2　地域のすべての国は、地域のセンターの目的を一層効果的に達成することを確保するため、当該センターと協力する。

第二七七条（地域のセンターの任務） 地域のセンターの任務には、特に次の事項を含める。

(a)　海洋科学及び海洋技術に関する調査の諸分野（特に、海洋生物学（生物資源の保存及び管理に係るものを含む。）、海洋学、水路学、工学、海底の地質学上の探査、採鉱及び淡水化技術）に関する

あらゆる水準の訓練及び教育の計画

(b) 管理に係る研究

(c) 海洋環境の保護及び保全並びに汚染の防止、軽減及び規制に関する研究計画

(d) 地域的な会議、セミナー及びシンポジウムの開催

(e) 海洋科学及び海洋技術に関するデータ及び情報の取得及び処理

(f) 容易に利用可能な出版物による海洋科学及び海洋技術に関する調査の結果の迅速な頒布

(g) 海洋技術の移転に関する国の政策の公表及び当該政策の組織的な比較研究

(h) 技術の取引に関する情報及び特許に関する契約その他の取決めに関する情報の取りまとめ及び体系化

(i) 地域の他の国との技術協力

第四節 国際機関の間の協力

第二七八条（国際機関の間の協力） この部及び第一三部に規定する権限のある国際機関は、直接に又は国際機関の間の緊密な協力の下に、この部の規定に基づく任務及び責任を効果的に遂行することを確保するため、すべての適当な措置をとる。

第一五部 紛争の解決

第一節 総則

第二七九条（平和的手段によって紛争を解決する義務） 締約国は、国際連合憲章第二条3の規定に従いこの条約の解釈又は適用に関する締約国間の紛争を平和的手段によって解決するものとし、このため、同憲章第三三条1に規定する手段によって解決を求める。

第二八〇条（紛争当事者が選択する平和的手段による紛争の解決） この部のいかなる規定も、この条約の解釈又は適用に関する締約国間の紛争を当該締約国が選択する平和的手段によって解決することにつき当該締約国がいつでも合意する権利を害するものではない。

第二八一条（紛争当事者によって解決が得られない場合の手続） 1 この条約の解釈又は適用に関する紛争の当事者である締約国が、当該締約国が選択する平和的手段によって紛争の解決を求めることについて合意した場合には、この部に定める手続は、当該平和的手段によって解決が得られず、かつ、当該紛争の当事者間の合意が他の手続の可能性を排除していないときに限り適用される。

2 紛争当事者が期限についても合意した場合には、1の規定は、その期限の満了のときに限り適用される。

第二八二条（一般的な、地域的な又は二国間の協定に基づく義務） この条約の解釈又は適用に関する紛争の当事者である締約国が、一般的な、地域的な又は二国間の協定その他の方法によって、いずれかの紛争当事者の要請により拘束力を有する決定を伴う手続に紛争を付することについて合意した場合には、当該手続は、紛争当事者が別段の合意をしない限り、この部に定める手続の代わりに適用される。

第二八三条（意見を交換する義務） 1 この条約の解釈又は適用に関して締約国間に紛争が生ずる場合には、紛争当事者は、交渉その他の平和的手段による紛争の解決について速やかに意見の交換を行う。

2 紛争当事者は、紛争の解決のための手続が解決をもたらさずに終了したとき又は解決が得られた場合においてその実施の方法につき更に協議が必要であるときは、速やかに意見の交換を行う。

第二八四条（調停） 1 この条約の解釈又は適用に関する紛争の当事者である締約国は、他の紛争当事者に対し、附属書Ⅴ第一節に定める手続その他の調停手続に従って紛争を調停に付するよう要請することができる。

2 1の要請が受け入れられ、かつ、適用される調停手続について紛争当事者が合意する場合には、いずれの紛争当事者も、紛争を当該調停手続に付することができる。

3 1の要請が受け入れられない場合又は紛争当事者が手続について合意しない場合には、調停手続は、終了したものとみなされる。

4 紛争が調停に付された場合には、紛争当事者が別段の合意をしない限り、その手続は、合意された調停手続に従ってのみ終了することができる。

第二八五条（第一一部の規定によって付託される紛争についてのこの節の規定の適用） この節の規定は、第一一部第五節の規定によりこの部に定める手続に従って解決することとされる紛争についても適用する。締約国以外の主体がこのような紛争の当事者である場合には、この節の規定を準用する。

第二節 拘束力を有する決定を伴う義務的手続

第二八六条（この節の規定に基づく手続の適用） 第三節の規定に従うことを条件として、この条約の解釈又は適用に関する紛争であって第一節に定める方法によって解決が得られなかったものは、いずれかの紛争当事者の要請により、この節の規定に基づいて管轄権を有する裁判所に付託される。

第二八七条（手続の選択） 1 いずれの国も、この条約に署名し、これを批准し若しくはこれに加入する時に又はその後いつでも、書面による宣言を行うことにより、この条約の解釈又は適用に関する紛争の解決のための次の手段のうち一又は二以上の手段を自由に選択することができる。

(a) 附属書Ⅵによって設立される国際海洋法裁判所

(b) 国際司法裁判所

(c) 附属書Ⅶによって組織される仲裁裁判所

(d) 附属書Ⅷに規定する一又は二以上の種類の紛争

のために同附属書によって組織される特別仲裁裁判所

2　1の規定に基づいて行われる宣言は、第一一部第五節に定める範囲及び方法で国際海洋法裁判所の海底紛争裁判部が管轄権を有することを受け入れる締約国の義務に影響を及ぼすものではなく、また、その義務から影響を受けるものでもない。

3　締約国は、その時において効力を有する宣言の対象とならない紛争の当事者である場合には、附属書Ⅶに定める仲裁手続を受け入れているものとみなされる。

4　紛争当事者が紛争の解決のために同一の手続を受け入れている場合には、当該紛争については、紛争当事者が別段の合意をしない限り、当該手続にのみ付することができる。

5　紛争当事者が紛争の解決のために同一の手続を受け入れていない場合には、当該紛争については、紛争当事者が別段の合意をしない限り、附属書Ⅶに従って仲裁にのみ付することができる。

6　1の規定に基づいて行われる宣言は、その撤回の通告が国際連合事務総長に寄託された後三箇月が経過するまでの間、効力を有する。

7　新たな宣言、宣言の撤回の通告又は宣言の期間の満了は、紛争当事者が別段の合意をしない限り、この条の規定に基づいて管轄権を有する裁判所において進行中の手続に何ら影響を及ぼすものではない。

8　この条に規定する宣言及び通告については、国際連合事務総長に寄託するものとし、同事務総長は、その写しを締約国に送付する。

第二八八条（管轄権）1　前条に規定する裁判所は、この条約の解釈又は適用に関する紛争であってこの部の規定に従って付託されるものについて管轄権を有する。

2　前条に規定する裁判所は、また、この条約の目的に関係のある国際協定の解釈又は適用に関する紛争であって当該協定に従って付託されるものについて管轄権を有する。

3　附属書Ⅵによって設置される国際海洋法裁判所の海底紛争裁判部並びに第一一部第五節に規定するその他の裁判部及び仲裁裁判所は、同節の規定に従って付託される事項について管轄権を有する。

4　裁判所が管轄権を有するか否かについて争いがある場合には、当該裁判所の裁判で決定する。

第二八九条（専門家）科学的又は技術的な事項に係る紛争において、この節の規定に基づいて管轄権を行使する裁判所は、いずれかの紛争当事者の要請により又は自己の発意により、投票権なしで当該裁判所に出席する二人以上の科学又は技術の分野における専門家を紛争当事者と協議の上選定することができる。これらの専門家は、附属書Ⅷ第二条の規定に従って作成された名簿のうち関連するものから選出することが望ましい。

第二九〇条（暫定措置）1　紛争が裁判所に適正に付託され、当該裁判所がこの部又は第一一部第五節の規定に基づいて管轄権を有すると推定する（prima facie it has jurisdiction）場合には、当該裁判所は、終局裁判を行うまでの間、紛争当事者のそれぞれの権利を保全し又は海洋環境に対して生ずる重大な害を防止するため、状況に応じて適当と認める暫定措置を定めることができる。

2　暫定措置を正当化する状況が変化し又は消滅した場合には、当該暫定措置を修正し又は取り消すことができる。

3　いずれかの紛争当事者が要請し、かつ、すべての紛争当事者が陳述する機会を与えられた後にのみ、この条の規定に基づき暫定措置を定め、修正し又は取り消すことができる。

4　裁判所は、暫定措置を定め、修正し又は取り消すことにつき、紛争当事者その他裁判所が適当と認める締約国に直ちに通告する。

5　この節の規定に従って紛争の付託される仲裁裁判所が構成されるまでの間、紛争当事者が合意する裁判所又は暫定措置に対する要請が行われた日から二週間以内に紛争当事者が合意しない場合には国際海洋法裁判所若しくは深海底における活動に関しては海底紛争裁判部は、構成される仲裁裁判所が紛争について管轄権を有すると推定し（prima facie）、かつ、事態の緊急性により必要と認める場合には、この条の規定に基づき暫定措置を定め、修正し又は取り消すことができる。紛争が付託された仲裁裁判所が構成された後は、当該仲裁裁判所は、1から4までの規定に従い暫定措置を修正し、取り消し又は維持することができる。

6　紛争当事者は、この条の規定に基づいて定められた暫定措置に速やかに従う。

第二九一条（手続の開放）1　この部に定めるすべての紛争解決手続は、締約国に開放する。

2　この部に定める紛争解決手続は、この条約に明示的に定めるところによってのみ、締約国以外の主体に開放する。

第二九二条（船舶及び乗組員の速やかな釈放）1　締約国の当局が他の締約国を旗国とする船舶を抑留した場合において、合理的な保証金の支払又は合理的な他の金銭上の保証の提供の後に船舶及びその乗組員を速やかに釈放するというこの条約の規定を抑留した国が遵守しなかったと主張されているときは、釈放の問題については、紛争当事者が合意する裁判所に付託することができる。抑留の時から一〇日以内に紛争当事者が合意しない場合には、釈放の問題については、紛争当事者が別段の合意をしない限り、抑留した国が第二八七条の規定によって受け入れている裁判所又は国際海洋法裁判所に付託することができる。

2　釈放に係る申立てについては、船舶の旗国又はこれに代わるものに限って行うことができる。

3　裁判所は、遅滞なく釈放に係る申立てを取り扱うものとし、釈放の問題のみを取り扱う。ただし、適当な国内の裁判所に係属する船舶又はその所有者若しくは乗組員に対する事件の本案には、影響を及ぼさない。抑留した国の当局は、船舶又はその乗組員をいつでも釈放することができる。

4　裁判所によって決定された保証金が支払われ又は裁判所によって決定された他の金銭上の保証が提供された場合には、抑留した国の当局は、船舶又はその乗組員の釈放についての当該裁判所の決定に速やかに従う。

第二九三条（適用のある法）1　この節の規定に基づいて管轄権を有する裁判所は、この条約及びこの条約に反しない国際法の他の規則を適用する。

2　1の規定は、紛争当事者が合意する場合には、この節の規定に基づいて管轄権を有する裁判所が衡平及び善に基づいて裁判する権限を害するものではない。

第二九四条（先決的手続）1　第二八七条に規定する裁判所に対して第二九七条に規定する紛争についての申立てが行われた場合には、当該裁判所は、当該申立てによる権利の主張が法的手続の濫用であるか否か又は当該権利の主張に十分な根拠があると推定されるか否かについて、いずれかの紛争当事者が要請するときに決定するものとし、又は自己の発意により決定することができる。当該裁判所は、当該権利の主張が法的手続の濫用であると決定し又は根拠がないと推定されると決定した場合には、事件について新たな措置をとらない。

2　1の裁判所は、申立てを受領した時に、当該申立てに係る他の紛争当事者に対して直ちに通告するものとし、当該他の紛争当事者が1の規定により裁判所に決定を行うよう要請することができる合理的な期間を定める。

3　この条のいかなる規定も、紛争当事者が、適用のある手続規則に従って先決的抗弁を行う権利に影響を及ぼすものではない。

第二九五条（国内的な救済措置を尽くすこと）この条約の解釈又は適用に関する締約国間の紛争は、国内的な救済措置を尽くすことが国際法によって要求されている場合には、当該救済措置が尽くされた後でなければこの節に定める手続に付することができない。

第二九六条（裁判が最終的なものであること及び裁判の拘束力）1　この節の規定に基づいて管轄権を有する裁判所が行う裁判は、最終的なものとし、すべての紛争当事者は、これに従う。

2　1の裁判は、紛争当事者間において、かつ、当該紛争に関してのみ拘束力を有する。

第三節　第二節の規定の適用に係る制限及び除外

第二九七条（第二節の規定の適用の制限）1　この条約の解釈又は適用に関する紛争であって、この条約に定める主権的権利又は管轄権の沿岸国による行使に係るものは、次のいずれかの場合には、第二節に定める手続の適用を受ける。

(a)　沿岸国が、航行、上空飛行若しくは海底電線及び海底パイプラインの敷設の自由若しくは権利又は第五八条に規定するその他の国際的に適法な海洋の利用について、この条約の規定に違反して行動したと主張されている場合

(b)　国が、(a)に規定する自由若しくは権利を行使し又は(a)に規定する利用を行うに当たり、この条約の規定に違反して又はこの条約及びこの条約に反しない国際法の他の規則に従って沿岸国の制定する法令に違反して行動したと主張されている場合

(c)　沿岸国が、当該沿岸国に適用のある海洋環境の保護及び保全のための特定の国際的な規則及び基準であって、この条約によって定められ又はこの条約に従って権限のある国際機関若しくは外交会議を通じて定められたものに違反して行動したと主張されている場合

2(a)　この条約の解釈又は適用に関する紛争であって、海洋の科学的調査に係るものについては、第二節の規定に従って解決する。ただし、沿岸国は、次の事項から生ずるいかなる紛争についても、同節の規定による解決のための手続に付することを受け入れる義務を負うものではない。

(i)　第二四六条の規定に基づく沿岸国の権利又は裁量の行使

(ii)　第二五三条の規定に基づく海洋の科学的調査の活動の停止又は終了を命ずる沿岸国の決定

(b)　海洋の科学的調査に係る特定の計画に関し沿岸国がこの条約に合致する方法で第二四六条又は第二五三条の規定に基づく権利を行使していないと調査を実施する国が主張することによって生ずる紛争は、いずれかの紛争当事者の要請により、附属書Ⅴ第二節に定める調停に付される。ただし、調停委員会は、第二四六条6に規定する特定の区域を指定する沿岸国の裁量の行使又は同条5の規定に基づいて同意を与えない沿岸国の裁量の行使については取り扱わない。

3(a)　この条約の解釈又は適用に関する紛争であって、漁獲に係るものについては、第二節の規定に従って解決する。ただし、沿岸国は、排他的経済水域における生物資源に関する自国の主権的権利（漁獲可能量、漁獲能力及び他の国に対する余剰分の割当てを決定するための裁量権並びに保存及び管理に関する自国の法令に定める条件を決定するための裁量権を含む。）又はその行使に係るいかなる紛争についても、同節の規定による解決のための手続に付することを受け入れる義務を負うものではない。

(b)　第一節の規定によって解決が得られなかった場合において、次のことが主張されているときは、いずれかの紛争当事者の要請により、附

属書V第二節に定める調停に付される。

(i) 沿岸国が、自国の排他的経済水域における生物資源の維持が著しく脅かされないことを適当な保存措置及び管理措置を通じて確保する義務を明らかに遵守しなかったこと。

(ii) 沿岸国が、他の国が漁獲を行うことに関心を有する資源について、当該他の国の要請にもかかわらず、漁獲可能量及び生物資源についての自国の漁獲能力を決定することを恣(し)意的に拒否したこと。

(iii) 沿岸国が、自国が存在すると宣言した余剰分の全部又は一部を、第六二条、第六九条及び第七〇条の規定により、かつ、この条約に適合する条件であって自国が定めるものに従って、他の国に割り当てることを恣意的に拒否したこと。

(c) 調停委員会は、いかなる場合にも、調停委員会の裁量を沿岸国の裁量に代わるものとしない。

(d) 調停委員会の報告については、適当な国際機関に送付する。

(e) 第六九条及び第七〇条の規定により協定を交渉するに当たって、締約国は、別段の合意をしない限り、当該協定の解釈又は適用に係る意見の相違の可能性を最小にするために当該締約国がとる措置に関する条項及び当該措置にもかかわらず意見の相違が生じた場合に当該締約国がとるべき手続に関する条項を当該協定に含める。

第二九八条（第二節の規定の適用からの選択的除外）

1　第一節の規定に従って生ずる義務に影響を及ぼすことなく、いずれの国も、この条約に署名し、これを批准し若しくはこれに加入する時に又はその後いつでも、次の種類の紛争のうち一又は二以上の紛争について、第二節に定める手続のうち一又は二以上の手続を受け入れないことを書面によって宣言することができる。

(a)(i) 海洋の境界画定に関する第一五条、第七四条及び第八三条の規定の解釈若しくは適用に関する紛争又は歴史的湾若しくは歴史的権原に関する紛争。ただし、宣言を行った国は、このような紛争がこの条約の効力発生の後に生じ、かつ、紛争当事者間の交渉によって合理的な期間内に合意が得られない場合には、いずれかの紛争当事者の要請により、この問題を附属書V第二節に定める調停に付することを受け入れる。もっとも、大陸又は島の領土に対する主権その他の権利に関する未解決の紛争についての検討が必要となる紛争については、当該調停に付さない。

(ii) 調停委員会が報告（その基礎となる理由を付したもの）を提出した後、紛争当事者は、当該報告に基づき合意の達成のために交渉する。交渉によって合意に達しない場合には、紛争当事者は、別段の合意をしない限り、この問題を第二節に定める手続のうちいずれかの手続に相互の同意によって付する。

(iii) この(a)の規定は、海洋の境界に係る紛争であって、紛争当事者間の取決めによって最終的に解決されているもの又は紛争当事者を拘束する二国間若しくは多数国間の協定によって解決することとされているものについては、適用しない。

(b) 軍事的活動（非商業的役務に従事する政府の船舶及び航空機による軍事的活動を含む。）に関する紛争並びに法の執行活動であって前条の2及び3の規定により裁判所の管轄権の範囲から除外される主権的権利又は管轄権の行使に係るものに関する紛争

(c) 国際連合安全保障理事会が国際連合憲章によって与えられた任務を紛争について遂行している場合の当該紛争。ただし、同理事会が、当該紛争をその審議事項としないことを決定する場合又は紛争当事者に対し当該紛争をこの条約に定める手段によって解決するよう要請する場合は、この限りでない。

2　1の規定に基づく宣言を行った締約国は、いつでも、当該宣言を撤回することができ、又は当該宣言によって除外された紛争をこの条約に定める手続に付することに同意することができる。

3　1の規定に基づく宣言を行った締約国は、除外された種類の紛争に該当する紛争であって他の締約国を当事者とするものを、当該他の締約国の同意なしには、この条約に定めるいずれの手続にも付することができない。

4　締約国が1(a)の規定に基づく宣言を行った場合には、他の締約国は、除外された種類の紛争に該当する紛争であって当該宣言を行った締約国を当事者とするものを、当該宣言において特定される手続に付することができる。

5　新たな宣言又は宣言の撤回は、紛争当事者が別段の合意をしない限り、この条の規定により裁判所において進行中の手続に何ら影響を及ぼすものではない。

6　この条の規定に基づく宣言及び宣言の撤回の通告については、国際連合事務総長に寄託するものとし、同事務総長は、その写しを締約国に送付する。

第二九九条（紛争当事者が手続について合意する権利）

1　第二九七条の規定により第二節に定める紛争解決手続から除外された紛争又は前条の規定に基づいて行われた宣言により当該手続から除外された紛争については、当該紛争の当事者間の合意によってのみ、当該手続に付することができる。

2　この節のいかなる規定も、紛争当事者が紛争の解決のための他の手続について合意する権利又は紛争当事者が紛争の友好的な解決を図る権利を害するものではない。

第一六部　一般規定

第三〇〇条（信義誠実及び権利の濫用）締約国は、この条約により負う義務を誠実に履行するものとし、また、この条約により認められる権利、管轄権及び自由を権利の濫用とならないように行使する。

第三〇一条（海洋の平和的利用）締約国は、この条約に基づく権利を行使し及び義務を履行するに当たり、武力による威嚇又は武力の行使を、いかなる国の領土保全又は政治的独立に対するものも、また、国際連合憲章に規定する国際法の諸原則と両立しない他のいかなる方法によるものも慎まなければならない。

第三〇二条（情報の開示）この条約のいかなる規定も、締約国がこの条約に基づく義務を履行するに当たり、その開示が当該締約国の安全保障上の重大な利益に反する情報の提供を当該締約国に要求するものと解してはならない。ただし、この規定は、この条約に定める紛争解決手続に付する締約国の権利を害するものではない。

第三〇三条（海洋において発見された考古学上の物及び歴史的な物）1　いずれの国も、海洋において発見された考古学上の又は歴史的な特質を有する物を保護する義務を有し、このために協力する。

2　沿岸国は、1に規定する物の取引を規制するため、第三三条の規定の適用に当たり、自国の承認なしに同条に規定する水域の海底からこれらの物を持ち去ることが同条に規定する法令の自国の領土又は領海内における違反となると推定することができる。

3　この条のいかなる規定も、認定することのできる所有者の権利、引揚作業に関する法律又はその他の海事に関する規則並びに文化交流に関する法律及び慣行に影響を及ぼすものではない。

4　この条の規定は、考古学上の又は歴史的な特質を有する物の保護に関するその他の国際協定及び国際法の規則に影響を及ぼすものではない。

第三〇四条（損害についての責任）この条約の損害についての責任に関する規定は、国際法に基づく責任に関する現行の規則の適用及び新たな規則の発展を妨げるものではない。

第一七部　最終規定

第三〇五条（署名）1　この条約は、次のものによる署名のために開放しておく。

(a)　すべての国

(b)　国際連合ナミビア理事会によって代表されるナミビア

(c)　他の国と提携している自治国であって、国際連合総会決議第一五一四号（第一五回会期）に基づいて国際連合により監督され及び承認された自決の行為においてその地位を選び、かつ、この条約により規律される事項に関する権限（これらの事項に関して条約を締結する権限を含む。）を有するすべてのもの

(d)　他の国と提携している自治国であって、その提携のための文書に基づき、この条約により規律される事項に関する権限（これらの事項に関して条約を締結する権限を含む。）を有するすべてのもの

(e)　完全な内政上の自治権を有し、国際連合によりこれを認められているが、国際連合総会決議第一五一四号（第一五回会期）に基づく完全な独立を達成していない地域であって、この条約により規律される事項に関する権限（これらの事項に関して条約を締結する権限を含む。）を有するすべてのもの

(f)　国際機関。ただし、附属書Ⅸの規定に従うものとする。

2　この条約は、一九八四年一二月九日まではジャマイカ外務省において、また、一九八三年七月一日から一九八四年一二月九日まではニュー・ヨークにある国際連合本部において、署名のために開放しておく。

第三〇六条（批准及び正式確認）この条約は、国及び前条1の(b)から(e)までに規定するその他の主体によって批准されなければならず、また、同条1(f)に規定する主体により附属書Ⅸに定めるところにより正式確認が行われなければならない。批准書及び正式確認書は、国際連合事務総長に寄託する。

第三〇七条（加入）この条約は、国及び第三〇五条に規定するその他の主体による加入のために開放しておく。同条1(f)に規定する主体による加入については、附属書Ⅸに定めるところにより行う。加入書は、国際連合事務総長に寄託する。

第三〇八条（効力発生）1　この条約は、六〇番目の批准書又は加入書が寄託された日の後一二箇月で効力を生ずる。

2　六〇番目の批准書又は加入書が寄託された後にこの条約を批准し又はこれに加入する国については、この条約は、1の規定に従うことを条件として、その批准書又は加入書の寄託の日の後三〇日目の日に効力を生ずる。

3　機構の総会は、この条約の効力発生の日に会合し、機構の理事会の理事国を選出する。機構の第一回理事会は、第一六一条の規定を厳格に適用することができない場合には、同条に規定する目的に適合するように構成する。

4　準備委員会が起草する規則及び手続は、第一一部に定めるところにより機構が正式に採択するまでの間、暫定的に適用する。

5　機構及びその諸機関は、先行投資に関する第三次国際連合海洋法会議の決議Ⅱに従い及びこの決議に基づいて行われる準備委員会の決定に従って行動する。

第三〇九条（留保及び除外）この条約については、他の条の規定により明示的に認められている場合を除くほか、留保を付することも、また、除外を設けることもできない。

第三一〇条（宣言及び声明）前条の規定は、この条約

の署名若しくは批准又はこれへの加入の際に、国が、特に当該国の法令をこの条約に調和させることを目的として、用いられる文言及び名称のいかんを問わず、宣言又は声明を行うことを排除しない。ただし、このような宣言又は声明は、当該国に対するこの条約の適用において、この条約の法的効力を排除し又は変更することを意味しない。

第三一一条（他の条約及び国際協定との関係）1　この条約は、締約国間において、一九五八年四月二九日の海洋法に関するジュネーヴ諸条約に優先する。

2　この条約は、この条約と両立する他の協定の規定に基づく締約国の権利及び義務であって他の締約国がこの条約に基づく権利を享受し又は義務を履行することに影響を及ぼさないものを変更するものではない。

3　二以上の締約国は、当該締約国間の関係に適用される限りにおいて、この条約の運用を変更し又は停止する協定を締結することができる。ただし、そのような協定は、この条約の規定であってこれからの逸脱がこの条約の趣旨及び目的の効果的な実現と両立しないものに関するものであってはならず、また、この条約に定める基本原則の適用に影響を及ぼし又は他の締約国がこの条約に基づく権利を享受し若しくは義務を履行することに影響を及ぼすものであってはならない。

4　3に規定する協定を締結する意思を有する締約国は、他の締約国に対し、この条約の寄託者を通じて、当該協定を締結する意思及び当該協定によるこの条約の変更又は停止を通報する。

5　この条の規定は、他の条の規定により明示的に認められている国際協定に影響を及ぼすものではない。

6　締約国は、第一三六条に規定する人類の共同の財産に関する基本原則についていかなる改正も行わないこと及びこの基本原則から逸脱するいかなる協定の締約国にもならないことを合意する。

第三一二条（改正）1　締約国は、この条約の効力発生の日から一〇年の期間が満了した後は、国際連合事務総長にあてた書面による通報により、この条約の特定の改正案で深海底における活動に関する改正以外のものを提案し及びその改正案を審議する会議の招集を要請することができる。同事務総長は、当該通報をすべての締約国に送付する。同事務総長は、当該通報の送付の日から一二箇月以内に締約国の二分の一以上がその要請に好意的な回答を行った場合には、当該会議を招集する。

2　改正に関する会議において用いられる決定手続は、この会議が別段の決定を行わない限り、第三次国際連合海洋法会議において用いられた決定手続と同一のものとする。改正に関する会議は、いかなる改正案についても、コンセンサス方式により合意に達するようあらゆる努力を払うものとし、コンセンサスのためのあらゆる努力が尽くされるまでは、改正案について投票を行わない。

第三一三条（簡易な手続による改正）1　締約国は、国際連合事務総長にあてた書面による通報により、この条約の改正案で深海底における活動に関する改正以外のものを会議を招集することなくこの条に定める簡易な手続による採択のために提案することができる。同事務総長は、当該通報をすべての締約国に送付する。

2　1に規定する通報の送付の日から一二箇月の期間内にいずれかの締約国が改正案又は簡易な手続による改正案の採択の提案に反対した場合には、改正は、拒否されたものとする。国際連合事務総長は、その旨を直ちにすべての締約国に通報する。

3　1に規定する通報の送付の日から一二箇月の期間内にいずれの締約国も改正案又は簡易な手続による改正案の採択の提案に反対しなかった場合には、改正案は、採択されたものとする。国際連合事務総長は、改正案が採択された旨をすべての締約国に通報する。

第三一四条（深海底における活動のみに関する規定の改正）1　締約国は、機構の事務局長にあてた書面による通報により、深海底における活動のみに関する規定（附属書VI第四節の規定を含む。）の改正案を提案することができる。事務局長は、当該通報をすべての締約国に送付する。改正案は、理事会による承認の後、総会によって承認されなければならない。理事会及び総会における締約国の代表は、改正案を審議し及び承認する全権を有する。理事会及び総会が承認した場合には、改正案は、採択されたものとする。

2　理事会及び総会は、1の規定に基づく改正案を承認するのに先立ち、第一五五条の規定に基づく再検討のための会議までの間、深海底の資源の探査及び開発の制度が当該改正案によって妨げられないことを確保する。

第三一五条（改正の署名及び批准、改正への加入並びに改正の正文）1　この条約の改正は、採択された後は、改正自体に別段の定めがない限り、採択の日から一二箇月の間、ニュー・ヨークにある国際連合本部において、締約国による署名のために開放しておく。

2　第三〇六条、第三〇七条及び第三二〇条の規定は、この条約のすべての改正について適用する。

第三一六条（改正の効力発生）1　この条約の改正で5に規定する改正以外のものは、締約国の三分の二又は六〇の締約国のいずれか多い方の数の締約国による批准書又は加入書の寄託の後三〇日目の日に、改正を批准し又はこれに加入する締約国について効力を生ずる。当該改正は、その他の締約国がこの条約に基づく権利を享受し又は義務を履行することに影響を及ぼすものではない。

2　改正については、その効力発生のためにこの条に定める数よりも多い数の批准又は加入を必要とすることを定めることができる。

3 必要とされる数の批准書又は加入書が寄託された後に1に規定する改正を批准し又はこれに加入する締約国については、改正は、その批准書又は加入書の寄託の日の後三〇日目の日に効力を生ずる。

4 1の規定により改正が効力を生じた後にこの条約の締約国となる国は、別段の意思を表明しない限り、(a)改正された条約の締約国とされ、かつ、(b)改正によって拘束されない締約国との関係においては、改正されていない条約の締約国とされる。

5 深海底における活動のみに関する改正及び附属書Ⅵの改正は、締約国の四分の三による批准書又は加入書の寄託の後一年で、すべての締約国について効力を生ずる。

6 5の規定により改正が効力を生じた後にこの条約の締約国となる国は、改正された条約の締約国とされる。

第三一七条(廃棄) 1 締約国は、国際連合事務総長にあてた書面による通告を行うことによりこの条約を廃棄することができるものとし、また、その理由を示すことができる。理由を示さないことは、廃棄の効力に影響を及ぼすものではない。廃棄は、一層遅い日が通告に明記されている場合を除くほか、その通告が受領された日の後一年で効力を生ずる。

2 いずれの国も、廃棄を理由として、この条約の締約国であった間に生じた財政上及び契約上の義務を免除されない。廃棄は、この条約が当該国について効力を失う前にこの条約の実施によって生じていた当該国の権利、義務及び法的状態に影響を及ぼすものではない。

3 廃棄は、この条約に定める義務であってこの条約との関係を離れ国際法に基づいて負うものを締約国が履行する責務に何ら影響を及ぼすものではない。

第三一八条(附属書の地位) 附属書は、この条約の不可分の一部を成すものとし、別段の明示の定めがない限り、「この条約」といい又は第一部から第一七部までのいずれかの部を指していうときは、関連する附属書を含めていうものとする。

第三一九条(寄託者) 1 この条約及びその改正の寄託者は、国際連合事務総長とする。

2 国際連合事務総長は、寄託者としての職務のほか、次のことを行う。

(a) この条約に関して生じた一般的な性質を有する問題について、すべての締約国、機構及び権限のある国際機関に報告すること。

(b) この条約及びその改正の批准及び正式確認、これらへの加入並びにこの条約の廃棄を機構に通報すること。

(c) 第三一一条4の規定により協定について締約国に通報すること。

(d) この条約により採択された改正について、その批准又はこれへの加入のため締約国に送付すること。

(e) この条約により必要な締約国の会合を招集すること。

3(a) 国際連合事務総長は、また、第一五六条に規定するオブザーバーに対し、次のものを送付する。

(i) 2(a)に規定する報告

(ii) 2の(b)及び(c)に規定する通報

(iii) 2(d)に規定する改正(参考のためのもの)

(b) 国際連合事務総長は、(a)のオブザーバーに対し、2(e)の締約国の会合にオブザーバーとして参加するよう招請する。

第三二〇条(正文) アラビア語、中国語、英語、フランス語、ロシア語及びスペイン語をひとしく正文とするこの条約の原本は、第三〇五条2に定めるところにより、国際連合事務総長に寄託する。

以上の証拠として、下名の全権委員は、正当に委任を受けてこの条約に署名した。

一九八二年一二月一〇日にモンテゴ・ベイで作成した。

附属書Ⅰ 高度回遊性の種
附属書Ⅱ 大陸棚限界委員会
附属書Ⅲ 概要調査、探査及び開発の基本的な条件
附属書Ⅳ 事業体規程
附属書Ⅴ 調停
附属書Ⅵ 国際海洋法裁判所規程
附属書Ⅶ 仲裁
附属書Ⅷ 特別仲裁
附属書Ⅸ 国際機関による参加

(略)

5 2 一九八二年一二月一〇日の海洋法に関する国際連合条約第一一部の規定の実施に関する協定(深海底制度実施協定)

採択 一九九四年七月二八日 国際連合総会第四八回会期決議四八/二六三
効力発生 一九九六年七月二八日
暫定的適用 一九九四年一一月一六日
日本国 一九九四年七月二九日批准を条件とする署名、一一月一六日暫定的適用、一九九六年六月七日国会承認、六月二〇

日批准書寄託、効力発生、七月一二日公布（条約第七号）、七月二八日効力発生

この協定の締約国は、

平和の維持、正義及び世界のすべての人民の進歩に対する一九八二年一二月一〇日の海洋法に関する国際連合条約（以下「条約」という。）の重要な貢献を認め、

国の管轄権の及ぶ区域の境界の外の海底及びその下（以下「深海底」という。）並びに深海底の資源が人類の共同の財産であることを再確認し、

海洋環境の保護及び保全に対する条約の重要性並びに地球環境に対する関心の高まりに留意し、

条約の第一一部及び関連する規定（以下「第一一部」という。）に関する未解決の問題について一九九〇年から一九九四年まで諸国間で行われた非公式の協議の結果に関する国際連合事務総長の報告を検討し、

第一一部の規定の実施に影響を及ぼす政治的及び経済的変化（市場指向の方向性を含む。）に留意し、

条約への普遍的な参加を促進することを希望し、

第一一部の規定の実施に関し協定を作成することが、この目的に最もよく合致することを考慮して、

次のとおり協定した。

第一条（第一一部の規定の実施）1　この協定の締約国は、この協定に従って第一一部の規定を実施することを約束する。

2　附属書は、この協定の不可分の一部を成す。

第二条（この協定と第一一部の規定との関係）1　この協定及び第一一部の規定は、単一の文書として一括して解釈され、かつ、適用される。この協定と第一一部の規定とが抵触する場合には、この協定が優先する。

2　条約の第三〇九条から第三一九条までの規定は、条約に適用するのと同様にこの協定について準用する。

第三条（署名）この協定は、その採択の日から一二箇月の間、国際連合本部において、条約第三〇五条1の(a)及び(c)から(f)までに定める国及び主体による署名のために開放しておく。

第四条（拘束されることについての同意）1　この協定の採択後においては、条約の批准書、正式確認書又は加入書は、この協定にも拘束されることについての同意の表明とみなされる。

2　いかなる国又は主体も、条約に拘束されることについての同意を既に確定しているか又は当該同意を同時に確定しない限り、この協定に拘束されることについての同意を確定することができない。

3　前条に定める国又は主体は、次のいずれかの方法により、この協定に拘束されることについての同意を表明することができる。

(a)　批准、正式確認又は次条に定める手続を条件としない署名

(b)　批准又は正式確認を条件として署名した後に行われる批准又は正式確認

(c)　次条に定める手続を条件とする署名

(d)　加入

4　条約第三〇五条1(f)に定める主体による正式確認は、条約附属書IXの規定に従う。

5　批准書、正式確認書又は加入書は、国際連合事務総長に寄託する。

第五条（簡易な手続）1　この協定の採択の日前に条約の批准書、正式確認書又は加入書を寄託した国又は主体であって、前条3(c)の規定に従ってこの協定に署名したものは、当該国又は主体がこの条に定める簡易な手続を用いない旨の書面による通告をこの協定の採択の日の後一二箇月が経過する日前に寄託者に行わない限り、当該一二箇月が経過する日にこの協定に拘束されることについての同意を確定したものとみなされる。

2　1の通告が行われた場合には、この協定に拘束されることについての同意は、前条3(b)の規定に従って確定される。

第六条（効力発生）1　この協定は、四〇の国が自国が拘束されることについての同意を前二条の規定に従って確定した日の後三〇日で効力を生ずる。ただし、第三次国際連合海洋法会議の決議II（以下「決議II」という。）1(a)に定める国のうち、少なくとも五の先進国を含む七以上の国が当該四〇の国に含まれていることを条件とする。効力発生のためのこれらの条件が一九九四年一一月一六日前に満たされる場合には、この協定は、同日に効力を生ずる。

2　1に定める要件が満たされた後にこの協定に拘束されることについての同意を確定する国又は主体については、この協定は、当該国又は主体が拘束されることについての同意を確定した日の後三〇日目の日に効力を生ずる。

第七条（暫定的適用）1　この協定は、一九九四年一一月一六日に効力を生じていない場合には、効力が生ずるまでの間、次の国又は主体により暫定的に適用される。

(a)　国際連合総会においてこの協定の採択に同意した国。ただし、一九九四年一一月一六日前に、寄託者に対し、この協定を暫定的に適用しない旨又はその後の署名若しくは書面による通告によってのみ暫定的に適用することについての同意を表明する旨を書面によって通告した国を除く。

(b)　この協定に署名する国又は主体。ただし、この協定を暫定的に適用しない旨の書面による通告を署名の時に寄託者に行う国又は主体を除く。

(c)　寄託者に対する書面による通告により暫定的に適用することに同意した国又は主体

(d)　この協定に加入する国

2　1に定めるすべての国又は主体は、その国内法令又は内部の法令に従い、一九九四年一一月一六日又は署名、同意の通告若しくは加入の日のいずれか遅

い日からこの協定を暫定的に適用する。

3　暫定的適用は、この協定が効力を生ずる日に終了する。いかなる場合にも、決議II 1(a)に定める国のうち、少なくとも五の先進国を含む七以上の国によるこの協定に拘束されることについての同意に関する前条1に定める要件が一九九八年一一月一六日前に満たされない場合には、暫定的適用は、同日に終了する。

第八条（締約国） 1　この協定の適用上、「締約国」とは、この協定に拘束されることに同意し、かつ、自国についてこの協定の効力が生じている国をいう。

2　この協定は、条約第三〇五条1の(c)から(f)までに定める主体であって、それぞれの主体に関連する条件に従ってこの協定の当事者となるものに準用する。この場合において、「締約国」とは、当該主体をいう。

第九条（寄託者） 国際連合事務総長をこの協定の寄託者とする。

第一〇条（正文） アラビア語、中国語、英語、フランス語、ロシア語及びスペイン語をひとしく正文とするこの協定の原本は、国際連合事務総長に寄託する。

以上の証拠として、下名の全権委員は、正当に委任を受けてこの協定に署名した。

一九九四年七月二八日にニュー・ヨークで作成した。

附属書

第一節　締約国による費用の負担及び組織に関する規定

1　国際海底機構（以下「機構」という。）は、条約の締約国が、特に深海底の資源を管理することを目的として、第一一部の規定及びこの協定に基づいて設けられる深海底のための制度に従って深海底における活動を組織し及び管理するための機関である。機構の権限及び任務は、条約によって明示的に規定されるものとする。機構は、深海底における活動についての権限の行使及び任務の遂行に含まれ、かつ、必要である付随的な権限であって、条約に適合するものを有する。

2　締約国による費用の負担を最小にするため、条約及びこの協定に基づいて設置されるすべての機関及び補助的な組織は、費用対効果の大きいものとする。この原則は、会合の開催頻度、期間及び日程についても適用する。

3　機構の機関及び補助的な組織の設置及び任務については、これらの機関及び組織が深海底における活動の各段階において各自の責任を効果的に果たすことができるよう、これらの機関及び組織の任務の遂行の必要性を考慮して、必要に応じて発展させていくという取組方法に基づいたものとする。

4　条約が効力を生じた後の機構の当初の任務は、総会、理事会、事務局、法律・技術委員会及び財政委員会が遂行する。経済計画委員会の任務は、理事会が別段の決定を行う時まで又は開発のための最初の業務計画が承認される時まで、法律・技術委員会が遂行する。

5　条約が効力を生じてから開発のための最初の業務計画が承認されるまでの間、機構は、次の任務に専念する。

(a)　探査のための業務計画の承認のための申請について、第一一部の規定及びこの協定に従って行われる処理

(b)　条約第三〇八条5及び決議IIの規定に基づき、国際海底機構及び国際海洋法裁判所のための準備委員会（以下「準備委員会」という。）の決定で登録された先行投資者及びその証明国（これらの者及び国の権利及び義務を含む。）に関連するものを実施すること。

(c)　契約の形式をとる承認された探査のための業務計画の遵守の監視

(d)　深海底における採鉱の活動に関する動向及び発展の監視及び検討（世界の金属市況、金属の価格並びにこれらに関する動向及び予測の定期的な分析を含む。）

(e)　深海底からの鉱物の生産により最も深刻な影響を受けることが予想される当該鉱物の陸上生産国である開発途上国の経済に対する当該生産の潜在的な影響の研究。当該研究は、これらの国の困難を最小のものとし、かつ、当該国の経済調整を援助することを目的とするものであり、準備委員会の関連する作業を考慮して行われる。

(f)　深海底における活動の実施に必要な規則及び手続を当該活動の進展に応じて採択すること。条約附属書III第一七条2(b)及び(c)の規定にかかわらず、当該規則及び手続は、この協定の規定、深海底における商業的な採鉱の開始の遅延及び深海底における活動の予想される進展の速度を考慮に入れるものとする。

(g)　海洋環境の保護及び保全のために適用される基準について定める規則及び手続の採択

(h)　深海底における活動に関連する海洋の科学的調査の実施の促進及び奨励並びに、利用可能な場合には、当該科学的調査及び分析の結果の収集及び普及。特に、深海底における活動の環境に対する影響に関連する調査に重点を置くものとする。

(i)　深海底における活動に関連する科学的知識の取得及び当該活動に関連する海洋技術（特に、海洋環境の保護及び保全に関するもの）の開発の状況の把握

(j)　概要調査及び探査に関する利用可能なデータの評価

(k)　開発のための規則及び手続（海洋環境の保護及び保全に関するものを含む。）の適時の作成

6
(a)　探査のための業務計画の承認のための申請につ

いては、法律・技術委員会からの当該申請に関する勧告を受けて理事会が検討する。当該申請の処理は、次の規定に従うことを条件として、条約(附属書Ⅲを含む。)及びこの協定に従って行われるものとする。

(i)　決議Ⅱ1(a)の(ii)若しくは(iii)に定める国、主体若しくは当該主体の構成者であって、条約が効力を生ずる前に実質的な深海底における活動を既に行っているもの(登録された先行投資者を除く。)又はこれらの者の権利を承継する者のために提出される探査のための業務計画は、申請者が少なくとも三千万合衆国ドルに相当する額を研究及び探査の活動のために支出しており、かつ、業務計画が対象とする鉱区の位置の選定、調査及び評価のために当該額の一〇パーセント以上の額を支出していることを一又は二以上の保証国が証明する場合には、業務計画の承認のために必要な資金的及び技術的な基準を満たしているものとみなされる。当該業務計画は、条約並びに条約に基づいて採択される規則及び手続の要件を満たす場合には、契約の形式をとるものとして理事会によって承認される。第三節11の規定は、この(i)の規定に従い解釈され、かつ、適用される。

(ii)　決議Ⅱ8(a)の規定にかかわらず、登録された先行投資者は、条約が効力を生じてから三六箇月以内に、探査のための業務計画の承認を要請することができる。当該業務計画は、登録の前又は後に準備委員会に提出された文書、報告その他のデータから成るものとし、決議Ⅱ11(a)の規定に基づいて準備委員会によって発給される遵守の証明書(先行投資者に関する制度の下における義務の履行状況を記述した事実関係に関する報告から成る。)が添付されるものとする。このような業務計画は、承認されたものとみなされる。承認された業務計画は、第一部の規定及びこの協定に基づき、機構と登録された先行投資者との間で締結される契約の形式をとる。決議Ⅱ7(a)の規定に従って支払われた二五万合衆国ドルの手数料は、第八節3に規定する探査の段階に関する手数料とみなされる。第三節11の規定は、この(ii)の規定に従い解釈され、かつ、適用される。

(iii)　(i)に定める国、主体又は当該主体の構成者との契約には、無差別の原則に従い、(ii)に定める登録された先行投資者との間で合意される措置と類似であり、かつ、当該措置よりも不利でない措置を含める。(i)に定める国、主体又は当該主体の構成者に対し一層有利な措置が認められる場合には、理事会は、(ii)に定める登録された先行投資者が有する権利及び義務に関し、当該一層有利な措置と類似であり、かつ、当該一層有利な措置よりも不利でない措置について取り決める。ただし、その取決めは、機構の利益に影響を与え又はこれを害するものであってはならない。

(iv)　締約国、第七条の規定に従ってこの協定を暫定的に適用している国又は12の規定に基づく機構の暫定的な構成国は、(i)又は(ii)の規定に従って業務計画の申請を保証することができる。

(v)　決議Ⅱ8(c)の規定は、(iv)の規定に従い解釈され、かつ、適用される。

(b)　探査のための業務計画の承認は、条約第一五三条3の規定に従って行われる。

7　業務計画の承認のための申請には、機構が採択する規則及び手続に従い、提案された活動の環境に及ぼす潜在的な影響についての評価並びに海洋学の研究及び環境の基本的な研究のための計画についての説明を添付する。

8　探査のための業務計画の承認のための申請は、6(a)の(i)又は(ii)の規定に従うことを条件として、第三節11に定める手続に従って処理される。

9　探査のための業務計画は、一五年の期間について承認される。探査のための業務計画が終了した場合において、契約者が開発のための業務計画の申請をしていないとき又は契約者の探査のための業務計画の延長が認められていないときは、当該契約者は、開発のための業務計画を申請する。契約者は、一回当たり五年を超えない期間について探査のための業務計画の延長を申請することができる。当該延長は、契約者が業務計画の要件を誠実に遵守するよう努力しているにもかかわらず、当該契約者にとってやむを得ない理由により、開発の段階への移行のための必要な準備作業を完了することができない場合又は延長の申請が行われた時点の経済状況のために開発の段階に移行しないことについて正当な理由がある場合には、承認されるものとする。

10　条約附属書Ⅲ第八条の規定に基づく機構のための留保鉱区の指定は、探査のための業務計画の申請の承認又は探査及び開発のための業務計画の申請の承認に関連して行われる。

11　9の規定にかかわらず、この協定を暫定的に適用する一以上の国によって保証されている承認された探査のための業務計画は、当該国がこの協定を暫定的に適用することを終止した場合において、当該国がの規定に従って機構の暫定的な構成国とならず又は締約国とならないときは、終了する。

12　第七条の規定に従ってこの協定を暫定的に適用してきた第三条に定める国又は主体は、この協定が効力を生じた場合において、この協定の効力が当該国又は主体について生じていないときは、当該国又は主体についてこの協定の効力が生ずるまでの間、次の(a)から(c)までの規定により引き続き機構の暫定的な構成国となることができる。

(a)　この協定が一九九六年一一月一六日前に効力を

生ずる場合において、機構の暫定的な構成国として参加する意思を有する国又は主体がこの協定の寄託者にその旨を通告するときは、当該国又は主体は、引き続き機構の暫定的な構成国として参加する権利を有する。機構の暫定的な構成国としての地位は、一九九六年一一月一六日又はこの協定及び条約が当該構成国について効力を生ずる日のいずれか早い日に終了する。理事会は、当該国又は主体がこの協定及び条約を締結するために誠実に努力していると認める場合には、当該国又は主体の要請により、当該地位を合計二年を超えない期間延長することができる。

(b) この協定が一九九六年一一月一五日後に効力を生ずる場合には、国及び主体は、一九九八年一一月一六日までの期間について機構の暫定的な構成国としての地位を引き続き認めることを理事会に要請することができる。理事会は、当該国又は主体がこの協定及び条約を締結するために誠実に努力していると認める場合には、その要請が行われた日から当該地位を認める。

(c) (a)又は(b)の規定に従って機構の暫定的な構成国となる国又は主体は、第一一部の規定及びこの協定をその国内法令又は内部の法令に従い、かつ、年次予算の範囲内で適用するものとし、また、次の権利及び義務を含む他の構成国と同一の権利及び義務を有する。

(i) 分担率に従って機構の運営予算に対する分担金を支払う義務

(ii) 探査のための業務計画の承認のための申請を保証する権利。二以上の国籍を有する自然人又は法人によって構成される主体については、当該主体を構成する自然人又は法人がその国籍を有するすべての国が締約国又は機構の暫定的な構成国である場合に限り、探査のための業務計画は、承認される。

(d) 9の規定にかかわらず、機構の暫定的な構成国である国によって(c)(ii)の規定に基づいて保証されている契約の形式による承認された探査のための業務計画は、当該暫定的な構成国としての地位が終了し、かつ、国又は主体が締約国とならない場合には、終了する。

(e) 機構の暫定的な構成国が、分担金を支払わない場合又はこの規定に基づく義務を遵守しない場合には、機構の暫定的な構成国としての地位は、終了する。

13 条約附属書Ⅲ第一〇条に規定する満足すべきものでない履行状況とは、承認された業務計画の要件を遵守すべきである旨の機構の書面による警告にもかかわらず、契約者が当該業務計画の要件を遵守しない状況をいう。

14 機構は、自己の予算を有する。この協定が効力を生ずる年の翌年の末までの間、機構の運営経費は、国際連合の予算から支弁する。その後は、条約の第一七一条(a)及び第一七三条の規定並びにこの協定に従い、機構がその運営経費に充てるための十分な資金を他の財源から得るようになるまでの間、機構の運営経費は、暫定的な構成国を含む機構の構成国の分担金をもって支弁する。機構は、その運営予算に充てるための借入れを行うために条約第一七四条1に定める権限を行使してはならない。

15 機構は、条約第一六二条2(o)(ii)の規定に従い、第二節及び第五節から第八節までに定める原則に基づく規則及び手続並びに探査又は開発のための業務計画の承認を促進するための追加的な規則及び手続を、次の(a)から(c)までの規定に従って作成し、採択する。

(a) 理事会がこれらの規則及び手続の全部若しくは一部が深海底における活動の実施のために必要であると認める場合若しくは商業的開発が目前であると決定する場合又は自国の国民が開発のための業務計画の承認のための申請を行う意図を有する国の要請がある場合には、理事会は、当該規則及び手続の作成を行うことができる。

(b) (a)に定める国の要請がある場合には、理事会は、条約第一六二条2(o)の規定に従い、当該要請があった時から二年以内に規則及び手続の採択を完了する。

(c) 理事会が所定の期間内に開発に関する規則及び手続の作成を完了しておらず、開発のための業務計画の承認のための申請が処理されない状況が続く場合には、理事会は、条約及び、理事会が暫定的に採択した規則及び手続がある場合には、当該規則及び手続に基づいて又は条約に含まれる規範、この附属書に含まれる条件及び原則並びに契約者の間における無差別の原則に基づいて、当該業務計画を審査し、暫定的に承認する。

16 準備委員会の報告及び勧告に含まれる第一一部の規定に関連する規則及び手続の案並びに勧告は、機構が第一一部の規定及びこの協定に従って規則及び手続を採択する際に考慮される。

17 第一一部第四節の関連する規定は、この協定に従い解釈され、かつ、適用される。

第二節 事業体

1 機構の事務局は、事業体が当該事務局から独立して運営を開始するまでの間、事業体の任務を遂行する。機構の事務局長は、事業体の任務を遂行するため、機構の職員のうちから事業体の暫定的な事務局長を任命する。当該任務は、次のとおりとする。

(a) 深海底における採鉱の活動に関する動向及び発展の監視及び検討（世界の金属市況、金属の価格並びにこれらに関する動向及び予測の定期的な分析を含む。）

(b) 深海底における活動に関連する海洋の科学的調査の実施によって得られた結果の評価。特に、深海底における活動の環境に対する影響に関連する調査に重点を置くものとする。

(c)　概要調査及び探査に関する利用可能なデータの評価(これらの活動に適用される基準の評価を含む。)

(d)　深海底における活動に関連する技術(特に、海洋環境の保護及び保全に関するもの)の開発の評価

(e)　機構のために留保された鉱区に関する情報及びデータの評価

(f)　合弁事業によって操業を行うという取組方法についての評価

(g)　訓練された人的資源の利用可能性に関する情報の収集

(h)　事業体の操業のそれぞれ異なる段階における事業体の管理についての運営方針の選択肢に関する研究

2　事業体は、当初の深海底における採鉱の操業を合弁事業によって行う。事業体以外の主体による開発のための業務計画が承認されたとき又は事業体との合弁事業による操業のための申請が理事会によって受理されたときは、理事会は、事業体を機構の事務局から独立して機能させることについての問題を取り上げる。事業体との合弁事業による操業が健全な商業上の原則に基づいている場合には、理事会は、条約第一七〇条2の規定に基づき、独立して機能することを指示する。

3　事業体の一の採鉱を行う場所に関し資金を供与するとの条約附属書Ⅳ第一一条3に規定する締約国の義務は、適用されないものとする。締約国は、事業体のいずれの採鉱を行う場所における操業又は合弁事業の取決めに基づく操業に対しても資金を供与するいかなる義務も負うものではない。

4　契約者に適用される義務は、事業体についても適用される。条約の第一五三条3及び附属書Ⅲ第三条5の規定にかかわらず、事業体の承認された業務計画は、機構と事業体との間で締結される契約の形式をとる。

5　機構に対して留保鉱区として特定の鉱区を提供した契約者は、当該留保鉱区における探査及び開発のための合弁事業の取決めを事業体と行うことについて優先権を有する。事業体が機構の事務局から独立して機能を開始した日又は当該留保鉱区が機構のために留保された日のいずれか遅い日から一五年以内に、事業体が当該留保鉱区における活動について業務計画の申請を提出しない場合には、当該留保鉱区を提供した契約者は、合弁事業への参加者として事業体を含めることを誠実に申し出ることを条件として、当該留保鉱区を対象とする業務計画を申請する権利を有する。

6　条約の第一七〇条4、附属書Ⅳ及び事業体に関連するその他の規定は、この節の規定に従い解釈され、かつ、適用される。

第三節　意思決定

1　機構の一般的な政策は、総会が理事会と協力して定める。

2　原則として、機構の機関の意思決定は、コンセンサス方式によって行うべきである。

3　コンセンサス方式によって決定を行うためのあらゆる努力が払われた場合には、手続問題についての総会における投票による決定は出席しかつ投票する構成国の過半数による議決で行い、実質問題についての決定は、条約第一五九条8の規定に従い、出席しかつ投票する構成国の三分の二以上の多数による議決で行う。

4　総会は、理事会が権限を有するあらゆる事項又は運営、予算若しくは財政に関するあらゆる事項について決定を行う場合には、理事会の勧告に基づいて行う。総会は、いずれかの事項について理事会の勧告を受け入れない場合には、当該事項を更に審議させるために理事会に差し戻す。理事会は、総会によって表明された意見に照らして当該事項について再検討を行う。

5　コンセンサス方式によって決定を行うためのあらゆる努力が払われた場合には、手続問題についての理事会における投票による決定は出席しかつ投票する理事国の過半数による議決で行い、実質問題についての決定は、条約がコンセンサス方式によって決定を行うことを定めている場合を除くほか、出席しかつ投票する理事国の三分の二以上の多数による議決で行う。ただし、9に定める区分のいずれにおいても当該区分を構成する理事国の過半数による反対がないことを条件とする。理事会は、決定を行うに当たり、機構のすべての構成国の利益を促進するよう努力する。

6　理事会は、問題についてコンセンサスに達するためのあらゆる努力が払われていないことが明らかな場合には、交渉の継続を促進するため、決定を延期することができる。

7　総会又は理事会による決定で財政上又は予算上の影響を伴うものは、財政委員会の勧告に基づいて行われるものとする。

8　条約第一六一条8の(b)及び(c)の規定は、適用しない。

9(a)　15の(a)から(c)までの規定に基づいて選出された国の各集団は、理事会における投票のためそれぞれ一の区分として扱われる。15の(d)及び(e)の規定に基づいて選出された開発途上国は、理事会における投票のため一の区分として扱われる。

(b)　理事国の選出に先立ち、総会は、15の(a)から(d)までに定める国の集団の構成国となるための基準を満たす国の表を作成する。ある国が二以上の集団の構成国となるための基準を満たす場合には、当該国は、理事国の選出のため一の集団によって

のみ推薦されることができるものとし、理事会における投票においては、当該一の集団のみを代表する。

10　15の(a)から(d)までに定める国の集団は、それぞれ、当該集団が指名した理事国によって理事会において代表される。各集団は、当該集団が占める理事会の議席の数と同数の候補を指名する。15の(a)から(e)までに定める各集団における潜在的な候補の数が各集団に割り当てられた理事会の議席の数を超える場合には、原則として、輪番の原則を適用するものとし、各集団の構成国は、当該集団においてこの原則をどのように適用するかを決定する。

11 (a)　理事会は、出席しかつ投票する理事国の三分の二以上の多数(理事会の各区分の理事国のうち出席しかつ投票するものの過半数を含むことを条件とする。)により業務計画を不承認とすることを決定しない限り、業務計画の承認のための法律・技術委員会の勧告を承認する。理事会が所定の期間内に業務計画の承認のための勧告についての決定を行わない場合には、当該勧告は、当該所定の期間の満了時に理事会によって承認されたものとみなす。所定の期間は、理事会が一層長い期間を定めない限り、原則として六〇日とする。理事会は、当該委員会が業務計画の不承認を勧告する場合又はいかなる勧告も行わない場合においても、実質問題についての意思決定のための理事会の手続規則に従い、当該業務計画を承認することができる。

(b)　条約第一六二条2(j)の規定は、適用しない。

12　業務計画の不承認に関連して紛争が生ずる場合には、当該紛争は、条約に定める紛争解決手続に付されるものとする。

13　法律・技術委員会における投票による決定は、出席しかつ投票する委員の過半数による議決で行う。

14　第一一部第四節のB及びCの規定は、この節の規定に従い解釈され、かつ、適用される。

15　理事会は、総会が選出する機構の三六の構成国で構成される。その選出については、次の順序によって行う。

(a)　統計が入手可能な最近の五年間に、深海底から採取される種類の鉱物から生産された産品について、世界全体の消費額の二パーセントを超える額を消費した締約国又は世界全体の輸入額の二パーセントを超える額を輸入した締約国のうちから四の理事国。ただし、東欧地域の国のうち国内総生産との関連で最大の経済の規模を有する一の国及び条約が効力を生ずる日において国内総生産との関連で最大の経済の規模を有する一の国がこの(a)に定める集団を代表することを希望する場合には、この四の理事国には、これらの国を含める。

(b)　直接に又はその国民を通じて、深海底における活動の準備及び実施に最大の投資を行っている八の締約国のうちから四の理事国

(c)　その管轄の下にある地域における生産を基礎として、深海底から採取される種類の鉱物の主要な純輸出国である締約国のうちから四の理事国。ただし、少なくとも二の理事国は、自国による当該鉱物の輸出がその経済に重要な関係を有している開発途上国から選出する。

(d)　開発途上国である締約国のうちから特別の利益を代表する六の理事国。代表される当該特別の利益には、人口の多い国、内陸国又は地理的不利国、島嶼(しょ)国、深海底から採取される種類の鉱物の主要な輸入国、当該鉱物の潜在的な生産国及び後発開発途上国の利益を含む。

(e)　理事会全体の議席の衡平な地理的配分を確保するという原則に従って選出される一八の理事国。ただし、各地理的地域からこの(e)の規定により少なくとも一の理事国を選出するものとする。この規定の適用上、地理的地域とは、アフリカ、アジア、東欧、ラテン・アメリカ及びカリブ並びに西欧及びその他をいう。

16　条約第一六一条1の規定は、適用しない。

第四節　再検討のための会議

再検討のための会議に関する条約第一五五条の1、3及び4の規定は、適用しない。条約第三一四条2の規定にかかわらず、総会は、理事会の勧告に基づき、条約第一五五条1に規定する事項の再検討をいつでも行うことができる。この協定及び第一一部の規定に関する改正については、条約の第三一四条から第三一六条までに定める手続に従う。ただし、条約第一五五条2に定める原則、制度その他の条件は、維持されるものとし、また、同条5に規定する権利は、影響を受けないものとする。

第五節　技術の移転

1　第一一部の規定の適用上、技術の移転は、条約第一四四条の規定のほか、次の原則によって規律される。

(a)　事業体及び深海底における採鉱の技術の入手を希望する開発途上国は、公開の市場における公正かつ妥当な商業的条件で又は合弁事業の取決めを通じて当該技術を入手する。

(b)　事業体又は開発途上国が深海底における採鉱の技術を入手することができない場合には、機構は、事業体若しくはその合弁事業又は深海底における採鉱の技術を入手することを求める一若しくは二以上の開発途上国が、知的所有権の有効な保護と両立する公正かつ妥当な商業的条件で当該技術を入手することを促進するために、契約者の全部又は一部の者及びこれらの者の一又は二以上の保証国に対し協力を要請することができる。締約国は、この目的のために機構と十分かつ効果的に協力すること及び自国が保証する契約者が機構と十分に協力することを確保することを約束する。

(c) 原則として、締約国は、深海底における活動に関して、関係国間において協力することにより、又は海洋科学及び海洋技術並びに海洋環境の保護及び保全についての訓練、技術援助並びに科学に関する協力についての計画を作成することにより、技術及び科学に関する国際的な協力を促進する。

2　条約附属書Ⅲ第五条の規定は、適用しない。

第六節　生産政策

1　機構の生産政策は、次の原則に基づくものとする。

(a) 深海底の資源の開発は、健全な商業上の原則に従って行われる。

(b) 関税及び貿易に関する一般協定、その関連する協定及びこれらを承継し又はこれらに代わる協定の規定は、深海底における活動について適用する。

(c) 特に、深海底における活動に対する補助金は、(b)に定める協定に基づき認められる場合を除くほか、交付してはならない。　この原則の適用上、補助金とは、当該協定において定義されているものと同一のものをいう。

(d) 深海底から採取された鉱物と他の供給源から採取された鉱物との間に差別を設けてはならない。深海底から採取された鉱物又は当該鉱物から生産された産品で輸入されたものに関し、市場へのアクセスについて、特に、次に規定するものを含む優遇措置をとってはならない。

(i) 関税又は関税以外の障害の使用によるもの

(ii) 締約国により、当該締約国の国営企業若しくは当該締約国の国籍を有し若しくは当該締約国若しくは当該締約国の国民によって支配される自然人若しくは法人によって生産された当該鉱物又は当該鉱物から生産された産品に対して与えられるもの

(e) 各鉱区について機構が承認する開発のための業務計画は、当該業務計画に基づいて毎年生産される鉱物の最大生産量の見積りを含む予想される生産計画を明示するものとする。

(f) (b)に定める協定に関する紛争の解決については、次の(i)及び(ii)の規定を適用する。

(i) 関係締約国が当該協定の当事国である場合には、当該協定の紛争解決手続を利用するものとする。

(ii) 関係締約国のうち一又は二以上の国が当該協定の当事国でない場合には、条約に定める紛争解決手続を利用するものとする。

(g) (b)に定める協定に基づき、ある締約国が禁止されている補助金又は他の締約国の利益に悪影響をもたらす補助金を交付したとの決定が行われ、かつ、関係締約国により適当な措置がとられない場合には、締約国は、理事会に対し適当な措置をとることを要請することができる。

2　1に定める原則は、1(b)に定める協定、自由貿易に関する協定又は関税同盟に関する協定の当事国である締約国の間においては、これらの協定に基づく権利及び義務に対し影響を及ぼすものではない。

3　契約者が1(b)に定める協定に基づいて認められる補助金以外の補助金の交付を受けた場合には、当該契約者は、深海底における活動を行うための業務計画を構成する契約の基本的な条件に違反したものとされる。

4　いずれの締約国も、1の(b)から(d)まで又は3に定める義務に対する違反があったと信ずるに足りる理由がある場合には、1の(f)又は(g)の規定に即して紛争解決手続を開始することができる。

5　締約国は、1の(b)から(d)までに定める義務と両立しないと認める活動については、いつでも理事会の注意を喚起することができる。

6　機構は、この節の規定の実施を確保する規則及び手続（業務計画の承認を規律する規則及び手続を含む。）を作成する。

7　条約の第一五一条の1から7まで及び9、第一六二条2(q)、第一六五条2(n)並びに附属書Ⅲの第六条5及び第七条の規定は、適用しない。

第七節　経済援助

1　深海底における活動によって影響を受けた鉱物の価格の下落又は当該鉱物の輸出量の減少によりその輸出所得又は経済が深刻な悪影響を受ける開発途上国を、当該下落又は減少が深海底における活動によって生じた限度において援助するための機構の政策は、次の原則に基づくものとする。

(a) 機構は、その資金のうち運営経費に充てるために必要な額を超える部分をもって経済援助基金を設置する。この目的のために用いる額は、財政委員会の勧告に基づいて、理事会により随時決定される。経済援助基金の設置のためには、事業体を含む契約者から受けた支払及び任意の拠出からの資金のみを用いる。

(b) 深海底からの鉱物の生産によりその経済が深刻な影響を受けたと決定された陸上生産国である開発途上国は、機構の経済援助基金から援助を受ける。

(c) 機構は、影響を受けた陸上生産国である開発途上国に対して経済援助基金から援助を提供するに当たり、適当な場合には、そのような援助の計画を実施するための制度的基盤及び専門的知識を有する既存の世界的又は地域的な開発機関と協力する。

(d) 援助の規模及び期間は、事案ごとに決定される。その決定を行うに当たっては、影響を受けた陸上生産国である開発途上国が直面している問題の性質及び大きさに妥当な考慮を払う。

2　条約第一五一条10の規定は、1に規定する経済援助の措置によって実施される。条約の第一六〇条2(l)、第一六二条2(n)、第一六四条2(d)、第一七一条

(f)及び第一七三条2(c)の規定については、1の規定に従って解釈する。

第八節　契約の財政的条件

1　契約の財政的条件に関する規則及び手続の作成については、次の原則に基づいて行う。

(a)　機構に対する支払に関する制度は、契約者及び機構の双方にとって公正であるものとし、また、契約者によって当該制度が遵守されているか否かを決定するための適切な手段を提供するものとする。

(b)　支払に関する制度の下における支払の率については、深海底において採鉱を行う者に対し、人為的な競争上の優位を与え又は競争上の不利益を課することのないように、同一又は類似の鉱物に係る陸上における採鉱についての一般的な支払の率の範囲内のものとしなければならない。

(c)　支払に関する制度は、複雑なものであるべきではなく、かつ、機構又は契約者に対して多額の事務費を課するものとすべきではない。ロイヤルティによる支払の制度又はロイヤルティによる支払と利潤の配分による支払との組合せによる支払の制度の採用について検討すべきである。選択式による支払の制度の採用が決定される場合には、契約者は、自己の契約に適用される支払の制度を選択する権利を有する。選択した支払の制度がその後に変更されるときは、その変更は、機構と契約者との間の合意によって行われるものとする。

(d)　年間固定料金については、商業的生産の開始の日から支払う。年間固定料金は、(c)の規定に基づいて採用される支払の制度の下における他の支払に充てることができる。年間固定料金の額は、理事会が定める。

(e)　支払の制度については、事情の変化に照らして定期的に改定することができる。いかなる変更も、無差別に適用される。当該変更は、契約者が選択した時にのみ既存の契約に適用することができる。その後当該選択を変更しようとするときは、その変更については、機構と契約者との間の合意によって行う。

(f)　この1に定める原則に基づく規則の解釈又は適用に関する紛争は、条約に定める紛争解決手続に従うものとする。

2　条約附属書Ⅲ第一三条の3から10までの規定は、適用しない。

3　条約附属書Ⅲ第一三条2の規定の実施に関し、探査の段階又は開発の段階のいずれか一の段階に係る業務計画の承認のための申請を処理するための手数料は、二五万合衆国ドルとする。

第九節　財政委員会

1　財政委員会を設置する。財政委員会は、財政事項について適当な資格を有する一五人の委員で構成される。締約国は、最高水準の能力及び誠実性を有する候補者を指名する。

2　財政委員会の委員については、そのうちのいずれの二人も、同一の締約国の国民であってはならない。

3　財政委員会の委員は、総会が選出するものとし、その選出に当たっては、衡平な地理的配分及び特別の利益が代表されることの必要性に妥当な考慮が払われるものとする。第三節15の(a)から(d)までに定める国の集団は、それぞれ、少なくとも一人の委員によって財政委員会において代表される。機構が運営経費に充てるために十分な資金を分担金以外の財源から得るようになるまでの間、委員には、機構の運営予算に最も多い分担金の額を支払っている五の国の代表を含めるものとし、引き続いて行う各集団からの一人の委員の選出については、各集団の構成国による指名に基づいて行う。この場合において、各集団から当該一人の委員に加えて委員を選出することは妨げられない。

4　財政委員会の委員は、五年の任期を有する。委員は、一の任期について再選されることができる。

5　財政委員会の委員の任期満了前に、心身の故障又は辞任があった場合には、総会は、当該委員と同一の地理的地域又は国の集団から、その残任期間について委員を任命する。

6　財政委員会の委員は、財政委員会が勧告を行う責任を有する事項に関するいかなる活動についても、金銭上の利害関係を有してはならない。委員は、機構における職務上知り得た秘密の情報をその職を退いた後も開示してはならない。

7　次の事項に関する総会又は理事会の決定については、財政委員会の勧告を考慮して行う。

(a)　機構の機関の財政上の規則及び手続の案並びに機構の財政管理及び機構の内部の財政運営

(b)　条約第一六〇条2(e)の規定による機構の運営予算に対する構成国の分担金の額の決定

(c)　すべての関連する財政事項(条約第一七二条の規定に従って機構の事務局長が作成する年次予算案及び事務局の活動計画の実施の財政的な側面を含む。)

(d)　運営予算

(e)　この協定及び第一一部の規定の実施によって生ずる締約国の財政上の義務並びに機構の資金からの支出を伴う提案及び勧告が運営及び予算に及ぼす影響

(f)　深海底における活動から得られる金銭的利益その他の経済的利益の衡平な配分に関する規則及び手続並びに当該衡平な配分に関する決定

8　財政委員会における手続問題についての決定は、出席しかつ投票する委員の過半数による議決で行う。実質問題についての決定は、コンセンサス方式によって行う。

9　財政事項を取り扱う補助機関を設置するための条

約第一六二条2(y)の規定は、この節の規定に基づいて財政委員会を設置することによって実施されたものとみなす。

53　国際捕鯨取締条約

署名　一九四六年一二月二日(ワシントン)
効力発生　一九四八年一一月一〇日
日本国　一九五一年二月二〇日内閣加入決定、三月二三日国会承認、四月二一日加入書寄託、七月一七日公布(条約第二号)、二〇一八年一二月二六日脱退通告、二〇一九年六月三〇日効力発生
改正　一九五九年五月一六日
一九九一年一月二一日

正当な委任を受けた自己の代表者がこの条約に署名した政府は、

鯨族という大きな天然資源を将来の世代のために保護することが世界の諸国の利益であることを認め、

捕鯨の歴史が一区域から他の区域への濫獲及び一鯨種から他の鯨種への濫獲を示しているためにこれ以上の濫獲からすべての種類の鯨を保護することが緊要であることにかんがみ、

鯨族が捕獲を適当に取り締まれば繁殖が可能であること及び鯨族が繁殖すればこの天然資源をそこなわないで捕獲できる鯨の数を増加することができることを認め、

広範囲の経済上及び栄養上の困窮を起さずにできるだけすみやかに鯨族の最適の水準を実現することが共通の利益であることを認め、

これらの目的を達成するまでは、現に数の減ったある種類の鯨に回復期間を与えるため、捕鯨作業を捕獲に最もよく耐えうる種類に限らなければならないことを認め、

一九三七年六月八日にロンドンで署名された国際捕鯨取締協定並びに一九三八年六月二四日及び一九四五年一一月二六日にロンドンで署名された同協定の議定書の規定に具現された原則を基礎として鯨族の適当で有効な保存及び増大を確保するため、捕鯨業に関する国際取締制度を設けることを希望し、且つ、

鯨族の適当な保存を図って捕鯨産業の秩序のある発展を可能にする条約を締結することに決定し、

次のとおり協定した。

第一条【適用範囲】1　この条約は、その不可分の一部を成す附表を含む。すべて「条約」というときは、現在の辞句における、又は第五条の規定に従って修正されたこの附表を含むものと了解する。

2　この条約は、締約政府の管轄下にある母船、鯨体処理場及び捕鯨船並びにこれらの母船、鯨体処理場及び捕鯨船によって捕鯨が行われるすべての水域に適用する。

第二条【用語】この条約で用いるところでは、

1　「母船」とは、船内又は船上で鯨を全部又は一部処理する船舶をいう。

2　「鯨体処理場」とは、鯨を全部又は一部処理する陸上の工場をいう。

3　「捕鯨船」とは、鯨の追尾、捕獲、殺害、引寄せ、緊縛又は探索の目的に用いるヘリコプターその他の航空機又は船舶をいう。

4　「締約政府」とは、批准書を寄託し、又はこの条約への加入を通告した政府をいう。

第三条【捕鯨委員会の構成と表決】1　締約政府は、各締約政府の一人の委員から成る国際捕鯨委員会(以下「委員会」という。)を設置することに同意する。各委員は、一個の投票権を有し、且つ、一人以上の専門家及び顧問を同伴することができる。

2　委員会は、委員のうちから一人の議長及び副議長を選挙し、且つ、委員会の手続規則を定める。委員会の決定は、投票する委員の単純多数決で行う。但し、第五条による行動については、投票する委員の四分の三の多数を要する。手続規則は、委員会の会合における決定以外の決定について規定することができる。

3　委員会は、その書記長及び職員を任命することができる。

4　委員会は、その委任する任務の遂行のために望ましいと認める小委員会を、委員会の委員及び専門家又は顧問で設置することができる。

5　委員会の各委員並びにその専門家及び顧問の費用は、各自の政府が決定し、且つ、支払う。

6　国際連合と連携する専門機関が捕鯨業の保存及び発展と捕鯨業から生ずる生産物とに関心を有することを認め、且つ、任務の重複を避けることを希望し、締約政府は、委員会を国際連合と連携する一の専門機関の機構のうちに入れるべきかどうかを決定するため、この条約の実施後二年以内に相互に協議するものとする。

7　それまでの間、グレート・ブリテン及び北部アイルランド連合王国政府は、他の締約政府と協議して、委員会の第一回会合の招集を取りきめ、且つ、前記の第六項に掲げた協議を発議する。

8　委員会のその後の会合は、委員会が決定するところに従って招集する。

第四条【研究・調査】1　委員会は、独立の締約政府間機関若しくは他の公私の機関、施設若しくは団体と共同して、これらを通じて、又は単独で、次のことを行うことができる。

(a)　鯨及び捕鯨に関する研究及び調査を奨励し、勧告し、又は必要があれば組織すること。

(b)　鯨族の現状及び傾向並びにこれらに対する捕鯨活動の影響に関する統計的資料を集めて分析すること。

(c)　鯨族の数を維持し、及び増加する方法に関する資料を研究し、審査し、及び頒布すること。

2　委員会は、事業報告の刊行を行う。また、委員会は、適当と認めた報告並びに鯨及び捕鯨に関する統計的、科学的及び他の適切な資料を、単独で、又はノールウェー国サンデフョルドの国際捕鯨統計局並びに他の団体及び機関と共同して刊行することができる。

第五条【附表の修正・異議申立】1　委員会は、鯨資源の保存及び利用について、(a)保護される種類及び保護されない種類、(b)解禁期及び禁漁期、(c)解禁水域及び禁漁水域(保護区域の指定を含む。)、(d)各種類についての大きさの制限、(e)捕鯨の時期、方法及び程度(一漁期における鯨の最大捕獲量を含む。)、(f)使用する漁具、装置及び器具の型式及び仕様、(g)測定方法、(h)捕獲報告並びに他の統計的及び生物学的記録並びに(i)監督の方法に関して規定する規則の採択によって、附表の規定を随時修正することができる。

2　附表の前記の修正は、(a)この条約の目的を遂行するため並びに鯨資源の保存、開発及び最適の利用を図るために必要なもの、(b)科学的認定に基くもの、(c)母船又は鯨体処理場の数又は国籍に対する制限を伴わず、また母船若しくは鯨体処理場又は母船群若しくは鯨体処理場群に特定の割当をしないもの並びに(d)鯨の生産物の消費者及び捕鯨産業の利益を考慮に入れたものでなければならない。

3　前記の各修正は、締約政府については、委員会が各締約政府に修正を通告した後九〇日で効力を生ずる。但し、(a)いずれかの政府がこの九〇日の期間の満了前に修正に対して委員会に異議を申し立てたときは、この修正は、追加の九〇日間は、いずれの政府についても効力を生じない。(b)そこで、他の締約政府は、この九〇日の追加期間の満了期日又はこの九〇日の追加期間中に受領された最後の異議の受領の日から三〇日の満了期日のうちいずれか遅い方の日までに、この修正に対して異議を申し立てることができる。また、(c)その後は、この修正は、異議を申し立てなかったすべての締約政府について効力を生ずるが、このように異議を申し立てた政府については、異議の撤回の日まで効力を生じない。委員会は、異議及び撤回の各を受領したときは直ちに各締約政府に通告し、且つ、各締約政府は、修正、異議及び撤回に関するすべての通告の受領を確認しなければならない。

4　いかなる修正も、一九四九年七月一日の前には、効力を生じない。

第六条【勧告】委員会は、鯨又は捕鯨及びこの条約の目的に関する事項について、締約政府に随時勧告を行うことができる。

第七条【通告・資料の伝達】締約政府は、この条約が要求する通告並びに統計的及び他の資料を、委員会が定める様式及び方法で、ノールウェー国サンデフョルドの国際捕鯨統計局又は委員会が指定する他の団体にすみやかに伝達することを確保しなければならない。

第八条【特別許可書】1　この条約の規定にかかわらず、締約政府は、同政府が適当と認める数の制限及び他の条件に従って自国民のいずれかが科学的研究のために鯨を捕獲し、殺し、及び処理することを認可する特別許可書をこれに与えることができる。また、この条の規定による鯨の捕獲、殺害及び処理は、この条約の適用から除外する。各締約政府は、その与えたすべての前記の認可を直ちに委員会に報告しなければならない。各締約政府は、その与えた前記の特別許可書をいつでも取り消すことができる。

2　前記の特別許可書に基いて捕獲した鯨は、実行可能な限り加工し、また、収得金は、許可を与えた政府の発給した指令書に従って処分しなければならない。

3　各締約政府は、この条の第一項及び第四条に従って行われた研究調査の結果を含めて鯨及び捕鯨について同政府が入手しうる科学的資料を、委員会が指定する団体に、実行可能な限り、且つ、一年をこえない期間ごとに送付しなければならない。

4　母船及び鯨体処理場の作業に関連する生物学的資料の継続的な収集及び分析が捕鯨業の健全で建設的な運営に不可欠であることを認め、締約政府は、この資料を得るために実行可能なすべての措置を執るものとする。

第九条【侵犯に対する措置】1　各締約政府は、この条約の規定の適用とその政府の管轄下の人又は船舶が行う作業におけるこの条約の規定の侵犯の処罰とを確保するため、適当な措置を執らなければならない。

2　この条約が捕獲を禁止した鯨については、捕鯨船の砲手及び乗組員にその仕事の成績との関係によって計算する賞与又は他の報酬を支払ってはならない。

3　この条約に対する侵犯又は違反は、その犯罪について管轄権を有する政府が起訴しなければならない。

4　各締約政府は、その監督官が報告したその政府の管轄下の人又は船舶によるこの条約の規定の各侵犯の完全な詳細を委員会に伝達しなければならない。この通知は、侵犯の処理のために執った措置及び科した刑罰の報告を含まなければならない。

第一〇条【批准・効力発生】1　この条約は、批准され、批准書は、アメリカ合衆国政府に寄託する。

2　この条約に署名しなかった政府は、この条約が効力を生じた後、アメリカ合衆国政府に対する通告書によってこの条約に加入することができる。

3　アメリカ合衆国政府は、寄託された批准書及び受領した加入書のすべてを他のすべての署名政府及びすべての加入政府に通告する。

4　この条約は、オランダ国、ノールウェー国、ソヴィエト社会主義共和国連邦、グレート・ブリテン及び北部アイルランド連合王国並びにアメリカ合衆国の政府を含む少くとも六の署名政府が批准書を寄託したときにこれらの政府について効力を生じ、また、その後に批准し又は加入する各政府については、その批准書の寄託の日又はその加入通告書の受領の日に効力を生ずる。

5　附表の規定は、一九四八年七月一日の前には、適用しない。第五条に従って採択した附表の修正は、一九四九年七月一日の前には、適用しない。

第一一条【脱退】締約政府は、いずれかの年の一月一日以前に寄託政府に通告することによって、その年の六月三〇日にこの条約から脱退することができる。寄託政府は、この通告を受領したときは、直ちに他の締約政府に通報する。他の締約政府は、寄託政府から前記の通告の謄本を受領してから一箇月以内に、同様に脱退通告を行うことができる。この場合には、条約は、この脱退通告を行った政府についてその年の六月三〇日に効力を失う。

この条約は、署名のために開かれた日の日付を附され、且つ、その後一四日の間署名のために開いて置く。

附　表（抄）

Ⅰ　解　釈（略）

Ⅱ　漁　期

母船式操業

2(a)　南緯四〇度以南の水域においては、ミンク鯨を除くひげ鯨を捕獲し、又は処理する目的で母船又はこれに附属する捕鯨船を使用することは、禁止する。ただし、一二月一二日から四月七日までの期間（両日を含む。）については、この限りではない。

(b)　まっこう鯨又はミンク鯨を捕獲し、又は処理する目的で母船又はこれに附属する捕鯨船を使用することは、(c)及び(d)並びに5の規定に従って締約政府が許可する場合を除くほか、禁止する。

(c)　各締約政府は、その管轄下にあるすべての母船及びこれらに附属する捕鯨船に対して、捕鯨船によるまっこう鯨の捕獲又は殺害が許される一又は二以上の解禁期であっていずれの一二箇月の期間についても八箇月を超えないものを宣言する。ただし、各母船及びこれに附属する捕鯨船に対して、別個の解禁期を宣言することができる。

(d)　各締約政府は、その管轄下にあるすべての母船及びこれらに附属する捕鯨船に対し、捕鯨船によるミンク鯨の捕獲又は殺害が許される一の継続的な解禁期であっていずれの一二箇月の期間についても六箇月を超えないものを宣言する。ただし、

(1)　各母船及びこれに附属する捕鯨船に対し、別個の解禁期を宣言することができる。

(2)　ミンク鯨についての解禁期は、(a)の規定に従って他のひげ鯨について宣言される期間の全部又は一部を含む必ずしも含む必要はない。

3　ミンク鯨を除くひげ鯨を処理する目的で南緯四〇度以南の水域において一の解禁期中に使用した母船を当該解禁期の終了から一年以内に同一の目的のために他の区域（北太平洋及びその附属水域において12及び16に規定する捕獲枠が設定されることを条件として北太平洋及び赤道以北のその附属水域を除く。）において使用することは、禁止する。ただし、この3の規定は、鯨の肉又は臓物を人間の食料又は動物の飼料として冷凍し、又は塩蔵する目的のためにのみ解禁期間中に使用した船舶については、適用しない。

鯨体処理場の操業

4(a)　ひげ鯨及びまっこう鯨を殺し、又は殺そうとする目的で鯨体処理場に附属する捕獲船を使用することは、(b)から(d)までの規定に従って締約政府が許可する場合を除くほか、禁止する。

(b)　各締約政府は、その管轄下にある全ての鯨体処理場及びこれらの鯨体処理場に附属する捕鯨船に対し、捕鯨船によるミンク鯨を除くひげ鯨の捕獲又は殺害が許される一の解禁期を宣言する。この解禁期は、いずれの一二箇月の期間についても継続的な六箇月を超えない期間とし、当該締約政府の管轄下にある全ての鯨体処理場に適用する。ただし、ミンク鯨を除くひげ鯨の捕獲又は処理に使用する鯨体処理場であってミンク鯨を除くひげ鯨の捕獲又は処理に使用する同一の締約政府の管轄下にある最寄りの鯨体処理場から千マイルを超える場所にあるものに対しては、別個の解禁期を宣言することができる。

(c)　各締約政府は、その管轄下にある全ての鯨体処理場及びこれらの鯨体処理場に附属する捕鯨船に対し、捕鯨船によるまっこう鯨の捕獲又は殺害が許される一の解禁期でいずれの一二箇月の期間についても継続的な八箇月を超えないものを宣言する。ただし、まっこう鯨の捕獲又は処理に使用する同一の締約政府の管轄下にある最寄りの鯨体処理場から千マイルを超える場所にあるまっこう鯨の捕獲又は処理に使用する鯨体処理場に対しては、別個の解禁期を宣言することができる。

(d)　各締約政府は、その管轄下にある全ての鯨体処理場及びこれらの鯨体処理場に附属する捕鯨船に対し、捕鯨船によるミンク鯨の捕獲又は殺害が許される一の解禁期であっていずれの一二箇月の期間についても継続的な六箇月を超えないものを宣言する。（この期間は、他のひげ鯨についても宣言される(b)に定める期間と必ずしも一致する必要はない。）ただし、ミンク鯨の捕獲又は処理に使用する同一の締約政府の管轄下にある最寄りの鯨体処理場から千マイルを超える場所にあるミンク鯨の捕獲又は処理に使用する鯨体処理場に対しては、別個の解禁期を宣言することができる。

もっとも、ミンク鯨の捕獲又は処理に使用する

鯨体処理場であってその位置する区域の海洋学的状態がミンク鯨の捕獲又は処理に使用する同一の締約政府の管轄下にある他の解体処理場の位置する区域の海洋学的状態と明らかに区別できるものに対しては、別個の解禁期を宣言することができる。ただし、この(d)の規定による別個の解禁期の宣言は、同一の締約政府によって宣言される諸解禁期を通ずる期間がいずれの一二箇月の期間についても継続的な九箇月を超えるようにするものであってはならない。

(e)　この4に規定する禁止は、一九四六年の捕鯨条約第二条に定義するすべての鯨体処理場に適用する。

その他の操業

5　各締約政府は、その管轄下にある捕鯨船であって母船又は鯨体処理場と連携して作業しない全てのものに対し、当該捕鯨船によるミンク鯨の捕獲又は殺害が許される一の継続的な解禁期であっていずれの一二箇月の期間についても六箇月を超えないものを宣言する。この規定にかかわらず、グリーンランドに関する限り、九箇月を超えない一の継続的な解禁期を実施することができる。

III　捕　獲（抄）

6　商業的な目的のために非破裂銛（もり）を使用してミンク鯨を除く鯨を殺すことは、一九八〇年から一九八一年までの遠洋捕鯨の解禁期及び一九八一年の沿岸捕鯨の解禁期の開始の時から禁止する。商業的な目的のために非破裂銛（もり）を使用してミンク鯨を殺すことは、一九八二年から一九八三年までの遠洋捕鯨の解禁期及び一九八三年の沿岸捕鯨の解禁期の開始の時から禁止する。

7(a)　条約第五条1(c)に基づき、商業的捕鯨は、遠洋の操業によるものであるか鯨体処理場からのものであるかを問わず、インド洋保護区として指定された区域においては、禁止する。この保護区は、北半球のアフリカの海岸から東経一〇〇度までの水域（紅海、アラビア海及びオマーン湾を含む。）及び南半球の南緯五五度を南方限界とする東経二〇度から東経一三〇度までの水域から成る。その禁止は、ひげ鯨又は歯鯨につき委員会によって随時決定される捕獲枠にかかわりなく適用する。その禁止は、委員会が二〇〇二年の年次会合において検討する。

(b)　条約第五条1(c)に基づき、商業的捕鯨は、遠洋の操業によるものであるか鯨体処理場からのものであるかを問わず、南大洋保護区として指定された区域においては、禁止する。この保護区は、南半球の南緯四〇度、西経五〇度との交点を始点とし、そこから真東に東経二〇度まで、そこから真南に南緯五五度まで、そこから真東に東経一三〇度まで、そこから真北に南緯四〇度まで、そこから真東に西経一三〇度まで、そこから真南に南緯六〇度まで、そこから真東に西経五〇度まで、そこから真北に始点までの線以南の水域から成る。その禁止は、委員会によって随時決定される当該保護区内のひげ鯨及び歯鯨の資源保存状態にかかわりなく適用する。ただし、その禁止は、委員会が最初の採択から一〇年後に、また、その後一〇年ごとに再検討するものとし、委員会は、検討の際にこの禁止を修正することができる。この(b)の規定は、南極地域の特別の法的及び政治的地位を害することを意図するものではない。

母船に関する区域の制限

8～9　（略）

資源の分類

10　全ての鯨資源は、科学小委員会の助言に基づいて次の三の種類のうちいずれか一の種類に分類する。

(a)　維持管理資源（SMS）とは、最大持続的生産量（以下「MSY」という。）を実現する資源水準を一〇パーセント下回る水準以上で、かつ、二〇パーセント上回る水準を超えない資源をいう。MSYは、鯨の数を基礎として決定する。

資源は、ほぼ一定した捕獲の制度の下で相当の期間にわたって安定した水準を維持している場合において、他の種類に分類すべき積極的な証拠がない限り、維持管理資源に分類する。

商業的捕鯨は、科学小委員会の助言に基づき、維持管理資源について許可する。当該維持管理資源については、第一表から第三表までに掲げる。

MSYを実現する資源水準以上の資源について許容される捕獲量は、MSYの九〇パーセントを超えてはならない。MSYを実現する資源水準と当該資源水準を一〇パーセント下回る水準との間にある資源について許容される捕獲量は、MSYの九〇パーセントを捕獲して得られる数を超えてはならず、また、当該資源がMSYを実現する資源水準を一パーセント下回るごとにMSYの九〇パーセントを捕獲して得られる数からその一〇パーセントずつを減ずることにより得られる数を超えてはならない。

(b)　初期管理資源（IMS）とは、MSYを実現する資源水準を二〇パーセント上回る水準を超える資源をいう。商業的捕鯨は、効果的な方法により及び最適の水準を下回る水準に減少させることなく初期管理資源をMSYを実現する資源水準に引き下げた後に最適の水準とするための必要な措置に関する科学小委員会の助言に基づき、初期管理資源について許可する。この資源について許容される捕獲量は、MSYが判明している場合には、MSYの九〇パーセントを超えてはならない。捕獲努力量を制限することがより適切な場合には、捕獲努力量は、MSYを実現する資源水準にある資源についてMSYの九〇パーセントを捕獲するものに制限する。

継続的な一層高い比率による捕獲が資源をM

ＳＹを実現する資源水準を下回る水準に減少させることがないという積極的な証拠がない場合には、いずれの一年においても、推定される開発可能な初期資源の五パーセントを超えて捕獲してはならない。開発は、科学小委員会が満足する推定資源量が得られるまで開始してはならない。初期管理資源に分類される資源については、第一表から第三表までに掲げる。

(c)　保護資源（ＰＳ）とは、ＭＳＹを達成する資源水準を一〇パーセント下回る水準を下回る資源をいう。

商業的捕鯨は、保護資源については、禁止する。保護資源に分類される資源については、第一表から、第三表までに掲げる。

(d)　この10の他の規定にかかわらず、母船又はこれに附属する捕鯨船によりミンク鯨を除く鯨を捕獲し、殺し、又は処理することは、停止する。この停止は、まっこう鯨及びしゃち並びにミンク鯨を除くひげ鯨に適用する。

(e)　この10の他の規定にかかわらず、全ての資源についての商業的な目的のための鯨の殺害に関する捕獲枠は、一九八六年の沿岸捕鯨の解禁期及び一九八五年から一九八六年までの遠洋捕鯨の解禁期について並びにそれ以降の解禁期について零とする。この(e)の規定は、最良の科学的助言に基づいて常に検討されるものとし、委員会は、遅くとも一九九〇年までに、この(e)に定める決定の鯨資源に与える影響につき包括的な評価を行うとともにこの(e)の規定の修正及び他の捕鯨枠の設定につき検討する。

11～29　（略）

30　締約政府は、科学的研究に対する許可の計画を、当該許可を与える前に科学委員会が当該許可について検討し、及び意見を表明することができるよう、十分な時間的余裕をもつて委員会の書記長に提供する。当該許可の計画には、次の事項を明記すべきである。

(a)　研究の目的

(b)　捕獲する動物の数、性別、大きさ及び資源

(c)　他の国の科学者が研究に参加する機会

(d)　資源の保存に及ぼし得る影響

科学委員会は、可能な場合には、年次会合において当該許可の計画について検討し、及び意見を表明する。当該許可が次回の年次会合に先立つて与えられるときは、書記長は、当該許可の計画を科学委員会の委員に対し、検討及び意見の表明のため、郵便で送付する。当該許可による研究の暫定的な結果については、科学委員会の次回の年次会合において入手可能とすべきである。

31　（略）

5　4　領海及び接続水域に関する法律

公　布　一九七七（昭和五二）年五月二日（法律第三〇号）

施　行　一九七七（昭和五二）年七月一日（政令第二〇九号）

改　正　一九九六（平成八）年六月一四日（法律第七三号（領海法を改称））

第一条（領海の範囲）１　我が国の領海は、基線からその外側一二海里の線（その線が基線から測定して中間線を超えているときは、その超えている部分については、中間線（我が国と外国との間で合意した中間線に代わる線があるときは、その線）とする。）までの海域とする。

２　前項の中間線は、いずれの点をとつても、基線上の最も近い点からの距離と、我が国の海岸と向かい合つている外国の海岸に係るその外国の領海の幅を測定するための基線上の最も近い点からの距離とが等しい線とする。

第二条（基線）１　基線は、低潮線、直線基線及び湾口若しくは湾内又は河口に引かれる直線とする。ただし、内水である瀬戸内海については、他の海域との境界として政令で定める線を基線とする。

２　前項の直線基線は、海洋法に関する国際連合条約（以下「国連海洋法条約」という。）第七条に定めるところに従い、政令で定める。

３　前項に定めるもののほか、第一項に規定する線を基線として用いる場合の基準その他基線を定めるに当たつて必要な事項は、政令で定める。

第三条（内水又は領海からの追跡に関する我が国の法令の適用）我が国の内水又は領海から行われる国連海洋法条約第一一一条に定めるところによる追跡に係る我が国の公務員の職務の執行及びこれを妨げる行為については、我が国の法令（罰則を含む。第五条において同じ。）を適用する。

第四条（接続水域）１　我が国が国連海洋法条約第三三条１に定めるところにより我が国の領域における通関、財政、出入国管理及び衛生に関する法令に違反する行為の防止及び処罰のために必要な措置を執る水域として、接続水域を設ける。

２　前項の接続水域（以下単に「接続水域」という。）は、基線からその外側二四海里の線（その線が基線から測定して中間線（第一条第二項に規定する中間線をいう。以下同じ。）を超えているときは、その超えている部分については、中間線（我が国と外国との間で合意した中間線に代わる線があるときは、その線）とする。）までの海域（領海を除く。）とする。

3　外国との間で相互に中間線を超えて国連海洋法条約第三三条１に定める措置を執ることが適当と認められる海域の部分においては、接続水域は、前項の規定にかかわらず、政令で定めるところにより、基線からその外側二四海里の線までの海域（外国の領海である海域を除く。）とすることができる。

第五条（接続水域における我が国の法令の適用）前条第一項に規定する措置に係る接続水域における我が国の公務員の職務の遂行（当該職務の執行に関して接続水域から行われる国連海洋法条約第一一一条に定めるところによる追跡に係る職務の執行を含む。）及びこれを妨げる行為については、我が国の法令を適用する。

附　則

1（施行期日）（略）

2（特定海域に係る領海の範囲）当分の間、宗谷海峡、津軽海峡、対馬海峡東水道、対馬海峡西水道及び大隅海峡（これらの海域にそれぞれ隣接し、かつ、船舶が通常航行する経路からみてこれらの海域とそれぞれ一体をなすと認められる海域を含む。以下「特定海域」という。）については、第一条の規定は適用せず、特定海域に係る領海は、それぞれ、基線からその外側三海里の線及びこれと接続して引かれる線までの海域とする。

5　排他的経済水域及び大陸棚に関する法律

公　布　一九九六（平成八）年六月一四日（法律第七四号）
施　行　一九九六（平成八）年七月二〇日

第一条（排他的経済水域）我が国が海洋法に関する国際連合条約（以下「国連海洋法条約」という。）に定めるところにより国連海洋法条約第五部に規定する沿岸国の主権的権利その他の権利を行使する水域として、排他的経済水域を設ける。

2　前項の排他的経済水域（以下単に「排他的経済水域」という。）は、我が国の基線（領海及び接続水域に関する法律（昭和五二年法律第三〇号）第二条第一項に規定する基線をいう。以下同じ。）から、いずれの点をとっても我が国の基線上の最も近い点からの距離が二〇〇海里である線（その線が我が国の基線から測定して中間線（いずれの点をとっても、我が国の基線上の最も近い点からの距離と、我が国の海岸と向かい合っている外国の海岸に係るその外国の領海の幅を測定するための基線上の最も近い点からの距離とが等しい線をいう。以下同じ。）を超えているときは、その超えている部分については、中間線（我が国と外国との間で合意した中間線に代わる線があるときは、その線）とする。）までの海域（領海を除く。）並びにその海底及びその下とする。

第二条（大陸棚）我が国が国連海洋法条約に定めるところにより沿岸国の主権的権利その他の権利を行使する大陸棚（以下単に「大陸棚」という。）は、次に掲げる海域の海底及びその下とする。

一　我が国の基線から、いずれの点をとっても我が国の基線上の最も近い点からの距離が二〇〇海里である線（その線が我が国の基線から測定して中間線を超えているときは、その超えている部分については、中間線（我が国と外国との間で合意した中間線に代わる線があるときは、その線及びこれと接続して引かれる政令で定める線）とする。）までの海域（領海を除く。）

二　前号の海域（いずれの点をとっても我が国の基線上の最も近い点からの距離が二〇〇海里である線によってその限界が画される部分に限る。）の外側に接する海域であって、国連海洋法条約第七六条に定めるところに従い、政令で定めるもの

第三条（我が国の法令の適用）次に掲げる事項については、我が国の法令（罰則を含む。以下同じ。）を適用する。

一　排他的経済水域又は大陸棚における天然資源の探査、開発、保存及び管理、人工島、施設及び構築物の設置、建設、運用及び利用、海洋環境の保護及び保全並びに海洋の科学的調査

二　排他的経済水域における経済的な目的で行われる探査及び開発のための活動（前号に掲げるものを除く。）

三　大陸棚の掘削（第一号に掲げるものを除く。）

四　前三号に掲げる事項に関する排他的経済水域又は大陸棚に係る水域における我が国の公務員の職務の執行（当該職務の執行に関してこれらの水域から行われる国連海洋法条約第一一一条に定めるところによる追跡に係る職務の執行を含む。）及びこれを妨げる行為

2　前項に定めるもののほか、同項第一号の人工島、施設及び構築物については、国内に在るものとみなして、我が国の法令を適用する。

3　前二項の規定による我が国の法令の適用に関しては、当該法令が適用される水域が我が国の領域外であることその他当該水域における特別の事情を考慮して合理的に必要と認められる範囲内において、政

令で、当該法令の適用関係の整理又は調整のため必要な事項を定めることができる。

第四条（条約の効力） この法律に規定する事項に関して条約に別段の定めがあるときは、その定めるところによる。

56 海上保安庁法（抄）

公　布　一九四八（昭和二三）年四月二七日（法律第二八号）
施　行　一九四八（昭和二三）年五月一日（政令第九六号）
最終改正　二〇一二（平成二四）年九月五日（法律第七一号）

第一章　組　織

第一条【海上保安庁の設置、港と河川との境界】 海上において、人命及び財産を保護し、並びに法律の違反を予防し、捜査し、及び鎮圧するため、国家行政組織法（昭和二三年法律第一二〇号）第三条第二項の規定に基づいて、国土交通大臣の管理する外局として海上保安庁を置く。

2　河川の口にある港と河川との境界は、港則法（昭和二三年法律第一七四号）第二条の規定に基づく政令で定めるところによる。

第二条【任務】 海上保安庁は、法令の海上における励行、海難救助、海洋の汚染の防止、海上における船舶の航行の秩序の維持、海上における犯罪の予防及び鎮圧、海上における犯人の捜査及び逮捕、海上における船舶交通に関する規制、水路、航路標識に関する事務その他海上の安全の確保に関する事務並びにこれらに附帯する事項に関する事務を行うことにより、海上の安全及び治安の確保を図ることを任務とする。

2　従来運輸大臣官房、運輸省海運総局の長官官房、海運局、船舶局及び船員局、海難審判所の理事官、灯台局、水路部並びにその他の行政機関の所掌に属する事務で前項の事務に該当するものは、海上保安庁の所掌に移るものとする。

第三条　削除

第四条【船舶及び航空機】 海上保安庁の船舶及び航空機は、航路標識を維持し、水路測量及び海象観測を行い、海上における治安を維持し、遭難船員に援助を与え、又は海難に際し人命及び財産を保護するのに適当な構造、設備及び性能を有する船舶及び航空機でなければならない。

2　海上保安庁の船舶は、番号及び他の船舶と明らかに識別し得るような標識を附し、国旗及び海上保安庁の旗を掲げなければならない。

3　海上保安庁の航空機は、番号及び他の航空機と明らかに識別し得るような標識を附さなければならない。

第五条【所掌事務】 海上保安庁は、第二条第一項の任務を達成するため、次に掲げる事務をつかさどる。

一　法令の海上における励行に関すること。
二　海難の際の人命、積荷及び船舶の救助並びに天災事変その他救済を必要とする場合における援助に関すること。
三　遭難船舶の救護並びに漂流物及び沈没品の処理に関する制度に関すること。
四　海難の調査（海難審判庁の行うものを除く。）に関すること。
五　船舶交通の障害の除去に関すること。
六　海上保安庁以外の者で海上において人命、積荷及び船舶の救助を行うもの並びに船舶交通に対する障害を除去するものの監督に関すること。
七　旅客又は貨物の海上運送に従事する者に対する海上における保安のため必要な監督に関すること。
八　航法及び船舶交通に関する信号に関すること。
九　港則に関すること。
一〇　船舶交通がふくそうする海域における船舶交通の安全の確保に関すること。
一一　海洋の汚染等（海洋汚染等及び海上災害の防止に関する法律（昭和四五年法律第一三六号）第三条第一五号の二に規定する海洋汚染等をいう。）及び海上災害の防止に関すること。
一二　海上における船舶の航行の秩序の維持に関すること。
一三　沿岸水域における巡視警戒に関すること。
一四　海上における暴動及び騒乱の鎮圧に関すること。
一五　海上における犯罪の予防及び鎮圧に関すること。
一六　海上における犯人の捜査及び逮捕に関すること。
一七　留置業務に関すること。
一八　国際捜査共助に関すること。
一九　警察庁及び都道府県警察（以下「警察行政庁」という。）、税関、検疫所その他の関係行政庁との間における協力、共助及び連絡に関すること。
二〇　国際緊急援助隊の派遣に関する法律（昭和六二年法律第九三号）に基づく国際緊急援助活動に関すること。
二一　水路の測量及び海象の観測に関すること。
二二　水路図誌及び航空図誌の調製及び供給に関すること。
二三　船舶交通の安全のために必要な事項の通報に関すること。
二四　灯台その他の航路標識の建設、保守、運用及び用品に関すること。
二五　灯台その他の航路標識の附属の設備による気

象の観測及びその通報に関すること。

二六　海上保安庁以外の者で灯台その他の航路標識の建設、保守又は運用を行うものの監督に関すること。

二七　所掌事務に係る国際協力に関すること。

二八　政令で定める文教研修施設において所掌事務に関する研修を行うこと。

二九　所掌事務を遂行するために使用する船舶及び航空機の建造、維持及び運用に関すること。

三〇　所掌事務を遂行するために使用する通信施設の建設、保守及び運用に関すること。

三一　前各号に掲げるもののほか、第二条第一項に規定する事務

第六条～第九条　削除

第一〇条【長官】海上保安庁の長は、海上保安庁長官とする。

2　海上保安庁長官は、国土交通大臣の指揮監督を受け、庁務を統理し、所部の職員を指揮監督する。ただし、国土交通大臣以外の大臣の所管に属する事務については、各々その大臣の指揮監督を受ける。

第一一条　削除

第一二条【海上保安管区・管区海上保安部】
第一三条【管区海上保安部の事務所】（略）

第一四条【海上保安官・保安官補】海上保安庁に海上保安官及び海上保安官補を置く。

2　海上保安官及び海上保安官補の階級は、政令でこれを定める。

3　海上保安官は、上官の命を受け、第二条第一項に規定する事務を掌る。

4　海上保安官補は、海上保安官の職務を助ける。

第一五条【海上保安官の地位】海上保安官がこの法律の定めるところにより法令の励行に関する事務を行う場合には、その権限については、当該海上保安官は、各々の法令の施行に関する事務を所管する行政官庁の当該官吏とみなされ、当該法令の励行に関する事務に関し行政官庁の制定する規則の適用を受けるものとする。

第一六条【協力の要求】（略）

第一七条【書類の提出命令・立入検査・質問、服制】海上保安官は、その職務を行うため必要があるときは、船長又は船長に代わって船舶を指揮する者に対し、法令により船舶に備え置くべき書類の提出を命じ、船舶の同一性、船籍港、船長の氏名、直前の出発港又は出発地、目的港又は目的地、積荷の性質又は積荷の有無その他船舶、積荷及び航海に関し重要と認める事項を確かめるため船舶の進行を停止させて立入検査をし、又は乗組員及び旅客並びに船舶の所有者若しくは賃借人又は用船者その他海上の安全及び治安の確保を図るため重要と認める事項について知っていると認められる者に対しその職務を行うために必要な質問をすることができる。

2　海上保安官は、前項の規定により立入検査をし、又は質問するときは、制服を着用し、又はその身分を示す証票を携帯しなければならない。

3　海上保安官の服制は、国土交通省令で定める。

第一八条【強制的措置】海上保安官は、海上における犯罪が正に行われようとするのを認めた場合又は天災事変、海難、工作物の損壊、危険物の爆発等危険な事態がある場合であって、人の生命若しくは身体に危険が及び、又は財産に重大な損害が及ぶおそれがあり、かつ、急を要するときは、他の法令に定めのあるもののほか、次に掲げる措置を講ずることができる。

一　船舶の進行を開始させ、停止させ、又はその出発を差し止めること。

二　航路を変更させ、又は船舶を指定する場所に移動させること。

三　乗組員、旅客その他船内にある者（以下「乗組員等」という。）を下船させ、又はその下船を制限し、若しくは禁止すること。

四　積荷を陸揚げさせ、又はその陸揚げを制限し、若しくは禁止すること。

五　他船又は陸地との交通を制限し、又は禁止すること。

六　前各号に掲げる措置のほか、海上における人の生命若しくは身体に対する危険又は財産に対する重大な損害を及ぼすおそれがある行為を制止すること。

2　海上保安官は、船舶の外観、航海の態様、乗組員等の異常な挙動その他周囲の事情から合理的に判断して、海上における犯罪が行われることが明らかであると認められる場合その他海上における公共の秩序が著しく乱されるおそれがあると認められる場合であって、他に適当な手段がないと認められるときは、前項第一号又は第二号に掲げる措置を講ずることができる。

第一九条【武器の携帯】海上保安官及び海上保安官補は、その職務を行うため、武器を携帯することができる。

第二〇条【武器の使用】海上保安官及び海上保安官補の武器の使用については、警察官職務執行法（昭和二三年法律第一三六号）第七条の規定を準用する。

2　前項において準用する警察官職務執行法第七条の規定により武器を使用する場合のほか、第一七条第一項の規定に基づき船舶の進行の停止を繰り返し命じても乗組員等がこれに応ぜずなお海上保安官又は海上保安官補の職務の執行に対して抵抗し、又は逃亡しようとする場合において、海上保安庁長官が当該船舶の外観、航海の態様、乗組員等の異常な挙動その他周囲の事情及びこれらに関連する情報から合理的に判断して次の各号のすべてに該当する事態であると認めたときは、海上保安官又は海上保安官補は、当該船舶の進行を停止させるために他に手段がないと信ずるに足りる相当な理由のあるときには、その事態に応じ合理的に必要と判断される限度において、武器を使用することができる。

一　当該船舶が、外国船舶（軍艦及び各国政府が所

有し又は運航する船舶であって非商業的目的のみに使用されるものを除く。）と思料される船舶であって、かつ、海洋法に関する国際連合条約第一九条に定めるところによる無害通航でない航行を我が国の内水又は領海において現に行っていると認められること（当該航行に正当な理由がある場合を除く。）。

二　当該航行を放置すればこれが将来において繰り返し行われる蓋然性があると認められること。

三　当該航行が我が国の領域内において死刑又は無期若しくは長期三年以上の懲役若しくは禁錮に当たる凶悪な罪（以下「重大凶悪犯罪」という。）を犯すのに必要な準備のため行われているのではないかとの疑いを払拭することができないと認められること。

四　当該船舶の進行を停止させて立入検査をすることにより知り得べき情報に基づいて適確な措置を尽くすのでなければ将来における重大凶悪犯罪の発生を未然に防止することができないと認められること。

第二一条【港長】（略）

第二二条　削除

第二三条【職員の服装】
第二四条【船舶の基地及び担任区域】　（略）

第二五条【解釈規定】この法律のいかなる規定も海上保安庁又はその職員が軍隊として組織され、訓練され、又は軍隊の機能を営むことを認めるものとこれを解釈してはならない。

第二章　削除

第二六条　削除

第三章　共助等

第二七条【関係行政庁との連絡等】海上保安庁及び警察行政庁、税関その他の関係行政庁は、連絡を保たなければならず、又、犯罪の予防若しくは鎮圧又は犯人の捜査及び逮捕のため必要があると認めるときは、相互に協議し、且つ、関係職員の派遣その他必要な協力を求めることができる。

2　前項の規定による協力を求められた海上保安庁、警察行政庁、税関その他の関係行政庁は、できるだけその求に応じなければならない。

第二八条【派遣職員の指揮】（略）

第二八条の二【離島犯罪への対処】海上保安官及び海上保安官補は、本土から遠隔の地にあることその他の理由により警察官が速やかに犯罪に対処することが困難であるものとして海上保安庁長官及び警察庁長官が告示する離島において、海上保安庁長官が警察庁長官に協議して定めるところにより、当該離島における犯罪に対処することができる。

　警察官職務執行法第二条、第五条並びに第六条第一項、第三項及び第四項の規定は、前項の規定による海上保安官及び海上保安官補の職務の執行について準用する。この場合において、同法第二条第二項中「警察署、派出所又は駐在所」とあるのは、「海上保安庁の施設、船舶又は航空機」と、同条第三項中「警察署、派出所若しくは駐在所」とあるのは「海上保安庁の施設、船舶若しくは航空機」と読み替えるものとする。

第二八条の三【国際平和協力業務】海上保安庁長官は、国際連合平和維持活動等に対する協力に関する法律（平成四年法律第七九号）の定めるところにより、海上保安庁の任務遂行に支障を生じない限度において、その船舶又は航空機の乗組員たる海上保安庁の職員に、国際平和協力業務を行わせ、及び輸送の委託を受けてこれを実施させることができる。

第四章　補　則

第二九条【職権の委任】海上保安庁長官は、その職権（第二〇条第二項に規定するものを除く。）の一部を所部の職員に委任することができる。

第三〇条【長官の職務の代行】（略）

第三一条【司法警察職員としての地位】海上保安官及び海上保安官補は、海上における犯罪について、刑事訴訟法（昭和二三年法律第一三一号）の規定による司法警察職員として職務を行う。

　海上保安官及び海上保安官補は、第二八条の二第一項に規定する場合において、同項の離島における犯罪について、海上保安庁長官が警察庁長官に協議して定めるところにより、刑事訴訟法の規定による司法警察職員として職務を行う。

第三二条～第三三条の二（略）

附則抄　（略）

57　月その他の天体を含む宇宙空間の探査及び利用における国家活動を律する原則に関する条約（宇宙条約）（抄）

採　　択　一九六六年一二月一九日
　　　　　国際連合総会第二一回会期決議二二二二（XXI）附属書
効力発生　一九六七年一〇月一〇日
日 本 国　一九六七年一月二七日署名、七月一九日国会承認、一〇月一〇日批准書寄託、効力発生、一〇月一一日公布（条約第一九号）

この条約の当事国は、

人間の宇宙空間への進入の結果、人類の前に展開する広大な将来性に鼓舞され、

平和的目的のための宇宙空間の探査及び利用の進歩が全人類の共同の利益であることを認識し、

宇宙空間の探査及び利用がすべての人民のために、その経済的又は科学的発展の程度にかかわりなく行なわれなければならないことを信じ、

平和的目的のための宇宙空間の探査及び利用の科学面及び法律面における広範な国際協力に貢献することを希望し、

この国際協力が諸国間及び諸人民間の相互理解の増進及び友好関係の強化に貢献することを信じ、

一九六三年一二月一三日に国際連合総会が全会一致で採択した決議第一九六二号（第一八回会期）「宇宙空間の探査及び利用における国家活動を律する法的原則の宣言」を想起し、

核兵器若しくは他の種類の大量破壊兵器を運ぶ物体を地球を回る軌道に乗せること又はこれらの兵器を天体に設置することを慎むように諸国に要請する一九六三年一〇月一七日の国際連合総会の全会一致の採択による決議第一八八四号（第一八回会期）を想起し、

平和に対する脅威、平和の破壊又は侵略行為を誘発し若しくは助長することを意図し、又はこれらを誘発し若しくは助長するおそれのある宣伝を非難する一九四七年一一月三日の国際連合総会決議第一一〇号（第二回会期）を考慮し、かつ、この決議が宇宙空間に適用されることを考慮し、

月その他の天体を含む宇宙空間の探査及び利用における国家活動を律する原則に関する条約が国際連合憲章の目的及び原則を助長するものであることを確信して、

次のとおり協定した。

第一条【探査利用の自由】月その他の天体を含む宇宙空間の探査及び利用は、すべての国の利益のために、その経済的又は科学的発展の程度にかかわりなく行なわれるものであり、全人類に認められる活動分野である。

月その他の天体を含む宇宙空間は、すべての国がいかなる種類の差別もなく、平等の基礎に立ち、かつ、国際法に従って、自由に探査し及び利用することができるものとし、また、天体のすべての地域への立入りは、自由である。

月その他の天体を含む宇宙空間における科学的調査は、自由であり、また、諸国は、この調査における国際協力を容易にし、かつ奨励するものとする。

第二条【領有の禁止】月その他の天体を含む宇宙空間は、主権の主張、使用若しくは占拠又はその他のいかなる手段によっても国家による取得の対象とはならない。

第三条【国際法の適用】条約の当事国は、国際連合憲章を含む国際法に従って、国際の平和及び安全の維持並びに国際間の協力及び理解の促進のために、月その他の天体を含む宇宙空間の探査及び利用における活動を行なわなければならない。

第四条【軍事的利用の禁止】条約の当事国は、核兵器及び他の種類の大量破壊兵器を運ぶ物体を地球を回る軌道に乗せないこと、これらの兵器を天体に設置しないこと並びに他のいかなる方法によってもこれらの兵器を宇宙空間に配置しないことを約束する。

月その他の天体は、もっぱら平和的目的のために、条約のすべての当事国によって利用されるものとする。天体上においては、軍事基地、軍事施設及び防備施設の設置、あらゆる型の兵器の実験並びに軍事演習の実施は、禁止する。科学的研究その他の平和的目的のために軍の要員を使用することは、禁止しない。月その他の天体の平和的探査のために必要なすべての装備又は施設を使用することも、また、禁止しない。

第五条【宇宙飛行士に対する援助】条約の当事国は、宇宙飛行士を宇宙空間への人類の使節とみなし、事故、遭難又は他の当事国の領域若しくは公海における緊急着陸の場合には、その宇宙飛行士にすべての可能な援助を与えるものとする。そのような着陸を行なったときは、その宇宙飛行士は、その宇宙飛行機の登録国へ安全かつ迅速に送還されるものとする。

いずれかの当事国の宇宙飛行士は、宇宙空間及び天体上において活動を行なうときは、他の当事国の宇宙飛行士にすべての可能な援助を与えるものとする。

条約の当事国は、宇宙飛行士の生命又は健康に危険となるおそれのある現象を月その他の天体を含む宇宙空間に発見したときは、直ちに、これを条約の他の当事国又は国際連合事務総長に通報するものとする。

第六条【国家の責任】条約の当事国は、月その他の天体を含む宇宙空間における自国の活動について、それが政府機関によって行なわれるか非政府団体によって行なわれるかを問わず、国際的責任を有し、自国の活動がこの条約の規定に従って行なわれることを確保する国際的責任を有する。月その他の天体を含む宇宙空間における非政府団体の活動は、条約の関係当事国の許可及び継続的監督を必要とするものとする。国際機関が月その他の天体を含む宇宙空間において活動を行なう場合には、その国際機関及びこれに参加する条約の当事国の双方がこの条約を遵守する責任を有する。

第七条【国の賠償責任】条約の当事国は、月その他の天体を含む宇宙空間に物体を発射し若しくは発射させる場合又はその領域若しくは施設から物体が発射される場合には、その物体又はその構成部分が地球上、大気空間又は月その他の天体を含む宇宙空間において条約の他の当事国又はその自然人若しくは法人に与える損害について国際的に責任を有する。

第八条【管轄権と管理】宇宙空間に発射された物体が登録されている条約の当事国は、その物体及びその

乗員に対し、それらが宇宙空間又は天体上にある間、管轄権及び管理の権限を保持する。宇宙空間に発射された物体（天体上に着陸させられ又は建造された物体を含む。）及びその構成部分の所有権は、それらが宇宙空間若しくは天体上にあること又は地球に帰還することによって影響を受けない。これらの物体又は構成部分は、物体が登録されている条約の当事国の領域外で発見されたときは、その当事国に返還されるものとする。その当事国は、要請されたときは、それらの物体又は構成部分の返還に先だち、識別のための資料を提供するものとする。

第九条【宇宙活動の協力】条約の当事国は、月その他の天体を含む宇宙空間の探査及び利用において、協力及び相互援助の原則に従うものとし、かつ、条約の他のすべての当事国の対応する利益に妥当な考慮を払って、月その他の天体を含む宇宙空間におけるすべての活動を行なうものとする。条約の当事国は、月その他の天体を含む宇宙空間の有害な汚染及び地球外物質の導入から生ずる地球の環境の悪化を避けるように月その他の天体を含む宇宙空間の研究及び探査を実施し、かつ、必要な場合には、このための適当な措置を執るものとする。条約の当事国は、自国又は自国民によって計画された月その他の天体を含む宇宙空間における活動又は実験が月その他の天体を含む宇宙空間の平和的な探査及び利用における他の当事国の活動に潜在的に有害な干渉を及ぼすおそれがあると信ずる理由があるときは、その活動又は実験が行なわれる前に、適当な国際的協議を行なうものとする。条約の当事国は、他の当事国が計画した月その他の天体を含む宇宙空間における活動又は実験が月その他の天体を含む宇宙空間の平和的な探査及び利用における活動に潜在的に有害な干渉を及ぼすおそれがあると信ずる理由があるときは、その活動又は実験に関する協議を要請することができる。

第一〇条【観測の機会】条約の当事国は、月その他の天体を含む宇宙空間の探査及び利用における国際協力をこの条約の目的に従って促進するために、条約の他の当事国が打ち上げる宇宙物体の飛行を観測する機会を与えられることについての当該他の当事国の要請に対し、平等の原則に基づいて考慮を払うものとする。

　その観測の機会の性質及びその機会が与えられる条件は、関係国間の合意により決定されるものとする。

第一一条【情報の提供】月その他の天体を含む宇宙空間における活動を行なう条約の当事国は、宇宙空間の平和的な探査及び利用における国際協力を促進するために、その活動の性質、実施状況、場所及び結果について、国際連合事務総長並びに公衆及び国際科学界に対し、実行可能な最大限度まで情報を提供することに同意する。国際連合事務総長は、この情報を受けたときは、それが迅速かつ効果的に公表されるようにするものとする。

第一二条【査察】月その他の天体上のすべての基地、施設、装備及び宇宙飛行機は、相互主義に基づいて、条約の他の当事国の代表者に開放される。これらの代表者は、適当な協議が行なわれるため及び訪問する施設等における安全を確保し、かつ、そこでの正常な作業に対する干渉を避けるように最大限の予防措置が執られるために、計画された訪問につき合理的な予告を行なうものとする。

第一三条【条約の対象】この条約の規定は、月その他の天体を含む宇宙空間の探査及び利用における条約の当事国の活動に適用するものとし、それらの活動が条約の一当事国により行なわれる場合であるか他の国家と共同で行なわれる場合（政府間国際機関の枠内で行なわれる場合を含む。）であるかを問わない。

　月その他の天体を含む宇宙空間の探査及び利用に関連して生ずる実際的問題は、条約の当事国が、当該国際機関又はその加盟国でこの条約の当事国である一若しくは二以上の国と共同して解決するものとする。

第一四条【署名、批准、加入、効力発生】1　この条約は、署名のためすべての国に開放される。この条約が3の規定に従って効力を生ずる前にこの条約に署名しない国は、いつでも、この条約に加入することができる。

2　この条約は、署名国により批准されなければならない。批准書及び加入書は、寄託国政府として指定されたアメリカ合衆国、グレート・ブリテン及び北部アイルランド連合王国及びソヴィエト社会主義共和国連邦の政府に寄託するものとする。

3　この条約は、この条約により寄託国政府として指定された政府を含む五の政府が批准書を寄託した時に効力を生ずる。

4　この条約の効力発生後に批准書又は加入書を寄託する国については、この条約は、その批准書又は加入書の寄託の日に効力を生ずる。

5　寄託国政府は、すべての署名国及び加入国に対し、署名の日、この条約の批准書及び加入書の寄託の日、この条約の効力発生の日その他についてすみやかに通報するものとする。

6　この条約は、寄託国政府が国際連合憲章第一〇二条の規定に従って登録するものとする。

第一五条【改正】条約のいずれの当事国も、この条約の改正を提案することができる。改正は、条約の当事国の過半数がこれを受諾した時に、その改正を受諾した条約の当事国について効力を生じ、その後は、条約の他の各当事国については、その国による受諾の日に効力を生ずる。

第一六条【脱退】条約のいずれの当事国も、この条約の効力発生の後一年を経過したときは、寄託国政府にあてた通告書により、条約からの脱退を通告することができる。その脱退は、通告書の受領の日から一年で効力を生ずる。

第一七条【正文】（略）

58　南極条約

署　名　一九五九年一二月一日（ワシントン）
効力発生　一九六一年六月二三日
日本国　一九五九年一二月一日署名、一九六〇年七月一五日国会承認、八月四日批准書寄託、一九六一年六月二三日効力発生、六月二四日公布（条約第五号）

アルゼンティン、オーストラリア、ベルギー、チリ、フランス共和国、日本国、ニュー・ジーランド、ノールウェー、南アフリカ連邦、ソヴィエト社会主義共和国連邦、グレート・ブリテン及び北部アイルランド連合王国及びアメリカ合衆国の政府は、

南極地域がもっぱら平和的目的のため恒久的に利用され、かつ、国際的不和の舞台又は対象とならないことが、全人類の利益であることを認め、

南極地域における科学的調査についての国際協力が、科学的知識に対してもたらした実質的な貢献を確認し、

国際地球観測年の間に実現された南極地域における科学的調査の自由を基礎とする協力を継続し、かつ、発展させるための確固たる基礎を確立することが、科学上の利益及び全人類の進歩に沿うものであることを確信し、

また、南極地域を平和的目的のみに利用すること及び南極地域における国際間の調和を継続することを確保する条約が、国際連合憲章に掲げられた目的及び原則を助長するものであることを確信して、

次のとおり協定した。

第一条【平和的利用】1　南極地域は、平和的目的のみに利用する。軍事基地及び防備施設の設置、軍事演習の実施並びにあらゆる型の兵器の実験のような軍事的性質の措置は、特に、禁止する。

2　この条約は、科学的研究のため又はその他の平和的目的のために、軍の要員又は備品を使用することを妨げるものではない。

第二条【科学的調査】国際地球観測年の間に実現された南極地域における科学的調査の自由及びそのための協力は、この条約の規定に従うことを条件として、継続するものとする。

第三条【科学的調査についての国際協力】1　締約国は、第二条に定めるところにより南極地域における科学的調査についての国際協力を促進するため、実行可能な最大限度において、次のことに同意する。

(a)　南極地域における科学的計画の最も経済的なかつ能率的な実施を可能にするため、その計画に関する情報を交換すること。

(b)　南極地域において探検隊及び基地の間で科学要員を交換すること。

(c)　南極地域から得られた科学的観測及びその結果を交換し、及び自由に利用することができるようにすること。

2　この条の規定を実施するに当たり、南極地域に科学的又は技術的な関心を有する国際連合の専門機関及びその他の国際機関との協力的活動の関係を設定することを、あらゆる方法で奨励する。

第四条【領土権及び請求権】1　この条約のいかなる規定も、次のことを意味するものと解してはならない。

(a)　いずれかの締約国が、かつて主張したことがある南極地域における領土主権又は領土についての請求権を放棄すること。

(b)　いずれかの締約国が、南極地域におけるその活動若しくはその国民の活動の結果又はその他の理由により有する南極地域における領土についての請求権の基礎の全部又は一部を放棄すること。

(c)　他の国の南極地域における領土主権、領土についての請求権又はその請求権の基礎を承認し、又は否認することについてのいずれかの締約国の地位を害すること。

2　この条約の有効期間中に行なわれた行為又は活動は、南極地域における領土についての請求権を主張し、支持し、若しくは否認するための基礎をなし、又は南極地域における主権を設定するものではない。南極地域における領土についての新たな請求権又は既存の請求権の拡大は、この条約の有効期間中は、主張してはならない。

第五条【核爆発及び放射性廃棄物の処分の禁止】1　南極地域におけるすべての核の爆発及び放射性廃棄物の同地域における処分は、禁止する。

2　核の爆発及び放射性廃棄物の処分を含む核エネルギーの利用に関する国際協定が、第九条に定める会合に代表者を参加させる権利を有するすべての締約国を当事国として締結される場合には、その協定に基づいて定められる規則は、南極地域に適用する。

第六条【適用地域】この条約の規定は、南緯六〇度以南の地域（すべての氷だなを含む。）に適用する。ただし、この条約のいかなる規定も、同地域内の公海に関する国際法に基づくいずれの国の権利又は権利の行使をも害するものではなく、また、これらにいかなる影響をも及ぼすものではない。

第七条【査察】1　この条約の目的を促進し、かつ、その規定の遵守を確保するため、第九条にいう会合に代表者を参加させる権利を有する各締約国は、この条に定める査察を行なう監視員を指名する権利を有する。監視員は、その者を指名する締約国の国民でなければならない。監視員の氏名は、監視員を指名する権利を有する他のすべての締約国に通報し、また、監視員の任務の終了についても、同様の通告を行なう。

2　1の規定に従って指名された各監視員は、南極地域のいずれかの又はすべての地域にいつでも出入す

る完全な自由を有する。

3　南極地域のすべての地域（これらの地域におけるすべての基地、施設及び備品並びに南極地域における貨物又は人員の積卸し又は積込みの地点にあるすべての船舶及び航空機を含む。）は、いつでも、1の規定に従って指名される監視員による査察のため開放される。

4　監視員を指名する権利を有するいずれの締約国も、南極地域のいずれかの又はすべての地域の空中監視をいつでも行うことができる。

5　各締約国は、この条約がその国について効力を生じた時に、他の締約国に対し、次のことについて通報し、その後は、事前に通告を行う。

(a)　自国の船舶又は国民が参加する南極地域向けの又は同地域にあるすべての探検隊及び自国の領域内で組織され、又は同領域から出発するすべての探検隊

(b)　自国の国民が占拠する南極地域におけるすべての基地

(c)　第一条2に定める条件に従って南極地域に送り込むための軍の要員又は備品

第八条【裁判権】1　この条約に基づく自己の任務の遂行を容易にするため、第七条1の規定に基づいて指名された監視員及び第三条1(b)の規定に基づいて交換された科学要員並びにこれらの者に随伴する職員は、南極地域におけるその他のすべての者に対する裁判権についての締約国のそれぞれの地位を害することなく、南極地域にある間に自己の任務を遂行する目的をもって行なったすべての作為又は不作為については、自己が国民として所属する締約国の裁判権にのみ服する。

2　1の規定を害することなく、南極地域における裁判権の行使についての紛争に関係する締約国は、第九条1(e)の規定に従う措置が採択されるまでの間、相互に受諾することができる解決に到達するため、すみやかに協議する。

第九条【締約国の会合】1　この条約の前文に列記する締約国の代表者は、情報を交換し、南極地域に関する共通の利害関係のある事項について協議し、並びに次のことに関する措置を含むこの条約の原則及び目的を助長する措置を立案し、審議し、及びそれぞれの政府に勧告するため、この条約の効力発生の日の後二箇月以内にキャンベラで、その後は、適当な間隔を置き、かつ、適当な場所で、会合する。

(a)　南極地域を平和的目的のみに利用すること。

(b)　南極地域における科学的研究を容易にすること。

(c)　南極地域における国際間の科学的協力を容易にすること。

(d)　第七条に定める査察を行なう権利の行使を容易にすること。

(e)　南極地域における裁判権の行使に関すること。

(f)　南極地域における生物資源を保護し、及び保存すること。

2　第一三条の規定に基づく加入によりこの条約の当事国となった各締約国は、科学的基地の設置又は科学的探検隊の派遣のような南極地域における実質的な科学的研究活動の実施により、南極地域に対する自国の関心を示している間は、1にいう会合に参加する代表者を任命する権利を有する。

3　第七条にいう監視員からの報告は、1にいう会合に参加する締約国の代表者に送付する。

4　1にいう措置は、その措置を審議するために開催された会合に代表者を参加させる権利を有したすべての締約国により承認された時に効力を生ずる。

5　この条約において設定されたいずれかの又はすべての権利は、この条に定めるところによりその権利の行使を容易にする措置が提案され、審議され、又は承認されたかどうかを問わず、この条約の効力発生の日から行使することができる。

第一〇条【原則又は目的の確保】各締約国は、いかなる者も南極地域においてこの条約の原則又は目的に反する活動を行なわないようにするため、国際連合憲章に従った適当な努力をすることを約束する。

第一一条【紛争の解決】1　この条約の解釈又は適用に関して二以上の締約国間に紛争が生じたときは、それらの締約国は、交渉、審査、仲介、調停、仲裁裁判、司法的解決又はそれらの締約国が選択するその他の平和的手段により紛争を解決するため、それらの締約国間で協議する。

2　前記の方法により解決されないこの種の紛争は、それぞれの場合にすべての紛争当事国の同意を得て、解決のため国際司法裁判所に付託する。もっとも、紛争当事国は、国際司法裁判所に付託することについて合意に達することができなかったときにも、1に掲げる各種の平和的手段のいずれかにより紛争を解決するため、引き続き努力する責任を免れない。

第一二条【修正、改正】1(a)　この条約は、第九条に定める会合に代表者を参加させる権利を有する締約国の一致した合意により、いつでも修正し、又は改正することができる。その修正又は改正は、これを批准した旨の通告を寄託政府が前記のすべての締約国から受領した時に、効力を生ずる。

(b)　その後、この条約の修正又は改正は、他の締約国については、これを批准した旨の通告を寄託政府が受領した時に、効力を生ずる。他の締約国のうち、(a)の規定に従って修正又は改正が効力を生じた日から二年の期間内に批准の通告が受領されなかったものは、その期間の満了の日に、この条約から脱退したものとみなされる。

2(a)　この条約の効力発生の日から三〇年を経過した後、第九条に定める会合に代表者を参加させる権利を有するいずれかの締約国が寄託政府あての通報により要請するときは、この条約の運用について検討するため、できる限りすみやかにすべての締約国の会議を開催する。

(b)　前記の会議において、その会議に出席する締約国の過半数(ただし第九条に定める会合に代表者を参加させる権利を有する締約国の過半数を含むものとする。)により承認されたこの条約の修正又は改正は、その会議の終了後直ちに寄託政府によりすべての締約国に通報され、かつ、1の規定に従って効力を生ずる。

(c)　前記の修正又は改正がすべての締約国に通報された日の後二年の期間内に1(a)の規定に従って効力を生じなかったときは、いずれの締約国も、その期間の満了の後はいつでも、この条約から脱退する旨を寄託政府に通告することができる。その脱退は、寄託政府が通告を受領した後二年で効力を生ずる。

第一三条【批准、加入、効力発生、登録】1　この条約は、署名国によって批准されるものとする。この条約は、国際連合加盟国又は第九条に定める会合に代表者を参加させる権利を有するすべての締約国の同意を得てこの条約に加入するよう招請されるその他の国による加入のため開放される。

2　この条約の批准又はこれへの加入は、それぞれの国がその憲法上の手続に従って行なう。

3　批准書及び加入書は、寄託政府として指定されたアメリカ合衆国政府に寄託する。

4　寄託政府は、すべての署名国及び加入国に対し、批准書又は加入書の寄託日並びにこの条約及びその修正又は改正の効力発生の日を通報する。

5　この条約は、すべての署名国が批准書を寄託した時に、それらの国及び加入書を寄託している国について、効力を生ずる。その後、この条約は、いずれの加入国についても、その加入書の寄託の時に効力を生ずる。

6　この条約は、寄託政府が国際連合憲章第一〇二条の規定に従って登録する。

第一四条【正文】この条約は、ひとしく正文である英語、フランス語、ロシア語、及びスペイン語により作成し、アメリカ合衆国政府の記録に寄託する。同政府は、その認証謄本を署名国政府及び加入国政府に送付する。

6章 環境

6 1 環境及び発展に関するリオ・デ・ジャネイロ宣言（リオ宣言）

採　択　一九九二年六月一四日
国際連合環境発展会議（リオ・デ・ジャネイロ）

環境及び発展に関する国際連合会議は、

一九九二年六月三日から一四日までリオ・デ・ジャネイロで会合し、

一九七二年六月一六日にストックホルムで採択された国際連合人間環境会議の宣言を再確認するとともにこれを発展させることを求め、

国、社会の重要部門及び国民の間の新たな水準の協力を作りだすことによって、新しい衡平な地球的規模のパートナーシップを構築することを目的とし、

すべての者のための利益を尊重し、かつ地球的規模の環境及び発展のシステムの一体性を保護する国際的合意を目指して作業し、

われわれの家である地球の不可分性と相互依存性を認識し、

次のとおり宣言する。

原則一【人の権利】人は、持続可能な発展への関心の中心にある。人は、自然と調和しつつ健康で生産的な生活への権利を有する。

原則二【環境に関する国の権利及び責任】国は、国際連合憲章及び国際法の諸原則に従って、自国の資源をその環境政策及び発展政策に基づいて開発する主権的権利を有し、また、自国の管轄又は管理下の活動が他の国の環境又は国の管轄権の範囲外の区域の環境に損害を与えないように確保する責任を有する。

原則三【発展の権利】発展の権利は、現在及び将来の世代の発展上及び環境上のニーズを衡平に満たすことができるよう行使されなければならない。

原則四【持続可能な発展】持続可能な発展を達成するため、環境保護は発展過程の不可分の一部を構成し、それから切り離して考えることはできないものである。

原則五【貧困の撲滅】すべての国及びすべての人民は、生活水準の格差を減少し、世界の大多数の人民のニーズをより良く満たすため、持続可能な発展に必要不可欠なものとして、貧困の撲滅という不可欠の課題において協力する。

原則六【途上国の特別な状況】発展途上国、特に後発発展途上国及び環境上最も脆弱な国の特別な状況及びニーズに対して、特別の優先度を与える。また、環境及び発展の分野における国際的行動は、すべての国の利益及びニーズに対処するべきである。

原則七【共通に有しているが差異のある責任】国は、地球の生態系の健全性及び一体性を保存し、保護し及び回復するために地球的規模のパートナーシップの精神により協力する。地球環境の悪化への相異なる加担にかんがみて、各国は、共通に有しているが差異のある責任を有する。先進諸国は、彼らの社会が地球環境にかけている圧力並びに彼らの支配している技術及び財源の観点から、持続可能な発展の国際的な追求において負う責任を認識する。

原則八【生産消費様式、人口政策】国は、持続可能な発展及びすべての人民のより質の高い生活を達成するために、持続可能でない生産及び消費の様式を減少させ除去し、また適切な人口政策を推進するべきである。

原則九【科学的理解の改善】国は、科学的及び技術的な知見の交換を通じて科学的な理解を改善することにより、また、新しくかつ革新的なものを含む技術の開発、応用、普及及び移転を促進することにより、持続可能な発展のための内発的な対応能力を強化するために協力するべきである。

原則一〇【市民参加、救済手続】環境問題は、それぞ

れのレベルで、関心のあるすべての市民が参加することにより最も適切に扱われる。国内レベルにおいては、各個人が、有害物質及び地域社会における活動の情報を含めて、公共機関が有している環境関連情報を適正に入手し、また、意思決定過程に参加する機会を有するものとする。国は、情報を広く利用可能とすることにより、国民の啓発と参加を促進し、かつ奨励する。賠償及び救済を含む司法上及び行政上の手続に対する実効的なアクセスの機会が与えられなければならない。

原則一一【環境立法】国は、実効的な環境法令を制定する。環境基準、管理目的及び優先順位は、それらが適用される環境及び発展の状況を反映するべきである。一部の国が適用する基準は、他の国、特に発展途上国にとって不適切であり、正当化されない経済的及び社会的な負担をもたらすことがある。

原則一二【環境と貿易】国は、環境の悪化の問題により適切に対処するため、すべての国における経済成長と持続可能な発展をもたらすような協力的で開かれた国際経済システムの促進に協力するべきである。環境目的のための貿易措置は、国際貿易に対する恣意的な若しくは正当と認められない差別待遇又は国際貿易の偽装された制限の手段とされるべきではない。輸入国の管轄権外の環境問題に対処する一方的な行動は避けるべきである。国境を越える、あるいは地球規模の環境問題に対処する環境措置は、可能な限り国際的なコンセンサスに基づくべきである。

原則一三【賠償責任に関する国内法の整備と国際法の発展】国は、汚染及びその他の環境損害の被害者への賠償責任及び補償に関する国内法を整備する。国はまた、自国の管轄又は管理下の活動がその管轄権の範囲外の区域に及ぼす環境損害の悪影響に対する賠償責任及び補償に関する国際法を一層発展させるために、迅速かつより断固とした方法で協力する。

原則一四【有害物質の移転防止】国は、深刻な環境悪化を引き起こすか又は人の健康に有害であると認めるいかなる活動及び物質も、他の国への移動及び移転を阻止し又は防止するために効果的に協力するべきである。

原則一五【予防的な取組方法】環境を保護するため、国により、予防的な取組方法がその能力に応じて広く適用されなければならない。深刻な又は回復不可能な損害のおそれがある場合には、完全な科学的確実性の欠如を、環境悪化を防止するための費用対効果の大きい対策を延期する理由として援用してはならない。

原則一六【汚染者負担】国の機関は、汚染者が原則として汚染による費用を負担するべきであるというアプローチを考慮して、また、公益に適切に配慮して、国際的な貿易及び投資を歪めることなく、環境費用の内部化と経済的手段の使用の促進に努めるべきである。

原則一七【環境影響評価】環境に重大な悪影響を及ぼすおそれがあり、かつ権限のある国の機関の決定に服する計画された活動に対しては、国の手段としての環境影響評価を実施する。

原則一八【緊急事態の通報、支援】国は、他の国の環境に対して突発の有害な影響をもたらすおそれがある自然災害又はその他の緊急事態を、当該の国に直ちに通報する。被災した国を支援するため、国際社会によるあらゆる努力がなされなければならない。

原則一九【事前通報、情報提供】国は、国境を越えた環境への重大な悪影響をもたらしうる活動について、潜在的に影響を被るおそれのある国に対し、事前の時宜にかなった通報と関連情報の提供を行い、当該の国と早期にかつ誠実に協議を行う。

原則二〇【女性の役割】女性は、環境管理及び発展において必須の役割を有する。したがって女性の十分な参加は、持続可能な発展の達成のために不可欠である。

原則二一【青年の役割】持続可能な発展を達成し、すべての者のためのより良い将来を確保するため、世界の青年の創造力、理想及び勇気が、地球的規模のパートナーシップを創出するよう結集されるべきである。

原則二二【先住人民の役割】先住人民とその社会及びその他の地域社会は、その知識及び伝統のために、環境管理と発展において必須の役割を有する。国は、彼らの個性、文化及び利益を認め、適切に支持し、持続可能な発展の達成への彼らの効果的参加を可能とするべきである。

原則二三【抑圧下にある人民の保護】抑圧、支配及び占領の下にある人民の環境及び天然資源は、保護されなければならない。

原則二四【武力紛争時の環境保護】戦争行為は、本質的に持続可能な発展を破壊する性格を有する。したがって国は、武力紛争時における環境保護を規定する国際法を尊重し、必要に応じてその一層の発展のため協力する。

原則二五【相互依存性】平和、発展及び環境保護は、相互依存的であり、不可分である。

原則二六【紛争の平和的解決】国は、すべての環境紛争を国際連合憲章に従って、平和的に、かつ、適切な手段により解決しなければならない。

原則二七【国際協力】国及び人民は、この宣言に具現された原則の実施及び持続可能な発展の分野における国際法の一層の発展のため、誠実に、かつ、パートナーシップの精神で協力する。

62　われわれの世界を変革する：持続可能な発展のための二〇三〇アジェンダ（SDGs）（抜粋）

採　択　二〇一五年九月二五日（ニューヨーク）国際連合総会第七〇回会期決議七〇／一

総会は、
以下のポスト二〇一五年発展アジェンダを採択するための国連首脳会議の成果文書を採択する。

われわれの世界を変革する：持続可能な発展のための二〇三〇アジェンダ

前　文　このアジェンダは、人民、地球及び繁栄のための行動計画である。これはまた、より大きな自由の中での普遍的な平和の強化を求めるものでもある。われわれは、極端な貧困を含む、あらゆる形態と規模の貧困を撲滅することが最大の世界全体の課題であり、持続可能な発展のため必要不可欠であると認める。

すべての国及びすべてのステークホルダーは、協同的なパートナーシップの下、この計画を実施する。われわれは、人類を貧困及び欠乏の専制から解き放ち、地球を癒やし、安全にすることを決意する。われわれは、世界を持続的かつ強靭な道筋に移行させるために緊急に必要な、大胆かつ変革的な手段をとることを決意する。われわれはこの共同の旅路に乗り出すにあたり、誰一人取り残さないことを誓う。

今日われわれが発表する一七の持続可能な発展のための目標と一六九のターゲットは、この新しい普遍的なアジェンダの規模と野心を証明している。これらはミレニアム発展目標を基にしつつそれが達成できなかったものを全うすることを目指す。これらは、すべての人の人権を実現し、ジェンダーの平等とすべての女子の権利拡大を達成することを目指す。これらは統合され不可分のものであり、持続可能な発展の三側面、すなわち経済、社会及び環境の三側面を調和させるものである。

これらの目標及びターゲットは、人類及び地球にとり決定的に重要な分野で、向こう一五年間にわたり行動を活性化させるものになる。

人　民　われわれは、あらゆる形態及び側面において貧困と飢餓に終止符を打ち、すべての人が尊厳と平等の下に、そして健康な環境の下に、その持てる潜在能力を発揮することができることを確保することを決意する。

地　球　われわれは、地球が現在及び将来の世代のニーズを支えることができるように、持続可能な消費及び生産、天然資源の持続可能な管理並びに気候変動に関する緊急の行動をとることを含めて、地球をその悪化から保護することを決意する。

繁　栄　われわれは、すべての人が豊かで満たされた生活を享受することができること、また、経済的、社会的及び技術的な進歩が自然との調和のうちになされることを確保することを決意する。

平　和　われわれは、恐怖及び暴力のない、平和的で公正な包摂的な社会を育んでいくことを決意する。平和なくしては持続可能な発展はあり得ず、持続可能な発展なくして平和もあり得ない。

パートナーシップ　われわれは、強化された世界的な連帯の精神に基づき、最も貧しく最も脆弱な人のニーズに特に焦点をあて、すべての国、すべてのステークホルダー及びすべての人民の参加を得て、活性化された持続可能な発展のためのグローバル・パートナーシップを通じてこのアジェンダを実施するに必要とされる手段を動員することを決意する。

持続可能な発展目標の相互関連性及び統合された性質は、この新たなアジェンダの目的が実現されることを確保する上で極めて重要である。もしわれわれがこのアジェンダのすべての範囲にわたり自らの野心を実現することができれば、すべての人の生活は大いに改善され、われわれの世界はより良いものへと変革されるであろう。

宣　言

導　入

1　われわれ国家元首、政府の長その他の代表は、国連が七〇周年を迎えるにあたり、二〇一五年九月二五日から二七日までニューヨークの国連本部で会合し、今日、新たな世界的な持続可能な発展目標を決定した。

2　われわれが奉仕する人民に代わり、われわれは、包括的、遠大かつ人民中心な一連の普遍的かつ変革的な目標とターゲットを採択する歴史的な決定を行った。われわれは、このアジェンダを二〇三〇年までに完全に実施するために休みなく取り組むことを約束する。われわれは、極端な貧困を含むあらゆる形態と規模の貧困を撲滅することが最大の世界的な挑戦であり、持続可能な発展のために必要不可欠であると認識する。われわれは、持続可能な発展を、経済、社会及び環境という三つの側面において、調和がとれ統合された形で達成することを約束する。われわれはまた、ミレニアム発展目標の達成を基にしつつ、その未完の課題に取り組むことを求める。

われわれのビジョン

8　われわれは、人権及び人間の尊厳、法の支配、正義、平等並びに差別のないことに対して普遍的な尊重がなされる世界を思い描く。人種、種族及び文化的多様性に対して尊重がなされる世界。人間の潜在力を完全に実現し、繁栄を共有することができるよう平等な機会が与えられる世界。児童に投資し、すべての児童が暴力及び搾取のない環境で成長する世界。すべての女子が完全なジェンダーの平等を享受し、その権利拡大を阻むすべての法的、社会的、経済的な障壁が取り除かれる世界。そして、最も脆弱な人々のニーズが満たされる、公正かつ衡平で、寛容で開かれた、そして社会的に包摂的な世界。

9 われわれは、すべての国が継続的かつ包摂的で持続可能な経済成長と働きがいのある人間らしい仕事を享受できる世界を思い描く。消費と生産パターン、そして空気、土地、河川、湖、帯水層、海洋といったすべての天然資源の利用が持続可能である世界。民主主義、グッド・ガバナンス及び法の支配、並びにそれらを可能にする国内及び国際環境が、持続可能な発展(継続的で包摂的な経済成長、社会発展、環境保護並びに貧困及び飢餓の撲滅を含む)にとって不可欠とされる世界。技術開発とその応用が気候変動に配慮しており、生物多様性を尊重し、強靱なものである世界。人類が自然と調和し、野生生物その他の種が保護される世界。

われわれが共有する原則と約束

10 新アジェンダは、国際法の尊重を含め、国際連合憲章の目的と原則によって導かれる。世界人権宣言、国際人権諸条約、ミレニアム宣言及び二〇〇五年サミット成果文書にも基礎を置く。また、発展の権利に関する宣言などその他の文書も参照される。

12 われわれは、環境と発展に関するリオ宣言のすべての原則、例えばその第七原則に規定された共通に有しているが差異ある責任の原則を再確認する。

今日の世界

新アジェンダ

18 本日、われわれが発表する一七の持続可能な発展目標と一六九の関連づけられたターゲットは、統合され不可分のものである。このような広範で普遍的な政策目標について、世界の指導者が共通の行動と努力を表明したことは未だかつてなかった。われわれは、持続可能な発展に向けた道を共に進み、すべての国と世界のあらゆる地域に大きな利得をもたらすことができる世界的な発展と「ウィン・ウィン」の協力を集団として求めることに自らを捧げる。すべての国家はその富、天然資源及び経済活動に対して永久的主権を有しており、またその権利を自由に行使することを確認する。われわれはすべての者の十分な利益、現在及び将来の世代のためにこのアジェンダを実施する。その際われわれは、国際法に対する約束を再確認し、このアジェンダが国際法上の国家の権利義務と両立するように実施されることを強調する。

21 新たな目標とターゲットは二〇一六年一月一日に効力を生じ、向こう一五年間におけるわれわれの決定を導く。われわれは、各国の異なる現実、能力、発展段階及び関連する政策や優先事項を考慮して、このアジェンダを自国内、地域的及び世界的レベルで実施するよう取り組む。われわれは、関連する国際規則や約束と適合することを維持しつつ、特に発展途上国について、継続的かつ包摂的で持続可能な経済成長における各国の政策の余地を尊重する。また、持続可能な発展においては、地域的及び小地域的な側面、地域的な経済統合並びに相互連結性の重要性を確認する。地域的及び小地域的な枠組みは、持続可能な発展に関する政策を国レベルでの具体的な行動へと効果的に翻訳することを容易にすることができる。

31 われわれは、気候変動に関する国際連合枠組条約が、気候変動に対する世界全体の対応を交渉するための主要な国際的、政府間フォーラムであることを確認する。われわれは、気候変動及び環境悪化によって引き起こされる脅威に決定的に取り組むことを決意する。気候変動が世界的な性格を有することから、世界全体で温室効果ガスの排出を削減することを加速し、気候変動の悪影響への適応に取り組むための可能な限り広範な国際協力が求められる。われわれは、二〇二〇年までの世界全体の年間温室効果ガスの排出量から見た締約国による緩和に関する約束の効果の合計と、世界全体の平均気温の上昇を工業化以前よりも摂氏二度又は一・五度高い水準を下回るものに抑える可能性がある排出量の合計の道筋との間に著しい隔たりがあることについて、深刻な懸念をもって留意する。

33 われわれは、社会的及び経済的発展が地球の天然資源の持続可能な管理に依存していると認める。よってわれわれは、海洋、淡水資源の他、森林、山岳地及び乾燥地を保全し持続的に利用すること、並びに生物多様性、生態系及び野生生物を保護することを決意する。また、われわれは、持続可能な観光業を促進し、水不足及び水質汚染に立ち向かい、砂漠化、砂塵嵐、土壌劣化及び干ばつへの協力を強化し、並びに強靱性及び災害リスクの削減を促進することを決意する。この関係でわれわれは、メキシコで開催される生物多様性条約第一三回締約国会議に期待を寄せている。

実施の手段

39 新アジェンダの規模及び野心は、その実施を確保するための活性化されたグローバル・パートナーシップを必要とする。われわれは全面的にこれを約束する。このパートナーシップは、世界的な連帯、特に最も貧しい人々及び脆弱な状況下にある人民との連帯の精神の下で機能する。それは、政府、民間部門、市民社会、国際連合システム及びその他の主体を結集し、並びに利用可能なあらゆる資源を動員して、すべての目標及びターゲットの実施のための集中的な世界的な取組を容易にする。

41　われわれは、それぞれの国が自国の経済的及び社会的発展のための主要な責任を有するということを認める。新アジェンダは、その目標とターゲットの実施に必要な手段を定める。われわれは、これらの実施手段が、発展途上国にとって相互に合意された有利な条件（譲許的かつ特恵的な条件を含む）に基づく財政的資源の動員の他、能力の開発及び環境上適正な技術の移転を含むことを認める。国内的及び国際的な公的資金は、不可欠な役務及び公共財の供給並びに他の資金源の呼び込みの上で重要な役割を果たす。われわれは、新アジェンダの実施において、小規模企業から協同組合及び多国籍企業におよぶ多様な民間部門並びに市民社会団体及び慈善団体の役割を確認する。

フォローアップと検討

47　次の一五年に向けた目標とターゲットの実施における進捗に関連し、われわれの政府が、国、地域的及び世界的レベルでのフォローアップ及び検討の主要な責任を有する。市民への説明責任を果たすため、われわれは、このアジェンダ及びアディス・アベバ行動アジェンダに定めるとおり様々なレベルでの体系的なフォローアップ及び検討を行う。また、国連総会及び経済社会理事会の下で開催されるハイレベル政治フォーラムが、世界的レベルでのフォロー アップ及び検討を監督する中心的役割を担う。

世界を変えるための行動への呼びかけ

持続可能な発展目標とターゲット

目標一　あらゆる場所のあらゆる形態の貧困を終わらせる

目標二　飢餓を終わらせ、食料の安全保障及び栄養の改善を実現し、持続可能な農業を促進する

目標三　あらゆる年齢のすべての人の健康的な生活を確保し、福祉を促進する

目標四　すべての人に包摂的で衡平な質の高い教育を確保し、生涯学習の機会を促進する

目標五　ジェンダーの平等を達成し、すべての女子の権利拡大を行う

目標六　すべての人に水と衛生の利用可能性と持続可能な管理を確保する

目標七　すべての人に手頃な価格で信頼できる持続可能で近代的なエネルギーの利用の機会を確保する

目標八　継続的かつ包括的で持続可能な経済成長、並びにすべての人の完全かつ生産的な雇用及び働きがいのある人間らしい仕事を促進する

目標九　強靱なインフラを造り、包摂的かつ持続可能な産業化を促進し、イノベーションを育む

目標一〇　国内及び国家間の不平等を削減する

目標一一　都市及び人間の居住を包摂的で安全で強靱で持続可能なものにする

目標一二　持続可能な生産及び消費の形態を確保する

目標一三　気候変動及びその影響に対処する緊急の行動を講じる

目標一四　持続可能な発展のために海洋と海洋資源を保全し、持続可能な形で利用する

目標一五　陸域生態系を保護し回復し及び持続可能な利用を促進し、森林を持続可能な形で管理し、砂漠化に対処し、土壌劣化を阻止し回復し、並びに生物多様性の損失を阻止する

目標一六　持続可能な発展のため平和的で包摂的な社会を促進し、すべての人に司法へのアクセスを提供し、あらゆるレベルにおいて効果的で説明責任のある包摂的な制度を構築する

目標一七　持続可能な発展のための実施手段を強化し、グローバル・パートナーシップを活性化する

6 3　気候変動に関する国際連合枠組条約（気候変動枠組条約）（抄）

採択　一九九二年五月九日（ニュー・ヨーク）
効力発生　一九九四年三月二一日
改正　一九九七年一二月一一日（4/CP.1）、一九九八年八月一三日効力発生、二〇〇一年一一月一〇日（26/CP.7）、二〇〇二年六月二八日効力発生、二〇〇九年一二月一九日（3/CP.15）、二〇一〇年一〇月二六日効力発生
日本国　一九九三年五月一四日国会承認、五月二八日受諾書寄託、一九九四年三月二一日効力発生、六月二一日公布（条約第六号）改正・二〇〇一年一二月一七日（外務省告示第四七三号）、二〇〇三年一月二一日（外務省告示第一五号）、二〇一〇年一〇月二六日（外務省告示四五三号）

この条約の締約国は、

地球の気候の変動及びその悪影響が人類の共通の関心事であることを確認し、

人間活動が大気中の温室効果ガスの濃度を著しく増加させてきていること、その増加が自然の温室効果を増大させていること並びにこのことが、地表及び地球の大気を全体として追加的に温暖化することとなり、自然の生態系及び人類に悪影響を及ぼすおそれがあることを憂慮し、

過去及び現在における世界全体の温室効果ガスの排出量の最大の部分を占めるのは先進国において排出されたものであること、開発途上国における一人当たりの排出量は依然として比較的少ないこと並びに世界全体の排出量において開発途上国における排出量が占める割合はこれらの国の社会的な及び開発のためのニーズに応じて増加していくことに留意し、

温室効果ガスの吸収源及び貯蔵庫の陸上及び海洋の生態系における役割及び重要性を認識し、

気候変動の予測には、特に、その時期、規模及び地域的な特性に関して多くの不確実性があることに留意し、

気候変動が地球的規模の性格を有することから、すべての国が、それぞれ共通に有しているが差異のある責任、各国の能力並びに各国の社会的及び経済的状況に応じ、できる限り広範な協力を行うこと及び効果的かつ適当な国際的対応に参加することが必要であることを確認し、

一九七二年六月一六日にストックホルムで採択された国際連合人間環境会議の宣言の関連規定を想起し、

諸国は、国際連合憲章及び国際法の諸原則に基づき、その資源を自国の環境政策及び開発政策に従って開発する主権的権利を有すること並びに自国の管轄又は管理の下における活動が他国の環境又はいずれの国の管轄にも属さない区域の環境を害さないことを確保する責任を有することを想起し、

気候変動に対処するための国際協力における国家の主権の原則を再確認し、

諸国が環境に関する効果的な法令を制定すべきであること、環境基準、環境の管理に当たっての目標及び環境問題における優先度はこれらが適用される環境及び開発の状況を反映すべきであること、並びにある国の適用する基準が他の国(特に開発途上国)にとって不適当なものとなり、不当な経済的及び社会的損失をもたらすものとなるおそれがあることを認め、

国際連合環境開発会議に関する一九八九年一二月二二日の国際連合総会決議第二二八号(第四四回会期)並びに人類の現在及び将来の世代のための地球的規模の気候の保護に関する一九八八年一二月六日の国際連合総会決議第五三号(第四三回会期)、一九八九年一二月二二日の同決議第二〇七号(第四四回会期)、一九九〇年一二月二一日の同決議第二一二号(第四五回会期)及び一九九一年一二月一九日の同決議第一六九号(第四六回会期)を想起し、

海面の上昇が島及び沿岸地域(特に低地の沿岸地域)に及ぼし得る悪影響に関する一九八九年一二月二二日の国際連合総会決議第二〇六号(第四四回会期)の規定及び砂漠化に対処するための行動計画の実施に関する一九八九年一二月一九日の国際連合総会決議第一七二号(第四四回会期)の関連規定を想起し、

更に、一九八五年のオゾン層の保護のためのウィーン条約並びに一九九〇年六月二九日に調整され及び改正された一九八七年のオゾン層を破壊する物質に関するモントリオール議定書(以下「モントリオール議定書」という。)を想起し、

一九九〇年一一月七日に採択された第二回世界気候会議の閣僚宣言に留意し、

多くの国が気候変動に関して有益な分析を行っていること並びに国際連合の諸機関(特に、世界気象機関、国際連合環境計画)その他の国際機関及び政府間機関が科学的研究の成果の交換及び研究の調整について重要な貢献を行っていることを意識し、

気候変動を理解し及びこれに対処するために必要な措置は、関連する科学、技術及び経済の分野における考察に基礎を置き、かつ、これらの分野において新たに得られた知見に照らして絶えず再評価される場合には、環境上、社会上及び経済上最も効果的なものになることを認め、

気候変動に対処するための種々の措置は、それ自体経済的に正当化し得ること及びその他の環境問題の解決に役立ち得ることを認め、

先進国が、明確な優先順位に基づき、すべての温室効果ガスを考慮に入れ、かつ、それらのガスがそれぞれ温室効果の増大に対して与える相対的な影響を十分に勘案した包括的な対応戦略(地球的、国家的及び合意がある場合には地域的な規模のもの)に向けた第一歩として、直ちに柔軟に行動することが必要であることを認め、

更に、標高の低い島嶼(しょ)国その他の島嶼国、低地の沿岸地域、乾燥地域若しくは半乾燥地域又は洪水、干ばつ若しくは砂漠化のおそれのある地域を有する国及びぜい弱な山岳の生態系を有する開発途上国は、特に気候変動の悪影響を受けやすいことを認め、

経済が化石燃料の生産、使用及び輸出に特に依存している国(特に開発途上国)について、温室効果ガスの排出抑制に関してとられる措置の結果特別な困難が生ずることを認め、

持続的な経済成長の達成及び貧困の撲滅という開発途上国の正当かつ優先的な要請を十分に考慮し、気候変動への対応については、社会及び経済の開発に対する悪影響を回避するため、これらの開発との間で総合的な調整が図られるべきであることを確認し、

すべての国(特に開発途上国)が社会及び経済の持続可能な開発の達成のための資源の取得の機会を必要としていること、並びに開発途上国がそのような開発の達成という目標に向かって前進するため、一層高いエネルギー効率の達成及び温室効果ガスの排出の一般的な抑制の可能性(特に、新たな技術が経済的にも社会的にも有利な条件で利用されることによるそのような可能性)をも考慮に入れつつ、そのエネルギー消費を増加させる必要があることを認め、

現在及び将来の世代のために気候系を保護することを決意して、

次のとおり協定した。

第一条(定義)(注)

注 各条の表題は、専ら便宜のために付するものである。

この条約の適用上、

1 「気候変動の悪影響」とは、気候変動に起因する自然環境又は生物相の変化であって、自然の及び管理された生態系の構成、回復力若しくは生産力、社会及び経済の機能又は人の健康及び福祉に対し著しく有害な影響を及ぼすものをいう。

2 「気候変動」とは、地球の大気の組成を変化させ

る人間活動に直接又は間接に起因する気候の変化であって、比較可能な期間において観測される気候の自然な変動に対して追加的に生ずるものをいう。

3　「気候系」とは、気圏、水圏、生物圏及び岩石圏の全体並びにこれらの間の相互作用をいう。

4　「排出」とは、特定の地域及び期間における温室効果ガス又はその前駆物質の大気中への放出をいう。

5　「温室効果ガス」とは、大気を構成する気体(天然のものであるか人為的に排出されるものであるかを問わない。)であって、赤外線を吸収し及び再放射するものをいう。

6　「地域的な経済統合のための機関」とは、特定の地域の主権国家によって構成され、この条約又はその議定書が規律する事項に関して権限を有し、かつ、その内部手続に従ってこの条約若しくはその議定書の署名、批准、受諾若しくは承認又はこの条約若しくはその議定書への加入が正当に委任されている機関をいう。

7　「貯蔵庫」とは、温室効果ガス又はその前駆物質を貯蔵する気候系の構成要素をいう。

8　「吸収源」とは、温室効果ガス、エーロゾル又は温室効果ガスの前駆物質を大気中から除去する作用、活動又は仕組みをいう。

9　「発生源」とは、温室効果ガス、エーロゾル又は温室効果ガスの前駆物質を大気中に放出する作用又は活動をいう。

第二条(目的) この条約及び締約国会議が採択する関連する法的文書は、この条約の関連規定に従い、気候系に対して危険な人為的干渉を及ぼすこととならない水準において大気中の温室効果ガスの濃度を安定化させることを究極的な目的とする。そのような水準は、生態系が気候変動に自然に適応し、食糧の生産が脅かされず、かつ、経済開発が持続可能な態様で進行することができるような期間内に達成されるべきである。

第三条(原則) 締約国は、この条約の目的を達成し及びこの条約を実施するための措置をとるに当たり、特に、次に掲げるところを指針とする。

1　締約国は、衡平の原則に基づき、かつ、それぞれ共通に有しているが差異のある責任及び各国の能力に従い、人類の現在及び将来の世代のために気候系を保護すべきである。したがって、先進締約国は、率先して気候変動及びその悪影響に対処すべきである。

2　開発途上締約国(特に気候変動の悪影響を著しく受けやすいもの)及びこの条約によって過重又は異常な負担を負うこととなる締約国(特に開発途上締約国)の個別のニーズ及び特別な事情について十分な考慮が払われるべきである。

3　締約国は、気候変動の原因を予測し、防止し又は最小限にするための予防措置をとるとともに、気候変動の悪影響を緩和すべきである。深刻な又は回復不可能な損害のおそれがある場合には、科学的な確実性が十分にないことをもって、このような予防措置をとることを延期する理由とすべきではない。もっとも、気候変動に対処するための政策及び措置は、可能な限り最小の費用によって地球的規模で利益がもたらされるように費用対効果の大きいものとすることについても考慮を払うべきである。このため、これらの政策及び措置は、社会経済状況の相違が考慮され、包括的なものであり、関連するすべての温室効果ガスの発生源、吸収源及び貯蔵庫並びに適応のための措置を網羅し、かつ、経済のすべての部門を含むべきである。気候変動に対処するための努力は、関心を有する締約国の協力によっても行われ得る。

4　締約国は、持続可能な開発を促進する権利及び責務を有する。気候変動に対処するための措置をとるためには経済開発が不可欠であることを考慮し、人に起因する変化から気候系を保護するための政策及び措置については、各締約国の個別の事情に適合したものとし、各国の開発計画に組み入れるべきである。

5　締約国は、すべての締約国(特に開発途上締約国)において持続可能な経済成長及び開発をもたらし、もって締約国が一層気候変動の問題に対処することを可能にするような協力的かつ開放的な国際経済体制の確立に向けて協力すべきである。気候変動に対処するためにとられる措置(一方的なものを含む。)は、国際貿易における恣(し)意的若しくは不当な差別の手段又は偽装した制限となるべきではない。

第四条(約束) 1　すべての締約国は、それぞれ共通に有しているが差異のある責任、各国及び地域に特有の開発の優先順位並びに各国特有の目的及び事情を考慮して、次のことを行う。

(a)　締約国会議が合意する比較可能な方法を用い、温室効果ガス(モントリオール議定書によって規制されているものを除く。)について、発生源による人為的な排出及び吸収源による除去に関する自国の目録を作成し、定期的に更新し、公表し及び第十二条の規定に従って締約国会議に提供すること。

(b)　自国の(適当な場合には地域の)計画を作成し、実施し、公表し及び定期的に更新すること。この計画には、気候変動を緩和するための措置(温室効果ガス(モントリオール議定書によって規制されているものを除く。)の発生源による人為的な排出及び吸収源による除去を対象とするもの)及び気候変動に対する適応を容易にするための措置を含めるものとする。

(c)　エネルギー、運輸、工業、農業、林業、廃棄物の処理その他すべての関連部門において、温室効果ガス(モントリオール議定書によって規制されているものを除く。)の人為的な排出を抑制し、削減し又は防止する技術、慣行及び方法の開発、利用及び普及(移転を含む。)を促進し、並びにこれらについて協力すること。

(d)　温室効果ガス(モントリオール議定書によって

規制されているものを除く。）の吸収源及び貯蔵庫（特に、バイオマス、森林、海その他陸上、沿岸及び海洋の生態系）の持続可能な管理を促進すること並びにこのような吸収源及び貯蔵庫の保全（適当な場合には強化）を促進し並びにこれらについて協力すること。

(e) 気候変動の影響に対する適応のための準備について協力すること。沿岸地域の管理、水資源及び農業について、並びに干ばつ及び砂漠化により影響を受けた地域（特にアフリカにおける地域）並びに洪水により影響を受けた地域の保護及び回復について、適当かつ総合的な計画を作成すること。

(f) 気候変動に関し、関連する社会、経済及び環境に関する自国の政策及び措置において可能な範囲内で考慮を払うこと。気候変動を緩和し又はこれに適応するために自国が実施する事業又は措置の経済、公衆衛生及び環境に対する悪影響を最小限にするため、自国が案出し及び決定する適当な方法（例えば影響評価）を用いること。

(g) 気候変動の原因、影響、規模及び時期並びに種々の対応戦略の経済的及び社会的影響についての理解を増進し並びにこれらについて残存する不確実性を減少させ又は除去することを目的として行われる気候系に関する科学的、技術的、社会経済的研究その他の研究、組織的観測及び資料の保管制度の整備を促進し、並びにこれらについて協力すること。

(h) 気候系及び気候変動並びに種々の対応戦略の経済的及び社会的影響に関する科学上、技術上、社会経済上及び法律上の情報について、十分な、開かれた及び迅速な交換を促進し、並びにこれらについて協力すること。

(i) 気候変動に関する教育、訓練及び啓発を促進し、これらについて協力し、並びにこれらへの広範な参加（民間団体の参加を含む。）を奨励すること。

(j) 第一二条の規定に従い、実施に関する情報を締約国会議に送付すること。

2 附属書Iに掲げる先進締約国その他の締約国（以下「附属書Iの締約国」という。）は、特に、次に定めるところに従って約束する。

(a) 附属書Iの締約国は、温室効果ガスの人為的な排出を抑制すること並びに温室効果ガスの吸収源及び貯蔵庫を保護し及び強化することによって気候変動を緩和するための自国の政策を採用し、これに沿った措置をとる（注）。これらの政策及び措置は、温室効果ガスの人為的な排出の長期的な傾向をこの条約の目的に沿って修正することについて、先進国が率先してこれを行っていることを示すこととなる。二酸化炭素その他の温室効果ガス（モントリオール議定書によって規制されているものを除く。）の人為的な排出の量を一九九〇年代の終わりまでに従前の水準に戻すことは、このような修正に寄与するものであることが認識される。また、附属書Iの締約国の出発点、対処の方法、経済構造及び資源的基盤がそれぞれ異なるものであること、強力かつ持続可能な経済成長を維持する必要があること、利用可能な技術その他の個別の事情があること、並びにこれらの締約国がこの条約の目的のための世界的な努力に対して衡平かつ適当な貢献を行う必要があることについて、考慮が払われる。附属書Iの締約国が、これらの政策及び措置を他の締約国と共同して実施すること並びに他の締約国によるこの条約の目的、特に、この(a)の規定の目的の達成への貢献について当該他の締約国を支援することもあり得る。

注 これらの政策及び措置には、地域的な経済統合のための機関がとるものが含まれる。

(b) (a)の規定の目的の達成を促進するため、附属書Iの締約国は、(a)に規定する政策及び措置並びにこれらの政策及び措置をとった結果(a)に規定する期間について予測される二酸化炭素その他の温室効果ガス（モントリオール議定書によって規制されているものを除く。）の発生源による人為的な排出及び吸収源による除去に関する詳細な情報を、この条約が自国について効力を生じた後六箇月以内に及びその後は定期的に、第一二条の規定に従って送付する。その送付は、二酸化炭素その他の温室効果ガス（モントリオール議定書によって規制されているものを除く。）の人為的な排出の量を個別に又は共同して一九九〇年の水準に戻すという目的をもって行われる。締約国会議は、第七条の規定に従い、第一回会合において及びその後は定期的に、当該情報について検討する。

(c) (b)の規定の適用上、温室効果ガスの発生源による排出の量及び吸収源による除去の量の算定に当たっては、入手可能な最良の科学上の知識（吸収源の実効的な能力及びそれぞれの温室効果ガスの気候変動への影響の度合に関するものを含む。）を考慮に入れるべきである。締約国会議は、この算定のための方法について、第一回会合において検討し及び合意し、その後は定期的に検討する。

(d) 締約国会議は、第一回会合において、(a)及び(b)の規定の妥当性について検討する。その検討は、気候変動及びその影響に関する入手可能な最良の科学的な情報及び評価並びに関連する技術上、社会上及び経済上の情報に照らして行う。締約国会議は、この検討に基づいて適当な措置（(a)及び(b)に定める約束に関する改正案の採択を含む。）をとる。締約国会議は、また、第一回会合において、(a)に規定する共同による実施のための基準に関する決定を行う。(a)及び(b)の規定に関する二回目の検討は、一九九八年一二月三一日以前に行い、その後は締約国会議が決定する一定の間隔で、この条約の目的が達成されるまで行う。

(e) 附属書Iの締約国は、次のことを行う。

(i) 適当な場合には、この条約の目的を達成するために開発された経済上及び行政上の手段を他の附属書Ⅰの締約国と調整すること。

(ii) 温室効果ガス(モントリオール議定書によって規制されているものを除く。)の人為的な排出の水準を一層高めることとなるような活動を助長する自国の政策及び慣行を特定し及び定期的に検討すること。

(f) 締約国会議は、関係する締約国の承認を得て附属書Ⅰ及び附属書Ⅱの一覧表の適当な改正について決定を行うために、一九九八年一二月三一日以前に、入手可能な情報について検討する。

(g) 附属書Ⅰの締約国以外の締約国は、批准書、受諾書、承認書若しくは加入書において又はその後いつでも、寄託者に対し、自国が(a)及び(b)の規定に拘束される意図を有する旨を通告することができる。寄託者は、他の署名国及び締約国に対してその通告を通報する。

3 附属書Ⅱに掲げる先進締約国(以下「附属書Ⅱの締約国」という。)は、開発途上締約国が第一二条1の規定に基づく義務を履行するために負担するすべての合意された費用に充てるため、新規のかつ追加的な資金を供与する。附属書Ⅱの締約国は、また、1の規定の対象とされている措置であって、開発途上締約国と第一一条に規定する国際的組織との間で合意するものを実施するためのすべての合意された増加費用を負担するために開発途上締約国が必要とする新規のかつ追加的な資金(技術移転のためのものを含む。)を同条の規定に従って供与する。これらの約束の履行に当たっては、資金の流れの妥当性及び予測可能性が必要であること並びに先進締約国の間の適当な責任分担が重要であることについて考慮を払う。

4 附属書Ⅱの締約国は、また、気候変動の悪影響を特に受けやすい開発途上締約国がそのような悪影響に適応するための費用を負担することについて、当該開発途上締約国を支援する。

5 附属書Ⅱの締約国は、他の締約国(特に開発途上締約国)がこの条約を実施することができるようにするため、適当な場合には、これらの他の締約国に対する環境上適正な技術及びノウハウの移転又は取得の機会の提供について、促進し、容易にし及び資金を供与するための実施可能なすべての措置をとる。この場合において、先進締約国は、開発途上締約国の固有の能力及び技術の開発及び向上を支援する。技術の移転を容易にすることについてのこのような支援は、その他の締約国及び機関によっても行われ得る。

6 締約国会議は、附属書Ⅰの締約国のうち市場経済への移行の過程にあるものによる2の規定に基づく約束の履行については、これらの締約国の気候変動に対処するための能力を高めるために、ある程度の弾力的適用(温室効果ガス(モントリオール議定書によって規制されているものを除く。)の人為的な排出の量の基準として用いられる過去の水準に関するものを含む。)を認めるものとする。

7 開発途上締約国によるこの条約に基づく約束の効果的な履行の程度は、先進締約国によるこの条約に基づく資金及び技術移転に関する約束の効果的な履行に依存しており、経済及び社会の開発並びに貧困の撲滅が開発途上締約国にとって最優先の事項であることが十分に考慮される。

8 締約国は、この条に規定する約束の履行に当たり、気候変動の悪影響又は対応措置の実施による影響(特に、次の(a)から(i)までに掲げる国に対するもの)に起因する開発途上締約国の個別のニーズ及び懸念に対処するためにこの条約の下でとるべき措置(資金供与、保険及び技術移転に関するものを含む。)について十分な考慮を払う。

(a) 島嶼国

(b) 低地の沿岸地域を有する国

(c) 乾燥地域、半乾燥地域、森林地域又は森林の衰退のおそれのある地域を有する国

(d) 自然災害が起こりやすい地域を有する国

(e) 干ばつ又は砂漠化のおそれのある地域を有する国

(f) 都市の大気汚染が著しい地域を有する国

(g) ぜい弱な生態系(山岳の生態系を含む。)を有する地域を有する国

(h) 化石燃料及び関連するエネルギー集約的な製品の生産、加工及び輸出による収入又はこれらの消費に経済が大きく依存している国

(i) 内陸国及び通過国

更に、この8の規定に関しては、適当な場合には締約国会議が措置をとることができる。

9 締約国は、資金供与及び技術移転に関する措置をとるに当たり、後発開発途上国の個別のニーズ及び特別な事情について十分な考慮を払う。

10 締約国は、第一〇条の規定に従い、この条約に基づく約束の履行に当たり、気候変動に対応するための措置の実施による悪影響を受けやすい経済を有する締約国(特に開発途上締約国)の事情を考慮に入れる。この場合において、特に、化石燃料及び関連するエネルギー集約的な製品の生産、加工及び輸出による収入若しくはこれらの消費にその経済が大きく依存している締約国又は化石燃料の使用にその経済が大きく依存し、かつ、代替物への転換に重大な困難を有する締約国の事情を考慮に入れる。

第五条(研究及び組織的観測)
第六条(教育、訓練及び啓発) (略)

第七条(締約国会議) 1 この条約により締約国会議を設置する。

2 締約国会議は、この条約の最高機関として、この条約及び締約国会議が採択する関連する法的文書の実施状況を定期的に検討するものとし、その権限の範囲内で、この条約の効果的な実施を促進するため必要な決定を行う。このため、締約国会議は、次

のことを行う。

(a) この条約の目的、この条約の実施により得られた経験並びに科学上及び技術上の知識の進展に照らして、この条約に基づく締約国の義務及びこの条約の下における制度的な措置について定期的に検討すること。

(b) 締約国の様々な事情、責任及び能力並びにこの条約に基づくそれぞれの締約国の約束を考慮して、気候変動及びその影響に対処するために締約国が採用する措置に関する情報の交換を促進し及び円滑にすること。

(c) 二以上の締約国の要請に応じ、締約国の様々な事情、責任及び能力並びにこの条約に基づくそれぞれの締約国の約束を考慮して、気候変動及びその影響に対処するために締約国が採用する措置の調整を円滑にすること。

(d) 締約国会議が合意することとなっている比較可能な方法、特に、温室効果ガスの発生源による排出及び吸収源による除去に関する目録を作成するため並びに温室効果ガスの排出の抑制及び除去の増大に関する措置の効果を評価するための方法について、この条約の目的及び規定に従い、これらの開発及び定期的な改善を促進し及び指導すること。

(e) この条約により利用が可能となるすべての情報に基づき、締約国によるこの条約の実施状況、この条約に基づいてとられる措置の全般的な影響(特に、環境、経済及び社会に及ぼす影響並びにこれらの累積的な影響)及びこの条約の目的の達成に向けての進捗(ちょく)状況を評価すること。

(f) この条約の実施状況に関する定期的な報告書を検討し及び採択すること並びに当該報告書の公表を確保すること。

(g) この条約の実施に必要な事項に関する勧告を行うこと。

(h) 第四条の3から5までの規定及び第一一条の規定に従って資金が供与されるよう努めること。

(i) この条約の実施に必要と認められる補助機関を設置すること。

(j) 補助機関により提出される報告書を検討し、及び補助機関を指導すること。

(k) 締約国会議及び補助機関の手続規則及び財政規則をコンセンサス方式により合意し及び採択すること。

(l) 適当な場合には、能力を有する国際機関並びに政府間及び民間の団体による役務、協力及び情報の提供を求め及び利用すること。

(m) その他この条約の目的の達成のために必要な任務及びこの条約に基づいて締約国会議に課されるすべての任務を遂行すること。

3 締約国会議は、第一回会合において、締約国会議及びこの条約により設置される補助機関の手続規則を採択する。この手続規則には、この条約において意思決定手続が定められていない事項に関する意思決定手続を含む。この手続規則には、特定の決定の採択に必要な特定の多数を含むことができる。

4 締約国会議の第一回会合は、第二一条に規定する暫定的な事務局が招集するものとし、この条約の効力発生の日の後一年以内に開催する。その後は、締約国会議の通常会合は、締約国会議が別段の決定を行わない限り、毎年開催する。

5 締約国会議の特別会合は、締約国会議が必要と認めるとき又はいずれかの締約国から書面による要請のある場合において事務局がその要請を締約国に通報した後六箇月以内に締約国の少なくとも三分の一がその要請を支持するときに開催する。

6 国際連合、その専門機関、国際原子力機関及びこれらの国際機関の加盟国又はオブザーバーであってこの条約の締約国でないものは、締約国会議の会合にオブザーバーとして出席することができる。この条約の対象とされている事項について認められた団体又は機関(国内若しくは国際の又は政府若しくは民間のもののいずれであるかを問わない。)であって、締約国会議の会合にオブザーバーとして出席することを希望する旨事務局に通報したものは、当該会合に出席する締約国の三分の一以上が反対しない限り、オブザーバーとして出席することを認められる。オブザーバーの出席については、締約国会議が採択する手続規則に従う。

第八条(事務局)(略)

第九条(科学上及び技術上の助言に関する補助機関)

1 この条約により科学上及び技術上の助言に関する補助機関を設置する。当該補助機関は、締約国会議及び適当な場合には他の補助機関に対し、この条約に関連する科学的及び技術的な事項に関する時宜を得た情報及び助言を提供する。当該補助機関は、すべての締約国による参加のために開放するものとし、学際的な性格を有する。当該補助機関は関連する専門分野に関する知識を十分に有している政府の代表者により構成する。当該補助機関は、その活動のすべての側面に関して、締約国会議に対し定期的に報告を行う。

2 1の補助機関は、締約国会議の指導の下に及び能力を有する既存の国際団体を利用して次のことを行う。

(a) 気候変動及びその影響に関する科学上の知識の現状の評価を行うこと。

(b) この条約の実施に当たってとられる措置の影響に関する科学的な評価のための準備を行うこと。

(c) 革新的な、効率的な及び最新の技術及びノウハウを特定すること並びにこれらの技術の開発又は移転を促進する方法及び手段に関する助言を行うこと。

(d) 気候変動に関する科学的な計画、気候変動に関する研究及び開発における国際協力並びに開発途上国の固有の能力の開発を支援する方法及び手段に関する助言を行うこと。

(e) 締約国会議及びその補助機関からの科学、技術及び方法論に関する質問に回答すること。

3 1の補助機関の任務及び権限については、締約国会議が更に定めることができる。

第一〇条（実施に関する補助機関） 1 この条約により実施に関する補助機関を設置する。当該補助機関は、この条約の効果的な実施について評価し及び検討することに関して締約国会議を補佐する。当該補助機関は、すべての締約国による参加のために開放するものとし、気候変動に関する事項の専門家である政府の代表者により構成する。当該補助機関は、その活動のすべての側面に関して、締約国会議に対し定期的に報告を行う。

2 1の補助機関は、締約国会議の指導の下に、次のことを行う。

(a) 気候変動に関する最新の科学的な評価に照らして、締約国によってとられた措置の影響を全体として評価するため、第一二条1の規定に従って送付される情報を検討すること。

(b) 締約国会議が第四条2(d)に規定する検討を行うことを補佐するため、第一二条2の規定に従って送付される情報を検討すること。

(c) 適当な場合には、締約国会議の行う決定の準備及び実施について締約国会議を補佐すること。

第一一条（資金供与の制度） 1 贈与又は緩和された条件による資金供与（技術移転のためのものを含む。）のための制度についてここに定める。この制度は、締約国会議の指導の下に機能し、締約国会議に対して責任を負う。締約国会議は、この条約に関連する政策、計画の優先度及び適格性の基準について決定する。当該制度の運営は、一又は二以上の既存の国際的組織に委託する。

2 1の資金供与の制度については、透明な管理の仕組みの下に、すべての締約国から衡平なかつ均衡のとれた形で代表されるものとする。

3 締約国会議及び1の資金供与の制度の運営を委託された組織は、1及び2の規定を実施するための取決めについて合意する。この取決めには、次のことを含む。

(a) 資金供与の対象となる気候変動に対処するための事業が締約国会議の決定する政策、計画の優先度及び適格性の基準に適合していることを確保するための方法

(b) 資金供与に関する個別の決定を(a)の政策、計画の優先度及び適格性の基準に照らして再検討するための方法

(c) 1に規定する責任を果たすため、当該組織が締約国会議に対し資金供与の実施に関して定期的に報告書を提出すること。

(d) この条約の実施のために必要かつ利用可能な資金の額について、予測し及び特定し得るような方法により決定すること、並びにこの額の定期的な検討に関する要件

4 締約国会議は、第一回会合において、第二一条3に定める暫定的措置を検討し及び考慮して、1から3までの規定を実施するための措置をとり、及び当該暫定的措置を維持するかしないかを決定する。締約国会議は、その後四年以内に、資金供与の制度について検討し及び適当な措置をとる。

5 先進締約国は、また、二国間の及び地域的その他の多数国間の経路を通じて、この条約の実施に関連する資金を供与することができるものとし、開発途上締約国は、これを利用することができる。

第一二条（実施に関する情報の送付） 1 締約国は、第四条1の規定に従い、事務局を通じて締約国会議に対して次の情報を送付する。

(a) 温室効果ガス（モントリオール議定書によって規制されているものを除く。）の発生源による人為的な排出及び吸収源による除去に関する自国の目録。この目録は、締約国会議が合意し及び利用を促進する比較可能な方法を用いて、自国の能力の範囲内で作成する。

(b) この条約を実施するために締約国がとり又はとろうとしている措置の概要

(c) その他この条約の目的の達成に関連を有し及び通報に含めることが適当であると締約国が認める情報（可能なときは、世界全体の排出量の傾向の算定に関連する資料を含む。）

2 附属書Ⅰの締約国は、送付する情報に次の事項を含める。

(a) 第四条2の(a)及び(b)の規定に基づく約束を履行するために採用した政策及び措置の詳細

(b) (a)に規定する政策及び措置が、温室効果ガスの発生源による人為的な排出及び吸収源による除去に関して第四条2(a)に規定する期間についてもたらす効果の具体的な見積り

3 更に、附属書Ⅱの締約国は、第四条の3から5までの規定に従ってとる措置の詳細を含める。

4 開発途上締約国は、任意に、資金供与の対象となる事業を提案することができる。その提案には、当該事業を実施するために必要な特定の技術、資材、設備、技法及び慣行を含めるものとし、可能な場合には、すべての増加費用、温室効果ガスの排出の削減及び除去の増大並びにこれらに伴う利益についての見積りを含める。

5 附属書Ⅰの締約国は、この条約が自国について効力を生じた後六箇月以内に最初の情報の送付を行う。附属書Ⅰの締約国以外の締約国は、この条約が自国について効力を生じた後又は第四条3の規定に従い資金が利用可能となった後三年以内に最初の情報の送付を行う。後発開発途上国である締約国は、最初の情報の送付については、その裁量によることができる。すべての締約国がその後行う送付の頻度は、

この5に定める送付の期限の差異を考慮して、締約国会議が決定する。

6 事務局は、この条の規定に従って締約国が送付した情報をできる限り速やかに締約国会議及び関係する補助機関に伝達する。締約国会議は、必要な場合には、情報の送付に関する手続について更に検討することができる。

7 開発途上締約国が、この条の規定に従って情報を取りまとめ及び送付するに当たり並びに第四条の規定に基づいて提案する事業及び対応措置に必要な技術及び資金を特定するに当たり、締約国会議は、第一回会合の時から、開発途上締約国に対しその要請に応じ技術上及び財政上の支援が行われるよう措置をとる。このような支援は、適当な場合には、他の締約国、能力を有する国際機関及び事務局によって行われる。

8 この条の規定に基づく義務を履行するための情報の送付は、締約国会議が採択した指針に従うこと及び締約国会議に事前に通報することを条件として、二以上の締約国が共同して行うことができる。この場合において、送付する情報には、当該二以上の締約国のこの条約に基づくそれぞれの義務の履行に関する情報を含めるものとする。

9 事務局が受領した情報であって、締約国会議が定める基準に従い締約国が秘密のものとして指定したものは、情報の送付及び検討に関係する機関に提供されるまでの間、当該情報の秘密性を保護するため、事務局が一括して保管する。

10 9の規定に従うことを条件として、かつ、締約国が自国の送付した情報の内容をいつでも公表することができることを妨げることなく、事務局は、この条の規定に従って送付される締約国の情報について、締約国会議に提出する時に、その内容を公に利用可能なものとする。

第一三条（実施に関する問題の解決） 締約国会議は、第一回会合において、この条約の実施に関する問題の解決のための多数国間の協議手続（締約国がその要請により利用することができるもの）を定めることを検討する。

第一四条（紛争の解決） 1 この条約の解釈又は適用に関して締約国間で紛争が生じた場合には、紛争当事国は、交渉又は当該紛争当事国が選択するその他の平和的手段により紛争の解決に努める。

2 地域的な経済統合のための機関でない締約国は、この条約の解釈又は適用に関する紛争について、同一の義務を受諾する締約国との関係において次の一方又は双方の手段を当然にかつ特別の合意なしに義務的であると認めることをこの条約の批准、受諾若しくは承認若しくはこれへの加入の際に又はその後いつでも、寄託者に対し書面により宣言することができる。

(a) 国際司法裁判所への紛争の付託

(b) 締約国会議ができる限り速やかに採択する仲裁に関する附属書に定める手続による仲裁

地域的な経済統合のための機関である締約国は、(b)に規定する手続による仲裁に関して同様の効果を有する宣言を行うことができる。

3 2の規定に基づいて行われる宣言は、当該宣言の期間が満了するまで又は書面による当該宣言の撤回の通告が寄託者に寄託された後三箇月が経過するまでの間、効力を有する。

4 新たな宣言、宣言の撤回の通告又は宣言の期間の満了は、紛争当事国が別段の合意をしない限り、国際司法裁判所又は仲裁裁判所において進行中の手続に何ら影響を及ぼすものではない。

5 2の規定が適用される場合を除くほか、いずれかの紛争当事国が他の紛争当事国に対して紛争が存在する旨の通告を行った後一二箇月以内にこれらの紛争当事国が1に定める手段によって当該紛争を解決することができなかった場合には、当該紛争は、いずれかの紛争当事国の要請により調停に付される。

6 いずれかの紛争当事国の要請があったときは、調停委員会が設置される。調停委員会は、各紛争当事国が指名する同数の委員及び指名された委員が共同で選任する委員長によって構成される。調停委員会は、勧告的な裁定を行い、紛争当事国は、その裁定を誠実に検討する。

7 1から6までに定めるもののほか、調停に関する手続は、締約国会議ができる限り速やかに採択する調停に関する附属書に定める。

8 この条の規定は、締約国会議が採択する関連する法的文書に別段の定めがある場合を除くほか、当該法的文書について準用する。

第一五条（この条約の改正） 1 締約国は、この条約の改正を提案することができる。

2 この条約の改正は、締約国会議の通常会合において採択する。この条約の改正案は、その採択が提案される会合の少なくとも六箇月前に事務局が締約国に通報する。事務局は、また、改正案をこの条約の署名国及び参考のために寄託者に通報する。

3 締約国は、この条約の改正案につき、コンセンサス方式により合意に達するようあらゆる努力を払う。コンセンサスのためのあらゆる努力にもかかわらず合意に達しない場合には、改正案は、最後の解決手段として、当該会合に出席しかつ投票する締約国の四分の三以上の多数による議決で採択する。採択された改正は、事務局が寄託者に通報するものとし、寄託者がすべての締約国に対し受諾のために送付する。

4 改正の受諾書は、寄託者に寄託する。3の規定に従って採択された改正は、この条約の締約国の少なくとも四分の三の受諾書を寄託者が受領した日の後九〇日目の日に、当該改正を受諾した締約国について効力を生ずる。

5 改正は、他の締約国が当該改正の受諾書を寄託者に寄託した日の後九〇日目の日に当該他の締約国について効力を生ずる。

6　この条の規定の適用上、「出席しかつ投票する締約国」とは、出席しかつ賛成票又は反対票を投ずる締約国をいう。

第一六条（この条約の附属書の採択及び改正）1　この条約の附属書は、この条約の不可分の一部を成すものとし、「この条約」というときは、別段の明示の定めがない限り、附属書を含めていうものとする。附属書は、表、書式その他科学的、技術的、手続的又は事務的な性格を有する説明的な文書に限定される（ただし、第一四条の2(b)及び7の規定については、この限りでない。）。

2　この条約の附属書は、前条の2から4までに定める手続を準用して提案され及び採択される。

3　2の規定に従って採択された附属書は、寄託者がその採択を締約国に通報した日の後六箇月で、その期間内に当該附属書を受諾しない旨を寄託者に対して書面により通告した締約国を除くほか、この条約のすべての締約国について効力を生ずる。当該附属書は、当該通告を撤回する旨の通告を寄託者が受領した日の後九〇日目の日に、当該通告を撤回した締約国について効力を生ずる。

4　この条約の附属書の改正の提案、採択及び効力発生は、2及び3の規定によるこの条約の附属書の提案、採択及び効力発生と同一の手続に従う。

5　附属書の採択又は改正がこの条約の改正を伴うものである場合には、採択され又は改正された附属書は、この条約の改正が効力を生ずる時まで効力を生じない。

第一七条（議定書）1　締約国会議は、その通常会合において、この条約の議定書を採択することができる。

2　議定書案は、1の通常会合の少なくとも六箇月前に事務局が締約国に通報する。

3　議定書の効力発生の要件は、当該議定書に定める。

4　この条約の締約国のみが、議定書の締約国になることができる。

5　議定書に基づく決定は、当該議定書の締約国のみが行う。

第一八条（投票権）
第一九条（寄託者）
第二〇条（署名）
第二一条（暫定的措置）
第二二条（批准、受諾、承認又は加入）
（略）

第二三条（効力発生）この条約は、五〇番目の批准書、受諾書、承認書又は加入書の寄託の日の後九〇日目の日に効力を生ずる。

2　この条約は、五〇番目の批准書、受諾書、承認書又は加入書の寄託の後にこれを批准し、受諾し若しくは承認し又はこれに加入する国又は地域的な経済統合のための機関については、当該国又は機関による批准書、受諾書、承認書又は加入書の寄託の日の後九〇日目の日に効力を生ずる。

3　地域的な経済統合のための機関によって寄託される文書は、1及び2の規定の適用上、当該機関の構成国によって寄託されたものに追加して数えてはならない。

第二四条（留保）この条約には、いかなる留保も付することができない。

第二五条（脱退）
第二六条（正文）
（略）

附属書I

オーストラリア、オーストリア、*ベラルーシ、ベルギー、*ブルガリア、カナダ、*クロアチア、*チェコ共和国、デンマーク、欧州連合、*エストニア、フィンランド、フランス、ドイツ、ギリシャ、*ハンガリー、アイスランド、アイルランド、イタリア、日本国、*ラトヴィア、リヒテンシュタイン、*リトアニア、ルクセンブルグ、マルタ、モナコ、オランダ、ニュー・ジーランド、ノルウェー、*ポーランド、ポルトガル、*ルーマニア、*ロシア連邦、*スロバキア、*スロベニア、スペイン、スウェーデン、スイス、トルコ、*ウクライナ、グレート・ブリテン及び北部アイルランド連合王国、アメリカ合衆国

*　市場経済への移行の過程にある国

（一九九八年八月一三日、二〇一〇年一〇月二六日改正）

附属書II

オーストラリア、オーストリア、ベルギー、カナダ、デンマーク、欧州連合、フィンランド、フランス、ドイツ、ギリシャ、アイスランド、アイルランド、イタリア、日本国、ルクセンブルグ、オランダ、ニュー・ジーランド、ノルウェー、ポルトガル、スペイン、スウェーデン、スイス、グレート・ブリテン及び北部アイルランド連合王国、アメリカ合衆国

（二〇〇二年六月二八日改正）

6　4　パリ協定

採　択　二〇一五年一二月一二日（パリ）
効力発生　二〇一六年一一月四日
日本国　二〇一六年四月二二日署名、一一月八日国会承認、一一月八日受諾書寄託、一一月一四日公布（条約第一六号）、一二月八日効力発生

この協定の締約国は、

気候変動に関する国際連合枠組条約（以下「条約」と

いう。）の締約国として、

条約の締約国会議第一七回会合における決定第一号（第一七回会合）によって設けられた強化された行動のためのダーバン・プラットフォームに従い、

条約の目的を達成するため、また、条約の諸原則（衡平の原則並びに各国の異なる事情に照らした共通に有しているが差異のある責任及び各国の能力に関する原則を含む。）を指針とし、

気候変動という緊急の脅威に対し、利用可能な最良の科学上の知識に基づき効果的かつ進歩的に対応することが必要であることを認め、

条約に定めるところに従い、開発途上締約国（特に気候変動の悪影響を著しく受けやすいもの）のまた、個別のニーズ及び特別な事情を認め、

資金供与及び技術移転に関し、後発開発途上国の個別のニーズ及び特別な事情について十分な考慮を払い、

締約国が気候変動のみでなく、気候変動に対応してとられる措置によっても影響を受けるおそれがあることを認め、

気候変動に対処するための行動、気候変動に対する対応及び気候変動の影響と持続可能な開発のための衡平な機会及び貧困の撲滅との間に存在する内在的な関係を強調し、

食糧安全保障及び飢餓の撲滅という基本的な優先事項並びに気候変動の悪影響に対する食糧生産体系の著しいぜい弱性を認め、

自国が定める開発の優先順位に基づく労働力の公正な移動並びに適切な仕事及び質の高い雇用の創出が必要不可欠であることを考慮し、

気候変動が人類の共通の関心事であることを確認しつつ、締約国が、気候変動に対処するための行動をとる際に、人権、健康についての権利、先住民、地域社会、移民、児童、障害者及び影響を受けやすい状況にある人々の権利並びに開発の権利に関するそれぞれの締約国の義務の履行並びに男女間の平等、女子の自律的な力の育成及び世代間の衡平を尊重し、促進し、及び考慮すべきであり、

条約に規定する温室効果ガスの吸収源及び貯蔵庫を保全し、及び適当な場合には強化することの重要性を認め、

気候変動に対処するための行動をとる際に、全ての生態系（海洋を含む。）の本来のままの状態における保全及び生物の多様性の保全（「母なる地球」として一部の文化によって認められるもの）を確保することの重要性に留意し、並びに「気候の正義」の概念の一部の者にとっての重要性に留意し、

この協定において取り扱う事項に関するあらゆる段階における教育、訓練、啓発、公衆の参加、情報の公開及び協力の重要性を確認し、

締約国のそれぞれの国内法令に従い、全ての段階の政府及び種々の関係者が気候変動への対処に従事することの重要性を認め、

また、持続可能な生活様式並びに消費及び生産の持続可能な態様が、気候変動への対処において、先進締約国が率先することにより、重要な役割を果たすことを認めて、

次のとおり協定した。

第一条【用語】この協定の適用上、条約第一条の定義を適用する。さらに、

(a)「条約」とは、一九九二年五月九日にニューヨークで採択された気候変動に関する国際連合枠組条約をいう。

(b)「締約国会議」とは、条約の締約国会議をいう。

(c)「締約国」とは、この協定の締約者をいう。

第二条【目的】1　この協定は、条約（その目的を含む。）の実施を促進する上で、持続可能な開発及び貧困を撲滅するための努力の文脈において、気候変動の脅威に対する世界全体での対応を、次のことによるものを含め、強化することを目的とする。

(a)　世界全体の平均気温の上昇を工業化以前よりも摂氏二度高い水準を十分に下回るものに抑えること並びに世界全体の平均気温の上昇を工業化以前よりも摂氏一・五度高い水準までのものに制限するための努力を、この努力が気候変動のリスク及び影響を著しく減少させることとなるものであることを認識しつつ、継続すること。

(b)　食糧の生産を脅かさないような方法で、気候変動の悪影響に適応する能力並びに気候に対する強靱性を高め、及び温室効果ガスについて低排出型の発展を促進する能力を向上させること。

(c)　温室効果ガスについて低排出型であり、及び気候に対して強靱である発展に向けた方針に資金の流れを適合させること。

2　この協定は、衡平並びに各国の異なる事情に照らした共通に有しているが差異のある責任及び各国の能力に関する原則を反映するように実施される。

第三条【一般規定】全ての締約国は、気候変動に対する世界全体での対応に向けた自国が決定する貢献（以下「国が決定する貢献」という。）に関し、前条に規定するこの協定の目的を達成するため、次条、第七条、第九条から第一一条まで及び第一三条に定める野心的な努力に取り組み、並びにその努力を通報する。全ての締約国の努力については、この協定の効果的な実施のために開発途上締約国を支援することの必要性についての認識の下で、時間とともに前進を示すものとなる。

第四条【緩和】1　締約国は、第二条に定める長期的な気温に関する目標を達成するため、衡平に基づき並びに持続可能な開発及び貧困を撲滅するための努力の文脈において、今世紀後半に温室効果ガスの人為的な発生源による排出量と吸収源による除去量との間の均衡を達成するために、開発途上締約国の温室効果ガスの排出量がピークに達するまでには一層長い期間を要することを認識しつつ、世界全体の温室効果ガスの排出量ができる限り速やかにピークに達すること及びその後は利用可能な最良の科学に基づ

いて迅速な削減に取り組むことを目的とする。

2　各締約国は、自国が達成する意図を有する累次の国が決定する貢献を作成し、通報し、及び維持する。締約国は、当該国が決定する貢献の目的を達成するため、緩和に関する国内措置を遂行する。

3　各締約国による累次の国が決定する貢献については、各締約国によるその直前の国が決定する貢献を超える前進を示し、並びに各国の異なる事情に照らした共通に有しているが差異のある責任及び各国の能力を考慮しつつ、各締約国のできる限り高い野心を反映するものとなる。

4　先進締約国は、経済全体における排出の絶対量での削減目標に取り組むことによって、引き続き先頭に立つべきである。開発途上締約国は、自国の緩和に関する努力を引き続き強化すべきであり、各国の異なる事情に照らして経済全体における排出の削減目標又は抑制目標に向けて時間とともに移行していくことが奨励される。

5　開発途上締約国に対しては、開発途上締約国に対する強化された支援がその行動を一層野心的なものにすることを可能にするとの認識の下で、この条の規定を実施するための支援を第九条から第一一条までの規定に従って提供する。

6　後発開発途上国及び開発途上にある島嶼国は、温室効果ガスについて低排出型の発展のための戦略、計画及び行動であって、自国の特別な事情を反映するものを作成し、及び通報することができる。

7　締約国の適応に関する行動又は経済の多角化に関する計画により副次的に生ずる緩和についての利益は、この条の規定に基づく緩和の成果に寄与することができる。

8　全ての締約国は、国が決定する貢献の通報に際し、締約国会議第二一回会合における決定第一号(第二一回会合)及びこの協定の締約国の会合としての役割を果たす締約国会議における関連の決定に従い、明確性、透明性及び理解のために必要な情報を提供する。

9　各締約国は、締約国会議第二一回会合における決定第一号(第二一回会合)及びこの協定の締約国の会合としての役割を果たす締約国会議における関連の決定に従い、国が決定する貢献を五年ごとに通報する。第一四条に規定する世界全体としての実施状況の検討の結果については、各締約国に対し、情報が提供される。

10　この協定の締約国の会合としての役割を果たす締約国会議は、第一回会合において、国が決定する貢献に係る共通の期間について検討する。

11　締約国は、この協定の締約国の会合としての役割を果たす締約国会議が採択する指針に従い、既存の国が決定する貢献について、その野心の水準を高めるためにいつでも調整することができる。

12　締約国が通報する国が決定する貢献については、事務局が管理する公的な登録簿に記録する。

13　締約国は、国が決定する貢献の計算を行う。締約国は、国が決定する貢献に関し、人為的な排出量及び除去量の計算を行うに際しては、この協定の締約国の会合としての役割を果たす締約国会議が採択する指針に従い、環境の保全、透明性、正確性、完全性、比較可能性及び整合性を促進し、並びに二重の計上の回避を確保する。

14　締約国は、国が決定する貢献の文脈においては、13の規定に照らし、人為的な排出及び除去に係る緩和に関する行動を確認し、及び実施する際に、適当なときは、条約に基づく既存の方法及び指針を考慮に入れるべきである。

15　締約国は、この協定の実施に際し、対応措置により最も影響を受ける経済を有する締約国(特に開発途上締約国)の懸念を考慮に入れる。

16　2の規定の下で共同して行動することについて合意に達した締約国(地域的な経済統合のための機関及びその構成国を含む。)は、国が決定する貢献を通報する際に、事務局に対し、当該合意の条件(各締約国に割り当てられた該当する期間内の排出量の水準を含む。)を通報する。事務局は、条約の締約国及び署名国に対し、当該合意の条件を通報する。

17　16に規定する合意に達した各締約国は、13及び14の規定並びに第一三条及び第一五条の規定に従い、当該合意に定める自国の排出量の水準について責任を負う。

18　共同して行動する締約国がこの協定の締約国である地域的な経済統合のための機関の枠組みにおいて、かつ、当該地域的な経済統合のための機関と共に行動する場合には、当該地域的な経済統合のための機関の構成国は、個別に、かつ、当該地域的な経済統合のための機関と共に、13及び14の規定並びに第一三条及び第一五条の規定に従い、16の規定に基づいて通報した合意に定める自国の排出量の水準について責任を負う。

19　全ての締約国は、各国の異なる事情に照らした共通に有しているが差異のある責任及び各国の能力を考慮しつつ、第二条の規定に留意して、温室効果ガスについて低排出型の発展のための長期的な戦略を立案し、及び通報するよう努力すべきである。

第五条【吸収源及び貯蔵庫】1　締約国は、条約第四条1(d)に規定する温室効果ガスの吸収源及び貯蔵庫(森林を含む。)を保全し、及び適当な場合には強化するための行動をとるべきである。

2　締約国は、開発途上国における森林の減少及び劣化から生ずる排出の削減に関連する活動並びに開発途上国における森林の保全、持続可能な森林経営及び森林の炭素蓄積の向上が果たす役割に関する政策上の取組及び積極的な奨励措置について並びに総合的かつ持続可能な森林経営のための緩和及び適応の一体的な取組等の代替的な政策上の取組についての既存の枠組みであって、条約に基づいて既に合意された関連の指針及び決定に定めるものを、これらの取組に関連する非炭素の便益を適宜奨励することの重要性を再確認しつつ、実施し、及び支援する(成果に基づく支払により行うことを含む。)ための行動をとることが奨励される。

第六条【市場及び非市場の取組】 1　締約国は、一部の締約国が、国が決定する貢献の実施に際し、緩和及び適応に関する行動を一層野心的なものにすることを可能にし、並びに持続可能な開発及び環境の保全を促進するため、任意の協力を行うことを選択することを認識する。

2　締約国は、国際的に移転される緩和の成果を国が決定する貢献のために利用することを伴う協力的な取組に任意に従事する際には、持続可能な開発を促進し、並びに環境の保全及び透明性(管理におけるものを含む。)を確保するものとし、この協定の締約国の会合としての役割を果たす締約国会議が採択する指針に適合する確固とした計算方法(特に二重の計上の回避を確保するためのもの)を適用する。

3　国が決定する貢献を達成するための国際的に移転される緩和の成果のこの協定に基づく利用については、任意によるものとし、参加する締約国が承認する。

4　温室効果ガスの排出に係る緩和に貢献し、及び持続可能な開発を支援する制度を、締約国が任意で利用するため、この協定により、この協定の締約国の会合としての役割を果たす締約国会議の権限及び指導の下で設立する。当該制度は、この協定の締約国の会合としての役割を果たす締約国会議が指定する機関の監督を受けるものとし、次のことを目的とする。

(a)　持続可能な開発を促しつつ、温室効果ガスの排出に係る緩和を促進すること。

(b)　締約国により承認された公的機関及び民間団体が温室効果ガスの排出に係る緩和に参加することを奨励し、及び促進すること。

(c)　受入締約国(他の締約国が国が決定する貢献を履行するために用いることもできる排出削減量を生ずる緩和に関する活動により利益を得ることとなるもの)における排出量の水準の削減に貢献すること。

(d)　世界全体の排出における総体的な緩和を行うこと。

5　受入締約国は、4に規定する制度から生ずる排出削減量について、他の締約国が国が決定する貢献を達成したことを証明するために用いる場合には、当該受入締約国が国が決定する貢献を達成したことを証明するために用いてはならない。

6　この協定の締約国の会合としての役割を果たす締約国会議は、4に規定する制度に基づく活動からの収益の一部が、運営経費を支弁するために及び気候変動の悪影響を著しく受けやすい開発途上締約国の適応に係る費用の負担を支援するために用いられることを確保する。

7　この協定の締約国の会合としての役割を果たす締約国会議は、第一回会合において、4に規定する制度に関する規則、方法及び手続を採択する。

8　締約国は、持続可能な開発及び貧困の撲滅の文脈において、調整が図られかつ効果的な方法(適当な場合には、特に、緩和、適応、資金、技術移転及び能力の開発によるものを含む。)により締約国による国が決定する貢献の実施に資するための総合的及び全体的であり、並びに均衡のとれた非市場の取組であって、締約国に利用可能なものの重要性を認める。この取組は、次のことを目的とする。

(a)　緩和及び適応に関する野心の向上を促すこと。

(b)　公的部門及び民間部門が国が決定する貢献の実施に参加することを促進すること。

(c)　手段及び関連の制度的な措置に関する調整のための機会を与えること。

9　8に規定する非市場の取組を促進するため、この協定により、持続可能な開発のための非市場の取組に関する枠組みを定める。

第七条【適応】 1　締約国は、第二条に定める気温に関する目標の文脈において、持続可能な開発に貢献し、及び適応に関する適当な対応を確保するため、この協定により、気候変動への適応に関する能力の向上並びに気候変動に対する強靱性の強化及びぜい弱性の減少という適応に関する世界全体の目標を定める。

2　締約国は、気候変動の悪影響を著しく受けやすい開発途上締約国の緊急かつ即時のニーズを考慮しつつ、適応が地区、地方、国及び地域の規模並びに国際的な規模で全ての者が直面する世界全体の課題であること並びに適応が人、生活の手段及び生態系を守るための気候変動に対する長期的な世界全体での対応の重要な構成要素であり、かつ、当該対応に貢献するものであることを認識する。

3　開発途上締約国の適応に関する努力については、この協定の締約国の会合としての役割を果たす締約国会議が第一回会合において採択する方法に従って確認する。

4　締約国は、現時点における適応の必要性が顕著であること及び一層高い水準の緩和が適応に関する追加的な努力の必要性を低減し得ることを認識し、並びに一層高い適応の必要性が一層高い適応に係る費用を伴い得ることを認識する。

5　締約国は、適応に関する行動について、影響を受けやすい集団、地域社会及び生態系を考慮に入れた上で、各国主導であり、ジェンダーに配慮した、参加型であり、及び十分に透明性のある取組によるものとすべきであること並びに適宜適応を関連の社会経済及び環境に関する政策及び行動に組み入れるため、利用可能な最良の科学並びに適当な場合には伝統的な知識、先住民の知識及び現地の知識の体系に基づき、並びにこれらを指針とするものとすべきであることを確認する。

6　締約国は、適応に関する努力に対する支援及び適応に関する努力についての国際協力の重要性並びに開発途上締約国(特に気候変動の悪影響を著しく受けやすいもの)のニーズを考慮に入れることの重要性を認める。

7　締約国は、カンクン適応枠組みを考慮に入れつつ、適応に関する行動の強化についての協力(次のことに関するものを含む。)を拡充すべきである。

(a)　情報、良い事例、経験及び得られた教訓(適当な場合には、適応に関する行動に関連する科学、計画、政策及び実施に関するものを含む。)を共有すること。

(b)　関連の情報及び知識の統合並びに締約国に対する技術的な支援及び指針の提供を支援するための制度的な措置(条約に基づく措置であって、この協定のためにその役割を果たすものを含む。)を強化すること。

(c)　気候サービスに情報を提供し、及び意思決定を支援するような方法で、気候に関する科学上の知識(研究、気候系の組織的観測及び早期警戒体制を含む。)を拡充すること。

(d)　開発途上締約国が、奨励される良い事例に適合するような方法で、適応に関する効果的な事例、適応のニーズ、優先事項、適応に関する行動及び努力のために提供され、及び受領される支援並びに課題及び隔たりを特定することができるよう支援すること。

(e)　適応に関する行動の有効性及び持続性を向上させること。

8　国際連合の専門機関は、5の規定を考慮しつつ、締約国が7に規定する行動を実施するために行う努力を支援することが奨励される。

9　各締約国は、適当な場合には、適応に関する計画の作成の過程及び行動の実施(関連の計画、政策又は貢献の作成又は強化を含み、及び次の事項を含むことができる。)に関与する。

(a)　適応に関する行動、取組又は努力の実施

(b)　自国の適応に関する計画を立案し、及び実施する過程

(c)　自国が決定する優先的な行動を立案するために行う気候変動の影響及び気候変動に対するぜい弱性の評価(影響を受けやすい人々、場所及び生態系を考慮に入れたもの)

(d)　適応に関する計画、政策、プログラム及び行動のモニタリング及び評価並びにこれらからの学習

(e)　社会経済システム及び生態系の強靱性の構築(経済の多角化及び天然資源の持続可能な管理によるものを含む。)

10　各締約国は、適当な場合には、開発途上締約国に追加の負担を生じさせることなく、適応に関する情報(自国の優先事項、実施及び支援の必要性、計画並びに行動に関するものを含むことができる。)を定期的に提出し、及び更新すべきである。

11　10に規定する適応に関する情報については、適当な場合には、他の情報若しくは文書(自国の適応に関する計画、第四条2に規定する国が決定する貢献又は自国の情報を含む。)の構成要素として又はこれらと併せて、定期的に提出し、及び更新する。

12　10に規定する適応に関する情報については、事務局が管理する公的な登録簿に記録する。

13　開発途上締約国に対しては、7及び9から11までの規定を実施するための継続的であり、及び強化された国際的な支援を第九条から第十一条までの規定に従って提供する。

14　第一四条に規定する世界全体としての実施状況の検討においては、特に、次のことを行う。

(a)　開発途上締約国の適応に関する努力を確認すること。

(b)　10に規定する適応に関する情報を考慮しつつ、適応に関する行動の実施を促進すること。

(c)　適応及び適応のために提供された支援の妥当性及び有効性を検討すること。

(d)　1に規定する適応に関する世界全体の目標の達成に向けた全体としての進捗状況を検討すること。

第八条【損失及び損害】1　締約国は、気候変動の悪影響(気象についての極端な事象及び緩やかに進行する事象を含む。)に伴う損失及び損害を回避し、及び最小限にし、並びにこれらに対処することの重要性を認め、並びに損失及び損害の危険性を減少させる上での持続可能な開発の役割を認識する。

2　気候変動の影響に伴う損失及び損害に関するワルシャワ国際制度(以下「ワルシャワ国際制度」という。)は、この協定の締約国の会合としての役割を果たす締約国会議の権限及び指導に従うものとし、この協定の締約国の会合としての役割を果たす締約国会議が決定するところに従って改善し、及び強化することができる。

3　締約国は、気候変動の悪影響に伴う損失及び損害に関し、協力及び促進に基づき、適当な場合には、例えばワルシャワ国際制度を通じ、理解を増進し、並びに行動及び支援を強化すべきである。

4　3に規定する理解の増進並びに行動及び支援の強化のための協力及び促進の分野には、次のものを含むことができる。

(a)　早期警戒体制

(b)　緊急事態のための準備

(c)　緩やかに進行する事象

(d)　回復不可能及び半永久的な損失及び損害を伴い得る事象

(e)　包括的なリスクの評価及び管理

(f)　リスクに対処する保険の制度、気候リスクの共同管理その他保険による解決

(g)　経済外の損失

(h)　地域社会、生活の手段及び生態系の強靱性

5　ワルシャワ国際制度は、この協定の下にある既存の機関及び専門家団体並びにこの協定の外にある関連の機関及び専門家団体と協力する。

第九条【資金】1　先進締約国は、条約に基づく既存

の義務を継続するものとして、緩和及び適応に関し、開発途上締約国を支援するため、資金を供与する。

2　1に規定する支援について、他の締約国は、任意に、提供すること又は引き続き提供することが奨励される。

3　先進締約国は、世界全体の努力の一環として、開発途上締約国のニーズ及び優先事項を考慮しつつ、種々の行動(各国主導の戦略を支援することを含む。)を通じ、公的資金の重要な役割に留意して、多様な資金源及び経路から並びに多様な手段により気候に関する資金を動員することに引き続き率先して取り組むべきである。そのような気候に関する資金の動員については、従前の努力を超える前進を示すものとすべきである。

4　規模を拡大して行われる資金の供与については、適応のために公的でかつ贈与に基づく資金が必要であることを考慮しつつ、各国主導の戦略並びに開発途上締約国(特に、気候変動の悪影響を著しく受けやすく、及び著しく能力に制約があるもの。例えば、後発開発途上国及び開発途上にある島嶼国)の優先事項及びニーズを考慮に入れて、適応と緩和との間の均衡を達成することを目的とすべきである。

5　先進締約国は、適当な場合には、1及び3の規定に関連する情報であって、定量的及び定性的に示されるもの(可能な場合には、開発途上締約国に供与される公的資金の予定された水準を含む。)を二年ごとに通報する。資金を供与する他の締約国は、任意に当該情報を二年ごとに通報することが奨励される。

6　第一四条に規定する世界全体としての実施状況の検討においては、気候に関する資金に関連する努力についての先進締約国又はこの協定の機関が提供する関連の情報を考慮する。

7　先進締約国は、第一三条に定めるところによりこの協定の締約国の会合としての役割を果たす締約国会議が第一回会合において採択する方法、手続及び指針に従い、開発途上締約国のために提供され、及び公的な関与を通じて動員された支援に関する透明性及び一貫性のある情報を二年ごとに提供する。他の締約国は、同様に当該情報を提供することが奨励される。

8　条約の資金供与の制度(運営組織を含む。)は、この協定の資金供与の制度としての役割を果たす。

9　この協定のためにその役割を果たす組織(条約の資金供与の制度の運営組織を含む。)は、開発途上締約国(特に後発開発途上国及び開発途上にある島嶼国)の気候に関する戦略及び計画の文脈において、簡素化された承認の手続及び受入準備のための強化された支援により、当該開発途上締約国のため資金を効率的に利用する機会を確保することを目的とする。

第一〇条【技術開発及び技術移転】 1　締約国は、気候変動に対する強靱性を向上させ、及び温室効果ガスの排出を削減するために技術開発及び技術移転を十分に実現することについての重要性に関する長期的な展望を共有する。

2　締約国は、この協定に基づく緩和及び適応に関する行動を実施するための技術の重要性に留意しつつ、技術の導入及び普及に関して既に行われている努力を認識して、技術開発及び技術移転に関する協力的な行動を強化する。

3　条約に基づいて設立された技術に関する制度は、この協定のためにその役割を果たす。

4　1に規定する長期的な展望の達成に向け、この協定の実施を支援するため、技術開発及び技術移転に関する強化された行動を促進し、及び円滑化するに当たり、この協定により、技術に関する制度における活動に包括的な指針を与える技術に関する枠組みを設定する。

5　イノベーションを加速し、奨励し、及び可能にすることは、気候変動に対する効果的及び長期的な世界全体での対応並びに経済成長及び持続可能な開発の促進のために不可欠である。このような努力に対しては、適当な場合には、研究及び開発に関する協調的な取組のため並びに開発途上締約国が特に技術の周期の初期の段階において技術を利用する機会を得やすくするため、支援(技術に関する制度による支援及び条約の資金供与の制度による資金上の手段を通じた支援を含む。)を行う。

6　開発途上締約国に対しては、緩和のための支援と適応のための支援との間の均衡を達成することを目指し、この条の規定の実施(技術の周期の種々の段階における技術開発及び技術移転に関する協力的な行動の強化を含む。)のための支援(資金上の支援を含む。)を提供する。第一四条に規定する世界全体としての実施状況の検討においては、開発途上締約国に対する技術開発及び技術移転のための支援に関する努力についての入手可能な情報を考慮する。

第一一条【能力の開発】 1　この協定に基づく能力の開発については、気候変動に対処するための効果的な行動(特に適応及び緩和に関する行動を実施するためのものを含む。)をとるため、開発途上締約国、特に最も能力に制約がある国(例えば、後発開発途上国)及び気候変動の悪影響を著しく受けやすい国(例えば、開発途上にある島嶼国)の能力を向上させるものとすべきであり、並びに技術開発、技術の普及及び導入、気候に関する資金を利用する機会、教育、訓練及び啓発における関連の側面並びに透明性のある方法による適時のかつ正確な情報の通報を容易にするものとすべきである。

2　能力の開発については、各国主導であり、各締約国のニーズに基づきかつ対応し、及び締約国、特に開発途上締約国の当事者意識(国、地方及び地区の段階におけるものを含む。)を育成するものとすべきである。能力の開発については、得られた教訓(条約に基づく能力の開発に関する活動から得られたものを含む。)を指針とすべきであり、並びに効果的及び反復的な過程であって、参加型及び横断的であり、並びにジェンダーに配慮したものとすべきである。

3　全ての締約国は、この協定を実施するための開発途上締約国の能力を向上させるために協力すべきである。先進締約国は、開発途上締約国における能力の開発に関する行動に対する支援を強化すべきである。

4　この協定を実施するための開発途上締約国の能力の向上（地域的な取組並びに二国間及び多数国間の取組によるものを含む。）に取り組む全ての締約国は、その取組における能力の開発に関する行動又は措置について定期的に通報する。開発途上締約国は、この協定を実施するための能力の開発に関する計画、政策、行動又は措置の実施に関する進捗状況を定期的に通報すべきである。

5　能力の開発に関する活動は、この協定の実施を支援するための適当な制度的な措置（条約に基づいて設けられた適当な制度的な措置であって、この協定のためにその役割を果たすものを含む。）により促進する。この協定の締約国の会合としての役割を果たす締約国会議は、第一回会合において、能力の開発のための最初の制度的な措置に関する決定について検討し、採択する。

第一二条【教育、訓練、啓発及び公衆参加】締約国は、気候変動に関する教育、訓練、啓発、公衆の参加及び情報の公開を強化するための措置のこの協定に基づく行動の強化における重要性を認識しつつ、適当な場合には、当該措置をとることについて協力する。

第一三条【透明性】1　相互の信用及び信頼を構築し、並びに効果的な実施を促進するため、この協定により、行動及び支援に関する強化された透明性の枠組みであって、締約国の異なる能力を考慮し、及び全体としての経験に立脚した内在的な柔軟性を備えるものを設定する。

2　透明性の枠組みにおいて、開発途上締約国が自国の能力に照らしてこの条の規定の実施について柔軟性を必要とする場合には、当該開発途上締約国に対し、当該柔軟性を与える。13に規定する方法、手続及び指針には、当該柔軟性を反映する。

3　透明性の枠組みについては、後発開発途上国及び開発途上にある島嶼国の特別な事情についての認識の下で、条約に基づく透明性に関する措置に立脚し、及び当該措置を強化するものとし、各締約国の主権を尊重しつつ、促進的であり、干渉的でなく、及び懲罰的でない方法で実施し、並びに締約国に対して過度の負担を生じさせることを回避する。

4　条約に基づく透明性に関する措置（各締約国による自国の情報、二年ごとの報告書及び二年ごとに更新される報告書、国際的な評価及び検討並びに国際的な協議及び分析を含む。）は、13の規定に基づく方法、手続及び指針を作成するために活用する経験の一部を構成する。

5　行動に関する透明性の枠組みの目的は、次条の規定に基づく世界全体としての実施状況の検討に情報を提供するため、条約第二条に規定する条約の目的に照らして、気候変動に対処するための行動についての明確な理解（締約国による第四条の規定に基づく個別の国が決定する貢献及び締約国による第七条の規定に基づく適応に関する行動（良い事例、優先事項、ニーズ及び隔たりを含む。）の達成に向けての明確性の確保及び進捗状況の追跡を含む。）を提供することである。

6　支援に関する透明性の枠組みの目的は、次条の規定に基づく世界全体としての実施状況の検討に情報を提供するため、第四条、第七条及び第九条から第一一条までの規定に基づく気候変動に対処するための行動の文脈において個別の関連の締約国によって提供され、及び受領される支援について明確性を与え、並びに可能な範囲で、提供された資金上の支援の合計について十分な概要を提供することである。

7　各締約国は、定期的に次の情報を提供する。

(a)　温室効果ガスの人為的な発生源による排出及び吸収源による除去に関する自国の目録に係る報告書であって、気候変動に関する政府間パネルが受諾し、この協定の締約国の会合としての役割を果たす締約国会議が合意する良い事例に基づく方法を用いて作成されたもの

(b)　第四条の規定に基づく国が決定する貢献の実施及び達成における進捗状況を追跡するために必要な情報

8　各締約国は、更に、適当な場合には、第七条の規定に基づく気候変動の影響及び適応に関する情報を提供すべきである。

9　先進締約国は、第九条から第一一条までの規定に基づいて開発途上締約国に提供される資金上の支援、技術移転に関する支援及び能力の開発に関する支援についての情報を提供する。また、支援を提供する他の締約国は、当該情報を提供すべきである。

10　開発途上締約国は、資金上の支援、技術移転に関する支援及び能力の開発に関する支援であって、第九条から第一一条までの規定に基づいて必要とし、及び受領したものについての情報を提供すべきである。

11　各締約国が7及び9の規定に基づいて提供する情報は、締約国会議第二一回会合における決定第一号（第二一回会合）に従い技術専門家による検討を受ける。能力の開発に関するニーズを特定するための支援を開発途上締約国が自国の能力に照らして必要とする場合には、当該検討の過程には、当該支援を含む。さらに、各締約国は、第九条の規定に基づく努力並びに国が決定する貢献の実施及び達成に関する進捗状況ついての促進的な多数国間の検討に参加する。

12　この12の規定に基づく技術専門家による検討については、該当する場合には締約国が提供する支援に関する検討並びに国が決定する貢献の実施及び達成に関する検討によって構成する。また、当該技術専門家による検討については、2の規定に基づいて当該締約国に与えられる柔軟性を考慮しつつ、当該締約国が改善すべき分野を特定するものとし、7及び9の規定に基づいて提供する情報と13に規定する

方法、手続及び指針との整合性に関する検討を含む。当該技術専門家による検討においては、各開発途上締約国の能力及び事情に特別の注意を払う。

13　この協定の締約国の会合としての役割を果たす締約国会議は、第一回会合において、適当な場合には、条約に基づく透明性に関する措置から得られた経験に立脚しつつ、この条の規定を十分に考慮して、行動及び支援の透明性のための共通の方法、手続及び指針を採択する。

14　開発途上締約国に対しては、この条の規定を実施するための支援を提供する。

15　開発途上締約国に対しては、また、その透明性に関する能力を開発するための支援を継続的に提供する。

第一四条【世界全体としての実施状況の検討】1　この協定の締約国の会合としての役割を果たす締約国会議は、この協定の目的及び長期的な目標の達成に向けた全体としての進捗状況を評価するためのこの協定の実施状況に関する定期的な検討（この協定において「世界全体としての実施状況の検討」という。）を行う。この協定の締約国の会合としての役割を果たす締約国会議は、包括的及び促進的な方法で、緩和、適応並びに実施及び支援の手段を考慮して並びに衡平及び利用可能な最良の科学に照らして、世界全体としての実施状況の検討を行う。

2　この協定の締約国の会合としての役割を果たす締約国会議は、この協定の締約国の会合としての役割を果たす締約国会議が別段の決定を行わない限り、最初の世界全体としての実施状況の検討を二〇二三年に行い、その後は五年ごとに行う。

3　世界全体としての実施状況の検討の結果については、各締約国が、この協定の関連の規定に従い自国が決定する方法によって自国の行動及び支援を更新し、及び強化するに当たり並びに気候に関する行動のための国際協力を強化するに当たり、締約国に対し、情報が提供される。

第一五条【実施及び遵守を促進するための制度】1　この協定により、この協定の規定の実施及び遵守を促進するための制度を設立する。

2　1に規定する制度は、専門家により構成され、かつ、促進的な性格を有する委員会であって、透明性があり、敵対的でなく、及び懲罰的でない方法によって機能するものから成る。当該委員会は、各締約国の能力及び事情に特別の注意を払う。

3　2に規定する委員会は、この協定の締約国の会合としての役割を果たす締約国会議が第一回会合において採択する方法及び手続に従って運営し、並びにこの協定の締約国の会合としての役割を果たす締約国会議に対し毎年報告を行う。

第一六条【締約国会合】1　条約の最高機関である締約国会議は、この協定の締約国の会合としての役割を果たす。

2　条約の締約国であってこの協定の締約国でないものは、この協定の締約国の会合としての役割を果たす締約国会議の会合の審議にオブザーバーとして参加することができる。締約国会議がこの協定の締約国の会合としての役割を果たす場合には、この協定に基づく決定は、この協定の締約国のみによって行われる。

3　締約国会議がこの協定の締約国の会合としての役割を果たす場合には、締約国会議の議長団の構成員であってその時点でこの協定の締約国でない条約の締約国を代表するものは、この協定の締約国により及びこの協定の締約国の中から選出される追加的な構成員に交代する。

4　この協定の締約国の会合としての役割を果たす締約国会議は、この協定の実施状況を定期的に検討するものとし、その権限の範囲内で、この協定の効果的な実施を促進するために必要な決定を行う。この協定の締約国の会合としての役割を果たす締約国会議は、この協定により課された任務を遂行し、及び次のことを行う。

(a)　この協定の実施に必要と認められる補助機関を設置すること。

(b)　その他この協定の実施のために必要な任務を遂行すること。

5　締約国会議の手続規則及び条約の下で適用する財政手続は、この協定の締約国の会合としての役割を果たす締約国会議がコンセンサス方式により別段の決定を行う場合を除くほか、この協定の下で準用する。

6　この協定の締約国の会合としての役割を果たす締約国会議の第一回会合は、この協定の効力発生の日の後に予定されている締約国会議の最初の会合と併せて事務局が招集する。この協定の締約国の会合としての役割を果たす締約国会議のその後の通常会合は、この協定の締約国の会合としての役割を果たす締約国会議が別段の決定を行わない限り、締約国会議の通常会合と併せて開催する。

7　この協定の締約国の会合としての役割を果たす締約国会議の特別会合は、この協定の締約国の会合としての役割を果たす締約国会議が必要と認めるとき、又はいずれかの締約国から書面による要請のある場合において、事務局がその要請を締約国に通報した後六箇月以内に締約国の少なくとも三分の一がその要請を支持するときに開催する。

8　国際連合、その専門機関、国際原子力機関及びこれらの国際機関の加盟国又はオブザーバーであって条約の締約国でないものは、この協定の締約国の会合としての役割を果たす締約国会議の会合にオブザーバーとして出席することができる。この協定の対象とされている事項について認められた団体又は機関（国内若しくは国際の又は政府若しくは民間のもののいずれであるかを問わない。）であって、この協定の締約国の会合としての役割を果たす締約国会議の会合にオブザーバーとして出席することを希望する旨事務局に通報したものは、当該会合に出席する締約国の三分の一以上が反対しない限り、オブザーバーとして出席することを認められる。オブザーバーの出席については、5に規定する手続規則に従う。

第一七条【事務局】1　条約第八条の規定によって設置された事務局は、この協定の事務局としての役割を果たす。

2　事務局の任務に関する条約第八条2の規定及び事務局の任務の遂行のための措置に関する条約第八条3の規定は、この協定について準用する。さらに、事務局は、この協定に基づき及びこの協定の締約国の会合としての役割を果たす締約国会議によって課される任務を遂行する。

第一八条【科学上及び技術上の助言並びに実施に関する補助機関】1　条約第九条及び第一〇条の規定によって設置された科学上及び技術上の助言に関する補助機関並びに実施に関する補助機関は、それぞれこの協定の科学上及び技術上の助言に関する補助機関並びに実施に関する補助機関としての役割を果たす。これらの二の機関の任務の遂行に関する条約の規定は、この協定について準用する。この協定の科学上及び技術上の助言に関する補助機関並びに実施に関する補助機関の会合は、それぞれ条約の科学上及び技術上の助言に関する補助機関並びに実施に関する補助機関の会合と併せて開催する。

2　条約の締約国であってこの協定の締約国でないものは、補助機関の会合の審議にオブザーバーとして参加することができる。補助機関がこの協定の補助機関としての役割を果たす場合には、この協定に基づく決定は、この協定の締約国のみによって行われる。

3　条約第九条及び第一〇条の規定によって設置された補助機関がこの協定に関係する事項に関して任務を遂行する場合には、補助機関の議長団の構成員であってその時点でこの協定の締約国でない条約の締約国を代表するものは、この協定の締約国により及びこの協定の締約国の中から選出される追加的な構成員に交代する。

第一九条【補助機関及び制度的な措置】1　条約によって設置された補助機関又は設けられた他の制度的な措置であって、この協定に規定する補助機関又は他の制度的な措置以外のものは、この協定の締約国の会合としての役割を果たす締約国会議の決定に基づき、この協定のためにその役割を果たす。この協定の締約国の会合としての役割を果たす締約国会議は、当該補助機関又は措置によって遂行される任務を特定する。

2　この協定の締約国の会合としての役割を果たす締約国会議は、1に規定する補助機関又は制度的な措置に対し、追加的な指針を与えることができる。

第二〇条【署名及び批准、受諾、承認又は加入】1　この協定は、条約の締約国である国及び地域的な経済統合のための機関による署名のために開放されるものとし、批准され、受諾され、又は承認されなければならない。この協定は、二〇一六年四月二二日から二〇一七年四月二一日までニューヨークにある国際連合本部において、署名のために開放しておく。その後は、この協定は、この協定の署名のための期間の終了の日の翌日から加入のために開放しておく。批准書、受諾書、承認書又は加入書は、寄託者に寄託する。

2　この協定の締約国となる地域的な経済統合のための機関であってその構成国のいずれも締約国となっていないものは、この協定に基づく全ての義務を負う。この協定の締約国である一又は二以上の構成国を有する地域的な経済統合のための機関がこの協定の締約国となる場合には、当該地域的な経済統合のための機関及びその構成国は、この協定に基づく義務の履行につきそれぞれの責任を決定する。この場合において、当該地域的な経済統合のための機関及びその構成国は、この協定に基づく権利を同時に行使することができない。

3　地域的な経済統合のための機関は、この協定の規律する事項に関するその権限の範囲をこの協定の批准書、受諾書、承認書又は加入書において宣言する。また、当該地域的な経済統合のための機関は、その権限の範囲の実質的な変更を寄託者に通報し、寄託者は、これを締約国に通報する。

第二一条【効力発生】1　この協定は、五五以上の条約の締約国であって、世界全体の温室効果ガスの総排出量のうち推計で少なくとも五五パーセントを占める温室効果ガスを排出するものが、批准書、受諾書、承認書又は加入書を寄託した日の後三〇日目の日に効力を生ずる。

2　専ら1の規定を適用する限りにおいて、「世界全体の温室効果ガスの総排出量」とは、条約の締約国がこの協定の採択の日以前の日に通報した最新の量をいう。

3　この協定は、1に規定する効力発生のための要件を満たした後にこれを批准し、受諾し、若しくは承認し、又はこれに加入する国又は地域的な経済統合のための機関については、当該国又は地域的な経済統合のための機関による批准書、受諾書、承認書又は加入書の寄託の日の後三〇日目の日に効力を生ずる。

4　地域的な経済統合のための機関によって寄託される文書は、1の規定の適用上、その構成国によって寄託されたものに追加して数えてはならない。

第二二条【この協定の改正】条約の改正の採択に関する条約第一五条の規定は、この協定について準用する。

第二三条【この協定の附属書の採択及び改正】1　条約の附属書の採択及び改正に関する条約第一六条の規定は、この協定について準用する。

2　この協定の附属書は、この協定の不可分の一部を成すものとし、「この協定」というときは、別段の明示の定めがない限り、附属書を含めていうものとする。附属書は、表、書式その他科学的、技術的、手続的又は事務的な性格を有する説明的な文書に限定される。

第二四条【紛争の解決】紛争の解決に関する条約第一四条の規定は、この協定について準用する。

第二五条【投票権】1　各締約国は、2に規定する場合を除くほか、一の票を有する。

2 地域的な経済統合のための機関は、その権限の範囲内の事項について、この協定の締約国であるその構成国の数と同数の票を投ずる権利を行使する。地域的な経済統合のための機関は、その構成国が自国の投票権を行使する場合には、投票権を行使してはならない。その逆の場合も、同様とする。

第二六条【寄託者】国際連合事務総長は、この協定の寄託者とする。

第二七条【留保】この協定には、いかなる留保も付することができない。

第二八条【脱退】1 締約国は、この協定が自国について効力を生じた日から三年を経過した後いつでも、寄託者に対して書面による脱退の通告を行うことにより、この協定から脱退することができる。

2 1に規定する脱退は、寄託者が脱退の通告を受領した日から一年を経過した日又はそれよりも遅い日であって脱退の通告において指定されている日に効力を生ずる。

3 条約から脱退する締約国は、この協定からも脱退したものとみなす。

第二九条【正文】アラビア語、中国語、英語、フランス語、ロシア語及びスペイン語をひとしく正文とするこの協定の原本は、国際連合事務総長に寄託する。

85 生物の多様性に関する条約
(生物多様性条約)(抄)

署　　名　一九九二年六月五日(リオ・デ・ジャネイロ)
効力発生　一九九三年一二月二九日
日 本 国　一九九三年五月一四日国会承認、五月二八日受諾書寄託、一二月二一日公布(条約第九号)、一二月二九日効力発生

前　文

締約国は、

生物の多様性が有する内在的な価値並びに生物の多様性及びその構成要素が有する生態学上、遺伝上、社会上、経済上、科学上、教育上、文化上、レクリエーション上及び芸術上の価値を意識し、

生物の多様性が進化及び生物圏における生命保持の機構の維持のため重要であることを意識し、

生物の多様性の保全が人類の共通の関心事であることを確認し、

諸国が自国の生物資源について主権的権利を有することを再確認し、

諸国が、自国の生物の多様性の保全及び自国の生物資源の持続可能な利用について責任を有することを再確認し、

生物の多様性がある種の人間活動によって著しく減少していることを懸念し、

生物の多様性に関する情報及び知見が一般的に不足していること並びに適当な措置を計画し及び実施するための基本的な知識を与える科学的、技術的及び制度的能力を緊急に開発する必要があることを認識し、

生物の多様性の著しい減少又は喪失の根本原因を予想し、防止し及び取り除くことが不可欠であることに留意し、

生物の多様性の著しい減少又は喪失のおそれがある場合には、科学的な確実性が十分にないことをもって、そのようなおそれを回避し又は最小にするための措置をとることを延期する理由とすべきではないことに留意し、

更に、生物の多様性の保全のための基本的な要件は、生態系及び自然の生息地の生息域内保全並びに存続可能な種の個体群の自然の生息環境における維持及び回復であることに留意し、

更に、生息域外における措置も重要な役割を果たすこと及びこの措置は原産国においてとることが望ましいことに留意し、

伝統的な生活様式を有する多くの原住民の社会及び地域社会が生物資源に緊密にかつ伝統的に依存していること並びに生物の多様性の保全及びその構成要素の持続可能な利用に関して伝統的な知識、工夫及び慣行の利用がもたらす利益を衡平に配分することが望ましいことを認識し、

生物の多様性の保全及び持続可能な利用において女子が不可欠の役割を果たすことを認識し、また、生物の多様性の保全のための政策の決定及び実施のすべての段階における女子の完全な参加が必要であることを確認し、

生物の多様性の保全及びその構成要素の持続可能な利用のため、国家、政府間機関及び民間部門の間の国際的、地域的及び世界的な協力が重要であること並びにそのような協力の促進が必要であることを強調し、

新規のかつ追加的な資金の供与及び関連のある技術の取得の適当な機会の提供が生物の多様性の喪失に取り組むための世界の能力を実質的に高めることが期待できることを確認し、

更に、開発途上国のニーズに対応するため、新規のかつ追加的な資金の供与及び関連のある技術の取得の適当な機会の提供を含む特別な措置が必要であることを確認し、

この点に関して後発開発途上国及び島嶼(しょ)国の特別な事情に留意し、

生物の多様性を保全するため多額の投資が必要であること並びに当該投資から広範な環境上、経済上及び社会上の利益が期待されることを確認し、

経済及び社会の開発並びに貧困の撲滅が開発途上国

にとって最優先の事項であることを認識し、

生物の多様性の保全及び持続可能な利用が食糧、保健その他増加する世界の人口の必要を満たすために決定的に重要であること、並びにこの目的のために遺伝資源及び技術の取得の機会の提供及びそれらの配分が不可欠であることを認識し、

生物の多様性の保全及び持続可能な利用が、究極的に、諸国間の友好関係を強化し、人類の平和に貢献することに留意し、

生物の多様性の保全及びその構成要素の持続可能な利用のための既存の国際的な制度を強化し及び補完することを希望し、

現在及び将来の世代のため生物の多様性を保全し及び持続可能であるように利用することを決意して、

次のとおり協定した。

第一条（目的）この条約は、生物の多様性の保全、その構成要素の持続可能な利用及び遺伝資源の利用から生ずる利益の公正かつ衡平な配分をこの条約の関係規定に従って実現することを目的とする。この目的は、特に、遺伝資源の取得の適当な機会の提供及び関連のある技術の適当な移転（これらの提供及び移転は、当該遺伝資源及び当該関連のある技術についてのすべての権利を考慮して行う。）並びに適当な資金供与の方法により達成する。

第二条（用語）この条約の適用上、

「生物の多様性」とは、すべての生物（陸上生態系、海洋その他の水界生態系、これらが複合した生態系その他生息又は生育の場のいかんを問わない。）の間の変異性をいうものとし、種内の多様性、種間の多様性及び生態系の多様性を含む。

「生物資源」には、現に利用され若しくは将来利用されることがある又は人類にとって現実の若しくは潜在的な価値を有する遺伝資源、生物又はその部分、個体群その他生態系の生物的な構成要素を含む。

「バイオテクノロジー」とは、物又は方法を特定の用途のために作り出し又は改変するため、生物システム、生物又はその派生物を利用する応用技術をいう。

「遺伝資源の原産国」とは、生息域内状況において遺伝資源を有する国をいう。

「遺伝資源の提供国」とは、生息域内の供給源（野生種の個体群であるか飼育種又は栽培種の個体群であるかを問わない。）から採取された遺伝資源又は生息域外の供給源から取り出された遺伝資源（自国が原産国であるかないかを問わない。）を提供する国をいう。

「飼育種又は栽培種」とは、人がその必要を満たすため進化の過程に影響を与えた種をいう。

「生態系」とは、植物、動物及び微生物の群集とこれらを取り巻く非生物的な環境とが相互に作用して一の機能的な単位を成す動的な複合体をいう。

「生息域外保全」とは、生物の多様性の構成要素を自然の生息地の外において保全することをいう。

「遺伝素材」とは、遺伝の機能的な単位を有する植物、動物、微生物その他に由来する素材をいう。

「遺伝資源」とは、現実の又は潜在的な価値を有する遺伝素材をいう。

「生息地」とは、生物の個体若しくは個体群が自然に生息し若しくは生育している場所又はその類型をいう。

「生息域内状況」とは、遺伝資源が生態系及び自然の生息地において存在している状況をいい、飼育種又は栽培種については、当該飼育種又は栽培種が特有の性質を得た環境において存在している状況をいう。

「生息域内保全」とは、生態系及び自然の生息地を保全し、並びに存続可能な種の個体群を自然の生息環境において維持し及び回復することをいい、飼育種又は栽培種については、存続可能な種の個体群を当該飼育種又は栽培種が特有の性質を得た環境において維持し及び回復することをいう。

「保護地域」とは、保全のための特定の目的を達成するために指定され又は規制され及び管理されている地理的に特定された地域をいう。

「地域的な経済統合のための機関」とは、特定の地域の主権国家によって構成される機関であって、この条約が規律する事項に関しその加盟国から権限の委譲を受け、かつ、その内部手続に従ってこの条約の署名、批准、受諾若しくは承認又はこれへの加入の正当な委任を受けたものをいう。

「持続可能な利用」とは、生物の多様性の長期的な減少をもたらさない方法及び速度で生物の多様性の構成要素を利用し、もって、現在及び将来の世代の必要及び願望を満たすように生物の多様性の可能性を維持することをいう。

「技術」には、バイオテクノロジーを含む。

第三条（原則）諸国は、国際連合憲章及び国際法の諸原則に基づき、自国の資源をその環境政策に従って開発する主権的権利を有し、また、自国の管轄又は管理の下における活動が他国の環境又はいずれの国の管轄にも属さない区域の環境を害さないことを確保する責任を有する。

第四条（適用範囲）この条約が適用される区域は、この条約に別段の明文の規定がある場合を除くほか、他国の権利を害さないことを条件として、各締約国との関係において、次のとおりとする。

(a) 生物の多様性の構成要素については、自国の管轄の下にある区域

(b) 自国の管轄又は管理の下で行われる作用及び活動（それらの影響が生ずる場所のいかんを問わない。）については、自国の管轄の下にある区域及びいずれの国の管轄にも属さない区域

第五条（協力）締約国は、生物の多様性の保全及び持続可能な利用のため、可能な限り、かつ、適当な場合

には、直接に又は適当なときは能力を有する国際機関を通じ、いずれの国の管轄にも属さない区域その他相互に関心を有する事項について他の締約国と協力する。

第六条(保全及び持続可能な利用のための一般的な措置) 締約国は、その個々の状況及び能力に応じ、次のことを行う。

(a) 生物の多様性の保全及び持続可能な利用を目的とする国家的な戦略若しくは計画を作成し、又は当該目的のため、既存の戦略若しくは計画を調整し、特にこの条約に規定する措置で当該締約国に関連するものを考慮したものとなるようにすること。

(b) 生物の多様性の保全及び持続可能な利用について、可能な限り、かつ、適当な場合には、関連のある部門別の又は部門にまたがる計画及び政策にこれを組み入れること。

第七条(特定及び監視) 締約国は、可能な限り、かつ、適当な場合には、特に次条から第一〇条までの規定を実施するため、次のことを行う。

(a) 附属書Iに列記する区分を考慮して、生物の多様性の構成要素であって、生物の多様性の保全及び持続可能な利用のために重要なものを特定すること。

(b) 生物の多様性の構成要素であって、緊急な保全措置を必要とするもの及び持続可能な利用に最大の可能性を有するものに特別の考慮を払いつつ、標本抽出その他の方法により、(a)の規定に従って特定される生物の多様性の構成要素を監視すること。

(c) 生物の多様性の保全及び持続可能な利用に著しい悪影響を及ぼし又は及ぼすおそれのある作用及び活動の種類を特定し並びに標本抽出その他の方法によりそれらの影響を監視すること。

(d) (a)から(c)までの規定による特定及び監視の活動から得られる情報を何らかの仕組みによって維持し及び整理すること。

第八条(生息域内保全) 締約国は、可能な限り、かつ、適当な場合には、次のことを行う。

(a) 保護地域又は生物の多様性を保全するために特別の措置をとる必要がある地域に関する制度を確立すること。

(b) 必要な場合には、保護地域又は生物の多様性を保全するために特別の措置をとる必要がある地域の選定、設定及び管理のための指針を作成すること。

(c) 生物の多様性の保全のために重要な生物資源の保全及び持続可能な利用を確保するため、保護地域の内外を問わず、当該生物資源について規制を行い又は管理すること。

(d) 生態系及び自然の生息地の保護並びに存続可能な種の個体群の自然の生息環境における維持を促進すること。

(e) 保護地域における保護を補強するため、保護地域に隣接する地域における開発が環境上適正かつ持続可能なものとなることを促進すること。

(f) 特に、計画その他管理のための戦略の作成及び実施を通じ、劣化した生態系を修復し及び復元し並びに脅威にさらされている種の回復を促進すること。

(g) バイオテクノロジーにより改変された生物であって環境上の悪影響(生物の多様性の保全及び持続可能な利用に対して及び得るもの)を与えるおそれのあるものの利用及び放出に係る危険について、人の健康に対する危険も考慮して、これを規制し、管理し又は制御するための手段を設定し又は維持すること。

(h) 生態系、生息地若しくは種を脅かす外来種の導入を防止し又はそのような外来種を制御し若しくは撲滅すること。

(i) 現在の利用が生物の多様性の保全及びその構成要素の持続可能な利用と両立するために必要な条件を整えるよう努力すること。

(j) 自国の国内法令に従い、生物の多様性の保全及び持続可能な利用に関連する伝統的な生活様式を有する原住民の社会及び地域社会(indigenous and local communities)の知識、工夫及び慣行を尊重し、保存し及び維持すること、そのような知識、工夫及び慣行を有する者の承認及び参加を得てそれらの一層広い適用を促進すること並びにそれらの利用がもたらす利益の衡平な配分を奨励すること。

(k) 脅威にさらされている種及び個体群を保護するために必要な法令その他の規制措置を定め又は維持すること。

(l) 前条の規定により生物の多様性に対し著しい悪影響があると認められる場合には、関係する作用及び活動の種類を規制し又は管理すること。

(m) (a)から(l)までに規定する生息域内保全のための財政的な支援その他の支援(特に開発途上国に対するもの)を行うことについて協力すること。

第九条(生息域外保全) 締約国は、可能な限り、かつ、適当な場合には、主として生息域内における措置を補完するため、次のことを行う。

(a) 生物の多様性の構成要素の生息域外保全のための措置をとること。この措置は、生物の多様性の構成要素の原産国においてとることが望ましい。

(b) 植物、動物及び微生物の生息域外保全及び研究のための施設を設置し及び維持すること。その設置及び維持は、遺伝資源の原産国において行うことが望ましい。

(c) 脅威にさらされている種を回復し及びその機能を修復するため並びに当該種を適当な条件の下で自然の生息地に再導入するための措置をとること。

(d) (c)の規定により生息域外における特別な暫定的措置が必要とされる場合を除くほか、生態系及び生息域内における種の個体群を脅かさないようにするため、生息域外保全を目的とする自然の生息地からの生物資源の採取を規制し及び管理すること。

(e)　(a)から(d)までに規定する生息域外保全のための財政的な支援その他の支援を行うことについて並びに開発途上国における生息域外保全のための施設の設置及び維持について協力すること。

第一〇条（生物の多様性の構成要素の持続可能な利用）締約国は、可能な限り、かつ、適当な場合には、次のことを行う。

(a)　生物資源の保全及び持続可能な利用についての考慮を自国の意思決定に組み入れること。

(b)　生物の多様性への悪影響を回避し又は最小にするため、生物資源の利用に関連する措置をとること。

(c)　保全又は持続可能な利用の要請と両立する伝統的な文化的慣行に沿った生物資源の利用慣行を保護し及び奨励すること。

(d)　生物の多様性が減少した地域の住民による修復のための作業の準備及び実施を支援すること。

(e)　生物資源の持続可能な利用のための方法の開発について、自国の政府機関と民間部門との間の協力を促進すること。

第一一条（奨励措置）締約国は、可能な限り、かつ、適当な場合には、生物の多様性の構成要素の保全及び持続可能な利用を奨励することとなるような経済的及び社会的に健全な措置をとる。

第一二条（研究及び訓練）締約国は、開発途上国の特別のニーズを考慮して、次のことを行う。

(a)　生物の多様性及びその構成要素の特定、保全及び持続可能な利用のための措置に関する科学的及び技術的な教育訓練事業のための計画を作成し及び維持すること並びに開発途上国の特定のニーズに対応するためこのような教育及び訓練を支援すること。

(b)　特に科学上及び技術上の助言に関する補助機関の勧告により締約国会議が行う決定に従い、特に開発途上国における生物の多様性の保全及び持続可能な利用に貢献する研究を促進し及び奨励すること。

(c)　第一六条、第一八条及び第二〇条の規定の趣旨に沿い、生物資源の保全及び持続可能な利用のための方法の開発について、生物の多様性の研究における科学の進歩の利用を促進し及びそのような利用について協力すること。

第一三条（公衆のための教育及び啓発）締約国は、次のことを行う。

(a)　生物の多様性の保全の重要性及びその保全に必要な措置についての理解、各種の情報伝達手段によるその理解の普及並びにこのような題材の教育事業の計画への導入を促進し及び奨励すること。

(b)　適当な場合には、生物の多様性の保全及び持続可能な利用に関する教育啓発事業の計画の作成に当たり、他国及び国際機関と協力すること。

第一四条（影響の評価及び悪影響の最小化）1　締約国は、可能な限り、かつ、適当な場合には、次のことを行う。

(a)　生物の多様性への著しい悪影響を回避し又は最小にするため、そのような影響を及ぼすおそれのある当該締約国の事業計画案に対する環境影響評価を定める適当な手続を導入し、かつ、適当な場合には、当該手続への公衆の参加を認めること。

(b)　生物の多様性に著しい悪影響を及ぼすおそれのある計画及び政策の環境への影響について十分な考慮が払われることを確保するため、適当な措置を導入すること。

(c)　適宜、二国間の、地域的な又は多数国間の取極を締結することについて、これを促進することにより、自国の管轄又は管理の下における活動であって、他国における又はいずれの国の管轄にも属さない区域における生物の多様性に著しい悪影響を及ぼすおそれのあるものに関し、相互主義の原則に基づき、通報、情報の交換及び協議を行うことを促進すること。

(d)　自国の管轄又は管理の下で生ずる急迫した又は重大な危険又は損害が他国の管轄の下にある区域又はいずれの国の管轄にも属さない区域における生物の多様性に及ぶ場合には、このような危険又は損害を受ける可能性のある国に直ちに通報すること及びこのような危険又は損害を防止し又は最小にするための行動を開始すること。

(e)　生物の多様性に重大なかつ急迫した危険を及ぼす活動又は事象（自然に発生したものであるかないかを問わない。）に対し緊急に対応するための国内的な措置を促進し及びそのような国内的な努力を補うための国際協力（適当であり、かつ、関連する国又は地域的な経済統合のための機関の同意が得られる場合には、共同の緊急時計画を作成するための国際協力を含む。）を促進すること。

2　締約国会議は、今後実施される研究を基礎として、生物の多様性の損害に対する責任及び救済（原状回復及び補償を含む。）についての問題を検討する。ただし、当該責任が純粋に国内問題である場合を除く。

第一五条（遺伝資源の取得の機会）1　各国は、自国の天然資源に対して主権的権利を有するものと認められ、遺伝資源の取得の機会につき定める権限は、当該遺伝資源が存する国の政府に属し、その国の国内法令に従う。

2　締約国は、他の締約国が遺伝資源を環境上適正に利用するために取得することを容易にするような条件を整えるよう努力し、また、この条約の目的に反するような制限を課さないよう努力する。

3　この条約の適用上、締約国が提供する遺伝資源でこの条、次条及び第一九条に規定するものは、当該遺伝資源の原産国である締約国又はこの条約の規定に従って当該遺伝資源を獲得した締約国が提供するものに限る。

4　取得の機会を提供する場合には、相互に合意する条件で、かつ、この条の規定に従ってこれを提供する。

5　遺伝資源の取得の機会が与えられるためには、当該遺伝資源の提供国である締約国が別段の決定を行う場合を除くほか、事前の情報に基づく当該締約国の同意を必要とする。

6　締約国は、他の締約国が提供する遺伝資源を基礎とする科学的研究について、当該他の締約国の十分な参加を得て及び可能な場合には当該他の締約国において、これを準備し及び実施するよう努力する。

7　締約国は、遺伝資源の研究及び開発の成果並びに商業的利用その他の利用から生ずる利益を当該遺伝資源の提供国である締約国と公正かつ衡平に配分するため、次条及び第一九条の規定に従い、必要な場合には第二〇条及び第二一条の規定に基づいて設ける資金供与の制度を通じ、適宜、立法上、行政上又は政策上の措置をとる。その配分は、相互に合意する条件で行う。

第一六条（技術の取得の機会及び移転）1　締約国は、技術にはバイオテクノロジーを含むこと並びに締約国間の技術の取得の機会の提供及び移転がこの条約の目的を達成するための不可欠の要素であることを認識し、生物の多様性の保全及び持続可能な利用に関連のある技術又は環境に著しい損害を与えることなく遺伝資源を利用する技術について、他の締約国に対する取得の機会の提供及び移転をこの条の規定に従って行い又はより円滑なものにすることを約束する。

2　開発途上国に対する1の技術の取得の機会の提供及び移転については、公正で最も有利な条件（相互に合意する場合には、緩和されたかつ特恵的な条件を含む。）の下に、必要な場合には第二〇条及び第二一条の規定に基づいて設ける資金供与の制度に従って、これらを行い又はより円滑なものにする。特許権その他の知的所有権によって保護される技術の取得の機会の提供及び移転については、当該知的所有権の十分かつ有効な保護を承認し及びそのような保護と両立する条件で行う。この2の規定は、3から5までの規定と両立するように適用する。

3　締約国は、遺伝資源を利用する技術（特許権その他の知的所有権によって保護される技術を含む。）について、当該遺伝資源を提供する締約国（特に開発途上国）が、相互に合意する条件で、その取得の機会を与えられ及び移転を受けられるようにするため、必要な場合には第二〇条及び第二一条の規定の適用により、国際法に従い並びに4及び5の規定と両立するような形で、適宜、立法上、行政上又は政策上の措置をとる。

4　締約国は、開発途上国の政府機関及び民間部門の双方の利益のために自国の民間部門が1の技術の取得の機会の提供、共同開発及び移転をより円滑なものにするよう、適宜、立法上、行政上又は政策上の措置をとり、これに関し、1から3までに規定する義務を遵守する。

5　締約国は、特許権その他の知的所有権がこの条約の実施に影響を及ぼす可能性があることを認識し、そのような知的所有権がこの条約の目的を助長しかつこれに反しないことを確保するため、国内法令及び国際法に従って協力する。

第一七条（情報の交換）1　締約国は、開発途上国の特別のニーズを考慮して、生物の多様性の保全及び持続可能な利用に関連する公に入手可能なすべての情報源からの情報の交換を円滑にする。

2　1に規定する情報の交換には、技術的、科学的及び社会経済的な研究の成果の交換を含むものとし、また、訓練計画、調査計画、専門知識、原住民が有する知識及び伝統的な知識に関する情報並びに前条1の技術と結び付いたこれらの情報の交換を含む。また、実行可能な場合には、情報の還元も含む。

第一八条（技術上及び科学上の協力）1　締約国は、必要な場合には適当な国際機関及び国内の機関を通じ、生物の多様性の保全及び持続可能な利用の分野における国際的な技術上及び科学上の協力を促進する。

2　締約国は、この条約の実施に当たり、特に自国の政策の立案及び実施を通じ、他の締約国（特に開発途上国）との技術上及び科学上の協力を促進する。この協力の促進に当たっては、人的資源の開発及び組織の整備という手段によって、各国の能力を開発し及び強化することに特別の考慮を払うべきである。

3　締約国会議は、その第一回会合において、技術上及び科学上の協力を促進し及び円滑にするために情報の交換の仕組みを確立する方法について決定する。

4　締約国は、この条約の目的を達成するため、自国の法令及び政策に従い、技術（原住民が有する技術及び伝統的な技術を含む。）の開発及び利用についての協力の方法を開発し並びにそのような協力を奨励する。このため、締約国は、また、人材の養成及び専門家の交流についての協力を促進する。

5　締約国は、相互の合意を条件として、この条約の目的に関連のある技術の開発のための共同研究計画の作成及び合弁事業の設立を促進する。

第一九条（バイオテクノロジーの取扱い及び利益の配分）1　締約国は、バイオテクノロジーの研究のために遺伝資源を提供する締約国（特に開発途上国）の当該研究の活動への効果的な参加（実行可能な場合には当該遺伝資源を提供する締約国における参加）を促進するため、適宜、立法上、行政上又は政策上の措置をとる。

2　締約国は、他の締約国（特に開発途上国）が提供する遺伝資源を基礎とするバイオテクノロジーから生ずる成果及び利益について、当該他の締約国が公正かつ衡平な条件で優先的に取得する機会を与えられることを促進し及び推進するため、あらゆる実行可能な措置をとる。その取得の機会は、相互に合意する条件で与えられる。

3　締約国は、バイオテクノロジーにより改変された生物であって、生物の多様性の保全及び持続可能な利用に悪影響を及ぼす可能性のあるものについて、その安全な移送、取扱い及び利用の分野における適当な手続（特に事前の情報に基づく合意についての規定を含むもの）を定める議定書の必要性及び態様について検討する。

4　締約国は、3に規定する生物の取扱いについての自国の規則（利用及び安全に係るもの）並びに当該生物が及ぼす可能性のある悪影響に関する入手可能な情報を当該生物が導入される締約国に提供する。その提供は、直接に又は自国の管轄の下にある自然人若しくは法人で当該生物を提供するものに要求することにより、行う。

第二〇条（資金）1　締約国は、その能力に応じ、自国の計画及び優先度に従い、この条約の目的を達成するための各国の活動に関して財政的に支援し及び奨励することを約束する。

2　先進締約国は、開発途上締約国が、この条約に基づく義務を履行するための措置の実施に要するすべての合意された増加費用を負担すること及びこの条約の適用から利益を得ることを可能にするため、新規のかつ追加的な資金を供与する。その増加費用は、締約国会議が立案する政策、戦略、計画の優先度、適格性の基準及び増加費用の一覧表に従い、開発途上締約国と次条に規定する制度的組織との間で合意される。先進締約国以外の締約国（市場経済への移行の過程にある国を含む。）は、先進締約国の義務を任意に負うことができる。この条の規定の適用のため、締約国会議は、その第一回会合において、先進締約国及び先進締約国の義務を任意に負うその他の締約国の一覧表を作成する。締約国会議は、定期的に当該一覧表を検討し、必要に応じて改正する。その他の国及び資金源からの任意の拠出も勧奨される。これらの約束は、資金の妥当性、予測可能性及び即応性が必要であること並びに当該一覧表に掲げる拠出締約国の間の責任分担が重要であることを考慮して履行する。

3　先進締約国は、また、二国間の及び地域的その他の多数国間の経路を通じて、この条約の実施に関連する資金を供与することができるものとし、開発途上締約国は、これを利用することができる。

4　開発途上締約国によるこの条約に基づく約束の効果的な履行の程度は、先進締約国によるこの条約に基づく資金及び技術の移転に関する約束の効果的な履行に依存しており、経済及び社会の開発並びに貧困の撲滅が開発途上締約国にとって最優先の事項であるという事実が十分に考慮される。

5　締約国は、資金供与及び技術の移転に関する行動をとるに当たり、後発開発途上国の特定のニーズ及び特別な状況を十分に考慮に入れる。

6　締約国は、開発途上締約国（特に島嶼国）における生物の多様性への依存並びに生物の多様性の分布及び所在から生ずる特別な事情も考慮に入れる。

7　開発途上国（特に、環境上最も害を受けやすいもの、例えば、乾燥地帯、半乾燥地帯、沿岸地域及び山岳地域を有するもの）の特別な状況も考慮に入れる。

第二一条（資金供与の制度）1　この条約の目的のため、贈与又は緩和された条件により開発途上締約国に資金を供与するための制度を設けるものとし、その制度の基本的な事項は、この条に定める。この条約の目的のため、当該制度は、締約国会議の管理及び指導の下に機能し、締約国会議に対して責任を負う。当該制度は、締約国会議がその第一回会合において決定する制度的組織によって運営する。この条約の目的のため、締約国会議は、第一文の資金の利用（その機会の提供を含む。）についての政策、戦略、計画の優先度及び適格性の基準を決定する。拠出については、締約国会議が定期的に決定する必要な資金の額に基づき、前条に規定する資金の予測可能性、妥当性及び即応性が必要であること並びに同条2に規定する一覧表に掲げる拠出締約国の間の責任分担が重要であることを考慮に入れる。先進締約国その他の国及び資金源から任意の拠出を行うこともできる。当該制度は、民主的で透明な管理の仕組みの下で運営する。

2　締約国会議は、この条約の目的を達成するため、その第一回会合において、資金の利用（その機会の提供を含む。）についての政策、戦略及び計画の優先度並びに適格性の詳細な基準及び指針に関する決定（資金の利用を定期的に監視し及び評価することについてのものを含む。）を行う。締約国会議は、資金供与の制度の運営を委託された制度的組織との協議の後、1の規定を実施するための取決めを決定する。

3　締約国会議は、この条約の効力発生の日から少なくとも二年を経過した日及びその後は定期的に、この条の規定に基づいて設けられる制度の有効性（2の基準及び指針の有効性を含む。）について検討するものとし、その検討に基づき、必要に応じ、当該制度の有効性を高めるために適当な措置をとる。

4　締約国は、生物の多様性の保全及び持続可能な利用のための資金を供与するため、既存の資金供与の制度を強化することについて検討する。

第二二条（他の国際条約との関係）1　この条約の規定は、現行の国際協定に基づく締約国の権利及び義務に影響を及ぼすものではない。ただし、当該締約国の権利の行使及び義務の履行が生物の多様性に重大な損害又は脅威を与える場合は、この限りでない。

2　締約国は、海洋環境に関しては、海洋法に基づく国家の権利及び義務に適合するようこの条約を実施する。

第二三条（締約国会議）1　この条約により締約国会議を設置する。締約国会議の第一回会合は、国際連合環境計画事務局長がこの条約の効力発生の後一年以内に招集する。その後は、締約国会議の通常会合は、第一回会合において決定する一定の間隔で開催する。

2　締約国会議の特別会合は、締約国会議が必要と認めるとき又はいずれかの締約国から書面による要請のある場合において事務局がその要請を締約国に通報した後六箇月以内に締約国の少なくとも三分の一がその要請を支持するときに開催する。

3　締約国会議は、締約国会議及び締約国会議が設置する補助機関の手続規則並びに事務局の予算を規律する財政規則をコンセンサス方式により合意し及び採択する。締約国会議は、通常会合において、次の通常会合までの会計期間の予算を採択する。

4　締約国会議は、この条約の実施状況を常時検討し、このため、次のことを行う。

(a)　第二六条の規定に従って提出される情報の送付のための形式及び間隔を決定すること並びにそのような情報及び補助機関により提出される報告を検討すること。

(b)　第二五条の規定に従って提供される生物の多様性に関する科学上及び技術上の助言を検討すること。

(c)　必要に応じ、第二八条の規定に基づいて議定書を検討し及び採択すること。

(d)　必要に応じ、第二九条及び第三〇条の規定に基づいてこの条約及びその附属書の改正を検討し及び採択すること。

(e)　議定書及びその附属書の改正を検討すること並びに改正が決定された場合には、当該議定書の締約国に対し当該改正を採択するよう勧告すること。

(f)　必要に応じ、第三〇条の規定に基づいてこの条約の追加附属書を検討し及び採択すること。

(g)　特に科学上及び技術上の助言を行うため、この条約の実施に必要と認められる補助機関を設置すること。

(h)　この条約が対象とする事項を扱っている他の条約の執行機関との間の協力の適切な形態を設定するため、事務局を通じ、当該執行機関と連絡をとること。

(i)　この条約の実施から得られる経験に照らして、この条約の目的の達成のために必要な追加的行動を検討し及びとること。

5　国際連合、その専門機関及び国際原子力機関並びにこの条約の締約国でない国は、締約国会議の会合にオブザーバーとして出席することができる。生物の多様性の保全及び持続可能な利用に関連のある分野において認められた団体又は機関（政府又は民間のもののいずれであるかを問わない。）であって、締約国会議の会合にオブザーバーとして出席することを希望する旨事務局に通報したものは、当該会合に出席する締約国の三分の一以上が反対しない限り、オブザーバーとして出席することを認められる。オブザーバーの出席については、締約国会議が採択する手続規則に従う。

第二四条（事務局）1　この条約により事務局を設置する。事務局は、次の任務を遂行する。

(a)　前条に規定する締約国会議の会合を準備し及びその会合のための役務を提供すること。

(b)　議定書により課された任務を遂行すること。

(c)　この条約に基づく任務の遂行に関する報告書を作成し及びその報告書を締約国会議に提出すること。

(d)　他の関係国際機関との調整を行うこと。特に、その任務の効果的な遂行のために必要な事務的な及び契約上の取決めを行うこと。

(e)　その他締約国会議が決定する任務を遂行すること。

2　締約国会議は、その第一回通常会合において、この条約に基づく事務局の任務を遂行する意思を表明した能力を有する国際機関の中から事務局を指定する。

第二五条（科学上及び技術上の助言に関する補助機関）

（略）

第二六条（報告）締約国は、締約国会議が決定する一定の間隔で、この条約を実施するためにとった措置及びこの条約の目的を達成する上での当該措置の効果に関する報告書を締約国会議に提出する。

第二七条（紛争の解決）1　この条約の解釈又は適用に関して締約国間で紛争が生じた場合には、紛争当事国は、交渉により紛争の解決に努める。

2　紛争当事国は、交渉により合意に達することができなかった場合には、第三者によるあっせん又は仲介を共同して求めることができる。

3　いずれの国又は地域的な経済統合のための機関も、1又は2の規定により解決することができなかった紛争について、次の紛争解決手段の一方又は双方を義務的なものとして受け入れることをこの条約の批准、受諾若しくは承認若しくはこれへの加入の際に又はその後いつでも、寄託者に対し書面により宣言することができる。

(a)　附属書II第一部に規定する手続による仲裁

(b)　国際司法裁判所への紛争の付託

4　紛争は、紛争当事国が3の規定に従って同一の紛争解決手段を受け入れている場合を除くほか、当該紛争当事国が別段の合意をしない限り、附属書II第二部の規定により調停に付する。

5　この条の規定は、別段の定めがある議定書を除くほか、すべての議定書について準用する。

第二八条（議定書の採択）1　締約国は、この条約の議定書の作成及び採択について協力する。

2　議定書は、締約国会議の会合において採択する。

3　議定書案は、2の会合の少なくとも六箇月前に事務局が締約国に通報する。

第二九条（この条約及び議定書の改正）
第三〇条（附属書の採択及び改正）
第三一条（投票権）｝（略）

第三二条（この条約と議定書との関係）1　いずれの国又は地域的な経済統合のための機関も、この条約の締約国である場合又は同時にこの条約の締約国となる場合を除くほか、議定書の締約国となることができない。

2　議定書に基づく決定は、当該議定書の締約国のみが行う。当該議定書の批准、受諾又は承認を行わなかったこの条約の締約国は、当該議定書の締約国の会合にオブザーバーとして参加することができる。

第三三条（署名）
第三四条（批准、受諾又は承認）
第三五条（加入）｝（略）

第三六条（効力発生）1　この条約は、三〇番目の批准書、受諾書、承認書又は加入書の寄託の日の後九〇日目の日に効力を生ずる。

2　議定書は、当該議定書に規定する数の批准書、受諾書、承認書又は加入書が寄託された日の後九〇日目の日に効力を生ずる。

3　この条約は、三〇番目の批准書、受諾書、承認書又は加入書の寄託の後にこれを批准し、受諾し若しくは承認し又はこれに加入する締約国については、当該締約国による批准書、受諾書、承認書又は加入書の寄託の日の後九〇日目の日に効力を生ずる。

4　議定書は、当該議定書に別段の定めがある場合を除くほか、2の規定に基づいて効力が生じた後にこれを批准し、受諾し若しくは承認し又はこれに加入する締約国については、当該締約国が批准書、受諾書、承認書又は加入書を寄託した日の後九〇日目の日又はこの条約が当該締約国について効力を生ずる日のいずれか遅い日に効力を生ずる。

5　地域的な経済統合のための機関によって寄託される文書は、1及び2の規定の適用上、当該機関の構成国によって寄託されたものに追加して数えてはならない。

第三七条（留保）この条約には、いかなる留保も付することができない。

第三八条（脱退）
第三九条（資金供与に関する暫定的措置）
第四〇条（事務局に関する暫定的措置）
第四一条（寄託者）
第四二条（正文）｝（略）

附属書Ⅰ　特定及び監視

1　生態系及び生息地
高い多様性を有するもの、固有の若しくは脅威にさらされた種を多く有するもの又は原生地域を有するもの
移動性の種が必要とするもの
社会的、経済的、文化的又は科学的に重要であるもの
代表的であるもの、特異なもの又は重要な進化上その他生物学上の過程に関係しているもの

2　種及び群集
脅威にさらされているもの
飼育種又は栽培種と近縁の野生のもの
医学上、農業上その他経済上の価値を有するもの
社会的、科学的又は文化的に重要であるもの
指標種のように生物の多様性の保全及び持続可能な利用に関する研究のために重要であるもの

3　社会的、科学的又は経済的に重要であり、かつ、記載がされたゲノム及び遺伝子

附属書Ⅱ

第一部　仲裁
第二部　調停｝（略）

86　生物の多様性に関する条約の遺伝資源の取得の機会及びその利用から生ずる利益の公正かつ衡平な配分に関する名古屋議定書（名古屋議定書）（抄）

作成　二〇一〇年一〇月二九日（名古屋）
効力発生　二〇一四年一〇月一二日
日本国　二〇一一年五月一一日署名、二〇一七年五月一〇日国会承認、五月二二日受諾書寄託、八月二〇日効力発生、八月二四日公布（条約一〇号）

この議定書の締約国は、

生物の多様性に関する条約（以下「条約」という。）の締約国として、

遺伝資源の利用から生ずる利益の公正かつ衡平な配分が条約の三つの中核的な目的の一つであることを想起し、及びこの議定書が条約の枠組みにおけるとの目的の実現を追求することを認識し、

諸国が自国の天然資源に対して及び条約に基づいて有する主権的権利を再確認し、

さらに、条約第一五条の規定を想起し、

（中略）

世界保健機関の国際保健規則（二〇〇五年）並びに公衆衛生に係る準備及び対応のために人の病原体の取得の機会を確保することの重要性に留意し、

取得の機会及び利益の配分に関連する他の国際的な場において進められている作業を認め、

食料及び農業のための植物遺伝資源に関する国際条約の下で設立された取得の機会及び利益の配分に関する多数国間の制度が条約と調和する方法によって設けられたことを想起し、

取得の機会及び利益の配分に関する国際文書が条約の目的を達成するために相互に補完的であるべきことを認識し、

（中略）

次のとおり協定した。

第一条（目的）この議定書は、遺伝資源の利用から生ずる利益を公正かつ衡平に配分し（遺伝資源及び関連のある技術についての全ての権利を考慮に入れた上での当該遺伝資源の取得の適当な機会及び当該関連のある技術の適当な移転並びに適当な資金供与によって配分することを含む。）、これによって生物の多様性の保全及びその構成要素の持続可能な利用に貢献することを目的とする。

第二条（用語）条約第二条に定義する用語は、この議定書に適用する。さらに、この議定書の適用上、

(a)「締約国会議」とは、条約の締約国会議をいう。

(b)「条約」とは、生物の多様性に関する条約をいう。

(c)「遺伝資源の利用」とは、遺伝資源の遺伝的又は生化学的な構成に関する研究及び開発（条約第二条に定義するバイオテクノロジーを用いるものを含む。）を行うことをいう。

(d) 条約第二条に定義する「バイオテクノロジー」とは、物又は方法を特定の用途のために作り出し、又は改変するため、生物システム、生物又はその派生物を利用する応用技術をいう。

(e)「派生物」とは、天然に存在する生化学的化合物であって、生物資源又は遺伝資源の遺伝的な発現又は代謝の結果として生ずるもの（遺伝の機能的な単位を有していないものを含む。）をいう。

第三条（適用範囲）この議定書は、条約第一五条の規定の範囲内の遺伝資源及びその利用から生ずる利益について適用する。この議定書は、遺伝資源に関連する伝統的な知識であって条約の範囲内のもの及び当該伝統的な知識の利用から生ずる利益についても適用する。

第四条（国際協定及び国際文書との関係）1　この議定書は、現行の国際協定に基づく締約国の権利及び義務に影響を及ぼすものではない。ただし、当該締約国の権利の行使及び義務の履行が生物の多様性に重大な損害又は脅威を与える場合は、この限りでない。この1の規定は、この議定書と他の国際文書との間に序列を設けることを意図するものではない。

2　この議定書のいかなる規定も、締約国が他の関連する国際協定（取得の機会及び利益の配分に関する他の専門的な協定を含む。）を作成し、及び実施することを妨げるものではない。ただし、当該国際協定が条約及びこの議定書の目的を助長し、かつ、これらに反しない場合に限る。

3　この議定書は、この議定書に関連する他の国際文書と相互に補完的な方法で実施する。当該国際文書及び関連する国際機関の下での有用なかつ関連する実施中の作業又は慣行に対して、妥当な考慮が払われるべきである。ただし、当該作業又は当該慣行が条約及びこの議定書の目的を助長し、かつ、これらに反しない場合に限る。

4　この議定書は、条約の取得の機会及び利益の配分に関する規定を実施するための文書である。取得の機会及び利益の配分に関する専門的な国際文書であって、条約及びこの議定書の目的と適合し、かつ、これらに反しないものが適用される場合には、この議定書は、当該国際文書が対象とし、及び適用される特定の遺伝資源に関しては、当該国際文書の当事国については、適用しない。

第五条（公正かつ衡平な利益の配分）1　遺伝資源の利用並びにその後の応用及び商業化から生ずる利益は、条約第一五条3及び7の規定に従い、当該遺伝資源を提供する締約国（当該遺伝資源の原産国であるもの又は条約の規定に従って当該遺伝資源を獲得した締約国であるものに限る。）と公正かつ衡平に配分する。その配分は、相互に合意する条件に基づいて行う。

2　締約国は、遺伝資源についての先住民の社会及び地域社会の確立された権利に関する国内法令に従って先住民の社会及び地域社会が保有する遺伝資源の利用から生ずる利益が、相互に合意する条件に基づいて、当該先住民の社会及び地域社会と公正かつ衡平に配分されることを確保することを目指して、適宜、立法上、行政上又は政策上の措置をとる。

3　締約国は、1の規定を実施するため、適宜、立法上、行政上又は政策上の措置をとる。

4　利益には、金銭的及び非金銭的な利益（附属書に掲げるものを含むが、これらに限らない。）を含めることができる。

5　締約国は、遺伝資源に関連する伝統的な知識の利用から生ずる利益が当該伝統的な知識を有する先住民の社会及び地域社会と公正かつ衡平に配分されるよう、適宜、立法上、行政上又は政策上の措置をとる。その配分は、相互に合意する条件に基づいて行う。

第六条（遺伝資源の取得の機会）1　遺伝資源の利用のための取得の機会が与えられるためには、当該遺伝資源を提供する締約国（当該遺伝資源の原産国であるもの又は条約の規定に従って当該遺伝資源を獲得した締約国であるものに限る。）が、天然資源に対する主権的権利の行使として、かつ、取得の機会及び利益の配分に関する国内の法令又は規則に従い、情報に基づいて事前に同意することを必要とする。ただし、当該締約国が別段の決定を行う場合を除く。

2　締約国は、先住民の社会及び地域社会が遺伝資源の取得の機会を与える確立された権利を有する場合における当該遺伝資源の取得の機会について、当該先住民の社会及び地域社会の情報に基づく事前の同意又は当該先住民の社会及び地域社会の承認及び関与が得られることを確保することを目指して、適宜、国内法令に従って措置をとる。

3　情報に基づく事前の同意を得ることを要求する締約国は、1の規定に従い、次のことを行うため、適

宜、必要な立法上、行政上又は政策上の措置をとる。

(a) 取得の機会及び利益の配分に関する国内の法令又は規則の法的な確実性、明確性及び透明性を確保すること。

(b) 遺伝資源の取得の機会に関する公正な、かつ、恣意的でない規則及び手続を定めること。

(c) 情報に基づく事前の同意を申請する方法に関する情報を提供すること。

(d) 自国の権限のある当局が費用対効果の大きい方法で、かつ、合理的な期間内に、明確な、かつ、透明性のある決定であって書面によるものを行うことについて定めること。

(e) 情報に基づく事前の同意を与えるとの決定及び相互に合意する条件の設定を証明するものとして取得の機会の提供の際に許可証又はこれに相当するものを発給することについて定め、並びに取得の機会及び利益の配分に関する情報交換センターに通報すること。

(f) 該当する場合には、遺伝資源の取得の機会について先住民の社会及び地域社会の情報に基づく事前の同意又は先住民の社会及び地域社会の承認及び関与を得るための基準又は手続を国内法令に従って定めること。

(g) 相互に合意する条件を要求し、及び設定するための明確な規則及び手続を確立すること。当該条件は、書面により明示されなければならず、及び特に次の事項を含むことができる。

(i) 紛争解決条項

(ii) 利益の配分に関する条件(知的財産権に関するものを含む。)

(iii) 第三者によるその後の利用がある場合には、当該利用に関する条件

(iv) 該当する場合には、目的の変更に関する条件

第七条(遺伝資源に関連する伝統的な知識の取得の機会) 締約国は、遺伝資源に関連する伝統的な知識であって先住民の社会及び地域社会が有するものが当該先住民の社会及び地域社会の情報に基づく事前の同意又は承認及び関与を得て取得されること並びに相互に合意する条件が設定されていることを確保することを目指して、適宜、国内法令に従って措置をとる。

第八条(特別の考慮事項) 締約国は、取得の機会及び利益の配分に関する自国の法令又は規則を定め、及び実施するに当たり、次のことを行う。

(a) 特に開発途上国において、生物の多様性の保全及び持続可能な利用に貢献する研究を促進し、及び奨励するための条件(非商業的な目的の研究のための取得の機会について、当該研究の目的の変更に対処する必要性を考慮しつつ、簡易な措置によることとすることを含む。)を整えること。

(b) 人、動物又は植物の健康に脅威又は損害を与える現在の又は差し迫った緊急事態であると国内で又は国際的に認められた事態に妥当な考慮を払うこと。締約国は、遺伝資源の迅速な取得の機会及び当該遺伝資源の利用から生ずる利益の迅速で公正かつ衡平な配分(特に開発途上国において、治療を必要とする者が負担しやすい費用で治療を受けることができることを含む。)の必要性を考慮することができる。

(c) 食料及び農業のための遺伝資源の重要性並びにそれらが食糧安全保障に果たす特別な役割を考慮すること。

第九条(保全及び持続可能な利用への貢献) 締約国は、利用者及び提供者に対し、遺伝資源の利用から生ずる利益を生物の多様性の保全及びその構成要素の持続可能な利用に充てるよう奨励する。

第一〇条(地球的規模の多数国間の利益の配分の仕組み) 締約国は、遺伝資源及び遺伝資源に関連する伝統的な知識であって、国境を越えた状況で存在するもの又は情報に基づく事前の同意を与えること若しくは得ることができないものの利用から生ずる利益の公正かつ衡平な配分に対処するため、地球的規模の多数国間の利益の配分の仕組みの必要性及び態様について検討する。遺伝資源及び遺伝資源に関連する伝統的な知識の利用者がこの仕組みを通じて配分する利益は、生物の多様性の保全及びその構成要素の持続可能な利用を地球的規模で支援するために利用される。

第一一条(国境を越える協力)(略)

第一二条(遺伝資源に関連する伝統的な知識) 1 締約国は、この議定書に基づく義務の履行に当たり、遺伝資源に関連する伝統的な知識について、該当する場合には先住民の社会及び地域社会の慣習法、規範及び手続を国内法令に従って考慮する。

2 締約国は、関係する先住民の社会及び地域社会の効果的な参加を得て、遺伝資源に関連する伝統的な知識の潜在的な利用者に対し当該潜在的な利用者の義務(伝統的な知識の利用から生ずる利益の公正かつ衡平な配分に関する措置であって、取得の機会及び利益の配分に関する情報交換センターを通じて参照することができるものを含む。)を知らせるための仕組みを設ける。

3 締約国は、適当な場合には、先住民の社会及び地域社会(これらの社会に属する女性を含む。)が次のことを行うことを支援するよう努める。

(a) 遺伝資源に関連する伝統的な知識の取得の機会及び当該伝統的な知識の利用から生ずる利益の公正かつ衡平な配分に関する規範を定めること。

(b) 遺伝資源に関連する伝統的な知識の利用から生ずる利益の公正かつ衡平な配分を確保するための相互に合意する条件に関する最低限の要件を定めること。

(c) 遺伝資源に関連する伝統的な知識の利用から生ずる利益の配分のための契約の条項のひな型を作成すること。

4　締約国は、この議定書の実施に当たり、条約の目的に従い、先住民の社会及び地域社会の内部並びにこれらの社会の間における遺伝資源及び関連する伝統的な知識の利用慣行及び交換をできる限り制限しない。

第一三条（中央連絡先及び権限のある当局）

第一四条（取得の機会及び利益の配分に関する情報交換センター及び情報の共有）　（略）

第一五条（取得の機会及び利益の配分に関する国内の法令又は規則の遵守）1　締約国は、取得の機会及び利益の配分に関する他の締約国の国内の法令又は規則に従い、自国の管轄内で利用される遺伝資源が情報に基づく事前の同意によって取得されており、及び相互に合意する条件が設定されていることとなるよう、適当で効果的な、かつ、相応と認められる立法上、行政上又は政策上の措置をとる。

2　締約国は、1の規定に従ってとった措置の不遵守の状況に対処するため、適当で効果的な、かつ、相応と認められる措置をとる。

3　締約国は、1に規定する取得の機会及び利益の配分に関する他の締約国の国内の法令又は規則の違反が申し立てられた事案について、可能かつ適当な場合には協力する。

第一六条（遺伝資源に関連する伝統的な知識の取得の機会及び利益の配分に関する国内の法令又は規則の遵守）1　締約国は、先住民の社会及び地域社会が所在する他の締約国の国内の法令又は規則であって取得の機会及び利益の配分に関するものに従い、遺伝資源に関連する伝統的な知識であって自国の管轄内で利用されるものが当該先住民の社会及び地域社会の情報に基づく事前の同意又は当該先住民の社会及び地域社会の承認及び関与によって取得されており、並びに相互に合意する条件が設定されていることとなるよう、適当な場合には、適当で効果的な、かつ、相応と認められる立法上、行政上又は政策上の措置をとる。

2　締約国は、1の規定に従ってとった措置の不遵守の状況に対処するため、適当で効果的な、かつ、相応と認められる措置をとる。

3　締約国は、1に規定する取得の機会及び利益の配分に関する他の締約国の国内の法令又は規則の違反が申し立てられた事案について、可能かつ適当な場合には協力する。

第一七条（遺伝資源の利用の監視）1　締約国は、遵守を支援するため、適宜、遺伝資源の利用について監視し、及び透明性を高めるための措置をとる。当該措置には、次のことを含める。

(a)　次のことを踏まえ、一又は二以上の確認のための機関を指定すること。

(i)　指定された確認のための機関は、適宜、情報に基づく事前の同意、遺伝資源の出所、相互に合意する条件の設定又は遺伝資源の利用に関する関連情報を収集し、又は受領すること。

(ii)　締約国は、適当な場合には、指定された確認のための機関の性格に応じて、遺伝資源の利用者に対し、(i)に規定する関連情報を指定された確認のための機関に提供することを要求すること。締約国は、不遵守の状況に対処するため、適当で効果的な、かつ、相応と認められる措置をとること。

(iii)　(i)に規定する関連情報（利用可能な場合には、国際的に認められた遵守の証明書から得られる情報を含む。）は、秘密の情報の保護を妨げられることなく、適当な場合には、関連する国内当局、情報に基づく事前の同意を与える締約国及び取得の機会及び利益の配分に関する情報交換センターに提供すること

(iv)　確認のための機関は、効果的なものでなければならず、及びこの(a)の規定の実施に関連する機能を有すべきであること。確認のための機関は、遺伝資源の利用又は関連情報（特に、研究、開発、イノベーション、商業化前又は商業化の全ての段階に関連するもの）の収集と関連を有しているべきであること。

(b)　遺伝資源の利用者及び提供者に対し、相互に合意する条件に当該条件の実施に関する情報の共有（報告の義務によるものを含む。）のための規定を含めるよう奨励すること。

(c)　費用対効果の大きい通信手段及び通信システムの利用を奨励すること。

2　第六条3(e)の規定に従って発給され、及び取得の機会及び利益の配分に関する情報交換センターに提供された許可証又はこれに相当するものは、国際的に認められた遵守の証明書とする。

3　国際的に認められた遵守の証明書は、情報に基づく事前の同意を与えた締約国の国内の法令又は規則であって取得の機会及び利益の配分に関するものに従い、当該証明書が対象とする遺伝資源が情報に基づく事前の同意によって取得されており、及び相互に合意する条件が設定されていることを証明する役割を果たす。

4　国際的に認められた遵守の証明書には、少なくとも次の情報を含める。ただし、当該情報が秘密のものでない場合に限る。

(a)　発給した当局
(b)　発給日
(c)　提供者
(d)　当該証明書の固有の識別記号
(e)　情報に基づく事前の同意が与えられた個人又は団体
(f)　当該証明書が対象とする事項又は遺伝資源
(g)　相互に合意する条件が設定されたことの確認
(h)　情報に基づく事前の同意が得られたことの確認
(i)　商業的又は非商業的な利用

第一八条（相互に合意する条件の遵守）1　締約国は、

第六条3(g)(i)及び第七条の規定の実施に当たり、遺伝資源又は遺伝資源に関連する伝統的な知識の提供者及び利用者に対し、次の(a)から(c)までに規定するものを含む紛争解決に関する規定を適当な場合には相互に合意する条件に含めるよう奨励する。

(a) 紛争解決手続において提供者及び利用者が服する管轄権
(b) 準拠法
(c) 仲介、仲裁その他の紛争解決の選択肢

2　締約国は、相互に合意する条件から紛争が生ずる場合には、自国の法制度の下で、適用される管轄権に係る要件に従って訴訟を提起することができることを確保する。

3　締約国は、適当な場合には、次の事項について効果的な措置をとる。

(a) 司法手続の利用
(b) 外国における判決及び仲裁判断の相互承認及び執行に関する制度の利用

4　この条の規定の有効性は、第三一条の規定に従い、この議定書の締約国の会合としての役割を果たす締約国会議が再検討する。

第一九条(契約の条項のひな型)
第二〇条(行動規範、指針及び最良の実例又は基準)
第二一条(啓発)
(略)

第二二条(能力) 1　締約国は、開発途上締約国(特にこれらの締約国のうちの後発開発途上国及び島嶼(しょ)国)及び移行経済締約国におけるこの議定書の効果的な実施のため、既存の世界的な、地域的な、小地域的な及び国内の団体及び組織を通ずる方法等により、能力の開発及び向上並びに人的資源及び制度的能力の強化について協力する。このため、締約国は、先住民の社会及び地域社会並びに関係する利害関係者(非政府機関及び民間部門を含む。)の関与を容易にすべきである。

2　条約の関連規定に基づく資金に関する開発途上締約国(特にこれらの締約国のうちの後発開発途上国及び島嶼(しょ)国)及び移行経済締約国のニーズは、この議定書の実施のための能力の開発及び向上に当たり十分に考慮される。

3　この議定書の実施に関連する適当な措置の基礎として、開発途上締約国(特にこれらの締約国のうち後発開発途上国及び島嶼(しょ)国)及び移行経済締約国は、自国の能力の自己評価を通じて、自国の能力に関するニーズ及び優先事項を特定すべきである。これを行うに当たり、これらの開発途上締約国及び移行経済締約国は、女性の能力に関するニーズ及び優先事項に重点を置きつつ、先住民の社会及び地域社会並びに関係する利害関係者の能力に関するニーズ及び優先事項であって、これらの社会及び利害関係者によって特定されたものについて支援すべきである。

4　この議定書の実施を支援するに当たり、能力の開発及び向上については、特に次の重要な分野を取り扱うことができる。

(a) この議定書を実施し、及びこの議定書の義務を履行する能力
(b) 相互に合意する条件について交渉する能力
(c) 取得の機会及び利益の配分に関する国内の立法上、行政上又は政策上の措置を策定し、実施し、及び執行する能力
(d) 自国の遺伝資源に価値を付加するための自国の固有の研究の能力を向上させるための国の能力

5　1から4までの規定に基づく措置には、特に、次の事項を含めることができる。

(a) 法令及び制度の整備
(b) 交渉における衡平及び公正の促進(例えば、相互に合意する条件について交渉するための訓練)
(c) 遵守の監視及び確保
(d) 取得の機会及び利益の配分に関する活動のための利用可能な最良の通信手段及びインターネット・システムの利用
(e) 評価方法の開発及び利用
(f) 生物内の有用な資源の探査、関連する調査及び分類の研究
(g) 技術移転並びに技術移転を持続可能にするための基盤及び技術的能力
(h) 取得の機会及び利益の配分に関する活動が生物の多様性の保全及びその構成要素の持続可能な利用に果たす貢献の増進
(i) 取得の機会及び利益の配分に関して、関係する利害関係者の能力を向上させるための特別な措置
(j) 遺伝資源又は遺伝資源に関連する伝統的な知識の取得の機会に関し、先住民の社会及び地域社会に属する女性の能力の強化に重点を置きつつ、これらの社会の能力を向上させるための特別な措置

6　能力の開発及び向上に関する取組であって1から5までの規定に従って国内で、地域的に及び国際的に実施されるものに関する情報は、取得の機会及び利益の配分に関する能力の開発及び向上についての相乗作用及び調整を促進するため、取得の機会及び利益の配分に関する情報交換センターに提供されるべきである。

第二三条(技術移転、共同及び協力) 締約国は、条約第一五条、第一六条、第一八条及び第一九条の規定に従い、この議定書の目的を達成する手段として、技術的及び科学的な研究開発計画(バイオテクノロジーの研究活動を含む。)において共同して行動し、及び協力する。締約国は、条約及びこの議定書の目的を達成するための健全かつ存立可能な技術的及び科学的基礎の構築及び強化を可能とするため、開発途上締約国(特にこれらの締約国のうちの後発開発途上国及び島嶼(しょ)国)及び移行経済締約国に対する技術の取得の機会の提供及び技術移転を促進し、及び奨励することを約束する。そのような共同の活動は、可能かつ適当な場合には、遺伝資源を提供す

る締約国（当該遺伝資源の原産国であるもの又は条約の規定に従って当該遺伝資源を獲得した締約国であるものに限る。）において当該締約国と共に実施される。

第二四条（非締約国） 締約国は、非締約国に対し、この議定書に参加し、及び適当な情報を取得の機会及び利益の配分に関する情報交換センターに提供するよう奨励する。

第二五条（資金供与の制度及び資金）
第二六条（この議定書の締約国の会合としての役割を果たす締約国会議）
第二七条（補助機関）
第二八条（事務局）
第二九条（監視及び報告）
第三〇条（この議定書の遵守を促進するための手続及び制度）
第三一条（評価及び再検討）
第三二条（署名）
第三三条（効力発生）
第三四条（留保）
第三五条（脱退）
第三六条（正文）
（略）

附属書（金銭的及び金銭以外の利益）（略）

7章　国際経済

7 1　世界貿易機関を設立するマラケシュ協定（世界貿易機関協定）（ＷＴＯ協定）（抄）

作　　成　一九九四年四月一五日（マラケシュ）
効力発生　一九九五年一月一日
改　　正　ＴＲＩＰＳ協定改正議定書二〇〇五年一二月六日採択、二〇一七年一月二三日
日 本 国　一九九四年一二月八日国会承認、一二月二七日受諾書寄託、一二月二八日公布（条約第一五号）、原加盟国として一九九五年一月一日より効力発生、二〇一七年一月二三日ＴＲＩＰＳ協定改正議定書効力発生

この協定の締約国は、

貿易及び経済の分野における締約国間の関係が、生活水準を高め、完全雇用並びに高水準の実質所得及び有効需要並びにこれらの着実な増加を確保し並びに物品及びサービスの生産及び貿易を拡大する方向に向けられるべきであることを認め、他方において、経済開発の水準が異なるそれぞれの締約国のニーズ及び関心に沿って環境を保護し及び保全し並びにそのための手段を拡充することに努めつつ、持続可能な開発の目的に従って世界の資源を最も適当な形で利用することを考慮し、

更に、成長する国際貿易において開発途上国特に後発開発途上国がその経済開発のニーズに応じた貿易量を確保することを保証するため、積極的に努力する必要があることを認め、

関税その他の貿易障害を実質的に軽減し及び国際貿易関係における差別待遇を廃止するための相互的かつ互恵的な取極を締結することにより、前記の目的の達成に寄与することを希望し、

よって、関税及び貿易に関する一般協定、過去の貿易自由化の努力の結果及びウルグァイ・ラウンドの多角的貿易交渉のすべての結果に立脚する統合された一層永続性のある多角的貿易体制を発展させることを決意し、

この多角的貿易体制の基礎を成す基本原則を維持し及び同体制の基本目的を達成することを決意して、

次のとおり協定する。

第一条（機関の設立） この協定により世界貿易機関（ＷＴＯ）を設立する。

第二条（世界貿易機関の権限） 1　世界貿易機関は、附属書に含まれている協定及び関係文書に関する事項について、加盟国間の貿易関係を規律する共通の制度上の枠組みを提供する。

2　附属書一、附属書二及び附属書三に含まれている協定及び関係文書（以下「多角的貿易協定」という。）は、この協定の不可分の一部を成し、すべての加盟国を拘束する。

3　附属書四に含まれている協定及び関係文書（以下「複数国間貿易協定」という。）は、これらを受諾した加盟国についてはこの協定の一部を成し、当該加盟国を拘束する。複数国間貿易協定は、これらを受諾していない加盟国の義務又は権利を創設することはない。

4　附属書一Ａの一九九四年の関税及び貿易に関する一般協定（以下「一九九四年のガット」という。）は、国際連合貿易雇用会議準備委員会第二会期の終了時に採択された最終議定書に附属する一九四七年一〇月三〇日付けの関税及び貿易に関する一般協定がその後訂正され、改正され又は修正されたもの（以下「一九四七年のガット」という。）と法的に別個のものである。

第三条（世界貿易機関の任務） 1　世界貿易機関は、この協定及び多角的貿易協定の実施及び運用を円滑にし並びにこれらの協定の目的を達成するものとし、また、複数国間貿易協定の実施及び運用のための枠組みを提供する。

2　世界貿易機関は、附属書に含まれている協定で取

り扱われる事項に係る多角的貿易関係に関する加盟国間の交渉のための場を提供する。同機関は、また、閣僚会議の決定するところに従い、多角的貿易関係に関する加盟国間の追加的な交渉のための場及びこれらの交渉の結果を実施するための枠組みを提供することができる。

3　世界貿易機関は、附属書二の紛争解決に係る規則及び手続に関する了解（以下「紛争解決了解」という。）を運用する。

4　世界貿易機関は、附属書三の貿易政策検討制度を運用する。

5　世界貿易機関は、世界的な経済政策の策定が一層統一のとれたものとなるようにするため、適当な場合には、国際通貨基金並びに国際復興開発銀行及び同銀行の関連機関と協力する。

第四条（世界貿易機関の構成）1　すべての加盟国の代表で構成する閣僚会議を設置するものとし、同会議は、少なくとも二年に一回会合する。閣僚会議は、世界貿易機関の任務を遂行し、そのために必要な措置をとる。閣僚会議は、加盟国から要請がある場合には、意思決定につきこの協定及び関連する多角的貿易協定に特に定めるところに従い、多角的貿易協定に関するすべての事項について決定を行う権限を有する。

2　すべての加盟国の代表で構成する一般理事会を設置するものとし、同理事会は、適当な場合に会合する。閣僚会議の会合から会合までの間においては、その任務は、一般理事会が遂行する。一般理事会は、また、この協定によって自己に与えられる任務を遂行する。一般理事会は、その手続規則を定め、及び7に規定する委員会の手続規則を承認する。

3　一般理事会は、紛争解決了解に定める紛争解決機関としての任務を遂行するため、適当な場合に会合する。紛争解決機関は、議長を置くことができるものとし、同機関は、その任務を遂行するために必要と認める手続規則を定める。

4　一般理事会は、貿易政策検討制度に定める貿易政策検討機関としての任務を遂行するため、適当な場合に会合する。貿易政策検討機関は、議長を置くことができるものとし、同機関は、その任務を遂行するために必要と認める手続規則を定める。

5　物品の貿易に関する理事会、サービスの貿易に関する理事会及び知的所有権の貿易関連の側面に関する理事会（以下「貿易関連知的所有権理事会」という。）を設置するものとし、これらの理事会は、一般理事会の一般的な指針に基づいて活動する。物品の貿易に関する理事会は、附属書一Aの多角的貿易協定の実施に関することをつかさどる。サービスの貿易に関する理事会は、サービスの貿易に関する一般協定（以下「サービス貿易一般協定」という。）の実施に関することをつかさどる。貿易関連知的所有権理事会は、知的所有権の貿易関連の側面に関する協定（以下「貿易関連知的所有権協定」という。）の実施に関することをつかさどる。これらの理事会は、それぞれの協定及び一般理事会によって与えられる任務を遂行する。これらの理事会は、一般理事会の承認を条件として、それぞれの手続規則を定める。これらの理事会の構成員の地位は、すべての加盟国の代表に開放する。これらの理事会は、その任務を遂行するため、必要に応じて会合する。

6　物品の貿易に関する理事会、サービスの貿易に関する理事会及び貿易関連知的所有権理事会は、必要に応じて補助機関を設置する。これらの補助機関は、それぞれの理事会の承認を条件として、それぞれの手続規則を定める。

7　閣僚会議は、貿易及び開発に関する委員会、国際収支上の目的のための制限に関する委員会及び予算、財政及び運営に関する委員会を設置する。これらの委員会は、この協定及び多角的貿易協定によって与えられる任務並びに一般理事会によって与えられる追加的な任務を遂行する。また、閣僚会議は、適当と認める任務を有する追加的な委員会を設置することができる。貿易及び開発に関する委員会は、その任務の一部として、定期的に、多角的貿易協定の後発開発途上加盟国のための特別な規定を検討し、適当な措置について一般理事会に報告する。これらの委員会の構成員の地位は、すべての加盟国の代表に開放する。

8　複数国間貿易協定に定める機関は、これらの協定によって与えられる任務を遂行するものとし、世界貿易機関の制度上の枠組みの中で活動する。これらの機関は、その活動について一般理事会に定期的に通報する。

第五条（他の機関との関係）1　一般理事会は、世界貿易機関の任務と関連する任務を有する他の政府間機関との効果的な協力のために、適当な取決めを行う。

2　一般理事会は、世界貿易機関の取り扱う事項に関係のある非政府機関との協議及び協力のために、適当な取決めを行うことができる。

第六条（事務局）1　事務局長を長とする世界貿易機関事務局（以下「事務局」という。）を設置する。

2　閣僚会議は、事務局長を任命し、並びに事務局長の権限、任務、勤務条件及び任期を定める規則を採択する。

3　事務局長は、閣僚会議が採択する規則に従い、事務局員を任命し、並びにその任務及び勤務条件を決定する。

4　事務局長及び事務局員の責任は、専ら国際的な性質のものとする。事務局長及び事務局員は、その任務の遂行に当たって、いかなる政府からも又は世界貿易機関外のいかなる当局からも指示を求め又は受けてはならない。事務局長及び事務局員は、国際公務員としての立場を損なうおそれのあるいかなる行動も慎まなければならない。同機関の加盟国は、事務局長及び事務局員の責任の国際的な性質を尊重するものとし、これらの者が任務を遂行するに当たってこれらの者を左右しようとしてはならない。

第七条（予算及び分担金）1　事務局長は、予算、財政及び運営に関する委員会に対し世界貿易機関の年次予算見積り及び会計報告を提出する。予算、財政及び運営に関する委員会は、事務局長が提出した年次予算見積り及び会計報告を審査し、一般理事会に対しこれらに関する勧告を行う。年次予算見積りについては、一般理事会の承認を得なければならない。

2　予算、財政及び運営に関する委員会は、次の事項に関する規定を含む財政規則を一般理事会に提案する。財政規則は、実行可能な限り一九四七年のガットの規則及び慣行に基づくものでなければならない。

(a)　世界貿易機関の経費を加盟国間で割り当てるための分担率

(b)　分担金を滞納している加盟国についてとる措置

3　一般理事会は、過半数の加盟国を含む三分の二以上の多数による議決で財政規則及び年次予算見積りを採択する。

4　各加盟国は、一般理事会が採択した財政規則に従い、世界貿易機関の経費に係る自国の分担金を速やかに同機関に支払う。

第八条（世界貿易機関の地位）1　世界貿易機関は、法人格を有するものとし、その任務の遂行のために必要な法律上の能力を各加盟国によって与えられる。

2　世界貿易機関は、その任務の遂行のために必要な特権及び免除を各加盟国によって与えられる。

3　2と同様に、世界貿易機関の職員及び加盟国の代表は、同機関に関連する自己の任務を独立に遂行するために必要な特権及び免除を各加盟国によって与えられる。

4　世界貿易機関、その職員及びその加盟国の代表に対して加盟国が与える特権及び免除は、一九四七年一一月二一日に国際連合総会が採択した専門機関の特権及び免除に関する条約に定める特権及び免除と同様のものとする。

5　世界貿易機関は、本部協定を締結することができる。

第九条（意思決定）1　世界貿易機関は、一九四七年のガットの下でのコンセンサス方式による意思決定の慣行（注1）を維持する。コンセンサス方式によって決定することができない場合には、問題となっている事項は、別段の定めがある場合を除くほか、投票によって決定する。世界貿易機関の各加盟国は、閣僚会議及び一般理事会の会合において一の票を有する。欧州共同体が投票権を行使する場合には、同共同体は、世界貿易機関の加盟国であるその構成国の数と同数の票を有する（注2）。閣僚会議及び一般理事会の決定は、この協定又は関連する多角的貿易協定に別段の定めがある場合を除くほか、投じられた票の過半数による議決で行う（注3）。

注1　いずれかの内部機関がその審議のために提出された事項について決定を行う時にその会合に出席しているいずれの加盟国もその決定案に正式に反対しない場合には、当該内部機関は当該事項についてコンセンサス方式によって決定したものとみなす。

注2　欧州共同体及びその構成国の有する票数は、いかなる場合にも同共同体の構成国の数を超えないものとする。

注3　一般理事会が紛争解決機関として会合する場合には、その決定は、紛争解決了解第二条4の規定にのみ従って行う。

2　閣僚会議及び一般理事会は、この協定及び多角的貿易協定の解釈を採択する排他的権限を有する。附属書一の多角的貿易協定の解釈については、閣僚会議及び一般理事会は、当該協定の実施に関することをつかさどる理事会の勧告に基づいてその権限を行使する。解釈を採択する決定は、加盟国の四分の三以上の多数による議決で行う。この2の規定は、改正に関する次条の規定を害するように用いてはならない。

3　閣僚会議は、例外的な場合には、この協定又はいずれかの多角的貿易協定によって加盟国に課される義務を免除することを決定することができる。その決定は、この3に別段の定めがない限り、加盟国の四分の三（注）による議決で行う。

(a)　この協定に関する免除の要請は、審議（コンセンサス方式による意思決定の慣行に従う。）のため、閣僚会議に提出される。閣僚会議は、その要請を審議するために、九〇日を超えない範囲でその期間を定める。その期間内にコンセンサスに達しない場合には、免除の決定は、加盟国の四分の三（注）による議決で行う。

(b)　附属書一A、附属書一B又は附属書一Cの多角的貿易協定及びこれらの協定の附属書に関する免除の要請は、審議（その期間は、九〇日を超えないものとする。）のため、まず、物品の貿易に関する理事会、サービスの貿易に関する理事会又は貿易関連知的所有権理事会にそれぞれ提出する。当該理事会は、審議の期間の終了に当たって、閣僚会議に報告を提出する。

注　経過期間又は段階的な実施のための期間が設けられている義務であって、その免除を要請する加盟国が当該期間の終了までに履行しなかったものに関する免除の決定は、コンセンサス方式によってのみ行う。

4　閣僚会議による免除の決定には、その決定を正当化する例外的な事情、免除の適用に関する条件及び免除が終了する日を示すものとする。免除の期間が一年を超える場合には、当該免除の開始後一年以内に、及びその後は当該免除が終了するまで毎年、閣僚会議の審査を受ける。閣僚会議は、審査において、免除を正当化する例外的な事情が引き続き存在するかしないか及び免除に付された条件が満たされているかいないかを検討する。閣僚会議は、毎年の審査に基づき、免除を延長し、変更し又は終了させることができる。

5　複数国間貿易協定に関する決定（解釈及び免除に関する決定を含む。）については、当該協定の定めるところによる。

第一〇条（改正） 1　世界貿易機関の加盟国は、この協定又は附属書一の多角的貿易協定を改正する提案を、閣僚会議に提出することによって行うことができる。第四条5に規定する理事会も、自己が実施に関することをつかさどる附属書一の多角的貿易協定を改正する提案を閣僚会議に提出することができる。改正案を加盟国に対し受諾のために送付することについての閣僚会議の決定は、同会議が一層長い期間を定めない限り、提案が正式に同会議に提出された後九〇日の間にコンセンサス方式によって行う。2、5又は6の規定が適用される場合を除くほか、当該決定には、3又は4のいずれの規定が適用されるかを明示するものとする。コンセンサスに達した場合には、閣僚会議は、直ちに改正案を加盟国に対し受諾のために送付する。定められた期間内にコンセンサスに達しない場合には、閣僚会議は、加盟国の三分の二以上の多数による議決で、改正案を加盟国に対し受諾のために送付するかしないかを決定する。2、5又は6の規定が適用される場合を除くほか、3の規定が改正案について適用される。ただし、閣僚会議が加盟国の四分の三以上の多数による議決で4の規定が適用されると決定する場合は、この限りでない。

2　この条及び次に掲げる規定の改正は、すべての加盟国が受諾した時に効力を生ずる。

この協定の第九条

一九九四年のガットの第一条及び第二条

サービス貿易一般協定第二条1

貿易関連知的所有権協定第四条

3　この協定又は附属書一A及び附属書一Cの多角的貿易協定の改正（2及び6に掲げる規定の改正を除く。）であって、加盟国の権利及び義務を変更する性質のものは、加盟国の三分の二が受諾した時に当該改正を受諾した加盟国について効力を生じ、その後は、その他の各加盟国について、それぞれによる受諾の時に効力を生ずる。閣僚会議は、加盟国の四分の三以上の多数による議決で、この3の規定に基づいて効力を生じた改正が、それぞれの場合について閣僚会議の定める期間内に当該改正を受諾しなかった加盟国が世界貿易機関から脱退し又は閣僚会議の同意を得て加盟国としてとどまり得る性質のものである旨を決定することができる。

4　この協定又は附属書一A及び附属書一Cの多角的貿易協定の改正（2及び6に掲げる規定の改正を除く。）であって、加盟国の権利及び義務を変更しない性質のものは、加盟国の三分の二が受諾した時にすべての加盟国について効力を生ずる。

5　2の規定が適用される場合を除くほか、サービス貿易一般協定の第一部から第三部までの規定及び同協定の各附属書の改正は、加盟国の三分の二が受諾した時に当該改正を受諾した加盟国について効力を生じ、その後は、その他の加盟国について、それぞれによる受諾の時に効力を生ずる。閣僚会議は、加盟国の四分の三以上の多数による議決で、前段の規定に基づいて効力を生じた改正が、それぞれの場合について閣僚会議の定める期間内に当該改正を受諾しなかった加盟国が世界貿易機関から脱退し又は閣僚会議の同意を得て加盟国としてとどまり得る性質のものである旨を決定することができる。サービス貿易一般協定の第四部から第六部までの規定及び同協定の各附属書の改正は、加盟国の三分の二が受諾した時にすべての加盟国について効力を生ずる。

6　この条の他の規定にかかわらず、貿易関連知的所有権協定の改正であって同協定第七一条2の要件を満たすものは、閣僚会議が採択することができるものとし、その後の正式な受諾の手続を要しない。

7　この協定又は附属書一の多角的貿易協定の改正を受諾する加盟国は、閣僚会議が定める受諾の期間内に受諾書を世界貿易機関事務局長に寄託する。

8　世界貿易機関の加盟国は、附属書二及び附属書三の多角的貿易協定を改正する提案を、閣僚会議に提出することによって行うことができる。附属書二の多角的貿易協定の改正を承認する決定は、コンセンサス方式によって行うものとし、当該改正は、閣僚会議が承認した時にすべての加盟国について効力を生ずる。附属書三の多角的貿易協定の改正を承認する決定は、閣僚会議が承認した時にすべての加盟国について効力を生ずる。

9　閣僚会議は、いずれかの貿易協定の締約国である加盟国の要請に基づき、当該協定を附属書四に追加することをコンセンサス方式によってのみ決定することができる。閣僚会議は、いずれかの複数国間貿易協定の締約国である加盟国の要請に基づき、当該協定を附属書四から削除することを決定することができる。

10　複数国間貿易協定の改正については、当該協定の定めるところによる。

第一一条（原加盟国） 1　この協定が効力を生ずる日における一九四七年のガットの締約国及び欧州共同体であって、この協定及び多角的貿易協定を受諾し、かつ、一九九四年のガットに自己の譲許表が附属され及びサービス貿易一般協定に自己の特定の約束に係る表が附属されているものは、世界貿易機関の原加盟国となる。

2　国際連合が後発開発途上国として認める国は、個別の開発上、資金上及び貿易上のニーズ又は行政上及び制度上の可能性と両立する範囲において、約束及び譲許を行うことを要求される。

第一二条（加入） 1　すべての国又は対外通商関係その他この協定及び多角的貿易協定に規定する事項の処理について完全な自治権を有する独立の関税地域は、

自己と世界貿易機関との間において合意した条件によりこの協定に加入することができる。加入は、この協定及び多角的貿易協定の双方に係るものとする。

2　加入に関する決定は、閣僚会議が行う。閣僚会議は、世界貿易機関の加盟国の三分の二以上の多数による議決で、加入の条件に関する合意を承認する。

3　複数国間貿易協定への加入については、当該協定の定めるところによる。

第一三条（特定の加盟国の間における多角的貿易協定の不適用） 1　いずれかの加盟国が加盟国となった時に、当該いずれかの加盟国又はその他のいずれかの加盟国が、これらの加盟国の間におけるこの協定並びに附属書一及び附属書二の多角的貿易協定の適用に同意しなかった場合には、これらの協定は、これらの加盟国の間においては適用されない。

2　1の規定は、一九四七年のガットの締約国であった世界貿易機関の原加盟国の間において適用することができる。ただし、一九四七年のガット第三五条の規定が、当該締約国の間において、当該締約国についてこの協定の効力発生前に適用され、かつ、効力発生時に有効であった場合に限る。

3　1の規定は、いずれかの加盟国と前条の規定に従って加入したその他のいずれかの加盟国との間においては、加入の条件に関する合意が閣僚会議によって承認される前にこれらの加盟国のいずれかが同会議に対し1に規定する協定の適用に同意しない旨を通報した場合に限り、適用する。

4　閣僚会議は、加盟国の要請に基づいて、特定の事案におけるこの条の規定の運用を検討し、適当な勧告を行うことができる。

5　複数国間貿易協定の締約国の間における当該協定の不適用については、当該協定の定めるところによる。

第一四条（受諾、効力発生及び寄託） 1　この協定は、第一一条の規定に基づき世界貿易機関の原加盟国となる資格を有する一九四七年のガットの締約国及び欧州共同体が署名その他の方法によって行う受諾のために開放しておく。受諾は、この協定及び多角的貿易協定の双方に係るものとする。この協定及び多角的貿易協定は、ウルグァイ・ラウンドの多角的貿易交渉の結果を収録する最終文書の3に従って閣僚が決定する日に効力を生ずるものとし、閣僚が別段の決定を行う場合を除くほか、効力を生じた日の後二年間受諾のために開放しておく。この協定が効力を生じた後の受諾は、受諾の日の後三〇日目に効力を生ずる。

2　この協定が効力を生じた後にこの協定を受諾する加盟国は、この協定が効力を生じた日に受諾したならば実施すべき多角的貿易協定上の譲許及び義務（この協定が効力を生じた日に開始する期間に係るもの）を実施する。

3　この協定が効力を生ずるまでの間、この協定及び多角的貿易協定の原本は、一九四七年のガットの締約国団の事務局長に寄託する。同事務局長は、この協定を受諾した政府及び欧州共同体に対し、この協定及び多角的貿易協定の認証謄本並びにこの協定の受諾に関する通告書を速やかに送付する。この協定が効力を生じたときは、この協定及び多角的貿易協定並びにこれらの改正は、世界貿易機関事務局長に寄託する。

4　複数国間貿易協定の受諾及び効力発生については、当該協定の定めるところによる。複数国間貿易協定は、一九四七年のガットの締約国団の事務局長に寄託する。この協定が効力を生じたときは、複数国間貿易協定は、世界貿易機関事務局長に寄託する。

第一五条（脱退） 1　加盟国は、この協定から脱退することができる。脱退は、この協定及び多角的貿易協定の双方に係るものとし、世界貿易機関事務局長が書面による脱退の通告を受領した日から六箇月を経過した時に、効力を生ずる。

2　複数国間貿易協定からの脱退については、当該協定の定めるところによる。

第一六条（雑則） 1　世界貿易機関は、この協定又は多角的貿易協定に別段の定めがある場合を除くほか、一九四七年のガットの締約国団及び一九四七年のガットの枠組みの中で設置された機関が従う決定、手続及び慣行を指針とする。

2　実行可能な範囲において、一九四七年のガットの事務局は、世界貿易機関の事務局となるものとし、かつ、一九四七年のガットの締約国団の事務局長は、第六条2の規定に従って閣僚会議が事務局長を任命する時まで、世界貿易機関の事務局長としての職務を遂行する。

3　この協定の規定といずれかの多角的貿易協定の規定とが抵触する場合には、抵触する限りにおいて、この協定の規定が優先する。

4　加盟国は、自国の法令及び行政上の手続を附属書の協定に定める義務に適合したものとすることを確保する。

5　留保は、この協定のいかなる規定についても付することができない。多角的貿易協定の規定についての留保は、これらの協定に定めがある場合に限り、その限度において付することができる。複数国間貿易協定の規定についての留保は、当該協定の定めるところによる。

6　この協定は、国際連合憲章第一〇二条の規定に従って登録する。

一九九四年四月一五日にマラケシュで、ひとしく正文である英語、フランス語及びスペイン語により本書一通を作成した。

注釈

この協定及び多角的貿易協定において用いられる「国」には、世界貿易機関の加盟国である独立の関税地域を含む。

この協定及び多角的貿易協定において「国」を含む表現（例

えば、「国内制度」、「内国民待遇」は、世界貿易機関の加盟国である独立の関税地域については、別段の定めがある場合を除くほか、当該関税地域に係るものとして読むものとする。

附属書の一覧表

附属書一
附属書一A　物品の貿易に関する多角的協定
一九九四年の関税及び貿易に関する一般協定
農業に関する協定
衛生植物検疫措置の適用に関する協定
繊維及び繊維製品（衣類を含む。）に関する協定（二〇〇五年一月一日終了）
貿易の技術的障害に関する協定
貿易に関連する投資措置に関する協定
一九九四年の関税及び貿易に関する一般協定第六条の実施に関する協定
一九九四年の関税及び貿易に関する一般協定第七条の実施に関する協定
船積み前検査に関する協定
原産地規則に関する協定
輸入許可手続に関する協定
補助金及び相殺措置に関する協定
セーフガードに関する協定
附属書一B　サービスの貿易に関する一般協定
附属書一C　知的所有権の貿易関連の側面に関する協定（二〇一七年一月二三日TRIPS協定改正議定書効力発生）
附属書二
紛争解決に係る規則及び手続に関する了解
附属書三
貿易政策検討制度
附属書四　複数国間貿易協定
民間航空機貿易に関する協定
政府調達に関する協定
国際酪農品協定（一九九七年末終了）
国際牛肉協定（一九九七年末終了）

72　一九四七年の関税及び貿易に関する一般協定（一九四七年のガット）（抄）

署　名　一九四七年一〇月三〇日（ジュネーヴ）
効力発生　一九四八年一月一日暫定的適用
改　正　一九五七年一〇月七日（前文、第二部、第三部）
　　　　一九六六年六月二七日（第四部追加）
日本国　一九五五年九月一〇日加入

オーストラリア連邦（以下二三カ国の締約国名略）の政府は、

貿易及び経済の分野における締約国間の関係が、生活水準を高め、完全雇用並びに高度のかつ着実に増加する実質所得及び有効需要を確保し、世界の資源の完全な利用を発展させ、並びに貨物の生産及び交換を拡大する方向に向けられるべきであることを認め、

関税その他の貿易障害を実質的に軽減し、及び国際通商における差別待遇を廃止するための相互的かつ互恵的な取極を締結することにより、これらの目的に寄与することを希望して、

それぞれの代表者を通じて次のとおり協定した。

第一部

第一条（一般的最恵国待遇）1　いずれかの種類の関税及び課徴金で、輸入若しくは輸出について若しくはそれらに関連して課され、又は輸入若しくは輸出のための支払手段の国際的移転について課せられるものに関し、それらの関税及び課徴金の徴収の方法に関し、輸入及び輸出に関連するすべての規則及び手続に関し、並びに第三条2及び4に掲げるすべての事項に関しては、いずれかの締約国が他国の原産の産品又は他国に仕向けられる産品に対して許与する利益、特典、特権又は免除は、他のすべての締約国の領域の原産の同種の産品又はそれらの領域に仕向けられる同種の産品に対して、即時かつ無条件に許与しなければならない。

2　前項の規定は、輸入税又は輸入に関する課徴金についての特恵で、4に定める限度をこえずかつ次に掲げるところに該当するものの廃止を要求するものではない。

(a)　附属書Aに掲げる地域のうちの二以上の地域の間にのみ有効な特恵。ただし、同附属書に定める条件に従わなければならない。

(b)　一九三九年七月一日に共通の主権又は保護関係若しくは宗主権関係によって結合されていた二以上の地域で、附属書B、C及びDに掲げるものの間にのみ有効な特恵。ただし、それらの附属書に定める条件に従わなければならない。

(c)　アメリカ合衆国とキューバ共和国との間にのみ有効な特恵

(d)　附属書E及びFに掲げる隣接国の間にのみ有効な特恵

3　1の規定は、以前オットマン帝国の一部であり、かつ、一九二三年七月二四日に同帝国から分離した諸国間の特恵には適用しない。ただし、その特恵は、この点について第二九条1の規定に照らして適用される第二五条5(a)の規定に基いて承認されなければならない。

4　2の規定に基いて特恵を許与される産品に対する特恵の限度は、この協定に附属する該当の譲許表に特恵の最高限度が明示的に定められていない場合に

は、次のものをこえてはならない。

(a) 前記の譲許表に掲げる産品に対する輸入税又は課徴金については、その譲許表に定める最恵国税率と特恵税率との間の差。特恵税率が定められていない場合には、特恵税率は、この4の規定の適用上、一九四七年四月一〇日に有効であったものとし、また、最恵国税率が定められていない場合には、その限度は、一九四七年四月一〇日における最恵国税率と特恵税率との間の差をこえてはならない。

(b) 該当の譲許表に掲げられていない産品に対する輸入税又は課徴金については、一九四七年四月一〇日における最恵国税率と特恵税率との間の差

附属書Gに掲げる締約国の場合には、(a)及び(b)の一九四七年四月一〇日という日付は、同附属書に定めるそれぞれの日付と置き替える。

第二条（譲許表） 1(a) 各締約国は、他の締約国の通商に対し、この協定に附属する該当の譲許表の該当の部に定める待遇より不利でない待遇を許与するものとする。

(b) いずれかの締約国の譲許表の第一部に掲げる産品に該当する他の締約国の領域の産品は、その譲許表が関係する領域への輸入に際し、その譲許表に定める条件又は制限に従うことを条件として、その譲許表に定める関税をこえる通常の関税を免除される。これらの産品は、また、輸入について又は輸入に関連して課せられるその他のすべての種類の租税又は課徴金で、この協定の日付の日に課せられているものをこえるもの又はその日にその輸入領域において有効である法令によりその後課することを直接にかつ義務的に要求されているものをこえるものを免除される。

(c) いずれかの締約国の譲許表の第二部に掲げる産品に該当するもので、その譲許表が関係する領域への輸入に際して特恵待遇を受ける権利を前条の規定によって与えられている領域の産品であるものは、その輸入領域への輸入に際し、その譲許表に定める条件又は制限に従うことを条件として、その譲許表の第二部に定める関税をこえる通常の関税を免除される。これらの産品は、また、輸入について又は輸入に関連して課せられるその他のすべての種類の租税又は課徴金で、この協定の日付の日に課せられているものをこえるもの又はその日にその輸入領域において有効である法令によりその後課することを直接にかつ義務的に要求されているものをこえるものを免除される。この条のいかなる規定も、特恵税率による産品の輸入のための適格要件については、締約国がこの協定の日付の日に存在する要件を維持することを妨げるものではない。

2 この条のいかなる規定も、締約国が産品の輸入に際して次のものを随時課することを妨げるものではない。

(a) 同種の国内産品について、又は当該輸入産品の全部若しくは一部がそれから製造され若しくは生産されている物品について次条2の規定に合致して課せられる内国税に相当する課徴金

(b) 第六条の規定に合致して課せられるダンピング防止税又は相殺関税

(c) 提供された役務の費用に相応する手数料その他の課徴金

3 締約国は、課税価額の決定の方法又は通貨換算の方法をこの協定に附属する該当の譲許表に定める譲許の価値を減ずるように変更してはならない。

4 締約国が、この協定に附属する該当の譲許表に掲げるいずれかの産品の輸入の独占を、正式に又は事実上、設定し、維持し、又は認可するときは、その独占は、その譲許表に別段の定がある場合又は直接に当該譲許を交渉した当事国の間に別段の取極がある場合を除くほか、その譲許表に定める保護の量を平均してこえるように運用してはならない。この項の規定は、締約国がこの協定の他の規定により認められるいずれかの形式の援助を国内生産者に与えることを制限するものではない。

5 締約国は、他の締約国が、いずれかの産品に対して、この協定に附属する該当の譲許表に定める譲許によって意図されていると考えられる待遇を与えていないと認めるときは、その問題について直接にその締約国の注意を喚起しなければならない。その締約国が、注意を喚起した締約国の要求に同意するが、その締約国の関税に関する法律に基いてこの協定に意図された待遇を許与するように当該産品を分類することができないと裁判所その他の権限のある機関が裁定したためにその待遇を許与することができないと宣言するときは、これらの二締約国及び実質的に利害関係を有するその他の締約国は、その問題の補償的調整のための交渉を直ちに開始しなければならない。

6(a) 国際通貨基金の加盟国たる締約国の譲許表に含まれている従量税及び従量課徴金並びにそれらの締約国が維持する従量税及び従量課徴金に関する特恵の限度は、この協定の日付の日に同基金が受諾し又は暫定的に認めた平価における該当の通貨により表示する。したがって、その平価が国際通貨基金協定に従って二〇パーセントをこえて引き下げられる場合には、その従量税及び従量課徴金並びに特恵の限度は、その引下げを考慮して調整することができる。ただし、締約国団（第二五条の規定に従って共同して行動する締約国をいう。）が、その調整の必要性又は緊急性に影響を及ぼすすべての要素を考慮に入れた上、その調整が該当の譲許表又はこの協定の他の部分に定める譲許の価値を減じないものであることを条件とする。

(b) 同基金の加盟国でない締約国は、同基金の加盟国となる日又はその締約国が第一五条に従って特

別為替取極を締結する日から、(a)の規定の適用を受ける。

7　協定附属譲許表は、この協定の第一部の不可分の一体をなす。

第二部

第三条（内国の課税及び規則に関する内国民待遇）

1　締約国は、内国税その他の内国課徴金と、産品の国内における販売、販売のための提供、購入、輸送、分配又は使用に関する法令及び要件並びに特定の数量又は割合による産品の混合、加工又は使用を要求する内国の数量規則は、国内生産に保護を与えるように輸入産品又は国内産品に適用してはならないことを認める。

2　いずれかの締約国の領域の産品で他の締約国の領域に輸入されるものは、同種の国内産品に直接又は間接に課せられるいかなる種類の内国税その他の内国課徴金をこえる内国税その他の内国課徴金も、直接であると間接であるとを問わず、課せられることはない。さらに、締約国は、前項に定める原則に反するその他の方法で内国税その他の内国課徴金を輸入産品又は国内産品に課してはならない。

3　現行の内国税で、前項の規定に反するが、一九四七年四月一〇日に有効であり、かつ、当該課税産品に対する輸入税を引き上げないように固定している貿易協定に基いて特に認められているものに関しては、それを課している締約国は、その貿易協定の義務を免除されてその内国税の保護的要素を撤廃する代償として必要な限度までその輸入税を引き上げることができるようになるまでは、その内国税に対する前項の規定の適用を延期することができる。

4　いずれかの締約国の領域の産品で他の締約国の領域に輸入されるものは、その国内における販売、販売のための提供、購入、輸送、分配又は使用に関するすべての法令及び要件に関し、国内原産の同種の産品に許与される待遇より不利でない待遇を許与される。この項の規定は、輸送手段の経済的運用にのみ基き産品の国籍には基いていない差別的国内輸送料金の適用を妨げるものではない。

5　締約国は、特定の数量又は割合による産品の混合、加工又は使用に関する内国の数量規則で、産品の特定の数量又は割合を国内の供給源から供給すべきことを直接又は間接に要求するものを設定し、又は維持してはならない。さらに、締約国は、1に定める原則に反するその他の方法で内国の数量規則を適用してはならない。

6　前項の規定は、締約国の選択により、一九三九年七月一日、一九四七年四月一〇日又は一九四八年三月二四日にいずれかの締約国の領域において有効である内国の数量規則には適用されない。ただし、これらの規則で前項の規定に反するものは、輸入に対する障害となるように修正してはならず、また、交渉上は関税とみなして取り扱うものとする。

7　特定の数量又は割合による産品の混合、加工又は使用に関する内国の数量規則は、その数量又は割合を国外の供給源別に割り当てるような方法で適用してはならない。

8(a)　この条の規定は、商業的再販売のため又は商業的販売のための貨物の生産に使用するためではなく政府用として購入する産品の政府機関による調達を規制する法令又は要件には適用しない。

(b)　この条の規定は、国内生産者のみに対する補助金（この条の規定に合致して課せられる内国税又は内国課徴金の収入から国内生産者に交付される補助金及び政府の国内産品購入の方法による補助金を含む。）の交付を妨げるものではない。

9　締約国は、内国の最高価格統制措置が、この条の他の規定に合致していてもなお、輸入産品を供給する締約国の利益に不利な影響を及ぼすことがあることを認める。よって、その措置を執っている締約国は、その不利な影響をできる限り避けるため、輸出締約国の利益を考慮しなければならない。

10　この条の規定は、締約国が、露出済映画フィルムに関する内国の数量規制で第四条の要件に合致するものを設定し、又は維持することを妨げるものではない。

第四条（露出済映画フィルムに関する特別規定）
第五条（通過の自由）
（略）

第六条（ダンピング防止税及び相殺関税）1　締約国は、ある国の産品をその正常の価額より低い価額で他国の商業へ導入するダンピングが締約国の領域における確立された産業に実質的な損害を与え若しくは与えるおそれがあり、又は国内産業の確立を実質的に遅延させるときは、そのダンピングを非難すべきものと認める。この条の規定の適用上、ある国から他国へ輸出される産品の価格が次のいずれかの価格より低いときは、その産品は、正常の価額より低い価額で輸入国の産業に導入されるものとみなす。

(a)　輸出国における消費に向けられる同種の産品の通常の商取引における比較可能の価格

(b)　前記の国内価格がない場合には、

(i)　第三国に輸出される同種の産品の通常の商取引における比較可能の最高価格

(ii)　原産国における産品の生産費に妥当な販売経費及び利潤を加えたもの

販売条件の差異、課税上の差異及び価格の比較に影響を及ぼすその他の差異に対しては、それぞれの場合について妥当な考慮を払わなければならない。

2　締約国は、ダンピングを相殺し又は防止するため、ダンピングされた産品に対し、その産品に関するダンピングの限度をこえない金額のダンピング防止税を課することができる。この条の適用上、ダンピングの限度とは、1の規定に従って決定される価格差をいう。

3　いずれかの締約国の領域の産品で他の締約国の領

域に輸入されるものは、原産国又は輸出国においてその産品の製造、生産又は輸出について直接又は間接に与えられていると認められる奨励金又は補助金（特定の産品の輸送に対する特別の補助金を含む。）の推定額に等しい金額をこえる相殺関税を課せられることはない。「相殺関税」とは、産品の製造、生産又は輸出について直接又は間接に与えられる奨励金又は補助金を相殺する目的で課する特別の関税をいう。

4　いずれかの締約国の領域の産品で他の締約国の領域に輸入されるものは、その産品が原産国若しくは輸出国における消費に向けられる同種の産品が課せられる租税を免除されることを理由として、又はその租税の払いもどしを受けることを理由としてダンピング防止税又は相殺関税を課せられることはない。

5　いずれかの締約国の領域の産品で他の締約国の領域に輸入されるものは、ダンピング又は輸出補助金から生ずる同一の事態を補償するためにダンピング防止税と相殺関税とを併課されることはない。

6(a)　締約国は、他の締約国のダンピング又は補助金の影響が、自国の確立された国内産業に実質的な損害を与え若しくは与えるおそれがあり、又は自国の国内産業の確立を実質的に遅延させるものであると決定する場合を除くほか、当該他の国の領域の産品の輸入についてダンピング防止税又は相殺関税を課してはならない。

(b)　締約国団は、締約国が、輸入締約国の領域に当該産品を輸出する第三国たる締約国の領域における産業に実質的な損害を与え又は与えるおそれがあるダンピング又は補助金の交付を相殺するため当該産品の輸入にダンピング防止税又は相殺関税を課することができるように、(a)の要件を免除することができる。締約国団は、補助金が輸入締約国の領域に当該産品を輸出する第三国たる締約国の領域における産業に実質的な損害を与え又は与えるおそれのあると認める場合には、相殺関税を課することができるように、(a)の要件を免除しなければならない。

(c)　もっとも、遅延すれば回復しがたい損害を生ずるような特別の場合においては、締約国は、(b)の目的のため、締約国団の事前の承認を得ないで相殺関税を課することができる。ただし、この措置は、直ちに締約国団に報告しなければならず、かつ、締約国団が否認するときは、相殺関税は、直ちに撤回されるものとする。

7　輸出価格の変動に関係なく、一次産品の国内価格又は国内生産者の収入を安定させるための制度であって、同種の産品についての国内市場の買手に対する比較可能の価格より低い価格で当該産品を輸出のために販売することがあるものは、当該産品について実質的な利害関係を有する締約国間の協議によって次の事実が確定されるときは、前項の規定の意味において実質的な損害を与えることになるものとみなさない。

(a)　その制度が、また、同種の産品についての国内市場の買手に対する比較可能の価格より高い価格で当該産品を輸出のため販売することにもなったこと及び

(b)　その制度が、生産の実効的な規制その他の方法により不当に輸出を促進しないように、又はその他の締約国の利益を著しく害しないように運用されていること。

第七条（関税上の評価）1　締約国は、次の諸項に定める関税上の評価の一般原則が妥当であることを認め、かつ、輸入及び輸出に関する関税その他の課徴金又は制限で価額に基くか又は何らかの方法で価額によって規制されるものを課せられるすべての産品について、それらの原則を実施することを約束する。さらに、締約国は、他の締約国の要請を受けたときは、関税上の価額に関する法令の実施について、前記の原則に照らして検討しなければならない。締約国団は、締約国に対し、この条の規定に従って締約国が執った措置に関する報告を提出するように要請することができる。

2(a)　輸入貨物の関税上の価額は、関税を課せられる輸入貨物又は同種の貨物の実際の価額に基くものでなければならず、国内原産の産品の価額又は任意の若しくは架空の価額に基くものであってはならない。

(b)　「実際の価額」とは、輸入国の法令で定める時に、及びその法令で定める場所で、その貨物又は同種の貨物が通常の商取引において完全な競争的条件の下に販売され、又は販売のために提供される価格をいう。その貨物又は同種の貨物の価格が特定の取引の数量によって支配される限り、考慮される価格は、(i)比較可能の数量又は(ii)輸出国と輸入国との間の貿易において一層多量の貨物が販売される場合の数量より輸入業者にとって不利でない数量のいずれかに関連を有するものでなければならない。

(c)　実際の価額を(b)の規定に従って確定することができないときは、関税上の価額は、その価額に最も近い相当額に基くものでなければならない。

3　輸入産品の関税上の価額は、原産国又は輸出国において課せられる内国税で、当該輸入産品が免除されたもの又は払いもどしを受けたもの若しくはその後受けるものの金額を含まないものでなければならない。

4(a)　この4に別段の定がある場合を除くほか、2の規定の適用上締約国が他国の通貨により表示された価格を自国の通貨に換算することを必要とする場合には、使用すべき為替換算率は、各関係通貨につき、国際通貨基金協定に従って設定された平価、同基金により認められた為替相場又はこの協定の第一五条の規定に基いて締結される特別為替

取極に従って設定された平価に基くものでなければならない。

(b) 前記の平価が設定されておらず、また、前記の為替相場が認められていないときは、換算率は、商取引における当該通貨の現在の価値を実効的に反映したものでなければならない。

(c) 締約国団は、国際通貨基金との取極により、国際通貨基金協定に合致して維持されている複数為替相場に基き締約国が行う外国通貨の換算を規制する規則を定めなければならない。締約国は、その外国通貨に関し、2の規定の適用上、平価を基礎とする代りに、その規則を適用することができる。締約国団がその規則を採択するまでの間、締約国は、その外国通貨に関し、2の規定の適用上、商取引におけるその外国通貨の価値を実効的に反映させるような換算規則を適用することができる。

(d) この4のいかなる規定も、この協定の日付の日に締約国の領域において適用されている関税上の通貨換算方法の変更が関税の額を全般的に増加する効果を有する場合には、その変更を締約国に要求するものと解してはならない。

5 価額に基くか又は何らかの方法で価額によって規制される関税その他の課徴金又は制限を課せられる産品の価額を決定するための基準及び方法は、安定したものでなければならず、また、貿易業者が相当の確実性をもって関税上の価額を推定することができるように十分に公表されなければならない。

第八条（輸入及び輸出に関する手数料及び手続）（略）

第九条（原産地表示）1 各締約国は、他の締約国の領域の産品の表示の要件に関し、第三国の同種の産品に許与する待遇より不利でない待遇を許与しなければならない。

2 締約国は、原産地表示に関する法令の制定及び実施に当り、虚偽の表示又は誤解のおそれのある表示から消費者を保護する必要について妥当な考慮を払った上で、そのような措置が輸出国の商業及び産業にもたらす困難及び不便を局限しなければならないことを認める。

3 締約国は、行政上可能なときはいつでも、所定の原産地表示を輸入の時に附することを許可しなければならない。

4 輸入産品の表示に関する締約国の法令は、産品に著しい損害を与えることなく、その価値を実質的に減ずることなく、又はその価格を過度に引き上げることなく、遵守することができるものでなければならない。

5 締約国は、表示の訂正が不当に遅延し、虚偽の表示が附され、又は所定の表示が故意に省かれた場合を除くほか、輸入前に表示の要件に従わなかったことに対しては、原則として、特別税又は罰を課してはならない。

6 締約国は、産品の真の原産地を誤認させるような方法、すなわち、他の締約国の領域の産品の特殊の地方的の又は地理的の名称でその国の法令によって保護されているものを侵害するような方法による商標の使用を防止するため相互に協力しなければならない。各締約国は、他の締約国が自国に通告した産品の名称に対する前記の侵害に関して当該他の締約国が行う要請又は申入れに対して、十分かつ好意的な考慮を払わなければならない。

第一〇条（貿易規則の公表及び施行）1、2（略）

3(a) 各締約国は、1に掲げる種類のすべての法令、判決及び決定を一律の公平かつ合理的な方法で実施しなければならない。

(b) 各締約国は、特に、関税事項に関する行政上の措置をすみやかに審査し、及び是正するため、司法裁判所、調停裁判所若しくは行政裁判所又はそれらの訴訟手続を維持し、又はできる限りすみやかに設定しなければならない。これらの裁判所又は訴訟手続は、行政上の実施の任に当る機関から独立していなければならず、その判決は、輸入業者がその控訴のために定められた期間内に上級の裁判所に控訴しない限り、前記の機関により実施されるものとし、また、前記の機関の行動を規制するものとする。ただし、その機関の中央行政官庁は、その決定を法令の確立された原則又は事実と一致しないと信ずる十分な理由があるときは、その問題について他の手続による審査を受けるため措置を執ることができる。

(c) (b)の規定は、この協定の日付の日に締約国の領域において有効である訴訟手続で、行政上の実施の任に当る機関から完全に又は正式に独立していないが行政上の措置の客観的なかつ公平な審査について事実上規定しているものの廃止又は代替を要求するものではない。その訴訟手続を採用している締約国は、要請を受けたときは、その訴訟手続がこの(c)の要件に合致するかどうかを締約国団が決定することができるように、その訴訟手続に関する完全な情報を締約国団に提供しなければならない。

第一一条（数量制限の一般的廃止）1 締約国は、他の締約国の領域の産品の輸入について、又は他の締約国の領域に仕向けられる産品の輸出若しくは輸出のための販売について、割当によると、輸入又は輸出の許可によると、その他の措置によるとを問わず、関税その他の課徴金以外のいかなる禁止又は制限も新設し、又は維持してはならない。

2 前項の規定は、次のものには適用しない。

(a) 輸出の禁止又は制限で、食糧その他輸出締約国にとって不可欠の産品の危機的な不足を防止し、又は緩和するために一時的に課するもの

(b) 輸入及び輸出の禁止又は制限で、国際貿易における産品の分類、格付又は販売に関する基準又は規則の適用のために必要なもの

(c) 農業又は漁業の産品に対して輸入の形式のいか

んを問わず課せられる輸入制限で、次のことを目的とする政府の措置の実施のために必要なもの

(i) 販売若しくは生産を許された同種の国内産品の数量又は、同種の産品の実質的な国内生産がないときは、当該輸入産品をもって直接に代替することができる国内産品の数量を制限すること。

(ii) 同種の国内産品の一時的な過剰又は、同種の産品の実質的な国内生産がないときは、当該輸入産品をもって直接に代替することができる国内産品の一時的な過剰を、無償で又は現行の市場価格より低い価格で一定の国内消費者の集団に提供することにより、除去すること。

(iii) 生産の全部又は大部分を輸入産品に直接に依存する動物産品について、当該輸入産品の国内生産が比較的わずかなものである場合に、その生産許可量を制限すること。

この(c)の規定に従って産品の輸入について制限を課している締約国は、将来の特定の期間中に輸入することを許可する産品の総数量又は総価額及びその数量又は価額の変更を公表しなければならない。さらに、(i)の規定に基いて課せられる制限は、輸入の総計と国内生産の総計との割合を、その制限がない場合に両者の間に成立すると合理的に期待される割合より小さくするものであってはならない。締約国は、この割合を決定するに当り、過去の代表的な期間に存在していた割合について、及び当該産品の取引に影響を及ぼしたか又は影響を及ぼしている特別の要因について、妥当な考慮を払わなければならない。

第一二条（国際収支の擁護のための制限） 1　前条1の規定にかかわらず、締約国は、自国の対外資金状況及び国際収支を擁護するため、この条の次の諸項の規定に従うことを条件として、輸入を許可する商品の数量又は価額を制限することができる。

2(a)　この条の規定に基いて締約国が新設し、維持し、又は強化する輸入制限は、次のいずれかの目的のために必要な限度をこえてはならない。

(i) 自国の貨幣準備の著しい減少の急迫した脅威の予防又はそのような減少の阻止

(ii) きわめて低い貨幣準備を有する締約国の場合には、その貨幣準備の合理的な率による増加

前記のいずれの場合においても、当該締約国の貨幣準備又はその貨幣準備の必要性に影響を及ぼしていると思われる特別の要因（その締約国が外国の特別の信用その他の資金を利用することができる場合には、その信用又は資金の適当な使用のための準備の必要性を含む。）について妥当な考慮を払わなければならない。

(b) (a)の規定に基く制限を課している締約国は、(a)に定める状態がその制限を課することを正当とする限度においてのみこれを維持するものとし、その状態が改善されるにしたがってその制限を漸次緩和しなければならない。その締約国は、(a)の規定に基く制限の新設又は維持をもはや正当としないような状態になったときは、その制限を廃止しなければならない。

3(a)　締約国は、国内政策の実施に当り、自国の国際収支の均衡を健全かつ永続的な基礎の上に維持し、又は回復することの必要性について、及び生産資源の非経済的利用を防止することが望ましいことについて、妥当な考慮を払うことを約束する。締約国は、この目的を達成するため、国際貿易の縮小ではなくその拡大のための措置をできる限り採用することが望ましいことを認める。

(b) この条の規定に基く制限を課している締約国は、一層重要な産品の輸入に優先権を与えるように、産品別又は産品の種類別に輸入に対する制限の範囲を定めることができる。

(c) この条の規定に基く制限を課している締約国は、次のことを約束する。

(i) 他の締約国の商業上又は経済上の利益に対する不必要な損害を避けること。

(ii) いずれかの種類の貨物の商業上の最少限度の数量の輸入でそれを排除すれば正常な交易を阻害することとなるものを不当に妨げるような制限を課さないこと。

(iii) 商業上の見本の輸入を妨げ、又は特許権、商標権若しくは著作権に関する手続若しくは他の類似の手続に従うことを妨げるような制限を課さないこと。

(d) 締約国は、完全かつ生産的な雇用の達成及び維持又は経済資源の開発をめざす国内政策の結果として、いずれかの締約国において、2(a)にいうような貨幣準備に対する脅威をもたらす高水準の輸入需要が生ずることがあることを認める。よって、この条の規定に従っている締約国は、これらの政策を変更すればこの条の規定に基いて自国が課している制限が不必要になるであろうということを理由として制限を撤回し又は修正するように要求されることはない。

4(a)　新たな制限を課し、又は、この条の規定に基いて適用している措置の実質的な強化により、自国の現行の制限の全般的水準を引き上げる締約国は、その制限を新設し、若しくは強化した後直ちに（又は事前の協議が実際上可能な場合には、その制限を新設し、若しくは強化する前に）、自国の国際収支上の困難の性質、執ることができる代りの是正措置及びその制限が他の締約国の経済に及ぼす影響について、締約国団と協議しなければならない。

(b) 締約国団は、締約国団が定める日に、この条の規定に基いてその日に課せられているすべての制限を審査しなければならない。この条の規定に基く輸入制限を課している締約国は、前記の日から一年が経過した後は、毎年、(a)の規定の例による

(c)(i) 協議を締約国団と行わなければならない。

締約国団は、(a)又は(b)の規定に基く締約国との協議において、制限がこの条又は第一三条の規定(第一四条の規定を留保する。)に合致しないと認めるときは、その不一致の性質を指摘しなければならず、また、その制限を適当に修正するように助言することができる。

(ii) もっとも、締約国団は、協議の結果、制限がこの条又は第一三条の規定(第一四条の規定を留保する。)に著しく反するような方法で課せられており、かつ、それがいずれかの締約国の貿易に損害を与え又は与えるおそれがあると決定するときは、その制限を課している締約国にその旨を通報し、かつ、その締約国が特定の期間内に前記の規定に従うようにするため適当な勧告を行わなければならない。その締約国が特定の期間内に前記の勧告に従わなかったときは、締約国団は、その制限により貿易に悪影響を受けた締約国について、その制限を課している締約国に対するこの協定に基く義務で締約国団が状況により適当であると決定するものを免除することができる。

(d) 締約国団は、この条の規定に基く制限を課している締約国に対し、その制限がこの条又は第一三条の規定(第一四条の規定を留保する。)に反すること及びそれにより自国の貿易が悪影響を受けていることを一見して明白に立証することができる他の締約国から要請を受けたときは、締約国団と協議するように勧誘しなければならない。もっとも、この勧誘は、関係締約国間の直接の討議が成功しなかったことを締約国団が確認した場合でなければ行うことはできない。締約国団との協議の結果、合意に達することができず、かつ、制限が前記の規定に反して課せられていること及びその制限がこの手続を開始した締約国の貿易に損害を与え又は与えるおそれがあることを締約国団が決定するときは、締約国団は、その制限の撤回又は修正を勧告しなければならない。締約国団が定める期間内に制限が撤回され、又は修正されないときは、締約国団は、この手続を開始した締約国について、当該制限を課している締約国に対するこの協定に基く義務で締約国団が状況により適当であると決定するものを免除することができる。

(e) 締約国団は、この4の規定に基く手続を執るに際し、制限を課している締約国の輸出貿易に悪影響を及ぼしている特別の外的要因に妥当な考慮を払わなければならない。

(f) この4の規定に基く決定は、すみやかに、できれば協議の開始の日から六〇日以内に行わなければならない。

5 この条の規定に基く輸入制限が持続的かつ広範囲に課せられており、国際貿易を制限するような一般的不均衡の存在を示しているときは、締約国団は、不均衡の根本原因を除去する目的をもって、国際収支が逆調に向っている締約国、国際収支が異常に順調に向っている締約国又は適当な政府間機関のいずれかが他の措置を執りうるかどうかについて考慮するための討議を開始しなければならない。締約国は、締約国団の勧誘を受けたときは、その討議に参加しなければならない。

第一三条(数量制限の無差別適用) 1 締約国は、他の締約国の領域の産品の輸入又は他の締約国の領域に仕向けられる産品の輸出について、すべての第三国の同種の産品の輸入又はすべての第三国に仕向けられる同種の産品の輸出が同様に禁止され、又は制限される場合を除くほか、いかなる禁止又は制限も課してはならない。

2 締約国は、産品に対して輸入制限を課するに当り、その制限がない場合に諸締約国が獲得すると期待される取分にできる限り近づくようにその産品の貿易量を配分することを目標としなければならず、このため次の規定を遵守しなければならない。

(a) 可能なときはいつでも、輸入許可品の総量を表わす割当量(供給国間に割り当てられているかどうかを問わない。)を決定し、かつ、その総量を3(b)の規定に従って公表しなければならない。

(b) 割当量の決定が不可能である場合には、割当量を定めない輸入の許可又は免許によって制限を課することができる。

(c) 締約国は、(d)の規定に従って割り当てられる割当量を実施する場合を除くほか、当該産品を特定の国又は供給源から輸入するために輸入の許可又は免許を利用することを要求してはならない。

(d) 供給国間に割当量を割り当てる場合には、制限を課している締約国は、割当量の割当について、当該産品の供給について実質的な利害関係を有する他のすべての締約国と合意することができる。この方法が事実上実行不可能な場合には、関係締約国は、その産品の供給について実質的な利害関係を有する締約国に対し、その産品の貿易に影響を及ぼしたか又は及ぼしているすべての特別の要因に妥当な考慮を払い、過去の代表的な期間中にその締約国がその産品の輸入の総数量又は総価額に対して供給した割合に基いてその産品の取分を割り当てなければならない。いずれかの締約国が前記の総数量又は総価額のうち自国に割り当てられた取分の全部を使用することを妨げるような条件又は手続は、課してはならない。ただし、輸入が当該割当量に関する所定の期間内に行われることを条件とする。

3(a) 輸入制限に関連して輸入許可証を発給する場合には、制限を課している締約国は、当該産品の貿易について利害関係を有する締約国の要請があったときは、その制限の実施、最近の期間について与えられた輸入許可証及び供給国間におけるその許可証の配分に関するすべての関係情報を提供しなければならない。ただし、輸入又は供給を行なう企業の名称に関する情報を提供する義務を負わない。

(b) 輸入制限が割当量の決定を伴う場合には、制限を課している締約国は、将来の特定の期間中に輸入することを許可する産品の総数量又は総価額及びその総数量又は総価額の変更を公表しなければならない。公表が行われた時に輸送の途中にあった当該産品の輸入は、拒否してはならない。ただし、実行可能な場合には、当該期間中に輸入することを許可する数量からこれを差し引いて計算することができ、また、必要な場合には、その次の一又は二以上の期間中に輸入することを許可する数量からこれを差し引いて計算することもできる。さらに、締約国が、前記の公表の日の後三〇日の期間内に消費のため輸入され、又は消費のため保税倉庫から引き取られる産品について、慣習的に前記の制限を免除するときは、その慣習は、この(b)の規定に完全に合致するものと認める。

(c) 供給国間に割当量を割り当てる場合には、制限を課している締約国は、その時に供給国間に割り当てた割当量の取分の数量又は価額を当該産品の供給について利害関係を有する他のすべての締約国に直ちに通報しなければならず、かつ、これを公表しなければならない。

4 2(d)の規定又は第二条2(c)の規定に基いて課せられる制限に関し、産品に関する代表的な期間の選定及び産品の貿易に影響を及ぼしている特別の要因の評価は、当該制限を課している締約国が最初に行わなければならない。ただし、その締約国は、その産品の供給について実質的な利害関係を有する他の締約国又は締約国団の要請を受けたときは、決定した割当若しくは選定した基準期間の調整の必要について、関係のある特別の要因の再評価の必要について、又は適当な割当量の割当若しくはその割当の無期限使用に関して一方的に設定した条件、手続その他の規定の廃止の必要について、当該他の締約国又は締約国団と直ちに協議しなければならない。

5 この条の規定は、締約国が設定し、又は維持する関税割当に適用するものとし、この条の原則は、できる限り輸出制限にも適用するものとする。

第一四条(無差別待遇の原則の例外) 1 第一二条又は第一八条Bの規定に基く制限を課する締約国は、その制限を課するに当り、国際通貨基金協定第八条若しくは第一四条の規定に基き又はこの協定の第一五条6の規定により締結した特別為替取極の類似の規定に基き当該時にその締約国が経常的国際取引のための支払及び資金移動について課することができる制限と等しい効果を有するような方法で、第一三条の規定から逸脱することができる。

2 第一二条又は第一八条Bの規定に基く輸入制限を課している締約国は、自国の対外貿易の一小部分に関し、関係締約国の受ける利益が他の締約国の貿易に与える損害より実質的に大きいときは、締約国団の同意を得て、一時的に第一三条の規定から逸脱することができる。

3 第一三条の規定は、国際通貨基金において共同の割当額をもつ一群の地域が、相互間の輸入にではなく他国からの輸入に対し、第一二条又は第一八条Bの規定に従って制限を課することを妨げるものではない。ただし、その制限は、他のすべての点で第一三条の規定に合致するものでなければならない。

4 第一二条又は第一八条Bの規定に基く輸入制限を課している締約国は、第一三条の規定から逸脱しないで使用しうる通貨の獲得を増加するように自国の輸出を導く措置を実施することを、この協定の第一一条から第一五条までの規定又は第一八条Bの規定によって妨げられることはない。

5 締約国は、次のいずれかの数量制限を課することを、この協定の第一一条から第一五条までの規定又は第一八条Bの規定によって、妨げられることはない。

(a) 国際通貨基金協定第七条第三項(b)の規定に基いて許可された為替制限と等しい効果を有する数量制限

(b) この協定の附属書Aに定める交渉が成立するまでの間、同附属書に定める特恵取極に基く数量制限

第一五条(為替取極) (略)

第一六条(補助金)

A 補助金一般

1 締約国は、補助金(なんらかの形式による所得又は価格の支持を含む。)で、直接又は間接に自国の領域からの産品の輸出を増加させ又は自国の領域への産品の輸入を減少させるものを許与し、又は維持するときは、当該補助金の交付の範囲及び性格について、自国の領域に輸入され又は自国の領域から輸出される産品の数量に対して当該補助金の交付が及ぼすと推定される効果について、並びにその補助金の交付を必要とする事情について、書面により締約国団に通告しなければならない。その補助金が他の締約国の利益に重大な損害を与え、又は与えるおそれがあると決定された場合には、補助金を許与している締約国は、要請を受けたときは、その補助金を制限する可能性について他の関係締約国又は締約国団と討議しなければならない。

B 輸出補助金に関する追加規定

2 締約国団は、締約国によるいずれかの産品に対する輸出補助金の許与が、他の輸入締約国及び輸出締約国に有害な影響を与え、それらの締約国の通常の商業上の利益に不当な障害をもたらし、及びこの協定の目的の達成を阻害することがあることを認める。

3　よって、締約国は、一次産品の輸出補助金の許与を避けるように努めなければならない。ただし、締約国が自国の領域からの一次産品の輸出を増加するようないずれかの形式の補助金を直接又は間接に許与するときは、その補助金は、過去の代表的な期間における当該産品の世界輸出貿易におけるその締約国の取分及びこのような貿易に影響を与えたか又は与えていると思われる特別の要因を考慮して、当該産品の世界輸出貿易における当該締約国の衡平な取分をこえて拡大するような方法で与えてはならない。

4　さらに、締約国は、一九五八年一月一日に、又はその後のできる限り早い日に、一次産品以外の産品の輸出に対し、国内市場の買手が負担する同種の産品の比較可能な価格より低い価格で当該産品を輸出のため販売することとなるようないかなる形式の補助金も、直接であると間接であるとを問わず、許与することを終止するものとする。締約国は、一九五七年一二月三一日までの間、補助金の交付の範囲を補助金を新設することにより、又は現行の補助金を拡大することにより、一九五五年一月一日現在の補助金の交付の範囲をこえて拡大してはならない。

5　締約国団は、この条の規定が、この協定の目的の助長に対し、及び締約国の貿易又は利益に著しく有害な補助金の交付の防止に対し、有効であるかどうかを実際の経験に照らして審査するため、その規定の運用を随時検討しなければならない。

第一七条（国家貿易企業） 1(a)　各締約国は、所在地いかんを問わず国家企業を設立し、若しくは維持し、又はいずれかの企業に対して排他的な若しくは特別の特権を正式に若しくは事実上許与するときは、その企業を、輸入又は輸出のいずれかを伴う購入又は販売に際し、民間貿易業者が行う輸入又は輸出についての政府の措置に関してこの協定に定める無差別待遇の一般原則に合致する方法で行動させることを約束する。

(b)　(a)の規定は、前記の企業が、この協定の他の規定に妥当な考慮を払った上で、商業的考慮（価格、品質、入手の可能性、市場性、輸送等の購入又は販売の条件に対する考慮をいう。）のみに従って前記の購入又は販売を行い、かつ、他の締約国の企業に対し、通常の商慣習に従って前記の購入又は販売に参加するために競争する適当な機会を与えることを要求するものと了解される。

(c)　締約国は、自国の管轄権の下にある企業（(a)に定める企業であるかどうかを問わない。）が(a)及び(b)の原則に従って行動することを妨げてはならない。

2　1の規定は、再販売するため又は販売のための貨物の生産に使用するための産品ではなく政府が直接に又は最終的に消費するための産品の輸入には、適用しない。その輸入については、各締約国は、他の締約国の貿易に対して公正かつ衡平な待遇を許与しなければならない。

3　締約国は、1(a)に定める種類の企業の運営が貿易に著しい障害を与えることがあること、よって、その障害を制限し、又は減少するための相互的かつ互恵的な基礎における交渉が国際貿易の拡大のため重要であることを認める。

4(a)　締約国は、1(a)に定める種類の企業により自国の領域に輸入され、又はそこから輸出される産品を締約国団に通告しなければならない。

(b)　第二条の規定に基く譲許の対象とならない産品について輸入独占を設定し、維持し、又はその特権を与える締約国は、当該産品について実質的数量の貿易を行う他のいずれかの締約国の要請を受けたときは、最近の代表的な期間における当該産品の輸入差益を締約国団に通報しなければならず、その通報を行うことが不可能なときは、当該産品の再販売に当り課せられる価格を通報しなければならない。

(c)　締約国団は、この協定に基く自国の利益が1(a)に定める種類の企業の運営により悪影響を受けていると信ずべき根拠を有する締約国から要請を受けたときは、その企業を設立し、維持し、又はこれに特権を与えている締約国に対し、その企業の運営に関する情報でこの協定の規定の実施に関連のあるものを提供するように要請することができる。

(d)　この4の規定は、締約国に対し、法令の実施を妨げ、公共の利益に反し、又は特定の企業の正当な商業上の利益を害することとなるような秘密の情報の提供を要求するものではない。

第一八条（経済開発に対する政府の援助） 1　締約国は、この協定の目的の達成が、締約国、特に、経済が低生活水準を維持することができるにすぎず、かつ、開発の初期の段階にある締約国の経済の漸進的開発により容易にされることを認める。

2　締約国は、さらに、これらの締約国が、その国民の一般的生活水準を引き上げるための経済開発の計画及び政策を実施するため、輸入に影響する保護措置その他の措置を必要とする場合があること並びにそれらの措置が、この協定の目的の達成を容易にする限り、正当とされることを認める。よって、締約国は、前記の締約国が、(a)特定の産業の確立のため必要な関税上の保護を与えることができるように、自国の関税構造に十分な弾力性を維持すること及び(b)自国の経済開発計画の実施により予想される継続的な高度の輸入需要を十分に考慮して国際収支のための数量制限を課することを可能ならしめる追加的便益を享有することに同意する。

3　締約国は、最後に、A及びBに定める追加的便益が与えられれば、この協定の規定が締約国にとってその経済開発の要件を満たすために通常十分であることを認める。もっとも、締約国は、経済開発の過程にある締約国がその国民の一般的生活水準の引上げの意図をもってする特定の産業の確立を促進するため必要な政府援助を許与するためには、A及びBの規定に合致するいかなる措置も実際上執りえないような事態が存在するかもしれないことに同意する。このような事態に対処するため、C及びDに特別の手続を定める。

4(a)　よって、経済が低生活水準を維持することができるにすぎず、かつ、開発の初期の段階にある締約国は、A、B及びCに定めるとおり、この協定の他の条項の規定から一時的に逸脱することができるものとする。

(b)　経済が開発の過程にあるが(a)の規定の範囲内にはいらない締約国は、締約国団に対し、Dの規定に基く申請を行うことができる。

5　締約国は、経済が4(a)及び(b)にいう形態をそなえ、かつ、少数の一次産品の輸出に依存する締約国の輸出収入が、その産品の販売の低下により、著しく減少することがあることを認める。よって、このような締約国は、自国の一次産品の輸出が他の締約国の執った措置により著しい影響を受けるときは、この協定の第二二条の協議規定を援用することができる。

6　締約国団は、毎年、C及びDの規定に従って執られるすべての措置を審査しなければならない。

A

7(a)　4(a)の規定の範囲内にはいる締約国は、その国民の一般的生活水準を引き上げる意図をもって特定の産業の確立を促進するため、この協定に附属する該当の譲許表に含まれる譲許を修正し、又は撤回することが望ましいと考えるときは、その旨を締約国団に通告し、かつ、その譲許について直接に交渉を行った締約国及びその譲許について実質的な利害関係を有すると締約国団により決定された他の締約国と交渉を行わなければならない。これらの関係締約国の間で合意が成立したときは、これらの締約国は、その合意（関係する補償的調整を含む。）を実施するため、この協定の該当の譲許表に基く譲許を修正し、又は撤回することができるものとする。

(b)　(a)に定める通告の日の後六〇日以内に合意が成立しなかったときは、譲許の修正又は撤回を申し出た締約国は、その問題を締約国団に付託することができ、締約国団は、直ちにその問題を審査しなければならない。譲許の修正又は撤回を申し出た締約国が合意に達するためあらゆる努力を払ったこと及びその締約国が提案する補償的調整が適当なものであることを締約国団が認めるときは、その締約国は、同時にその補償的調整を実施することを条件として、その譲許を修正し、又は撤回することができるものとする。締約国団が、譲許の修正又は撤回を申し出た締約国の提案する補償が適当なものであるとは認めないが、その締約国が適当な補償を提案するためあらゆる妥当な努力を払ったことを認めるときは、その締約国は、その修正又は撤回を行うことができるものとする。このような措置が執られたときは、(a)に掲げる他のいずれの締約国も、その措置を執った締約国と直接に交渉した譲許のうちその措置と実質的に等価値の譲許を修正し、又は撤回することができるものとする。

B

8　締約国は、4(a)の規定の範囲内にはいる締約国が急速な開発過程にあるときは、そのような締約国においては、その国内市場を拡大するための努力及びその交易条件の不安定性から主として起る国際収支上の困難が生ずることを認める。

9　4(a)の規定の範囲内にはいる締約国は、自国の対外資金状況を擁護するため、及び自国の経済開発計画の実施のために十分な貨幣準備を確保するため、10から12までの規定に従うことを条件として、輸入を許可される商品の数量又は価格を制限することにより輸入の全般的水準を統制することができる。ただし、このようにして新設され、維持され、又は強化される輸入制限は、次のいずれかの目的のために必要な限度をこえてはならない。

(a)　自国の貨幣準備の著しい減少の脅威の予防又はそのような減少の阻止

(b)　十分な貨幣準備を有しない締約国の場合には、その貨幣準備の合理的な率による増加

前記のいずれの場合においても、当該締約国の貨幣準備又はその貨幣準備の必要性に影響を及ぼしていると思われる特別の要因（その締約国が外国の特別の信用その他の資金を利用することができる場合には、その信用又は資金の適当な使用のための準備の必要性を含む。）について妥当な考慮を払わなければならない。

10　締約国は、これらの制限を課するに当り、自国の経済開発政策に照らして一層重要な産品の輸入に優先権を与えるように、産品別又は産品の種類別の輸入に対する制限の範囲を定めることができる。ただし、その制限は、他の締約国の商業上又は経済上の利益に対する不必要な損害を避けるように、かつ、いずれかの種類の貨物の商業上の最少限度の数量の輸入でそれを排除すれば正常な交易を阻害することとなるものを不当に妨げないように課さなければならず、また、商業上の見本の輸入を妨げ、又は特許権、商標権若しくは著作権に関する手続若しくは他の類似の手続に従うことを妨げるように課してはならない。

11　締約国は、国内政策の実施に当り、自国の国際収支の均衡を健全かつ永続的な基礎の上に回復することの必要性について、及び生産資源の経済的利用を確保することが望ましいことについて、妥当な考慮を払わなければならない。締約国は、このBの規定に基いて課する制限を、9の条件に基き必要とされ

る限度においてのみ維持するものとし、状態が改善されるにしたがって漸次緩和しなければならず、また、その制限の維持をもはや正当としないような状態になったときは、その制限を廃止しなければならない。ただし、締約国は、その開発政策を変更すればこのBの規定に基いて自国が課している制限が不必要になるであろうということを理由としてその制限を撤回し又は修正するように要求されることはない。

12 (a) 新たな制限を課し、又は、このBの規定に基いて適用している措置の実質的な強化により、自国の現行の制限の全般的水準を引き上げる締約国は、その制限を新設し、若しくは強化した後直ちに(又は事前の協議が実際上可能な場合には、その制限を新設し、若しくは強化する前に)、自国の国際収支上の困難の性質、執ることができる代りの是正措置及びその制限が他の締約国の経済に及ぼす影響について、締約国団と協議しなければならない。

(b) 締約国団は、締約国団が定める日に、このBの規定に基いてその日に課せられているすべての制限を審査しなければならない。このBの規定に基く制限を課している締約国は、前記の日から二年を経過した後は、締約国団が毎年作成する計画に従って大体二年ごとに(その間隔は、二年より短くてはならない。)、(a)の規定の例による協議を締約国団と行わなければならない。ただし、この(b)の規定に基く協議は、この12の他の規定に基く一般的性質の協議の終結の後二年以内に行うことはできない。

(c)(i) 締約国団は、(a)又は(b)の規定に基く締約国との協議において、制限がこのB又は第一三条の規定(第一四条の規定を留保する。)に合致しないと認めるときは、その不一致の性質を指摘しなければならず、また、その制限を適当に修正するように助言することができる。

(ii) もっとも、締約国団は、協議の結果、制限がこのB又は第一三条の規定(第一四条の規定を留保する。)に著しく反するような方法で課せられており、かつ、それがいずれかの締約国の貿易に損害を与え又は与えるおそれがあると決定するときは、その制限を課している締約国にその旨を通報し、かつ、その締約国が特定の期間内に前記の規定に従うようにするため適当な勧告を行わなければならない。その締約国が特定の期間内に前記の勧告に従わなかったときは、締約国団は、その制限により貿易に悪影響を受けた締約国について、当該制限を課している締約国に対するこの協定に基く義務で締約国団がその状況により適当であると決定するものを免除することができる。

(d) 締約国団は、このBの規定に基く制限を課している締約国に対し、その制限がこのB又は第一三条の規定(第一四条の規定を留保する。)に反すること及びそれにより自国の貿易が悪影響を受けていることを一見して明白に立証することができる他の締約国から要請を受けたときは、締約国団と協議するように勧誘しなければならない。もっとも、この勧誘は、関係締約国間の直接の討議が成功しなかったことを締約国団が確認した場合でなければ行うことはできない。締約国団との協議の結果、合意に達することができず、かつ、制限が前記の規定に反して課せられていること及びその制限がこの手続を開始した締約国の貿易に損害を与え又は与えるおそれがあることを締約国団が決定するときは、締約国団は、その制限の撤回又は修正を勧告しなければならない。締約国団が定める期間内に制限が撤回され、又は修正されないときは、締約国団は、この手続を開始した締約国について、当該制限を課している締約国に対するこの協定に基く義務で締約国団が状況により適当であると決定するものを免除することができる。

(e) (c)(i)又は(d)のいずれかの最後の文の規定に従って執られた措置の適用を受けている締約国は、締約国団が認める義務の免除により自国の経済開発の計画及び政策の運営が悪影響を受けると認めるときは、その措置が執られた後六〇日以内に、締約国団の書記局長に対し、この協定から脱退する意思を書面により通告することができるものとし、その脱退は、同書記局長がその通告書を受領した日の後六〇日目に効力を生ずる。

(f) 締約国団は、この12の規定に基く手続を執るに際し、2に掲げる要因に妥当な考慮を払わなければならない。この12の規定に基く決定は、すみやかに、できれば協議の開始の日から六〇日以内に行わなければならない。

C

13 4(a)の規定の範囲内にはいる締約国は、その国民の一般的生活水準を引き上げる意図をもって特定の産業の確立を促進するため、政府の援助が必要であるが、この目的のためにはこの協定の他の規定に合致するいかなる措置も実際上執りえないと認めるときは、このCの規定及び手続を援用することができる。

14 締約国は、13に定める目的を達成するに当って生ずる特別の困難を締約国団に通告しなければならず、かつ、その困難を除去するために自国が執ることを申し出る特別の措置で輸入に影響を及ぼすものを示さなければならない。その締約国は、前記の措置を、15若しくは17に定める期間の満了前には、又は、その措置がこの協定に附属する該当の譲許表に含まれる譲許の対象たる産品の輸入に影響を及ぼすものであるときは、18の規定に従い締約国団の同意を得ない限り、執ることができない。ただし、援助を受けている産業がすでに生産を開始しているときは、当該締約国は、締約国団に通報した後、当該産品の輸入が通常の水準をこえて実質的に増加することを防ぐための措置を必要とする期間中執ることができる。

15　前記の措置の通告の日の後三〇日以内に、締約国団が当該締約国に対して締約国団と協議するように要請しなかったときは、その締約国は、申し出た措置を執るために必要な限度において、この協定の他の条項の該当の規定から逸脱することができるものとする。

16　締約国団の要請を受けたときは、当該締約国は、申し出た措置の目的、この協定に基いて執ることができる代りの措置並びに申し出た措置が他の締約国の商業上及び経済上の利益に及ぼす影響について、締約国団と協議しなければならない。その協議の結果、締約国団が、この協定の他の規定に合致する措置で13に定める目的の達成のために実際上執ることができるものがないことを認め、かつ、申し出られた措置に同意するときは、当該締約国は、その措置を執るために必要な限度において、この協定の他の条項の該当の規定に基く義務を免除されるものとする。

17　14の規定に基く申し出られた措置の通告の日の後九〇日以内に、締約国団がその措置に同意しないときは、当該締約国は、締約国団に通報した後、申し出た措置を執ることができる。

18　申し出た措置がこの協定に附属する該当の譲許表に含まれる譲許の対象たる産品に影響を及ぼすものであるときは、当該締約国は、その譲許について直接に交渉を行った他の締約国及びその譲許について実質的な利害関係を有すると締約国団により決定された他の締約国と協議を行わなければならない。締約国団は、この協定の他の規定に合致する措置で13に定める目的の達成のために実際上執ることができるものがないこと及び次のいずれかのことを認めるときは、前記の措置に同意しなければならない。

(a)　前記の協議の結果、これらの他の締約国との合意が成立したこと。

(b)　締約国団がに定める通告を受領した日の後六〇日以内に、合意が成立しなかったときは、このCの規定を援用する締約国が合意に達するためあらゆる妥当な努力を払ったこと及び他の締約国の利益が十分に擁護されていること。

このCの規定を援用する締約国は、前記の措置を執るために必要な限度において、この協定の他の条項の該当の規定に基く義務を免除される。

19　13の規定の例による申し出られた措置が、この協定の該当の規定に基いて関係締約国が国際収支上の目的で課した制限によって附随的に与えられた保護によりその確立が初期において容易にされた産業に関係があるときは、その締約国は、このCの規定及び手続を援用することができる。ただし、その締約国は、締約国団の同意がなければ、申し出た措置を執ってはならない。

20　このCの前諸項のいかなる規定も、この協定の第一条、第二条及び第一三条の規定からの逸脱を認めるものではない。10のただし書は、このCの規定に基くすべての制限に適用する。

21　17の規定に基く措置が執られている間はいつでも、その措置により実質的な影響を受けた締約国は、このCの規定を援用している締約国の貿易に対し、この協定に基く実質的に等価値の譲許その他の義務であってその適用の停止を締約国団が否認しないものの適用を停止することができる。ただし、影響を受ける締約国に実質的に不利となるように前記の措置が執られ、又は変更された後六箇月以内に、その停止について六〇日の事前の通告を締約国団に対して行わなければならない。この停止を行う締約国は、この協定の第二二条の規定に従い協議のための適当な機会を与えなければならない。

D

22　4の(b)の規定の範囲内にはいる締約国は、自国の経済の開発のため、特定の産業の確立に関し13の規定の例による措置を執ることを希望するときは、その措置について承認を得るため締約国団に申請することができる。締約国団は、当該締約国と直ちに協議しなければならず、また、決定を下すに当っては、16に定める事項について考慮を払わなければならない。申し出られた措置に締約国団が同意したときは、当該締約国は、その措置を執るために必要な限度において、この協定の他の条項の該当の規定に基く義務を免除される。申し出られた措置が、この協定に附属する該当の譲許表に含まれる譲許の対象たる産品に影響を及ぼすものであるときは、18の規定が適用される。

23　このDの規定に基いて執られる措置は、20の規定に従わなければならない。

第一九条（特定の産品の輸入に対する緊急措置）　1(a)　締約国は、事情の予見されなかった発展の結果及び自国がこの協定に基いて負う義務（関税譲許を含む。）の効果により、産品が、自国の領域内における同種の産品又は直接的競争産品の国内生産者に重大な損害を与え又は与えるおそれがあるような増加した数量で、及びそのような条件で、自国の領域内に輸入されているときは、その産品について、前記の損害を防止し又は救済するために必要な限度及び期間において、その義務の全部若しくは一部を停止し、又はその譲許を撤回し、若しくは修正することができる。

(b)　特恵譲許の対象となっている産品が締約国の領域内に(a)に定める事情の下に輸入され、その結果、その特恵を受けているか又は受けていた他の締約国の領域内における同種の産品又は直接的競争産品の国内生産者に重大な損害を与え又は与えるおそれがある場合において、当該他の締約国の要請を受けたときは、輸入締約国は、当該産品について、前記の損害を防止し又は救済するために必要な限度及び期間において、該当の義務の全部若しくは一部を停止し、又は譲許を撤回し、若しくは修正することができる。

2　締約国は、1の規定に従って措置を執るに先だち、提案する措置についてできる限り早目に書面により締約国団に通告しなければならず、また、自国と協議する機会を、締約国団及び当該産品の輸出国として実質的に利害関係を有する締約国に与えなければならない。その通告には、特恵譲許について前記の通告を行うときは、その措置を要請した締約国の名を掲げなければならない。遅延すれば回復し難い損害を生ずるような急迫した事態においては、1の規定に基く措置は、事前の協議を行うことなく暫定的に執ることができる。ただし、その措置を執った後直ちに協議を行うことを条件とする。

3(a)　前記の措置について関係締約国間に合意が成立しなかった場合にも、締約国は、希望するときは、その措置を執り、又は継続することができる。また、その措置が執られ、又は継続されるときは、それによって影響を受ける締約国は、その措置が執られた後九〇日以内に、かつ、締約国団が停止の通告書を受領した日から三〇日の期間が経過した時に、その措置を執っている締約国の貿易に対し、又は1(b)に定める場合にはその措置を要請している締約国の貿易に対し、この協定の基く実質的に等価値の譲許その他の義務で締約国団が否認しないものの適用を停止することができる。

(b)　(a)の規定にかかわらず、締約国は、事前の協議を行うことなく2の規定に基いて措置が執られ、かつ、その措置がその影響を受ける産品の国内生産者に対して自国の領域内において重大な損害を与え又は与えるおそれがある場合において、遅延すれば回復し難い損害を生ずるおそれがあるときは、その措置が執られると同時に、及び協議の期間を通じて、損害を防止し又は救済するために必要な譲許その他の義務を停止することができる。

第二〇条（一般的例外）この協定の規定は、締約国が次のいずれかの措置を採用すること又は実施することを妨げるものと解してはならない。ただし、それらの措置を、同様の条件の下にある諸国の間において恣意的な若しくは正当と認められない差別待遇の手段となるような方法で、又は国際貿易の偽装された制限となるような方法で、適用しないことを条件とする。

(a)　公徳の保護のために必要な措置

(b)　人、動物又は植物の生命又は健康の保護のために必要な措置

(c)　金又は銀の輸入又は輸出に関する措置

(d)　この協定の規定に反しない法令（税関行政に関する法令、第二条4及び第一七条の規定に基いて運営される独占の実施に関する法令、特許権、商標権及び著作権の保護に関する法令並びに詐欺的慣行の防止に関する法令を含む。）の遵守を確保するために必要な措置

(e)　刑務所労働の産品に関する措置

(f)　美術的、歴史的又は考古学的価値のある国宝の保護のために執られる措置

(g)　有限天然資源の保存に関する措置。ただし、この措置が国内の生産又は消費に対する制限と関連して実施される場合に限る。

(h)　締約国団に提出されて否認されなかった基準に合致する政府間商品協定又は締約国団に提出されて否認されなかった政府間商品協定のいずれかに基く義務に従って執られる措置

(i)　国内原料の価格が政府の安定計画の一部として国際価格より低位に保たれている期間中、国内の加工業に対してその原料の不可欠の数量を確保するために必要な国内原料の輸出に制限を課する措置。ただし、この制限は、国内産業の産品の輸出を増加するように、又は国内産業に与えられる保護を増大するように運用してはならず、また、無差別待遇に関するこの協定の規定から逸脱してはならない。

(j)　一般的に又は地方的に供給が不足している産品の獲得又は分配のために不可欠の措置。ただし、このような措置は、すべての締約国が当該産品の国際的供給について衡平な取分を受ける権利を有するという原則に合致するものでなければならず、また、この協定の他の規定に反するこのような措置は、それを生ぜしめた条件が存在しなくなったときは、直ちに終止しなければならない。締約国団は、一九六〇年六月三〇日以前に、このjの規定の必要性について検討しなければならない。

第二一条（安全保障のための例外）この協定のいかなる規定も、次のいずれかのことを定めるものと解してはならない。

(a)　締約国に対し、発表すれば自国の安全保障上の重大な利益に反するとその締約国が認める情報の提供を要求すること。

(b)　締約国が自国の安全保障上の重大な利益の保護のために必要であると認める次のいずれかの措置を執ることを妨げること。

(i)　核分裂性物質又はその生産原料である物質に関する措置

(ii)　武器、弾薬及び軍需品の取引並びに軍事施設に供給するため直接又は間接に行なわれるその他の貨物及び原料の取引に関する措置

(iii)　戦時その他の国際関係の緊急時に執る措置

(c)　締約国が国際の平和及び安全の維持のため国際連合憲章に基く義務に従う措置を執ることを妨げること。

第二二条（協議）1　各締約国は、この協定の運用に関

して他の締約国が行う申立に対し好意的な考慮を払い、かつ、その申立に関する協議のため適当な機会を与えなければならない。

2　締約国団は、いずれかの締約国の要請を受けたときは、前項の規定に基く協議により満足しうる解決が得られなかった事項について、いずれかの一又は二以上の締約国と協議することができる。

第二三条（無効化又は侵害）1　締約国は、(a)他の締約国がこの協定に基く義務の履行を怠った結果として、(b)他の締約国が、この協定の規定に抵触するかどうかを問わず、何らかの措置を適用した結果として、又は(c)その他の何らかの状態が存在する結果として、この協定に基き直接若しくは間接に自国に与えられた利益が無効にされ、若しくは侵害され、又はこの協定の目的の達成が妨げられていると認めるときは、その問題について満足しうる調整を行うため、関係があると認める他の締約国に対して書面により申立又は提案をすることができる。この申立又は提案を受けた締約国は、その申立又は提案に対して好意的な考慮を払わなければならない。

2　妥当な期間内に関係締約国間に満足しうる調整が行われなかったとき、又は困難が前項cに掲げるものに該当するときは、その問題を締約国団に付託することができる。締約国団は、このようにして付託された問題を直ちに調査し、かつ、関係があると認める締約国に対して適当な勧告を行い、又はその問題について適当に決定を行わなければならない。締約国団は、必要と認めるときは、締約国、国際連合経済社会理事会及び適当な政府間機関と協議することができる。締約国団は、事態が重大であるためそのような措置が正当とされると認めるときは、締約国に対し、この協定に基く譲許その他の義務でその事態にかんがみて適当であると決定するものの他の締約国に対する適用の停止を許可することができる。当該他の締約国に対するいずれかの譲許その他の義務の適用が実際に停止されたときは、その締約国は、停止の措置が執られた後六〇日以内に、この協定から脱退する意思を書面により締約国団の書記局長に通告することができ、この脱退は、同書記局長がその脱退通告書を受領した日の後六〇日目に効力を生ずる。

第三部

第二四条（適用地域―国境貿易―関税同盟及び自由貿易地域）1　この協定の規定は、締約国の本土関税地域及び第二六条の規定に基いてこの協定が受諾され、又は第三三条の規定に基いて若しくは暫定的適用に関する議定書に従ってこの協定が適用されている他の関税地域に適用する。これらの関税地域は、この協定の適用地域に関する場合に限り、それぞれ一締約国として取り扱うものとする。ただし、この項の規定は、単一の締約国が第二六条の規定に基いてこの協定を受諾しており、又は第三三条の規定に基いて若しくは暫定的適用に関する議定書に従ってこの協定を適用している二以上の関税地域の間に何らかの権利又は義務を発生させるものと解してはならない。

2　この協定の適用上、関税地域とは、当該地域とその他の地域との間の貿易の実質的な部分に対して独立の関税その他の通商規則を維持している地域をいう。

3　この協定の規定は、次のものを妨げるものと解してはならない。

(a)　締約国が国境貿易を容易にするため隣接国に与える利益

(b)　トリエステ自由地域の隣接国が同地域との貿易に与える利益。ただし、その利益が第二次世界戦争の結果締結された平和条約に抵触しないことを条件とする。

4　締約国は、任意の協定により、その協定の当事国間の経済の一層密接な統合を発展させて貿易の自由を増大することが望ましいことを認める。締約国は、また、関税同盟又は自由貿易地域の目的が、その構成領域間の貿易を容易にすることにあり、そのような領域と他の締約国との間の貿易に対する障害を引き上げることにはないことを認める。

5　よって、この協定の規定は、締約国の領域の間で、関税同盟を組織し、若しくは自由貿易地域を設定し、又は関税同盟の組織若しくは自由貿易地域の設定のために必要な中間協定を締結することを妨げるものではない。ただし、次のことを条件とする。

(a)　関税同盟又は関税同盟の組織のための中間協定に関しては、当該関税同盟の創設又は当該中間協定の締結の時にその同盟の構成国又はその協定の当事国でない締約国との貿易に適用される関税その他の通商規則は、全体として、当該関税同盟の組織又は当該中間協定の締結の前にその構成地域において適用されていた関税の全般的な水準及び通商規則よりそれぞれ高度なものであるか又は制限的なものであってはならない。

(b)　自由貿易地域又は自由貿易地域の設定のための中間協定に関しては、各構成地域において維持されている関税その他の通商規則で、その自由貿易地域の設定若しくはその中間協定の締結の時に、当該地域に含まれない締約国又は当該協定の当事国でない締約国の貿易に適用されるものは、自由貿易地域の構成地域に存在していた該当の関税その他の通商規則よりそれぞれ高度なものであるか又は制限的なものであってはならない。

(c)　(a)及び(b)に掲げる中間協定は、妥当な期間内に関税同盟を組織し、又は自由貿易地域を設定するための計画及び日程を含むものでなければならない。

6　5(a)の要件を満たすに当り、締約国が第二条の規定に反して税率を引き上げることを提案したときは、第二八条に定める手続を適用する。補償的調整を決定するに当っては、関税同盟の他の構成国の対応する関税の引下げによって既に与えられた補償に対して妥当な考慮を払わなければならない。

7
(a) 関税同盟若しくは自由貿易地域又は関税同盟の組織のため若しくは自由貿易地域の設定のために締結される中間協定に参加することを決定する締約国は、その旨を直ちに締約国団に通告し、かつ、締約国団が適当と認める報告及び勧告を締約国に対して行うことができるようにその関税同盟又は自由貿易地域に関する情報を締約国団に提供しなければならない。

(b) 締約国団は、5に掲げる中間協定に含まれる計画及び日程をその中間協定の当事国と協議して検討し、かつ、(a)の規定に従って提供された情報に妥当な考慮を払った後、その協定の当事国の意図する期間内に関税同盟が組織され若しくは自由貿易地域が設定される見込がないか又はその期間が妥当でないと認めたときは、その協定の当事国に対して勧告を行わなければならない。当事国は、その勧告に従ってその中間協定を修正する用意がないときは、それを維持し、又は実施してはならない。

(c) 5(c)に掲げる計画又は日程の実質的な変更は、締約国団に通報しなければならない。締約国団は、その変更が関税同盟の組織又は自由貿易地域の設定を危くし、又は不当に遅延させるものであると認めるときは、関係締約国に対し、締約国団と協議するように要請することができる。

8　この協定の適用上、

(a) 関税同盟とは、次のことのために単一の関税地域をもって二以上の関税地域に代えるものをいう。

(i) 関税その他の制限的通商規制(第一一条、第一二条、第一三条、第一四条、第一五条及び第二〇条の規定に基いて認められるもので必要とされるものを除く。)を同盟の構成地域間の実質上のすべての貿易について、又は少くともそれらの地域の原産の実質上のすべての貿易について、廃止すること。

(ii) 9の規定に従うことを条件として、同盟の各構成国が、実質的に同一の関税その他の通商規則をその同盟に含まれない地域の貿易に適用すること。

(b) 自由貿易地域とは、関税その他の制限的通商規則(第一一条、第一二条、第一三条、第一四条、第一五条及び第二〇条の規定に基いて認められるもので必要とされるものを除く。)がその構成地域の原産の産品の構成地域間における実質上のすべての貿易について廃止されている二以上の関税地域の集団をいう。

9　第一条2に掲げる特恵は、関税同盟の組織又は自由貿易地域の設定によって影響を受けるものではないが、これによって影響を受ける締約国との交渉によって廃止し、又は調整することができる。影響を受ける締約国とのこの交渉の手続は、特に、8(a)(i)及び(b)の規定に合致するために必要とされる特恵の廃止に適用するものとする。

10　締約国団は、5から9までに定める要件に完全には合致しない提案を三分の二の多数によって承認することができる。ただし、その提案は、この条の規定の意味における関税同盟の組織又は自由貿易地域の設定のためのものでなければならない。

11　締約国は、インド及びパキスタンの独立国としての確立の結果生ずる例外的な事態を考慮し、かつ、両国が長期にわたって単一の経済単位を構成してきたことを認めるので、両国間の貿易関係が確定的な基礎の上に確立されるまでの間は、この協定の規定が両国間の貿易に関する両国間の特別の取極の締結を妨げるものではないことに同意する。

12　各締約国は、自国の領域内の地域的な及び地方的な政府及び機関によるこの協定の規定の遵守を確保するため、執ることができる妥当な措置を講ずるものとする。

第二五条(締約国の共同行動)　1　締約国の代表者は、この協定の規定であって、共同行動を伴うものを実施するため、並びに一般にこの協定の運用を容易にし、及びその目的を助長するため、随時会合しなければならない。この協定において、共同して行動する締約国を指すときはいつでも、締約国団という。

2　国際連合事務総長は、締約国団の第一回会合を招集するように要請される。その会合は、一九四八年三月一日以前に行うものとする。

3　各締約国は、締約国団のすべての会合において、一個の投票権を有する。

4　この協定に別段の定がある場合を除くほか、締約国団の決定は、投票の過半数によって行うものとする。

5　締約国団は、この協定に規定されていない例外的な場合には、この協定により締約国に課せられる義務を免除することができる。ただし、その決定が、投票の三分の二の多数により承認されること及びその多数には半数をこえる締約国を含むことを条件とする。締約国団は、また、このような表決方法により、次のことを行うことができる。

(i) 義務の免除のため他の投票の要件が適用されるべき例外的な場合の若干の種類を定めること。

(ii) この5の規定の適用のため必要な規準を定めること。

第二六条(受諾、効力発生及び登録)　1　この協定の日付は、一九四七年一〇月三〇日とする。

2　この協定は、一九五五年三月一日にこの協定の締約国であったか、又はこの協定への加入のため交渉を行っていた締約国による受諾のため、開放される。

3　この協定は、ともに正文である英語及びフランス語の原本一通により作成され、国際連合事務総長に寄託されるものとし、同事務総長は、その認証謄本をすべての関係政府に送付するものとする。

4　この協定を受諾する各政府は、締約国団の書記局長に受諾書を寄託しなければならず、同書記局長は、各受諾書の寄託の日及びこの協定が6の規定に基いて効力を生ずる日をすべての関係政府に通報するものとする。

5(a)　この協定を受諾する各政府は、その本土領域及びその政府が国際的責任を有する他の地域についてこの協定を受諾するものとする。ただし、受諾の時に締約国団の書記局長に通告される独立の関税地域は、除外する。

(b)　(a)のただし書に基いて同書記局長に前記の通告を行った政府は、自国の受諾が、除外された独立の関税地域のいずれかについて適用される旨をいつでも同書記局長に通告することができ、その通告は、同書記局長がそれを受領した日の後三〇日目に効力を生ずる。

(c)　いずれかの関税地域で締約国がそれについてこの協定を受諾しているものは、その対外通商関係及びこの協定で定める他の事項の処理について完全な自治権を保持しているか又は取得したときは、責任を有する締約国の当該事実を確証する宣言による提唱に基いて締約国とみなされる。

6　この協定は、附属書Hの該当の欄の百分率に従って算定して、同附属書に掲げる政府の領域の対外貿易総額の八五パーセントを占める政府により受諾書が締約国団の書記局長に寄託された日の後三〇日目に、この協定を受諾している政府の間で効力を生ずる。その他の各政府の受諾書は、それが寄託された日の後三〇日目に効力を生ずる。

7　国際連合は、この協定が効力を生じた後直ちに、この協定を登録する権限を有する。

第二七条（譲許の停止又は撤回）締約国は、この協定に附属する該当の譲許表に定める譲許で、締約国とならなかった政府又は締約国でなくなった政府と直接に交渉した譲許であると決定するものについては、いつでもその全部又は一部を停止し、又は撤回することができる。この措置を執る締約国は、その旨を締約国団に通告しなければならず、また、要請を受けたときは、当該産品について実質的な利害関係を有する締約国と協議しなければならない。

第二八条（譲許表の修正）1　締約国（以下この条において「申請締約国」という。）は、この協定に附属する該当の譲許表に含まれる譲許を、その譲許について直接に交渉した締約国及び主要供給国としての利害関係を有すると締約国団により決定された他の締約国（これらの二種類の締約国は、申請締約国とともに、以下この条において「主要関係締約国」という。）と交渉し、かつ、合意することにより、及びその譲許について実質的な利害関係を有すると締約国団が決定する他の締約国と協議することを条件として、一九五八年一月一日から始まる各三年の期間の最初の日（又は締約国団が投票の三分の二の多数決により定めるその他の期間の最初の日）に、修正し、又は撤回することができる。

2　前記の交渉及び合意（他の産品に関する補償的調整の規定を含むことができる。）において、関係締約国は、その交渉前におけるこの協定に定められた水準より貿易にとって不利でない相互的かつ互恵的な譲許の一般的水準を維持するように努めなければならない。

3(a)　一九五八年一月一日前に、又は1にいう期間の満了前に、主要関係締約国の間に合意が成立しなかった場合においても、前記の譲許の修正又は撤回を申し出る締約国は、その修正又は撤回を行うことができ、この措置が執られた場合には、その譲許について直接に交渉した締約国、1の規定に基き主要供給国としての利害関係を有すると決定された締約国及び1の規定に基き実質的な利害関係を有すると決定された締約国は、申請締約国と直接に交渉した譲許のうちその措置と実質的に等価値の譲許の撤回を行うことができる。ただし、その措置が執られた後六箇月以内に、その撤回について、締約国団が三〇日の事前の通告書を受領していることを条件とする。

(b)　主要関係締約国の間に合意が成立した場合において、1の規定に基き実質的な利害関係を有すると決定された他の締約国がそれに満足しないときは、当該他の締約国は、申請締約国と直接に交渉した譲許のうち実質的に等価値の譲許の撤回を行うことができる。ただし、前記の合意に基く措置が執られた後六箇月以内に、その撤回について、締約国団が三〇日の事前の通告書を受領していることを条件とする。

4　締約国団は、特別の事情があるときはいつでも、次の手続及び条件に従うことを条件として、締約国が、この協定に附属する該当の譲許表に含まれる譲許の修正又は撤回のための交渉を開始することを承認することができる。

(a)　この交渉及びそれに関連する協議は、1及び2の規定に従って行わなければならない。

(b)　交渉において主要関係締約国の間に合意が成立したときは、3(b)の規定が適用される。

(c)　交渉を開始することが承認された日の後六〇日の期間内に又は締約国団が定めるそれより長い期間内に主要関係締約国の間に合意が成立しなかったときは、申請締約国は、その問題を締約国団に付託することができる。

(d)　締約国団は、前記の問題を付託されたときは、直ちにその問題を審査し、かつ、解決を得るために締約国団の見解を主要関係締約国に提示しなければならない。解決が得られたときは、主要関係締約国の間に合意が成立した場合と同様に、3

(b)の規定が適用される。主要関係締約国の間で解決が得られなかったときは、申請締約国は、適当な補償を提案しなかったことが不当であると締約国団により決定されない限り、当該譲許を修正し、又は撤回することができる。この措置が執られたときは、その譲許について直接に交渉した締約国、(a)の規定に基き主要供給国としての利害関係を有すると決定された締約国及び(a)の規定に基き実質的な利害関係を有すると決定された締約国は、申請締約国と直接に交渉した譲許のうちその措置と実質的に等価値の譲許の修正又は撤回を行うことができる。ただし、その措置が執られた後六箇月以内に、その修正又は撤回について、締約国団が三〇日の事前の通告書を受領していることを条件とする。

5　締約国は、締約国団に通告することにより、一九五八年一月一日前に、又は1にいう期間の満了前に、該当の譲許表を、次の期間中、1から3までに定める手続に従って修正する権利を留保することができる。いずれかの締約国がこの権利を留保するときは、他の締約国は、当該期間中、その締約国と直接に交渉した譲許を、同一の手続に従って修正し、又は撤回する権利を有する。

第二八条の二（関税交渉）1　締約国は、関税がしばしば貿易に対する著しい障害となること、したがって、関税その他輸入及び輸出に関する課徴金の一般的水準の実質的な引下げ、特に、最少限度の数量の輸入をも阻害するような高関税の引下げをめざし、かつ、この協定の目的及び各締約国の異なる必要に妥当な考慮を払って行われる相互的かつ互恵的な交渉が国際貿易の拡大のためきわめて重要であることを認める。よって、締約国団は、このような交渉を随時主催することができる。

2

(a)　この条の規定に基く交渉は、個個の産品について、又は関係締約国が受諾する多角的手続を適用して、行うことができる。この交渉は、関税の引下げ、関税の現行水準におけるすえ置又は個個の関税若しくは特定の部類の産品に対する平均関税が特定の水準をこえてはならないという約束を目的とすることができる。低関税又は無税のすえ置は、原則として、高関税の引下げと等価値の譲許とみなされる。

(b)　締約国は、多角的交渉の成功が、相互間で行う貿易が自国の対外貿易の相当の部分を占めるすべての締約国の参加に依存するものであることを認める。

3　交渉は、次のことを十分に考慮して行わなければならない。

(a)　各締約国及び各産業の必要

(b)　低開発国がその経済開発を助長するため関税による保護を一層弾力的に利用することの必要及びこれらの国が歳入上の目的で関税を維持することの特別の必要

(c)　その他関連のあるすべての事情（関係締約国の財政上、開発上、戦略上その他の必要を含む。）

第二九条（この協定とハヴァナ憲章との関係）1　締約国は、自国の憲法上の手続に従ってハヴァナ憲章を受諾するまでの間、同憲章の第一章から第六章まで及び第九章の一般原則を行政上の権限の最大限度まで遵守することを約束する。

2　この協定の第二部は、ハヴァナ憲章が効力を生ずる日に停止する。

3　一九四九年九月三〇日までにハヴァナ憲章が効力を生じなかったときは、締約国は、この協定を改正し、補足し、又は維持すべきかどうかについて合意するため、一九四九年一二月三一日前に会合しなければならない。

4　ハヴァナ憲章が効力を失ったときはいつでも、締約国は、この協定を補足し、改正し、又は維持すべきかどうかについて合意するため、その後できる限りすみやかに会合しなければならない。その合意が成立するまでの間、この協定の第二部の協定は、再び効力を生ずる。ただし、第二三条の規定以外の第二部の規定は、必要な修正を加えて、当該時におけるハヴァナ憲章の本文と置き替えるものとし、また、締約国は、ハヴァナ憲章が効力を失った時に自国を拘束していなかった規定によって拘束されることはない。

5　ハヴァナ憲章が効力を生ずる日までにいずれかの締約国が同憲章を受諾していないときは、締約国団は、この協定がその締約国と他の締約国との関係に影響を及ぼす限り、この協定を補足し、又は改正すべきかどうかについて、また、補足し、又は改正すべきであればその方法について合意するため、協議しなければならない。その合意が成立するまでの間、この協定の第二部の規定は、2の規定にかかわらず、前記の締約国と他の締約国との間に引き続き適用される。

6　国際貿易機関の加盟国たる締約国は、ハヴァナ憲章の規定の適用を妨げるようにこの協定を援用してはならない。国際貿易機関の加盟国ではない締約国に対するこの項の原則の適用については、前項の規定に基く合意によって定めるものとする。

第三〇条（改正）1　この協定に修正のための別段の定がある場合を除く外、この協定の第一部の規定又は第二九条若しくはこの条の規定の改正は、すべての締約国がそれを受諾した時に効力を生ずる。この協定のその他の改正は、締約国の三分の二がその改正を受諾した時に、それを受諾した締約国について効力を生じ、その後は、他の各締約国についてその受諾の時に効力を生ずる。

2　この協定の改正を受諾する締約国は、締約国団が定める期間内に、国際連合事務総長に受諾書を寄託しなければならない。締約国団は、この条の規定に基いて効力を生じた改正が、締約国団の定める期間内にそれを受諾しなかった締約国がこの協定から脱退しうる性格のものであるか、又は締約国団の同意を得て締約国としてとどまりうることができる性格のものであるかを決定することができる。

第三一条（脱退）締約国は、第一八条、第二三条又は第三〇条2の規定の適用を妨げることなく、この協定から脱退し、又は自国が国際的責任を有しかつ当該時に対外通商関係及びこの協定で定めるその他の事項の処理について完全な自治権を有する独立の関税地域のために各別に脱退することができる。脱退は、国際連合事務総長が脱退通告書を受領した日から六箇月が経過した時に効力を生ずる。

第三二条（締約国）1　この協定の締約国とは、第二六条若しくは第三三条の規定に基いて又は暫定的適用に関する議定書に従ってこの協定の規定を適用している政府をいう。

2　第二六条4の規定に従ってこの協定を受諾した締約国は、この協定が第二六条6の規定に従って効力を生じた後はいつでも、この協定を受諾しなかった締約国が締約国でなくなることを決定することができる。

第三三条（加入）この協定の当事国でない国の政府又は対外通商関係及びこの協定で定めるその他の事項の処理について完全な自治権を有する独立の関税地域のために行動する政府は、その政府自身のため、又は当該関税地域のために、その政府と締約国団との間で合意される条件によりこの協定に加入することができる。この条の規定に基く締約国団の決定は、締約国の三分の二の多数により行われる。

第三四条（附属書）この協定の附属書は、この協定と不可分の一体をなす。

第三五条（特定締約国間における協定の不適用）1　この協定又はこの協定の第二条の規定は、次の場合には、いずれかの締約国と他のいずれかの締約国との間には適用されないものとする。

(a)　両締約国が相互間の関税交渉を開始しておらず、かつ、

(b)　両締約国の一方が締約国となる時にそのいずれかの締約国がその適用に同意しない場合。

2　締約国団は、締約国の要請を受けたときは、特定の場合におけるこの条の規定の運用を検討し、及び適当な勧告をすることができる。

第四部　貿易及び開発〈六六年追加〉

第三六条（原則及び目的）1　締約国は、

(a)　この協定の基本的な目的がすべての締約国の生活水準の引上げ及び経済の漸進的開発を含むことを想起し、また、この目的の達成が低開発締約国にとって特に緊急なものであることを考慮し、

(b)　低開発締約国の輸出収入がこれらの締約国の経済開発において決定的な役割を果たすことができること並びにこの寄与の程度が低開発締約国により不可欠な輸入に対して支払われる価格、これらの締約国の輸出の数量及びこれらの輸出に対して支払われる価格にかかっていることを考慮し、

(c)　低開発国における生活水準と他の国における生活水準との間に大きい格差があることに留意し、

(d)　低開発締約国の経済開発を促進し、かつ、これらの国における生活水準の急速な引上げをもたらすため、個別行動及び共同行動が不可欠であることを認め、

(e)　経済的及び社会的な発展を達成する手段としての国際貿易が、この条に定める目的に合致する規則及び手続並びにそのような規則及び手続に適合する措置によって規律されるべきであることを認め、

(f)　低開発締約国がその貿易及び開発を促進するための特別の措置を執ることを締約国団が認めることができることに留意して、次のとおり協定する。

2　低開発締約国の輸出収入の急速かつ持続的な増大が、必要である。

3　成長する国際貿易において低開発締約国がその経済開発上の必要に相応した取分を占めることを確保することを意図した積極的な努力が、必要である。

4　多くの低開発締約国が限られた範囲の一次産品の輸出に引き続き依存しているので、これらの産品の世界市場への進出のための一層有利な条件であって受諾可能なものを可能な最大限度において設けることが必要であり、また、適当な場合にはいつでも、経済開発のための一層多くの資源をこれらの国に提供するために世界の貿易及び需要の拡大並びにこれらの国の実質的な輸出収入の不断のかつ着実な増大を可能にするように、これらの産品についての世界市場の条件の安定及び改善を意図した措置（特に、価格を安定した、衡平な、かつ、採算のとれるものにすることを意図した措置を含む。）を講ずることが必要である。

5　低開発締約国の経済の急速な拡大は、その経済構造の多様化及び一次産品の輸出に対する過度の依存の回避によって容易にされる。したがって、低開発締約国が輸出について特別の関心を現に有し又は将来有することがある加工品及び製品の有利な条件による市場への進出を可能な最大限度において増進することが、必要である。

6　低開発締約国における輸出収入その他の外国為替収入の慢性的な不足のため、貿易と開発のための資金上の援助との間には、重要な相互関係がある。したがって、締約国団及び国際的な融資機関が、これらの低開発締約国によるその経済開発のための負担を軽減するために最も効果的に貢献することができるように、緊密かつ継続的な協力を行うことが、必要である。

7　締約国団並びに低開発国の貿易及び経済開発に関連がある活動を行っている他の政府間機関及び国際連合の諸機関が適切な協力を行うことが、必要であ

る。

8　先進締約国は、貿易交渉において行った関税その他低開発締約国の貿易に対する障害の軽減又は廃止に関する約束について相互主義を期待しない。

9　これらの原則及び目的を具体化するための措置を執ることは、締約国が個個に、及び共同して、目的意識をもって努力すべき問題である。

第三七条（約束） 1　先進締約国は、可能な最大限度において、すなわち、やむを得ない理由（法的な理由を含む。）によって不可能である場合を除くほか、次の規定を実施しなければならない。

(a)　低開発締約国が輸出について特別の関心を現に有し又は将来有することがある産品についての障害（加工されていない産品と加工された産品との間に不当な差別を設けるような関税その他の制限を含む。）の軽減及び廃止に高度の優先権を与えること。

(b)　低開発締約国が輸出について特別の関心を現に有し又は将来有することがある産品について関税又は関税以外の輸入障害を新設し又は強化することを差し控えること。

(c)　全部又は大部分が低開発締約国の領域内で生産される一次産品（加工されているといないとを問わない。）の消費の増大を著しく阻害する財政措置で特にこれらの産品に適用されるものについて、

(i)　そのような財政措置を新たに執ることを差し控えること。

(ii)　財政政策の調整の際に、そのような財政措置の軽減及び廃止に高度の優先権を与えること。

2 (a)　1(a)、(b)又は(c)のいずれかの規定が実施されていないと認められるときはいつでも、その問題は、当該規定を実施していない締約国又は他の関係締約国によって締約国団に報告されなければならない。

(b) (i)　締約国団は、いずれかの関係締約国から要請を受けたときは、この問題に関し、当該関係締約国及び他のすべての関係締約国と、第三六条に定める目的を助長するためにすべての関係締約国にとって満足な解決に到達することを目的として、協議しなければならない。

この協議は、二国間協議を妨げるものではない。これらの協議においては、1(a)、(b)又は(c)の規定が実施されなかった場合におけるその理由が検討されるものとする。

(ii)　他の先進締約国と共同で行動することによって1(a)、(b)又は(c)の規定の個個の締約国による実施が一層容易に達成される場合があるので、前記の協議は、適当な場合には、そのような行動を目的として行うことができる。

(iii)　締約国団による協議は、また、適当な場合には、第二五条1に定めるこの協定の目的を助長するための共同行動についての合意を目的として行うことができる。

3　先進締約国は、

(a)　全部又は大部分が低開発締約国の領域内で生産される産品の再販売価格を政府が直接又は間接に決定する場合には、販売差益を衡平な水準に維持するため、あらゆる努力を払わなければならない。

(b)　低開発締約国からの輸入の増進の可能性を増大させることを意図した他の措置を執ることを積極的に検討し、かつ、このため、適切な国際活動を行うことに協力しなければならない。

(c)　特定の問題に対処するためにこの協定によって許されている他の措置を執ることを検討する場合には、低開発締約国の貿易上の利益を特に考慮しなければならず、また、これらの措置がこれらの締約国の重大な利益に影響を及ぼすようなものであるときは、これを執るに先だって、可能なすべての建設的な救済措置を検討しなければならない。

4　低開発締約国は、第四部の規定の実施にあたり、過去における貿易の推移及び低開発締約国全体の貿易上の利害関係を考慮して、現在及び将来における自国の開発上、資金上及び貿易上の必要に合致する限りにおいて、他の低開発締約国の貿易上の利益のために適切な措置を執ることに同意する。

5　各締約国は、1から4までに規定する約束の実施にあたり、生ずることがある問題又は困難に関してこの協定の通常の手続による協議を行う十分な機会を直ちに他の関係締約国に与えなければならない。

第三八条（共同行動） 1　締約国は、第三六条に定める目的を助長するため、この協定の枠内で、又は適当な場合には他の態様で、共同して行動しなければならない。

2　特に、締約国団は、

(a)　適当な場合には、低開発締約国が特別の関心を有する一次産品の世界市場への進出のための改善された条件であって受諾可能なものを設けるため、並びにこれらの産品についての世界市場の条件の安定及び改善を意図した措置（これらの産品の輸出のための価格を安定した、衡平な、かつ、採算のとれるものにすることを意図した措置を含む。）を講ずるための行動（国際取極による行動を含む。）をしなければならない。

(b)　貿易及び開発の政策の問題に関し、国際連合及びその諸機関（国際連合貿易開発会議の勧告に従って設立される機関を含む。）と適切な協力を行うように努めなければならない。

(c)　個個の低開発締約国の開発の計画及び政策を分析すること並びに潜在的な輸出能力の開発を促進し、及びそのようにして開発された産業の産品の輸出市場への進出を容易にするための具体的な措置を講ずるために貿易と援助との関係を検討することに協力しなければならず、また、この点に関し、個個の低開発締約国の貿易と援助との関係の組織的研究であって、潜在的な輸出能力、市場の

見通し及びさらに必要となることがある行動を明確に分析することを目的とするものにおいて、各国政府及び国際機関（特に、経済開発のための資金上の援助に関して権威のある機関）と適切な協力を行うように努めなければならない。

(d)　低開発締約国の貿易の成長率を特に考慮しつつ世界貿易の推移を絶えず検討し、かつ、締約国に対し、その状況において適当と認められる勧告を行わなければならない。

(e)　各国の政策及び規則の国際的な調和及び調整により、生産、輸送及び市場取引に関する技術上及び商業上の基準の設定により、並びに貿易に関する情報の供給の増大及び市場調査の発達のための措置を通ずる輸出の促進によって経済開発のために貿易を拡大することにつき、実行可能な方法を求めることに協力しなければならない。

(f)　第三六条に定める目的を助長し、かつ、この部の規定を実施するために必要な制度上の措置を講じなければならない。

附属書Ａ～Ｉ（略）

73　紛争解決に係る規則及び手続に関する了解（ＷＴＯ協定附属書二）（紛争解決了解）

加盟国は、ここに、次のとおり協定する。

第一条（適用対象及び適用）1　この了解に定める規則及び手続は、附属書一に掲げる協定（この了解において「対象協定」という。）の協議及び紛争解決に関する規定に従って提起される紛争について適用する。この了解に定める規則及び手続は、また、世界貿易機関を設立する協定（この了解において「世界貿易機関協定」という。）及びこの了解に基づく権利及び義務に関する加盟国間の協議及び紛争解決（その他の対象協定に基づく権利及び義務にも係るものとして行われるものであるかないかを問わない。）について適用する。

2　この了解に定める規則及び手続の適用は、対象協定に含まれている紛争解決に関する特別又は追加の規則及び手続（附属書二に掲げるもの）の適用がある場合には、これに従う。この了解に定める規則及び手続と同附属書に掲げる特別又は追加の規則及び手続とが抵触する場合には、同附属書に掲げる特別又は追加の規則及び手続が優先する。二以上の対象協定に定める規則及び手続に関する紛争において、検討される当該二以上の対象協定に定める特別又は追加の規則及び手続が相互に抵触する場合であって、紛争当事国が小委員会の設置から二〇日以内に規則及び手続について合意することができないときは、次条1に定める紛争解決機関の議長は、いずれかの加盟国の要請の後一〇日以内に、紛争当事国と協議の上、従うべき規則及び手続を決定する。議長は、特別又は追加の規則及び手続が可能な限り用いられるべきであり、かつ、この了解に定める規則及び手続は抵触を避けるために必要な限度において用いられるべきであるという原則に従う。

第二条（運用）1　この了解に定める規則及び手続並びに対象協定の協議及び紛争解決に関する規定を運用するため、この了解により紛争解決機関を設置する。ただし、対象協定に係る運用について当該対象協定に別段の定めがある場合には、これによる。同機関は、小委員会を設置し、小委員会及び上級委員会の報告を採択し、裁定及び勧告の実施を継続的に監視し並びに対象協定に基づく譲許その他の義務の停止を承認する権限を有する。対象協定のうち複数国間貿易協定であるものの下で生ずる紛争に関し、この了解において「加盟国」とは、当該複数国間貿易協定の締約国である加盟国のみをいう。同機関がいずれかの複数国間貿易協定の紛争解決に関する規定を運用する場合には、当該協定の締約国である加盟国のみが、当該紛争に関する同機関の決定又は行動に参加することができる。

2　紛争解決機関は、世界貿易機関の関連する理事会及び委員会に対し各対象協定に係る紛争における進展を通報する。

3　紛争解決機関は、その任務をこの了解に定める各期間内に遂行するため、必要に応じて会合する。

4　この了解に定める規則及び手続に従って紛争解決機関が決定を行う場合には、その決定は、コンセンサス方式による(注)。

注　紛争解決機関がその審議のために提出された事項について決定を行う時にその会合に出席しているいずれの加盟国もその決定案に正式に反対しない場合には、同機関は、当該事項についてコンセンサス方式によって決定したものとみなす。

第三条（一般規定）1　加盟国は、一九四七年のガットの第二二条及び第二三条の規定の下で適用される紛争の処理の原則並びにこの了解によって詳細に定められ、かつ、修正された規則及び手続を遵守することを確認する。

2　世界貿易機関の紛争解決制度は、多角的貿易体制に安定性及び予見可能性を与える中心的な要素である。加盟国は、同制度が対象協定に基づく加盟国の権利及び義務を維持し並びに対象協定の現行の規定の解釈の慣習的規則に従って対象協定の解釈を明らかにすることに資するものであることを認識する。紛争解決機関の勧告及び裁定は、対象協定に定める権利及び義務に新たな権利及び義務を追加し、又は対象協定に定める権利及び義務を減ずることはできない。

3　加盟国が、対象協定に基づき直接又は間接に自国に与えられた利益が他の加盟国がとる措置によって侵害されていると認める場合において、そのような事態を迅速に解決することは、世界貿易機関が効果的に機能し、かつ、加盟国の権利と義務との間において適正な均衡が維持されるために不可欠である。

4　紛争解決機関が行う勧告又は裁定は、この了解及び対象協定に基づく権利及び義務に従って問題の満足すべき解決を図ることを目的とする。

5　対象協定の協議及び紛争解決に関する規定に基づいて正式に提起された問題についてのすべての解決（仲裁判断を含む。）は、当該協定に適合するものでなければならず、また、当該協定に基づきいずれかの加盟国に与えられた利益を無効にし若しくは侵害し、又は当該協定の目的の達成を妨げるものであってはならない。

6　対象協定の協議及び紛争解決に関する規定に基づいて正式に提起された問題についての相互に合意された解決は、紛争解決機関並びに関連する理事会及び委員会に通報される。いずれの加盟国も、同機関並びに関連する理事会及び委員会において、当該解決に関する問題点を提起することができる。

7　加盟国は、問題を提起する前に、この了解に定める手続による措置が有益なものであるかないかについて判断する。紛争解決制度の目的は、紛争に関する明確な解決を確保することである。紛争当事国にとって相互に受け入れることが可能であり、かつ、対象協定に適合する解決は、明らかに優先されるべきである。相互に合意する解決が得られない場合には、同制度の第一の目的は、通常、関係する措置がいずれかの対象協定に適合しないと認められるときに当該措置の撤回を確保することである。代償に関する規定は、当該措置を直ちに撤回することが実行可能でない場合に限り、かつ、対象協定に適合しない措置を撤回するまでの間の一時的な措置としてのみ、適用すべきである。紛争解決手続を利用する加盟国は、この了解に定める最後の解決手段として、紛争解決機関の承認を得て、他の加盟国に対し対象協定に基づく譲許その他の義務の履行を差別的に停止することができる。

8　対象協定に基づく義務に違反する措置がとられた場合には、当該措置は、反証がない限り、無効化又は侵害の事案を構成するものと認められる。このことは、対象協定に基づく義務についての違反は当該対象協定の締約国である他の加盟国に悪影響を及ぼすとの推定が通常存在することを意味する。この場合において、違反の疑いに対し反証を挙げる責任は、申立てを受けた加盟国の側にあるものとする。

9　この了解の規定は、世界貿易機関協定又は対象協定のうち複数国間貿易協定であるものに基づく意思決定により対象協定について権威のある解釈を求める加盟国の権利を害するものではない。

10　調停及び紛争解決手続の利用についての要請は、対立的な行為として意図され又はそのような行為とみなされるべきでない。紛争が生じた場合には、すべての加盟国は、当該紛争を解決するために誠実にこれらの手続に参加する。また、ある問題についての申立てとこれに対抗するために行われる別個の問題についての申立てとは、関連付けられるべきでない。

11　この了解は、世界貿易機関協定が効力を生ずる日以後に対象協定の協議規定に基づいて行われた協議のための新たな要請についてのみ適用する。世界貿易機関協定が効力を生ずる日前に一九四七年のガット又は対象協定の前身であるその他の協定に基づいて協議の要請が行われた紛争については、世界貿易機関協定が効力を生ずる日の直前に有効であった関連する紛争解決に係る規則及び手続を引き続き適用する（注）。

注　この11の規定は、小委員会の報告が採択されず又は完全に実施されなかった紛争についても適用する。

12　11の規定にかかわらず、対象協定のいずれかに基づく申立てが開発途上加盟国により先進加盟国に対してされる場合には、当該開発途上加盟国は、次条から第六条まで及び第一二条の規定に代わるものとして、一九六六年四月五日の決定（ガット基本文書選集（BISD）追録第一四巻一八ページ）の対応する規定を適用する権利を有する。ただし、小委員会が、同決定の7に定める期間がその報告を作成するために不十分であり、かつ、当該開発途上加盟国の同意を得てその期間を延長することができると認める場合は、この限りでない。次条から第六条まで及び第一二条に定める規則及び手続と同決定に定める対応する規則及び手続とが抵触する場合には、抵触する限りにおいて、後者が優先する。

第四条（協議）　1　加盟国は、加盟国が用いる協議手続の実効性を強化し及び改善する決意を確認する。

2　各加盟国は、自国の領域においてとられた措置であっていずれかの対象協定の実施に影響を及ぼすものについて他の加盟国がした申立てに好意的な考慮を払い、かつ、その申立てに関する協議のための機会を十分に与えることを約束する（注）。

注　加盟国の領域内の地域又は地方の政府又は機関によってとられる措置に関する他の対象協定の規定がこの2の規定と異なる規定を含む場合には、当該他の対象協定の規定が優先する。

3　協議の要請が対象協定に従って行われる場合には、当該要請を受けた加盟国は、相互間の別段の合意がない限り、当該要請を受けた日の後一〇日以内に当該要請に対して回答し、かつ、相互に満足すべき解決を得るため、当該要請を受けた日の後三〇日以内に誠実に協議を開始する。当該加盟国が当該要請を受けた日の後一〇日以内に回答せず又は当該要請を受けた日の後三〇日以内若しくは相互に合意した期間内に協議を開始しない場合には、当該要請を行った加盟国は、直接小委員会の設置を要請することができる。

4　すべての協議の要請は、協議を要請する加盟国が紛争解決機関並びに関連する理事会及び委員会に通報する。協議の要請は、書面によって提出され、並びに要請の理由、問題となっている措置及び申立ての法的根拠を示すものとする。

5　加盟国は、この了解に基づいて更なる措置をとる前に、対象協定の規定に従って行う協議において、その問題について満足すべき調整を行うよう努めるべきである。

6　協議は、秘密とされ、かつ、その後の手続においていずれの加盟国の権利も害するものではない。

7　協議の要請を受けた日の後六〇日の期間内に協議によって紛争を解決することができない場合には、申立てをした紛争当事国（この了解において「申立国」という。）は、小委員会の設置を要請することができる。協議を行っている国が協議によって紛争を解決することができなかったと共に認める場合には、申立て国は、当該六〇日の期間内に小委員会の設置を要請することができる。

8　緊急の場合（腐敗しやすい物品に関する場合等）には、加盟国は、要請を受けた日の後一〇日以内に協議を開始する。要請を受けた日の後二〇日以内に協議によって紛争を解決することができなかった場合には、申立国は、小委員会の設置を要請することができる。

9　緊急の場合（腐敗しやすい物品に関する場合等）には、紛争当事国、小委員会及び上級委員会は、最大限可能な限り、手続が速やかに行われるようあらゆる努力を払う。

10　加盟国は、協議の間、開発途上加盟国の特有の問題及び利益に特別の注意を払うべきである。

11　協議を行っている加盟国以外の加盟国が、一九九四年のガット第二二条1、サービス貿易一般協定第二二条1又はその他の対象協定の対応する規定(注)によって行われている協議について実質的な貿易上の利害関係を有すると認める場合には、当該加盟国は、当該規定による協議の要請の送付の日の後一〇日以内に、協議を行っている加盟国及び紛争解決機関に対し、その協議に参加することを希望する旨を通報することができる。その通報を行った加盟国は、実質的な利害関係に関する自国の主張が十分な根拠を有することについて協議の要請を受けた加盟国が同意する場合には、協議に参加することができる。この場合において、両加盟国は、同機関に対しその旨を通報する。協議への参加の要請が受け入れられなかった場合には、要請を行った加盟国は、一九九四年のガットの第二二条1若しくは第二三条1、サービス貿易一般協定の第二二条1若しくは第二三条1又はその他の対象協定の対応する規定により協議を要請することができる。

注　対象協定の対応する協議規定は、次に掲げるとおりである。

農業に関する協定第一九条
衛生植物検疫措置の適用に関する協定第一一条1
繊維及び繊維製品（衣類を含む。）に関する協定第八条4
貿易の技術的障害に関する協定第一四条1
貿易に関する投資措置に関する協定第八条
一九九四年の関税及び貿易に関する一般協定第六条の実施に関する協定第一七条2
一九九四年の関税及び貿易に関する一般協定第七条の実施に関する協定第一九条2
船積み前検査に関する協定第七条
原産地規則に関する協定第七条
輸入許可手続に関する協定第六条
補助金及び相殺措置に関する協定第三〇条
セーフガードに関する協定第一四条
知的所有権の貿易関連の側面に関する協定第六四条1
各複数国間貿易協定の権限のある内部機関が指定し、かつ、紛争解決機関に通報した当該協定の対応する協議規定

第五条（あっせん、調停及び仲介） 1　あっせん、調停及び仲介は、紛争当事国の合意がある場合において任意に行われる手続である。

2　あっせん、調停及び仲介に係る手続の過程（特にこれらの手続の過程において紛争当事国がとる立場）は、秘密とされ、かつ、この了解に定める規則及び手続に従って進められるその後の手続においていずれの当事国の権利も害するものではない。

3　いずれの紛争当事国も、いつでも、あっせん、調停又は仲介を要請し並びに開始し及び終了することができる。あっせん、調停又は仲介の手続が終了した場合には、申立国は、小委員会の設置を要請することができる。

4　あっせん、調停又は仲介が協議の要請を受けた日の後六〇日の期間内に開始された場合には、申立国は、当該六〇日の期間内においては、小委員会の設置を要請することができない。紛争当事国があっせん、調停又は仲介の手続によって紛争を解決することができなかったことを共に認める場合には、申立国は、当該六〇日の期間内に小委員会の設置を要請することができる。

5　紛争当事国が合意する場合には、小委員会の手続が進行中であっても、あっせん、調停又は仲介の手続を継続することができる。

6　事務局長は、加盟国が紛争を解決することを援助するため、職務上当然の資格で、あっせん、調停又は仲介を行うことができる。

第六条（小委員会の設置） 1　申立国が要請する場合に

は、小委員会を設置しないことが紛争解決機関の会合においてコンセンサス方式によって決定されない限り、遅くとも当該要請が初めて議事日程に掲げられた同機関の会合の次の会合において、小委員会を設置する(注)。

注　申立国が要請する場合には、紛争解決機関の会合は、その要請から一五日以内にこの目的のために開催される。この場合において、少なくとも会合の一〇日前に通知が行われる。

2　小委員会の設置の要請は、書面によって行われる。この要請には、協議が行われたという事実の有無及び問題となっている特定の措置を明示するとともに、申立ての法的根拠についての簡潔な要約(問題を明確に提示するために十分なもの)を付する。申立国が標準的な付託事項以外の付託事項を有する小委員会の設置を要請する場合には、書面による要請には、特別な付託事項に関する案文を含める。

第七条(小委員会の付託事項) 1　小委員会は、紛争当事国が小委員会の設置の後二〇日以内に別段の合意をする場合を除くほか、次の付託事項を有する。

「(紛争当事国が引用した対象協定の名称)の関連規定に照らし(当事国の名称)により文書(文書番号)によって紛争解決機関に付された問題を検討し、及び同機関が当該協定に規定する勧告又は裁定を行うために役立つ認定を行うこと。」

2　小委員会は、紛争当事国が引用した対象協定の関連規定について検討する。

3　小委員会の設置に当たり、紛争解決機関は、その議長に対し、1の規定に従い紛争当事国と協議の上小委員会の付託事項を定める権限を与えることができる。このようにして定められた付託事項は、すべての加盟国に通報される。標準的な付託事項以外の付託事項について合意がされた場合には、いずれの加盟国も、同機関においてこれに関する問題点を提起することができる。

第八条(小委員会の構成) 1　小委員会は、次に掲げる者その他の十分な適格性を有する者(公務員であるかないかを問わない。)で構成する。

小委員会の委員を務め又は小委員会において問題の提起に係る陳述を行ったことがある者

加盟国又は一九四七年のガットの締約国の代表を務めたことがある者

対象協定又はその前身である協定の理事会又は委員会への代表を務めたことがある者

事務局において勤務したことがある者

国際貿易に関する法律又は政策について教授し又は著作を発表したことがある者

加盟国の貿易政策を担当する上級職員として勤務したことがある者

2　小委員会の委員は、委員の独立性、多様な経歴及び広範な経験が確保されるように選任されるべきである。

3　紛争当事国又は第一〇条2に定める第三国である加盟国の国民(注)は、紛争当事国が別段の合意をする場合を除くほか、当該紛争に関する小委員会の委員を務めることはできない。

注　関税同盟又は共同市場が紛争当事国である場合には、この3の規定は、当該関税同盟又は共同市場のすべての構成国の国民について適用する。

4　事務局は、小委員会の委員の選任に当たって参考となるようにするため、1に規定する資格を有する公務員及び公務員以外の者の候補者名簿を保持し、適当な場合には、その名簿から委員を選ぶことができるようにする。その名簿には、一九八四年一一月三〇日に作成された公務員以外の者である委員の登録簿(ガット基本文書選集(BISD)追録第三一巻九ページに規定するもの)並びに対象協定に基づいて作成されるその他の登録簿及び候補者名簿を含めるものとし、世界貿易機関協定が効力を生ずる時におけるこれらの登録簿及び候補者名簿の氏名を継続して掲載する。加盟国は、第一段の候補者名簿に掲げるために公務員及び公務員以外の者の氏名を定期的に提案し、並びに国際貿易及び対象協定の分野又はその対象とする問題に関するこれらの者の知識についての関連情報を提供することができる。これらの氏名は、紛争解決機関が承認した時に当該候補者名簿に追加される。当該候補者名簿には、掲載される者について、対象協定の分野又はその対象とする問題における経験又は専門知識の具体的分野を記載する。

5　小委員会は、三人の委員で構成する。ただし、紛争当事国が小委員会の設置の後一〇日以内に合意する場合には、小委員会は、五人の委員で構成することができる。加盟国は、小委員会の構成について速やかに通報を受ける。

6　事務局は、紛争当事国に対し小委員会の委員の指名のための提案を行う。紛争当事国は、やむを得ない理由がある場合を除くほか、指名に反対してはならない。

7　小委員会の設置の日の後二〇日以内に委員について合意がされない場合には、事務局長は、いずれか一方の紛争当事国の要請に基づき、紛争当事国と協議の後、紛争解決機関の議長及び関連する理事会又は委員会の議長と協議の上、紛争において問題となっている対象協定に定める関連する特別又は追加の規則及び手続に従い、自らが最も適当と認める委員を任命することによって、小委員会の構成を決定する。同機関の議長は、当該要請を受けた日の後一〇日以内に、このようにして組織された小委員会の構成を加盟国に対して通報する。

8　加盟国は、原則として、自国の公務員が小委員会の委員を務めることを認めることを約束する。

9　小委員会の委員は、政府又は団体の代表としてではなく、個人の資格で職務を遂行する。したがって、加盟国は、小委員会に付託された問題につき、小委員会の委員に指示を与えてはならず、また、個人として活動するこれらの者を左右しようとしてはならない。

10　紛争が開発途上加盟国と先進加盟国との間のものである場合において、開発途上加盟国が要請するときは、小委員会は、少なくとも一人の開発途上加盟国出身の委員を含むものとする。

11　小委員会の委員の旅費、滞在費その他の経費は、予算、財政及び運営に関する委員会の勧告に基づいて一般理事会が採択する基準に従い、世界貿易機関の予算から支弁する。

第九条（複数の加盟国の申立てに関する手続）1　二以上の加盟国が同一の問題について小委員会の設置を要請する場合には、すべての関係加盟国の権利を考慮した上、これらの申立てを検討するために単一の小委員会を設置することができる。実行可能な場合には、このような申立てを検討するために単一の小委員会を設置すべきである。

2　単一の小委員会は、別々の小委員会が申立てを検討したならば紛争当事国が有したであろう権利がいかなる意味においても侵害されることのないように、検討を行い、かつ、認定を紛争解決機関に提出する。一の紛争当事国が要請する場合には、小委員会は、自己の取り扱う紛争について別々の報告を提出する。いずれの申立国も、他の申立国の意見書を入手することができるものとし、かつ、他の申立国が小委員会において意見を表明する場合には、当該小委員会に出席する権利を有する。

3　同一の問題に関する申立てを検討するために二以上の小委員会が設置される場合には、最大限可能な限り、同一の者がそれぞれの小委員会の委員を務めるものとし、そのような紛争における小委員会の検討の日程については、調整が図られるものとする。

第一〇条（第三国）1　問題となっている対象協定に係る紛争当事国その他の加盟国の利害関係は、小委員会の手続において十分に考慮される。

2　小委員会に付託された問題について実質的な利害関係を有し、かつ、その旨を紛争解決機関に通報した加盟国（この了解において「第三国」という。）は、小委員会において意見を述べ及び小委員会に対し意見書を提出する機会を有する。意見書は、紛争当事国にも送付され、及び小委員会の報告に反映される。

3　第三国は、小委員会の第一回会合に対する紛争当事国の意見書の送付を受ける。

4　第三国は、既に小委員会の手続の対象となっている措置がいずれかの対象協定に基づき自国に与えられた利益を無効にし又は侵害すると認める場合には、この了解に基づく通常の紛争解決手続を利用することができる。そのような紛争は、可能な場合には、当該小委員会に付される。

第一一条（小委員会の任務）小委員会の任務は、この了解及び対象協定に定める紛争解決機関の任務の遂行について同機関を補佐することである。したがって、小委員会は、自己に付託された問題の客観的な評価（特に、問題の事実関係、関連する対象協定の適用の可能性及び当該協定との適合性に関するもの）を行い、及び同機関が対象協定に規定する勧告又は裁定を行うために役立つその他の認定を行うべきである。小委員会は、紛争当事国と定期的に協議し、及び紛争当事国が相互に満足すべき解決を図るための適当な機会を与えるべきである。

第一二条（小委員会の手続）1　小委員会は、紛争当事国と協議の上別段の決定を行う場合を除くほか、附属書三に定める検討手続に従う。

2　小委員会の手続は、その報告を質の高いものとするために十分に弾力的なものであるべきであるが、小委員会の検討の進行を不当に遅延させるべきでない。

3　小委員会の委員は、紛争当事国と協議の上、適当な場合には第四条9の規定を考慮して、実行可能な限り速やかに、可能な場合には小委員会の構成及び付託事項について合意がされた後一週間以内に、小委員会の検討の日程を定める。

4　小委員会は、その検討の日程を決定するに当たり、紛争当事国に対し、自国の意見を準備するために十分な時間を与える。

5　小委員会は、当事国による意見書の提出について明確な期限を定めるべきであり、当事国は、その期限を尊重すべきである。

6　各紛争当事国は、意見書を事務局に提出するものとし、事務局は、当該意見書を速やかに小委員会及びその他の紛争当事国に送付する。申立国は、申立てを受けた当事国が最初の意見書を提出する前に自国の最初の意見書を提出する。ただし、小委員会が、3の検討の日程を定めるに当たり、紛争当事国と協議の上、紛争当事国がその最初の意見書を同時に提出すべきである旨を決定する場合は、この限りでない。最初の意見書の提出について順序がある場合には、小委員会は、申立てを受けた当事国の意見書を当該小委員会が受理するための具体的な期間を定める。二回目以降の意見書は、同時に提出される。

7　紛争当事国が相互に満足すべき解決を図ることができなかった場合には、小委員会は、その認定を報告書の形式で紛争解決機関に提出する。この場合において、小委員会の報告には、事実認定、関連規定の適用の可能性並びに自己が行う認定及び勧告の基本的な理由を記載する。紛争当事国間で問題が解決された場合には、小委員会の報告は、当該問題に関する簡潔な記述及び解決が得られた旨の報告に限定される。

8　小委員会の検討期間（小委員会の構成及び付託事項について合意がされた日から最終報告が紛争当事国に送付される日まで）は、手続を一層効率的にするため、原則として六箇月を超えないものとする。緊急の場合（腐敗しやすい物品に関する場合等）には、小委員会は、三箇月以内に紛争当事国に対しその報告を送付することを目標とする。

9　小委員会は、六箇月以内又は緊急の場合は三箇月以内に報告を送付することができないと認める場合には、報告を送付するまでに要する期間の見込みと共に遅延の理由を書面により紛争解決機関に通報する。小委員会の設置から加盟国への報告の送付までの期間は、いかなる場合にも、九箇月を超えるべきでない。

10　当事国は、開発途上加盟国がとった措置に係る協議において、第四条の7及び8に定める期間を延長することについて合意することができる。当該期間が満了した場合において、協議を行っている国が協議が終了したことについて合意することができないときは、紛争解決機関の議長は、当該協議を行っている国と協議の上、当該期間を延長するかしないか及び、延長するときは、その期間を決定する。更に、小委員会は、開発途上加盟国に対する申立てを検討するに当たり、開発途上加盟国に対し、その立論を準備し及び提出するために十分な時間を与える。第二〇条及び第二一条4の規定は、この10の規定の適用によって影響を受けるものではない。

11　一又は二以上の当事国が開発途上加盟国である場合には、小委員会の報告には、紛争解決手続の過程で当該開発途上加盟国が引用した対象協定の規定であって、開発途上加盟国に対する異なるかつ一層有利な待遇に関するものについていかなる考慮が払われたかを明示するものとする。

12　小委員会は、申立国の要請があるときはいつでも、一二箇月を超えない期間その検討を停止することができる。この場合には、8及び9、第二〇条並びに第二一条4に定める期間は、その検討が停止された期間延長されるものとする。小委員会の検討が一二箇月を超えて停止された場合には、当該小委員会は、その設置の根拠を失う。

第一三条（情報の提供を要請する権利）1　各小委員会は、適当と認めるいかなる個人又は団体に対しても情報及び技術上の助言の提供を要請する権利を有する。この場合において、小委員会は、いずれかの加盟国の管轄内にある個人又は団体に対して情報又は助言の提供を要請するに先立ち、当該加盟国の当局にその旨を通報する。加盟国は、小委員会が必要かつ適当と認める情報の提供を要請した場合には、速やかかつ完全に応ずるべきである。提供された秘密の情報は、当該情報を提供した個人、団体又は加盟国の当局の正式の同意を得ないで開示してはならない。

2　小委員会は、関連を有するいかなる者に対しても情報の提供を要請し、及び問題の一定の側面についての意見を得るために専門家と協議することができる。小委員会は、一の紛争当事国が提起した科学上又は技術上の事項に関する事実に係る問題については、専門家検討部会からの書面による助言的な報告を要請することができる。専門家検討部会の設置のための規則及び同部会の手続は、附属書四に定める。

第一四条（秘密性）1　小委員会の審議は、秘密とされる。

2　小委員会の報告は、提供された情報及び行われた陳述を踏まえて起草されるものとし、その起草に際しては、紛争当事国の出席は、認められない。

3　小委員会の報告の中で各委員が表明した意見は、匿名とする。

第一五条（検討の中間段階）1　小委員会は、書面及び口頭陳述による反論を検討した後、その報告案のうち事実及び陳述に関する説明部分を紛争当事国に送付する。当事国は、小委員会が定める期間内に、自国の意見を書面により提出する。

2　小委員会は、紛争当事国からの意見の受理に係る定められた期間の満了の後、中間報告（説明部分並びに小委員会の認定及び結論から成る。）を当事国に送付する。当事国は、小委員会が加盟国に最終報告を送付する前に中間報告の特定の部分を検討するよう要請することができる。その要請は、小委員会が定める期間内に、書面によって行われる。小委員会は、当事国の要請がある場合には、その書面の中で明示された事項に関し、当事国との追加的な会合を開催する。要請のための期間内にいずれの当事国も要請を行わなかった場合には、中間報告は、小委員会の最終報告とみなされ、速やかに加盟国に送付される。

3　小委員会の最終報告の認定には、検討の中間段階で行われた陳述における議論を含める。中間段階での検討は、第一二条8に定める期間内に行う。

第一六条（小委員会の報告の採択）1　小委員会の報告は、加盟国にその検討のための十分な時間を与えるため、報告が加盟国に送付された日の後二〇日間は紛争解決機関により採択のために検討されてはならない。

2　小委員会の報告に対して異議を有する加盟国は、小委員会の報告を検討する紛争解決機関の会合の少なくとも一〇日前に、当該異議の理由を説明する書面を提出する。

3　紛争当事国は、紛争解決機関による小委員会の報告の検討に十分に参加する権利を有するものとし、当該紛争当事国の見解は、十分に記録される。

4　小委員会の報告は、加盟国への送付の後六〇日以内に、紛争解決機関の会合において採択される（注）。ただし、紛争当事国が上級委員会への申立ての意思を同機関に正式に通報し又は同機関が当該報告を採択しないことをコンセンサス方式によって決定する場合は、この限りでない。紛争当事国が上級委員会への申立ての意思を通報した場合には、小委員会の報告は、上級委員会による検討が終了するまでは、同機関により採択のために検討されてはならない。この4に定める採択の手続は、小委員会の報告について見解を表明する加盟国の権利を害するものではない。

注　紛争解決機関の会合が1及びこの4に定める要件を満たす期間内に予定されていない場合には、この目的のために開催される。

第一七条（上級委員会による検討）

常設の上級委員会

1　紛争解決機関は、常設の上級委員会を設置する。上級委員会は、小委員会が取り扱った問題についての申立てを審理する。上級委員会は、七人の者で構成するものとし、そのうちの三人が一の問題の委員を務める。上級委員会の委員は、順番に職務を遂行する。その順番は、上級委員会の検討手続で定める。

2　紛争解決機関は、上級委員会の委員を四年の任期で任命するものとし、各委員は、一回に限り、再任されることができる。ただし、世界貿易機関協定が効力を生じた後直ちに任命される七人の者のうちの三人の任期は、二年で終了するものとし、これらの三人の者は、くじ引で決定される。空席が生じたときは、補充される。任期が満了しない者の後任者として任命された者の任期は、前任者の任期の残余の期間とする。

3　上級委員会は、法律、国際貿易及び対象協定が対象とする問題一般についての専門知識により権威を有すると認められた者で構成する。上級委員会の委員は、いかなる政府とも関係を有してはならず、世界貿易機関の加盟国を広く代表する。上級委員会のすべての委員は、いつでも、かつ、速やかに勤務することが可能でなければならず、また、世界貿易機関の紛争解決に関する活動その他関連する活動に常に精通していなければならない。上級委員会の委員は、直接又は間接に自己の利益との衝突をもたらすこととなる紛争の検討に参加してはならない。

4　紛争当事国のみが、小委員会の報告について上級委員会への申立てをすることができる。第一〇条2の規定に基づき小委員会に提起された問題について実質的な利害関係を有する旨を紛争解決機関に通報した第三国は、上級委員会に意見書を提出することができるものとし、また、上級委員会において意見を述べる機会を有することができる。

5　紛争当事国が上級委員会への申立ての意思を正式に通報した日から上級委員会がその報告を送付する日までの期間は、原則として六〇日を超えてはならない。上級委員会は、その検討の日程を定めるに当たり、適当な場合には、第四条9の規定を考慮する。上級委員会は、六〇日以内に報告を作成することができないと認める場合には、報告を送付するまでに要する期間の見込みと共に遅延の理由を書面により紛争解決機関に通報する。第一段に定める期間は、いかなる場合にも、九〇日を超えてはならない。

6　上級委員会への申立ては、小委員会の報告において対象とされた法的な問題及び小委員会が行った法的解釈に限定される。

7　上級委員会は、必要とする適当な運営上の及び法律問題に関する援助を受ける。

8　上級委員会の委員の旅費、滞在費その他の経費は、予算、財政及び運営に関する委員会の勧告に基づいて一般理事会が採択する基準に従い、世界貿易機関の予算から支弁する。

上級委員会による検討に関する手続

9　上級委員会は、紛争解決機関の議長及び事務局長と協議の上、検討手続を作成し、加盟国に情報として送付する。

10　上級委員会による検討は、秘密とされる。上級委員会の報告は、提供された情報及び行われた陳述を踏まえて起草されるものとし、その起草に際しては、紛争当事国の出席は、認められない。

11　上級委員会の報告の中で各委員が表明した意見は、匿名とする。

12　上級委員会は、その検討において、6の規定に従って提起された問題を取り扱う。

13　上級委員会は、小委員会の法的な認定及び結論を支持し、修正し又は取り消すことができる。

上級委員会の報告の採択

14　紛争解決機関は、上級委員会の報告を、加盟国への送付の後三〇日以内に採択し（注）、紛争当事国は、これを無条件で受諾する。ただし、同機関が当該報告を採択しないことをコンセンサス方式によって決定する場合は、この限りでない。このに定める採択の手続は、上級委員会の報告について見解を表明する加盟国の権利を害するものではない。

注　紛争解決機関の会合がこの期間内に予定されていない場合には、この目的のために開催される。

第一八条（小委員会又は上級委員会との接触）1　小委員会又は上級委員会により検討中の問題に関し、小委員会又は上級委員会といずれか一方の紛争当事国のみとの間で接触があってはならない。

2　小委員会又は上級委員会に対する意見書は、秘密のものとして取り扱われるものとするが、紛争当事国が入手することができるようにする。この了解のいかなる規定も、紛争当事国が自国の立場についての陳述を公開することを妨げるものではない。加盟国は、他の加盟国が小委員会又は上級委員会に提出した情報であって当該他の加盟国が秘密であると指定したものを秘密のものとして取り扱う。紛争当事国は、また、加盟国の要請に基づき、意見書に含まれている情報の秘密でない要約であって公開し得るものを提供する。

第一九条（小委員会及び上級委員会の勧告）1　小委員会又は上級委員会は、ある措置がいずれかの対象協定に適合しないと認める場合には、関係加盟国（注1）に対し当該措置を当該協定に適合させるよう勧告する（注2）。小委員会又は上級委員会は、更に、当該関係加盟国がその勧告を実施し得る方法を提案することができる。

注1　「関係加盟国」とは、小委員会又は上級委員会の

勧告を受ける紛争当事国をいう。

注2　一九九四年のガットその他の対象協定についての違反を伴わない問題に関する勧告については、第二六条を参照。

2　小委員会及び上級委員会は、第三条2の規定に従うものとし、その認定及び勧告において、対象協定に定める権利及び義務に新たな権利及び義務を追加し、又は対象協定に定める権利及び義務を減ずることはできない。

第二〇条（紛争解決機関による決定のための期間）紛争解決機関が小委員会を設置した日から同機関が小委員会又は上級委員会の報告を採択するために審議する日までの期間は、紛争当事国が別段の合意をする場合を除くほか、原則として、小委員会の報告につき上級委員会への申立てがされない場合には九箇月、申立てがされる場合には一二箇月を超えてはならない。

小委員会又は上級委員会が第一二条9又は第一七条5の規定に従い報告を作成するための期間を延長する場合には、追加的に要した期間が、前段に定める期間に加算される。

第二一条（勧告及び裁定の実施の監視）1　紛争解決機関の勧告又は裁定の速やかな実施は、すべての加盟国の利益となるような効果的な紛争解決を確保するために不可欠である。

2　紛争解決の対象となった措置に関し、開発途上加盟国の利害関係に影響を及ぼす問題については、特別の注意が払われるべきである。

3　関係加盟国は、小委員会又は上級委員会の報告の採択の日の後三〇日以内に開催される紛争解決機関の会合において、同機関の勧告及び裁定の実施に関する自国の意思を通報する(注)。勧告及び裁定を速やかに実施することができない場合には、関係加盟国は、その実施のための妥当な期間を与えられる。妥当な期間は、次の(a)から(c)までに定めるいずれかの期間とする。

注　紛争解決機関の会合がこの期間内に予定されていない場合には、この目的のために開催される。

(a)　関係加盟国が提案する期間。ただし、紛争解決機関による承認を必要とする。

(b)　(a)の承認がない場合には、勧告及び裁定の採択の日の後四五日以内に紛争当事国が合意した期間

(c)　(b)の合意がない場合には、勧告及び裁定の採択の日の後九〇日以内に拘束力のある仲裁によって決定される期間(注1)。仲裁が行われる場合には、仲裁人(注2)に対し、小委員会又は上級委員会の勧告を実施するための妥当な期間がその報告の採択の日から一五箇月を超えるべきではないとの指針が与えられるべきである。この一五箇月の期間は、特別の事情があるときは、短縮し又は延長することができる。

注1　紛争当事国が問題を仲裁に付した後一〇日以内に仲裁人について合意することができない場合には、事務局長は、一〇日以内に、当該当事国と協議の上仲裁人を任命する。

注2　仲裁人は、個人であるか集団であるかを問わない。

4　紛争解決機関による小委員会の設置の日から妥当な期間の決定の日までの期間は、小委員会又は上級委員会が第一二条9又は第一七条5の規定に従いその報告を作成する期間を延長した場合を除くほか、一五箇月を超えてはならない。ただし、紛争当事国が別段の合意をする場合は、この限りでない。小委員会又は上級委員会がその報告を作成する期間を延長する場合には、追加的に要した期間が、この一五箇月の期間に加算される。ただし、合計の期間は、紛争当事国が例外的な事情があることについて合意する場合を除くほか、一八箇月を超えてはならない。

5　勧告及び裁定を実施するためにとられた措置の有無又は当該措置と対象協定との適合性について意見の相違がある場合には、その意見の相違は、この了解に定める紛争解決手続の利用によって解決される。この場合において、可能なときは、当該勧告及び裁定の対象となった紛争を取り扱った小委員会（この了解において「最初の小委員会」という。）にその意見の相違を付することができる。最初の小委員会は、その問題が付された日の後九〇日以内にその報告を加盟国に送付する。最初の小委員会は、この期間内に報告を作成することができないと認める場合には、報告を送付するまでに要する期間の見込みと共に遅延の理由を書面により紛争解決機関に通報する。

6　紛争解決機関は、採択された勧告又は裁定の実施を監視する。加盟国は、勧告又は裁定が採択された後いつでも、これらの実施の問題を同機関に提起することができる。勧告又は裁定の実施の問題は、同機関が別段の決定を行う場合を除くほか、3の規定に従って妥当な期間が定められた日の後六箇月後に同機関の会合の議事日程に掲げられるものとし、当該問題が解決されるまでの間同機関の会合の議事日程に引き続き掲げられる。関係加盟国は、これらの各会合の少なくとも一〇日前に、勧告又は裁定の実施の進展についての状況に関する報告を書面により同機関に提出する。

7　問題が開発途上加盟国によって提起されたものである場合には、紛争解決機関は、同機関がその状況に応じて更にいかなる適当な措置をとり得るかを検討する。

8　問題が開発途上加盟国によって提起されたものである場合には、紛争解決機関は、同機関がいかなる適当な措置をとり得るかを検討するに当たり、申し立てられた措置の貿易に関する側面のみでなく、関係を有する開発途上加盟国の経済に及ぼす影響も考慮に入れる。

第二二条（代償及び譲許の停止）1　代償及び譲許その他の義務の停止は、勧告及び裁定が妥当な期間内

に実施されない場合に利用することができる一時的な手段であるが、これらのいずれの手段よりも、当該勧告及び裁定の対象となった措置を対象協定に適合させるために勧告を完全に実施することが優先される。代償は、任意に与えられるものであり、また、代償が与えられる場合には、対象協定に適合するものでなければならない。

2　関係加盟国は、対象協定に適合しないと認定された措置を当該協定に適合させ又は前条3の規定に従って決定された妥当な期間内に勧告及び裁定に従うことができない場合において、要請があるときは、相互に受け入れることができる代償を与えるため、当該妥当な期間の満了までに申立国と交渉を開始する。当該妥当な期間の満了の日の後二〇日以内に満足すべき代償について合意がされなかった場合には、申立国は、関係加盟国に対する対象協定に基づく譲許その他の義務の適用を停止するために紛争解決機関に承認を申請することができる。

3　申立国は、いかなる譲許その他の義務を停止するかを検討するに当たり、次に定める原則及び手続を適用する。

(a)　一般原則として、申立国は、まず、小委員会又は上級委員会により違反その他の無効化又は侵害があると認定された分野と同一の分野に関する譲許その他の義務の停止を試みるべきである。

(b)　申立国は、同一の分野に関する譲許その他の義務を停止することができず又は効果的でないと認める場合には、同一の協定のその他の分野に関する譲許その他の義務の停止を試みることができる。

(c)　申立国は、同一の協定のその他の分野に関する譲許その他の義務を停止することができず又は効果的でなく、かつ、十分重大な事態が存在すると認める場合には、その他の対象協定に関する譲許その他の義務の停止を試みることができる。

(d)　(a)から(c)までの原則を適用するに当たり、申立国は、次の事項を考慮する。

(i)　小委員会又は上級委員会により違反その他の無効化又は侵害があると認定された分野又は協定に関する貿易及び申立国に対するその貿易の重要性

(ii)　(i)の無効化又は侵害に係る一層広範な経済的要因及び譲許その他の義務の停止による一層広範な経済的影響

(e)　申立国は、(b)又は(c)の規定により譲許その他の義務を停止するための承認を申請することを決定する場合には、その申請においてその理由を示すものとする。当該申請は、紛争解決機関への提出の時に、関連する理事会に対しても及び、(b)の規定による申請の場合には、関連する分野別機関にも提出する。

(f)　この3の規定の適用上、

(i)　物品に関しては、すべての物品を一の分野とする。

(ii)　サービスに関しては、現行の「サービス分野分類表」に明示されている主要な分野(注)のそれぞれを一の分野とする。

注　サービス分野分類表(文書番号MTN・GNS―W―一二〇の文書中の表)は、一一の主要な分野を明示している。

(iii)　貿易関連の知的所有権に関しては、貿易関連知的所有権協定の第二部の第一節から第七節までの規定が対象とする各種類の知的所有権のそれぞれ並びに第三部及び第四部に定める義務のそれぞれを一の分野とする。

(g)　この3の規定の適用上、

(i)　物品に関しては、世界貿易機関協定附属書一Aの協定の全体(紛争当事国が複数国間貿易協定の締約国である場合には、当該複数国間貿易協定を含む。)を一の協定とする。

(ii)　サービスに関しては、サービス貿易一般協定を一の協定とする。

(iii)　知的所有権に関しては、貿易関連知的所有権協定を一の協定とする。

4　紛争解決機関が承認する譲許その他の義務の停止の程度は、無効化又は侵害の程度と同等のものとする。

5　紛争解決機関は、対象協定が禁じている譲許その他の義務の停止を承認してはならない。

6　2に規定する状況が生ずる場合には、申請に基づき、紛争解決機関は、同機関が当該申請を却下することをコンセンサス方式によって決定する場合を除くほか、妥当な期間の満了の後三〇日以内に譲許その他の義務の停止を承認する。ただし、関係加盟国が提案された停止の程度について異議を唱える場合又は申立国が3の(b)若しくは(c)の規定により譲許その他の義務を停止するための承認を申請するに当たり3に定める原則及び手続を遵守していなかったと関係加盟国が主張する場合には、その問題は、仲裁に付される。仲裁は、最初の小委員会(その委員が職務を遂行することが可能である場合)又は事務局長が任命する仲裁人(注)によって行われるものとし、妥当な期間が満了する日の後六〇日以内に完了する。譲許その他の義務は、仲裁の期間中は停止してはならない。

注　仲裁人は、個人であるか集団であるかを問わない。

7　6の規定に従って職務を遂行する仲裁人(注)は、停止される譲許その他の義務の性質を検討してはならないが、その停止の程度が無効化又は侵害の程度と同等であるかないかを決定する。仲裁人は、また、提案された譲許その他の義務の停止が対象協定の下で認められるものであるかないかを決定することができる。ただし、3に定める原則及び手続が遵守されていなかったという主張が仲裁に付された問題に含まれている場合には、仲裁人は、当該主張について検討する。当該原則及び手続が遵守されていなかった旨を仲裁人が決定する場合には、中立国は、3の規定に適合するように当該原則及び手続を適用する。当事国は、仲裁人の決定を最終的なものとして受け入れるものとし、関係当事国は、他の仲裁を求めてはならない。紛争解決機関は、仲裁人の決定について速やかに通報されるものとし、申請に基づき、当該申請が仲裁人の決定に適合する場合には、譲許その他の義務の停止を承認する。ただし、同機関が当該申請を却下することをコンセンサス方式によって決定する場合は、この限りでない。

注　仲裁人は、個人、集団又は最初の小委員会の委員（仲裁人の資格で職務を遂行する。）のいずれであるかを問わない。

8　譲許その他の義務の停止は、一時的なものとし、対象協定に適合しないと認定された措置が撤回され、勧告若しくは裁定を実施しなければならない加盟国により利益の無効化若しくは侵害に対する解決が提供され又は相互に満足すべき解決が得られるまでの間においてのみ適用される。紛争解決機関は、前条6の規定に従い、採択した勧告又は裁定の実施の監視を継続する。代償が与えられ又は譲許その他の義務が停止されたが、措置を対象協定に適合させるための勧告が実施されていない場合も、同様とする。

9　対象協定の紛争解決に関する規定は、加盟国の領域内の地域又は地方の政府又は機関によるこれらの協定の遵守に影響を及ぼす措置について適用することができる。紛争解決機関が対象協定の規定が遵守されていない旨の裁定を行う場合には、責任を有する加盟国は、当該協定の遵守を確保するために利用することができる妥当な措置をとる。代償及び譲許その他の義務の停止に関する対象協定及びこの了解の規定は、対象協定の遵守を確保することができなかった場合について適用する（注）。

注　加盟国の領域内の地域又は地方の政府又は機関がとる措置に関するいずれかの対象協定の規定が、この9の規定と異なる規定を含む場合には、当該対象協定の規定が優先する。

第二三条（多角的体制の強化）1　加盟国は、対象協定に基づく義務についての違反その他の利益の無効化若しくは侵害又は対象協定の目的の達成に対する障害について是正を求める場合には、この了解に定める規則及び手続によるものとし、かつ、これらを遵守する。

2　1の場合において、加盟国は、

(a)　この了解に定める規則及び手続に従って紛争解決を図る場合を除くほか、違反が生じ、利益が無効にされ若しくは侵害され又は対象協定の目的の達成が妨げられている旨の決定を行ってはならず、また、紛争解決機関が採択する小委員会又は上級委員会の報告に含まれている認定又はこの了解に従って行われた仲裁判断に適合する決定を行う。

(b)　関係加盟国が勧告及び裁定を実施するための妥当な期間の決定に当たっては、第二一条に定める手続に従う。

(c)　譲許その他の義務の停止の程度の決定に当たっては、前条に定める手続に従うものとし、関係加盟国が妥当な期間内に勧告及び裁定を実施しないことに対応して対象協定に基づく譲許その他の義務を停止する前に、同条に定める手続に従って紛争解決機関の承認を得る。

第二四条（後発開発途上加盟国に係る特別の手続）1　後発開発途上加盟国に係る紛争の原因の決定及び紛争解決手続のすべての段階において、後発開発途上加盟国の特殊な状況に特別の考慮が払われるものとする。加盟国は、特に、この了解に定める手続に従って、後発開発途上加盟国に係る問題を提起することについて妥当な自制を行う。無効化又は侵害が後発開発途上加盟国によってとられた措置に起因すると認定される場合には、申立国は、この了解に定める手続に従って代償を要求し又は譲許その他の義務の履行を停止するための承認を申請することについて、妥当な自制を行う。

2　後発開発途上加盟国に係る紛争解決の事案において、満足すべき解決が協議によって得られなかった場合には、事務局長又は紛争解決機関の議長は、後発開発途上加盟国の要請に基づき、小委員会の設置の要請が行われる前に、当事国が紛争を解決することを援助するために、あっせん、調停又は仲介を行う。事務局長又は同機関の議長は、その援助を与えるに当たり、適当と認めるいかなる者とも協議することができる。

第二五条（仲裁）1　紛争解決の代替的な手段としての世界貿易機関における迅速な仲裁は、両当事国によって明示された問題に関する一定の紛争の解決を容易にすることを可能とするものである。

2　仲裁に付するためには、この了解に別段の定めがある場合を除くほか、当事国が合意しなければならず、当該当事国は、従うべき手続について合意する。仲裁に付することについての合意は、仲裁手続が実際に開始される前に十分な余裕をもってすべての加盟国に通報される。

3　他の加盟国は、仲裁に付することについて合意した当事国の合意によってのみ仲裁手続の当事国となることができる。仲裁手続の当事国は、仲裁判断に服することについて合意する。仲裁判断は、紛争解決機関及び関連する協定の理事会又は委員会（加盟国が仲裁判断に関する問題点を提起することができる理事会又は委員会）に通報される。

4　第二一条及び第二二条の規定は、仲裁判断について準用する。

第二六条【非違反措置及びその他の何らかの状態の場合】1　一九九四年のガット第二三条1(b)に規定する類型の非違反措置に関する申立て

一九九四年のガット第二三条1(b)の規定がいずれかの対象協定について適用され又は準用される場合

において、小委員会又は上級委員会は、紛争当事国が、いずれかの加盟国が何らかの措置（当該対象協定に抵触するかしないかを問わない。）を適用した結果として、当該対象協定に基づき直接若しくは間接に自国に与えられた利益が無効にされ若しくは侵害されており又は当該対象協定の目的の達成が妨げられていると認めるときに限り、裁定及び勧告を行うことができる。問題が同条1(b)の規定の適用又は準用に係る対象協定に抵触しない措置に関するものである旨を当該紛争当事国が認め、かつ、小委員会又は上級委員会がその旨を決定する場合には、その限度において、この了解に定める手続は、次の規定に従って適用される。

(a)　申立国は、当該対象協定に抵触しない措置に関する申立てを正当化するための詳細な根拠を提示する。

(b)　ある措置が当該対象協定に違反することなく、当該対象協定に基づく利益を無効にし若しくは侵害し又は当該対象協定の目的の達成を妨げていることが認定された場合には、関係加盟国は、当該措置を撤回する義務を負わない。この場合において、小委員会又は上級委員会は、当該関係加盟国に対し相互に満足すべき調整を行うよう勧告する。

(c)　第二一条3に規定する仲裁は、同条の規定にかかわらず、いずれかの当事国の要請に基づき、無効にされ又は侵害された利益の程度についての決定を含むことができるものとし、かつ、相互に満足すべき調整を行う方法及び手段を提案することができる。これらの提案は、紛争当事国を拘束するものであってはならない。

(d)　代償は、第二二条1の規定にかかわらず、紛争の最終的解決としての相互に満足すべき調整の一部とすることができる。

2　一九九四年のガット第二三条1(c)に規定する類型に関する申立て

一九九四年のガット第二三条1(c)の規定がいずれかの対象協定について適用され又は準用される場合において、小委員会は、当事国が、同条1の(a)及び(b)の規定が適用される状態以外の状態が存在する結果として、当該対象協定に基づき直接若しくは間接に自国に与えられた利益が無効にされ若しくは侵害されており又は当該対象協定の目的の達成が妨げられていると認めるときに限り、裁定及び勧告を行うことができる。問題がこの2の規定の対象となる旨を当該当事国が認め、かつ、小委員会がその旨を決定する場合には、その限度において、この了解の手続は、小委員会の報告が加盟国に送付される時以前のものに限って適用される。勧告及び裁定の採択のための検討、監視及び実施については、一九八九年四月一二日の決定（ガット基本文書選集（BISD）追録第三六巻六一ページから六七ページまで）に含まれている紛争解決の規則及び手続が適用される。次の規定も、また、適用される。

(a)　申立国は、この2の規定が対象とする問題に関して行われる陳述を正当化するための詳細な根拠を提示する。

(b)　小委員会は、この2の規定が対象とする問題に係る紛争解決の事案において、当該事案がこの2の規定が対象とする問題以外の問題に関係すると認める場合には、それぞれの問題に関する別個の報告を紛争解決機関に送付する。

第二七条（事務局の任務）　1　事務局は、取り扱う問題の特に法律上、歴史上及び手続上の側面について小委員会を援助し並びに事務局としての支援及び技術的支援を提供する任務を有する。

2　事務局は、加盟国の要請に基づき紛争解決に関し加盟国を援助するに当たり、開発途上加盟国に対し紛争解決に関する追加的な法律上の助言及び援助を与える必要が生ずる可能性がある。事務局は、このため、要請を行う開発途上加盟国に対し、世界貿易機関の技術協力部門の能力を有する法律専門家による援助を利用することができるようにする。この専門家は、事務局の公平性が維持されるような方法で開発途上加盟国を援助する。

3　事務局は、関心を有する加盟国のために、当該加盟国の専門家が紛争解決のための手続及び慣行に関して理解を深めることができるように、これらに関する特別の研修を実施する。

附属書一　この了解が対象とする協定

(a)　世界貿易機関を設立する協定

(b)　多角的貿易協定

附属書一A　物品の貿易に関する多角的協定

附属書一B　サービスの貿易に関する一般協定

附属書一C　知的所有権の貿易関連の側面に関する協定

附属書二　紛争解決に係る規則及び手続に関する了解

(c)　複数国間貿易協定

附属書四　民間航空機貿易に関する協定

政府調達に関する協定

国際酪農品協定

国際牛肉協定

この了解は、複数国間貿易協定については、各協定についてのこの了解の適用の条件（附属書二に規定する特別又は追加の規則及び手続等）に関し当該協定の締約国が採択する決定に従って適用されるものとし、その決定は、紛争解決機関に通報される。

附属書二　対象協定に含まれている特別又は追加の規則及び手続

協定	規則及び手続
衛生植物検疫措置の適用に関する協定	第一一条2
繊維及び繊維製品（衣類を含む。）に関する協定	

貿易の技術的障害に関する協定
　第二条の14及び21、第四条4、第五条の2、4及び6、第六条の9から11まで、第八条の1から12まで
　第一四条の14・2から14・4まで、附属書二
一九九四年のガット第六条の実施に関する協定
　第一七条の17・4から17・7まで
一九九四年のガット第七条の実施に関する協定
　第一九条の3から5まで、附属書Ⅱの2(f)、3、9及び21
補助金及び相殺措置に関する協定
　第四条の4・2から4・12まで、第六条6・6、第七条の7・2から7・10まで、第八条8・5、第一〇条注、第二四条24・4、第二七条27・7、附属書Ⅴ
サービスの貿易に関する一般協定
　第二二条3、第二三条3
金融サービスに関する附属書　4
航空運送サービスに関する附属書　4
サービス貿易一般協定に係る特定の紛争解決手続に関する決定　1から5まで

この附属書に掲げる規則及び手続は、その一部のみが対象協定に含まれている特別又は追加の規則及び手続に該当し得るものを含む。

複数国間貿易協定の特別又は追加の規則及び手続は、各協定の権限を有する内部機関が決定し、かつ、紛争解決機関に通報する規則及び手続とする。

附属書三　検討手続

1　小委員会は、その検討において、この了解の関連規定に従う。更に、次の検討手続が適用される。

2　小委員会の会合は、非公開とする。紛争当事国及び利害関係を有する当事国は、小委員会により出席するよう招請された場合に限り、その会合に出席する。

3　小委員会の審議及び小委員会に提出された文書は、秘密のものとして取り扱われる。この了解のいかなる規定も、紛争当事国が自国の立場についての陳述を公開することを妨げるものではない。加盟国は、他の加盟国が小委員会に提出した情報であって当該他の加盟国が秘密であると指定したものを秘密のものとして取り扱う。紛争当事国は、秘密の意見書を小委員会に提出した場合には、加盟国の要請に基づき、当該意見書に含まれている情報の秘密でない要約であって公開し得るものを提供する。

4　紛争当事国は、小委員会が当該紛争当事国との間で行う第一回の実質的な会合の前に、問題の事実関係及び自国の主張を示す意見書を小委員会に提出する。

5　小委員会は、当事国との間で行う第一回の実質的な会合において、申立国に自国の立場を表明するよう求める。申立てを受けた当事国は、その後、同一の会合において、自国の立場を表明することを求められる。

6　すべての第三国(紛争について利害関係を有することを紛争解決機関に通報した加盟国)は、小委員会の第一回の実質的な会合中に特別に開催される会議において自国の立場を表明するよう、書面によって招請される。すべての第三国は、当該特別に開催される会議の全期間出席することができる。

7　正式の反論は、小委員会の第二回の実質的な会合において行われる。申立てを受けた当事国は、最初に発言する権利を有し、その後に申立国が続く。当事国は、反論を、当該会合の前に書面によって小委員会に提出する。

8　小委員会は、いつでも、当事国との会合において又は書面により、当事国に質問し及び当事国に説明を求めることができる。

9　紛争当事国及び第一〇条の規定に従って自国の立場を表明するよう要請された第三国は、その口頭による陳述を書面にしたものを小委員会が入手することができるようにする。

10　5から9までに規定する表明、反論及び陳述は、透明性を確保するために、当事国の出席しているところで行われる。更に、各当事国の意見書(小委員会の報告の説明部分に関する意見、小委員会による質問に対する回答等から成る。)については、他の当事国が入手することができるようにする。

11　(小委員会に関する特別の追加の手続がある場合には、その手続)

12　小委員会の検討の日程案
(a)　当事国の最初の意見書の受理
　(1)　申立国　三週間から六週間
　(2)　申立てを受ける当事国　二週間から三週間
(b)　当事国との間で行う第一回の実質的な会合及び第三国のために特別に開催される会議の日時及び場所　一週間から二週間
(c)　当事国の書面による反論の受理　二週間から三週間
(d)　当事国との間で行う第二回の実質的な会合の日時及び場所　一週間から二週間
(e)　報告の説明部分の当事国への送付　二週間から四週間
(f)　報告の説明部分についての当事国の意見の受理　二週間
(g)　中間報告(認定、結論等から成る。)の当事国への送付　二週間から四週間
(h)　当事国が中間報告の一部を検討するよう要請するための期限　一週間
(i)　小委員会による検討(当事国との間で行うことのある追加の会合を含む。)の期間　二週間
(j)　最終報告の紛争当事国への送付　二週間

(k)　最終報告の加盟国への送付　三週間

(a)から(k)までに定める日程は、予見されなかった事態の進展を踏まえて変更することができる。要請がある場合には、当事国との追加の会合が予定される。

附属書四　専門家検討部会

第一三条2の規定に基づいて設置される専門家検討部会（この附属書において「部会」という。）については、次に定める規則及び手続を適用する。

1　部会は、小委員会の権限の下に置かれる。部会の付託事項及び詳細な作業手続は、小委員会が決定するものとし、また、部会は、小委員会に対して報告を行う。

2　部会には、問題となっている分野において専門的な能力及び経験を有する者のみが参加することができる。

3　紛争当事国の国民は、紛争当事国の合意がある場合を除くほか、部会の構成員となることはできない。ただし、他の者では遂行することができない特別な科学上の専門知識が必要であると小委員会が認める場合は、この限りでない。紛争当事国の公務員は、部会の構成員となることはできない。部会の構成員は、政府又は団体の代表としてではなく、個人の資格で職務を遂行する。したがって、政府又は団体は、部会に付託された問題につき、部会の構成員に指示を与えてはならない。

4　部会は、適当と認めるいかなる者とも協議し、並びにこれらの者に対して情報及び技術上の助言の提供を要請することができる。部会は、いずれかの加盟国の管轄内にある者に対して情報又は助言の提供を要請するに先立ち、当該加盟国の政府にその旨を通報する。加盟国は、部会が必要かつ適当と認める情報の提供を要請した場合には、速やかかつ完全に応ずる。

5　紛争当事国は、部会に提供されるすべての関連情報（秘密の性質を有するものを除く。）を取得する機会を有する。部会に提供された秘密の情報は、当該情報を提供した政府、団体又は個人の正式の同意を得ないで開示してはならない。当該情報の開示が部会に対して要求された場合において、当該情報の部会による開示について同意が得られないときは、当該情報を提供した政府、団体又は個人は、当該情報の秘密でない要約を提供する。

6　部会は、紛争当事国に対し、適当な場合には、その意見を得るために報告案を送付し、最終報告（小委員会に提出される際に紛争当事国にも送付される。）において当該意見を考慮に入れる。部会の最終報告は、助言的なものにとどまる。

74　日本国とアメリカ合衆国との間の友好通商航海条約（日米通商航海条約）

署　名　一九五三年四月二日（東京）
効力発生　一九五三年一〇月三〇日
日本国　一九五三年八月七日国会承認、九月三〇日批准書交換、一〇月二八日公布（条約第二七号）

日本国及びアメリカ合衆国は、両国の間に伝統的に存在する平和及び友好の関係を強化し、並びに両国の国民の間の一層緊密な経済的及び文化的関係を促進することを希望し、また、相互に有利な通商関係を助長し、相互に有益な投資を促進し、並びに相互の権利及び特権を定める取極によってそれらの目的の達成に寄与することができることを認識しているので、無条件に与えられる最恵国待遇及び内国民待遇の原則を一般的に基礎とする友好通商航海条約を締結することに決定し、そのため、次のとおりそれぞれの全権委員を任命した。

（委員名略）

これらの全権委員は、互にその全権委任状を示し、それが妥当であると認められた後、次の諸条を協定した。

第一条【入国と在留】1　いずれの一方の締約国の国民も、(a)両締約国の領域の間における貿易を営み、若しくはこれに関連する商業活動を行う目的をもって、(b)当該国民が相当な額の資本を投下した企業若しくは当該国民が現に相当な額の資本を投下する過程にある企業を発展させ、若しくはその企業の運営を指揮する目的をもって、又は(c)外国人の入国及び在留に関する法令の認めるその他の目的をもって、他方の締約国の領域に入り、及びその領域に在留することを許される。

2　いずれの一方の締約国の国民も、他方の締約国の領域内において、(a)自由に旅行し、及び自己が選んだ場所に居住し、(b)良心の自由を享有し、(c)公私の宗教上の儀式を行い、(d)国外の公衆に周知させるため資料を収集し、及び送付し、並びに(e)当該領域の内外にある他の者と郵便、電信その他一般に公衆の用に供される手段によって通信することを許される。

3　本条の規定は、公の秩序を維持し、及び公衆の健康、道徳又は安全を保護するため必要な措置を執る締約国の権利の行使を妨げるものではない。

第二条【身体の保護】1　いずれの一方の締約国の国民も、他方の締約国の領域内において、いかなる種類の不法な迫害も受けることはなく、且つ、いかなる場合にも国際法の要求する保護及び保障よりも少くない不断の保護及び保障を受けるものとする。

2　いずれか一方の締約国の領域内で他方の締約国の国民が抑留された場合には、その者の要求に基き、もよりの地にあるその者の本国の領事官に直ちに通告されるものとする。その者は、(a)相当且つ人道的な待遇を受け、(b)自己に対する被疑事実を正式に且つ直ちに告げられ、(c)自己の防ぎょのための適当な準備に支障がない限りすみやかに裁判に付され、及び(d)自己の防ぎょに当然必要なすべての手段（自己が選任する資格のある弁護人の役務を含む。）を与えられる。

第三条【労働者災害保障と社会保障】 1　いずれの一方の締約国の国民も、他方の締約国の領域内において、雇用されている間に業務の結果生じた疾病、負傷若しくは死亡又は業務の性質に起因する疾病、負傷若しくは死亡を理由として行う金銭上の補償その他の給付又は役務の提供を定める法令の適用について、内国民待遇を与えられる。

2　本条1に規定する権利及び特権の外、いずれの一方の締約国の国民も、他方の締約国の領域内において、(a)老齢、失業、疾病若しくは身体障害による賃金若しくは所得の喪失又は(b)父、夫その他自己を扶養する者の死亡による経済的扶助の喪失に対し経済上の需要を個別的に審査しないで給付を行う強制的な社会保障制度を定める法令の適用について、内国民待遇を与えられる。

第四条【裁判を受ける権利と商事仲裁】 1　いずれの一方の締約国の国民及び会社も、その権利の行使及び擁護については、他方の締約国の領域内ですべての審級の裁判所の裁判を受け、及び行政機関に対して申立をする権利に関して、内国民待遇及び最恵国待遇を与えられる。いずれか一方の締約国の会社で他方の締約国の領域内で活動を行っていないものは、その領域内において、登記その他これに類する要件を課されないで、それらの裁判を受け、及び申立をする権利を有するものとする。

2　一方の締約国の国民又は会社と他方の締約国の国民又は会社との間に締結された仲裁による紛争の解決を規定する契約は、いずれの一方の締約国の領域内においても、仲裁手続のために指定された地がその領域外にあるという理由又は仲裁人のうちの一人若しくは二人以上がその締約国の国籍を有しないという理由だけでは、執行することができないものと認めてはならない。その契約に従って正当にされた判断で、判断がされた地の法令に基いて確定しており、且つ、執行することができるものは、公の秩序及び善良の風俗に反しない限り、いずれの一方の締約国の管轄裁判所に提起される執行判決を求める訴に関しても既に確定しているものとみなされ、且つ、その判断についてその裁判所から執行判決の言渡を受けることができる。その言渡があった場合には、その判断に対しては、その地でされる判断に対して与える特権及び執行の手段と同様の特権及び執行の手段を与えるものとする。アメリカ合衆国の領域外でされた判断は、アメリカ合衆国のいずれの州のいずれの裁判所においても、他の諸州でされる判断が受ける承認と同様の限度においてのみ、承認を受けることができるものとする。

第五条【企業、資本、技術に関する権利保護】 1　いずれの一方の締約国も、他方の締約国の国民又は会社がその設立した企業、その資本又はその提供した技能、技芸若しくは技術に関し適法に取得した権利又は利益で当該一方の締約国の領域内にあるものを害する虞がある不当な又は差別的な措置を執ってはならない。いずれの一方の締約国も、他方の締約国の国民及び会社が自国の経済的発展のため必要な資本、技能、技芸及び技術を衡平な条件で取得することを不当に妨げてはならない。

2　両締約国は、特にそれぞれの領域内における生産力の増進及び生活水準の向上のため、科学及び技術に関する知識の交換及び利用を促進することに協力することを約束する。

第六条【財産の保護、収用の際の補償】 1　いずれの一方の締約国の国民及び会社の財産も、他方の締約国の領域内において、不断の保護及び保障を受けるものとする。

2　いずれの一方の締約国の国民及び会社も、その住居、事務所、倉庫、工場その他の建造物で他方の締約国の領域内にあるものについては、不法な侵入及び妨害を受けないものとする。当該建造物及びその中にある物件について必要がある場合に行う当局の捜索及び検査は、占有者の便宜及び業務の遂行に周到な考慮を払い、法令に従ってのみ行うものとする。

3　いずれの一方の締約国の国民及び会社の財産も、他方の締約国の領域内において、公共のためにする場合を除く外、収用し、又は使用してはならず、また、正当な補償を迅速に行わないで収用し、又は使用してはならない。その補償は、実際に換価することができるもので行わなければならず、また、収用し、又は使用した財産に充分相当する価額のものでなければならない。その補償を決定し、及び実施するため、収用若しくは使用の際又はその前に、適当な準備をしなければならない。

4　いずれの一方の締約国の国民及び会社も、他方の締約国の領域内において、本条2及び3に規定する事項に関しては、いかなる場合にも、内国民待遇及び最恵国待遇よりも不利でない待遇を与えられる。更に、いずれか一方の締約国の国民又は会社が実質的な利益を有する企業は、他方の締約国の領域内において、私有企業を公有に移し、又は公の管理の下に置くことに関するすべての事項について、内国民待遇及び最恵国待遇よりも不利でない待遇を与えられる。

第七条【事業活動の自由】 1　いずれの一方の締約国の国民及び会社も、直接であると、代理人によってであると、又は何らかの形態の適法な団体を通じてであるとを問わず、他方の締約国の領域内ですべての種類の商業、工業、金融業その他の事業の活動を行うこと、従って、(a)支店、代理店、事務所、工場その他その事業の遂行のため適当な施設を設置し、及び維持し、(b)会社に関する当該他方の締約国の一般法に基いて会社を組織し、及び当該他方の締約国の会社における過半数の利益を取得し、並びに(c)自己が設立し、又は取得した企業を支配し、及び経営することに関して、内国民待遇を与えられる。更に、当該国民又は会社が支配する企業は、個人所有の形式であると、会社の形式その他のいずれの形式であるとを問わず、その事業の遂行に関連するすべての事項について、当該他方の締約国の国民又は会社が支配する同様の企業が与えられる待遇よりも不利でない待遇を与えられる。

2　各締約国は、外国人が、その締約国の領域内で公益事業を行う企業若しくは造船、航空運送、水上運送、銀行業務（預金業務又は信託業務に限る。）若しくは土地その他の天然資源の開発を行う企業を設立し、当該企業における利益を取得し、又は当該企業を営むことができる限度を定める権利を留保する。但し、いずれか一方の締約国が、その領域内でそれらの事業を営むことに関して外国人に内国民待遇を与える限度について新たに行う制限は、その実施の際その領域内でそれらの事業を行っており、且つ、他方の締約国の国民又は会社が所有し、又は支配している企業に対しては、適用しない。更に、いずれの一方の締約国も、他方の締約国の運送事業、通信事業又は銀行業を営む会社に対し、その会社が行うことを許される本質的に国際的な業務に必要な機能を営むための支店及び代理店を維持する権利を否認してはならない。

3　本条1の規定は、いずれか一方の締約国が外国人の支配する企業の自国領域内における設立に関して特別の手続を定めることを妨げるものではない。但し、その手続は、本条1に規定する権利を実質的に害するものであってはならない。

4　各締約国の国民及び会社並びに当該国民又は会社が支配する企業は、本条に規定する事項については、いかなる場合にも、最恵国待遇を与えられる。

第八条【自由職業と非営利活動】1　いずれの一方の締約国の国民及び会社も、他方の締約国の領域内において、自己が選んだ会計士その他の技術者、高級職員、弁護士、代理を業とする者その他の専門家を用いることを許される。更に、当該国民及び会社は、当該領域内における自己の企業又は自己が財政的利益を有する企業の企画及び運営に関し、もっぱら自己のために検査、監査及び技術的調査を行わせ、並びに自己に報告させるという特定の目的で、当該領域内で自由職業に従事するための資格のいかんを問わず、会計士その他の技術者を用いることを許される。

2　いずれの一方の締約国の国民も、外国人たることのみを理由としては、他方の締約国の領域内で自由職業に従事することを禁止されることはない。当該国民は、資格、居住及び権限に関する要件で当該他方の締約国の国民に対して適用されるものに従うことを条件として、当該領域内で自由職業に従事することを許される。

3　いずれの一方の締約国の国民及び会社も、他方の締約国の領域内で学術、教育、宗教及び慈善の活動を行うことに関して、内国民待遇及び最恵国待遇を与えられ、且つ、その活動を行うため当該他方の締約国の法令に基いて団体を組織する権利を与えられる。

第九条【財産権の取得と処分】1　いずれの一方の締約国の国民及び会社も、他方の締約国の領域内において、(a)第七条又は第八条に基いて行うことを許される活動の遂行及び居住のため適当な土地、建物その他の不動産を賃借し、占有し、及び使用することに関する内国民待遇並びに(b)他方の締約国の関係法令で認められる不動産に関するその他の権利を与えられる。

2　いずれの一方の締約国の国民及び会社も、他方の締約国の領域内において、すべての種類の動産（無体財産を含む。）を購入、賃借その他の方法によって取得し、所有し、及び占有することに関して、内国民待遇及び最恵国待遇を与えられる。但し、いずれの一方の締約国も、公共の安全の見地から危険と認められる物及び第七条2の第一文に掲げる活動を行う企業における利益を外国人が所有することについては、第七条その他この条約の規定によって保障される特権を害しない範囲内において、制限することができる。

3　いずれの一方の締約国の国民及び会社も、他方の締約国の領域内にある財産を遺言によると否とを問わず遺産として取得することに関し、当該国民又は会社が外国人又は外国の会社であるという理由で内国民待遇を与えられない場合には、その財産を自由に処分することを許され、且つ、その処分をするため五年を下らない期間を与えられる。

4　いずれの一方の締約国の国民及び会社も、他方の締約国の領域内において、すべての種類の財産の処分に関して、内国民待遇及び最恵国待遇を与えられる。

第一〇条【工業所有権】いずれの一方の締約国の国民及び会社も、他方の締約国の領域内において、特許権の取得及び保有並びに商標、営業用の名称及び営業用の標章に関する権利並びにすべての種類の工業所有権に関して、内国民待遇及び最恵国待遇を与えられる。

第一一条【租税と課徴金】1　いずれか一方の締約国の国民で他方の締約国の領域内に居住するもの及びいずれか一方の締約国の国民又は会社で他方の締約国

の領域内で貿易その他の営利的活動又は学術、教育、宗教若しくは慈善の活動を行うものは、当該領域内において、所得、資本、取引、活動その他の客体について課される租税、手数料その他の課徴金又はその賦課及び徴収に関する要件について、当該他方の締約国の国民又は会社が負担する課徴金又は要件よりも重い課徴金又は要件を課されることはない。

2　いずれか一方の締約国の国民で他方の締約国の領域内に居住せず、且つ、貿易その他の営利的活動を行わないもの及びいずれか一方の締約国の会社で他方の締約国の領域内で貿易その他の営利的活動を行わないものに関しては、当該他方の締約国は、本条1に規定する原則を一般に適用することを目標としなければならない。

3　いずれの一方の締約国の国民及び会社も、他方の締約国の領域内において、所得、資本、取引、活動その他の客体について課される租税、手数料その他の課徴金又はその賦課及び徴収に関する要件について、いかなる場合にも、第三国の国民、第三国に居住する者及び第三国の会社が負担する課徴金又は要件よりも重い課徴金又は要件を課されることはない。

4　いずれか一方の締約国の会社で他方の締約国の領域内で貿易その他の営利的活動を行うもの及びいずれか一方の締約国の国民で他方の締約国の領域内で貿易その他の営利的活動を行うが当該領域内に居住しないものについては、当該他方の締約国は、所得、資本その他の標準による租税、手数料その他の課徴金で当該領域に対して適正に割り当てられ、又はあん分される課徴金をこえるものを課してはならず、また、当該領域に対して適正に割り当てられ、又はあん分される額に達しない額の控除及び免除を認めてはならない。もっぱら学術、教育、宗教又は慈善の目的のため組織され、且つ、運営される会社についても、また、同様とする。

5　各締約国は、(a)相互主義に基いて租税に関する特定の利益を与える権利、(b)二重課税の防止又は歳入の相互的保護のための協定に基いて租税に関する特別の利益を与える権利並びに(c)自国民及び隣接国に居住する者に対し所得に関する租税及び相続税に関する個人的な免除で自国に居住しないその他の者に認める当該免除よりも有利なものを認める権利を留保する。

第一二条【為替制限】 1　いずれの一方の締約国の国民及び会社も、両締約国の領域の間及び他方の締約国の領域と第三国の領域との間における支払、送金及び資金又は金銭証券の移転に関して、当該他方の締約国により内国民待遇及び最恵国待遇を与えられる。

2　いずれの一方の締約国も、その通貨準備の水準が著しく低下することを防止し、又は著しく低い通貨準備を適度に増加するため必要な範囲内で行う場合を除く外、本条5に定める為替制限を行ってはならない。本条の規定は、いずれか一方の締約国が国際通貨基金に対して負う義務を変更するものではなく、また国際通貨基金が特定の為替制限を行うことを締約国に特に認め、又は要請する場合にその為替制限を行うことを妨げるものではない。

3　いずれの一方の締約国も、前記の2に従って為替制限を行う場合には、自国民の保健及び福祉に欠くことができない貨物及び役務のための外国為替の利用を確保するため必要なすべての準備をした後、(a)第六条3に掲げる補償として支払われた額、(b)給与、利子、配当金、手数料、権利の使用料、技術的役務に対する報酬その他の所得の額並びに(c)借入金の償還、直接投下資本の償却及び資本の移転に係る額の、他方の締約国の通貨で表示された外国為替による回収について、その他の取引のための特別の需要を考慮して適当な準備をしなければならない。二以上の為替相場が実施されている場合には、当該回収に適用される相場は、国際通貨基金によって当該取引のため特に承認された相場又は、その承認された相場がないときは、正当な実効相場(為替の取引についての租税又は手数料を含む。)でなければならない。

4　為替制限は、いずれの一方の締約国も、他方の締約国の国民及び会社の請求権、投資、運送、貿易その他の利益又は競争的地位に対して不必要に有害な又はし意的に差別的な方法で行ってはならない。

5　本条において「為替制限」とは、いずれか一方の締約国が課するすべての制限、規制、課徴金、租税その他の要件で、両締約国の領域の間における支払、送金又は資金若しくは金銭証券の移転について負担又は妨害となるものをいう。

第一三条【代理商業旅行者に対する関税と業務規制】 いずれか一方の締約国の国民及び会社で当該締約国の領域内で事業を行うものを代理する商業旅行者は、他方の締約国の領域に入り、及びその領域から出る際並びにその領域に在留する間、関税その他の事項(第一一条5に規定する例外に従うことを条件として、当該商業旅行者、その携帯する見本及び注文の取集めについて課される租税その他の課徴金を含む。)及びその業務の遂行を規律する規制に関して、最恵国待遇を与えられる。

第一四条【輸出入産品に対する関税と数量制限】 1　各締約国は、いずれの場所から到着したかを問わず、また、運送手段の種類のいかんを問わず、他方の締約国の産品に対し、並びに、径路及び運送手段の種類のいかんを問わず、他方の締約国の領域への輸出に向けられる産品に対し、輸出若しくは輸入に対し若しくはこれに関連して課され、又は輸出品若しくは輸入品のための支払手段の国際的移転に対して課されるすべての種類の関税及び課徴金、当該関税及び課徴金の賦課の方法並びに輸出及び輸入に関連するすべての規則及び手続に関して、最恵国待遇を与える。

2　いずれの一方の締約国も、他方の締約国の産品の輸入又は他方の締約国の領域への産品の輸出について制限又は禁止をしてはならない。但し、すべての第三国の同様の産品の輸入又はすべての第三国への同様の産品の輸出が同様に制限され、又は禁止される場合はこの限りでない。

3　いずれの一方の締約国も、他方の締約国が重大な利害関係を有する産品の輸出又は輸入について量的制限をする場合には、

(a)　当該一方の締約国は、特定の期間中に輸出し、又は輸入することができる産品の総数量又は総価額及びその総数量若しくは総価額又は期間の変更について、原則として事前に公表しなければならない。

(b)　当該一方の締約国は、いずれかの第三国に割当を行うときは、その産品の貿易に影響を与える特別の要因に妥当な考慮を払った上で、他方の締約国が以前の代表的な期間中に供給し、又は供給された産品の総数量又は総価額に比例する割当を当該他方の締約国に与えなければならない。

4　いずれの一方の締約国も、衛生上の理由その他商業的性質を有しない慣習上の理由により、又は詐欺的の若しくは不公正な慣行を防止するため、禁止又は制限をすることができる。但し、その禁止又は制限は、他方の締約国の通商に対してし意的な差別をするものであってはならない。

5　いずれの一方の締約国の国民及び会社も、輸出及び輸入に関するすべての事項について、他方の締約国により内国民待遇及び最恵国待遇を与えられる。

6　本条の規定は、いずれか一方の締約国が与える次の利益には適用しない。

(a)　内国漁業の産品に与える利益

(b)　国境貿易を容易にするため隣接国に与える利益

(c)　当該一方の締約国が加盟国となる関税同盟又は構成地域となる自由貿易地域の存在に基いて与える利益。但し、当該一方の締約国が、自国の計画を他方の締約国に通報し、且つ、協議のための適当な機会を当該他方の締約国に与える場合に限る。

7　本条2及び3(a)を除く。)の規定にかかわらず、締約国は、貨物の輸出及び輸入について、第一二条に従って行われる為替制限と同等の効果を有し、又はその為替制限を効果的にするため必要とされる制限又は統制をすることができる。但し、その制限又は統制は、それらの規定から不必要に逸脱してはならず、また、外国との間の非差別的な貿易の最大限度の発展を助長し、並びにその制限の必要を除去するに足りる国際収支状況及び通貨準備をもたらすための政策に適合するものでなければならない。

第一五条【関税行政】1　各締約国は、法令及び一般に適用する行政上の決定で、関税、租税その他の課徴金の額、関税のための品目分類並びに輸出品及び輸入品若しくはそのための支払手段の移転についての要件若しくは制限に関するもの又は輸出品及び輸入品の販売、分配若しくは使用に影響を与えるものをすみやかに公表し、並びにその法令及び決定を一律、公平且つ適切に実施しなければならない。行政上新たに定められる要件又は制限で輸入品に影響を与えるものは、衛生上又は公共の安全上の理由で課するものを除く外、一般の慣行として、公表後三〇日を経過するまでの間は実施せず、又は公表の際輸送中である産品には適用しないものとする。

2　各締約国は、他方の締約国の国民及び会社並びに他方の締約国の産品を輸入する者が関税に関する事項に関する行政処分(過料を科し、その他不利益処分を行うこと、没取並びに行政機関が行う関税のための分類及び評価の問題についての決定を含む。)について迅速且つ公平な審査を受け、及び正当と認められた場合にその是正を求めることができる訴願及び出訴の手続を定めなければならない。関税及び海運に関する法令に対する違反で書類の作成に関するものを理由とする不利益処分は、当該違反が記載上の過誤から生じた場合又は善意によることが証明された場合には、単に警告として行うため必要な限度をこえるものであってはならない。

3　各締約国は、一方の締約国の産品を輸出し、又は輸入する者がその産品をいずれか一方の締約国の会社の海上保険に付することを妨げる差別的措置を執ってはならない。この規定は第一二条の規定の適用を妨げるものではない。

第一六条【輸入品と外国系会社製品の国内待遇】1　いずれの一方の締約国の産品も、他方の締約国の領域内において、国内における課税、販売、分配、保管及び使用に影響があるすべての事項に関して、内国民待遇及び最恵国待遇を与えられる。

2　いずれか一方の締約国の国民若しくは会社又はいずれか一方の締約国の国民若しくは会社の支配する他方の締約国の会社が当該他方の締約国の領域内で生産する物品は、その領域内において、輸出、課税、販売、分配、保管及び使用に影響があるすべての事項に関して、生産する者又は会社のいかんを問わず内国原産の同様の物品が与えられる待遇よりも不利でない待遇を与えられる。

第一七条【国家貿易】1　各締約国は、(a)その政府が所有し、又は支配する企業及びその領域内で排他的の又は特別の特権を与えられた独占企業又は機関が、他方の締約国の通商に影響を与える輸出又は輸入を伴う販売又は購入を商業的考慮(価格、品質、入手可能性、市場性、運送その他販売又は購入の条件等に関する考慮をいう。)によってのみ行うべきこと並びに(b)他方の締約国の国民、会社及び通商が、(a)に規定する販売又は購入に参加するため競争する適当な機会を通常の商慣行に従って与えられるべきことを約束する。

2　各締約国は、他方の締約国の国民、会社及び通商に対し、(a)政府による需品の購入、(b)特権の賦与その他政府による契約及び(c)政府又は排他的の若しくは特別の特権を与えられた独占企業若しくは機関が

行う役務の販売に関しては、第三国の国民、会社及び通商に与える待遇と比べて公正且つ衡平な待遇を与えなければならない。

第一八条【制限的、独占的商慣行の排除】１　両締約国は、競争を制限し、市場への参加を制限し、又は独占的支配を助長する事業上の慣行で商業を行う一若しくは二以上の公私の企業又はそれらの企業の間における結合、協定その他の取極により行われるものが、それぞれの領域の間における通商に有害な影響を与えることがあることについて、一致した意見を有する。従って、各締約国は他方の締約国の要請があるときは、それらのいかなる事業上の慣行に関しても協議し、及びその有害な影響を除去するため適当と認める措置を執ることに同意する。

2　いずれの一方の締約国の公の所有又は支配に属する企業（社団法人、団体及び政府機関を含む。）も、他方の締約国の領域内で商業、工業、海運業その他の事業の活動を行う場合には、自己又は自己の財産のため、私の所有又は支配に属する企業が課税され、訴えられ、又は裁判の執行を受けることその他当該領域内で負う義務を当該領域内で免除されることを請求し、又はその免除を享有しないものとする。

第一九条【船舶の待遇】１　両締約国の領域の間においては、通商及び航海の自由があるものとする。

2　いずれか一方の締約国の国旗を掲げる船舶で、国籍の証明のため当該締約国の法令により要求される書類を備えているものは、公海並びに他方の締約国の港、場所及び水域において、当該一方の締約国の船舶と認められる。

3　いずれの一方の締約国の船舶も、他方の締約国の船舶及び第三国の船舶と均等の条件で、外国との間における通商及び航海のため開放された他方の締約国のすべての港、場所及び水域に積荷とともに入る自由を有する。その船舶及び積荷は、当該他方の締約国の港、場所及び水域において、すべての事項に関して内国民待遇及び最恵国待遇を与えられる。

4　いずれの一方の締約国の船舶も、他方の締約国の領域に又はその領域から船舶で輸送することができるすべての産品を輸送する権利に関して、当該他方の締約国によって内国民待遇及び最恵国待遇を与えられる。それらの産品は、(a)関税その他の課徴金、(b)税関事務及び(c)奨励金、関税の払いもどしその他この種の特権に関して、当該他方の締約国の船舶で輸送される同様の産品が与えられる待遇よりも不利でない待遇を与えられる。

5　いずれの一方の締約国の船舶も、難破し、座礁し、又は他方の締約国の港、場所若しくは水域（外国との間における通商及び航海のため開放されているかどうかを問わない。）にやむを得ず入った場合には、当該他方の締約国又は第三国の船舶が同様の場合に受ける援助及び保護と同様の援助及び保護を受けるものとし、また、当該他方の締約国又は第三国の船舶が同様の場合に支払うべき租税その他の課徴金と異なる租税その他の課徴金を課されないものとする。いずれか一方の締約国の当該船舶の積荷及びその船舶から救い上げられたすべての物品は、他方の締約国の領域内における消費のため搬入された場合を除く外、関税を免除されるものとする。但し消費以外の目的のため搬入された物品については、それが当該他方の締約国から搬出されるまでは、歳入の保護のための措置を執ることができる。

6　この条約の他のいかなる規定にもかかわらず、各締約国は、沿岸貿易、内国漁業及び内水航行に関して自国の船舶のため排他的の権利及び特権を留保し、又は相互主義に基く限り外国の船舶に沿岸貿易、内国漁業及び内水航行を許すことができる。

7　本条において「船舶」とは、私の所有又は運航に係るものであると、公の所有又は運航に係るものであるとを問わず、すべての種類の船舶をいう。但し、本条2及び5の場合を除く外、漁船及び軍艦を含まないものとする。

第二〇条【領域通過】次の人及び物については、国際通過のため最も便利な径路により各締約国の領域を通過する自由があるものとする。

(a)　他方の締約国の国民及びその手荷物

(b)　他方の締約国の領域への又はその領域からの途中にあるその他の者及びその手荷物

(c)　他方の締約国の領域への又はその領域からの途中にある産品（原産地のいかんを問わない。）

それらの通過中の人及び物は、関税、通過を理由として課される租税並びに不当な課徴金及び要件を免除されるものとし、また、不必要に遅延させられず、及び不必要な制限を受けないものとする。但し、それらの人及び物は、第一条3に掲げる措置及び通過の特権の濫用を防止するため必要な非差別的な規制に服するものとする。

第二一条【例外】１　この条約は、次の措置を執ることを妨げるものではない。

(a)　金又は銀の輸出又は輸入を規制する措置

(b)　核分裂性物質、核分裂性物質の利用若しくは加工による放射性副産物又は核分裂性物質の原料となる物質に関する措置

(c)　武器、弾薬及び軍需品の生産若しくは取引又は軍事施設に供給するため直接若しくは間接に行われるその他の物資の取引を規制する措置

(d)　国際の平和及び安全の維持若しくは回復に関する自国の義務を履行し、又は自国の重大な安全上の利益を保護するため必要な措置

(e)　第三国の国民がその所有又は管理について直接又は間接に支配的利益を有する会社に対してこの条約に定める利益（法律上の地位を認めること並びに裁判所の裁判を受け、及び行政機関に対して申立をする権利を除く。）を拒否する措置

2　この条約中の貨物に関する最恵国待遇の規定は、アメリカ合衆国又はその準州若しくは属地が相互に

与え、又はキューバ共和国、フィリピン共和国、太平洋諸島の信託統治地域若しくはパナマ運河地帯に与える利益については、適用しないものとする。

3　この条約中の貨物の待遇に関する規定は、いずれか一方の締約国が関税及び貿易に関する一般協定の当事国である間は、その締約国が同協定で要求され、又は特に許される措置を執ることを妨げるものではない。更に、いずれの一方の締約国も、その意思によって同協定の当事国となっていない国に対しては、同協定に基いて取り極めた利益を与えなくてもよい。

4　いずれか一方の締約国の国民で特定の目的のため他方の締約国の領域に入ることを許されるものは、その入国許可の条件として法令により明示的に課される制限に反して営利的職業に従事する権利を有しない。

5　この条約のいかなる規定も、政治的活動を行う権利を与え、又は認めるものと解してはならない。

第二二条【用語の定義】1　「内国民待遇」とは、一締約国の領域内で与えられる待遇で、当該締約国のそれぞれ国民、会社、産品、船舶又はその他の対象が同様の場合にその領域内で与えられる待遇よりも不利でないものをいう。

2　「最恵国待遇」とは、一締約国の領域内で与えられる待遇で、第三国のそれぞれ国民、会社、産品、船舶又はその他の対象が同様の場合にその領域内で与えられる待遇よりも不利でないものをいう。

3　この条約において「会社」とは、有限責任のものであるかどうかを問わず、また、金銭的利益を目的とするものであるかどうかを問わず、社団法人、組合、会社その他の団体をいう。いずれか一方の締約国の領域内で関係法令に基いて成立した会社は、当該締約国の会社と認められ、且つ、その法律上の地位を他方の締約国の領域内で認められる。

4　この条約の規定に基いて日本国の会社に与えられる内国民待遇は、アメリカ合衆国のいずれの州、準州又は属地においても、当該地域においてアメリカ合衆国の他の州、準州又は属地で創設され、又は組織される会社に与えられる待遇とする。

第二三条【適用地域】この条約の適用を受ける領域は、各締約国の主権又は権力の下にある陸地及び水域のすべての区域とする。但し、パナマ運河地帯及び太平洋諸島の信託統治地域(アメリカ合衆国大統領が宣言によりこの条約の規定を適用する当該信託統治地域の部分を除く。)を除く。

第二四条【協議と紛争解決】1　各締約国は、他方の締約国がこの条約の実施に関する事項について行う申入れに対しては、好意的考慮を払い、且つ、その申入れに関する協議のため適当な機会を与えなければならない。

2　この条約の解釈又は適用に関する両締約国の間の紛争で外交交渉により満足に調整されないものは、両締約国が何らかの平和的手段による解決について合意しなかったときは、国際司法裁判所に付託するものとする。

第二五条【効力発生、期間、終了】1　この条約は、批准されなければならない。批准書は、できるだけすみやかにワシントンで交換されるものとする。

2　この条約は、批准書の交換の日の後一箇月で効力を生ずる。この条約は、一〇年間効力を有し、その後は、本条で定めるところにより終了するまで効力を存続する。

3　いずれの一方の締約国も、他方の締約国に対し一年前に文書による予告を与えることによって、最初の一〇年の期間の満了の際又はその後いつでもこの条約を終了させることができる。

議定書（略）

留保に関する交換公文（略）

75　国家と他の国家の国民との間の投資紛争の解決に関する条約(投資紛争解決条約、ＩＣＳＩＤ条約)(抄)

署　　名　一九六五年三月一八日(ワシントン)
効力発生　一九六六年一〇月一四日
日 本 国　一九六七年七月二一日国会承認、八月一七日批准書寄託、八月二五日公布(条約第一〇号)、九月一六日効力発生

前　文

締約国は、

経済開発のための国際協力の必要性及びこの分野における国際的な民間投資の役割を考慮し、

締約国と他の締約国の国民との間でこの投資に関連して随時紛争が生ずる可能性に留意し、

これらの紛争が通常は国内の訴訟手続に従うものであるが、場合によっては、国際的な解決方法も適当であることを認め、

締約国及び他の締約国の国民が、希望するときは、これらの紛争を付託することができる国際的な調停又は仲裁のための施設を利用することができるようにすることを特に重視し、

国際復興開発銀行の主唱により前記の施設を設けることを希望し、

前記の施設を通じてこれらの紛争を調停又は仲裁に付託する旨の両当事者の同意が、調停人のいかなる勧告に対しても妥当な考慮を払うこと又はいかなる仲裁判断にも服することが特に要求される拘束力のある合意を構成することを認め、また、

いかなる締約国も、その同意なしに、単にこの条約

の批准、受諾又は承認の事実のみによっては、特定の紛争を調停又は仲裁に付託する義務を負うものとはみなされないことを宣言して、

次のとおり協定した。

第一章　投資紛争解決国際センター

第一節　設立及び組織

第一条【センターの設立と目的】1　投資紛争解決国際センター（以下「センター」という。）をここに設立する。

2　センターの目的は、締約国と他の締約国の国民との間の投資紛争をこの条約の規定に従って解決する調停及び仲裁のための施設を提供することである。

第二条【センターの所在地】センターの所在地は、国際復興開発銀行（以下「銀行」という。）の主たる事務所とする。所在地は、理事会がその構成員の三分の二以上の多数をもって採択する決定により、他の場所に移すことができる。

第三条【センターの構成】センターに、理事会及び事務局を設置し、並びに調停人名簿及び仲裁人名簿を常備する。

第二節　理事会

第四条【理事会の構成】1　理事会は、各締約国の一人の代表者で構成する。代表者代理は、代表者が会合に欠席しているか又は職務を行なうことができないときは、代表者の職務を行なうことができる。

2　締約国が任命する銀行の総務及び総務代理は、別段の指名がないときは、職務上当然にそれぞれその締約国の代表者及び代表者代理となる。

第五条【理事会の議長】銀行の総裁は、職務上当然に理事会の議長（以下「議長」という。）となるが、投票権を有しない。銀行の総裁が不在であるか若しくは職務を行なうことができない間又はその欠員の間は、総裁の職務を行なう者が理事会の議長の職務を行なう。

第六条【理事会の権限と任務】1　理事会は、この条約の他の規定により理事会に与えられる権限及び任務のほか、次のことを行なう。

(a)　センターの管理規則及び財務規則を採択すること。

(b)　調停及び仲裁の開始のための手続規則を採択すること。

(c)　調停のための手続規則及び仲裁のための手続規則（以下「調停規則」及び「仲裁規則」という。）を採択すること。

(d)　銀行の設備及び役務の利用に関する銀行との間の取極を承認すること。

(e)　事務局長及び事務局次長の勤務条件を定めること。

(f)　センターの収入及び支出に関する年次予算を採択すること。

(g)　センターの業務に関する年次報告を承認すること。

(a)、(b)、(c)及び(f)に掲げる決定は、理事会の構成員の三分の二以上の多数により採択されなければならない。

2　理事会は、必要と認める委員会を設けることができる。

3　理事会は、また、この条約の規定の実施のために必要と決定するときは、その他の権限を行使し、かつ、その他の任務を遂行する。

第七条【理事会の会合と投票】1　理事会は、年次会合のほか、理事会が定める会合又は議長が招集し、若しくは理事会の五人以上の構成員の要請により事務局長が招集する会合を開く。

2　理事会の各構成員は、一個の投票権を有する。この条約に別段の定めがある場合を除き、理事会に付託されるすべての問題は、投票の過半数によって決定する。

3　理事会の会合の定足数は、その構成員の過半数とする。

4　理事会は、その構成員の三分の二以上の多数により、議長が理事会の会合を招集することなしにその表決を求めることができる手続を定めることができる。この表決は、理事会の構成員の過半数がこの手続に定める期限までに各自の投票を行なう場合に限り、有効とみなされる。

第八条【報酬】理事会の構成員及び議長は、センターから報酬を受けないで勤務する。

第三節　事務局　（略）

第四節　調停人名簿及び仲裁人名簿

第一二条【名簿の構成】調停人名簿及び仲裁人名簿は、それぞれ、次の規定に従って指名される適格者で、これらの名簿に登載されることを受諾するものをもって構成する。

第一三条【名簿のための指名】1　各締約国は、各名簿のためにそれぞれ四人を指名することができる。もっとも、それらの者は、当該国の国民であることを要しない。

2　議長は、各名簿のためにそれぞれ一〇人を指名することができる。このようにしていずれか一の名簿のために指名される者は、それぞれ異なる国籍を有する者でなければならない。

第一四条【被指名者の資格】1　名簿に登載されるために指名される者は、徳望高く、かつ、法律、商業、産業又は金融の分野で有能の名のある者であって、独立の判断力を行使することができると信頼されるものでなければならない。仲裁人名簿に登載される者については、法律の分野で有能であることが特に重要である。

2　議長は、さらに、名簿に登載される者を指名するにあたっては、世界の主要法系及び経済活動の主要形態が名簿の上で代表されるように確保することの重要性についても、十分な考慮をはらわなければならない。

第一五条【名簿の構成員の任期】1　名簿の構成員の任期は、六年とし、更新することができる。

2　名簿の構成員の死亡又は辞任の場合には、その構成員を指名した当局は、その構成員の残任期間中在任する他の者を指名する権利を有する。

3　名簿の構成員は、後任者が指名されるまで在任する。

第一六条【名簿への登載】1　一人の者が双方の名簿に登載されることができる。

2　一人の者が二以上の締約国により又は一若しくは二以上の締約国及び議長により、同一の名簿に登載されるために指名された場合には、その者は、これを最初に指名した当局により指名されたものとみなす。ただし、これらの当局の一がその者の国籍の属する締約国であるときは、その締約国により指名されたものとみなす。

3　すべての指名は、事務局長に通告されるものとし、その通告が受領された日から効力を生ずる。

第五節　センターの財政

第一七条【締約国によるセンターの経費負担】センターの経費がその施設の利用に対する料金その他の収入を超過するときは、その超過額については、銀行の加盟国である締約国は、銀行の資本に対するそれぞれの応募額に比例して負担し、銀行の加盟国でない締約国は、理事会により採択される規則に従って負担する。

第六節　地位、免除及び特権（略）

第二章　センターの管轄

第二五条【センターの管轄】1　センターの管轄は、締約国（その行政区画又は機関でその締約国がセンターに対して指定するものを含む。）と他の締約国の国民との間で投資から直接生ずる法律上の紛争であって、両紛争当事者がセンターに付託することにつき書面により同意したものに及ぶ。両当事者が同意を与えた後は、いずれの当事者も、一方的にその同意を撤回することはできない。

2　「他の締約国の国民」とは、次の者をいう。

(a)　両当事者が紛争を調停又は仲裁に付託することに同意した日及び第二八条3又は第三六条3の規定に基づいて請求が登録された日に紛争当事者である国以外の締約国の国籍を有していた自然人。ただし、そのいずれかの日に紛争当事者である締約国の国籍をも有していた者は、含まれない。

(b)　両当事者が紛争を調停又は仲裁に付託することに同意した日に紛争当事者である国以外の締約国の国籍を有していた法人及びその日に紛争当事者である締約国の国籍を有していた法人であって外国人が支配しているために両当事者がこの条約の適用上他の締約国の国民として取り扱うことに合意したもの。

3　締約国の行政区画又は機関の同意は、その国の承認を必要とする。ただし、その国がその承認を必要としない旨をセンターに通告する場合は、この限りでない。

4　締約国は、この条約の批准、受諾若しくは承認の時に、又はその後いつでも、センターの管轄に属させることを考慮し又は考慮しない紛争の種類をセンターに通告することができる。事務局長は、その通告を直ちにすべての締約国に通知する。この通告は、1に規定する同意とはならない。

第二六条【他の救済手段の排除】この条約に基づく仲裁に付託する旨の両当事者の同意は、別段の意思が表示されない限り、他のいかなる救済手段をも排除してその仲裁に付託することの同意とみなされる。締約国は、この条約に基づく仲裁に付託する旨の同意の条件として、その締約国における行政上又は司法上の救済手段を尽くすことを要求することができる。

第二七条【外交的保護の排除】1　いかなる締約国も、その国民及び他の締約国がこの条約に基づく仲裁に付託することに同意し又は付託した紛争に関し、外交上の保護を与え、又は国家間の請求を行なうことができない。ただし、当該他の締約国がその紛争について行なわれた仲裁判断に服さなかった場合は、この限りでない。

2　1の規定の適用上、外交上の保護には、紛争の解決を容易にすることのみを目的とする非公式の外交上の交渉を含まない。

第三章　調　停

第一節　調停の請求

第二八条【調停手続の開始】1　調停手続を開始することを希望する締約国又は締約国の国民は、事務局長に対し書面によりその旨の請求を行なうものとし、事務局長は、その請求の謄本を他方の当事者に送付する。

2　前記の請求は、紛争の争点、両当事者の表示並びに調停及び仲裁の開始のための手続規則に従って調停に付託する旨の両当事者の同意に関する情報を含むものとする。

3　事務局長は、請求に含まれた情報に基づいて紛争が明らかにセンターの管轄外のものであると認めない限り、その請求を登録する。事務局長は、登録又は登録の拒否を直ちに両当事者に通告する。

第二節　調停委員会の構成

第二九条【調停委員会の構成】1　調停委員会（以下「委員会」という。）は、第二八条の規定に基づいて請求が登録された後、できる限りすみやかに構成されなければならない。

2(a)　委員会は、両当事者の合意により任命された単独の調停人又は奇数の調停人により構成される。

(b)　委員会は、両当事者が調停人の数及びその任命の方法について合意に達しないときは、各当事者が任命する各一人の調停人と、両当事者の合意により任命され、委員長となる第三の調停人との三人の調停人により構成される。

第三〇条【議長による調停人の任命】議長は、第二八条3の規定に従って事務局長が請求の登録の通告を発した後九〇日以内又は両当事者が別に合意する期間内に委員会が構成されなかったときは、いずれか一方の当事者の要請により、かつ、できる限り両当事者と協議した後、まだ任命されていない一人又は二人以上の調停人を任命する。

第三一条【名簿以外からの調停人の任命】1　調停人は、第三〇条の規定に基づいて議長が任命する場合を除き、調停人名簿以外から任命することができる。

2　調停人名簿以外から任命される調停人は、第一四条1に定める資質を有しなければならない。

第三節　調停手続

第三二条【委員会の管轄判断】1　委員会は、自己の管轄について判断するものとする。

2　紛争がセンターの管轄に属しない旨又はその他の理由により委員会の管轄に属しない旨の紛争当事者の抗弁は、委員会が審理するものとし、委員会は、これを先決問題として取り扱うか又は紛争の本案に併合させるかを決定する。

第三三条【調停規則による実施】調停手続は、この節の規定及び、両当事者が別段の合意をする場合を除き、両当事者が調停への付託に同意した日に効力を有する調停規則に従って実施する。委員会は、この節の規定若しくは調停規則又は両当事者が合意する規則に定めのない手続問題が生じたときは、その問題について決定を行なう。

第三四条【委員会の任務】1　委員会は、当事者間の紛争の争点を明らかにすること及び相互に受諾することができる条件による当事者間の合意をもたらすように努力することを任務とする。このため、委員会は、手続のいかなる段階においても、かつ、幾度でも、解決の条件を両当事者に勧告することができる。両当事者は、委員会がその職務を遂行することができるように、誠意をもって委員会に協力しなければならず、また、その勧告に真剣な考慮を払わなければならない。

2　委員会は、両当事者が合意に達したときは、紛争の争点及び当事者間の合意を記録した調書を作成する。委員会は、手続のいずれかの段階において、当事者間に合意が成立する見込みがないと判断するときは、手続を終結し、紛争が付託されたこと及び両当事者が合意に達しなかったことを記録した調書を作成する。委員会は、いずれかの当事者が出頭しないか又は手続に参加しないときは、手続を終結し、その当事者が出頭しなかったこと又は参加しなかったことを記録した調書を作成する。

第三五条【調停手続の当事者】両紛争当事者が別段の合意をする場合を除き、調停手続のいずれの当事者も、その調停手続において他方の当事者が表明した意見若しくはその者が行なった陳述、容認若しくは解決の提議又は委員会の調書若しくは勧告を、仲裁人の面前においてであるか法廷その他においてであるかを問わず、他の手続において援用してはならない。

第四章　仲　裁

第一節　仲裁の請求

第三六条【仲裁手続の開始】1　仲裁手続を開始することを希望する締約国又は締約国の国民は、事務局長に対し書面によりその旨の請求を行なうものとし、事務局長は、その請求の謄本を他方の当事者に送付する。

2　前記の請求は、紛争の争点、両当事者の表示並びに調停及び仲裁の開始のための手続規則に従って仲裁に付託する旨の両当事者の同意に関する情報を含むものとする。

3　事務局長は、請求に含まれた情報に基づいて紛争が明らかにセンターの管轄外のものであると認めない限り、その請求を登録する。事務局長は、登録又は登録の拒否を直ちに両当事者に通告する。

第二節　裁判所の構成

第三七条【裁判所の構成】1　仲裁裁判所(以下「裁判所」という。)は、第三六条の規定に基づいて請求が登録された後、できる限りすみやかに構成されなければならない。

2(a)　裁判所は、両当事者の合意により任命された単独の仲裁人又は奇数の仲裁人により構成される。

(b)　裁判所は、両当事者が仲裁人の数及びその任命の方法について合意に達しないときは、各当事者が任命する各一人の仲裁人と、両当事者の合意により任命され、裁判長となる第三の仲裁人との三人の仲裁人により構成される。

第三八条【議長による仲裁人の任命】議長は、第三六条3の規定に従って事務局長が請求の登録の通告を発した後九〇日以内又は両当事者が別に合意する期間内に裁判所が構成されなかったときは、いずれか一方の当事者の要請により、かつ、できる限り両当事者と協議した後、まだ任命されていない一人又は二人以上の仲裁人を任命する。この条の規定に基づいて議長により任命される仲裁人は、紛争当事者である締約国又は紛争当事者の国籍の属する締約国の国民であってはならない。

第三九条【仲裁人の国籍】仲裁人の過半数は、紛争当事者である締約国及び紛争当事者の国籍の属する締約国以外の国の国民でなければならない。ただし、単独の仲裁人又は裁判所のすべての構成員が両当事者の合意により任命された場合は、この限りでない。

第四〇条【名簿以外からの仲裁人の任命】1　仲裁人は、第三八条の規定に基づいて議長が任命する場合を除き、仲裁人名簿以外から任命することができる。

2　仲裁人名簿以外から任命される仲裁人は、第一四条1に定める資質を有しなければならない。

第三節　裁判所の権限及び任務

第四一条【裁判所の管轄】1　裁判所は、自己の管轄について判断するものとする。

2　紛争がセンターの管轄に属しない旨又はその他の理由により裁判所の管轄に属しない旨の紛争当事者の抗弁は、裁判所が審理するものとし、裁判所は、これを先決問題として取り扱うか又は紛争の本案に併合させるかを決定する。

第四二条【裁判所が適用する法規】1　裁判所は、両当事者が合意する法規に従って紛争について決定を行なう。この合意がない場合には、裁判所は、紛争当事者である締約国の法（法の抵触に関するその締約国の規則を含む。）及び該当する国際法の規則を適用するものとする。

2　裁判所は、法の沈黙又は法の不明確を理由として裁判拒否の決定を行なってはならない。

3　1及び2の規定は、両当事者が合意する場合には、裁判所が衡平及び善に基づき紛争について決定を行なう権限を害するものではない。

第四三条【検証又は調査】裁判所は、両当事者が別段の合意をする場合を除き、手続のいかなる段階においても、必要と認めるときは、次のことを行なうことができる。

(a)　当事者に対し文書その他の証拠の提出を要求すること。

(b)　紛争に関連のある場所を検証し、かつ、適当と認める調査をその場所で行なうこと。

第四四条【仲裁手続】仲裁手続は、この節の規定及び、両当事者が別段の合意をする場合を除き、両当事者が仲裁への付託に同意した日に効力を有する仲裁規則に従って実施する。裁判所は、この節の規定又は仲裁規則若しくは両当事者が合意する規則に定めのない手続問題が生じたときは、その問題について決定を行なう。

第四五条【欠席当事者に対する措置】1　一方の当事者が出廷しないか又は自己の立場を表明しないときでも、その当事者は、他方の当事者の主張を認めたものとはみなされない。

2　一方の当事者が出廷しないか又は手続のいずれかの段階において自己の立場を表明しないときは、他方の当事者は、裁判所に対し、提出された問題を審理し、仲裁判断を行なうように要請することができる。裁判所は、仲裁判断を行なうに先だち、出廷しなかったか又は自己の立場を表明しなかった当事者に対し通告を行ない、及び猶予期間を与えるものとする。ただし、その当事者が出廷し、又は自己の立場を表明する意思を有しないことが明らかであると認められる場合は、この限りでない。

第四六条【紛争の対象に直接関連ある請求】裁判所は、両当事者が別段の合意をする場合を除き、いずれか一方の当事者の要請があるときは、紛争の対象に直接関連する附随的な若しくは追加の請求又は反対請求について、それらが両当事者の同意の範囲内にあり、かつ、センターの管轄に属することを条件として、決定を行なうものとする。

第四七条【保全措置】裁判所は、両当事者が別段の合意をする場合を除き、事情により必要と認めるときは、各当事者の権利を保全するために執られるべき保全措置を勧告することができる。

第四節　仲裁判断

第四八条【仲裁判断】1　裁判所は、そのすべての構成員の投票の過半数により問題について決定を行なう。

2　裁判所の仲裁判断は、書面によるものとし、賛成の投票を行なった裁判所の構成員がこれに署名するものとする。

3　仲裁判断は、裁判所に提出されたすべての問題を処理するものとし、その仲裁判断の基礎となった理由を述べるものとする。

4　裁判所の構成員は、各自の意見（多数意見に同意しないものであるかどうかを問わない。）又はその不同意の表明を仲裁判断に添附することができる。

5　センターは、両当事者の同意を得ないで仲裁判断を公表してはならない。

第四九条【仲裁判断の認証謄本】1　事務局長は、仲裁判断の認証謄本をすみやかに両当事者に発送する。仲裁判断は、認証謄本が発送された日に行なわれたものとみなす。

2　裁判所は、仲裁判断が行なわれた日の後四五日以内に行なわれるいずれか一方の当事者の要請に基づき、他方の当事者に通告を行なった後、仲裁判断において脱落した問題について決定を行ない、及び仲裁判断における書損、違算その他これに類する誤りを訂正する。これらの決定は、仲裁判断の一部となり、それと同じ方法で両当事者に通告される。第五一条2及び第五二条2に定める期間は、これらの決定が行なわれた日から起算する。

第五節　仲裁判断の解釈、再審及び取消し

第五〇条【仲裁判断の解釈】1　仲裁判断の意味又は範囲に関し当事者間に紛争が生じたときは、いずれの一方の当事者も、事務局長にあてた書面により、その仲裁判断の解釈を請求することができる。

2　その請求は、可能なときは、当該仲裁判断を行なった裁判所に付託する。これが不可能なときは、新たな裁判所がこの章の第二節の規定に従って構成される。裁判所は、事情により必要と認めるときは、決定を行なうまで仲裁判断の執行を停止することができる。

第五一条【仲裁判断の再審】1　いずれの一方の当事者も、仲裁判断に決定的な影響を及ぼす性質の事実の発見を理由として、事務局長にあてた書面により、仲裁判断の再審を請求することができる。ただし、

仲裁判断が行なわれた時にその事実が裁判所及び再審の請求者に知られておらず、かつ、再審の請求者がその事実を知らなかったことが過失によらなかった場合に限る。

2　その請求は、当該事実の発見の後九〇日以内に行なわなければならず、かつ、いかなる場合にも、仲裁判断が行なわれた日の後三年以内に行なわなければならない。

3　その請求は、可能なときは、当該仲裁判断を行なった裁判所に付託する。これが不可能なときは、新たな裁判所がこの章の第二節の規定に従って構成される。

4　裁判所は、事情により必要と認めるときは、決定を行なうまで仲裁判断の執行を停止することができる。再審の請求者がその請求において仲裁判断の執行の停止を要請するときは、執行は、裁判所がその要請について裁定を行なうまで暫定的に停止される。

第五二条【仲裁判断の取消し】1　いずれの一方の当事者も、次の一又は二以上の理由に基づき、事務局長にあてた書面により、仲裁判断の取消しを請求することができる。

(a)　裁判所が正当に構成されなかったこと。
(b)　裁判所が明らかにその権限をこえていること。
(c)　裁判所の構成員に不正行為があったこと。
(d)　手続の基本原則からの重大な離反があったこと。
(e)　仲裁判断において、その仲裁判断の基礎となった理由が述べられていないこと。

2　その請求は、仲裁判断が行なわれた日の後一二〇日以内に行なわなければならない。ただし、その請求は、不正行為を理由として取消しが請求されるときは、不正行為の発見の後一二〇日以内に行なわなければならず、また、いかなる場合にも、仲裁判断が行なわれた日の後三年以内に行なわなければならない。

3　議長は、その請求を受けたときは、直ちに、仲裁人名簿のうちから三人の者を任命して、特別委員会を構成する。特別委員会の委員は、仲裁判断を行なった裁判所の構成員、これらの構成員と同一の国籍を有する者、紛争当事国若しくは紛争当事者の国籍の属する国の国民、これらの国のいずれかによって仲裁人名簿のために指名された者又は当該紛争について調停人として行動した者であってはならない。特別委員会は、1に掲げるいずれかの理由により仲裁判断又はその一部の取消しを行なう権限を有する。

4　第四一条から第四五条まで、第四八条、第四九条、第五三条及び第五四条並びに第六章及び第七章の規定は、特別委員会の手続について準用する。

5　特別委員会は、事情により必要と認めるときは、決定を行なうまで仲裁判断の執行を停止することができる。仲裁判断の取消しの請求者がその請求において仲裁判断の執行の停止を要請するときは、執行は、特別委員会がその要請について裁定を行なうまで暫定的に停止される。

6　仲裁判断が取り消されたときは、紛争は、いずれか一方の当事者の要請により、この章の第二節の規定に従って構成される新たな裁判所に付託されるものとする。

第六節　仲裁判断の承認及び執行

第五三条【仲裁判断の拘束力】1　仲裁判断は、両当事者を拘束し、この条約に規定しないいかなる上訴その他の救済手段も、許されない。各当事者は、執行がこの条約の関係規定に従って停止された場合を除き、仲裁判断の条項に服さなければならない。

2　この節の規定の適用上、「仲裁判断」には、第五〇条、第五一条又は第五二条の規定に基づく仲裁判断の解釈、再審又は取消しの決定が含まれるものとする。

第五四条【仲裁判断の承認と執行】1　各締約国は、この条約に従って行なわれた仲裁判断を拘束力があるものとして承認し、また、その仲裁判断を自国の裁判所の確定判決とみなしてその仲裁判断によって課される金銭上の義務をその領域において執行するものとする。連邦制の締約国は、連邦裁判所により当該仲裁判断を執行することができ、また、連邦裁判所が当該仲裁判断を州裁判所の確定判決とみなして取り扱うことを定めることができる。

2　いずれかの締約国の領域において仲裁判断の承認及び執行を求める当事者は、その締約国がこのために定める管轄裁判所その他権限のある当局に対し、事務局長により証明された仲裁判断の謄本を提出しなければならない。各締約国は、このための管轄裁判所その他権限のある当局の指定及びその後日の変更を事務局長に通告する。

3　仲裁判断の執行は、執行が求められている領域の属する国で現に適用されている判決の執行に関する法令に従って行なわれる。

第五五条【国の執行からの免除】第五四条のいかなる規定も、いずれかの締約国の現行法令でその締約国又は外国を執行から免除することに関するものに影響を及ぼすものと解してはならない。

第五章　調停人及び仲裁人の交代及び失格

第五六条【委員会又は裁判所の構成の変更又は欠員の補充】1　委員会又は裁判所が構成され、かつ、手続が開始された後は、その委員会又は裁判所の構成を変更してはならない。もっとも、調停人又は仲裁人が死亡し、職務を行なうことができなくなり、又は辞任した場合には、その結果生じた欠員は、第三章第二節又は第四章第二節の規定に従って補充しなければならない。

2　委員会又は裁判所の構成員は、調停人名簿又は仲裁人名簿の構成員でなくなった場合にも委員会又は裁判所の構成員の資格において引き続き在任するものとする。

3　議長は、当事者により任命された調停人又は仲裁人がその属する委員会又は裁判所の同意を得ることなく辞任した場合には、その結果生じた欠員を補充するため、調停人名簿又は仲裁人名簿から後任者を任命しなければならない。

第五七条【構成員の失格提案】当事者は、委員会又は裁判所のいずれかの構成員が第一四条1の規定により必要とされる資質を明らかに欠いていることを示す事実を理由として、その構成員の失格を委員会又は裁判所に提案することができる。仲裁手続の当事者は、さらに、仲裁人が第四章第二節の規定に基づいて裁判所に任命されるための資格のないことを理由として、その仲裁人の失格を提案することができる。

第五八条【失格についての決定】調停人又は仲裁人の失格の提案についての決定は、それぞれ当該委員会又は裁判所の他の構成員が行なうものとする。ただし、それらの構成員の賛否が同数に分かれた場合又は単独の調停人若しくは仲裁人の失格若しくは過半数の調停人若しくは仲裁人の失格が提案された場合には、決定は、議長が行なうものとする。提案が理由あるものと決定されたときは、その決定に係る調停人又は仲裁人は、第三章第二節又は第四章第二節の規定に従って、交代させられる。

第六章　手続の費用（略）

第七章　手続の場所

第六二条【手続の場所】調停手続及び仲裁手続は、次条で定める場合を除き、センターの所在地で行なうものとする。

第六三条【手続の場所の選定】調停手続及び仲裁手続は、両当事者が合意するときは、次のいずれかの場所で行なうことができる。

(a)　常設仲裁裁判所の所在地又はセンターがそのために取極を行なったその他の適当な公私の機関の所在地

(b)　委員会又は裁判所が事務局長と協議した後承認するその他の場所

第八章　締約国間の紛争

第六四条【締約国間の紛争】この条約の解釈又は適用に関して締約国間に生ずる紛争で交渉により解決されないものは、関係国が他の解決方法について合意しない限り、その紛争のいずれかの当事国の請求により、国際司法裁判所に付託されるものとする。

第九章　改　正

第六五条【改正の手続】いずれの締約国も、この条約の改正を提案することができる。改正の案文は、その改正が審議される理事会の会合の少なくとも九〇日前に事務局長に通報されなければならず、事務局長は、直ちに、その案文を理事会のすべての構成員に伝達しなければならない。

第六六条【改正案の効力発生】1　改正案は、理事会がその構成員の三分の二以上の多数によりそのように決定するときは、批准、受諾又は承認のため、すべての締約国に配布される。改正は、この条約の寄託者がすべての締約国によるその改正の批准、受諾又は承認が行なわれた旨の通告を締約国に発した日の後三〇日で効力を生ずる。

2　改正は、いずれかの締約国、その行政区画若しくは機関又はその国民のこの条約に基づく権利及び義務で、その改正の効力発生の日よりも前に与えられたセンターの管轄についての同意から生じたものには、いかなる影響も及ぼさない。

第一〇章　最終規定（略）

8章
外交機関

8 1 外交関係に関するウィーン条約（外交関係条約）（抄）

署　名　一九六一年四月一八日（ウィーン）
効力発生　一九六四年四月二四日
日本国　一九六二年三月二八日署名、一九六四年五月八日国会承認、五月二九日内閣批准、六月八日批准書寄託、六月二六日公布（条約第一四号）、七月八日効力発生

この条約の当事国は、
すべての国の国民が古くから外交官の地位を承認してきたことを想起し、
国の主権平等、国際の平和及び安全の維持並びに諸国間の友好関係の促進に関する国際連合憲章の目的及び原則に留意し、
外交関係並びに外交上の特権及び免除に関する国際条約が、国家組織及び社会制度の相違にかかわらず、諸国間の友好関係の発展に貢献するであろうことを信じ、
このような特権及び免除の目的が、個人に利益を与えることにあるのではなく、国を代表する外交使節団の任務の能率的な遂行を確保することにあることを認め、
この条約の規定により明示的に規制されていない問題については、引き続き国際慣習法の諸規則によるべきことを確認して、
次のとおり協定した。

第一条【定義】この条約の適用上、
(a)「使節団の長」とは、その資格において行動する任務を派遣国により課せられた者をいう。
(b)「使節団の構成員」とは、使節団の長及び使節団の職員をいう。
(c)「使節団の職員」とは、使節団の外交職員、事務及び技術職員並びに役務職員をいう。
(d)「外交職員」とは、使節団の職員で外交官の身分を有するものをいう。
(e)「外交官」とは、使節団の長又は使節団の外交職員をいう。
(f)「事務及び技術職員」とは、使節団の職員で使節団の事務的業務又は技術的業務のために雇用されているものをいう。
(g)「役務職員」とは、使節団の職員で使節団の役務に従事するものをいう。
(h)「個人的使用人」とは、使節団の構成員の家事に従事する者で派遣国が雇用する者でないものをいう。
(i)「使節団の公館」とは、所有者のいかんを問わず、使節団のために使用されている建物又はその一部及びこれに附属する土地（使節団の長の住居であるこれらのものを含む。）をいう。

第二条【外交関係の開設】諸国間の外交関係の開設及び常駐の使節団の設置は、相互の同意によって行なう。

第三条【使節団の任務】1　使節団の任務は、特に、次のことから成る。
(a) 接受国において派遣国を代表すること。
(b) 接受国において、国際法が認める範囲内で派遣国及びその国民の利益を保護すること。
(c) 接受国の政府と交渉すること。
(d) 接受国における諸事情をすべての適法な手段によって確認し、かつ、これらについて派遣国の政府に報告すること。
(e) 派遣国と接受国との間の友好関係を促進し、かつ、両国の経済上、文化上及び科学上の関係を発展させること。
2　この条約のいかなる規定も、使節団による領事任務の遂行を妨げるものと解してはならない。

第四条【アグレマン】1　派遣国は、自国が使節団の長として接受国に派遣しようとする者について接受国のアグレマンが与えられていることを確認しなければならない。

2　接受国は、アグレマンの拒否について、派遣国に対し、その理由を示す義務を負わない。

第五条【複数国への派遣】
第六条【複数国を代表する使節】（略）

第七条【職員の任命】第五条、第八条、第九条及び第一一条の規定に従うことを条件として、派遣国は、使節団の職員を自由に任命することができる。使節団付きの陸軍駐在官、海軍駐在官又は空軍駐在官の任命については、接受国は、承認のため、あらかじめその氏名を申し出ることを要求することができる。

第八条【外交職員の国籍】1　使節団の外交職員は、原則として、派遣国の国籍を有する者でなければならない。

2　使節団の外交職員は、接受国の国籍を有する者の中から任命してはならない。ただし、接受国が同意した場合は、この限りでない。接受国は、いつでも、この同意を撤回することができる。

3　接受国は、派遣国の国民でない第三国の国民についても、同様の権利を留保することができる。

第九条【ペルソナ・ノン・グラータ】1　接受国は、いつでも、理由を示さないで、派遣国に対し、使節団の長若しくは使節団の外交職員である者がペルソナ・ノン・グラータであること又は使節団のその他の職員である者が受け入れ難い者であることを通告することができる。その通告を受けた場合には、派遣国は、状況に応じ、その者を召還し、又は使節団におけるその者の任務を終了させなければならない。接受国は、いずれかの者がその領域に到着する前においても、その者がペルソナ・ノン・グラータであること又は受け入れ難い者であることを明らかにすることができる。

2　派遣国が1に規定する者に関するその義務を履行することを拒否した場合又は相当な期間内にこれを履行しなかった場合には、接受国は、その者を使節団の構成員と認めることを拒否することができる。

第一〇条【接受国に対する通告】（略）

第一一条【使節団の規模】1　使節団の職員の数に関して特別の合意がない場合には、接受国は、使節団の職員の数を接受国が自国内の諸事情及び当該使節団の必要を考慮して合理的かつ正常と認める範囲内のものとすることを要求することができる。

2　接受国は、また、同様の制限の下に、かつ、無差別の原則の下に、特定の職種の職員を受け入れることを拒否することができる。

第一二条【事務所設置の制限】（略）

第一三条【任務の開始】1　使節団の長は、接受国において一律に適用されるべき一般的な習律に従い、自己の信任状を提出した時又は自己の到着を接受国の外務省に通告し、かつ、自己の信任状の真正な写しを外務省に提出した時において接受国における自己の任務を開始したものとみなされる。

2　信任状又はその真正な写しを提出する順序は、使節団の長の到着の日時によって決定する。

第一四条【階級】1　使節団の長は、次の三の階級に分かたれる。

(a)　国の元首に対して派遣された大使又はローマ法王の大使（nuncios）及びこれらと同等の地位を有する他の使節団の長

(b)　国の元首に対して派遣された公使及びローマ法王の公使（internuncios）

(c)　外務大臣に対して派遣された代理公使

2　席次及び儀礼に関する場合を除くほか、階級によって使節団の長を差別してはならない。

第一五条【階級に関する合意】使節団の長に与える階級は、関係国の間で合意するところによる。

第一六条【席次】1　使節団の長は、それぞれの階級において、第一三条の規定による任務開始の日時の順序に従って席次を占めるものとする。

2　使節団の長の信任状の変更で階級の変更を伴わないものは、その使節団の長の席次に影響を及ぼさないものとする。

3　この条の規定は、ローマ法王の代表者の席次に関する習律で接受国が容認するものに影響を及ぼすものではない。

第一七条【外交職員の席次】使節団の外交職員の席次は、使節団の長が接受国の外務省に通告するものとする。

第一八条【接受方式】使節団の長の接受に関しよるべき手続は、当該接受国において、それぞれの階級につき同一でなければならない。

第一九条【臨時代理大（公）使】1　使節団の長が欠けた場合又は使節団の長がその任務を遂行することができない場合には、臨時代理大使又は臨時代理公使（chargé d'affaires ad interim）が暫定的に使節団の長として行動するものとする。その臨時代理大使又は臨時代理公使の氏名は、使節団の長又は、使節団の長がすることが不可能な場合には、派遣国の外務省が接受国の外務省に通告するものとする。

2　派遣国は、その使節団の外交職員が接受国にいない場合には、接受国の同意を得て、事務及び技術職員を使節団の日常の管理的事務の担当者に指定することができる。

第二〇条【国旗と国章】使節団及び使節団の長は、使節団の公館（使節団の長の住居を含む。）及び使節団の長の輸送手段に派遣国の国旗及び国章を掲げる権利を有する。

第二一条【公館設置のための便宜】1　接受国は、派遣国が自国の使節団のために必要な公館を接受国の法令に従って接受国の領域内で取得することを容易にし、又は派遣国が取得以外の方法で施設を入手することを助けなければならない。

2　接受国は、また、必要な場合には、使節団が使節団の構成員のための適当な施設を入手することを助けなければならない。

第二二条【公館の不可侵】1　使節団の公館は、不可侵とする。接受国の官吏は、使節団の長が同意した場合を除くほか、公館に立ち入ることができない。

2　接受国は、侵入又は損壊に対し使節団の公館を保護するため及び公館の安寧の妨害又は公館の威厳の侵害を防止するため適当なすべての措置を執る特別の責務を有する。

3　使節団の公館、公館内にある用具類その他の財産及び使節団の輸送手段は、捜索、徴発、差押え又は強制執行を免除される。

第二三条【公館に対する課税免税】1　派遣国及び使節団の長は、使節団の公館（所有しているものであると賃借しているものであるとを問わない。）について、国又は地方公共団体のすべての賦課金及び租税を免除される。ただし、これらの賦課金又は租税であって、提供された特定の役務に対する給付としての性質を有するものは、この限りでない。

2　この条に規定する賦課金又は租税の免除は、派遣国又は使節団の長と契約した者が接受国の法律に従って支払うべき賦課金又は租税については適用しない。

第二四条【公文書の不可侵】使節団の公文書及び書類は、いずれの時及びいずれの場所においても不可侵とする。

第二五条【便宜の供与】接受国は、使節団に対し、その任務の遂行のため十分な便宜を与えなければならない。

第二六条【移動の自由】接受国は、国の安全上の理由により立入りが禁止され又は規制されている地域に関する法令に従うことを条件として、使節団のすべての構成員に対し、自国の領域内における移動の自由及び旅行の自由を確保しなければならない。

第二七条【通信の自由】1　接受国は、すべての公の目的のためにする使節団の自由な通信を許し、かつ、これを保護しなければならない。使節団は、自国の政府並びに、いずれの場所にあるかを問わず、自国の他の使節団及び領事館と通信するにあたり、外交伝書使及び暗号又は符号による通信文を含むすべての適当な手段を用いることができる。ただし、使節団が、無線送信機を設置し、かつ、使用するには、接受国の同意を得なければならない。

2　使節団の公用通信は、不可侵とする。公用通信とは、使節団及びその任務に関するすべての通信をいう。

3　外交封印袋は、開き又は留置することができない。

4　外交封印袋である包みには、外交封印袋であることを外部から識別しうる記号を附さなければならず、また、外交上の書類又は公の使用のための物品のみを入れることができる。

5　外交伝書使は、自己の身分及び外交封印袋である包みの数を示す公文書が交付されていることを要し、その任務の遂行について接受国により保護されるものとする。その外交伝書使は、身体の不可侵を享有し、いかなる方法によってもこれを抑留し又は拘禁することができない。

6　派遣国又はその使節団は、臨時の外交伝書使を指名することができる。その場合には、5の規定の適用があるものとする。ただし、5に規定する免除は、その外交伝書使が自己の管理の下にある外交封印袋を受取人に交付した時に、適用されなくなるものとする。

7　外交封印袋は、公認の入国空港に着陸することになっている商業航空機の機長にその輸送を委託することができる。その機長は、外交封印袋である包みの数を示す公文書を交付されるが、外交伝書使とはみなされない。使節団は、その機長から直接にかつ自由に外交封印袋を受領するため、使節団の構成員を派遣することができる。

第二八条【手数料に対する課税免除】使節団がその公の任務にあたって課する手数料及び料金は、すべての賦課金及び租税を免除される。

第二九条【身体の不可侵】外交官の身体は、不可侵とする。外交官は、いかなる方法によっても抑留し又は拘禁することができない。接受国は、相応な敬意をもって外交官を待遇し、かつ、外交官の身体、自由又は尊厳に対するいかなる侵害をも防止するためすべての適当な措置を執らなければならない。

第三〇条【住居の不可侵】1　外交官の個人的住居は、使節団の公館と同様の不可侵及び保護を享有する。

2　外交官の書類、通信及び、第三一条3の規定による場合を除くほか、その財産も、同様に、不可侵を享有する。

第三一条【裁判権からの免除】1　外交官は、接受国の刑事裁判権からの免除を享有する。外交官は、また、次の訴訟の場合を除くほか、民事裁判権及び行政裁判権からの免除を享有する。

(a)　接受国の領域内にある個人の不動産に関する訴訟（その外交官が使節団の目的のため派遣国に代わって保有する不動産に関する訴訟を含まない。）

(b)　外交官が、派遣国の代表者としてではなく個人として、遺言執行者、遺産管理人、相続人又は受遺者として関係している相続に関する訴訟

(c)　外交官が接受国において自己の公の任務の範囲外で行なう職業活動又は商業活動に関する訴訟

2　外交官は、証人として証言を行なう義務を負わない。

3　外交官に対する強制執行の措置は、外交官の身体又は住居の不可侵を害さないことを条件として、1(a)、(b)又は(c)に規定する訴訟の場合にのみ執ることができる。

4　外交官が享有する接受国の裁判権からの免除は、その外交官を派遣国の裁判権から免れさせるものではない。

第三二条【免除の放棄】1　派遣国は、外交官及び第三七条の規定に基づいて免除を享有する者に対する裁判権からの免除を放棄することができる。

2　放棄は、常に明示的に行なわなければならない。

3　外交官又は第三七条の規定に基づいて裁判権からの免除を享有する者が訴えを提起した場合には、本

訴に直接に関連する反訴について裁判権からの免除を援用することができない。

4　民事訴訟又は行政訴訟に関する裁判権からの免除の放棄は、その判決の執行についての免除の放棄をも意味するものとみなしてはならない。判決の執行についての免除の放棄のためには、別にその放棄をすることを必要とする。

第三三条【社会保障に係る免除】1　外交官は、3の規定に従うことを条件として、派遣国のために提供された役務について、接受国で施行されている社会保障規程の適用を免除される。

2　1に規定する免除は、また、次のことを条件として、もっぱら外交官に雇用されている個人的使用人にも適用される。

(a)　その使用人が、接受国の国民でないこと、又は接受国内に通常居住していないこと。

(b)　その使用人が派遣国又は第三国で施行されている社会保障規程の適用を受けていること。

3　2に規定する免除が適用されない者を雇用している外交官は、接受国の社会保障規程が雇用者に課する義務に従わなければならない。

4　1及び2に規定する免除は、接受国における社会保障制度への自発的な参加を妨げるものではない。ただし、その参加には、接受国の許可を必要とする。

5　この条の規定は、社会保障に関する二国間又は多数国間の協定ですでに締結されたものに影響を及ぼすものではなく、また、将来におけるこのような協定の締結を妨げるものではない。

第三四条【課税の免除】外交官は、次のものを除くほか、人、動産又は不動産に関し、国又は地方公共団体のすべての賦課金及び租税を免除される。

(a)　商品又は役務の価格に通常含められるような間接税

(b)　接受国の領域内にある個人の不動産に対する賦課金及び租税（その外交官が使節団の目的のため派遣国に代わって保有する不動産に対する賦課金及び租税を含まない。）

(c)　第三九条4の規定に従うことを条件として、接受国によって課される遺産税又は相続税

(d)　接受国内に源泉がある個人的所得に対する賦課金及び租税並びに接受国内の商業上の企業への投資に対する資本税

(e)　給付された特定の役務に対する課徴金

(f)　第二三条の規定に従うことを条件として、登録税、裁判所手数料若しくは記録手数料、担保税又は印紙税であって、不動産に関するもの

第三五条【役務の免除】接受国は、外交官に対し、すべての人的役務、種類のいかんを問わないすべての公的役務並びに徴発、軍事上の金銭的負担及び宿舎割当てに関する義務のような軍事上の義務を免除する。

第三六条【関税と検査の免除】1　接受国は、自国が制定する法令に従って、次の物品の輸入を許可し、かつ、それらについてすべての関税、租税及び関係がある課徴金を免除する。ただし、倉入れ、運搬及びこれらに類似する役務に対する課徴金は、この限りでない。

(a)　使節団の公の使用のための物品

(b)　外交官又はその家族の構成員でその世帯に属するものの個人的な使用のための物品（外交官の居住のための物品を含む。）

2　外交官の手荷物は、検査を免除される。ただし、手荷物中に1に掲げる免除の適用を受けない物品又は輸出入が接受国の法律によって禁止されており若しくはその検疫規則によって規制されている物品が含まれていると推定すべき重大な理由がある場合は、この限りでない。その場合には、検査は、当該外交官又は当該外交官が委任した者の立会いの下においてのみ行なわれなければならない。

第三七条【特権免除を享有する者】1　外交官の家族の構成員でその世帯に属するものは、接受国の国民でない場合には、第二九条から第三六条までに規定する特権及び免除を享有する。

2　使節団の事務及び技術職員並びにその家族の構成員でその世帯に属するものは、接受国の国民でない場合又は接受国に通常居住していない場合には、第二九条から第三五条までに規定する特権及び免除を享有する。ただし、第三一条1に規定する接受国の民事裁判権及び行政裁判権からの免除は、その者が公の任務の範囲外で行なった行為に及ばない。前記の者は、また、最初の到着にあたって輸入する物品について、第三六条1に規定する特権を享有する。

3　使節団の役務職員であって、接受国の国民でないもの又は接受国に通常居住していないものは、その公の任務の遂行にあたって行なった行為についての裁判権からの免除、自己が雇用されていることによって受ける報酬に対する賦課金及び租税の免除並びに第三三条に規定する免除を享有する。

4　使節団の構成員の個人的使用人は、接受国の国民でない場合又は接受国に通常居住していない場合には、自己が雇用されていることによって受ける報酬に対する賦課金及び租税を免除される。その他の点については、その者は、接受国によって認められている限度まで特権及び免除を享有する。もっとも、接受国は、その者に対して裁判権を行使するには、使節団の任務の遂行を不当に妨げないような方法によらなければならない。

第三八条【接受国の国民である構成員】1　接受国の国民である外交官又は接受国に通常居住している外交官は、その任務の遂行にあたって行なった行為についてのみ裁判権からの免除及び不可侵を享有する。ただし、接受国によってそれ以上の特権及び免除が与えられる場合は、この限りでない。

2　外交職員以外の使節団の職員又は個人的使用人であって、接受国の国民であるもの又は接受国内に通常居住しているものは、接受国によって認められ

ている限度まで特権及び免除を享有する。もっとも、接受国は、その者に対して裁判権を行使するには、使節団の任務の遂行を不当に妨げないような方法によらなければならない。

第三九条【特権免除の享有期間】1　特権及び免除を受ける権利を有する者は、赴任のため接受国の領域にはいった時又は、すでに接受国の領域内にある場合には、自己の任命が外務省に通告された時から、特権及び免除を享有する。

2　特権及び免除を享有する者の任務が終了した場合には、その者の特権及び免除は、通常その者が接受国を去る時に、又は、接受国を去るために要する相当な期間が経過したときは、その時に消滅する。ただし、その時までは、その特権及び免除は、武力抗争が生じた場合においても存続するものとし、また、前記の者が使節団の構成員として任務を遂行するにあたって行なった行為についての裁判権からの免除は、その者の特権及び免除の消滅後も引き続き存続するものとする。

3　使節団の構成員が死亡した場合において、その家族は、接受国を去るために要する相当な期間が経過する時まで、自己が受ける権利を有する特権及び免除を引き続き享有する。

4　使節団の構成員であって、接受国の国民でないもの若しくは接受国に通常居住していないもの又はそれらの者の家族の構成員であって、その世帯に属するものが死亡した場合において、接受国は、その者が接受国内で取得した財産で死亡の時に輸出を禁止されていたものを除くほか、その者の動産の持出しを許可するものとする。その者が使節団の構成員又はその家族として接受国にあったことのみに基づいて接受国に所在する動産に対しては、遺産税及び相続税を課さない。

第四〇条【第三国の義務】1　外交官が赴任、帰任又は帰国の途中において、旅券査証が必要な場合にその査証を与えた第三国の領域を通過している場合又はその領域内にある場合には、その第三国は、その外交官に、不可侵及びその通過又は帰還を確実にするため必要な他の免除を与えなければならない。外交官の家族で特権若しくは免除を享有するものがその外交官と同行する場合又はその外交官のもとにおもむくために若しくは帰国するために別個に旅行中である場合についても、同様とする。

2　1に規定する場合と同様の場合において、第三国は、使節団の事務及び技術職員若しくは役務職員又はそれらの者の家族が当該第三国の領域を通過することを妨げてはならない。

3　第三国は、暗号又は符号による通信文を含む通過中のすべての公用通信に対し、接受国が与えるべき自由及び保護と同様の自由及び保護を与えなければならない。第三国は、旅券査証が必要な場合にその査証を与えられた通過中の外交伝書使及び通過中の外交封印袋に対し、接受国が与えるべき不可侵及び保護と同様の不可侵及び保護を与えなければならない。

4　1、2及び3の規定に基づき第三国が有する義務は、それらの項に規定する者並びに公用通信及び外交封印袋が不可抗力によって当該第三国の領域にはいった場合についても、また、同様とする。

第四一条【接受国の法令の尊重】1　特権及び免除を害することなく、接受国の法令を尊重することは、特権及び免除を享有するすべての者の義務である。それらの者は、また、接受国の国内問題に介入しない義務を有する。

2　派遣国がその使節団に課した接受国を相手方とするすべての公の職務は、接受国の外務省を相手方として、又は接受国の外務省を通じて、行なうものとする。

3　使節団の公館は、この条約、一般国際法の他の規則又は派遣国と接受国との間で効力を有する特別の合意により定める使節団の任務と両立しない方法で使用してはならない。

第四二条【営利活動の禁止】外交官は、接受国内で、個人的な利得を目的とするいかなる職業活動又は商業活動をも行なってはならない。

第四三条【任務の終了】外交官の任務は、特に、次の時において終了する。

(a)　派遣国が、接受国に対し、その外交官の任務が終了した旨の通告を行なった時

(b)　接受国が、派遣国に対し、第九条2の規定に従って、その外交官を使節団の構成員と認めることを拒否する旨の通告を行なった時

第四四条【退去の便宜】接受国は、武力抗争が生じた場合においても、特権及び免除を享有する者で接受国の国民でないもの及びその家族(国籍のいかんを問わない。)ができる限り早い時期に退去できるように便宜を与えなければならない。特に、接受国は、必要な場合には、それらの者及びその財産のために必要な輸送手段を提供しなければならない。

第四五条【派遣国の利益の保護】二国間で外交関係が断絶した場合又は使節団が永久的に若しくは一時的に召還された場合には、

(a)　接受国は、武力抗争が生じたときにおいても、使節団の公館並びに使節団の財産及び公文書を尊重し、かつ、保護しなければならない。

(b)　派遣国は、接受国が容認することができる第三国に、使節団の公館並びに財産及び公文書の管理を委託することができる。

(c)　派遣国は、接受国が容認することができる第三国に、自国の利益及び自国民の利益の保護を委託することができる。

第四六条【第三国の利益の保護】派遣国は、接受国に使節団を設置していない第三国の要請に基づき、接受国の事前の同意を得て、当該第三国及びその国民の利益を一時的に保護することができる。

第四七条【無差別待遇】 1　接受国は、この条約の規定を適用するにあたって、国家間に差別をしてはならない。

2　もっとも、次の場合には、差別が行なわれているものとはみなされない。

(a)　この条約のいずれかの規定が、派遣国において、接受国の使節団に対して制限的に適用されていることを理由として、接受国が当該いずれかの規定を制限的に適用する場合

(b)　諸国が、慣習又は合意により、この条約の規定が定める待遇よりも一層有利な待遇を相互に与えている場合

第四八条【署名】
第四九条【批准】
第五〇条【加入】
第五一条【効力発生】
第五二条【通報】
第五三条【正文】（略）

会議で採択された決議

民事請求権の考慮

外交関係及び特権免除に関する国際連合の会議は、

会議で採択された外交関係に関するウィーン条約が、派遣国の外交使節団の構成員に対して接受国の裁判権からの免除を定めていることに注目し、

前記の免除が派遣国により放棄されうるものであることを想起し、

さらに、当該免除の目的が個人に利益を与えることにあるのではなく、外交使節団の任務の能率的な遂行を確保することにあると条約の前文で述べていることを想起し、

外交特権に基づく免除の主張は、若干の場合においては、接受国にある者が法律により受けることができる救済をその者から奪うものであるとの会議の審議中に表明された憂慮に留意して、

派遣国は、自国の外交使節団の任務の遂行が妨げられないときは、接受国にある者の民事請求権について自国の外交使節団の構成員の免除を放棄するよう、また、免除が放棄されないときは、当該請求権の正当な解決をもたらすことに最善の努力を払うよう勧告する。

82　領事関係に関するウィーン条約（領事関係条約）（抜粋）

署　　名　一九六三年四月二四日（ウィーン）
効力発生　一九六七年三月一九日
日 本 国　一九八三年五月一三日国会承認、九月二七日加入内閣決定、一〇月三日加入書寄託、一〇月一一日公布（条約第一四号）、一一月二日効力発生

第三六条（派遣国の国民との通信及び接触） 1　派遣国の国民に関する領事任務の遂行を容易にするため、

(a)　領事官は、派遣国の国民と自由に通信し及び面接することができる。派遣国の国民も、同様に、派遣国の領事官と通信し及び面接することができる。

(b)　接受国の権限のある当局は、領事機関の領事管轄区域内で、派遣国の国民が逮捕された場合、留置された場合、裁判に付されるため勾(こう)留された場合又は他の事由により拘禁された場合において、当該国民の要請があるときは、その旨を遅滞なく当該領事機関に通報する。逮捕され、留置され、勾留され又は拘禁されている者から領事機関にあてたいかなる通信も、接受国の権限のある当局により、遅滞なく送付される。当該当局は、その者がこの(b)の規定に基づき有する権利について遅滞なくその者に告げる。

(c)　領事官は、留置され、勾留され又は拘禁されている派遣国の国民を訪問し、当該国民と面談し及び文通し並びに当該国民のために弁護人をあっせんする権利を有する。領事官は、また、自己の管轄区域内で判決に従い留置され、勾留され又は拘禁されている派遣国の国民を訪問する権利を有する。ただし、領事官が当該国民のために行動することに対し、当該国民が明示的に反対する場合には、領事官は、そのような行動を差し控える。

2　1に定める権利は、接受国の法令に反しないように行使する。もっとも、当該法令は、この条に定める権利の目的とするところを十分に達成するようなものでなければならない。

9章 国際犯罪

9 1 日本国とアメリカ合衆国との間の犯罪人引渡しに関する条約（日米犯罪人引渡条約）

署　名　一九七八年三月三日（東京）
効力発生　一九八〇年三月二六日
日本国　一九七八年四月二一日国会承認、一九八〇年二月二五日批准書交換、三月五日公布（条約第三号）

日本国及びアメリカ合衆国は、
犯罪の抑圧のための両国の協力を一層実効あるものとすることを希望して、
次のとおり協定した。

第一条【引渡義務】各締約国は、第二条1に規定する犯罪について訴追し、審判し、又は刑罰を執行するために他方の締約国からその引渡しを求められた者であってその領域において発見されたものを、この条約の規定に従い当該他方の締約国に引き渡すことを約束する。当該犯罪が請求国の領域の外において行われたものである場合には、特に、第六条1に定める条件が適用される。

第二条【引渡犯罪】1　引渡しは、この条約の規定に従い、この条約の不可分の一部をなす付表に掲げる犯罪であって両締約国の法令により死刑又は無期若しくは長期一年を超える拘禁刑に処することとされているものについて並びに付表に掲げる犯罪以外の犯罪であって日本国の法令及び合衆国の連邦法令により死刑又は無期若しくは長期一年を超える拘禁刑に処することとされているものについて行われる。

前記犯罪の一が実質的な要素をなしている犯罪については、合衆国政府に連邦管轄権を認めるために州際間の輸送又は郵便その他州際間の設備の使用が特定の犯罪の要件とされている場合であっても、引渡しを行う。

2　引渡しを求められている者が1の規定の適用を受ける犯罪について請求国の裁判所により刑の言渡しを受けている場合には、その者が死刑の言渡しを受けているとき又は服すべき残りの刑が少なくとも四箇月あるときに限り、引渡しを行う。

第三条【理由、証拠】引渡しは、引渡しを求められている者が被請求国の法令上引渡しの請求に係る犯罪を行ったと疑うに足りる相当な理由があること又はその者が請求国の裁判所により有罪の判決を受けた者であることを証明する十分な証拠がある場合に限り、行われる。

第四条【不引渡犯罪】1　この条約の規定に基づく引渡しは、次のいずれかに該当する場合には、行われない。

(1)　引渡しの請求に係る犯罪が政治犯罪である場合又は引渡しの請求が引渡しを求められている者を政治犯罪について訴追し、審判し、若しくはその者に対し刑罰を執行する目的で行われたものと認められる場合。この規定の適用につき疑義が生じたときは、被請求国の決定による。

(2)　引渡しを求められている者が被請求国において引渡しの請求に係る犯罪について訴追されている場合又は確定判決を受けた場合。

(3)　日本国からの引渡しの請求にあっては、合衆国の法令によるならば時効の完成によって引渡しの請求に係る犯罪について訴追することができないとき。

(4)　合衆国からの引渡しの請求にあっては、次のいずれかに該当する場合であって、日本国の法令によるならば時効の完成その他の事由によって引渡しの請求に係る犯罪について刑罰を科し又はこれを執行することができないとき。

(a)　日本国が当該犯罪に対する管轄権を有するとした場合

(b)　日本国がその管轄権を現に有しており、かつ、

その審判が日本国の裁判所において行われたとした場合

2　被請求国は、引渡しを求められている者が引渡しの請求に係る犯罪について第三国において無罪の判決を受け又は刑罰の執行を終えている場合には、引渡しを拒むことができる。

3　被請求国は、引渡しを求められている者が被請求国の領域において引渡しの請求に係る犯罪以外の犯罪について訴追されているか又は刑罰の執行を終えていない場合には、審判が確定するまで又は科されるべき刑罰若しくは科された刑罰の執行が終わるまで、その引渡しを遅らせることができる。

第五条【自国民の引渡し】被請求国は、自国民を引き渡す義務を負わない。ただし、被請求国は、その裁量により自国民を引き渡すことができる。

第六条【領域外犯罪】1　引渡しの請求に係る犯罪が請求国の領域の外において行われたものである場合には、被請求国は、自国の法令が自国の領域の外において行われたそのような犯罪を罰することとしているとき又は当該犯罪が請求国の国民によって行われたものであるときに限り、引渡しを行う。

2　この条約の適用上、締約国の領域とは、当該締約国の主権又は権力の下にあるすべての陸地、水域及び空間をいい、当該締約国において登録された船舶及び当該締約国において登録された航空機であって飛行中のものを含む。この規定の適用上、航空機は、そのすべての乗降口が乗機の後に閉ざされた時からそれらの乗降口のうちいずれか一が降機のために開かれる時まで、飛行中のものとみなす。

第七条【犯罪者の処罰】1　請求国は、次のいずれかに該当する場合を除くほか、この条約の規定に従って引き渡された者を、引渡しの理由となった犯罪以外の犯罪について拘禁し、訴追し、審判し、若しくはその者に対し刑罰を執行しないものとし、又はその者を第三国に引き渡さない。ただし、この規定は、引渡しの後に行われた犯罪については、適用しない。

(1)　引き渡された者が引渡しの後に請求国の領域から離れて当該請求国の領域に自発的に戻ってきたとき。

(2)　引き渡された者が請求国の領域から自由に離れることができるようになった日から四五日以内に請求国の領域から離れなかったとき。

(3)　被請求国が、引き渡された者をその引渡しの理由となった犯罪以外の犯罪について拘禁し、訴追し、審判し、若しくはその者に対し刑罰を執行すること又はその者を第三国に引き渡すことに同意したとき。

2　請求国は、引渡しの理由となった犯罪を構成する基本的事実に基づいて行われる限り、第二条1の規定に従い引渡しの理由となるべきいかなる犯罪についても、この条約の規定に従って引き渡された者を拘禁し、訴追し、審判し、又はその者に対し刑罰を執行することができる。

第八条【引渡請求手続】1　引渡しの請求は、外交上の経路により行う。

2　引渡しの請求には、次に掲げるものを添える。

(a)　引渡しを求められている者を特定する事項を記載した文書

(b)　犯罪事実を記載した書面

(c)　引渡しの請求に係る犯罪の構成要件及び罪名を定める法令の条文

(d)　当該犯罪の刑罰を定める法令の条文

(e)　当該犯罪の訴追又は刑罰の執行に関する時効を定める法令の条文

3　引渡しの請求が有罪の判決を受けていない者について行われる場合には、次に掲げるものを添える。

(a)　請求国の裁判官その他の司法官憲が発した逮捕すべき旨の令状の写し

(b)　引渡しを求められている者が逮捕すべき旨の令状にいう者であることを証明する証拠資料

(c)　引渡しを求められている者が被請求国の法令上引渡しの請求に係る犯罪を行ったと疑うに足りる相当な理由があることを示す証拠資料

4　引渡しの請求が有罪の判決を受けた者について行われる場合には、次に掲げるものを添える。

(a)　請求国の裁判所が言い渡した判決の写し

(b)　引渡しを求められている者が当該判決にいう者であることを証明する証拠資料

(c)(i)　有罪の判決を受けた者が刑の言渡しを受けていないときは、逮捕すべき旨の令状の写し

(ii)　有罪の判決を受けた者が刑の言渡しを受けているときは、刑の言渡し書の写し及び当該刑の執行されていない部分を示す書面

5　引渡しの請求には、被請求国の法令により必要とされるその他の資料を添える。

6　この条約の規定に従い請求国が提出するすべての文書は、被請求国の法令の要求するところに従い正当に認証されるものとし、これらの文書には被請求国の国語による正当に認証された翻訳文を添付する。

7　被請求国の行政当局は、引渡しを求められている者の引渡請求の裏付けとして提出された資料がこの条約の要求するところを満たすのに十分でないと認める場合には、自国の裁判所に当該引渡請求を付託するかどうかを決定する前に請求国が追加の資料を提出することができるようにするため、請求国に対しその旨を通知する。被請求国の行政当局は、その資料の提出につき期限を定めることができる。

第九条【緊急時の仮拘禁】1　緊急の場合において、請求国が外交上の経路により、被請求国に対し、引渡しを求める者につき第二条1の規定に従い引渡しの理由となる犯罪について逮捕すべき旨の令状が発せられ又は刑の言渡しがされていることの通知を行い、かつ、引渡しの請求を行うべき旨を保証して仮拘禁の要請を行ったときは、被請求国は、その者を仮に拘禁することができる。仮拘禁の要請において

は、引渡しを求める者を特定する事項及び犯罪事実を明らかにするものとし、被請求国の法令により必要とされるその他の情報を含める。

2　仮拘禁が行われた日から四五日以内に請求国が引渡しの請求を行わない場合には、仮に拘禁された者は、釈放される。ただし、この規定は、被請求国がその後において引渡しの請求を受けた場合に、引渡しを求められる者を引き渡すための手続を開始することを妨げるものではない。

第一〇条【引渡手続の促進】 被請求国は、引渡しを求められている者が、被請求国の裁判所その他の権限のある当局に対し、その引渡しのために必要とされる国内手続における権利を放棄する旨を申し出た場合には、被請求国の法令の許す範囲内において、引渡しを促進するために必要なすべての措置をとる。

第一一条【第三国からの引渡請求】 被請求国は、同一の又は異なる犯罪につき同一の者について他方の締約国及び第三国から引渡しの請求を受けた場合には、いずれの請求国にその者を引き渡すかを決定する。

第一二条【引渡しの実行】 1　被請求国は、請求国に対し、外交上の経路により引渡しの請求についての決定を速やかに通知する。

2　被請求国は、その権限のある当局が引渡状を発したにもかかわらず、その法令により定められた期限内に請求国が引渡しを求めている者の引渡しを受けない場合には、その者を釈放し、その後において同一の犯罪についてその者の引渡しを拒むことができる。請求国は、引渡しを受けた者を被請求国の領域から速やかに出国させる。

第一三条【証拠物の引渡し】 引渡しが行われる場合において、犯罪行為の結果得られたすべての物又は証拠として必要とされるすべての物は、被請求国の法令の許す範囲内において、かつ、第三者の権利を害さないことを条件として、これを引き渡す。

第一四条【引渡費用】 1　被請求国は、引渡しの請求に起因する国内手続（引渡しを求められている者の拘禁を含む。）について必要なすべての措置をとるものとし、そのための費用を負担する。ただし、引渡しを命ぜられた者の護送に要した費用は、請求国が支払う。

2　被請求国は、請求国に対し、引渡しを求められた者がこの条約の規定に従い拘禁され、審問され、又は引き渡されたことによりその者が受けた損害につきその者に支払った賠償金を理由とする金銭上の請求を行わない。

第一五条【引渡犯罪者の護送通過】 1　各締約国は、外交上の経路により請求が行われた場合には、次のいずれかに該当する場合を除くほか、第三国から他方の締約国に対し引き渡された者をその領域を経由の上護送する権利を他方の締約国に認める。

(1)　引渡しの原因となった犯罪行為が通過を求められている締約国の法令によるならば犯罪を構成しないとき。

(2)　引渡しの原因となった犯罪行為が政治犯罪であるとき又は引渡しの請求が引き渡された者を政治犯罪について訴追し、審判し、若しくはその者に対し刑罰を執行する目的で行われたものと認められるとき。この規定の適用につき疑義が生じたときは、通過を求められている締約国の決定による。

(3)　通過により公共の秩序が乱されると認められるとき。

2　1の場合において、引渡しを受けた締約国は、その領域を経由の上護送が行われた締約国に対し、護送に関連してその要した費用を償還する。

第一六条【批准、遡及効、旧条約、廃棄】 1　この条約は、批准されなければならず、批准書は、できる限り速やかにワシントンで交換されるものとする。この条約は、批准書の交換の日の後三〇日目の日に効力を生ずる。

2　この条約は、第二条1に規定する犯罪であってこの条約の効力発生前に行われたものについても適用する。

3　日本国とアメリカ合衆国との間で一八八六年四月二九日に東京で署名された犯罪人引渡条約及び一九〇六年五月一七日に東京で署名された追加犯罪人引渡条約は、この条約の効力発生の時に終了する。ただし、この条約の効力発生の際に被請求国において係属している引渡しに係る事件は、前記の犯罪人引渡条約及び追加犯罪人引渡条約に定める手続に従う。

4　いずれの一方の締約国も、他方の締約国に対し六箇月前に文書による予告を与えることによっていつでもこの条約を終了させることができる。

付表

1　殺人、傷害致死又は重過失致死（自殺の教唆又はほう助を含む。）
2　人を殺す意図をもって行われた暴行
3　悪質な傷害、重過失致傷又は暴行
4　堕胎
5　遺棄致死傷
6　略取、誘かい又は不法な逮捕若しくは監禁に関する罪
7　脅迫
8　強かん、強制わいせつ
9　いん行勧誘又は売春に関する罪
10　わいせつ物に関する罪
11　重婚
12　住居侵入
13　強盗
14　窃盗
15　恐かつ
16　詐欺（欺もう的手段により財物、金銭、有価証券その他の経済的価値を有するものを取得すること）
17　横領、背任

18 ぞう物に関する罪
19 財物、文書又は施設の損壊に関する罪
20 工業所有権又は著作権の保護に関する法令に違反する罪
21 暴行又は脅迫による業務妨害
22 放火、重過失による失火
23 騒じょうの主導、指揮又はせん動
24 公衆の健康の保護に関する法令に違反する罪
25 激発力、水力その他の破壊的手段により公共の危険を生じさせる罪
26 国際法上の海賊
27 列車、航空機、船舶その他の交通手段の不法な奪取又は管理に関する罪
28 列車、航空機、船舶その他の交通手段の正常な運行を妨げ又はこれに危険を生じさせる罪
29 爆発物、火炎装置又は危険な若しくは禁止された武器の規制に関する法令に違反する罪
30 麻薬、大麻、向精神薬若しくはコカイン又はそれらの原料若しくは派生物その他の危険な薬品若しくは化学製品の規制に関する法令に違反する罪
31 毒物その他の健康に有害な物質の規制に関する法令に違反する罪
32 偽造に関する罪
33 とばく又は富くじの規制に関する法令に違反する罪
34 公務執行妨害、職務強要
35 虚偽報告に関する罪
36 偽証に関する罪
37 この条約の第二条1に規定する犯罪を行ったことによって拘禁され又は刑に服している者の逃走に関する罪
38 犯人蔵匿、証拠隠滅その他の司法作用の妨害に関する罪
39 贈賄、収賄
40 職権濫用に関する罪
41 公職の選挙又は政治資金の規制に関する法令に違反する罪
42 脱税に関する罪
43 会社その他の法人の規制に関する法令に違反する罪
44 破産又は会社更生に関する法令に違反する罪
45 私的独占又は不公正な商取引の禁止に関する法令に違反する罪
46 輸出入又は資金の国際移動の規制に関する法令に違反する罪
47 前記の各罪の未遂、共謀、ほう助、教唆又は予備

交換公文（略）

⑨2 犯罪人引渡しに関する日本国と大韓民国との間の条約（日韓犯罪人引渡条約）

署名　二〇〇二年四月八日（ソウル）
効力発生　二〇〇二年六月二一日
日本国　二〇〇二年五月二九日国会承認、六月六日批准書交換、六月七日公布（条約第四号）

前　文（略）

第一条（引渡しの義務） 一方の締約国は、引渡犯罪について訴追し、審判し、又は刑罰を執行するために他方の締約国からその引渡しを求められた者であって当該一方の締約国の領域において発見されたものを、この条約の規定に従い当該他方の締約国に引き渡すことに同意する。

第二条（引渡犯罪） 1　この条約の適用上、両締約国の法令における犯罪であって、死刑又は無期若しくは長期一年以上の拘禁刑に処することとされているものを引渡犯罪とする。

2　引渡しを求められている者が引渡犯罪について請求国の裁判所により刑の言渡しを受けている場合には、その者が死刑の言渡しを受けているとき又は服すべき残りの刑が少なくとも四箇月あるときに限り、引渡しを行う。

3　この条の規定の適用において、いずれかの犯罪が両締約国の法令における犯罪であるかどうかを決定するに当たっては、次の(a)及び(b)に定めるところによる。

(a)　当該いずれかの犯罪を構成する行為が、両締約国の法令において同一の区分の犯罪とされていること又は同一の罪名を付されていることを要しない。

(b)　引渡しを求められている者が犯したとされる行為の全体を考慮するものとし、両締約国の法令上同一の構成要件により犯罪とされることを要しない。

4　3の規定にかかわらず、租税、関税その他の歳入事項又は外国為替に係る規制に関する法令上の犯罪について引渡しの請求が行われる場合にあっては、同一の種類の租税、関税その他の歳入事項又は外国為替に係る規制について当該犯罪に相当する犯罪が被請求国の法令において規定されている場合に限り、両締約国の法令における犯罪とされる。

5　そのいずれもが両締約国の法令における犯罪である複数の犯罪について引渡しの請求が行われる場合には、そのうち一部の犯罪が1又は2に規定する条件を満たしていないときであっても、被請求国は、

少なくとも一の引渡犯罪について引渡しを行うことを条件として、当該一部の犯罪について引渡しを行うことができる。

第三条（引渡しを当然に拒むべき事由）この条約に基づく引渡しは、次のいずれかに該当する場合には、行われない。

(a) 引渡しを求められている者が請求国において引渡しの請求に係る犯罪について有罪の判決を受けていない場合にあっては、被請求国の法令上当該犯罪をその者が行ったと疑うに足りる相当な理由がない場合

(b) 引渡しを求められている者に裁判が行われることが十分に通知されておらず、又は法廷における防御の機会を与えられておらず、かつ、自ら出席して再審を受ける機会を与えられておらず、又はそのような機会を今後与えられることのない場合において、その者が請求国において引渡しの請求に係る犯罪について欠席裁判により有罪の判決を受けているとき。

(c) 引渡しの請求に係る犯罪が政治犯罪であると被請求国が認める場合又は引渡しの請求が引渡しを求められている者を政治犯罪について訴追し、審判し、若しくはその者に対し刑罰を科する目的で行われたものと被請求国が認める場合。この場合において、次の犯罪は、それ自体を政治犯罪と解してはならない。

(i) いずれかの締約国の元首若しくは政府の長若しくはそれらの家族に対し、そのような者であることを知りながら行った殺人その他故意に行う暴力的犯罪又はそれらの犯罪の未遂（当該未遂が犯罪とされる場合に限る。）

(ii) 両締約国が当事国である多数国間の条約により、引渡犯罪に含めることを両締約国が義務付けられている犯罪

(d) 引渡しを求められている者が被請求国において引渡しの請求に係る犯罪について訴追されている場合又は確定判決を受けた場合

(e) 引渡しの請求に係る犯罪について、被請求国の法令によるならば時効の完成その他の事由によって引渡しを求められている者に対し刑罰を科し又はこれを執行することができないと認められる場合（当該犯罪についての管轄権を有しないことが理由である場合を除く。）

(f) 引渡しを求められている者を人種、宗教、国籍、民族的出身、政治的意見若しくは性を理由に訴追し若しくは刑罰を科する目的で引渡しの請求がなされていると、又はその者の地位がそれらの理由により害されるおそれがあると被請求国が認めるに足る十分な理由がある場合

第四条（引渡しを裁量により拒むことのできる事由）この条約に基づく引渡しは、次のいずれかに該当する場合には、拒むことができる。

(a) 被請求国の法令により、引渡しの請求に係る犯罪の全部又は一部が被請求国の領域又は船舶若しくは航空機において犯されたものと認められる場合

(b) 引渡しを求められている者が第三国において引渡しの請求に係る犯罪について無罪の判決を受けた場合又は有罪の判決を受け、科された刑罰の執行を終えているか若しくは執行を受けないこととなった場合

(c) 引渡しを求められている者の年齢、健康その他個人的な事情にかんがみ、引渡しを行うことが人道上の考慮に反すると被請求国が認める場合

(d) 引渡しを求められている者に関し、引渡しの請求に係る犯罪について訴追をしないこと又は訴えを取り消すことを被請求国が決定した場合

第五条（手続の延期）被請求国は、引渡しを求められている者が自国において引渡しの請求に係る犯罪以外の犯罪について訴追されているか又は刑罰の執行を終えていない場合には、審判が確定するまで又は科されるべき刑罰若しくは科された刑罰の執行を終えるまで若しくは執行を受けないこととなるまで、引渡しを遅らせることができる。

第六条（自国民の引渡し）1　被請求国は、この条約に基づいて自国民を引き渡す義務を負うものではない。もっとも、被請求国は、その裁量により自国民を引き渡すことができる。

2　被請求国は、引渡しを求められている者が自国民であることのみを理由として引渡しを拒んだ場合であって、請求国の求めのあるときは、被請求国の法令の範囲内において、訴追のためその当局に事件を付託する。

第七条（領域外の犯罪）引渡しの請求に係る犯罪が請求国の領域の外において行われたものであって、請求国の船舶又は航空機の中において行われたものでない場合には、被請求国は、自国の法令が自国の領域の外において行われたそのような犯罪を罰することとしているとき又は当該犯罪が請求国の国民によって行われたものであるときに限り、引渡しを行う。もっとも、被請求国の法令がそのように規定しておらず、かつ、当該犯罪が請求国の国民でない者によって行われたものである場合であっても、被請求国は、その裁量により、この条約の規定に従って引渡しを行うことができるものとする。

第八条（特定性の原則）1　請求国は、次のいずれかに該当する場合を除くほか、引渡しの理由となった犯罪以外の犯罪であって引渡しの前に行われたものについて、この条約の規定に従って引き渡された者を拘禁し、訴追し、若しくは審判し、又はその者に対し刑罰を執行してはならず、また、その者を第三国に引き渡してはならない。

(a) 引き渡された者が、引渡しの後に請求国の領域から離れて、当該領域に自発的に戻ってきた場合

(b) 引き渡された者が、請求国の領域から自由に離

れることができるようになった後四五日以内に当該領域から離れなかった場合

(c) 被請求国が、引き渡された者をその引渡しの理由となった犯罪以外の犯罪について拘禁し、訴追し、審判し、若しくはその者に対し刑罰を執行すること又はその者を第三国に引き渡すことに同意した場合。この(c)の規定の適用上、被請求国は、次条に掲げる文書に類する文書及び引き渡された者が当該犯罪について行った供述の記録がある場合において、当該記録の提出を求めることができる。

2 請求国は、引渡しの理由となった犯罪を構成する基本的事実に基づいて行われる限り、いかなる引渡犯罪についても、この条約の規定に従って引き渡された者を拘禁し、訴追し、審判し、又はその者に対し刑罰を執行することができる。

第九条（引渡手続及び必要な文書） 1 引渡しの請求は、外交上の経路により書面で行う。

2 引渡しの請求には、次に掲げるものを添える。

(a) 引渡しを求められている者を特定する事項及びその者の予想される所在地を記載した文書

(b) 犯罪事実を記載した書面

(c) 引渡しの請求に係る犯罪の構成要件及び罪名を定める法令の条文

(d) 当該犯罪の刑罰を定める法令の条文

(e) 当該犯罪の訴追又は刑罰の執行に関する時効を定める法令の条文

3 引渡しの請求が有罪の判決を受けていない者について行われる場合には、次に掲げるものを添える。

(a) 請求国の裁判官その他の司法官憲が発した逮捕すべき旨の令状の写し

(b) 引渡しを求められている者が逮捕すべき旨の令状にいう者であることを証明する情報

(c) 引渡しを求められている者が被請求国の法令上引渡しの請求に係る犯罪を行ったと疑うに足りる相当な理由があることを示す情報

4 引渡しの請求が有罪の判決を受けた者について行われる場合には、次に掲げるものを添える。

(a) 請求国の裁判所が言い渡した判決の写し

(b) 引渡しを求められている者が当該判決にいう者であることを証明する情報

(c) 言い渡された刑の執行されていない部分を示す書面

5 請求の裏付けとしてこの条約の規定に従い請求国が提出することを求められるすべての文書は、認証され、被請求国の国語による翻訳文が添付されるものとする。

6 (a) 被請求国は、引渡請求の裏付けとして提供された情報が、引渡しを行う上でこの条約上の要求を十分に満たしていないと認める場合には、自らが定める期限内に追加的な情報を提供するよう要求することができる。

(b) 被請求国は、引渡しを求められている者を拘禁している場合であっても、追加的な情報が期限内に提供されず、又は提供された情報がこの条約上の要求を十分に満たすこととならなくなったときは、その者を釈放することができる。

(c) 被請求国は、(b)の規定に従い当該者を釈放した場合には、請求国に対し、できる限り速やかにその旨を通知しなければならない。

第一〇条（仮拘禁） 1 緊急の場合において、締約国は、外交上の経路により、引渡しを求められることとなる者につき引渡しの請求に係る犯罪について逮捕すべき旨の令状が発せられ又は刑の言渡しがされていることの通知を行い、かつ、引渡しの請求を行う旨を保証して、仮拘禁の請求を行うことができる。

2 仮拘禁の請求は、書面によるものとし、次の事項を含める。

(a) 引渡しを求められることとなる者についての記述

(b) 引渡しを求められることとなる者の予想される所在地

(c) 犯罪事実についての簡潔な説明（可能な場合には、犯罪の行われた時期及び場所についての記述を含む。）

(d) 違反した法令についての記述

(e) 引渡しを求められることとなる者につき逮捕すべき旨の令状又は有罪の判決がある旨の記述

(f) 引渡しを求められることとなる者につき引渡しの請求を行う旨の保証

3 被請求国は、自国の法令に基づき仮拘禁請求についての決定を行い、請求国に対し速やかにその結果を通知する。

4 仮拘禁が行われた日から四五日以内に請求国が引渡しの請求を行わない場合には、仮に拘禁された者は、釈放されるものとする。ただし、この4の規定は、被請求国がその後において引渡しの請求を受けた場合に、引渡しを求められている者を引き渡すための手続を開始することを妨げるものではない。

第一一条（引渡請求の競合） 1 同一の又は異なる犯罪に関し、同一の者について他方の締約国及び第三国から引渡しの請求を受けた場合において、いずれの請求国にその者を引き渡すかについては、被請求国が、これを決定する。

2 被請求国は、引渡しを求められている者をいずれの国に引き渡すかを決定するに当たっては、次に掲げる事項その他関連するすべての事情を考慮する。

(a) 関係する犯罪の行われた時期及び場所

(b) 犯罪の重大性

(c) それぞれの請求の日付

(d) 引渡しを求められている者の国籍及び通常の居住地

(e) 条約に基づく請求であるかどうか。

第一二条（引渡しの決定及び実施） 1 被請求国は、外交上の経路により、引渡しの請求についての決定を請求国に対し速やかに通知する。引渡しの請求の全部又は一部を拒む場合には、この条約中の関係規定を特定して、理由を示すものとする。

2　被請求国は、被請求国の領域内の、かつ、両締約国にとり受入れ可能な場所において、引渡しを求められている者を請求国の適当な当局に引き渡す。

3　被請求国は、その権限のある当局が引渡状を発したにもかかわらず、引渡しを求められている者の引渡しを被請求国の法令により定められた期限内に請求国が受けない場合には、その者を釈放し、その後において当該引渡しに係る犯罪についてその者の引渡しを拒むことができる。請求国は、引き渡された者を、被請求国の領域から速やかに出国させる。

第一三条(物の提供) 1　引渡しが行われる場合において、犯罪行為の結果得られた又は証拠として必要とされるすべての物は、請求国の求めのあるときは、被請求国の法令の範囲内において、かつ、第三者の権利を十分に尊重し、その権利を害さないことを条件として、これを提供するものとする。引渡しを求められている者の逃走によりその者の引渡しを行うことができない場合にあっても、同様とする。

2　1の規定により提供された物は、被請求国の求めのある場合は、関係手続の終了後に請求国による経費の負担において被請求国に返還されるものとする。

第一四条(経費) 1　被請求国は、引渡しの請求に起因する国内手続について必要なすべての措置をとるものとし、そのためのすべての経費を負担する。

2　被請求国は、特に、引渡しを求められている者を拘禁し、その者を請求国の指名する者に引き渡すときまで抑留するために被請求国の領域において生ずる経費を負担する。

3　請求国は、引き渡された者を被請求国の領域から移送するための経費を負担する。

第一五条(通過) 1　一方の締約国は、外交上の経路により請求が行われた場合には、次のいずれかに該当するときを除くほか、他方の締約国に対し、第三国から当該他方の締約国に引き渡された者を当該一方の締約国の領域を経由の上護送する権利を認める。

(a)　引渡しの原因となった犯罪行為が、通過を求められている締約国の法令によるならば犯罪を構成しない場合

(b)　引渡しの原因となった犯罪行為が政治犯罪である場合又は引渡しの請求が引き渡された者を政治犯罪について訴追し、審判し、若しくはその者に対し刑罰を執行する目的で行われたものと認められる場合。この規定の適用につき疑義が生じたときは、通過を求められている締約国の決定による。

(c)　通過により公共の秩序が害される場合

2　1の規定により護送が行われる場合において、その領域を経由の上護送が行われた締約国が当該護送に関連して要した費用については、引渡しを受けた締約国が、これを償還する。

第一六条(協議) 1　両締約国は、いずれか一方の締約国の要請により、この条約の解釈及び適用に関し協議する。

2　日本国の権限のある当局及び大韓民国法務部は、個別の事案の処理に関連して、並びにこの条約を実施するための手続の維持及び改善を促進するため、直接に相互間の協議を行うことができる。

第一七条(最終規定) 1　この条約中の条の見出しは、引用上の便宜のためにのみ付されたものであって、この条約の解釈に影響を及ぼすものではない。

2　この条約は、批准されなければならず、批准書は、できる限り速やかに東京で交換されるものとする。この条約は、批准書の交換の日の後一五日目の日に効力を生ずる。

3　この条約は、この条約の効力発生の日以後に行われた引渡しの請求(当該請求がこの条約の効力発生の日の前に行われた犯罪に係るものである場合を含む。)について適用する。

4　いずれの一方の締約国も、他方の締約国に対し書面による通告を行うことにより、いつでもこの条約を終了させることができる。この条約の終了は、通告が行われた日の後六箇月で効力を生ずる。

9 3 航空機の不法な奪取の防止に関する条約(航空機不法奪取防止条約)(抄)

署　名　一九七〇年一二月一六日(ヘーグ)
効力発生　一九七一年一〇月一四日
日本国　一九七〇年一二月一六日署名、一九七一年三月二九日国会承認、四月一九日批准書寄託、一〇月一一日公布(条約第一九号)、一〇月一四日効力発生

前文(略)

第一条【犯罪行為】 飛行中の航空機内における次の行為は、犯罪とする。その行為は、以下「犯罪行為」という。

(a)　暴力、暴力による脅迫その他の威嚇手段を用いて当該航空機を不法に奪取し又は管理する行為(未遂を含む。)

(b)　(a)の行為(未遂を含む。)に加担する行為

第二条【厳重な処罰】 各締約国は、犯罪行為について重い刑罰を科することができるようにすることを約束する。

第三条【条約適用の期間と範囲】 1　この条約の適用上、航空機は、そのすべての乗降口が乗機の後に閉ざされた時から、それらの乗降口のうちいずれか一が降

機のために開かれる時まで、また、不時着の場合には、権限のある当局が当該航空機並びにその機内の人及び財産に関する責任を引き継ぐ時まで、飛行中のものとみなす。

2　この条約は、軍隊、税関又は警察の役務に使用される航空機については適用しない。

3　この条約は、機内で犯罪行為の行なわれた航空機（その飛行が国際飛行であるか国内飛行であるかを問わない。）の離陸地又は実際の着陸地が当該航空機の登録国の領域外にある場合にのみ、適用する。

4　この条約は、第五条の場合において、機内で犯罪行為の行なわれた航空機の離陸地と実際の着陸地とが同一の国の領域内にあり、かつ、その国が同条第一文の締約国のいずれか一であるときは、適用しない。

5　3及び4の規定にかかわらず、第六条から第八条まで及び第一〇条の規定は、犯罪行為の犯人又は容疑者が当該航空機の登録国以外の国の領域内で発見された場合には、当該航空機の離陸地又は実際の着陸地の場所のいかんを問わず適用する。

第四条【裁判権の設定】1　いずれの締約国も、次の場合には、犯罪行為及びその容疑者が犯罪行為の実行にあたり旅客又は乗組員に対して行なったその他のすべての暴力行為につき、自国の裁判権を設定するために必要な措置をとる。

(a)　犯罪行為が当該締約国において登録された航空機内で行なわれた場合

(b)　機内で犯罪行為の行なわれた航空機が容疑者を乗せたまま当該締約国の領域内に着陸する場合

(c)　犯罪行為が、当該締約国内に主たる営業所を有する賃借人又は主たる営業所を有しないが当該締約国内に住所を有する賃借人に対して乗組員なしに賃貸された航空機内で行なわれた場合

2　1(a)、(b)又は(c)の場合に該当する他のいずれの締約国に対しても第八条の規定に従ってその容疑者を引き渡さない場合に当該犯罪行為につき自国の裁判権を設定するため、必要な措置をとる。

3　この条約は、国内法に従って行使される刑事裁判権を排除するものではない。

第五条【共同運航と裁判権】共同の又は国際的な登録が行なわれている航空機を運航する共同の航空運送運営組織又は国際運営機関を設立する二以上の締約国は、適当な方法により、当該航空機のそれぞれにつきそれらの締約国のうちいずれか一国を、この条約の適用上裁判権を有しかつ登録国とみなされるものとして指定するものとし、これを国際民間航空機関に通告する。国際民間航空機関は、その通告をすべての締約国に通知する。

第六条【犯人の所在国の措置】1　犯罪行為の犯人又は容疑者が領域内に所在する締約国は、状況によって正当であると認める場合には、その者の所在を確実にするため抑留その他の措置をとる。この措置は、当該締約国の法令に定めるところによるものとするが、刑事訴訟手続又は犯罪人引渡手続を開始するために必要とする期間に限って継続することができる。

2　1の措置をとった締約国は、事実について直ちに予備調査を行なう。

3　1の規定に基づいて抑留された者は、その国籍国のもよりの適当な代表と直ちに連絡をとるための援助を与えられる。

4　いずれの国も、この条の規定に基づいていずれかの者を抑留する場合には、航空機の登録国、第四条1(c)の場合に該当する国、抑留された者の国籍国及び適当と認めるときはその他の利害関係国に対し、その者が抑留されている事実及びその抑留が正当とされる事情を直ちに通告する。2の予備調査を行なった国は、その結果をこれらの国に対して直ちに報告するものとし、かつ、自国が裁判権を行使する意図を有するかどうかを明示する。

第七条【引渡すか訴追するかの義務】犯罪行為の容疑者が領域内で発見された締約国は、その容疑者を引き渡さない場合には、その犯罪行為が自国の領域内で行なわれたものであるかどうかを問わず、いかなる例外もなしに、訴追のため自国の権限のある当局に事件を付託する義務を負う。その当局は、自国の法令に規定する通常の重大な犯罪の場合と同様の方法で決定を行なう。

第八条【犯罪人引渡】1　犯罪行為は、締約国間の現行の犯罪人引渡条約における引渡犯罪とみなす。締約国は、相互間で将来締結されるすべての犯罪人引渡条約に犯罪行為を引渡犯罪として含めることを約束する。

2　条約の存在を犯罪人引渡しの条件とする締約国は、自国との間に犯罪人引渡条約を締結していない他の締約国から犯罪人引渡しの請求を受けた場合には、随意にこの条約を犯罪行為に関する犯罪人引渡しのための法的基礎とみなすことができる。その犯罪人引渡しは、その請求を受けた国の法令に定めるその他の条件に従うものとする。

3　条約の存在を犯罪人引渡しの条件としない締約国は、犯罪人引渡しの請求を受けた国の法令に定める条件に従い、相互間で、犯罪行為を引渡犯罪と認める。

4　犯罪行為は、締約国間の犯罪人引渡しに関しては、当該犯罪行為が行なわれた場所のみでなく、第四条1の規定に従って裁判権を設定すべき国の領域内においても行なわれたものとみなす。

第九条【管理の回復】1　第一条(a)に規定する奪取又は管理が行なわれ又は行なわれようとしている場合には、締約国は、当該航空機の管理をその適法な機長に回復させ又は保持させるため、あらゆる適当な措置をとる。

2　1の場合において、当該航空機又はその旅客若しくは乗組員が所在する締約国は、その旅客及び乗組員ができる限りすみやかに旅行を継続することがで

きるように便宜を与えるものとし、また、占有権を有する者に対し遅滞なく当該航空機及びその貨物を返還する。

第一〇条【司法共助】1　締約国は、犯罪行為及び第四条1の暴力行為についてとられる刑事訴訟手続に関し、相互に最大限の援助を与える。この場合において、援助を求められた締約国の法令が適用される。

2　1の規定は、刑事問題に関する相互援助を全面的又は部分的に規定する現行の又は将来締結される二国間又は多数国間の他の条約に基づく義務に影響を及ぼすものではない。

第一一条【通報】各締約国は、国内法に従い、できる限りすみやかに、次の事項に関して有する関係情報を国際民間航空機関の理事会に通報する。

(a)　犯罪行為の状況

(b)　第九条の規定に従ってとった措置

(c)　犯罪行為の犯人又は容疑者に対してとった措置、特に犯罪人引渡手続その他の法的手続の帰結

第一二条【紛争の解決】1　この条約の解釈又は適用に関する締約国間の紛争で交渉によって解決することができないものは、それらの締約国のうちいずれか一国の要請によって仲裁に付託される。紛争当事国が仲裁の要請の日から六箇月以内に仲裁の組織について合意に達しない場合には、それらの紛争当事国のうちいずれの一国も、国際司法裁判所規程に従って国際司法裁判所に紛争を付託することができる。

2　各国は、この条約の署名若しくは批准又はこの条約への加入の時に、1の規定に拘束されないことを宣言することができる。他の締約国は、そのような留保をした締約国との関係において1の規定に拘束されない。

3　2の規定に基づいて留保をした締約国は、寄託国政府に対する通告によっていつでもその留保を撤回することができる。

第一三条【署名、批准、効力発生】（略）

第一四条【廃棄】1　いずれの締約国も、寄託国政府にあてた通告書によってこの条約を廃棄することができる。

2　廃棄は、寄託国政府がその通告を受領した日の後六箇月で効力を生ずる。

⑨4　集団殺害犯罪の防止及び処罰に関する条約（ジェノサイド条約）

採　択　一九四八年一二月九日
国際連合総会第三回会期決議二六〇A（Ⅲ）
効力発生　一九五一年一月一二日
日本国

締約国は、

集団殺害は、国際連合の精神及び目的に反し、かつ文明世界によって罪悪と認められた国際法上の犯罪であるという、国際連合総会が一九四六年一二月一一日の決議九六（Ⅰ）で行った宣言を考慮し、

歴史上のあらゆる時期に、集団殺害が人類に対し重大な損失を被らせたことを認め、及び、

人類をこのいまわしい苦悩から解放するためには、国際協力が必要であることを確信して、

ここに、次に規定するとおり協定する。

第一条【国際法上の犯罪】締約国は、集団殺害が平時に行われるか戦時に行われるかを問わず、国際法上の犯罪であることを確認し、これを防止し処罰することを約束する。

第二条【定義】この条約では、集団殺害とは、民族的、種族的、人種的又は宗教的〔**a national, etmical, racial or religious**〕集団を全部又は一部破壊する意図をもって行われた次の行為のいずれをも意味する。

a　集団構成員を殺すこと。

b　集団構成員に対して重大な肉体的又は精神的な危害を加えること。

c　全部又は一部に肉体的破壊をもたらすことを意図した生活条件を集団に対して故意に課すること。

d　集団内における出生を妨げることを意図する措置を課すること。

e　集団の児童を他の集団に強制的に移すこと。

第三条【処罰する行為】次の行為は、処罰する。

a　集団殺害

b　集団殺害の共謀

c　集団殺害の直接かつ公然の扇動

d　集団殺害の未遂

e　集団殺害の共犯

第四条【犯罪者の身分】集団殺害又は第三条に列挙する他の行為のいずれかを犯す者は、憲法上の責任のある統治者であるか、公務員であるか又は私人であるかを問わず、処罰する。

第五条【国内立法】締約国は、それぞれ自国の憲法に従って、この条約の規定を実施するために、特に集団殺害又は第三条に列挙する他の行為のいずれかを犯した者に対する有効な刑罰を規定するために、必要な立法を行うことを約束する。

第六条【管轄裁判所】集団殺害又は第三条に列挙する他の行為のいずれかの罪に問われている者は、行為がなされた地域の属する国の権限のある裁判所により、又は国際刑事裁判所の管轄権を受諾する締約国に対しては管轄権を有する国際刑事裁判所により裁判を受ける。

第七条【犯罪人引渡しとの関係】集団殺害及び第三条に列挙する他の行為は、犯罪人引渡しについては政治

的犯罪とみなされない。

　締約国は、この場合、自国の法律及び効力を有する条約に従って、犯罪人引渡しを行うことを誓約する。

第八条【国際連合による措置】締約国は、国際連合の権限のある機関が集団殺害又は第三条に列挙する他の行為のいずれかを防止し又は抑圧するために適当と認める国際連合憲章に基づく措置をとるように、これらの機関に要求することができる。

第九条【紛争の解決】この条約の解釈、適用又は履行に関する締約国間の紛争は、集団殺害又は第三条に列挙する他の行為のいずれかに対する国の責任に関するものを含め、紛争当事国のいずれかの請求により国際司法裁判所に付託する。

第一〇条【正文】この条約は、中国語、英語、フランス語、ロシア語及びスペイン語の本文をひとしく正文とし、一九四八年一二月九日の日付を有する。

第一一条【署名、批准、加入】この条約は、国際連合の加盟国及び総会が署名するよう招請する非加盟国による署名のために、一九四九年一二月三一日まで開放しておく。

　この条約は、批准されなければならず、批准書は、国際連合事務総長に寄託する。

　一九五〇年一月一日以後は、国際連合の加盟国及び前記の招請を受けた非加盟国は、この条約に加入することができる。

　加入書は、国際連合事務総長に寄託する。

第一二条【適用地域の拡張】締約国は、国際連合事務総長にあてた通告により、自国が外交関係の遂行に責任を有する地域の全部又は一部に対し、いつでもこの条約の適用を拡張することができる。

第一三条【調書、効力発生】最初の二〇の批准書又は加入書が寄託された日に、事務総長は、調書を作成し、その写しを国際連合の各加盟国及び第一一条に規定する非加盟国に送付する。

　この条約は、二〇番目の批准書又は加入書が寄託された日の後、九〇日目に効力を生ずる。

　右の日の後に行われた批准又は加入は、批准書又は加入書の寄託後九〇日目に効力を生ずる。

第一四条【有効期間、廃棄】この条約は、効力発生の日から一〇年間効力を有する。

　有効期間の満了の少なくとも六箇月前に廃棄しなかった締約国に対しては、この条約は、その後五年間ずつ引き続き効力を有する。

　廃棄は、国際連合事務総長にあてた文書による通告により行う。

第一五条【失効】廃棄の結果この条約の当事国の数が一六未満になるときは、この条約は、廃棄の最後のものが効力を生ずる日から効力を終止する。

第一六条【改正】この条約の改正の要請は、締約国が、事務総長にあてた文書による通告により、いつでも行うことができる。

　総会は、前記の要請について執るべき措置があるときは、これを決定する。

第一七条【国際連合事務総長による通報】国際連合事務総長は、国際連合のすべての加盟国及び第一一条に規定する非加盟国に対し、次の事項を通告する。

a　第一一条に従って受領する署名、批准及び加入
b　第一二条に従って受領する通告
c　第一三条に従ってこの条約が効力を生ずる日
d　第一四条に従って受領する廃棄
e　第一五条によるこの条約の失効
f　第一六条に従って受領する通告
第一八条【原本と認証謄本】この条約の原本は、国際連合の記録に寄託する。

　この条約の認証謄本は、国際連合の各加盟国及び第一一条に規定する各非加盟国に送付する。

第一九条【登録】この条約は、その効力発生の日に国際連合事務総長が登録する。

95　国際刑事裁判所に関するローマ規程（国際刑事裁判所（ＩＣＣ）規程）

採　択　一九九八年七月一七日　国際刑事裁判所の設立に関する国際連合全権代表外交会議
署　名　一九九八年七月一七日（ローマ）
効力発生　二〇〇二年七月一日
改　正　二〇一〇年六月一〇日、ローマ規程検討会議（カンパラ）決議五、二〇一二年九月二六日効力発生、二〇一〇年六月一一日、同会議決議六、二〇一八年七月一七日同決議による改正による管轄権有効化（二〇一七年一二月一四日、締約国会議第一六会期決議五）、二〇一七年一二月一四日締約国会議第一六会期決議四（未発効）
日本国　二〇〇七年四月二七日国会承認、二〇〇七年七月一七日加入書寄託、二〇〇七年七月二〇日公布（条約第六号）、二〇〇七年一〇月一日効力発生

※右に掲げた改正は、いずれも日本については未発効であるため、以下ではそれを反映させることはしていない。もっとも侵略犯罪に関するローマ規程検討会議（カンパラ）決議六による改正については、その重要性に鑑み細字で条文を挿入した。

前　文

　この規程の締約国は、
　すべての人民が共通のきずなで結ばれており、その文化が共有された遺産によって継ぎ合わされていることを意識し、また、この繊細な継ぎ合わされたものがいつでも粉々になり得ることを懸念し、
　二〇世紀の間に多数の児童、女性及び男性が人類の良心に深く衝撃を与える想像を絶する残虐な行為の犠

牲者となってきたことに留意し、

このような重大な犯罪が世界の平和、安全及び福祉を脅かすことを認識し、

国際社会全体の関心事である最も重大な犯罪が処罰されずに済まされてはならないこと並びにそのような犯罪に対する効果的な訴追が国内的な措置をとり、及び国際協力を強化することによって確保されなければならないことを確認し、

これらの犯罪を行った者が処罰を免れることを終わらせ、もってそのような犯罪の防止に貢献することを決意し、

国際的な犯罪について責任を有する者に対して刑事裁判権を行使することがすべての国家の責務であることを想起し、

国際連合憲章の目的及び原則並びに特に、すべての国が、武力による威嚇又は武力の行使を、いかなる国の領土保全又は政治的独立に対するものも、また、国際連合の目的と両立しない他のいかなる方法によるものも慎まなければならないことを再確認し、

これに関連して、この規程のいかなる規定も、いずれかの国の武力紛争又は国内問題に干渉する権限を締約国に与えるものと解してはならないことを強調し、

これらの目的のため並びに現在及び将来の世代のために、国際連合及びその関連機関と連携関係を有し、国際社会全体の関心事である最も重大な犯罪についての管轄権を有する独立した常設の国際刑事裁判所を設立することを決意し、

この規程に基づいて設立する国際刑事裁判所が国家の刑事裁判権を補完するものであることを強調し、

国際正義の永続的な尊重及び実現を保障することを決意して、

次のとおり協定した。

第一部　裁判所の設立

第一条（裁判所） この規程により国際刑事裁判所（以下「裁判所」という。）を設立する。裁判所は、常設機関とし、この規程に定める国際的な関心事である最も重大な犯罪を行った者に対して管轄権を行使する権限を有し、及び国家の刑事裁判権を補完する。裁判所の管轄権及び任務については、この規程によって規律する。

第二条（裁判所と国際連合との連携関係） 裁判所は、この規程の締約国会議が承認し、及びその後裁判所のために裁判所長が締結する協定によって国際連合と連携関係をもつ。

第三条（裁判所の所在地） 1　裁判所の所在地は、オランダ（以下「接受国」という。）のハーグとする。

2　裁判所は、接受国と本部協定を結ぶ。この協定は、締約国会議が承認し、その後裁判所のために裁判所長が締結する。

3　裁判所は、この規程に定めるところにより、裁判所が望ましいと認める場合に他の地で開廷することができる。

第四条（裁判所の法的地位及び権限） 1　裁判所は、国際法上の法人格を有する。また、裁判所は、任務の遂行及び目的の達成に必要な法律上の能力を有する。

2　裁判所は、この規程に定めるところによりいずれの締約国の領域においても、及び特別の合意によりその他のいずれの国の領域においても、任務を遂行し、及び権限を行使することができる。

第二部　管轄権、受理許容性及び適用される法

第五条（裁判所の管轄権の範囲内にある犯罪） 1　裁判所の管轄権は、国際社会全体の関心事である最も重大な犯罪に限定する。裁判所は、この規程に基づき次の犯罪について管轄権を有する。

(a) 集団殺害犯罪
(b) 人道に対する犯罪
(c) 戦争犯罪
(d) 侵略犯罪

2　第一二一条及び第一二三条の規定に従い、侵略犯罪を定義し、及び裁判所がこの犯罪について管轄権を行使する条件を定める規定が採択された後に、裁判所は、この犯罪について管轄権を行使する。この規定は、国際連合憲章の関連する規定に適合したものとする。

〔注〕ローマ規程検討会議決議六による改正により本項削除

第六条（集団殺害犯罪） この規程の適用上、「集団殺害犯罪」とは、国民的〔national〕、民族的〔ethnical〕、人種的又は宗教的な集団の全部又は一部に対し、その集団自体を破壊する意図をもって行う次のいずれかの行為をいう。

(a) 当該集団の構成員を殺害すること。
(b) 当該集団の構成員の身体又は精神に重大な害を与えること。
(c) 当該集団の全部又は一部に対し、身体的破壊をもたらすことを意図した生活条件を故意に課すること。
(d) 当該集団内部の出生を妨げることを意図する措置をとること。
(e) 当該集団の児童を他の集団に強制的に移すこと。

第七条（人道に対する犯罪） 1　この規程の適用上、「人道に対する犯罪」とは、文民たる住民に対する攻撃であって広範又は組織的なものの一部として、そのような攻撃であると認識しつつ行う次のいずれかの行為をいう。

(a) 殺人
(b) 絶滅させる行為
(c) 奴隷化すること。
(d) 住民の追放又は強制移送
(e) 国際法の基本的な規則に違反する拘禁その他の身体的な自由の著しいはく奪
(f) 拷問
(g) 強姦（かん）、性的な奴隷、強制売春、強いられた妊娠状態の継続、強制断種その他あらゆる形態の性的暴力であってこれらと同等の重大性を有す

るもの

(h) 政治的、人種的、国民的、民族的、文化的又は宗教的な理由、3に定義する性に係る理由その他国際法の下で許容されないことが普遍的に認められている理由に基づく特定の集団又は共同体に対する迫害であって、この1に掲げる行為又は裁判所の管轄権の範囲内にある犯罪を伴うもの

(i) 人の強制失踪(そう)

(j) アパルトヘイト犯罪

(k) その他の同様の性質を有する非人道的な行為であって、身体又は心身の健康に対して故意に重い苦痛を与え、又は重大な傷害を加えるもの

2　1の規定の適用上、

(a) 「文民たる住民に対する攻撃」とは、そのような攻撃を行うとの国若しくは組織の政策に従い又は当該政策を推進するため、文民たる住民に対して1に掲げる行為を多重的に行うことを含む一連の行為をいう。

(b) 「絶滅させる行為」には、住民の一部の破壊をもたらすことを意図した生活条件を故意に課すこと(特に食糧及び薬剤の入手の機会のはく奪)を含む。

(c) 「奴隷化すること」とは、人に対して所有権に伴ういずれか又はすべての権限を行使することをいい、人(特に女性及び児童)の取引の過程でそのような権限を行使することを含む。

(d) 「住民の追放又は強制移送」とは、国際法の下で許容されている理由によることなく、退去その他の強制的な行為により、合法的に所在する地域から関係する住民を強制的に移動させることをいう。

(e) 「拷問」とは、身体的なものであるか精神的なものであるかを問わず、抑留されている者又は支配下にある者に著しい苦痛を故意に与えることをいう。ただし、拷問には、専ら合法的な制裁に固有の又はこれに付随する苦痛が生ずることを含まない。

(f) 「強いられた妊娠状態の継続」とは、住民の民族的な組成に影響を与えること又は国際法に対するその他の重大な違反を行うことを意図して、強制的に妊娠させられた女性を不法に監禁することをいう。この定義は、妊娠に関する国内法に影響を及ぼすものと解してはならない。

(g) 「迫害」とは、集団又は共同体の同一性を理由として、国際法に違反して基本的な権利を意図的にかつ著しくはく奪することをいう。

(h) 「アパルトヘイト犯罪」とは、1に掲げる行為と同様な性質を有する非人道的な行為であって、一の人種的集団が他の一以上の人種的集団を組織的に抑圧し、及び支配する制度化された体制との関連において、かつ、当該体制を維持する意図をもって行うものをいう。

(i) 「人の強制失踪(そう)」とは、国若しくは政治的組織又はこれらによる許可、支援若しくは黙認を得た者が、長期間法律の保護の下から排除する意図をもって、人を逮捕し、拘禁し、又は拉(ら)致する行為であって、その自由をはく奪していることを認めず、又はその消息若しくは所在に関する情報の提供を拒否することを伴うものをいう。

3　この規程の適用上、「性」とは、社会の文脈における両性、すなわち、男性及び女性をいう。「性」の語は、これと異なるいかなる意味も示すものではない。

第八条(戦争犯罪)　1　裁判所は、戦争犯罪、特に、計画若しくは政策の一部として又は大規模に行われたそのような犯罪の一部として行われるものについて管轄権を有する。

2　この規程の適用上、「戦争犯罪」とは、次の行為をいう。

(a) 一九四九年八月一二日のジュネーヴ諸条約に対する重大な違反行為、すなわち、関連するジュネーヴ条約に基づいて保護される人又は財産に対して行われる次のいずれかの行為

(i) 殺人

(ii) 拷問又は非人道的な待遇(生物学的な実験を含む。)

(iii) 身体又は健康に対して故意に重い苦痛を与え、又は重大な傷害を加えること。

(iv) 軍事上の必要性によって正当化されない不法かつ恣(し)意的に行う財産の広範な破壊又は徴発

(v) 捕虜その他の被保護者を強制して敵国の軍隊において服務させること。

(vi) 捕虜その他の被保護者からの公正な正式の裁判を受ける権利のはく奪

(vii) 不法な追放、移送又は拘禁

(viii) 人質をとること。

(b) 確立された国際法の枠組みにおいて国際的な武力紛争の際に適用される法規及び慣例に対するその他の著しい違反、すなわち、次のいずれかの行為

(i) 文民たる住民それ自体又は敵対行為に直接参加していない個々の文民を故意に攻撃すること。

(ii) 民用物、すなわち、軍事目標以外の物を故意に攻撃すること。

(iii) 国際連合憲章の下での人道的援助又は平和維持活動に係る要員、施設、物品、組織又は車両であって、武力紛争に関する国際法の下で文民又は民用物に与えられる保護を受ける権利を有するものを故意に攻撃すること。

(iv) 予期される具体的かつ直接的な軍事的利益全体との比較において、攻撃が、巻き添えによる文民の死亡若しくは傷害、民用物の損傷又は自然環境に対する広範、長期的かつ深刻な損害であって、明らかに過度となり得るものを引き起こすことを認識しながら故意に攻撃すること。

(v) 手段のいかんを問わず、防衛されておらず、かつ、軍事目標でない都市、町村、住居又は建物を攻撃し、又は砲撃し若しくは爆撃すること。

(vi) 武器を放棄して又は防衛の手段をもはや持たずに自ら投降した戦闘員を殺害し、又は負傷さ

せること。

(vii) ジュネーヴ諸条約に定める特殊標章のほか、休戦旗又は敵国若しくは国際連合の旗若しくは軍隊の記章及び制服を不適正に使用して、死亡又は重傷の結果をもたらすこと。

(viii) 占領国が、その占領地域に自国の文民たる住民の一部を直接若しくは間接に移送すること又はその占領地域の住民の全部若しくは一部を当該占領地域の内において若しくはその外に追放し若しくは移送すること。

(ix) 宗教、教育、芸術、科学又は慈善のために供される建物、歴史的建造物、病院及び傷病者の収容所であって、軍事目標以外のものを故意に攻撃すること。

(x) 敵対する紛争当事国の権力内にある者に対し、身体の切断又はあらゆる種類の医学的若しくは科学的な実験であって、その者の医療上正当と認められるものでも、その者の利益のために行われるものでもなく、かつ、その者を死に至らしめ、又はその健康に重大な危険が生ずるものを受けさせること。

(xi) 敵対する紛争当事国又は軍隊に属する個人を背信的に殺害し、又は負傷させること。

(xii) 助命しないことを宣言すること。

(xiii) 敵対する紛争当事国の財産を破壊し、又は押収すること。ただし、戦争の必要性から絶対的にその破壊又は押収を必要とする場合は、この限りでない。

(xiv) 敵対する紛争当事国の国民の権利及び訴権が消滅したこと、停止したこと又は裁判所において受理されないことを宣言すること。

(xv) 敵対する紛争当事国の国民が戦争の開始前に本国の軍役に服していたか否かを問わず、当該国民に対し、その本国に対する軍事行動への参加を強制すること。

(xvi) 襲撃により占領した場合であるか否かを問わず、都市その他の地域において略奪を行うこと。

(xvii) 毒物又は毒を施した兵器を使用すること。

(xviii) 窒息性ガス、毒性ガス又はこれらに類するガス及びこれらと類似のすべての液体、物質又は考案物を使用すること。

(xix) 人体内において容易に展開し、又は扁(へん)平となる弾丸(例えば、外包が硬い弾丸であって、その外包が弾芯(しん)を全面的には被覆しておらず、又はその外包に切込みが施されたもの)を使用すること。

(xx) 武力紛争に関する国際法に違反して、その性質上過度の傷害若しくは無用の苦痛を与え、又は本質的に無差別な兵器、投射物及び物質並びに戦闘の方法を用いること。ただし、これらの兵器、投射物及び物質並びに戦闘の方法が、包括的な禁止の対象とされ、かつ、第一二一条及び第一二三条の関連する規定に基づく改正によってこの規程の附属書に含められることを条件とする。

(xxi) 個人の尊厳を侵害すること(特に、侮辱的で体面を汚す待遇)。

(xxii) 強姦(かん)、性的な奴隷、強制売春、前条2(f)に定義する強いられた妊娠状態の継続、強制断種その他あらゆる形態の性的暴力であって、ジュネーヴ諸条約に対する重大な違反行為を構成するものを行うこと。

(xxiii) 文民その他の被保護者の存在を、特定の地点、地域又は軍隊が軍事行動の対象とならないようにするために利用すること。

(xxiv) ジュネーヴ諸条約に定める特殊標章を国際法に従って使用している建物、物品、医療組織、医療用輸送手段及び要員を故意に攻撃すること。

(xxv) 戦闘の方法として、文民からその生存に不可欠な物品をはく奪すること(ジュネーヴ諸条約に規定する救済品の分配を故意に妨げることを含む。)によって生ずる飢餓の状態を故意に利用すること。

(xxvi) 一五歳未満の児童を自国の軍隊に強制的に徴集し若しくは志願に基づいて編入すること又は敵対行為に積極的に参加させるために使用すること。

(c) 国際的性質を有しない武力紛争の場合には、一九四九年八月一二日のジュネーヴ諸条約のそれぞれの第三条に共通して規定する著しい違反、すなわち、敵対行為に直接に参加しない者(武器を放棄した軍隊の構成員及び病気、負傷、抑留その他の事由により戦闘能力のない者を含む。)に対する次のいずれかの行為

(i) 生命及び身体に対し害を加えること(特に、あらゆる種類の殺人、身体の切断、虐待及び拷問)。

(ii) 個人の尊厳を侵害すること(特に、侮辱的で体面を汚す待遇)。

(iii) 人質をとること。

(iv) 一般に不可欠と認められるすべての裁判上の保障を与える正規に構成された裁判所の宣告する判決によることなく刑を言い渡し、及び執行すること。

(d) (c)の規定は、国際的性質を有しない武力紛争について適用するものとし、暴動、独立の又は散発的な暴力行為その他これらに類する性質の行為等国内における騒乱及び緊張の事態については、適用しない。

(e) 確立された国際法の枠組みにおいて国際的性質を有しない武力紛争の際に適用される法規及び慣例に対するその他の著しい違反、すなわち、次のいずれかの行為

(i) 文民たる住民それ自体又は敵対行為に直接参加していない個々の文民を故意に攻撃すること。

(ii) ジュネーヴ諸条約に定める特殊標章を国際法に従って使用している建物、物品、医療組織、医療用輸送手段及び要員を故意に攻撃すること。

(iii) 国際連合憲章の下での人道的援助又は平和維持活動に係る要員、施設、物品、組織又は車両であって、武力紛争に関する国際法の下で文民又は民用物に与えられる保護を受ける権利を有するものを故意に攻撃すること。

(iv) 宗教、教育、芸術、科学又は慈善のために供される建物、歴史的建造物、病院及び傷病者の収容所であって、軍事目標以外のものを故意に攻撃すること。

(v) 襲撃により占領した場合であるか否かを問わず、都市その他の地域において略奪を行うこと。

(vi) 強姦(かん)、性的な奴隷、強制売春、前条2(f)に定義する強いられた妊娠状態の継続、強制断種その他あらゆる形態の性的暴力であって、ジュネーヴ諸条約のそれぞれの第三条に共通して規定する著しい違反を構成するものを行うこと。

(vii) 一五歳未満の児童を軍隊若しくは武装集団に強制的に徴集し若しくは志願に基づいて編入すること又は敵対行為に積極的に参加させるために使用すること。

(viii) 紛争に関連する理由で文民たる住民の移動を命ずること。ただし、その文民の安全又は絶対的な軍事上の理由のために必要とされる場合は、この限りでない。

(ix) 敵対する紛争当事者の戦闘員を背信的に殺害し、又は負傷させること。

(x) 助命しないことを宣言すること。

(xi) 敵対する紛争当事者の権力内にある者に対し、身体の切断又はあらゆる種類の医学的若しくは科学的な実験であって、その者の医療上正当と認められるものでも、その者の利益のために行われるものでもなく、かつ、その者を死に至らしめ、又はその健康に重大な危険が生ずるものを受けさせること。

(xii) 敵対する紛争当事者の財産を破壊し、又は押収すること。ただし、紛争の必要性から絶対的にその破壊又は押収を必要とする場合は、この限りでない。

(f) (e)の規定は、国際的性質を有しない武力紛争について適用するものとし、暴動、独立の又は散発的な暴力行為その他これらに類する性質の行為等国内における騒乱及び緊張の事態については、適用しない。同規定は、政府当局と組織された武装集団との間又はそのような集団相互の間の長期化した武力紛争がある場合において、国の領域内で生ずるそのような武力紛争について適用する。

3　2(c)及び(e)の規定は、あらゆる正当な手段によって、国内の法及び秩序を維持し若しくは回復し、又は国の統一を維持し、及び領土を保全するための政府の責任に影響を及ぼすものではない。

[注] ローマ規程検討会議決議六による追加条文

第八条の二(侵略犯罪) 1　本規程の適用上、「侵略犯罪」とは、国の政治的又は軍事的行動を実効的に支配又は指揮する地位にある者による行為であって、その性質、重大性及び規模により国際連合憲章の明白な違反を構成する侵略行為の、計画、準備、開始又は実行をいう。

2　前項の適用上、「侵略行為」とは、国による他国の主権、領土保全若しくは政治的独立に対する、又は国際連合憲章と両立しないその他の方法による武力の行使をいう。次の行為はいずれも、一九七四年一二月一四日の国際連合総会決議三三一四(XXIX)に従って、宣戦布告の有無にかかわりなく、侵略行為とされる。

(a) 一国の軍隊による他国の領域に対する侵入若しくは攻撃、一時的なものであってもかかる侵入若しくは攻撃の結果もたらされる軍事占領、又は武力の行使による他国の領域の全部若しくは一部の併合

(b) 一国の軍隊による他国の領域に対する砲爆撃、又は一国による他国の領域に対する兵器の使用

(c) 一国の軍隊による他国の港又は沿岸の封鎖

(d) 一国の軍隊による他国の陸軍、海軍若しくは空軍又は船隊及び航空隊に対する攻撃

(e) 受入国との合意にもとづきその国の領域内にある軍隊の当該合意において定められている条件に反する使用、又は当該合意の終了後のかかる領域内における当該軍隊の駐留の継続

(f) 他国の使用に供した領域を、当該他国が第三国に対する侵略行為を行うために使用することを許容する国の行為

(g) 上記の諸行為に相当する重大性を有する武力行為を他国に対して実行する武装した集団、団体、不正規兵又は傭兵の国による若しくは国のための派遣、又はかかる行為に対する国の実質的関与

第九条(犯罪の構成要件に関する文書) 1　裁判所は、前三条の規定の解釈及び適用に当たり、犯罪の構成要件に関する文書を参考とする。犯罪の構成要件に関する文書は、締約国会議の構成国の三分の二以上の多数による議決で採択される。

2　犯罪の構成要件に関する文書の改正は、次の者が提案することができる。

(a) 締約国

(b) 絶対多数による議決をもって行動する裁判官

(c) 検察官

この改正は、締約国会議の構成国の三分の二以上の多数による議決で採択される。

3　犯罪の構成要件に関する文書及びその改正は、この規程に適合したものとする。

第一〇条　この部のいかなる規定も、この規程の目的以外の目的のために現行の又は発展する国際法の規則を制限し、又はその適用を妨げるものと解してはならない。

第一一条(時間についての管轄権) 1　裁判所は、この

規程が効力を生じた後に行われる犯罪についてのみ管轄権を有する。

2　いずれかの国がこの規程が効力を生じた後にこの規程の締約国となる場合には、裁判所は、この規程が当該国について効力を生じた後に行われる犯罪についてのみ管轄権を行使することができる。ただし、当該国が次条3に規定する宣言を行った場合は、この限りでない。

第一二条（管轄権を行使する前提条件）1　この規程の締約国となる国は、第五条に規定する犯罪についての裁判所の管轄権を受諾する。

2　裁判所は、次条(a)又は(c)に規定する場合において、次の(a)又は(b)に掲げる国の一又は二以上がこの規程の締約国であるとき又は3の規定に従い裁判所の管轄権を受諾しているときは、その管轄権を行使することができる。

(a)　領域内において問題となる行為が発生した国又は犯罪が船舶内若しくは航空機内で行われた場合の当該船舶若しくは航空機の登録国

(b)　犯罪の被疑者の国籍国

3　この規程の締約国でない国が2の規定に基づき裁判所の管轄権の受諾を求められる場合には、当該国は、裁判所書記に対して行う宣言により、問題となる犯罪について裁判所が管轄権を行使することを受諾することができる。受諾した国は、第九部の規定に従い遅滞なくかつ例外なく裁判所に協力する。

第一三条（管轄権の行使）裁判所は、次の場合において、この規程に基づき、第五条に規定する犯罪について管轄権を行使することができる。

(a)　締約国が次条の規定に従い、これらの犯罪の一又は二以上が行われたと考えられる事態を検察官に付託する場合

(b)　国際連合憲章第七章の規定に基づいて行動する安全保障理事会がこれらの犯罪の一又は二以上が行われたと考えられる事態を検察官に付託する場合

(c)　検察官が第一五条の規定に従いこれらの犯罪に関する捜査に着手した場合

第一四条（締約国による事態の付託）1　締約国は、裁判所の管轄権の範囲内にある犯罪の一又は二以上が行われたと考えられる事態を検察官に付託することができるものとし、これにより、検察官に対し、そのような犯罪を行ったことについて一人又は二人以上の特定の者が訴追されるべきか否かを決定するために当該事態を捜査するよう要請する。

2　付託については、可能な限り、関連する状況を特定し、及び事態を付託する締約国が入手することのできる裏付けとなる文書を添付する。

第一五条（検察官）1　検察官は、裁判所の管轄権の範囲内にある犯罪に関する情報に基づき自己の発意により捜査に着手することができる。

2　検察官は、取得した情報の重大性を分析する。このため、検察官は、国、国際連合の諸機関、政府間機関、非政府機関その他の自己が適当と認める信頼し得る情報源に対して追加的な情報を求めることができるものとし、裁判所の所在地において書面又は口頭による証言を受理することができる。

3　検察官は、捜査を進める合理的な基礎があると結論する場合には、収集した裏付けとなる資料とともに捜査に係る許可を予審裁判部に請求する。被害者は、手続及び証拠に関する規則に従い、予審裁判部に対して陳述をすることができる。

4　予審裁判部は、3に規定する請求及び裏付けとなる資料の検討に基づき、捜査を進める合理的な基礎があり、かつ、事件が裁判所の管轄権の範囲内にあるものと認める場合には、捜査の開始を許可する。ただし、この許可は、事件の管轄権及び受理許容性について裁判所がその後に行う決定に影響を及ぼすものではない。

5　予審裁判部が捜査を不許可としたことは、検察官が同一の事態に関し新たな事実又は証拠に基づいてその後に請求を行うことを妨げるものではない。

6　検察官は、1及び2の規定の下での予備的な検討の後、提供された情報が捜査のための合理的な基礎を構成しないと結論する場合には、その旨を当該情報を提供した者に通報する。このことは、検察官が同一の事態に関し新たな事実又は証拠に照らして自己に提供される追加的な情報を検討することを妨げるものではない。

［注］ローマ規程検討会議決議六による追加条文

第一五条の二（侵略犯罪に対する管轄権の行使―国による付託・検察官の自己の発意による付託）1　裁判所は、本条の規定を条件として、第一三条(a)及び(c)の規定に従い侵略犯罪に対して管轄権を行使することができる。

2　裁判所は、三〇か国の締約国による本改正の批准又は受諾から一年を経過した後におかされた侵略犯罪についてのみ、管轄権を行使することができる。

3　裁判所は、本規程の改正の採択のために必要とされるものと同一の多数決により、二〇一七年一月一日以後に締約国により採択される決定を条件として、本条の規定に従い管轄権を行使しなければならない。

4　裁判所は、締約国による侵略行為から生ずる侵略犯罪に対して、第一二条の規定に従って管轄権を行使することができる。ただし、当該締約国が、書記に宣言を寄託することにより、かかる管轄権を受諾しないことを宣言していた場合はこの限りではない。かかる宣言の撤回は、いつでも行うことができ、締約国は、三年以内に宣言の撤回を検討しなければならない。

5　裁判所は、本規程の締約国でない国に関しては、当該国の国民により又はその領域で犯された侵略犯罪に対して管轄権を行使してはならない。

6　検察官は、侵略犯罪に関して捜査をすすめる合理的な根拠があると結論する場合は、まず安全保

障理事会が関係国により犯された侵略行為の決定をするかどうかを確かめなければならない。検察官は、あらゆる関連情報及び文書を含め、裁判所に付託される事態を国際連合事務総長に通告する。

7　安全保障理事会がかかる決定を行った場合は、検察官は侵略犯罪に関する捜査を進めることができる。

8　検察官は、6項にいう通告の後六か月以内にかかる決定がなされない場合は、侵略犯罪について捜査を進めることができる。ただし、予審裁判部が第一五条に規定する手続に従って侵略犯罪に関する捜査の開始を許可し、かつ、安全保障理事会が、第一六条に従って捜査の開始又は続行をしないよう要請しないことを条件とする。

9　裁判所外の機関による侵略行為の決定は、本規程に基づく裁判所の認定を害するものではない。

10　本条は、第五条にいう他の犯罪に関する管轄権の行使に関する規定を害しない。

第一五条の三（侵略犯罪に対する管轄権の行使－安全保障理事会による付託）1　裁判所は、本条の規定を条件として、第一三条(b)に従い侵略犯罪に対して管轄権を行使することができる。

2　裁判所は、三〇か国の締約国による本改正の批准又は受諾から一年を経過した後に犯された侵略犯罪に関してのみ管轄権を行使することができる。

3　裁判所は、本規程の改正の採択のために必要とされるものと同一の多数決により、二〇一七年一月一日以後に締約国により採択される決定を条件として、本条の規定に従い管轄権を行使しなければならない。

4　裁判所外の機関による侵略行為の決定は、本規程に基づく裁判所の認定を害するものではない。

5　本条は、第五条にいう他の犯罪に関する管轄権の行使に関する規定を害しない。

第一六条（捜査又は訴追の延期）いかなる捜査又は訴追についても、安全保障理事会が国際連合憲章第七章の規定に基づいて採択した決議により裁判所に対してこれらを開始せず、又は続行しないことを要請した後一二箇月の間、この規程に基づいて開始し、又は続行することができない。安全保障理事会は、その要請を同一の条件において更新することができる。

第一七条（受理許容性の問題）1　裁判所は、前文の第一〇段落及び第一条の規定を考慮した上で、次の場合には、事件を受理しないことを決定する。

(a)　当該事件がそれについての管轄権を有する国によって現に捜査され、又は訴追されている場合。ただし、当該国にその捜査又は訴追を真に行う意思又は能力がない場合は、この限りでない。

(b)　当該事件がそれについての管轄権を有する国によって既に捜査され、かつ、当該国が被疑者を訴追しないことを決定している場合。ただし、その決定が当該国に訴追を真に行う意思又は能力がないことに起因する場合は、この限りでない。

(c)　被疑者が訴えの対象となる行為について既に裁判を受けており、かつ、第二〇条3の規定により裁判所による裁判が認められない場合

(d)　当該事件が裁判所による新たな措置を正当化する十分な重大性を有しない場合

2　裁判所は、特定の事件において捜査又は訴追を真に行う意思がないことを判定するため、国際法の認める適正な手続の原則を考慮した上で、妥当な場合には、次の一又は二以上のことが存在するか否かを検討する。

(a)　第五条に規定する裁判所の管轄権の範囲内にある犯罪についての刑事責任から被疑者を免れさせるために手続が行われた若しくは行われていること又はそのために国の決定が行われたこと。

(b)　その時の状況において被疑者を裁判に付する意図に反する手続上の不当な遅延があったこと。

(c)　手続が、独立して又は公平に行われなかった又は行われておらず、かつ、その状況において被疑者を裁判に付する意図に反する方法で行われた又は行われていること。

3　裁判所は、特定の事件において捜査又は訴追を真に行う能力がないことを判定するため、国が自国の司法制度の完全又は実質的な崩壊又は欠如のために、被疑者を確保し、若しくは必要な証拠及び証言を取得することができないか否か又はその他の理由から手続を行うことができないか否かを検討する。

第一八条（受理許容性についての予備的な決定）1　検察官は、事態が第一三条(a)の規定に従って裁判所に付託されており、かつ、捜査を開始する合理的な基礎があると決定している場合又は同条(c)及び第一五条の規定に従って捜査に着手する場合には、すべての締約国及び利用可能な情報を考慮して問題となる犯罪について裁判権を通常行使し得る国に通報する。検察官は、これらの国に対し情報を秘密のものとして通報することができるものとし、また、関係者を保護し、証拠の破壊を防止し、又は被疑者の逃亡を防止するために必要と認める場合には、これらの国に提供する情報の範囲を限定することができる。

2　国は、1に規定する通報を受領した後一箇月以内に、裁判所に対し、第五条に規定する犯罪を構成する可能性のある犯罪行為であって各国に対する通報において提供された情報に関連するものに関し、自国の裁判権の範囲内にある自国民その他の者を現に捜査しており、又は既に捜査した旨を通報することができる。検察官は、自己の請求に基づき予審裁判部が捜査を許可することを決定しない限り、当該国の要求により、これらの者に対する当該国が行う捜査にゆだねる。

3　国の行う捜査にゆだねたことについては、ゆだねた日の後六箇月を経過した後又は当該国に当該捜査を真に行う意思若しくは能力がないことに基づく著しい状況の変化があった場合にはいつでも、検察官

が再検討することができる。

4　関係国又は検察官は、第八二条の規定に従い予審裁判部の決定に対して上訴裁判部に上訴をすることができる。当該上訴については、迅速に審理する。

5　検察官は、2の規定に従って関係国に捜査をゆだねた場合には、当該関係国に対しその捜査の進捗状況及びその後の訴追について定期的に自己に報告するよう要請することができる。締約国は、不当に遅延することなくその要請に応ずる。

6　検察官は、予審裁判部による決定がなされるまでの間において、又はこの条の規定に従って捜査をゆだねた場合にはいつでも、重要な証拠を得るための得難い機会が存在し、又はそのような証拠がその後に入手することができなくなる著しい危険が存在するときは、例外的に、証拠を保全するために必要な捜査上の措置をとることについて予審裁判部の許可を求めることができる。

7　この条の規定に従い予審裁判部の決定について上訴をした国は、追加的な重要な事実又は著しい状況の変化を理由として、次条の規定に従い事件の受理許容性について異議を申し立てることができる。

第一九条（裁判所の管轄権又は事件の受理許容性についての異議の申立て）1　裁判所は、提起された事件について管轄権を有することを確認する。裁判所は、職権により第一七条の規定に従って事件の受理許容性を決定することができる。

2　裁判所の管轄権についての異議の申立て又は第一七条の規定を理由とする事件の受理許容性についての異議の申立ては、次の者が行うことができる。

(a)　被告人又は第五八条の規定に従って逮捕状若しくは召喚状が発せられている者

(b)　当該事件について裁判権を有する国であって、当該事件を現に捜査し若しくは訴追しており、又は既に捜査し若しくは訴追したことを理由として異議の申立てを行うもの

(c)　第一二条の規定に従って裁判所の管轄権の受諾を求められる国

3　検察官は、管轄権又は受理許容性の問題に関して裁判所による決定を求めることができる。また、第一三条の規定に従って事態を付託した者及び被害者は、管轄権又は受理許容性に関する手続において、裁判所に対して意見を提出することができる。

4　裁判所の管轄権又は事件の受理許容性については、異議の申立てを2に規定する者が一回のみ行うことができる。異議の申立ては、公判の前又は開始時に行う。裁判所は、例外的な状況において、異議の申立てが二回以上行われること又は公判の開始時よりも遅い時に行われることについて許可を与えることができる。公判の開始時において又はその後に裁判所の許可を得て行われる事件の受理許容性についての異議の申立ては、第一七条1(c)の規定にのみ基づいて行うことができる。

5　2(b)及び(c)に掲げる国は、できる限り早い機会に異議の申立てを行う。

6　裁判所の管轄権についての異議の申立て又は事件の受理許容性についての異議の申立ては、犯罪事実の確認の前は予審裁判部に対して行い、犯罪事実の確認の後は第一審裁判部に対して行う。管轄権又は受理許容性に関する決定については、第八二条の規定に従い上訴裁判部に上訴をすることができる。

7　異議の申立てが2(b)又は(c)に掲げる国によって行われる場合には、検察官は、裁判所が第一七条の規定に従って決定を行うまでの間、捜査を停止する。

8　検察官は、裁判所が決定を行うまでの間、次のことについて裁判所の許可を求めることができる。

(a)　前条6に規定する措置と同種の必要な捜査上の措置をとること。

(b)　証人から供述若しくは証言を取得すること又は異議の申立てが行われる前に開始された証拠の収集及び見分を完了すること。

(c)　関係国との協力の下に、第五八条の規定に従って既に逮捕状を請求した者の逃亡を防止すること。

9　異議の申立ては、当該異議の申立てが行われる前に検察官が行ったいかなる行為又は裁判所が発したいかなる命令若しくは令状の有効性にも影響を及ぼすものではない。

10　裁判所が第一七条の規定に従って事件を受理しないことを決定した場合において、検察官は、先に同条の規定に従って事件を受理しないとされた根拠を否定する新たな事実が生じたと認めるときは、その決定の再検討を要請することができる。

11　検察官は、第一七条に規定する事項を考慮して関係国に捜査をゆだねる場合には、当該関係国に対して自己が手続に関する情報を入手することができるよう要請することができる。当該情報は、当該関係国の要請により、秘密とする。検察官は、その後捜査を続行することを決定するときは、その旨を当該関係国に通報する。

第二〇条（一事不再理）1　いかなる者も、この規程に定める場合を除くほか、自己が裁判所によって既に有罪又は無罪の判決を受けた犯罪の基礎を構成する行為について裁判所によって裁判されることはない。

2　いかなる者も、自己が裁判所によって既に有罪又は無罪の判決を受けた第五条に規定する犯罪について他の裁判所によって裁判されることはない。

3　第六条から第八条までの規定によっても禁止されている行為について他の裁判所によって裁判されたいかなる者も、当該他の裁判所における手続が次のようなものであった場合でない限り、同一の行為について裁判所によって裁判されることはない。

(a)　裁判所の管轄権の範囲内にある犯罪についての刑事責任から当該者を免れさせるためのものであった場合

(b)　国際法の認める適正な手続の規範に従って独立して又は公平に行われず、かつ、その時の状況に

おいて当該者を裁判に付する意図に反するような態様で行われた場合

第二一条（適用される法）1　裁判所は、次のものを適用する。

(a) 第一に、この規程、犯罪の構成要件に関する文書及び手続及び証拠に関する規則

(b) 第二に、適当な場合には、適用される条約並びに国際法の原則及び規則（確立された武力紛争に関する国際法の原則を含む。）

(c) (a)及び(b)に規定するもののほか、裁判所が世界の法体系の中の国内法から見いだした法の一般原則（適当な場合には、その犯罪について裁判権を通常行使し得る国の国内法を含む。）。ただし、これらの原則がこの規程、国際法並びに国際的に認められる規範及び基準に反しないことを条件とする。

2　裁判所は、従前の決定において解釈したように法の原則及び規則を適用することができる。

3　この条に規定する法の適用及び解釈は、国際的に認められる人権に適合したものでなければならず、また、第七条3に定義する性、年齢、人種、皮膚の色、言語、宗教又は信条、政治的意見その他の意見、国民的、民族的又は社会的出身、貧富、出生又は他の地位等を理由とする不利な差別をすることなく行われなければならない。

第三部　刑法の一般原則

第二二条（「法なくして犯罪なし」）1　いずれの者も、問題となる行為が当該行為の発生した時において裁判所の管轄権の範囲内にある犯罪を構成しない限り、この規程に基づく刑事上の責任を有しない。

2　犯罪の定義については、厳格に解釈するものとし、類推によって拡大してはならない。あいまいな場合には、その定義については、捜査され、訴追され、又は有罪の判決を受ける者に有利に解釈する。

3　この条の規定は、この規程とは別に何らかの行為を国際法の下で犯罪とすることに影響を及ぼすものではない。

第二三条（「法なくして刑罰なし」）裁判所によって有罪の判決を受けた者については、この規程に従ってのみ処罰することができる。

第二四条（人に関する不遡（そ）及）1　いかなる者も、この規程が効力を生ずる前の行為についてこの規程に基づく刑事上の責任を有しない。

2　確定判決の前にその事件に適用される法に変更がある場合には、捜査され、訴追され、又は有罪の判決を受ける者に一層有利な法が適用される。

第二五条（個人の刑事責任）1　裁判所は、この規程に基づき自然人について管轄権を有する。

2　裁判所の管轄権の範囲内にある犯罪を行った者は、この規程により、個人として責任を有し、かつ、刑罰を科される。

3　いずれの者も、次の行為を行った場合には、この規程により、裁判所の管轄権の範囲内にある犯罪について刑事上の責任を有し、かつ、刑罰を科される。

(a) 単独で、他の者と共同して、又は他の者が刑事上の責任を有するか否かにかかわりなく当該他の者を通じて当該犯罪を行うこと。

(b) 既遂又は未遂となる当該犯罪の実行を命じ、教唆し、又は勧誘すること。

(c) 当該犯罪の実行を容易にするため、既遂又は未遂となる当該犯罪の実行をほう助し、唆し、又はその他の方法で援助すること（実行のための手段を提供することを含む。）。

(d) 共通の目的をもって行動する人の集団による既遂又は未遂となる当該犯罪の実行に対し、その他の方法で寄与すること。ただし、故意に行われ、かつ、次のいずれかに該当する場合に限る。

(i) 当該集団の犯罪活動又は犯罪目的の達成を助長するために寄与する場合。ただし、当該犯罪活動又は犯罪目的が裁判所の管轄権の範囲内にある犯罪の実行に関係する場合に限る。

(ii) 当該犯罪を実行するという当該集団の意図を認識しながら寄与する場合

(e) 集団殺害犯罪に関し、他の者に対して集団殺害の実行を直接にかつ公然と扇動すること。

(f) 実質的な行為によって犯罪の実行を開始させる行動をとることにより当該犯罪の実行を試みること（その者の意図にかかわりない事情のために当該犯罪が既遂とならない場合を含む。）。ただし、当該犯罪を実行する試みを放棄し、又は犯罪の完遂を防止する者は、完全かつ自発的に犯罪目的を放棄した場合には、当該犯罪の未遂についてこの規程に基づく刑罰を科されない。

［注］ローマ規程検討会議決議六による改正による追加テキスト

3の2　侵略犯罪に関しては、本条の規定は、一国の政治的又は軍事的行動を実効的に支配又は指揮する地位にある者にのみ適用する。

4　個人の刑事責任に関するこの規程のいかなる規定も、国際法の下での国家の責任に影響を及ぼすものではない。

第二六条（一八歳未満の者についての管轄権の除外）裁判所は、犯罪を実行したとされる時に一八歳未満であった者について管轄権を有しない。

第二七条（公的資格の無関係）1　この規程は、公的資格に基づくいかなる区別もなく、すべての者についてひとしく適用する。特に、元首、政府の長、政府若しくは議会の一員、選出された代表又は政府職員としての公的資格は、いかなる場合にも個人をこの規程に基づく刑事責任から免れさせるものではなく、また、それ自体が減刑のための理由を構成するものでもない。

2　個人の公的資格に伴う免除又は特別な手続上の規則は、国内法又は国際法のいずれに基づくかを問わ

ず、裁判所が当該個人について管轄権を行使することを妨げない。

第二八条(指揮官その他の上官の責任) 裁判所の管轄権の範囲内にある犯罪についての刑事責任であってこの規程に定める他の事由に基づくもののほか、

(a) 軍の指揮官又は実質的に軍の指揮官として行動する者は、その実質的な指揮及び管理の下にあり、又は状況に応じて実質的な権限及び管理の下にある軍隊が、自己が当該軍隊の管理を適切に行わなかった結果として裁判所の管轄権の範囲内にある犯罪を行ったことについて、次の(i)及び(ii)の条件が満たされる場合には、刑事上の責任を有する。

(i) 当該指揮官又は当該者が、当該軍隊が犯罪を行っており若しくは行おうとしていることを知っており、又はその時における状況によって知っているべきであったこと。

(ii) 当該指揮官又は当該者が、当該軍隊による犯罪の実行を防止し若しくは抑止し、又は捜査及び訴追のために事案を権限のある当局に付託するため、自己の権限の範囲内ですべての必要かつ合理的な措置をとることをしなかったこと。

(b) (a)に規定する上官と部下との関係以外の上官と部下との関係に関し、上官は、その実質的な権限及び管理の下にある部下が、自己が当該部下の管理を適切に行わなかった結果として裁判所の管轄権の範囲内にある犯罪を行ったことについて、次の(i)から(iii)までのすべての条件が満たされる場合には、刑事上の責任を有する。

(i) 当該上官が、当該部下が犯罪を行っており若しくは行おうとしていることを知っており、又はこれらのことを明らかに示す情報を意識的に無視したこと。

(ii) 犯罪が当該上官の実質的な責任及び管理の範囲内にある活動に関係していたこと。

(iii) 当該上官が、当該部下による犯罪の実行を防止し若しくは抑止し、又は捜査及び訴追のために事案を権限のある当局に付託するため、自己の権限の範囲内ですべての必要かつ合理的な措置をとることをしなかったこと。

第二九条(出訴期限の不適用) 裁判所の管轄権の範囲内にある犯罪は、出訴期限の対象とならない。

第三〇条(主観的な要素) 1　いずれの者も、別段の定めがある場合を除くほか、故意に及び認識して客観的な要素を実行する場合にのみ、裁判所の管轄権の範囲内にある犯罪について刑事上の責任を有し、かつ、刑罰を科される。

2　この条の規定の適用上、次の場合には、個人に故意があるものとする。

(a) 行為に関しては、当該個人がその行為を行うことを意図している場合

(b) 結果に関しては、当該個人がその結果を生じさせることを意図しており、又は通常の成り行きにおいてその結果が生ずることを意識している場合

3　この条の規定の適用上、「認識」とは、ある状況が存在し、又は通常の成り行きにおいてある結果が生ずることを意識していることをいう。「知っている」及び「知って」は、この意味に従って解釈するものとする。

第三一条(刑事責任の阻却事由) 1　いずれの者も、この規程に定める他の刑事責任の阻却事由のほか、その行為の時において次のいずれかに該当する場合には、刑事上の責任を有しない。

(a) 当該者が、その行為の違法性若しくは性質を判断する能力又は法律上の要件に適合するようにその行為を制御する能力を破壊する精神疾患又は精神障害を有する場合

(b) 当該者が、その行為の違法性若しくは性質を判断する能力又は法律上の要件に適合するようにその行為を制御する能力を破壊する酩酊(めいてい)又は中毒の状態にある場合。ただし、当該者が、酩酊(めいてい)若しくは中毒の結果として裁判所の管轄権の範囲内にある犯罪を構成する行為を行うおそれがあることを知っており、又はその危険性を無視したような状況において、自ら酩酊(めいてい)又は中毒の状態となった場合は、この限りでない。

(c) 当該者が、自己その他の者又は戦争犯罪の場合には自己その他の者の生存に不可欠な財産若しくは軍事上の任務の遂行に不可欠な財産を急迫したかつ違法な武力の行使から防御するため、自己その他の者又は財産に対する危険の程度と均衡のとれた態様で合理的に行動する場合。ただし、当該者が軍隊が行う防衛行動に関与した事実それ自体は、この(c)の規定に基づく刑事責任の阻却事由を構成しない。

(d) 裁判所の管轄権の範囲内にある犯罪を構成するとされる行為が、当該者又はその他の者に対する切迫した死の脅威又は継続的な若しくは切迫した重大な障害の脅威に起因する圧迫によって引き起こされ、かつ、当該者がこれらの脅威を回避するためにやむを得ずかつ合理的に行動する場合。ただし、当該者が回避しようとする損害よりも大きな損害を引き起こす意図を有しないことを条件とする。そのような脅威は、次のいずれかのものとする。

(i) 他の者により加えられるもの

(ii) その他の当該者にとってやむを得ない事情により生ずるもの

2　裁判所は、裁判所に係属する事件について、この規定に定める刑事責任の阻却事由の適用の可否を決定する。

3　裁判所は、裁判において、1に規定する刑事責任の阻却事由以外の刑事責任の阻却事由であって、第二一条に定める適用される法から見いだされるものを考慮することができる。そのような事由を考慮することに関する手続は、手続及び証拠に関する規則において定める。

第三二条（事実の錯誤又は法律の錯誤）１　事実の錯誤は、犯罪の要件となる主観的な要素を否定する場合にのみ、刑事責任の阻却事由となる。

２　特定の類型の行為が裁判所の管轄権の範囲内にある犯罪であるか否かについての法律の錯誤は、刑事責任の阻却事由とならない。ただし、法律の錯誤は、その犯罪の要件となる主観的な要素を否定する場合又は次条に規定する場合には、刑事責任の阻却事由となり得る。

第三三条（上官の命令及び法律の規定）１　裁判所の管轄権の範囲内にある犯罪が政府又は上官（軍人であるか文民であるかを問わない。）の命令に従って行動する者によって行われたという事実は、次のすべての条件が満たされない限り、当該者の刑事責任を阻却するものではない。

(a)　当該者が政府又は当該上官の命令に従う法的義務を負っていたこと。

(b)　その命令が違法であることを当該者が知らなかったこと。

(c)　その命令が明白に違法ではなかったこと。

２　この条の規定の適用上、集団殺害犯罪又は人道に対する犯罪を実行するように命令することは、明白に違法である。

第四部　裁判所の構成及び運営

第三四条（裁判所の機関）裁判所は、次の機関により構成される。

(a)　裁判所長会議

(b)　上訴裁判部門、第一審裁判部門及び予審裁判部門

(c)　検察局

(d)　書記局

第三五条（裁判官の職務の遂行）１　すべての裁判官は、裁判所の常勤の裁判官として選出されるものとし、その任期の開始の時から常勤で職務を遂行することができるようにする。

２　裁判所長会議を構成する裁判官は、選任された後直ちに常勤で職務を遂行する。

３　裁判所長会議は、裁判所の仕事量に基づいて及び裁判所の裁判官と協議の上、他の裁判官がどの程度まで常勤で職務を遂行する必要があるかについて随時決定することができる。そのような措置は、第四〇条の規定の適用を妨げるものではない。

４　常勤で職務を遂行する必要のない裁判官のための財政措置については、第四九条の規定に従ってとるものとする。

第三六条（裁判官の資格、指名及び選挙）１　裁判所の裁判官は、２の規定に従うことを条件として、一八人とする。

２(a)　裁判所を代表して行動する裁判所長会議は、１に定める裁判官の人数を増加させることを、それが必要かつ適当と認められる理由を示して提案することができる。裁判所書記は、その提案をすべての締約国に直ちに通報する。

(b)　(a)に規定する提案は、その後、第一一二条の規定に従って召集される締約国会議の会合において検討される。当該提案は、当該会合において締約国会議の構成国の三分の二以上の多数による議決で承認される場合には採択されたものとし、締約国会議が定める時に効力を生ずる。

(c)(i)　裁判官の人数を増加させるための提案が(b)の規定に従って採択された後、追加的な裁判官の選挙は、３から８まで及び次条２の規定に従い締約国会議の次回の会合において行う。

(ii)　裁判官の人数を増加させるための提案が(b)及び(c)(i)の規定に従って採択され、及び効力を生じた後において、裁判所長会議は、裁判所の仕事量にかんがみて適当と認めるときは、裁判官の人数を減少させることをいつでも提案することができる。ただし、裁判官の人数は、１に定める人数を下回らないことを条件とする。その提案は、(a)及び(b)に定める手続に従って取り扱われる。当該提案が採択された場合には、裁判官の人数は、職務を遂行している裁判官の任期の終了に合わせて、必要とされる人数となるまで段階的に減少させる。

３(a)　裁判官は、徳望が高く、公平であり、誠実であり、かつ、各自の国で最高の司法官に任ぜられるのに必要な資格を有する者のうちから選出される。

(b)　裁判官の選挙のための候補者は、次のいずれかの能力及び経験を有する者とする。

(i)　刑事法及び刑事手続についての確立した能力並びに裁判官、検察官若しくは弁護士としての又は他の同様の資格の下での刑事手続における必要な関連する経験

(ii)　国際人道法、人権に関する法等の国際法に関連する分野における確立した能力及び法律に係る専門的な資格であって裁判所の司法業務に関連するものの下での広範な経験

(c)　裁判官の選挙のための候補者は、裁判所の常用語の少なくとも一について卓越した知識を有し、かつ、堪（たん）能でなければならない。

４(a)　この規程のいずれの締約国も、裁判官の選挙のための候補者の指名を行うことができるものとし、指名は、次のいずれかの手続によって行う。

(i)　当該締約国における最高の司法官に任ぜられる候補者を指名するための手続

(ii)　国際司法裁判所規程に定める国際司法裁判所の裁判官の候補者を指名するための手続

指名には、候補者が３に規定する要件をどのように満たしているかについて必要な程度に詳細に明記した説明を付する。

(b)　各締約国は、いずれの選挙にも一人の候補者を指名することができる。ただし、候補者は、必ずしも当該各締約国の国民であることを要しないが、いかなる場合にも締約国の国民とする。

(c) 締約国会議は、適当な場合には、指名に関する諮問委員会の設置を決定することができる。この場合には、諮問委員会の構成及び権限については、締約国会議が定める。

5 選挙のための候補者の名簿は、次の二とする。

3(h)(i)に規定する資格を有する候補者の氏名を記載した名簿A

3(h)(ii)に規定する資格を有する候補者の氏名を記載した名簿B

両方の名簿に記載されるための十分な資格を有するための十分な資格を有する候補者は、いずれの名簿に記載されるかを選択することができる。最初の裁判官の選挙において、名簿Aの中から少なくとも九人の裁判官及び名簿Bの中から少なくとも五人の裁判官を選出する。その後の選挙は、二の名簿に記載される資格を有する裁判官が裁判所において同様の割合で維持されるよう実施する。

6 (a) 裁判官は、第一一二条の規定に従って選挙のために召集される締約国会議の会合において秘密投票によって選出される。7の規定に従うことを条件として、出席し、かつ、投票する締約国によって投じられた票の最多数で、かつ、三分の二以上の多数の票を得た一八人の候補者をもって、裁判官に選出された者とする。

(b) 一回目の投票において十分な数の裁判官が選出されなかった場合には、残りの裁判官が選出されるまで、(a)に定める手続に従って引き続き投票を行う。

7 裁判官については、そのうちのいずれの二人も、同一の国の国民であってはならない。裁判所の裁判官の地位との関連でいずれかの者が二以上の国の国民であると認められる場合には、当該者は、市民的及び政治的権利を通常行使する国の国民とみなされる。

8 (a) 締約国は、裁判官の選出に当たり、裁判所の裁判官の構成において次のことの必要性を考慮する。

(i) 世界の主要な法体系が代表されること。

(ii) 地理的に衡平に代表されること。

(iii) 女性の裁判官と男性の裁判官とが公平に代表されること。

(b) 締約国は、特定の問題(特に、女性及び児童に対する暴力を含む。)に関する法的知見を有する裁判官が含まれる必要性も考慮する。

9 (a) 裁判官は、(b)の規定に従うことを条件として九年間在任するものとし、(c)及び次条2の規定が適用される場合を除くほか、再選される資格を有しない。

(b) 最初の選挙において、くじ引による選定により、選出された裁判官のうち、三分の一は三年の任期で、また、三分の一は六年の任期で在任する。残りの裁判官は、九年の任期で在任する。

(c) (b)の規定によって三年の任期で在任することが選定された裁判官は、九年の任期で再選される資格を有する。

10 9の規定にかかわらず、第三九条の規定に従って第一審裁判部又は上訴裁判部に配属された裁判官は、これらの裁判部において審理が既に開始されている第一審又は上訴を完了させるために引き続き在任する。

第三七条(裁判官の空席) 1 裁判官の空席が生じた場合には、その空席を補充するために前条の規定に従って選挙を行う。

2 空席を補充するために選出された裁判官は、前任者の在任期間中在任するものとし、その残任期間が三年以下の場合には、前条の規定に従い九年の任期で再選される資格を有する。

第三八条(裁判所長会議) 1 裁判所長、裁判所第一次長及び裁判所第二次長は、裁判官の絶対多数による議決で選出される。これらの者は、それぞれ、三年の期間又は裁判官としてのそれぞれの任期の終了までの期間のいずれか早い満了の時まで在任するものとし、一回に限って再選される資格を有する。

2 裁判所第一次長は、裁判所長に支障がある場合又は裁判所長がその資格を失った場合には、裁判所長に代わって行動する。裁判所第二次長は、裁判所長及び裁判所第一次長の双方に支障がある場合又はこれらの者がその資格を失った場合には、裁判所長に代わって行動する。

3 裁判所長は、裁判所第一次長及び裁判所第二次長と共に裁判所長会議を構成するものとし、同会議は、次の事項について責任を有する。

(a) 裁判所(検察局を除く。)の適正な運営

(b) その他の任務であってこの規程によって裁判所長会議に与えられるもの

4 裁判所長会議は、3(a)の規定の下での責任を果たすに当たり、相互に関心を有するすべての事項について検察官と調整し、及びその同意を求める。

第三九条(裁判部) 1 裁判所は、裁判官の選挙の後できる限り速やかに、第三四条(b)に規定する裁判部門を組織する。上訴裁判部門は裁判所長及び他の四人の裁判官で、第一審裁判部門は六人以上の裁判官で、また、予審裁判部門は六人以上の裁判官で構成する。裁判官の裁判部門への配属は、各裁判部門が遂行する任務の性質並びに選出された裁判官の資格及び経験に基づき、刑事法及び刑事手続についての専門的知識と国際法についての専門的知識とが各裁判部門において適当に組み合わされるように行う。第一審裁判部門及び予審裁判部門は、主として刑事裁判の経験を有する裁判官で構成する。

2 (a) 裁判所の司法上の任務は、各裁判部門において遂行する。

(b) (i) 上訴裁判部は、上訴裁判部門のすべての裁判官で構成する。

(ii) 第一審裁判部の任務は、第一審裁判部門の三人の裁判官が遂行する。

(iii) 予審裁判部の任務は、この規程及び手続及び証拠に関する規則に従い予審裁判部門の三人の裁判

(c) 官又は予審裁判部門の一人の裁判官が遂行する。

この2の規定は、裁判所の仕事量の効率的な管理に必要となる場合には、二以上の第一審裁判部又は予審裁判部を同時に設置することを妨げるものではない。

3 (a) 第一審裁判部門又は予審裁判部門に配属された裁判官は、その裁判部門に三年間在任し、及びその後その裁判部門において審理が既に開始されている事件が完了するまで在任する。

(b) 上訴裁判部門に配属された裁判官は、その裁判部門に自己の任期の全期間在任する。

4 上訴裁判部門に配属された裁判官は、その裁判部門のみに在任する。この条のいかなる規定も、裁判所長会議が裁判所の仕事量の効率的な管理に必要と認める場合には、裁判官を第一審裁判部門から予審裁判部門に又は予審裁判部門から第一審裁判部門に一時的に配属することを妨げるものではない。ただし、いかなる場合にも、いずれかの事件の予審裁判段階に関与した裁判官は、当該事件の審理を行う第一審裁判部の一員となる資格を有しない。

第四〇条(裁判官の独立) 1 裁判官は、独立してその任務を遂行する。

2 裁判官は、その司法上の任務を妨げ、又はその独立性についての信頼に影響を及ぼすおそれのあるいかなる活動にも従事してはならない。

3 裁判所の所在地において常勤で職務を遂行することを求められる裁判官は、他のいかなる職業的性質を有する業務にも従事してはならない。

4 2及び3の規定の適用に関する問題は、裁判官の絶対多数による議決で決定する。その問題が個々の裁判官に関係する場合には、当該裁判官は、その決定に参加してはならない。

第四一条(裁判官の回避及び除斥) 1 裁判所長会議は、手続及び証拠に関する規則に従い、裁判官の要請により、当該裁判官をこの規程に定める任務の遂行から回避させることができる。

2 (a) 裁判官は、何らかの理由により自己の公平性について合理的に疑義が生じ得る事件に関与してはならない。裁判官は、特に、裁判所に係属する事件又は被疑者若しくは被告人に係る国内における関連する刑事事件に何らかの資格において既に関与したことがある場合には、この2の規定に従い当該事件から除斥される。

(b) 検察官、被疑者又は被告人は、この2の規定に基づいて裁判官の除斥を申し立てることができる。

(c) いずれかの裁判官の除斥に関する問題は、裁判官の絶対多数による議決で決定する。当該いずれかの裁判官は、この事項について意見を提出する権利を有するが、その決定に参加してはならない。

第四二条(検察局) 1 検察局は、裁判所内の別個の組織として独立して行動する。検察局は、裁判所の管轄権の範囲内にある犯罪の付託及びその裏付けとなる情報の受理及び検討並びに捜査及び裁判所への訴追について責任を有する。検察局の構成員は、同局外から指示を求めてはならず、また、同局外からの指示に基づいて行動してはならない。

2 検察局の長は、検察官とする。検察官は、検察局(職員、設備その他資産を含む。)の管理及び運営について完全な権限を有する。検察官は、一人又は二人以上の次席検察官の補佐を受けるものとし、次席検察官は、この規程に基づき検察官に求められる行為を行う権限を有する。検察官と次席検察官とは、それぞれ異なる国籍を有する者とする。これらの者は、常勤で職務を遂行する。

3 検察官及び次席検察官は、徳望が高く、かつ、刑事事件の訴追又は裁判について高い能力及び広範な実務上の経験を有する者とし、裁判所の常用語の少なくとも一について卓越した知識を有し、かつ堪(たん)能でなければならない。

4 検察官は、秘密投票によって締約国会議の構成国の絶対多数による議決で選出される。次席検察官は、検察局が提供する候補者名簿の中から同様の方法によって選出される。検察官は、選出される次席検察官のそれぞれの職について三人の候補者を指名する。選挙の際に一層短い任期が決定されない限り、検察官及び次席検察官は、九年の任期で在任するものとし、再選される資格を有しない。

5 検察官及び次席検察官は、その訴追上の任務を妨げ、又はその独立性についての信頼に影響を及ぼすおそれのあるいかなる活動にも従事してはならないものとし、他のいかなる職業的性質を有する業務にも従事してはならない。

6 裁判所長会議は、検察局又は次席検察官の要請により、当該検察官又は次席検察官を特定の事件について任務の遂行から回避させることができる。

7 検察官及び次席検察官は、何らかの理由により自己の公平性について合理的に疑義が生じ得る事案に関与してはならない。検察官及び次席検察官は、特に、裁判所に係属する事件又は被疑者若しくは被告人に係る国内における関連する刑事事件に何らかの資格において既に関与したことがある場合には、この7の規定に従い当該事件から除斥される。

8 検察官又は次席検察官の特定の事件からの除斥に関する問題は、上訴裁判部が決定する。

(a) 被疑者又は被告人は、この条に規定する理由に基づきいつでも検察官又は次席検察官の特定の事件からの除斥を申し立てることができる。

(b) (a)に規定する検察官又は次席検察官は、適当と認める場合には、この事項について意見を提出する権利を有する。

9 検察官は、特定の問題(特に、性的暴力及び児童に対する暴力を含む。)に関する法的知見を有する顧問を任命する。

第四三条(書記局) 1 書記局は、前条の規定に基づく任務及び権限を害することなく、裁判所の運営及び業務のうち司法の分野以外の分野について責任を有する。

2　書記局の長は、裁判所書記とするものとし、裁判所書記は、裁判所の首席行政官である。裁判所書記は、裁判所長から権限を与えられた任務を遂行する。

3　裁判所の書記及び次席書記は、徳望が高く、かつ、高い能力を有していなければならないものとし、裁判所の常用語の少なくとも一について卓越した知識を有し、かつ、堪(たん)能でなければならない。

4　裁判官は、締約国会議の勧告を考慮して、秘密投票によって絶対多数による議決で裁判所書記を選出する。裁判官は、裁判所次席書記の必要が生じた場合には、裁判所書記の勧告に基づいて、同様の方法によって裁判所次席書記を選出する。

5　裁判所書記は、五年の任期で在任し、及び一回のみ再選される資格を有するものとし、常勤で職務を遂行する。裁判所次席書記は、五年の任期又は裁判官の絶対多数による議決で決定される一層短い任期で在任するものとし、必要に応じて職務の遂行が求められることを前提として選出される。

6　裁判所書記は、書記局内に被害者・証人室を設置する。この室は、検察局と協議の上、証人、出廷する被害者その他証人が行う証言のために危険にさらされる者に対し、保護及び安全のための措置、カウンセリングその他の適当な援助を提供する。この室には、心的外傷(性的暴力の犯罪に関連するものを含む。)に関する専門的知識を有する職員を含める。

第四四条(職員) 1　検察官及び裁判所書記は、それぞれの局が必要とする資格を有する職員を任命する。検察官の場合には、その任命には、捜査官の任命を含む。

2　検察官及び裁判所書記は、職員の雇用に際し、最高水準の能率、能力及び誠実性を確保するものとし、第三六条8に定める基準を準用して考慮する。

3　裁判所書記は、裁判所長会議及び検察官の同意を得て、職員規則(裁判所職員の任命、報酬及び解雇に関する条件を含む。)を提案する。この職員規則については、締約国会議が承認する。

4　裁判所は、例外的な状況において、裁判所のいずれかの組織の業務を援助するため、締約国、政府間機関又は非政府機関により提供される無給の人員の専門的知識を用いることができる。検察官は、検察局のためにその提供を受け入れることができる。そのような無給の人員については、締約国会議が定める指針に従って雇用する。

第四五条(厳粛な約束) 裁判官、検察官、次席検察官、裁判所書記及び裁判所次席書記は、この規程の基づくそれぞれの職務に就く前に、公開の法廷において、公平かつ誠実にそれぞれの任務を遂行することを厳粛に約束する。

第四六条(解任) 1　裁判官、検察官、次席検察官、裁判所書記又は裁判所次席書記は、次の場合において、2の規定に従って解任の決定がなされたときは、解任される。

(a)　手続及び証拠に関する規則に定める重大な不当行為又はこの規定に基づく義務の重大な違反を行ったことが判明した場合

(b)　この規程が求める任務を遂行することができない場合

2　1の規程に基づく裁判官、検察官又は次席検察官の解任についての決定は、締約国会議が秘密投票によって次の議決で行う。

(a)　裁判官については、他の裁判官の三分の二以上の多数による議決で採択される勧告に基づく締約国の三分の二以上の多数による議決

(b)　検察官については、締約国の絶対多数による議決

(c)　次席検察官については、検察官の勧告に基づく締約国の絶対多数による議決で行う。

3　裁判所の書記又は次席書記の解任についての決定は、裁判官の絶対多数による議決で行う。

4　この規程により求められる職務を遂行する行為及び能力についてこの条の規定により異議を申し立てられている裁判官、検察官、次席検察官裁判所書記又は裁判所次席書記は、手続及び証拠に関する規則に従い、証拠を提示し、及び入手し、並びに意見を述べる十分な機会を有する。異議を申し立てられた者は、その他の方法でこの問題の検討に参加してはならない。

第四七条(懲戒処分) 前条1に規定する不当行為よりも重大でない性質の不当行為を行った裁判官、検察官、次席検察官、裁判所書記又は裁判所次席書記は、手続及び証拠に関する規則に従って懲戒処分を受ける。

第四八条(特権及び免除) 1　裁判所は、その目的の達成に必要な特権及び免除を各締約国の領域において享有する。

2　裁判官、検察官、次席検察官及び裁判所書記は、裁判所の事務に従事する間又は裁判所の事務に関し、外交使節団の長に与えられる特権及び免除と同一の特権及び免除を享有する。また、任期の満了後、公的資格で行った口頭又は書面による陳述及び行為に関してあらゆる種類の訴訟手続からの免除を引き続き与えられる。

3　裁判所次席書記、検察局の職員及び書記局の職員は、裁判所の特権及び免除に関する協定により、任務の遂行に必要な特権、免除及び便宜を享有する。

4　弁護人、専門家、証人その他裁判所への出廷を求められる者は、裁判所の特権及び免除に関する協定により、裁判所の適切な任務の遂行に必要な待遇を与えられる。

5　特権及び免除に関し、

(a)　裁判官又は検察官については、裁判官の絶対多数による議決で放棄することができる。

(b)　裁判所書記については、裁判所長会議が放棄することができる。

(c) 次席検察官及び検察局の職員については、検察官が放棄することができる。
(d) 裁判所次席書記及び書記局の職員については、裁判所書記が放棄することができる。

第四九条（俸給、手当及び経費） 裁判官、検察官、次席検察官、裁判所書記及び裁判所次席書記は、締約国会議が決定する俸給、手当及び経費を受ける。これらの俸給及び手当については、任期中は減額してはならない。

第五〇条（公用語及び常用語） 1　裁判所の公用語は、アラビア語、中国語、英語、フランス語、ロシア語及びスペイン語とする。裁判所の判決その他裁判所における基本的な問題を解決するための決定は、公用語で公表する。裁判所長会議は、手続及び証拠に関する規則に定める基準に従い、この1の規程の適用上いずれの決定が基本的な問題を解決するためのものと認められるかを決定する。
2　裁判所の常用語は、英語及びフランス語とする。手続及び証拠に関する規則は、他の公用語を常用語として使用することのできる場合について定める。
3　裁判所は、手続の当事者又は手続への参加が認められる国の要請により、これらの当事者又は国が英語及びフランス語以外の言語を使用することを許可する。ただし、その許可は、裁判所が十分に正当な理由があると認める場合に限る。

第五一条（手続及び証拠に関する規則） 1　手続及び証拠に関する規則は、締約国会議の構成国の三分の二以上の多数による議決で採択された時に効力を生ずる。
2　手続及び証拠に関する規則の改正は、次の者が提案することができる。
(a) 締約国
(b) 絶対多数による議決をもって行動する裁判官
(c) 検察官
この改正は、締約国会議の構成国の三分の二以上の多数による議決で採択された時に効力を生ずる。
3　手続及び証拠に関する規則の採択後、同規則に定めていない緊急を要する特別の状況が裁判所において生じた場合には、裁判官は、三分の二以上の多数による議決で暫定的な規則を作成することができるものとし、締約国会議の次回の通常会合又は特別会合において採択され、改正され、又は否決されるまでこれを適用する。
4　手続及び証拠に関する規則及びその改正並びに暫定的な規則は、この規程に適合したものとする。手続及び証拠に関する規則の改正及び暫定的な規則は、捜査され、訴追され、又は有罪の判決を受けた者について不利に遡(そ)及して適用してはならない。
5　この規程と手続及び証拠に関する規則とが抵触する場合には、この規程が優先する。

第五二条（裁判所規則） 1　裁判官は、この規程及び手続及び証拠に関する規則に従い、裁判所の日常の任務の遂行に必要な裁判所規則を絶対多数による議決で採択する。
2　検察官及び裁判所書記は、裁判所規則の作成及びその改正に当たって協議を受ける。
3　裁判所規則及びその改正は、裁判官が別段の決定を行わない限り、採択された時に効力を生ずる。裁判所規則及びその改正は、採択後直ちに意見を求めるために締約国に通報されるものとし、六箇月以内に締約国の過半数から異議が申し立てられない場合には、引き続き効力を有する。

第五部　捜査及び訴追

第五三条（捜査の開始） 1　検察官は、入手することのできた情報を評価した後、この規程に従って手続を進める合理的な基礎がないと決定しない限り、捜査を開始する。検察官は、捜査を開始するか否かを決定するに当たり、次の事項を検討する。
(a) 利用可能な情報により、裁判所の管轄権の範囲内にある犯罪が行われた又は行われているとの信ずるに足りる合理的な基礎が認められるか否か。
(b) 事件について第一七条に規定する受理許容性があるか否か又は受理許容性があり得るか否か。
(c) 犯罪の重大性及び被害者の利益を考慮してもなお捜査が裁判の利益に資するものでないと信ずるに足りる実質的な理由があるか否か。
検察官は、手続を進める合理的な基礎がないと決定し、及びその決定が専ら(c)の規定の基づく場合には、予審裁判部に通知する。
2　裁判官は、捜査に基づき、次のことを理由として訴追のための十分な根拠がないと結論する場合には、予審裁判部及び第一四条の規定に基づいて付託を行った国又は第一三条(b)に規定するときは安全保障理事会に対し、その結論及び理由を通報する。
(a) 第五八条の規定に基づく令状又は召喚状を求めるための法的な又は事実に係る根拠が十分でないこと。
(b) 事件について第一七条に規定する受理許容性がないこと。
(c) すべての事情（犯罪の重大性、被害者の利益、被疑者の年齢又は心身障害及び被疑者が行ったとされる犯罪における当該者の役割を含む。）を考慮して、訴追が裁判の利益のためにならないこと。
3(a) 第一四条の規定に基づいて付託を行った国又は第一三条(b)に規定するときは安全保障理事会の要請により、予審裁判部は、手続を進めない旨の1又は2の規定に基づく検察官の決定を検討することができるものとし、検察官に対し当該決定を再検討するよう要請することができる。
(b) 予審裁判部は、手続を進めない旨の検察官の決定が専ら1(c)又は2(c)の規定の基づく場合には、職権によって当該決定を検討することができる。そのような場合には、検察官の決定は、予審裁判部が追認するときにのみ効力を有する。

4　検察官は、新たな事実又は情報に基づき、捜査又は訴追を開始するか否かの決定をいつでも再検討することができる。

第五四条（捜査についての検察官の責務及び権限）1　検察官は、次のことを行う。

(a)　真実を証明するため、この規程に基づく刑事責任があるか否かの評価に関連するすべての事実及び証拠を網羅するよう捜査を及ぼし、並びにその場所において罪があるものとする事情及び罪がないものとする事情を同等に捜査すること。

(b)　裁判所の管轄権の範囲内にある犯罪の効果的な捜査及び訴追を確保するために適切な措置をとり、その場合において被害者及び証人の利益及び個人的な事情（年齢、第七条3に定義する性及び健康を含む。）を尊重し、並びに犯罪（特に、性的暴力又は児童に対する暴力を伴う犯罪）の性質を考慮すること。

(c)　この規程の基づく被疑者の権利を十分に尊重すること。

2　検察官は、次の(a)又は(b)の場合には、いずれかの国の領域において捜査を行うことができる。

(a)　第九部の規定に基づく場合

(b)　第五七条3(b)に基づく予審裁判部の許可がある場合

3　検察官は、次の行為を行うことができる。

(a)　証拠を収集し、及び検討すること。

(b)　被疑者、被害者及び証人の出頭を要請し、並びにこれらの者を尋問すること。

(c)　国若しくは政府間機関による協力又は政府間取極に基づく協力であってそれぞれの権限又は任務に基づくものを求めること。

(d)　国、政府間機関又は個人の協力を促進するために必要な取決め又は取極であってこの規程に反しないものを締結すること。

(e)　手続のいずれの段階においても、専ら新たな証拠を得るために秘密を条件として自己が入手する文書又は情報について、これらの情報の提供者が同意しない限り開示しないことに同意すること。

(f)　情報の秘密性、関係者の保護又は証拠の保全を確保するために必要な措置をとること又は必要な措置をとるよう要請すること。

第五五条（捜査における被疑者の権利）1　被疑者は、この規程による捜査に関し、次の権利を有する。

(a)　自己負罪又は有罪の自白を強要されないこと。

(b)　あらゆる形態の強制、強迫若しくは脅迫、拷問又はその他のあらゆる形態の残虐な、非人道的な若しくは体面を汚す待遇若しくは処罰を与えられないこと。

(c)　自己が十分に理解し、かつ、話す言語以外の言語によって尋問される場合には、有能な通訳の援助及び公正の要件を満たすために必要な翻訳を無償で与えられること。

(d)　恣(し)意的に逮捕され、又は抑留されないこと。また、この規程に定める理由及び手続によらない限り、その自由を奪われないこと。

2　被疑者が裁判所の管轄権の範囲内にある犯罪を行ったと信ずるに足りる理由があり、かつ、当該被疑者が検察官により又は第九部の規定に基づく請求によって国内当局により尋問されようとしている場合には、当該被疑者は、次の権利も有するものとし、その旨を尋問に先だって告げられる。

(a)　尋問に先だち、当該被疑者が裁判所の管轄権の範囲内にある犯罪を行ったと信ずるに足りる理由があることを告げられること。

(b)　黙秘をすること。この黙秘は、有罪又は無罪の決定において考慮されない。

(c)　自ら選任する弁護人を持つこと。また、弁護人がおらず、かつ、裁判の利益のために必要な場合は、十分な支払手段を有しないときは自らその費用を負担することなく、弁護人を付されること。

(d)　自ら任意に弁護人に係る権利を放棄した場合を除くほか、弁護人の立会いの下に尋問されること。

第五六条（得難い捜査の機会に関する予審裁判部の役割）1(a)　検察官は、ある捜査が証人から証言若しくは供述を取得し、又は証拠を見分し、収集し若しくは分析するための得難い機会を提供するものであり、かつ、これらの証言、供述又は証拠を後に公判のために利用することができなくなるおそれがあると判断する場合には、その旨を予審裁判部に通知する。

(b)　(a)に規定する通知があった場合には、予審裁判部は、検察官の要請により、手続の効率性及び信頼性を確保し、並びに特に被疑者の権利を保護するために必要な措置をとることができる。

(c)　検察官は、予審裁判部が別段の命令を発しない限り、(a)に規定する捜査に関連して逮捕された者又は召喚状に応じて出頭した者に対し、当該者がその事案について陳述を行うことができるように関連情報を提供する。

2　1(b)に規定する措置には、次のことを含めることができる。

(a)　従うべき手順に関して勧告し、又は命令すること。

(b)　手続の記録を作成するよう指示すること。

(c)　支援する専門家を任命すること。

(d)　逮捕された者若しくは召喚状に応じて裁判所に出頭した者のための弁護人が手続に参加することを許可すること又は逮捕若しくは出頭がいまだなされていない場合若しくは弁護人が指定されていない場合には、手続に参加し、及び被疑者の利益を代表する弁護人を任命すること。

(e)　証拠の収集及び保全並びに関係者の尋問について監視し、及び勧告又は命令を行うため、予審裁判部のうちから裁判官一人又は必要な場合には予審裁判部門若しくは第一審裁判部門のうちから対応可能な裁判官一人を指名すること。

(f)　証拠を収集し、又は保全するために必要なその他の措置をとること。

3(a)　予審裁判部は、検察官がこの条の規定の基づく措置を求めなかった場合であっても、裁判において被告人のために不可欠であると認める証拠を保全するためにそのような措置をとることが必要であると判断するときは、検察官が当該措置をとることが必要であると判断するときは、検察官が当該措置を要請しなかったことに十分な理由があるか否かについて検察官と協議する。予審裁判部は、その協議により、検察官が当該措置を要請しなかったことが正当化されないと結論する場合には、職権によって当該措置をとることができる。

(b)　職権によって措置をとる旨のこの3の規定の基づく予審裁判部の決定について、検察官は、異議を申し立てることができる。その異議の申立てについては、迅速に審理する。

4　この条の規定に従って公判のために保全され若しくは収集される証拠又はその記録の許容性は、第六九条の規定に従って公判において規律され、及び第一審裁判部が決定する重要性を与えられる。

第五七条（予審裁判部の任務及び権限）1　予審裁判部は、この規程に別段の定めがある場合を除くほか、この条の規定に従って任務を遂行する。

2(a)　第一五条、第一八条、第一九条、第五四条2、第六一条7及び第七二条の規定に従ってなされる予審裁判部の命令又は決定は、その裁判官の過半数の同意を得なければならない。

(b)　(a)に規定する場合以外の場合には、手続及び証拠に関する規則に別段の定めがあるとき又は予審裁判部の過半数により別段の定めをするときを除くほか、予審裁判部の一人の裁判官がこの規程に定める任務を遂行することができる。

3　予審裁判部は、この規程に定める他の任務のほか、次の任務を遂行することができる。

(a)　検察官の要請により、捜査のために必要とされる命令及び令状を発すること。

(b)　逮捕された者又は次条の規定に基づく召喚状に応じて出頭した者の要請により、防御の準備において当該者を支援するために必要な命令（前条に規定する措置を含む。）を発し、又は第九部の規定に基づく協力を求めること。

(c)　必要な場合には、被害者及び証人の保護並びにこれらの者のプライバシーの保護、証拠の保全、逮捕された者又は召喚状に応じて出頭した者の保護並びに国家の安全保障に関する情報の保護のための措置をとること。

(d)　検察官に対し、第九部の規定に基づく締約国の協力を確保することなく当該締約国の領域内において特定の捜査上の措置をとることを許可すること。ただし、その事件について、可能な場合には、当該締約国の見解を考慮した上で、当該協力を実施する権限を有する当局又は司法制度の構成要素の欠如のために当該締約国が当該協力を明らかに実施することができない旨の決定を予審裁判部が行った場合に限る。

(e)　次条の規定に従って逮捕状又は召喚状が発せられている場合には、この規程及び手続及び証拠に関する規則の規定に従い、証拠の証明力及び関係当事者の権利を十分に考慮した上で、第九三条1(k)の規定の基づき締約国の協力を求めることにより、特に被害者の最終的な利益のために没収のための保全措置をとること。

第五八条（予審裁判部による逮捕状又は召喚状の発付）

1　予審裁判部は、捜査の開始後いつでも、検察官の請求により、当該請求及び検察官が提出した証拠その他の情報を検討した上で、次の(a)及び(b)の要件に該当していると認める場合には、被疑者に係る逮捕状を発する。

(a)　当該被疑者が裁判所の管轄権の範囲内にある犯罪を行ったと信ずるに足りる合理的な理由が存在すること。

(b)　当該被疑者の逮捕が次のいずれかのことに必要と認められること。

(i)　当該被疑者の出廷を確保すること。

(ii)　当該被疑者が捜査又は訴訟手続を妨害せず、又は脅かさないことを確保すること。

(iii)　妥当な場合には、当該被疑者が当該犯罪又は裁判所の管轄権の範囲内にあり、かつ、同一の状況から生ずる関連する犯罪を継続して行うことを防止すること。

2　検察官の請求には、次の事項を含める。

(a)　被疑者の指名その他当該被疑者を特定する関連情報

(b)　裁判所の管轄権の範囲内にある犯罪であって当該被疑者が行ったとされるものに関する具体的な言及

(c)　当該犯罪を構成するとされる事実の簡潔な説明

(d)　当該被疑者が当該犯罪を行ったと信ずるに足りる合理的な理由を証明する証拠その他の情報の要約

(e)　検察官が当該被疑者を逮捕することが必要であると信ずる理由

3　逮捕状には、次の事項を含める。

(a)　被疑者の氏名その他当該被疑者を特定する関連情報

(b)　裁判所の管轄権の範囲内にある犯罪であって当該被疑者の逮捕が求められているものに関する具体的な言及

(c)　当該犯罪を構成するとされる事実の簡潔な説明

4　逮捕状は、裁判所が別段の命令を発するまでの間、効力を有する。

5　裁判所は、逮捕状に基づき、第九部の規定により被疑者の仮逮捕又は逮捕及び引渡しを請求することができる。

6　検察官は、予審裁判部に対し、逮捕状に記載された犯罪を変更し、又はこれに追加することにより当該逮捕状を修正するよう要請することができる。予審裁判部は、変更され、又は追加された犯罪を被疑者が行ったと信ずるに足りる合理的な理由があると認める場合には、当該逮捕状をそのように修正する。

7　検察官は、逮捕状を求めることに代わるものとして、被疑者に出頭を命ずる召喚状を予審裁判部が発することを請求することができる。予審裁判部は、当該被疑者が行ったとされる犯罪を行ったと信ずるに足りる合理的な説明があり、かつ、その出頭を確保するために召喚状が十分なものであると認める場合には、当該被疑者に出頭を命ずる召喚状を発する(国内に定めがあるときは、自由を制限する条件(抑留を除く。)を付するか否かを問わない。)。召喚状には、次の事項を含めるものとし、これを当該被疑者に送付する。

(a)　当該被疑者の氏名その他当該被疑者を特定する関連情報

(b)　当該被疑者が出頭すべき特定の日

(c)　裁判所の管轄権の範囲内にある犯罪であって当該被疑者が行ったとされるものに関する具体的な言及

(d)　当該犯罪を構成するとされる事実の簡潔な説明

第五九条(拘束を行う国における逮捕の手続)1　仮逮捕又は逮捕及び引渡しの請求を受けた締約国は、その国内法及び第九部の規定に従い、被疑者を逮捕するための措置を直ちにとる。

2　逮捕された者は、拘束を行う国の権限のある司法当局に遅滞なく引致されるものとし、当該司法当局は、自国の国内法に従って次のことを判断する。

(a)　当該者が逮捕状の対象とされていること。

(b)　当該者が適正な手続に従って逮捕されたこと。

(c)　当該者の権利が尊重されていること。

3　2に規定する者は、拘束を行う国の権限のある当局に対し、引渡しまでの間暫定的な釈放を請求する権利を有する。

4　拘束を行う国の権限のある当局は、3に規定する請求について決定を行うに当たり、行われたとされる犯罪の重大性にかんがみ、暫定的な釈放を正当化する緊急かつ例外的な状況が存在するか否か及び当該拘束を行う国が2に規定する者を裁判所に引き渡す義務を履行することができることを確保するために必要な保障措置が存在するか否かを検討する。当該当局は、逮捕状が前条1(a)及び(b)の規定に従って適切に発せられたか否かを検討することはできない。

5　予審裁判部は、暫定的な釈放の請求について通報されるものとし、拘束を行う国の権限のある当局に対して勧告を行う。当該当局は、その決定を行う前に、当該勧告(2に規定する者の逃亡を防止するための措置に関する勧告を含む。)に十分な考慮を払う。

6　2に規定する者に暫定的な釈放が認められた場合には、予審裁判部は、その暫定的な釈放の状況について定期的に報告するよう要請することができる。

7　2に規定する者は、拘束を行う国が引渡しを決定した後、できる限り速やかに裁判所に引き渡される。

第六〇条(裁判所における最初の手続)1　被疑者が裁判所に引き渡され、又は自発的に若しくは召喚状に応じて出頭した場合には、予審裁判部は、当該被疑者が行ったとされる犯罪及びこの規程に基づく被疑者の権利(公判までの間暫定的な釈放を請求する権利を含む。)について、当該被疑者が告げられていることを確認する。

2　逮捕された者は、公判までの間暫定的な釈放を請求することができる。予審裁判部は、第五八条1に定める要件に該当していると認める場合には当該者を引き続き拘禁し、そのように認めない場合には条件付又は無条件で当該者を釈放する。

3　予審裁判部は、2に規定する者の拘禁又は釈放についての決定を定期的に再検討するものとし、また、検察官又は当該者の要請によっていつでもその決定を再検討することができる。予審裁判部は、そのような再検討に当たり、状況の変化によって必要と認める場合には、拘禁、釈放又は釈放の条件についての決定を修正することができる。

4　予審裁判部は、被疑者が検察官による許容されない遅延のために公判前に不合理な期間拘禁されないことを確保する。そのような遅延が生じた場合には、裁判所は、条件付又は無条件で当該被疑者を釈放するすることを検討する。

5　予審裁判部は、必要な場合には、釈放されたものの出頭を確保するために逮捕状を発することができる。

第六一条(公判前の犯罪事実の確認)1　予審裁判部は、2の規定に従うことを条件として、被疑者の引渡し又は自発的な出頭の後合理的な期間内に、検察官が公判を求めようとしている犯罪事実を確認するための審理を行う。その審理は、検察官並びに訴追された者及びその弁護人の立会いの下に行う。

2　予審裁判部は、訴追された者の立会いがなくても、検察官の要請または自己の職権により、次の場合には、検察官が公判を求めようとしている犯罪事実を確認するために審理を行うことができる。

(a)　当該者が自己の立会いの権利を放棄した場合

(b)　当該者が逃亡した場合又は当該者を発見することができない場合であって、当該者の出頭を確保し、並びに当該者に対して犯罪事実及びその犯罪事実を確認するための審理が行われることを通知するためのすべての合理的な措置がとられたとき。

これらの場合において、予審裁判部が裁判の利益のためになると判断するときは、当該者は、弁護人によって代表される。

3　訴追された者に対しては、審理の前の合理的な期間内に、次のものを提供する。

(a)　検察官が当該者を裁判に付そうとしている犯罪事実を記載した文書の写し

(b) 審理において検察官が依拠しようとしている証拠についての通知

予審裁判部は、審理のための情報の開示に関する命令を発することができる。

4　審理の前、検察官は、捜査を継続し、及び犯罪事実の改定又は撤回を行うことができる。訴追された者は、審理の前に犯罪事実の改定又は撤回について妥当な通知を受ける。検察官は、犯罪事実を撤回する場合には、予審裁判部に対してその撤回の理由を通知する。

5　審理において、検察官は、訴追された者が訴追された犯罪を行ったと信ずるに足りる実質的な理由を証明するために十分な証拠をもってそれぞれの犯罪事実を裏付けなければならない。検察官は、証拠書類又はその要約に依拠することができるものとし、公判における証言が予定されている証人を招致する必要はない。

6　審理において、訴追された者は、次のことを行うことができる。

(a) 犯罪事実について異議を申し立てること。

(b) 検察官が提出する証拠について異議を申し立てること。

(c) 証拠を提出すること。

7　予審裁判部は、審理に基づき、訴追された者が訴追されたそれぞれの犯罪を行ったと信ずるに足りる実質的な理由を証明するために十分な証拠が存在するか否かを決定し、その決定に基づいて次のことを行う。

(a) 十分な証拠が存在すると決定した犯罪事実について確認し、及び確認された犯罪事実について当該者を公判のために第一審裁判部に送致すること。

(b) 十分な証拠が存在しないと決定した犯罪事実についての確認を拒否すること。

(c) 審理を延期し、かつ、検察官に対して次のことを検討するよう要請すること。

(i) 特定の犯罪事実について更なる証拠を提出し、又は更に捜査を行うこと。

(ii) 提出された証拠が裁判所の管轄権の範囲内にある異なる犯罪を証明すると認められることを理由として犯罪事実を改定すること。

8　検察官は、予審裁判部が犯罪事実についての確認を拒否する場合であっても、追加的な証拠によって要請が裏付けられるときは、その後に確認の要請を行うことを妨げられない。

9　検察官は、犯罪事実が確認されてから公判が開始されるまでの間、予審裁判部の許可を得て、かつ、被告人に通知した後に犯罪事実を改定することができる。検察官が追加的な犯罪事実を加え、又は一層重大な犯罪事実に改めることを求める場合には、これらの犯罪事実を確認するためのこの条の規定に基づく審理が行われなければならない。検察官は、公判の開始後、第一審裁判部の許可を得て犯罪事実を撤回することができる。

10　既に発せられたいかなる令状も、予審裁判部により確認されなかった犯罪事実又は検察官により撤回された犯罪事実について効力を失う。

11　この条の規定に従って犯罪事実が確認された後、裁判所長会議は、第一審裁判部を組織する。第一審裁判部は、9及び第六四条4の規定に従いその後の手続を行う責任を有するものとし、これらの手続において関連し、かつ、適用することができる予審裁判部の任務を遂行することができる。

第六部　公判

第六二条（公判の場所） 公判の場所は、別段の決定が行われる場合を除くほか、裁判所の所在地とする。

第六三条（被告人の在廷による公判） 1　被告人は、公判の間在廷するものとする。

2　第一審裁判部は、在廷している被告人が公判を妨害し続ける場合には、当該被告人を退廷させることができるものとし、必要な場合には通信技術を使用することにより、被告人が法廷の外から公判を観察し、及び弁護人に指示することができるようにするための措置をとる。このような措置については、ほかの合理的な代替措置が十分でないことが判明した後の例外的な状況においてのみ、かつ、真に必要な期間においてのみとるものとする。

第六四条（第一審裁判部の任務及び権限） 1　この条に規定する第一審裁判部の任務及び権限は、この規程及び手続及び証拠に関する規則に従って行使する。

2　第一審裁判部は、公判が、公正かつ迅速なものであること並びに被告人の権利を十分に尊重して、かつ、被害者及び証人の保護に十分な考慮を払って行われることを確保する。

3　この規程に従って事件の公判を割り当てられたときは、当該事件を取り扱う第一審裁判部は、次のことを行う。

(a) 当事者と協議し、公判手続の公正かつ迅速な実施を促進するために必要な手続を採用すること。

(b) 公判で使用する一又は二以上の言語を決定すること。

(c) この規程の他の関連する規定に従うことを条件として、事前に開示されていない文書又は情報を、公判のために十分な準備をすることができるよう公判の開始前に十分な余裕を持って開示するための措置をとること。

4　第一審裁判部は、効果的かつ公正な任務の遂行に必要な場合には、予備的な問題を予審裁判部に又は必要なときは予審裁判部門における対応可能な裁判官に付託することができる。

5　第一審裁判部は、適当な場合には、当事者に通知することにより、二人以上の被告人に対する犯罪事実に関して併合し、又は分離することを指示することができる。

6　第一審裁判部は、公判前に又はその過程において任務を遂行するに当たり、必要に応じて次のことを行うことができる。
(a) 第六一条11に規定する予審裁判部の任務を遂行すること。
(b) 必要な場合にはこの規程に基づき国の援助を得ることにより、証人の出席及び証言並びに文書その他の証拠の提出を求めること。
(c) 秘密の情報を保護するための措置をとること。
(d) 当事者が公判前に既に収集し、又は公判の間に提出した証拠に加え、証拠の提出を命ずること。
(e) 被告人、証人及び被害者を保護するための措置をとること。
(f) その他の関連する事項について決定すること。

7　公判は、公開で行う。ただし、第一審裁判部は、第六八条に規定する目的のため又は証拠として提出される秘密の若しくは機微に触れる情報を保護するため、特別の事情により特定の公判手続を非公開とすることを決定することができる。

8 (a) 公判の開始時において、第一審裁判部は、予審裁判部が事前に確認した犯罪事実を被告人に対して読み聞かせ、当該被告人が当該犯罪事実の性質を理解していることを確認する。第一審裁判部は、当該被告人に対し、次条の規定に従って有罪を自認する機会又は無罪の陳述をする機会を与える。
(b) 公判において、裁判長は、公判手続の実施(公正かつ公平な態様によって実施されることを確保することを含む。)について指示を与えることができる。当事者は、裁判長の指示に従うことを条件として、この規程に従って証拠を提出することができる。

9　第一審裁判部は、当事者の申立て又は自己の職権により、特に次のことを行う権限を有する。
(a) 証拠の許容性又は関連性を決定すること。
(b) 審理の過程において秩序を維持するために必要なすべての措置をとること。

10　第一審裁判部は、公判の完全な記録であって公判手続を正確に反映したものが作成され、及び裁判所書記によって保持され、かつ、保存されることを確保する。

第六五条(有罪の自認についての公判手続) 1　第一審裁判部は、被告人が前条8(a)の規定に従って有罪を自認する場合には、次のことが認められるか否かを判断する。
(a) 被告人が有罪を自認することの性質及び結果を理解していること。
(b) 被告人が弁護人と十分に協議した後に自発的に自認していること。
(c) 有罪の自認が、次に掲げるものに含まれる事件の事実によって裏付けられていること。
(i) 検察官が提起し、かつ、被告人が自認した犯罪事実
(ii) 検察官が提示する資料であって、犯罪事実を補足し、かつ、被告人が受け入れるもの
(iii) 証人の証言等検察官又は被告人が提出するその他の証拠

2　第一審裁判部は、1に規定することが認められる場合には、提出された追加的な証拠とともに有罪の自認を当該有罪の自認に係る犯罪の立証に求められるすべての不可欠な事実を証明するものとして認めるものとし、被告人を当該犯罪について有罪と決定することができる。

3　第一審裁判部は、1に規定することが認められない場合には、有罪の自認がなされなかったものとみなす。この場合には、この規程に定める通常の公判手続に従って公判を続けることを決定するものとし、また、事件を他の第一審裁判部に移送することができる。

4　第一審裁判部は、裁判の利益、特に被害者の利益のために事件について一層完全な事実の提示が必要であると認める場合には、次のことを行うことができる。
(a) 検察官に対し、証人の証言を含む追加的な証拠の提出を求めること。
(b) この規程に定める通常の公判手続に従って公判を続けることを決定すること。この場合には、有罪の自認がなされなかったものとみなし、事件を他の第一審裁判部に移送することができる。

5　検察官と被告人との間の協議であって、犯罪事実の改定、有罪の自認または科される刑罰に関するものは、裁判所を拘束しない。

第六六条(無罪の推定) 1　いずれの者も、適用される法に基づいて裁判所において有罪とされるまでは無罪と推定される。

2　被告人の有罪を証明する責任は、検察官にある。

3　裁判所は、被告人を有罪と決定するためには、合理的な疑いを超えて当該被告人の有罪を確信していなければならない。

第六七条(被告人の権利) 1　被告人は、犯罪事実の決定に当たり、この規程を考慮した上で、公開審理を受ける権利、公正かつ公平な審理を受ける権利及び少なくとも次の保障を十分に平等に受ける権利を有する。
(a) 自己が十分に理解し、かつ、話す言語で、犯罪事実の性質、理由及び内容を速やかにかつ詳細に告げられること。
(b) 防御の準備のために十分な時間及び便益を与えられ、並びに自ら選任する弁護人と自由かつ内密に連絡を取ること。
(c) 不当に遅延することなく裁判に付されること。
(d) 第六三条2の規定に従うことを条件として、公判に出席すること、直接または自ら選任する弁護人を通じて防御を行うこと、弁護人がいない場合には弁護人を持つ権利を告げられること及び裁判の利益のために必要な場合には、十分な支払手段を有しないときは自らその費用を負担することなく、裁判所によって弁護人を付されること。

(e) 自己に不利な証人を尋問し、またはこれに対して尋問させること並びに自己に不利な証人と同じ条件で自己のための証人の出席及びこれに対する尋問を求めること。また、防御を行うこと及びこの規程に基づいて許容される他の証拠を提出すること。

(f) 裁判所の公判手続または裁判所に提示される文書が自己が十分に理解し、かつ、話す言語によらない場合には、有能な通訳の援助及び公正の要件を満たすために必要な翻訳を無償で与えられること。

(g) 証言又は有罪の自白を強要されないこと及び黙秘をすること。この黙秘は、有罪又は無罪の決定において考慮されない。

(h) 自己の防御において宣誓せずに口頭又は書面によって供述を行うこと。

(i) 自己に挙証責任が転換されず、又は反証の責任が課されないこと。

2 検察官は、この規程に定める他の開示のほか、被告人に対し、できる限り速やかに、自己が保持し、又は管理する証拠であって、当該被告人の無罪を示し若しくは無罪を示すことに資すると信じ若しくは当該被告人の罪を軽減することに資すると信ずるもの又は訴追に係る証拠の信頼性に影響を及ぼし得るものを開示する。この2の規定の適用について疑義がある場合には、裁判所が決定する。

第六八条（被害者及び証人の保護及び公判手続への参加） 1 裁判所は、被害者及び証人の安全、心身の健康、尊厳及びプライバシーを保護するために適切な措置をとる。裁判所は、その場合において、すべての関連する要因（年齢、第七条3に定義する性、健康及び犯罪（特に、性的暴力又は児童に対する暴力を伴う犯罪）の性質を含む。）を考慮する。検察官は、特にこれらの犯罪の捜査及び訴追の間このような措置をとる。当該措置は、被告人の権利及び公正かつ公平な公判を害するものであってはならず、また、これらと両立しないものであってはならない。

2 裁判所の裁判部は、前条に規定する公開審理の原則の例外として、被害者及び証人又は被告人を保護するため、公判手続のいずれかの部分を非公開で行い、又は証拠の提出を電子的手段その他特別な手段によって行うことを認めることができる。これらの措置については、特に、性的暴力の被害者である場合又は児童が被害者若しくは証人である場合には、裁判所が別段の命令を発する場合を除くほか、すべての事情、特に被害者又は証人の意見を尊重して実施する。

3 裁判所は、被害者の個人的な利益が影響を受ける場合には、当該被害者の意見及び懸念が、裁判所が適当と判断する公判手続の段階において並びに被告人の権利及び公正かつ公平な公判を害さず、かつ、これらと両立する態様で、提示され、及び検討されることを認める。これらの意見及び懸念は、裁判所が適当と認めるときは、手続及び証拠に関する規則に従い被害者の法律上の代理人が提示することができる。

4 被害者・証人室は、検察官及び裁判所に対し、第四三条6に規定する適当な保護及び安全のための措置、カウンセリングその他の援助について助言することができる。

5 この規程の基づく証拠又は情報の開示が証人又はその家族の安全に重大な危険をもたらし得る場合には、検察官は、公判の開始前に行われるいかなる手続のためにも、当該証拠又は情報の提供を差し控え、これらに代えてその要約を提出することができる。これらの措置については、被告人の権利及び公正かつ公平な公判を害さず、かつ、これらと両立する態様で実施する。

6 国は、自国の職員又は代理人の保護及び秘密の又は機微に触れる情報の保護について必要な措置をとるよう要請することができる。

第六九条（証拠） 1 証人は、証言する前に、手続及び証拠に関する規則に従い、自己が真実の証拠を提供することを約束する。

2 公判における証人の証言は、前条又は手続及び証拠に関する規則に定める措置によって提供される場合を除くほか、証人自らが行う。裁判所は、この規程に従うことを条件として、かつ、手続及び証拠に関する規則に従い、ビデオ又はオーディオ技術の手段による証人の直接の又は記録された証言を提供すること及び文書又は反訳した文書を提出することを許可することができる。これらの措置は、被告人の権利を害するものであってはならず、また、これと両立しないものであってはならない。

3 当事者は、第六四条の規定に従って事件に関連する証拠を提出することができる。裁判所は、真実を確定するために必要と認めるすべての証拠の提出を求める権限を有する。

4 裁判所は、証拠の許容性及び関連性について、特に証拠の証明力及び証拠が公正な公判又は証人の証言の公正な評価に与え得る不利益を考慮して、手続及び証拠に関する規則に従って決定を行うことができる。

5 裁判所は、手続及び証拠に関する規則に定める秘密性に関する特権の定めを尊重し、及び遵守する。

6 裁判所は、公知の事実の立証を要求してはならないが、その事実を裁判上顕著なものと認めることができる。

7 この規程に違反する方法又は国際的に認められた人権を侵害する方法によって得られた証拠は、次の場合には、許容性がないものとする。

(a) その違反又は侵害が当該証拠の信頼性に著しい疑いをもたらす場合。

(b) 当該証拠を許容することが公判手続の健全性にもとり、かつ、これを著しく害し得る場合

8 裁判所は、国が収集した証拠の許容性及び関連性

を決定するに当たり、当該国の国内法の適用に関する決定を行わない。

第七〇条（裁判の運営に対する犯罪） 1　裁判所は、その裁判の運営に対する次に掲げる犯罪であって故意に行われたものについて管轄権を有する。

(a)　前条1の規定に従って真実を述べる義務を有するにもかかわらず虚偽の証言を行うこと。

(b)　当事者が虚偽の又は偽造された証拠と知りながらこれを提出すること。

(c)　証人を買収し、証人の出席若しくは証言について妨害し若しくは干渉し、証言を行ったことに対して証人に報復を行い、証拠を破壊し若しくは改ざんし、又は証拠の収集を妨げること。

(d)　裁判所の構成員に対し、その職務を遂行しないこと又は不適正に遂行することを強要し、又は説得する目的で、妨害し、脅迫し、又は買収すること。

(e)　裁判所の構成員に対し、当該構成員又は他の構成員が職務を遂行したことに関して報復を行うこと。

(f)　裁判所の構成員がその公の職務に関連して賄賂（ろ）を要求し、又は受け取ること。

2　この条に規定する犯罪についての裁判所の管轄権の行使を規律する原則及び手続は、手続及び証拠に関する規則に定める原則及び手続とする。この条の規定に基づく手続に関し、裁判所に対して国際協力を提供する条件は、被請求国の国内法によって規律される。

3　裁判所は、有罪判決の場合には、五年を超えない期間の拘禁刑若しくは手続及び証拠に関する規則に定める罰金又はその双方を科することができる。

4(a)　締約国は、自国の捜査上又は司法上の手続の健全性に係る犯罪を処罰する自国の刑事法の適用範囲を、この条に規定する裁判の運営に対する犯罪であって自国の領域において又は自国民によって行われたものまで拡張する。

(b)　締約国は、裁判所が適当と認める場合にはその要請により、訴追のために自国の権限のある当局に事件を付託する。当該当局は、この事件を誠実に取り扱うものとし、これを効果的に処理することができるようにするために十分な資源を充てるものとする。

第七一条（裁判所における不当行為に対する制裁） 1　裁判所は、在廷する者であって不当行為（公判手続を混乱させ、又は裁判所の指示に従うことを故意に拒否することを含む。）を行うものに対し、手続及び証拠に関する規則に定める一時的又は恒久的な退廷、科料その他これらに類する措置等拘禁以外の行政上の措置によって制裁を科することができる。

2　1に規定する措置の適用を規律する手続は、手続及び証拠に関する規則に定める手続とする。

第七二条（国家の安全保障に関する情報の保護） 1　この条の規定は、国が、その情報又は文書の開示が自国の安全保障上の利益を害し得ると判断する案件について適用する。そのような案件には、第五六条2及び3、第六四条3、第六七条2、第六八条6、第八七条6並びに第九三条の規定の適用を受ける案件並びにそのような開示が問題となる案件であってその他の手続の段階において生ずるものを含む。

2　この条の規定は、情報又は証拠の提供を要請された者が、その開示がいずれかの国の安全保障上の利益を害し得ることを理由としてその提供を拒否し、又は当該国にその問題を付託する場合であって、当該国がその開示が自国の安全保障上の利益を害し得ると判断していることを確認するときについても、適用する。

3　この条のいかなる規定も、第五四条3(e)及び(f)の規定に基づいて適用される秘密性に関する要求又は次条の規定の適用を妨げるものではない。

4　いずれの国も、手続のいずれかの段階において、自国の情報又は文書が開示されていること又は開示されるおそれがあることを知り、かつ、その開示が自国の安全保障上の利益を害し得ると判断する場合には、この条の規定に従ってこの問題の解決を得るために手続に参加する権利を有する。

5　いずれの国も、情報の開示が自国の安全保障上の利益を害し得ると判断する場合には、この問題を協力的な手段によって解決するため、場合に応じて、検察官、被告人、予審裁判部又は第一審裁判部と共に行動して、これらの者が次に掲げるすべての合理的な措置をとるよう求める。

(a)　援助についての請求の修正又は明確化

(b)　求められる方法若しくは証拠の関連性についての裁判所の判断又は関連性がある場合であっても自国以外の情報源から証拠を入手することができるか否か若しくは既に入手しているか否かについての裁判所の判断

(c)　異なる情報源からの又は異なる形態による情報又は証拠の入手

(d)　援助を提供することができる条件（特に、要約又は編集した文書の提出、開示の制限、非公開による又はいずれか一方の当事者による手続の利用その他この規程及び手続及び証拠に関する規則に基づいて認められる保護措置を含む。）についての同意の取得

6　いずれの国も、問題を協力的な手段によって解決するためのすべての合理的な措置をとった後、自国の安全保障上の利益を害することなく情報又は文書を提供し、又は開示し得る手段又は条件がないと認める場合には、検察官又は裁判所に対してその旨を具体的な理由を付して通報する。ただし、その理由を具体的に記載することそれ自体が自国の安全保障上の利益を必然的に害し得る結果となるときは、この限りでない。

7　その後に裁判所は、これらの証拠が関連性を有し、かつ、被告人の有罪又は無罪を証明するために必要

であると判断する場合には、次の措置をとることができる。

(a) 情報又は文書の開示が第九部に規定する協力についての請求又は2に規定する状況において求められ、かつ、国が第九三条4に規定する拒否の理由を援用している場合には、次のことを行うことができる。

(i) (ii)に規定する結論を出す前に、当該国の意見を検討するために更なる協議を要請すること。その協議には、適当な場合には、非公開かついずれか一方の当事者による審理を含む。

(ii) その事件の状況にかんがみ被請求国が第九三条4に規定する拒否の理由を援用することによってこの規程の下での義務に従って行動していないと結論を下す場合には、その理由を明示して第八七条7の規定に従って問題を付託すること。

(iii) その状況において適当な場合には、事実の存否について被告人の公判において推定を行うこと。

(b) (a)に規定する状況以外の状況においては、次のことを行うことができる。

(i) 情報又は文書の開示を命ずること

(ii) 情報又は文書の開示を命じない場合には、その状況において適当なときは、事実の存否について被告人の公判において推定を行うこと。

第七三条（第三者の情報又は文書）締約国は、自国が保管し、保有し、又は管理する文書又は情報であって、他の国、政府間機関又は国際機関により自国に対して秘密のものとして提供されたものの提出を裁判所により請求される場合には、当該文書又は情報の開示のためにその出所元の同意を求める。出所元が締約国である場合には、当該締約国は、当該文書若しくは情報の開示に同意し、又は前条の規定に従って開示の問題を裁判所との間で解決する。出所元が締約国ではなく、かつ、開示への同意を拒否する場合には、被請求国は、裁判所に対し、秘密性についての出所元に対する既存の義務のために当該文書又は情報を提供することができないことを通報する。

第七四条（判決のための要件）1　第一審裁判部のすべての裁判官は、公判の各段階に出席し、及び評議に終始参加する。裁判所長会議は、個々の事例の応じ、対応可能な場合には、一人又は二人以上の補充の裁判官を指名することができる。これらの補充の裁判官は、公判の各段階に出席するものとし、第一審裁判部の裁判官が出席し続けることができない場合には、当該第一審裁判部の裁判官と交代する。

2　第一審裁判部の判決は、証拠及び手続全体の評価に基づいて行う。判決は、犯罪事実及びその改定に記載された事実及び状況を超えるものであってはならない。裁判所は、公判において裁判所に提出され、かつ、裁判所において審理された証拠にのみ基づいて判決を行うことができる。

3　第一審裁判部の裁判官は、判決において全員一致の合意を得るよう努めるものとし、全員一致の合意が得られない場合には、判決は、第一審裁判部の裁判官の過半数をもって行う。

4　第一審裁判部の評議は、秘密とする。

5　判決については、書面によるものとし、第一審裁判部の証拠に関する認定及び結論についての十分な、かつ、詳しい理由を付した説明を記載する。第一審裁判部は、一の判決を行う。全員一致の合意が得られない場合には、第一審裁判部判決には、多数意見及び少数意見を記載する。判決又はその要約については、公開の法廷で言い渡す。

第七五条（被害者に対する賠償）1　裁判所は、被害者に対する又は被害者に係る賠償（原状回復、補償及びリハビリテーションの提供を含む。）に関する原則を確立する。その確立された原則に基づき、裁判所は、その判決において、請求により又は例外的な状況においては職権により、被害者に対する又は被害者に係る損害、損失及び障害の範囲及び程度を決定することができるものとし、自己の行動に関する原則を説明する。

2　裁判所は、有罪の判決を受けた者に対し、被害者に対する又は被害者に係る適切な賠償（原状回復、補償及びリハビリテーションの提供を含む。）を特定した命令を直接発することができる。

裁判所は、適当な場合には、第七九条に規定する信託基金を通じて賠償の裁定額の支払を命ずることができる。

3　裁判所は、この条の規定に基づき命令を発する前に、有罪の判決を受けた者、被害者その他の関係者若しくは関係国又はこれらの代理人の意見を求めることができるものとし、それらの意見を考慮する。

4　裁判所は、この条に基づく権限を行使するに当たり、いずれかの者が裁判所の管轄権の範囲内にある犯罪について有罪の判決を受けた後、この条の規定に基づいて発することができる命令を執行するため、第九三条1の規定に基づく措置を求めることが必要か否かを決定することができる。

5　締約国は第一〇九条の規定の例により、この条の規定に基づく命令を執行する。

6　この条のいかなる規定も、国内法又は国際法に基づく被害者の権利を害するものと解してはならない。

第七六条（刑の言渡し）1　第一審裁判部は、有罪判決の場合には、科すべき適切な刑を検討するものとし、公判の間に提出された証拠及び述べられた意見であって刑に関連するものを考慮する。

2　第一審裁判部は、第六五条の規定が適用される場合を除くほか、公判の終了前に、手続及び証拠に関する規則に従い、刑に関連する追加的な証拠又は意見を審理するための追加的な審理を職権によって行うことができるものとし、検察官又は被告人の要請があるときは、当該追加的な審理を行うものとする。

3　2の規定の適用がある場合には、前条の規定に基づく意見は、2に規定する追加的な審理の間及び必要なときは更なる審理の間に審理される。

4　刑については、公開の場で及び可能な限り被告人の在廷の下に言い渡す。

第七部　刑　罰

第七七条（適用される刑罰） 1　裁判所は、第一一〇条の規定に従うことを条件として、第五条に規定する犯罪についての有罪の判決を受けた者に対し、次のいずれかの刑罰を科することができる。

(a)　最長三〇年を超えない特定の年数の拘禁刑

(b)　犯罪の極度の重大さ及び当該有罪の判決を受けた者の個別の事情によって正当化されるときは終身の拘禁刑

2　裁判所は、拘禁刑のほか、次のものを命ずることができる。

(a)　手続及び証拠に関する規則に定める基準に基づく罰金

(b)　1に規定する犯罪によって直接又は間接に生じた収益、財産及び資産の没収。ただし、善意の第三者の権利を害することのないように行う。

第七八条（刑の量定） 1　裁判所は、刑の量定に当たり、手続及び証拠に関する規則に従い、犯罪の重大さ、有罪の判決を受けた者の個別の事情等の要因を考慮する。

2　裁判所は、拘禁刑を科するに当たり、裁判所の命令に従って既に拘禁された期間がある場合にはその期間を刑期に算入するものとし、また、犯罪の基礎を構成する行為に関連する他の拘禁された期間を刑期に算入することができる。

3　一人の者が二以上の犯罪について有罪の判決を受けた場合には、裁判所は、各犯罪についての刑及びそれらを併合した刑（拘禁刑の全期間を特定したもの）を言い渡す。当該全期間は、少なくとも言い渡された各犯罪についての刑のうちの最長の期間とするものとし、三〇年の拘禁刑又は前条1(b)の規定に基づく終身の拘禁刑の期間を超えないものとする。

第七九条（信託基金） 1　締約国会議の決定により、裁判所の管轄権の範囲内にある犯罪の被害者及びその家族のために信託基金を設置する。

2　裁判所は、その命令により、罰金として又は没収によって徴収された金銭その他の財産を信託基金に移転することを命ずることができる。

3　信託基金は、締約国会議が決定する基準に従って管理される。

第八〇条（国内における刑罰の適用及び国内法への影響の否定） この部のいかなる規定も、各国の国内法に定める刑罰の適用を妨げるものではなく、また、この部に規定する刑罰を定めていない国の法律に影響を及ぼすものでもない。

第八部　上訴及び再審

第八一条（無罪若しくは有罪の判決または刑の量定に対する上訴） 1　第七四条の規定に基づく判決に対しては、手続及び証拠に関する規則に従い、次のとおり上訴をすることができる。

(a)　検察官は、次のいずれかを理由として上訴をすることができる。

(i)　手続上の誤り

(ii)　事実に関する誤り

(iii)　法律上の誤り

(b)　有罪の判決を受けた者又は当該者のために行動する検察官は、次のいずれかを理由として上訴をすることができる。

(i)　手続上の誤り

(ii)　事実に関する誤り

(iii)　法律上の誤り

(iv)　その他の理由であって手続又は判決の公正性又は信頼性に影響を及ぼすもの

2

(a)　検察官又は有罪の判決を受けた者は、犯罪と刑との間の不均衡を理由として、手続及び証拠に関する規則に従って当該刑の量定に対して上訴をすることができる。

(b)　裁判所は、刑の量定に対する上訴に関し、有罪判決の全部又は一部を取り消し得る理由があると認める場合には、検察官及び有罪の判決を受けた者に対して1(a)又は(b)の規定に基づく理由の提示を求めることができるものとし、また、第八三条の規定に基づいて有罪判決に関する決定を行うことができる。

(c)　裁判所は、専ら1の規定に基づく有罪判決に対する上訴に関し、(a)の規定の下で減刑のための理由があると認める場合には、(b)に規定する手続と同一の手続を適用する。

3

(a)　有罪の判決を受けた者は、第一審裁判部が別段の命令を発する場合を除くほか、上訴の手続の間、引き続き拘禁される。

(b)　有罪の判決を受けた者の拘禁の期間が科された拘禁刑の期間を超える場合には、当該者は、釈放される。ただし、検察官も上訴をしているときは、その釈放は、(c)に規定する条件に従って行われる。

(c)　無罪判決の場合には、被告人は、次の(i)及び(ii)の規定が適用されることを条件として、直ちに釈放される。

(i)　第一審裁判部は、例外的な状況において、特に、具体的な逃亡の危険性、訴追された犯罪の重大性及び上訴が認められる可能性を考慮した上で、検察官の要請により、上訴の手続の間、当該被告人の拘禁を継続することができる。

(ii)　(i)の規定に基づく第一審裁判部の決定に対しては、手続及び証拠に関する規則に従って上訴をすることができる。

4　判決又は刑の執行は、3(a)及び(b)の規定に従うことを条件として、上訴が許される期間及び上訴の手続の間、停止する。

第八二条（他の決定に対する上訴） 1　いずれの当事者

も、手続及び証拠に関する規則に従い、次の決定のいずれに対しても上訴をすることができる。

(a) 管轄権又は受理許容性に関する決定

(b) 捜査され、又は訴追されている者の釈放を認める又は認めない旨の決定

(c) 第五六条3の規定に基づいて職権によって措置をとるとの予審裁判部の決定

(d) 手続の公正かつ迅速な実施又は公判の結果に著しい影響を及ぼし得る問題に係る決定であって、上訴裁判部によって速やかに解決されることにより手続を実質的に進めることができると予審裁判部又は一審裁判部が認めるもの

2　関係国又は検察官は、予審裁判部の許可を得た上で第五七条3(b)の規定に基づく予審裁判部の決定に対して上訴をすることができる。当該上訴については、迅速に審理する。

3　上訴それ自体は、上訴裁判部が手続及び証拠に関する規則に基づく要請により別段の命令を発しない限り、手続の停止の効力を有しない。

4　被害者の法律上の代理人、有罪の判決を受けた者又は第七五条の規定に基づく命令によって不利な影響を受ける財産の善意の所有者は、手続及び証拠に関する規則に定めるところにより、賠償の命令に対して上訴をすることができる。

第八三条(上訴についての手続) 1　上訴裁判部は、第八一条及びこの条の規定に基づく手続を行うに当たり、第一審裁判部のすべての権限を有する。

2　上訴裁判部は、上訴の対象となった手続が判決若しくは刑の量定の信頼性に影響を及ぼすほど不公正であったと認める場合又は上訴の対象となった判決若しくは刑の量定が事実に関する誤り、法律上の誤り若しくは手続上の誤りによって実質的に影響を受けたと認める場合には、次のいずれかのことを行うことができる。

(a) 判決又は刑の量定を破棄し、又は修正すること。

(b) 異なる第一審裁判部において新たに公判を行うことを命ずること。

これらの目的のため、上訴裁判部は、原判決をした第一審裁判部に対して事実に係る問題を決定させ、及びその決定を報告させるために当該問題を差し戻し、又は当該問題を決定するために自ら証拠を請求することができる。有罪の判決を受けた者又は当該者のために行動する検察官のみが判決又は刑の量定に対して上訴をしているときは、上訴裁判部は、当該判決又は刑の量定を当該者について不利に修正することができない。

3　上訴裁判部は、刑の量定に対する上訴において刑が犯罪に比して不均衡であると認める場合には、第七部の規定に従って当該刑を変更することができる。

4　上訴裁判部の判決については、裁判官の過半数をもって行い、公開の法廷で言い渡す。判決には、その理由を明示する。全員一致の合意が得られない場合には、上訴裁判部の判決には、多数意見及び少数意見を記載するが、いずれの裁判官も、法律問題に関して個別の意見又は反対意見を表明することができる。

5　上訴裁判部は、無罪の判決を受けた者又は有罪の判決を受けた者が在廷しない場合であっても、判決を言い渡すことができる。

第八四条(有罪判決又は刑の量定の再審) 1　有罪の判決を受けた者若しくはその死亡後は配偶者、子、親若しくは当該有罪の判決を受けた者の死亡の時に存命していた者であって当該有罪の判決を受けた者から再審の請求を行うことについて書面による明示の指示を受けていたもの又は当該被告人のために行動する検察官は、有罪の確定判決又は刑の量定の再審を、次の理由に基づいて上訴裁判部に申し立てることができる。

(a) 次の(i)及び(ii)の条件を満たす新たな証拠が発見されたこと。

(i) 公判の時に利用することができず、かつ、そのことの全部又は一部が再審を申し立てる当事者の責めに帰すべきものではなかったこと。

(ii) 公判において証明されていたならば異なる判決となっていた可能性があるほど十分に重要なものであること。

(b) 公判において考慮され、かつ、有罪判決の依拠した決定的な証拠が虚偽の偽造された又は変造されたものであったことが新たに発見されたこと。

(c) 有罪判決又は犯罪事実の確認に参加した裁判官のうち一人又は二人以上が、その事件において、第四六条の規定に従ってこれらの裁判官の解任が正当化されるほどの重大な不当行為又は義務の重大な違反を行っていたこと。

2　上訴裁判部は、申立てに根拠がないと認める場合には、手続及び証拠に関する規則に定める態様によって各当事者からの聴取を行った後、判決を変更すべきか否かについての決定を行うため、必要に応じ、次のいずれかのことを行うことができる。

(a) 原判決をした第一審裁判部を再招集すること。

(b) 新たな第一審裁判部を組織すること。

(c) この事案について自己が管轄を保持すること。

第八五条(逮捕され、又は有罪の判決を受けた者に対する補償) 1　違法に逮捕され、又は拘禁されたものは、補償を受ける権利を有する。

2　確定判決によって有罪と決定された場合において、その後に、新たな事実又は新しく発見された事実により誤審のあったことが決定的に立証されたことを理由としてその有罪判決が破棄されたときは、当該有罪判決の結果として刑に服した者は、法律に基づいて補償を受ける。ただし、その知られなかった事実が適当なときに明らかにされなかったことの全部又は一部が当該者の責めに帰するものであることが証明される場合はこの限りでない。

3　裁判所は、重大かつ明白な誤審のあったことを立

証する決定的な事実を発見するという例外的な状況において、無罪の確定判決又はそのような理由による公判手続の終了の後に釈放された者に対し、手続及び証拠に関する規則に定める基準に従い、自己の裁量によって補償を与えることができる。

第九部　国際協力及び司法上の援助

第八六条（協力を行う一般的義務）締約国は、この規程に従い、裁判所の管轄権の範囲内にある犯罪について裁判所が行う捜査及び訴追において、裁判所に対し十分に協力する。

第八七条（協力の請求についての一般規定）1(a)　裁判所は、締約国に対して協力を求める権限を有する。このような請求については、外交上の経路又は各締約国が批准、受諾、承認又は加入の際に指定する他の適当な経路を通じて送付する。

締約国は、その指定のその後の変更については、手続及び証拠に関する規則に従って行う。

(b)　請求については、適当な場合には、(a)の規定の適用を妨げない限りにおいて、国際刑事警察機構又は適当な地域的機関を通じて送付することができる。

2　協力の請求及び請求の裏付けとなる文書については、被請求国が批准、受諾、承認又は加入の際にした選択に従い、被請求国の公用語若しくは裁判所の常用語のうちの一によって行い、又はこれらの言語のうちの一による訳文を添付することによって行う。

その選択のその後の変更については、手続及び証拠に関する規則に従って行う。

3　被請求国は、協力の請求及び請求の裏付けとなる文書を秘密のものとして取り扱う。ただし、請求内容を実施するために開示が必要となる限度においては、この限りでない。

4　裁判所は、この部の規定に従って提供される援助を求めることとの関連で、被害者及び証人となる可能性のある者並びにこれらの者の家族の安全又は心身の健康を確保するために必要な措置（情報の保護に関する措置を含む。）をとることができる。裁判所は、この部の規定に基づいて入手することのできる情報が被害者及び証人となる可能性のある者並びにこれらの者の家族の安全又は心身の健康を保護する方法によって提供され、及び取り扱われるよう要請することができる。

5(a)　裁判所は、この規程の締約国でない国に対し、当該国との特別の取極又は協定その他の適当な根拠に基づき、この部の規定に従って援助を提供するよう求めることができる。

(b)　裁判所は、この規程の締約国でない国であって裁判所と特別の取極又は協定を締結したものがこれらの取極又は協定に基づく請求に協力しない場合には、締約国会議又はこの事案が安全保障理事会によって裁判所に付託されたものであるときは安全保障理事会に対し、その旨を通報することができる。

6　裁判所は、政府間機関に対して情報又は文書の提供を要請することができる。又、裁判所は、そのような機関の権限又は任務に基づくその他の形態の協力及び援助であって当該機関との合意によって定めるものを要請することができる。

7　締約国がこの規程に反して裁判所による協力の請求に応ぜず、それにより裁判所のこの規程に基づく任務及び権限の行使を妨げた場合には、裁判所は、その旨の認定を行うことができるものとし、締約国会議又はこの事案が安全保障理事会によって裁判所に付託されたものであるときは安全保障理事会に対し、その問題を付託することができる。

第八八条（国内法の手続の確保）締約国は、自国の国内法の手続がこの部の定めるすべての形態の協力のために利用可能であることを確保する。

第八九条（裁判所への人の引渡し）1　裁判所は、ある者の逮捕及び引渡しの請求を第九一条に規定するその裏付けとなる資料とともに、当該者がその領域に所在するとみられる国に対して送付することができるものとし、当該者の逮捕及び引渡しにおいて当該国の協力を求める。締約国は、この部の規定及び自国の国内法の手続に従って逮捕及び引渡しの請求に応ずる。

2　引渡しを求められた者が第二〇条に規定する一事不再理の原則に基づいて国内裁判所に異議の申立てを行う場合には、被請求国は、受理許容性についての関連する決定が行われているか否かを確認するために直ちに裁判所と協議する。事件を受理することが決定されているときは、被請求国は、請求された引渡し実施を続行する。受理許容性についての決定がなされていないときは、被請求国は、裁判所が受理許容性についての決定を行うまで当該引渡しの実施を延期することができる。

3(a)　締約国は、他の国が裁判所に引き渡す者を自国の領域内を通過して護送することについて、自国内の通過が引渡しを妨げ、又は遅延させ得るものでない限り、自国の国内法の手続に従って承認する。

(b)　裁判所による通過についての請求は、第八七条の規定に従って送付される。通過についての請求には、次の事項を含める。

(i)　護送される者に関する記述

(ii)　犯罪事実及びその法的な評価に関する簡潔な説明

(iii)　逮捕及び引渡しのための令状

(c)　護送される者は、通過の間抑留される。

(d)　護送される者が空路によって護送される場合において通過国の領域に着陸する予定がないときは、その承認は、必要とされない。

(e)　通過国は、その領域において予定外の着陸が行われる場合には、(b)に規定する裁判所による通過についての請求を求めることができる。通過国は、通過についての請求を受領して当該通過が行われるようになるまで護送される者を抑留する。ただし、この(e)に規定する目的のための抑留は、請求が予定外の着陸から九六時間以内に受領されない限り、当該時間を超える期間にわたることができない。

4　被請求国は、裁判所への引渡しを求められている者に関し、自国において引渡しを求められている犯罪とは異なる犯罪について訴訟手続がとられており、又は当該者が服役している場合には、請求を認める決定を行った後に裁判所と協議する。

第九〇条(請求の競合) 1　前条の規定に基づいて裁判所からある者の引渡しの請求を受ける締約国は、裁判所が当該者の引渡しを求める犯罪の基礎を構成する同一の行為に関し、他の国からも当該者について犯罪人引渡しの請求を受ける場合には、その事実を裁判所及び請求国に通報する。

2　請求国が締約国である場合には、被請求国は、次のときは、裁判所からの請求を優先する。

(a)　裁判所が、引渡しを求める事件を第一八条又は第一九条の規定に従って受理することを決定しており、かつ、その決定において請求国がその犯罪人引渡しの請求に関して行った捜査又は訴追を考慮しているとき。

(b)　裁判所が1の規定に基づく被請求国からの通報の後に(a)に規定する決定を行うとき。

3　被請求国は、2(a)に規定する決定が行われていない場合には、自国の裁量により、2(b)に規定する裁判所による決定がなされるまでの間、請求国からの犯罪人引渡しの請求についての処理を進めることができる者の、裁判所が事件を受理しないことを決定するまでは、1に規定する者についての犯罪人引渡しを行わないものとする。裁判所の決定は迅速に行う。

4　被請求国は、請求国がこの規程の締約国でない国であり、かつ、請求国に対して1に規定する者についての犯罪人引渡しを行う国際的な義務を有していない場合であって、裁判所が事件を受理することを決定しているときは、裁判所からの引渡しの請求を優先する。

5　4に規定する場合であって裁判所が事件を受理することを決定していないときは、被請求国は、自国の裁量により、請求国からの犯罪人引渡しの請求についての処理を進めることができる。

6　被請求国は、自国がこの規程の締約国でない請求国に対して1に規定する者についての犯罪人引渡しを行う国際的な義務を有する場合であって、裁判所が事件を受理することを決定しているときは、当該者を裁判所に引き渡すか又は請求国に対して当該者についての犯罪人引渡しを行うかを決定する。被請求国は、その決定に当たり、次の事項を含むすべての関連する事項を考慮する。

(a)　それぞれの請求の日付

(b)　請求国の利益(適当な場合には、犯罪が請求国の領域内で行われたか否か並びに被害者及び引渡しを求められている者の国籍を含む。)

(c)　裁判所と請求国との間においてその後に引渡しが行われる可能性

7　被請求国は、裁判所が当該の引渡しを求める犯罪を構成する行為以外の行為に関して他の国から当該者についての犯罪人引渡しの請求を受ける場合には、次のことを行う。

(a)　請求国に対して当該者についての犯罪人引渡しを行う国際的な義務を有していない場合には、裁判所からの請求を優先すること。

(b)　請求国に対して当該者についての犯罪人引渡しを行う国際的な義務を有している場合には、当該者を裁判所に引き渡すか又は請求国に対して犯罪人引渡しを行うかを決定すること。被請求国は、その決定に当たり、6に規定する事項を含むすべての関連する事項を考慮するものとし、当該行為の相対的な重大性及び性質に特別の考慮を払う。

8　被請求国は、この条の規定に基づく通報の後に裁判所が事件を受理しないことを決定し、その後に自国が請求国への犯罪人引渡しを拒否する場合には、裁判所にその拒否の決定を通報する。

第九一条(逮捕及び引渡しの請求の内容) 1　逮捕及び引渡しの請求は、書面によって行う。緊急の場合には、請求は、第八七条1(a)に定める経路を通じて確認されることを条件として文書による記録を送付することができる媒体によって行うことができる。

2　第五八条の規定に従って予審裁判部により逮捕状が発せられている者の逮捕及び引渡しの請求の場合には、当該請求については、次のものを含め、又はこれらによって裏付ける。

(a)　引渡しを求める者について記載されている情報であって当該者の特定に十分なもの及び当該者の予想される所在地に関する情報

(b)　逮捕状の写し

(c)　被請求国における引渡しの手続に関する要件を満たすために必要な文書、説明又は情報。ただし、この要件は、被請求国と他の国との間の条約又は取極に基づく犯罪人引渡しの請求に適用される要件よりも負担を重くすべきではなく、また、可能なときは、裁判所の特性を考慮して軽くすべきである。

3　既に有罪の判決を受けた者の逮捕及び引渡しの請求の場合には、当該請求については、次のものを含め、又はこれらによって裏付ける。

(a)　当該者に係る逮捕状の写し

(b)　有罪判決の写し

(c)　引渡しを求める者が有罪判決にいう者であることを証明する情報

(d)　引渡しを求める者が刑の言渡しを受けている場合には、刑の言渡し書の写し並びに拘禁刑のとき

は既に刑に服した期間及び服すべき残りの期間に関する説明

4　締約国は、裁判所の要請により、2(c)の規定に基づいて適用する自国の国内法に定める要件に関し、一般的に又は個別の事項について裁判所と協議する。その協議の過程において、当該締約国は、自国の国内法に定める個別の要件を裁判所に通報する。

第九二条（仮逮捕）　1　裁判所は、緊急の場合において、引渡しを求める者について、前条に規定する引渡しの請求及びその請求の裏付けとなる文書を提出するまでの間、仮逮捕の請求を行うことができる。

2　仮逮捕の請求については、文書による記録を送付することができる媒体によって行い、次のものを含める。

(a)　引渡しを求める者について記述されている情報であって当該者の特定に十分なもの及び当該者の予想される所在地に関する情報

(b)　当該者の逮捕が求められる犯罪及びこれらの犯罪を構成するとされる事実（可能な場合には犯罪の日時及び場所を含む。）に関する簡潔な説明

(c)　当該者に係る逮捕状又は有罪判決が存在することに関する説明

(d)　当該者の引渡しの請求を行うこととなる旨の説明

3　被請求国は、前条に規定する引渡しの請求及びその請求の裏付けとなる文書を手続及び証拠に関する規則に定める期限までに受領しなかった場合には、仮に逮捕した者を釈放することができる。ただし、当該者は、被請求国の法律が許容する場合には、当該期限の満了前に引き渡されることに同意することができる。この場合において、被請求国は、できる限り速やかに当該者を裁判所に引き渡す。

4　引渡しを求められている者が3の規定に基づいて釈放されたことは、その後に引渡しの請求及びその請求の裏付けとなる文書が送付される場合において、当該者を逮捕し、引き渡すことを妨げるものではない。

第九三条（他の形態の協力）　1　締約国は、この部の規定及び国内法の手続に従い、捜査及び訴追に関する次の援助の提供についての裁判所による請求に応ずる。

(a)　人の特定及び人の所在又は物の所在地の調査

(b)　証拠（宣誓した上での証言を含む。）の取得及び証拠（裁判所にとって必要な専門家の意見及び報告を含む。）の提出

(c)　捜査され、又は訴追されている者に対する尋問

(d)　文書（裁判上の文書を含む。）の送達

(e)　証人又は専門家として個人が裁判所に自発的に出頭することを容易にすること。

(f)　7に規定する者の一時的な移送

(g)　場所の見分（墓所の発掘及び見分を含む。）

(h)　捜査及び差押えの実施

(i)　記録及び文書（公式の記録及び文書を含む。）の提供

(j)　被害者及び証人の保護並びに証拠の保全

(k)　善意の第三者の権利を害することなく、最終的な没収のために犯罪の収益、財産、資産及び道具を特定し、追跡し、及び凍結又は差押えをすること。

(l)　裁判所の管轄権の範囲内にある犯罪の捜査及び訴追を容易にするため、その他の形態の援助であって被請求国の法律が禁止していないものを行うこと。

2　裁判所は、裁判所に出頭する証人又は専門家に対し、これらの証人又は専門家が被請求国からの出国に先立ついかなる作為又は不作為についても裁判所によって訴追されず、拘束されず、又は身体の自由に対するいかなる制限も課されないとの保証を与える権限を有する。

3　1の規定に従って提出される請求に詳述されている援助に係る特定の措置の実施が、被請求国において一般的に適用される現行の基本的な法的原則に基づいて禁止されている場合には、被請求国は、問題の解決に努めるために裁判所と速やかに協議する。この協議においては、援助を他の方法によって又は条件を付して与えることができるか否かを考慮すべきである。協議を経ても問題を解決することができないときは、裁判所は、請求に対して必要な修正を行う。

4　締約国は、自国の安全保障に関連する文書の提出又は証拠の開示についての請求の場合にのみ、第七二条の規定に基づいて援助についての請求の全部又は一部を拒否することができる。

5　被請求国は、1(l)に規定する援助についての請求を拒否する前に、特定の条件を付して援助を提供することができるか否か又は後日若しくは他の方法によって援助を提供することができるか否かを検討する。裁判所又は検察官は、条件が付された援助を受け入れる場合には、その条件を遵守する。

6　被請求国は、援助についての請求を拒否する場合には、その拒否の理由を裁判所又は検察官に対して速やかに通報する。

7(a)　裁判所は、特定、証言の取得その他の援助のため、拘禁されている者の一時的な移送を請求することができる。被請求国は、次の(i)及び(ii)の条件が満たされる場合には、当該者を移送することができる。

(i)　当該者が移送について事情を知らされた上で任意に同意すること。

(ii)　被請求国が裁判所との間で合意する条件に従って移送することに同意すること。

(b)　移送される当該者は、引き続き拘禁される。裁判所は、移送による目的が満たされたときは、当該者を被請求国に遅滞なく送還する。

8(a)　裁判所は、請求において記載されている捜査及び手続に必要となる場合を除くほか、文書及び情報の秘密を確保する。

(b) 被請求国は、必要な場合には、検察官に対し文書及び情報を秘密のものとして送付することができる。検察官は、これらの文書及び情報については新たな証拠を取得するためにのみ用いることができる。

(c) 被請求国は、その発意により又は検察官の要請により、その後にそのような文書又は情報を開示することに同意することができる。その場合には、これらの文書又は情報は、第五部及び第六部の規定並びに手続及び証拠に関する規則に従って証拠として用いることができる。

9 (a)(i) 締約国は、引渡し又は犯罪人引渡し以外に係る請求に関し、裁判所から受ける請求と国際的な義務に基づいて他の国から受ける請求とが競合する場合には、裁判所及び当該他の国と協議の上、必要に応じていずれかの請求を延期し、又はいずれかの請求に条件を付することによって双方の請求に応ずるよう努める。

(ii) (i)の規定による解決が得られないときは、競合する請求については、第九〇条に定める原則に従って解決する。

(b) 裁判所からの請求が国際約束によって第三国又は国際機関の管理の下にある情報、財産又は個人に関するものである場合には、被請求国は、その旨を裁判所に通報するものとし、裁判所は、その請求を当該第三国又は国際機関に対して行う。

10 (a) 裁判所は、締約国の請求により、裁判所の管轄権の範囲内にある犯罪を構成し、又は当該締約国の国内法に定める重大な犯罪を構成する行為について捜査又は裁判を行う当該締約国に協力し、及び援助を提供することができる。

(b)(i) (a)に規定する援助には、特に次のものを含む。

a 裁判所による捜査又は裁判の過程において得られた陳述、文書その他の形態の証拠の送付

b 裁判所の命令によって拘禁されている者に対する尋問

(ii) (i)aの規定に基づく援助の場合であって、

a 文書その他の形態の証拠がいずれかの国の援助によって得られたときは、その送付には、当該国の同意を必要とする。

b 陳述、文書その他の形態の証拠が証人又は専門家によって提供されたときは、その送付は、第六八条の規定に従って行う。

(c) 裁判所は、この10に定める条件の下で、この規程の締約国でない国からこの10に規定する援助についての請求に応ずることができる。

第九四条(進行中の捜査又は訴追に関する請求内容の実施の延期) 1 被請求国は、請求内容を即時に実施することが当該請求内容に係る事件と異なる事件について進行中の捜査又は訴追を妨げ得る場合には、当該請求内容の実施を裁判所と合意した期間延期することができる。ただし、その延期は、被請求国における当該捜査又は訴追を完了するために必要な期間を超えてはならない。被請求国は、延期の決定を行う前に、一定の条件を付して援助を直ちに提供することができるか否かを検討すべきである。

2 1の規定に従って延期の決定が行われる場合であっても、検察官は、前条1(j)の規定に基づき証拠を保全する措置を求めることができる。

第九五条(受理許容性についての異議の申立ての際の請求内容の実施の延期) 裁判所が第一八条又は第一九条の規定に従い受理許容性についての異議の申立てを審議している場合には、被請求国は、この部の規定に基づく請求内容の実施を裁判所による決定がなされるまでの間延期することができる。ただし、裁判所がこれらの条の規定に従い検察官が証拠の収集を行うことができることを特に決定している場合は、この限りでない。

第九六条(第九三条に規定する他の形態の援助についての請求の内容) 1 第九三条に規定する他の形態の援助についての請求は、書面によって行う。緊急の場合には、請求は、第八七条1(a)に定める経路を通じて確認されることを条件として、文書による記録を送付することができる媒体によって行うことができる。

2 請求については、該当する場合には、次のものを含め、又はこれらによって裏付ける。

(a) 請求の目的及び求める援助の簡潔な説明(請求の法的根拠及び理由を含む。)

(b) 求める援助が提供されるための可能な限り詳細な情報であって、発見し又は特定しなければならないいずれかの者又は場所の所在地又は特定に関するもの

(c) 請求の基礎となる重大な事実の簡潔な説明

(d) 従うべき手続又は要件の理由及び詳細

(e) 請求内容を実施するために被請求国の法律に従って必要とされる情報

(f) 求める援助が提供されるためのその他の関連情報

3 締約国は、裁判所の要請により、2(e)の規定に基づいて適用する自国の国内法に定める要件に関し、一般的に又は個別の事項について裁判所と協議する。その協議の過程において、当該締約国は、自国の国内法に定める個別の要件を裁判所に通報する。

4 この条の規定は、必要な場合には、裁判所に対してなされる援助についての請求にも適用する。

第九七条(協議) 締約国は、この部の規定に基づく請求であって、その関係において、その請求内容の実施を遅らせ、又は妨げるおそれのある問題があると認められるものを受けるときは、この事態を解決するために裁判所と遅滞なく協議する。この問題には、特に次のようなものを含めることができる。

(a) 当該請求内容を実施するためには情報が不十分であること。

(b) 引渡しの請求のときは、最善の努力にもかかわ

らず引渡しを求められている者を発見することができないという事実又は行われた捜査により被請求国にいる者が明らかに令状に示された者でないと判断されたという事実

(c)　被請求国が当該請求内容をそのままの形態のよって実施することが他の国との関係において負っている既存の条約上の義務に違反し得るという事実

第九八条（免除の放棄及び引渡しへの同意に関する協力）1　裁判所は、被請求国に対して第三国の人又は財産に係る国家の又は外交上の免除に関する国際法に基づく義務に違反する行動を求めることとなり得る引渡し又は援助についての請求を行うことができない。ただし、裁判所が免除の放棄について当該第三国の協力をあらかじめ得ることができる場合は、この限りでない。

2　裁判所は、被請求国に対して派遣国の国民の裁判所への引渡しに当該派遣国の同意を必要とするという国際約束に基づく義務に違反する行動を求めることとなり得る引渡しの請求を行うことができない。ただし、裁判所が引渡しへの同意について当該派遣国の協力をあらかじめ得ることができる場合は、この限りでない。

第九九条（第九三条及び第九六条の規定に基づく請求内容の実施）1　援助についての請求は、被請求国の法律の関連する手続に従い、当該法律によって禁止されていない限り、請求において特定されている方法（請求において示されている手続に従うこと又は請求において特定されている者が実施の過程に立ち会い、及びこれを補助することを認めることを含む。）により実施する。

2　緊急の請求の場合には、これに応じて提供する文書又は証拠については、裁判所の要請により、早急に送付する。

3　被請求国の回答については、その国元来の言語及び様式により送付する。

4　検察官は、この部の他の条の規定の適用を妨げることなく、強制的な措置によることなく実施することができる請求内容（特に、個人の任意に基づき当該個人と面会し、又は当該個人から証拠を取得すること（当該請求内容を実施するために不可欠である場合には被請求国の当局の立会いを伴うことなくこれらを行うことを含む。）及び公共の場所を変更することなく見分を行うことを含む。）の効果的な実施に必要な場合には、いずれかの国の領域において当該請求内容を次のとおり直接実施することができる。

(a)　被請求国がその領域において犯罪が行われたとされる国であり、かつ、第一八条又は第一九条の規定に従って受理許容性の決定が行われている場合には、検察官は、被請求国とのすべての可能な協議の後、当該請求内容を直接実施することができる。

(b)　(a)に規定する場合以外の場合には、検察官は、被請求国との協議の後、当該請求国が提起する正当な条件又は関心に従って当該請求内容を実施することができる。被請求国は、この(b)の規定に基づく請求内容の実施について問題があると認めるときは、この事態を解決するために裁判所と遅滞なく協議する。

5　裁判所が聴取し、又は尋問した者に対して国家の安全保障に関連する秘密の情報の開示を防止するための制限を援用することを認める第七二条の規定は、この条の規定に基づく援助についての請求内容の実施についても、適用する。

第一〇〇条（費用）1　被請求国の領域内において請求内容の実施に要する通常の費用は、裁判所が負担する次の費用を除くほか、当該被請求国が負担する。

(a)　証人及び専門家の旅費及び安全に関する費用又は第九三条の規定に基づく拘禁されている者の移送に関する費用

(b)　翻訳、通訳及び反訳に係る費用

(c)　裁判官、検察官、次席検察官、裁判所書記、裁判所次席書記及び裁判所の機関の職員の旅費及び滞在費

(d)　裁判所が請求する専門家の意見又は報告に係る費用

(e)　拘束を行う国によって裁判所に引き渡される者の護送に関する費用

(f)　請求内容の実施から生ずる可能性のある特別の費用であって協議によって認められるもの

2　1の規定は、適当な場合には、締約国による裁判所に対する請求について適用する。この場合において、実施に要する通常の費用は、裁判所が負担する。

第一〇一条（特定性の原則）1　この規程に従って裁判所に引き渡された者は、行為又は一連の行為であって自己が引き渡された犯罪の基礎を構成するものを除き、引渡しの前に行った行為のために、訴訟手続に付されず、処罰されず、又は拘禁されない。

2　裁判所は、1に規定する者を裁判所に引き渡した国に対して1に規定する条件を放棄するよう要請することができるものとし、必要な場合には、第九一条の規定に従って追加的な情報を提供する。締約国は、裁判所に対して放棄を行う権限を有するものとし、放棄を行うよう努めるべきである。

第一〇二条（用語）この規程の適用上、

(a)　「引渡し」とは、この規程に基づき、国がいずれかの者を裁判所に引き渡すことをいう。

(b)　「犯罪人引渡し」とは、条約、協定又は国内法に基づき、一の国がいずれかの者を他の国に引き渡すことをいう。

第一〇部　刑の執行

第一〇三条（拘禁刑の執行における国の役割）1(a)　拘禁刑は、刑を言い渡された者を受け入れる意思を

裁判所に対して明らかにした国の一覧表の中から裁判所が指定する国において執行される。

(b) 国は、刑を言い渡された者を受け入れる意思を宣言する際に、裁判所が同意し、かつ、この部の規定に適合した受入れについての条件を付することができる。

(c) 個別の事件に関して指定された国は、裁判所の指定を受け入れるか否かを裁判所に対して速やかに通報する。

2 (a) 刑を執行する国は、拘禁の期間又は程度に実質的に影響を及ぼし得るあらゆる状況(1の規定に従って合意された条件の実施を含む。)を裁判所に通報する。裁判所に対する既知の又は予想し得るそのような状況についての通報は、少なくとも四五日前までに行う。その間、刑を執行する国は、第一一〇条に規定する義務に違反するおそれのある行動をとってはならない。

(b) 裁判所は、(a)に規定する状況について同意することができない場合には、その旨を刑を執行する国に通報するとともに、次条1の規定に基づいて手続を進める。

3 裁判所は、1の規定に基づく指定を行う裁量を行使するに当たり、次の事項を考慮する。

(a) 締約国が手続及び証拠に関する規則に定める衡平な配分の原則に従い拘禁刑を執行する責任を共有すべきであるとの原則

(b) 被拘禁者の処遇を規律する広く受け入れられている国際条約上の基準の適用

(c) 刑を言い渡された者の意見

(d) 刑を言い渡された者の国籍

(e) 犯罪若しくは刑を言い渡された者の事情又は効果的な刑の執行に関するその他の要素であって刑を執行する国を指定するに当たり適当と認めるもの

4 いずれの国にも1の規定に基づく指定がなされない場合には、拘禁刑は、第三条2に規定する本部協定に定める条件に従い、接受国が提供する刑務所において執行される。その場合には、拘禁刑の執行によって生ずる費用は、裁判所が負担する。

第一〇四条(刑を執行する国の指定の変更) 1 裁判所は、刑を言い渡された者を他の国の刑務所に移送することをいつでも決定することができる。

2 刑を言い渡された者は、裁判所に対し、刑を執行する国から移送されることをいつでも申し立てることができる。

第一〇五条(刑の執行) 1 拘禁刑は第一〇三条1(b)の規定により特定した条件に従うことを条件として、締約国に対して拘束力を有するものとし、締約国は、いかなる場合にも当該拘禁刑を修正してはならない。

2 裁判所のみが上訴及び再審の申立てについて決定する権限を有する。刑を執行する国は、刑を言い渡された者がそのような申立てを行うことを妨げてはならない。

第一〇六条(刑の執行の監督及び拘禁の条件) 1 拘禁刑の執行については、裁判所の監督の対象となるものとし、また、被拘禁者の処遇を規律する広く受け入れられている国際法上の基準に適合したものとする。

2 拘禁の条件は、刑を執行する国の法律によって規律され、かつ、被拘禁者の処遇を規律する広く受け入れられている国際法上の基準に適合したものとする。この条件は、いかなる場合にも刑を執行する国における同様の犯罪について有罪の判決を受けた被拘禁者に与えられる条件と同等のものとする。

3 刑を言い渡された者と裁判所との間の連絡は、妨げられず、かつ、秘密とされる。

第一〇七条(刑を終えた者の移送) 1 刑を終えた者であって刑を執行する国の国民でないものについては、当該刑の終了後、刑を執行する国の法律に従い、当該者を受け入れる義務を有する国又は当該者を受け入れることに同意する他の国に移送することができるものとし、その際、これらの国に移送されることとなる当該者の希望を考慮する。ただし、刑を執行する国が当該者に対してその領域内に引き続きとどまることを許可する場合は、この限りでない。

2 いずれの国も1に規定する者の1の規定に基づく他の国への移送に要する費用を負担しない場合には、その費用は、裁判所が負担する。

3 刑を執行する国は、次条の規定に従うことを条件として、その国内法に従い、1に規定する者について裁判又は刑の執行のために犯罪人引渡しを請求している国に犯罪人引渡しを行うことができる。

第一〇八条(他の犯罪の訴追又は処罰の権限) 1 刑を執行する国によって拘禁されている刑を言い渡された者は、当該者が当該刑を執行する国に移送される前に行った行為について訴追、処罰又は第三国への犯罪人引渡しの対象とされない。ただし、当該刑を執行する国の要請により、そのような訴追、処罰又は犯罪人引渡しが裁判所によって認められている場合は、この限りでない。

2 裁判所は、1に規定する者の意見を聴取した後に1に規定する事項を決定する。

3 1の規定は、1に規定する者が裁判所によって科された刑を終えた後に刑を執行する国の領域内に任意に三〇日を超えて滞在している場合又は当該国の領域から離れた後に当該国の領域に戻る場合には、適用しない。

第一〇九条(罰金及び没収に係る措置の実施) 1 締約国は、自国の国内法の手続に従い、善意の第三者の権利を害することなく、第七部の規定に基づいて裁判所が発する罰金又は没収の命令を執行する。

2 締約国は、自国が没収の命令を執行することができない場合には、善意の第三者の権利を害することなく、裁判所が没収することを命じた収益、財産又は資産の価値を回復するための措置をとる。

3 財産又は不動産若しくは適当な場所にはその他の財産の売却による収益であって裁判所の判決を執行

した結果として締約国が取得したものは、裁判所に移転される。

第一一〇条（減刑に関する裁判所の再審査）1　刑を執行する国は、裁判所が言い渡した刑期の終了前にその刑を言い渡された者を釈放してはならない。

2　裁判所のみが減刑を決定する権限を有する。裁判所は、1に規定する者の意見を聴取した後にこの事項についての決定を行う。

3　裁判所は、1に規定する者が刑期の三分の二の期間又は終身の拘禁刑の場合には二五年間刑に服した時に、減刑をすべきか否かを決定するためにこれらの刑を再審査する。このような再審査は、これらの時よりも前に行ってはならない。

4　裁判所は、3に規定する再審査に当たり、次の一又は二以上の要素が存在すると認める場合には、減刑をすることができる。

(a)　1に規定する者の裁判所の捜査及び訴追に協力するとの早い時期からの継続的な意思

(b)　1に規定する者の自発的な援助であって、他の事件における裁判所の判決及び命令の執行を可能にするもの。特に、被害者の利益のために用いられる罰金、没収又は賠償の命令の対象となる資産の発見のために提供する援助

(c)　手続及び証拠に関する規則に定めるその他の要素であって、減刑を正当化するのに十分な明白かつ重大な状況の変化を証明するもの

5　裁判所は、3の規定に基づく最初の再審査において減刑が適当でないと決定する場合であっても、その後、手続及び証拠に関する規則に定める間隔を置いて及び同規則に定める基準を適用して、減刑の問題を再審査する。

第一一一条（逃亡）有罪の判決を受けた者が拘禁を逃れ、刑を執行する国から逃亡する場合には、当該国は、裁判所と協議の上、現行の二国間又は多数国間の取極に基づき当該者が所在する国に対して当該者の引渡しを請求し、又は裁判所に対して第九部の規定に基づいて当該者の引渡しを求めるよう要請することができる。裁判所は、当該者が刑に服していた国又は裁判所が指定した他の国に当該者を引き渡すよう指示することができる。

第一一部　締約国会議

第一一二条（締約国会議）1　この規程によりこの規程の締約国会議を設置する。各締約国は、締約国会議において一人の代表を有するものとし、代表は、代表代理及び随員を伴うことができる。その他の国であってこの規程又は最終文書に署名したものは、締約国会議においてオブザーバーとなることができる。

2　締約国会議は、次の任務を遂行する。

(a)　適当な場合には、準備委員会の勧告を検討し、及び採択すること。

(b)　裁判所の運営に関して裁判所長会議、検察官及び裁判所書記に対する管理監督を行うこと。

(c)　3の規定により設置される議長団の報告及び活動を検討し、並びにこれらについて適当な措置をとること。

(d)　裁判所の予算を検討し、及び決定すること。

(e)　第三六条の規定に従い裁判官の人数を変更するか否かを決定すること。

(f)　第八七条5及び7に規定する請求に協力しないことに関する問題を検討すること。

(g)　その他の任務であってこの規程又は手続及び証拠に関する規則に適合するものを遂行すること。

3(a)　締約国会議には、三年の任期で締約国会議によって選出される一人の議長、二人の副議長及び一八人の構成員から成る議長団を置く。

(b)　議長団は、特に配分が地理的に衡平に行われること及び世界の主要な法体系が適切に代表されることを考慮して、代表としての性質を有するものとする。

(c)　議長団は、必要に応じ、少なくとも年一回会合する。議長団は、締約国会議が任務を遂行するに当たって同会議を補助する。

4　締約国会議は、裁判所の効率性及び経済性を高めるため、必要に応じ、補助機関（裁判所を検査し、評価し、及び調査するための独立した監督機関を含む。）を設置することができる。

5　裁判所長、検察官及び裁判所書記又はこれらの代理人は、適当な場合には、締約国会議及び議長団の会合に出席することができる。

6　締約国会議は、裁判所の所在地又は国際連合本部において年一回会合するものとし、必要な場合には、特別会合を開催する。この規程に特別の定めがある場合を除くほか、特別会合は、議長団の発意により又は締約国の三分の一の要請により召集される。

7　各締約国は、一の票を有する。締約国会議及び議長団においては、決定をコンセンサス方式によって行うようあらゆる努力を払う。コンセンサスに達することができない場合には、この規程に別段の定めがある時を除くほか、次のとおり決定を行う。

(a)　実質事項についての決定は、出席し、かつ、投票する締約国の三分の二以上の多数による議決で承認されることにより行われなければならない。この場合において、締約国の絶対多数をもって投票のための定足数とする。

(b)　手続事項についての決定は、出席し、かつ、投票する締約国の単純多数による議決で行う。

8　裁判所の費用に対する分担金の支払が延滞している締約国は、その延滞金の額がその時まで満二年間に当該締約国が支払うべきであった分担金の額に等しいか又はこれを超える場合には、締約国会議及び議長団における投票権を失う。ただし、締約国会議は、支払の不履行が当該締約国にとってやむを得ない事情によると認めるときは、当該締約国に締約国会議及び議長団における投票を認めることができる。

9　締約国会議は、その手続規則を採択する。

10　締約国会議の公用語及び常用語は、国際連合総会の公用語及び常用語とする。

第一二部　財政

第一一三条（財政規則）裁判所及び締約国会議（議長団及び補助機関を含む。）の会合に関するすべての財政事項については、明示的に別段の定めがある場合を除くほか、この規程及び締約国会議が採択する財政規則によって規律する。

第一一四条（費用の支払）裁判所及び締約国会議（議長団及び補助機関を含む。）の費用については、裁判所の資金から支払う。

第一一五条（裁判所及び締約国会議の資金）裁判所及び締約国会議（議長団及び補助機関を含む。）の費用は、締約国会議が決定する予算に定めるところに従い、次の財源より充てる。

(a)　締約国が支払う分担金

(b)　国際連合総会の承認を受けて国際連合が提供する資金、特に安全保障理事会による付託のために要する費用に関連する資金

第一一六条（任意拠出金）裁判所は、前条の規定の適用を妨げることなく、追加的な資金として、締約国会議が採択する関連する基準に従い、政府、国際機関、個人、法人その他の主体からの任意拠出金を受領し、及び使用することができる。

第一一七条（分担金の額の決定）締約国の分担金については、合意する分担率に従って決定する。合意する分担率は、国際連合がその通常予算のために採択した分担率を基礎とし、かつ、当該分担率が立脚する原則に従って調整される。

第一一八条（年次会計検査）裁判所の記録、帳簿及び決算報告（年次会計報告を含む。）については、独立の会計検査専門家が毎年検査する。

第一三部　最終規定

第一一九条（紛争の解決）1　裁判所の司法上の任務に関する紛争については、裁判所の決定によって解決する。

2　その他の二以上の締約国間の紛争であってこの規程の解釈又は適用に関するもののうち、交渉によってその開始から三箇月以内に解決されないものについては、締約国会議に付託する。締約国会議は、当該紛争を自ら解決するよう努め、又は当該紛争を解決するための追加的な方法（国際司法裁判所規程に基づく国際司法裁判所への付託を含む。）について勧告を行うことができる。

第一二〇条（留保）この規程には、いかなる留保も付することができない。

第一二一条（改正）1　締約国は、この規程の効力発生から七年を経過した後、その改正を提案することができる。改正案については、国際連合事務総長に提出するものとし、同事務総長は、これをすべての締約国に対して速やかに通報する。

2　締約国会議は、通報の日から三箇月以後に開催するその次回の会合において、出席し、かつ、投票する締約国の過半数による議決で改正案を取り上げるか否かを決定する。締約国会議は、当該改正案を直接取り扱い、又は関係する問題により正当化される場合には、検討会議を招集することができる。

3　締約国会議の会合又は検討会議における改正の採択については、コンセンサスに達することができない場合には、締約国の三分の二以上の多数による議決を必要とする。

4　改正は、5に規定する場合を除くほか、国際連合事務総長に対する締約国の八分の七による批准書又は受諾書の寄託の後一年ですべての締約国について効力を生ずる。

5　第五条から第八条までの規定の改正は、当該改正を受諾した締約国については、その批准書又は受諾書の寄託の後一年で効力を発生する。当該改正を受諾していない締約国については、裁判所は、当該改正に係る犯罪であって、当該締約国の国民によって又は当該締約国の領域内において行われたものについて管轄権を行使してはならない。

6　改正が4の規定に従い締約国の八分の七によって受諾されたときは、当該改正を受諾していない締約国は、当該改正の効力発生の後一年以内に通告を行うことによってこの規程から脱退することができる。この脱退は、第一二七条1の規定にかかわらず、直ちに効力を生ずるが、同条2の規定に従うことを条件とする。

7　国際連合事務総長は、締約国会議の会合又は検討会議において採択された改正をすべての締約国に通報する。

第一二二条（制度的な性質を有する規定の改正）1　いずれの締約国も、専ら制度的な性質を有する規定、すなわち、第三五条、第三六条8及び9、第三七条、第三八条、第三九条1（第一文及び第二文）、2及び4、第四二条4から9まで、第四三条2及び3、第四四条、第四六条、第四七条並びに第四九条の規定の改正について、前条1の規定にかかわらず、いつでも提案することができる。改正案については、国際連合事務総長又は締約国会議が指名する他の者に対して提出するものとし、これらの者は、これをすべての締約国及び締約国会議に参加する他の者に対して速やかに通報する。

2　この条の規定に基づく改正については、コンセンサスに達することができない場合には、締約国会議又は検討会議が締約国の三分の二以上の多数による議決で採択する。その改正は、締約国会議又は検討会議による採択の後六箇月ですべての締約国について効力を生ずる。

第一二三条（この規程の検討）1　国際連合事務総長は、

この規程の効力発生の後七年目にこの規程の改正を審議するために検討会議を招集する。この規程の検討には、少なくとも第五条に規定する犯罪を含めることができる。検討会議は、締約国会議に参加する者に同一の条件で開放される。

2　その後いつでも、いずれかの締約国の要請があるときは、国際連合事務総長は、1に規定する目的のため、締約国の過半数による承認を得て検討会議を招集する。

3　第一二一条3から7までの規定は、検討会議において審議されるこの規程の改正の採択及びその効力発生について適用する。

第一二四条（経過規定） いずれの国も、第一二条1及び2の規定にかかわらず、この規程の締約国になる際、この規程が当該国について効力を生じてから七年の期間、ある犯罪が当該国の国民によって又は当該国の領域内において行われたとされる場合には、第八条に規定する犯罪類型に関して裁判所が管轄権を有することを受諾しない旨を宣言することができる。この条の規定に基づく宣言は、いつでも撤回することができる。この条の規定については、前条1の規定に従って召集される検討会議で審議する。

第一二五条（署名、批准、受諾、承認又は加入） 1　この規程は、一九九八年七月一七日に、ローマにある国際連合食糧農業機関本部において、すべての国による署名のために開放するものとし、その後は、一九九八年一〇月一七日まで、ローマにあるイタリア外務省において署名のために開放しておく。その日の後、この規程は、二〇〇〇年一二月三一日まで、ニューヨークにある国際連合本部において署名のために開放しておく。

2　この規程は、署名国によって批准され、受諾され、又は承認されなければならない。批准書、受諾書又は承認書は、国際連合事務総長に寄託する。

3　この規程は、すべての国による加入のために開放しておく。加入書は、国際連合事務総長に寄託する。

第一二六条（効力発生） 1　この規程は、六〇番目の批准書、受諾書、承認書又は加入書が国際連合事務総長に寄託された日の後六〇日目の日の属する月の翌月の初日に効力を生ずる。

2　六〇番目の批准書、受諾書、承認書又は加入書が寄託された後にこの規程を批准し、受諾し若しくは承認し、又はこれに加入する国については、この規程は、その批准書、受諾書、承認書又は加入書の寄託の後六〇日の日の属する月の翌月の初日に効力を生ずる。

第一二七条（脱退） 1　締約国は、国際連合事務総長にあてた書面による通告によってこの規程から脱退することができる。脱退は、一層遅い日が通告に明記されている場合を除くほか、その通告が受領された日の後一年で効力を生ずる。

2　いずれの国も、その脱退を理由として、この規程の締約国であった間のこの規程に基づく義務（その間に生じた財政上の義務を含む。）を免除されない。脱退は、脱退する国が協力する義務を有している捜査及び手続であって、当該脱退が効力を生ずる日の前に開始されたものに関する裁判所との協力に影響を及ぼすものではなく、また、当該脱退が効力を生ずる日の前に裁判所が既に審議していた問題について審議を継続することを妨げるものでもない。

第一二八条（正文） アラビア語、中国語、英語、フランス語、ロシア語及びスペイン語をひとしく正文とするこの規程の原本は、国際連合事務総長に寄託する。同事務総長は、その認証謄本をすべての国に送付する。

96　刑法（国外犯関連規定）

公　　布　一九〇七（明治四〇）年四月二四日（法律第四五号）
施　　行　一九〇八（明治四一）年一〇月一日
最終改正　二〇一六（平成二八）年（法律第五四号）

第一条（国内犯） 1　この法律は、日本国内において罪を犯したすべての者に適用する。

2　日本国外にある日本船舶又は日本航空機内において罪を犯した者についても、前項と同様とする。

第二条（すべての者の国外犯） この法律は、日本国外において次に掲げる罪を犯したすべての者に適用する。

一　〔削除〕

二　第七七条から第七九条まで（内乱、予備及び陰謀、内乱等幇助）の罪

三　第八一条（外患誘致）、第八二条（外患援助）、第八七条（未遂罪）及び第八八条（予備及び陰謀）の罪

四　第一四八条（通貨偽造及び行使等）の罪及びその未遂罪

五　第一五四条（詔書偽造等）、第一五五条（公文書偽造等）、第一五七条（公正証書原本不実記載等）、第一五八条（偽造公文書行使等）及び公務所又は公務員によって作られるべき電磁的記録に係る第一六一条の二（電磁的記録不正作出及び供用）の罪

六　第一六二条（有価証券偽造等）及び第一六三条（偽造有価証券行使等）の罪

七　第一六三条の二から第一六三条の五まで（支払用カード電磁的記録不正作出等、不正電磁的記録カード所持、支払用カード電磁的記録不正作出準備、未遂罪）の罪

八　第一六四条から第一六六条まで（御璽偽造及び不正使用等、公印偽造及び不正使用等、公記号偽造及び不正使用等）の罪並びに第一六四条第二項、

第一六五条第二項及び第一六六条第二項の罪の未遂罪

第三条（国民の国外犯） この法律は、日本国外において次に掲げる罪を犯した日本国民に適用する。

一　第一〇八条（現住建造物等放火）及び第一〇九条第一項（非現住建造物等放火）の罪、これらの規定の例により処断すべき罪並びにこれらの罪の未遂罪

二　第一一九条（現住建造物等浸害）の罪

三　第一五九条から第一六一条まで（私文書偽造等、虚偽診断書等作成、偽造私文書等行使）及び前条第五号に規定する電磁的記録以外の電磁的記録に係る第一六一条の二の罪

四　第一六七条（私印偽造及び不正使用等）の罪及び同条第二項の罪の未遂罪

五　第一七六条から第一七九条まで（強制わいせつ、強姦、準強制わいせつ及び準強姦、未遂罪）、第一八一条（強制わいせつ等致死傷）及び第一八四条（重婚）の罪

六　第一九九条（殺人）の罪及びその未遂罪

七　第二〇四条（傷害）及び第二〇五条（傷害致死）の罪

八　第二一四条から第二一六条まで（業務上堕胎及び同致死傷、不同意堕胎、不同意堕胎致死傷）の罪

九　第二一八条（保護責任者遺棄等）の罪及び同条の罪に係る第二一九条（遺棄等致死傷）の罪

一〇　第二二〇条（逮捕及び監禁）及び第二二一条（逮捕等致死傷）の罪

一一　第二二四条から第二二八条まで（未成年者略取及び誘拐、営利目的等略取及び誘拐、身の代金目的略取等、国外移送目的略取等、被略取者収受等、未遂罪）の罪

一二　第二三〇条（名誉毀損）の罪

一三　第二三五条から第二三六条まで（窃盗、不動産侵奪、強盗）、第二三八条から第二四一条まで（事後強盗、昏睡強盗、強盗致死傷、強盗強姦及び同致死）及び第二四三条（未遂罪）の罪

一四　第二四六条から第二五〇条まで（詐欺、電子計算機使用詐欺、背任、準詐欺、恐喝、未遂罪）の罪

一五　第二五三条（業務上横領）の罪

一六　第二五六条第二項（盗品譲受け等）の罪

第三条の二（国民以外の者の国外犯） この法律は、日本国外において日本国民に対して次に掲げる罪を犯した日本国民以外の者に適用する。

一　第一七六条から第一七九条まで（強制わいせつ、強姦、準強制わいせつ及び準強姦、未遂罪）及び第一八一条（強制わいせつ等致死傷）の罪

二　第一九九条（殺人）の罪及びその未遂罪

三　第二〇四条（傷害）及び第二〇五条（傷害致死）の罪

四　第二二〇条（逮捕及び監禁）及び第二二一条（逮捕等致死傷）の罪

五　第二二四条から第二二八条まで（未成年者略取及び誘拐、営利目的等略取及び誘拐、身の代金目的略取等、国外移送目的略取等、被略取者収受等、未遂罪）の罪

六　第二三六条（強盗）及び第二三八条から第二四一条まで（事後強盗、昏酔強盗、強盗致死傷、強盗強姦及び同致死）の罪並びにこれらの罪の未遂罪

第四条（公務員の国外犯） この法律は、日本国外において次に掲げる罪を犯した日本国の公務員に適用する。

一　第一〇一条（看守者等による逃走援助）の罪及びその未遂罪

二　第一五六条（虚偽公文書作成等）の罪

三　第一九三条（公務員職権濫用）、第一九五条第二項（特別公務員暴行陵虐）及び第一九七条から第一九七条の四まで（収賄、受託収賄及び事前収賄、第三者収賄、加重収賄及び事後収賄、あっせん収賄）の罪並びに第一九五条第二項の罪に係る第一九六条（特別公務員職権濫用等致死傷）の罪

第四条の二（条約による国外犯） 第二条から前条までに規定するもののほか、この法律は、日本国外において、第二編の罪であって条約により日本国外において犯したときであっても罰すべきものとされているものを犯したすべての者に適用する。

＊一九八七（昭和六二）年法律第五二号により本条追加

附　則（一九八七年法律第五二号）（抄）

（施行期日）

1　この法律は、公布の日から起算して二〇日を経過した日から施行する。ただし、第一条中刑法第四条の次に一条を加える改正規定、第二条及び第三条の規定並びに次項の規定及び附則第四項中新東京国際空港の安全確保に関する緊急措置法（昭和五三年法律第四二号）第二条第一項第一号の改正規定は、国際的に保護される者（外交官を含む。）に対する犯罪の防止及び処罰に関する条約又は人質をとる行為に関する国際条約が日本国について効力を生ずる日から施行する。

（経過措置）

2　刑法第四条の二の規定並びに人質による強要行為等の処罰に関する法律第五条及び暴力行為等処罰に関する法律第一条ノ二第三項の規定（刑法第四条の二に係る部分に限る。）は、前項ただし書に規定する規定の施行の日以後に日本国について効力を生ずる条約並びに戦地にある軍隊の傷者及び病者の状態の改善に関する一九四九年八月一二日のジュネーヴ条約、海上にある軍隊の傷者、病者及び難船者の状態の改善に関する一九四九年八月一二日のジュネーヴ条約、捕虜の待遇に関する一九四九年八月一二日のジュネーヴ条約及び戦時における文民の保護に関する一九四九年八月一二日のジュネーヴ条約により日本国外において犯したときであっても罰すべきものとされる罪に限り適用する。

第五条（外国判決の効力）外国において確定裁判を受けた者であっても、同一の行為について更に処罰することを妨げない。ただし、犯人が既に外国において言い渡された刑の全部又は一部の執行を受けたときは、刑の執行を減軽し、又は免除する。

10章
紛争の平和的解決

10 1 国際司法裁判所規程

署　名　一九四五年六月二六日（サン・フランシスコ）
効力発生　一九四五年一〇月二四日
日本国　一九五四年三月一七日国会承認、四月二日受諾書寄託、効力発生、公布（条約第二号）

第一条【裁判所の地位】国際連合の主要な司法機関として国際連合憲章によって設置される国際司法裁判所は、この規程の規定に従って組織され、且つ、任務を遂行する。

第一章　裁判所の構成

第二条【裁判官の資格】裁判所は、徳望が高く、且つ、各自の国で最高の司法官に任ぜられるのに必要な資格を有する者又は国際法に有能の名のある法律家のうちから、国籍のいかんを問わず、選挙される独立の裁判官の一団で構成する。

第三条【裁判所の構成】1　裁判所は、十五人の裁判官で構成し、そのうちのいずれの二人も、同一国の国民であってはならない。

2　二以上の国の国民と認められることのある者は、裁判所における裁判官の地位については、私権及び公権を通常行使する国の国民とみなす。

第四条【裁判官候補者の指名権者】1　裁判所の裁判官は、常設仲裁裁判所の国別裁判官団によって指名される者の名簿の中から、以下の規定に従って総会及び安全保障理事会が選挙する。

2　常設仲裁裁判所に代表されない国際連合加盟国については、候補者は、国際紛争の平和的処理に関する一九〇七年のヘーグ条約の第四四条によって常設仲裁裁判所裁判官について規定される条件と同一の条件で政府が指名のために任命する国別裁判官団が指名する。

3　この規程の当事国であるが国際連合加盟国でない国が裁判所の裁判官の選挙に参加することができるための条件は、特別の協定がない場合には、安全保障理事会の勧告に基いて総会が定める。

第五条【候補者の指名】1　国際連合事務総長は、選挙の日の少くとも三箇月前に、この規程の当事国たる国に属する常設仲裁裁判所の裁判官及び第四条2に基いて任命される国別裁判官団の構成員に対して、裁判所の裁判官の任務を遂行する地位にある者の指名を一定の期間内に国別裁判官団ごとに行うことを書面で要請しなければならない。

2　いかなる国別裁判官団も、四人をこえて指名することができない。そのうち、自国の国籍を有する者は、二人をこえてはならない。いかなる場合にも、一国別裁判官団の指名する候補者の数は、補充すべき席の数の二倍をこえてはならない。

第六条【国内機関の意見の反映】各国別裁判官団は、この指名をする前に自国の最高司法裁判所、法律大学及び法律学校並びに法律研究に従事する学士院及び国際学士院の自国の部の意見を求めることを勧告される。

第七条【候補者名簿の作成】1　事務総長は、こうして指名されるすべての者のアルファベット順の名簿を作成する。第一二条2に規定する場合を除く外、これらの者のみが選挙される資格を有する。

2　事務総長は、この名簿を総会及び安全保障理事会に提出する。

第八条【裁判官の選挙】総会及び安全保障理事会は、各別に裁判所の裁判官の選挙を行う。

第九条【選挙人の留意事項】各選挙において、選挙人は、選挙されるべき者が必要な資格を各自に具備すべきものであることのみならず、裁判官全体のうちに世界の主要文明形態及び主要法系が代表されるべきものであることに留意しなければならない。

第一〇条【候補者の当選】1　総会及び安全保障理事会で投票の絶対多数を得た候補者は、当選したものとする。

2　安全保障理事会の投票は、裁判官の選挙のためのものであると第一二条に規定する協議会の構成員の任命のためのものであるとを問わず、安全保障理事会の常任理事国と非常任理事国との区別なしに行う。

3　同一国の国民の二人以上が総会及び安全保障理事会の双方の投票の絶対多数を得た場合には、最年長者だけを当選したものとする。

第一一条【選挙のための会】選挙のために開かれた第一回の会の後になお補充すべき一以上の席がある場合には、第二回の会を、また、必要があるときは第三回の会を開く。

第一二条【連合協議会】1　第三回の会の後に一以上の席がなお補充されないときは、なお空席たる各席について一人を総会及び安全保障理事会の各別の採択に付するために絶対多数の投票によって選出する目的で、三人は総会によって、三人は安全保障理事会によって任命される六人からなる連合協議会を総会又は安全保障理事会のいずれかの要請によっていつでも設けることができる。

2　必要な条件をみたす者について連合協議会が全会一致で合意した場合には、この者は、第七条に掲げる指名名簿に記載されていなかったときでも、協議会の名簿に記載されることができる。

3　連合協議会が当選者を確保することができないと認めるときは、既に選挙された裁判所の裁判官は、総会又は安全保障理事会のいずれかで投票を得た候補者のうちから選定して、安全保障理事会の定める期間内に空席の補充を行う。

4　裁判官の間で投票が同数である場合には、最年長の裁判官は、決定投票権を有する。

第一三条【裁判官の任期】1　裁判所の裁判官は、九年の任期で選挙され、再選されることができる。但し、第一回の選挙で選挙された裁判官のうち、五人の裁判官の任期は三年の終に終了し、他の五人の裁判官の任期は六年の終に終了する。

2　前記の最初の三年及び六年の期間の終に任期が終了すべき裁判官は、第一回の選挙が完了した後直ちに事務総長がくじで選定する。

3　裁判所の裁判官は、後任者の補充に至るまで職務の執行を継続し、補充後も、既に着手した事件を完結しなければならない。

4　裁判所の裁判官が辞任する場合には、辞表は、裁判所長に提出され、事務総長に転達される。この転達によって空席が生ずる。

第一四条【裁判官の補充】空席は、後段の規定に従うことを条件として、第一回の選挙について定める方法と同一の方法で補充しなければならない。事務総長は、空席が生じた時から一箇月以内に第五条に規定する招請状を発するものとし、選挙の日は、安全保障理事会が定める。

第一五条【後任裁判官の任期】任期がまだ終了しない裁判官の後任者として選挙される裁判所の裁判官は、前任者の残任期間中在任するものとする。

第一六条【兼業の禁止】1　裁判所の裁判官は、政治上又は行政上のいかなる職務を行うことも、職業的性質をもつ他のいかなる業務に従事することもできない。

2　この点に関する疑義は、裁判所の裁判で決定する。

第一七条【裁判事件への関与の禁止】1　裁判所の裁判官は、いかなる事件においても、代理人、補佐人又は弁護人として行動することができない。

2　裁判所の裁判官は、一方の当事者の代理人、補佐人若しくは弁護人として、国内裁判所若しくは国際裁判所の裁判官として、調査委員会の構成員として、又はその他の資格において干与したことのあるいかなる事件の裁判にも参与することができない。

3　この点に関する疑義は、裁判所の裁判で決定する。

第一八条【解任】1　裁判所の裁判官は、必要な条件をみたさないようになったと他の裁判官が全員一致で認める場合を除く外、解任することができない。

2　解任の正式の通告は、裁判所書記が事務総長に対して行う。

3　この通告によって空席が生ずる。

第一九条【特権免除】裁判所の裁判官は、裁判所の事務に従事する間、外交官の特権及び免除を享有する。

第二〇条【宣誓】裁判所の各裁判官は、職務をとる前に、公平且つ誠実にその職権を行使すべきことを公開の法廷で厳粛に宣言しなければならない。

第二一条【裁判所長、次長、書記】1　裁判所は、三年の任期で裁判所長及び裁判所次長を選挙する。裁判所長及び裁判所次長は、再選されることができる。

2　裁判所は、裁判所書記を任命するものとし、その他の必要な職員の任命について規定することができる。

第二二条【所在地】1　裁判所の所在地は、ヘーグとする。但し、裁判所が望ましいと認める場合に他の地で開廷して任務を遂行することを妨げない。

2　裁判所長及び裁判所書記は、裁判所の所在地に居住しなければならない。

第二三条【開廷、休暇】1　裁判所は、裁判所の休暇中を除く外、常に開廷され、休暇の時期及び期間は、裁判所が定める。

2　裁判所の裁判官は、定期休暇をとる権利を有する。その時期及び期間は、ヘーグと各裁判官の家庭との間の距離を考慮して、裁判所が定める。

3　裁判所の裁判官は、休暇の場合又は病気その他裁判所長が正当と認める重大な事由による故障の場合を除く外、常に裁判所の指示の下にある義務を負う。

第二四条【回避】1　裁判所の裁判官は、特別の理由によって特定の事件の裁判に自己が参与すべきでないと認めるときは、裁判所長にその旨を通報しなければならない。

2　裁判所長は、裁判所の裁判官が特別の理由によって特定の事件に参与すべきでないと認めるときは、その者にその旨を通告するものとする。

3　前記のいずれの場合においても、裁判所の裁判官及び裁判所長の意見が一致しないときは、裁判所の裁判で決定する。

第二五条【開廷の条件】1　この規定に別段の明文規定がある場合を除く外、裁判所は、全員が出席して開廷する。

2　裁判所を構成するために指示の下にある裁判官の数が一一人を下らないことを条件として、裁判所規則は、事情に応じ且つ順番に一人又は二人以上の裁判官の出席を免除することができる旨を規定することができる。

3　裁判所を成立させるに足りる裁判官の定足数は、九人とする。

第二六条【特別裁判部】1　裁判所は、特定の部類の事件、たとえば、労働事件並びに通過及び運輸通信に関する事件の処理のために、裁判所が決定するところにより三人以上の裁判官からなる一又は二以上の部を随時設けることができる。

2　裁判所は、特定の事件の処理のためにいつでも部を設けることができる。この部を構成する裁判官の数は、当事者の承認を得て裁判所が決定する。

3　当事者の要請があるときは、事件は、本条に規定する部が審理し、及び裁判する。

第二七条【部の判決の効力】第二六条及び第二九条に定める部のいずれかが言い渡す判決は、裁判所が言い渡したものとみなす。

第二八条【部の開廷地】第二六条及び第二九条に定める部は、当事者の同意を得てヘーグ以外の地で開廷して任務を遂行することができる。

第二九条【簡易手続部】事務の迅速な処理のために、裁判所は、当事者の要請によって簡易手続で事件を審理し、及び裁判をすることができる五人の裁判官からなる部を毎年設ける。なお、出席することができない裁判官に交替するために、二人の裁判官を選定する。

第三〇条【裁判所規則】1　裁判所は、その任務を遂行するために規則を定める。裁判所は、特に、手続規則を定める。

2　裁判所規則は、裁判所又はその部に投票権なしで出席する補佐員について規定することができる。

第三一条【国籍裁判官および特任裁判官】1　各当事者の国籍裁判官は、裁判所に係属する事件について出席する権利を有する。

2　裁判所がその裁判官席に当事者の一の国籍裁判官を有する場合には、他のいずれの当事者も、裁判官として出席する者一人を選定することができる。この者は、第四条及び第五条の規定により候補者として指名された者のうちから選定されることが望ましい。

3　裁判所が裁判官席に当事者の国籍裁判官を有しない場合には、各当事者は、本条2の規定により裁判官を選定することができる。

4　本条の規定は、第二六条及び第二九条の場合に適用する。この場合には、裁判所長は、部を構成する裁判官中の一人又は必要があるときは二人に対して、関係当事者の国籍裁判官のために、また、国籍裁判官がないとき又は出席することができないときは当事者が特に選定する裁判官のために、席を譲るように要請しなければならない。

5　多数当事者が同一利害関係にある場合には、その多数当事者は、前記の規定の適用上、一当事者とみなす。この点に関する疑義は、裁判所の裁判で決定する。

6　本条2、3及び4の規定によって選定される裁判官は、この規程の第二条、第一七条2、第二〇条及び第二四条が要求する条件をみたさなければならない。これらの裁判官は、その同僚と完全に平等の条件で裁判に参与する。

第三二条【裁判官と書記の待遇】1　裁判所の各裁判官は、年俸を受ける。

2　裁判所長は、特別の年手当を受ける。

3　裁判所次長は、裁判所長の職務をとる各日について特別の手当を受ける。

4　第三一条により選定される裁判官で裁判所の裁判官でないものは、その職務をとる各日について補償を受ける。

5　これらの俸給、手当及び補償は、総会が定めるものとし、任期中は減額してはならない。

6　裁判所書記の俸給は、裁判所の提議に基いて総会が定める。

7　裁判所の裁判官及び書記に恩給を支給する条件並びに裁判所の裁判官及び書記がその旅費の弁償を受ける条件は、総会が採択する規則によって定める。

8　前記の俸給、手当及び補償は、すべての租税を免除されなければならない。

第三三条【裁判所の費用】裁判所の費用は、総会が定める方法で国際連合が負担する。

第二章　裁判所の管轄

第三四条【裁判事件の当事者、国際機関との連携】1　国のみが、裁判所に係属する事件の当事者となることができる。

2　裁判所は、その規則で定める条件で、裁判所に係属する事件に関係のある情報を公的国際機関から請求することができ、また、同機関が自発的に提供するこのような情報を受領する。

3　公的国際機関の組織文書又はこの文書に基いて採択される国際条約の解釈が裁判所に係属する事件において問題となる場合には、裁判所書記は、当該公的国際機関にその旨を通告し、且つ、すべての書面手続の謄本を送付する。

第三五条【訴訟の当事国】1　裁判所は、この規程の当事国である諸国に開放する。

2　裁判所をその他の国に開放するための条件は、現行諸条約の特別の規定を留保して、安全保障理事会が定める。但し、この条件は、いかなる場合にも、当事者を裁判所において不平等の地位におくものであってはならない。

3　国際連合加盟国でない国が事件の当事者である場合には、裁判所は、その当事者が裁判所の費用について負担する額を定める。但し、この規定は、その国が裁判所の費用を分担しているときは、適用しない。

第三六条【裁判所の管轄】1　裁判所の管轄は、当事者が裁判所に付託するすべての事件及び国際連合憲章又は現行諸条約に特に規定するすべての事項に及ぶ。

2　この規程の当事国である国は、次の事項に関するすべての法律的紛争についての裁判所の管轄を同一の義務を受諾する他の国に対する関係において当然に且つ特別の合意なしに義務的であると認めることを、いつでも宣言することができる。

a　条約の解釈

b　国際法上の問題

c　認定されれば国際義務の違反となるような事実の存在

d　国際義務の違反に対する賠償の性質又は範囲

3　前記の宣言は、無条件で、多数の国若しくは一定の国との相互条件で、又は一定の期間を付して行うことができる。

4　その宣言書は、国際連合事務総長に寄託され、事務総長は、その謄本を規程の当事国及び裁判所書記に送付する。

5　常設国際司法裁判所規程第三六条に基いて行われた宣言でなお効力を有するものは、この規程の当事国の間では、宣言が今後存続すべき期間中及び宣言の条項に従って国際司法裁判所の義務的管轄を受諾しているものとみなす。

6　裁判所が管轄権を有するかどうかについて争がある場合には、裁判所の裁判で決定する。

第三七条【常設国際司法裁判所の管轄の継承】現行諸条約が国際連盟の設けた裁判所又は常設国際司法裁判所にある事項を付託することを規定している場合には、その事項は、この規程の当事国の間では国際司法裁判所に付託される。

第三八条【裁判の基準】1　裁判所は、付託される紛争を国際法に従って裁判することを任務とし、次のものを適用する。

a　一般又は特別の国際条約で係争国が明らかに認めた規則を確立しているもの

b　法として認められた一般慣行の証拠としての国際慣習

c　文明国が認めた法の一般原則

d　法則決定の補助手段としての裁判上の判決及び諸国の最も優秀な国際法学者の学説。但し、第五九条の規定に従うことを条件とする。

2　この規定は、当事者の合意があるときは、裁判所が衡平及び善に基いて裁判をする権限を害するものではない。

第三章　手　続

第三九条【用語】1　裁判所の公用語は、フランス語及び英語とする。事件をフランス語で処理することに当事者が同意したときは、判決は、フランス語で行う。事件を英語で処理することに当事者が同意したときは、判決は、英語で行う。

2　いずれの公用語を使用するかについて合意がないときは、各当事者は、その選択する公用語を争訟において使用することができ、裁判所の裁判は、フランス語及び英語で行う。この場合には、裁判所は、両本文中のいずれを正文とするかをあわせて決定する。

3　裁判所は、いずれかの当事者の要請があったときは、この当事者がフランス語又は英語以外の言語を使用することを許可しなければならない。

第四〇条【訴の提起】1　裁判所に対する事件の提起は、場合に応じて、特別の合意の通告によって、又は書面の請求によって、裁判所書記にあてて行う。いずれの場合にも、紛争の主題及び当事者が示されていなければならない。

2　裁判所書記は、この請求を直ちにすべての利害関係者に通知する。

3　裁判所書記は、また、事務総長を経て国際連合加盟国に、及び裁判所で裁判を受けることができる国に通告する。

第四一条【仮保全措置】1　裁判所は、事情によって必要と認めるときは、各当事者のそれぞれの権利を保全するためにとられるべき暫定措置を指示する権限を有する。

2　終結判決があるまでは、指示される措置は、直ちに当事者及び安全保障理事会に通告される。

第四二条【代理人、補佐人、弁護人】1　当事者は、代理人によって代表される。

2　当事者は、裁判所で補佐人又は弁護人の援助を受けることができる。

3　裁判所における当事者の代理人、補佐人及び弁護人は、その職務の独立の遂行に必要な特権及び免除を享有する。

第四三条【書面手続と口頭手続】1　手続は、書面及び口頭の二部分からなる。

2　書面手続とは、申述書、答弁書及び必要があるときは抗弁書並びに援用のためのすべての文書及び書類を裁判所及び当事者に送付することをいう。

3　この送付は、裁判所が定める順序及び期間内において、裁判所書記を経て行う。

4　一方の当事者から提出したすべての書類の認証謄本は、他方の当事者に送付する。

5　口頭手続とは、裁判所が証人、鑑定人、代理人、補佐人及び弁護人から行う聴取をいう。

第四四条【通告の送達】1　代理人、補佐人及び弁護人以外の者に対するすべての通告の送達については、裁判所は、その通告が送達されるべき地の属する国の政府にあてて直接に行う。

2　1の規定は、実地について証拠を収集するために手続を行うべきすべての場合に適用する。

第四五条【弁論の指揮】弁論は、裁判所長又は、所長が指揮することができないときは、裁判所次長の統制の下にあるものとし、所長及び次長がいずれも指揮することができないときは、出席する先任の裁判官が指揮するものとする。

第四六条【弁論の公開】裁判所における弁論は、公開とする。但し、裁判所が別段の決定をするとき、又は両当事者が公開としないことを請求したときは、この限りでない。

第四七条【調書】1　調書は、弁論ごとに作成し、裁判所書記及び裁判所長がこれに署名する。

2　この調書のみを公正の記録とする。

第四八条【事件の進行についての措置】裁判所は、事件の進行について命令を発し、各当事者が陳述を完結すべき方式及び時期を定め、且つ、証拠調に関するすべての措置をとる。

第四九条【書類の提出】裁判所は、弁論の開始前でも、書類を提出し、又は説明をするように代理人に要請することができる。拒絶があったときは、そのことを正式に記録にとどめる。

第五〇条【調査と鑑定の嘱託】裁判所は、その選択に従って、個人、団体、官公庁、委員会その他の機関に、取調を行うこと又は鑑定をすることをいつでも嘱託することができる。

第五一条【証人と鑑定人に対する質問】弁論中は、関係のある質問は、第三〇条に掲げる手続規則中に裁判所が定める条件に基いて、証人及び鑑定人に対して行われる。

第五二条【証拠と証言の受理】裁判所は、証拠及び証言を裁判所が定める期間内に受理した後は、一方の当事者の同意がない限り、他方の当事者が提出することを希望する新たな人証又は書証の受理を拒否することができる。

第五三条【欠席裁判】1　一方の当事者が出廷せず、又はその事件の防禦をしない場合には、他方の当事者は、自己の請求に有利に裁判するように裁判所に要請することができる。

2　裁判所は、この裁判をする前に、裁判所が第三六条及び第三七条に従って管轄権を有することのみならず、請求が事実上及び法律上充分に根拠をもつことを確認しなければならない。

第五四条【弁論の終結】1　裁判所の指揮の下に代理人、補佐人及び弁護人が事件の主張を完了したときは、裁判所長は、弁論の終結を言い渡す。

2　裁判所は、判決を議するために退廷する。

3　裁判所の評議は、公開せず、且つ、秘密とする。

第五五条【決定】1　すべての問題は、出席した裁判官の過半数で決定する。

2　可否同数のときは、裁判所長又はこれに代る裁判官は、決定投票権を有する。

第五六条【判決】1　判決には、その基礎となる理由を掲げる。

2　判決には、裁判に参与した裁判官の氏名を掲げる。

第五七条【個別意見】判決がその全部又は一部について裁判官の全員一致の意見を表明していないときは、いずれの裁判官も、個別の意見を表明する権利を有する。

第五八条【判決の朗読】判決には、裁判所長及び裁判所書記が署名する。判決は、代理人に正当に通告して公開の法廷で朗読する。

第五九条【裁判の拘束力】裁判所の裁判は、当事者間において且つその特定の事件に関してのみ拘束力を有する。

第六〇条【判決の性質と解釈】判決は、終結とし、上訴を許さない。判決の意義又は範囲について争がある場合には、裁判所は、いずれかの当事者の要請によってこれを解釈する。

第六一条【再審】1　判決の再審の請求は、決定的要素となる性質をもつ事実で判決があった時に裁判所及び再審請求当事者に知られていなかったものの発見を理由とする場合に限り、行うことができる。但し、その事実を知らなかったことが過失によらなかった場合に限る。

2　再審の手続は、新事実の存在を確認し、この新事実が事件を再審に付すべき性質をもつものであることを認め、且つ、請求がこの理由から許すべきものであることを言い渡す裁判所の判決によって開始する。

3　裁判所は、再審の手続を許す前に、原判決の条項に予め従うべきことを命ずることができる。

4　再審の請求は、新事実の発見の時から遅くとも六箇月以内に行わなければならない。

5　判決の日から一〇年を経過した後は、いかなる再審の請求も、行うことができない。

第六二条【訴訟参加】1　事件の裁判によって影響を受けることのある法律的性質の利害関係をもつと認める国は、参加の許可の要請を裁判所に行うことができる。

2　裁判所は、この要請について決定する。

第六三条【第三国の加入している条約の解釈】1　事件に関係する国以外の国が当事国である条約の解釈が問題となる場合には、裁判所書記は、直ちにこれらのすべての国に通告する。

2　この通告を受けた各国は、手続に参加する権利を有するが、この権利を行使した場合には、判決によって与えられる解釈は、その国もひとしく拘束する。

第六四条【訴訟費用】裁判所が別段の決定をしない限り、各当事者は、各自の費用を負担する。

第四章　勧告的意見

第六五条【勧告的意見の要請】1　裁判所は、国際連合憲章によって又は同憲章に従って要請することを許可される団体の要請があったときは、いかなる法律問題についても勧告的意見を与えることができる。

2　裁判所の勧告的意見を求める問題は、意見を求める問題の正確な記述を掲げる請求書によって裁判所に提出するものとする。この請求書には、問題を明らかにすることができるすべての書類を添付するものとする。

第六六条【通告】1　裁判所書記は、勧告的意見の要請を、裁判所で裁判を受けることができるすべての国に直ちに通告する。

2　裁判所書記は、また、裁判所で裁判を受けることができる国又は国際機関で問題に関する資料を提供することができると裁判所又は、開廷中でないときは、裁判所長が認めるものに対して、裁判所が裁判所長の定める期間内にこの問題に関する陳述書を受理し、又は特に開かれる公開の法廷でこの問題に関する口頭陳述を聴取する用意があることを、特別の且つ直接の通知によって通告する。

3　裁判所で裁判を受けることができる前記の国は、本条2に掲げる特別の通知を受領しなかったときは、陳述書を提出し、又は聴取される希望を表明することができる。裁判所は、これについて決定する。

4　書面若しくは口頭の陳述又はこの双方の陳述を行った国及び機関は、裁判所又は、開廷中でないときは、裁判所長が各個の事件について決定する形式、範囲及び期間内において、他の国又は機関が行った陳述について意見を述べることを許される。このために、裁判所書記は、前記の書面の陳述を、同様の陳述を行った国及び機関に適当な時期に送付する。

第六七条【勧告的意見の発表】裁判所は、事務総長並びに直接に関係のある国際連合加盟国、その他の国及び国際機関の代表者に通告した後に、公開の法廷で勧告的意見を発表する。

第六八条【裁判手続の準用】勧告の任務の遂行については、以上の外、裁判所は、適用することができると認める範囲内で、係争事件に適用されるこの規程の規定による。

第五章　改　正

第六九条【改正】この規程の改正は、国際連合憲章が同憲章の改正について規定する手続と同一の手続で行う。但し、総会がこの規程の当事国で国際連合加盟国でないものの参加に関して安全保障理事会の勧告に基いて採択することのある規定には従うものとする。

第七〇条【改正の提案】裁判所は、必要と認めるこの規程の改正を、第六九条の規定による審議のために事務総長にあてた通告書で提案する権限を有する。

10 2　国際司法裁判所規程第三六条2の規定に基く国際司法裁判所の強制管轄を受諾する日本国の宣言

寄　　託　二〇一五年一〇月六日
効力発生　二〇一五年一〇月六日

書簡をもって啓上いたします。

本使は、外務大臣の命により、日本国が、国際司法裁判所規程第三六条2の規程に従い、一九五八年九月一五日以後の事態又は事実に関して同日以後に発生するすべての紛争であって他の平和的解決方法によって解決されないものについて、国際司法裁判所の管轄を、同一の義務を受諾する他の国に対する関係において、かつ、相互条件で、当然にかつ特別の合意なしに義務的であると認めることを日本国政府のために宣言する光栄を有します。

この宣言は、以下の紛争には適用がないものとします。

(1)　紛争の当事国が、最終的かつ拘束力のある決定のために、仲裁裁判又は司法的解決に付託することに合意したか又は合意する紛争

(2)　紛争の他のいずれかの当事国が当該紛争との関係においてのみ若しくは当該紛争を目的としてのみ国際司法裁判所の義務的管轄を受諾した紛争、又は紛争の他のいずれかの当事国による裁判所の義務的管轄の受諾についての寄託若しくは批准が当該紛争を裁判所に付託する請求の提出に先立つ一二か月未満の期間内に行われる場合の紛争

(3)　海洋生物資源の調査、保存、管理又は開発について、これから生ずる、これらに関する又はこれらに関係のある紛争

日本国政府は、いかなる時にも、国際連合事務総長に対する書面による通告によって、及びかかる通告の時点から効力を有するものとして、この宣言を修正し、又は廃棄する権利を留保します。

以上を申し進めるに際し、本使は、貴事務総長にむかって敬意を表します。

二〇一五年一〇月六日

国際連合日本政府代表部
特命全権大使　吉川元偉(署名)

国際連合事務総長
潘基文閣下

10 3 国際司法裁判所規程第三六条２の規定に基づく国際司法裁判所の強制管轄を受諾するアメリカ合衆国の宣言及び廃棄

強制管轄権に関するアメリカ合衆国の宣言

アメリカ合衆国大統領ハリー・S・トルーマンは、国際司法裁判所規程第三六条２に基づき、かつ、アメリカ合衆国上院一九四六年八月二日決議（出席した上院議員の三分の二が同意）に従い、アメリカ合衆国が、次の事項に関する法律的紛争で今後生じるものすべてについて、国際司法裁判所の管轄権を、同一の義務を受諾する他の国に対する関係において当然にかつ特別の合意なしに義務的であると認めることを、アメリカ合衆国のために宣言するものです。

a　条約の解釈
b　国際法上の問題
c　認定されれば国際義務の違反となるような事実の存在
d　国際義務の違反に対する賠償の性質又は範囲

ただし、本宣言は、次の紛争に適用されるものではありません。

a　当事者が、すでに存在する条約又は将来締結される条約に基づき、他の裁判所に解決をゆだねた紛争
b　本質上アメリカ合衆国の国内管轄権内にあるとアメリカ合衆国が判断する事項に関する紛争
c　多数国間条約のもとで生じた紛争。ただし、1裁判の影響を受けるすべての条約当事国が裁判所の訴訟当事者となっている場合、又は、2アメリカ合衆国が管轄権に対し特別の同意を与えた場合を除きます。

この宣言は、五年間効力を有するものとし、その後は、通告を行うことによってこの宣言を終了させることができるものとします。ただし、通告後六箇月を経過するまで、この宣言は効力を有するものです。

一九四六年八月一四日　ワシントンにて
ハリー・S・トルーマン（署名）

一九八四年四月六日アメリカ合衆国宣言

本使は、一九四六年八月二六日付けアメリカ合衆国の国際司法裁判所強制的管轄権受諾宣言に言及し、この宣言が、中央アメリカのいかなる国との紛争にも、中央アメリカにおける事態から生じた紛争にも、また中央アメリカにおける事態に関わる紛争にも適用されるものでないことを、アメリカ合衆国のために宣言する光栄を有します。これらの紛争は、紛争当事者が合意する方法で解決されるものであります。

上記宣言の文言にもかかわらず、本日の宣言は、即時に効力を発するものであり、二年間効力を有するものであります。これによって、政治、経済及び安全保障が絡み合った中央アメリカの諸問題について、交渉による解決を求めつつ、現在進められている地域的紛争解決プロセスを促進することになると思います。

アメリカ合衆国国務長官
ジョージ・P・シュルツ（署名）

裁判所強制管轄権からの脱退に関する一九八五年一〇月七日付けアメリカ合衆国書簡

本使は、一九四六年八月二六日付けアメリカ合衆国の国際司法裁判所強制的管轄権受諾宣言（一九八四年四月六日付け覚書により修正。）に言及し、この宣言が、本書簡の日付より六箇月間効力を有した後、終了するものであることを宣言する光栄を有します。

敬具

一九八五年一〇月七日　ニューヨーク
ジョージ・P・シュルツ（署名）

国際連合事務総長
ハビエル・ペレス・デクエヤル博士閣下

11章
安全保障

11-1 戦争抛棄ニ関スル条約（不戦条約）

署　　名　一九二八年八月二七日（パリ）
効力発生　一九二九年七月二四日
日 本 国　一九二九年六月二七日批准、七月二四日批准書寄託、効力発生、七月二五日公布（条約第一号）

独逸国大統領、亜米利加合衆国大統領、白耳義国皇帝陛下、仏蘭西共和国大統領、「グレート、ブリテン」「アイルランド」及「グレート、ブリテン」海外領土皇帝印度皇帝陛下、伊太利国皇帝陛下、日本国皇帝陛下、波蘭共和国大統領、「チェッコスロヴァキア」共和国大統領ハ、

人類ノ福祉ヲ増進スベキ其ノ厳粛ナル責務ヲ深ク感銘シ、

其ノ人民間ニ現存スル平和及友好ノ関係ヲ永久ナラシメンガ為、国家ノ政策ノ手段トシテノ戦争ヲ卒直ニ抛棄スベキ時機ノ到来セルコトヲ確信シ、

其ノ相互関係ニ於ケル一切ノ変更ハ、平和的手段ニ依リテノミ之ヲ求ムベク、又平和的ニシテ秩序アル手続ノ結果タルベキコト、及今後戦争ニ訴ヘテ国家ノ利益ヲ増進セントスル署名国ハ、本条約ノ供与スル利益ヲ拒否セラルベキモノナルコトヲ確信シ、

其ノ範例ニ促サレ世界ノ他ノ一切ノ国ガ此ノ人道的努力ニ参加シ且本条約ノ実施後速ニ之ニ加入スルコトニ依リテ其ノ人民ヲシテ本条約ノ規定スル恩沢ニ浴セシメ、以テ国家ノ政策ノ手段トシテノ戦争ノ共同抛棄ニ世界ノ文明諸国ヲ結合センコトヲ希望シ、

茲ニ条約ヲ締結スルコトニ決シ、之ガ為左ノ如ク其ノ全権委員ヲ任命セリ。

〔全権委員名略〕

因テ各全権委員ハ、互ニ其ノ全権委任状ヲ示シ、之ガ良好妥当ナルヲ認メタル後、左ノ諸条ヲ協定セリ。

第一条【戦争放棄】締約国ハ、国際紛争解決ノ為戦争ニ訴フルコトヲ非トシ、且其ノ相互関係ニ於テ国家ノ政策ノ手段トシテノ戦争ヲ抛棄スルコトヲ其ノ各自ノ人民ノ名ニ於テ厳粛ニ宣言ス。

第二条【紛争の平和的解決】締約国ハ、相互間ニ起ルコトアルベキ一切ノ紛争又ハ紛議ハ、其ノ性質又ハ起因ノ如何ヲ問ハズ、平和的手段ニ依ルノ外之ガ処理又ハ解決ヲ求メザルコトヲ約ス。

第三条【批准、加入】本条約ハ、前文ニ掲ゲラルル締約国ニ依リ其ノ各自ノ憲法上ノ要件ニ従ヒ批准セラルベク、且各国ノ批准書ガ総テ「ワシントン」ニ於テ寄託セラレタル後直ニ締約国間ニ実施セラルベシ。

本条約ハ、前項ニ定ムル所ニ依リ実施セラレタルトキハ、世界ノ他ノ一切ノ国ノ加入ノ為必要ナル間開キ置カルベシ。一国ノ加入ヲ証スル各文書ハ、「ワシントン」ニ於テ寄託セラルベク、本条約ハ、右寄託ノ時ヨリ直ニ該加入国ト本条約ノ他ノ当事国トノ間ニ実施セラルベシ。

亜米利加合衆国政府ハ、前文ニ掲ゲラルル各国政府及爾後本条約ニ加入スル各国政府ニ対シ、本条約及一切ノ批准書又ハ加入書ノ認証謄本ヲ交付スルノ義務ヲ有ス。亜米利加合衆国政府ハ、各批准書又ハ加入書ガ同国政府ニ寄託アリタルトキハ、直ニ右諸国政府ニ電報ヲ以テ通告スルノ義務ヲ有ス。

右証拠トシテ、各全権委員ハ、仏蘭西語及英吉利語ヲ以テ作成セラレ両本文共ニ同等ノ効力ヲ有スル本条約ニ署名調印セリ。

●アメリカ合衆国の解釈（一九二八年四月二八日の米国国際法学会におけるケロッグの講演を引用したアメリカ合衆国国務省の一四か国政府に宛てた同一の覚書）

一九二八年六月三日

「不戦条約の米国草案には、どのような形でも自衛権を制限しまたは害する何物をも含んではいない。その権利は、すべての主権国家に固有のものであり、すべての条約に暗黙に含まれている。すべての国は、どのような時でも、また条約の規定の如何を問わず、自国領域を攻撃または侵入から守る自由をもち、また、事態が自衛のための戦争に訴えることを必要ならしめるか否かを決定する権限を有する。国家が正当な理由を有しているならば、世界は、その国の行動を称賛し非難はしないであろう。しかしながら、この譲り渡すことのできない権利を条約が明示的に認めると、侵略を定義する試みで遭遇するのと同じ困難を生じさせることになる。それは、同一の問題を裏面から解こうとするものである。いかなる条約規定も自衛の自然権を拡張することはできないので、条約が自衛の法的概念を規定することは、平和のためにならない。何故ならば、破廉恥な人間が合意された定義に合致するような出来事を形作るのは、極めて容易だからである。」

●英国(チェンバレンからケロッグ宛て)口上書

一九二八年五月一九日

「……世界の或る地域は、われわれの平和と安全にとっては特別の且つ死活的利害関係を生ぜしめる。英国政府は、これらの地域への干渉を我慢できないことを、これまで苦労して明らかにしてきた。これらの地域を攻撃から護ることは、大英帝国にとっては一つの自衛の措置である。英国政府は新条約がこの点について政府の行動の自由を害するものでないという明確な了解にもとづいて新条約を受け入れるものであることを、明らかにしておかなければならない。」

11 2　侵略の定義に関する決議

採択　一九七四年一二月一四日
国際連合総会第二九回会期決議三三一四(XXIX)附属書

総会は、

(中略)

侵略行為が行われたかどうかという問題は、各特定の事例のすべての事情に照らして考察されなければならないが、それにもかかわらず、そのような決定のための指針として基本原則を定めることが望ましいと信じて、

以下の侵略の定義を採択する。

第一条【侵略の定義】侵略とは、国による他の国の主権、領土保全若しくは政治的独立に対する、又は国際連合憲章と両立しないその他の方法による武力の行使であって、この定義に述べられているものをいう。

(注)この定義において「国」という語は、
(a) 承認の問題又は、国が国際連合加盟国であるか否かとは関係なく用いられ、かつ、
(b) 適当である場合には、「国家群」という概念を含む。

第二条【武力の最初の行使】国による国際連合憲章に違反する武力の最初の行使は、侵略行為の一応の証拠を構成する。ただし、安全保障理事会は、国際連合憲章に従い、侵略行為が行われたとの決定が他の関連状況(当該行為又はその結果が十分な重大性を有するものではないという事実を含む。)に照らして正当化されないとの結論を下すことができる。

第三条【侵略行為】次に掲げる行為は、いずれも宣戦布告の有無にかかわりなく、第二条の規定に従うことを条件として、侵略行為とされる。

(a) 一国の軍隊による他国の領域に対する侵入若しくは攻撃、一時的なものであってもかかる侵入若しくは攻撃の結果もたらされる軍事占領、又は武力の行使による他国の領域の全部若しくは一部の併合
(b) 一国の軍隊による他国の領域に対する砲爆撃、又は一国による他国の領域に対する兵器の使用
(c) 一国の軍隊による他国の港又は沿岸の封鎖
(d) 一国の軍隊による他国の陸軍、海軍若しくは空軍又は船隊及び航空隊に対する攻撃
(e) 受入国との合意にもとづきその国の領域内にある軍隊の当該合意において定められている条件に反する使用、又は当該合意の終了後のかかる領域内における当該軍隊の駐留の継続
(f) 他国の使用に供した領域を、当該他国が第三国に対する侵略行為を行うために使用することを許容する国の行為
(g) 上記の諸行為に相当する重大性を有する武力行為を他国に対して実行する武装した集団、団体、不正規兵又は傭兵の国による若しくは国のための派遣、又はかかる行為に対する国の実質的関与

第四条【前条以外の行為】前条に列挙された行為は網羅的なものではなく、安全保障理事会は、その他の行為が、憲章の規定の下で侵略を構成すると決定することができる。

第五条【侵略の国際責任】政治的、経済的、軍事的又はその他のいかなる性質の事由も侵略を正当化するものではない。

侵略戦争は、国際の平和に対する犯罪である。侵略は国際責任を生じさせる。

侵略の結果もたらされるいかなる領域の取得又は特殊権益も合法的なものではなく、また合法的なものとして承認されてはならない。

第六条【憲章との関係】この定義中のいかなる規定も、武力の行使が合法的である場合に関する規定を含めて、憲章の範囲をいかなる意味においても拡大し、又は縮小するものと解してはならない。

第七条【自決権】 この定義中のいかなる規定も、特に第三条は、「国際連合憲章に従った諸国間の友好関係と協力に関する国際法の諸原則についての宣言」に言及されている、その権利を強制的に奪われている人民の、特に植民地体制、人種差別体制その他の形態の外国支配の下にある人民の、憲章から導かれる自決、自由及び独立の権利を、また国際連合憲章の諸原則及び上記の宣言に従いその目的のために闘争し、支援を求め、かつ、これを受けるこれらの人民の権利を、いかなる意味においても害するものではない。

第八条【規定の解釈】 上記の諸規定は、その解釈及び適用上、相互に関連するものであり、各規定は、他の規定との関連において解釈されなければならない。

11 3 日本国とアメリカ合衆国との間の相互協力及び安全保障条約（日米安保条約）

署　　名　一九六〇年一月一九日（ワシントン）
効力発生　一九六〇年六月二三日
日 本 国　一九六〇年六月一九日国会承認、六月二三日批准書交換、公布（条約第六号）

日本国及びアメリカ合衆国は、

両国の間に伝統的に存在する平和及び友好の関係を強化し、並びに民主主義の諸原則、個人の自由及び法の支配を擁護することを希望し、

また、両国の間の一層緊密な経済的協力を促進し、並びにそれぞれの国における経済的安定及び福祉の条件を助長することを希望し、

国際連合憲章の目的及び原則に対する信念並びにすべての国民及びすべての政府とともに平和のうちに生きようとする願望を再確認し、

両国が国際連合憲章に定める個別的又は集団的自衛の固有の権利を有していることを確認し、

両国が極東における国際の平和及び安全の維持に共通の関心を有することを考慮し、

相互協力及び安全保障条約を締結することを決意し、よって、次のとおり協定する。

第一条【国連憲章との関係】 締約国は、国際連合憲章に定めるところに従い、それぞれが関係することのある国際紛争を平和的手段によって国際の平和及び安全並びに正義を危うくしないように解決し、並びにそれぞれの国際関係において、武力による威嚇又は武力の行使を、いかなる国の領土保全又は政治的独立に対するものも、また、国際連合の目的と両立しない他のいかなる方法によるものも慎むことを約束する。

締約国は、他の平和愛好国と協同して、国際の平和及び安全を維持する国際連合の任務が一層効果的に遂行されるように国際連合を強化することに努力する。

第二条【経済的協力】 締約国は、その自由な諸制度を強化することにより、これらの制度の基礎をなす原則の理解を促進することにより、並びに安全及び福祉の条件を助長することによって、平和的かつ友好的な国際関係の一層の発展に貢献する。締約国は、その国際経済政策におけるくい違いを除くことに努め、また、両国の間の経済的協力を促進する。

第三条【自助と相互援助】 締約国は、個別的に及び相互に協力して、継続的かつ効果的な自助及び相互援助により、武力攻撃に抵抗するそれぞれの能力を、憲法上の規定に従うことを条件として、維持し発展させる。

第四条【協議】 締約国は、この条約の実施に関して随時協議し、また、日本国の安全又は極東における国際の平和及び安全に対する脅威が生じたときはいつでも、いずれか一方の締約国の要請により協議する。

第五条【共同防衛】 各締約国は、日本国の施政の下にある領域における、いずれか一方に対する武力攻撃が、自国の平和及び安全を危うくするものであることを認め、自国の憲法上の規定及び手続に従って共通の危険に対処するように行動することを宣言する。

前記の武力攻撃及びその結果として執ったすべての措置は、国際連合憲章第五一条の規定に従って直ちに国際連合安全保障理事会に報告しなければならない。その措置は、安全保障理事会が国際の平和及び安全を回復し及び維持するために必要な措置を執ったときは、終止しなければならない。

第六条【基地許与】 日本国の安全に寄与し、並びに極東における国際の平和及び安全の維持に寄与するため、アメリカ合衆国は、その陸軍、空軍及び海軍が日本国において施設及び区域を使用することを許される。

前記の施設及び区域の使用並びに日本国における合衆国軍隊の地位は、一九五二年二月二八日に東京で署名された日本国とアメリカ合衆国との間の安全保障条約第三条に基く行政協定（改正を含む。）に代わる別個の協定及び合意される他の取極により規律される。

第七条【国連加盟国たる地位との関係】 この条約は、国際連合憲章に基づく締約国の権利及び義務又は国際の平和及び安全を維持する国際連合の責任に対しては、どのような影響も及ぼすものではなく、また、及ぼすものと解釈してはならない。

第八条【批准】 この条約は、日本国及びアメリカ合衆国により各自の憲法上の手続に従って批准されなければならない。この条約は、両国が東京で批准書を交

換した日に効力を生ずる。

第九条【安全保障条約の失効】一九五一年九月八日にサン・フランシスコ市で署名された日本国とアメリカ合衆国との間の安全保障条約は、この条約の効力発生の時に効力を失う。

第一〇条【効力終了】この条約は、日本区域における国際の平和及び安全の維持のため十分な定めをする国際連合の措置が効力を生じたと日本国政府及びアメリカ合衆国政府が認める時まで効力を有する。

もっとも、この条約が一〇年間効力を存続した後は、いずれの締約国も、他方の締約国に対しこの条約を終了させる意思を通告することができ、その場合には、この条約は、そのような通告が行なわれた後一年で終了する。

以上の証拠として、下名の全権委員は、この条約に署名した。

一九六〇年一月一九日にワシントンでひとしく正文である日本語及び英語により本書二通を作成した。

条約第六条の実施に関する交換公文

（内閣総理大臣から合衆国国務長官にあてた書簡）

書簡をもって啓上いたします。本大臣は、本日署名された日本国とアメリカ合衆国との間の相互協力及び安全保障条約に言及し、次のことが同条約第六条の実施に関する日本国政府の了解であることを閣下に通報する光栄を有します。

合衆国軍隊の日本国への配置における重要な変更、同軍隊の装備における重要な変更並びに日本国から行なわれる戦闘作戦行動（前記の条約第五条の規定に基づいて行なわれるものを除く。）のための基地としての日本国内の施設及び区域の使用は、日本国政府との事前の協議の主題とする。

本大臣は、閣下が、前記のことがアメリカ合衆国政府の了解でもあることを貴国政府に代わって確認されれば幸いであります。

本大臣は、以上を申し進めるに際し、ここに重ねて閣下に向かって敬意を表します。

一九六〇年一月一九日にワシントンで

岸　信介

アメリカ合衆国国務長官
クリスチャン・A・ハーター閣下

（合衆国国務長官から内閣総理大臣にあてた書簡）

書簡をもって啓上いたします。本長官は、本日付けの閣下の次の書簡を受領したことを確認する光栄を有します。

書簡をもって啓上いたします。本大臣は、本日署名された日本国とアメリカ合衆国との間の相互協力及び安全保障条約に言及し、次のことが同条約第六条の実施に関する日本国政府の了解であることを閣下に通報する光栄を有します。

合衆国軍隊の日本国への配置における重要な変更、同軍隊の装備における重要な変更並びに日本国から行なわれる戦闘作戦行動（前記の条約第五条の規定に基づいて行なわれるものを除く。）のための基地としての日本国内の施設及び区域の使用は、日本国政府との事前の協議の主題とする。

本大臣は、閣下が、前記のことがアメリカ合衆国政府の了解でもあることを貴国政府に代わって確認されれば幸いであります。

本大臣は、以上を申し進めるに際し、ここに重ねて閣下に向かって敬意を表します。

本長官は、前記のことがアメリカ合衆国政府の了解でもあることを本国政府に代わって確認する光栄を有します。

本長官は、以上を申し進めるに際し、ここに重ねて閣下に向かって敬意を表します。

一九六〇年一月一九日

アメリカ合衆国国務長官
クリスチャン・A・ハーター

日本国総理大臣　岸信介閣下

11-4　国の存立を全うし、国民を守るための切れ目のない安全保障法制の整備について（安全保障法制の整備に関する閣議決定）

二〇一四（平成二六）年七月一日（国家安全保障会議決定・臨時閣議決定）

我が国は、戦後一貫して日本国憲法の下で平和国家として歩んできた。専守防衛に徹し、他国に脅威を与えるような軍事大国とはならず、非核三原則を守るとの基本方針を堅持しつつ、国民の営々とした努力により経済大国として栄え、安定して豊かな国民生活を築いてきた。また、我が国は、平和国家としての立場から、国際連合憲章を遵守しながら、国際社会や国際連合を始めとする国際機関と連携し、それらの活動に積極的に寄与している。こうした我が国の平和国家としての歩みは、国際社会において高い評価と尊敬を勝ち得てきており、これをより確固たるものにしなければならない。

一方、日本国憲法の施行から六七年となる今日までの間に、我が国を取り巻く安全保障環境は根本的に変容するとともに、更に変化し続け、我が国は複雑かつ重大な国家安全保障上の課題に直面している。国際連合憲章が理想として掲げたいわゆる正規の「国連軍」は実現のめどが立っていないことに加え、冷戦終結後の四半世紀だけをとっても、グローバルなパワーバランスの変化、技術革新の急速な進展、大量破壊兵器や弾道ミサイルの開発及び拡散、国際テロなどの脅威により、アジア太平洋地域において問題や緊張が生み出されるとともに、脅威が世界のどの地域において発生しても、我が国の安全保障に直接的な影響を及ぼし得る状況になっている。さらに、近年では、海洋、宇宙空間、サイバー空間に対する自由なアクセス及びその活用を妨げるリスクが拡散し深刻化している。もはや、どの国も一国のみで平和を守ることはできず、国際社会もまた、我が国がその国力にふさわしい形で一層積極的な役割を果たすことを期待している。

政府の最も重要な責務は、我が国の平和と安全を維持し、その存立を全うするとともに、国民の命を守ることである。我が国を取り巻く安全保障環境の変化に対応し、政府としての責務を果たすためには、まず、十分な体制をもって力強い外交を推進することにより、安定しかつ見通しがつきやすい国際環境を創出し、脅威の出現を未然に防ぐとともに、国際法にのっとって行動し、法の支配を重視することにより、紛争の平和的な解決を図らなければならない。

さらに、我が国自身の防衛力を適切に整備、維持、運用し、同盟国である米国との相互協力を強化するとともに、域内外のパートナーとの信頼及び協力関係を深めることが重要である。特に、我が国の安全及びアジア太平洋地域の平和と安定のために、日米安全保障体制の実効性を一層高め、日米同盟の抑止力を向上させることにより、武力紛争を未然に回避し、我が国に脅威が及ぶことを防止することが必要不可欠である。その上で、いかなる事態においても国民の命と平和な暮らしを断固として守り抜くとともに、国際協調主義に基づく「積極的平和主義」の下、国際社会の平和と安定にこれまで以上に積極的に貢献するためには、切れ目のない対応を可能とする国内法制を整備しなければならない。

五月一五日に「安全保障の法的基盤の再構築に関する懇談会」から報告書が提出され、同日に安倍内閣総理大臣が記者会見で表明した基本的方向性に基づき、これまで与党において協議を重ね、政府としても検討を進めてきた。今般、与党協議の結果に基づき、政府として、以下の基本方針に従って、国民の命と平和な暮らしを守り抜くために必要な国内法制を速やかに整備することとする。

1　武力攻撃に至らない侵害への対処

(1)　我が国を取り巻く安全保障環境が厳しさを増していることを考慮すれば、純然たる平時でも有事でもない事態が生じやすく、これにより更に重大な事態に至りかねないリスクを有している。こうした武力攻撃に至らない侵害に際し、警察機関と自衛隊を含む関係機関が基本的な役割分担を前提として、より緊密に協力し、いかなる不法行為に対しても切れ目のない十分な対応を確保するための態勢を整備することが一層重要な課題となっている。

(2)　具体的には、こうした様々な不法行為に対処するため、警察や海上保安庁などの関係機関が、それぞれの任務と権限に応じて緊密に協力して対応するとの基本方針の下、各々の対応能力を向上させ、情報共有を含む連携を強化し、具体的な対応要領の検討や整備を行い、命令発出手続を迅速化するとともに、各種の演習や訓練を充実させるなど、各般の分野における必要な取組を一層強化することとする。

(3)　このうち、手続の迅速化については、離島の周辺地域等において外部から武力攻撃に至らない侵害が発生し、近傍に警察力が存在しない場合や警察機関が直ちに対応できない場合（武装集団の所持する武器等のために対応できない場合を含む。）の対応において、治安出動や海上における警備行動を発令するための関連規定の適用関係についてあらかじめ十分に検討し、関係機関において共通の認識を確立しておくとともに、手続を経ている間に、不法行為による被害が拡大することがないよう、状況に応じた早期の下令や手続の迅速化のための方策について具体的に検討することとする。

(4)　さらに、我が国の防衛に資する活動に現に従事する米軍部隊に対して攻撃が発生し、それが状況によっては武力攻撃にまで拡大していくような事態においても、自衛隊と米軍が緊密に連携して切れ目のない対応をすることが、我が国の安全の確保にとっても重要である。自衛隊と米軍部隊が連携して行う平素からの各種活動に際して、米軍部隊に対して武力攻撃に至らない侵害が発生した場合を想定し、自衛隊法第九五条による武器等防護のための「武器の使用」の考え方を参考にしつつ、自衛隊と連携して我が国の防衛に資する活動（共同訓練を含む。）に現に従事している米軍部隊の武器等であれば、米国の要請又は同意があることを前提に、当該武器等を防護するための自衛隊法第九五条によるものと同様の極めて受動的かつ限定的な必要最小限の「武器の使用」を自衛隊が行うことができるよう、法整備をすることとする。

2　国際社会の平和と安定への一層の貢献

(1)　いわゆる後方支援と「武力の行使との一体化」

ア　いわゆる後方支援と言われる支援活動それ自体は、「武力の行使」に当たらない活動である。例えば、国際の平和及び安全が脅かされ、国際社会が国際連合安全保障理事会決議に基づいて一致団結して対応するようなときに、我が国が当該決議に基づき正当な「武力の行使」を行う他国軍隊に対してこうした支援活動を行うことが必要な場合がある。一方、憲法第九条との関係で、我が国による支援活動については、他国の「武力の行使と一体化」することにより、我が国自身が憲法の下で認められない「武力の行使」を行ったとの法的評価を受けることがないよう、これまでの法律においては、活動の地域を「後方地域」や、いわゆる「非戦闘地域」に限定するなどの法律上の枠組みを設定し、「武力の行使との一体化」の問題が生じないようにしてきた。

イ　こうした法律上の枠組みの下でも、自衛隊は、各種の支援活動を着実に積み重ね、我が国に対する期待と信頼は高まっている。安全保障環境が更に大きく変化する中で、国際協調主義に基づく「積極的平和主義」の立場から、国際社会の平和と安定のために、自衛隊が幅広い支援活動で十分に役割を果たすことができるようにすることが必要である。また、このような活動をこれまで以上に支障なくできるようにすることは、我が国の平和及び安全の確保の観点からも極めて重要である。

ウ　政府としては、いわゆる「武力の行使との一体化」論それ自体は前提とした上で、その議論の積み重ねを踏まえつつ、これまでの自衛隊の活動の実経験、国際連合の集団安全保障措置の実態等を勘案して、従来の「後方地域」あるいはいわゆる「非戦闘地域」といった自衛隊が活動する範囲をおよそ一体化の問題が生じない地域に一律に区切る枠組みではなく、他国が「現に戦闘行為を行っている現場」ではない場所で実施する補給、輸送などの我が国の支援活動については、当該他国の「武力の行使と一体化」するものではないという認識を基本とした以下の考え方に立って、我が国の安全の確保や国際社会の平和と安定のために活動する他国軍隊に対して、必要な支援活動を実施できるようにするための法整備を進めることとする。

(ア)　我が国の支援対象となる他国軍隊が「現に戦闘行為を行っている現場」では、支援活動は実施しない。

(イ)　仮に、状況変化により、我が国が支援活動を実施している場所が「現に戦闘行為を行っている現場」となる場合には、直ちにそこで実施している支援活動を休止又は中断する。

(2)　国際的な平和協力活動に伴う武器使用

ア　我が国は、これまで必要な法整備を行い、過去二〇年以上にわたり、国際的な平和協力活動を実施してきた。その中で、いわゆる「駆け付け警護」に伴う武器使用や「任務遂行のための武器使用」については、これを「国家又は国家に準ずる組織」に対して行った場合には、憲法第九条が禁ずる「武力の行使」に該当するおそれがあることから、国際的な平和協力活動に従事する自衛官の武器使用権限はいわゆる自己保存型と武器等防護に限定してきた。

イ　我が国としては、国際協調主義に基づく「積極的平和主義」の立場から、国際社会の平和と安定のために一層取り組んでいく必要があり、そのために、国際連合平和維持活動（ＰＫＯ）などの国際的な平和協力活動に十分かつ積極的に参加できることが重要である。また、自国領域内に所在する外国人の保護は、国際法上、当該領域国の義務であるが、多くの日本人が海外で活躍し、テロなどの緊急事態に巻き込まれる可能性がある中で、当該領域国の受入れ同意がある場合には、武器使用を伴う在外邦人の救出についても対応できるようにする必要がある。

ウ　以上を踏まえ、我が国として、「国家又は国家に準ずる組織」が敵対するものとして登場しないことを確保した上で、国際連合平和維持活動などの「武力の行使」を伴わない国際的な平和協力活動におけるいわゆる「駆け付け警護」に伴う武器使用及び「任務遂行のための武器使用」のほか、領域国の同意に基づく邦人救出などの「武力の行使」を伴わない警察的な活動ができるよう、以下の考え方を基本として、法整備を進めることとする。

(ア)　国際連合平和維持活動等については、ＰＫＯ参加五原則の枠組みの下で、「当該活動が行われる地域の属する国の同意」及び「紛争当事者の当該活動が行われることについての同意」が必要とされており、受入れ同意をしている紛争当事者以外の「国家に準ずる組織」が敵対するものとして登場することは基本的にないと考えられる。このことは、過去二〇年以上にわたる我が国の国際連合平和維持活動等の経験からも裏付けられる。近年の国際連合平和維持活動において重要な任務と位置付けられている住民保護などの治安の維持を任務とする場合を含め、任務の遂行に際して、自己保存及び武器等防護を超える武器使用が見込まれる場合には、特に、その活動の性格上、紛争当事者の受入れ同意が安定的に維持されていることが必要である。

(イ)　自衛隊の部隊が、領域国政府の同意に基づき、当該領域国における邦人救出などの「武力の行使」を伴わない警察的な活動を行う場合には、領域国政府の同意が及ぶ範囲、すなわち、その領域において権力が維持されている範囲で活動することは当然であり、これは、その範囲においては「国家に準ずる組織」は存在していないということを意味する。

(ウ)　受入れ同意が安定的に維持されているかや領域国政府の同意が及ぶ範囲等については、国家安全保障会議における審議等に基づき、内閣として判断する。

(エ)　なお、これらの活動における武器使用については、警察比例の原則に類似した厳格な比例原則が働くという内在的制約がある。

3　憲法第九条の下で許容される自衛の措置

(1)　我が国を取り巻く安全保障環境の変化に対応し、いかなる事態においても国民の命と平和な暮らしを守り抜くためには、これまでの憲法解釈のままでは必ずしも十分な対応ができないおそれがあることから、いかなる解釈が適切か検討してきた。その際、政府の憲法解釈には論理的整合性と法的安定性が求められる。したがって、従来の政府見解における憲法第九条の解釈の基本的な論理の枠内で、国民の命と平和な暮らしを守り抜くための論理的な帰結を導く必要がある。

(2)　憲法第九条はその文言からすると、国際関係における「武力の行使」を一切禁じているように見えるが、憲法前文で確認している「国民の平和的生存権」や憲法第一三条が「生命、自由及び幸福追求に対する国民の権利」は国政の上で最大の尊重を必要とする旨定めている趣旨を踏まえて考えると、憲法第九条が、我が国が自国の平和と安全を維持し、その存立を全うするために必要な自衛の措置を採ることを禁じているとは到底解されない。一方、この自衛の措置は、あくまで外国の武力攻撃によって国民の生命、自由及び幸福追求の権利が根底から覆されるという急迫、不正の事態に対処し、国民のこれらの権利を守るためのやむを得ない措置として初めて容認されるものであり、そのための必要最小限度の「武力の行使」は許容される。これが、憲法第九条の下で例外的に許容される「武力の行使」について、従来から政府が一貫して表明してきた見解の根幹、いわば基本的な論理であり、昭和四七年一〇月一四日に参議院決算委員会に対し政府から提出された資料「集団的自衛権と憲法との関係」に明確に示されているところである。
　この基本的な論理は、憲法第九条の下では今後とも維持されなければならない。

(3)　これまで政府は、この基本的な論理の下、「武力の行使」が許容されるのは、我が国に対する武力攻撃が発生した場合に限られると考えてきた。しかし、冒頭で述べたように、パワーバランスの変化や技術革新の急速な進展、大量破壊兵器などの脅威等により我が国を取り巻く安全保障環境が根本的に変容し、変化し続けている状況を踏まえれば、今後他国に対して発生する武力攻撃であったとしても、その目的、規模、態様等によっては、我が国の存立を脅かすことも現実に起こり得る。
　我が国としては、紛争が生じた場合にはこれを平和的に解決するために最大限の外交努力を尽くすとともに、これまでの憲法解釈に基づいて整備されてきた既存の国内法令による対応や当該憲法解釈の枠内で可能な法整備などあらゆる必要な対応を採ることは当然であるが、それでもなお我が国の存立を全うし、国民を守るために万全を期す必要がある。

　こうした問題意識の下に、現在の安全保障環境に照らして慎重に検討した結果、我が国に対する武力攻撃が発生した場合のみならず、我が国と密接な関係にある他国に対する武力攻撃が発生し、これにより我が国の存立が脅かされ、国民の生命、自由及び幸福追求の権利が根底から覆される明白な危険がある場合において、これを排除し、我が国の存立を全うし、国民を守るために他に適当な手段がないときに、必要最小限度の実力を行使することは、従来の政府見解の基本的な論理に基づく自衛のための措置として、憲法上許容されると考えるべきであると判断するに至った。

(4)　我が国による「武力の行使」が国際法を遵守して行われることは当然であるが、国際法上の根拠と憲法解釈は区別して理解する必要がある。憲法上許容される上記の「武力の行使」は、国際法上は、集団的自衛権が根拠となる場合がある。この「武力の行使」には、他国に対する武力攻撃が発生した場合を契機とするものが含まれるが、憲法上は、あくまでも我が国の存立を全うし、国民を守るため、すなわち、我が国を防衛するためのやむを得ない自衛の措置として初めて許容されるものである。

(5)　また、憲法上「武力の行使」が許容されるとしても、それが国民の命と平和な暮らしを守るためのものである以上、民主的統制の確保が求められることは当然である。政府としては、我が国ではなく他国に対して武力攻撃が発生した場合に、憲法上許容される「武力の行使」を行うために自衛隊に出動を命ずるに際しては、現行法令に規定する防衛出動に関する手続と同様、原則として事前に国会の承認を求めることを法案に明記することとする。

4　今後の国内法整備の進め方

　これらの活動を自衛隊が実施するに当たっては、国家安全保障会議における審議等に基づき、内閣として決定を行うこととする。こうした手続を含めて、実際に自衛隊が活動を実施できるようにするためには、根拠となる国内法が必要となる。政府として、以上述べた基本方針の下、国民の命と平和な暮らしを守り抜くために、あらゆる事態に切れ目のない対応を可能とする法案の作成作業を開始することとし、十分な検討を行い、準備ができ次第、国会に提出し、国会における御審議を頂くこととする。

115　自衛隊法（抜粋）

公　布　一九五四(昭和二九)年六月九日(法律第一六五号)
施　行　一九五四(昭和二九)年七月一日
最終改正　二〇二〇年(令和二)年六月二四日(令和二年法律第六一号)

第一章　総　則（抄）

第三条（自衛隊の任務）1　自衛隊は、我が国の平和と独立を守り、国の安全を保つため、我が国を防衛することを主たる任務とし、必要に応じ、公共の秩序の維持に当たるものとする。

2　自衛隊は、前項に規定するもののほか、同項の主たる任務の遂行に支障を生じない限度において、かつ、武力による威嚇又は武力の行使に当たらない範囲において、次に掲げる活動であって、別に法律で定めるところにより自衛隊が実施することとされるものを行うことを任務とする。

一　我が国の平和及び安全に重要な影響を与える事態に対応して行う我が国の平和及び安全の確保に資する活動

二　国際連合を中心とした国際平和のための取組への寄与その他の国際協力の推進を通じて我が国を含む国際社会の平和及び安全の維持に資する活動

3　陸上自衛隊は主として陸において、海上自衛隊は主として海において、航空自衛隊は主として空においてそれぞれ行動することを任務とする。

第二章　指揮監督（抄）

第七条（内閣総理大臣の指揮監督権）内閣総理大臣は、内閣を代表して自衛隊の最高の指揮監督権を有する。

第八条（防衛大臣の指揮監督権）防衛大臣は、この法律の定めるところに従い、自衛隊の隊務を統括する。ただし、陸上自衛隊、海上自衛隊又は航空自衛隊の部隊及び機関（以下「部隊等」という。）に対する防衛大臣の指揮監督は、次の各号に掲げる隊務の区分に応じ、当該各号に定める者を通じて行うものとする。

一　統合幕僚監部の所掌事務に係る陸上自衛隊、海上自衛隊又は航空自衛隊の隊務　統合幕僚長

二　陸上幕僚監部の所掌事務に係る陸上自衛隊の隊務　陸上幕僚長

三　海上幕僚監部の所掌事務に係る海上自衛隊の隊務　海上幕僚長

四　航空幕僚監部の所掌事務に係る航空自衛隊の隊務　航空幕僚長

第三章　部　隊
第四章　機　関　（略）
第五章　隊　員

第六章　自衛隊の行動（抄）

第七六条（防衛出動）1　内閣総理大臣は、次に掲げる事態に際して、我が国を防衛するため必要があると認める場合には、自衛隊の全部又は一部の出動を命ずることができる。この場合においては、武力攻撃事態等及び存立危機事態における我が国の平和と独立並びに国及び国民の安全の確保に関する法律（平成一五年法律第七九号）第九条の定めるところにより、国会の承認を得なければならない。

一　我が国に対する外部からの武力攻撃が発生した事態又は我が国に対する外部からの武力攻撃が発生する明白な危険が切迫していると認められるに至った事態

二　我が国と密接な関係にある他国に対する武力攻撃が発生し、これにより我が国の存立が脅かされ、国民の生命、自由及び幸福追求の権利が根底から覆される明白な危険がある事態

2　内閣総理大臣は、出動の必要がなくなったときは、直ちに、自衛隊の撤収を命じなければならない。

第七七条（防衛出動待機命令）防衛大臣は、事態が緊迫し、前条第一項の規定による防衛出動命令が発せられることが予測される場合において、これに対処するため必要があると認めるときは、内閣総理大臣の承認を得て、自衛隊の全部又は一部に対し出動待機命令を発することができる。

第七七条の二（防御施設構築の措置）防衛大臣は、事態が緊迫し、第七六条第一項（第一号に係る部分に限る。以下この条において同じ。）の規定による防衛出動命令が発せられることが予測される場合において、同項の規定により出動を命ぜられた自衛隊の部隊を展開させることが見込まれ、かつ、防備をあらかじめ強化しておく必要があると認める地域（以下「展開予定地域」という。）があるときは、内閣総理大臣の承認を得た上、その範囲を定めて、自衛隊の部隊等に当該展開予定地域内において陣地その他の防御のための施設（以下「防御施設」という。）を構築する措置を命ずることができる。

第七七条の三（防衛出動下令前の行動関連措置）1　防衛大臣又はその委任を受けた者は、事態が緊迫し、第七六条第一項の規定による防衛出動命令が発せられることが予測される場合において、武力攻撃事態等及び存立危機事態におけるアメリカ合衆国の軍隊の行動に伴い我が国が実施する措置に関する法律（平成一六年法律第一一三号）の定めるところにより、行動関連措置としての物品の提供を実施することができる。

2　防衛大臣は、前項に規定する場合において、武力攻撃事態等及び存立危機事態におけるアメリカ合衆国の軍隊の行動に伴い我が国が実施する措置に関する法律の定めるところにより、防衛省の機関及び部隊等に行動関連措置としての役務の提供を行わせることができる。

第七七条の四（国民保護等派遣）1　防衛大臣は、都道府県知事から武力攻撃事態等における国民の保護のための措置に関する法律第一五条第一項の規定による要請を受けた場合において事態やむを得ないと認めるとき、又は事態対策本部長から同条第二項の規定による求めがあったときは、内閣総理大臣の承認を得

て、当該要請又は求めに係る国民の保護のための措置を実施するため、部隊等を派遣することができる。

2　防衛大臣は、都道府県知事から武力攻撃事態等における国民の保護のための措置に関する法律第一八三条において準用する同法第一五条第一項の規定による要請を受けた場合において事態やむを得ないと認めるとき、又は緊急対処事態対策本部長から同法第一八三条において準用する同法第一五条第二項の規定による求めがあったときは、内閣総理大臣の承認を得て、当該要請又は求めに係る緊急対処保護措置を実施するため、部隊等を派遣することができる。

第七八条（命令による治安出動）1　内閣総理大臣は、間接侵略その他の緊急事態に際して、一般の警察力をもっては、治安を維持することができないと認められる場合には、自衛隊の全部又は一部の出動を命ずることができる。

2　内閣総理大臣は、前項の規定による出動を命じた場合には、出動を命じた日から二〇日以内に国会に付議して、その承認を求めなければならない。ただし、国会が閉会中の場合又は衆議院が解散されている場合には、その後最初に召集される国会において、すみやかに、その承認を求めなければならない。

3　内閣総理大臣は、前項の場合において不承認の議決があったとき、又は出動の必要がなくなったときは、すみやかに、自衛隊の撤収を命じなければならない。

第七九条（治安出動待機命令）1　防衛大臣は、事態が緊迫し、前条第一項の規定による治安出動命令が発せられることが予測される場合において、これに対処するため必要があると認めるときは、内閣総理大臣の承認を得て、自衛隊の全部又は一部に対し出動待機命令を発することができる。

2　前項の場合においては、防衛大臣は、国家公安委員会と緊密な連絡を保つものとする。

第七九条の二（治安出動下令前に行う情報収集）防衛大臣は、事態が緊迫し第七八条第一項の規定による治安出動命令が発せられること及び小銃、機関銃（機関けん銃を含む。）、砲、化学兵器、生物兵器その他その殺傷力がこれらに類する武器を所持した者による不法行為が行われることが予測される場合において、当該事態の状況の把握に資する情報の収集を行うため特別の必要があると認めるときは、国家公安委員会と協議の上、内閣総理大臣の承認を得て、武器を携行する自衛隊の部隊に当該者が所在すると見込まれる場所及びその近傍において当該情報の収集を行うことを命ずることができる。

第八〇条（海上保安庁の統制）1　内閣総理大臣は、第七六条第一項（第一号に係る部分に限る。）又は第七八条第一項の規定による自衛隊の全部又は一部に対する出動命令があった場合において、特別の必要があると認めるときは、海上保安庁の全部又は一部を防衛大臣の統制下に入れることができる。

2　内閣総理大臣は、前項の規定により海上保安庁の全部又は一部を防衛大臣の統制下に入れた場合には、政令で定めるところにより、防衛大臣にこれを指揮させるものとする。

3　内閣総理大臣は、第一項の規定による統制につき、その必要がなくなったと認める場合には、すみやかに、これを解除しなければならない。

第八一条（要請による治安出動）1　都道府県知事は、治安維持上重大な事態につきやむを得ない必要があると認める場合には、当該都道府県の都道府県公安委員会と協議の上、内閣総理大臣に対し、部隊等の出動を要請することができる。

2　内閣総理大臣は、前項の要請があり、事態やむを得ないと認める場合には、部隊等の出動を命ずることができる。

3　都道府県知事は、事態が収まり、部隊等の出動の必要がなくなったと認める場合には、内閣総理大臣に対し、すみやかに、部隊等の撤収を要請しなければならない。

4　内閣総理大臣は、前項の要請があった場合又は部隊等の出動の必要がなくなったと認める場合には、すみやかに、部隊等の撤収を命じなければならない。

5　都道府県知事は、第一項に規定する要請をした場合には、事態が収った後、すみやかに、その旨を当該都道府県の議会に報告しなければならない。

6　第一項及び第三項に規定する要請の手続は、政令で定める。

第八一条の二（自衛隊の施設等の警護出動）1　内閣総理大臣は、本邦内にある次に掲げる施設又は施設及び区域において、政治上その他の主義主張に基づき、国家若しくは他人にこれを強要し、又は社会に不安若しくは恐怖を与える目的で多数の人を殺傷し、又は重要な施設その他の物を破壊する行為が行われるおそれがあり、かつ、その被害を防止するため特別の必要があると認める場合には、当該施設又は施設及び区域の警護のため部隊等の出動を命ずることができる。

一　自衛隊の施設

二　日本国とアメリカ合衆国との間の相互協力及び安全保障条約第六条に基づく施設及び区域並びに日本国における合衆国軍隊の地位に関する協定第二条第一項の施設及び区域（同協定第二五条の合同委員会において自衛隊の部隊等が警護を行うこととされたものに限る。）

2　内閣総理大臣は、前項の規定により部隊等の出動を命ずる場合には、あらかじめ、関係都道府県知事の意見を聴くとともに、防衛大臣と国家公安委員会との間で協議をさせた上で、警護を行うべき施設又は施設及び区域並びに期間を指定しなければならない。

3　内閣総理大臣は、前項の期間内であっても、部隊等の出動の必要がなくなったと認める場合には、速やかに、部隊等の撤収を命じなければならない。

第八二条（海上における警備行動）防衛大臣は、海上における人命若しくは財産の保護又は治安の維持のため特別の必要がある場合には、内閣総理大臣の承認を得て、自衛隊の部隊に海上において必要な行動をとることを命ずることができる。

第八二条の二(海賊対処行動) 防衛大臣は、海賊行為の処罰及び海賊行為への対処に関する法律(平成二一年法律第五五号)の定めるところにより、自衛隊の部隊による海賊対処行動を行わせることができる。

第八二条の三(弾道ミサイル等に対する破壊措置) 1 防衛大臣は、弾道ミサイル等(弾道ミサイルその他その落下により人命又は財産に対する重大な被害が生じると認められる物体であって航空機以外のものをいう。以下同じ。)が我が国に飛来するおそれがあり、その落下による我が国領域における人命又は財産に対する被害を防止するため必要があると認めるときは、内閣総理大臣の承認を得て、自衛隊の部隊に対し、我が国に向けて現に飛来する弾道ミサイル等を我が国領域又は公海(海洋法に関する国際連合条約に規定する排他的経済水域を含む。)の上空において破壊する措置をとるべき旨を命ずることができる。

2 防衛大臣は、前項に規定するおそれがなくなったと認めるときは、内閣総理大臣の承認を得て、速やかに、同項の命令を解除しなければならない。

3 防衛大臣は、第一項の場合のほか、事態が急変し同項の内閣総理大臣の承認を得るいとまがなく我が国に向けて弾道ミサイル等が飛来する緊急の場合における我が国領域における人命又は財産に対する被害を防止するため、防衛大臣が作成し、内閣総理大臣の承認を受けた緊急対処要領に従い、あらかじめ、自衛隊の部隊に対し、同項の命令をすることができる。この場合において、防衛大臣は、その命令に係る措置をとるべき期間を定めるものとする。

4 前項の緊急対処要領の作成及び内閣総理大臣の承認に関し必要な事項は、政令で定める。

5 内閣総理大臣は、第一項又は第三項の規定による措置がとられたときは、その結果を、速やかに、国会に報告しなければならない。

第八三条の二(地震防災派遣) 防衛大臣は、大規模地震対策特別措置法(昭和五三年法律第七三号)第一一条第一項に規定する地震災害警戒本部長から同法第一三条第二項の規定による要請があった場合には、部隊等を支援のため派遣することができる。

第八三条の三(原子力災害派遣) 防衛大臣は、原子力災害対策特別措置法(平成一一年法律第一五六号)第一七条第一項に規定する原子力災害対策本部長から同法第二〇条第四項の規定による要請があった場合には、部隊等を支援のため派遣することができる。

第八四条(領空侵犯に対する措置) 防衛大臣は、外国の航空機が国際法規又は航空法(昭和二七年法律第二三一号)その他の法令の規定に違反してわが国の領域の上空に侵入したときは、自衛隊の部隊に対し、これを着陸させ、又はわが国の領域の上空から退去させるため必要な措置を講じさせることができる。

第八四条の二(機雷等の除去) 海上自衛隊は、防衛大臣の命を受け、海上における機雷その他の爆発性の危険物の除去及びこれらの処理を行うものとする。

第八四条の三(在外邦人等の保護措置) 1 防衛大臣は、外務大臣から外国における緊急事態に際して生命又は身体に危害が加えられるおそれがある邦人の警護、救出その他の当該邦人の生命又は身体の保護のための措置(輸送を含む。以下「保護措置」という。)を行うことの依頼があった場合において、外務大臣と協議し、次の各号のいずれにも該当すると認めるときは、内閣総理大臣の承認を得て、部隊等に当該保護措置を行わせることができる。

一 当該外国の領域の当該保護措置を行う場所において、当該外国の権限ある当局が現に公共の安全と秩序の維持に当たっており、かつ、戦闘行為(国際的な武力紛争の一環として行われる人を殺傷し又は物を破壊する行為をいう。第九五条の二第一項において同じ。)が行われることがないと認められること。

二 自衛隊が当該保護措置(武器の使用を含む。)を行うことについて、当該外国(国際連合の総会又は安全保障理事会の決議に従って当該外国において施政を行う機関がある場合にあっては、当該機関)の同意があること。

三 予想される危険に対応して当該保護措置をできる限り円滑かつ安全に行うための部隊等と第一号に規定する当該外国の権限ある当局との連携及び協力が確保されると見込まれること。

2 内閣総理大臣は、前項の規定による外務大臣と防衛大臣の協議の結果を踏まえて、同項各号のいずれにも該当すると認める場合に限り、同項の承認をするものとする。

3 防衛大臣は、第一項の規定により保護措置を行わせる場合において、外務大臣から同項の緊急事態に際して生命又は身体に危害が加えられるおそれがある外国人として保護することを依頼された者その他の当該保護措置と併せて保護を行うことが適当と認められる者(第九四条の五第一項において「その他の保護対象者」という。)の生命又は身体の保護のための措置を部隊等に行わせることができる。

第八四条の四(在外邦人等の輸送) 1 防衛大臣は、外務大臣から外国における災害、騒乱その他の緊急事態に際して生命又は身体の保護を要する邦人の輸送の依頼があった場合において、当該輸送において予想される危険及びこれを避けるための方策について外務大臣と協議し、当該輸送を安全に実施することができると認めるときは、当該邦人の輸送を行うことができる。この場合において、防衛大臣は、外務大臣から当該緊急事態に際して生命若しくは身体の保護を要する外国人として同乗させることを依頼された者、当該外国との連絡調整その他の当該輸送の実施に伴い必要となる措置をとらせるため当該輸送の職務に従事する自衛官に同行させる必要があると認められる者又は当該邦人若しくは当該外国人の家族その他の関係者で当該邦人若しくは当該外国人に早期に面会させ、若しくは同行させることが適当であると認められる者を同乗させることができる。

2　前項の輸送は、第一〇〇条の五第二項の規定により保有する航空機により行うものとする。ただし、当該輸送に際して使用する空港施設の状況、当該輸送の対象となる邦人の数その他の事情によりこれによることが困難であると認められるときは、次に掲げる航空機又は船舶により行うことができる。

一　輸送の用に主として供するための航空機（第一〇〇条の五第二項の規定により保有するものを除く。）

二　前項の輸送に適する船舶

三　前号に掲げる船舶に搭載された回転翼航空機で第一号に掲げる航空機以外のもの（当該船舶と陸地との間の輸送に用いる場合におけるものに限る。）

3　第一項の輸送は、前項に規定する航空機又は船舶のほか、特に必要があると認められるときは、当該輸送に適する車両（当該輸送のため借り受けて使用するものを含む。第九四条の六において同じ。）により行うことができる。

第八四条の五（後方支援活動等）1　防衛大臣又はその委任を受けた者は、第三条第二項に規定する活動として、次の各号に掲げる法律の定めるところにより、それぞれ、当該各号に定める活動を実施することができる。

一　重要影響事態に際して我が国の平和及び安全を確保するための措置に関する法律（平成一一年法律第六〇号）　後方支援活動としての物品の提供

二　重要影響事態等に際して実施する船舶検査活動に関する法律（平成一二年法律第一四五号）　後方支援活動又は協力支援活動としての物品の提供

三　国際連合平和維持活動等に対する協力に関する法律（平成四年法律第七九号）　大規模な災害に対処するアメリカ合衆国、オーストラリア、英国、フランス又はカナダの軍隊に対する物品の提供

四　国際平和共同対処事態に際して我が国が実施する諸外国の軍隊等に対する協力支援活動等に関する法律（平成二七年法律第七七号）　協力支援活動としての物品の提供

2　防衛大臣は、第三条第二項に規定する活動として、次の各号に掲げる法律の定めるところにより、それぞれ、当該各号に定める活動を行わせることができる。

一　重要影響事態に際して我が国の平和及び安全を確保するための措置に関する法律　防衛省の機関又は部隊等による後方支援活動としての役務の提供及び部隊等による捜索救助活動

二　重要影響事態等に際して実施する船舶検査活動に関する法律　部隊等による船舶検査活動及びその実施に伴う後方支援活動又は協力支援活動としての役務の提供

三　国際緊急援助隊の派遣に関する法律（昭和六二年法律第九三号）　部隊等又は隊員による国際緊急援助活動及び当該活動を行う人員又は当該活動に必要な物資の輸送

四　国際連合平和維持活動等に対する協力に関する法律　部隊等による国際平和協力業務、委託に基づく輸送及び大規模な災害に対処するアメリカ合衆国、オーストラリア、英国、フランス又はカナダの軍隊に対する役務の提供

五　国際平和共同対処事態に際して我が国が実施する諸外国の軍隊等に対する協力支援活動等に関する法律　部隊等による協力支援活動としての役務の提供及び部隊等による捜索救助活動

第七章　自衛隊の権限（抄）

第八七条（武器の保有）自衛隊は、その任務の遂行に必要な武器を保有することができる。

第八八条（防衛出動時の武力行使）1　第七六条第一項の規定により出動を命ぜられた自衛隊は、わが国を防衛するため、必要な武力を行使することができる。

2　前項の武力行使に際しては、国際の法規及び慣例によるべき場合にあってはこれを遵守し、かつ、事態に応じ合理的に必要と判断される限度をこえてはならないものとする。

第八九条（治安出動時の権限）1　警察官職務執行法（昭和二三年法律第一三六号）の規定は、第七八条第一項又は第八一条第二項の規定により出動を命ぜられた自衛隊の自衛官の職務の執行について準用する。この場合において、同法第四条第二項中「公安委員会」とあるのは、「防衛大臣の指定する者」と読み替えるものとする。

2　前項において準用する警察官職務執行法第七条の規定により自衛官が武器を使用するには、刑法（明治四〇年法律第四五号）第三六条又は第三七条に該当する場合を除き、当該部隊指揮官の命令によらなければならない。

第九〇条（同）1　第七八条第一項又は第八一条第二項の規定により出動を命ぜられた自衛隊の自衛官は、前条の規定により武器を使用する場合のほか、次の各号の一に該当すると認める相当の理由があるときは、その事態に応じ合理的に必要と判断される限度で武器を使用することができる。

一　職務上警護する人、施設又は物件が暴行又は侵害を受け、又は受けようとする明白な危険があり、武器を使用するほか、他にこれを排除する適当な手段がない場合

二　多衆集合して暴行若しくは脅迫をし、又は暴行若しくは脅迫をしようとする明白な危険があり、武器を使用するほか、他にこれを鎮圧し、又は防止する適当な手段がない場合

三　前号に掲げる場合のほか、小銃、機関銃（機関けん銃を含む。）、砲、化学兵器、生物兵器その他その殺傷力がこれらに類する武器を所持し、又は所持していると疑うに足りる相当の理由のある

者が暴行又は脅迫をし又はする高い蓋然性があり、武器を使用するほか、他にこれを鎮圧し、又は防止する適当な手段がない場合

2　前条第二項の規定は、前項の場合について準用する。

第九一条の二（警護出動時の権限）1　警察官職務執行法第二条、第四条並びに第六条第一項、第三項及び第四項の規定は、警察官がその場にいない場合に限り、第八一条の二第一項の規定により出動を命ぜられた部隊等の自衛官の職務の執行について準用する。この場合において、同法第四条第二項中「公安委員会」とあるのは、「防衛大臣の指定する者」と読み替えるものとする。

2　警察官職務執行法第五条及び第七条の規定は、第八一条の二第一項の規定により出動を命ぜられた部隊等の自衛官の職務の執行について準用する。

3　前項において準用する警察官職務執行法第七条の規定により武器を使用する場合のほか、第八一条の二第一項の規定により出動を命ぜられた部隊等の自衛官は、職務上警護する施設が大規模な破壊に至るおそれのある侵害を受ける明白な危険があり、武器を使用するほか、他にこれを排除する適当な手段がないと認める相当の理由があるときは、その事態に応じ合理的に必要と判断される限度で武器を使用することができる。

4　第一項及び第二項において準用する警察官職務執行法の規定による権限並びに前項の権限は、第八一条の二第二項の規定により指定された施設又は施設及び区域の警護のためやむを得ない必要があるときは、その必要な限度において、当該施設又は施設及び区域の外部においても行使することができる。

5　第八九条第二項の規定は、第二項において準用する警察官職務執行法第七条又は第三項の規定により自衛官が武器を使用する場合について準用する。

第九二条（防衛出動時の公共の秩序の維持のための権限）1　第七六条第一項（第一号に係る部分に限る。以下この条において同じ。）の規定により出動を命ぜられた自衛隊は、第八八条の規定により武力を行使するほか、必要に応じ、公共の秩序を維持するため行動することができる。

2　警察官職務執行法及び第九〇条第一項の規定は、第七六条第一項の規定により出動を命ぜられた自衛隊の自衛官が前項の規定により公共の秩序の維持のため行う職務の執行について、海上保安庁法第一六条、第一七条第一項及び第一八条の規定は、第七六条第一項の規定により出動を命ぜられた海上自衛隊の三等海曹以上の自衛官が前項の規定により公共の秩序の維持のため行う職務の執行について、同法第二〇条第二項の規定は、第七六条第一項の規定により出動を命ぜられた海上自衛隊の自衛官が前項の規定により公共の秩序の維持のため行う職務の執行について準用する。この場合において、警察官職務執行法第四条第二項中「公安委員会」とあるのは「防衛大臣の指定する者」と、海上保安庁法第二〇条第二項中「前項において準用する警察官職務執行法第七条」とあるのは「この項において準用する警察官職務執行法第七条及びこの法律第九〇条第一項」と、「第一七条第一項」とあるのは「この項において準用する海上保安庁法第一七条第一項」と、「海上保安官又は海上保安官補の職務」とあるのは「第七六条第一項（第一号に係る部分に限る。）の規定により出動を命ぜられた自衛隊の自衛官が公共の秩序の維持のため行う職務」と、「海上保安庁長官」とあるのは「防衛大臣」と読み替えるものとする。

3　第八九条第二項の規定は、前項において準用する警察官職務執行法第七条又はこの法律第九〇条第一項の規定により自衛官が武器を使用する場合及び前項において準用する海上保安庁法第二〇条第二項の規定により海上自衛隊の自衛官が武器を使用する場合について準用する。

4　第七六条第一項の規定により出動を命ぜられた自衛隊の自衛官のうち、第一項の規定により公共の秩序の維持のため行う職務に従事する者は、道路交通法（昭和三五年法律第一〇五号）第一一四条の五及びこれに基づく命令の定めるところにより、同条に規定する措置をとることができる。

第九二条の四（展開予定地域内における武器の使用）第七七条の二の規定による措置の職務に従事する自衛官は、展開予定地域内において当該職務を行うに際し、自己又は自己と共に当該職務に従事する隊員の生命又は身体の防護のためやむを得ない必要があると認める相当の理由がある場合には、その事態に応じ合理的に必要と判断される限度で武器を使用することができる。ただし、刑法第三六条又は第三七条に該当する場合のほか、人に危害を与えてはならない。

第九二条の五（治安出動下令前に行う情報収集の際の武器の使用）第七九条の二の規定による情報収集の職務に従事する自衛官は、当該職務を行うに際し、自己又は自己と共に当該職務に従事する隊員の生命又は身体の防護のためやむを得ない必要があると認める相当の理由がある場合には、その事態に応じ合理的に必要と判断される限度で武器を使用することができる。ただし、刑法第三六条又は第三七条に該当する場合のほか、人に危害を与えてはならない。

第九三条（海上における警備行動時の権限）1　警察官職務執行法第七条の規定は、第八二条の規定により行動を命ぜられた自衛隊の自衛官の職務の執行について準用する。

2　海上保安庁法第一六条、第一七条第一項及び第一八条の規定は、第八二条の規定により行動を命ぜられた海上自衛隊の三等海曹以上の自衛官の職務の執行について準用する。

3　海上保安庁法第二〇条第二項の規定は、第八二条の規定により行動を命ぜられた海上自衛隊の自衛官の職務の執行について準用する。この場合において、

同法第二〇条第二項中「前項」とあるのは「第一項」と、「第一七条第一項」とあるのは「前項において準用する海上保安庁法第一七条第一項」と、「海上保安官又は海上保安官補の職務」とあるのは「第八二条の規定により行動を命ぜられた自衛隊の自衛官の職務」と、「海上保安庁長官」とあるのは「防衛大臣」と読み替えるものとする。

4　第八九条第二項の規定は、第一項において準用する警察官職務執行法第七条の規定により自衛官が武器を使用する場合及び前項において準用する海上保安庁法第二〇条第二項の規定により海上自衛隊の自衛官が武器を使用する場合について準用する。

第九三条の二（海賊対処行動時の権限） 第八二条の二に規定する海賊対処行動を命ぜられた自衛隊の自衛官は、海賊行為の処罰及び海賊行為への対処に関する法律の定めるところにより、同法の規定による権限を行使することができる。

第九三条の三（弾道ミサイル等に対する破壊措置のための武器の使用） 第八二条の三第一項又は第三項の規定により措置を命ぜられた自衛隊の部隊は、弾道ミサイル等の破壊のため必要な武器を使用することができる。

第九四条の五（在外邦人等の保護措置の際の権限） 1　第八四条の三第一項の規定により外国の領域において保護措置を行う職務に従事する自衛官は、同項第一号及び第二号のいずれにも該当する場合であって、その職務を行うに際し、自己若しくは当該保護措置の対象である邦人若しくはその他の保護対象者の生命若しくは身体の防護又はその職務を妨害する行為の排除のためやむを得ない必要があると認める相当の理由があるときは、その事態に応じ合理的に必要と判断される限度で武器を使用することができる。ただし、刑法第三六条又は第三七条に該当する場合のほか、人に危害を与えてはならない。

2　第八九条第二項の規定は、前項の規定により自衛官が武器を使用する場合について準用する。

3　第一項に規定する自衛官は、第八四条の三第一項第一号に該当しない場合であっても、その職務を行うに際し、自己と共に当該職務に従事する隊員又はその職務を行うに伴い自己の管理の下に入った者の生命又は身体の防護のためやむを得ない必要があると認める相当の理由がある場合には、その事態に応じ合理的に必要と判断される限度で武器を使用することができる。ただし、刑法第三六条又は第三七条に該当する場合のほか、人に危害を与えてはならない。

第九四条の六（在外邦人等の輸送の際の権限） 第八四条の四第一項の規定により外国の領域において同項の輸送の職務に従事する自衛官は、当該輸送に用いる航空機、船舶若しくは車両の所在する場所、輸送対象者（当該自衛官の管理の下に入った当該輸送の対象である邦人又は同項後段の規定により同乗させる者をいう。以下この条において同じ。）を当該航空機、船舶若しくは車両まで誘導する経路、輸送対象者が当該航空機、船舶若しくは車両に乗り込むために待機している場所又は輸送経路の状況の確認その他の当該車両の所在する場所を離れて行う当該車両による輸送の実施に必要な業務が行われる場所においてその職務を行うに際し、自己若しくは自己と共に当該輸送の職務に従事する隊員又は輸送対象者その他その職務を行うに伴い自己の管理の下に入った者の生命又は身体の防護のためやむを得ない必要があると認める相当の理由がある場合には、その事態に応じ合理的に必要と判断される限度で武器を使用することができる。ただし、刑法第三六条又は第三七条に該当する場合のほか、人に危害を与えてはならない。

第九四条の七（後方支援活動等の際の権限） 第三条第二項に規定する活動に従事する自衛官又はその実施を命ぜられた部隊等の自衛官であって、次の各号に掲げるものは、それぞれ、当該各号に定める場合には、当該活動について定める法律の定めるところにより、武器を使用することができる。

一　第八四条の五第二項第一号に規定する後方支援活動としての役務の提供又は捜索救助活動の実施を命ぜられた部隊等の自衛官　自己又は自己と共に現場に所在する他の隊員若しくはその職務を行うに伴い自己の管理の下に入った者若しくは自己と共にその宿営する宿営地（重要影響事態に際して我が国の平和及び安全を確保するための措置に関する法律第一一条第五項に規定する宿営地をいう。）に所在する者の生命又は身体を防護するためやむを得ない必要があると認める相当の理由がある場合

二　第八四条の五第二項第二号に規定する船舶検査活動の実施を命ぜられた部隊等の自衛官　自己又は自己と共に現場に所在する他の隊員若しくは当該職務を行うに伴い自己の管理の下に入った者の生命又は身体を防護するためやむを得ない必要があると認める相当の理由がある場合

三　第八四条の五第二項第四号に規定する国際平和協力業務に従事する自衛官（次号及び第五号に掲げるものを除く。）　自己又は自己と共に現場に所在する他の隊員（第二条第五項に規定する隊員をいう。）、国際平和協力隊の隊員（国際連合平和維持活動等に対する協力に関する法律第一〇条に規定する協力隊の隊員をいう。）若しくは当該職務を行うに伴い自己の管理の下に入った者若しくは自己と共にその宿営する宿営地（同法第二五条第七項に規定する宿営地をいう。）に所在する者の生命又は身体を防護するためやむを得ない必要があると認める相当の理由がある場合

四　第八四条の五第二項第四号に規定する国際平和協力業務であって国際連合平和維持活動等に対する協力に関する法律第三条第五号トに掲げるもの又はこれに類するものとして同号ナの政令で定め

るものに従事する自衛官　前号に定める場合又はその業務を行うに際し、自己若しくは他人の生命、身体若しくは財産を防護し、若しくはその業務を妨害する行為を排除するためやむを得ない必要があると認める相当の理由がある場合

五　第八四条の五第二項第四号に規定する国際平和協力業務であって国際連合平和維持活動等に対する協力に関する法律第三条第五号ラに掲げるものに従事する自衛官　第三号に定める場合又はその業務を行うに際し、自己若しくはその保護しようとする活動関係者（同条第五号ラに規定する活動関係者をいう。）の生命若しくは身体を防護するためやむを得ない必要があると認める相当の理由がある場合

六　第八四条の五第二項第五号に規定する協力支援活動としての役務の提供又は捜索救助活動の実施を命ぜられた部隊等の自衛官　自己又は自己と共に現場に所在する他の隊員若しくは当該職務を行うに伴い自己の管理の下に入った者若しくは自己と共にその宿営する宿営地（国際平和共同対処事態に際して我が国が実施する諸外国の軍隊等に対する協力支援活動等に関する法律第一一条第五項に規定する宿営地をいう。）に所在する者の生命又は身体を防護するためやむを得ない必要があると認める相当の理由がある場合

第九四条の八（防衛出動時における海上輸送の規制のための権限）第七六条第一項の規定による出動を命ぜられた海上自衛隊の自衛官は、武力攻撃事態及び存立危機事態における外国軍用品等の海上輸送の規制に関する法律（平成一六年法律第一一六号）の定めるところにより、同法の規定による権限を行使することができる。

第九四条の九（捕虜等の取扱いの権限）自衛官は、武力攻撃事態及び存立危機事態における捕虜等の取扱いに関する法律の定めるところにより、同法の規定による権限を行使することができる。

第九五条（自衛隊の武器等の防護のための武器の使用）自衛官は、自衛隊の武器、弾薬、火薬、船舶、航空機、車両、有線電気通信設備、無線設備又は液体燃料（以下「武器等」という。）を職務上警護するに当たり、人又は武器等を防護するため必要であると認める相当の理由がある場合には、その事態に応じ合理的に必要と判断される限度で武器を使用することができる。ただし、刑法第三六条又は第三七条に該当する場合のほか、人に危害を与えてはならない。

第九五条の二（合衆国軍隊等の部隊の武器等の防護のための武器の使用）１　自衛官は、アメリカ合衆国の軍隊その他の外国の軍隊その他これに類する組織（次項において「合衆国軍隊等」という。）の部隊であって自衛隊と連携して我が国の防衛に資する活動（共同訓練を含み、現に戦闘行為が行われている現場で行われるものを除く。）に現に従事しているものの武器等を職務上警護するに当たり、人又は武器等を防護するため必要であると認める相当の理由がある場合には、その事態に応じ合理的に必要と判断される限度で武器を使用することができる。ただし、刑法第三六条又は第三七条に該当する場合のほか、人に危害を与えてはならない。

2　前項の警護は、合衆国軍隊等からの要請があった場合であって、防衛大臣が必要と認めるときに限り、自衛官が行うものとする。

第九五条の三（自衛隊の施設の警護のための武器の使用）自衛官は、本邦内にある自衛隊の施設であって、自衛隊の武器等を保管し、収容し若しくは整備するための施設設備、営舎又は港湾若しくは飛行場に係る施設設備が所在するものを職務上警護するに当たり、当該職務を遂行するため又は自己若しくは他人を防護するため必要であると認める相当の理由がある場合には、当該施設内において、その事態に応じ合理的に必要と判断される限度で武器を使用することができる。ただし、刑法第三六条又は第三七条に該当する場合のほか、人に危害を与えてはならない。

第八章　雑　則（抄）

第一〇〇条の六（合衆国軍隊に対する物品又は役務の提供）１　防衛大臣又はその委任を受けた者は、次に掲げる合衆国軍隊（アメリカ合衆国の軍隊をいう。以下この条及び次条において同じ。）から要請があった場合には、自衛隊の任務遂行に支障を生じない限度において、当該合衆国軍隊に対し、自衛隊に属する物品の提供を実施することができる。

一　自衛隊及び合衆国軍隊の双方の参加を得て行われる訓練に参加する合衆国軍隊（重要影響事態に際して我が国の平和及び安全を確保するための措置に関する法律第三条第一項第一号に規定する合衆国軍隊等に該当する合衆国軍隊、武力攻撃事態等及び存立危機事態におけるアメリカ合衆国等の軍隊の行動に伴い我が国が実施する措置に関する法律第二条第六号に規定する特定合衆国軍隊、同条第七号に規定する外国軍隊に該当する合衆国軍隊及び国際平和共同対処事態に際して我が国が実施する諸外国の軍隊等に対する協力支援活動等に関する法律第三条第一項第一号に規定する諸外国の軍隊等に該当する合衆国軍隊を除く。次号から第四号まで及び第六号から第一一号までにおいて同じ。）

二　部隊等が第八一条の二第一項第二号に掲げる施設及び区域に係る同項の警護を行う場合において、当該部隊等と共に当該施設及び区域内に所在して当該施設及び区域の警護を行う合衆国軍隊

三　自衛隊の部隊が第八二条の二に規定する海賊対処行動を行う場合において、当該部隊と共に現場に所在して当該海賊対処行動と同種の活動を行う合衆国軍隊

四　自衛隊の部隊が第八二条の三第一項又は第三項の規定により弾道ミサイル等を破壊する措置を

とるため必要な行動をとる場合において、当該部隊と共に現場に所在して当該行動と同種の活動を行う合衆国軍隊

五　天災地変その他の災害に際して、政府の要請に基づき災害応急対策のための活動を行う合衆国軍隊であって、第八三条第二項又は第八三条の三の規定により派遣された部隊等と共に現場に所在するもの

六　自衛隊の部隊が第八四条の二に規定する機雷その他の爆発性の危険物の除去及びこれらの処理を行う場合において、当該部隊と共に現場に所在してこれらの活動と同種の活動を行う合衆国軍隊

七　部隊等が第八四条の三第項に規定する外国における緊急事態に際して同項の保護措置を行う場合又は第八四条の一項に規定する外国における緊急事態に際して同項の邦人の輸送を行う場合において、当該部隊等と共に現場に所在して当該保護措置又は当該輸送と同種の活動を行う合衆国軍隊

八　部隊等が第八四条の五第二項第三号に規定する国際緊急援助活動又は当該活動を行う人員若しくは当該活動に必要な物資の輸送を行う場合において、同一の災害に対処するために当該部隊等と共に現場に所在してこれらの活動と同種の活動を行う合衆国軍隊

九　自衛隊の部隊が船舶又は航空機により外国の軍隊の動向に関する情報その他の我が国の防衛に資する情報の収集のための活動を行う場合において、当該部隊と共に現場に所在して当該活動と同種の活動を行う合衆国軍隊

一〇　前各号に掲げるもののほか、訓練、連絡調整その他の日常的な活動のため、航空機、船舶又は車両により本邦内にある自衛隊の施設に到着して一時的に滞在する合衆国軍隊

一一　第一号から第九号までに掲げるもののほか、訓練、連絡調整その他の日常的な活動のため、航空機、船舶又は車両により合衆国軍隊の施設に到着して一時的に滞在する部隊等と共に現場に所在し、訓練、連絡調整その他の日常的な活動を行う合衆国軍隊

2　防衛大臣は、前項各号に掲げる合衆国軍隊から要請があった場合には、自衛隊の任務遂行に支障を生じない限度において、防衛省の機関又は部隊等に、当該合衆国軍隊に対する役務の提供を行わせることができる。

3　前二項の規定による自衛隊に属する物品の提供及び防衛省の機関又は部隊等による役務の提供として行う業務は、次の各号に掲げる合衆国軍隊の区分に応じ、当該各号に定めるものとする。

一　第一項第一号、第一〇号及び一一号に掲げる合衆国軍隊　補給、輸送、修理若しくは整備、医療、通信、空港若しくは港湾に関する業務、基地に関する業務、宿泊、保管、施設の利用又は訓練に関する業務（これらの業務にそれぞれ附帯する業務を含む。）

二　第一項第二号から第九号に掲げる合衆国軍隊　補給、輸送、修理若しくは整備、医療、通信、空港若しくは港湾に関する業務、基地に関する業務、宿泊、保管又は施設の利用（これらの業務にそれぞれ附帯する業務を含む。）

4　第一項に規定する物品の提供には、武器の提供は含まないものとする。

第一〇〇条の七（合衆国軍隊に対する物品又は役務の提供に伴う手続）この法律又は他の法律の規定により、合衆国軍隊に対し、防衛大臣又はその委任を受けた者が自衛隊に属する物品の提供を実施する場合及び防衛省の機関又は部隊等が役務の提供を実施する場合における決済その他の手続については、法律に別段の定めがある場合を除き、日本国の自衛隊とアメリカ合衆国軍隊との間における後方支援、物品又は役務の相互の提供に関する日本国政府とアメリカ合衆国政府との間の協定の定めるところによる。

第一〇〇条の八（オーストラリア軍隊に対する物品又は役務の提供）1　防衛大臣又はその委任を受けた者は、次に掲げるオーストラリア軍隊（オーストラリアの軍隊をいう。以下この条及び次条において同じ。）から要請があった場合には、自衛隊の任務遂行に支障を生じない限度において、当該オーストラリア軍隊に対し、自衛隊に属する物品の提供を実施することができる。

一　自衛隊及びオーストラリア軍隊の双方の参加を得て行われる訓練に参加するオーストラリア軍隊（重要影響事態に際して我が国の平和及び安全を確保するための措置に関する法律第三条第一項第一号に規定する合衆国軍隊等に該当するオーストラリア軍隊、武力攻撃事態等及び存立危機事態におけるアメリカ合衆国等の軍隊の行動に伴い我が国が実施する措置に関する法律第二条第七号に規定する外国軍隊に該当するオーストラリア軍隊及び国際平和共同対処事態に際して我が国が実施する諸外国の軍隊等に対する協力支援活動等に関する法律第三条第一項第一号に規定する諸外国の軍隊等に該当するオーストラリア軍隊を除く。次号及び第四号から第九号までにおいて同じ。）

二　自衛隊の部隊が第八二条の二に規定する海賊対処行動を行う場合において、当該部隊と共に現場に所在して当該海賊対処行動と同様の行動を行うオーストラリア軍隊

三　天災地変その他の災害に際して、政府の要請に基づき災害応急対策のための活動を行うオーストラリア軍隊であって、第八三条第二項又は第八三条の三の規定により派遣された部隊等と共に現場に所在するもの

四　自衛隊の部隊が第八四条の二に規定する機雷その他の爆発性の危険物の除去及びこれらの処理を行う場合において、当該部隊と共に現場に所在してこれらの活動と同種の活動を行うオーストラリ

ア軍隊

五　部隊等が第八四条の三第一項に規定する外国における緊急事態に際して同項の保護措置を行う場合又は第八四条の四第一項に規定する外国における緊急事態に際して同項の邦人の輸送を行う場合において、当該部隊等と共に現場に所在して当該保護措置又は当該輸送と同種の活動を行うオーストラリア軍隊

六　部隊等が第八四条の五第二項第三号に規定する国際緊急援助活動又は当該活動を行う人員若しくは当該活動に必要な物資の輸送を行う場合において、同一の災害に対処するために当該部隊等と共に現場に所在してこれらの活動と同種の活動を行うオーストラリア軍隊

七　自衛隊の部隊が船舶又は航空機により外国の軍隊の動向に関する情報その他の我が国の防衛に資する情報の収集のための活動を行う場合において、当該部隊と共に現場に所在して当該活動と同種の活動を行うオーストラリア軍隊

八　連絡調整その他の日常的な活動（訓練を除く。次号において同じ。）のため、航空機、船舶又は車両により本邦内にある自衛隊の施設に到着して一時的に滞在するオーストラリア軍隊

九　連絡調整その他の日常的な活動のため、航空機、船舶又は車両によりオーストラリア内にあるオーストラリア軍隊の施設に到着して一時的に滞在する部隊等と共に現場に所在し、連絡調整その他の日常的な活動を行うオーストラリア軍隊

2　防衛大臣は、前項各号に掲げるオーストラリア軍隊から要請があった場合には、自衛隊の任務遂行に支障を生じない限度において、防衛省の機関又は部隊等に、当該オーストラリア軍隊に対する役務の提供を行わせることができる。

3　前二項の規定による自衛隊に属する物品の提供及び防衛省の機関又は部隊等による役務の提供として行う業務は、次の各号に掲げるオーストラリア軍隊の区分に応じ、当該各号に定めるものとする。

一　第一項第一号に掲げるオーストラリア軍隊　補給、輸送、修理若しくは整備、医療、通信、空港若しくは港湾に関する業務、基地に関する業務、宿泊、保管、施設の利用又は訓練に関する業務（これらの業務にそれぞれ附帯する業務を含む。）

二　第一項第二号から第九号までに掲げるオーストラリア軍隊　補給、輸送、修理若しくは整備、医療、通信、空港若しくは港湾に関する業務、基地に関する業務、宿泊、保管又は施設の利用（これらの業務にそれぞれ附帯する業務を含む。）

4　第一項に規定する物品の提供には、武器の提供は含まないものとする。

第一〇〇条の九（オーストラリア軍隊に対する物品又は役務の提供に伴う手続）　この法律又は他の法律の規定により、オーストラリア軍隊に対し、防衛大臣又はその委任を受けた者が自衛隊に属する物品の提供を実施する場合及び防衛省の機関又は部隊等が役務の提供を実施する場合における決済その他の手続については、法律に別段の定めがある場合を除き、日本国の自衛隊とオーストラリア国防軍との間における物品又は役務の相互の提供に関する日本国政府とオーストラリア政府との間の協定の定めるところによる。

第一〇〇条の一〇（英国軍隊に対する物品又は役務の提供）（第一〇〇条の八参照）

第一〇〇条の一一（英国軍隊に対する物品又は役務の提供に伴う手続）（第一〇〇条の九参照）

第一〇〇条の一二（フランス軍隊に対する物品又は役務の提供）（第一〇〇条の八参照）

第一〇〇条の一三（フランス軍隊に対する物品又は役務の提供に伴う手続）（第一〇〇条の九参照）

第一〇〇条の一四（カナダ軍隊に対する物品又は役務の提供）（第一〇〇条の八参照）

第一〇〇条の一五（カナダ軍隊に対する物品又は役務の提供に伴う手続）（第一〇〇条の九参照）

第一〇一条（海上保安庁等との関係）1　自衛隊と海上保安庁、地方航空局、航空交通管制部、気象官署、国土地理院、旅客鉄道株式会社及び日本貨物鉄道株式会社に関する法律（昭和六一年法律第八八号）第一条第三項に規定する会社、東日本電信電話株式会社及び西日本電信電話株式会社（以下この条において「海上保安庁等」という。）は、相互に常に緊密な連絡を保たなければならない。

2　防衛大臣は、自衛隊の任務遂行上特に必要があると認める場合には、海上保安庁等に対し協力を求めることができる。この場合においては、海上保安庁等は、特別の事情のない限り、これに応じなければならない。

第一〇二条（自衛艦旗等）1　自衛艦その他の自衛隊の使用する船舶は、防衛大臣の定めるところにより、国旗及び第四条第一項の規定により交付された自衛艦旗その他の旗を掲げなければならない。

2　自衛隊の使用する航空機は、自衛隊の航空機であることを明らかに識別することができるような標識を付さなければならない。

3　自衛艦その他の自衛隊の使用する船舶又は自衛隊の使用する航空機以外の船舶又は航空機は、第一項に規定する旗若しくは前項に規定する標識又はこれらにまぎらわしい旗若しくは標識を掲げ、又は付してはならない。

4　自衛艦その他の自衛隊の使用する船舶の掲げる第四条第一項の規定により交付された自衛艦旗以外の旗及び自衛隊の使用する航空機の付する標識の制式は、防衛大臣が定め、官報で告示する。

第一〇三条（防衛出動時における物資の収用等）1　第七六条第一項（第一号に係る部分に限る。以下この条において同じ。）の規定により自衛隊が出動を命ぜ

られ、当該自衛隊の行動に係る地域において自衛隊の任務遂行上必要があると認められる場合には、都道府県知事は、防衛大臣又は政令で定める者の要請に基づき、病院、診療所その他政令で定める施設（以下この条において「施設」という。）を管理し、土地、家屋若しくは物資（以下本条中「土地等」という。）を使用し、物資の生産、集荷、販売、配給、保管若しくは輸送を業とする者に対してその取り扱う物資の保管を命じ、又はこれらの物資を収用することができる。ただし、事態に照らし緊急を要すると認めるときは、防衛大臣又は政令で定める者は、都道府県知事に通知した上で、自らこれらの権限を行うことができる。

2　第七六条第一項の規定により自衛隊が出動を命ぜられた場合においては、当該自衛隊の行動に係る地域以外の地域においても、都道府県知事は、防衛大臣又は政令で定める者の要請に基づき、自衛隊の任務遂行上特に必要があると認めるときは、防衛大臣が告示して定めた地域内に限り、施設の管理、土地等の使用若しくは物資の収用を行い、又は取扱物資の保管命令を発し、また、当該地域内にある医療、土木建築工事又は輸送を業とする者に対して、当該地域内においてこれらの者が現に従事している医療、土木建築工事又は輸送の業務と同種の業務で防衛大臣又は政令で定める者が指定したものに従事することを命ずることができる。

3　前二項の規定により土地を使用する場合において、当該土地の上にある立木その他土地に定着する物件（家屋を除く。以下「立木等」という。）が自衛隊の任務遂行の妨げとなると認められるときは、都道府県知事（第一項ただし書の場合にあっては、同項ただし書の防衛大臣又は政令で定める者。次項、第七項、第一三項及び第一四項において同じ。）は、第一項の規定の例により、当該立木等を移転することができる。この場合において、事態に照らし移転が著しく困難であると認めるときは、同項の規定の例により、当該立木等を処分することができる。

4　第一項の規定により家屋を使用する場合において、自衛隊の任務遂行上やむを得ない必要があると認められるときは、都道府県知事は、同項の規定の例により、その必要な限度において、当該家屋の形状を変更することができる。

5〜19（略）

第九章　罰則（略）

附則（略）

11-6　国際連合平和維持活動等に対する協力に関する法律（国際平和協力法）（抄）

公布　一九九二（平成四）年六月一九日（法律第七九号）
施行　一九九二（平成四）年八月一日（政令第二六七号）
最終改正　二〇一九（平成三一）年四月二六日（平成三一年法律第一九号）、施行　二〇一六年（平成二八）年三月二九日

第一章　総則

第一条（目的）この法律は、国際連合平和維持活動、国際連携平和安全活動、人道的な国際救援活動及び国際的な選挙監視活動に対し適切かつ迅速な協力を行うため、国際平和協力業務実施計画及び国際平和協力業務実施要領の策定手続、国際平和協力隊の設置等について定めることにより、国際平和協力業務の実施体制を整備するとともに、これらの活動に対する物資協力のための措置等を講じ、もって我が国が国際連合を中心とした国際平和のための努力に積極的に寄与することを目的とする。

第二条（国際連合平和維持活動等に対する協力の基本原則）1　政府は、この法律に基づく国際平和協力業務の実施、物資協力、これらについての国以外の者の協力等（以下「国際平和協力業務の実施等」という。）を適切に組み合わせるとともに、国際平和協力業務の実施等に携わる者の創意と知見を活用することにより、国際連合平和維持活動、国際連携平和安全活動、人道的な国際救援活動及び国際的な選挙監視活動に効果的に協力するものとする。

2　国際平和協力業務の実施等は、武力による威嚇又は武力の行使に当たるものであってはならない。

3　内閣総理大臣は、国際平和協力業務の実施等に当たり、国際平和協力業務実施計画に基づいて、内閣を代表して行政各部を指揮監督する。

4　関係行政機関の長は、前条の目的を達成するため、国際平和協力業務の実施等に関し、国際平和協力本部長に協力するものとする。

第三条（定義）この法律において、次の各号に掲げる用語の意義は、それぞれ当該各号に定めるところによる。

一　国際連合平和維持活動　国際連合の総会又は安全保障理事会が行う決議に基づき、武力紛争の当事者（以下「紛争当事者」という。）間の武力紛争の再発の防止に関する合意の遵守の確保、紛争による混乱に伴う切迫した暴力の脅威からの住民の保護、武力紛争の終了後に行われる民主的な手段による統治組織の設立及び再建の援助その他紛争に対処して国際の平和及び安全を維持することを目

的として、国際連合の統括の下に行われる活動であって、国際連合事務総長（以下「事務総長」という。）の要請に基づき参加する二以上の国及び国際連合によって実施されるもののうち、次に掲げるものをいう。

イ　武力紛争の停止及びこれを維持するとの紛争当事者間の合意があり、かつ、当該活動が行われる地域の属する国（当該国において国際連合の総会又は安全保障理事会が行う決議に従って施政を行う機関がある場合にあっては、当該機関。以下同じ。）及び紛争当事者の当該活動が行われることについての同意がある場合に、いずれの紛争当事者にも偏ることなく実施される活動

ロ　武力紛争が終了して紛争当事者が当該活動が行われる地域に存在しなくなった場合において、当該活動が行われる地域の属する国の当該活動が行われることについての同意がある場合に実施される活動

ハ　武力紛争がいまだ発生していない場合において、当該活動が行われる地域の属する国の当該活動が行われることについての同意がある場合に、武力紛争の発生を未然に防止することを主要な目的として、特定の立場に偏ることなく実施される活動

二　国際連携平和安全活動　国際連合の総会、安全保障理事会若しくは経済社会理事会が行う決議、別表第一に掲げる国際機関が行う要請又は当該活動が行われる地域の属する国の要請（国際連合憲章第七条1に規定する国際連合の主要機関のいずれかの支持を受けたものに限る。）に基づき、紛争当事者間の武力紛争の再発の防止に関する合意の遵守の確保、紛争による混乱に伴う切迫した暴力の脅威からの住民の保護、武力紛争の終了後に行われる民主的な手段による統治組織の設立及び再建の援助その他紛争に対処して国際の平和及び安全を維持することを目的として行われる活動であって、二以上の国の連携により実施されるもののうち、次に掲げるもの（国際連合平和維持活動として実施される活動を除く。）をいう。

イ　武力紛争の停止及びこれを維持するとの紛争当事者間の合意があり、かつ、当該活動が行われる地域の属する国及び紛争当事者の当該活動が行われることについての同意がある場合に、いずれの紛争当事者にも偏ることなく実施される活動

ロ　武力紛争が終了して紛争当事者が当該活動が行われる地域に存在しなくなった場合において、当該活動が行われる地域の属する国の当該活動が行われることについての同意がある場合に実施される活動

ハ　武力紛争がいまだ発生していない場合において、当該活動が行われる地域の属する国の当該活動が行われることについての同意がある場合に、武力紛争の発生を未然に防止することを主要な目的として、特定の立場に偏ることなく実施される活動

三　人道的な国際救援活動　国際連合の総会、安全保障理事会若しくは経済社会理事会が行う決議又は別表第二に掲げる国際機関が行う要請に基づき、国際の平和及び安全の維持を危うくするおそれのある紛争（以下単に「紛争」という。）によって被害を受け若しくは受けるおそれがある住民その他の者（以下「被災民」という。）の救援のために又は紛争によって生じた被害の復旧のために人道的精神に基づいて行われる活動であって、当該活動が行われる地域の属する国の当該活動が行われることについての同意があり、かつ、当該活動が行われる地域の属する国が紛争当事者である場合においては武力紛争の停止及びこれを維持するとの紛争当事者間の合意がある場合に、国際連合その他の国際機関又は国際連合加盟国その他の国（次号及び第六号において「国際連合等」という。）によって実施されるもの（国際連合平和維持活動として実施される活動及び国際連携平和安全活動として実施される活動を除く。）をいう。

四　国際的な選挙監視活動　国際連合の総会若しくは安全保障理事会が行う決議又は別表第三に掲げる国際機関が行う要請に基づき、紛争によって混乱を生じた地域において民主的な手段により統治組織を設立しその他その混乱を解消する過程で行われる選挙又は投票の公正な執行を確保するために行われる活動であって、当該活動が行われる地域の属する国の当該活動が行われることについての同意があり、かつ、当該活動が行われる地域の属する国が紛争当事者である場合においては武力紛争の停止及びこれを維持するとの紛争当事者間の合意がある場合に、国際連合等によって実施されるもの（国際連合平和維持活動として実施される活動及び国際連携平和安全活動として実施される活動を除く。）をいう。

五　国際平和協力業務　国際連合平和維持活動のために実施される業務で次に掲げるもの、国際連携平和安全活動のために実施される業務で次に掲げるもの、人道的な国際救援活動のために実施される業務で次のワからツまで、ナ及びラに掲げるもの並びに国際的な選挙監視活動のために実施される業務で次のチ及びナに掲げるもの（これらの業務にそれぞれ附帯する業務を含む。以下同じ。）であって、海外で行われるものをいう。

イ　武力紛争の停止の遵守状況の監視又は紛争当事者間で合意された軍隊の再配置若しくは撤退若しくは武装解除の履行の監視

ロ　緩衝地帯その他の武力紛争の発生の防止のために設けられた地域における駐留及び巡回

ハ　車両その他の運搬手段又は通行人による武器

（武器の部品を含む。ニにおいて同じ。）の搬入又は搬出の有無の検査又は確認
ニ　放棄された武器の収集、保管又は処分
ホ　紛争当事者が行う停戦線その他これに類する境界線の設定の援助
ヘ　紛争当事者間の捕虜の交換の援助
ト　防護を必要とする住民、被災民その他の者の生命、身体及び財産に対する危害の防止及び抑止その他特定の区域の保安のための監視、駐留、巡回、検問及び警護
チ　警察行政事務に関する助言若しくは指導又は警察行政事務の監視
リ　チに掲げるもののほか、行政事務に関する助言又は指導
ヌ　矯正行政事務に関する助言若しくは指導又は矯正行政事務の監視
ル　リ及びヌに掲げるもののほか、立法、行政（ヲに規定する組織に係るものを除く。）又は司法に関する事務に関する助言又は指導
ヲ　国の防衛に関する組織その他のイからトまで又はワからネまでに掲げるものと同種の業務を行う組織の設立又は再建を援助するための次に掲げる業務
(1)　イからトまで又はワからネまでに掲げるものと同種の業務に関する助言又は指導
(2)　(1)に規定する業務の実施に必要な基礎的な知識及び技能を修得させるための教育訓練
ワ　医療（防疫上の措置を含む。）
カ　被災民の捜索若しくは救出又は帰還の援助
ヨ　被災民に対する食糧、衣料、医薬品その他の生活関連物資の配布
タ　被災民を収容するための施設又は設備の設置
レ　紛争によって被害を受けた施設又は設備であって被災民の生活上必要なものの復旧又は整備のための措置
ソ　紛争によって汚染その他の被害を受けた自然環境の復旧のための措置
ツ　イからソまでに掲げるもののほか、輸送、保管（備蓄を含む。）、通信、建設、機械器具の据付け、検査若しくは修理又は補給（武器の提供を行う補給を除く。）
ネ　国際連合平和維持活動又は国際連携平和安全活動を統括し、又は調整する組織において行うイからツまでに掲げる業務の実施に必要な企画及び立案並びに調整又は情報の収集整理
ナ　イからネまでに掲げる業務に類するものとして政令で定める業務
ラ　ヲからネまでに掲げる業務又はこれらの業務に類するものとしてナの政令で定める業務を行う場合であって、国際連合平和維持活動、国際連携平和安全活動若しくは人道的な国際救援活動に従事する者又はこれらの活動を支援する者（以下このラ及び第二六条第二項において「活動関係者」という。）の生命又は身体に対する不測の侵害又は危難が生じ、又は生ずるおそれがある場合に、緊急の要請に対応して行う当該活動関係者の生命及び身体の保護
六　物資協力　次に掲げる活動を行っている国際連合等に対して、その活動に必要な物品を無償又は時価よりも低い対価で譲渡することをいう。
イ　国際連合平和維持活動
ロ　国際連携平和安全活動
ハ　人道的な国際救援活動（別表第四に掲げる国際機関によって実施される場合にあっては、第三号に規定する決議若しくは要請又は合意が存在しない場合における同号に規定する活動を含むものとする。第三〇条第一項及び第三項において同じ。）
ニ　国際的な選挙監視活動
七　海外　我が国以外の領域（公海を含む。）をいう。
八　派遣先国　国際平和協力業務が行われる外国（公海を除く。）をいう。
九　関係行政機関　次に掲げる機関で政令で定めるものをいう。
イ　内閣府並びに内閣府設置法（平成一一年法律第八九号）第四九条第一項及び第二項に規定する機関並びに国家行政組織法（昭和二三年法律第一二〇号）第三条第二項に規定する機関
ロ　内閣府設置法第四〇条及び第五六条並びに国家行政組織法第八条の三に規定する特別の機関

第二章　国際平和協力本部

第四条（設置及び所掌事務）1　内閣府に、国際平和協力本部（以下「本部」という。）を置く。
2　本部は、次に掲げる事務をつかさどる。
一　国際平和協力業務実施計画（以下「実施計画」という。）の案の作成に関すること。
二　国際平和協力業務実施要領（以下「実施要領」という。）の作成又は変更に関すること。
三　前号の変更を適正に行うための、派遣先国において実施される必要のある国際平和協力業務の具体的内容を把握するための調査、実施した国際平和協力業務の効果の測定及び分析並びに派遣先国における国際連合の職員その他の者との連絡に関すること。
四　国際平和協力隊（以下「協力隊」という。）の運用に関すること。
五　国際平和協力業務の実施のための関係行政機関への要請、輸送の委託及び国以外の者に対する協力の要請に関すること。
六　物資協力に関すること。
七　国際平和協力業務の実施等に関する調査（第三号に掲げるものを除く。）及び知識の普及に関すること。
八　前各号に掲げるもののほか、法令の規定により

本部に属させられた事務

第五条（組織）1　本部の長は、国際平和協力本部長（以下「本部長」という。）とし、内閣総理大臣をもって充てる。

2　本部長は、本部の事務を総括し、所部の職員を指揮監督する。

3　本部に、国際平和協力副本部長（次項において「副本部長」という。）を置き、内閣官房長官をもって充てる。

4　副本部長は、本部長の職務を助ける。

5　本部に、国際平和協力本部員（以下この条において「本部員」という。）を置く。

6　本部員は、内閣法（昭和二二年法律第五号）第九条の規定によりあらかじめ指定された国務大臣、関係行政機関の長及び内閣府設置法第九条第一項に規定する特命担当大臣のうちから、内閣総理大臣が任命する。

7　本部員は、本部長に対し、本部の事務に関し意見を述べることができる。

8　本部に、政令で定めるところにより、実施計画ごとに、期間を定めて、自ら国際平和協力業務を行うとともに海外において前条第二項第三号に掲げる事務を行う組織として、協力隊を置くことができる。

9　本部に、本部の事務（協力隊の行うものを除く。）を処理させるため、事務局を置く。

10　事務局に、事務局長その他の職員を置く。

11　事務局長は、本部長の命を受け、局務を掌理する。

12　前各項に定めるもののほか、本部の組織に関し必要な事項は、政令で定める。

第三章　国際平和協力業務等

第一節　国際平和協力業務

第六条（実施計画）1　内閣総理大臣は、我が国として国際平和協力業務を実施することが適当であると認める場合であって、次に掲げる同意があるとき（国際連合平和維持活動又は国際連携平和安全活動のために実施する国際平和協力業務であって第三条第五号トに掲げるもの若しくはこれに類するものとして同号ナの政令で定めるもの又は同号ラに掲げるものを実施する場合にあっては、同条第一号イからハまで又は第二号イからハまでに規定する同意及び第一号又は第二号に掲げる同意が当該活動及び当該業務が行われる期間を通じて安定的に維持されると認められるときに限り、人道的な国際救援活動のために実施する国際平和協力業務であって同条第五号ラに掲げるものを実施する場合にあっては、同条第三号に規定する同意及び第三号に掲げる同意が当該活動及び当該業務が行われる期間を通じて安定的に維持され、並びに当該活動が行われる地域の属する国が紛争当事者であるときは、紛争当事者の当該活動及び当該業務が行われることについての同意があり、かつ、その同意が当該活動及び当該業務が行われる期間を通じて安定的に維持されると認められるときに限る。）は、国際平和協力業務を実施すること及び実施計画の案につき閣議の決定を求めなければならない。

一　国際連合平和維持活動のために実施する国際平和協力業務については、紛争当事者及び当該活動が行われる地域の属する国の当該業務の実施についての同意（第三条第一号ロ又はハに該当する活動にあっては、当該活動が行われる地域の属する国の）当該業務の実施についての同意（同号ハに該当する活動にあっては、当該地域において当該業務の実施に支障となる明確な反対の意思を示す者がいない場合に限る。））

二　国際連携平和安全活動のために実施する国際平和協力業務については、紛争当事者及び当該活動が行われる地域の属する国の当該業務の実施についての同意（第三条第二号ロ又はハに該当する活動にあっては、当該活動が行われる地域の属する国の当該業務の実施についての同意（同号ハに該当する活動にあっては、当該地域において当該業務の実施に支障となる明確な反対の意思を示す者がいない場合に限る。））

三　人道的な国際救援活動のために実施する国際平和協力業務については、当該活動が行われる地域の属する国の当該業務の実施についての同意

四　国際的な選挙監視活動のために実施する国際平和協力業務については、当該活動が行われる地域の属する国の当該業務の実施についての同意

2　実施計画に定める事項は、次のとおりとする。

一　当該国際平和協力業務の実施に関する基本方針

二　協力隊の設置その他当該国際平和協力業務の実施に関する次に掲げる事項

イ　実施すべき国際平和協力業務の種類及び内容

ロ　派遣先国及び国際平和協力業務を行うべき期間

ハ　協力隊の規模及び構成並びに装備

ニ　海上保安庁の船舶又は航空機を用いて当該国際平和協力業務を行う場合における次に掲げる事項

(1)　海上保安庁の船舶又は航空機を用いて行う国際平和協力業務の種類及び内容

(2)　国際平和協力業務を行う海上保安庁の職員の規模及び構成並びに装備

ホ　自衛隊の部隊等（自衛隊法（昭和二九年法律第一六五号）第八条に規定する部隊等をいう。以下同じ。）が当該国際平和協力業務を行う場合における次に掲げる事項

(1)　自衛隊の部隊等が行う国際平和協力業務の種類及び内容

(2)　国際平和協力業務を行う自衛隊の部隊等の規模及び構成並びに装備

ヘ　第二一条第一項の規定に基づき海上保安庁長官又は防衛大臣に委託することができる輸送の

範囲

ト　関係行政機関の協力に関する重要事項

チ　その他当該国際平和協力業務の実施に関する重要事項

3　外務大臣は、国際平和協力業務を実施することが適当であると認めるときは、内閣総理大臣に対し、第一項の閣議の決定を求めるよう要請することができる。

4　第二項第二号に掲げる装備は、第二条第二項及び第三条第一号から第四号までの規定の趣旨に照らし、この節の規定を実施するのに必要な範囲内で実施計画に定めるものとする。この場合において、国際連合平和維持活動のために実施する国際平和協力業務に係る装備は、事務総長が必要と認める限度で定めるものとする。

5　海上保安庁の船舶又は航空機を用いて行われる国際平和協力業務は、第三条第五号リ若しくはルに掲げる業務（海上保安庁法（昭和二三年法律第二八号）第五条に規定する事務に係るものに限る。）、同号ワからツまでに掲げる業務又はこれらの業務に類するものとして同号ナの政令で定める業務であって、同法第二五条の趣旨に鑑み海上保安庁の船舶又は航空機を用いて行うことが適当であると認められるもののうちから、海上保安庁の任務遂行に支障を生じない限度において、実施計画に定めるものとする。

6　自衛隊の部隊等が行う国際平和協力業務は、第三条第五号イからトまでに掲げる業務、同号ヲからネまでに掲げる業務、これらの業務に類するものとして同号ナの政令で定める業務又は同号ラに掲げる業務であって自衛隊の部隊等が行うことが適当であると認められるもののうちから、自衛隊の主たる任務の遂行に支障を生じない限度において、実施計画に定めるものとする。

7　自衛隊の部隊等が行う国際連合平和維持活動又は国際連携平和安全活動のために実施される国際平和協力業務であって第三条第五号イからトまでに掲げるもの又はこれらの業務に類するものとして同号ナの政令で定めるものについては、内閣総理大臣は、当該国際平和協力業務に従事する自衛隊の部隊等の海外への派遣の開始前に、我が国として国際連合平和維持隊に参加し、又は他国と連携して国際連携平和安全活動を実施するに際しての基本的な五つの原則（第三条第一号及び第二号、本条第一項（第三号及び第四号を除く。）及び第一三項（第一号から第六号まで、第九号及び第一〇号に係る部分に限る。）、第八条第一項第六号及び第七号、第二五条並びに第二六条の規定の趣旨をいう。）及びこの法律の目的に照らし、当該国際平和協力業務を実施することにつき、実施計画を添えて国会の承認を得なければならない。ただし、国会が閉会中の場合又は衆議院が解散されている場合には、当該国際平和協力業務に従事する自衛隊の部隊等の海外への派遣の開始後最初に召集される国会において、遅滞なく、その承認を求めなければならない。

8　前項本文の規定により内閣総理大臣から国会の承認を求められた場合には、先議の議院にあっては内閣総理大臣が国会の承認を求めた後国会の休会中の期間を除いて七日以内に、後議の議院にあっては先議の議院から議案の送付があった後国会の休会中の期間を除いて七日以内に、それぞれ議決するよう努めなければならない。

9　政府は、第七項ただし書の場合において不承認の議決があったときは、遅滞なく、同項の国際平和協力業務を終了させなければならない。

10　第七項の国際平和協力業務については、同項の規定による国会の承認を得た日から二年を経過する日を超えて引き続きこれを行おうとするときは、内閣総理大臣は、当該日の三〇日前の日から当該日までの間に、当該国際平和協力業務を引き続き行うことにつき、実施計画を添えて国会に付議して、その承認を求めなければならない。ただし、国会が閉会中の場合又は衆議院が解散されている場合には、その後最初に召集される国会においてその承認を求めなければならない。

11　政府は、前項の場合において不承認の議決があったときは、遅滞なく、第七項の国際平和協力業務を終了させなければならない。

12　前二項の規定は、国会の承認を得て第七項の国際平和協力業務を継続した後、更に二年を超えて当該国際平和協力業務を引き続き行おうとする場合について準用する。

13　内閣総理大臣は、実施計画の変更（第一号から第八号までに掲げる場合に行うべき国際平和協力業務に従事する者の海外への派遣の終了及び第九号から第一一号までに掲げる場合に行うべき当該各号に規定する業務の終了に係る変更を含む。次項において同じ。）をすることが必要であると認めるとき、又は適当であると認めるときは、実施計画の変更の案につき閣議の決定を求めなければならない。

一　国際連合平和維持活動（第三条第一号イに該当するものに限る。）のために実施する国際平和協力業務については、同号イに規定する合意若しくは同意若しくは第一項第一号に掲げる同意が存在しなくなったと認められる場合又は当該活動がいずれの紛争当事者にも偏ることなく実施されなくなったと認められる場合

二　国際連合平和維持活動（第三条第一号ロに該当するものに限る。）のために実施する国際平和協力業務については、同号ロに規定する同意若しくは第一項第一号に掲げる同意が存在しなくなったと認められる場合又は紛争当事者が当該活動が行われる地域に存在すると認められる場合

三　国際連合平和維持活動（第三条第一号ハに該当するものに限る。）のために実施する国際平和協力業務については、同号ハに規定する同意若しくは

第一項第一号に掲げる同意が存在しなくなったと認められる場合、当該活動が特定の立場に偏ることなく実施されなくなったと認められる場合又は武力紛争の発生を防止することが困難となった場合

四　国際連携平和安全活動（第三条第二号イに該当するものに限る。）のために実施する国際平和協力業務については、同号イに規定する合意若しくは同意若しくは第一項第二号に掲げる同意が存在しなくなったと認められる場合又は当該活動がいずれの紛争当事者にも偏ることなく実施されなくなったと認められる場合

五　国際連携平和安全活動（第三条第二号ロに該当するものに限る。）のために実施する国際平和協力業務については、同号ロに規定する同意若しくは第一項第二号に掲げる同意が存在しなくなったと認められる場合又は紛争当事者が当該活動が行われる地域に存在すると認められる場合

六　国際連携平和安全活動（第三条第二号ハに該当するものに限る。）のために実施する国際平和協力業務については、同号ハに規定する同意若しくは第一項第二号に掲げる同意が存在しなくなったと認められる場合、当該活動が特定の立場に偏ることなく実施されなくなったと認められる場合又は武力紛争の発生を防止することが困難となった場合

七　人道的な国際救援活動のために実施する国際平和協力業務については、第三条第三号に規定する同意若しくは合意又は第一項第三号に掲げる同意が存在しなくなったと認められる場合

八　国際的な選挙監視活動のために実施する国際平和協力業務については、第三条第四号に規定する同意若しくは合意又は第一項第四号に掲げる同意が存在しなくなったと認められる場合

九　国際連合平和維持活動のために実施する国際平和協力業務であって第三条第五号トに掲げるもの若しくはこれに類するものとして同号ナの政令で定めるもの又は同号ラに掲げるものについては、同条第一号イに規定する合意の遵守の状況その他の事情を勘案して、同号イからハまでに規定する同意又は第一項第一号に掲げる同意が当該活動及び当該業務が行われる期間を通じて安定的に維持されると認められなくなった場合

一〇　国際連携平和安全活動のために実施する国際平和協力業務であって第三条第五号トに掲げるもの若しくはこれに類するものとして同号ナの政令で定めるもの又は同号ラに掲げるものについては、同条第二号イに規定する合意の遵守の状況その他の事情を勘案して、同号イからハまでに規定する同意又は第一項第二号に掲げる同意が当該活動及び当該業務が行われる期間を通じて安定的に維持されると認められなくなった場合

一一　人道的な国際救援活動のために実施する国際平和協力業務であって第三条第五号ラに掲げるものについては、同条第三号に規定する合意がある場合におけるその遵守の状況その他の事情を勘案して、同号に規定する同意若しくは第一項第三号に掲げる同意又は当該活動が行われる地域の属する国が紛争当事者である場合における紛争当事者の当該活動若しくは当該業務が行われることについての同意が当該活動及び当該業務が行われる期間を通じて安定的に維持されると認められなくなった場合

14　外務大臣は、実施計画の変更をすることが必要であると認めるとき、又は適当であると認めるときは、内閣総理大臣に対し、前項の閣議の決定を求めるよう要請することができる。

第七条（国会に対する報告） 内閣総理大臣は、次の各号に掲げる場合には、それぞれ当該各号に規定する事項を、遅滞なく、国会に報告しなければならない。

一　実施計画の決定又は変更があったとき　当該決定又は変更に係る実施計画の内容

二　実施計画に定める国際平和協力業務が終了したとき　当該国際平和協力業務の実施の結果

三　実施計画に定める国際平和協力業務を行う期間に係る変更があったとき　当該変更前の期間における当該国際平和協力業務の実施の状況

第八条（実施要領） 1　本部長は、実施計画に従い、国際平和協力業務を実施するため、次の第一号から第五号までに掲げる事項についての具体的内容及び第六号から第九号までに掲げる事項を定める実施要領を作成し、及び必要に応じこれを変更するものとする。

一　当該国際平和協力業務が行われるべき地域及び期間

二　前号に掲げる地域及び期間ごとの当該国際平和協力業務の種類及び内容

三　第一号に掲げる地域及び期間ごとの当該国際平和協力業務の実施の方法（当該国際平和協力業務に使用される装備に関する事項を含む。）

四　第一号に掲げる地域及び期間ごとの当該国際平和協力業務に従事すべき者に関する事項

五　派遣先国の関係当局及び住民との関係に関する事項

六　第六条第一三項第一号から第八号までに掲げる場合において国際平和協力業務に従事する者が行うべき国際平和協力業務の中断に関する事項

七　第六条第一三項第九号から第一一号までに掲げる場合において第三条第五号トに掲げる業務若しくはこれに類するものとして同号ナの政令で定める業務又は同号ラに掲げる業務に従事する者が行うべき当該業務の中断に関する事項

八　危険を回避するための国際平和協力業務の一時休止その他の協力隊の隊員の安全を確保するための措置に関する事項

九　その他本部長が当該国際平和協力業務の実施のために必要と認める事項

2　実施要領の作成及び変更は、国際連合平和維持活動として実施される国際平和協力業務に関しては、前項第六号及び第七号に掲げる事項に関し本部長が必要と認める場合を除き、事務総長又は派遣先国において事務総長の権限を行使する者が行う指図に適合するように行うものとする。

3　本部長は、必要と認めるときは、その指定する協力隊の隊員に対し、実施要領の作成又は変更に関する権限の一部を委任することができる。

第九条（国際平和協力業務等の実施）1　協力隊は、実施計画及び実施要領に従い、国際平和協力業務を行う。

2　協力隊の隊員は、第二条第一項の規定の趣旨にかんがみ、第四条第二項第三号に掲げる事務に従事するに当たり、国際平和協力業務が行われる現地の状況の変化に応じ、同号の事務が適切に実施される上で有益であると思われる情報及び資料の収集に積極的に努めるものとする。

3　海上保安庁長官は、実施計画に定められた第六条第五項の国際平和協力業務について本部長から要請があった場合には、実施計画及び実施要領に従い、海上保安庁の船舶又は航空機の乗組員たる海上保安庁の職員に、当該船舶又は航空機を用いて国際平和協力業務を行わせることができる。

4　防衛大臣は、実施計画に定められた第六条第六項の国際平和協力業務について本部長から要請があった場合には、実施計画及び実施要領に従い、自衛隊の部隊等に国際平和協力業務を行わせることができる。

5　前二項の規定に基づいて国際平和協力業務が実施される場合には、第三項の海上保安庁の職員又は前項の自衛隊の部隊等に所属する自衛隊員（自衛隊法第二条第五項に規定する隊員をいう。以下同じ。）は、それぞれ、実施計画及び実施要領に従い、当該国際平和協力業務に従事するものとする。

6　協力隊は、外務大臣の指定する在外公館と密接に連絡を保つものとする。

7　外務大臣の指定する在外公館長は、外務大臣の命を受け、国際平和協力業務の実施のため必要な協力を行うものとする。

第一〇条（隊員の安全の確保等）本部長は、国際平和協力業務の実施に当たっては、その円滑かつ効果的な推進に努めるとともに、協力隊の隊員（以下「隊員」という。）の安全の確保に配慮しなければならない。

第一一条（隊員の任免）本部長は、隊員の任免を行う。

第一二条（隊員の採用）1　本部長は、第三条第五号ニ若しくはチからネまでに掲げる業務又はこれらの業務に類するものとして同号ナの政令で定める業務に係る国際平和協力業務に従事させるため、当該国際平和協力業務に従事することを志望する者のうちから、選考により、任期を定めて隊員を採用することができる。

2　本部長は、前項の規定による採用に当たり、関係行政機関若しくは地方公共団体又は民間の団体の協力を得て、広く人材の確保に努めるものとする。

第一三条（関係行政機関の職員の協力隊への派遣）1　本部長は、関係行政機関の長に対し、実施計画に従い、国際平和協力業務（第三条第五号ラに掲げる業務を除く。）であって協力隊が行うものを実施するため必要な技術、能力等を有する職員（国家公務員法（昭和二二年法律第一二〇号）第二条第三項各号（第一六号を除く。）に掲げる者を除く。）を協力隊に派遣するよう要請することができる。ただし、第三条第五号イからハまで及びホからトまでに掲げる業務並びにこれらの業務に類するものとして同号ナの政令で定める業務に係る国際平和協力業務については、自衛隊員以外の者の派遣を要請することはできず、同号チに掲げる業務及びこれに類するものとして同号ナの政令で定める業務に係る国際平和協力業務については自衛隊員の派遣を要請することはできない。

2　関係行政機関の長は、前項の規定による要請があったときは、その所掌事務に支障を生じない限度において、同項の職員に該当する職員を期間を定めて協力隊に派遣するものとする。

3　前項の規定により派遣された職員のうち自衛隊員以外の者は、従前の官職を保有したまま、同項の期間を任期として隊員に任用されるものとする。

4　第二項の規定により派遣された自衛隊員は、同項の期間を任期として隊員に任用されるものとし、隊員の身分及び自衛隊員の身分を併せ有することとなるものとする。

5　第三項の規定により従前の官職を保有したまま隊員に任用される者又は前項の規定により隊員の身分及び自衛隊員の身分を併せ有する者は、本部長の指揮監督の下に国際平和協力業務に従事する。

6　本部長は、第二項の規定に基づき防衛大臣により派遣された隊員（以下この条において「自衛隊派遣隊員」という。）についてその派遣の必要がなくなった場合その他政令で定める場合には、当該自衛隊派遣隊員の隊員としての身分を失わせるものとする。この場合には、当該自衛隊員は、自衛隊に復帰するものとする。

7　自衛隊派遣隊員は、自衛隊員の身分を失ったときは、同時に隊員の身分を失うものとする。

8　第四項の規定により隊員の身分及び自衛隊員の身分を併せ有することとなる者に対する給与等（第一七条に規定する国際平和協力手当以外の給与、災害補償及び退職手当並びに共済組合の制度をいう。）に関する法令の適用については、その者は、自衛隊のみに所属するものとみなす。

9　第四項から前項までに定めるもののほか、同項に規定する者の身分取扱いに関し必要な事項は、政令で定める。

第一四条（同）1　海上保安庁長官は、第九条第三項の規定に基づき同項の海上保安庁の職員に国際平和協力業務を行わせるときは、当該職員を、期間を定めて協力隊に派遣するものとする。この場合において、派遣された海上保安庁の職員は、従前の官職を保有したまま当該期間を任期として隊員に任用されるものとし、隊員として第四条第二項第三号に掲げる事務に従事する。

2　防衛大臣は、第九条第四項の規定に基づき自衛隊の部隊等に国際平和協力業務を行わせるときは、当該自衛隊の部隊等に所属する自衛隊員を、期間を定めて協力隊に派遣するものとする。この場合において、派遣された自衛隊員は、当該期間を任期として隊員に任用され、自衛隊員の身分及び隊員の身分を併せ有することとなるものとし、隊員として第四条第二項第三号に掲げる事務に従事する。

3　前項に定めるもののほか、同項の規定により自衛隊員の身分及び隊員の身分を併せ有することとなる者の身分取扱いについては、前条第六項から第九項までの規定を準用する。

第一五条（国家公務員法の適用除外）
第一六条（研修）
第一七条（国際平和協力手当）
第一八条（服制等）
（略）

第一九条（国際平和協力業務に従事する者の総数の上限）国際平和協力業務に従事する者の総数は、二〇〇〇人を超えないものとする。

第二〇条（隊員の定員）隊員の定員は、実施計画に従って行われる国際平和協力業務の実施に必要な定員で個々の協力隊ごとに政令で定めるものとする。

第二一条（輸送の委託）1　本部長は、実施計画に基づき、海上保安庁長官又は防衛大臣に対し、第三条第五号カに規定する国際平和協力業務の実施のための船舶若しくは航空機による被災民の輸送又は同号ワからソまでに規定する国際平和協力業務の実施のための船舶若しくは航空機による物品の輸送（派遣先国の国内の地域間及び一の派遣先国と隣接する他の派遣先国との間で行われる被災民の輸送又は物品の輸送を除く。）を委託することができる。

2　海上保安庁長官は、前項の規定による委託があった場合には、海上保安庁の任務遂行に支障を生じない限度において、当該委託を受け、及びこれを実施することができる。

3　防衛大臣は、第一項の規定による委託があった場合には、自衛隊の主たる任務の遂行に支障を生じない限度において、当該委託を受け、及びこれを実施することができる。

第二二条（関係行政機関の協力）1　本部長は、協力隊が行う国際平和協力業務を実施するため必要があると認めるときは、関係行政機関の長に対し、その所管に属する物品の管理換えその他の協力を要請することができる。

2　関係行政機関の長は、前項の規定による要請があったときは、その所掌事務に支障を生じない限度において、同項の協力を行うものとする。

第二三条（小型武器の保有及び貸与）本部は、隊員の安全保持のために必要な政令で定める種類の小型武器を保有することができる。

第二四条（同）1　本部長は、第九条第一項の規定により協力隊が派遣先国において行う国際平和協力業務（第三条第五号チに掲げる業務及びこれに類するものとして同号ナの政令で定める業務を除く。）に隊員を従事させるに当たり、現地の治安の状況等を勘案して特に必要と認める場合には、当該隊員が派遣先国に滞在する間、前条の小型武器であって第六条第二項第二号ハ及び第四項の規定により実施計画に定める装備であるものを当該隊員に貸与することができる。

2　小型武器を管理する責任を有する者として本部の職員のうちから本部長により指定された者は、前項の規定により隊員に貸与するため、小型武器を保管することができる。

3　小型武器の貸与の基準、管理等に関し必要な事項は、政令で定める。

第二五条（武器の使用）1　前条第一項の規定により小型武器の貸与を受け、派遣先国において国際平和協力業務に従事する隊員は、自己又は自己と共に現場に所在する他の隊員若しくはその職務を行うに伴い自己の管理の下に入った者の生命又は身体を防護するためやむを得ない必要があると認める相当の理由がある場合には、その事態に応じ合理的に必要と判断される限度で、当該小型武器を使用することができる。

2　第九条第五項の規定により派遣先国において国際平和協力業務に従事する海上保安官又は海上保安官補（以下この条において「海上保安官等」という。）は、自己又は自己と共に現場に所在する他の海上保安庁の職員、隊員若しくはその職務を行うに伴い自己の管理の下に入った者の生命又は身体を防護するためやむを得ない必要があると認める相当の理由がある場合には、その事態に応じ合理的に必要と判断される限度で、第六条第二項第二号ニ(2)及び第四項の規定により実施計画に定める装備である第二三条の政令で定める種類の小型武器で、当該海上保安官等が携帯するものを使用することができる。

3　第九条第五項の規定により派遣先国において国際平和協力業務に従事する自衛官は、自己又は自己と共に現場に所在する他の自衛隊員、隊員若しくはその職務を行うに伴い自己の管理の下に入った者の生命又は身体を防護するためやむを得ない必要があると認める相当の理由がある場合には、その事態に応じ合理的に必要と判断される限度で、第六条第二項第二号ホ(2)及び第四項の規定により実施計画に定める装備である武器を使用することができる。

4　前二項の規定による小型武器又は武器の使用は、

当該現場に上官が在るときは、その命令によらなければならない。ただし、生命又は身体に対する侵害又は危難が切迫し、その命令を受けるいとまがないときは、この限りでない。

5　第二項又は第三項の場合において、当該現場に在る上官は、統制を欠いた小型武器又は武器の使用によりかえって生命若しくは身体に対する危険又は事態の混乱を招くこととなることを未然に防止し、当該小型武器又は武器の使用がこれらの規定及び次項の規定に従いその目的の範囲内において適正に行われることを確保する見地から必要な命令をするものとする。

6　第一項から第三項までの規定による小型武器又は武器の使用に際しては、刑法（明治四〇年法律第四五号）第三六条又は第三七条の規定に該当する場合を除いては、人に危害を与えてはならない。

7　第九条第五項の規定により派遣先国において国際平和協力業務に従事する自衛官は、その宿営する宿営地（宿営のために使用する区域であって、囲障が設置されることにより他と区別されるものをいう。以下この項において同じ。）であって当該国際平和協力業務に係る国際連合平和維持活動、国際連携平和安全活動又は人道的な国際救援活動に従事する外国の軍隊の部隊の要員が共に宿営するものに対する攻撃があったときは、当該宿営地に所在する者の生命又は身体を防護するための措置をとる当該要員と共同して、第三項の規定による武器の使用をすることができる。この場合において、同項から第五項までの規定の適用については、第三項中「現場に所在する他の自衛隊員、隊員若しくはその職務を行うに伴い自己の管理の下に入った者」とあるのは「その宿営する宿営地（第七項に規定する宿営地をいう。次項及び第五項において同じ。）に所在する者」と、「その事態」とあるのは「第七項に規定する外国の軍隊の部隊の要員による措置の状況をも踏まえ、その事態」と、第四項及び第五項中「現場」とあるのは「宿営地」とする。

8　海上保安庁法第二〇条の規定は、第九条第五項の規定により派遣先国において国際平和協力業務に従事する海上保安官等については、適用しない。

9　自衛隊法第九六条第三項の規定は、第九条第五項の規定により派遣先国において国際平和協力業務に従事する自衛官については、自衛隊員以外の者の犯した犯罪に関しては適用しない。

10　第一項の規定は第八条第一項第六号に規定する国際平和協力業務の中断（以下この項において「業務の中断」という。）がある場合における当該国際平和協力業務に係る隊員について、第二項及び第八項の規定は業務の中断がある場合における当該国際平和協力業務に係る海上保安官等について、第三項、第七項及び前項の規定は業務の中断がある場合における当該国際平和協力業務に係る自衛官について、第四項及び第五項の規定はこの項において準用する第二項の規定及びこの項において準用する第三項（第七項の規定により読み替えて適用する場合を含む。）の規定による小型武器又は武器の使用について、第六項の規定はこの項において準用する第一項及び第二項の規定並びにこの項において準用する第三項（第七項の規定により読み替えて適用する場合を含む。）の規定による小型武器又は武器の使用について、それぞれ準用する。

第二六条　1　前条第三項（同条第七項の規定により読み替えて適用する場合を含む。）に規定するもののほか、第九条第五項の規定により派遣先国において国際平和協力業務であって第三条第五号トに掲げるもの又はこれに類するものとして同号ナの政令で定めるものに従事する自衛官は、その業務を行うに際し、自己若しくは他人の生命、身体若しくは財産を防護し、又はその業務を妨害する行為を排除するためやむを得ない必要があると認める相当の理由がある場合には、その事態に応じ合理的に必要と判断される限度で、第六条第二項第二号ホ(2)及び第四項の規定により実施計画に定める装備である武器を使用することができる。

2　前条第三項（同条第七項の規定により読み替えて適用する場合を含む。）に規定するもののほか、第九条第五項の規定により派遣先国において国際平和協力業務であって第三条第五号ラに掲げるものに従事する自衛官は、その業務を行うに際し、自己又はその保護しようとする活動関係者の生命又は身体を防護するためやむを得ない必要があると認める相当の理由がある場合には、その事態に応じ合理的に必要と判断される限度で、第六条第二項第二号ホ(2)及び第四項の規定により実施計画に定める装備である武器を使用することができる。

3　前二項の規定による武器の使用に際しては、刑法第三六条又は第三七条の規定に該当する場合を除いては、人に危害を与えてはならない。

4　自衛隊法第八九条第二項の規定は、第一項又は第二項の規定により自衛官が武器を使用する場合について準用する。

第二節　自衛官の国際連合への派遣

第二七条（自衛官の派遣）1　防衛大臣は、国際連合の要請に応じ、国際連合の業務であって、国際連合平和維持活動に参加する自衛隊の部隊等又は外国の軍隊の部隊により実施される業務の統括に関するものに従事させるため、内閣総理大臣の同意を得て、自衛官を派遣することができる。

2　内閣総理大臣は、前項の規定により派遣される自衛官が従事することとなる業務に係る国際連合平和維持活動が行われることについての第三条第一号イからハまでに規定する同意が当該派遣の期間を通じて安定的に維持されると認められ、かつ、当該派遣を中断する事情が生ずる見込みがないと認められる場合に限り、当該派遣について同項の同意をするものとする。

3　防衛大臣は、第一項の規定により自衛官を派遣する場合には、当該自衛官の同意を得なければならない。

第二八条（身分及び処遇）前条第一項の規定により派遣された自衛官の身分及び処遇については、国際機関等に派遣される防衛省の職員の処遇等に関する法律（平成七年法律第一二二号）第三条から第一四条までの規定を準用する。

第二九条（小型武器の無償貸付け）防衛大臣又はその委任を受けた者は、第二七条第一項の規定により派遣された自衛官の活動の用に供するため、国際連合から小型武器の無償貸付けを求める旨の申出があった場合において、当該活動の円滑な実施に必要であると認めるときは、当該申出に係る小型武器を国際連合に対し無償で貸し付けることができる。

第四章　物資協力

第三〇条（物資協力）1　政府は、国際連合平和維持活動、国際連携平和安全活動、人道的な国際救援活動又は国際的な選挙監視活動に協力するため適当と認めるときは、物資協力を行うことができる。

2　内閣総理大臣は、物資協力につき閣議の決定を求めなければならない。

3　外務大臣は、国際連合平和維持活動、国際連携平和安全活動、人道的な国際救援活動又は国際的な選挙監視活動に協力するため適当と認めるときは、内閣総理大臣に対し、物資協力につき閣議の決定を求めるよう要請することができる。

4　本部長は、物資協力のため必要があると認めるときは、関係行政機関の長に対し、その所管に属する物品の管理換えを要請することができる。

5　関係行政機関の長は、前項の規定による要請があったときは、その所掌事務に支障を生じない限度において、その所管に属する物品の管理換えを行うものとする。

第五章　雑　則

第三一条（民間の協力等）1　本部長は、第三章第一節の規定による措置によっては国際平和協力業務を十分に実施することができないと認めるとき、又は物資協力に関し必要があると認めるときは、関係行政機関の長の協力を得て、物品の譲渡若しくは貸付け又は役務の提供について国以外の者に協力を求めることができる。

2　政府は、前項の規定により協力を求められた国以外の者に対し適正な対価を支払うとともに、その者が当該協力により損失を受けた場合には、その損失に関し、必要な財政上の措置を講ずるものとする。

第三二条（請求権の放棄）政府は、国際連合平和維持活動、国際連携平和安全活動、人道的な国際救援活動又は国際的な選挙監視活動に参加するに際して、国際連合若しくは別表第一から別表第三までに掲げる国際機関又はこれらの活動に参加する国際連合加盟国その他の国（以下この条において「活動参加国等」という。）から、これらの活動に起因する損害についての請求権を相互に放棄することを約することを求められた場合において、我が国がこれらの活動に参加する上でこれに応じることが必要と認めるときは、これらの活動に起因する損害についての活動参加国等及びその要員に対する我が国の請求権を放棄することを約することができる。

第三三条（大規模な災害に対処する合衆国軍隊等に対する物品又は役務の提供）1　防衛大臣又はその委任を受けた者は、防衛大臣が自衛隊の部隊等に第九条第四項の規定に基づき国際平和協力業務を行わせる場合又は第二一条第一項の規定による委託に基づく輸送を実施させる場合において、これらの活動を実施する自衛隊の部隊等と共に当該活動が行われる地域に所在して、次に掲げる活動であって当該国際平和協力業務又は当該輸送に係る国際連合平和維持活動、国際連携平和安全活動又は人道的な国際救援活動を補完し、又は支援すると認められるものを行うアメリカ合衆国、オーストラリア、英国、フランス又はカナダの軍隊（以下この条において「合衆国軍隊等」という。）から、当該地域において講ずべき応急の措置に必要な物品の提供に係る要請があったときは、当該国際平和協力業務又は当該輸送の実施に支障を生じない限度において、当該合衆国軍隊等に対し、自衛隊に属する物品の提供を実施することができる。

一　派遣先国において発生し、又は正に発生しようとしている大規模な災害に係る救助活動、医療活動（防疫活動を含む。）その他の災害応急対策及び災害復旧のための活動

二　前号に掲げる活動を行う人員又は当該活動に必要な機材その他の物資の輸送

2　防衛大臣は、合衆国軍隊等から、前項の地域において講ずべき応急の措置に必要な役務の提供に係る要請があった場合には、当該国際平和協力業務又は当該輸送の実施に支障を生じない限度において、当該自衛隊の部隊等に、当該合衆国軍隊等に対する役務の提供を行わせることができる。

3　前二項の規定による自衛隊に属する物品の提供及び自衛隊の部隊等による役務の提供として行う業務は、補給、輸送、修理若しくは整備、医療、通信、空港若しくは港湾に関する業務、基地に関する業務、宿泊、保管又は施設の利用（これらの業務にそれぞれ附帯する業務を含む。）とする。

4　第一項に規定する物品の提供には、武器の提供は含まないものとする

第三四条（政令への委任）この法律に特別の定めがあるもののほか、この法律の実施のための手続その他この法律の施行に関し必要な事項は、政令で定める。

附　則（略）

別表第一（第三条、第三二条関係）

一　国際連合

二　国際連合の総会によって設立された機関又は国際連合の専門機関で、国際連合難民高等弁務官事務所その他政令で定めるもの

三　国際連携平和安全活動に係る実績若しくは専門的能力を有する国際連合憲章第五二条に規定する地域的機関又は多国間の条約により設立された機関で、欧州連合その他政令で定めるもの

別表第二（第三条、第三二条関係）

一　国際連合

二　国際連合の総会によって設立された機関又は国際連合の専門機関で、次に掲げるものその他政令で定めるもの

イ　国際連合難民高等弁務官事務所
ロ　国際連合パレスチナ難民救済事業機関
ハ　国際連合児童基金
ニ　国際連合ボランティア計画
ホ　国際連合開発計画
ヘ　国際連合人口基金
ト　国際連合環境計画
チ　国際連合人間居住計画
リ　世界食糧計画
ヌ　国際連合食糧農業機関
ル　世界保健機関

三　国際移住機関

別表第三（第三条、第三二条関係）

一　国際連合

二　国際連合の総会によって設立された機関又は国際連合の専門機関で、国際連合開発計画その他政令で定めるもの

三　国際的な選挙監視の活動に係る実績又は専門的能力を有する国際連合憲章第五二条に規定する地域的機関で政令で定めるもの

別表第四（第三条関係）

一　国際連合の総会によって設立された機関又は国際連合の専門機関で、次に掲げるものその他政令で定めるもの

イ　国際連合難民高等弁務官事務所
ロ　国際連合パレスチナ難民救済事業機関
ハ　国際連合児童基金
ニ　国際連合ボランティア計画
ホ　国際連合開発計画
ヘ　国際連合人口基金
ト　国際連合環境計画
チ　国際連合人間居住計画
リ　世界食糧計画
ヌ　国際連合食糧農業機関
ル　世界保健機関

二　国際移住機関

11-7　武力攻撃事態等及び存立危機事態における我が国の平和と独立並びに国及び国民の安全の確保に関する法律（事態対処法）

公　　布　二〇〇三(平成一五)年六月一三日(法律第七九号)
施　　行　二〇〇三(平成一五)年六月一三日(第一四条～第一六条は二〇〇四(平成一六)年九月一七日)
最終改正　二〇一五(平成二七)年九月三〇日(法律第七六号)、施行　二〇一六(平成二八)年三月二九日

第一章　総　則

第一条（目的） この法律は、武力攻撃事態等（武力攻撃事態及び武力攻撃予測事態をいう。以下同じ。）及び存立危機事態への対処について、基本理念、国、地方公共団体等の責務、国民の協力その他の基本となる事項を定めることにより、武力攻撃事態等及び存立危機事態への対処のための態勢を整備し、もって我が国の平和と独立並びに国及び国民の安全の確保に資することを目的とする。

第二条（定義） この法律（第一号に掲げる用語にあっては、第四号及び第八号ハ(1)を除く。）において、次の各号に掲げる用語の意義は、それぞれ当該各号に定めるところによる。

一　武力攻撃　我が国に対する外部からの武力攻撃をいう。

二　武力攻撃事態　武力攻撃が発生した事態又は武力攻撃が発生する明白な危険が切迫していると認められるに至った事態をいう。

三　武力攻撃予測事態　武力攻撃事態には至っていないが、事態が緊迫し、武力攻撃が予測されるに至った事態をいう。

四　存立危機事態　我が国と密接な関係にある他国に対する武力攻撃が発生し、これにより我が国の存立が脅かされ、国民の生命、自由及び幸福追求の権利が根底から覆される明白な危険がある事態をいう。

五　指定行政機関　次に掲げる機関で政令で定めるものをいう。

イ　内閣府、宮内庁並びに内閣府設置法（平成一一年法律第八九号）第四九条第一項及び第二項に規定する機関並びに国家行政組織法（昭和二三年法律第一二〇号）第三条第二項に規定する機関

ロ　内閣府設置法第三七条及び第五四条並びに宮内庁法(昭和二二年法律第七〇号)第一六条第一項並びに国家行政組織法第八条に規定する機関
ハ　内閣府設置法第三九条及び第五五条並びに宮内庁法第一六条第二項並びに国家行政組織法第八条の二に規定する機関
ニ　内閣府設置法第四〇条及び第五六条並びに国家行政組織法第八条の三に規定する機関

六　指定地方行政機関　指定行政機関の地方支分部局(内閣府設置法第四三条及び第五七条(宮内庁法第一八条第一項において準用する場合を含む。)並びに宮内庁法第一七条第一項並びに国家行政組織法第九条の地方支分部局をいう。)その他の国の地方行政機関で、政令で定めるものをいう。

七　指定公共機関　独立行政法人(独立行政法人通則法(平成一一年法律第一〇三号)第二条第一項に規定する独立行政法人をいう。)、日本銀行、日本赤十字社、日本放送協会その他の公共的機関及び電気、ガス、輸送、通信その他の公益的事業を営む法人で、政令で定めるものをいう。

八　対処措置　第九条第一項の対処基本方針が定められてから廃止されるまでの間に、指定行政機関、地方公共団体又は指定公共機関が法律の規定に基づいて実施する次に掲げる措置をいう。

イ　武力攻撃事態等を終結させるためにその推移に応じて実施する次に掲げる措置

(1)　武力攻撃を排除するために必要な自衛隊が実施する武力の行使、部隊等の展開その他の行動

(2)　(1)に掲げる自衛隊の行動、アメリカ合衆国の軍隊が実施する日本国とアメリカ合衆国との間の相互協力及び安全保障条約(以下「日米安保条約」という。)に従って武力攻撃を排除するために必要な行動及びその他の外国の軍隊が実施する自衛隊と協力して武力攻撃を排除するために必要な行動が円滑かつ効果的に行われるために実施する物品、施設又は役務の提供その他の措置

(3)　(1)及び(2)に掲げるもののほか、外交上の措置その他の措置

ロ　武力攻撃から国民の生命、身体及び財産を保護するため、又は武力攻撃が国民生活及び国民経済に影響を及ぼす場合において当該影響が最小となるようにするために武力攻撃事態等の推移に応じて実施する次に掲げる措置

(1)　警報の発令、避難の指示、被災者の救助、施設及び設備の応急の復旧その他の措置

(2)　生活関連物資等の価格安定、配分その他の措置

ハ　存立危機事態を終結させるためにその推移に応じて実施する次に掲げる措置

(1)　我が国と密接な関係にある他国に対する武力攻撃であって、これにより我が国の存立が脅かされ、国民の生命、自由及び幸福追求の権利が根底から覆される明白な危険があるもの(以下「存立危機武力攻撃」という。)を排除するために必要な自衛隊が実施する武力の行使、部隊等の展開その他の行動

(2)　(1)に掲げる自衛隊の行動及び外国の軍隊が実施する自衛隊と協力して存立危機武力攻撃を排除するために必要な行動が円滑かつ効果的に行われるために実施する物品、施設又は役務の提供その他の措置

(3)　(1)及び(2)に掲げるもののほか、外交上の措置その他の措置

ニ　存立危機武力攻撃による深刻かつ重大な影響から国民の生命、身体及び財産を保護するため、又は存立危機武力攻撃が国民生活及び国民経済に影響を及ぼす場合において当該影響が最小となるようにするために存立危機事態の推移に応じて実施する公共的な施設の保安の確保、生活関連物資等の安定供給その他の措置

第三条(武力攻撃事態等及び存立危機事態への対処に関する基本理念)1　武力攻撃事態等及び存立危機事態への対処においては、国、地方公共団体及び指定公共機関が、国民の協力を得つつ、相互に連携協力し、万全の措置が講じられなければならない。

2　武力攻撃予測事態においては、武力攻撃の発生が回避されるようにしなければならない。

3　武力攻撃事態においては、武力攻撃の発生に備えるとともに、武力攻撃が発生した場合には、これを排除しつつ、その速やかな終結を図らなければならない。ただし、武力攻撃が発生した場合においてこれを排除するに当たっては、武力の行使は、事態に応じ合理的に必要と判断される限度においてなされなければならない。

4　存立危機事態においては、存立危機武力攻撃を排除しつつ、その速やかな終結を図らなければならない。ただし、存立危機武力攻撃を排除するに当たっては、武力の行使は、事態に応じ合理的に必要と判断される限度においてなされなければならない。

5　武力攻撃事態等及び存立危機事態への対処においては、日本国憲法の保障する国民の自由と権利が尊重されなければならず、これに制限が加えられる場合にあっても、その制限は当該武力攻撃事態等及び存立危機事態に対処するため必要最小限のものに限られ、かつ、公正かつ適正な手続の下に行われなければならない。この場合において、日本国憲法第一四条、第一八条、第一九条、第二一条その他の基本的人権に関する規定は、最大限に尊重されなければならない。

6　武力攻撃事態等及び存立危機事態においては、当該武力攻撃事態等及び存立危機事態並びにこれらへの対処に関する状況について、適時に、かつ、適切な方法で国民に明らかにされるようにしなければな

らない。

7　武力攻撃事態等及び存立危機事態への対処においては、日米安保条約に基づいてアメリカ合衆国と緊密に協力するほか、関係する外国との協力を緊密にしつつ、国際連合を始めとする国際社会の理解及び協調的行動が得られるようにしなければならない。

第四条（国の責務）1　国は、我が国の平和と独立を守り、国及び国民の安全を保つため、武力攻撃事態等において、我が国を防衛し、国土並びに国民の生命、身体及び財産を保護する固有の使命を有することから、前条の基本理念にのっとり、組織及び機能の全てを挙げて、武力攻撃事態等及び存立事態危機に対処するとともに、国全体として万全の措置が講じられるようにする責務を有する。

2　国は、前項の責務を果たすため、武力攻撃事態等及び存立危機事態への円滑かつ効果的な対処が可能となるよう、関係機関が行うこれらの事態への対処についての訓練その他の関係機関相互の緊密な連携協力の確保に資する施策を実施するものとする。

第五条（地方公共団体の責務）地方公共団体は、当該地方公共団体の地域並びに当該地方公共団体の住民の生命、身体及び財産を保護する使命を有することにかんがみ、国及び他の地方公共団体その他の機関と相互に協力し、武力攻撃事態等への対処に関し、必要な措置を実施する責務を有する。

第六条（指定公共機関の責務）指定公共機関は、国及び地方公共団体その他の機関と相互に協力し、武力攻撃事態等への対処に関し、その業務について、必要な措置を実施する責務を有する。

第七条（国と地方公共団体との役割分担）武力攻撃事態等への対処の性格にかんがみ、国においては武力攻撃事態等への対処に関する主要な役割を担い、地方公共団体においては武力攻撃事態等における当該地方公共団体の住民の生命、身体及び財産の保護に関して、国の方針に基づく措置の実施その他適切な役割を担うことを基本とするものとする。

第八条（国民の協力）国民は、国及び国民の安全を確保することの重要性に鑑み、指定行政機関、地方公共団体又は指定公共機関が武力攻撃事態等において対処措置を実施する際は、必要な協力をするよう努めるものとする。

第二章　武力攻撃事態及び存立危機事態等への対処のための手続等

第九条（対処基本方針）1　政府は、武力攻撃事態等又は存立危機事態に至ったときは、武力攻撃事態等又は存立危機事態への対処に関する基本的な方針（以下「対処基本方針」という。）を定めるものとする。

2　対処基本方針に定める事項は、次のとおりとする。

一　対処すべき事態に関する次に掲げる事項

イ　事態の経緯、事態が武力攻撃事態であること、武力攻撃予測事態であること又は存立危機事態であることの認定及び当該認定の前提となった事実

ロ　事態が武力攻撃事態又は存立危機事態であると認定する場合にあっては、我が国の存立を全うし、国民を守るために他に適当な手段がなく、事態に対処するため武力の行使が必要であると認められる理由

二　当該武力攻撃事態等又は存立危機事態への対処に関する全般的な方針

三　対処措置に関する重要事項

3　武力攻撃事態又は存立危機事態においては、対処基本方針には、前項第三号に定める事項として、次に掲げる内閣総理大臣の承認を行う場合はその旨を記載しなければならない。

一　防衛大臣が自衛隊法（昭和二九年法律第一六五号）第七〇条第一項又は第八項の規定に基づき発する同条第一項第一号に定める防衛招集命令書による防衛招集命令に関して同項又は同条第八項の規定により内閣総理大臣が行う承認

二　防衛大臣が自衛隊法第七五条の四第一項又は第六項の規定に基づき発する同条第一項第一号に定める防衛招集命令書による防衛招集命令に関して同項又は同条第六項の規定により内閣総理大臣が行う承認

三　防衛大臣が自衛隊法第七七条の規定に基づき発する防衛出動待機命令に関して同条の規定により内閣総理大臣が行う承認

四　防衛大臣が自衛隊法第七七条の二の規定に基づき命ずる防御施設構築の措置に関して同条の規定により内閣総理大臣が行う承認

五　防衛大臣が武力攻撃事態等及び存立危機事態におけるアメリカ合衆国等の軍隊の行動に伴い我が国が実施する措置に関する法律（平成一六年法律第一一三号）第一〇条第三項の規定に基づき実施を命ずる行動関連措置としての役務の提供に関して同項の規定により内閣総理大臣が行う承認

六　防衛大臣が武力攻撃事態及び存立危機事態における外国軍用品等の海上輸送の規制に関する法律（平成一六年法律第一一六号）第四条の規定に基づき命ずる同法第四章の規定による措置に関して同条の規定により内閣総理大臣が行う承認

4　武力攻撃事態又は存立危機事態においては、対処基本方針には、前項に定めるもののほか、第二項第三号に定める事項として、第一号に掲げる内閣総理大臣が行う国会の承認（衆議院が解散されているときは、日本国憲法第五四条に規定する緊急集会による参議院の承認。以下この条において同じ。）の求めを行う場合にあってはその旨を、内閣総理大臣が第二号に掲げる防衛出動を命ずる場合にあってはその旨を記載しなければならない。ただし、同号に掲げる防衛出動を命ずる旨の記載は、特に緊急の必要があり事前に国会の承認を得るいとまがない場合でなければ、することができない。

一　内閣総理大臣が防衛出動を命ずることについて

の自衛隊法第七六条第一項の規定に基づく国会の承認の求め

二　自衛隊法第七六条第一項の規定に基づき内閣総理大臣が命ずる防衛出動

5　武力攻撃予測事態においては、対処基本方針には、第二項第三号に定める事項として、次に掲げる内閣総理大臣の承認を行う場合はその旨を記載しなければならない。

一　防衛大臣が自衛隊法第七〇条第一項又は第八項の規定に基づき発する同条第一項第一号に定める防衛招集命令書による防衛招集命令(事態が緊迫し、同法第七六条第一項の規定による防衛出動命令が発せられることが予測される場合に係るものに限る。)に関して同法第七〇条第一項又は第八項の規定により内閣総理大臣が行う承認

二　防衛大臣が自衛隊法第七五条の四第一項又は第六項の規定に基づき発する同条第一項第一号に定める防衛招集命令書による防衛招集命令(事態が緊迫し、同法第七六条第一項の規定による防衛出動命令が発せられることが予測される場合に係るものに限る。)に関して同法第七五条の四第一項又は第六項の規定により内閣総理大臣が行う承認

三　防衛大臣が自衛隊法第七七条の規定に基づき発する防衛出動待機命令に関して同条の規定により内閣総理大臣が行う承認

四　防衛大臣が自衛隊法第七七条の二の規定に基づき命ずる防御施設構築の措置に関して同条の規定により内閣総理大臣が行う承認

五　防衛大臣が武力攻撃事態等及び存立危機事態におけるアメリカ合衆国の軍隊の行動に伴い我が国が実施する措置に関する法律第一〇条第三項の規定に基づき実施を命ずる行動関連措置としての役務の提供に関して同項の規定により内閣総理大臣が行う承認

6　内閣総理大臣は、対処基本方針の案を作成し、閣議の決定を求めなければならない。

7　内閣総理大臣は、前項の閣議の決定があったときは、直ちに、対処基本方針(第四項第一号に規定する国会の承認の求めに関する部分を除く。)につき、国会の承認を求めなければならない。

8　内閣総理大臣は、第六項の閣議の決定があったときは、直ちに、対処基本方針を公示してその周知を図らなければならない。

9　内閣総理大臣は、第七項の規定に基づく対処基本方針の承認があったときは、直ちに、その旨を公示しなければならない。

10　第四項第一号に規定する防衛出動を命ずることについての承認の求めに係る国会の承認が得られたときは、対処基本方針を変更して、これに当該承認に係る防衛出動を命ずる旨を記載するものとする。

11　第七項の規定に基づく対処基本方針の承認の求めに対し、不承認の議決があったときは、当該議決に係る対処措置は、速やかに、終了されなければならない。この場合において、内閣総理大臣は、第四項第二号に規定する防衛出動を命じた自衛隊については、直ちに撤収を命じなければならない。

12　内閣総理大臣は、対処措置を実施するに当たり、対処基本方針に基づいて、内閣を代表して行政各部を指揮監督する。

13　第六項から第九項まで及び第一一項の規定は、対処基本方針の変更について準用する。ただし、第一〇項の規定に基づく変更及び対処措置を構成する措置の終了を内容とする変更については、第七項、第九項及び第一一項の規定は、この限りでない。

14　内閣総理大臣は、対処措置を実施する必要がなくなったと認めるとき又は国会が対処措置を終了すべきことを議決したときは、対処基本方針の廃止につき、閣議の決定を求めなければならない。

15　内閣総理大臣は、前項の閣議の決定があったときは、速やかに、対処基本方針が廃止された旨及び対処基本方針に定める対処措置の結果を国会に報告するとともに、これを公示しなければならない。

第一〇条(対策本部の設置) 1　内閣総理大臣は、対処基本方針が定められたときは、当該対処基本方針に係る対処措置の実施を推進するため、内閣法(昭和二二年法律第五号)第一二条第四項の規定にかかわらず、閣議にかけて、臨時に内閣に事態対策本部(以下「対策本部」という。)を設置するものとする。

2　内閣総理大臣は、対策本部を置いたときは、当該対策本部の名称並びに設置の場所及び期間を国会に報告するとともに、これを公示しなければならない。

第一一条(対策本部の組織) 1　対策本部の長は、事態対策本部長(以下「対策本部長」という。)とし、内閣総理大臣(内閣総理大臣に事故があるときは、そのあらかじめ指名する国務大臣)をもって充てる。

2　対策本部長は、対策本部の事務を総括し、所部の職員を指揮監督する。

3　対策本部に、事態対策副本部長(以下「対策副本部長」という。)、事態対策本部員(以下「対策本部員」という。)その他の職員を置く。

4　対策副本部長は、国務大臣をもって充てる。

5　対策副本部長は、対策本部長を助け、対策本部長に事故があるときは、その職務を代理する。対策副本部長が二人以上置かれている場合にあっては、あらかじめ対策本部長が定めた順序で、その職務を代理する。

6　対策本部員は、対策本部長及び対策副本部長以外のすべての国務大臣をもって充てる。この場合において、国務大臣が不在のときは、そのあらかじめ指名する副大臣(内閣官房副長官を含む。)がその職務を代行することができる。

7　対策副本部長及び対策本部員以外の対策本部の職員は、内閣官房の職員、指定行政機関の長(国務大臣を除く。)その他の職員又は関係する指定地方行政機関の長その他の職員のうちから、内閣総理大臣が任命する。

第一二条（対策本部の所掌事務）対策本部は、次に掲げる事務をつかさどる。
一　指定行政機関、地方公共団体及び指定公共機関が実施する対処措置に関する対処基本方針に基づく総合的な推進に関すること。
二　前号に掲げるもののほか、法令の規定によりその権限に属する事務

第一三条（指定行政機関の長の権限の委任）1　指定行政機関の長（当該指定行政機関が内閣府設置法第四九条第一項若しくは第二項若しくは国家行政組織法第三条第二項の委員会若しくは第二条第五号ロに掲げる機関又は同号ニに掲げる機関のうち合議制のものである場合にあっては、当該指定行政機関。次項において同じ。）は、対策本部が設置されたときは、対処措置を実施するため必要な権限の全部又は一部を当該対策本部の職員である当該指定行政機関の職員又は当該指定地方行政機関の長若しくはその職員に委任することができる。
2　指定行政機関の長は、前項の規定による委任をしたときは、直ちに、その旨を公示しなければならない。

第一四条（対策本部長の権限）1　対策本部長は、対処措置を的確かつ迅速に実施するため必要があると認めるときは、対処基本方針に基づき、指定行政機関の長及び関係する指定地方行政機関の長並びに前条の規定により権限を委任された当該指定行政機関の職員及び当該指定地方行政機関の職員、関係する地方公共団体の長その他の執行機関並びに関係する指定公共機関に対し、指定行政機関、関係する地方公共団体及び関係する指定公共機関が実施する対処措置に関する総合調整を行うことができる。
2　前項の場合において、当該地方公共団体の長その他の執行機関及び指定公共機関（次条及び第一六条において「地方公共団体の長等」という。）は、当該地方公共団体又は指定公共機関が実施する対処措置に関して対策本部長が行う総合調整に関し、対策本部長に対して意見を申し出ることができる。

第一五条（内閣総理大臣の権限）1　内閣総理大臣は、国民の生命、身体若しくは財産の保護又は武力攻撃の排除に支障があり、特に必要があると認める場合であって、前条第一項の総合調整に基づく所要の対処措置が実施されないときは、対策本部長の求めに応じ、別に法律で定めるところにより、関係する地方公共団体の長等に対し、当該対処措置を実施すべきことを指示することができる。
2　内閣総理大臣は、次に掲げる場合において、対策本部長の求めに応じ、別に法律で定めるところにより、関係する地方公共団体の長等に通知した上で、自ら又は当該対処措置に係る事務を所掌する大臣を指揮し、当該地方公共団体又は指定公共機関が実施すべき当該対処措置を実施し、又は実施させることができる。
一　前項の指示に基づく所要の対処措置が実施されないとき。
二　国民の生命、身体若しくは財産の保護又は武力攻撃の排除に支障があり、特に必要があると認める場合であって、事態に照らし緊急を要すると認めるとき。

第一六条（損失に関する財政上の措置）政府は、第一四条第一項又は前条第一項の規定により、対処措置の実施に関し、関係する地方公共団体の長等に対する総合調整又は指示が行われた場合において、その総合調整又は指示に基づく措置の実施により当該地方公共団体又は指定公共機関が損失を受けたときは、その損失に関し、必要な財政上の措置を講ずるものとする。

第一七条（安全の確保）政府は、地方公共団体及び指定公共機関が実施する対処措置について、その内容に応じ、安全の確保に配慮しなければならない。

第一八条（国際連合安全保障理事会への報告）政府は、武力攻撃又は存立危機武力攻撃の排除に当たって我が国が講じた措置について、国際連合憲章第五一条（武力攻撃の排除に当たって我が国が講じた措置にあっては、同条及び日米安保条約第五条第二項）の規定に従って、直ちに国際連合安全保障理事会に報告しなければならない。

第一九条（対策本部の廃止）1　対策本部は、対処基本方針が廃止されたときに、廃止されるものとする。
2　内閣総理大臣は、対策本部が廃止されたときは、直ちに、その旨を公示しなければならない。

第二〇条（主任の大臣）対策本部に係る事項については、内閣法にいう主任の大臣は、内閣総理大臣とする。

第三章　緊急対処事態その他の緊急事態への対処のための措置

第二一条（その他の緊急事態対処のための措置）1　政府は、我が国の平和と独立並びに国及び国民の安全の確保を図るため、次条から第二四条までに定めるもののほか、武力攻撃事態等及び存立危機事態以外の国及び国民の安全に重大な影響を及ぼす緊急事態に的確かつ迅速に対処するものとする。
2　政府は、前項の目的を達成するため、武装した不審船の出現、大規模なテロリズムの発生等の我が国を取り巻く諸情勢の変化を踏まえ、次に掲げる措置その他の必要な施策を速やかに講ずるものとする。
一　情勢の集約並びに事態の分析及び評価を行うための態勢の充実
二　各種の事態に応じた対処方針の策定の準備
三　警察、海上保安庁等と自衛隊の連携の強化

第二二条（緊急対処事態対処方針）1　政府は、緊急対処事態（武力攻撃の手段に準ずる手段を用いて多数の人を殺傷する行為が発生した事態又は当該行為が発生する明白な危険が切迫していると認められるに至った事態（後日対処基本方針において武力攻撃事態であることの認定が行われることとなる事態を含む。）で、国家として緊急に対処することが必要なものをいう。以下同じ。）に至ったときは、緊急対処事

態に関する対処方針（以下「緊急対処事態対処方針」という。）を定めるものとする。

2　緊急対処事態対処方針に定める事項は、次のとおりとする。

一　緊急対処事態であることの認定及び当該認定の前提となった事実

二　当該緊急対処事態への対処に関する全般的な方針

三　緊急対処措置に関する重要事項

3　前項第三号の緊急対処措置とは、緊急対処事態対処方針が定められてから廃止されるまでの間に、指定行政機関、地方公共団体又は指定公共機関が法律の規定に基づいて実施する次に掲げる措置をいう。

一　緊急対処事態を終結させるためにその推移に応じて実施する緊急対処事態における攻撃の予防、鎮圧その他の措置

二　緊急対処事態における攻撃から国民の生命、身体及び財産を保護するため、又は緊急対処事態における攻撃が国民生活及び国民経済に影響を及ぼす場合において当該影響が最小となるようにするために緊急対処事態の推移に応じて実施する警報の発令、避難の指示、被災者の救助、施設及び設備の応急の復旧その他の措置

4　内閣総理大臣は、緊急対処事態対処方針の案を作成し、閣議の決定を求めなければならない。

5　内閣総理大臣は、前項の閣議の決定があったときは、当該決定があった日から二〇日以内に国会に付議して、緊急対処事態対処方針につき、国会の承認を求めなければならない。ただし、国会が閉会中の場合又は衆議院が解散されている場合には、その後最初に召集される国会において、速やかに、その承認を求めなければならない。

6　内閣総理大臣は、第四項の閣議の決定があったときは、直ちに、緊急対処事態対処方針を公示してその周知を図らなければならない。

7　内閣総理大臣は、第五項の規定に基づく緊急対処事態対処方針の承認があったときは、直ちに、その旨を公示しなければならない。

8　第五項の規定に基づく緊急対処事態対処方針の承認の求めに対し、不承認の議決があったときは、当該議決に係る緊急対処措置は、速やかに、終了されなければならない。

9　内閣総理大臣は、緊急対処措置を実施するに当たり、緊急対処事態対処方針に基づいて、内閣を代表して行政各部を指揮監督する。

10　第四項から第八項までの規定は、緊急対処事態対処方針の変更について準用する。ただし、緊急対処措置を構成する措置の終了を内容とする変更については、第五項、第七項及び第八項の規定は、この限りでない。

11　内閣総理大臣は、緊急対処措置を実施する必要がなくなったと認めるとき又は国会が緊急対処措置を終了すべきことを議決したときは、緊急対処事態対処方針の廃止につき、閣議の決定を求めなければならない。

12　内閣総理大臣は、前項の閣議の決定があったときは、速やかに、緊急対処事態対処方針が廃止された旨及び緊急対処事態対処方針に定める緊急対処措置の結果を国会に報告するとともに、これを公示しなければならない。

第二三条（緊急対処事態対策本部の設置） 1　内閣総理大臣は、緊急対処事態対処方針が定められたときは、当該緊急対処事態対処方針に係る緊急対処措置の実施を推進するため、内閣法第一二条第四項の規定にかかわらず、閣議にかけて、臨時に内閣に緊急対処事態対策本部を設置するものとする。

2　内閣総理大臣は、緊急対処事態対策本部を置いたときは、当該緊急対処事態対策本部の名称並びに設置の場所及び期間を国会に報告するとともに、これを公示しなければならない。

第二四条（準用） 第三条（第二項、第三項ただし書、第四項及び第七項を除く。）、第四条から第八条まで、第一一条から第一三条まで、第一七条、第一九条及び第二〇条の規定は、緊急対処事態及び緊急対処事態対策本部について準用する。この場合において、第三条第三項中「、武力攻撃」とあるのは「、緊急対処事態における攻撃」と、第四条第一項中「我が国を防衛し」とあるのは「公共の安全と秩序を維持し」と、第八条、第一三条第一項及び第一七条中「対処措置」とあるのは「緊急対処措置」と、第一二条第一号中「対処措置に関する対処基本方針」とあるのは「緊急対処措置に関する緊急対処事態対処方針」と、第一九条第一項中「対処基本方針」とあるのは「緊急対処事態対処方針」と読み替えるものとする。

11

8　日米防衛協力のための指針（二〇一五年ガイドライン）

署名　二〇一五年四月二七日（日米安全保障協議委員会・ニューヨーク）

I　防衛協力と指針の目的

平時から緊急事態までのいかなる状況においても日本の平和及び安全を確保するため、また、アジア太平洋地域及びこれを越えた地域が安定し、平和で繁栄したものとなるよう、日米両国間の安全保障及び防衛協力は、次の事項を強調する。

・切れ目のない、力強い、柔軟かつ実効的な日米共同の対応

・日米両政府の国家安全保障政策間の相乗効果
・政府一体となっての同盟としての取組
・地域の及び他のパートナー並びに国際機関との協力
・日米同盟のグローバルな性質

日米両政府は、日米同盟を継続的に強化する。各政府は、その国家安全保障政策に基づき、各自の防衛態勢を維持する。日本は、「国家安全保障戦略」及び「防衛計画の大綱」に基づき防衛力を保持する。米国は、引き続き、その核戦力を含むあらゆる種類の能力を通じ、日本に対して拡大抑止を提供する。米国はまた、引き続き、アジア太平洋地域において即応態勢にある戦力を前方展開するとともに、それらの戦力を迅速に増強する能力を維持する。

日米防衛協力のための指針（以下「指針」という。）は、二国間の安全保障及び防衛協力の実効性を向上させるため、日米両国の役割及び任務並びに協力及び調整の在り方についての一般的な大枠及び政策的な方向性を示す。これにより、指針は、平和及び安全を促進し、紛争を抑止し、経済的な繁栄の基盤を確実なものとし、日米同盟の重要性についての国内外の理解を促進する。

II　基本的な前提及び考え方

指針並びにその下での行動及び活動は、次の基本的な前提及び考え方に従う。

A　日本国とアメリカ合衆国との間の相互協力及び安全保障条約（日米安全保障条約）及びその関連取極に基づく権利及び義務並びに日米同盟関係の基本的な枠組みは、変更されない。

B　日本及び米国により指針の下で行われる全ての行動及び活動は、紛争の平和的解決及び国家の主権平等に関するものその他の国際連合憲章の規定並びにその他の関連する国際約束を含む国際法に合致するものである。

C　日本及び米国により行われる全ての行動及び活動は、各々の憲法及びその時々において適用のある国内法令並びに国家安全保障政策の基本的な方針に従って行われる。日本の行動及び活動は、専守防衛、非核三原則等の日本の基本的な方針に従って行われる。

D　指針は、いずれの政府にも立法上、予算上、行政上又はその他の措置をとることを義務付けるものではなく、また、指針は、いずれの政府にも法的権利又は義務を生じさせるものではない。しかしながら、二国間協力のための実効的な態勢の構築が指針の目標であることから、日米両政府が、各々の判断に従い、このような努力の結果を各々の具体的な政策及び措置に適切な形で反映することが期待される。

III　強化された同盟内の調整

指針の下での実効的な二国間協力のため、平時から緊急事態まで、日米両政府が緊密な協議並びに政策面及び運用面の的確な調整を行うことが必要となる。

二国間の安全保障及び防衛協力の成功を確かなものとするため、日米両政府は、十分な情報を得て、様々なレベルにおいて調整を行うことが必要となる。この目標に向かって、日米両政府は、情報共有を強化し、切れ目のない、実効的な、全ての関係機関を含む政府全体にわたる同盟内の調整を確保するため、あらゆる経路を活用する。この目的のため、日米両政府は、新たな、平時から利用可能な同盟調整メカニズムを設置し、運用面の調整を強化し、共同計画の策定を強化する。

A　同盟調整メカニズム

持続する、及び発生する脅威は、日米両国の平和及び安全に対し深刻かつ即時の影響を与え得る。日米両政府は、日本の平和及び安全に影響を与える状況その他の同盟としての対応を必要とする可能性があるあらゆる状況に切れ目のない形で実効的に対処するため、同盟調整メカニズムを活用する。このメカニズムは、平時から緊急事態までのあらゆる段階において自衛隊及び米軍により実施される活動に関連した政策面及び運用面の調整を強化する。このメカニズムはまた、適時の情報共有並びに共通の情勢認識の構築及び維持に寄与する。日米両政府は、実効的な調整を確保するため、必要な手順及び基盤（施設及び情報通信システムを含む。）を確立するとともに、定期的な訓練・演習を実施する。

日米両政府は、同盟調整メカニズムにおける調整の手順及び参加機関の構成の詳細を状況に応じたものとする。この手順の一環として、平時から、連絡窓口に係る情報が共有され及び保持される。

B　強化された運用面の調整

柔軟かつ即応性のある指揮・統制のための強化された二国間の運用面の調整は、日米両国にとって決定的に重要な中核的能力である。この文脈において、日米両政府は、自衛隊と米軍との間の協力を強化するため、運用面の調整機能が併置されることが引き続き重要であることを認識する。

自衛隊及び米軍は、緊密な情報共有を確保し、平時から緊急事態までの調整を円滑にし及び国際的な活動を支援するため、要員の交換を行う。自衛隊及び米軍は、緊密に協力し及び調整しつつ、各々の指揮系統を通じて行動する。

C　共同計画の策定

日米両政府は、自衛隊及び米軍による整合のとれた運用を円滑かつ実効的に行うことを確保するため、引き続き、共同計画を策定し及び更新する。日米両政府は、計画の実効性及び柔軟、適時かつ適切な対処能力を確保するため、適切な場合に、運用面及び後方支援面の所要並びにこれを満たす方策をあらかじめ特定することを含め、関連情報を交換する。

日米両政府は、平時において、日本の平和及び安全に関連する緊急事態について、各々の政府の関係機関を含む改良された共同計画策定メカニズムを通じ、共同計画の策定を行う。共同計画は、適切な場合に、関係機関からの情報を得つつ策定される。日米安全保障協議委員会は、引き続き、方向性の提示、このメカニズムの下での計画の策定に係る進捗の確認及び必要に応じた指示の発出について責任を有する。日米安全保障協議委員会は、適切な下部組織により補佐される。

共同計画は、日米両政府双方の計画に適切に反映される。

IV　日本の平和及び安全の切れ目のない確保

持続する、及び発生する脅威は、日本の平和及び安全に対し深刻かつ即時の影響を与え得る。この複雑さを増す安全保障環境において、日米両政府は、日本に対する武力攻撃を伴わない時の状況を含め、平時から緊急事態までのいかなる段階においても、切れ目のない形で、日本の平和及び安全を確保するための措置をとる。この文脈において、日米両政府はまた、パートナーとの更なる協力を推進する。

日米両政府は、これらの措置が、各状況に応じた柔軟、適時かつ実効的な二国間の調整に基づいてとられる必要があること、及び同盟としての適切な対応のためには省庁間調整が不可欠であることを認識する。したがって、日米両政府は、適切な場合に、次の目的のために政府全体にわたる同盟調整メカニズムを活用する。

- 状況を評価すること
- 情報を共有すること、及び
- 柔軟に選択される抑止措置及び事態の緩和を目的とした行動を含む同盟としての適切な対応を実施するための方法を立案すること

日米両政府はまた、これらの二国間の取組を支えるため、日本の平和及び安全に影響を与える可能性がある事項に関する適切な経路を通じた戦略的な情報発信を調整する。

A　平時からの協力措置

日米両政府は、日本の平和及び安全の維持を確保するため、日米同盟の抑止力及び能力を強化するための、外交努力によるものを含む広範な分野にわたる協力を推進する。

自衛隊及び米軍は、あらゆるあり得べき状況に備えるため、相互運用性、即応性及び警戒態勢を強化する。このため、日米両政府は、次のものを含むが、これに限られない措置をとる。

1　情報収集、警戒監視及び偵察

日米両政府は、日本の平和及び安全に対する脅威のあらゆる兆候を極力早期に特定し並びに情報収集及び分析における決定的な優越を確保するため、共通の情勢認識を構築し及び維持しつつ、情報を共有し及び保護する。これには、関係機関間の調整及び協力の強化を含む。

自衛隊及び米軍は、各々のアセットの能力及び利用可能性に応じ、情報収集、警戒監視及び偵察（ISR）活動を行う。これには、日本の平和及び安全に影響を与え得る状況の推移を常続的に監視することを確保するため、相互に支援する形で共同のISR活動を行うことを含む。

2　防空及びミサイル防衛

自衛隊及び米軍は、弾道ミサイル発射及び経空の侵入に対する抑止及び防衛態勢を維持し及び強化する。日米両政府は、早期警戒能力、相互運用性、ネットワーク化による監視範囲及びリアルタイムの情報交換を拡大するため並びに弾道ミサイル対処能力の総合的な向上を図るため、協力する。さらに、日米両政府は、引き続き、挑発的なミサイル発射及びその他の航空活動に対処するに当たり緊密に調整する。

3　海洋安全保障

日米両政府は、航行の自由を含む国際法に基づく海洋秩序を維持するための措置に関し、相互に緊密に協力する。自衛隊及び米軍は、必要に応じて関係機関との調整によるものを含め、海洋監視情報の共有を更に構築し及び強化しつつ、適切な場合に、ISR及び訓練・演習を通じた海洋における日米両国のプレゼンスの維持及び強化等の様々な取組において協力する。

4　アセット（装備品等）の防護

自衛隊及び米軍は、訓練・演習中を含め、連携して日本の防衛に資する活動に現に従事している場合であって適切なときは、各々のアセット（装備品等）を相互に防護する。

5　訓練・演習

自衛隊及び米軍は、相互運用性、持続性及び即応性を強化するため、日本国内外双方において、実効的な二国間及び多国間の訓練・演習を実施する。適時かつ実践的な訓練・演習は、抑止を強化する。日米両政府は、これらの活動を支えるため、訓練場、施設及び関連装備品が利用可能、アクセス可能かつ現代的なものであることを確保するために協力する。

6　後方支援

日本及び米国は、いかなる段階においても、各々自衛隊及び米軍に対する後方支援の実施を主体的に行う。自衛隊及び米軍は、日本国の自衛隊とアメリカ合衆国軍隊との間における後方支援、物品又は役務の相互の提供に関する日本国政府とアメリカ合衆国政府との間の協定（日米物品役務相互提供協定）及びその関連取決めに規定する活動について、適切な場合に、補給、整備、輸送、施設及び衛生を含むが、これらに限らない後方支援を相互に行う。

7　施設の使用

日米両政府は、自衛隊及び米軍の相互運用性を拡大し並びに柔軟性及び抗たん性を向上させるため、施設・区域の共同使用を強化し、施設・区域の安全の確保に当たって協力する。日米両政府

はまた、緊急事態へ備えることの重要性を認識し、適切な場合に、民間の空港及び港湾を含む施設の実地調査の実施に当たって協力する。

B　日本の平和及び安全に対して発生する脅威への対処

同盟は、日本の平和及び安全に重要な影響を与える事態に対処する。当該事態については地理的に定めることはできない。この節に示す措置は、当該事態にいまだ至ってない状況において、両国の各々の国内法令に従ってとり得るものを含む。早期の状況把握及び二国間の行動に関する状況に合わせた断固たる意思決定は、当該事態の抑止及び緩和に寄与する。

日米両政府は、日本の平和及び安全を確保するため、平時からの協力的措置を継続することに加え、外交努力を含むあらゆる手段を追求する。日米両政府は、同盟調整メカニズムを活用しつつ、各々の決定により、次に掲げるものを含むが、これらに限らない追加的措置をとる。

1　非戦闘員を退避させるための活動

日本国民又は米国国民である非戦闘員を第三国から安全な地域に退避させる必要がある場合、各政府は、自国民の退避及び現地当局との関係の処理について責任を有する。日米両政府は、適切な場合に、日本国民又は米国国民である非戦闘員の退避を計画するに当たり調整し及び当該非戦闘員の退避の実施に当たって協力する。これらの退避活動は、輸送手段、施設等の各国の能力を相互補完的に使用して実施される。日米両政府は、各々、第三国の非戦闘員に対して退避に係る援助を行うことを検討することができる。

日米両政府は、退避者の安全、輸送手段及び施設、通関、出入国管理及び検疫、安全な地域、衛生等の分野において協力を実施するため、適切な場合に、同盟調整メカニズムを通じ初期段階からの調整を行う。日米両政府は、適切な場合に、訓練・演習の実施によるものを含め、非戦闘員を退避させるための活動における調整を平時から強化する。

2　海洋安全保障

日米両政府は、各々の能力を考慮しつつ、海洋安全保障を強化するため、緊密に協力する。協力的措置には、情報共有及び国際連合安全保障理事会決議その他の国際法上の根拠に基づく船舶の検査を含み得るが、これらに限らない。

3　避難民への対応のための措置

日米両政府は、日本への避難民の流入が発生するおそれがある又は実際に始まるような状況に至る場合には、国際法上の関係する義務に従った人道的な方法で避難民を扱いつつ、日本の平和及び安全を維持するために協力する。当該避難民への対応については、日本が主体的に実施する。米国は、日本からの要請に基づき、適切な支援を行う。

4　捜索・救難

日米両政府は、適切な場合に、捜索・救難活動において協力し及び相互に支援する。自衛隊は、日本の国内法令に従い、適切な場合に、関係機関と協力しつつ、米国による戦闘捜索・救難活動に対して支援を行う。

5　施設・区域の警護

自衛隊及び米軍は、各々の施設・区域を関係当局と協力して警護する責任を有する。日本は、米国からの要請に基づき、米軍と緊密に協力し及び調整しつつ、日本国内の施設・区域の追加的な警護を実施する。

6　後方支援

日米両政府は、実効的かつ効率的な活動を可能とするため、適切な場合に、相互の後方支援(補給、整備、輸送、施設及び衛生を含むが、これらに限らない。)を強化する。これらには、運用面及び後方支援面の所要の迅速な確認並びにこれを満たす方策の実施を含む。日本政府は、中央政府及び地方公共団体の機関が有する権限及び能力並びに民間が有する能力を適切に活用する。日本政府は、自国の国内法令に従い、適切な場合に、後方支援及び関連支援を行う。

7　施設の使用

日本政府は、日米安全保障条約及びその関連取極に従い、必要に応じて、民間の空港及び港湾を含む施設を一時的な使用に供する。日米両政府は、施設・区域の共同使用における協力を強化する。

C　日本に対する武力攻撃への対処行動

日本に対する武力攻撃への共同対処行動は、引き続き、日米間の安全保障及び防衛協力の中核的要素である。

日本に対する武力攻撃が予測される場合、日米両政府は、日本の防衛のために必要な準備を行いつつ、武力攻撃を抑止し及び事態を緩和するための措置をとる。

日本に対する武力攻撃が発生した場合、日米両政府は、極力早期にこれを排除し及び更なる攻撃を抑止するため、適切な共同対処行動を実施する。日米両政府はまた、第Ⅳ章に掲げるものを含む必要な措置をとる。

1　日本に対する武力攻撃が予測される場合

日本に対する武力攻撃が予測される場合、日米両政府は、攻撃を抑止し及び事態を緩和するため、包括的かつ強固な政府一体となっての取組を通じ、情報共有及び政策面の協議を強化し、外交努力を含むあらゆる手段を追求する。

自衛隊及び米軍は、必要な部隊展開の実施を含め、共同作戦のための適切な態勢をとる。日本は、米軍の部隊展開を支援するための基盤を確立し及び維持する。日米両政府による準備には、施設・区域の共同使用、補給、整備、輸送、施設及び衛生を含むが、これらに限らない相互の後方支援及び日本国内の米国の施設・区域の警護の強化を含み得る。

2　日本に対する武力攻撃が発生した場合

a　整合のとれた対処行動のための基本的考え方

外交努力及び抑止にもかかわらず、日本に対する武力攻撃が発生した場合、日米両国は、迅速に武力攻撃を排除し及び更なる攻撃を抑止するために協力し、日本の平和及び安全を回復する。当該整合のとれた行動は、この地域の平和及び安全の回復に寄与する。

日本は、日本の国民及び領域の防衛を引き続き主体的に実施し、日本に対する武力攻撃を極力早期に排除するため直ちに行動する。自衛隊は、日本及びその周辺海空域並びに海空域の接近経路における防勢作戦を主体的に実施する。米国は、日本と緊密に調整し、適切な支援を行う。米軍は、日本を防衛するため、自衛隊を支援し及び補完する。米国は、日本の防衛を支援し並びに平和及び安全を回復するような方法で、この地域の環境を形成するための行動をとる。

日米両政府は、日本を防衛するためには国力の全ての手段が必要となることを認識し、同盟調整メカニズムを通じて行動を調整するため、各々の指揮系統を活用しつつ、各々政府一体となっての取組を進める。

米国は、日本に駐留する兵力を含む前方展開兵力を運用し、所要に応じその他のあらゆる地域からの増援兵力を投入する。日本は、これらの部隊展開を円滑にするために必要な基盤を確立し及び維持する。

日米両政府は、日本に対する武力攻撃への対処において、各々米軍又は自衛隊及びその施設を防護するための適切な行動をとる。

b　作戦構想

i　空域を防衛するための作戦

自衛隊及び米軍は、日本の上空及び周辺空域を防衛するため、共同作戦を実施する。

自衛隊は、航空優勢を確保しつつ、防空作戦を主体的に実施する。このため、自衛隊は、航空機及び巡航ミサイルによる攻撃に対する防衛を含むが、これに限られない必要な行動をとる。

米軍は、自衛隊の作戦を支援し及び補完するための作戦を実施する。

ii　弾道ミサイル攻撃に対処するための作戦

自衛隊及び米軍は、日本に対する弾道ミサイル攻撃に対処するため、共同作戦を実施する。

自衛隊及び米軍は、弾道ミサイル発射を早期に探知するため、リアルタイムの情報交換を行う。弾道ミサイル攻撃の兆候がある場合、自衛隊及び米軍は、日本に向けられた弾道ミサイル攻撃に対して防衛し、弾道ミサイル防衛作戦に従事する部隊を防護するための実効的な態勢を維持する。

自衛隊は、日本を防衛するため、弾道ミサイル防衛作戦を主体的に実施する。

米軍は、自衛隊の作戦を支援し及び補完するための作戦を実施する。

iii　海域を防衛するための作戦

自衛隊及び米軍は、日本の周辺海域を防衛し及び海上交通の安全を確保するため、共同作戦を実施する。

自衛隊は、日本における主要な港湾及び海峡の防備、日本周辺海域における艦船の防護並びにその他の関連する作戦を主体的に実施する。このため、自衛隊は、沿岸防衛、対水上戦、対潜戦、機雷戦、対空戦及び航空阻止を含むが、これに限られない必要な行動をとる。

米軍は、自衛隊の作戦を支援し及び補完するための作戦を実施する。

自衛隊及び米軍は、当該武力攻撃に関与している敵に支援を行う船舶活動の阻止において協力する。

こうした活動の実効性は、関係機関間の情報共有その他の形態の協力を通じて強化される。

iv　陸上攻撃に対処するための作戦

自衛隊及び米軍は、日本に対する陸上攻撃に対処するため、陸、海、空又は水陸両用部隊を用いて、共同作戦を実施する。

自衛隊は、島嶼に対するものを含む陸上攻撃を阻止し、排除するための作戦を主体的に実施する。必要が生じた場合、自衛隊は島嶼を奪回するための作戦を実施する。このため、自衛隊は、着上陸侵攻を阻止し排除するための作戦、水陸両用作戦及び迅速な部隊展開を含むが、これに限られない必要な行動をとる。

自衛隊はまた、関係機関と協力しつつ、潜入を伴うものを含め、日本における特殊作戦部隊による攻撃等の不正規型の攻撃を主体的に撃破する。

米軍は、自衛隊の作戦を支援し及び補完するための作戦を実施する。

v　領域横断的な作戦

自衛隊及び米軍は、日本に対する武力攻撃を排除し及び更なる攻撃を抑止するため、領域横断的な共同作戦を実施する。これらの作戦は、複数の領域を横断して同時に効果を達成することを目的とする。

領域横断的な協力の例には、次に示す行動を含む。

自衛隊及び米軍は、適切な場合に、関係機関と協力しつつ、各々のＩＳＲ態勢を強化し、情報共有を促進し及び各々のＩＳＲアセットを防護する。

米軍は、自衛隊を支援し及び補完するため、打撃力の使用を伴う作戦を実施することができる。米軍がそのような作戦を実施する場合、自衛隊は、必要に応じ、支援を行うことができる。これらの作戦は、適切な場合に、緊密な二国間調整に基づいて実施される。

日米両政府は、第Ⅵ章に示す二国間協力に従い、宇宙及びサイバー空間における脅威に対処するために協力する。

自衛隊及び米軍の特殊作戦部隊は、作戦実施中、適切に協力する。

c　作戦支援活動

日米両政府は、共同作戦を支援するため、次の活動において協力する。

i　通信電子活動

日米両政府は、適切な場合に、通信電子能力の効果的な活用を確保するため、相互に支援する。

自衛隊及び米軍は、共通の状況認識の下での共同作戦のため、自衛隊と米軍との間の効果的な通信を確保し、共通作戦状況図を維持する。

ii　捜索・救難

自衛隊及び米軍は、適切な場合に、関係機関と協力しつつ、戦闘捜索・救難活動を含む捜索・救難活動において、協力し及び相互に支援する。

iii　後方支援

作戦上各々の後方支援能力の補完が必要となる場合、自衛隊及び米軍は、各々の能力及び利用可能性に基づき、柔軟かつ適時の後方支援を相互に行う。

日米両政府は、支援を行うため、中央政府及び地方公共団体の機関が有する権限及び能力並びに民間が有する能力を適切に活用する。

iv　施設の使用

日本政府は、必要に応じ、日米安全保障条約及びその関連取極に従い、施設の追加提供を行う。日米両政府は、施設・区域の共同使用における協力を強化する。

v　CBRN(化学・生物・放射線・核)防護

日本政府は、日本国内でのCBRN事案及び攻撃に引き続き主体的に対処する。米国は、日本における米軍の任務遂行能力を主体的に維持し回復する。日本からの要請に基づき、米国は、日本の防護を確実にするため、CBRN事案及び攻撃の予防並びに対処関連活動において、適切に日本を支援する。

D　日本以外の国に対する武力攻撃への対処行動

日米両国が、各々、米国又は第三国に対する武力攻撃に対処するため、主権の十分な尊重を含む国際法並びに各々の憲法及び国内法に従い、武力の行使を伴う行動をとることを決定する場合であって、日本が武力攻撃を受けるに至っていないとき、日米両国は、当該武力攻撃への対処及び更なる攻撃の抑止において緊密に協力する。共同対処は、政府全体にわたる同盟調整メカニズムを通じて調整される。

日米両国は、当該武力攻撃への対処行動をとっている他国と適切に協力する。

自衛隊は、日本と密接な関係にある他国に対する武力攻撃が発生し、これにより日本の存立が脅かされ、国民の生命、自由及び幸福追求の権利が根底から覆される明白な危険がある事態に対処し、日本の存立を全うし、日本国民を守るため、武力の行使を伴う適切な作戦を実施する。

協力して行う作戦の例は、次に概要を示すとおりである。

1　アセットの防護

自衛隊及び米軍は、適切な場合に、アセットの防護において協力する。当該協力には、非戦闘員の退避のための活動又は弾道ミサイル防衛等の作戦に従事しているアセットの防護を含むが、これに限らない。

2　捜索・救難

自衛隊及び米軍は、適切な場合に、関係機関と協力しつつ、戦闘捜索・救難活動を含む捜索・救難活動において、協力し及び支援を行う。

3　海上作戦

自衛隊及び米軍は、適切な場合に、海上交通の安全を確保することを目的とするものを含む機雷掃海において協力する。

自衛隊及び米軍は、適切な場合に、関係機関と協力しつつ、艦船を防護するための護衛作戦において協力する。

自衛隊及び米軍は、適切な場合に、関係機関と協力しつつ、当該武力攻撃に関与している敵に支援を行う船舶活動の阻止において協力する。

4　弾道ミサイル攻撃に対処するための作戦

自衛隊及び米軍は、各々の能力に基づき、適切な場合に、弾道ミサイルの迎撃において協力する。日米両政府は、弾道ミサイル発射の早期探知を確実に行うため、情報交換を行う。

5　後方支援

作戦上各々の後方支援能力の補完が必要となる場合、自衛隊及び米軍は、各々の能力及び利用可能性に基づき、柔軟かつ適時に後方支援を相互に行う。

日米両政府は、支援を行うため、中央政府及び地方公共団体の機関が有する権限及び能力並びに民間が有する能力を適切に活用する。

E　日本における大規模災害への対処における協力

日本において大規模災害が発生した場合、日本は主体的に当該災害に対処する。自衛隊は、関係機関、地方公共団体及び民間主体と協力しつつ、災害救援活動を実施する。日本における大規模災害からの迅速な復旧が日本の平和及び安全の確保に不可欠であること、及び当該災害が日本における米軍の活動に影響を与える可能性があることを認識し、米国は、自国の基準に従い、日本の活動に対する適切な支援を行う。当該支援には、捜索・救難、輸送、補給、衛生、状況把握及び評価並びにその他の専門的能力を含み得る。日米両政府は、適切な場合に、同盟調整メカニズムを通じて活動を調整する。

日米両政府は、日本における人道支援・災害救援活動に際しての米軍による協力の実効性を高めるため、情報共有によるものを含め、緊密に協力する。さらに、米軍は、災害関連訓練に参加することができ、これにより、大規模災害への対処に当たっての相互理解が深まる。

Ⅴ　地域の及びグローバルな平和と安全のための協力

相互の関係を深める世界において、日米両国は、アジア太平洋地域及びこれを越えた地域の平和、安全、安定及び経済的な繁栄の基盤を提供するため、パートナーと協力しつつ、主導的役割を果たす。半世紀をはるかに上回る間、日米両国は、世界の様々な地域における課題に対して実効的な解決策を実行するため協力してきた。

日米両政府の各々がアジア太平洋地域及びこれを越えた地域の平和及び安全のための国際的な活動に参加することを決定する場合、自衛隊及び米軍を含む日米両政府は、適切なときは、次に示す活動等において、相互に及びパートナーと緊密に協力する。この協力はまた、日米両国の平和及び安全に寄与する。

A　国際的な活動における協力

日米両政府は、各々の判断に基づき、国際的な活動に参加する。共に活動を行う場合、自衛隊及び米軍は、実行可能な限り最大限協力する。

日米両政府は、適切な場合に、同盟調整メカニズムを通じ、当該活動の調整を行うことができ、また、これらの活動において三か国及び多国間の協力を追求する。自衛隊及び米軍は、円滑かつ実効的な協力のため、適切な場合に、手順及びベストプラクティスを共有する。日米両政府は、引き続き、この指針に必ずしも明示的には含まれない広範な事項について協力する一方で、地域的及び国際的な活動における日米両政府による一般的な協力分野は次のものを含む。

1　平和維持活動

日米両政府が国際連合憲章に従って国際連合により権限を与えられた平和維持活動に参加する場合、日米両政府は、適切なときは、自衛隊と米軍との間の相互運用性を最大限に活用するため、緊密に協力する。日米両政府はまた、適切な場合に、同じ任務に従事する国際連合その他の要員に対する後方支援の提供及び保護において協力することができる。

2　国際的な人道支援・災害救援

日米両政府が、大規模な人道災害及び自然災害の発生を受けた関係国政府又は国際機関からの要請に応じて、国際的な人道支援・災害救援活動を実施する場合、日米両政府は、適切なときは、参加する自衛隊と米軍との間の相互運用性を最大限に活用しつつ、相互に支援を行うため緊密に協力する。協力して行う活動の例には、相互の後方支援、運用面の調整、計画策定及び実施を含み得る。

3　海洋安全保障

日米両政府が海洋安全保障のための活動を実施する場合、日米両政府は、適切なときは、緊密に協力する。協力して行う活動の例には、海賊対処、機雷掃海等の安全な海上交通のための取組、大量破壊兵器の不拡散のための取組及びテロ対策活動のための取組を含み得る。

4　パートナーの能力構築支援

パートナーとの積極的な協力は、地域及び国際の平和及び安全の維持及び強化に寄与する。変化する安全保障上の課題に対処するためのパートナーの能力を強化することを目的として、日米両政府は、適切な場合に、各々の能力及び経験を最大限に活用することにより、能力構築支援活動において協力する。協力して行う活動の例には、海洋安全保障、防衛医学、防衛組織の構築、人道支援・災害救援又は平和維持活動のための部隊の即応性の向上を含み得る。

5　非戦闘員を退避させるための活動

非戦闘員の退避のために国際的な行動が必要となる状況において、日米両政府は、適切な場合に、日本国民及び米国国民を含む非戦闘員の安全を確保するため、外交努力を含むあらゆる手段を活用する。

6　情報収集、警戒監視及び偵察

日米両政府が国際的な活動に参加する場合、自衛隊及び米軍は、各々のアセットの能力及び利用可能性に基づき、適切なときは、ＩＳＲ活動において協力する。

7　訓練・演習

自衛隊及び米軍は、国際的な活動の実効性を強化するため、適切な場合に、共同訓練・演習を実施し及びこれに参加し、相互運用性、持続性及び即応性を強化する。また、日米両政府は、引き続き、同盟との相互運用性の強化並びに共通の戦術、技術及び手順の構築に寄与するため、訓練・演習においてパートナーと協力する機会を追求する。

8　後方支援

日米両政府は、国際的な活動に参加する場合、相互に後方支援を行うために協力する。日本政府は、自国の国内法令に従い、適切な場合に、後方支援を行う。

B　三か国及び多国間協力

日米両政府は、三か国及び多国間の安全保障及び防衛協力を推進し及び強化する。特に、日米両政府は、地域の及び他のパートナー並びに国際機関と協力するための取組を強化し、並びにそのための更なる機会を追求する。

日米両政府はまた、国際法及び国際的な基準に基づく協力を推進すべく、地域及び国際機関を強化するために協力する。

Ⅵ　宇宙及びサイバー空間に関する協力

A　宇宙に関する協力

日米両政府は、宇宙空間の安全保障の側面を認識し、責任ある、平和的かつ安全な宇宙の利用を確実なものとするための両政府の連携を維持し及び強化する。

当該取組の一環として、日米両政府は、各々の宇宙システムの抗たん性を確保し及び宇宙状況監視に係る協力を強化する。日米両政府は、能力を確立し向上させるため、適切な場合に、相互に支援し、宇宙空間の安全及び安定に影響を与え、その利用を妨げ得る行動や事象についての情報を共有する。日米両政府はまた、宇宙システムに対して発生する脅威に対応するために情報を共有し、また、海洋監視並びに宇宙システムの能力及び抗たん性を強化する宇宙関係の装備・技術（ホステッド・ペイロードを含む。）における協力の機会を追求する。

自衛隊及び米軍は、各々の任務を実効的かつ効率的に達成するため、宇宙の利用に当たって、引き続き、早期警戒、ＩＳＲ、測位、航法及びタイミング、宇宙状況監視、気象観測、指揮、統制及び通信並びに任務保証のために不可欠な関係する宇宙システムの抗たん性の確保等の分野において協力し、かつ政府一体となっての取組に寄与する。各々の宇宙システムが脅威にさらされた場合、自衛隊及び米軍は、適切なときは、危険の軽減及び被害の回避において協力する。被害が発生した場合、自衛隊及び米軍は、適切なときは、関係能力の再構築において協力する。

B　サイバー空間に関する協力

日米両政府は、サイバー空間の安全かつ安定的な利用の確保に資するため、適切な場合に、サイバー空間における脅威及び脆弱性に関する情報を適時かつ適切な方法で共有する。また、日米両政府は、適切な場合に、訓練及び教育に関するベストプラクティスの交換を含め、サイバー空間における各種能力の向上に関する情報を共有する。日米両政府は、適切な場合に、民間との情報共有によるものを含め、自衛隊及び米軍が任務を達成する上で依拠する重要インフラ及びサービスを防護するために協力する。

自衛隊及び米軍は、次の措置をとる。

・各々のネットワーク及びシステムを監視する態勢を維持すること
・サイバーセキュリティに関する知見を共有し、教育交流を行うこと
・任務保証を達成するために各々のネットワーク及びシステムの抗たん性を確保すること
・サイバーセキュリティを向上させるための政府一体となっての取組に寄与すること
・平時から緊急事態までのいかなる状況においてもサイバーセキュリティのための実効的な協力を確実に行うため、共同演習を実施すること

自衛隊及び日本における米軍が利用する重要インフラ及びサービスに対するものを含め、日本に対するサイバー事案が発生した場合、日本は主体的に対処し、緊密な二国間調整に基づき、米国は日本に対し適切な支援を行う。日米両政府はまた、関連情報を迅速かつ適切に共有する。日本が武力攻撃を受けている場合に発生するものを含め、日本の安全に影響を与える深刻なサイバー事案が発生した場合、日米両政府は、緊密に協議し、適切な協力行動をとり対処する。

Ⅶ　日米共同の取組

日米両政府は、二国間協力の実効性を更に向上させるため、安全保障及び防衛協力の基盤として、次の分野を発展させ及び強化する。

A　防衛装備・技術協力

日米両政府は、相互運用性を強化し、効率的な取得及び整備を推進するため、次の取組を行う。

・装備品の共同研究、開発、生産、試験評価並びに共通装備品の構成品及び役務の相互提供において協力する。
・相互の効率性及び即応性のため、共通装備品の修理及び整備の基盤を強化する。
・効率的な取得、相互運用性及び防衛装備・技術協力を強化するため、互恵的な防衛調達を促進する。
・防衛装備・技術に関するパートナーとの協力の機会を探求する。

B　情報協力・情報保全

・日米両政府は、共通の情勢認識が不可欠であることを認識し、国家戦略レベルを含むあらゆるレベルにおける情報協力及び情報共有を強化する。
・日米両政府は、緊密な情報協力及び情報共有を可能とするため、引き続き、秘密情報の保護に関連した政策、慣行及び手続の強化における協力を推進する。
・日米両政府はまた、情報共有に関してパートナーとの協力の機会を探求する。

C　教育・研究交流

日米両政府は、安全保障及び防衛に関する知的協力の重要性を認識し、関係機関の構成員の交流を深め、各々の研究・教育機関間の意思疎通を強化する。そのような取組は、安全保障・防衛当局者が知識を共有し協力を強化するための恒久的な基盤となる。

Ⅷ　見直しのための手順

日米安全保障協議委員会は、適切な下部組織の補佐を得て、この指針が変化する情況に照らして適切なものであるか否かを定期的に評価する。日米同盟関係に関連する諸情勢に変化が生じ、その時の状況を踏まえて必要と認める場合には、日米両政府は、適時かつ適切な形でこの指針を更新する。

12章 軍備の規制

12 1 包括的核実験禁止条約(CTBT)(抄)

署名 一九九六年九月二四日(ニュー・ヨーク)
効力発生
日本国 一九九六年九月二四日署名、一九九七年六月六日国会承認、七月八日批准書寄託

前文

この条約の締約国(以下「締約国」という。)は、

核軍備の縮小(軍備における核兵器の削減を含む。)及びすべての側面における核拡散の防止の分野における近年の国際協定その他の積極的措置を歓迎し、

これらの国際協定その他の積極的措置を完全かつ迅速に実施することの重要性を強調し、

現在の国際情勢が核軍備の縮小に向けて及びすべての側面における核兵器の拡散に対して一層効果的な措置をとる機会を与えていることを確信し、また、そのような措置をとる意図を有することを宣言し、

核兵器の除去及び厳重かつ効果的な国際管理の下における全面的かつ完全な軍備縮小を究極的な目標として世界的規模で核兵器を削減するための系統的かつ漸進的な努力を継続することの必要性を強調し、

核兵器のすべての実験的爆発及び他のすべての核爆発を停止することは、核兵器の開発及び質的な改善を抑制し並びに高度な新型の核兵器の開発を終了させることによって核軍備の縮小及びすべての側面における核不拡散のための効果的な措置となることを認識し、

更に、核兵器のすべての実験的爆発及び他のすべての核爆発を終了させることが核軍備の縮小を達成するための系統的な過程を実現させる上での有意義な一歩となることを認識し、

核実験の終了を達成するための最も効果的な方法が軍備縮小及び不拡散の分野において長期にわたって国際社会の最優先の目標の一であった普遍的な及び国際的かつ効果的に検証することのできる包括的核実験禁止条約を締結することであることを確信し、

一九六三年の大気圏内、宇宙空間及び水中における核兵器実験を禁止する条約の締約国が核兵器のすべての実験的爆発の永久的停止の達成を希求する旨を表明したことに留意し、

更に、この条約が環境の保護に貢献し得るとの見解が表明されたことに留意し、

すべての国によるこの条約への参加を得るという目的並びにすべての側面における核兵器の拡散の防止、核軍備の縮小の過程の進展並びに国際の平和及び安全の強化に効果的に貢献するというこの条約の趣旨を確認して、

次のとおり協定した。

第一条(基本的義務) 1 締約国は、核兵器の実験的爆発又は他の核爆発を実施せず並びに自国の管轄又は管理の下にあるいかなる場所においても核兵器の実験的爆発及び他の核爆発を禁止し及び防止することを約束する。

2 締約国は、更に、核兵器の実験的爆発又は他の核爆発の実施を実現させ、奨励し又はいかなる態様によるかを問わずこれに参加することを差し控えることを約束する。

第二条(機関)

A 一般規定

1 締約国は、この条約の趣旨及び目的を達成し、この条約の規定(この条約の遵守についての国際的な検証に関する規定を含む。)の実施を確保し並びに締約国間の協議及び協力のための場を提供するため、この条約により包括的核実験禁止条約機関(以下「機関」という。)を設立する。

2 すべての締約国は、機関の加盟国となる。締約国

は、機関の加盟国としての地位を奪われることはない。

3　機関の所在地は、オーストリア共和国ウィーンとする。

4　機関の内部機関として、締約国会議、執行理事会及び技術事務局(国際データセンターを含む。)をこの条約により設置する。

5　締約国は、この条約に従い機関がその任務を遂行することに協力する。締約国は、この条約の趣旨及び目的又はその規定の実施に関して提起される事項について、締約国間で直接又は機関若しくは他の適当な国際的な手続(国際連合憲章に基づく国際連合の枠内の手続を含む。)を通じて協議する。

6　機関は、できる限り干渉の程度が低く、かつ、検証活動の目的の適時の及び効果的な達成に合致する方法で、この条約に規定する検証活動を行う。機関は、この条約に基づく自己の責任を果たすために必要な情報及び資料のみを要請する。機関は、この条約の実施を通じて知るに至った非軍事上及び軍事上の活動及び施設に関する情報の秘密を保護するためにすべての措置をとるものとし、特に、秘密の保護に関するこの条約の規定を遵守する。

7　締約国は、この条約の実施に関連して機関から秘密のものとして受領する情報及び資料を秘密のものとして取り扱い、並びに当該情報及び資料に対して特別の取扱いを行う。締約国は、当該情報及び資料をこの条約に基づく自国の権利及び義務との関連においてのみ利用する。

8　機関は、独立の機関として、国際原子力機関等の他の国際機関との間の協力のための措置を通じ、可能な場合には既存の専門的知識及び施設を利用するよう及び費用対効果を最大にするよう努める。当該措置については、軽微な及び通常の商業的かつ契約的な性質を有するものを除くほか、承認のために締約国会議に提出される協定で定める。

9　機関の活動に要する費用については、国際連合と機関との間の加盟国の相違を考慮して調整される国際連合の分担率に従って締約国が毎年負担する。

10　準備委員会に対する締約国の財政的負担については、適当な方法によって機関の通常予算に対する当該締約国の分担金から控除する。

11　機関に対する分担金の支払が延滞している機関の加盟国は、その未払の額が当該年に先立つ二年の間に当該加盟国から支払われるべきであった分担金の額に等しい場合又はこれを超える場合には、機関において投票権を有しない。ただし、締約国会議は、支払の不履行が当該加盟国にとってやむを得ない事情によると認めるときは、当該加盟国に投票を許すことができる。

B　締約国会議(略)

C　執行理事会

構成、手続及び意思決定

27　執行理事会は、五一の理事国によって構成される。締約国は、この条の規定に従い、理事国としての任務を遂行する権利を有する。

28　衡平な地理的配分の必要性に考慮を払い、執行理事会の構成は、次のとおりとする。

(a)　一〇のアフリカの締約国
(b)　七の東欧の締約国
(c)　九のラテン・アメリカ及びカリブの締約国
(d)　七の中東及び南アジアの締約国
(e)　一〇の北アメリカ及び西欧の締約国
(f)　八の東南アジア、太平洋及び極東の締約国

これらの各地理的地域に属するすべての国は、この条約の附属書一に掲げる。この条約の附属書一については、適当な場合には、23及び26(k)の規定に従って会議が変更する。この条約の附属書一は、第七条に定める手続による改正又は修正の対象とされない。

29　執行理事会の理事国は、会議によって選出される。その選出のために、各地理的地域は、当該各地理的地域に属する締約国のうちから次のとおり締約国を指名する。

(a)　各地理的地域に割り当てられる議席の少なくとも三分の一は、政治上及び安全保障上の利益に考慮を払い、国際的な資料によって決定されるこの条約に関連する原子力能力及び当該各地理的地域において決定される優先順位による次の基準の全部又は一部に基づいて指名される当該各地理的地域の締約国によって占められるものとする。

(i)　国際監視制度の監視施設の数
(ii)　監視技術についての専門的知識及び経験
(iii)　機関の年次予算に対する分担金

(b)　各地理的地域に割り当てられる議席の一は、輪番制により、当該各地理的地域に属する締約国の中で締約国となった時からの期間(執行理事会の理事国として選出されたことがある締約国については、その直前の任期が終了した時からの期間)が最も長い締約国のうち英語のアルファベット順による最初の締約国によって占められるものとする。そのような基準に従って指名された締約国は、その議席の放棄を決定することができる。この場合において、その決定を行った締約国は、事務局長に対し議席を放棄する旨の書簡を提出するものとし、当該議席は、この(b)の規定に従って次の順位となる締約国によって占められるものとする。

(c)　各地理的地域に割り当てられる残余の議席は、当該各地理的地域に属するすべての締約国の中から輪番制又は選挙によって指名される締約国によって占められるものとする。

30　執行理事会の各理事国は、執行理事会において一人の代表を有するものとし、代表は、代表代理及び随員を伴うことができる。

31　執行理事会の各理事国は、自国が選出された会議の会期の終了の時からその後二回目に行われる会議の年次通常会期の終了の時まで在任する。ただし、

執行理事会の理事国を最初に選出するに当たっては、選出される理事国のうち28に規定する定められた理事国の数の割合に十分な考慮を払って決定される二六の理事国の任期を三回目に行われる会議の年次通常会期の終了の時までとする。

32　執行理事会は、その手続規則を作成し、承認のためにこれを会議に提出する。

33　執行理事会は、その議長を理事国より選出する。

34　執行理事会は、通常会期として会合するほか、通常会期と通常会期との間においては、その権限及び任務の遂行のために必要に応じて会合する。

35　執行理事会の各理事国は、一の票を有する。

36　執行理事会は、すべての理事国の過半数による議決で手続事項についての決定を行う。執行理事会は、この条約に別段の定めがある場合を除くほか、すべての理事国の三分の二以上の多数による議決で実質事項についての決定を行う。実質事項であるか否かについて問題が生ずる事項については、実質事項についての決定に必要な多数による議決で別段の決定が行われない限り、実質事項として取り扱う。

権限及び任務

37　執行理事会は、機関の執行機関である。執行理事会は、会議に対して責任を負う。執行理事会は、この条約によって与えられる権限及び任務を遂行する。執行理事会は、これらを遂行するに当たり、会議による勧告、決定及び指針に従って行動し、並びにこれらの勧告、決定及び指針の継続的かつ適切な実施を確保する。

38　執行理事会は、次のことを行う。

(a)　この条約の効果的な実施及び遵守を促進すること。

(b)　技術事務局の活動を監督すること。

(c)　この条約の趣旨及び目的を推進するための新たな提案の検討のために必要に応じて会議に勧告すること。

(d)　締約国の国内当局と協力すること。

(e)　機関の年次計画案及び年次予算案、この条約の実施に関する機関の報告案、執行理事会の活動に関する報告並びに執行理事会が必要と認め又は会議が要請するその他の報告を検討し及び会議に提出すること。

(f)　会議の会期のための準備(議題案の作成を含む。)を行うこと。

(g)　第七条の規定に従い、運営上の又は技術的な性質の事項についての議定書又はその附属書の修正案を検討し及びその採択について締約国に勧告すること。

(h)　会議が事前に承認することを条件として機関に代わって締約国、締約国以外の国又は国際機関と協定又は取決め((i)の協定及び取決めを除く。)を締結し及びその実施を監督すること。

(i)　検証活動の実施に関する締約国又は締約国以外の国との間の協定又は取決めを承認し及びその運用を監督すること。

(j)　技術事務局が提案する新たな運用手引書及び現行の運用手引書の変更を承認すること。

39　執行理事会は、会議の特別会期の会合の開催を要請することができる。

40　執行理事会は、次のことを行う。

(a)　情報交換を通じてこの条約の実施についての締約国間及び締約国と技術事務局との間の協力を容易にすること。

(b)　第四条の規定に従って締約国間の協議及び説明を容易にすること。

(c)　第四条の規定に従って現地査察の要請及び報告を受領し及び検討し並びにこれらについて措置をとること。

41　執行理事会は、この条約の違反の可能性及びこの条約に基づく権利の濫用についての締約国が提起する懸念を検討する。その検討に当たり、執行理事会は、関係締約国と協議し及び、適当な場合には、当該懸念を提起された締約国に対し一定の期間内に事態を是正するための措置をとるよう要請する。執行理事会は、更に行動が必要であると認める場合には、特に、次の一又は二以上の措置をとる。

(a)　すべての締約国に対して問題又は事項を通報すること。

(b)　問題又は事項について会議の注意を喚起すること。

(c)　第五条の規定に従い、事態を是正し及びこの条約の遵守を確保するための措置に関し、会議に対して勧告を行い及び適当な場合には措置をとること。

D　技術事務局

42　技術事務局は、この条約の実施について締約国を援助する。技術事務局は、会議及び執行理事会が任務を遂行するに当たり、会議及び執行理事会を補佐する。技術事務局は、この条約によって与えられる検証その他の任務及びこの条約に従って会議又は執行理事会によって委任される任務を遂行する。技術事務局には、その不可欠な一部分としての国際データセンターを含む。

43　この条約の遵守の検証に関する技術事務局の任務には、第四条の規定及び議定書に従って、特に、次のことを含むものとする。

(a)　国際監視制度の運用を監督し及び調整することについて責任を負うこと。

(b)　国際データセンターを運用すること。

(c)　通常の活動として国際監視制度によって得られるデータを受領し、処理し、分析し及びこれについて報告すること。

(d)　監視観測所の設置及び運用について技術上の援助及び支援を行うこと。

(e)　執行理事会が締約国間の協議及び説明を容易にするに当たってこれを補佐すること。

(f) 現地査察の要請を受領し及び処理し、執行理事会が当該要請を検討することを容易にし、現地査察の実施のための準備を行い、現地査察が行われている間技術上の支援を行い並びに執行理事会に報告すること。

(g) 締約国、締約国以外の国又は国際機関との間で協定又は取決めについて交渉し及び、執行理事会が事前に承認することを条件として、締約国又は締約国以外の国と検証活動に関する協定又は取決めを締結すること。

(h) この条約に規定する検証に関するその他の事項につき国内当局を通じて締約国を援助すること。

44　技術事務局は、第四条の規定及び議定書に従い、執行理事会が承認することを条件として、検証制度の種々の構成要素の運用の指針とするための運用手引書を作成し及び維持する。運用手引書は、この条約又は議定書の不可分の一部を成さないものとし、執行理事会が承認することを条件として、技術事務局によって変更されることができる。技術事務局は、運用手引書の変更を締約国に対して速やかに通報する。

45　運営上の事項に関する技術事務局の任務には、次のことを含むものとする。

(a) 機関の計画案及び予算案を作成し及び執行理事会に提出すること。

(b) この条約の実施に関する機関の報告案及び会議又は執行理事会が要請する場合には他の報告を作成し及び執行理事会に提出すること。

(c) 会議、執行理事会その他補助機関に対して運営上及び技術上の援助を行うこと。

(d) この条約の実施に関し機関に代わって通報を行い及び受領すること。

(e) 機関と他の国際機開との間の協定に関する運営上の任務を遂行すること。

46　締約国が機関に対して行うすべての要請及び通報は、当該締約国の国内当局を通じて事務局長に送付される。当該要請及び通報は、この条約の言語の一で行われる。当該要請及び通報に対応するに当たり、事務局長は、当該要請及び通報において使用された言語を使用する。

47　技術事務局は、機関の計画案及び予算案を作成し及び執行理事会に提出する任務の遂行に当たり、国際監視制度の一部として設置された各施設に要するすべての費用についての明確な会計処理の原則を決定し及び継続して適用する。機関の他のすべての活動についても、同様に取り扱う。

48　技術事務局は、その任務の遂行に関連して生じた問題であって、その活動の実施に当たって知るに至りかつ関係締約国との間の協議を通じて解決することができなかったものを執行理事会に対して速やかに通報する。

49　技術事務局は、その長でありかつ首席行政官である事務局長及び科学要員、技術要員その他の必要な人員によって構成される。事務局長は、執行理事会の勧告に基づき四年の任期で会議によって任命される。その任期については、一回に限り更新することができる。最初の事務局長については、準備委員会の勧告に基づき会議がその第一回会期において任命する。

50　事務局長は、技術事務局の職員の任命、組織及び任務の遂行につき会議及び執行理事会に対して責任を負う。職員の雇用及び勤務条件の決定に当たっては、最高水準の専門的知識、経験、能率、能力及び誠実性を確保することの必要性に最大の考慮を払う。締約国の国民のみが、事務局長、査察員並びに専門職員及び事務職員となる。できる限り広範な地理的基礎に基づいて職員を採用することが重要であることについて、十分な考慮を払う。職員の採用に当たっては、技術事務局の任務を適切に遂行するために必要な最小限度に職員を保つという原則を指針とする。

51　事務局長は、適当な場合には、執行理事会との協議の後、特定の問題について勧告を行うための科学の専門家の臨時の作業部会を設置することができる。

52　事務局長、査察員、査察補及び技術事務局の職員は、その任務の遂行に当たって、いかなる政府からも又は機関外のいかなるところからも指示を求め又は受けてはならない。これらの者は、機関に対してのみ責任を有する国際公務員としての立場に望ましくない影響を及ぼすおそれのあるいかなる行動も差し控えなければならない。事務局長は、査察団の活動について責任を負う。

53　締約国は、事務局長、査察員、査察補及び技術事務局の職員の任務の専ら国際的な性質を尊重するものとし、これらの者が任務を遂行するに当たってこれらの者を左右しようとしてはならない。

E　特権及び免除

54　機関は、締約国の領域内又はその管轄若しくは管理の下にあるその他の場所において、機関の任務の遂行のために必要な法律上の能力並びに特権及び免除を享受する。

55　締約国の代表、その代表代理及び随員、執行理事会に選出された理事国の代表、その代表代理及び随員並びに事務局長、査察員、査察補及び機関の職員は、機関に関連する自己の任務を独立して遂行するために必要な特権及び免除を享受する。

56　この条に規定する法律上の能力、特権及び免除については、機関と締約国との間の協定及び機関と機関が所在する国との間の協定で定める。これらの協定は、26の(h)及び(i)の規定に従って検討され及び承認される。

57　54及び55の規定にかかわらず、検証活動が行われている間事務局長、査察員、査察補及び技術事務局の職員が享受する特権及び免除は、議定書に定める。

第三条（国内の実施措置） 1　締約国は、自国の憲法上の手続に従いこの条約に基づく自国の義務を履行するために必要な措置をとる。締約国は、特に、次のことのために必要な措置をとる。

(a) 自国の領域内のいかなる場所又は国際法によって認められる自国の管轄の下にあるその他のいかなる場所においても、自然人及び法人がこの条約によって締約国に対して禁止されている活動を行うことを禁止すること。

(b) 自然人及び法人が自国の管理の下にあるいかなる場所においても(a)の活動を行うことを禁止すること。

(c) 自国の国籍を有する自然人がいかなる場所においても(a)の活動を行うことを国際法に従って禁止すること。

2　締約国は、1の規定に基づく義務の履行を容易にするため、他の締約国と協力し、及び適当な形態の法律上の援助を与える。

3　締約国は、この条の規定に従ってとる措置を機関に通報する。

4　締約国は、この条約に基づく自国の義務を履行するため、国内当局を指定し又は設置し及び、この条約が自国について効力を生じたときは、その指定又は設置について機関に通報する。国内当局は、機関及び他の締約国との連絡のための国内の連絡先となる。

第四条（検証）

A　一般規定

1　この条約の遵守について検証するために、次のものから成る検証制度を設ける。当該検証制度は、この条約が効力を生ずる時に検証についてこの条約が定める要件を満たすことができるものとする。

(a) 国際監視制度
(b) 協議及び説明
(c) 現地査察
(d) 信頼の醸成についての措置

2　検証活動については、客観的な情報に基づくものとし、この条約の対象である事項に限定し、並びに締約国の主権を十分に尊重することを基礎として並びにできる限り干渉の程度が低く、かつ、当該検証活動の目的の効果的な及び適時の遂行に合致する方法で実施する。締約国は、検証についての権利の濫用を差し控える。

3　締約国は、この条約の遵守についての検証を容易にするために、この条約に従って、前条4の規定に従って設置する国内当局を通じて特に次のことによって機関及び他の締約国と協力することを約束する。

(a) 当該検証のための措置に参加するために必要な施設及び通信手段を設置すること。

(b) 国際監視制度の一部を成す国内の観測所から得られたデータを提供すること。

(c) 適当な場合には協議及び説明の手続に参加すること。

(d) 現地査察の実施を認めること。

(e) 適当な場合には信頼の醸成についての措置に参加すること。

4　すべての締約国は、技術的及び財政的な能力のいかんを問わず、検証についての平等の権利を有し、及び検証を受け入れる平等の義務を負う。

5　この条約の適用上、いかなる締約国も、一般的に認められている国際法の原則（国の主権の尊重の原則を含む。）に適合する方法で国内の検証技術によって得た情報を使用することを妨げられない。

6　締約国は、この条約の検証制度又は5の規定による国内の検証技術の運用を妨げてはならない。ただし、この条約に関係しない機微に係る設備、活動又は場所を保護する締約国の権利を害するものではない。

7　締約国は、この条約に関係しない機微に係る設備を保護し並びにこの条約に関係しない秘密の情報及び資料の開示を防止するための措置をとる権利を有する。

8　更に、非軍事上及び軍事上の活動及び施設に関する情報であって検証活動の間に得られたものの秘密を保護するためのすべての必要な措置がとられるものとする。

9　機関がこの条約によって設けられた検証制度を通じて得た情報については、8の規定に従うことを条件として、この条約及び議定書の関連規定に従ってすべての締約国が利用することができる。

10　この条約は、科学的な目的のために行われる資料の国際的な交換を制限するものと解してはならない。

11　締約国は、適当な場合にはこの条約の検証制度の効率及び費用対効果を高めることとなる特定の措置を開発するため、検証制度を改善し及び追加的な監視技術（電磁衝撃波監視及び衛星による監視を含む。）の潜在的な検証能力を検討することについて機関及び他の締約国と協力することを約束する。そのような特定の措置は、合意される場合には、第七条の規定に従ってこの条約の現行の規定若しくは議定書に若しくは議定書の追加的な規定として含められ又は、適当な場合には、第二条44の規定に従って運用手引書に反映される。

12　締約国は、すべての締約国が国内における検証措置の実施を強化し及びこの条約の検証制度において使用される技術の平和的目的のための応用から利益を受けることを可能にするために、当該技術についての交流を可能な最大限度まで行うことを容易にし及びその交流に参加することについての相互間の協力を促進することを約束する。

13　この条約は、平和的目的のための原子力の応用を一層発展させるための締約国の経済的及び技術的な発展を妨げないような態様で実施する。

技術事務局の検証の分野における任務

14　技術事務局は、この条約の目的のため、この条約及び議定書に規定する検証の分野における任務を遂行するに当たり、締約国と協力して次のことを行う。

(a) この条約に従ってこの条約の検証に関連するデータ及び報告のために作成された資料を受領し及び配布するための措置並びにそのために必要な世界的規模の通信基盤を維持するための措置をとること。

(b) 技術事務局内において原則としてデータの保管及び処理の中心となる国際データセンターを通じ通常の活動として次のことを行うこと。

(i) 国際監視制度によって得られるデータについて要請を受領し及び要請を行うこと。

(ii) 適当な場合には、協議及び説明の手続、現地査察並びに信頼の醸成についての措置の結果得られたデータを受領すること。

(iii) この条約及び議定書に従って締約国及び国際機関からその他の関連するデータを受領すること。

(c) 関連する運用手引書に従って国際監視制度、その構成要素及び国際データセンターの運用を監督し、調整し及び確保すること。

(d) この条約についての国際的な検証が効果的に行われることを可能にし及びこの条約の遵守についての懸念の早期の解決に資するため、合意される手続に従い通常の活動として国際監視制度によって得られるデータを処理し及び分析し並びにこれについて報告すること。

(e) すべてのデータ（未処理のもの及び処理済みのもの）及び報告のために作成された資料をすべての締約国が利用することができるようにすること。もっとも、締約国は、第二条7並びにこの条の8及び13の規定に従って国際監視制度によって得られるデータの利用について責任を負う。

(f) すべての締約国に対し保管されているすべてのデータへの平等の、開かれた、利用しやすい、かつ、適時のアクセスを認めること。

(g) すべてのデータ（未処理のもの及び処理済みのもの）及び報告のために作成された資料を保管すること。

(h) 国際監視制度によって追加的なデータを得ることについての要請を調整し及び容易にすること。

(i) 追加的なデータについての一の締約国から他の締約国に対する要請を調整すること。

(j) 関係国が必要とする場合には、監視施設及びその通信手段の設置及び運用について技術上の援助及び支援を行うこと。

(k) 検証制度によって得られるデータを取りまとめ、保管し、処理し及び分析し並びにこれについて報告するに当たって技術事務局及び国際データセンターが使用する技術を締約国の要請に応じ当該締約国が利用することができるようにすること。

(l) 国際監視制度の運用及び国際データセンターの任務の遂行の全般を監視し及び評価し並びにこれについて報告すること。

15　技術事務局が14及び議定書に規定する検証の分野における任務の遂行に当たって使用する合意された手続は、関連する運用手引書で定める。

B　国際監視制度

16　国際監視制度は、地震学的監視施設、放射性核種監視施設（公認された実験施設を含む。）、水中音波監視施設及び微気圧振動監視施設並びにその各通信手段によって構成され、並びに技術事務局の国際データセンターの支援を受ける。

17　国際監視制度は、技術事務局の権限の下に置かれる。国際監視制度のすべての監視施設については、議定書に従い、当該監視施設を受け入れ又はその他の方法によってこれについて責任を負う国が所有し及び運用する。

18　締約国は、データの国際的な交換に参加し及び国際データセンターが利用し得るすべてのデータへのアクセスが認められる権利を有する。締約国は、自国の国内当局を通じて国際データセンターと協力する。

19　国際監視制度についての費用負担

機関は、国際監視制度に含められる施設であって議定書の附属書一の表の1A、2A、3及び4に掲げるもの並びにその運用につき、これらの施設が議定書及び関連する運用手引書で定める技術上の要件に従って国際データセンターにデータを提供することについて関係国及び機関が合意する場合には、議定書第一部4に規定する協定又は取決めに従って次のことに係る費用を負担する。

(a) 新たな施設を設置し及び既存の施設の水準を高めること。ただし、これらの施設について責任を負う国がその費用を負担する場合は、この限りでない。

(b) 国際監視制度の施設を運用し及び維持すること（適当な場合には、施設の安全を確保することを含む。）並びにデータが改変されないことを確保するための合意された手続を適用すること。

(c) 利用可能な手段で最も直接的な及び最も費用対効果の高いもの（必要な場合には、適当な通信の分岐点を経由するものを含む。）によって監視施設、実験施設、分析施設若しくは国内のデータセンターから国際データセンターへ国際監視制度によって得られるデータ（未処理のもの及び処理済みのもの）を送付し又は監視施設から実験施設及び分析施設へ当該データ（適当な場合には、試料を含む。）を送付すること。

(d) 機関に代わって試料の分析を行うこと。

20　機関は、議定書の附属書一の表1Bに掲げる補助的な地震学的監視観測所網につき、議定書第一部4に規定する協定又は取決めに従って次のことに係る費用のみを負担する。

(a) 国際データセンターへデータを送付すること。

(b) 補助的な地震学的監視観測所についてそのデータが改変されないことを確保すること。

(c) 観測所の水準を必要とされる技術的基準に合致

するよう高めること。ただし、当該観測所について責任を負う国がその費用を負担する場合は、この限りでない。

(d)　適当な既存の施設がない場合において必要なときは、この条約の目的のために新たな観測所を設置すること。ただし、当該観測所について責任を負う国がその費用を負担する場合は、この限りでない。

(e)　その他の費用であって機関が関連する運用手引書に従って要請するデータの提供に係るもの

21　機関は、議定書第一部Fに規定する標準的な範囲内において国際データセンターが作成する資料及び提供するサービスのうち締約国が要請において選択したものを当該締約国に提供することに係る費用も負担する。追加的なデータの入手及び送付又は追加的な資料の作成及び送付に係る費用については、要請する締約国が負担する。

22　国際監視制度の施設を受け入れ又はその他の方法によってこれについて責任を負う締約国又は締約国以外の国との間で締結される協定又は適当な場合の取決めには、これに係る費用の負担についての規定を含める。当該規定には、締約国が受け入れ又は責任を負う施設に係る費用で19(a)並びに20の(c)及び(d)に規定するものを当該締約国が立て替え並びに当該締約国が機関に対する自国の分担金における適当な控除により弁済を受ける方法を含めることができる。当該控除は、締約国の年次分担金の額の五〇パーセントを超えてはならないが、翌年以降に繰り越すことができる。締約国は、他の締約国との間の協定又は取決めによって及び執行理事会の同意を得て、当該他の締約国と共に当該控除を受けることができる。この22に規定する協定又は取決めは、第二条の26(h)及び38(i)の規定に従って承認される。

23　国際監視制度の変更

11に規定する措置であって監視技術の追加又は除外によって国際監視制度に影響を及ぼすものについては、合意される場合には、第七条の1から6までの規定に従ってこの条約及び議定書に含める。

24　国際監視制度の次の変更は、直接影響を受ける国の同意を条件として、第七条の7及び8に規定する運営上の又は技術的な性質の事項とみなされる。執行理事会は、同条8(d)の規定に従って当該変更が採択されるよう勧告する場合には、原則として、同条8(g)の規定に従い当該変更がその承認に関する事務局長の通報の時に効力を生ずることについても勧告する。

(a)　いずれかの監視技術のための施設の数で議定書に定めるものの変更

(b)　特定の施設についてのその他の詳細(特に、施設について責任を負う国、施設の所在地、施設の名称、施設の形式及び主要な地震学的監視観測所網又は補助的な地震学的監視観測所網のいずれに帰属させるかを含む。)の変更であって議定書の附属書一の表に反映されるもの

25　事務局長は、24に規定する修正案につき、第七条8(b)の規定に従って執行理事会及び締約国に対して情報及び評価を提出するに当たって次の事項を含める。

(a)　当該修正案についての技術上の評価

(b)　当該修正案の運営上及び財政上の影響についての記述

(c)　当該修正案によって直接影響を受ける国との協議についての報告(当該国の同意についての記述を含む。)

暫定的措置

26　事務局長は、議定書の附属書一の表に掲げる監視施設の重大若しくは回復不可能な故障が生じた場合には、又は監視が及ぶ範囲のその他の一時的な縮小に対応するため、直接影響を受ける国と協議し及びその同意を得て並びに執行理事会の承認を得た上、一年を超えない期間の暫定的措置をとる。もっとも、必要な場合には、執行理事会及び直接影響を受ける国の同意を得て、一年間延長することができる。当該暫定的措置については、国際監視制度の稼働中の施設の数が関連する観測所網について定められる数を超えるものであってはならず、当該観測所網についての運用手引書で定める技術上及び運用上の要件をできる限り満たすものとし、並びに機関の予算の範囲内において実施する。事務局長は、更に、事態を是正するための措置をとり及びその恒久的な解決のための提案を行う。事務局長は、この26の規定に従って行った決定をすべての締約国に通報する。

国内の協力施設

27　締約国は、国際監視制度の枠内でのデータの提供とは別個に、国際監視制度の一部を構成しない国内の監視観測所によって得られる補足的なデータを国際データセンターが利用することができるように機関との間で協力についての取決めを作成することができる。

28　27の協力についての取決めについては、次のとおり作成することができる。

(a)　技術事務局は、締約国の要請により及び当該締約国の費用で、特定の監視施設が国際監視制度の施設のための関連する運用手引書で定める技術上及び運用上の要件を満たしていることを証明するために必要な措置並びに当該特定の監視施設についてそのデータが改変されないことを確保するための措置をとった上、執行理事会の同意を条件として、当該特定の監視施設を国内の協力施設として正式に指定する。技術事務局は、適当な場合には、当該要件を満たしていることの証明を更新するために必要な措置をとる。

(b)　技術事務局は、国内の協力施設の最新の一覧表を保持し、及びこれをすべての締約国に配布する。

(c)　締約国の要請がある場合には、国際データセ

ンターは、協議及び説明を容易にし並びに現地査察の要請についての検討を容易にするために国内の協力施設によって得られるデータを要請する。もっとも、当該データの送付に係る費用については、当該締約国が負担する。

国内の協力施設によって得られる補足的なデータを利用可能とし及び国際データセンターが補足的なデータの追加的若しくは迅速な送付又は説明を要請することができるための条件は、それぞれの監視観測所網のための運用手引書で定める。

C　協議及び説明

29　締約国は、可能なときはいつでも、この条約の基本的義務の違反の可能性について懸念を引き起こす問題を、まず、締約国間で、機関との間で又は機関を通じて、明らかにし及び解決するためにあらゆる努力を払うべきである。もっとも、すべての締約国の現地査察を要請する権利は害されない。

30　この条約の基本的義務の違反の可能性について懸念を引き起こす問題を明らかにし及び解決するよう29の規定によって他の締約国から直接要請された締約国は、できる限り速やかに、いかなる場合にもその要請の後四八時間以内に、その要請を行った締約国に対して説明を行う。その要請を行った締約国及びその要請を受けた締約国は、執行理事会及び事務局長に対してその要請及びこれへの対応について通報することができる。

31　締約国は、この条約の基本的義務の違反の可能性について懸念を引き起こす問題を明らかにするに当たって援助するよう事務局長に要請する権利を有する。事務局長は、このような懸念に関連する適当な情報で技術事務局が保有するものを提供する。事務局長は、その援助を要請した締約国が要請する場合には、執行理事会に対しその援助の要請及びこれに応じて提供した情報について通報する。

32　締約国は、この条約の基本的義務の違反の可能性について懸念を引き起こす問題を明らかにするための説明を他の締約国から得るよう執行理事会に要請する権利を有する。この場合において、次の規定を適用する。

(a)　執行理事会は、事務局長を通じ、その要請を受領した後二四時間以内に、当該他の締約国に対してこれを送付する。

(b)　当該他の締約国は、できる限り速やかに、いかなる場合にもその要請を受領した後四八時間以内に、執行理事会に対して説明を行う。

(c)　執行理事会は、(b)の規定に従って行われた説明に留意し、当該説明を受領した後二四時間以内に、その要請を行った締約国に対してこれを送付する。

(d)　その要請を行った締約国は、(b)の規定に従って行われた説明が十分でないと認める場合には、当該他の締約国から更に説明を得るよう執行理事会に要請する権利を有する。

執行理事会は、この32に規定する説明の要請及び当該他の締約国の対応についてその他のすべての締約国に対して遅滞なく通報する。

33　32(d)の規定に基づいて要請を行った締約国は、その得た説明が十分でないと認める場合には、執行理事会の理事国でない関係締約国が参加することができる執行理事会の会合の開催を要請する権利を有する。執行理事会は、当該会合において、この問題を検討し、及び次条の規定に基づく措置を勧告することができる。

D　現地査察

現地査察の要請

34　締約国は、この条及び議定書第二部の規定に基づき、いかなる締約国の領域内若しくはいかなる締約国の管轄若しくは管理の下にあるその他の場所についても又はいずれの国の管轄若しくは管理の下にもない場所について現地査察を要請する権利を有する。

35　現地査察の唯一の目的は、核兵器の実験的爆発又は他の核爆発が第一条の規定に違反して実施されたか否かを明らかにし及び違反した可能性のある者の特定に資する事実を可能な限り収集することとする。

36　要請締約国は、現地査察の要請をこの条約の範囲内で行い、及び37の規定に従って当該要請において情報を提供する義務を負う。要請締約国は、根拠がない又は濫用にわたる査察の要請を差し控える。

37　現地査察の要請は、国際監視制度によって収集された情報若しくは一般的に認められている国際法の原則に適合する方法で国内の検証技術によって得られた関連する技術上の情報又はこれらの組合せに基づくものとする。当該要請には、議定書第二部41に規定する事項を含める。

38　要請締約国は、執行理事会に対して現地査察の要請を行い、及び事務局長が速やかに手続を開始することができるよう同時に事務局長に対して当該要請を提出する。

現地査察の要請を提出した後の措置

39　執行理事会は、現地査察の要請を受領したときは、直ちにその検討を開始する。

40　事務局長は、現地査察の要請を受領した後、二時間以内に要請締約国に対して当該要請の受領を確認し、六時間以内に当該要請を査察が行われることが求められている締約国に通報する。事務局長は、当該要請が議定書第二部41に定める要件を満たしていることを確認し、必要な場合には要請締約国が当該要件に従って当該要請を行うことを援助し、並びに当該要請を受領した後二四時間以内に執行理事会及び他のすべての締約国に対して当該要請を通報する。

41　技術事務局は、現地査察の要請が40の要件を満たしている場合には、現地査察のための準備を遅滞なく開始する。

42　事務局長は、いずれかの締約国の管轄又は管理の下にある査察区域に係る現地査察の要請を受領したときは、査察が行われることが求められている締約国に対し、当該要請において提起された懸念について明らかにされ及びこれが解決されるように直ちに説明を求める。

43　42の規定によって説明の求めを受領する締約国は、当該説明の求めを受領した後できる限り速やかに、遅くとも七二時間以内に、事務局長に対して、説明を行い及び利用可能な他の関連する情報を提供する。

44　事務局長は、執行理事会が現地査察の要請について決定する前に、当該要請において特定される事象に関する利用可能な追加の情報であって国際監視制度によって得られるもの又は締約国が提供するもの（42及び43の規定に従って行われる説明を含む。）及び事務局長が関連すると認め又は執行理事会が要請する技術事務局内のその他の情報を執行理事会に対して直ちに送付する。

45　執行理事会は、要請締約国が現地査察の要請において提起した懸念が解決されたと認めて当該要請を撤回する場合を除くほか、46の規定に従って当該要請について決定する。

執行理事会の決定

46　執行理事会は、要請締約国から現地査察の要請を受領した後九六時間以内に当該要請について決定する。現地査察を承認する決定は、執行理事会の理事国の三〇以上の賛成票による議決で行われる。執行理事会が当該現地査察を承認しなかった場合には、そのための準備は終了し、及び当該要請に基づく新たな措置はとられない。

47　査察団は、46の規定による現地査察の承認の後二五日以内に、査察の経過報告を事務局長を通じて執行理事会に提出する。査察の継続は、執行理事会が当該経過報告を受領した後七二時間以内にそのすべての理事国の過半数による議決で査察を継続しないことを決定する場合を除くほか、承認されたものとされる。執行理事会が査察を継続しないことを決定する場合には、査察は、終了し、査察団は、議定書第二部の100及び109の規定に従って査察区域及び被査察締約国の領域からできる限り速やかに退去する。

48　査察団は、現地査察が行われている間掘削の実施についての提案を事務局長を通じて執行理事会に提出することができる。執行理事会は、当該提案を受領した後七二時間以内に当該提案について決定する。掘削を承認する決定は、執行理事会のすべての理事国の過半数による議決で行われる。

49　査察団は、その査察命令を遂行することができるようにするために査察期間の延長が不可欠であると認める場合には、事務局長を通じて執行理事会に対し、議定書第二部4に定める六〇日の期間を超えて最長七〇日の査察期間の延長を要請することができる。査察団は、その要請において、議定書第二部69に規定する活動及び技術であって延長された期間中に実施し又は使用しようとするものを明示する。執行理事会は、その要請を受領した後七二時間以内にこれについて決定する。査察期間の延長を承認する決定は、執行理事会のすべての理事国の過半数による議決で行われる。

50　査察団は、47の規定に従って現地査察の継続が承認された後いつでも、事務局長を通じて執行理事会に対し査察を終了させるための勧告を提出することができる。当該勧告は、執行理事会がこれを受領した後七二時間以内にそのすべての理事国の三分の二以上の多数による議決で査察の終了を承認しないと決定する場合を除くほか、承認されたものとされる。査察団は、査察が終了する場合には、議定書第二部の109及び110の規定に従って査察区域及び被査察締約国の領域からできる限り速やかに退去する。

51　要請締約国及び査察が行われることが求められている締約国は、現地査察の要請に関する執行理事会の審議に投票権なしで参加することができる。要請締約国及び被査察締約国は、その後の当該現地査察に関する執行理事会の審議にも投票権なしで参加することができる。

52　事務局長は、46から50までの規定に従って行われた執行理事会の決定並びに執行理事会に対する報告、提案、要請及び勧告を二四時間以内にすべての締約国に通報する。

執行理事会が現地査察を承認した後の措置

53　執行理事会が承認した現地査察は、この条約及び議定書に従い事務局長が選定した査察団によって遅滞なく実施される。査察団は、執行理事会が要請締約国から現地査察の要請を受領した後六日以内に入国地点に到着する。

54　事務局長は、現地査察の実施のための査察命令を発する。査察命令には、議定書第二部42に規定する事項を含める。

55　事務局長は、議定書第二部43の規定に従い、査察団の入国地点への到着予定時刻の二四時間前までに、被査察締約国に対して査察を通告する。

現地査察の実施

56　締約国は、自国の領域内又は自国の管轄若しくは管理の下にある場所において機関がこの条約及び議定書に従って現地査察を実施することを認める。ただし、いかなる締約国も、自国の領域内又は自国の管轄若しくは管理の下にある場所における二以上の現地査察を同時に受け入れることを要しない。

57　被査察締約国は、この条約及び議定書によって、次の権利を有し、及び次の義務を負う。

(a)　この条約の遵守を証明するためにあらゆる合理的な努力を払う権利及び義務並びにこのために査察団がその査察命令を遂行することができるようにする権利及び義務

(b)　国家の安全保障上の利益を保護し及び査察の目的に関係しない秘密の情報の開示を防止するために必要と認める措置をとる権利

(c)　(b)の規定並びに財産権又は捜索及び押収に関する自国の憲法上の義務を考慮して、査察の目的に

関連する事実を確定するための査察区域内へのアクセスを認める義務

(d)　第一条に規定する義務の違反を隠すためにこの57又は議定書第二部88の規定を援用しない義務

(e)　査察団がこの条約及び議定書に従って査察区域内を移動し及び査察活動を実施することを妨げない義務

現地査察に関する規定において「アクセス」とは、査察団及び査察のための装置の査察区域への物理的なアクセス並びに当該査察区域内における査察活動の実施の双方をいう。

58　現地査察は、議定書に定める手続に従い、できる限り干渉の程度が低く、かつ、査察命令の効果的な及び適時の遂行に合致する方法で実施される。査察団は、できる限り、最も干渉の程度が低い手続からとり、その後、この条約の違反の可能性の懸念について明らかにするための十分な情報を収集するために必要と認める場合にのみ、より干渉の程度が高い手続に移行する。査察員は、査察の目的のために必要な情報及び資料のみを求め、並びに被査察締約国における正常な活動を妨げることを最小限にするよう努める。

59　被査察締約国は、現地査察が行われている間を通じて査察団を援助し、及びその任務の遂行を容易にする。

60　被査察締約国は、議定書第二部の86から96までの規定に基づいて査察区域内のアクセスを制限する場合には、査察団との協議の上、代替的な手段によってこの条約の遵守を証明するためにあらゆる合理的な努力を払う。

オブザーバー

61　オブザーバーについては、次の規定を適用する。

(a)　各要請締約国は、被査察締約国の同意を得て、自国又は第三の締約国のいずれか一方の国民である一人の代表者を現地査察の実施に立ち会わせるために派遣することができる。

(b)　被査察締約国は、事務局長に対し、執行理事会が現地査察を承認した後一二時間以内に、提案されたオブザーバーを受け入れるか否かを通告する。

(c)　被査察締約国は、提案されたオブザーバーを受け入れる場合には、議定書に従ってそのオブザーバーに対してアクセスを認める。

(d)　被査察締約国は、原則として、提案されたオブザーバーを受け入れる。もっとも、被査察締約国がその受入れを拒否する場合には、その事実は、査察報告に記録される。

オブザーバーの合計は、三人を超えてはならない。

現地査察についての報告

62　査察報告には、次の事項を含める。

(a)　査察団が行った活動についての記述

(b)　査察の目的に関連する査察団による事実関係の調査結果

(c)　現地査察の間与えられた協力についての記述

(d)　現地査察の間認められたアクセス(査察団に提供された代替的な手段を含める。)の範囲及び程度に関する事実関係についての記述

(e)　査察の目的に関連するその他の詳細

異なる見解を有する査察員がある場合には、当該見解を査察報告に付することができる。

63　事務局長は、被査察締約国に対して査察報告案を利用可能にする。被査察締約国は、四八時間以内に事務局長に対して意見を述べ及び説明を提供する権利並びに査察の目的に関係せず技術事務局の外部に送付されるべきではないと認める情報及び資料を特定する権利を有する。事務局長は、当該査察報告案の変更について被査察締約国が行う提案を検討し、及び可能な限りこれを採用するものとし、被査察締約国が述べた意見及び提供した説明を査察報告に付加する。

64　事務局長は、要請締約国、被査察締約国、執行理事会及び他のすべての締約国に対して査察報告を速やかに送付する。事務局長は、更に、執行理事会及び当該他のすべての締約国に対し、指定された実験施設における試料の分析の結果を議定書第二部104の規定に従って速やかに送付し、並びに国際監視制度によって得られた関連するデータ、要請締約国及び被査察締約国による査察についての評価並びに事務局長が関連すると認めるその他の情報を速やかに送付する。もっとも、47に規定する査察の経過報告については、47に定める時間的な枠組みの範囲内で執行理事会に送付する。

65　執行理事会は、その権限及び任務に従い、64の規定に従って送付された査察報告及び資料を検討し、並びに次の問題を検討する。

(a)　この条約の違反があったか否か。

(b)　現地査察を要請する権利が濫用されたか否か。

66　執行理事会は、その権限及び任務に従い65の規定に関して更に措置が必要となるとの結論に達する場合には、次条の規定に基づいて適当な措置をとる。

根拠がない又は濫用された現地査察の要請

67　執行理事会は、現地査察の要請の根拠がないということ若しくは現地査察の要請が濫用されたということを根拠として現地査察を承認しない場合又はこれらの理由により査察が終了する場合には、事態を是正するための適当な措置をとるか否かについて検討し及び決定する。当該措置には、次のことを含む。

(a)　技術事務局が行った準備に係る費用を支払うよう要請締約国に対して要求すること。

(b)　執行理事会が決定する一定の期間要請締約国の現地査察を要請する権利を停止すること。

(c)　一定の期間要請締約国の執行理事会の理事国としての任務を遂行する権利を停止すること。

E　信頼の醸成についての措置

68　締約国は、次のことのため、議定書第三部に規定する関連する措置を実施するに当たり、機関及び他

の締約国と協力することを約束する。

(a)　化学的爆発に関連する検証のためのデータを誤って解釈することから生ずるこの条約の遵守についての懸念を適時に解決することに貢献すること。

(b)　国際監視制度の観測所網の一部である観測所の特性を把握することについて援助すること。

第五条（事態を是正し及びこの条約の遵守を確保するための措置（制裁を含む。））1　会議は、特に執行理事会の勧告を考慮して、この条約の遵守を確保し並びにこの条約に違反する事態を是正し及び改善するため、2及び3に規定する必要な措置をとる。

2　締約国が自国によるこの条約の遵守に関して問題を引き起こしている事態を是正することを会議又は執行理事会によって要請され、かつ、一定の期間内に当該要請に応じなかった場合には、会議は、特に、当該締約国がこの条約に基づく権利及び特権を行使することを、別段の決定を行うまでの間制限し又は停止することを決定することができる。

3　この条約の基本的義務の違反によってこの条約の趣旨及び目的に対する障害が生ずる可能性のある場合には、会議は、締約国に対して国際法に適合する集団的措置を勧告することができる。

4　会議又は事態が緊急である場合には執行理事会は、問題（関連する情報及び判断を含む。）について国際連合の注意を喚起することができる。

第六条（紛争の解決）1　この条約の適用又は解釈に関して生ずる紛争については、この条約の関連規定に従って及び国際連合憲章の規定によって解決する。

2　この条約の適用又は解釈に関して二以上の締約国間で又は一若しくは二以上の締約国と機関との間で紛争が生ずる場合には、関係当事者は、交渉又は当該関係当事者が選択するその他の平和的手段（この条約に規定する適当な内部機関に対して提起すること及び合意により国際司法裁判所規程に従って国際司法裁判所に付託することを含む。）によって紛争を速やかに解決するため、協議する。関係当事者は、いかなる措置がとられるかについて常時執行理事会に通報する。

3　執行理事会は、適当と認める手段（あっせんを提供すること、紛争当事国である締約国に対し当該締約国が選択する手続を通じて解決を求めるよう要請すること、問題について会議の注意を喚起すること及び合意された手続に従って解決するための期限を勧告することを含む。）により、この条約の適用又は解釈に関して生ずる紛争の解決に貢献することができる。

4　会議は、締約国が提起し又は執行理事会が注意を喚起する紛争に関係する問題を検討する。会議は、必要と認める場合には、第二条26(j)の規定に従い、これらの紛争の解決に関連して補助機関を設置し又は補助機関に任務を委託する。

5　会議及び執行理事会は、それぞれ、国際連合総会が許可することを条件として、機関の活動の範囲内において生ずる法律問題について勧告的意見を与えるよう国際司法裁判所に要請する権限を与えられる。このため、第二条38(h)の規定に従って機関と国際連合との間の協定を締結する。

6　この条の規定は、前二条の規定を害するものではない。

第七条（改正）1　いずれの締約国も、この条約が効力を生じた後いつでもこの条約、議定書又は議定書の附属書の改正を提案することができるものとし、7の規定に従って議定書又はその附属書の修正を提案することができる。改正のための提案は、2から6までに定める手続に従う。7に規定する修正のための提案は、8に定める手続に従う。

2　改正案は、改正会議においてのみ検討され及び採択される。

3　改正のための提案については、事務局長に通報するものとし、事務局長は、当該改正のための提案をすべての締約国及び寄託者に対して回章に付し、当該改正のための提案を検討するために改正会議を開催するべきか否かについての締約国の見解を求める。事務局長は、締約国の過半数が当該改正のための提案を更に検討することを支持する旨を当該改正のための提案の回章の後三〇日以内に事務局長に通報する場合には、すべての締約国が招請される改正会議を招集する。

4　改正会議は、その開催を支持するすべての締約国が一層早期の開催を要請する場合を除くほか、会議の通常会期の後直ちに開催される。いかなる場合にも、改正会議は、改正案の回章の後六〇日を経過するまでは開催されない。

5　改正は、改正会議において、いかなる締約国も反対票を投ずることなく締約国の過半数が賛成票を投ずることによって採択される。

6　改正は、改正会議において賛成票を投じたすべての締約国が批准書又は受諾書を寄託した後三〇日で、すべての締約国について効力を生ずる。

7　この条約の実行可能性及び実効性を確保するため、議定書の第一部及び第三部並びに議定書の附属書一及び附属書二の規定は、修正案が運営上の又は技術的な性質の事項にのみ関連する場合には、8の規定に従って行われる修正の対象とされる。議定書及びその附属書のその他のすべての規定は、8の規定に従って行われる修正の対象とされない。

8　7に規定する修正については、次の手続に従って行う。

(a)　修正案については、必要な情報と共に事務局長に送付する。すべての締約国及び事務局長は、当該修正案を評価するための追加の情報を提供することができる。事務局長は、すべての締約国、執行理事会及び寄託者に対して当該修正案及び情報を速やかに通報する。

(b)　事務局長は、修正案を受領した後六〇日以内に、この条約及びその実施に及ぼし得るすべての影響を把握するために当該修正案を評価するものとし、その結果についての情報をすべての締約国及び執行理事会に通報する。

(c)　執行理事会は、すべての入手可能な情報に照らして修正案を検討する（当該修正案が7に定める要件を満たしているか否かについて検討することを含む。）。執行理事会は、当該修正案を受領した後九〇日以内に、適当な説明を付して、執行理事会の勧告を検討のためにすべての締約国に通報する。締約国は、一〇日以内に当該勧告の受領を確認する。

(d)　修正案が採択されるよう執行理事会がすべての締約国に勧告する場合において、いずれの締約国もその勧告を受領した後九〇日以内に異議を申し立てないときは、当該修正案は、承認されたものとみなされる。修正案が拒否されるよう執行理事会が勧告する場合において、いずれの締約国もその勧告を受領した後九〇日以内に異議を申し立てないときは、当該修正案は、拒否されたものとみなされる。

(e)　執行理事会の勧告が(d)の規定に従って受け入れられない場合には、会議は、次の会期において修正案についての決定（当該修正案が7に定める要件を満たしているか否かについての決定を含む。）を実質事項として行う。

(f)　事務局長は、この8に規定する決定をすべての締約国及び寄託者に通報する。

(g)　この8に定める手続に従って承認された修正は、他の期間を執行理事会が勧告し又は会議が決定する場合を除くほか、すべての締約国につき、事務局長がその承認を通報した日の後一八〇日で効力を生ずる。

第八条（この条約の検討）1　締約国の過半数による議決で別段の決定を行う場合を除くほか、前文の趣旨及び目的の実現並びにこの条約の遵守を確保するようにこの条約の運用及び実効性を検討するため、この条約の効力発生の十年後に締約国会議を開催する。その検討に際しては、この条約に関連するすべての科学及び技術の進歩を考慮する。検討会議は、締約国の要請に基づき平和的目的のための地下における核爆発の実施を認める可能性について検討する。検討会議は、コンセンサス方式により当該地下における核爆発を認めることができることを決定する場合には、この条約の適当な改正であって当該地下における核爆発によって軍事上の利益が生ずることを排除するものを締約国に勧告するために遅滞なく作業を開始する。その改正案については、いずれかの締約国が事務局長に通報し、及び前条の規定に従って取り扱う。

2　その後一〇年ごとに、会議がその前年に手続事項として決定する場合には、同様の目的をもって更に検討会議を開催することができる。会議が実質事項として決定する場合には、一〇年よりも短い間隔でそのような検討会議を開催することができる。

3　検討会議は、通常、第二条に規定する会議の年次通常会期の後直ちに開催される。

第九条（有効期間及び脱退）1　この条約の有効期間は、無期限とする。

2　締約国は、この条約の対象である事項に関係する異常な事態が自国の至高の利益を危うくしていると認める場合には、その主権を行使してこの条約から脱退する権利を有する。

3　脱退は、他のすべての締約国、執行理事会、寄託者及び国際連合安全保障理事会に対してその六箇月前に通告することによって行う。脱退の通告には、締約国が自国の至高の利益を危うくしていると認める異常な事態についても記載する。

第一〇条（議定書及び附属書の地位）この条約の附属書、議定書及び議定書の附属書は、この条約の不可分の一部を成す。「この条約」というときは、この条約の附属書、議定書及び議定書の附属書を含めていうものとする。

第一一条（署名）この条約は、効力を生ずる前は署名のためにすべての国に開放しておく。

第一二条（批准）この条約は、署名国により、それぞれ自国の憲法上の手続に従って批准されなければならない。

第一三条（加入）この条約が効力を生ずる前にこの条約に署名しない国は、その後はいつでもこの条約に加入することができる。

第一四条（効力発生）1　この条約は、その附属書二に掲げるすべての国の批准書が寄託された日の後一八〇日で効力を生ずる。ただし、いかなる場合にも、署名のための開放の後二年を経過するまで効力を生じない。

2　この条約がその署名のための開放の日の後三年を経過しても効力を生じない場合には、寄託者は、既に批准書を寄託している国の過半数の要請によってこれらの国の会議を招集する。この会議は、1に定める要件が満たされている程度について検討し並びに、この条約が早期に効力を生ずることを容易にするため、批准の過程を促進するため国際法に適合するいかなる措置をとることができるかについて検討し及びコンセンサス方式によって決定する。

3　2に定める手続は、2に規定する会議又はその後のそのような会議が別段の決定を行わない限り、この条約が効力を生ずるまで、その後のこの条約の署名のための開放の日に対応する各年の日について繰り返し適用される。

4　すべての署名国は、2に規定する会議及び3に規定するその後の会議にオブザーバーとして出席するよう招請される。

5　この条約は、その効力を生じた後に批准書又は加入書を寄託する国については、その批准書又は加入書の寄託の日の後三〇日目の日に効力を生ずる。

第一五条(留保)この条約の各条の規定及びこの条約の附属書については、留保を付することができない。この条約の議定書及びその附属書については、この条約の趣旨及び目的と両立しない留保を付することができない。

第一六条(寄託者)1　この条約の寄託者は、国際連合事務総長とするものとし、同事務総長は、署名を受け付け並びに批准書及び加入書を受領する。

2　寄託者は、すべての署名国及び加入国に対して、各署名の日、各批准書又は各加入書の寄託の日、この条約並びにこの条約の改正及び修正の効力発生の日並びにその他の事項に係る通告の受領を速やかに通報する。

3　寄託者は、この条約の認証謄本を署名国政府及び加入国政府に送付する。

4　この条約は、寄託者が国際連合憲章第一〇二条の規定に従って登録する。

第一七条(正文)この条約は、アラビア語、中国語、英語、フランス語、ロシア語及びスペイン語をひとしく正文とし、国際連合事務総長に寄託する。

条約の附属書一　第二条28に規定する国の一覧表(略)

条約の附属書二　第一四条に規定する国の一覧表

一九九六年六月一八日現在の軍縮会議の構成国であって、同会議の一九九六年の会期の作業に正式に参加し、かつ、国際原子力機関の「世界の動力用原子炉」の一九九六年四月版の表1に掲げられているもの及び同会議の一九九六年の会期の作業に正式に参加し、かつ、同機関の「世界の研究用原子炉」の一九九五年一二月版の表1に掲げられているものの一覧表

アルジェリア、アルゼンティン、オーストラリア、オーストリア、バングラデシュ、ベルギー、ブラジル、ブルガリア、カナダ、チリ、中国、コロンビア、朝鮮民主主義人民共和国、エジプト、フィンランド、フランス、ドイツ、ハンガリー、インド、インドネシア、イラン・イスラム共和国、イスラエル、イタリア、日本国、メキシコ、オランダ、ノールウェー、パキスタン、ペルー、ポーランド、ルーマニア、大韓民国、ロシア連邦、スロヴァキア、南アフリカ共和国、スペイン、スウェーデン、スイス、トルコ、ウクライナ、グレート・ブリテン及び北部アイルランド連合王国、アメリカ合衆国、ヴィエトナム及びザイール

包括的核実験禁止条約の議定書

第一部　国際監視制度及び国際データセンターの任務
A　一般規定
B　地震学的監視
C　放射性核種監視
D　水中音波監視
E　微気圧振動監視
F　国際データセンターの任務

第二部　現地査察
A　一般規定
B　恒常的な措置
C　現地査察の要請、査察命令及び査察の通告
D　査察の事前の活動
E　査察の実施

第三部　信頼の醸成措置

議定書の附属書一
表1A　主要観測所網を構成する地震学的監視観測所の表
表1B　補助観測所網を構成する地震学的監視観測所の表
表2A　放射性核種監視観測所の表
表2B　放射性核種監視のための実験施設の表
表3　水中音波監視観測所の表
表4　微気圧振動監視観測所の表

議定書の附属書二　国際データセンターによる事象の標準的な選別のための特徴付けの要素

12 2　核兵器の不拡散に関する条約(核不拡散条約)

署名　一九六八年七月一日(ロンドン、モスクワ、ワシントン)
効力発生　一九七〇年三月五日
日本国　一九七〇年二月三日署名、一九七六年五月二四日国会承認、六月八日批准書寄託、効力発生、公布(条約第六号)

前文(略)

第一条【核兵器国の義務】締約国である各核兵器国は、核兵器その他の核爆発装置又はその管理をいかなる者に対しても直接又は間接に移譲しないこと及び核兵器その他の核爆発装置の製造若しくはその他の方法による取得又は核兵器その他の核爆発装置の管理の取得につきいかなる非核兵器国に対しても何ら援助、奨励又は勧誘を行わないことを約束する。

第二条【非核兵器国の義務】締約国である各非核兵器国は、核兵器その他の核爆発装置又はその管理をいかなる者からも直接又は間接に受領しないこと、核兵器その他の核爆発装置を製造せず又はその他の方法によって取得しないこと及び核兵器その他の核爆発装置の製造についていかなる援助をも求めず又は受けないことを約束する。

第三条【IAEAの保障措置】1　締約国である各非核

兵器国は、原子力が平和的利用から核兵器その他の核爆発装置に転用されることを防止するため、この条約に基づいて負う義務の履行を確認することのみを目的として国際原子力機関憲章及び国際原子力機関の保障措置制度に従い国際原子力機関との間で交渉しかつ締結する協定に定められる保障措置を受諾することを約束する。この条の規定によって必要とされる保障措置の手続は、原料物質又は特殊核分裂性物質につき、それが主要な原子力施設において生産され、処理され若しくは使用されているか又は主要な原子力施設の外にあるかを問わず、遵守しなければならない。この条の規定によって必要とされる保障措置は、当該非核兵器国の領域内若しくはその管轄下で又は場所のいかんを問わずその管理の下で行われるすべての平和的な原子力活動に係るすべての原料物質及び特殊核分裂性物質につき、適用される。

2　各締約国は、(a)原料物質若しくは特殊核分裂性物質又は(b)特殊核分裂性物質の処理、使用若しくは生産のために特に設計され若しくは作成された設備若しくは資材を、この条の規定によって必要とされる保障措置が当該原料物質又は当該特殊核分裂性物質について適用されない限り、平和的目的のためいかなる非核兵器国にも供給しないことを約束する。

3　この条の規定によって必要とされる保障措置は、この条の規定及び前文に規定する保障措置の原則に従い、次条の規定に適合する態様で、かつ、締約国の経済的若しくは技術的発展又は平和的な原子力活動の分野における国際協力(平和的目的のため、核物質及びその処理、使用又は生産のための設備を国際的に交換することを含む。)を妨げないような態様で、実施するものとする。

4　締約国である非核兵器国は、この条に定める要件を満たすため、国際原子力機関憲章に従い、個々に又は他の国と共同して国際原子力機関と協定を締結するものとする。その協定の交渉は、この条約が最初に効力を生じた時から一八〇日以内に開始しなければならない。この一八〇日の期間の後に批准書又は加入書を寄託する国については、その協定の交渉は、当該寄託の日までに開始しなければならない。その協定は、交渉開始の日の後一八箇月以内に効力を生ずるものとする。

第四条【原子力の平和利用】1　この条約のいかなる規定も、無差別にかつ第一条及び第二条の規定に従って平和的目的のための原子力の研究、生産及び利用を発展させることについてのすべての締約国の奪い得ない権利に影響を及ぼすものと解してはならない。

2　すべての締約国は、原子力の平和的利用のため設備、資材並びに科学的及び技術的情報を可能な最大限度まで交換することを容易にすることを約束し、また、その交換に参加する権利を有する。締約国は、また、可能なときは、単独で又は他の国若しくは国際機関と共同して、世界の発展途上にある地域の必要に妥当な考慮を払って、平和的目的のための原子力の応用、特に締約国である非核兵器国の領域におけるその応用の一層の発展に貢献することに協力する。

第五条【核爆発の平和的応用】各締約国は、核爆発のあらゆる平和的応用から生ずることのある利益が、この条約に従い適当な国際的監視の下でかつ適当な国際的手続により無差別の原則に基づいて締約国である非核兵器国に提供されること並びに使用される爆発装置についてその非核兵器国の負担する費用が、できる限り低額であり、かつ、研究及び開発のためのいかなる費用をも含まないことを確保するため、適当な措置をとることを約束する。締約国である非核兵器国は、特別の国際協定に従い、非核兵器国が十分に代表されている適当な国際機関を通じてこのような利益を享受することができる。この問題に関する交渉は、この条約が効力を生じた後できる限り速やかに開始するものとする。締約国である非核兵器国は、希望するときは、二国間協定によってもこのような利益を享受することができる。

第六条【核軍縮】各締約国は、核軍備競争の早期の停止及び核軍備の縮小に関する効果的な措置につき、並びに厳重かつ効果的な国際管理の下における全面的かつ完全な軍備縮小に関する条約について、誠実に交渉を行うことを約束する。

第七条【非核兵器地帯条約】この条約のいかなる規定も、国の集団がそれらの国の領域に全く核兵器の存在しないことを確保するため地域的な条約を締結する権利に対し、影響を及ぼすものではない。

第八条【改正及び再検討】1　いずれの締約国も、この条約の改正を提案することができる。改正案は、寄託国政府に提出するものとし、寄託国政府は、これをすべての締約国に配布する。その後、締約国の三分の一以上の要請があったときは、寄託国政府は、その改正を審議するため、すべての締約国を招請して会議を開催する。

2　この条約のいかなる改正も、すべての締約国の過半数の票(締約国であるすべての核兵器国の票及び改正案が配布された日に国際原子力機関の理事国であるすべての締約国の票を含む。)による議決で承認されなければならない。その改正は、すべての締約国の過半数の改正の批准書(締約国であるすべての核兵器国の改正の批准書及び改正案が配布された日に国際原子力機関の理事国である他のすべての締約国の改正の批准書を含む。)が寄託された時に、その批准書を寄託した各締約国について効力を生ずる。その後は、改正は、改正の批准書を寄託する他のいずれの締約国についても、その寄託の時に効力を生ずる。

3　前文の目的の実現及びこの条約の規定の遵守を確保するようにこの条約の運用を検討するため、この条約の効力発生の五年後にスイスのジュネーヴで締約国の会議を開催する。その後五年ごとに、締約国の過半数が寄託国政府に提案する場合には、条約の運用を検討するという同様の目的をもって、更に会議を開催する。

第九条【署名、批准、効力発生及び核兵器国の定義】

1　この条約は、署名のためすべての国に開放される。この条約が3の規定に従って効力を生ずる前にこの条約に署名しない国は、いつでもこの条約に加入することができる。

2　この条約は、署名国によって批准されなければならない。批准書及び加入書は、ここに寄託国政府として指定されるグレート・ブリテン及び北部アイルランド連合王国、ソヴィエト社会主義共和国連邦及びアメリカ合衆国の政府に寄託する。

3　この条約は、その政府が条約の寄託者として指定される国及びこの条約の署名国である他の四〇の国が批准しかつその批准書を寄託した後に、効力を生ずる。この条約の適用上、「核兵器国」とは、一九六七年一月一日前に核兵器その他の核爆発装置を製造しかつ爆発させた国をいう。

4　この条約は、その効力発生の後に批准書又は加入書を寄託する国については、その批准書又は加入書の寄託の日に効力を生ずる。

5　寄託国政府は、すべての署名国及び加入国に対し、各署名の日、各批准書又は各加入書の寄託の日、この条約の効力発生の日、会議の開催の要請を受領した日及び他の通知を速やかに通報する。

6　この条約は、寄託国政府が国際連合憲章第一〇二条の規定に従って登録する。

第一〇条【脱退及び延長】1　各締約国は、この条約の対象である事項に関連する異常な事態が自国の至高の利益を危うくしていると認める場合には、その主権を行使してこの条約から脱退する権利を有する。当該締約国は、他のすべての締約国及び国際連合安全保障理事会に対し三箇月前にその脱退を通知する。その通知には、自国の至高の利益を危うくしていると認める異常な事態についても記載しなければならない。

2　この条約の効力発生の二五年後に、条約が無期限に効力を有するか追加の一定期間延長されるかを決定するため、会議を開催する。その決定は、締約国の過半数による議決で行う。

第一一条【正文及び寄託】この条約は、英語、ロシア語、フランス語、スペイン語及び中国語をひとしく正文とし、寄託国政府に寄託される。この条約の認証謄本は、寄託国政府が署名国政府及び加入国政府に送付する。

12　3　核兵器の禁止に関する条約
(核兵器禁止条約)

採　択　二〇一七年七月七日(ニューヨーク)
署　名　二〇一七年九月二〇日(ニューヨーク)
効力発生　二〇二一年一月二二日

前　文

この条約の締約国は、

国際連合憲章の目的及び原則の実現に貢献することを決意し、

核兵器のいかなる使用のもたらす壊滅的な人道上の帰結をも深く懸念し、それゆえに核兵器が完全に廃絶されることが必要であり、このことがいかなる場合にも核兵器が決して再び使用されないことを保証する唯一の方法であり続けていることを認識し、

核兵器が引き続き存在することによりもたらされる危険(事故による、誤算による又は意図的な核兵器の爆発によるものを含む)に留意し、これらの危険が人類すべての安全に関わり、すべての国が核兵器のいかなる使用をも防止する責任を共有していることを強調し、

核兵器の壊滅的な帰結は、適切に対処できないこと、国境を越えること、人類の生存、環境、社会経済的な発展、世界経済、食糧安全保障及び現在と将来の世代の健康に重大な影響を与えること、並びに女性及び少女に均衡を失した影響(電離放射線の結果としての影響を含む)を及ぼすことを認識し、

核軍縮を求める倫理上の要請があること及び核兵器のない世界を達成しかつ維持する緊急性があることを認め、このことが、世界の最上位にある公共善であり、国家安全保障と集団安全保障の双方の利益に資することを認め、

核兵器の使用の被害者(ヒバクシャ)及び核兵器の実験により影響を受けた者にもたらされる容認し難い苦しみと害を懸念し、

先住人民に対する核兵器活動の均衡を失した影響を認識し、

すべての国がいかなるときにも適用可能な国際法(国際人道法及び国際人権法を含む)を遵守する必要があることを再確認し、

国際人道法の諸原則及び諸規則、特に武力紛争の当事者が戦闘の方法及び手段を選ぶ権利は無制限ではないという原則、区別の規則、無差別攻撃の禁止、攻撃の際の均衡性及び予防措置の規則、その性質上過度の傷害又は不必要の苦痛を与える兵器の使用の禁止並びに自然環境の保護に関する規則に立脚し、

核兵器のいかなる使用も武力紛争に適用される国際法の規則、特に国際人道法の原則及び規則に違反するであろうことを考慮し、

また、核兵器のいかなる使用も人道の諸原則及び公共の良心に反するであろうことを再確認し、

国は、国際連合憲章に従い、その国際関係において、武力による威嚇又は武力の行使を、いかなる国の領土保全又は政治的独立に対するものも、また、国際連合の目的と両立しない他のいかなる方法によるものも慎

まなければならないこと、並びに国際の平和及び安全の確立及び維持は、世界の人的及び経済的資源の軍備のための転用を最も少なくして促進されるべきことを想起し、

また、一九四六年一月二四日に採択された国際連合総会の最初の決議及び核兵器の廃絶を求めるその後の諸決議を想起し、

核軍縮の進展が緩慢であること、軍事上及び安全保障上の概念、教義及び政策が引き続き核兵器に依存していること、並びに核兵器の生産、維持及び近代化の計画のために経済的及び人的資源が浪費されていることを懸念し、

核兵器の法的拘束力のある禁止は、核兵器の不可逆的で、検証可能であり、かつ透明性を有する廃絶を含む、核兵器のない世界の達成及び維持に向けた重要な貢献となることを認識し、この目的に向けて行動することを決意し、

厳重かつ効果的な国際管理の下における全面的かつ完全な軍備縮小に向けての効果的な前進を達成するために行動することを決意し、

厳重かつ効果的な国際管理の下におけるあらゆる側面での核軍縮に至る交渉を誠実に行いかつ完結させる義務が存在することを再確認し、

また、核兵器の不拡散に関する条約は核軍縮・不拡散体制の礎石であり、その完全かつ効果的な実施は、国際の平和及び安全の促進において不可欠な役割を果たすことを再確認し、

核軍縮・不拡散体制の中核的要素としての包括的核実験禁止条約及びその検証制度の不可欠な重要性を認識し、

当該地域の諸国間で自由に締結される取極を基礎として、国際的に承認された非核兵器地帯を創設することは、世界及び地域の平和及び安全を強固にし、核不拡散体制を強化し、並びに核軍縮の目標の実現に貢献するという確信を再確認し、

この条約のいかなる規定も、無差別に平和的目的のための原子力の研究、生産及び利用を発展させることについての締約国の奪い得ない権利に影響を及ぼすものと解してはならないことを強調し、

女性及び男性の双方による平等、完全かつ効果的な参加が、持続可能な平和及び安全の促進及び達成にとって不可欠な要素であることを認識し、女性の核軍縮への効果的な参加を支援しかつ強化することを約束し、

また、あらゆる側面における平和・軍縮教育の重要性並びに核兵器が現在及び将来の世代にもたらす危険及び帰結についての認識を高めることの重要性を認識し、この条約の原則及び規範の周知を図ることを約束し、

核兵器の全面的な廃絶の要請に示された人道の諸原則の推進における公共の良心の役割を強調し、また、このために国際連合、国際赤十字・赤新月運動その他の国際的な及び地域的な機関、非政府機関、宗教指導者、議会議員、学術研究者並びにヒバクシャが行っている努力を認識し、

次のとおり協定した。

第一条（禁止）１　締約国は、いかなる場合にも、次のことを行わないことを約束する。

(a)　核兵器その他の核爆発装置を開発し、実験し、生産し、製造し、その他の方法によって取得し、占有し又は貯蔵すること。

(b)　核兵器その他の核爆発装置又はその管理をいずれかの者に対して直接又は間接に移譲すること。

(c)　核兵器その他の核爆発装置又はその管理を直接又は間接に受領すること。

(d)　核兵器その他の核爆発装置を使用すること又は使用するとの威嚇を行うこと。

(e)　この条約によって締約国に対して禁止されている活動を行うことにつき、いずれかの者に対して、いかなる態様によるかを問わず、援助し、奨励し又は勧誘すること。

(f)　この条約によって締約国に対して禁止されている活動を行うことにつき、いずれかの者から、いかなる態様によるかを問わず、いずれかの援助を求め又は受けること。

(g)　自国の領域又は自国の管轄若しくは管理の下にある場所において、核兵器その他の核爆発装置を配置し、設置し又は配備することを許可すること。

第二条（申告）１　締約国は、この条約が自国について効力を生じた後三〇日以内に、国際連合事務総長に対して申告を行うものとし、当該申告において、

(a)　この条約が自国について効力を生じる前に、核兵器その他の核爆発装置を所有していたか否か、占有していたか否か又は管理していたか否か、及び核兵器に関連するすべての施設の除去若しくは不可逆的な転換を含む自国の核兵器計画の除去を行ったか否かを申告する。

(b)　前条(a)にかかわらず、核兵器その他の核爆発装置を所有しているか否か、占有しているか否か又は管理しているか否かを申告する。

(c)　前条(g)にかかわらず、自国の領域又は自国の管轄若しくは管理の下にある場所に、他の国が所有し、占有し又は管理する核兵器その他の核爆発装置が存在するか否かを申告する。

２　国際連合事務総長は、前項の規定に基づき受領したすべての申告を全締約国に対して送付する。

第三条（保障措置）１　次条１又は２が適用されない締約国は、将来において自国が採択する追加の関連する文書に影響を及ぼすことなく、少なくとも、この条約が効力を生じた時点において自国について効力を有する国際原子力機関の保障措置に関する義務を維持する。

２　次条１又は２が適用されない締約国であって、国際原子力機関と包括的保障措置協定（INFCIRC/153 (Corrected)）を締結していないか、又は同協定の効力を生じさせていない締約国は、同機関と同協定を

締結しかつその効力を生じさせる。その協定の交渉は、この条約が当該締約国につき効力を生じた時から一八〇日以内に開始しなければならない。その協定は、この条約が当該締約国につき効力を生じた時から一八箇月以内に効力を生ずるものとする。締約国は、その後は、将来において自国が採択する追加の関連する文書に影響を及ぼすことなく、この義務を維持する。

第四条（核兵器の全面的な廃絶に向けた措置）1　二〇一七年七月七日後に、核兵器その他の核爆発装置を所有し、占有し又は管理しており、かつ、この条約が自国につき効力を生ずる前に、核兵器に関連するすべての施設の除去若しくは不可逆的な転換を含む自国の核兵器計画の除去を行った締約国は、自国の核兵器計画を不可逆的に除去したことを検証することを目的として、この条の6に従って指定される権限のある国際当局と協力する。この当局は、全締約国に対して報告する。当該締約国は、申告された核物質が平和的な核活動から転用されていないこと及び当該締約国全体において申告されていない核物質又は核活動が存在しないことにつき信頼できる保証を与えるに十分な保障措置協定を国際原子力機関と締結する。その協定の交渉は、当該締約国につきこの条約が効力を生じた時から一八〇日以内に開始しなければならない。その協定は、この条約が当該締約国につき効力を生じた時から一八箇月以内に効力を生ずるものとする。当該締約国は、その後は、将来において自国が採択する追加の関連する文書に影響を及ぼすことなく、最低限この保障措置に関する義務を維持する。

2　第一条(a)にかかわらず、核兵器その他の核爆発装置を所有し、占有し又は管理している締約国は、直ちにその核兵器その他の核爆発装置を作戦配備から撤去し、可及的速やかにかつ最初の締約国会議により決定される期日までに、当該締約国の核兵器計画についての検証を伴いかつ不可逆的に除去を行うための法的な拘束力を有しかつ期限を伴う計画（核兵器に関連するすべての施設の除去又は不可逆的な転換を含む）に従い、その核兵器その他の核爆発装置を廃棄する。当該締約国は、この条約が自国につき効力を生じた後六〇日以内にこの計画を全締約国又は全締約国が指定する権限のある国際当局に提出する。その後、この計画はこの権限のある国際当局と交渉し、同当局は、次回の締約国会議又は検討会議のうちいずれか早く開催される会議に対して、その会議の手続規則に基づく承認のために、この計画を提出する。

3　前項の規定が適用される締約国は、申告された核物質が平和的な核活動から転用されていないこと及び当該締約国全体において申告されていない核物質又は核活動が存在しないことにつき信頼できる保証を与えるに十分な保障措置協定を国際原子力機関との間に締結する。その協定の交渉は、前項に定める計画の実施が完了する日までに開始しなければならない。その協定は、交渉開始の日の後一八箇月以内に効力を生ずるものとする。当該締約国は、その後は、将来において自国が採択する追加の関連する文書に影響を及ぼすことなく、最低限この保障措置に関する義務を維持する。この項に定める協定の効力が生じた後、締約国は、この条に基づく自国の義務を履行した旨の最終申告を国際連合事務総長に提出する。

4　第1条(b)及び(g)にかかわらず、自国の領域又は自国の管轄若しくは管理の下にある場所に、他の国が所有し、占有し又は管理する核兵器その他の核爆発装置が存在する締約国は、可及的速やかに、遅くとも最初の締約国会議により決定される期日までに、その核兵器その他の核爆発装置の速やかな撤去を確保する。当該締約国は、その核兵器その他の核爆発装置の撤去が完了した時に、この条に基づく自国の義務を履行した旨の申告を国際連合事務総長に提出する。

5　この条が適用される締約国は、この条に基づく自国の義務の履行が完了するまでの間、この義務の実施の進捗状況につき各締約国会議及び各検討会議に報告する。

6　全締約国は、この条の1、2及び3に従い、核兵器計画の不可逆的な除去（核兵器に関連するすべての施設の除去又は不可逆的な転換を含む）につき交渉し及びこの除去を検証する権限のある国際当局を指定する。この条の1又は2の規定が適用される締約国につきこの条約の効力が生じる前に、この指定が行われなかった場合は、国際連合事務総長は、必要な決定を行うために締約国特別会議を招集する。

第五条（国内の実施措置）1　締約国は、この条約に基づく自国の義務を履行するために必要な措置をとる。

2　締約国は、この条約によって締約国に対して禁止されている活動であって、自国の管轄若しくは管理の下にある者によるもの又は自国の管轄若しくは管理の下にある領域におけるものを防止し及び抑止するため、立法上、行政上その他の措置（罰則を設けることを含む）をとる。

第六条（被害者に対する援助及び環境の修復）1　締約国は、自国の管轄の下にある個人であって核兵器の使用又は実験により影響を受けたものについて、適用可能な国際人道法及び国際人権法に従い、年齢及び性別に配慮した援助（医療、リハビリテーション及び心理的な支援を含む）を差別なく適切に提供し、並びにこれらの者が社会的及び経済的に包容されるようにする。

2　締約国は、核兵器その他の核爆発装置の実験又は使用に関係する活動の結果として汚染された自国の管轄又は管理の下にある地域に関して、汚染された地域の環境上の修復に向けた必要かつ適切な措置をとる。

3　この条の1及び2に基づく義務は、国際法又は二国間の協定に基づく他の国の義務に影響を及ぼさない。

第七条（国際的な協力及び援助） 1　締約国は、この条約の実施を促進するために他の締約国と協力する。

2　締約国は、この条約に基づく義務を履行するに当たり、可能な場合には他の締約国からの援助を求め及び受ける権利を有する。

3　援助を提供することのできる締約国は、この条約の実施を促進するために、核兵器の使用又は実験により影響を受けた締約国に対して技術的、物的及び財政的援助を提供する。

4　援助を提供することのできる締約国は、核兵器その他の核爆発装置の使用又は実験の被害者に援助を提供する。

5　この条に基づく援助は、特に、国際連合及びその関連機関、国際的な、地域的な若しくは国の機関、非政府機関、赤十字国際委員会、国際赤十字・赤新月社連盟若しくは各国の赤十字・赤新月社を通じて又は二国間で提供することができる。

6　締約国が国際法に基づいて負う他の義務に影響を及ぼすことなく、核兵器その他の核爆発装置を使用し又は実験した締約国は、被害者への援助及び環境の修復のため、影響を受けた締約国に対して適切な援助を提供する責任を有する。

第八条（締約国会議） 1　締約国は、関連する規定に従い、この条約の適用又は実施に関するいかなる事項についても、並びに核軍縮に関する更なる措置について検討するため及び必要な場合には決定を行うために定期的に会合する。これには次の事項を含む。

(a)　この条約の実施及び締結状況

(b)　核兵器計画の検証を伴い、期限を伴い及び不可逆的な除去のための措置（この条約に対する追加の議定書を含む）

(c)　この条約の規定に従いかつこれに適合する他の事項

2　最初の締約国会議については、この条約が効力を生じた後一年以内に国際連合事務総長が招集する。その後の締約国会議は、締約国が別段の合意をする場合を除き、二年毎に、同事務総長が招集する。締約国会議は最初の会期において手続規則を採択する。その採択に至るまでの間は、核兵器の全面的な廃絶に向けた核兵器を禁止する法的拘束力のある条約を交渉する国際連合会議の手続規則を適用する。

3　締約国特別会議は、必要と認められる場合、いずれかの締約国からの書面による要請に基づき、かつ締約国の少なくとも三分の一がその要請を支持するときに、国際連合事務総長により招集される。

4　この条約が効力を生じてから五年の期間が経過した後、国際連合事務総長は、この条約の運用及びこの条約の目的の達成についての進展を検討するため、会議を招集する。締約国が別段の合意をする場合を除き、国際連合事務総長は、同一の目的でその後六年毎に検討会議を招集する。

5　この条約の締約国でない国並びに国際連合及びその関連機関のうちの関連する機関、その他の関連する国際機関、地域的機関、赤十字国際委員会、国際赤十字・赤新月社連盟並びに関連する非政府機関を、オブザーバーとして締約国会議及び検討会議に出席するよう招請する。

第九条（費用） 1　締約国会議、検討会議及び締約国特別会議の費用は、適切に調整された国際連合の分担率に従い、締約国及びこれらの会議にオブザーバーとして参加するこの条約の締約国でない国が負担する。

2　この条約の第二条に基づく申告、第四条に基づく報告及び第一〇条に基づく改正案の送付につき国際連合事務総長が要する費用は、適切に調整された国際連合の分担率に従って全締約国が負担する。

3　第四条に基づき必要とされる検証措置の実施に関する費用並びに核兵器その他の核爆発装置の廃棄及び核兵器計画の除去（核兵器に関連するすべての施設の除去又は転換を含む）に関する費用は、これらが適用される締約国が負担する。

第一〇条（改正） 1　いずれの締約国も、この条約が効力を生じた後いつでもこの条約の改正を提案することができる。改正案の条文については、国際連合事務総長に通報するものとし、同事務総長は、当該条文をすべての締約国に対して回章に付し、当該提案を検討するべきか否かについて締約国の見解を求める。締約国の過半数が当該提案を更に検討することを支持する旨を当該提案の送付の後九〇日以内に同事務総長に通報する場合には、当該提案は、次回の締約国会議又は検討会議のうちいずれか早く開催される会議において検討される。

2　締約国会議又は検討会議は、締約国の三分の二の多数による賛成投票により採択することで改正につき合意することができる。寄託者は採択された改正をすべての締約国に通報する。

3　改正は、改正採択の時点における締約国の過半数により改正の批准書又は受諾書が寄託された後九〇日で、改正の批准書又は受諾書を寄託した締約国について効力を生ずる。その後、この改正は、改正の批准書又は受諾書を寄託した他の締約国につき、その寄託の後九〇日で効力を生ずる。

第一一条（紛争の解決） 1　この条約の解釈又は適用に関して二以上の締約国間で紛争が生ずる場合には、関係紛争当事国は、交渉により又は国際連合憲章第三三条に従い関係紛争当事国が選ぶその他の平和的手段によって紛争を解決するために協議する。

2　締約国会議は、この条約及び国際連合憲章の関係規定に従って紛争の解決に貢献することができる。これには、あっせんを提供し、関係締約国に対してその選ぶ解決のための手続を開始するよう要請し、及び合意された手続に従って解決するための期限を勧告することによる貢献が含まれる。

第一二条(普遍性) 締約国は、すべての国によるこの条約への普遍的な参加を得ることを目標として、この条約の締約国でない国に対し、この条約に署名し、これを批准し、受諾し、承認し、又はこれに加入するよう奨励する。

第一三条(署名) この条約は、二〇一七年九月二〇日からニューヨークにある国際連合本部においてすべての国による署名のために開放しておく。

第一四条(批准、受諾、承認又は加入) この条約は、署名国によって批准され、受諾され又は承認されなければならない。この条約は加入のために開放しておく。

第一五条(効力発生) 1　この条約は、五〇番目の批准書、受諾書、承認書又は加入書が寄託された後九〇日で効力を生ずる。

2　五〇番目の批准書、受諾書、承認書又は加入書が寄託された日の後に批准書、受諾書、承認書又は加入書を寄託する国については、この条約は、その批准書、受諾書、承認書又は加入書が寄託された日の後九〇日で効力を生ずる。

第一六条(留保) この条約の各条の規定については、留保を付することができない。

第一七条(有効期間及び脱退) 1　この条約の有効期間は、無期限とする。

2　締約国は、この条約の対象である事項に関連する異常な事態が自国の至高の利益を危うくしていると認める場合には、その主権を行使してこの条約から脱退する権利を有する。当該締約国は、寄託者に対しその脱退を通告する。その通告には、自国の至高の利益を危うくしていると認める異常な事態についても記載しなければならない。

3　脱退は、寄託者が脱退の通告を受領した日の後一二箇月で効力を生ずる。ただし、脱退する締約国が当該一二箇月の期間の満了の時において、武力紛争の当事者である場合には、当該締約国は、武力紛争の当事者でなくなる時まで、この条約の義務及び追加議定書の義務に引き続き拘束される。

第一八条(他の協定との関係) この条約の実施は、締約国が当事国である既存の国際協定との関係で当該締約国が負う義務に影響を及ぼすものではない。但し、当該義務がこの条約と両立する場合に限る。

第一九条(寄託者) 国際連合事務総長は、ここに、この条約の寄託者として指名される。

第二〇条(正文) この条約は、アラビア語、中国語、英語、フランス語、ロシア語及びスペイン語をひとしく正文とする。

12 4　南太平洋非核地帯条約(ラロトンガ条約)(抄)

署　名　一九八五年八月六日(ラロトンガ)
効力発生　一九八六年一二月一一日

前　文

この条約の締約国は、

世界の平和に対する責務を一致して負っており、

継続する核軍備競争が、すべての人々に破滅的な影響を与える核戦争の危険を示していることを深く懸念し、

すべての国家が、核兵器、核兵器が人類に与えている恐怖及び核兵器が地球上の生命に与えている脅威を取り除くという目標を達成するために、あらゆる努力をする義務を有することを確信し、

地域的な軍備管理措置が、核軍備競争を逆方向に向かわせるための世界的な努力に貢献し、かつ、その地域の各国の国家的安全保障及びすべての国家の共通の安全保障を促進しうるものと信じ、

その地域の陸地及び海洋の恵みと美しさが、永遠にすべてのものによって平和のうちに享有されるべきその人民及び子孫の遺産であることを、力の及ぶ限り確保することを決意し、

核兵器の拡散を防止し、かつ世界の安全に貢献することについて核兵器の不拡散に関する条約(NPT)が有する重要性を再確認し、

特に、NPT第七条が、それぞれの領域において核兵器の完全な不存在を保証するため、国の集団に地域的条約を締結する権利を認めていることに注目し、

核兵器及び他の大量破壊兵器の海底における設置の禁止に関する条約に含まれる核兵器の海底における設置の禁止が、南太平洋においても適用されることに注目し、

また、大気圏内、宇宙空間及び水中における核兵器実験を禁止する条約に含まれる大気圏内、又は領海及び公海を含む水中における核兵器実験の禁止が、南太平洋においても適用されることに注目し、

この地域を放射性廃棄物及び他の放射性物質による環境汚染から守ることを決意し、

その会合のコミュニケに示された原則に従ってできるだけ早い機会にその地域に非核地帯を設置すべきであるというツバルにおける第一五回南太平洋フォーラムの決定に導かれて、

次のとおり協定した。

第一条(用語の使用法) この条約及びその議定書の適用上、

(a)　「南太平洋非核地帯」とは、附属書1に規定された地域で、同附属書に添付された地図*で示された地域をいう。

(b)　「領域」とは、内水、領海及び群島水域、その海

底及び地下、陸地並びにそれらの上部空域をいう。

(c)　「核爆発装置」とは、その使用目的の如何にかかわらず、あらゆる核兵器又は核エネルギーを放出することのできる他の爆発装置をいう。この用語には、組み立てられていない形及び部分的に組み立てられた形のそれらの兵器又は装置は含まれるが、それらの兵器又は装置の輸送又は運搬の手段は、兵器から分離可能であり、かつその不可分の部分でない場合には、含まれない。

(d)　「配置」とは、備付け、設置、陸地又は内水における輸送、貯蔵、保管、取付け及び配備をいう。

＊第17章16の地図参照

第二条（条約の適用）1　この条約及びその議定書は、別段の規定がある場合を除くほか、南太平洋非核地帯内の領域に適用する。

2　この条約のいかなる規定も、海洋の自由に関する国際法に基づいて国家が有する権利若しくは権利の行使を害するものではなく、又は、いかなる方法でもそれらに影響を与えるものでもない。

第三条（核爆発装置の放棄）各締約国は、次のことを約束する。

(a)　南太平洋非核地帯の内部又は外部のいかなる場所においても、いかなる手段によっても核爆発装置を製造せず、又はその他の方法で取得、所有若しくは管理しないこと。

(b)　核爆発装置の製造又は取得について、いかなる援助をも求めず又は受けないこと。

(c)　いかなる国による核爆発装置の製造又は取得を援助し又は奨励するいかなる行動をもとらないこと。

第四条（平和的原子力活動）各締約国は、次のことを約束する。

(a)　(i)非核兵器国に対してはNPT第三条1により要求される保障措置に従わない限り、(ii)核兵器国に対しては適用しうる国際原子力機関（IAEA）との保障措置協定に従わない限り、原料物質若しくは特殊核分裂性物質、又は平和目的のための特殊核分裂性物質の処理、使用若しくは生産のために特に設計され若しくは作成された設備若しくは資材を供給しないこと。いかなる供給も、もっぱら平和的非爆発利用であることを保証する厳格な不拡散措置に合致しなければならない。

(b)　NPT及びIAEA保障措置制度に基づく国際不拡散制度が継続して有効性を持つよう支援すること。

第五条（核爆発装置の配置の防止）1　各締約国は、その領域においていかなる核爆発装置の配置をも防止することを約束する。

2　各締約国は、その主権的権利を行使して、外国の船舶及び航空機による自国の港及び飛行場への寄港、外国の航空機による領空の通過、並びに無害通航、群島航路帯通航又は海峡の通過通航の権利に含まれない方法での外国の船舶による領海又は群島水域の航行を許可するかどうかを自ら自由に決定することができる。

第六条（核爆発装置の実験の防止）各締約国は、次のことを約束する。

(a)　その領域においていかなる核爆発装置の実験をも防止すること。

(b)　いかなる国によるいかなる核爆発装置の実験をも援助し又は奨励するいかなる行動をもとらないこと。

第七条（投棄の防止）1　各締約国は、次のことを約束する。

(a)　南太平洋非核地帯内のいかなる海洋にも放射性廃棄物及び他の放射性物質を投棄しないこと。

(b)　自国の領海における放射性廃棄物及び他の放射性物質のいかなる者による投棄をも防止すること。

(c)　南太平洋非核地帯内のいかなる海洋においても、放射性廃棄物及び他の放射性物質のいかなる者による投棄をも援助し又は奨励するいかなる行動もとらないこと。

(d)　南太平洋地域のいかなる場所におけるいかなる者による放射性物質及び他の放射性物質の海洋での投棄をも排除するため、南太平洋地域の天然資源及び環境の保護に関して提案されている条約並びに投棄による南太平洋地域の汚染の防止のための議定書をできるだけ早期に締結することを支持すること。

2　本条の1(a)及び1(b)は、1(d)にいう条約及び議定書が効力を生じている南太平洋非核地帯の地域には適用されない。

第八条（管理制度）1　締約国は、この条約に基づく義務の遵守を検証するために、ここに管理制度を設定する。

2　管理制度は、次のものから構成される。

(a)　第九条に規定される報告及び情報交換

(b)　第一〇条及び附属書4(1)に規定される協議

(c)　附属書2に規定される平和的原子力活動へのIAEAによる保障措置の適用

(d)　附属書4に規定される苦情申立て手続

第九条（報告及び情報交換）1　各締約国は、その管轄権内の重大な出来事であってこの条約の実施に影響を与えるものをできる限り速やかに南太平洋経済協力局事務局長（以下「事務局長」という。）に報告する。事務局長は、その報告をすべての締約国に速やかに送付する。

2　締約国は、この条約の下で又はそれに関して生じる問題について相互に十分情報を与えられるよう努力する。締約国は、事務局長に通報することにより情報を交換することができ、事務局長はそれをすべての締約国に送付する。

3　事務局長は、この条約の地位について及び条約の下で又はそれに関して生ずる問題について南太平洋フォーラムに毎年報告する。そこには、本条1及び2に基づいてなされる報告及び通報並びに第八条2

(d)、第一〇条及び附属書2(4)の下で生ずる問題が含まれる。

第一〇条(協議及び再検討) 事務局長は、他の手段による締約国間での協議の実施を害することなく、いずれかの締約国の要請に基づき、この条約に関して生ずるあらゆる問題についての協議及び協力のため又はその運用の再検討のために、附属書3によって設置される協議委員会の会合を開催する。

第一一条(改正)
第一二条(署名、批准)
第一三条(脱退)
第一四条(留保)
第一五条(効力発生)
第一六条(寄託者の任務)
(略)

附属書1

南太平洋非核地帯(略)

添付地図(略)　第17章16の地図参照

附属書2

IAEA保障措置(略)

附属書3

協議委員会

1　第一〇条、第一一条及び附属書4の2項に従って適宜事務局長により開催される協議委員会をここに設置する。協議委員会は締約国の代表から構成され、各締約国は一人の代表を指名する権利をもつ。その代表は顧問を随伴させることができる。別段の合意がない限り、協議委員会の会合の議長はすぐ前の南太平洋フォーラム加盟国政府首脳会議を主催した締約国の代表がつとめる。定足数は締約国の半数の代表により構成される。第一一条の規定に従い、協議委員会の決定はコンセンサスにより、コンセンサスが得られない場合には出席しかつ投票する代表の三分の二の多数決により行われる。協議委員会は適当なその他の手続規則を採択する。

2　協議委員会の費用は、附属書4に従った特別査察の費用をも含めて、南太平洋経済協力局が負担する。それは必要な場合には特別基金を求めることができる。

附属書4

苦情申立て手続

1　他の締約国がこの条約上の義務に違反しているという苦情申立ての根拠が存在すると考える締約国は、その苦情申立てを事務局長に提出する前に、苦情申立ての主題を苦情を申し立てられた締約国に留意させ、後者が説明を行いその問題を解決するための十分な機会を与えなければならない。

2　問題がそのようにして解決されない場合には、苦情を申し立てた締約国はそれを審議するため協議委員会を開催すべきであるという要請を伴って、その苦情申立てを事務局長に提出することができる。苦情申立ては苦情を申し立てた締約国が知っている義務違反の証拠の説明により支持されなければならない。苦情申立てを受理した場合、事務局長はそれを審議するため可及的速やかに協議委員会を開催する。

3　協議委員会は、1項の下でなされた努力を考慮し、苦情を申し立てられた締約国が問題の説明を行うための十分な機会を与えなければならない。

4　苦情を申し立てられた締約国の代表が行った説明を審議した後、協議委員会がその締約国の領域または他の場所における特別査察を正当とする十分な実質がその苦情申立ての中にあると決定した場合には、協議委員会は苦情を申し立てた締約国及び苦情を申し立てられた締約国と協議しつつ協議委員会により指名される三人の適切な資格ある特別査察員からなる特別査察団により特別査察が可及的速やかに行われるよう命令する。但し、どちらの締約国の国民も特別査察団に加わることはできない。苦情を申し立てられた締約国からの要請がある場合には、その締約国の代表が特別査察団に随伴する。特別査察員の指名に関する協議の権利も特別査察員を随伴させる権利も、特別査察団の任務を遅延させてはならない。

5　特別査察を行う際に特別査察員は協議委員会の命令にのみ従い、作業、目的、機密及び手続に関してそれが決定する指示に従う。指示は他の国際的な義務及び約束に従っている苦情を申し立てられた締約国の正当な利益を考慮し、附属書2の1項に言及されている協定に従ってIAEAが実施している保障措置手続と重複してはならない。特別査察員は苦情を申し立てられた締約国の法律を適切に尊重しつつその義務を遂行する。

6　各締約国は、特別査察員が協議委員会により与えられた指示を実施するのに関連した領域内のあらゆる情報及び場所への完全かつ自由な接近を特別査察員に認める。

7　苦情を申し立てられた締約国は特別査察を容易にするためあらゆる適切な措置をとり、あらゆる書類及び文書の不可侵、特別査察のために行った行為並びに口頭及び書面の発言について逮捕、拘留及び法手続からの免除を含め、彼らの任務の遂行に必要な特権及び免除を特別査察員に与える。

8　特別査察員は、彼らの活動の概略を示し、それを支える適当な証拠及び文書と共に、彼らが確認した関連する事実及び情報を記述し、彼らの結論を述べた報告を可及的速やかに協議委員会に書面で行う。協議委員会は南太平洋フォーラムのすべての加盟国に完全に報告し、苦情を申し立てられた締約国がこの条約上の義務に違反したかどうかの決定を知らせる。

9　協議委員会が、苦情を申し立てられた締約国はこの条約上の義務に違反していると決定した場合、若しくは上述の規定が遵守されなかったと決定した場合、又は苦情を申し立てた締約国若しくは苦情を申し立てられた締約国が要請する場合には、締約国は南太平洋フォーラムの会合を直ちに開催する。

議定書1

この議定書の締約国は、
南太平洋非核地帯条約（以下「条約」という。）に注目し、
次のとおり協定した。

第一条【域外国の義務】各締約国は、南太平洋非核地帯内に位置し国際的に責任をもつ領域に関して、それらの領域内での核爆発装置の製造、配置及び実験の禁止に関わる限りにおいて第三条、第五条及び第六条に含まれる禁止、並びに第八条2項(c)及び条約附属書2に詳しく規定されている保障措置を適用することを約束する。

第二条【改正の受諾】各締約国は、条約第一一条に従って条約の改正が効力を発生することにより生ずるこの議定書上の義務の変更を、寄託者への書面の通告により、その通告の日から受諾することを示すことができる。

第三条【署名】この議定書はフランス共和国、グレート・ブリテン及び北部アイルランド連合王国並びにアメリカ合衆国による署名のため開放される。

第四条【批准】この議定書は批准されなければならない。

第五条【期限、脱退】この議定書は、永久的性格を有し、無期限に効力を有する。但し、いずれの締約国も、この議定書の対象である事項に関連する異常な事態がその至高の利益を危うくしていると認める場合には、その主権を行使してこの議定書から脱退する権利を有する。当該締約国は、寄託者に対し三か月前にその脱退を通知する。その通知には、自国の至高の利益を危うくしていると認める異常な事態についても記載しなければならない。

第六条【発効】この議定書は、寄託者への批准書の寄託の日にその国について効力を生ずる。

議定書2

この議定書の締約国は、
南太平洋非核地帯条約（以下「条約」という。）に注目し、
次のとおり協定した。

第一条【核不使用】各締約国は、(a) 条約締約国に対して、又は(b) 議定書1の締約国になった国が国際的に責任をもっている南太平洋非核地帯内の領域に対して、いかなる核爆発装置をも使用し又は使用するとの威嚇を行わないことを約束する。

第二条【違反への寄与の禁止】各締約国は、条約の違反となる条約締約国のいかなる行為にも、又は議定書の違反となる他の議定書締約国のいかなる行為にも寄与しないことを約束する。

第三条【改正の受諾】各締約国は、条約第一一条に従って条約の改正が効力を発生することにより、又は条約第一二条3項に従って南太平洋非核地帯が拡張されることにより生ずるこの議定書上の義務の変更を、寄託者への書面の通告により、その通告の日から受諾することを示すことができる。

第四条【署名】この議定書は、フランス共和国、中華人民共和国、ソヴィエト社会主義共和国連邦、グレート・ブリテン及び北部アイルランド連合王国並びにアメリカ合衆国による署名のため開放される。

第五条【批准】
第六条【期限、脱退】　（略）
第七条【発効】

議定書3

この議定書の締約国は、
南太平洋非核地帯条約（以下「条約」という。）に注目し、
次のとおり協定した。

第一条【核実験禁止】各締約国は、南太平洋非核地帯内のいかなる場所においても核爆発装置の実験を行わないことを約束する。

第二条【改正の受諾】各締約国は、条約第一一条に従って条約の改正が効力を発生することにより、又は条約第一二条3項に従って南太平洋非核地帯が拡張されることにより生ずるこの議定書上の義務の変更を、寄託者への書面の通告により、その通告の日から受諾することを示すことができる。

第三条【署名】この議定書は、フランス共和国、中華人民共和国、ソヴィエト社会主義共和国連邦、グレート・ブリテン及び北部アイルランド連合王国並びにアメリカ合衆国による署名のため開放される。

第四条【批准】
第五条【期限、脱退】　（略）
第六条【発効】

12-5　化学兵器の開発、生産、貯蔵及び使用の禁止並びに廃棄に関する条約（化学兵器禁止条約）（抄）

採択　一九九二年九月三日（ジュネーヴ）
署名　一九九三年一月一三日（パリ）
効力発生　一九九七年四月二九日
日本国　一九九三年一月一三日署名、一九九五年四月二八日国会承認、九月一五日批准書寄託、一九九七年四月二一日公布（条約第三号）、四月二九日効力発生

前文

この条約の締約国は、厳重かつ効果的な国際管理の

下における全面的かつ完全な軍備縮小(あらゆる種類の大量破壊兵器の禁止及び廃棄を含む。)に向けての効果的な進展を図ることを決意し、

国際連合憲章の目的及び原則の実現に貢献することを希望し、

国際連合総会が、一九二五年六月一七日にジュネーヴで署名された窒息性ガス、毒性ガス又はこれらに類するガス及び細菌学的手段の戦争における使用の禁止に関する議定書(以下「一九二五年のジュネーヴ議定書」という。)の原則及び目的に反するすべての行為を繰り返し非難してきたことを想起し、

この条約は、一九二五年のジュネーヴ議定書並びに一九七二年四月一〇日にロンドン、モスクワ及びワシントンで署名された細菌兵器(生物兵器)及び毒素兵器の開発、生産及び貯蔵の禁止並びに廃棄に関する条約の原則及び目的並びに同議定書及び同条約に基づく義務を再確認するものであることを認識し、

細菌兵器(生物兵器)及び毒素兵器の開発、生産及び貯蔵の禁止並びに廃棄に関する条約第九条に規定する目標に留意し、

全人類のため、一九二五年のジュネーヴ議定書に基づく義務を補完するこの条約の実施によって化学兵器の使用の可能性を完全に無くすことを決意し、

戦争の方法としての除草剤の使用の禁止が関連する協定及び国際法の原則において定められていることを認識し、

化学の分野における成果は人類の利益のためにのみ使用されるべきであることを考慮し、

すべての締約国の経済的及び技術的発展を促進するため、この条約によって禁止されていない目的のために、化学に関する活動の分野における国際協力並びに科学的及び技術的情報の交換並びに化学物質の自由な貿易を促進することを希望し、

化学兵器の開発、生産、取得、貯蔵、保有、移譲及び使用の完全かつ効果的な禁止並びに廃棄が、これらの共通の目的を達成するために必要な措置であることを確信して、

次のとおり協定した。

第一条(一般的義務) 1　締約国は、いかなる場合にも、次のことを行わないことを約束する。

(a)　化学兵器を開発し、生産その他の方法によって取得し、貯蔵し若しくは保有し又はいずれかの者に対して直接若しくは間接に移譲すること。

(b)　化学兵器を使用すること。

(c)　化学兵器を使用するための軍事的な準備活動を行うこと。

(d)　この条約によって締約国に対して禁止されている活動を行うことにつき、いずれかの者に対して、援助し、奨励し又は勧誘すること。

2　締約国は、この条約に従い、自国が所有し若しくは占有する化学兵器又は自国の管轄若しくは管理の下にある場所に存在する化学兵器を廃棄することを約束する。

3　締約国は、この条約に従い、他の締約国の領域内に遺棄したすべての化学兵器を廃棄することを約束する。

4　締約国は、この条約に従い、自国が所有し若しくは占有する化学兵器生産施設又は自国の管轄若しくは管理の下にある場所に存在する化学兵器生産施設を廃棄することを約束する。

5　締約国は、暴動鎮圧剤を戦争の方法として使用しないことを約束する。

第二条(定義及び基準)　この条約の適用上、

1　「化学兵器」とは、次の物を合わせたもの又は次の物を個別にいう。

(a)　毒性化学物質及びその前駆物質。ただし、この条約によって禁止されていない目的のためのものであり、かつ、種類及び量が当該目的に適合する場合を除く。

(b)　弾薬類及び装置であって、その使用の結果放出されることとなる(a)に規定する毒性化学物質の毒性によって、死その他の害を引き起こすように特別に設計されたもの

(c)　(b)に規定する弾薬類及び装置の使用に直接関連して使用するように特別に設計された装置

2　「毒性化学物質」とは、生命活動に対する化学作用により、人又は動物に対し、死、一時的に機能を著しく害する状態又は恒久的な害を引き起こし得る化学物質(原料及び製法のいかんを問わず、また、施設内、弾薬内その他のいかなる場所において生産されるかを問わない。)をいう。

(この条約の実施上、検証措置の実施のために特定された毒性化学物質は、化学物質に関する附属書の表に掲げる。)

3　「前駆物質」とは、毒性化学物質の生産(製法のいかんを問わない。)のいずれかの段階で関与する化学反応体をいうものとし、二成分又は多成分の化学系の必須成分を含む。

(この条約の実施上、検証措置の実施のために特定された前駆物質は、化学物質に関する附属書の表に掲げる。)

4　「二成分又は多成分の化学系の必須成分」(以下「必須成分」という。)とは、最終生成物の毒性を決定する上で最も重要な役割を果たし、かつ、二成分又は多成分の化学系の中で他の化学物質と速やかに反応する前駆物質をいう。

5　「老朽化した化学兵器」とは、次のものをいう。

(a)　一九二五年より前に生産された化学兵器

(b)　一九二五年から一九四六年までの間に生産された化学兵器であって、化学兵器として使用することができなくなるまでに劣化したもの

6　「遺棄化学兵器」とは、一九二五年一月一日以降にいずれかの国が他の国の領域内に当該他の国の同意を得ることなく遺棄した化学兵器(老朽化した化学兵器を含む。)をいう。

7 「暴動鎮圧剤」とは、化学物質に関する附属書の表に掲げていない化学物質であって、短時間で消失するような人間の感覚に対する刺激又は行動を困難にする身体への効果を速やかに引き起こすものをいう。

8 「化学兵器生産施設」とは、

(a) 一九四六年一月一日以降のいずれかの時に、次の(i)に該当するものとして又は次の(ii)のために設計され、建造され又は使用された設備及びこれを収容する建物をいう。

(i) 化学物質の生産段階(「技術の最終段階」)の一部であって、当該設備が稼働している時に物質の流れが次のいずれかの化学物質を含むもの

(1) 化学物質に関する附属書の表1に掲げる化学物質

(2) 化学兵器のために使用され得る他の化学物質であって、締約国の領域内又はその管轄若しくは管理の下にあるその他の場所において、この条約によって禁止されていない目的のためには年間一トンを超える用途がないもの

(ii) 化学兵器の充填(特に、化学物質に関する附属書の表1に掲げる化学物質の弾薬類、装置又はばらの状態で貯蔵するための容器への充填、組立て式の二成分型弾薬類及び装置の部分を構成する容器への充填、組立て式の単一成分型弾薬類及び装置の部分を構成する化学物質充填子爆弾弾薬類への充填並びに充填された容器及び化学物質充填子爆弾弾薬類の弾薬類及び装置への搭載を含む。)

(b) もっとも、次のものを意味するものではない。

(i) (a)(i)に規定する化学物質を合成するための生産能力を有する施設であって当該能力が一トン未満のもの

(ii) (a)(i)に規定する化学物質をこの条約によって禁止されていない目的のための活動の不可避の副産物として生産し又は生産した施設。ただし、当該化学物質が総生産量の三パーセントを超えないこと並びに当該施設が実施及び検証に関する附属書(以下「検証附属書」という。)に従って申告及び査察の対象となることを条件とする。

(iii) この条約によって禁止されていない目的のために化学物質に関する附属書の表1に掲げる化学物質を生産する検証附属書第六部に規定する単一の小規模な施設

9 「この条約によって禁止されていない目的」とは、次のものをいう。

(a) 工業、農業、研究、医療又は製薬の目的その他の平和的目的

(b) 防護目的、すなわち、毒性化学物質及び化学兵器に対する防護に直接関係する目的

(c) 化学兵器の使用に関連せず、かつ、化学物質の毒性を戦争の方法として利用するものではない軍事的目的

(d) 国内の暴動の鎮圧を含む法の執行のための目的

10 「生産能力」とは、関係する施設において実際に使用されている技術的工程又はこの工程がまだ機能していない場合には使用される予定の技術的工程に基づいて特定の化学物質を一年間に製造し得る量をいう。生産能力は、標示された能力又はこれが利用可能でない場合には設計上の能力と同一であるとみなす。標示された能力は、生産施設にとっての最大量を生産するための最適な条件の下における生産量であって、一又は二以上の実験によって証明されたものとする。設計上の能力は、標示された能力に対応する理論的に計算された生産量とする。

11 「機関」とは、第八条の規定に基づいて設立する化学兵器の禁止のための機関をいう。

12 第六条の規定の適用上、

(a) 化学物質の「生産」とは、化学反応により化学物質を生成することをいう。

(b) 化学物質の「加工」とは、化学物質が他の化学物質に転換することのない物理的な工程(例えば、調合、抽出、精製)をいう。

(c) 化学物質の「消費」とは、化学物質が化学反応により他の化学物質に転換することをいう。

第三条(申告) 1 締約国は、この条約が自国について効力を生じた後三〇日以内に、機関に対して申告を行うものとし、当該申告において、

(a) 化学兵器に関し、

(i) 自国が化学兵器を所有するか否か若しくは占有するか否か又は自国の管轄若しくは管理の下にある場所に化学兵器が存在するか否かを申告する。

(ii) 検証附属書第四部(A)の1から3までの規定に従い、自国が所有し若しくは占有する化学兵器又は自国の管轄若しくは管理の下にある場所に存在する化学兵器の正確な所在地、総量及び詳細な目録を明示する。ただし、(iii)に規定する化学兵器を除く。

(iii) 検証附属書第四部(A)4の規定に従い、他の国が所有し及び占有し、かつ、他の国の管轄又は管理の下にある場所に存在する化学兵器であって、自国の領域内にあるものを報告する。

(iv) 一九四六年一月一日以降自国が直接又は間接に化学兵器を移譲したか否か又は受領したか否かを申告し、及び検証附属書第四部(A)5の規定に従って化学兵器の移譲又は受領について明示する。

(v) 検証附属書第四部(A)6の規定に従い、自国が所有し若しくは占有する化学兵器又は自国の管轄若しくは管理の下にある場所に存在する化学兵器の廃棄のための全般的な計画を提出する。

(b) 老朽化した化学兵器及び遺棄化学兵器に関し、

(i) 自国の領域内に老朽化した化学兵器を有するか否かを申告し、及び検証附属書第四部(B)3の規定に従ってすべての入手可能な情報を提供す

る。

(ii) 自国の領域内に遺棄化学兵器が存在するか否かを申告し、及び検証附属書第四部(B)8の規定に従ってすべての入手可能な情報を提供する。

(iii) 他の国の領域内に化学兵器を遺棄したか否かを申告し、及び検証附属書第四部(B)10の規定に従ってすべての入手可能な情報を提供する。

(c) 化学兵器生産施設に関し、

(i) 一九四六年一月一日以降のいずれかの時に、自国が化学兵器生産施設を所有し若しくは占有するか否か若しくは所有し若しくは占有していたか否か又は自国の管轄若しくは管理の下にある場所に化学兵器生産施設が存在するか否か若しくは存在していたか否かを申告する。

(ii) 検証附属書第五部1の規定に従い、一九四六年一月一日以降のいずれかの時に、自国が所有し若しくは占有し若しくは所有していた若しくは占有していた化学兵器生産施設又は自国の管轄若しくは管理の下にある場所に存在し若しくは存在していた化学兵器生産施設を明示する。ただし、(iii)に規定する化学兵器生産施設を除く。

(iii) 検証附属書第五部2の規定に従い、一九四六年一月一日以降のいずれかの時に、他の国が所有し及び占有し又は所有していた及び占有していた化学兵器生産施設であって、他の国の管轄又は管理の下にある場所に存在し又は存在していたもの(自国の領域内にあるものに限る。)を報告する。

(iv) 一九四六年一月一日以降自国が直接又は間接に化学兵器の生産のための設備を移譲したか否か又は受領したか否かを申告し、及び検証附属書第五部の3から5までの規定に従って当該設備の移譲又は受領について明示する。

(v) 検証附属書第五部6の規定に従い、自国が所有し若しくは占有する化学兵器生産施設又は自国の管轄若しくは管理の下にある場所に存在する化学兵器生産施設の廃棄のための全般的な計画を提出する。

(vi) 検証附属書第五部1(i)の規定に従い、自国が所有し若しくは占有する化学兵器生産施設又は自国の管轄若しくは管理の下にある場所に存在する化学兵器生産施設の閉鎖のためにとるべき措置を明示する。

(vii) 検証附属書第五部7の規定に従い、自国が所有し若しくは占有する化学兵器生産施設又は自国の管轄若しくは管理の下にある場所に存在する化学兵器生産施設を一時的に化学兵器の廃棄施設に転換する場合には、そのための全般的な計画を提出する。

(d) 他の施設に関し、自国が所有し若しくは占有する施設又は自国の管轄若しくは管理の下にある場所に存在する施設であって、一九四六年一月一日以降主に化学兵器の開発のために設計され、建設され又は使用されたものの正確な所在地並びに活動の性質及び全般的な範囲を明示する。この申告には、特に、実験施設及び試験評価場を含める。

(e) 暴動鎮圧剤に関し、暴動の鎮圧のために保有する化学物質の化学名、構造式及びケミカル・アブストラクツ・サービス(以下「CAS」という。)登録番号が付されている場合には当該番号を明示する。この申告は、その内容に変更が生じた後三〇日以内に改定する。

2　この条の規定及び検証附属書第四部の関連規定は、一九七七年一月一日前に締約国の領域内に埋められた化学兵器であって引き続き埋められたままであるもの又は一九八五年一月一日前に海洋に投棄された化学兵器については、当該締約国の裁量により適用しないことができる。

第四条(化学兵器) 1　この条の規定及びその実施のための詳細な手続は、締約国が所有し若しくは占有するすべての化学兵器又はその管轄若しくは管理の下にある場所に存在するすべての化学兵器について適用する。ただし、検証附属書第四部(B)の規定が適用される老朽化した化学兵器及び遺棄化学兵器を除く。

2　この条の規定を実施するための詳細な手続は、検証附属書に定める。

3　1に規定する化学兵器が貯蔵され又は廃棄されるすべての場所は、検証附属書第四部(A)の規定に従い、現地査察及び現地に設置する機器による監視を通じた体系的な検証の対象とする。

4　締約国は、現地査察を通じた申告の体系的な検証のため、前条1(a)の規定に基づく申告を行った後直ちに1に規定する化学兵器へのアクセスを認める。締約国は、その後、当該化学兵器のいずれも移動させてはならないものとし(化学兵器の廃棄施設への移動を除く。)、体系的な現地検証のため、当該化学兵器へのアクセスを認める。

5　締約国は、現地査察及び現地に設置する機器による監視を通じた体系的な検証のため、自国が所有し若しくは占有する化学兵器の廃棄施設及びその貯蔵場所又は自国の管轄若しくは管理の下にある場所に存在する化学兵器の廃棄施設及びその貯蔵場所へのアクセスを認める。

6　締約国は、検証附属書並びに合意された廃棄についての比率及び順序(以下「廃棄の規律」という。)に従い、1に規定するすべての化学兵器を廃棄する。廃棄は、この条約が自国について効力を生じた後二年以内に開始し、この条約が効力を生じた後一〇年以内に完了する。締約国は、当該化学兵器をより速やかに廃棄することを妨げられない。

7　締約国は、次のことを行う。

(a) 検証附属書第四部(A)20の規定に従い、1に規定する化学兵器の廃棄のための詳細な計画を各年の廃棄期間の開始の遅くとも六〇日前までに提出すること。その詳細な計画には、当該年の廃棄期間中に廃棄するすべての貯蔵されている化学兵器を含めるものとする。
(b)　1に規定する化学兵器の廃棄のための自国の計画の実施状況に関する申告を毎年、各年の廃棄期間の満了の後六〇日以内に行うこと。
(c)　廃棄の過程が完了した後三〇日以内に、1に規定するすべての化学兵器を廃棄したことを証明すること。
8　締約国は、6に規定する一〇年の廃棄のための期間が経過した後にこの条約を批准し又はこの条約に加入する場合には、1に規定する化学兵器をできる限り速やかに廃棄する。当該締約国のための廃棄の規律及び厳重な検証の手続については、執行理事会が決定する。
9　化学兵器に関する冒頭申告の後に締約国がその存在を知った化学兵器については、検証附属書第四部(A)の規定に従って、報告し、保全し及び廃棄する。
10　締約国は、化学兵器の輸送、試料採取、貯蔵及び廃棄に当たっては、人の安全を確保し及び環境を保護することを最も優先させる。締約国は、安全及び排出に関する自国の基準に従って、化学兵器の輸送、試料採取、貯蔵及び廃棄を行う。
11　締約国は、他の国が所有し若しくは占有する化学兵器又は他の国の管轄若しくは管理の下にある場所に存在する化学兵器を自国の領域内に有する場合には、この条約が自国について効力を生じた後一年以内にこれらの化学兵器が自国の領域から撤去されることを確保するため、最大限度の努力を払う。これらの化学兵器が一年以内に撤去されない場合には、当該締約国は、機関及び他の締約国に対し、これらの化学兵器の廃棄のために援助を提供するよう要請することができる。
12　締約国は、二国間で又は技術事務局を通じて化学兵器の安全かつ効率的な廃棄のための方法及び技術に関する情報又は援助の提供を要請する他の締約国に対して協力することを約束する。
13　機関は、この条の規定及び検証附属書第四部(A)の規定に従って検証活動を行うに当たり、化学兵器の貯蔵及び廃棄の検証に関する締約国間の二国間又は多数国間の協定との不必要な重複を避けるための措置を検討する。このため、執行理事会は、次のことを認める場合には、当該二国間又は多数国間の協定に従って実施する措置を補完する措置に検証を限定することを決定する。
(a)　当該二国間又は多数国間の協定の検証に関する規定がこの条及び検証附属書第四部(A)の検証に関する規定に適合すること。
(b)　当該二国間又は多数国間の協定の実施によってこの条約の関連規定の遵守が十分に確保されること。
(c)　当該二国間又は多数国間の協定の締約国がその検証活動について機関に対し常時十分な情報の提供を行うこと。
14　執行理事会が13の規定に従って決定する場合には、機関は、13に規定する二国間又は多数国間の協定の実施を監視する権利を有する。
15　13及び14のいかなる規定も、締約国が前条、この条及び検証附属書第四部(A)の規定に従って申告を行う義務に影響を及ぼすものではない。
16　締約国は、自国が廃棄の義務を負う化学兵器の廃棄の費用を負担する。また、締約国は、執行理事会が別段の決定を行う場合を除くほか、当該化学兵器の貯蔵及び廃棄の検証の費用を負担する。執行理事会が13の規定に従い機関の検証措置を限定することを決定した場合には、機関が行う補完的な検証及び監視の費用については、第八条7に規定する国際連合の分担率に従って支払う。
17　この条の規定及び検証附属書第四部の関連規定は、一九七七年一月一日前に締約国の領域内に埋められた化学兵器であって引き続き埋められたままであるもの又は一九八五年一月一日前に海洋に投棄された化学兵器については、当該締約国の裁量により適用しないことができる。

第五条（化学兵器生産施設）1　この条の規定及びその実施のための詳細な手続は、締約国が所有し若しくは占有するすべての化学兵器生産施設又はその管轄若しくは管理の下にある場所に存在するすべての化学兵器生産施設について適用する。
2　この条の規定を実施するための詳細な手続は、検証附属書に定める。
3　1に規定するすべての化学兵器生産施設は、検証附属書第五部の規定に従い、現地査察及び現地に設置する機器による監視を通じた体系的な検証の対象とする。
4　締約国は、閉鎖のために必要な活動を除くほか、1に規定する化学兵器生産施設におけるすべての活動を直ちに停止する。
5　いかなる締約国も、化学兵器の生産又はこの条約によって禁止されているその他のすべての活動のため、新たな化学兵器生産施設を建設してはならず、又は既存の施設を変更してはならない。
6　締約国は、現地査察を通じた申告の体系的な検証のため、第三条1(c)の規定に基づく申告を行った後直ちに1に規定する化学兵器生産施設へのアクセスを認める。
7　締約国は、次のことを行う。
(a)　この条約が自国について効力を生じた後九〇日以内に1に規定するすべての化学兵器生産施設を検証附属書第五部の規定に従って閉鎖し、その旨を通報すること。
(b)　1に規定する化学兵器生産施設の閉鎖の後、当該施設が引き続き閉鎖されていること及びその後に廃棄されることを確保するため、現地査察及び現地に設置する機器による監視を通じた体系的な検証のために当該施設へのアクセスを認めること。

8　締約国は、検証附属書並びに合意された廃棄についての比率及び順序（以下「廃棄の規律」という。）に従い、1に規定するすべての化学兵器生産施設並びに関連する施設及び設備を廃棄する。廃棄は、この条約が自国について効力を生じた後一年以内に開始し、この条約が効力を生じた後一〇年以内に完了する。締約国は、当該化学兵器生産施設並びに関連する施設及び設備をより速やかに廃棄することを妨げられない。

9　締約国は、次のことを行う。

(a)　1に規定する化学兵器生産施設の廃棄のための詳細な計画を各施設の廃棄の開始の遅くとも一八〇日前までに提出すること。

(b)　1に規定するすべての化学兵器生産施設の廃棄のための自国の計画の実施状況に関する申告を毎年、各年の廃棄期間の満了の後九〇日以内に行うこと。

(c)　廃棄の過程が完了した後三〇日以内に、1に規定するすべての化学兵器生産施設を廃棄したことを証明すること。

10　締約国は、8に規定する一〇年の廃棄のための期間が経過した後にこの条約を批准し又はこの条約に加入する場合には、1に規定する化学兵器生産施設をできる限り速やかに廃棄する。当該締約国のための廃棄の規律及び厳重な検証の手続については、執行理事会が決定する。

11　締約国は、化学兵器生産施設の廃棄に当たっては、人の安全を確保し及び環境を保護することを最も優先させる。締約国は、安全及び排出に関する自国の基準に従って化学兵器生産施設を廃棄する。

12　1に規定する化学兵器生産施設は、検証附属書第五部の18から20までの規定に従って化学兵器の廃棄のために一時的に転換することができる。転換した施設については、化学兵器の廃棄のために使用しなくなった場合には速やかに、いかなる場合にもこの条約が効力を生じた後一〇年以内に廃棄しなければならない。

13　締約国は、やむを得ず必要となる例外的な場合には、この条約によって禁止されていない目的のために1に規定する化学兵器生産施設を使用するための承認を要請することができる。締約国会議は、検証附属書第五部Dの規定に従い、執行理事会の勧告に基づき、当該要請を承認するか否かを決定し、及び承認のための条件を定める。

14　化学兵器生産施設は、工業、農業、研究、医療又は製薬の目的その他の平和的目的のために使用する施設であって、化学物質に関する附属書の表1に掲げる化学物質に関係しないものよりも、化学兵器生産施設に再転換する可能性が高くならないように転換する。

15　すべての転換した施設は、検証附属書第五部Dの規定に従い、現地査察及び現地に設置する機器による監視を通じた体系的な検証の対象とする。

16　機関は、この条の規定及び検証附属書第五部の規定に従って検証活動を行うに当たり、化学兵器生産施設及びその廃棄の検証に関する締約国間の二国間又は多数国間の協定との不必要な重複を避けるための措置を検討する。このため、執行理事会は、次のことを認める場合には、当該二国間又は多数国間の協定に従って実施する措置を補完する措置に検証を限定することを決定する。

(a)　当該二国間又は多数国間の協定の検証に関する規定がこの条及び検証附属書第五部の検証に関する規定に適合すること。

(b)　当該二国間又は多数国間の協定の実施によってこの条約の関連規定の遵守が十分に確保されること。

(c)　当該二国間又は多数国間の協定の締約国がその検証活動について機関に対し常時十分な情報の提供を行うこと。

17　執行理事会が16の規定に従って決定する場合には、機関は、16に規定する二国間又は多数国間の協定の実施を監視する権利を有する。

18　16及び17のいかなる規定も、締約国が第三条、この条及び検証附属書第五部の規定に従って申告を行う義務に影響を及ぼすものではない。

19　締約国は、自国が廃棄の義務を負う化学兵器生産施設の廃棄の費用を負担する。また、締約国は、執行理事会が別段の決定を行う場合を除くほか、この条の規定に基づく検証の費用を負担する。執行理事会が16の規定に従い機関の検証措置を限定することを決定した場合には、機関が行う補完的な検証及び監視の費用については、第八条7に規定する国際連合の分担率に従って支払う。

第六条（この条約によって禁止されていない活動）1　締約国は、この条約に従い、この条約によって禁止されていない目的のため毒性化学物質及びその前駆物質を開発し、生産その他の方法によって取得し、保有し、移譲し及び使用する権利を有する。

2　締約国は、毒性化学物質及びその前駆物質が、自国の領域内又は自国の管轄若しくは管理の下にあるその他の場所において、この条約によって禁止されていない目的のためにのみ開発され、生産その他の方法によって取得され、保有され、移譲され及び使用されることを確保するために必要な措置をとる。このため及びこれらの活動がこの条約に規定する義務に適合していることを検証するため、締約国は、化学物質に関する附属書の表1から表3までに掲げる毒性化学物質及びその前駆物質並びにこのような化学物質に関係する施設及び検証附属書に規定するその他の施設であって、自国の領域内又は自国の管轄若しくは管理の下にあるその他の場所に存在するものを検証附属書に規定する検証措置の対象とする。

3　締約国は、化学物質に関する附属書の表1に掲げる化学物質（以下「表1の化学物質」という。）を検証附属書第六部に規定する生産、取得、保有、移譲及び使用の禁止の対象とする。締約国は、検証附属書第六部の規定に従い、表1の化学物質及び同附属書第六部に規定する施設を現地査察及び現地に設置する機器による監視を通じた体系的な検証の対象とする。

4　締約国は、検証附属書第七部の規定に従い、化学物質に関する附属書の表2に掲げる化学物質（以下「表2の化学物質」という。）及び検証附属書第七部に規定する施設を資料による監視及び現地検証の対象とする。

5　締約国は、検証附属書第八部の規定に従い、化学物質に関する附属費の表3に掲げる化学物質（以下「表3の化学物質」という。）及び検証附属書第八部に規定する施設を資料による監視及び現地検証の対象とする。

6　締約国は、検証附属書第九部の規定に従って締約国会議が別段の決定を行う場合を除くほか、同附属書第九部の規定に従い、同附属書第九部に規定する施設を資料による監視及び最終的には現地検証の対象とする。

7　締約国は、この条約が自国について効力を生じた後三〇日以内に、検証附属書に従い、関連する化学物質及び施設に関する冒頭申告を行う。

8　締約国は、検証附属書に従い、関連する化学物質及び施設に関する年次申告を行う。

9　締約国は、現地検証のため、検証附属書に従って査察員に対して施設へのアクセスを認める。

10　技術事務局は、検証活動を行うに当たり、この条約によって禁止されていない目的のための締約国の化学に関する活動に対する不当な干渉を回避し、及び特に、秘密情報の保護に関する附属書（以下「秘密扱いに関する附属書」という。）に定める規定を遵守する。

11　この条の規定については、締約国の経済的又は技術的発展及びこの条約によって禁止されていない目的のための化学に関する活動の分野における国際協力（この条約によって禁止されていない目的のための化学物質の生産、加工又は使用に関する科学的及び技術的情報、化学物質並びに装置の国際的な交換を含む。）を妨げないように実施する。

第七条（国内の実施措置）

一般的約束

1　締約国は、自国の憲法上の手続に従い、この条約に基づく自国の義務を履行するために必要な措置をとる。締約国は、特に、次のことを行う。

(a)　自国の領域内のいかなる場所又は国際法によって認められる自国の管轄の下にあるその他のいかなる場所においても、自然人及び法人がこの条約によって締約国に対して禁止されている活動を行うことを禁止すること（当該活動に対する罰則を規定する法令を制定することを含む。）。

(b)　自国の管理の下にあるいかなる場所においても、この条約によって締約国に対して禁止されている活動を認めないこと。

(c)　自国の国籍を有する自然人が行った活動（場所のいかんを問わない。）であってこの条約によって締約国に対して禁止されているものに対し、国際法に従い、(a)の規定に従って制定する罰則を規定する法令を適用すること。

2　締約国は、1の規定に基づく義務の履行を容易にするため、他の締約国と協力し、及び適当な形態の法律上の援助を与える。

3　締約国は、この条約に基づく自国の義務を履行するに当たっては、人の安全を確保し及び環境を保護することを最も優先させるものとし、適当な場合にはこの点に関して他の締約国と協力する。

締約国と機関との関係

4　締約国は、この条約に基づく自国の義務を履行するため、機関及び他の締約国との効果的な連絡のための国内の連絡先となる国内当局を指定し又は設置する。締約国は、この条約が自国について効力を生ずる時に自国の国内当局を機関に通報する。

5　締約国は、この条約を実施するためにとる立法措置及び行政措置を機関に通報する。

6　締約国は、この条約の実施に関連して機関から秘密のものとして受領する情報及び資料を秘密情報として取り扱い、並びに当該情報及び資料に対し特別の取扱いを行う。締約国は、当該情報及び資料を、この条約に基づく自国の権利及び義務との関連においてのみ利用するものとし、秘密扱いに関する附属書に定める規定に従って取り扱う。

7　締約国は、機関のすべての任務の遂行に当たって機関に協力すること及び特に技術事務局に対する援助を提供することを約束する。

第八条（機関）

A　一般規定

1　締約国は、この条約の趣旨及び目的を達成し、この条約の規定（この条約の遵守についての国際的な検証に関する規定を含む。）の実施を確保し並びに締約国間の協議及び協力のための場を提供するため、この条約により化学兵器の禁止のための機関を設立する。

2　すべての締約国は、機関の加盟国となる。締約国は、機関の加盟国としての地位を奪われることはない。

3　機関の本部の所在地は、オランダ王国ヘーグとする。

4　機関の内部機関として、締約国会議、執行理事会及び技術事務局をこの条約により設置する。

5　機関は、できる限り干渉の程度が低く、かつ、検証活動の目的の適時の及び効果的な達成に合致する方法で、この条約に規定する検証活動を行う。機関は、この条約に基づく自己の責任を果たすために必要な情報及び資料のみを要請する。機関は、この条約の実施を通じて知るに至った非軍事上及び軍事上の活動及び施設に関する情報の秘密を保護するためにすべての措置をとるものとし、特に、秘密扱いに関する附属書に定める規定を遵守する。

6　機関は、その検証活動を行うに当たり、科学及び技術の進歩を利用するための措置を検討する。

7　機関の活動に要する費用は、国際連合と機関との間の加盟国の相違を考慮して調整される国際連合の分担率に従い並びに第四条及び第五条に定めるところにより、締約国が支払う。準備委員会に対する締約国の財政的負担については、適当な方法により、機関の通常予算に対する当該締約国の分担金から控除する。機関の予算は、運営費その他の費用に関連するもの及び検証の費用に関連するものの二の別個の項目から成る。

8　機関に対する分担金の支払が延滞している機関の加盟国は、その未払の額が当該年に先立つ二年の間に当該加盟国から支払われるべきであった分担金の額に等しい場合又はこれを超える場合には、機関において投票権を有しない。ただし、締約国会議は、支払の不履行が当該加盟国にとってやむを得ない事情によると認めるときは、当該加盟国に投票を許すことができる。

B　締約国会議

構成、手続及び意思決定

9　締約国会議(以下「会議」という。)は、機関のすべての加盟国により構成する。各加盟国は、会議において一人の代表を有するものとし、その代表は、代表代理及び随員を伴うことができる。

10　会議の第一回会期は、この条約が効力を生じた後三〇日以内に寄託者が招集する。

11　会議は、別段の決定を行う場合を除くほか、毎年通常会期として会合する。

12　会議の特別会期は、次のいずれかの場合に開催される。この場合において、(d)に規定する場合を除くほか、開催の要請において別段の明示がない限り、技術事務局の事務局長がその要請を受領した後三〇日以内に開催される。

(a)　会議が決定する場合

(b)　執行理事会が要請する場合

(c)　いずれかの加盟国が要請し、かつ、加盟国の三分の一が支持する場合

(d)　22の規定に従ってこの条約の運用について検討する場合

13　会議は、また、第一五条2の規定に従って改正会議として開催される。

14　会議の会期は、会議が別段の決定を行う場合を除くほか、機関の所在地で開催される。

15　会議は、その手続規則を採択する。会議は、各通常会期の始めに、議長及び他の必要な役員を選出する。これらの者は、次の通常会期において新たな議長及び他の役員が選出されるまで在任する。

16　会議の定足数は、機関の加盟国の過半数とする。

17　機関の各加盟国は、会議において一の票を有する。

18　会議は、出席しかつ投票する加盟国の単純多数による議決で手続事項についての決定を行う。実質事項についての決定は、できる限りコンセンサス方式によって行うべきである。決定に当たりコンセンサスが得られない場合には、議長は、いかなる投票も二四時間延期し、この間にコンセンサスの達成を容易にするためのあらゆる努力を払い、及び当該二四時間の終了の前に会議に対して報告する。当該二四時間の終了の時にコンセンサスが得られない場合には、会議は、この条約に別段の定めがある場合を除くほか、出席しかつ投票する加盟国の三分の二以上の多数による議決で決定を行う。実質事項であるか否かについて問題が生ずる場合には、会議が実質事項についての決定に必要な多数による議決で別段の決定を行わない限り、実質事項として取り扱う。

権限及び任務

19　会議は、機関の主要な内部機関であり、この条約の範囲内のいかなる問題又は事項(執行理事会及び技術事務局の権限及び任務に関するものを含む。)も検討する。会議は、締約国が提起し又は執行理事会が注意を喚起するこの条約に関するいかなる問題又は事項についても、勧告及び決定を行うことができる。

20　会議は、この条約の実施を監督し、並びにその趣旨及び目的を推進するために行動する。会議は、この条約の遵守状況を検討する。会議は、執行理事会及び技術事務局の活動も監督するものとし、この条約に従いこれらのいずれの内部機関に対してもその任務の遂行に関し指針を与えることができる。

21　会議は、次のことを行う。

(a)　執行理事会が提出する機関の報告、計画及び予算を通常会期において検討し及び採択し並びに他の報告を検討すること。

(b)　7の規定に従って締約国が支払う分担金の率につき決定すること。

(c)　執行理事会の理事国を選出すること。

(d)　技術事務局の事務局長(以下「事務局長」という。)を任命すること。

(e)　執行理事会が提出する執行理事会の手続規則を承認すること。

(f)　この条約に従い会議がその任務を遂行するために必要と認める補助機関を設置すること。

(g)　平和的目的のために、化学に関する活動の分野における国際協力を促進すること。

(h)　この条約の運用に影響を及ぼし得る科学的及び技術的発展を検討すること。このため、事務局長がその任務の遂行に当たり会議、執行理事会又は締約国に対してこの条約に関連する科学及び技術の分野における専門的な助言を行うことができるようにするために、科学諮問委員会を設置することを事務局長に指示すること。科学諮問委員会は、

会議が採択する付託事項に従って任命される独立した専門家で構成する。

(i) 第一回会期において、準備委員会が作成する協定案、規則案及び指針案を検討し及び承認すること。

(j) 第一回会期において、第一〇条の規定による援助のための任意の基金を設置すること。

(k) 第一二条の規定に従い、この条約の遵守を確保し並びにこの条約に違反する事態を是正し及び改善するため、必要な措置をとること。

22 会議は、この条約が効力を生じた後五年及び一〇年が経過した後一年以内に並びに会議が決定する場合にはその期間内の他の時期に、この条約の運用について検討するため特別会期を開催する。その検討においては、関連する科学的及び技術的発展を考慮する。その後は、別段の決定が行われる場合を除くほか、同様の目的を有する会議の特別会期は、五年ごとに開催される。

C　執行理事会

構成、手続及び意思決定

23 執行理事会は、四一の理事国により構成する。締約国は、輪番の原則に従い、理事国としての任務を遂行する権利を有する。理事国は、二年の任期で会議が選出する。特に、衡平な地理的配分、化学産業の重要性並びに政治上及び安全保障上の利益に十分な考慮を払い、この条約が効果的に機能することを確保するため、執行理事会の構成は、次のとおりとする。

(a) アフリカ地域の締約国が指名する九のアフリカの締約国。この指名の基礎として、これらの九の締約国のうち、三の国は、原則として、国際的に報告され及び公表されている資料によって当該地域において最も重要であると決定される国内化学産業を有する締約国とするものとする。更に、当該地域の集団は、これらの三の理事国を指名するに当たり、他の地域的要素も考慮することに同意する。

(b) アジア地域の締約国が指名する九のアジアの締約国。この指名の基礎として、これらの九の締約国のうち、四の国は、原則として、国際的に報告され及び公表されている資料によって当該地域において最も重要であると決定される国内化学産業を有する締約国とするものとする。更に、当該地域の集団は、これらの四の理事国を指名するに当たり、他の地域的要素も考慮することに同意する。

(c) 東欧地域の締約国が指名する五の東欧の締約国。この指名の基礎として、これらの五の締約国のうち、一の国は、原則として、国際的に報告され及び公表されている資料によって当該地域において最も重要であると決定される国内化学産業を有する締約国とするものとする。更に、当該地域の集団は、この一の理事国を指名するに当たり、他の地域的要素も考慮することに同意する。

(d) ラテン・アメリカ及びカリブ地域の締約国が指名する七のラテン・アメリカ及びカリブの締約国。この指名の基礎として、これらの七の締約国のうち、三の国は、原則として、国際的に報告され及び公表されている資料によって当該地域において最も重要であると決定される国内化学産業を有する締約国とするものとする。更に、当該地域の集団は、これらの三の理事国を指名するに当たり、他の地域的要素も考慮することに同意する。

(e) 西欧及び他の国の地域の締約国が指名する一〇の西欧及び他の国の地域の締約国。この指名の基礎として、これらの一〇の締約国のうち、五の国は、原則として、国際的に報告され及び公表されている資料によって当該地域において最も重要であると決定される国内化学産業を有する締約国とするものとする。更に、当該地域の集団は、これらの五の理事国を指名するに当たり、他の地域的要素も考慮することに同意する。

(f) アジア地域並びにラテン・アメリカ及びカリブ地域の締約国が連続して指名する更に一の締約国。この指名の基礎として、当該締約国は、両地域から交互に選出されるものとする。

24 執行理事会の第一回の選挙においては、23に規定する定められた理事国の数の割合に十分な考慮を払い、選出される理事国のうち二〇の理事国の任期を一年とする。

25 第四条及び第五条の規定が完全に実施された後、会議は、執行理事会の理事国の過半数の要請により、執行理事会の構成を規律する23に規定する原則に関係する進展を考慮し、その構成を再検討することができる。

26 執行理事会は、その手続規則を作成し、承認のためこれを会議に提出する。

27 執行理事会は、その議長を理事国より選出する。

28 執行理事会は、通常会期として会合するほか、通常会期と通常会期との間においては、その権限及び任務の遂行のため必要に応じて会合する。

29 執行理事会の各理事国は、一の票を有する。執行理事会は、この条約に別段の定めがある場合を除くほか、すべての理事国の三分の二以上の多数による議決で実質事項についての決定を行う。執行理事会は、すべての理事国の単純多数による議決で手続事項についての決定を行う。実質事項であるか否かについて問題が生ずる場合には、執行理事会が実質事項についての決定に必要な多数による議決で別段の決定を行わない限り、実質事項として取り扱う。

権限及び任務

30 執行理事会は、機関の執行機関である。執行理事会は、会議に対して責任を負う。執行理事会は、この条約によって与えられる権限及び任務並びに会議によって委任される任務を遂行する。執行理事会は、これらを遂行するに当たり、会議の勧告、決定及び指針に従って行動し、並びにこれらの勧告、決定及び指針の適切かつ継続的な実施を確保する。

31　執行理事会は、この条約の効果的な実施及び遵守を促進する。執行理事会は、技術事務局の活動を監督し、締約国の国内当局と協力し、並びに締約国の要請に応じて締約国間の協議及び協力を促進する。

32　執行理事会は、次のことを行う。

(a)　機関の計画案及び予算案を検討し及び会議に提出すること。

(b)　この条約の実施に関する機関の報告案、執行理事会の活動に関する報告及び執行理事会が必要と認める特別報告又は会議が要請する場合には当該要請による特別報告を検討し及び会議に提出すること。

(c)　会議の会期のための準備（議題案の作成を含む。）を行うこと。

33　執行理事会は、会議の特別会期の開催を要請することができる。

34　執行理事会は、次のことを行う。

(a)　会議が事前に承認することを条件として、機関に代わって国及び国際機関と協定又は取決めを締結すること。

(b)　第一〇条の規定に関連して機関に代わって締約国と協定を締結し及び同条に規定する任意の基金を監督すること。

(c)　技術事務局が締約国と交渉する検証活動の実施に関する協定又は取決めを承認すること。

35　執行理事会は、その権限の範囲内のいかなる問題又は事項であってこの条約及びその実施に影響を及ぼすもの（この条約の遵守についての懸念及び違反を含む。）も検討し並びに、適当な場合には、締約国に通報し及び当該問題又は事項について会議の注意を喚起する。

36　執行理事会は、この条約の遵守についての疑義又は懸念及び違反（特に、この条約に規定する権利の濫用を含む。）を検討するに当たり、関係締約国と協議し及び、適当な場合には、当該締約国に対し、一定の期間内に事態を是正するために措置をとるよう要請する。執行理事会は、更に行動が必要であると認める場合には、特に、次の一又は二以上の措置をとる。

(a)　すべての締約国に対し問題又は事項を通報する。

(b)　問題又は事項について会議の注意を喚起する。

(c)　事態を是正し及びこの条約の遵守を確保するための措置に関して会議に対し勧告を行う。

執行理事会は、特に重大かつ緊急な場合には、問題又は事項（関連する情報及び判断を含む。）につき、直接に、国際連合総会及び国際連合安全保障理事会の注意を喚起する。執行理事会は、同時に、すべての締約国に対しこの措置を通報する。

D　技術事務局（略）

E　特権及び免除（略）

第九条（協議、協力及び事実調査）1　締約国は、この条約の趣旨及び目的又は実施に関連して問題が生ずる場合には、当該問題について、締約国間で直接に又は機関を通じて若しくは他の適当な国際的手続（国際連合の枠内で及び国際連合憲章に従って行われる手続を含む。）により、協議し及び協力する。

2　締約国は、この条約の遵守について疑義を引き起こす問題又はあいまいと認められる関連する事項について懸念を引き起こす問題を、まず締約国間の情報交換及び協議により明らかにし及び解決するため、可能なときはいつでもあらゆる努力を払うべきである。もっとも、すべての締約国の申立てによる査察を要請する権利は害されない。締約国は、このような疑義又は懸念を引き起こすと他の締約国が認める問題を明らかにするよう当該他の締約国から要請される場合には、できる限り速やかに、いかなる場合にも当該要請の後一〇日以内に、当該他の締約国に対し、提起された疑義又は懸念に答えるために十分な情報を提供し、及びその情報がどのようにして当該問題を解決するかについての説明を行う。この条約のいかなる規定も、二以上の締約国が、遵守について疑義を引き起こす問題又はあいまいと認められる関連する事項について懸念を引き起こす問題を明らかにし及び解決するため、相互の合意により締約国間で査察その他の手続について取り決める権利に影響を及ぼすものではない。このような取決めは、この条約の他の規定に基づく締約国の権利及び義務に影響を及ぼすものではない。

事態を明らかにするための説明を要請する手続

3　締約国は、あいまいと認められる事態又は他の締約国によるこの条約の違反の可能性について懸念を引き起こす事態を明らかにするに当たって援助するよう執行理事会に要請する権利を有する。執行理事会は、このような懸念に関連する自己の保有する適当な情報を提供する。

4　締約国は、あいまいと認められる事態又は他の締約国によるこの条約の違反の可能性について懸念を引き起こす事態を明らかにするための説明を当該他の締約国から得るよう執行理事会に要請する権利を有する。この場合において、次の規定を適用する。

(a)　執行理事会は、事務局長を通じ、説明の要請の受領の後二四時間以内に当該他の締約国に対しこれを送付する。

(b)　説明の要請を受けた締約国は、できる限り速やかに、いかなる場合にも要請の受領の後一〇日以内に、執行理事会に説明を行う。

(c)　執行理事会は、(b)の規定に従って行われた説明に留意し、当該説明の受領の後二四時間以内に、説明の要請を行った締約国に対しこれを送付する。

(d)　説明の要請を行った締約国が(b)の規定に従って行われた説明が十分でないと認める場合には、当該締約国は、説明の要請を受けた締約国から更に説明を得るよう執行理事会に要請する権利を有する。

(e)　(d)の規定により更に説明を得るため、執行理事会は、事務局長に対し、懸念を引き起こす事態に関連するすべての利用可能な情報及び資料を検討するために、技術事務局の職員により構成される専門家の会合又は技術事務局において適当な職員を利用することができない場合には技術事務局の職員以外の専門家の会合を設置するよう要請することができる。専門家の会合は、その検討結果に基づく事実関係についての報告を執行理事会に提出する。

(f)　説明の要請を行った締約国が(d)及び(c)の規定に基づいて得た説明が十分でないと認める場合には、当該締約国は、執行理事会の理事国でない関係締約国が参加することのできる執行理事会の特別会期を要請する権利を有する。執行理事会は、当該特別会期において、この問題を検討し、及び事態を解決するために適当と認める措置を勧告することができる。

5　締約国は、また、自国についてあいまいと認められた事態又は自国によるこの条約の違反の可能性について懸念を引き起こした事態について明らかにするよう執行理事会に要請する権利を有する。執行理事会は、これに対し、適当と認める援助を提供する。

6　執行理事会は、この条に規定する説明の要請について締約国に通報する。

7　締約国は、この条約の違反の可能性について自国が提起した疑義又は懸念が、説明の要請を執行理事会に提出した後六〇日以内に解消されなかった場合又はこのような疑義が緊急な検討を正当化するに足りるものであると信ずる場合には、前条12(c)の規定に基づき、会議の特別会期を要請することができる。もっとも、申立てによる査察を要請する当該締約国の権利は害されない。会議は、当該特別会期において、この問題を検討し、及び事態を解決するために適当と認める措置を勧告することができる。

申立てによる査察のための手続

8　締約国は、この条約の違反の可能性についての問題を明らかにし及び解決することのみを目的として他の締約国の領域内又は他の締約国の管轄若しくは管理の下にあるその他の場所におけるいかなる施設又は区域に対しても申立てによる現地査察を要請する権利並びにこの査察がいかなる場所においても事務局長が指名する査察団により遅滞なく、かつ、検証附属書に従って行われることを求める権利を有する。

9　締約国は、査察の要請をこの条約の範囲内で行う義務を負い、及びこの条約の違反の可能性について懸念を引き起こす基礎となったすべての適当な情報を検証附属書に従って当該査察の要請の中で提供する義務を負う。締約国は、濫用を避けるために注意を払い、根拠のない査察の要請を慎まなければならない。申立てによる査察は、この条約の違反の可能性に関係する事実を決定することのみを目的として行う。

10　この条約の遵守の検証のため、締約国は、技術事務局が8の規定に従い申立てによる現地査察を行うことを認める。

11　被査察締約国は、施設又は区域に対する申立てによる査察の要請及び検証附属書に規定する手続に従い、次の権利を有し、又は義務を負う。

(a)　自国によるこの条約の遵守を証明するためにあらゆる合理的な努力を払う権利及び義務並びにこのために査察団がその査察命令を遂行することができるようにする権利及び義務

(b)　専らこの条約の違反の可能性についての懸念に関連する事実を確認することを目的として、要請される施設又は区域内へのアクセスを認める義務

(c)　この条約に関係しない機微に係る設備を保護し並びにこの条約に関係しない秘密の情報及び資料の開示を防止するための措置をとる権利

12　オブザーバーについては、次の規定を適用する。

(a)　要請締約国は、被査察締約国の同意を得て、自国又は第三の締約国のいずれか一方の国民である代表者を申立てによる査察の実施に立ち会わせるために派遣することができる。

(b)　(a)の場合において、被査察締約国は、検証附属書に従ってオブザーバーに対してアクセスを認める。

(c)　被査察締約国は、原則として、提案されたオブザーバーを受け入れる。ただし、被査察締約国が拒否する場合には、その事実は、最終報告に記録される。

13　要請締約国は、執行理事会に対し申立てによる現地査察のための査察の要請を行い、また、速やかな手続の開始のために同時に事務局長に対して当該要請を行う。

14　事務局長は、直ちに、査察の要請が検証附属書第一〇部4に定める要件を満たすことを確認し及び、必要な場合には、要請締約国が当該要件に従って査察の要請を行うことを援助する。査察の要請が当該要件を満たす場合には、申立てによる査察のための準備を開始する。

15　事務局長は、被査察締約国に対し、査察団の入国地点への到着予定時刻の少なくとも一二時間前までに、査察の要請を伝達する。

16　執行理事会は、査察の要請を受領した後、当該要請に基づいて事務局長がとる措置に留意するものとし、査察が行われている間を通じてこの問題を検討する。ただし、執行理事会の検討は、査察を遅滞させるものであってはならない。

17　執行理事会は、査察の要請が根拠がなく、権利を濫用するものであり又は8に定めるこの条約の範囲を明らかに超えると認める場合には、査察の要請を受領した後一二時間以内に、執行理事会のすべて

の理事国の四分の三以上の多数による議決で、中立てによる査察の実施に反対することを決定することができる。その決定には、要請締約国及び被査察締約国は参加してはならない。執行理事会が中立てによる査察について反対することを決定する場合には、査察のための準備は停止され、査察の要請に基づく新たな措置はとられず、及び関係締約国に対しその旨の通報が行われる。

18　事務局長は、中立てによる査察の実施のための査察命令を与える。査察命令は、8及び9に規定する査察の要請を遂行するためのものであり、かつ、査察の要請に適合するものとする。

19　中立てによる査察は、検証附属書第一〇部の規定に従い又は化学兵器の使用若しくは戦争の方法としての暴動鎮圧剤の使用の疑いがある場合には同附属書第一一部の規定に従って行う。査察団は、できる限り干渉の程度が低く、かつ、任務の効果的な及び適時の遂行に合致する方法で中立てによる査察を行うとの原則を指針とする。

20　被査察締約国は、中立てによる査察が行われている間を通じて、査察団を援助し、及びその任務の遂行を容易にする。被査察締約国は、検証附属書第一〇部Cの規定に従い、この条約の遵守を証明するための措置であって十分かつ包括的なアクセスに代わるものを提案する場合には、この条約の遵守を証明することを目的として事実を確認する方法について合意に達するため、査察団との協議を通じてあらゆる合理的な努力を払う。

21　最終報告には、事実関係の調査結果並びに中立てによる査察の十分な実施のために認められたアクセス及び協力の程度及び性質についての査察団による評価を含める。事務局長は、要請締約国、被査察締約国、執行理事会及び他のすべての締約国に対し、査察団の最終報告を速やかに送付する。事務局長は、更に、執行理事会に対し、要請締約国及び被査察締約国による評価並びに評価のため他の締約国の見解が事務局長に提出される場合には当該見解を速やかに送付し、その後これらをすべての締約国に送付する。

22　執行理事会は、その権限及び任務に従い、査察団の最終報告が提出された後直ちに当該最終報告を検討し、及び次の事項について検討する。

(a)　違反があったか否か。

(b)　査察の要請がこの条約の範囲内で行われたか否か。

(c)　中立てによる査察を要請する権利が濫用されたか否か。

23　執行理事会は、その権限及び任務に従い、22の規定に関して更に措置が必要となるとの結論に到達する場合には、事態を是正し及びこの条約の遵守を確保するための適当な措置（会議に対する具体的な勧告を含む。）をとる。要請する権利が濫用された場合には、執行理事会は、要請締約国が中立てによる査察の財政的負担の一部を負うべきであるか否かについて検討する。

24　要請締約国及び被査察締約国は、22に規定する検討に参加する権利を有する。執行理事会は、このような検討の結果につき、締約国に対し及び次の会期において会議に対し報告する。

25　執行理事会が会議に対して具体的な勧告を行った場合には、会議は、第一二条の規定に従って措置を検討する。

第一〇条（援助及び化学兵器に対する防護）　1　この条の規定の適用上、「援助」とは、化学兵器に対する防護（特に、探知装置及び警報装置、防護機具、除染装置及び除染剤、解毒剤及び治療並びにこれらの防護手段に関する助言を含む。）につき調整し及び締約国に対しその防護を提供することをいう。

2　この条約のいかなる規定も、締約国が、この条約によって禁止されていない目的のため化学兵器に対する防護手段を研究し、開発し、生産し、取得し、移譲し又は使用する権利を妨げるものと解してはならない。

3　締約国は、化学兵器に対する防護手段に関する装置、資材並びに科学的及び技術的情報を可能な最大限度まで交換することを容易にすることを約束し、また、その交換に参加する権利を有する。

4　締約国は、防護目的に関係する自国の計画の透明性を増進するため、第八条21(i)の規定に基づき会議が検討し及び承認する手続に従い、毎年、当該計画に関する情報を技術事務局に提供する。

5　技術事務局は、要請する締約国の使用に供するため、化学兵器に対する各種の防護手段に関する自由に入手可能な情報及び締約国が提供する情報から成るデータバンクをこの条約が効力を生じた後一八〇日以内に設置し及び維持する。技術事務局は、また、その利用可能な資源の範囲内で、かつ、締約国の要請に応じ、締約国が化学兵器に対する防護能力の開発及び向上のための計画をいかなる方法で実施することができるかについて特定するに当たり、当該締約国に専門的な助言を行い、及び援助する。

6　この条約のいかなる規定も、締約国が、二国間で援助を要請し及び提供する権利並びに援助の緊急な調達に関して他の締約国と個別の協定を締結する権利を妨げるものと解してはならない。

7　締約国は、機関を通じて援助を提供すること及びこのため次の一又は二以上の措置を選択することを約束する。

(a)　会議の第一回会期において設置される援助のための任意の基金に拠出すること。

(b)　この条約が自国について効力を生じた後できる限り一八〇日以内に、要請に基づく援助の調達に関して機関と協定を締結すること。

(c)　この条約が自国について効力を生じた後一八〇日以内に、機関の要請に応じ提供することのできる援助の種類を申告すること。締約国は、その後、申告した援助を提供することができなくなった場合にも、引き続き、この7の規定に従って援助を提供する義務を負う。

8　締約国は、次のことを認める場合には、援助及び化学兵器の使用又は使用の脅威に対する防護を要請し並びに9から11までに規定する手続に従ってこれらを受ける権利を有する。

(a)　自国に対し化学兵器が使用されたこと。

(b)　自国に対し暴動鎮圧剤が戦争の方法として使用されたこと。

(c)　自国が、いずれかの国の措置又は活動であって、第一条の規定によって締約国に対し禁止されているものにより脅威を受けていること。

9　8の要請については、当該要請を裏付ける関連する情報を付して事務局長に対して行うものとし、事務局長は、当該要請を直ちに執行理事会及びすべての締約国に伝達する。事務局長は、当該要請を、7の(b)及び(c)の規定に従い、化学兵器の使用又は戦争の方法としての暴動鎮圧剤の使用の場合においては緊急の援助、化学兵器の使用又は戦争の方法としての暴動鎮圧剤の使用の重大な脅威の場合においては人道上の援助を要請の受領の後一二時間以内に関係締約国に提供することを自発的に申し出た締約国に対し、直ちに伝達する。事務局長は、当該要請の受領の後二四時間以内に、更にとるべき措置のための基礎を提供するために調査を開始する。事務局長は、七二時間以内に調査を完了し、執行理事会に対し報告を提出する。調査を完了するために追加の期間を必要とする場合には、当該七二時間以内に中間報告を提出する。調査に必要な当該追加の期間は、七二時間を超えてはならない。ただし、同様の期間により更に一回又は二回以上の期間の追加をすることができる。各追加の期間の終了の時に執行理事会に報告を提出する。調査は、適当な場合には、要請及び要請に付された情報に従い、要請に関係する事実並びに必要とされる追加的な援助及び防護の種類及び範囲を確定する。

10　執行理事会は、調査の報告の受領の後二四時間以内に事態を検討するために会合するものとし、技術事務局に対し追加的な援助を提供するよう指示するか否かを次の二四時間以内に単純多数による議決で決定する。技術事務局は、すべての締約国及び関係国際機関に対し、当該報告及び執行理事会の決定を直ちに送付する。執行理事会が技術事務局に対し追加的な援助を提供するよう指示することを決定する場合には、事務局長は、直ちに援助を提供する。このため、事務局長は、要請した締約国、他の締約国及び関係国際機関と協力することができる。締約国は、援助を提供するために可能な最大限度の努力をする。

11　化学兵器の使用による犠牲者が存在すること及び速やかな措置が不可欠であることが実施中の調査又は他の信頼し得る情報源からの入手可能な情報により十分に明らかとなる場合には、事務局長は、すべての締約国に通報するものとし、会議がこのような事態のために事務局長の利用に供した資源を用いて援助のための緊急措置をとる。事務局長は、この11の規定に従ってとる措置を常時執行理事会に通報する。

第一一条（経済的及び技術的発展）1　この条約は、締約国の経済的又は技術的発展及びこの条約によって禁止されていない目的のための化学に関する活動の分野における国際協力（この条約によって禁止されていない目的のための化学物質の生産、加工又は使用に関する科学的及び技術的情報、化学物質並びに装置の国際的な交換を含む。）を妨げないように実施する。

2　締約国は、この条約の規定に従うことを条件として、かつ、国際法の諸原則及び適用のある国際法の諸規則を害することなく、

(a)　単独で又は共同して、化学物質を研究し、開発し、生産し、取得し、保有し、移譲し及び使用する権利を有する。

(b)　この条約によって禁止されていない目的のための化学の開発及び利用に関係する化学物質、装置並びに科学的及び技術的情報を可能な最大限度まで交換することを容易にすることを約束し、また、その交換に参加する権利を有する。

(c)　工業、農業、研究、医療又は製薬の目的その他の平和的目的のための化学の分野における貿易並びに科学的及び技術的知識の開発及び促進を妨げる制限（国際協定による制限を含む。）であって、この条約に基づく義務に反するものは、締約国間で維持してはならない。

(d)　この条約に規定され又はこの条約が認める措置以外の措置を実施するための根拠としてこの条約を利用してはならず、及びこの条約に適合しない目的を追求するために他のいかなる国際協定も利用してはならない。

(e)　この条約の趣旨及び目的に適合したものにすることを目的として、化学物質の貿易の分野における既存の国内法令を検討することを約束する。

第一二条（事態を是正し及びこの条約の遵守を確保するための措置（制裁を含む。））1　会議は、この条約の遵守を確保し並びにこの条約に違反する事態を是正し及び改善するため、2から4までに規定する必要な措置をとる。会議は、この1の規定に基づく措置を検討するに当たり、問題に関し執行理事会が提出するすべての情報及び勧告を考慮する。

2　締約国が、自国によるこの条約の遵守に関して問題を引き起こしている事態を是正する措置をとることを執行理事会により要請され、かつ、一定の期間内に当該要請に応ずることができなかった場合には、会議は、特に、執行理事会の勧告に基づき、当該締

約国がこの条約に基づく義務に従うための必要な措置をとるまでの間、この条約に基づく当該締約国の権利及び特権を制限し又は停止することができる。

3　この条約の趣旨及び目的に対する重大な障害がこの条約(特に第一条の規定)によって禁止されている活動から生ずる可能性のある場合には、会議は、締約国に対して国際法に適合する集団的な措置を勧告することができる。

4　会議は、特に重大な場合には、問題(関連する情報及び判断を含む。)につき、国際連合総会及び国際連合安全保障理事会の注意を喚起する。

第一三条(他の国際協定との関係)この条約のいかなる規定も、一九二五年のジュネーヴ議定書並びに一九七二年四月一〇日にロンドン、モスクワ及びワシントンで署名された細菌兵器(生物兵器)及び毒素兵器の開発、生産及び貯蔵の禁止並びに廃棄に関する条約に基づく各国の義務を限定し又は軽減するものと解してはならない。

第一四条(紛争の解決)1　この条約の適用又は解釈に関して生ずる紛争は、この条約の関連規定に従い及び国際連合憲章の規定によって解決する。

2　この条約の解釈又は適用に関して二以上の締約国間で又は一若しくは二以上の締約国と機関との間で紛争が生ずる場合には、関係当事者は、交渉又は当該関係当事者が選択するその他の平和的手段(この条約に規定する適当な内部機関に対し提起すること及び合意により国際司法裁判所規程に従って国際司法裁判所に付託することを含む。)によって紛争を速やかに解決するため、協議する。関係締約国は、いかなる措置がとられるかについて常時執行理事会に通報する。

3　執行理事会は、執行理事会が適当と認める手段(あっせんを提供すること、紛争当事国である締約国に対し当該締約国が選択する解決のための手続を開始するよう要請すること及び合意された手続に従って解決するための期限を勧告することを含む。)によって紛争の解決に貢献することができる。

4　会議は、締約国が提起し又は執行理事会が注意を喚起する紛争に関係する問題を検討する。会議は、必要と認める場合には、第八条21(f)の規定に従い、これらの紛争の解決に関連して補助機関を設置し又は補助機関に任務を委託する。

5　会議及び執行理事会は、それぞれ、国際連合総会が許可することを条件として、機関の活動の範囲内において生ずる法律問題について勧告的意見を与えるよう国際司法裁判所に要請する権限を与えられる。このため、機関と国際連合との間の協定を第八条34(a)の規定に基づいて締結する。

6　この条の規定は、第九条の規定又は事態を是正し及びこの条約の遵守を確保するための措置(制裁を含む。)に関する規定を害するものではない。

第一五条(改正)1　いずれの締約国も、この条約の改正を提案することができるものとし、また、4に規定するこの条約の附属書の修正を提案することができる。改正のための提案は、2及び3に規定する手続に従う。4に規定する修正のための提案は、5に規定する手続に従う。

2　改正案については、すべての締約国及び寄託者に対して回章に付するため事務局長に提出する。改正案は、改正会議においてのみ検討する。改正会議は、改正案の回章の後三〇日以内に、三分の一以上の締約国が改正案を更に検討することを支持する旨を事務局長に通報する場合に開催される。改正会議は、改正案の検討を要請する締約国が早期の開催を要請する場合を除くほか、会議の通常会期の後直ちに開催される。いかなる場合にも、改正会議は、改正案の回章の後六〇日を経過するまで開催されない。

3　改正は、次の(a)及び(b)の要件が満たされる場合には、(b)に規定するすべての締約国が批准書又は受諾書を寄託した後三〇日で、すべての締約国について効力を生ずる。

(a)　改正会議において、いかなる締約国も反対票を投ずることなく、すべての締約国の過半数の賛成票により採択されること。

(b)　改正会議において賛成票を投じたすべての締約国が批准し又は受諾すること。

4・5(略)

第一六条(有効期間及び脱退)1　この条約の有効期間は、無期限とする。

2　締約国は、この条約の対象である事項に関係する異常な事態が自国の至高の利益を危うくしていると認める場合には、その主権を行使してこの条約から脱退する権利を有する。この権利を行使する締約国は、他のすべての締約国、執行理事会、寄託者及び国際連合安全保障理事会に対しその九〇日前にその旨を通告する。その通告には、自国の至高の利益を危うくしていると認める異常な事態についても記載する。

3　この条約からの締約国の脱退は、国際法の関連規則、特に一九二五年のジュネーヴ議定書に基づく義務を引き続き履行することについての国の義務に何ら影響を及ぼすものではない。

第一七条(附属書の地位)附属書は、この条約の不可分の一部を成す。「この条約」というときは、附属書を含めていうものとする。

第一八条(署名)
第一九条(批准)
第二〇条(加入)(略)

第二一条(効力発生)1　この条約は、六五番目の批准書が寄託された日の後一八〇日で効力を生ずる。ただし、いかなる場合にも、署名のための開放の後二年を経過するまで効力を生じない。

2　この条約が効力を生じた後に批准書又は加入書を寄託する国については、その批准書又は加入書の寄託の日の後三〇日目の日に効力を生ずる。

第二二条(留保) この条約の本文については、留保は付することができない。この条約の附属書については、この条約の趣旨及び目的と両立しない留保は付することができない。

第二三条(寄託者)
第二四条(正文) (略)

化学物質に関する附属書
実施及び検証に関する附属書(「検証附属書」)
秘密情報の保護に関する附属書(「秘密扱いに関する附属書」) (略)

12 6 武器貿易条約(抄)

採　　択　二〇一三年四月二日　国際連合総会第六七回会期決議六七／二三四B
効力発生　二〇一四年一二月二四日
日 本 国　二〇一三年六月三日署名、二〇一四年四月二三日国会承認、同年五月九日受諾書寄託

前　文

この条約の締約国は、

国際連合憲章の目的及び原則に従い、

世界の人的及び経済的資源を軍備のために転用することを最も少なくして国際の平和及び安全の確立及び維持を促進することを目的とする国際連合憲章第二六条の規定を想起し、

通常兵器の不正な取引を防止し、及び根絶するとともに、通常兵器の不正な市場への流出又は認められていない最終用途への若しくは認められていない最終使用者による流用(テロリズムの行為の実行への流用を含む。)を防止することの必要性を強調し、

通常兵器の国際貿易に関する各国の政治上、安全保障上、経済上及び商業上の正当な利益を認識し、

全ての国が専ら自国の領域内で自国の法律上又は憲法上の制度により通常兵器を規制し、及び管理する主権的権利を有することを再確認し、

平和及び安全、開発並びに人権が国際連合及びその関連機関の活動の支柱を成し、並びに集団的安全保障の基盤であることを認め、また、開発、平和及び安全並びに人権が相互に関連し、かつ、相互に補強し合うものであることを認識し、

一九九一年一二月六日の国際連合総会決議第三六号H(第四六回会期)に関連する国際的な武器の移転に関する国際連合軍縮委員会の指針を想起し、

あらゆる側面において小型武器及び軽兵器の不正な取引を防止し、これと戦い、及びこれを根絶するための国際連合行動計画、国際的な組織犯罪の防止に関する国際連合条約を補足する銃器並びにその部品及び構成部分並びに弾薬の不正な製造及び取引の防止に関する議定書並びに各国が不正な小型武器及び軽兵器を適時に及び信頼することができる方法で特定し、及び追跡することを可能とするための国際文書による貢献に留意し、

通常兵器の不正な及び規制されていない取引が及ぼす安全保障上、社会上、経済上及び人道上の影響を認識し、

文民(特に女性及び児童)が、武力紛争及び武力による暴力によって悪影響を受ける者の大多数を占めることに留意し、

武力紛争の犠牲者が直面する課題並びにこれらの者が十分な看護、リハビリテーション並びに社会的及び経済的に包容されることを必要とすることを認識し、

この条約のいかなる規定も、各国がこの条約の趣旨及び目的を促進するための追加的かつ効果的な措置を維持し、及び採用することを妨げるものではないことを強調し、

レクリエーション、文化、歴史及びスポーツに係る活動のためのある種の通常兵器の正当な貿易並びに合法的な所有及び使用(当該貿易、所有及び使用が法律により許可され、又は保護される場合に限る。)に留意し、

締約国によるこの条約の実施に当たり要請に応じて当該締約国を援助する上で、地域的機関が果たすことができる役割に留意し、

この条約の趣旨及び目的についての意識を高め、並びにその実施を支援する上で、市民社会(非政府機関を含む。)及び産業が果たすことができる自発的及び積極的な役割を認識し、

通常兵器の国際貿易の規制及び通常兵器の流用の防止が、平和的目的のための国際協力並びに物品、装置及び技術の正当な貿易を妨げるべきでないことを認め、

この条約への普遍的な参加が達成されることが望ましいことを強調し、

全ての国が国際連合憲章第五一条の規定において認められる個別的又は集団的自衛の固有の権利を有し、同憲章第二条3に定めるところにより国際紛争を平和的手段によって国際の平和及び安全並びに正義を危うくしないように解決し、同条4に定めるところにより国際関係において武力による威嚇又は武力の行使をいかなる国の領土保全又は政治的独立に対するものも、また、国際連合の目的と両立しない他のいかなる方法によるものも慎み、同条7に定めるところにより本質上いずれかの国の国内管轄権内にある事項に干渉せず、特に一九四九年のジュネー

ヴ諸条約に定めるところにより国際人道法を尊重しかつその尊重を確保するとともに、特に同憲章及び世界人権宣言に定めるところにより人権を尊重しかつその尊重を確保し、全ての国がそれぞれの国際的義務に基づく通常兵器の国際貿易の効果的な規制及びその流用の防止の責任並びにそれぞれの国内的な管理制度の確立及び実施の第一義的な責任を有し、自衛の権利の行使及び平和維持活動のための通常兵器の取得並びに通常兵器の生産、輸出、輸入及び移転を行う各国の正当な利益を尊重し、一貫性があり、客観的かつ無差別な方法でこの条約を実施するという原則に従って行動することを決意して、

次のとおり協定した。

第一条(趣旨及び目的)この条約は、国際的及び地域的な平和、安全及び安定に寄与し、人類の苦しみを軽減し、並びに通常兵器の国際貿易における締約国間の協力、透明性及び責任ある行動を促進し、もって締約国間の信頼を醸成するため、通常兵器の国際貿易を規制し、又はその規制を改善するための可能な最高水準の共通の国際的基準を確立すること並びに通常兵器の不正な取引を防止し、及び根絶し、並びに通常兵器の流用を防止することを目的とする。

第二条(適用範囲)1　この条約は、次の区分の全ての通常兵器について適用する。

(a)　戦車
(b)　装甲戦闘車両
(c)　大口径火砲システム
(d)　戦闘用航空機
(e)　攻撃ヘリコプター
(f)　軍艦
(g)　ミサイル及びその発射装置
(h)　小型武器及び軽兵器

2　この条約の適用上、国際貿易の活動は、輸出、輸入、通過、積替え及び仲介から成り、以下「移転」という。

3　この条約は、締約国が使用する通常兵器の国際的な移動であって、当該締約国によって又は当該締約国のために行われるものについては、適用しない。ただし、当該通常兵器が引き続き当該締約国の所有の下にある場合に限る。

第三条(弾薬類)締約国は、前条1の規定の対象となる通常兵器により発射され、打ち上げられ、又は投射される弾薬類の輸出を規制するための国内的な管理制度を確立し、及び維持し、並びに当該弾薬類の輸出を許可する前に第六条及び第七条の規定を適用する。

第四条(部品及び構成品)締約国は、部品及び構成品の輸出が第二条1の規定の対象となる通常兵器を組み立てる能力を提供する方法で行われる場合において当該部品及び構成品の輸出を規制するための国内的な管理制度を確立し、及び維持し、並びに当該部品及び構成品の輸出を許可する前に第六条及び第七条の規定を適用する。

第五条(実施全般)1　締約国は、この条約に規定する原則に留意して、一貫性があり、客観的かつ無差別な方法でこの条約を実施する。

2　締約国は、この条約の規定を実施するため、国内的な管理制度(国内的な管理リストを含む。)を確立し、及び維持する。

3　締約国は、この条約の規定を最も広い範囲の通常兵器について適用することが奨励される。第二条1(a)から(g)までの規定の対象となるいずれの区分についても、各国の定義は、この条約の効力発生時における国際連合軍備登録制度において用いられるものよりも狭い範囲の通常兵器を対象とするものであってはならない。第二条1(h)の規定の対象となる区分については、各国の定義は、この条約の効力発生時における国際連合の関連文書において用いられるものよりも狭い範囲の通常兵器を対象とするものであってはならない。

4　締約国は、自国の国内法に従い、その国内的な管理リストを事務局に提供し、事務局は、これを他の締約国の利用に供する。締約国は、その管理リストを公の利用に供することが奨励される。

5　締約国は、この条約の規定を実施するために必要な措置をとるものとし、第二条1の規定の対象となる通常兵器並びに第三条及び前条の規定の対象となる物品の移転を規制する効果的な及び透明性のある国内的な管理制度を備えるため、権限のある当局を指定する。

6　締約国は、この条約の実施に関連する事項に関する情報を交換するための一又は二以上の自国の連絡先を指定する。締約国は、第一八条の規定により設置される事務局に対し、自国の連絡先を通報し、及びその情報を常に最新のものとする。

第六条(禁止)1　締約国は、第二条1の規定の対象となる通常兵器又は第三条若しくは第四条の規定の対象となる物品の移転が、国際連合憲章第七章の規定に基づいて行動する国際連合安全保障理事会によって採択された措置に基づく自国の義務(特に武器の輸出入禁止)に違反する場合には、当該移転を許可してはならない。

2　締約国は、第二条1の規定の対象となる通常兵器又は第三条若しくは第四条の規定の対象となる物品の移転が、自国が当事国である国際協定に基づく自国の関連する国際的な義務(特に、通常兵器の移転又は不正な取引に関連するもの)に違反する場合には、当該移転を許可してはならない。

3　締約国は、第二条1の規定の対象となる通常兵器又は第三条若しくは第四条の規定の対象となる物品の移転について許可を与えようとする時において、当該通常兵器又は物品が集団殺害、人道に対する犯罪、一九四九年のジュネーヴ諸条約に対する重大な違反行為、民用物若しくは文民として保護されるものに対する攻撃又は自国が当事国である国際協定に定める他の戦争犯罪の実行に使用されるであろうこ

とを知っている場合には、当該移転を許可してはならない。

第七条（輸出及び輸出評価） 1　輸出が前条の規定により禁止されない場合には、輸出を行う締約国は、第二条1の規定の対象となる通常兵器又は第三条若しくは第四条の規定の対象となる物品の輸出であって、自国の管轄の下で、かつ、その国内的な管理制度に従って行われるものについて許可を与えようとする前に、関連要素（輸入を行う締約国から次条1の規定に従って提供される情報を含む。）を考慮し、客観的かつ無差別な方法で、当該通常兵器又は物品が有する次の可能性について評価を行う。

(a)　平和及び安全に寄与し、又はこれらを損なう可能性

(b)　次のいずれかの目的のために使用される可能性

(i)　国際人道法の重大な違反を犯し、又はこれを助長すること。

(ii)　国際人権法の重大な違反を犯し、又はこれを助長すること。

(iii)　当該輸出を行う国が当事国であるテロリズムに関する国際条約又は議定書に基づく犯罪を構成する行為を行い、又は助長すること。

(iv)　当該輸出を行う国が当事国である国際的な組織犯罪に関する国際条約又は議定書に基づく犯罪を構成する行為を行い、又は助長すること。

2　輸出を行う締約国は、1(a)又は(b)の規定において特定される危険性を緩和するために実施され得る措置、例えば、信頼の醸成のための措置又は輸出を行う国及び輸入を行う国が共同で作成し、合意した計画があるか否かを検討する。

3　輸出を行う締約国は、1の評価を行い、及び危険性の緩和のために実施され得る措置を検討した後、1に規定するいずれかの否定的な結果を生ずる著しい危険性が存在すると認める場合には、当該輸出を許可してはならない。

4　輸出を行う締約国は、1の評価を行うに当たり、第二条1の規定の対象となる通常兵器又は第三条若しくは第四条の規定の対象となる物品が性別に基づく重大な暴力行為又は女性及び児童に対する重大な暴力行為を行い、又は助長するために使用される危険性を考慮する。

5　輸出を行う締約国は、第二条1の規定の対象となる通常兵器又は第三条若しくは第四条の規定の対象となる物品の輸出のための全ての許可が、詳細なものであり、かつ、当該輸出に先立って与えられることを確保するための措置をとる。

6　輸出を行う締約国は、自国の法律、慣行又は政策に従うことを条件として、輸入を行う締約国及び通過又は積替えが行われる締約国の要請に応じ、当該輸出に係る許可に関する適切な情報を利用に供する。

7　輸出を行う締約国は、許可を与えた後に新たな関連する情報を知った場合には、適当なときは輸入を行う国との協議の後、当該許可について評価を見直すことが奨励される。

第八条（輸入） 1　輸入を行う締約国は、輸出を行う締約国が前条の規定に基づき国内の輸出評価を行うことを支援するため、輸出を行う締約国の要請に応じ、適切な及び関連する情報が自国の国内法に従って提供されることを確保するための措置をとる。その措置には、最終用途又は最終使用者に係る文書の提供を含めることができる。

2　輸入を行う締約国は、第二条1の規定の対象となる通常兵器の輸入であって自国の管轄の下で行われるものを必要なときに規制することを可能とする措置をとる。その措置には、輸入に係る諸制度の整備を含めることができる。

3　輸入を行う締約国は、自国が最終仕向国である場合には、輸出を行う締約国に対し、検討中の又は既に与えられた輸出許可に関する情報を要請することができる。

第九条（通過又は積替え） 締約国は、関連国際法に従い、必要かつ実行可能な場合には、第二条1の規定の対象となる通常兵器の通過又は積替えであって、自国の管轄の下で行われるものを規制するための適切な措置をとる。

第一〇条（仲介） 締約国は、自国の国内法に従い、第二条1の規定の対象となる通常兵器の仲介であって自国の管轄の下で行われるものを規制するための措置をとる。その措置には、仲介者に対し、仲介に従事する前に登録又は書面による許可の取得を要求することを含めることができる。

第一一条（流用） 1　第二条1の規定の対象となる通常兵器の移転に関与する締約国は、当該通常兵器の流用を防止するための措置をとる。

2　輸出を行う締約国は、当該輸出についての流用の危険性を評価すること並びに信頼の醸成のための措置、当該輸出を行う国及び輸入を行う国が共同で作成し、合意した計画等の危険性の緩和のための措置が実施されるか否かを検討することにより、第五条2の規定に従って確立される国内的な管理制度を通じ、第二条1の規定の対象となる通常兵器の移転についての流用を防止するよう努める。防止のための他の措置には、適当な場合には、当該輸出に関与する当事者の調査、追加的な文書、証明書及び保証の要求、輸出を許可しないことその他の適切な措置を含めることができる。

3　輸入を行う締約国、通過が行われる締約国、積替えが行われる締約国及び輸出を行う締約国は、自国の国内法に従い、適当かつ実行可能な場合には、第二条1の規定の対象となる通常兵器の移転についての流用の危険性を緩和するため、協力し、及び情報を交換する。

4　締約国は、第二条1の規定の対象となる通常兵器であって移転されたものの流用を探知する場合には、自国の国内法及び国際法に従い、当該流用に対処す

るための適切な措置をとる。その措置には、影響を受ける可能性がある締約国に警報を発すること、仕向地が変更された当該通常兵器の貨物を調査すること並びに捜査及び法令の実施を通じて事後措置をとることを含めることができる。

5　締約国は、第二条1の規定の対象となる通常兵器であって移転されるものの流用の更なる把握及び防止のため、流用に対処するための効果的な措置について関連する情報を相互に共有することが奨励される。当該情報は、不正な活動（腐敗行為、国際的な取引の経路、不正な仲介者、不正な供給源、秘匿のための方法、一般的な発送地点又は組織された集団が従事する流用における仕向地を含む。）に関する情報を含み得る。

6　締約国は、第二条1の規定の対象となる通常兵器であって移転されるものの流用に対処するに当たってとられた措置について、事務局を通じ他の締約国に報告することが奨励される。

第一二条（記録の保存）1　締約国は、自国の国内法令に従い、第二条1の規定の対象となる通常兵器の輸出許可の発給又は実際の輸出に関する国の記録を保持する。

2　締約国は、第二条1の規定の対象となる通常兵器であって、最終仕向地として自国の領域に移転されたもの又はその管轄の下にある領域を通過し、若しくは当該領域において積み替えることを許可されたものについて、記録を保持することが奨励される。

3　締約国は、適当な場合には、1及び2に規定する記録に、第二条1の規定の対象となる通常兵器の数量、価値、モデル又は型式及び許可された国際的な移転、実際に移転された通常兵器並びに輸出を行う国、輸入を行う国、通過又は積替えが行われる国及び最終使用者の詳細を含めることが奨励される。

4　記録は、少なくとも一〇年間、保存するものとする。

第一三条（報告）1　締約国は、この条約が第二二条の規定に従い自国について効力を生じた後一年以内に、この条約の実施のためにとられた措置（国内法、国内的な管理リスト並びに他の規則及び行政措置を含む。）について事務局に最初の報告を提出する。締約国は、適当な場合には、この条約の実施のためにとられた新たな措置について事務局に報告する。これらの報告は、閲覧することができるものとし、事務局が締約国に配布する。

2　締約国は、第二条1の規定の対象となる通常兵器であって移転されるものの流用に対処する上で効果的であることが判明した措置に関する情報を事務局を通じ他の締約国に報告することが奨励される。

3　締約国は、毎年五月三一日までに、第二条1の規定の対象となる通常兵器の前暦年における許可された又は実際の輸出及び輸入に関する報告を事務局に提出する。報告は、閲覧することができるものとし、事務局が締約国に配布する。事務局に提出される報告には、当該報告を提出する締約国が関連する国際連合の枠組み（国際連合軍備登録制度を含む。）に提出した情報と同一の情報を含めることができる。報告には、商業上機微な情報又は国家の安全保障に関する情報を含めないことができる。

第一四条（執行）締約国は、この条約の規定を実施する国内法令を執行するための適切な措置をとる。

第一五条（国際協力）1　締約国は、それぞれの安全保障上の利益及び国内法に反することなく、この条約を効果的に実施するために相互に協力する。

2　締約国は、国際協力を促進すること（それぞれの安全保障上の利益及び国内法に基づきこの条約の実施及び適用に関する相互の関心事項について情報を交換することを含む。）が奨励される。

3　締約国は、相互の関心事項について協議すること及び適当な場合にはこの条約の実施を支援するために情報を共有することが奨励される。

4　締約国は、自国の国内法に従い、この条約の規定の各国における実施の援助（不正な活動及びこれを行う者に関する情報の共有を通じて行われるものを含む。）のため並びに第二条1の規定の対象となる通常兵器の流用の防止及び根絶のために協力することが奨励される。

5　締約国は、相互に合意する場合には、自国の国内法に反することなく、この条約に従ってとられる各国の措置の違反に関する捜査、訴追及び司法手続について相互に最大限の援助を与える。

6　締約国は、第二条1の規定の対象となる通常兵器の移転が腐敗行為の対象となることを防止するため、国内措置をとり、及び相互に協力することが奨励される。

7　締約国は、この条約のあらゆる側面について得られた教訓に関する経験を共有し、及び情報を交換することが奨励される。

第一六条（国際的援助）1　締約国は、この条約を実施するに当たり、援助（司法上又は立法上の援助、制度上の能力の構築及び技術的、物的又は財政的な援助を含む。）を求めることができる。求めることができる援助には貯蔵管理、武装解除、動員解除及び社会復帰の計画、法令のひな型並びに条約の実施の効果的な方法に関するものが含まれる。このような援助を提供することができる締約国は、要請に応じて当該援助を提供する。

2　締約国は、特に、国際連合、国際的、地域的若しくは小地域的な機関、国の機関若しくは非政府機関を通じて又は二国間で、援助を要請し、提案し、又は受けることができる。

3　この条約を実施するための国際的な援助を要請する締約国を援助するため、締約国により任意の信託基金が設置される。締約国は、当該基金に拠出することが奨励される。

第一七条（締約国会議）1　締約国会議は、次条の規定により設置される暫定事務局によりこの条約の効力発生の後一年以内に招集され、その後は締約国会議によって決定される時に招集される。

2　締約国会議は、第一回会合においてコンセンサス方式により手続規則を採択する。

3　締約国会議は、同会議のための財政規則及び同会議が設置する補助機関の予算を規律する財政規則並びに事務局の任務の遂行を規律する財政規定を採択する。締約国会議は、通常会合において、次の通常会合までの会計期間の予算を採択する。

4　締約国会議は、次の任務を遂行する。

(a)　この条約の実施状況（通常兵器の分野における動向を含む。）の検討

(b)　この条約の実施及び運用、特にその普遍性の促進に関する勧告の検討及び採択

(c)　第二〇条の規定に基づくこの条約の改正の検討

(d)　この条約の解釈から生ずる問題の検討

(e)　事務局の任務及び予算の検討及び決定

(f)　この条約の機能の改善のために必要な補助機関の設置の検討

(g)　この条約に適合するその他の任務

5　締約国会議の特別会合は、締約国会議が必要と認めるとき又はいずれかの締約国から書面による要請がある場合においていずれかの締約国の少なくとも三分の二がその要請を支持するときに開催する。

第一八条（事務局）1　この条約により、この条約の効果的な実施において締約国を援助するため、事務局を設置する。締約国会議の第一回会合が開催されるまでの間は、暫定事務局がこの条約に定める運営上の任務について責任を負う。

2　事務局は、適切な人数の職員を有する。職員は、事務局が3に規定する責任を効果的に遂行することができることを確保するために必要な専門知識を有するものとする。

3　事務局は、締約国に対して責任を負うものとし、最小限の組織で、次のことについて責任を遂行する。

(a)　この条約により義務付けられる報告を受領し、閲覧に供し、及び配布すること。

(b)　国内の連絡先の一覧表を保持し、及び締約国の利用に供すること。

(c)　条約の実施のための援助の提案及び要請を結び付けることを容易にし、並びに要請された国際協力を促進すること。

(d)　締約国会議の活動を容易にすること（この条約に基づく会合のための準備及び必要な役務の提供を含む。）。

(e)　締約国会議が決定する他の任務を遂行すること。

第一九条（紛争解決）1　締約国は、この条約の解釈又は適用に関して締約国間に生ずることがある紛争の解決を追求するために協議し、及び相互の合意により交渉、仲介、調停、司法的解決その他の平和的手段を通じて協力する。

2　締約国は、相互の合意により、この条約の解釈又は適用に関する問題についての締約国間の紛争を解決するために仲裁を求めることができる。

第二〇条（改正）1　締約国は、この条約の効力発生の後六年を経過した後、この条約の改正を提案することができる。その後、締約国会議は、提案された改正を三年ごとにのみ検討することができる。

2　この条約の改正案は、事務局に書面で提出するものとし、事務局は、1の規定により改正を検討することができる次回の締約国会議の会合の少なくとも一八〇日前までに全ての締約国に当該改正案を配布する。当該改正案は、事務局による配布の後一二〇日以内に締約国の過半数が当該改正案を検討することを支持する旨を事務局に通報する場合には、当該次回の締約国会議の会合において検討される。

3　締約国は、各改正案につき、コンセンサス方式により合意に達するようあらゆる努力を払う。コンセンサスのためのあらゆる努力にもかかわらず合意に達しない場合には、改正案は、最後の解決手段として、締約国会議の会合に出席し、かつ、投票する締約国の四分の三以上の多数による議決で採択される。この条の規定の適用上、「出席し、かつ、投票する締約国」とは、出席し、かつ、賛成票又は反対票を投ずる締約国をいう。寄託者は、採択された改正を全ての締約国に送付する。

4　3の規定に従って採択された改正は、当該改正が採択された時に締約国であった国の過半数が受諾書を寄託者に寄託した日の後九〇日で、その受諾書を寄託した締約国について効力を生ずる。その後は、当該改正は、当該改正の受諾書を寄託する他のいずれの締約国についても、その寄託の日の後九〇日で効力を生ずる。

第二一条（署名、批准、受諾、承認又は加入）（略）

第二二条（効力発生）1　この条約は、五〇番目の批准書、受諾書又は承認書が寄託された日の後九〇日で効力を生ずる。

2　この条約は、その効力発生の後に批准書、受諾書、承認書又は加入書を寄託する国については、その批准書、受諾書、承認書又は加入書の寄託の日の後九〇日で効力を生ずる。

第二三条（暫定的適用）いずれの国も、自国の署名又は批准書、受諾書、承認書若しくは加入書の寄託の時に、この条約が自国について効力を生ずるまでの間第六条及び第七条の規定を暫定的に適用する旨を宣言することができる。

第二四条（有効期間及び脱退）1　この条約の有効期間は、無期限とする。

2　締約国は、その主権を行使してこの条約から脱退する権利を有する。この権利を行使する締約国は、寄託者に対してその旨を通告し、寄託者は、他の全ての締約国にその旨を通報する。脱退の通告には、脱退しようとする理由についての説明を記載することができる。脱退の通告は、一層遅い日が通告に明記されている場合を除くほか、寄託者が当該脱退の

通告を受領した後九〇日で効力を生ずる。

3　いずれの国も、その脱退を理由として、この条約の締約国であった間のこの条約に基づく義務(その間に生じた財政上の義務を含む。)を免除されない。

第二五条(留保) 1　各国は、署名、批准、受諾、承認又は加入の時に、留保を付することができる。ただし、当該留保がこの条約の趣旨及び目的と両立する場合に限る。

2　締約国は、その留保を寄託者に宛てた通告によりいつでも撤回することができる。

第二六条(他の国際協定との関係) 1　この条約の実施は、締約国が当事国である既存又は将来の国際協定との関連で当該締約国が負う義務に影響を及ぼすものではない。ただし、当該義務がこの条約と両立する場合に限る。

2　この条約は、この条約の締約国の間で締結された防衛協力協定を無効とする根拠として引用してはならない。

第二七条(寄託者)
第二八条(正文)　(略)

13章
武力紛争

13 1 陸戦ノ法規慣例ニ関スル条約(抄)

署名　一九〇七年一〇月一八日(ハーグ)
効力発生　一九一〇年一月二六日
日本国　一九〇七年一〇月一八日署名、一九一一年一一月一三日批准書寄託、一九一二年一月一三日公布(条約第四号)、二月一一日効力発生

独逸皇帝普魯西国皇帝陛下(以下締約国元首名略)ハ、平和ヲ維持シ且諸国間ノ戦争ヲ防止スルノ方法ヲ講スルト同時ニ、其ノ所期ニ反シ避クルコト能ハサル事件ノ為兵力ニ訴フルコトアルヘキ場合ニ付攻究ヲ為スノ必要ナルコトヲ考慮シ、斯ノ如キ非常ノ場合ニ於テモ尚能ク人類ノ福利ト文明ノ駸駸トシテ止ムコトナキ要求トニ副ハムコトヲ希望シ、之カ為戦争ニ関スル一般ノ法規慣例ハ一層之ヲ精確ナラシムルヲ目的トシ、又ハ成ルヘク戦争ノ惨害ヲ減殺スヘキ制限ヲ設クルヲ目的トシテ、之ヲ修正スルノ必要ヲ認メ、一八七四年ノ比律悉会議ノ後ニ於テ、聴明仁慈ナル先見ヨリ出テタル前記ノ思想ヲ体シテ、陸戦ノ慣習ヲ制定スルヲ以テ目的トスル諸条規ヲ採用シタル第一回平和会議ノ事業ヲ或点ニ於テ補充シ、且精確ニスルヲ必要ト判定セリ。

締約国ノ所見ニ依レハ、右条規ハ、軍事上ノ必要ノ許ス限、努メテ戦争ノ惨害ヲ軽減スルノ希望ヲ以テ定メラレタルモノニシテ、交戦者相互間ノ関係及人民トノ関係ニ於テ、交戦者ノ行動ノ一般ノ準縄タルヘキモノトス。

但シ、実際ニ起ル一切ノ場合ニ普ク適用スヘキ規定ハ、此ノ際之ヲ協定シ置クコト能ハサリシト雖、明文ナキノ故ヲ以テ、規定セラレサル総テノ場合ヲ軍隊指揮者ノ擅断ニ委スルハ、亦締約国ノ意思ニ非サリシナリ。

一層完備シタル戦争法規ニ関スル法典ノ制定セラルルニ至ル迄ハ、締約国ハ、其ノ採用シタル条規ニ含マレサル場合ニ於テモ、人民及交戦者カ依然文明国ノ間ニ存立スル慣習、人道ノ法則及公共良心ノ要求ヨリ生スル国際法ノ原則ノ保護及支配ノ下ニ立ツコトヲ確認スルヲ以テ適当ト認ム。

締約国ハ、採用セラレタル規則ノ第一条及第二条ハ、特ニ右ノ趣旨ヲ以テ之ヲ解スヘキモノナルコトヲ宣言ス。

第一条【軍隊に対する訓令】締約国ハ、其ノ陸軍軍隊ニ対シ、本条約ニ附属スル陸戦ノ法規慣例ニ関スル規則ニ適合スル訓令ヲ発スヘシ。

第二条【総加入条項】第一条ニ掲ケタル規則及本条約ノ規定ハ、交戦国カ悉ク本条約ノ当事者ナルトキニ限、締約国間ニノミ之ヲ適用ス。

第三条【違反】前記規則ノ条項ニ違反シタル交戦当事者ハ、損害アルトキハ、之カ賠償ノ責ヲ負フヘキモノトス。交戦当事者ハ、其ノ軍隊ヲ組成スル人員ノ一切ノ行為ニ付責任ヲ負フ。

第四条～第九条(略)

条約附属書

陸戦ノ法規慣例ニ関スル規則

第一款　交戦者

第一章　交戦者ノ資格

第一条【民兵と義勇兵】戦争ノ法規及権利義務ハ、単ニ之ヲ軍ニ適用スルノミナラス、左ノ条件ヲ具備スル民兵及義勇兵団ニモ亦之ヲ適用ス。

一　部下ノ為ニ責任ヲ負フ者其ノ頭ニ在ルコト
二　遠方ヨリ認識シ得ヘキ固著ノ特殊徽章ヲ有スルコト
三　公然兵器ヲ携帯スルコト
四　其ノ動作ニ付戦争ノ法規慣例ヲ遵守スルコト

民兵又ハ義勇兵団ヲ以テ軍ノ全部又ハ一部ヲ組織スル国ニ在リテハ、之ヲ軍ノ名称中ニ包含ス。

第二条【群民兵】占領セラレサル地方ノ人民ニシテ、敵ノ接近スルニ当リ、第一条ニ依リテ編成ヲ為スノ遑ナク、侵入軍隊ニ抗敵スル為自ラ兵器ヲ操ル者カ公然兵器ヲ携帯シ、且戦争ノ法規慣例ヲ遵守スルトキハ、之ヲ交戦者ト認ム。

第三条【兵力の構成員】交戦当事者ノ兵力ハ、戦闘員及非戦闘員ヲ以テ之ヲ編成スルコトヲ得。敵ニ捕ハレタル場合ニ於テハ、二者均シク俘虜ノ取扱ヲ受クルノ権利ヲ有ス。

第二章　俘虜

第四条【取扱】
第五条【留置】
第六条【使役】
第七条【給養】
第八条【処罰】
第九条【氏名と階級】
第一〇条【解放】
第一一条【宣誓解放】
第一二条【宣誓解放後の再捕】
第一三条【軍の一部でない従軍者】
第一四条【捕虜情報局】
第一五条【捕虜救恤協会】
第一六条【郵便料金の免除等】
第一七条【捕虜将校】
第一八条【宗教の自由】
第一九条【遺言】
第二〇条【帰還】
（略）

第三章　病者及傷者（略）

第二一条【取扱】（略）

第二款　戦闘

第一章　害敵手段、攻囲及砲撃

第二二条【害敵手段の制限】交戦者ハ、害敵手段ノ選択ニ付、無制限ノ権利ヲ有スルモノニ非ス。

第二三条【禁止事項】特別ノ条約ヲ以テ定メタル禁止ノ外、特ニ禁止スルモノ左ノ如シ。

イ　毒又ハ毒ヲ施シタル兵器ヲ使用スルコト
ロ　敵国又ハ敵軍ニ属スル者ヲ背信ノ行為ヲ以テ殺傷スルコト
ハ　兵器ヲ捨テ又ハ自衛ノ手段尽キテ降ヲ乞ヘル敵ヲ殺傷スルコト
ニ　助命セサルコトヲ宣言スルコト
ホ　不必要ノ苦痛ヲ与フヘキ兵器、投射物其ノ他ノ物質ヲ使用スルコト
ヘ　軍使旗、国旗其ノ他ノ軍用ノ標章、敵ノ制服又ハ「ジェネヴァ」条約ノ特殊徽章ヲ擅ニ使用スルコト
ト　戦争ノ必要上万已ムヲ得サル場合ヲ除クノ外敵ノ財産ヲ破壊シ又ハ押収スルコト
チ　対手当事国国民ノ権利及訴権ノ消滅、停止又ハ裁判上不受理ヲ宣言スルコト

交戦者ハ、又対手当事国ノ国民ヲ強制シテ其ノ本国ニ対スル作戦動作ニ加ラシムルコトヲ得ス。戦争開始前其ノ役務ニ服シタル場合ト雖亦同シ。

第二四条【奇計】奇計並敵情及地形探知ノ為必要ナル手段ノ行使ハ、適法ト認ム。

第二五条【無防守都市の攻撃】防守セサル都市、村落、住宅又ハ建物ハ、如何ナル手段ニ依ルモ、之ヲ攻撃又ハ砲撃スルコトヲ得ス。

第二六条【砲撃の通告】攻撃軍隊ノ指揮官ハ、強襲ノ場合ヲ除クノ外、砲撃ヲ始ムルニ先チ其ノ旨官憲ニ通告スル為、施シ得ヘキ一切ノ手段ヲ尽スヘキモノトス。

第二七条【砲撃の制限】攻囲及砲撃ヲ為スニ当リテハ、宗教、技芸、学術及慈善ノ用ニ供セラルル建物、歴史上ノ紀念建造物、病院並病者及傷者ノ収容所ハ、同時ニ軍事上ノ目的ニ使用セラレサル限、之ヲシテ成ルヘク損害ヲ免カレシムル為、必要ナル一切ノ手段ヲ執ルヘキモノトス。

被囲者ハ、看易キ特別ノ徽章ヲ以テ、右建物又ハ収容所ヲ表示スルノ義務ヲ負フ。右徽章ハ予メ之ヲ攻囲者ニ通告スヘシ。

第二八条【略奪の禁止】都市其ノ他ノ地域ハ、突撃ヲ以テ攻取シタル場合ト雖、之ヲ掠奪ニ委スルコトヲ得ス。

第二章　間諜

第二九条【間諜の定義】交戦者ノ作戦地帯内ニ於テ、対手交戦者ニ通報スルノ意思ヲ以テ、隠密ニ又ハ虚偽ノ口実ノ下ニ行動シテ、情報ヲ蒐集シ又ハ蒐集セムトスル者ニ非サレハ、之ヲ間諜ト認ムルコトヲ得ス。

故ニ変装セサル軍人ニシテ情報ヲ蒐集セムカ為敵軍ノ作戦地帯内ニ進入シタル者ハ、之ヲ間諜ト認メス。又、軍人タルト否トヲ問ハズ、自国軍又ハ敵軍ニ宛テタル通信ヲ伝達スルノ任務ヲ公然執行スル者モ亦之ヲ間諜ト認メス。通信ヲ伝達スル為、及総テ軍又ハ地方ノ各部間ノ連絡ヲ通スル為、軽気球ニテ派遣セラレタルモノ亦同シ。

第三〇条【間諜の裁判】現行中捕ヘラレタル間諜ハ、裁判ヲ経ルニ非サレハ、之ヲ罰スルコトヲ得ス。

第三一条【前の間諜行為に対する責任】一旦所属軍ニ復帰シタル後ニ至リ敵ノ為ニ捕ヘラレタル間諜ハ、俘虜トシテ取扱ハルヘク、前ノ間諜行為ニ対シテハ、何等ノ責ヲ負フコトナシ。

第三章　軍使

第三二条【軍使の不可侵権】交戦者ノ一方ノ命ヲ帯ヒ、他ノ一方ト交渉スル為、白旗ヲ掲ケテ来ル者ハ、之ヲ軍使トス。軍使並之ニ随従スル喇叭手、鼓手、旗手及通訳ハ、不可侵権ヲ有ス。

第三三条【軍使を受ける義務】軍使ヲ差向ケラレタル部隊長ハ、必スシモ之ヲ受クルノ義務ナキモノトス。

部隊長ハ、軍使カ軍状ヲ探知スル為其ノ使命ヲ利

用スルヲ防クニ必要ナル一切ノ手段ヲ執ル事ヲ得。

　濫用アリタル場合ニ於テハ、部隊長ハ、一時軍使ヲ抑留スルコトヲ得。

第三四条【背信行為】軍使カ背信ノ行為ヲ教唆シ、又ハ自ラ之ヲ行フ為其ノ特権アル地位ヲ利用シタルノ証迹明確ナルトキハ、其ノ不可侵権ヲ失フ。

第四章　降伏規約

第三五条【軍人の名誉に関する例規】締約当事者間ニ協定セラルル降伏規約ニハ、軍人ノ名誉ニ関スル例規ヲ参酌スヘキモノトス。

　降伏規約一旦確定シタル上ハ、当事者双方ニ於テ厳密ニ之ヲ遵守スヘキモノトス。

第五章　休　戦

第三六条【作戦動作の停止】休戦ハ、交戦当事者ノ合意ヲ以テ作戦動作ヲ停止ス。若其ノ期間ノ定メナキトキハ、交戦当事者ハ、何時ニテモ再ヒ動作ヲ開始スルコトヲ得。但シ、休戦ノ条件ニ遵依シ、所定ノ時期ニ於テ其ノ旨敵ニ通告スヘキモノトス。
第三七条【全般的と部分的の休戦】休戦ハ、全般的又ハ部分的タルコトヲ得。全般的休戦ハ、普ク交戦国ノ作戦動作ヲ停止シ、部分的休戦ハ、単ニ特定ノ地域ニ於テ交戦軍ノ或部分間ニ之ヲ停止スルモノトス。
第三八条【通告】休戦ハ、正式ニ且適当ノ時期ニ於テ之ヲ当該官憲及軍隊ニ通告スヘシ。通告ノ後直ニ又ハ所定ノ時期ニ至リ、戦闘ヲ停止ス。
第三九条【人民との関係】(略)
第四〇条【違反】当事者ノ一方ニ於テ休戦規約ノ重大ナル違反アリタルトキハ、他ノ一方ハ、規約廃棄ノ権利ヲ有スルノミナラス、緊急ノ場合ニ於テハ、直ニ戦闘ヲ開始スルコトヲ得。
第四一条【処罰】個人カ自己ノ発意ヲ以テ休戦規約ノ条項ニ違反シタルトキハ、唯其ノ違反者ノ処罰ヲ要求シ、且損害アリタル場合ニ賠償ヲ要求スルノ権利ヲ生スルニ止ルヘシ。

第三款　敵国ノ領土ニ於ケル軍ノ権力

第四二条【占領】一地方ニシテ事実上敵軍ノ権力内ニ帰シタルトキハ、占領セラレタルモノトス。
　占領ハ右権力ヲ樹立シタル且之ヲ行使シ得ル地域ヲ以テ限トス。
第四三条【占領地の法律の尊重】国ノ権力カ事実上占領者ノ手ニ移リタル上ハ、占領者ハ、絶対的ノ支障ナキ限、占領地ノ現行法律ヲ尊重シテ、成ルヘク公共ノ秩序及生活ヲ回復確保スル為施シ得ヘキ一切ノ手段ヲ尽スヘシ。
第四四条【情報の供与】交戦者ハ、占領地ノ人民ヲ強制シテ他方ノ交戦者ノ軍又ハ其ノ防禦手段ニ付情報ヲ供与セシムルコトヲ得ス。
第四五条【宣誓】占領地ノ人民ハ、之ヲ強制シテ其ノ敵国ニ対シ忠誠ノ誓ヲ為サシムルコトヲ得ス。
第四六条【私権の尊重】家ノ名誉及権利、個人ノ生命、私有財産並宗教ノ信仰及其ノ遵行ハ、之ヲ尊重スヘシ。
　私有財産ハ、之ヲ没収スルコトヲ得ス。
第四七条【略奪の禁止】掠奪ハ、之ヲ厳禁ス。
第四八条【租税その他の徴収】占領者カ占領地ニ於テ国ノ為ニ定メラレタル租税、賦課金及通過税ヲ徴収スルトキハ、成ルヘク現行ノ賦課規則ニ依リ之ヲ徴収スヘシ。此ノ場合ニ於テハ、占領者ハ、国ノ政府カ支弁シタル程度ニ於テ占領地ノ行政費ヲ支弁スルノ義務アルモノトス。
第四九条【取立金】占領者カ占領地ニ於テ前条ニ掲ケタル税金以外ノ取立金ヲ命スルハ、軍又ハ占領地行政上ノ需要ニ応スル為ニスル場合ニ限ルモノトス。
第五〇条【連坐罰】人民ニ対シテハ、連帯ノ責アリト認ムヘカラサル個人ノ行為ノ為、金銭上其ノ他ノ連坐罰ヲ科スルコトヲ得ス。
第五一条【取立金の徴収方法】取立金ハ、総テ総指揮官ノ命令書ニ依リ、且其ノ責任ヲ以テスルニ非サレハ、之ヲ徴収スルコトヲ得ス。
　取立金ハ、成ルヘク現行ノ租税賦課規則ニ依リ之ヲ徴収スヘシ。
　一切ノ取立金ニ対シテハ、納付者ニ領収証ヲ交付スヘシ。
第五二条【徴発と課役】現品徴発及課役ハ、占領軍ノ需要ノ為ニスルニ非サレハ、市区町村又ハ住民ニ対シテ之ヲ要求スルコトヲ得ス。徴発及課役ハ、地方ノ資力ニ相応シ、且人民ヲシテ其ノ本国ニ対スル作戦動作ニ加ルノ義務ヲ負ハシメサル性質ノモノタルコトヲ要ス。
　右徴発及課役ハ、占領地方ニ於ケル指揮官ノ許可ヲ得ルニ非サレハ、之ヲ要求スルコトヲ得ス。
　現品ノ供給ニ対シテハ、成ルヘク即金ニテ支払ヒ、然ラサレハ領収証ヲ以テ之ヲ証明スヘク、且成ルヘク速ニ之ニ対スル金額ノ支払ヲ履行スヘキモノトス。
第五三条【国有動産】一地方ヲ占領シタル軍ハ、国ノ所有ニ属スル現金、基金及有価証券、貯蔵兵器、輸送材料、在庫品及糧秣其ノ他総テ作戦動作ニ供スルコトヲ得ヘキ国有動産ノ外、之ヲ押収スルコトヲ得ス。
　海上法ニ依リ支配セラルル場合ヲ除クノ外、陸上、海上及空中ニ於テ報道ノ伝送又ハ人若ハ物ノ輸送ノ用ニ供セラルル一切ノ機関、貯蔵兵器其ノ他各種ノ軍需品ハ、私人ニ属スルモノト雖、之ヲ押収スル事ヲ得。但シ、平和克復ニ至リ、之ヲ還付シ、且之カ賠償ヲ決定スヘキモノトス。
第五四条【海底電線】占領地ト中立地トヲ連絡スル海底電線ハ、絶対的ノ必要アル場合ニ非サレハ、之ヲ押収シ又ハ破壊スルコトヲ得ス。右電線ハ、平和克復ニ至リ之ヲ還付シ、且之カ賠償ヲ決定スヘキモノトス。
第五五条【国有不動産】占領国ハ、敵国ニ属シ且占領地ニ在ル公共建物、不動産、森林及農場ニ付テハ、其ノ管理者及用益権者タルニ過キサルモノナリト考慮シ、右財産ノ基本ヲ保護シ、且用益権ノ法則ニ依リテ之ヲ管理スヘシ。

第五六条【公有財産及び公共建設物】市区町村ノ財産並国ニ属スルモノト雖、宗教、慈善、教育、技芸及学術ノ用ニ供セラルル建設物ハ、私有財産ト同様ニ之ヲ取扱フヘシ。

右ノ如キ建設物、歴史上ノ紀念建造物、技芸及学術上ノ製作品ヲ故意ニ押収、破壊又ハ毀損スルコトハ、総テ禁セラレ且訴追セラルヘキモノトス。

13 2　戦地にある軍隊の傷者及び病者の状態の改善に関する一九四九年八月一二日のジュネーヴ条約（第一条約）（傷病兵保護条約）（抜粋）

署　名　一九四九年八月一二日（ジュネーヴ）
効力発生　一九五〇年一〇月二一日
日本国　一九五三年四月二一日内閣決定、加入通告、七月二九日国会承認、一〇月二一日効力発生、公布（条約第二三号）

第一条【条約の尊重】締約国は、すべての場合において、この条約を尊重し、且つ、この条約の尊重を確保することを約束する。

第二条【戦争以外の武力紛争及び占領における適用、総加入条項の排除】平時に実施すべき規定の外、この条約は、二以上の締約国の間に生ずるすべての宣言された戦争又はその他の武力紛争の場合について、当該締約国の一が戦争状態を承認するとしないとを問わず、適用する。

この条約は、また、一締約国の領域の一部又は全部が占領されたすべての場合について、その占領が武力抵抗を受けると受けないとを問わず、適用する。

紛争当事国の一がこの条約の締約国でない場合にも、締約国たる諸国は、その相互の関係においては、この条約によって拘束されるものとする。更に、それらの諸国は、締約国でない紛争当事国がこの条約の規定を受諾し、且つ、適用するときは、その国との関係においても、この条約によって拘束されるものとする。

第三条【内乱の場合】締約国の一の領域内に生ずる国際的性質を有しない武力紛争の場合には、各紛争当事者は、少くとも次の規定を適用しなければならない。

(1)　敵対行為に直接に参加しない者（武器を放棄した軍隊の構成員及び病気、負傷、抑留その他の事由により戦闘外に置かれた者を含む。）は、すべての場合において、人種、色、宗教若しくは信条、性別、門地若しくは貧富又はその他類似の基準による不利な差別をしないで人道的に待遇しなければならない。

このため、次の行為は、前記の者については、いかなる場合にも、また、いかなる場所でも禁止する。

(a)　生命及び身体に対する暴行、特に、あらゆる種類の殺人、傷害、虐待及び拷問
(b)　人質
(c)　個人の尊厳に対する侵害、特に、侮辱的で体面を汚す待遇
(d)　正規に構成された裁判所で文明国民が不可欠と認めるすべての裁判上の保障を与えるものの裁判によらない判決の言渡及び刑の執行

(2)　傷者及び病者は、収容して看護しなければならない。

赤十字国際委員会のような公平な人道的機関は、その役務を紛争当事者に提供することができる。

紛争当事者は、また、特別の協定によって、この条約の他の規定の全部又は一部を実施することに努めなければならない。

前記の規定の適用は、紛争当事者の法的地位に影響を及ぼすものではない。

13 3　一九四九年八月一二日のジュネーヴ諸条約の国際的な武力紛争の犠牲者の保護に関する追加議定書（議定書Ｉ）（第一追加議定書）（抄）

採　択　一九七七年六月八日（ジュネーヴ）
署名（開放）　一九七七年一二月一二日（ベルン）
効力発生　一九七八年一二月七日
日本国　二〇〇四年六月一四日国会承認、八月三一日加入書寄託、九月三日公布（条約第一二号）、二〇〇五年二月二八日効力発生

前　文

締約国は、

人々の間に平和が広まることを切望することを宣明し、

国際連合憲章に基づき、各国が、その国際関係において、武力による威嚇又は武力の行使であって、いかなる国の主権、領土保全又は政治的独立に対するものも、また、国際連合の目的と両立しない他のいかなる方法によるものも慎む義務を負っていることを想起し、

それにもかかわらず、武力紛争の犠牲者を保護する諸規定を再確認し及び発展させること並びにそれらの規定の適用を強化するための措置を補完することが必要であると確信し、

この議定書又は一九四九年八月一二日のジュネーヴ諸条約のいかなる規定も、侵略行為その他の国際連合憲章と両立しない武力の行使を正当化し又は認めるものと解してはならないとの確信を表明し、

一九四九年八月一二日のジュネーヴ諸条約及びこの議定書が、武力紛争の性質若しくは原因又は紛争当事者が掲げ若しくは紛争当事者に帰せられる理由に基づく不利な差別をすることなく、これらの文書によって保護されているすべての者について、すべての場合において完全に適用されなければならないことを再確認して、

次のとおり協定した。

第一編　総　則

第一条（一般原則及び適用範囲）1　締約国は、すべての場合において、この議定書を尊重し、かつ、この議定書の尊重を確保することを約束する。

2　文民及び戦闘員は、この議定書その他の国際取極がその対象としていない場合においても、確立された慣習、人道の諸原則及び公共の良心に由来する国際法の諸原則に基づく保護並びにこのような国際法の諸原則の支配の下に置かれる。

3　この議定書は、戦争犠牲者の保護に関する一九四九年八月一二日のジュネーヴ諸条約を補完するものであり、同諸条約のそれぞれの第二条に共通して規定する事態について適用する。

4　3に規定する事態には、国際連合憲章並びに国際連合憲章による諸国間の友好関係及び協力についての国際法の諸原則に関する宣言にうたう人民の自決の権利の行使として人民が植民地支配及び外国による占領並びに人種差別体制に対して戦う武力紛争を含む。

第二条（定義）この議定書の適用上、

(a)「第一条約」、「第二条約」、「第三条約」及び「第四条約」とは、それぞれ、戦地にある軍隊の傷者及び病者の状態の改善に関する一九四九年八月一二日のジュネーヴ条約、海上にある軍隊の傷者、病者及び難船者の状態の改善に関する一九四九年八月一二日のジュネーヴ条約、捕虜の待遇に関する一九四九年八月一二日のジュネーヴ条約及び戦時における文民の保護に関する一九四九年八月一二日のジュネーヴ条約をいう。「諸条約」とは、戦争犠牲者の保護に関する一九四九年八月一二日の四のジュネーヴ条約をいう。

(b)「武力紛争の際に適用される国際法の諸規則」とは、紛争当事者が締約国となっている国際取極に定める武力紛争の際に適用される諸規則並びに一般的に認められた国際法の諸原則及び諸規則であって武力紛争について適用されるものをいう。

(c)「利益保護国」とは、一の紛争当事者によって指定され、かつ、敵対する紛争当事者によって承諾された中立国その他の紛争当事者でない国であって、諸条約及びこの議定書に基づいて利益保護国に与えられる任務を遂行することに同意したものをいう。

(d)「代理」とは、第五条の規定に従い利益保護国に代わって行動する団体をいう。

第三条（適用の開始及び終了）常に適用される規定の適用を妨げることなく、

(a)　諸条約及びこの議定書は、第一条に規定する事態が生じた時から適用する。

(b)　諸条約及びこの議定書については、紛争当事者の領域においては軍事行動の全般的終了の時に、また、占領地域においては占領の終了の時に、適用を終了する。ただし、軍事行動の全般的終了又は占領の終了の後に最終的解放、送還又は居住地の設定が行われる者については、この限りでない。これらの者は、その最終的解放、送還又は居住地の設定の時まで諸条約及びこの議定書の関連規定による利益を引き続き享受する。

第四条（紛争当事者の法的地位）諸条約及びこの議定書の適用並びに諸条約及びこの議定書に規定する取極の締結は、紛争当事者の法的地位に影響を及ぼすものではない。領域の占領又は諸条約若しくはこの議定書の適用のいずれも、関係する領域の法的地位に影響を及ぼすものではない。

第五条（利益保護国及びその代理の任命）1　紛争当事者は、紛争の開始の時から、2から7までの規定に従って利益保護国の制度を適用すること（特に、利益保護国の指定及び承諾を含む。）により、諸条約及びこの議定書について監視し及びこれらを実施することを確保する義務を負う。利益保護国は、紛争当事者の利益を保護する義務を負う。

2　紛争当事者は、第一条に規定する事態が生じた時から、諸条約及びこの議定書を適用する目的で利益保護国を遅滞なく指定し、並びに同様に遅滞なく、かつ、同一の目的で、敵対する紛争当事者による指定の後に自らが承諾した利益保護国の活動を認める。

3　赤十字国際委員会は、第一条に規定する事態が生じた時から利益保護国が指定されておらず又は承諾されていない場合には、他の公平な人道的団体が同様のことを行う権利を害することなく、紛争当事者の同意する利益保護国を遅滞なく指定するために紛争当事者に対してあっせんを行う。このため、同委員会は、特に、紛争当事者に対し、当該紛争当事者が敵対する紛争当事者との関係で自らのために利益保護国として行動することを受け入れることができると認める少なくとも五の国を掲げる一覧表を同委員会に提出するよう要請し、及び敵対する紛争当事者に対し、当該敵対する紛争当事者が当該紛争当事者の利益保護国として承諾することができる少なく

とも五の国を掲げる一覧表を提出するよう要請することができる。これらの一覧表は、その要請の受領の後二週間以内に同委員会に送付する。同委員会は、これらの一覧表を比較し、及び双方の一覧表に記載されたいずれかの国について合意を求める。

4　3の規定にかかわらず利益保護国がない場合には、紛争当事者は、赤十字国際委員会又は公平性及び有効性についてすべてを保障する他の団体が当該紛争当事者と十分に協議した後その協議の結果を考慮に入れて行う代理として行動する旨の申出を遅滞なく受け入れ又は承諾する。代理の任務の遂行は、紛争当事者の同意を条件とする。紛争当事者は、諸条約及びこの議定書に基づく任務の遂行における代理の活動を容易にするため、あらゆる努力を払う。

5　諸条約及びこの議定書の適用を目的とする利益保護国の指定及び承諾は、前条の規定に従い、紛争当事者の法的地位又はいずれの領域（占領された領域を含む。）の法的地位に影響を及ぼすものではない。

6　紛争当事者間に外交関係が維持されていること又は外交関係に関する国際法の諸規則に従い紛争当事者及び紛争当事者の国民の利益の保護を第三国にゆだねることは、諸条約及びこの議定書の適用を目的とする利益保護国の指定を妨げるものではない。

7　以下、この議定書における利益保護国には、代理を含む。

第六条（資格を有する者） 1　締約国は、平時においても、各国の赤十字社、赤新月社又は赤のライオン及び太陽社の援助を得て、諸条約及びこの議定書の適用、特に利益保護国の活動を容易にするため、資格を有する者を養成するよう努める。

2　1の資格を有する者の採用及び養成は、国内管轄権に属する。

3　赤十字国際委員会は、締約国が作成し及び同委員会に送付した資格を有する者として養成された者の名簿を締約国の利用に供するために保管する。

4　資格を有する者の自国の領域外における使用を規律する条件は、それぞれの場合において関係締約国間の特別の合意に従う。

第七条（会議）（略）

第二編　傷者、病者及び難船者

第一部　一般的保護

第八条（用語） この議定書の適用上、

(a)「傷者」及び「病者」とは、軍人であるか文民であるかを問わず、外傷、疾病その他の身体的又は精神的な疾患又は障害のために治療又は看護を必要とし、かつ、いかなる敵対行為も差し控える者をいう。これらの者には、産婦、新生児及び直ちに治療又は看護を必要とする者（例えば、虚弱者、妊婦）であって、いかなる敵対行為も差し控えるものを含む。

(b)「難船者」とは、軍人であるか文民であるかを問わず、自己又は自己を輸送している船舶若しくは航空機が被った危難の結果として海その他の水域において危険にさらされており、かつ、いかなる敵対行為も差し控える者をいう。これらの者は、敵対行為を差し控えている限り、救助の間においても、諸条約又はこの議定書に基づいて他の地位を得るまで引き続き難船者とみなす。

(c)「医療要員」とは、紛争当事者により、専ら(e)に規定する医療上の目的、医療組織の管理又は医療用輸送手段の運用若しくは管理のために配属された者をいう。その配属は、常時のものであるか臨時のものであるかを問わない。医療要員には、次の者を含む。

(i)　紛争当事者の医療要員（軍人であるか文民であるかを問わない。また、第一条約及び第二条約に規定する衛生要員並びに文民保護組織に配属された医療要員を含む。）

(ii)　各国の赤十字社、赤新月社又は赤のライオン及び太陽社及び紛争当事者が正当に認める各国のその他の篤志救済団体の医療要員

(iii)　次条2に規定する医療組織又は医療用輸送手段における医療要員

(d)「宗教要員」とは、聖職者等専ら宗教上の任務に従事する軍人又は文民であって次のいずれかに配置されているものをいう。

(i)　紛争当事者の軍隊

(ii)　紛争当事者の医療組織又は医療用輸送手段

(iii)　次条2に規定する医療組織又は医療用輸送手段

(iv)　紛争当事者の文民保護組織

宗教要員の配置は、常時のものであるか臨時のものであるかを問わない。また、宗教要員については、(k)の規定の関連部分を準用する。

(e)「医療組織」とは、軍のものであるか軍のもの以外のものであるかを問わず、医療上の目的、すなわち、傷者、病者及び難船者の捜索、収容、輸送、診断若しくは治療（応急治療を含む。）又は疾病の予防のために設置された施設その他の組織をいう。これらのものには、例えば、病院その他の類似の組織、輸血施設、予防医療に関する施設及び研究所、医療物資貯蔵庫並びにこれらの組織の医薬品の保管所を含む。医療組織は、固定されたものであるか移動するものであるか、また、常時のものであるか臨時のものであるかを問わない。

(f)「医療上の輸送」とは、諸条約及びこの議定書によって保護される傷者、病者、難船者、医療要員、宗教要員、医療機器又は医療用品の陸路、水路又は空路による輸送をいう。

(g)「医療用輸送手段」とは、軍のものであるか軍のもの以外のものであるか、また、常時のものであるか臨時のものであるかを問わず、専ら医療上の輸送に充てられ、かつ、紛争当事者の権限のある

当局の監督の下にある輸送手段をいう。

(h)「医療用車両」とは、陸路による医療用輸送手段をいう。

(i)「医療用船舶及び医療用舟艇」とは、水路による医療用輸送手段をいう。

(j)「医療用航空機」とは、空路による医療用輸送手段をいう。

(k)「常時の医療要員」、「常時の医療組織」及び「常時の医療用輸送手段」とは、期間を限定することなく専ら医療目的に充てられた医療要員、医療組織及び医療用輸送手段をいう。「臨時の医療要員」、「臨時の医療組織」及び「臨時の医療用輸送手段」とは、限られた期間につきその期間を通じて専ら医療目的に充てられた医療要員、医療組織及び医療用輸送手段をいう。別段の定めがない限り、「医療要員」、「医療組織」及び「医療用輸送手段」には、それぞれ、常時のもの及び臨時のものを含む。

(l)「特殊標章」とは、医療組織、医療用輸送手段、医療要員、医療機器、医療用品、宗教要員、宗教上の器具及び宗教上の用品の保護のために使用される場合における白地に赤十字、赤新月又は赤のライオン及び太陽から成る識別性のある標章をいう。

(m)「特殊信号」とは、専ら医療組織又は医療用輸送手段の識別のためにこの議定書の附属書I第三章に規定する信号又は通報をいう。

第九条(適用範囲) 1　この編の規定は、傷者、病者及び難船者の状態を改善することを目的としたものであり、人種、皮膚の色、性、言語、宗教又は信条、政治的意見その他の意見、国民的又は社会的出身、貧富、出生又は他の地位その他これらに類する基準による不利な差別をすることなく、第一条に規定する事態によって影響を受けるすべての者について適用する。

2　第一条約第二七条及び第三二条の関連する規定は、常時の医療組織及び常時の医療用輸送手段(第二条約第二五条の規定が適用される病院船を除く。)並びにこれらの要員であって、次に掲げる国又は団体が人道的目的で紛争当事者の利用に供するものについて適用する。

(a)中立国その他の紛争当事者でない国

(b)(a)に規定する国の認められた救済団体

(c)公平で国際的な人道的団体

第一〇条(保護及び看護) 1　すべての傷者、病者及び難船者は、いずれの締約国に属する者であるかを問わず、尊重され、かつ、保護される。

2　傷者、病者及び難船者は、すべての場合において、人道的に取り扱われるものとし、また、実行可能な限り、かつ、できる限り速やかに、これらの者の状態が必要とする医療上の看護及び手当を受ける。医療上の理由以外のいかなる理由によっても、これらの者の間に差別を設けてはならない。

第一一条(身体の保護) 1　敵対する紛争当事者の権力内にある者又は第一条に規定する事態の結果収容され、抑留され若しくは他の方法によって自由を奪われた者の心身が健康かつ健全であることを、不当な作為又は不作為によって脅かしてはならない。このため、この条に規定する者に対し、その者の健康状態が必要としない医療上の措置又はその措置をとる締約国の国民であり何ら自由を奪われていない者について類似の医学的状況の下で適用される一般に受け入れられている医療上の基準に適合しない医療上の措置をとることは、禁止する。

2　特に、1に規定する者に対し次の行為を行うこと(1に定める条件によって正当とされる場合を除く。)は、本人の同意がある場合であっても、禁止する。

(a)身体の切断

(b)医学的又は科学的実験

(c)移植のための組織又は器官の除去

3　2(c)に規定する禁止に対する例外は、輸血のための献血又は移植のための皮膚の提供であって、自発的に及び強制又は誘引なしに行われ、かつ、一般に受け入れられている医療上の基準並びに提供者及び受領者双方の利益のための規制に適合する条件の下で治療を目的として行われるものについてのみ認める。

4　いかなる者についても、その者の属する締約国以外の締約国の権力内にある場合において心身が健康かつ健全であることを著しく脅かす故意の作為又は不作為であって、1及び2の禁止の規定に違反するもの又は3に定める条件に合致しないものは、この議定書の重大な違反行為とする。

5　1に規定する者は、いかなる外科手術も拒否する権利を有する。医療要員は、拒否された場合には、その旨を記載した書面であって当該者が署名し又は承認したものを取得するよう努める。

6　紛争当事者は、1に規定する者が行う輸血のための献血又は移植のための皮膚の提供が当該紛争当事者の責任の下で行われる場合には、このような献血又は皮膚の提供についての医療記録を保管する。さらに、紛争当事者は、第一条に規定する事態の結果収容され、抑留され又は他の方法によって自由を奪われた者についてとったすべての医療上の措置の記録を保管するよう努める。これらの記録は、利益保護国がいつでも検査することができるようにしておく。

第一二条(医療組織の保護) 1　医療組織は、常に尊重され、かつ、保護されるものとし、また、これを攻撃の対象としてはならない。

2　1の規定は、次のいずれかの場合には、軍の医療組織以外の医療組織について適用する。

(a)紛争当事者の一に属する場合

(b)紛争当事者の一の権限のある当局が認める場合

(c)第九条2又は第一条約第二七条の規定に基づいて承認を得た場合

3　紛争当事者は、自己の固定された医療組織の位置を相互に通報するよう求められる。通報のないことは、紛争当事者の1の規定に従う義務を免除するものではない。

4　いかなる場合にも、軍事目標を攻撃から保護することを企図して医療組織を利用してはならない。紛争当事者は、可能なときはいつでも、医療組織が軍事目標に対する攻撃によってその安全を危うくされることのないような位置に置かれることを確保する。

第一三条（軍の医療組織以外の医療組織の保護の終了） 1　軍の医療組織以外の医療組織が受けることのできる保護は、当該軍の医療組織以外の医療組織がその人道的任務から逸脱して敵に有害な行為を行うために使用される場合を除くほか、消滅しない。ただし、この保護は、適当な場合にはいつでも合理的な期限を定める警告が発せられ、かつ、その警告が無視された後においてのみ、消滅させることができる。

2　次のことは、敵に有害な行為と認められない。

(a)　軍の医療組織以外の医療組織の要員が自己又はその責任の下にある傷者及び病者の防護のために軽量の個人用の武器を装備していること。

(b)　軍の医療組織以外の医療組織が監視兵、歩哨(しょう)又は護衛兵によって警護されていること。

(c)　傷者及び病者から取り上げた小型武器及び弾薬であってまだ適当な機関に引き渡されていないものが軍の医療組織以外の医療組織の中にあること。

(d)　軍隊の構成員又は他の戦闘員が医療上の理由により軍の医療組織以外の医療組織の中にいること。

第一四条（軍の医療組織以外の医療組織に対する徴発の制限） 1　占領国は、占領地域の文民たる住民の医療上の必要が常に満たされることを確保する義務を負う。

2　占領国は、文民たる住民に対する適当な医療の提供並びに既に治療中の傷者及び病者の治療の継続に必要な限り、軍の医療組織以外の医療組織、その設備、その物品又はその要員の役務を徴発してはならない。

3　占領国は、2に定める一般的な規則が遵守されている限り、次に掲げる条件に従って2に規定する資源を徴発することができる。

(a)　当該資源が占領国の軍隊の構成員であって傷者及び病者であるもの又は捕虜の適切かつ迅速な治療のために必要であること。

(b)　徴発が(a)に規定する必要のある間に限り行われること。

(c)　文民たる住民の医療上の必要並びに徴発によって影響を受ける治療中の傷者及び病者の医療上の必要が常に満たされることを確保するため直ちに措置をとること。

第一五条（軍の医療要員以外の医療要員及び軍の宗教要員以外の宗教要員の保護） 1　軍の医療要員以外の医療要員は、尊重され、かつ、保護される。

2　軍の医療要員以外の医療要員は、戦闘活動のために軍の医療活動以外の医療活動が中断されている地域において、必要なときは、すべての利用可能な援助を与えられる。

3　占領国は、占領地域の軍の医療要員以外の医療要員に対し、その軍の医療要員以外の医療要員が最善を尽くして人道的任務を遂行することができるようにするためにすべての援助を与える。占領国は、当該軍の医療要員以外の医療要員がその任務を遂行するに当たり、医療上の理由に基づく場合を除くほか、いずれかの者の治療を優先させるよう求めてはならない。軍の医療要員以外の医療要員は、その人道的使命と両立しない任務を遂行することを強要されない。

4　軍の医療要員以外の医療要員は、関係紛争当事者が必要と認める監督及び安全のための措置に従うことを条件として、当該軍の医療要員以外の医療要員の役務を必要とするいずれの場所にも立ち入ることができる。

5　軍の宗教要員以外の宗教要員は、尊重され、かつ、保護される。医療要員の保護及び識別に関する諸条約及びこの議定書の規定は、軍の宗教要員以外の宗教要員についてもひとしく適用する。

第一六条（医療上の任務の一般的保護） 1　いずれの者も、いかなる場合においても、医療上の倫理に合致した医療活動（その受益者のいかんを問わない。）を行ったことを理由として処罰されない。

2　医療活動に従事する者は、医療上の倫理に関する諸規則若しくは傷者及び病者のために作成された他の医療上の諸規則又は諸条約若しくはこの議定書の規定に反する行為又は作業を行うことを強要されず、また、これらの諸規則及び規定によって求められる行為又は作業を差し控えることを強要されない。

3　医療活動に従事する者は、自己が現に看護しているか又は看護していた傷者及び病者に関する情報がこれらの傷者及び病者又はその家族にとって有害となると認める場合には、自国の法律によって求められている場合を除くほか、敵対する紛争当事者又は自国のいずれかに属する者に対し当該情報を提供することを強要されない。もっとも、伝染病の義務的通報に関する諸規則は、尊重する。

第一七条（文民たる住民及び救済団体の役割） 1　文民たる住民は、傷者、病者及び難船者が敵対する紛争当事者に属する場合においても、これらの者を尊重し、また、これらの者に対していかなる暴力行為も行ってはならない。文民たる住民及び各国の赤十字社、赤新月社又は赤のライオン及び太陽社のような救済団体は、自発的に行う場合であっても、侵略され又は占領された地域においても、傷者、病者及び難船者を収容し及び看護することを許される。いずれの者も、このような人道的な行為を理由として危害を加えられ、訴追され、有罪とされ又は処罰されることはない。

2 紛争当事者は、1に規定する文民たる住民及び救済団体に対して、傷者、病者及び難船者を収容し及び看護し並びに死者を捜索し及びその死者の位置を報告するよう要請することができる。紛争当事者は、要請に応じた者に対し、保護及び必要な便益の双方を与える。敵対する紛争当事者は、そのような保護及び必要な便益の双方を与えられる地域を支配し又はその地域に対する支配を回復した場合には、必要な限り、同様の保護及び便益を与える。

第一八条（識別） 1 紛争当事者は、医療要員、宗教要員、医療組織及び医療用輸送手段が識別されることのできることを確保するよう努める。

2 紛争当事者は、また、特殊標章及び特殊信号を使用する医療組織及び医療用輸送手段の識別を可能にする方法及び手続を採用し及び実施するよう努める。

3 軍の医療要員以外の医療要員及び軍の宗教要員以外の宗教要員は、占領地域及び戦闘が現に行われ又は行われるおそれのある地域において、特殊標章及び身分証明書によって識別されることができるようにすべきである。

4 医療組織及び医療用輸送手段は、権限のある当局の同意を得て、特殊標章によって表示する。第二二条に規定する船舶及び舟艇は、第二条約に従って表示する。

5 紛争当事者は、特殊標章に加え、附属書I第三章に定めるところにより、医療組織及び医療用輸送手段を識別するために特殊信号の使用を許可することができる。同章に規定する特別の場合には、例外的に、医療用輸送手段は、特殊標章を表示することなく特殊信号を使用することができる。

6 1から5までの規定の適用は、附属書I第一章から第三章までに定めるところによる。医療組織及び医療用輸送手段が専ら使用するために同附属書第三章に指定する信号は、同章に定める場合を除くほか、同章の医療組織及び医療用輸送手段を識別する目的以外の目的で使用してはならない。

7 この条の規定は、平時において第一条約第四四条に規定する使用よりも広範な特殊標章の使用を認めるものではない。

8 特殊標章の使用についての監督並びに特殊標章の濫用の防止及び抑止に関する諸条約及びこの議定書の規定は、特殊信号について適用する。

第一九条（中立国その他の紛争当事者でない国） 中立国その他の紛争当事者でない国は、この編の規定によって保護される者であってこれらの国が自国の領域において受け入れ又は収容するもの及びこれらの国によって発見される紛争当事者の死者について、この議定書の関連規定を適用する。

第二〇条（復仇（きゅう）の禁止） この編の規定によって保護される者及び物に対する復仇（きゅう）は、禁止する。

第二部 医療上の輸送

第二一条（医療用車両） 医療用車両は、諸条約及びこの議定書における移動する医療組織と同様の方法により尊重され、かつ、保護される。

第二二条（病院船及び沿岸救助艇） 1 次の(a)から(d)までに掲げるものに関する諸条約の規定は、(a)及び(b)に規定する船舶が第二条約第一三条に規定するいずれの部類にも属しない文民たる傷者、病者及び難船者を輸送する場合についても適用する。もっとも、これらの者は、自国以外の締約国に引き渡され又は海上において捕らえられない。これらの者が自国以外の紛争当事者の権力内にある場合には、これらの者は、第四条約及びこの議定書の対象となる。

(a) 第二条約第二二条、第二四条、第二五条及び第二七条に規定する船舶

(b) (a)の船舶の救命艇及び小舟艇

(c) (a)の船舶の要員及び乗組員

(d) 船舶上の傷者、病者及び難船者

2 第二条約第二五条に規定する船舶に対し諸条約によって与えられる保護は、次の(a)及び(b)に掲げるものが人道的目的で紛争当事者の利用に供した病院船に及ぶものとする。

(a) 中立国その他の紛争当事者でない国

(b) 公平で国際的な人道的団体

ただし、いずれの場合にも、同条の要件が満たされることを条件とする。

3 第二条約第二七条に規定する小舟艇は、同条に定めるところによる通告が行われなかった場合にも、保護される。もっとも、紛争当事者は、当該小舟艇の識別を容易にする要目を相互に通報するよう求められる。

第二三条（他の医療用船舶及び他の医療用舟艇） 1 医療用船舶及び医療用舟艇であって前条及び第二条約第三八条に規定するもの以外のものは、海上であるか他の水域であるかを問わず、諸条約及びこの議定書における移動する医療組織と同様の方法により尊重され、かつ、保護される。その保護は、当該医療用船舶及び医療用舟艇が医療用船舶及び医療用舟艇として識別されることができるときにのみ実効的となるので、当該医療用船舶及び医療用舟艇は、特殊標章によって表示され、かつ、できる限り第二条約第四三条第二項の規定に従うべきである。

2 1に規定する医療用船舶及び医療用舟艇は、戦争の法規の適用を受ける。自己の命令に直ちに従わせることのできる海上の軍艦は、当該医療用船舶及び医療用舟艇に対し、停船若しくは退去を命ずること又は航路を指定することができる。当該医療用船舶及び医療用舟艇は、これらのすべての命令に従う。当該医療用船舶及び医療用舟艇が船舶上にある傷者、病者及び難船者のために必要とされる限り、その医療上の任務は、他のいかなる方法によっても変更することができない。

3 1に規定する保護は、第二条約第三四条及び第

三五条に定める条件によってのみ消滅する。2の規定による命令に従うことを明確に拒否することは、同条約第三四条に規定する敵に有害な行為とする。

4　紛争当事者は、敵対する紛争当事者に対し、1に規定する医療用船舶又は医療用舟艇(特に総トン数二〇〇〇トンを超える船舶)の船名、要目、予想される出航時刻、航路及び推定速度を出航のできる限り前に通報すること並びに識別を容易にする他の情報を提供することができる。敵対する紛争当事者は、そのような情報の受領を確認する。

5　第二条約第三七条の規定は、1に規定する医療用船舶又は医療用舟艇における医療要員及び宗教要員について適用する。

6　第二条約は、同条約第一三条及びこの議定書の第四四条に規定する部類に属する傷者、病者及び難船者であって1に規定する医療用船舶及び医療用舟艇にあるものについて適用する。第二条約第一三条に規定するいずれの部類にも属しない文民たる傷者、病者及び難船者は、海上では自国以外のいずれの締約国にも引き渡されず、また、当該医療用船舶又は医療用舟艇から移動させられない。これらの者が自国以外の紛争当事者の権力内にある場合には、これらの者は、第四条約及びこの議定書の対象となる。

第二四条(医療用航空機の保護) 医療用航空機は、この編の規定により尊重され、かつ、保護される。

第二五条(敵対する紛争当事者が支配していない区域における医療用航空機) 友軍が実際に支配している地域及びその上空又は敵対する紛争当事者が実際に支配していない海域及びその上空においては、紛争当事者の医療用航空機の尊重及び保護は、敵対する紛争当事者との合意に依存しない。もっとも、そのような区域において当該医療用航空機を運航する紛争当事者は、一層の安全のため、特に当該医療用航空機が敵対する紛争当事者の地対空兵器システムの射程内を飛行するときは、第二九条の規定により、敵対する紛争当事者に通報することができる。

第二六条(接触地帯又は類似の地域における医療用航空機) 1　接触地帯のうち友軍が実際に支配している地域及びその上空並びに実際の支配が明確に確立していない地域及びその上空においては、医療用航空機の保護は、第二九条に定めるところにより、紛争当事者の権限のある軍当局の間の事前の合意によってのみ十分に実効的となる。このような合意のない場合には、医療用航空機は、自己の責任で運航されるが、医療用航空機であると識別された後は尊重される。

2　「接触地帯」とは、敵対する軍隊の前線部隊が相互に接触している地域、特に前線部隊が地上からの直接の砲火にさらされている地域をいう。

第二七条(敵対する紛争当事者が支配している区域における医療用航空機) 1　紛争当事者の医療用航空機は、敵対する紛争当事者が実際に支配している地域又は海域の上空を飛行している間、敵対する紛争当事者の権限のある当局からその飛行に対する事前の同意を得ていることを条件として、引き続き保護される。

2　医療用航空機であって航行上の過誤又は飛行の安全に影響を及ぼす緊急事態のため1に規定する同意なしに又は同意の条件に相違して敵対する紛争当事者が実際に支配している地域の上空を飛行するものは、自己が識別され及びその状況を敵対する紛争当事者に通報するようあらゆる努力を払う。当該敵対する紛争当事者は、当該医療用航空機を識別した場合には直ちに、第三〇条1に規定する着陸若しくは着水を命令し又は自国の利益を保護するための他の措置をとるよう、及びいずれの場合にも当該医療用航空機に対して攻撃を加える前にその命令又は措置に従うための時間を与えるよう、すべての合理的な努力を払う。

第二八条(医療用航空機の運航の制限) 1　紛争当事者が敵対する紛争当事者に対して軍事的利益を得ることを企図して自国の医療用航空機を使用することは、禁止する。医療用航空機の所在は、軍事目標が攻撃の対象とならないようにすることを企図して利用してはならない。

2　医療用航空機は、情報データを収集し又は伝達するために使用してはならず、また、このような目的に使用するための機器を備えてはならない。医療用航空機が第八条(f)の定義に該当しない者又は積荷を輸送することは、禁止する。搭乗者の手回品又は航行、通信若しくは識別を容易にすることのみを目的とした機器を搭載することは、禁止されるものと認められない。

3　医療用航空機は、機上の傷者、病者及び難船者から取り上げた小型武器及び弾薬であってまだ適当な機関に引き渡されていないもの並びに機上の医療要員が自己及びその責任の下にある傷者、病者及び難船者の防護のために必要な軽量の個人用の武器を除くほか、いかなる武器も輸送してはならない。

4　医療用航空機は、前二条に係る飛行を実施している間、敵対する紛争当事者との事前の合意による場合を除くほか、傷者、病者及び難船者を捜索するために使用してはならない。

第二九条(医療用航空機に関する通報及び合意) 1　第二五条の規定に基づく通報又は第二六条、第二七条、前条4若しくは第三一条の規定に基づく事前の合意のための要請については、医療用航空機の予定されている数、その飛行計画及び識別方法を明示し、並びにすべての飛行が前条の規定を遵守して実施されることを意味するものと了解する。

2　第二五条の規定に基づいて行われる通報を受領した締約国は、その通報の受領を直ちに確認する。

3　第二六条、第二七条、前条4又は第三一条の規定に基づく事前の合意のための要請を受領した締約国は、要請を行った締約国に対しできる限り速やかに次のいずれかのことを通報する。

(a) 要請に同意すること。

(b) 要請を拒否すること。

(c) 要請に対する合理的な代わりの提案。また、要請のあった飛行が実施される期間及び地域における他の飛行の禁止又は制限を提案することができる。要請を行った締約国が代わりの提案を受諾する場合には、当該要請を行った締約国は、その受諾を当該要請を受領した締約国に通報する。

4　締約国は、通報及び合意が速やかに行われることを確保するために必要な措置をとる。

5　締約国は、通報及び合意の内容を関係部隊に速やかに周知させるために必要な措置をとり、並びに医療用航空機の使用する識別方法について当該関係部隊に指示を与える。

第三〇条（医療用航空機の着陸及び検査） 1　敵対する紛争当事者が実際に支配している地域又は実際の支配が明確に確立していない地域の上空を飛行する医療用航空機については、2から4までに定める規定に従って検査を受けるため着陸し又は着水するよう命ずることができる。医療用航空機は、その命令に従う。

2　命令によるか他の理由によるかを問わず1に規定する医療用航空機が着陸し又は着水した場合には、3及び4に規定する事項を決定するためにのみ当該医療用航空機を検査することができる。検査は、遅滞なく開始し、迅速に実施する。検査を行う締約国は、検査のために不可欠である場合を除くほか、傷者及び病者を当該医療用航空機から移動させるよう求めてはならない。当該検査を行う締約国は、いかなる場合にも、傷者及び病者の状態が検査又は移動によって不利な影響を受けないことを確保する。

3　検査によって次のすべてのことが明らかになった場合には、その検査を受けた航空機及び敵対する紛争当事者又は中立国その他の紛争当事者でない国に属する当該航空機の搭乗者は、飛行を継続することを遅滞なく認められる。

(a) 当該航空機が第八条(j)の規定の意味における医療用航空機であること。

(b) 当該航空機が第二八条に定める条件に違反していないこと。

(c) 事前の合意が求められている場合に、当該航空機が当該合意なしに又は当該合意に違反して飛行していなかったこと。

4　検査によって次のいずれかのことが明らかになった場合には、その検査を受けた航空機は、捕獲することができる。当該航空機の搭乗者は、諸条約及びこの議定書の関連規定に従って取り扱われる。捕獲した航空機が常時の医療用航空機として充てられていたものである場合には、これを医療用航空機としてのみ、その後も使用することができる。

(a) 当該航空機が第八条(j)の規定の意味における医療用航空機でないこと。

(b) 当該航空機が第二八条に定める条件に違反していること。

(c) 事前の合意が求められている場合に、当該航空機が当該合意なしに又は当該合意に違反して飛行していたこと。

第三一条（中立国その他の紛争当事者でない国） 1　医療用航空機は、事前の同意がある場合を除くほか、中立国その他の紛争当事者でない国の領域の上空を飛行し又は当該領域に着陸してはならない。医療用航空機は、同意がある場合には、その飛行中及び当該領域における寄港中、尊重される。もっとも、医療用航空機は、着陸又は着水の命令に従う。

2　医療用航空機は、航行上の過誤又は飛行の安全に影響を及ぼす緊急事態のため同意なしに又は同意の条件に相違して中立国その他の紛争当事者でない国の領域の上空を飛行する場合には、その飛行を通報し及び自己が識別されるようあらゆる努力を払う。当該中立国その他の紛争当事者でない国は、当該医療用航空機を識別した場合には直ちに、前条1に規定する着陸若しくは着水を命令し又は自国の利益を保護するための他の措置をとるよう、及びいずれの場合にも当該医療用航空機に対して攻撃を加える前にその命令又は措置に従うための時間を与えるよう、すべての合理的な努力を払う。

3　医療用航空機は、同意がある場合又は2に規定する状況において、命令によるか他の理由によるかを問わず中立国その他の紛争当事者でない国の領域に着陸し又は着水したときは、実際に医療用航空機であるか否かを決定するための検査を受ける。検査は、遅滞なく開始し、迅速に実施する。検査を行う締約国は、検査のために不可欠である場合を除くほか、当該航空機を運航している紛争当事者の傷者及び病者を航空機から移動させるよう求めてはならない。当該検査を行う締約国は、いかなる場合にも、傷者及び病者の状態が検査又は移動によって不利な影響を受けないことを確保する。検査によって当該航空機が実際に医療用航空機であることが明らかになった場合には、当該航空機は、搭乗者（武力紛争の際に適用される国際法の諸規則に従って抑留しなければならない者を除く。）とともに、飛行を再開することを認められ、飛行の継続のために合理的な便益を与えられる。検査によって当該航空機が医療用航空機でないことが明らかになった場合には、当該航空機は、捕獲され、及び当該搭乗者は、4の規定によって取り扱われる。

4　中立国その他の紛争当事者でない国は、武力紛争の際に適用される国際法の諸規則が求める場合には、自己と紛争当事者との間に別段の合意がない限り、自国の領域で現地当局の同意を得て医療用航空機から降機（一時的な場合を除く。）した傷者、病者及び難船者が敵対行為に再び参加することのできないようにそれらの者を抑留する。病院における治療及び収容の費用は、これらの者の属する国が負担する。

5　中立国その他の紛争当事者でない国は、医療用航空機が自国の領域の上空を飛行すること又は自国の領域に着陸することに関する条件及び制限をすべての紛争当事者についてひとしく適用する。

第三部　行方不明者及び死者

第三二条（一般原則）締約国、紛争当事者並びに諸条約及びこの議定書に規定する国際的な人道的団体の活動は、この部の規定の実施に当たり、主として家族がその近親者の運命を知る権利に基づいて促進される。

第三三条（行方不明者）1　紛争当事者は、事情が許す限り速やかに、遅くとも現実の敵対行為の終了の時から、敵対する紛争当事者により行方不明であると報告された者を捜索する。当該敵対する紛争当事者は、その捜索を容易にするため、これらの者に関するすべての関連情報を伝達する。

2　紛争当事者は、1の規定に基づき情報の収集を容易にするため、諸条約及びこの議定書に基づく一層有利な考慮が払われない者について、次のことを行う。

(a)　敵対行為又は占領の結果二週間以上抑留され、投獄され若しくは他の方法で捕らわれた場合又は捕らわれている期間中に死亡した場合には、第四条約第一三八条に規定する情報を記録すること。

(b)　敵対行為又は占領の結果他の状況において死亡した場合には、その者に関する情報の収集及び記録を、できる限り、容易にし及び必要な場合に行うこと。

3　1の規定に基づき行方不明であると報告された者に関する情報及びその情報についての要請は、直接に又は利益保護国、赤十字国際委員会の中央安否調査部若しくは各国の赤十字社、赤新月社若しくは赤のライオン及び太陽社を通じて伝達する。紛争当事者は、赤十字国際委員会及びその中央安否調査部を通じて情報を伝達しない場合には、当該情報を中央安否調査部に対しても提供することを確保する。

4　紛争当事者は、死者を捜索し、識別し及び戦場から収容するための調査団に関する取極（適当な場合には、敵対する紛争当事者の支配している地域において調査団がその任務を行っている間、当該敵対する紛争当事者の要員に伴われるためのものを含む。）に合意するよう努める。調査団の要員は、専らその任務を行っている間、尊重され、かつ、保護される。

第三四条（遺体）1　占領に関連する理由のために死亡し又は占領若しくは敵対行為に起因して捕らわれている期間中に死亡した者及び敵対行為の結果自国以外の国で死亡した者の遺体又は墓地に対して諸条約及びこの議定書に基づく一層有利な考慮が払われない場合には、これらの者の遺体は、尊重されるものとし、また、これらの者の墓地は、第四条約第一三〇条に定めるところにより尊重され、維持され、かつ、表示される。

2　締約国は、敵対行為の結果として又は占領中若しくは捕らわれている期間中に死亡した者の墓その他遺体のある場所が自国の領域にある場合には、事情及び敵対する紛争当事者との関係が許す限り速やかに、次のことを行うため取極を締結する。

(a)　死亡した者の近親者及び公の墳墓登録機関の代表者による墓地への立入りを容易にすること並びに当該立入りのための実際的な手続を定めること。

(b)　墓地を永続的に保護し、かつ、維持すること。

(c)　本国の要請又は本国が反対しない限り近親者の要請に基づいて遺体及び個人用品を本国へ返還することを容易にすること。

3　自国の領域に墓地のある締約国は、2(b)又は(c)の規定に係る取極のない場合及び死亡した者の本国が自国の費用で墓地の維持を行う意思を有しない場合には、本国への遺体の返還を容易にするよう提案することができる。締約国は、その提案が受諾されなかった場合には、当該提案の日から五年を経過した後に、かつ、本国への適当な通報を行った後に、墓地及び墓に関する自国の法律に定める手続をとることができる。

4　この条に規定する墓地が自国の領域にある締約国は、次のいずれかの場合にのみ、遺体を発掘することを許される。

(a)　2(c)及び3の規定による場合

(b)　発掘が優先的な公共上の必要事項である場合（衛生上及び調査上必要な場合を含む。）。締約国は、この場合において、常に遺体を尊重し、並びに遺体を発掘する意図及び再埋葬予定地の詳細を本国へ通報する。

第三編　戦闘の方法及び手段並びに戦闘員及び捕虜の地位

第一部　戦闘の方法及び手段

第三五条（基本原則）1　いかなる武力紛争においても、紛争当事者が戦闘の方法及び手段を選ぶ権利は、無制限ではない。

2　過度の傷害又は無用の苦痛を与える兵器、投射物及び物質並びに戦闘の方法を用いることは、禁止する。

3　自然環境に対して広範、長期的かつ深刻な損害を与えることを目的とする又は与えることが予測される戦闘の方法及び手段を用いることは、禁止する。

第三六条（新たな兵器）締約国は、新たな兵器又は戦闘の手段若しくは方法の研究、開発、取得又は採用に当たり、その使用がこの議定書又は当該締約国に適用される他の国際法の諸規則により一定の場合又はすべての場合に禁止されているか否かを決定する義務を負う。

第三七条（背信行為の禁止）1　背信行為により敵を殺

傷し又は捕らえることは、禁止する。武力紛争の際に適用される国際法の諸規則に基づく保護を受ける権利を有するか又は保護を与える義務があると敵が信ずるように敵の信頼を誘う行為であって敵の信頼を裏切る意図をもって行われるものは、背信行為を構成する。背信行為の例として、次の行為がある。

(a)　休戦旗を掲げて交渉の意図を装うこと、又は投降を装うこと。
(b)　負傷又は疾病による無能力を装うこと。
(c)　文民又は非戦闘員の地位を装うこと。
(d)　国際連合又は中立国その他の紛争当事者でない国の標章又は制服を使用して、保護されている地位を装うこと。

2　奇計は、禁止されない。奇計とは、敵を欺くこと又は無謀に行動させることを意図した行為であって、武力紛争の際に適用される国際法の諸規則に違反せず、かつ、そのような国際法に基づく保護に関して敵の信頼を誘うことがないために背信的ではないものをいう。奇計の例として、偽装、囮(おとり)、陽動作戦及び虚偽の情報の使用がある。

第三八条(認められた標章) 1　赤十字、赤新月若しくは赤のライオン及び太陽の特殊標章又は諸条約若しくはこの議定書に規定する他の標章若しくは信号を不当に使用することは、禁止する。また、休戦旗を含む国際的に認められた他の保護標章又は信号及び文化財の保護標章を武力紛争において故意に濫用することは、禁止する。

2　国際連合によって認められた場合を除くほか、国際連合の特殊標章を使用することは、禁止する。

第三九条(国の標章) 1　中立国その他の紛争当事者でない国の旗、軍の標章、記章又は制服を武力紛争において使用することは、禁止する。

2　攻撃を行っている間、又は軍事行動を掩(えん)護し、有利にし、保護し若しくは妨げるため、敵対する紛争当事者の旗、軍の標章、記章又は制服を使用することは、禁止する。

3　この条及び第三七条1(d)の規定は、諜(ちょう)報活動又は海上の武力紛争における旗の使用に適用される現行の一般に認められた国際法の諸規則に影響を及ぼすものではない。

第四〇条(助命) 生存者を残さないよう命令すること、そのような命令で敵を威嚇すること又はそのような方針で敵対行為を行うことは、禁止する。

第四一条(戦闘外にある敵の保護) 1　戦闘外にあると認められる者又はその状況において戦闘外にあると認められるべき者は、攻撃の対象としてはならない。

2　次の者は、戦闘外にある。
(a)　敵対する紛争当事者の権力内にある者
(b)　投降の意図を明確に表明する者
(c)　既に無意識状態となっており又は負傷若しくは疾病により無能力となっているため自己を防御することができない者

ただし、いずれの者も、いかなる敵対行為も差し控え、かつ、逃走を企てないことを条件とする。

3　捕虜としての保護を受ける権利を有する者が第三条約第三編第一部に規定する後送を妨げる通常と異なる戦闘の状態の下で敵対する紛争当事者の権力内に陥った場合には、そのような権利を有する者を解放し、及びその者の安全を確保するためにすべての実行可能な予防措置をとる。

第四二条(航空機の搭乗者) 1　遭難航空機から落下傘で降下する者は、降下中は攻撃の対象としてはならない。

2　遭難航空機から落下傘で降下した者は、敵対する紛争当事者が支配する地域に着地したときは、その者が敵対行為を行っていることが明白でない限り、攻撃の対象とされる前に投降の機会を与えられる。

3　空挺(てい)部隊は、この条の規定による保護を受けない。

第二部　戦闘員及び捕虜の地位

第四三条(軍隊) 1　紛争当事者の軍隊は、部下の行動について当該紛争当事者に対して責任を負う司令部の下にある組織され及び武装したすべての兵力、集団及び部隊から成る(当該紛争当事者を代表する政府又は当局が敵対する紛争当事者によって承認されているか否かを問わない。)。このような軍隊は、内部規律に関する制度、特に武力紛争の際に適用される国際法の諸規則を遵守させる内部規律に関する制度に従う。

2　紛争当事者の軍隊の構成員(第三条約第三三条に規定する衛生要員及び宗教要員を除く。)は、戦闘員であり、すなわち、敵対行為に直接参加する権利を有する。

3　紛争当事者は、準軍事的な又は武装した法執行機関を自国の軍隊に編入したときは、他の紛争当事者にその旨を通報する。

第四四条(戦闘員及び捕虜) 1　前条に規定する戦闘員であって敵対する紛争当事者の権力内に陥ったものは、捕虜とする。

2　すべての戦闘員は、武力紛争の際に適用される国際法の諸規則を遵守する義務を負うが、これらの諸規則の違反は、3及び4に規定する場合を除くほか、戦闘員である権利又は敵対する紛争当事者の権力内に陥った場合に捕虜となる権利を戦闘員から奪うものではない。

3　戦闘員は、文民たる住民を敵対行為の影響から保護することを促進するため、攻撃又は攻撃の準備のための軍事行動を行っている間、自己と文民たる住民とを区別する義務を負う。もっとも、武装した戦闘員は、武力紛争において敵対行為の性質のため自己と文民たる住民とを区別することができない状況があると認められるので、当該状況において次に規定する間武器を公然と携行することを条件として、戦闘員としての地位を保持する。

(a) 交戦の間

(b) 自己が参加する攻撃に先立つ軍事展開中に敵に目撃されている間

この3に定める条件に合致する行為は、第三七条1(c)に規定する背信行為とは認められない。

4　3中段に定める条件を満たすことなく敵対する紛争当事者の権力内に陥った戦闘員は、捕虜となる権利を失う。もっとも、第三条約及びこの議定書が捕虜に与える保護と同等のものを与えられる。この保護には、当該戦闘員が行った犯罪のため裁判され及び処罰される場合に、第三条約が捕虜に与える保護と同等のものを含む。

5　攻撃又は攻撃の準備のための軍事行動を行っていない間に敵対する紛争当事者の権力内に陥った戦闘員は、それ以前の活動を理由として戦闘員である権利及び捕虜となる権利を失うことはない。

6　この条の規定は、いずれかの者が第三条約第四条の規定に基づいて捕虜となる権利を害するものではない。

7　この条の規定は、紛争当事者の武装し、かつ、制服を着用した正規の部隊に配属された戦闘員について、その者が制服を着用することに関する各国の慣行であって一般に受け入れられているものを変更することを意図するものではない。

8　第一条約第一三条及び第二条約第一三条に規定する部類に属する者に加え、前条に規定する紛争当事者の軍隊のすべての構成員は、傷者若しくは病者又は海その他の水域における難船者(ただし、難船者については、第二条約に係るもの)である場合には、これらの条約に基づく保護を受ける権利を有する。

第四五条(敵対行為に参加した者の保護) 1　敵対行為に参加して敵対する紛争当事者の権力内に陥った者については、その者が捕虜の地位を要求した場合、その者が捕虜となる権利を有すると認められる場合又はその者が属する締約国が抑留国若しくは利益保護国に対する通告によりその者のために捕虜の地位を要求した場合には、捕虜であると推定し、第三条約に基づいて保護する。その者が捕虜となる権利を有するか否かについて疑義が生じた場合には、その者の地位が権限のある裁判所によって決定されるまでの間、引き続き捕虜の地位を有し、第三条約及びこの議定書によって保護する。

2　敵対する紛争当事者の権力内に陥った者が捕虜としては捕らえられない場合において敵対行為に係る犯罪について当該敵対する紛争当事者による裁判を受けるときは、その者は、司法裁判所において捕虜となる権利を有することを主張し及びその問題について決定を受ける権利を有する。この決定については、適用される手続に従って可能なときはいつでも、当該犯罪についての裁判の前に行う。利益保護国の代表者は、その問題が決定される手続に立ち会う権利を有する。ただし、例外的に手続が国の安全のために非公開で行われる場合は、この限りでない。この場合には、抑留国は、利益保護国にその旨を通知する。

3　敵対行為に参加した者であって、捕虜となる権利を有せず、また、第四条約に基づく一層有利な待遇を受けないものは、常にこの議定書の第七五条に規定する保護を受ける権利を有する。いずれの者も、占領地域においては、間諜(ちょう)として捕らえられない限り、第四条約第五条の規定にかかわらず、同条約に基づく通信の権利を有する。

第四六条(間諜(ちょう)) 1　諸条約又はこの議定書の他の規定にかかわらず、紛争当事者の軍隊の構成員であって諜(ちょう)報活動を行っている間に敵対する紛争当事者の権力内に陥ったものについては、捕虜となる権利を有せず、間諜(ちょう)として取り扱うことができる。

2　紛争当事者の軍隊の構成員であって、当該紛争当事者のために及び敵対する紛争当事者が支配する地域において、情報を収集し又は収集しようとしたものは、そのような活動の間に自国の軍隊の制服を着用していた場合には、諜(ちょう)報活動を行っていたとは認められない。

3　敵対する紛争当事者が占領している地域の居住者である紛争当事者の軍隊の構成員であって、自己が属する紛争当事者のために当該地域において軍事的価値のある情報を収集し又は収集しようとしたものは、虚偽の口実に基づく行為による場合又は故意にひそかな方法で行われた場合を除くほか、諜(ちょう)報活動を行っていたとは認められない。さらに、当該居住者は、諜(ちょう)報活動を行っている間に捕らえられた場合を除くほか、捕虜となる権利を失わず、また、間諜(ちょう)として取り扱われない。

4　敵対する紛争当事者が占領している地域の居住者でない紛争当事者の軍隊の構成員であって、当該地域において諜(ちょう)報活動を行ったものは、その者の属する軍隊に復帰する前に捕らえられる場合を除くほか、捕虜となる権利を失わず、また、間諜(ちょう)として取り扱われない。

第四七条(傭(よう)兵) 1　傭兵は、戦闘員である権利又は捕虜となる権利を有しない。

2　傭(よう)兵とは、次のすべての条件を満たす者をいう。

(a) 武力紛争において戦うために現地又は国外で特別に採用されていること。

(b) 実際に敵対行為に直接参加していること。

(c) 主として私的な利益を得たいとの願望により敵対行為に参加し、並びに紛争当事者により又は紛争当事者の名において、当該紛争当事者の軍隊において類似の階級に属し及び類似の任務を有する戦闘員に対して約束され又は支払われる額を相当上回る物質的な報酬を実際に約束されていること。

(d) 紛争当事者の国民でなく、また、紛争当事者が支配している地域の居住者でないこと。
(e) 紛争当事者の軍隊の構成員でないこと。
(f) 紛争当事者でない国が自国の軍隊の構成員として公の任務で派遣した者でないこと。

第四編　文民たる住民

第一部　敵対行為の影響からの一般的保護

第一章　基本原則及び適用範囲

第四八条（基本原則） 紛争当事者は、文民たる住民及び民用物を尊重し及び保護することを確保するため、文民たる住民と戦闘員とを、また、民用物と軍事目標とを常に区別し、及び軍事目標のみを軍事行動の対象とする。

第四九条（攻撃の定義及び適用範囲） 1 「攻撃」とは、攻勢としてであるか防御としてであるかを問わず、敵に対する暴力行為をいう。

2 この議定書の攻撃に関する規定は、いずれの地域（紛争当事者に属する領域であるが敵対する紛争当事者の支配の下にある地域を含む。）で行われるかを問わず、すべての攻撃について適用する。

3 この部の規定は、陸上の文民たる住民、個々の文民又は民用物に影響を及ぼす陸戦、空戦又は海戦について適用するものとし、また、陸上の目標に対して海又は空から行われるすべての攻撃についても適用する。もっとも、この部の規定は、海上又は空中の武力紛争の際に適用される国際法の諸規則に影響を及ぼすものではない。

4 この部の規定は、第四条約特にその第二編及び締約国を拘束する他の国際取極に含まれる人道的保護に関する諸規則並びに陸上、海上又は空中の文民及び民用物を敵対行為の影響から保護することに関する他の国際法の諸規則に追加される。

第二章　文民及び文民たる住民

第五〇条（文民及び文民たる住民の定義） 1 文民とは、第三条約第四条A(1)から(3)まで及び(6)並びにこの議定書の第四三条に規定する部類のいずれにも属しない者をいう。いずれの者も、文民であるか否かについて疑義がある場合には、文民とみなす。

2 文民たる住民とは、文民であるすべての者から成るものをいう。

3 文民の定義に該当しない者が文民たる住民の中に存在することは、文民たる住民から文民としての性質を奪うものではない。

第五一条（文民たる住民の保護） 1 文民たる住民及び個々の文民は、軍事行動から生ずる危険からの一般的保護を受ける。この保護を実効的なものとするため、適用される他の国際法の諸規則に追加される2から8までに定める規則は、すべての場合において、遵守する。

2 文民たる住民それ自体及び個々の文民は、攻撃の対象としてはならない。文民たる住民の間に恐怖を広めることを主たる目的とする暴力行為又は暴力による威嚇は、禁止する。

3 文民は、敵対行為に直接参加していない限り、この部の規定によって与えられる保護を受ける。

4 無差別な攻撃は、禁止する。無差別な攻撃とは、次の攻撃であって、それぞれの場合において、軍事目標と文民又は民用物とを区別しないでこれらに打撃を与える性質を有するものをいう。
(a) 特定の軍事目標のみを対象としない攻撃
(b) 特定の軍事目標のみを対象とすることのできない戦闘の方法及び手段を用いる攻撃
(c) この議定書で定める限度を超える影響を及ぼす戦闘の方法及び手段を用いる攻撃

5 特に、次の攻撃は、無差別なものと認められる。
(a) 都市、町村その他の文民又は民用物の集中している地域に位置する多数の軍事目標であって相互に明確に分離された別個のものを単一の軍事目標とみなす方法及び手段を用いる砲撃又は爆撃による攻撃
(b) 予期される具体的かつ直接的な軍事的利益との比較において、巻き添えによる文民の死亡、文民の傷害、民用物の損傷又はこれらの複合した事態を過度に引き起こすことが予測される攻撃

6 復仇（きゅう）の手段として文民たる住民又は個々の文民を攻撃することは、禁止する。

7 文民たる住民又は個々の文民の所在又は移動は、特定の地点又は区域が軍事行動の対象とならないようにするために、特に、軍事目標を攻撃から掩（えん）護し又は軍事行動を掩（えん）護し、有利にし若しくは妨げることを企図して利用してはならない。紛争当事者は、軍事目標を攻撃から掩（えん）護し又は軍事行動を掩（えん）護することを企図して文民たる住民又は個々の文民の移動を命じてはならない。

8 この条に規定する禁止の違反があったときにおいても、紛争当事者は、文民たる住民及び個々の文民に関する法的義務（第五七条の予防措置をとる義務を含む。）を免除されない。

第三章　民用物

第五二条（民用物の一般的保護） 1 民用物は、攻撃又は復仇（きゅう）の対象としてはならない。民用物とは、2に規定する軍事目標以外のすべての物をいう。

2 攻撃は、厳格に軍事目標に対するものに限定する。軍事目標は、物については、その性質、位置、用途又は使用が軍事活動に効果的に資する物であってその全面的又は部分的な破壊、奪取又は無効化がその時点における状況において明確な軍事的利益をもたらすものに限る。

3 礼拝所、家屋その他の住居、学校等通常民生の目的のために供される物が軍事活動に効果的に資する

ものとして使用されているか否かについて疑義がある場合には、軍事活動に効果的に資するものとして使用されていないと推定される。

第五三条（文化財及び礼拝所の保護）一九五四年五月一四日の武力紛争の際の文化財の保護に関するハーグ条約その他の関連する国際文書の規定の適用を妨げることなく、次のことは、禁止する。

(a)　国民の文化的又は精神的遺産を構成する歴史的建造物、芸術品又は礼拝所を対象とする敵対行為を行うこと。

(b)　(a)に規定する物を軍事上の努力を支援するために利用すること。

(c)　(a)に規定する物を復仇(きゅう)の対象とすること。

第五四条（文民たる住民の生存に不可欠な物の保護）

1　戦闘の方法として文民を飢餓の状態に置くことは、禁止する。

2　食糧、食糧生産のための農業地域、作物、家畜、飲料水の施設及び供給設備、かんがい設備等文民たる住民の生存に不可欠な物をこれらが生命を維持する手段としての価値を有するが故に文民たる住民又は敵対する紛争当事者に与えないという特定の目的のため、これらの物を攻撃し、破壊し、移動させ又は利用することができないようにすることは、文民を飢餓の状態に置き又は退去させるという動機によるかその他の動機によるかを問わず、禁止する。

3　2に規定する禁止は、2に規定する物が次の手段として敵対する紛争当事者によって利用される場合には、適用しない。

(a)　専ら当該敵対する紛争当事者の軍隊の構成員の生命を維持する手段

(b)　生命を維持する手段でないときであっても軍事行動を直接支援する手段。ただし、いかなる場合においても、2に規定する物に対し、文民たる住民の食糧又は水を十分でない状態とし、その結果当該文民たる住民を飢餓の状態に置き又はその移動を余儀なくさせることが予測される措置をとってはならない。

4　2に規定する物は、復仇(きゅう)の対象としてはならない。

5　いずれの紛争当事者にとっても侵入から自国の領域を防衛する重大な必要があることにかんがみ、紛争当事者は、絶対的な軍事上の必要によって要求される場合には、自国の支配の下にある領域において2に規定する禁止から免れることができる。

第五五条（自然環境の保護）1　戦闘においては、自然環境を広範、長期的かつ深刻な損害から保護するために注意を払う。その保護には、自然環境に対してそのような損害を与え、それにより住民の健康又は生存を害することを目的とする又は害することが予測される戦闘の方法及び手段の使用の禁止を含む。

2　復仇(きゅう)の手段として自然環境を攻撃することは、禁止する。

第五六条（危険な力を内蔵する工作物及び施設の保護）

1　危険な力を内蔵する工作物及び施設、すなわち、ダム、堤防及び原子力発電所は、これらの物が軍事目標である場合であっても、これらを攻撃することが危険な力の放出を引き起こし、その結果文民たる住民の間に重大な損失をもたらすときは、攻撃の対象としてはならない。これらの工作物又は施設の場所又は近傍に位置する他の軍事目標は、当該他の軍事目標に対する攻撃がこれらの工作物又は施設からの危険な力の放出を引き起こし、その結果文民たる住民の間に重大な損失をもたらす場合には、攻撃の対象としてはならない。

2　1に規定する攻撃からの特別の保護は、次の場合にのみ消滅する。

(a)　ダム又は堤防については、これらが通常の機能以外の機能のために、かつ、軍事行動に対し常時の、重要なかつ直接の支援を行うために利用されており、これらに対する攻撃がそのような支援を終了させるための唯一の実行可能な方法である場合

(b)　原子力発電所については、これが軍事行動に対し常時の、重要なかつ直接の支援を行うために電力を供給しており、これに対する攻撃がそのような支援を終了させるための唯一の実行可能な方法である場合

(c)　1に規定する工作物又は施設の場所又は近傍に位置する他の軍事目標については、これらが軍事行動に対し常時の、重要なかつ直接の支援を行うために利用されており、これらに対する攻撃がそのような支援を終了させるための唯一の実行可能な方法である場合

3　文民たる住民及び個々の文民は、すべての場合において、国際法によって与えられるすべての保護(次条の予防措置による保護を含む。)を受ける権利を有する。特別の保護が消滅し、1に規定する工作物、施設又は軍事目標が攻撃される場合には、危険な力の放出を防止するためにすべての実際的な予防措置をとる。

4　1に規定する工作物、施設又は軍事目標を復仇(きゅう)の対象とすることは、禁止する。

5　紛争当事者は、1に規定する工作物又は施設の近傍にいかなる軍事目標も設けることを避けるよう努める。もっとも、保護される工作物又は施設を攻撃から防御することのみを目的として構築される施設は、許容されるものとし、攻撃の対象としてはならない。ただし、これらの構築される施設が、保護される工作物又は施設に対する攻撃に対処するために必要な防御措置のためのものである場合を除くほか、敵対行為において利用されず、かつ、これらの構築される施設の装備が保護される工作物又は施設に対する敵対行為を撃退することのみが可能な兵器に限られていることを条件とする。

6　締約国及び紛争当事者は、危険な力を内蔵する物に追加的な保護を与えるために新たな取極を締結するよう要請される。

7　紛争当事者は、この条の規定によって保護される物の識別を容易にするため、この議定書の附属書I第一六条に規定する一列に並べられた三個の明るいオレンジ色の円から成る特別の標章によってこれらの保護される物を表示することができる。その表示がないことは、この条の規定に基づく紛争当事者の義務を免除するものではない。

第四章　予防措置

第五七条（攻撃の際の予防措置）1　軍事行動を行うに際しては、文民たる住民、個々の文民及び民用物に対する攻撃を差し控えるよう不断の注意を払う。

2　攻撃については、次の予防措置をとる。

(a)　攻撃を計画し又は決定する者は、次のことを行う。

(i)　攻撃の目標が文民又は民用物でなく、かつ、第五二条2に規定する軍事目標であって特別の保護の対象ではないものであること及びその目標に対する攻撃がこの議定書によって禁止されていないことを確認するためのすべての実行可能なこと。

(ii)　攻撃の手段及び方法の選択に当たっては、巻き添えによる文民の死亡、文民の傷害及び民用物の損傷を防止し並びに少なくともこれらを最小限にとどめるため、すべての実行可能な予防措置をとること。

(iii)　予期される具体的かつ直接的な軍事的利益との比較において、巻き添えによる文民の死亡、文民の傷害、民用物の損傷又はこれらの複合した事態を過度に引き起こすことが予測される攻撃を行う決定を差し控えること。

(b)　攻撃については、その目標が軍事目標でないこと若しくは特別の保護の対象であること、又は当該攻撃が、予期される具体的かつ直接的な軍事的利益との比較において、巻き添えによる文民の死亡、文民の傷害、民用物の損傷若しくはこれらの複合した事態を過度に引き起こすことが予測されることが明白となった場合には、中止し又は停止する。

(c)　文民たる住民に影響を及ぼす攻撃については、効果的な事前の警告を与える。ただし、事情の許さない場合は、この限りでない。

3　同様の軍事的利益を得るため複数の軍事目標の中で選択が可能な場合には、選択する目標は、攻撃によって文民の生命及び民用物にもたらされる危険が最小であることが予測されるものでなければならない。

4　紛争当事者は、海上又は空中における軍事行動を行うに際しては、文民の死亡及び民用物の損傷を防止するため、武力紛争の際に適用される国際法の諸規則に基づく自国の権利及び義務に従いすべての合理的な予防措置をとる。

5　この条のいかなる規定も、文民たる住民、個々の文民又は民用物に対する攻撃を認めるものと解してはならない。

第五八条（攻撃の影響に対する予防措置）紛争当事者は、実行可能な最大限度まで、次のことを行う。

(a)　第四条約第四九条の規定の適用を妨げることなく、自国の支配の下にある文民たる住民、個々の文民及び民用物を軍事目標の近傍から移動させるよう努めること。

(b)　人口の集中している地域又はその付近に軍事目標を設けることを避けること。

(c)　自国の支配の下にある文民たる住民、個々の文民及び民用物を軍事行動から生ずる危険から保護するため、その他の必要な予防措置をとること。

第五章　特別の保護の下にある地区及び地帯

第五九条（無防備地区）1　紛争当事者が無防備地区を攻撃することは、手段のいかんを問わず、禁止する。

2　紛争当事者の適当な当局は、軍隊が接触している地帯の付近又はその中にある居住地区であって敵対する紛争当事者による占領に対して開放されるものを、無防備地区として宣言することができる。無防備地区は、次のすべての条件を満たしたものとする。

(a)　すべての戦闘員が撤退しており並びにすべての移動可能な兵器及び軍用設備が撤去されていること。

(b)　固定された軍事施設の敵対的な使用が行われないこと。

(c)　当局又は住民により敵対行為が行われないこと。

(d)　軍事行動を支援する活動が行われないこと。

3　諸条約及びこの議定書によって特別に保護される者並びに法及び秩序の維持のみを目的として保持される警察が無防備地区に存在することは、2に定める条件に反するものではない。

4　2の規定に基づく宣言は、敵対する紛争当事者に対して行われ、できる限り正確に無防備地区の境界を定め及び記述したものとする。その宣言が向けられた紛争当事者は、その受領を確認し、2に定める条件が実際に満たされている限り、当該地区を無防備地区として取り扱う。条件が実際に満たされていない場合には、その旨を直ちに、宣言を行った紛争当事者に通報する。2に定める条件が満たされていない場合にも、当該地区は、この議定書の他の規定及び武力紛争の際に適用される他の国際法の諸規則に基づく保護を引き続き受ける。

5　紛争当事者は、2に定める条件を満たしていない地区であっても、当該地区を無防備地区とすることについて合意することができる。その合意は、できる限り正確に無防備地区の境界を定め及び記述したものとすべきであり、また、必要な場合には監視の方法を定めたものとすることができる。

6　5に規定する合意によって規律される地区を支配する紛争当事者は、できる限り、他の紛争当事者と合意する標章によって当該地区を表示するものとし、この標章は、明瞭(りょう)に見ることができる場所、特に当該地区の外縁及び境界並びに幹線道路に表示する。

7　2に定める条件又は5に規定する合意に定める条件を満たさなくなった地区は、無防備地区としての地位を失う。そのような場合にも、当該地区は、この議定書の他の規定及び武力紛争の際に適用される他の国際法の諸規則に基づく保護を引き続き受ける。

第六〇条（非武装地帯） 1　紛争当事者がその合意によって非武装地帯の地位を与えた地帯に軍事行動を拡大することは、その拡大が当該合意に反する場合には、禁止する。

2　合意は、明示的に行う。合意は、直接に又は利益保護国若しくは公平な人道的団体を通じて口頭又は文書によって、また、相互的なかつ一致した宣言によって行うことができる。合意は、平時に及び敵対行為の開始後に行うことができるものとし、また、できる限り正確に非武装地帯の境界を定め及び記述したものとし並びに必要な場合には監視の方法を定めたものとすべきである。

3　合意の対象である地帯は、通常、次のすべての条件を満たしたものとする。

(a)　すべての戦闘員が撤退しており並びにすべての移動可能な兵器及び軍用設備が撤去されていること。

(b)　固定された軍事施設の敵対的な使用が行われないこと。

(c)　当局又は住民により敵対行為が行われないこと。

(d)　軍事上の努力に関連する活動が終了していること。

紛争当事者は、(d)に定める条件についての解釈及び4に規定する者以外の者であって非武装地帯に入ることを認められるものについて合意する。

4　諸条約及びこの議定書によって特別に保護される者並びに法及び秩序の維持のみを目的として保持される警察が非武装地帯に存在することは、3に定める条件に反するものではない。

5　非武装地帯を支配する紛争当事者は、できる限り、他の紛争当事者と合意する標章によって当該非武装地帯を表示するものとし、この標章は、明瞭(りょう)に見ることができる場所、特に当該非武装地帯の外縁及び境界並びに幹線道路に表示する。

6　戦闘が非武装地帯の付近に迫ってきたときであっても、紛争当事者が合意している場合には、いずれの紛争当事者も、軍事行動を行うことに関する目的のために当該非武装地帯を利用し又はその地位を一方的に取り消すことができない。

7　一の紛争当事者が3又は6の規定に対する重大な違反を行った場合には、他の紛争当事者は、非武装地帯にその地位を与えている合意に基づく義務を免除される。その場合において、当該非武装地帯は、非武装地帯としての地位を失うが、この議定書の他の規定及び武力紛争の際に適用される他の国際法の諸規則に基づく保護を引き続き受ける。

第六章　文民保護

第六一条（定義及び適用範囲） この議定書の適用上、

(a)　「文民保護」とは、文民たる住民を敵対行為又は災害の危険から保護し、文民たる住民が敵対行為又は災害の直接的な影響から回復することを援助し、及び文民たる住民の生存のために必要な条件を整えるため次の人道的任務の一部又は全部を遂行することをいう。

(i)　警報の発令

(ii)　避難の実施

(iii)　避難所の管理

(iv)　灯火管制に係る措置の実施

(v)　救助

(vi)　応急医療その他の医療及び宗教上の援助

(vii)　消火

(viii)　危険地域の探知及び表示

(ix)　汚染の除去及びこれに類する防護措置の実施

(x)　緊急時の収容施設及び需品の提供

(xi)　被災地域における秩序の回復及び維持のための緊急援助

(xii)　不可欠な公益事業に係る施設の緊急の修復

(xiii)　死者の応急処理

(xiv)　生存のために重要な物の維持のための援助

(xv)　(i)から(xiv)までに掲げる任務のいずれかを遂行するために必要な補完的な活動（計画立案及び準備を含む。）

(b)　「文民保護組織」とは、(a)に規定する任務を遂行するために紛争当事者の権限のある当局によって組織され又は認められる団体その他の組織であって、専らこれらの任務に充てられ、従事するものをいう。

(c)　文民保護組織の「要員」とは、紛争当事者により専ら(a)に規定する任務を遂行することに充てられる者（当該紛争当事者の権限のある当局により専ら当該文民保護組織を運営することに充てられる者を含む。）をいう。

(d)　文民保護組織の「物品」とは、当該文民保護組織が(a)に規定する任務を遂行するために使用する機材、需品及び輸送手段をいう。

第六二条（一般的保護） 1　軍の文民保護組織以外の文民保護組織及びその要員は、この議定書の規定、特にこの部の規定に基づき尊重され、かつ、保護される。これらの者は、絶対的な軍事上の必要がある場合を除くほか、文民保護の任務を遂行する権利を有する。

2　1の規定は、軍の文民保護組織以外の文民保護組織の構成員ではないが、権限のある当局の要請に応じて当該権限のある当局の監督の下に文民保護の任務を遂行する文民についても適用する。

3　文民保護のために使用される建物及び物品並びに文民たる住民に提供される避難所は、第五二条の規定の適用を受ける。文民保護のために使用される物は、破壊し又はその本来の使用目的を変更することができない。ただし、その物が属する締約国によって行われる場合を除く。

第六三条（占領地域における文民保護）1　軍の文民保護組織以外の文民保護組織は、占領地域において、その任務の遂行に必要な便益を当局から与えられる。軍の文民保護組織以外の文民保護組織の要員は、いかなる場合においても、その任務の適正な遂行を妨げるような活動を行うことを強要されない。占領国は、軍の文民保護組織以外の文民保護組織の任務の効率的な遂行を妨げるような方法で当該軍の文民保護組織以外の文民保護組織の機構又は要員を変更してはならない。軍の文民保護組織以外の文民保護組織は、占領国の国民又は利益を優先させることを求められない。

2　占領国は、軍の文民保護組織以外の文民保護組織に対し文民たる住民の利益を害する方法でその任務を遂行することを強要し、強制し又は誘引してはならない。

3　占領国は、安全保障上の理由により文民保護の要員の武装を解除することができる。

4　占領国は、文民保護組織に属し若しくは文民保護組織が使用する建物若しくは物品の本来の使用目的を変更し又はこれらを徴発することが文民たる住民に有害であるような場合には、その変更又は徴発を行うことができない。

5　占領国は、4に定める一般的な規則が遵守されている限り、次の特別の条件に従い、4に規定する資源を徴発し又はその使用目的を変更することができる。

(a)　建物又は物品が文民たる住民の他の要求にとって必要であること。

(b)　徴発又は使用目的の変更が(a)に規定する必要のある間に限り行われること。

6　占領国は、文民たる住民の使用のために提供され又は文民たる住民が必要とする避難所の使用目的を変更し又はこれらを徴発してはならない。

第六四条（軍の文民保護組織以外の紛争当事者でない国のもの及び国際的な調整を行う団体）1　前二条、次条及び第六六条の規定は、紛争当事者の同意を得て、かつ、その監督の下に当該紛争当事者の領域において、第六一条に規定する文民保護の任務を遂行する軍の文民保護組織以外の文民保護組織であって中立国その他の紛争当事者でない国のものの要員及び物品についても適用する。軍の文民保護組織以外の文民保護組織であって中立国その他の紛争当事者でない国のものによる援助については、敵対する紛争当事者に対しできる限り速やかに通報する。この活動については、いかなる場合においても、紛争への介入とみなしてはならない。もっとも、この活動については、関係紛争当事者の安全保障上の利益に妥当な考慮を払って行うべきである。

2　1に規定する援助を受ける紛争当事者及び当該援助を与える締約国は、適当な場合には、文民保護の活動の国際的な調整を容易なものとすべきである。その場合には、関連する国際的な団体は、この章の規定の適用を受ける。

3　占領国は、占領地域において、自国の資源又は当該占領地域の資源により文民保護の任務の適切な遂行を確保することができる場合にのみ、軍の文民保護組織以外の文民保護組織であって中立国その他の紛争当事者でない国のもの及び国際的な調整を行う団体の活動を排除し又は制限することができる。

第六五条（保護の消滅）1　軍の文民保護組織以外の文民保護組織並びにその要員、建物、避難所及び物品が受けることのできる保護は、これらのものが本来の任務から逸脱して敵に有害な行為を行い又は行うために使用される場合を除くほか、消滅しない。ただし、この保護は、適当な場合にはいつでも合理的な期限を定める警告が発せられ、かつ、その警告が無視された後においてのみ、消滅させることができる。

2　次のことは、敵に有害な行為と認められない。

(a)　文民保護の任務が軍当局の指示又は監督の下に遂行されること。

(b)　文民保護の文民たる要員が文民保護の任務の遂行に際して軍の要員と協力すること又は軍の要員が軍の文民保護組織以外の文民保護組織に配属されること。

(c)　文民保護の任務の遂行が軍人たる犠牲者特に戦闘外にある者に付随的に利益を与えること。

3　文民保護の文民たる要員が秩序の維持又は自衛のために軽量の個人用の武器を携行することも、敵に有害な行為と認められない。もっとも、紛争当事者は、陸上における戦闘が現に行われており又は行われるおそれのある地域においては、文民保護の要員と戦闘員との区別に資するようにそのような武器をピストル又は連発けん銃のようなけん銃に制限するための適当な措置をとる。文民保護の要員は、そのような地域において他の軽量の個人用の武器を携行する場合であっても、文民保護の要員であると識別されたときは、尊重され、かつ、保護される。

4　軍の文民保護組織以外の文民保護組織において軍隊に類似した編成がとられており又は強制的な役務が課されていることは、この章の規定に基づく保護をこれらの軍の文民保護組織以外の文民保護組織から奪うものではない。

第六六条（識別）１　紛争当事者は、自国の文民保護組織並びにその要員、建物及び物品が専ら文民保護の任務の遂行に充てられている間、これらのものが識別されることのできることを確保するよう努める。文民たる住民に提供される避難所も、同様に識別されることができるようにすべきである。

２　紛争当事者は、また、文民保護の国際的な特殊標章が表示される文民のための避難所並びに文民保護の要員、建物及び物品の識別を可能にする方法及び手続を採用し及び実施するよう努める。

３　文民保護の文民たる要員については、占領地域及び戦闘が現に行われており又は行われるおそれのある地域においては、文民保護の国際的な特殊標章及び身分証明書によって識別されることができるようにすべきである。

４　文民保護の国際的な特殊標章は、文民保護組織並びにその要員、建物及び物品の保護並びに文民のための避難所のために使用するときは、オレンジ色地に青色の正三角形とする。

５　紛争当事者は、特殊標章に加えて文民保護に係る識別のための特殊信号を使用することについて合意することができる。

６　１から４までの規定の適用は、この議定書の附属書Ⅰ第五章の規定によって規律される。

７　４に規定する標章は、平時において、権限のある国内当局の同意を得て、文民保護に係る識別のために使用することができる。

８　締約国及び紛争当事者は、文民保護の国際的な特殊標章の表示について監督し並びにその濫用を防止し及び抑止するために必要な措置をとる。

９　文民保護の医療要員、宗教要員、医療組織及び医療用輸送手段の識別は、第一八条の規定によっても規律される。

第六七条（文民保護組織に配属される軍隊の構成員及び部隊）（略）

第二部　文民たる住民のための救済

第六八条（適用範囲）この部の規定は、この議定書に定める文民たる住民について適用するものとし、また、第四条約第二三条、第五五条及び第五九条から第六二条までの規定その他の関連規定を補完する。

第六九条（占領地域における基本的な必要）１　占領国は、食糧及び医療用品について第四条約第五五条に定める義務のほか、利用することができるすべての手段により、かつ、不利な差別をすることなく、占領地域の文民たる住民の生存に不可欠な被服、寝具、避難のための手段その他の需品及び宗教上の行事に必要な物品の供給を確保する。

２　占領地域の文民たる住民のための救済活動については、第四条約第五九条から第六一条まで及び第一〇八条から第一一一条までの規定並びにこの議定書の第七一条の規定により規律し、かつ、遅滞なく実施する。

第七〇条（救済活動）１　占領地域以外の地域であって紛争当事者の支配の下にあるものの文民たる住民が前条に規定する物資を適切に供給されない場合には、性質上人道的かつ公平な救済活動であって不利な差別をすることなく行われるものが実施されるものとする。ただし、そのような救済活動については、関係締約国の同意を条件とする。そのような救済の申出は、武力紛争への介入又は非友好的な行為と認められない。救済品の分配に当たっては、第四条約又はこの議定書により有利な待遇又は特別の保護を受けることとされている児童、妊産婦等を優先させる。

２　紛争当事者及び締約国は、この部の規定に従って提供されるすべての救済品、救済設備及び救済要員の迅速な、かつ、妨げられることのない通過について、これらによる援助が敵対する紛争当事者の文民たる住民のために提供される場合においても、許可し及び容易にする。

３　２の規定に従い救済品、救済設備及び救済要員の通過を許可する紛争当事者及び締約国は、次の権利及び義務を有する。

(a)　通過を許可するための技術的条件（検査を含む。）を定める権利

(b)　援助の分配が利益保護国による現地での監督の下に行われることを許可の条件とすることができること。

(c)　関係する文民たる住民の利益のために緊急の必要がある場合を除くほか、いかなる形においても、救済品の指定された用途を変更してはならず、また、その送付を遅延させてはならないこと。

４　紛争当事者は、救済品を保護し、及びその迅速な分配を容易にする。

５　紛争当事者及び関係締約国は、１の救済活動の効果的で国際的な調整を奨励し及び容易にする。

第七一条（救済活動に参加する要員）１　救済要員については、必要な場合には、特に救済品の輸送及び分配のため救済活動における援助の一部として提供することができる。救済要員の参加は、当該救済要員がその任務を遂行する領域の属する締約国の同意を条件とする。

２　救済要員は、尊重され、かつ、保護される。

３　救済品を受領する締約国は、実行可能な限り、１の救済要員が救済のための任務を遂行することを支援するものとし、絶対的な軍事上の必要がある場合に限り、救済要員の活動を制限し、又はその移動を一時的に制限することができる。

４　救済要員は、いかなる場合においても、この議定書に基づくその任務の範囲を超えることができないものとし、特に、その任務を遂行している領域の属する締約国の安全保障上の要求を考慮する。これらの条件を尊重しない救済要員の任務は、終了させることができる。

第三部　紛争当事者の権力内にある者の待遇

第一章　適用範囲並びに人及び物の保護

第七二条（適用範囲）この部の規定は、第四条約特にその第一編及び第三編に定める紛争当事者の権力内にある文民及び民用物の人道上の保護に関する諸規則並びに国際的な武力紛争の際に基本的人権の保護に関して適用される他の国際法の諸規則に追加される。

第七三条（難民及び無国籍者）敵対行為の開始前に、関係締約国が受諾した関連する国際文書又は避難国若しくは居住国の国内法令により無国籍者又は難民と認められていた者については、すべての場合において、かつ、不利な差別をすることなく、第四条約第一編及び第三編に定める被保護者とする。

第七四条（離散した家族の再会）締約国及び紛争当事者は、武力紛争の結果離散した家族の再会をあらゆる可能な方法で容易にするものとし、また、特に、諸条約及びこの議定書の規定並びに自国の安全上の諸規則に従ってこの任務に従事する人道的団体の活動を奨励する。

第七五条（基本的な保障）1　紛争当事者の権力内にある者であって諸条約又はこの議定書に基づく一層有利な待遇を受けないものは、第一条に規定する事態の影響を受ける限り、すべての場合において人道的に取り扱われるものとし、また、人種、皮膚の色、性、言語、宗教又は信条、政治的意見その他の意見、国民的又は社会的出身、貧富、出生又は他の地位その他これらに類する基準による不利な差別を受けることなく、少なくともこの条に規定する保護を受ける。紛争当事者は、これらのすべての者の身体、名誉、信条及び宗教上の実践を尊重する。

2　次の行為は、いかなる場合においても、また、いかなる場所においても、文民によるものか軍人によるものかを問わず、禁止する。

(a)　人の生命、健康又は心身の健全性に対する暴力、特に次の行為
(i)　殺人
(ii)　あらゆる種類の拷問（身体的なものであるか精神的なものであるかを問わない。）
(iii)　身体刑
(iv)　身体の切断
(b)　個人の尊厳に対する侵害、特に、侮辱的で体面を汚す待遇、強制売春及びあらゆる形態のわいせつ行為
(c)　人質をとる行為
(d)　集団に科する刑罰
(e)　(a)から(d)までに規定する行為を行うとの脅迫

3　武力紛争に関連する行為のために逮捕され、抑留され又は収容される者は、これらの措置がとられた理由をその者が理解する言語で直ちに知らされるものとする。これらの者は、犯罪を理由として逮捕され又は抑留される場合を除くほか、できる限り遅滞なく釈放されるものとし、いかなる場合においてもその逮捕、抑留又は収容を正当化する事由が消滅したときは、直ちに釈放される。

4　通常の司法手続に関する一般的に認められている諸原則を尊重する公平かつ正規に構成された裁判所が言い渡す有罪の判決によることなく、武力紛争に関連する犯罪について有罪とされる者に刑を言い渡すことはできず、また、刑を執行することはできない。これらの原則には、次のものを含む。
(a)　司法手続は、被告人が自己に対する犯罪の容疑の詳細を遅滞なく知らされることを定めるものとし、被告人に対し裁判の開始前及び裁判の期間中すべての必要な防御の権利及び手段を与える。
(b)　いずれの者も、自己の刑事責任に基づく場合を除くほか、犯罪について有罪の判決を受けない。
(c)　いずれの者も、実行の時に国内法又は国際法により犯罪を構成しなかった作為又は不作為を理由として訴追され又は有罪とされない。いずれの者も、犯罪が行われた時に適用されていた刑罰よりも重い刑罰を科されない。犯罪が行われた後に一層軽い刑罰を科する規定が法律に設けられる場合には、当該犯罪を行った者は、その利益を享受する。
(d)　罪に問われている者は、法律に基づいて有罪とされるまでは、無罪と推定される。
(e)　罪に問われている者は、自ら出席して裁判を受ける権利を有する。
(f)　いずれの者も、自己に不利益な供述又は有罪の自白を強要されない。
(g)　罪に問われている者は、自己に不利な証人を尋問し又はこれに対し尋問させる権利並びに自己に不利な証人と同じ条件での自己のための証人の出席及びこれに対する尋問を求める権利を有する。
(h)　いずれの者も、無罪又は有罪の確定判決が既に言い渡された犯罪について、同一の締約国により同一の法律及び司法手続に基づいて訴追され又は処罰されない。
(i)　訴追された者は、公開の場で判決の言渡しを受ける権利を有する。
(j)　有罪の判決を受ける者は、その判決の際に、司法上その他の救済措置及びこれらの救済措置をとることのできる期限について告知される。

5　武力紛争に関連する理由で自由を制限されている女子は、男子の区画から分離した区画に収容され、かつ、女子の直接の監視の下に置かれる。ただし、家族が抑留され又は収容される場合には、これらの者は、できる限り同一の場所に家族単位で置かれる。

6　武力紛争に関連する理由で逮捕され、抑留され又は収容される者は、武力紛争が終了した後も、その最終的解放、送還又は居住地の設定の時までこの条の規定に基づく保護を受ける。

7　戦争犯罪又は人道に対する犯罪について責任を問われる者の訴追及び裁判に関する疑義を避けるため、

次の原則を適用する。

(a) 戦争犯罪又は人道に対する犯罪について責任を問われる者は、適用される国際法の諸規則に従って訴追され及び裁判に付されるべきである。

(b) 諸条約又はこの議定書に基づく一層有利な待遇を受けない者は、その責任を問われる犯罪が諸条約又はこの議定書に対する重大な違反行為であるか否かを問わず、この条の規定に基づく待遇を与えられる。

8　この条のいかなる規定も、適用される国際法の諸規則に基づき1に規定する者に対して一層厚い保護を与える他の一層有利な規定を制限し又は侵害するものと解してはならない。

第二章　女子及び児童のための措置

第七六条(女子の保護) 1　女子は、特別の尊重を受けるものとし、特に強姦(かん)、強制売春その他のあらゆる形態のわいせつ行為から保護される。

2　武力紛争に関連する理由で逮捕され、抑留され又は収容される妊婦及び依存する幼児を有する母については、その事案を最も優先させて審理する。

3　紛争当事者は、実行可能な限り、妊婦又は依存する幼児を有する母に対し武力紛争に関連する犯罪を理由とする死刑の判決を言い渡すことを避けるよう努める。武力紛争に関連する犯罪を理由とする死刑は、これらの女子に執行してはならない。

第七七条(児童の保護) 1　児童は、特別の尊重を受けるものとし、あらゆる形態のわいせつ行為から保護される。紛争当事者は、児童に対し、年齢その他の理由によって必要とされる保護及び援助を与える。

2　紛争当事者は、一五歳未満の児童が敵対行為に直接参加しないようすべての実行可能な措置をとるものとし、特に、これらの児童を自国の軍隊に採用することを差し控える。紛争当事者は、一五歳以上一八歳未満の者の中から採用するに当たっては、最年長者を優先させるよう努める。

3　一五歳未満の児童は、2の規定にかかわらず、敵対行為に直接参加して敵対する紛争当事者の権力内に陥った例外的な場合にも、これらの児童が捕虜であるか否かを問わず、この条の規定によって与えられる特別の保護を受ける。

4　児童は、武力紛争に関連する理由で逮捕され、抑留され又は収容される場合には、第七五条5の規定により家族単位で置かれる場合を除くほか、成人の区画から分離した区画に置かれる。

5　武力紛争に関連する犯罪を理由とする死刑は、その犯罪を実行した時に一八歳未満であった者に執行してはならない。

第七八条(児童の避難) 1　いかなる紛争当事者も、児童の健康若しくは治療又は児童の安全(占領地域における場合を除く。)のためやむを得ない理由で一時的に避難させる必要がある場合を除くほか、自国の国民でない児童を外国に避難させる措置をとってはならない。父母又は法定保護者を発見することができる場合には、その避難についてこれらの者の書面による同意を必要とする。これらの者を発見することができない場合には、その避難につき、法律又は慣習により児童の保護について主要な責任を有する者の書面による同意を必要とする。利益保護国は、児童の避難につき、関係締約国、すなわち、避難の措置をとる締約国、児童を受け入れる締約国及びその国民が避難させられる締約国との合意によって監視する。すべての紛争当事者は、それぞれの場合に、児童の避難が危険にさらされることを避けるためのすべての実行可能な予防措置をとる。

2　1の規定に従って避難が行われるときは、児童の教育(その父母が希望する宗教的及び道徳的教育を含む。)については、当該児童が避難させられている間、最大限可能な限り継続して与える。

3　この条の規定によって避難させられた児童がその家族の下に及び自国に帰ることを容易にするため、避難の措置をとる締約国の当局及び適当な場合には受入国の当局は、当該児童のためにその写真をはり付けたカードを作成し、赤十字国際委員会の中央安否調査部に送付する。このカードには、可能な限り、かつ、当該児童に対して害を及ぼすおそれがない限り、次の情報を記載する。

(a) 児童の姓
(b) 児童の名
(c) 児童の性別
(d) 出生地及び生年月日(生年月日が明らかでないときは、おおよその年齢)
(e) 父の氏名
(f) 母の氏名及び旧姓
(g) 児童の近親者
(h) 児童の国籍
(i) 児童の母国語及び当該児童が話すその他の言語
(j) 児童の家族の住所
(k) 児童の識別のための番号
(l) 児童の健康状態
(m) 児童の血液型
(n) 特徴
(o) 児童が発見された年月日及び場所
(p) 児童が避難の措置をとる国から出国した年月日及び場所
(q) 児童の宗教があるときはその宗教
(r) 受入国における児童の現在の住所
(s) 児童が帰国する前に死亡した場合には、死亡した年月日、場所及び状況並びに埋葬の場所

第三章　報道関係者

第七九条(報道関係者のための保護措置) 1　武力紛争の行われている地域において職業上の危険な任務に従事する報道関係者は、第五〇条1に規定する文民と認められる。

2　報道関係者は、諸条約及びこの議定書に基づき文民として保護される。ただし、その保護は、文民としての地位に不利な影響を及ぼす活動を行わないことを条件とするものとし、また、軍隊の認可を受けている従軍記者が第三条約第四条A(4)に規定する地位を与えられる権利を害するものではない。

3　報道関係者は、この議定書の附属書Ⅱのひな型と同様の身分証明書を取得することができる。この身分証明書は、報道関係者がその国籍を有し若しくはその領域に居住する国又は雇用される報道機関の所在する国の政府によって発行され、報道関係者としての地位を証明する。

第五編　諸条約及びこの議定書の実施

第一部　総　則

第八〇条（実施のための措置） 1　締約国及び紛争当事者は、諸条約及びこの議定書に基づく義務を履行するため、遅滞なくすべての必要な措置をとる。

2　締約国及び紛争当事者は、諸条約及びこの議定書の遵守を確保するために命令及び指示を与え、並びにその実施について監督する。

第八一条（赤十字その他の人道的団体の活動） 1　紛争当事者は、赤十字国際委員会に対し、同委員会が紛争の犠牲者に対する保護及び援助を確保するために諸条約及びこの議定書によって与えられる人道的任務を遂行することのできるよう、可能なすべての便益を与える。また、赤十字国際委員会は、関係紛争当事者の同意を得ることを条件として、紛争の犠牲者のためにその他の人道的活動を行うことができる。

2　紛争当事者は、自国の赤十字、赤新月又は赤のライオン及び太陽の団体に対し、これらの団体が諸条約及びこの議定書の規定並びに赤十字国際会議によって作成された赤十字の基本原則に従って紛争の犠牲者のための人道的活動を行うため、必要な便益を与える。

3　締約国及び紛争当事者は、赤十字、赤新月又は赤のライオン及び太陽の団体及び赤十字社連盟が諸条約及びこの議定書の規定並びに赤十字国際会議によって作成された赤十字の基本原則に従って紛争の犠牲者に与える援助を、できる限りの方法で容易にする。

4　締約国及び紛争当事者は、諸条約及びこの議定書にいう他の人道的団体であって、それぞれの紛争当事者によって正当に認められ、かつ、諸条約及びこの議定書の規定に従って人道的活動を行うものが2及び3に規定する便益と同様の便益を、できる限り、利用することのできるようにする。

第八二条（軍隊における法律顧問） 締約国はいつでも、また、紛争当事者は武力紛争の際に、諸条約及びこの議定書の適用並びにその適用について軍隊に与えられる適当な指示に関して軍隊の適当な地位の指揮官に助言する法律顧問を必要な場合に利用することができるようにする。

第八三条（周知） 1　締約国は、平時において武力紛争の際と同様に、自国において、できる限り広い範囲において諸条約及びこの議定書の周知を図ること、特に、諸条約及びこの議定書を自国の軍隊及び文民たる住民に周知させるため、軍隊の教育の課目に諸条約及びこの議定書についての学習を取り入れ並びに文民たる住民によるその学習を奨励することを約束する。

2　武力紛争の際に諸条約及びこの議定書の適用について責任を有する軍当局又は軍当局以外の当局は、諸条約及びこの議定書の内容を熟知していなければならない。

第八四条（細目手続） 締約国は、寄託者及び適当な場合には利益保護国を通じて、この議定書の自国の公の訳文及びその適用を確保するために自国が制定する法令をできる限り速やかに相互に通知する。

第二部　諸条約及びこの議定書に対する違反行為の防止

第八五条（この議定書に対する違反行為の防止） 1　この部の規定によって補完される違反行為及び重大な違反行為の防止に関する諸条約の規定は、この議定書に対する違反行為及び重大な違反行為の防止について適用する。

2　諸条約において重大な違反行為とされている行為は、敵対する紛争当事者の権力内にある者であって第四四条、第四五条及び第七三条の規定によって保護されるもの、敵対する紛争当事者の傷者、病者及び難船者であってこの議定書によって保護されるもの又は敵対する紛争当事者の支配の下にある医療要員、宗教要員、医療組織若しくは医療用輸送手段であってこの議定書によって保護されるものに対して行われる場合には、この議定書に対する重大な違反行為とする。

3　第一一条に規定する重大な違反行為のほか、次の行為は、この議定書の関連規定に違反して故意に行われ、死亡又は身体若しくは健康に対する重大な傷害を引き起こす場合には、この議定書に対する重大な違反行為とする。

(a)　文民たる住民又は個々の文民を攻撃の対象とすること。

(b)　第五七条2(a)(iii)に規定する文民の過度な死亡若しくは傷害又は民用物の過度な損傷を引き起こすことを知りながら、文民たる住民又は民用物に影響を及ぼす無差別な攻撃を行うこと。

(c)　第五七条2(a)(iii)に規定する文民の過度な死亡若しくは傷害又は民用物の過度な損傷を引き起こすことを知りながら、危険な力を内蔵する工作物又は施設に対する攻撃を行うこと。

(d)　無防備地区及び非武装地帯を攻撃の対象とすること。

(e) 戦闘外にある者であることを知りながら、その者を攻撃の対象とすること。

(f) 赤十字、赤新月若しくは赤のライオン及び太陽の特殊標章又は諸条約若しくはこの議定書によって認められている他の保護標章を第三七条の規定に違反して背信的に使用すること。

4　2及び3並びに諸条約に定める重大な違反行為のほか、次の行為は、諸条約又はこの議定書に違反して故意に行われる場合には、この議定書に対する重大な違反行為とする。

(a) 占領国が、第四条約第四九条の規定に違反して、その占領地域に自国の文民たる住民の一部を移送すること又はその占領地域の住民の全部若しくは一部を当該占領地域の内において若しくはその外に追放し若しくは移送すること。

(b) 捕虜又は文民の送還を不当に遅延させること。

(c) アパルトヘイトの慣行その他の人種差別に基づき個人の尊厳に対する侵害をもたらす非人道的で体面を汚す慣行

(d) 明確に認められている歴史的建造物、芸術品又は礼拝所であって、国民の文化的又は精神的遺産を構成し、かつ、特別の取極(例えば、権限のある国際機関の枠内におけるもの)によって特別の保護が与えられているものについて、敵対する紛争当事者が第五三条(b)の規定に違反しているという証拠がなく、かつ、これらの歴史的建造物、芸術品及び礼拝所が軍事目標に極めて近接して位置していない場合において、攻撃の対象とし、その結果広範な破壊を引き起こすこと。

(e) 諸条約によって保護される者又は2に規定する者から公正な正式の裁判を受ける権利を奪うこと。

5　諸条約及びこの議定書に対する重大な違反行為は、これらの文書の適用を妨げることなく、戦争犯罪と認める。

第八六条(不作為) 1　締約国及び紛争当事者は、作為義務を履行しなかったことの結果生ずる諸条約又はこの議定書に対する重大な違反行為を防止し、及び作為義務を履行しなかったことの結果生ずる諸条約又はこの議定書に対するその他のすべての違反行為を防止するために必要な措置をとる。

2　上官は、部下が諸条約若しくはこの議定書に対する違反行為を行っており若しくは行おうとしていることを知っており又はその時点における状況においてそのように結論することができる情報を有していた場合において、当該違反行為を防止し又は抑止するためにすべての実行可能な措置をとらなかったときは、当該違反行為が当該部下によって行われたという事実により場合に応じた刑事上又は懲戒上の責任を免れない。

第八七条(指揮官の義務) 1　締約国及び紛争当事者は、軍の指揮官に対し、その指揮の下にある軍隊の構成員及びその監督の下にあるその他の者による諸条約及びこの議定書に対する違反行為を防止するよう、並びに必要な場合にはこれらの違反行為を抑止し及び権限のある当局に報告するよう求める。

2　締約国及び紛争当事者は、違反行為を防止し及び抑止するため、指揮官に対し、その指揮の下にある軍隊の構成員が諸条約及びこの議定書に基づく自己の義務について了知していることをその責任の程度に応じて確保するよう求める。

3　締約国及び紛争当事者は、指揮官であってその部下又はその監督の下にあるその他の者が諸条約又はこの議定書に対する違反行為を行おうとしており又は行ったことを認識しているものに対し、諸条約又はこの議定書に対するそのような違反行為を防止するために必要な措置を開始するよう、及び適当な場合にはそのような違反行為を行った者に対する懲戒上又は刑事上の手続を開始するよう求める。

第八八条(刑事問題に関する相互援助) 1　締約国は、諸条約又はこの議定書に対する重大な違反行為についてとられる刑事訴訟手続に関し、相互に最大限の援助を与える。

2　締約国は、諸条約及び第八五条1に定める権利及び義務に従うことを条件として、事情が許すときは、犯罪人引渡しに関する事項について協力する。締約国は、犯罪が行われたとされる領域の属する国の要請に妥当な考慮を払う。

3　すべての場合において、相互援助の要請を受けた締約国の法令が適用される。もっとも、1及び2の規定は、刑事問題についての相互援助に関する事項の全部又は一部を現在規律しており又は将来規律する他の二国間又は多数国間の条約に基づく義務に影響を及ぼすものではない。

第八九条(協力) 締約国は、諸条約又はこの議定書に対する著しい違反がある場合には、国際連合と協力して、かつ、国際連合憲章に従って、単独で又は共同して行動することを約束する。

第九〇条(国際事実調査委員会) 1(a)　徳望が高く、かつ、公平と認められる一五人の委員で構成する国際事実調査委員会(以下「委員会」という。)を設置する。

(b) 寄託者は、二〇以上の締約国が2の規定に従って委員会の権限を受け入れることに同意したときは、その時に及びその後五年ごとに、委員会の委員を選出するためにこれらの締約国の代表者の会議を招集する。代表者は、その会議において、これらの締約国によって指名された者(これらの締約国は、それぞれ一人を指名することができる。)の名簿の中から秘密投票により委員会の委員を選出する。

(c) 委員会の委員は、個人の資格で職務を遂行するものとし、次回の会議において新たな委員が選出されるまで在任する。

(d) 締約国は、選出に当たり、委員会に選出される者が必要な能力を個々に有していること及び委員会全体として衡平な地理的代表が保証されることを確保する。

(e) 委員会は、臨時の空席が生じたときは、(a)から(d)までの規定に妥当な考慮を払ってその空席を補充する。

(f) 寄託者は、委員会がその任務の遂行のために必要な運営上の便益を利用することのできるようにする。

2(a) 締約国は、この議定書の署名若しくは批准若しくはこれへの加入の際に又はその後いつでも、同一の義務を受諾する他の締約国との関係において、この条の規定によって認められる当該他の締約国による申立てを調査する委員会の権限について当然に、かつ、特別の合意なしに認めることを宣言することができる。

(b) (a)に規定する宣言については、寄託者に寄託するものとし、寄託者は、その写しを締約国に送付する。

(c) 委員会は、次のことを行う権限を有する。

(i) 諸条約及びこの議定書に定める重大な違反行為その他の諸条約又はこの議定書に対する著しい違反であると申し立てられた事実を調査すること。

(ii) あっせんにより、諸条約及びこの議定書を尊重する態度が回復されることを容易にすること。

(d) その他の場合には、委員会は、紛争当事者の要請がある場合であって、他の関係紛争当事者の同意があるときにのみ調査を行う。

(e) (a)から(d)までの規定に従うことを条件として、第一条約第五二条、第二条約第五三条、第三条約第一三二条及び第四条約第一四九条の規定は、諸条約の違反の容疑について引き続き適用するものとし、また、この議定書の違反の容疑についても適用する。

3(a) すべての調査は、関係紛争当事者の間に別段の合意がない限り、次のとおり任命される七人の委員で構成する部が行う。

(i) 委員会の委員長が、紛争当事者と協議した後、地理的地域が衡平に代表されることを基準として任命する委員会の紛争当事者の国民でない五人の委員

(ii) 双方の紛争当事者が一人ずつ任命する紛争当事者の国民でない二人の特別の委員

(b) 委員会の委員長は、調査の要請を受けたときは、部を設置する適当な期限を定める。委員長は、特別の委員が当該期限内に任命されなかったときは、部の定数を満たすために必要な追加の委員会の委員を直ちに任命する。

4(a) 調査を行うために3の規定に従って設置される部は、紛争当事者に対し、援助及び証拠の提出を求める。また、部は、適当と認める他の証拠を求めることができるものとし、現地において状況を調査することができる。

(b) すべての証拠は、紛争当事者に十分に開示されるものとし、当該紛争当事者は、その証拠について委員会に対して意見を述べる権利を有する。

(c) 紛争当事者は、(b)に規定する証拠について異議を申し立てる権利を有する。

5(a) 委員会は、適当と認める勧告を付して、事実関係の調査結果に関する部の報告を紛争当事者に提出する。

(b) 委員会は、部が公平な事実関係の調査結果を得るための十分な証拠を入手することのできない場合には、入手することのできない理由を明示する。

(c) 委員会は、すべての紛争当事者が要請した場合を除くほか、調査結果を公表しない。

6 委員会は、その規則(委員会の委員長及び部の長に関する規則を含む。)を定める。この規則は、委員会の委員長の任務がいつでも遂行されること及び調査の場合についてはその任務が紛争当事者の国民でない者によって遂行されることを確保するものとする。

7 委員会の運営経費は、2の規定に基づく宣言を行った締約国からの分担金及び任意の拠出金をもって支弁する。調査を要請する紛争当事者は、部が要する費用のために必要な資金を前払し、当該費用の五〇パーセントを限度として申立てを受けた紛争当事者による償還を受ける。対抗する申立てが部に対して行われた場合には、それぞれの紛争当事者が必要な資金の五〇パーセントを前払する。

第九一条(責任) 諸条約又はこの議定書に違反した紛争当事者は、必要な場合には、賠償を行う責任を負う。紛争当事者は、自国の軍隊に属する者が行ったすべての行為について責任を負う。

第六編　最終規定

第九二条(署名)
第九三条(批准)　(略)
第九四条(加入)

第九五条(効力発生) 1 この議定書は、二の批准書又は加入書が寄託された後六箇月で効力を生ずる。

2 この議定書は、その後にこの議定書を批准し又はこれに加入する諸条約の締約国については、当該締約国による批准書又は加入書の寄託の後六箇月で効力を生ずる。

第九六条(この議定書の効力発生の後の条約関係) 1 諸条約は、その締約国がこの議定書の締約国である場合には、この議定書によって補完されるものとして適用する。

2 いずれか一の紛争当事者がこの議定書に拘束されていない場合にも、この議定書の締約国相互の関係においては、当該締約国は、この議定書に拘束される。さらに、当該締約国は、この議定書に拘束されない紛争当事者がこの議定書の規定を受諾し、かつ、適用するときは、当該紛争当事者との関係において、この議定書に拘束される。

3　第一条4に規定する武力紛争においていずれかの締約国と戦う人民を代表する当局は、寄託者にあてた一方的な宣言により、当該武力紛争について諸条約及びこの議定書を適用することを約束することができる。この宣言は、寄託者がこれを受領したときは、当該武力紛争に関し、次の効果を有する。

(a)　諸条約及びこの議定書は、紛争当事者としての当該当局について直ちに効力を生ずる。

(b)　当該当局は、諸条約及びこの議定書の締約国の有する権利及び義務と同一の権利及び義務を有する。

(c)　諸条約及びこの議定書は、すべての紛争当事者をひとしく拘束する。

第九七条（改正）
第九八条（附属書Ⅰの改正）｝（略）

第九九条（廃棄）1　いずれかの締約国がこの議定書を廃棄する場合には、その廃棄は、廃棄書の受領の後一年で効力を生ずる。ただし、廃棄は、廃棄を行う締約国が当該一年の期間の満了の時において第一条に規定する事態にある場合には、武力紛争又は占領の終了の時まで効力を生じず、また、いかなる場合においても、諸条約又はこの議定書によって保護されている者の最終的解放、送還又は居住地の設定に関連する活動が終了する時まで効力を生じない。

2　廃棄は、書面により寄託者に通告するものとし、寄託者は、その通告をすべての締約国に通報する。

3　廃棄は、廃棄を行う締約国についてのみ効力を有する。

4　1に規定する廃棄は、廃棄が効力を生ずる前に行われた行為について、廃棄を行う締約国がこの議定書に基づいて負っている武力紛争に係る義務に影響を及ぼすものではない。

第一〇〇条（通報）
第一〇一条（登録）｝（略）
第一〇二条（正文）

附属書Ⅰ　識別に関する規則（略）

附属書Ⅱ　職業上の危険な任務に従事する報道関係者のための身分証明書（略）

第一追加議定書加入に際しての日本国の宣言

日本国政府は、一九四九年八月一二日のジュネーヴ諸条約の国際的な武力紛争の犠牲者の保護に関する追加議定書（議定書Ⅰ）の第四四条3中段に規定する状況は、占領地域又は同議定書第一条4に規定する武力紛争においてのみ存在し得ると理解するものであることを宣言する。

また、日本国政府は、同議定書第四四条3(b)の「展開」とは、攻撃が行われる場所へのあらゆる移動をいうものと解釈するものであることを宣言する。

日本国政府は、同一の義務を受諾する他の締約国との関係において、同議定書第九〇条の規定によって認められる当該他の締約国による申立てを調査する国際事実調査委員会の権限について当然に、かつ、特別の合意なしに認めることを宣言する。

13 4　一九四九年八月一二日のジュネーヴ諸条約の非国際的な武力紛争の犠牲者の保護に関する追加議定書（議定書Ⅱ）（第二追加議定書）（抄）

採　　択　一九七七年六月八日（ジュネーヴ）
署名（開放）　一九七七年一二月一二日（ベルン）
効力発生　一九七八年一二月七日
日 本 国　二〇〇四年六月一四日国会承認、八月三一日加入書寄託、九月三日公布（条約第一三号）、二〇〇五年二月二八日効力発生

前　文

締約国は、国際的性質を有しない武力紛争の場合には、一九四九年八月一二日のジュネーヴ諸条約のそれぞれの第三条に共通してうたう人道上の諸原則が人間に対する尊重の基礎を成すものであることを想起し、

さらに、人権に関する国際文書が人間に基本的保護を与えていることを想起し、国際的性質を有しない武力紛争の犠牲者のためにより良い保護を確保することが必要であることを強調し、有効な法の対象とされていない場合においても、人間が人道の諸原則及び公共の良心の保護の下に置かれていることを想起して、次のとおり協定した。

第一編　この議定書の適用範囲

第一条（適用範囲）1　この議定書は、一九四九年八月一二日のジュネーヴ諸条約のそれぞれの第三条に共通する規定をその現行の適用条件を変更することなく発展させかつ補完するものであり、一九四九年八月一二日のジュネーヴ諸条約の国際的な武力紛争の犠牲者の保護に関する追加議定書（議定書Ⅰ）第一条の対象とされていない武力紛争であって、締約国の領域において、当該締約国の軍隊と反乱軍その他の組織された武装集団（持続的にかつ協同して軍事行動を行うこと及びこの議定書を実施することができるような支配を責任のある指揮の下で当該領域の一部に対して行うもの）との間に生ずるすべてのもの

について適用する。

2　この議定書は、暴動、独立の又は散発的な暴力行為その他これらに類する性質の行為等国内における騒乱及び緊張の事態については、武力紛争に当たらないものとして適用しない。

第二条（人的適用範囲）1　この議定書は、人種、皮膚の色、性、言語、宗教又は信条、政治的意見その他の意見、国民的又は社会的出身、貧富、出生又は他の地位その他これらに類する基準による不利な差別（以下「不利な差別」という。）をすることなく、前条に規定する武力紛争によって影響を受けるすべての者について適用する。

2　武力紛争の終了時に武力紛争に関連する理由で自由を奪われ又は制限されているすべての者及び武力紛争の後に同様の理由で自由を奪われ又は制限されるすべての者は、その自由のはく奪又は制限が終了する時まで、第五条及び第六条に規定する保護を受ける。

第三条（不介入）1　この議定書のいかなる規定も、国の主権又は、あらゆる正当な手段によって、国の法及び秩序を維持し若しくは回復し若しくは国の統一を維持し及び領土を保全するための政府の責任に影響を及ぼすことを目的として援用してはならない。

2　この議定書のいかなる規定も、武力紛争が生じている締約国の領域における当該武力紛争又は武力紛争が生じている締約国の国内問題若しくは対外的な問題に直接又は間接に介入することを、その介入の理由のいかんを問わず、正当化するために援用してはならない。

第二編　人道的待遇

第四条（基本的な保障）1　敵対行為に直接参加せず又は敵対行為に参加しなくなったすべての者は、その自由が制限されているか否かにかかわらず、身体、名誉並びに信条及び宗教上の実践を尊重される権利を有する。これらの者は、すべての場合において、不利な差別を受けることなく、人道的に取り扱われる。生存者を残さないよう命令することは、禁止する。

2　1の原則の適用を妨げることなく、1に規定する者に対する次の行為は、いかなる場合においても、また、いかなる場所においても禁止する。

(a)　人の生命、健康又は心身の健全性に対する暴力、特に、殺人及び虐待（拷問、身体の切断、あらゆる形態の身体刑等）

(b)　集団に科する刑罰

(c)　人質をとる行為

(d)　テロリズムの行為

(e)　個人の尊厳に対する侵害、特に、侮辱的で体面を汚す待遇、強姦（かん）、強制売春及びあらゆる形態のわいせつ行為

(f)　あらゆる形態の奴隷制度及び奴隷取引

(g)　略奪

(h)　(a)から(g)までに規定する行為を行うとの脅迫

3　児童は、その必要とする保護及び援助を与えられる。特に、

(a)　児童は、その父母の希望又は父母がいない場合には児童の保護について責任を有する者の希望に沿って、教育（宗教的及び道徳的教育を含む。）を受ける。

(b)　一時的に離散した家族の再会を容易にするために、すべての適当な措置がとられなければならない。

(c)　一五歳未満の児童については、軍隊又は武装した集団に採用してはならず、また、敵対行為に参加することを許してはならない。

(d)　一五歳未満の児童は、(c)の規定にかかわらず敵対行為に直接参加し、捕らえられた場合には、この条の規定によって与えられる特別の保護を引き続き受ける。

(e)　児童については、必要な場合には、その父母又は法律若しくは慣習によりその保護について主要な責任を有する者の同意を可能な限り得て、敵対行為が行われている地域から国内の一層安全な地域へ一時的に移動させる措置並びにその安全及び福祉について責任を有する者の同行を確保するための措置がとられなければならない。

第五条（自由を制限されている者）1　武力紛争に関連する理由で自由を奪われた者（収容されているか抑留されているかを問わない。以下この条において「自由を奪われた者」という。）については、前条の規定のほか、少なくとも次の規定を尊重する。

(a)　傷者及び病者は、第七条の規定に従って取り扱われる。

(b)　自由を奪われた者は、地域の文民たる住民と同じ程度に、食糧及び飲料水を提供され、並びに保健上及び衛生上の保護並びに気候の厳しさ及び武力紛争の危険からの保護を与えられる。

(c)　自由を奪われた者は、個人又は集団あての救済品を受領することができる。

(d)　自由を奪われた者は、自己の宗教を実践することができるものとし、また、要請しかつ適当である場合には、聖職者等の宗教上の任務を遂行する者から宗教上の援助を受けることができる。

(e)　自由を奪われた者は、労働させられる場合には、地域の文民たる住民が享受する労働条件及び保護と同様の労働条件及び保護の利益を享受する。

2　自由を奪われた者の収容又は抑留について責任を有する者は、可能な範囲内で、自由を奪われた者に関する次の規定を尊重する。

(a)　家族である男子及び女子が共に収容される場合を除くほか、女子は、男子の区画から分離した区画に収容され、かつ、女子の直接の監視の下に置かれる。

(b)　自由を奪われた者は、手紙及び葉書を送付し及び受領することができる。権限のある当局は、必要と認める場合には、手紙及び葉書の数を制限す

ることができる。

(c) 収容及び抑留の場所は、戦闘地帯に近接して設けてはならない。自由を奪われた者については、収容され又は抑留されている場所が特に武力紛争から生ずる危険にさらされることとなった場合において、安全に関する適切な条件の下で避難を実施することができるときは、避難させる。

(d) 自由を奪われた者は、健康診断の利益を享受する。

(e) 自由を奪われた者の心身が健康かつ健全であることを、不当な作為又は不作為によって脅かしてはならない。このため、自由を奪われた者に対し、その者の健康状態が必要としない医療上の措置又は自由を奪われていない者について類似の医学的状況の下で適用される一般に受け入れられている医療上の基準に適合しない医療上の措置をとることは、禁止する。

3　1の規定の対象とされない者であって、武力紛争に関連する理由で何らかの方法によって自由が制限されているものは、前条並びにこの条の1(a)、(c)及び(d)並びに2(b)の規定に従って人道的に取り扱われる。

4　自由を奪われた者を解放することを決定した場合には、その決定を行った者は、当該自由を奪われた者の安全を確保するために必要な措置をとる。

第六条（刑事訴追） 1　この条の規定は、武力紛争に関連する犯罪の訴追及び処罰について適用する。

2　不可欠な保障としての独立性及び公平性を有する裁判所が言い渡す有罪の判決によることなく、犯罪について有罪とされる者に刑を言い渡してはならず、また、刑を執行してはならない。特に、

(a) 司法手続は、被告人が自己に対する犯罪の容疑の詳細を遅滞なく知らされることを定めるものとし、被告人に対し裁判の開始前及び裁判の期間中すべての必要な防御の権利及び手段を与える。

(b) いずれの者も、自己の刑事責任に基づく場合を除くほか、犯罪について有罪の判決を受けない。

(c) いずれの者も、実行の時に法により犯罪を構成しなかった作為又は不作為を理由として有罪とされない。いずれの者も、犯罪が行われた時に適用されていた刑罰よりも重い刑罰を科されない。犯罪が行われた後に一層軽い刑罰を科する規定が法律に設けられる場合には、当該犯罪を行った者は、その利益を享受する。

(d) 罪に問われている者は、法律に基づいて有罪とされるまでは、無罪と推定される。

(e) 罪に問われている者は、自ら出席して裁判を受ける権利を有する。

(f) いずれの者も、自己に不利益な供述又は有罪の自白を強要されない。

3　有罪の判決を受ける者は、その判決の際に、司法上その他の救済措置及びこれらの救済措置をとることのできる期限について告知される。

4　死刑の判決は、犯罪を行った時に一八歳未満であった者に対して言い渡してはならない。また、死刑は、妊婦又は幼児の母に執行してはならない。

5　敵対行為の終了の際に、権限のある当局は、武力紛争に参加した者又は武力紛争に関連する理由で自由を奪われた者（収容されているか抑留されているかを問わない。）に対して、できる限り広範な恩赦を与えるよう努力する。

第三編　傷者、病者及び難船者

第七条（保護及び看護） 1　すべての傷者、病者及び難船者は、武力紛争に参加したか否かを問わず、尊重され、かつ、保護される。

2　傷者、病者及び難船者は、すべての場合において、人道的に取り扱われるものとし、また、実行可能な限り、かつ、できる限り速やかに、これらの者の状態が必要とする医療上の看護及び手当を受ける。医療上の理由以外のいかなる理由によっても、これらの者の間に差別を設けてはならない。

第八条（捜索）（略）

第九条（医療要員及び宗教要員の保護） 1　医療要員及び宗教要員は、尊重され、かつ、保護されるものとし、また、その任務の遂行のためすべての利用可能な援助を与えられる。これらの者は、その人道的使命と両立しない任務を遂行することを強要されない。

2　医療要員は、その任務の遂行に当たり、医療上の理由に基づく場合を除くほか、いずれかの者を優先させるよう求められない。

第一〇条（医療上の任務の一般的保護） 1　いずれの者も、いかなる場合においても、医療上の倫理に合致した医療活動（その受益者のいかんを問わない。）を行ったことを理由として処罰されない。

2　医療活動に従事する者は、医療上の倫理に関する諸規則若しくは傷者及び病者のために作成された他の諸規則又はこの議定書に反する行為又は作業を行うことを強要されず、また、これらの諸規則又はこの議定書によって求められる行為を差し控えることを強要されない。

3　医療活動に従事する者が自己が看護している傷者及び病者について取得する情報に関して負う職業上の義務については、国内法に従うことを条件として尊重する。

4　医療活動に従事する者は、国内法に従うことを条件として、自己が現に看護しているか又は看護していた傷者及び病者に関する情報を提供することを拒否し又は提供しなかったことを理由として処罰されない。

第一一条（医療組織及び医療用輸送手段の保護） 1　医療組織及び医療用輸送手段は、常に尊重され、かつ、保護されるものとし、また、これらを攻撃の対象としてはならない。

2　医療組織及び医療用輸送手段が受けることのでき

る保護は、当該医療組織及び医療用輸送手段がその人道的任務から逸脱して敵対行為を行うために使用される場合を除くほか、消滅しない。ただし、この保護は、適当な場合にはいつでも合理的な期限を定める警告が発せられ、かつ、その警告が無視された後においてのみ、消滅させることができる。

第一二条（特殊標章）医療要員及び宗教要員、医療組織並びに医療用輸送手段は、権限のある関係当局の監督の下で、白地に赤十字、赤新月又は赤のライオン及び太陽の特殊標章を表示する。特殊標章は、すべての場合において尊重するものとし、また、不当に使用してはならない。

第四編　文民たる住民

第一三条（文民たる住民の保護）1　文民たる住民及び個々の文民は、軍事行動から生ずる危険からの一般的保護を受ける。この保護を実効的なものとするため、2及び3に定める規則は、すべての場合において、遵守する。

2　文民たる住民それ自体及び個々の文民は、攻撃の対象としてはならない。文民たる住民の間に恐怖を広めることを主たる目的とする暴力行為又は暴力による威嚇は、禁止する。

3　文民は、敵対行為に直接参加していない限り、この編の規定によって与えられる保護を受ける。

第一四条（文民たる住民の生存に不可欠な物の保護）戦闘の方法として文民を飢餓の状態に置くことは、禁止する。したがって、食糧、食糧生産のための農業地域、作物、家畜、飲料水の施設及び供給設備、かんがい設備等文民たる住民の生存に不可欠な物を、文民を飢餓の状態に置くことを目的として攻撃し、破壊し、移動させ又は利用することができないようにすることは、禁止する。

第一五条（危険な力を内蔵する工作物及び施設の保護）危険な力を内蔵する工作物及び施設、すなわち、ダム、堤防及び原子力発電所は、これらの物が軍事目標である場合であっても、これらを攻撃することが危険な力の放出を引き起こし、その結果文民たる住民の間に重大な損失をもたらすときは、攻撃の対象としてはならない。

第一六条（文化財及び礼拝所の保護）一九五四年五月一四日の武力紛争の際の文化財の保護に関するハーグ条約の規定の適用を妨げることなく、国民の文化的又は精神的遺産を構成する歴史的建造物、芸術品又は礼拝所を対象とする敵対行為を行うこと及びこれらの物を軍事上の努力を支援するために利用することは、禁止する。

第一七条（文民の強制的な移動の禁止）1　文民たる住民の移動は、その文民の安全又は絶対的な軍事上の理由のために必要とされる場合を除くほか、紛争に関連する理由で命令してはならない。そのような移動を実施しなければならない場合には、文民たる住民が住居、衛生、保健、安全及び栄養について満足すべき条件で受け入れられるよう、すべての可能な措置がとられなければならない。

2　文民は、紛争に関連する理由で自国の領域を離れることを強要されない。

第一八条（救済団体及び救済活動）1　赤十字、赤新月又は赤のライオン及び太陽の団体等締約国の領域にある救済団体は、武力紛争の犠牲者に関する伝統的な任務を遂行するため役務を提供することができる。文民たる住民は、傷者、病者及び難船者を収容し及び看護することを自発的に申し出ることができる。

2　文民たる住民が食糧、医療用品等生存に不可欠な物資の欠乏のため著しい苦難を被っている場合には、関係締約国の同意を条件として、専ら人道的で公平な性質を有し、かつ、不利な差別をすることなく行われる当該文民たる住民のための救済活動を実施する。

第五編　最終規定

第一九条（周知）
第二〇条（署名）
第二一条（批准）
第二二条（加入）
第二三条（効力発生）
第二四条（改正）
第二五条（廃棄）
第二六条（通報）
第二七条（登録）
第二八条（正文）
（略）

13 5　窒息性ガス、毒性ガス又はこれらに類するガス及び細菌学的手段の戦争における使用の禁止に関する議定書（ジュネーヴ・ガス議定書）（抄）

署　　名　一九二五年六月一七日（ジュネーヴ）
効力発生　一九二八年二月八日
日 本 国　一九二五年六月一七日署名、一九七〇年五月一三日国会承認、五月二一日批准書寄託、効力発生、公布（条約第四号）

下名の全権委員は、各自の政府の名において、窒息性ガス、毒性ガス又はこれらに類するガス及びこれらと類似のすべての液体、物質又は考案を戦争に使用すること（the use in war of asphyxiating, poisonous or other gases, and of all analogous liquids, materials or devices)が、文明世界の世論によって正当にも非難されているので、

前記の使用の禁止が、世界の大多数の国が当事国である諸条約中に宣言されているので、

この禁止が、諸国の良心及び行動をひとしく拘束する国際法の一部として広く受諾されるために、

次のとおり宣言する。

締約国は、前記の使用を禁止する条約の当事国となっていない限りこの禁止を受諾し、かつ、この禁止を細菌学的戦争手段の使用についても適用すること及びこの宣言の文言に従って相互に拘束されることに同意する。

13 6 対人地雷の使用、貯蔵、生産及び移譲の禁止並びに廃棄に関する条約(対人地雷禁止条約)

採　択　一九九七年九月一八日(オスロ)
署　名　一九九七年一二月三日(オタワ)
効力発生　一九九九年三月一日
日本国　一九九七年一二月三日署名、一九九八年九月三〇日国会承認、同日受諾書寄託、一〇月二八日公布(条約第一五号)、一九九九年三月一日効力発生

前　文(略)

第一条(一般的義務) 1　締約国は、いかなる場合にも、次のことを行わないことを約束する。

(a)　対人地雷を使用すること。

(b)　対人地雷を開発し、生産し、生産その他の方法によって取得し、貯蔵し若しくは保有し又はいずれかの者に対して直接若しくは間接に移譲すること。

(c)　この条約によって締約国に対して禁止されている活動を行うことにつき、いずれかの者に対して、援助し、奨励し又は勧誘すること。

2　締約国は、この条約に従ってすべての対人地雷を廃棄し又はその廃棄を確保することを約束する。

第二条(定義) 1　「対人地雷」とは、人の存在、接近又は接触によって爆発するように設計された地雷であって、一人若しくは二人以上の者の機能を著しく害し又はこれらの者を殺傷するものをいう。人ではなく車両の存在、接近又は接触によって起爆するように設計された地雷で処理防止のための装置を備えたものは、当該装置を備えているからといって対人地雷であるとはされない。

2　「地雷」とは、土地若しくは他の物の表面に又は土地若しくは他の物の表面の下方若しくは周辺に敷設されるよう及び人又は車両の存在、接近又は接触によって爆発するように設計された弾薬類をいう。

3　「処理防止のための装置」とは、地雷を保護することを目的とする装置であって、地雷の一部を成し若しくは地雷に連接され若しくは取り付けられ又は地雷の下に設置され、かつ、地雷を処理その他の方法で故意に妨害しようとすると作動するものをいう。

4　「移譲」とは、対人地雷が領域へ又は領域から物理的に移動し、かつ、当該対人地雷に対する権原及び管理が移転することをいう。ただし、対人地雷の敷設された領域の移転に伴って生ずるものを除く。

5　「地雷敷設地域」とは、地雷の存在又は存在の疑いがあることにより危険な地域をいう。

第三条(例外) 1　第一条の一般的義務にかかわらず、地雷の探知、除去又は廃棄の技術の開発及び訓練のための若干数の対人地雷の保有又は移譲は、認められる。その総数は、そのような開発及び訓練のために絶対に必要な最少限度の数を超えてはならない。

2　廃棄のための対人地雷の移譲は、認められる。

第四条(貯蔵されている対人地雷の廃棄) 締約国は、前条に規定する場合を除くほか、自国が保有し若しくは占有する又は自国の管轄若しくは管理の下にあるすべての貯蔵されている対人地雷につき、この条約が自国について効力を生じた後できる限り速やかに、遅くとも四年以内に、廃棄し又はその廃棄を確保することを約束する。

第五条(地雷敷設地域における対人地雷の廃棄) 1　締約国は、自国の管轄又は管理の下にある地雷敷設地域におけるすべての対人地雷につき、この条約が自国について効力を生じた後できる限り速やかに、遅くとも一〇年以内に、廃棄し又はその廃棄を確保することを約束する。

2　締約国は、自国の管轄又は管理の下にあり、かつ、対人地雷が敷設されていることが知られ又は疑われているすべての地域を特定するためにあらゆる努力を払うものとし、自国の管轄又は管理の下にある地雷敷設地域におけるすべての対人地雷につき、当該地雷敷設地域におけるすべての対人地雷が廃棄されるまでの間文民を効果的に排除することを確保するためこれらの地域の外縁を明示し並びにこれらの地域を監視し及び囲いその他の方法によって保護することをできる限り速やかに確保する。その外縁の表示は、少なくとも、過度に傷害を与え又は無差別に効果を及ぼすことがあると認められる通常兵器の使用の禁止又は制限に関する条約に附属する一九九六年五月三日に改正された地雷、ブービートラップ及び他の類似の装置の使用の禁止又は制限に関する議定書に定める基準に従ったものとする。

3　締約国は、1のすべての対人地雷について1に規

定する期間内に廃棄し又はその廃棄を確保することができないと認める場合には、当該対人地雷の廃棄の完了の期間を最長一〇年の期間延長することについて締約国会議又は検討会議に対して要請を行うことができる。

4　3の要請には、次の事項を含める。

(a)　延長しようとする期間

(b)　延長の理由についての詳細な説明（次の事項を含む。）

(i)　国の地雷除去計画によって行われる作業の準備及び状況

(ii)　自国がすべての対人地雷を廃棄するために利用可能な財政的及び技術的手段

(iii)　自国による地雷敷設地域におけるすべての対人地雷の廃棄を妨げる事情

(c)　延長から生ずる人道上の、社会的な、経済的な及び環境上の影響

(d)　延長の要請に関するその他の情報

5　締約国会議又は検討会議は、4に規定する要素を考慮の上、期間延長の要請を評価し、出席しかつ投票する締約国の票の過半数による議決で当該要請を認めるかどうかを決定する。

6　延長は、3から5までの規定を準用して新たな要請を行うことによって更新することができる。締約国は、新たな期間延長を要請するに当たり、その前の期間延長においてこの条の規定に従って実施してきたことについての関連する追加的な情報を提出する。

第六条（国際的な協力及び援助）1　締約国は、この条約に基づく義務を履行するに当たり、実現可能な場合には、可能な限りにおいて他の締約国の援助を求め及び受ける権利を有する。

2　締約国は、この条約の実施に関連する装置、資材並びに科学的な及び技術に関する情報を可能な最大限度まで交換することを容易にすることを約束するものとし、また、その交換に参加する権利を有する。締約国は、地雷の除去のための装置及び関連する技術に関する情報の人道的目的のための提供に関して不当な制限を課してはならない。

3　締約国は、可能な場合には、地雷による被害者の治療、リハビリテーション並びに社会的及び経済的復帰並びに地雷についての啓発計画のための援助を提供する。この援助は、特に、国際連合及びその関連機関、国際的、地域的若しくは国の機関、赤十字国際委員会、各国の赤十字社及び赤新月社、国際赤十字・赤新月社連盟若しくは非政府機関を通じて又は二国間で提供することができる。

4　締約国は、可能な場合には、地雷の除去及び関連する活動のための援助を提供する。この援助は、特に、国際連合及びその関連機関、国際的若しくは地域的機関若しくは非政府機関を通じて、二国間で又は「地雷の除去を援助するための任意の国際連合信託基金」若しくは他の地雷の除去に対処する地域的な基金に拠出することによって提供することができる。

5　締約国は、可能な場合には、貯蔵されている対人地雷の廃棄のための援助を提供する。

6　締約国は、国際連合及びその関連機関に設置される地雷の除去に関するデータベースに対して情報（特に、地雷の除去のための各種の方法及び技術に関する情報並びに地雷の除去に関する専門家、専門的な機関又は自国の連絡先の名簿）を提供することを約束する。

7　締約国は、国際連合、地域的機関、他の締約国その他適当な政府間又は民間の場に対し、特に次の事由を定める地雷除去計画の策定に当たって自国の当局への援助を要請することができる。

(a)　対人地雷に関する問題の程度及び範囲

(b)　当該地雷除去計画の実施に必要な資金、技術及び人的資源

(c)　自国の管轄又は管理の下にある地雷敷設地域におけるすべての対人地雷の廃棄のために必要であると見込まれる年数

(d)　地雷による傷害又は死亡の発生を減少させるための地雷についての啓発活動

(e)　地雷の被害者への援助

(f)　自国の政府と当該地雷除去計画の実施に当たる政府機関、政府間機関又は非政府機関との関係

8　この条の規定により援助を提供する締約国及び当該援助を受ける締約国は、合意された援助計画の完全かつ迅速な実施を確保するために協力する。

第七条（透明性についての措置）1　締約国は、次の事項につき、国際連合事務総長に対し、この条約が自国について効力を生じた後できる限り速やかに、遅くとも一八〇日以内に報告する。

(a)　第九条にいう国内の実施措置

(b)　自国が所有し若しくは占有する又は自国の管轄若しくは管理の下にあるすべての貯蔵されている対人地雷の総数並びに貯蔵されている対人地雷の型式ごとの数量及び可能な場合には型式ごとのロット番号の内訳

(c)　可能な場合には、自国の管轄又は管理の下にあり、かつ、対人地雷が存在する又は存在の疑いがあるすべての地雷敷設地域の位置並びに各地雷敷設地域における対人地雷の型式ごとの数量及び敷設された時期に関する可能な限りの詳細

(d)　第三条の規定に従い、地雷の探知、除去若しくは廃棄の技術の開発及び訓練のために保有しており若しくは移譲した対人地雷又は廃棄のために移譲した対人地雷のすべての型式、数量及び可能な場合にはロット番号並びに対人地雷を保有し又は移譲することを自国によって認められた機関

(e)　対人地雷生産施設の転換又は稼働の停止のための計画の状況

(f)　第四条及び第五条の規定に基づく対人地雷の廃

棄のための計画の状況(廃棄に用いる方法、廃棄を行うすべての場所の位置並びに安全及び環境についての適用可能な基準であって廃棄に際して従う必要のあるものの詳細を含む。)

(g) この条約が自国について効力を生じた後に廃棄されたすべての対人地雷の型式及び数量(第四条及び第五条の規定に従ってそれぞれ廃棄された対人地雷の型式ごとの数量並びに第四条の規定に従って廃棄された対人地雷については、可能な場合には、型式ごとのロット番号の内訳を含む。)

(h) 自国の生産した対人地雷の各型式の技術上の特徴(判明しているものに限る。)及び自国がその時点で所有し又は占有する対人地雷の各型式の技術上の特徴であって、合理的に可能である場合には、対人地雷の識別及び除去を容易にすることができるような情報を与えるもの。この情報には、少なくとも、寸法、信管、使用されている火薬及び金属、カラー写真その他の情報であって地雷の除去を容易にすることができるものを含める。

(i) 第五条2の規定に従って特定されたすべての地域に関して住民に対する迅速かつ効果的な警告を発するためにとられた措置

2 締約国は、この条の規定に従って提供する情報につき、直近の暦年を対象として毎年更新し、毎年四月三〇日までに国際連合事務総長に報告する。

3 国際連合事務総長は、受領した報告のすべてを全締約国に送付する。

第八条(遵守の促進及び遵守についての説明) 1 締約国は、この条約の実施に関して相互に協議し及び協力し並びに締約国がこの条約に基づく義務を履行することを促進するために協調の精神に基づいて協力することを合意する。

2 一又は二以上の締約国は、他の締約国によるこの条約の遵守に関連する問題を明らかにし及びその解決を求めることを希望する場合には、当該他の締約国に対し、国際連合事務総長を通じて、そのような問題についての「説明の要請」を行うことができる。この要請には、すべての適当な情報を添付する。締約国は、濫用を避けるために注意を払い、根拠のない「説明の要請」を慎まなければならない。「説明の要請」を受けた締約国は、要請を行った締約国に対し、国際連合事務総長を通じて、当該問題を明らかにする上で有用なすべての情報を二八日以内に提供する。

3 要請を行った締約国は、2に規定する期間内に国際連合事務総長を通じて回答が得られなかったとき又は「説明の要請」に対する回答が十分でないと認めたときは、同事務総長を通じて、次回の締約国会議に問題を付託することができる。国際連合事務総長は、すべての締約国に対し、付託された問題を、関連する「説明の要請」についてのすべての適当な情報と共に送付する。この情報は、要請を受けた締約国にすべて提示されるものとし、当該要請を受けた締約国は、意見を述べる権利を有する。

4 いずれの関係締約国も、締約国によるいずれかの会議が招集されるまでの間、国際連合事務総長に対し、要請された説明を促進するためのあっせんを行うよう要請することができる。

5 要請を行った締約国は、国際連合事務総長を通じて、問題を検討するための締約国特別会議の招集を提案することができる。国際連合事務総長は、直ちに、すべての締約国に対し、その提案及び関係締約国が提出したすべての情報を送付するものとし、締約国による当該問題の審議のための締約国特別会議の開催に賛成するかどうかを示すよう要請する。その送付の日から一四日以内に締約国の三分の一以上が当該締約国特別会議の開催に賛成する場合には、国際連合事務総長は、その後一四日以内に当該締約国特別会議を招集する。当該締約国特別会議には、締約国の過半数が出席していなければならない。

6 締約国会議又は締約国特別会議は、関係締約国が提出したすべての情報を考慮の上、問題を更に検討するかどうかをまず決定する。締約国会議又は締約国特別会議は、コンセンサス方式によって決定を行うようあらゆる努力を払うものとし、この決定を行うためのあらゆる努力にもかかわらず合意に達しなかったときは、出席しかつ投票する締約国の過半数による議決で決定を行う。

7 すべての締約国は、締約国会議又は締約国特別会議による問題の検討(8の規定に従って決定される事実調査使節団の設置を含む。)を行うため、これらの会議に十分に協力する。

8 締約国会議又は締約国特別会議は、問題を更に明らかにする必要がある場合には、出席しかつ投票する締約国の過半数による議決で事実調査使節団の設置及びその任務を決定する。要請を受けた締約国は、いつでも、自国の領域への事実調査使節団の派遣を招請することができる。この場合においては、事実調査使節団は、締約国会議又は締約国特別会議の決定によることなく設置されるものとする。事実調査使節団は、9及び10の規定に従って指名され及び承認される九人以内の専門家により構成されるものとし、遵守について申し立てられた問題に直接関連する地点その他の場所であって、要請を受けた締約国の管轄又は管理の下にある場所において、追加的な情報を収集することができる。

9 国際連合事務総長は、資格を有する専門家の氏名、国籍その他関連するデータを記載した単一の名簿を、各締約国の提供する名簿に基づいて作成し及び改定し、並びにこれをすべての締約国に送付する。この単一の名簿に含められる専門家は、いずれかの締約国が書面により受け入れられない旨を宣言する場合を除くほか、すべての事実調査使節団のために指名されたものとみなす。受け入れられない場合には、受け入れられない旨が個別の事実調査使節団のための専門家の任命に先立って宣言されたときに限り、当該専門家は、受け入れられない旨の宣言を行った締約国の領域内又はその管轄若しくは管理の下にあるその他の場所において、当該事実調査使節団に参加しない。

10　国際連合事務総長は、締約国会議又は締約国特別会議の求めに応じ、要請を受けた締約国と協議した後、事実調査使節団の構成員（使節団の長を含む。）を任命する。関係する事実調査使節団の設置を決定するよう求めた締約国又は当該事実調査使節団により直接影響を受ける締約国の国民については、当該事実調査使節団に任命してはならない。事実調査使節団の構成員は、一九四六年二月一三日に採択された国際連合の特権及び免除に関する条約第六条にいう特権及び免除を享受する。

11　事実調査使節団の構成員は、できる限り速やかに、かつ、七二時間前までに通告した上で、要請を受けた締約国の領域に到着する。要請を受けた締約国は、事実調査使節団を受け入れ、輸送し及び宿泊させるために必要な行政上の措置をとり、並びに当該事実調査使節団が自国の管理の下にある領域にある間は当該事実調査使節団の安全を可能な最大限度まで確保する。

12　事実調査使節団は、要請を受けた締約国の主権を害することなく、必要な装置を、遵守について申し立てられた問題に関する情報を収集するためにのみ使用することを条件として、当該要請を受けた締約国の領域内に持ち込むことができる。事実調査使節団は、その到着に先立ち、要請を受けた締約国に対して、自己の任務の遂行において使用することとしている装置について通報する。

13　要請を受けた締約国は、事実調査使節団に対し遵守について申し立てられた問題に関連する情報を提供することができるすべての者と話す機会を与えることを確保するためにあらゆる努力を払う。

14　要請を受けた締約国は、事実調査使節団に対し自国の管理の下にあるすべての地域及び施設であって遵守についての問題に関連する事実を収集することができると予想されるものへのアクセスを認める。ただし、要請を受けた締約国が次の事項のために必要と認める措置をとることを妨げるものではない。要請を受けた締約国は、当該措置をとる場合には、この条約を遵守していることを代替的な手段により明らかにするためにあらゆる合理的な努力を払う。

(a)　機微に係る装置、情報及び地域の保護

(b)　要請を受けた締約国が財産権その他の憲法上の権利並びに捜索及び押収について負う憲法上の義務の保護

(c)　事実調査使節団の構成員の防護及び安全

15　事実調査使節団は、別段の合意がある場合を除くほか、要請を受けた締約国の領域内に一四日以内（特定の施設については七日以内）の間滞在することができる。

16　秘密のものとして提供され、かつ、事実調査の対象である事項に関連しないすべての情報については、秘密のものとして取り扱う。

17　事実調査使節団は、国際連合事務総長を通じて、締約国会議又は締約国特別会議に対し、その調査結果を報告する。

18　締約国会議又は締約国特別会議は、すべての関連する情報（事実調査使節団が提出した報告を含む。）を検討するものとし、要請を受けた締約国に対し遵守についての問題を特定の期間内に取り扱う措置をとるよう求めることができる。当該要請を受けた締約国は、その求めに応じてとったすべての措置について報告する。

19　締約国会議又は締約国特別会議は、関係締約国に対し、検討中の問題を一層明らかにし又は解決するための方法及び手段（国際法に適合する適当な手続の開始を含む。）を提案することができる。締約国会議又は締約国特別会議は、問題となっている事項が要請を受けた締約国にとってやむを得ない事情によるものであると認める場合には、適当な措置（第六条に規定する協力のための措置の利用を含む。）を勧告することができる。

20　締約国会議又は締約国特別会議は、18及び19に規定する決定をコンセンサス方式によって行うようあらゆる努力を払うものとし、合意に達しなかったときは、出席しかつ投票する締約国の三分の二以上の多数による議決で当該決定を行う。

第九条（国内の実施措置）　締約国は、この条約によって締約国に対して禁止されている活動であって、自国の管轄若しくは管理の下にある者によるもの又は自国の管轄若しくは管理の下にある領域におけるものを防止し及び抑止するため、立法上、行政上その他のあらゆる適当な措置（罰則を設けることを含む。）をとる。

第一〇条（紛争の解決）　1　締約国は、この条約の適用又は解釈に関して生ずる紛争を解決するため、相互に協議し及び協力する。締約国は、締約国会議に当該紛争を提起することができる。

2　締約国会議は、適当と認める手段（あっせんを提供すること、紛争当事国である締約国に対し当該締約国が選択する解決のための手続を開始するよう要請すること及び合意された手続に従って解決するための期限を勧告することを含む。）により、紛争の解決に貢献することができる。

3　この条の規定は、遵守の促進及び遵守についての説明に関するこの条約の規定を害するものではない。

第一一条（締約国会議）　1　締約国は、この条約の適用又は実施につき次の事項を含む問題を検討するために定期的に会合する。

(a)　この条約の運用及び締結状況

(b)　この条約の規定に従って提出される報告から生

ずる問題

(c)　第六条の規定に従って行われる国際的な協力及び援助

(d)　対人地雷を除去する技術の開発

(e)　第八条の規定に基づき締約国により付託された問題

(f)　第五条に規定する締約国の要請に関する決定

2　第一回締約国会議については、この条約が効力を生じた後一年以内に国際連合事務総長が招集する。その後の締約国会議は、第一回検討会議が開催されるまでの間においては毎年、国際連合事務総長が招集する。

3　国際連合事務総長は、第八条に規定する条件に従って締約国特別会議を招集する。

4　締約国会議及び締約国特別会議には、この条約の締約国でない国、国際連合その他関連する国際機関、地域機関、赤十字国際委員会及び関連する非政府機関に、合意される手続規則に従いオブザーバーとして出席するよう招請することができる。

第一二条(検討会議)1　検討会議は、この条約の効力発生の五年後に国際連合事務総長が招集する。その後の検討会議は、一又は二以上の締約国の要請があった場合には、検討会議の間隔をいかなる場合にも五年以上とすることを条件として、国際連合事務総長が招集する。この条約のすべての締約国は、検討会議に招請されるものとする。

2　検討会議の目的は、次のとおりとする。

(a)　この条約の運用及び締結状況を検討すること。

(b)　前条2にいう締約国会議を更に開催する必要性及び会議の間隔を検討すること。

(c)　第五条に規定する締約国の要請について決定すること。

(d)　必要な場合には、この条約の実施に関する結論を最終報告において採択すること。

3　検討会議には、この条約の締約国でない国、国際連合その他関連する国際機関、地域的機関、赤十字国際委員会及び関連する非政府機関に、合意される手続規則に従いオブザーバーとして出席するよう招請することができる。

第一三条(改正)1　いずれの締約国も、この条約が効力を生じた後いつでもこの条約の改正を提案することができる。改正のための提案については、寄託者に通報するものとし、寄託者は、当該改正のための提案をすべての締約国に対して回章に付し、当該改正のための提案を検討するために改正会議を開催すべきかどうかについての締約国の見解を求める。寄託者は、締約国の過半数が当該改正のための提案を更に検討することを支持する旨を当該改正のための提案の回章の後三〇日以内に寄託者に通報する場合には、すべての締約国が招請される改正会議を招集する。

2　改正会議には、この条約の締約国でない国、国際連合その他関連する国際機関、地域的機関、赤十字国際委員会及び関連する非政府機関に、合意される手続規則に従いオブザーバーとして出席するよう招請することができる。

3　改正会議は、締約国の過半数が一層早期の開催を要請する場合を除くほか、締約国会議又は検討会議の後直ちに開催する。

4　改正は、改正会議に出席しかつ投票する締約国の三分の二以上の多数による議決で採択する。寄託者は、採択された改正を締約国に通報する。

5　改正は、締約国の過半数が受諾書を寄託者に寄託した時に、改正を受諾したすべての締約国について効力を生ずるものとし、その後に改正の受諾書を寄託する他の締約国については、受諾書の寄託の日に効力を生ずる。

第一四条(費用)1　締約国会議、締約国特別会議、検討会議及び改正会議の費用については、適切に調整された国際連合の分担率に従い、締約国及びこれらの会議に参加するこの条約の締約国でない国が負担する。

2　第七条及び第八条の規定により国際連合事務総長が要する費用並びに事実調査使節団の費用は、適切に調整された国際連合の分担率に従って締約国が負担する。

第一五条(署名)一九九七年九月一八日にノールウェーのオスロで作成されたこの条約は、一九九七年一二月三日及び四日にカナダのオタワにおいて並びに一九九七年一二月五日からその効力発生までの期間はニュー・ヨークにある国際連合本部においてすべての国による署名のために開放しておく。

第一六条(批准、受諾、承認又は加入)1　この条約は、署名国によって批准され、受諾され又は承認されなければならない。

2　この条約は、この条約に署名しなかった国による加入のために開放しておく。

3　批准書、受諾書、承認書又は加入書は、寄託者に寄託する。

第一七条(効力発生)1　この条約は、四〇番目の批准書、受諾書、承認書又は加入書が寄託された月の後六番目の月の初日に効力を生ずる。

2　四〇番目の批准書、受諾書、承認書又は加入書が寄託された日の後に批准書、受諾書、承認書又は加入書を寄託する国については、この条約は、その批准書、受諾書、承認書又は加入書が寄託された日の後六番目の月の初日に効力を生ずる。

第一八条(暫定的適用)いずれの国も、自国の批准、受諾、承認又は加入の時に、この条約の効力発生までの間第一条1の規定を暫定的に適用する旨を宣言することができる。

第一九条(留保)この条約の各条の規定については、留保を付することができない。

第二〇条(有効期間及び脱退)1　この条約の有効期間は、無期限とする。

2　締約国は、その主権を行使してこの条約から脱退する権利を有する。この権利を行使する締約国は、他のすべての締約国、寄託者及び国際連合安全保障理事会に対してその旨を通告する。脱退の通告には、脱退しようとする理由についての十分な説明を記載する。

3　脱退は、寄託者が脱退の通告を受領した後六箇月で効力を生ずる。ただし、脱退する締約国が当該六箇月の期間の満了の時において武力紛争に巻き込まれている場合には、脱退は、武力紛争の終了の時まで効力を生じない。

4　この条約からの締約国の脱退は、国際法の関連規則に基づく義務を引き続き履行することについての国の義務に何ら影響を及ぼすものではない。

第二一条（寄託者）国際連合事務総長は、ここに、この条約の寄託者として指名される。

第二二条（正文）アラビア語、中国語、英語、フランス語、ロシア語及びスペイン語をひとしく正文とするこの条約の原本は、国際連合事務総長に寄託する。

14章
平和の回復・領土

14 1　カイロ宣言

署名　一九四三年一一月二七日(カイロ)

ローズヴェルト大統領、蒋介石総統及びチャーチル総理大臣は、各自の軍事及び外交顧問とともに北アフリカで会議を終了し、次の一般的声明を発した。

「各軍事使節は、日本国に対する将来の軍事行動を協定した。

三大同盟国は、海路、陸路及び空路によって野蛮な敵国に仮借のない圧力を加える決意を表明した。この圧力は、既に増大しつつある。

三大同盟国は、日本国の侵略を制止し罰するため、今次の戦争を行っている。同盟国は、自国のためには利得も求めず、また領土拡張の念も有しない。同盟国の目的は、一九一四年の第一次世界戦争の開始以後に日本国が奪取し又は占領した太平洋におけるすべての島を日本国から、はく奪すること、並びに満州、台湾及び澎湖島のような日本国が清国人から盗取したすべての地域を中華民国に返還することにある。日本国は、また、暴力及び強欲により日本国が略取した他のすべての地域から駆逐される。前記の三大国は、朝鮮の人民の奴隷状態に留意し、やがて朝鮮を自由独立のものにする決意を有する。

以上の目的で、三同盟国は、同盟諸国中の日本国と交戦中の諸国と協調し、日本国の無条件降伏をもたらすのに必要な重大で長期間の行動を続行する。」

14 2　クリミヤ会議の議事に関する議定書中の日本国に関する協定(ヤルタ協定)

署名　一九四五年二月一一日(ヤルタ)

三大国、すなわちソヴィエト連邦、アメリカ合衆国及び英国の指導者は、ドイツ国が降伏し且つヨーロッパにおける戦争が終結した後二箇月又は三箇月を経て、ソヴィエト連邦が、次の条件で連合国側において日本国に対する戦争に参加することを協定した。

一　外蒙古(蒙古人民共和国)の現状は維持する。

二　一九〇四年の日本国の背信的攻撃により侵害されたロシア国の旧権利は次のように回復される。

(a)　樺太の南部及びこれに隣接するすべての島を、ソヴィエト連邦に返還する。

(b)　大連商港を国際化し、この港におけるソヴィエト連邦の優先的利益を擁護し、また、ソヴィエト社会主義共和国連邦の海軍基地としての旅順口の租借権を回復する。

(c)　東清鉄道及び大連に出口を提供する南満州鉄道は、中ソ合弁会社を設立して共同に運営する。但し、ソヴィエト連邦の優先的利益は保障し、また、中華民国は、満州における完全な主権を保有するものとする。

三　千島列島は、ソヴィエト連邦に引渡す。

前記の外蒙古並びに港湾及び鉄道に関する協定は、蒋介石総統の同意を要する。大統領は、スターリン元帥からの通知により、この同意を得るために措置を執る。

三大国の首班は、ソヴィエト連邦のこれらの要求が日本国の敗北した後に確実に満足されることを合意した。

ソヴィエト連邦は、中華民国を日本国の束縛から解放する目的で、自国の軍隊によりこれに援助するため、ソヴィエト社会主義共和国連邦と中華民国との間の友好同盟条約を中華民国国民政府と締結する用意があることを表明する。

143　ポツダム宣言

署　名　一九四五年七月二六日(ポツダム)
日本国　一九四五年八月一四日受諾

一　吾等合衆国大統領、中華民国政府主席及グレート・ブリテン国総理大臣は、吾等の数億の国民を代表し協議の上、日本国に対し、今次の戦争を終結するの機会を与ふることに意見一致せり。

二　合衆国、英帝国及中華民国の巨大なる陸、海、空軍は、西方より自国の陸軍及空軍に依る数倍の増強を受け、日本国に対し最後的打撃を加ふるの態勢を整えたり。右軍事力は、日本国が抵抗を終止するに至る迄同国に対し戦争を遂行するの一切の聯合国の決意に依り支持せられ、且鼓舞せられ居るものなり。

三　蹶起せる世界の自由なる人民の力に対するドイツ国の無益且無意義なる抵抗の結果は、日本国国民に対する先例を極めて明白に示すものなり。現在日本国に対し集結しつつある力は、抵抗するナチスに対し適用せられたる場合に於て全ドイツ国人民の土地、産業及生活様式を必然的に荒廃に帰せしめたる力に比し、測り知れざる程更に強大なるものなり。吾等の決意に支持せらるる吾等の軍事力の最高度の使用は、日本国軍隊の不可避且完全なる壊滅を意味すべく、又同様必然的に日本国本土の完全なる破壊を意味すべし。

四　無分別なる打算に依り日本帝国を滅亡の淵に陥れたる我儘なる軍国主義的助言者に依り日本国が引続き統御せらるべきか、又は理性の経路を日本国が履むべきかを日本国が決定すべき時期は、到来せり。

五　吾等の条件は、左の如し。
吾等は右条件より離脱することなかるべし。右に代る条件存在せず。吾等は、遅延を認むるを得ず。

六　吾等は、無責任なる軍国主義が世界より駆逐せらるるに至る迄は、平和、安全及正義の新秩序が生じ得ざることを主張するものなるを以て、日本国国民を欺瞞し、之をして世界征服の挙に出づるの過誤を犯さしめたる者の権力及勢力は、永久に除去せられざるべからず。

七　右の如き新秩序が建設せられ、且日本国の戦争遂行能力が破砕せられたることの確証あるに至る迄は、聯合国の指定すべき日本国領域内の諸地点は、吾等の茲に指示する基本的目的の達成を確保する為占領せらるべし。

八　カイロ宣言の条項は、履行せらるべく、又日本国の主権は、本州、北海道、九州及四国並に吾等の決定する諸小島に局限せらるべし。

九　日本国軍隊は、完全に武装を解除せられたる後、各自の家庭に復帰し、平和的且生産的の生活を営むの機会を得しめらるべし。

一〇　吾等は、日本人を民族として奴隷化せんとし又は国民として滅亡せしめんとするの意図を有するものに非ざるも、吾等の俘虜を虐待せる者を含む一切の戦争犯罪人に対しては、厳重なる処罰を加へらるべし。日本国政府は、日本国国民の間に於ける民主主義的傾向の復活強化に対する一切の障礙を除去すべし。言論、宗教及思想の自由並に基本的人権の尊重は、確立せらるべし。

一一　日本国は、其の経済を支持し、且公正なる実物賠償の取立を可能ならしむるが如き産業を維持することを許さるべし。但し、日本国をして戦争の為再軍備を為すことを得しむるが如き産業は、此の限に在らず。右目的の為、原料の入手(其の支配とは之を区別す)を許さるべし。日本国は、将来世界貿易関係への参加を許さるべし。

一二　前記諸目的が達成せられ、且日本国国民の自由に表明せる意思に従ひ平和的傾向を有し且責任ある政府が樹立せらるるに於ては、聯合国の占領軍は、直に日本国より撤収せらるべし。

一三　吾等は、日本国政府が直に全日本国軍隊の無条件降伏を宣言し、且右行動に於ける同政府の誠意に付、適当且充分なる保障を提供せんことを同政府に対し要求す。右以外の日本国の選択は、迅速且完全なる壊滅あるのみとす。

144　降伏文書

署　名　一九四五年九月二日(東京湾)

下名は、茲に、合衆国、中華民国及グレート・ブリテン国の政府の首班が、一九四五年七月二六日ポツダムに於て発し後にソヴィエト社会主義共和国聯邦が参加したる宣言の条項を、日本国天皇、日本国政府及日本帝国大本営の名に依り且之に代り受諾す。右四国は、以下之を聯合国と称す。

下名は、茲に、日本帝国大本営並びに何れの位置に在るを問はず、一切の日本国軍隊及日本国の支配下に在る一切の軍隊の聯合国に対する無条件降伏を布告す。

下名は、茲に、何れの位置に在るを問はず、一切の日本国軍隊及日本国臣民に対し敵対行為を直に終止すること、一切の船舶、航空機並に軍用及非軍用財産を保存し、之が毀損を防止すること、及聯合国最高司令官又は其の指示に基き、日本国政府の諸機関の課すべき一切の要求に応ずることを命ず。

下名は、茲に、日本帝国大本営が、何れの位置に在るを問はず、一切の日本国軍隊及日本国の支配下に在る一切の軍隊の指揮官に対し、自身及其の支配下に在る一切の軍隊が無条件に降伏すべき旨の命令を直に発することを命ず。

下名は、茲に、一切の官庁、陸軍及海軍の職員に対し、聯合国最高司令官が、本降伏実施の為適当なりと認めて自ら発し又は其の委任に基き発せしむる一切の布告、命令及指示を遵守し且之を施行すべきことを命じ、並に右職員が聯合国最高司令官に依り又は其の委任に基き特に任務を解かれざる限り各自の地位に留り且引続き各自の非戦闘的任務を行ふことを命ず。

下名は、茲に、ポツダム宣言の条項を誠実に履行すること、並に右宣言を実施する為聯合国最高司令官又は其の他特定の聯合国代表者が要求することあるべき一切の命令を発し、且斯る一切の措置を執ることを天皇、日本国政府及其の後継者の為に約す。

下名は、茲に、日本帝国政府及日本帝国大本営に対し、現に日本国の支配下にある一切の聯合国俘虜及被抑留者を直に解放すること、並に其の保護、手当、給養及指示せられたる場所への即時輸送の為の措置を執ることを命ず。

天皇及日本国政府の国家統治の権限は、本降伏条項を実施する為適当と認むる措置を執る聯合国最高司令官の制限の下に置かるるものとす。

一九四五年九月二日午前九時四分日本国東京湾上に於て署名す。

大日本帝国天皇陛下及日本国政府の命に依り且其の名に於て

重光　葵

日本帝国大本営の命に依り且其の名に於て

梅津　美治郎

一九四五年九月二日午前九時八分日本国東京湾上に於て合衆国、中華民国、聯合王国及ソヴィエト社会主義共和国聯邦の為に、並に日本国と戦争状態に在る他の聯合諸国家の利益の為に受諾す。

聯合国最高司令官　ダグラス・マックアーサー

(以下、アメリカ合衆国、中華民国、イギリス、ソヴィエト、オーストラリア、カナダ、フランス、オランダ、ニュージーランド各国代表者署名略)

14-5 日本国との平和条約(対日平和条約)

署　　名　一九五一年九月八日(サン・フランシスコ)
効力発生　一九五二年四月二八日
日 本 国　一九五一年一一月一八日国会承認、一一月二八日批准書寄託、一九五二年四月二八日効力発生、公布(条約第五号)

連合国及び日本国は、両者の関係が、今後、共通の福祉を増進し且つ国際の平和及び安全を維持するために主権を有する対等のものとして友好的な連携の下に協力する国家の間の関係でなければならないことを決意し、よって、両者の間の戦争状態の存在の結果として今なお未決である問題を解決する平和条約を締結することを希望するので、

日本国としては、国際連合への加盟を申請し且つあらゆる場合に国際連合憲章の原則を遵守し、世界人権宣言の目的を実現するために努力し、国際連合憲章第五五条及び第五六条に定められ且つ既に降伏後の日本国の法制によって作られはじめた安定及び福祉の条件を日本国内に創造するために努力し、並びに公私の貿易及び通商において国際的に承認された公正な慣行に従う意思を宣言するので、

連合国は、前項に掲げた日本国の意思を歓迎するので、

よって、連合国及び日本国は、この平和条約を締結することに決定し、これに応じて下名の全権委員を任命した。これらの全権委員は、その全権委任状を示し、それが良好妥当であると認められた後、次の規定を協定した。

第一章　平和

第一条【戦争の終了、主権の承認】(a)　日本国と各連合国との間の戦争状態は、第二三条の定めるところによりこの条約が日本国と当該連合国との間に効力を生ずる日に終了する。

(b)　連合国は、日本国及びその領水に対する日本国民の完全な主権を承認する。

第二章　領　域

第二条【領土権の放棄】(a)　日本国は、朝鮮の独立を承認して、済州島、巨文島及び鬱陵島を含む朝鮮に対するすべての権利、権原及び請求権を放棄する。

(b)　日本国は、台湾及び澎湖諸島に対するすべての権利、権原及び請求権を放棄する。

(c)　日本国は、千島列島並びに日本国が一九〇五年九月五日のポーツマス条約の結果として主権を獲得した樺太の一部及びこれに近接する諸島に対するすべての権利、権原及び請求権を放棄する。

(d)　日本国は、国際連盟の委任統治制度に関連するすべての権利、権原及び請求権を放棄し、且つ、以前に日本国の委任統治の下にあった太平洋の諸島に信

託統治制度を及ぼす一九四七年四月二日の国際連合安全保障理事会の行動を受諾する。

(e) 日本国は、日本国民の活動に由来するか又は他に由来するかを問わず、南極地域のいずれの部分に対する権利若しくは権原又はいずれの部分に関する利益についても、すべての請求権を放棄する。

(f) 日本国は、新南群島及び西沙群島に対するすべての権利、権原及び請求権を放棄する。

第三条【残存主権】日本国は、北緯二九度以南の南西諸島（琉球諸島及び大東諸島を含む。）、孀婦岩の南の南方諸島（小笠原群島、西之島及び火山列島を含む。）並びに沖の鳥島及び南鳥島を合衆国を唯一の施政権者とする信託統治制度の下におくこととする国際連合に対する合衆国のいかなる提案にも同意する。このような提案が行われ且つ可決されるまで、合衆国は、領水を含むこれらの諸島の領域及び住民に対して、行政、立法及び司法上の権力の全部及び一部を行使する権利を有するものとする。

第四条【財産】(a)　この条の(b)の規定を留保して、日本国及びその国民の財産で第二条に掲げる地域にあるもの並びに日本国及びその国民の請求権（債権を含む。）で現にこれらの地域の施政を行っている当局及びそこの住民（法人を含む。）に対するものの処理並びに日本国におけるこれらの当局及び住民の財産並びに日本国及びその国民に対するこれらの当局及び住民の請求権（債権を含む。）の処理は、日本国とこれらの当局との間の特別取極の主題とする。第二条に掲げる地域にある連合国又はその国民の財産は、まだ返還されていない限り、施政を行っている当局が現状で返還しなければならない。（国民という語は、この条約で用いるときはいつでも、法人を含む。）

(b) 日本国は、第二条及び第三条に掲げる地域のいずれかにある合衆国軍政府により、又はその指令に従って行われた日本国及びその国民の財産の処理の効力を承認する。

(c) 日本国とこの条約に従って日本国の支配から除かれる領域とを結ぶ日本所有の海底電線は、二等分され、日本国は、日本の終点施設及びこれに連なる電線の半分を保有し、分離される領域は、残りの電線及びその終点施設を保有する。

第三章　安　全

第五条【国連憲章の原則、自衛権】(a)　日本国は、国際連合憲章第二条に掲げる義務、特に次の義務を受諾する。

(i) その国際紛争を、平和的手段によって国際の平和及び安全並びに正義を危うくしないように解決すること。

(ii) その国際関係において、武力による威嚇又は武力の行使は、いかなる国の領土保全又は政治的独立に対するものも、また、国際連合の目的と両立しない他のいかなる方法によるものも慎むこと。

(iii) 国際連合が憲章に従ってとるいかなる行動についても国際連合にあらゆる援助を与え、且つ、国際連合が防止行動又は強制行動をとるいかなる国に対しても援助の供与を慎むこと。

(b) 連合国は、日本国との関係において国際連合憲章第二条の原則を指針とすべきことを確認する。

(c) 連合国としては、日本国が主権国として国際連合憲章第五一条に掲げる個別的又は集団的自衛の固有の権利を有すること及び日本国が集団的安全保障取極を自発的に締結することができることを承認する。

第六条【占領の終了】(a)　連合国のすべての占領軍は、この条約の効力発生の後なるべくすみやかに、且つ、いかなる場合にもその後九〇日以内に、日本国から撤退しなければならない。但し、この規定は、一又は二以上の連合国を一方とし、日本国を他方として双方の間に締結された若しくは締結される二国間若しくは多数国間の協定に基く、又はその結果としての外国軍隊の日本国の領域における駐とん又は駐留を妨げるものではない。

(b) 日本国軍隊の各自の家庭への復帰に関する一九四五年七月二六日のポツダム宣言の第九項の規定は、まだその実施が完了されていない限り、実行されるものとする。

(c) まだ代価が支払われていないすべての日本財産で、占領軍の使用に供され、且つ、この条約の効力発生の時に占領軍が占有しているものは、相互の合意によって別段の取極が行われない限り、前記の九〇日以内に日本国政府に返還しなければならない。

第四章　政治及び経済条項

第七条【二国間条約の効力】(a)　各連合国は、自国と日本国との間にこの条約が効力を生じた後一年以内に、日本国との戦前のいずれの二国間の条約又は協約を引き続いて有効とし又は復活させることを希望するかを日本国に通告するものとする。こうして通告された条約又は協約は、この条約に適合することを確保するための必要な修正を受けるだけで、引き続いて有効とされ、又は復活される。こうして通告された条約及び協約は、通告の日の後三箇月で、引き続いて有効なものとみなされ、又は復活され、且つ、国際連合事務局に登録されなければならない。日本国にこうして通告されないすべての条約及び協約は、廃棄されたものとみなす。

(b) この条の(a)に基いて行う通告においては、条約又は協約の実施又は復活に関し、国際関係について通告国が責任をもつ地域を除外することができる。この除外は、除外の適用を終止することが日本国に通告される日の三箇月後まで行われるものとする。

第八条【終戦関係条約の承認、特定条約上の権益の放棄】(a)　日本国は、連合国が一九三九年九月一日に開始された戦争状態を終了するために現に締結し又は今後締結するすべての条約及び連合国が平和の回復のため又はこれに関連して行う他の取極の完全な効力を承認する。日本国は、また、従前の国際連盟及び常設国際司法裁判所を終止するために行われた取極を受諾する。

(b)　日本国は、一九一九年九月一〇日のサン・ジェルマン＝アン＝レイの諸条約及び一九三六年七月二〇日のモントルーの海峡条約の署名国であることに由来し、並びに一九二三年七月二四日にローザンヌで署名されたトルコとの平和条約の第一六条に由来するすべての権利及び利益を放棄する。

(c)　日本国は、一九三〇年一月二〇日のドイツと債権国との間の協定及び一九三〇年五月一七日の信託協定を含むその附属書並びに一九三〇年一月二〇日の国際決済銀行に関する条約及び国際決済銀行の定款に基いて得たすべての権利、権原及び利益を放棄し、且つ、それらから生ずるすべての義務を免かれる。日本国は、この条約の最初の効力発生の後六箇月以内に、この項に掲げる権利、権原及び利益の放棄をパリの外務省に通告するものとする。

第九条【漁業協定】日本国は、公海における漁猟の規制又は制限並びに漁業の保存及び発展を規定する二国間及び多数国間の協定を締結するために、希望する連合国とすみやかに交渉を開始するものとする。

第一〇条【中国における権益】日本国は、一九〇一年九月七日に北京で署名された最終議定書並びにこれを補足するすべての附属書、書簡及び文書の規定から生ずるすべての利得及び特権を含む中国におけるすべての特殊の権利及び利益を放棄し、且つ、前記の議定書、附属書、書簡及び文書を日本国に関して廃棄することに同意する。

第一一条【戦争犯罪】日本国は、極東国際軍事裁判所並びに日本国内及び国外の他の連合国戦争犯罪法廷の裁判を受諾し、且つ、日本国で拘禁されている日本国民にこれらの法廷が課した刑を執行するものとする。これらの拘禁されている者を赦免し、減刑し、及び仮出獄させる権限は、各事件について刑を課した一又は二以上の政府の決定及び日本国の勧告に基く場合の外、行使することができない。極東国際軍事裁判所が刑を宣告した者については、この権限は、裁判所に代表者を出した政府の過半数の決定及び日本国の勧告に基く場合の外、行使することができない。

第一二条【通商航海条約】(a)　日本国は、各連合国と貿易、海運その他の通商の関係を安定した且つ友好的な基礎の上におくために、条約又は協定を締結するための交渉をすみやかに開始する用意があることを宣言する。

(b)　該当する条約又は協定が締結されるまで、日本国は、この条約の最初の効力発生の後四年間、

(1)　各連合国並びにその国民、産品及び船舶に次の待遇を与える。

(i)　貨物の輸出入に対する、又はこれに関連する関税、課金、制限その他の規制に関する最恵国待遇

(ii)　海運、航海及び輸入貨物に関する内国民待遇並びに自然人、法人及びその利益に関する内国民待遇。この待遇は、税金の賦課及び徴収、裁判を受けること、契約の締結及び履行、財産権(有体財産及び無体財産に関するもの)、日本国の法律に基いて組織された法人への参加並びに一般にあらゆる種類の事業活動及び職業活動の遂行に関するすべての事項を含むものとする。

(2)　日本国の国営商企業の国外における売買が商業的考慮にのみ基くことを確保する。

(c)　もっとも、いずれの事項に関しても、日本国は、連合国が当該事項についてそれぞれ内国民待遇又は最恵国待遇を日本国に与える限度においてのみ、当該連合国に内国民待遇又は最恵国待遇を与える義務を負うものとする。前段に定める相互主義は、連合国の非本土地域の産品、船舶、法人及びそこに住所を有する人の場合並びに連邦政府をもつ連合国の邦又は州の法人及びそこに住所を有する人の場合には、その地域、邦又は州において日本国に与えられる待遇に照らして決定される。

(d)　この条の適用上、差別的措置であって、それを適用する当事国の通商条約に通常規定されている例外に基くもの、その当事国の対外的財政状態若しくは国際収支を保護する必要に基くもの(海運及び航海に関するものを除く。)又は重大な安全上の利益を維持する必要に基くものは、事態に相応しており、且つ、ほしいままな又は不合理な方法で適用されない限り、それぞれ内国民待遇又は最恵国待遇の許与を害するものと認めてはならない。

(e)　この条に基く日本国の義務は、この条約の第一四条に基く連合国の権利の行使によって影響されるものではない。また、この条の規定は、この条約の第一五条によって日本国が引き受ける約束を制限するものと了解してはならない。

第一三条【国際民間航空】(a)　日本国は、国際民間航空運送に関する二国間又は多数国間の協定を締結するため、一又は二以上の連合国の要請があったときは、すみやかに、当該連合国と交渉を開始するものとする。

(b)　一又は二以上の前記の協定が締結されるまで、日本国は、この条約の最初の効力発生の時から四年間、この効力発生の日にいずれかの連合国が行使しているところよりも不利でない航空交通の権利及び特権に関する待遇を当該連合国に与え、且つ、航空業務の運営及び発達に関する完全な機会均等を与えるものとする。

(c)　日本国は、国際民間航空条約第九三条に従って同条約の当事国となるまで、航空機の国際航空に適用すべきこの条約の規定を実施し、且つ、同条約の条項に従って同条約の附属書として採択された標準、方式及び手続を実施するものとする。

第五章　請求権及び財産

第一四条【賠償、在外財産】(a) 日本国は、戦争中に生じさせた損害及び苦痛に対して、連合国に賠償を支払うべきことが承認される。しかし、また、存立可能な経済を維持すべきものとすれば、日本国の資源は、日本国がすべての前記の損害及び苦痛に対して完全な賠償を行い且つ同時に他の債務を履行するためには現在充分でないことが承認される。よって、

1 日本国は、現在の領域が日本国軍隊によって占領され、且つ、日本国によって損害を与えられた連合国が希望するときは、生産、沈船引揚げその他の作業における日本人の役務を当該連合国の利用に供することによって、与えた損害を修復する費用をこれらの国に補償することに資するために、当該連合国とすみやかに交渉を開始するものとする。その取極は、他の連合国に追加負担を課することを避けなければならない。また、原材料からの製造が必要とされる場合には、外国為替上の負担を日本国に課さないために、原材料は、当該連合国が供給しなければならない。

2 (I) 次の(II)の規定を留保して、各連合国は、次に掲げるもののすべての財産、権利及び利益でこの条約の最初の効力発生の時にその管轄の下にあるものを差し押え、留置し、清算し、その他何らかの方法で処分する権利を有する。

(a) 日本国及び日本国民

(b) 日本国又は日本国民の代理者又は代行者 並びに

(c) 日本国又は日本国民が所有し、又は支配した団体

この(I)に明記する財産、権利及び利益は、現に、封鎖され、若しくは所属を変じており、又は連合国の敵産管理当局の占有若しくは管理に係るもので、これらの資産が当該当局の管理の下におかれた時に前記の(a)、(b)又は(c)に掲げるいずれかの人又は団体に属し、又はこれらのために保有され、若しくは管理されていたものを含む。

(II) 次のものは、前記の(I)に明記する権利から除く。

(i) 日本国が占領した領域以外の連合国の一国の領域に当該政府の許可を得て戦争中に居住した日本の自然人の財産。但し、戦争中に制限を課され、且つ、この条約の最初の効力発生の日にこの制限を解除されない財産を除く。

(ii) 日本国政府が所有し、且つ、外交目的又は領事目的に使用されたすべての不動産、家具及び備品並びに日本国の外交職員又は領事職員が所有したすべての個人の家具及び用具類その他の投資的性質をもたない私有財産で外交機能又は領事機能の遂行に通常必要であったもの

(iii) 宗教団体又は私的慈善団体に属し、且つ、もっぱら宗教又は慈善の目的に使用した財産

(iv) 関係国と日本国との間における一九四五年九月二日後の貿易及び金融の関係の再開の結果として日本国の管轄内にはいった財産、権利及び利益。但し、当該連合国の法律に反する取引から生じたものを除く。

(v) 日本国若しくは日本国民の債務、日本国に所在する有体財産に関する権利、権原若しくは利益、日本国の法律に基いて組織された企業に関する利益又はこれらについての証書。但し、この例外は、日本国の通貨で表示された日本国及びその国民の債務にのみ適用する。

(III) 前記の例外(i)から(v)までに掲げる財産は、その保存及び管理のために要した合理的な費用が支払われることを条件として、返還しなければならない。これらの財産が清算されているときは、代りに売得金を返還しなければならない。

(IV) 前記の(I)に規定する日本財産を差し押え、留置し、清算し、その他何らかの方法で処分する権利は、当該連合国の法律に従って行使され、所有者は、これらの法律によって与えられる権利のみを有する。

(V) 連合国は、日本の商標並びに文学的及び美術的著作権を各国の一般的事情が許す限り日本国に有利に取り扱うことに同意する。

(b) この条約に別段の定がある場合を除き、連合国は、連合国のすべての賠償請求権、戦争の遂行中に日本国及びその国民がとった行動から生じた連合国及びその国民の他の請求権並びに占領の直接軍事費に関する連合国の請求権を放棄する。

第一五条【連合国財産の返還】(a) この条約が日本国と当該連合国との間に効力を生じた後九箇月以内に申請があったときは、日本国は、申請の日から六箇月以内に、日本国にある各連合国及びその国民の有体財産及び無体財産並びに種類のいかんを問わずすべての権利又は利益で、一九四一年一二月七日から一九四五年九月二日までの間のいずれかの時に日本国内にあったものを返還する。但し、所有者が強迫又は詐欺によることなく自由にこれらを処分した場合は、この限りでない。この財産は、戦争があったために課せられたすべての負担及び課金を免除して、その返還のための課金を課さずに返還しなければならない。所有者により若しくは所有者のために又は所有者の政府により所定の期間内に返還が申請されない財産は、日本国政府がその定めるところに従って処分することができる。この財産が一九四一年一二月七日に日本国に所在し、且つ、返還することができず、又は戦争の結果として損傷若しくは損害を受けている場合には、日本国内閣が一九五一年七月一三日に決定した連合国財産補償法案の定める条件よりも不利でない条件で補償される。

(b) 戦争中に侵害された工業所有権については、日本国は、一九四九年九月一日施行の政令第三〇九号、一九五〇年一月二八日施行の政令第一二号及び一九五〇年二月一日施行の政令第九号(いずれも改

正された現行のものとする。）によりこれまで与えられたところよりも不利でない利益を引き続いて連合国及びその国民に与えるものとする。但し、前記の国民がこれらの政令に定められた期限までにこの利益の許与を申請した場合に限る。

(c)(i)　日本国は、公にされ及び公にされなかった連合国及びその国民の著作物に関して一九四一年一二月六日に日本国に存在した文学的及び美術的著作権がその日以後引き続いて効力を有することを認め、且つ、その日に日本国が当事国であった条約又は協定が戦争の発生の時又はその時以後日本国又は当該連合国の国内法によって廃棄され又は停止されたかどうかを問わず、これらの条約及び協定の実施によりその日以後日本国において生じ、又は戦争がなかったならば生ずるはずであった権利を承認する。

(ii)　権利者による申請を必要とすることなく、且つ、いかなる手数料の支払又は他のいかなる手続もすることなく、一九四一年一二月七日から日本国と当該連合国との間にこの条約が効力を生ずるまでの期間は、これらの権利の通常期間から除算し、また、日本国において翻訳権を取得するために文字的著作物が日本語に翻訳されるべき期間からは、六箇月の期間を追加して除算しなければならない。

第一六条【非連合国にある日本資産】日本国の捕虜であった間に不当な苦難を被った連合国軍隊の構成員に償いをする願望の表現として、日本国は、戦争中中立であった国にある又は連合国のいずれかと戦争していた国にある日本国及びその国民の資産又は、日本国が選択するときは、これらの資産と等価のものを赤十字国際委員会に引き渡すものとし、同委員会は、これらの資産を清算し、且つ、その結果生ずる資金を、同委員会が衡平であると決定する基礎において、捕虜であった者及びその家族のために、適当な国内機関に対して分配しなければならない。この条約の第一四条(a)2(Ⅱ)の(ii)から(v)までに掲げる種類の資産は、条約の最初の効力発生の時に日本国に居住しない日本の自然人の資産とともに、引渡しから除外する。またこの条の引渡規定は、日本国の金融機関が現に所有する一九七〇〇株の国際決済銀行の株式には適用がないものと了解する。

第一七条【裁判の再審査】(a)　いずれかの連合国の要請があったときは、日本国政府は、当該連合国の国民の所有権に関係のある事件に関する日本国の捕獲審検所の決定又は命令を国際法に従い再審査して修正し、且つ、行われた決定及び発せられた命令を含めて、これらの事件の記録を構成するすべての文書の写を提供しなければならない。この再審査又は修正の結果、返還すべきことが明らかになった場合には、第一五条の規定を当該財産に適用する。

(b)　日本国政府は、いずれかの連合国の国民が原告又は被告として事件について充分な陳述ができなかった訴訟手続において、一九四一年一二月七日から日本国と当該連合国との間にこの条約が効力を生ずるまでの期間に日本国の裁判所が行った裁判を、当該国民が前記の効力発生の後一年以内にいつでも適当な日本国の機関に再審査のため提出することができるようにするために、必要な措置をとらなければならない。日本国政府は、当該国民が前記の裁判の結果損害を受けた場合には、その者をその裁判が行われる前の地位に回復するようにし、又はその者にそれぞれの事情の下において公正且つ衡平な救済が与えられるようにしなければならない。

第一八条【戦前からの債務】(a)　戦争状態の介在は、戦争状態の存在前に存在した債務及び契約（債券に関するものを含む。）並びに戦争状態の存在前に取得された権利から生ずる金銭債務で、日本国の政府若しくは国民が連合国の一国の政府若しくは国民に対して、又は連合国の一国の政府若しくは国民が日本国の政府若しくは国民に対して負っているものを支払う義務に影響を及ぼさなかったものと認める。戦争状態の介在は、また、戦争状態の存在前に財産の滅失若しくは損害又は身体傷害若しくは死亡に関して生じた請求権で、連合国の一国の政府が日本国政府に対して、又は日本国政府が連合国政府のいずれかに対して提起し又は再提起するものの当否を審議する義務に影響を及ぼすものとみなしてはならない。この項の規定は、第一四条によって与えられる権利を害するものではない。

(b)　日本国は、日本国の戦前の対外債務に関する責任と日本国が責任を負うと後に宣言された団体の債務に関する責任とを確認する。また、日本国は、これらの債務の支払再開に関して債権者とすみやかに交渉を開始し、他の戦前の請求権及び債務に関する交渉を促進し、且つ、これに応じて金額の支払を容易にする意図を表明する。

第一九条【戦争請求権の放棄】(a)　日本国は、戦争から生じ、又は戦争状態が存在したためにとられた行動から生じた連合国及びその国民に対する日本国及びその国民のすべての請求権を放棄し、且つ、この条約の効力発生の前に日本国領域におけるいずれかの連合国の軍隊又は当局の存在、職務遂行又は行動から生じたすべての請求権を放棄する。

(b)　前記の放棄には、一九三九年九月一日からこの条約の効力発生までの間に日本国の船舶に関していずれかの連合国がとった行動から生じた請求権並びに連合国の手中にある日本人捕虜及び被抑留者に関して生じた請求権及び債権が含まれる。但し、一九四五年九月二日以後いずれかの連合国が制定した法律で特に認められた日本人の請求権を含まない。

(c)　相互放棄を条件として、日本国政府は、また、政府間の請求権及び戦争中に受けた滅失又は損害に関する請求権を含むドイツ及びドイツ国民に対するすべての請求権（債権を含む。）を日本国政府及び日本国民のために放棄する。但し、(a)一九三九年九月一日前に締結された契約及び取得された権利に関する請求権並びに(b)一九四五年九月二日後に日本国とドイツとの間の貿易及び金融の関係から生じた請求権を除く。この放棄は、この条約の第一六条及び第二〇条に従ってとられる行動を害するものではない。

(d)　日本国は、占領期間中に占領当局の指令に基いて若しくはその結果として行われ、又は当時の日本国の法律によって許可されたすべての作為又は不作為の効力を承認し、連合国民をこの作為又は不作為から生ずる民事又は刑事の責任に問ういかなる行動もとらないものとする。

第二〇条【ドイツ財産】日本国は、一九四五年のベルリン会議の議事の議定書に基いてドイツ財産を処分する権利を有する諸国が決定した又は決定する日本国にあるドイツ財産の処分を確実にするために、すべての必要な措置をとり、これらの財産の最終的処分が行われるまで、その保存及び管理について責任を負うものとする。

第二一条【中国と朝鮮の受益権】この条約の第二五条の規定にかかわらず、中国は、第一〇条及び第一四条(a)2の利益を受ける権利を有し、朝鮮は、この条約の第二条、第四条、第九条及び第一二条の利益を受ける権利を有する。

第六章　紛争の解決

第二二条【条約の解釈】この条約のいずれかの当事国が特別請求権裁判所への付託又は他の合意された方法で解決されない条約の解釈又は実施に関する紛争が生じたと認めるときは、紛争は、いずれかの紛争当事国の要請により、国際司法裁判所に決定のため付託しなければならない。日本国及びまだ国際司法裁判所規程の当事国でない連合国は、それぞれがこの条約を批准する時に、且つ、一九四六年一〇月一五日の国際連合安全保障理事会の決議に従って、この条に掲げた性質をもつすべての紛争に関して一般的に同裁判所の管轄権を特別の合意なしに受諾する一般的宣言書を同裁判所書記に寄託するものとする。

第七章　最終条項

第二三条【批准】(a)　この条約は、日本国を含めて、これに署名する国によって批准されなければならない。この条約は、批准書が日本国により、且つ、主たる占領国としてのアメリカ合衆国を含めて、次の諸国、すなわちオーストラリア、カナダ、セイロン、フランス、インドネシア、オランダ、ニュー・ジーランド、パキスタン、フィリピン、グレート・ブリテン及び北部アイルランド連合王国及びアメリカ合衆国の過半数により寄託された時に、その時に批准しているすべての国に関して効力を生ずる。この条約は、その後これを批准する各国に関しては、その批准書の寄託の日に効力を生ずる。

(b)　この条約が日本国の批准書の寄託の日の後九箇月以内に効力を生じなかったときは、これを批准した国は、日本国の批准書の寄託の日の後三年以内に日本国政府及びアメリカ合衆国政府にその旨を通告して、自国と日本国との間にこの条約の効力を生じさせることができる。

第二四条【批准書の寄託】すべての批准書は、アメリカ合衆国政府に寄託しなければならない。同政府は、この寄託、第二三条(a)に基くこの条約の効力発生の日及びこの条約の第二三条(b)に基いて行われる通告をすべての署名国に通告する。

第二五条【連合国の定義】この条約の適用上、連合国とは、日本国と戦争していた国又は以前に第二三条に列記する国の領域の一部をなしていたものをいう。但し、各場合に当該国がこの条約に署名し且つこれを批准したことを条件とする。第二一条の規定を留保して、この条約は、ここに定義された連合国の一国でないいずれの国に対しても、いかなる権利、権原又は利益も与えるものではない。また、日本国のいかなる権利、権原又は利益も、この条約のいかなる規定によっても前記のとおり定義された連合国の一国でない国のために減損され、又は害されるものとみなしてはならない。

第二六条【二国間の平和条約】日本国は、一九四二年一月一日の連合国宣言に署名し若しくは加入しており且つ日本国に対して戦争状態にある国又は以前に第二三条に列記する国の領域の一部をなしていた国で、この条約の署名国でないものと、この条約に定めるところと同一の又は実質的に同一の条件で二国間の平和条約を締結する用意を有すべきものとする。但し、この日本国の義務は、この条約の最初の効力発生の後三年で満了する。日本国が、いずれかの国との間で、この条約で定めるところよりも大きな利益をその国に与える平和処理又は戦争請求権処理を行ったときは、これと同一の利益は、この条約の当事国にも及ぼされなければならない。

第二七条【条約文の保管】この条約はアメリカ合衆国政府の記録に寄託する。同政府は、その認証謄本を各署名国に交付する。

以上の証拠として、下名の全権委員は、この条約に署名した。

一九五一年九月八日にサン・フランシスコ市で、ひとしく正文である英語、フランス語及びスペイン語により、並びに日本語により作成した。

議定書（略）

宣　言（略）

6　日本国とソヴィエト社会主義共和国連邦との共同宣言（日ソ共同宣言）

署　名　一九五六年一〇月一九日（モスクワ）
効力発生　一九五六年一二月一二日
日本国　一九五六年一二月五日国会承認、一二月一二日批准書交換、公布（条約第二〇号）

一九五六年一〇月一三日から一九日までモスクワで、日本国及びソヴィエト社会主義共和国連邦の全権団の間で交渉が行われた。

（両国全権団氏名略）

相互理解と協力のふん囲気のうちに行われた交渉を通じて、日本国とソヴィエト社会主義共和国連邦との相互関係について隔意のない広範な意見の交換が行われた。日本国及びソヴィエト社会主義共和国連邦は、両国間の外交関係の回復が極東における平和及び安全の利益に合致する両国間の理解と協力との発展に役だつものであることについて完全に意見が一致した。

日本国及びソヴィエト社会主義共和国連邦の全権団の間で行われたこの交渉の結果、次の合意が成立した。

1　日本国とソヴィエト社会主義共和国連邦との間の戦争状態は、この宣言が効力を生ずる日に終了し、両国間の間に平和及び友好善隣関係が回復される。

2　日本国とソヴィエト社会主義共和国連邦との間に外交及び領事関係が回復される。両国は、大使の資格を有する外交使節を遅滞なく交換するものとする。また、両国は、外交機関を通じて、両国内におけるそれぞれの領事館の開設の問題を処理するものとする。

3　日本国及びソヴィエト社会主義共和国連邦は、相互の関係において、国際連合憲章の諸原則、なかんずく同憲章第二条に掲げる次の原則を指針とすべきことを確認する。

(a)　その国際紛争を、平和的手段によって、国際の平和及び安全並びに正義を危うくしないように、解決すること。

(b)　その国際関係において、武力による威嚇又は武力の行使は、いかなる国の領土保全又は政治的独立に対するものも、また、国際連合の目的と両立しない他のいかなる方法によるものも慎むこと。

日本国及びソヴィエト社会主義共和国連邦は、それぞれ他方の国が国際連合憲章第五一条に掲げる個別的又は集団的自衛の固有の権利を有することを確認する。

日本国及びソヴィエト社会主義共和国連邦は、経済的、政治的又は思想的のいかなる理由であるとを問わず、直接間接に一方の国が他方の国の国内事項に干渉しないことを、相互に、約束する。

4　ソヴィエト社会主義共和国連邦は、国際連合への加入に関する日本国の申請を支持するものとする。

5　ソヴィエト社会主義共和国連邦において有罪の判決を受けたすべての日本人は、この共同宣言の効力発生とともに釈放され、日本国へ送還されるものとする。

また、ソヴィエト社会主義共和国連邦は、日本国の要請に基いて、消息不明の日本人について引き続き調査を行うものとする。

6　ソヴィエト社会主義共和国連邦は、日本国に対し一切の賠償請求権を放棄する。

日本国及びソヴィエト社会主義共和国連邦は、一九四五年八月九日以来の戦争の結果として生じたそれぞれの国、その団体及び国民のそれぞれ他方の国、その団体及び国民に対するすべての請求権を、相互に、放棄する。

7　日本国及びソヴィエト社会主義共和国連邦は、その貿易、海運その他の通商の関係を安定したかつ友好的な基礎の上に置くために、条約又は協定を締結するための交渉をできる限りすみやかに開始することに同意する。

8　一九五六年五月一四日にモスクワで署名された北西太平洋の公海における漁業に関する日本国とソヴィエト社会主義共和国連邦との間の条約及び海上において遭難した人の救助のための協力に関する日本国とソヴィエト社会主義共和国連邦との間の協定は、この宣言の効力発生と同時に効力を生ずる。

日本国及びソヴィエト社会主義共和国連邦は、魚類その他の海洋生物資源の保存及び合理的利用に関して日本国及びソヴィエト社会主義共和国連邦が有する利害関係を考慮し、協力の精神をもって、漁業資源の保存及び発展並びに公海における漁猟の規制及び制限のための措置を執るものとする。

9　日本国及びソヴィエト社会主義共和国連邦は、両国間に正常な外交関係が回復された後、平和条約の締結に関する交渉を継続することに同意する。

ソヴィエト社会主義共和国連邦は、日本国の要望にこたえかつ日本国の利益を考慮して、歯舞群島及び色丹島を日本国に引き渡すことに同意する。ただし、これらの諸島は、日本国とソヴィエト社会主義共和国連邦との間の平和条約が締結された後に現実に引き渡されるものとする。

10　この共同宣言は、批准されなければならない。この共同宣言は、批准書の交換の日に効力を生ずる。批准書の交換は、できる限りすみやかに東京で行われなければならない。

147　日本国政府と中華人民共和国政府の共同声明（日中共同声明）

署　名　一九七二年九月二九日（北京）

日本国内閣総理大臣田中角栄は、中華人民共和国国務院総理周恩来の招きにより、一九七二年九月二五日から九月三〇日まで、中華人民共和国を訪問した。田中総理大臣には大平正芳外務大臣、二階堂進内閣官房長官及びその他の政府職員が随行した。

毛沢東主席は、九月二七日に田中角栄総理大臣と会見した。双方は、真剣かつ友好的な話合いを行なった。

田中総理大臣及び大平外務大臣と周恩来総理及び姫鵬飛外交部長は、日中両国間の国交正常化問題をはじめとする両国間の諸問題及び双方が関心を有するその他の諸問題について、終始、友好的な雰囲気のなかで真剣かつ率直に意見を交換し、次の両政府の共同声明を発出することに合意した。

日中両国は、一衣帯水の間にある隣国であり、長い伝統的友好の歴史を有する。両国国民は、両国間にこれまで存在していた不正常な状態に終止符を打つことを切望している。戦争状態の終結と日中国交の正常化という両国国民の願望の実現は、両国関係の歴史に新たな一頁を開くこととなろう。

日本側は、過去において日本国が戦争を通じて中国国民に重大な損害を与えたことについての責任を痛感し、深く反省する。また、日本側は、中華人民共和国政府が提起した「復交三原則」を十分理解する立場に立って国交正常化の実現をはかるという見解を再確認する。中国側は、これを歓迎するものである。

日中両国間には社会制度の相違があるにもかかわらず、両国は、平和友好関係を樹立すべきであり、また、樹立することが可能である。両国間の国交を正常化し、相互に善隣友好関係を発展させることは、両国国民の利益に合致するところであり、また、アジアにおける緊張緩和と世界の平和に貢献するものである。

一　日本国と中華人民共和国との間のこれまでの不正常な状態は、この共同声明が発出される日に終了する。

二　日本国政府は、中華人民共和国政府が中国の唯一の合法政府であることを承認する。

三　中華人民共和国政府は、台湾が中華人民共和国の領土の不可分の一部であることを重ねて表明する。日本国政府は、この中華人民共和国政府の立場を十分理解し、尊重し、ポツダム宣言第八項に基づく立場を堅持する。

四　日本国政府及び中華人民共和国政府は、一九七二年九月二九日から外交関係を樹立することを決定した。両政府は、国際法及び国際慣行に従い、それぞれの首都における他方の大使館の設置及びその任務遂行のために必要なすべての措置をとり、また、できるだけすみやかに大使を交換することを決定した。

五　中華人民共和国政府は、中日両国国民の友好のために、日本国に対する戦争賠償の請求を放棄することを宣言する。

六　日本国政府及び中華人民共和国政府は、主権及び領土保全の相互尊重、相互不可侵、内政に対する相互不干渉、平等及び互恵並びに平和共存の諸原則の基礎の上に両国間の恒久的な平和友好関係を確立することに合意する。

両政府は、右の諸原則及び国際連合憲章の原則に基づき、日本国及び中国が、相互の関係において、すべての紛争を平和的手段により解決し、武力又は武力による威嚇に訴えないことを確認する。

七　日中両国間の国交正常化は、第三国に対するものではない。両国のいずれも、アジア・太平洋地域において覇権を求めるべきではなく、このような覇権を確立しようとする他のいかなる国あるいは国の集団による試みにも反対する。

八　日本国政府及び中華人民共和国政府は、両国間の平和友好関係を強固にし、発展させるため、平和友好条約の締結を目的として、交渉を行なうことに合意した。

九　日本国政府及び中華人民共和国政府は、両国間の関係を一層発展させ、人的往来を拡大するため、必要に応じ、また、既存の民間取決めをも考慮しつつ、貿易、海運、航空、漁業等の事項に関する協定の締結を目的として、交渉を行なうことに合意した。

148　日本国と大韓民国との間の基本関係に関する条約（日韓基本条約）

署　名　一九六五年六月二二日（東京）
効力発生　一九六五年一二月一八日
日本国　一九六五年一二月一一日国会承認、一二月一八日批准書交換、公布（条約第二五号）

日本国及び大韓民国は、

両国民間の関係の歴史的背景と、善隣関係及び主権の相互尊重の原則に基づく両国間の関係の正常化に対する相互の希望とを考慮し、

両国の相互の福祉及び共通の利益の増進のため並びに国際の平和及び安全の維持のために、両国が国際連合憲章の原則に適合して緊密に協力することが重要であることを認め、

一九五一年九月八日にサン・フランシスコ市で署名

された日本国との平和条約の関係規定及び一九四八年一二月一二日に国際連合総会で採択された決議第一九五号(Ⅲ)を想起し、
この基本関係に関する条約を締結することに決定し、よって、その全権委員として次のとおり任命した。
（委員名略）
これらの全権委員は、互いにその全権委任状を示し、それが良好妥当であると認められた後、次の諸条を協定した。

第一条【外交関係の開設】両締約国間に外交及び領事関係が開設される。両締約国は、大使の資格を有する外交使節を遅滞なく交換するものとする。また、両締約国は、両国政府により合意される場所に領事館を設置する。

第二条【旧条約の効力】一九一〇年八月二二日以前に大日本帝国と大韓帝国との間で締結されたすべての条約及び協定は、もはや無効であることが確認される。

第三条【韓国政府の地位】大韓民国政府は国際連合総会決議第一九五号(Ⅲ)に明らかに示されているとおりの朝鮮にある唯一の合法的な政府であることが確認される。

第四条【国連憲章の原則】(a)　両締約国は、相互の関係において、国際連合憲章の原則を指針とするものとする。

(b)　両締約国は、その相互の福祉及び共通の利益を増進するに当たって、国際連合憲章の原則に適合して協力するものとする。

第五条【通商航海条約】両締約国は、その貿易、海運その他の通商の関係を安定した、かつ、友好的な基礎の上に置くために、条約又は協定を締結するための交渉を実行可能な限りすみやかに開始するものとする。

第六条【民間航空協定】両締約国は、民間航空運送に関する協定を締結するための交渉を実行可能な限りすみやかに開始するものとする。

第七条【批准】この条約は、批准されなければならない。批准書は、できる限りすみやかにソウルで交換されるものとする。この条約は、批准書の交換の日に効力を生ずる。

一九六五年六月二二日に東京で、ひとしく正文である日本語、韓国語及び英語により本書二通を作成した。解釈に相違がある場合には、英語の本文による。

14 9 財産及び請求権に関する問題の解決並びに経済協力に関する日本国と大韓民国との間の協定（日韓請求権協定）

署　名　一九六五年六月二二日
効力発生　一九六五年一二月一八日
日本国　一九六五年一二月一一日国会承認、一二月一八日批准書交換、公布（条約第二七号）

日本国及び大韓民国は、
両国及びその国民の財産並びに両国及びその国民の間の請求権に関する問題を解決することを希望し、
両国間の経済協力を増進することを希望して、次のとおり協定した。

第一条【無償供与・経済協力】1　日本国は、大韓民国に対し、

(a)　現在において一〇八〇億円（一〇八、〇〇〇、〇〇〇、〇〇〇円）に換算される三億合衆国ドル（三〇〇、〇〇〇、〇〇〇ドル）に等しい円の価値を有する日本国の生産物及び日本人の役務を、この協定の効力発生の日から一〇年の期間にわたって無償で供与するものとする。各年における生産物及び役務の供与は、現在において一〇八億円（一〇、八〇〇、〇〇〇、〇〇〇円）に換算される三〇〇〇万合衆国ドル（三〇、〇〇〇、〇〇〇ドル）に等しい円の額を限度とし、各年における供与がこの額に達しなかったときは、その残額は、次年以降の供与額に加算されるものとする。ただし、各年の供与の限度額は、両締約国政府の合意により増額されることができる。

(b)　現在において七二〇億円（七二、〇〇〇、〇〇〇、〇〇〇円）に換算される二億合衆国ドル（二〇〇、〇〇〇、〇〇〇ドル）に等しい円の額に達するまでの長期低利の貸付けで、大韓民国政府が要請し、かつ、3の規定に基づいて締結される取極に従って決定される事業の実施に必要な日本国の生産物及び日本人の役務の大韓民国による調達に充てられるものをこの協定の効力発生の日から一〇年の期間にわたって行なうものとする。この貸付けは、日本国の海外経済協力基金により行なわれるものとし、日本国政府は、同基金がこの貸付けを各年において均等に行ないうるために必要とする資金を確保することができるように、必要な措置を執るものとする。

前記の供与及び貸付けは、大韓民国の経済の発展に役立つものでなければならない。

2　両締約国政府は、この条の規定の実施に関する事項について勧告を行なう権限を有する両政府間の協議機関として、両政府の代表者で構成される合同委員会を設置する。

3　両締約国政府は、この条の規定の実施のため、必要な取極を締結するものとする。

第二条【請求権の放棄】1　両締約国は、両締約国及び

その国民（法人を含む。）の財産、権利及び利益並びに両締約国及びその国民の間の請求権に関する問題が、一九五一年九月八日にサン・フランシスコ市で署名された日本国との平和条約第四条(a)に規定されたものを含めて、完全かつ最終的に解決されたこととなることを確認する。

2　この条の規定は、次のもの（この協定の署名の日までにそれぞれの締約国が執った特別の措置の対象となったものを除く。）に影響を及ぼすものではない。

(a)　一方の締約国の国民で一九四七年八月一五日からこの協定の署名の日までの間に他方の締約国に居住したことがあるものの財産、権利及び利益

(b)　一方の締約国及びその国民の財産、権利及び利益であって一九四五年八月一五日以後における通常の接触の過程において取得され又は他方の締約国の管轄の下にはいったもの

3　2の規定に従うことを条件として、一方の締約国及びその国民の財産、権利及び利益であってこの協定の署名の日に他方の締約国の管轄の下にあるものに対する措置並びに一方の締約国及びその国民の他方の締約国及びその国民に対するすべての請求権であって同日以前に生じた事由に基づくものに関しては、いかなる主張もすることができないものとする。

第三条【紛争解決】1　この協定の解釈及び実施に関する両締約国間の紛争は、まず、外交上の経路を通じて解決するものとする。

2　1の規定により解決することができなかった紛争は、いずれか一方の締約国の政府が他方の締約国の政府から紛争の仲裁を要請する公文を受領した日から三〇日の期間内に各締約国政府が任命する各一人の仲裁委員と、こうして選定された二人の仲裁委員が当該期間の後の三〇日の期間内に合意する第三の仲裁委員又は当該期間内にその二人の仲裁委員が合意する第三国の政府が指名する第三の仲裁委員との三人の仲裁委員からなる仲裁委員会に決定のため付託するものとする。ただし、第三の仲裁委員は、両締約国のうちいずれかの国民であってはならない。

3　いずれか一方の締約国の政府が当該期間内に仲裁委員を任命しなかったとき、又は第三の仲裁委員若しくは第三国について当該期間内に合意されなかったときは、仲裁委員会は、両締約国政府のそれぞれが三〇日の期間内に選定する国の政府が指名する各一人の仲裁委員とそれらの政府が協議により決定する第三国の政府が指名する第三の仲裁委員をもって構成されるものとする。

4　両締約国政府は、この条の規定に基づく仲裁委員会の決定に服するものとする。

第四条【批准】この協定は、批准されなければならない。批准書は、できる限りすみやかにソウルで交換されるものとする。この協定は、批准書の交換の日に効力を生ずる。

財産及び請求権に関する問題の解決並びに経済協力に関する日本国と大韓民国との間の協定についての合意された議事録（合意議事録）

日本国政府代表及び大韓民国政府代表は、本日署名された財産及び請求権に関する問題の解決並びに経済協力に関する日本国と大韓民国との間の協定（以下「協定」という。）及び関連文書に関して次の了解に到達した。

1　協定第一条1に関し、

日本国が供与する生産物及び役務は、日本国内において営利目的のために使用されることはないことに意見の一致をみた。

2　協定第二条に関し、

(a)　「財産、権利及び利益」とは、法律上の根拠に基づき財産的価値を認められるすべての種類の実体的権利をいうことが了解された。

(b)　「特別の措置」とは、日本国については、第二次世界大戦の戦闘状態の終結の結果として生じた事態に対処して、一九四五年八月一五日以後日本国において執られた戦後処理のためのすべての措置（一九五一年九月八日にサン・フランシスコ市で署名された日本国との平和条約第四条(a)の規定に基づく特別取極を考慮して執られた措置を含む。）をいうことが了解された。

(c)　「居住した」とは、同条2(a)に掲げる期間内のいずれかの時までその国に引き続き一年以上在住したことをいうことが了解された。

(d)　「通常の接触」には、第二次世界大戦の戦闘状態の終結の結果として一方の国の国民で他方の国から引き揚げたもの（支店閉鎖を行なった法人を含む。）の引揚げの時までの間の他方の国の国民との取引等、終戦後に生じた特殊な状態の下における接触を含まないことが了解された。

(e)　同条3により執られる措置は、同条1にいう両国及びその国民の財産、権利及び利益並びに両国及びその国民の間の請求権に関する問題の解決のために執られるべきそれぞれの国の国内措置をいうことに意見の一致をみた。

(f)　韓国側代表は、第二次世界大戦の戦闘状態の終結後一九四七年八月一五日前に帰国した韓国国民が日本国において所有する不動産について慎重な考慮が払われるよう希望を表明し、日本側代表は、これに対して、慎重に検討する旨を答えた。

(g)　同条1にいう完全かつ最終的に解決されたこととなる両国及びその国民の財産、権利及び利益並びに両国及びその国民の間の請求権に関する問題には、日韓会談において韓国側から提出された「韓国の対日請求要綱」（いわゆる八項目）の範囲に属するすべての請求が含まれており、したがって、同対日請求要綱に関しては、いかなる主張もなしえないこととなることが確認された。

(h)　同条1にいう完全かつ最終的に解決されたこととなる両国及びその国民の財産、権利及び利益並

び両国及びその国民の間の請求権に関する問題には、この協定の署名の日までに大韓民国による日本漁船のだ捕から生じたすべての請求権が含まれており、したがって、それらのすべての請求権は、大韓民国政府に対して主張しえないこととなることが確認された。

3　協定第三条に関し、
　同条3にいう両国政府のそれぞれが選定する国及びそれらの国の政府が協議により決定する第三国は、日本国及び大韓民国の双方と外交関係を有する国のうちから選ばれるものとすることに意見の一致をみた。

4～8（略）

〈参考〉　韓国の対日請求要綱（八項目）

1　朝鮮銀行を通じて搬出された地金と地銀の返還を請求する。
　本項の請求は一九〇九年から一九四五年までの期間中に日本が朝鮮銀行を通じて搬出していったものである。

2　一九四五年八月九日現在の日本政府の対朝鮮総督府債務の弁済を請求する。
　本項に含まれる内容の一部は次のとおり。
(1)　通信局関係
(a)　郵便貯金　振替貯金　為替貯金等
(b)　国債及び貯蓄債券等
(c)　朝鮮簡易生命保険及び郵便年金関係
(d)　海外為替貯金及び債券
(e)　太平洋米国陸軍総司令部布告第三号によって凍結された韓国受取金
(f)　その他
(2)　一九四五年八月九日以後日本人が韓国内各銀行から引出した預金額
(3)　朝鮮から収入された国庫金中の裏付け資金のない歳出による韓国受取金関係
(4)　朝鮮総督府東京事務所の財産
(5)　その他

3　一九四五年八月九日以後韓国から振替又は送金された金員の返還を請求する。
　本項の一部は下記の事項を含む。
(1)　八月九日以後朝鮮銀行本店から在日本東京支店へ振替又は送金された金員
(2)　八月九日以後、在韓金融機関を通じて日本へ送金された金員
(3)　その他

4　一九四五年八月九日現在韓国に本社、本店又は主たる事務所があった法人の在日財産の返還を請求する。
　本項の一部は下記の事項を含む。
(1)　連合軍最高司令部閉鎖機関令によって閉鎖清算された韓国内金融機関の在日支店財産
(2)　SCAPIN一九六五号によって閉鎖された韓国内本店保有法人の在日財産
(3)　その他

5　韓国法人又は韓国自然人の日本国又は日本国民に対する日本国債、公債、日本銀行券、被徴用韓人の未収金、補償金及びその他の請求権の弁済を請求する。
　本項の一部は下記の事項を含む。
(1)　日本有価証券
(2)　日本系通貨
(3)　被徴用韓人未収金
(4)　戦争による被徴用者の被害に対する補償
(5)　韓国人の対日本政府請求恩給関係その他
(6)　韓国人の対日本人又は法人請求
(7)　その他

6　韓国人（自然人及び法人）の日本政府又は日本人（自然人及び法人）に対する権利の行使に関する原則

7　前記諸財産又は請求権から生じた諸果実の返還を請求する。

8　前記の返還及び決済は協定成立後即時開始し、遅くとも六ヵ月以内に終了すること。

14 10　財産及び請求権に関する問題の解決並びに経済協力に関する日本国と大韓民国との間の協定第二条の実施に伴う大韓民国等の財産権に対する措置に関する法律（日韓請求権協定措置法）

公　布　一九六五（昭和四〇）年一二月一七日（法律第一四四号）
施　行　一九六五（昭和四〇）年一二月一八日

1　次に掲げる大韓民国又はその国民（法人を含む。以下同じ。）の財産権であつて、財産及び請求権に関する問題の解決並びに経済協力に関する日本国と大韓民国との間の協定（以下「協定」という。）第二条3の財産、権利及び利益に該当するものは、次項の規定の適用があるものを除き、昭和四〇年六月二二日において消滅したものとする。ただし、同日におい

て第三者の権利(同条3の財産、権利及び利益に該当するものを除く。)の目的となつていたものは、その権利の行使に必要な限りにおいて消滅しないものとする。

一　日本国又はその国民に対する債権

二　担保権であつて、日本国又はその国民の有する物(証券に化体される権利を含む。次項において同じ。)又は債権を目的とするもの

2　日本国又はその国民が昭和四〇年六月二二日において保管する大韓民国又はその国民の物であつて、協定第二条3の財産、権利及び利益に該当するものは、同日においてその保管者に帰属したものとする。この場合において、株券の発行されていない株式については、その発行会社がその株券を保管するものとみなす。

3　大韓民国又はその国民の有する証券に化体される権利であつて、協定第二条3の財産、権利及び利益に該当するものについては、前二項の規定の適用があるものを除き、大韓民国又は同条3の規定に該当するその国民は、昭和四〇年六月二二日以後その権利に基づく主張をすることができないこととなつたものとする。

附　則

この法律は、協定の効力発生の日から施行する。

14｜11　日朝平壌宣言

署　名　二〇〇二年九月一七日(平壌)

小泉純一郎日本国総理大臣と金正日朝鮮民主主義人民共和国国防委員長は、二〇〇二年九月一七日、平壌で出会い会談を行った。

両首脳は、日朝間の不幸な過去を清算し、懸案事項を解決し、実りある政治、経済、文化的関係を樹立することが、双方の基本利益に合致するとともに、地域の平和と安定に大きく寄与するものとなるとの共通の認識を確認した。

一　双方は、この宣言に示された精神及び基本原則に従い、国交正常化を早期に実現させるため、あらゆる努力を傾注することとし、そのために二〇〇二年一〇月中に日朝国交正常化交渉を再開することとした。

双方は、相互の信頼関係に基づき、国交正常化の実現に至る過程においても、日朝間に存在する諸問題に誠意をもって取り組む強い決意を表明した。

二　日本側は、過去の植民地支配によって、朝鮮の人々に多大の損害と苦痛を与えたという歴史の事実を謙虚に受け止め、痛切な反省と心からのお詫びの気持ちを表明した。

双方は、日本側が朝鮮民主主義人民共和国側に対して、国交正常化の後、双方が適切と考える期間にわたり、無償資金協力、低金利の長期借款供与及び国際機関を通じた人道主義的支援等の経済協力を実施し、また、民間経済活動を支援する見地から国際協力銀行等による融資、信用供与等が実施されることが、この宣言の精神に合致するとの基本認識の下、国交正常化交渉において、経済協力の具体的な規模と内容を誠実に協議することとした。

双方は、国交正常化を実現するにあたっては、一九四五年八月一五日以前に生じた事由に基づく両国及びその国民のすべての財産及び請求権を相互に放棄するとの基本原則に従い、国交正常化交渉においてこれを具体的に協議することとした。

双方は、在日朝鮮人の地位に関する問題及び文化財の問題については、国交正常化交渉において誠実に協議することとした。

三　双方は、国際法を遵守し、互いの安全を脅かす行動をとらないことを確認した。また、日本国民の生命と安全にかかわる懸案問題については、朝鮮民主主義人民共和国側は、日朝が不正常な関係にある中で生じたこのような遺憾な問題が今後再び生じることがないよう適切な措置をとることを確認した。

四　双方は、北東アジア地域の平和と安定を維持、強化するため、互いに協力していくことを確認した。

双方は、この地域の関係各国の間に、相互の信頼に基づく協力関係が構築されることの重要性を確認するとともに、この地域の関係国間の関係が正常化されるにつれ、地域の信頼醸成を図るための枠組みを整備していくことが重要であるとの認識を一にした。

双方は、朝鮮半島の核問題の包括的な解決のため、関連するすべての国際的合意を遵守することを確認した。また、双方は、核問題及びミサイル問題を含む安全保障上の諸問題に関し、関係諸国間の対話を促進し、問題解決を図ることの必要性を確認した。

朝鮮民主主義人民共和国側は、この宣言の精神に従い、ミサイル発射のモラトリアムを二〇〇三年以降も更に延長していく意向を表明した。

双方は、安全保障にかかわる問題について協議を行っていくこととした。

14-12　日本国魯西亜国通好条約（日魯通好条約、下田条約）（抜粋）

署　　名　一八五五年二月七日（安政元年一二月二一日）（下田）
効力発生　一八五六年一二月七日（安政三年一一月一〇日）

第二条【両国間の国境】　今より後、日本国と魯西亜（ロシア）国との境、「エトロプ」島と「ウルップ」島との間に在るへし。「エトロプ」全島は、日本に属し、「ウルップ」全島、夫より北の方「クリル」諸島は魯西亜に属す。「カラフト」島に至りては、日本国と魯西亜国との間に於て、界を分たす、是迄仕来の通たるへし。

14-13　樺太千島交換条約（抜粋）

署　　名　一八七五年五月七日（サンクト・ペテルブルク）
効力発生　一八七五年八月二二日

第一款【樺太のロシアへの譲渡】大日本国皇帝陛下ハ、其後胤ニ至ル迄現今樺太島（即薩哈嗹（サハリン）島）ノ一部ヲ所領スルノ権理及君主ニ属スル一切ノ権理ヲ全魯西亜（ロシア）国皇帝陛下ニ譲リ、而今而後樺太全島ハ、悉ク魯西亜帝国ニ属シ「ラペルーズ」海峡ヲ以テ両国ノ境界トス。

第二款【千島列島の日本への譲渡】全魯西亜国皇帝陛下ハ、第一款ニ記セル樺太島（即薩哈嗹島）ノ権理ヲ受シ、代トシテ其後胤ニ至ル迄現今所領「クリル」群島即チ第一「シュムシュ」島、第二「アライド」島、第三「パラムシル」島、第四「マカンルシ」島、第五「ヲネコタン」島、第六「ハリムコタン」島、第七「エカルマ」島、第八「シャスコタン」島、第九「ムシル」島、第一〇「ライコケ」島、第一一「マツア」島、第一二「ラスツア」島、第一三「スレドネワ」及「ウシ、ル」島、第一四「ケトイ」島、第一五「シムシル」島、第一六「ブロトン」島、第一七「チェルポイ」並ニ「ブラット、チェルポエフ」島、第一八「ウルップ」島共計一八島ノ権理及ビ君主ニ属スル一切ノ権理ヲ大日本国皇帝陛下ニ譲リ、而今而後「クリル」全島ハ日本帝国ニ属シ、東察加地方「テパツカ」岬ト「シュムシュ」島ノ間ナル海峡ヲ以テ両国ノ境界トス。

14-14　日清媾和条約（下関条約）（抜粋）

署　　名　一八九五年四月一七日（下関）
効力発生　一八九五年五月八日

第二条【台湾等の割譲】清国ハ、左記ノ土地ノ主権並ニ該地方ニ在ル城塁兵器製造所及官有物ヲ永遠日本国ニ割与ス。

一　左ノ経界内ニ在ル奉天省南部ノ地
　鴨緑江口ヨリ該江ヲ遡リ、安平河口ニ至リ、該河口ヨリ鳳凰城海城営口ニ亘リ、遼河口ニ至ル折線以南ノ地。併セテ前記ノ各城市ヲ包含ス。而シテ遼河ヲ以テ界トスル処ハ、該河ノ中央ヲ以テ経界トスルコトト知ルヘシ。
　遼東湾東岸及黄海北岸ニ在テ奉天省ニ属スル諸島嶼

二　台湾全島及其ノ附属諸島嶼

三　澎湖列島即英国「グリーンウィチ」東経一一九度乃至一二〇度及北緯二三度乃至二四度ノ間ニ在ル諸島嶼

14-15　日露講和条約（ポーツマス条約）（抜粋）

署　　名　一九〇五年九月五日（ポーツマス）
効力発生　一九〇五年一一月二五日

第九条【樺太南部および周辺島嶼の日本への譲与】露西亜（ロシア）帝国政府ハ、薩哈嗹（サハリン）島南部及其ノ附近ニ於ケル一切ノ島嶼並該地方ニ於ケル一切ノ公共営造物及財産ヲ完全ナル主権ト共ニ永遠日本帝国政府ニ譲与ス。其ノ譲与地域ノ北方境界ハ北緯五〇度ト定ム。該地域ノ正確ナル経界線ハ、本条約ニ附属スル追加約款第二ノ規定ニ従ヒ之ヲ決定スヘシ。

日本国及露西亜国ハ、薩哈嗹島又ハ其ノ附近ノ島嶼ニ於ケル各自ノ領地内ニ堡塁其ノ他之ニ類スル軍事上工作物ヲ築造セサルコトニ互ニ同意ス。又両国ハ、各宗谷海峡及韃靼海峡ノ自由航海ヲ妨礙スルコトアルヘキ何等ノ軍事上措置ヲ執ラサルコトヲ約ス。

15章
国際法関係資料

目　次

15 1 国連機構図

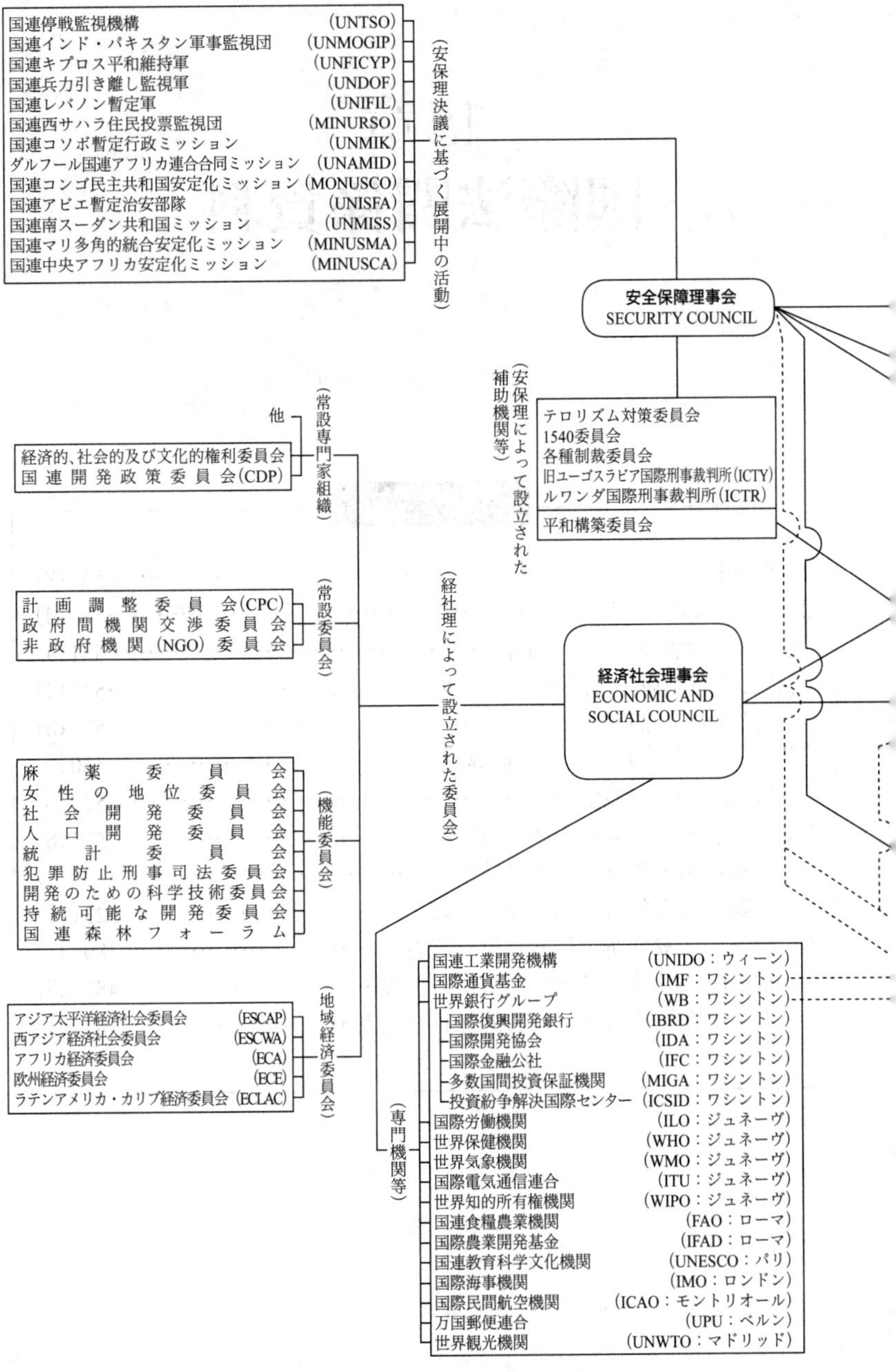
国連停戦監視機構 (UNTSO)
国連インド・パキスタン軍事監視団 (UNMOGIP)
国連キプロス平和維持軍 (UNFICYP)
国連兵力引き離し監視軍 (UNDOF)
国連レバノン暫定軍 (UNIFIL)
国連西サハラ住民投票監視団 (MINURSO)
国連コソボ暫定行政ミッション (UNMIK)
ダルフール国連アフリカ連合合同ミッション (UNAMID)
国連コンゴ民主共和国安定化ミッション (MONUSCO)
国連アビエ暫定治安部隊 (UNISFA)
国連南スーダン共和国ミッション (UNMISS)
国連マリ多角的統合安定化ミッション (MINUSMA)
国連中央アフリカ安定化ミッション (MINUSCA)
(安保理決議に基づく展開中の活動)
安全保障理事会
SECURITY COUNCIL
(安保理によって設立された補助機関等)
テロリズム対策委員会
1540委員会
各種制裁委員会
旧ユーゴスラビア国際刑事裁判所(ICTY)
ルワンダ国際刑事裁判所(ICTR)
平和構築委員会
他
経済的、社会的及び文化的権利委員会
国連開発政策委員会(CDP)
(常設専門家組織)
計画調整委員会(CPC)
政府間機関交渉委員会
非政府機関(NGO)委員会
(常設委員会)
(経社理によって設立された委員会)
経済社会理事会
ECONOMIC AND SOCIAL COUNCIL
麻薬委員会
女性の地位委員会
社会開発委員会
人口開発委員会
統計委員会
犯罪防止刑事司法委員会
開発のための科学技術委員会
持続可能な開発委員会
国連森林フォーラム
(機能委員会)
アジア太平洋経済社会委員会 (ESCAP)
西アジア経済社会委員会 (ESCWA)
アフリカ経済委員会 (ECA)
欧州経済委員会 (ECE)
ラテンアメリカ・カリブ経済委員会 (ECLAC)
(地域経済委員会)
(専門機関等)
国連工業開発機構 (UNIDO：ウィーン)
国際通貨基金 (IMF：ワシントン)
世界銀行グループ (WB：ワシントン)
国際復興開発銀行 (IBRD：ワシントン)
国際開発協会 (IDA：ワシントン)
国際金融公社 (IFC：ワシントン)
多数国間投資保証機関 (MIGA：ワシントン)
投資紛争解決国際センター (ICSID：ワシントン)
国際労働機関 (ILO：ジュネーヴ)
世界保健機関 (WHO：ジュネーヴ)
世界気象機関 (WMO：ジュネーヴ)
国際電気通信連合 (ITU：ジュネーヴ)
世界知的所有権機関 (WIPO：ジュネーヴ)
国連食糧農業機関 (FAO：ローマ)
国際農業開発基金 (IFAD：ローマ)
国連教育科学文化機関 (UNESCO：パリ)
国際海事機関 (IMO：ロンドン)
国際民間航空機関 (ICAO：モントリオール)
万国郵便連合 (UPU：ベルン)
世界観光機関 (UNWTO：マドリッド)

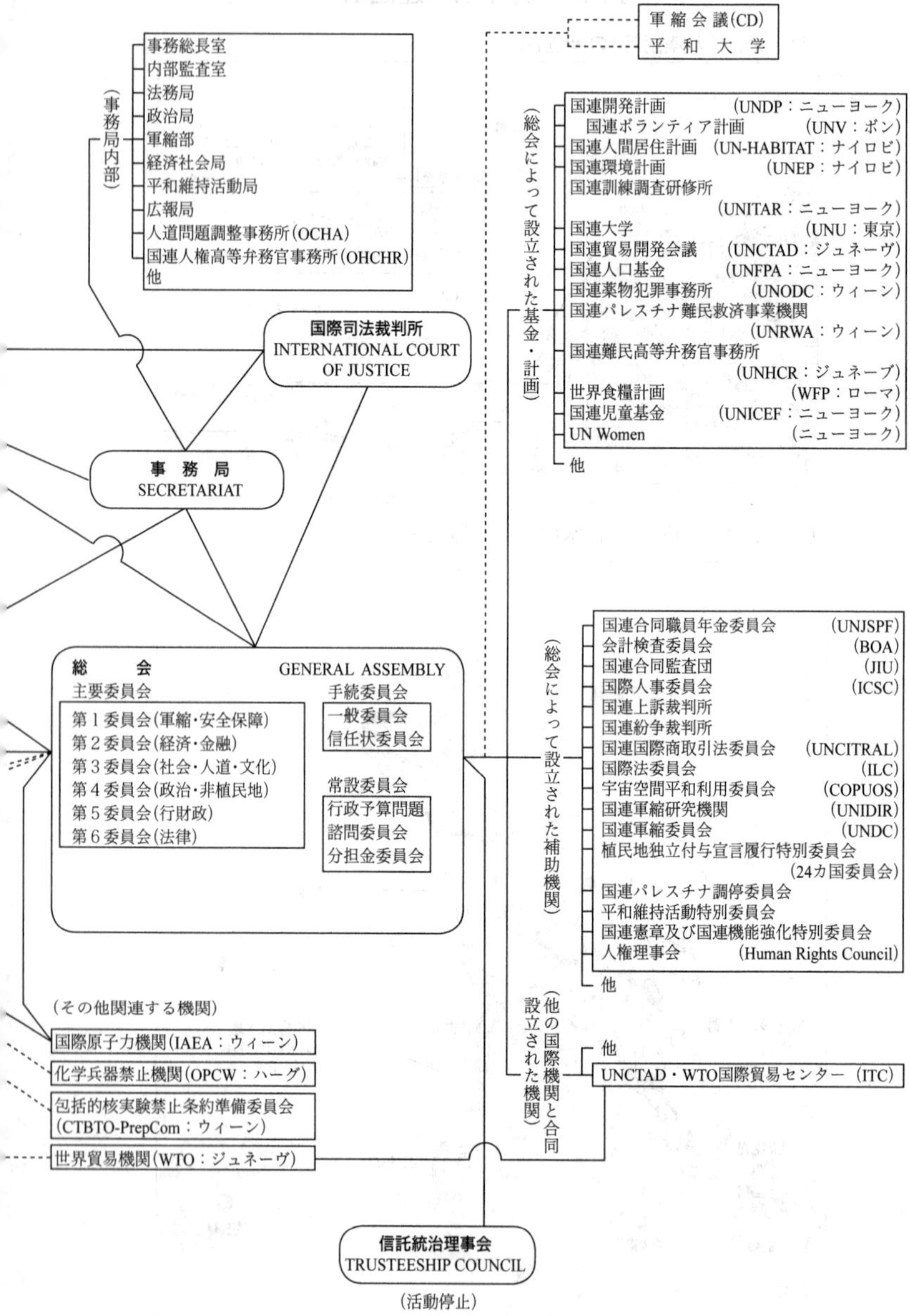

軍縮会議(CD)
平和大学
（事務局内部）
事務総長室
内部監査室
法務局
政治局
軍縮部
経済社会局
平和維持活動局
広報局
人道問題調整事務所(OCHA)
国連人権高等弁務官事務所(OHCHR)
他
（総会によって設立された基金・計画）
国連開発計画 (UNDP：ニューヨーク)
国連ボランティア計画 (UNV：ボン)
国連人間居住計画 (UN-HABITAT：ナイロビ)
国連環境計画 (UNEP：ナイロビ)
国連訓練調査研修所 (UNITAR：ニューヨーク)
国連大学 (UNU：東京)
国連貿易開発会議 (UNCTAD：ジュネーヴ)
国連人口基金 (UNFPA：ニューヨーク)
国連薬物犯罪事務所 (UNODC：ウィーン)
国連パレスチナ難民救済事業機関 (UNRWA：ウィーン)
国連難民高等弁務官事務所 (UNHCR：ジュネーブ)
世界食糧計画 (WFP：ローマ)
国連児童基金 (UNICEF：ニューヨーク)
UN Women (ニューヨーク)
他
国際司法裁判所
INTERNATIONAL COURT OF JUSTICE
事務局
SECRETARIAT
総会 GENERAL ASSEMBLY
主要委員会
第1委員会(軍縮・安全保障)
第2委員会(経済・金融)
第3委員会(社会・人道・文化)
第4委員会(政治・非植民地)
第5委員会(行財政)
第6委員会(法律)
手続委員会
一般委員会
信任状委員会
常設委員会
行政予算問題諮問委員会
分担金委員会
（総会によって設立された補助機関）
国連合同職員年金委員会 (UNJSPF)
会計検査委員会 (BOA)
国連合同監査団 (JIU)
国際人事委員会 (ICSC)
国連上訴裁判所
国連紛争裁判所
国連国際商取引法委員会 (UNCITRAL)
国際法委員会 (ILC)
宇宙空間平和利用委員会 (COPUOS)
国連軍縮研究機関 (UNIDIR)
国連軍縮委員会 (UNDC)
植民地独立付与宣言履行特別委員会 (24カ国委員会)
国連パレスチナ調停委員会
平和維持活動特別委員会
国連憲章及び国連機能強化特別委員会
人権理事会 (Human Rights Council)
他
（その他関連する機関）
国際原子力機関(IAEA：ウィーン)
化学兵器禁止機関(OPCW：ハーグ)
包括的核実験禁止条約準備委員会(CTBTO-PrepCom：ウィーン)
世界貿易機関(WTO：ジュネーヴ)
（他の国際機関と合同設立された機関）
他
UNCTAD・WTO国際貿易センター (ITC)
信託統治理事会
TRUSTEESHIP COUNCIL
（活動停止）

⑮2　海洋法関連図表

(1)　海底(大陸棚等)の断面図

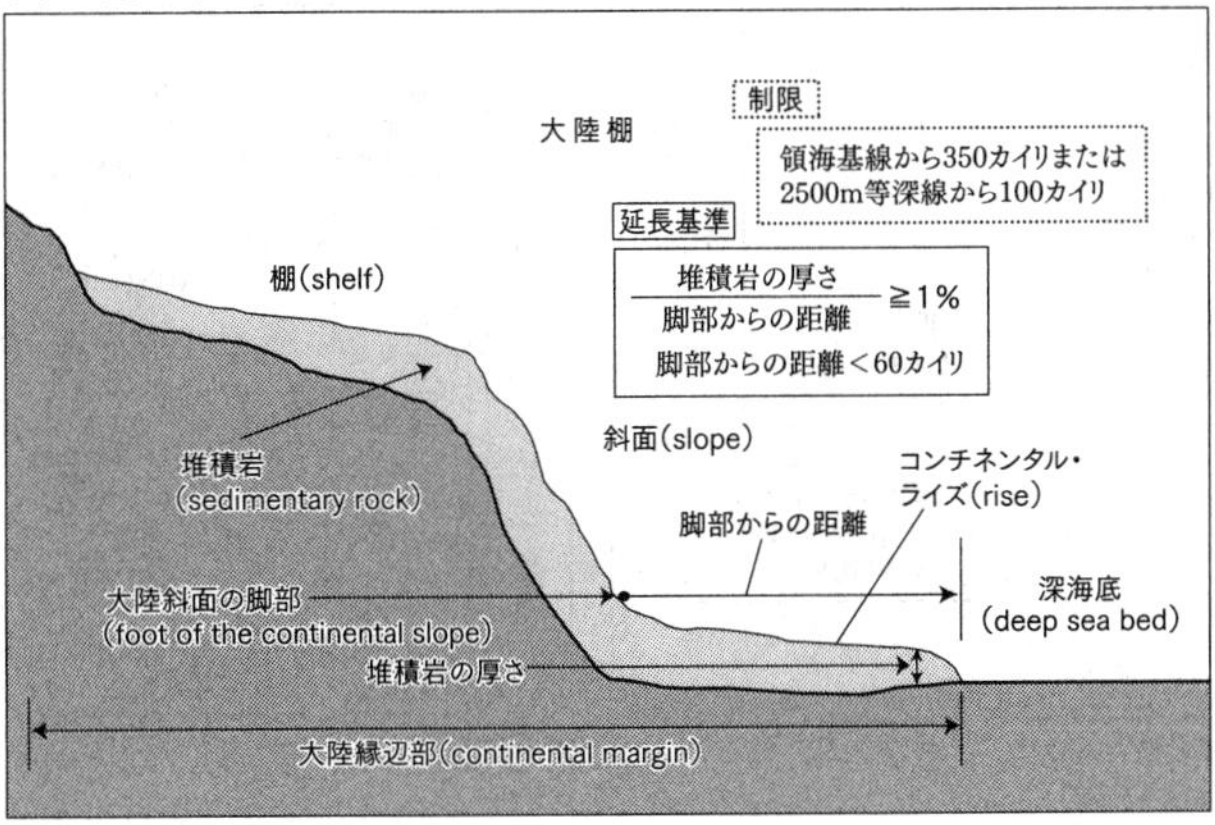

(2)　日本の領海・接続水域・排他的経済水域

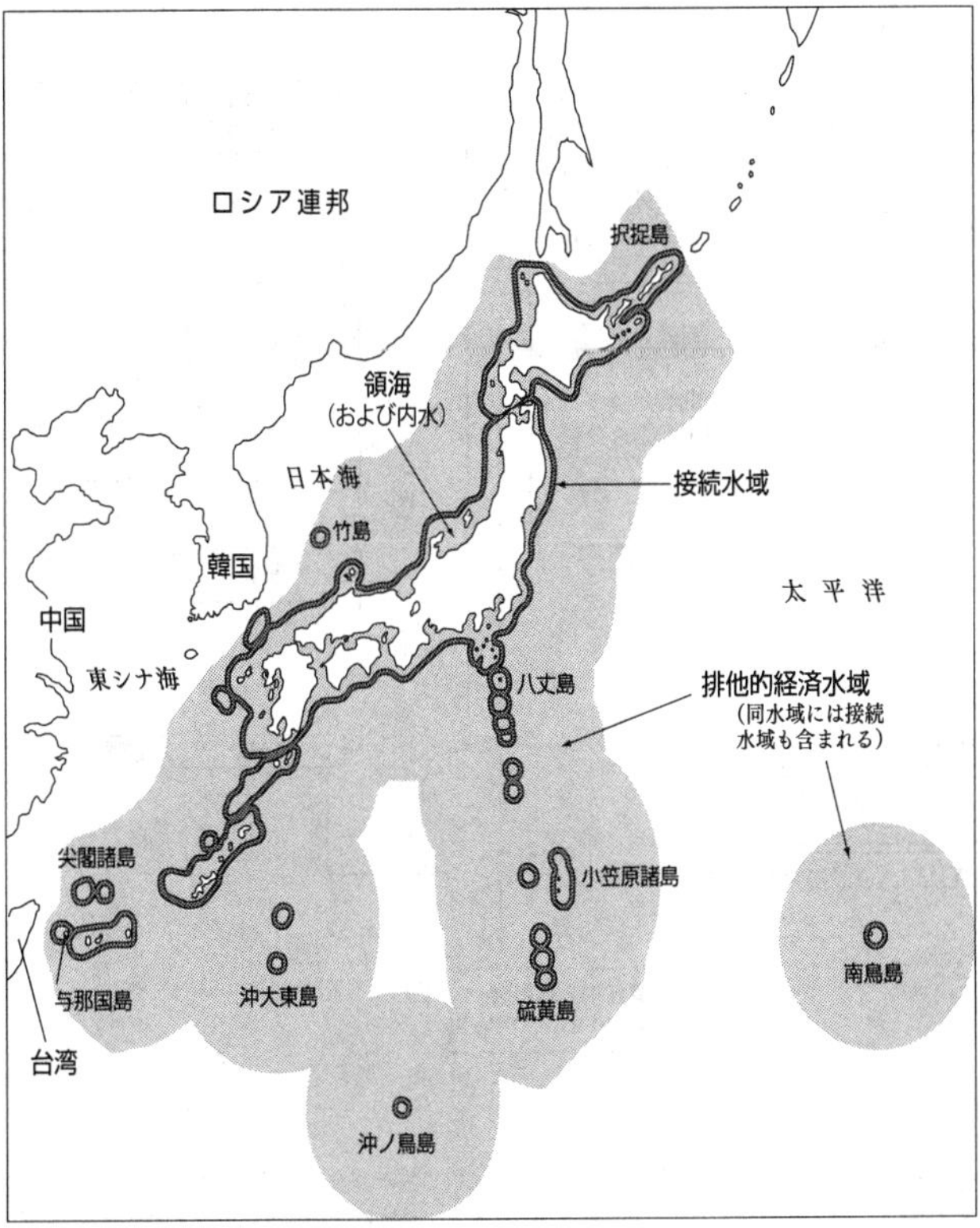

(3)　日本の直線基線

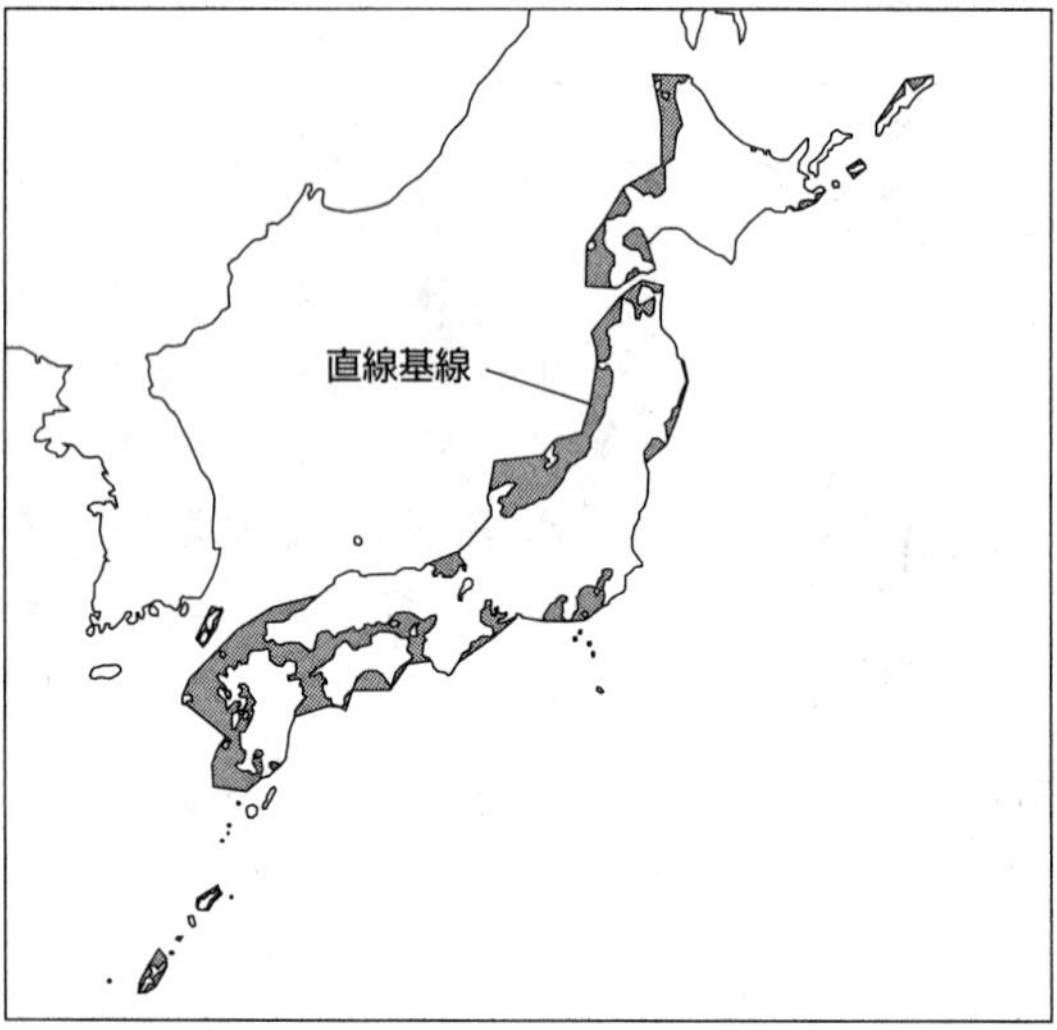

(4)　東シナ海における海洋境界線

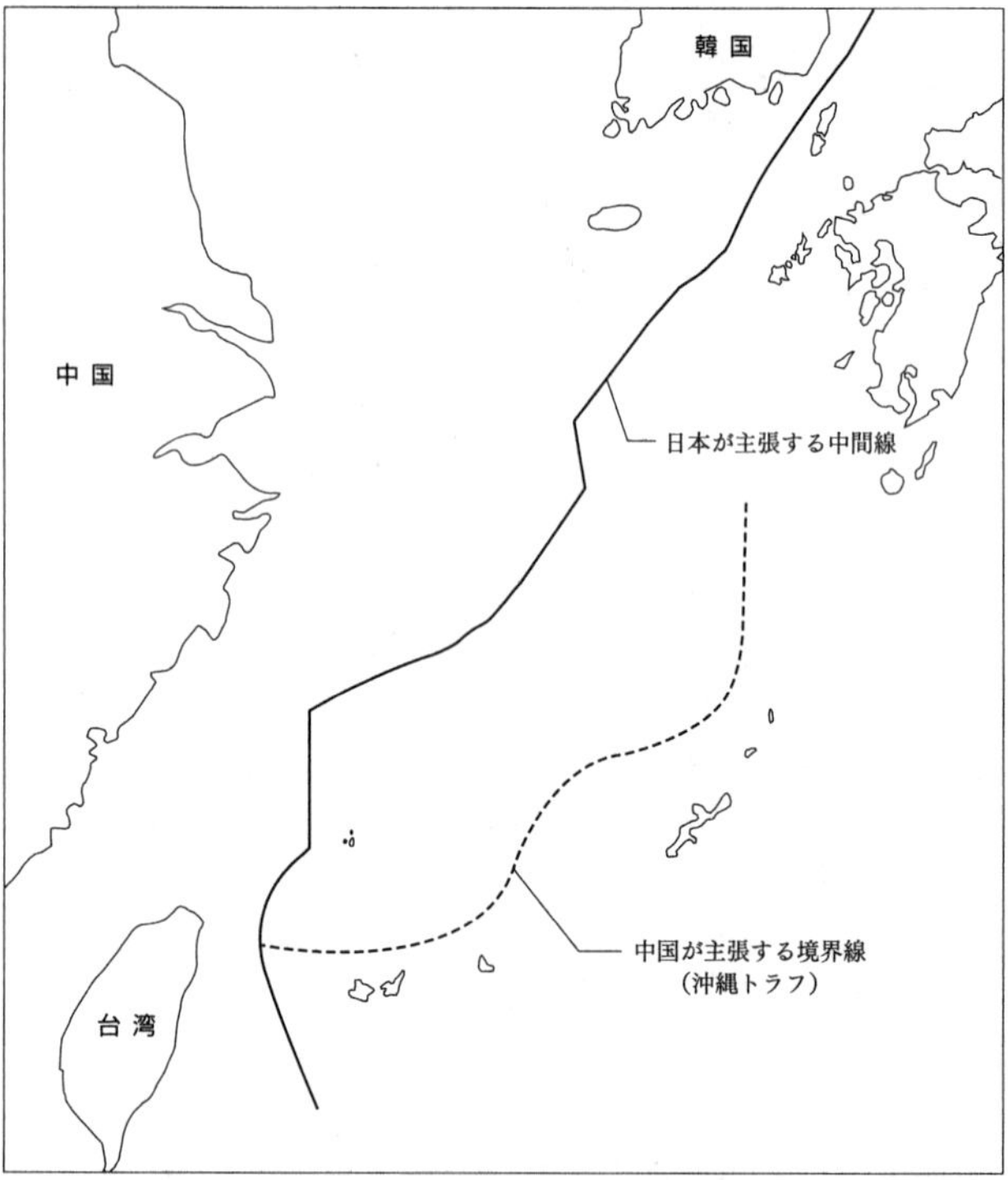

(5)　日本の大陸棚延伸図

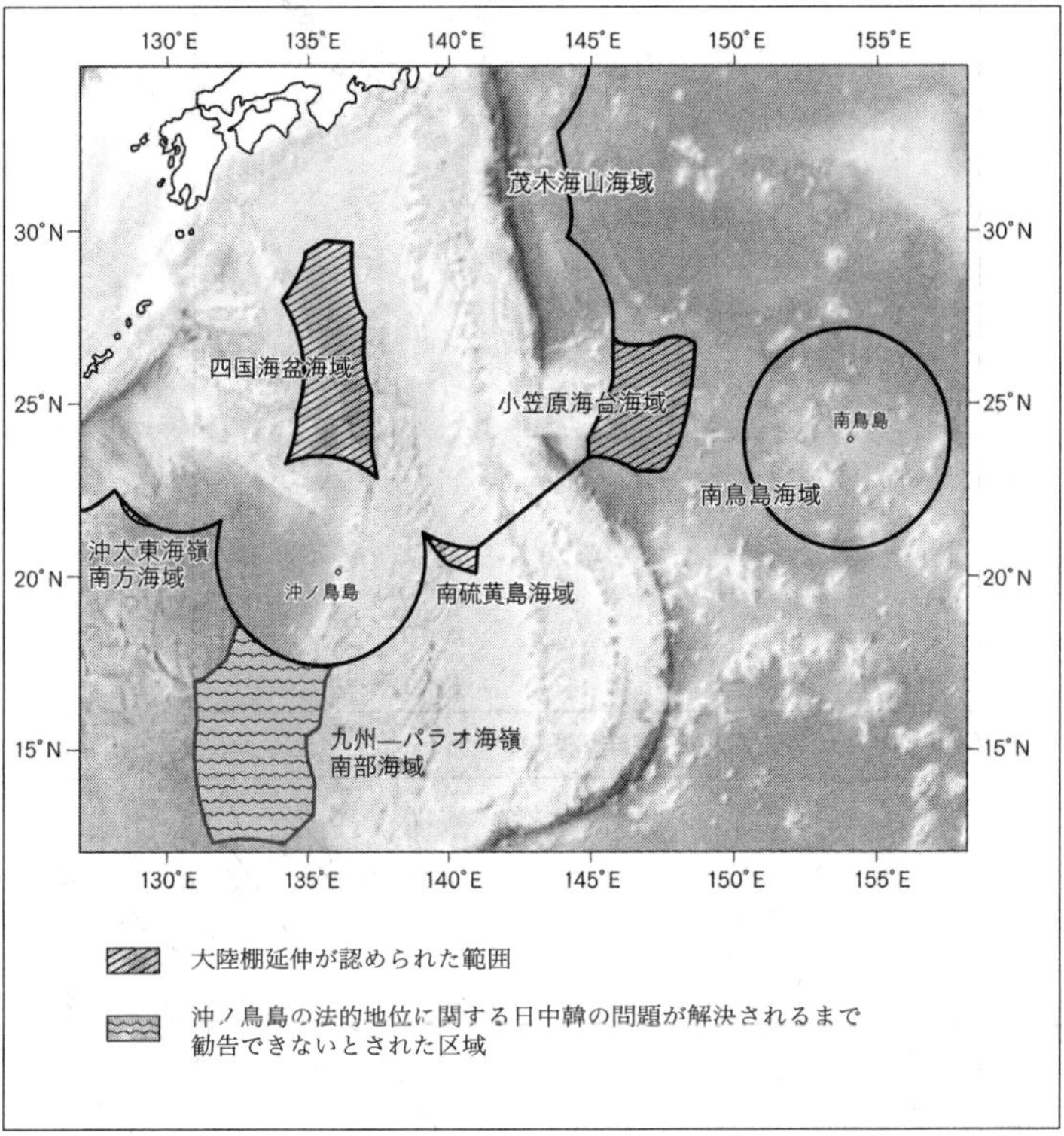
130°E
135°E
140°E
145°E
150°E
155°E
30°N
25°N
20°N
15°N
茂木海山海域
四国海盆海域
小笠原海台海域
南鳥島
南鳥島海域
沖大東海嶺
南方海域
沖ノ鳥島
南硫黄島海域
九州―パラオ海嶺
南部海域
大陸棚延伸が認められた範囲
沖ノ鳥島の法的地位に関する日中韓の問題が解決されるまで
勧告できないとされた区域

15 3 「平和安全法制」の主要事項の関係

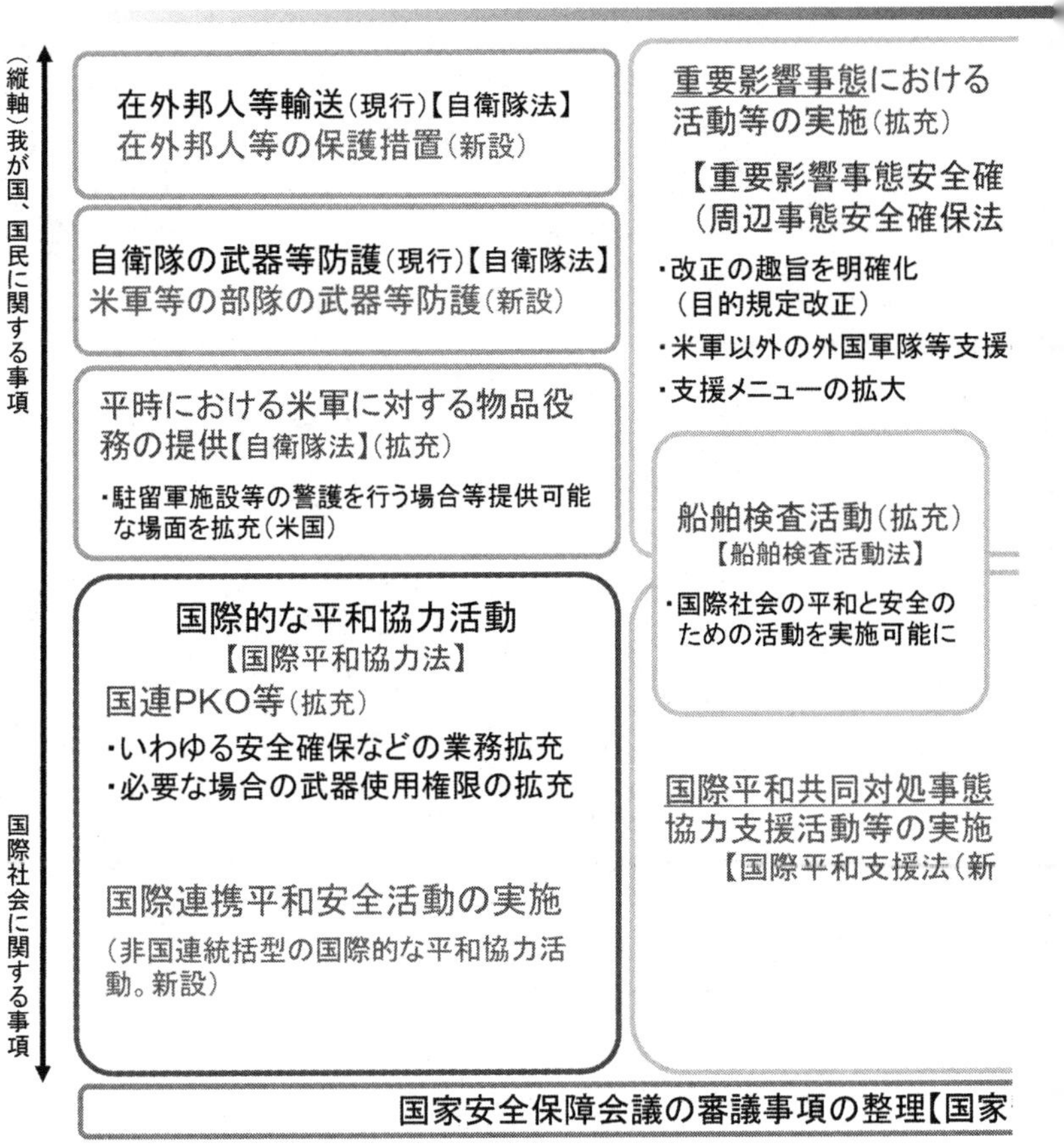

（注）離島の周辺地域等において外部から武力攻撃に至らない侵害が発生し、近傍に警察力が存在しない等の場合の治安出動や海上における警備行動の発令手続の迅速化は閣議決定により対応（法整備なし。）

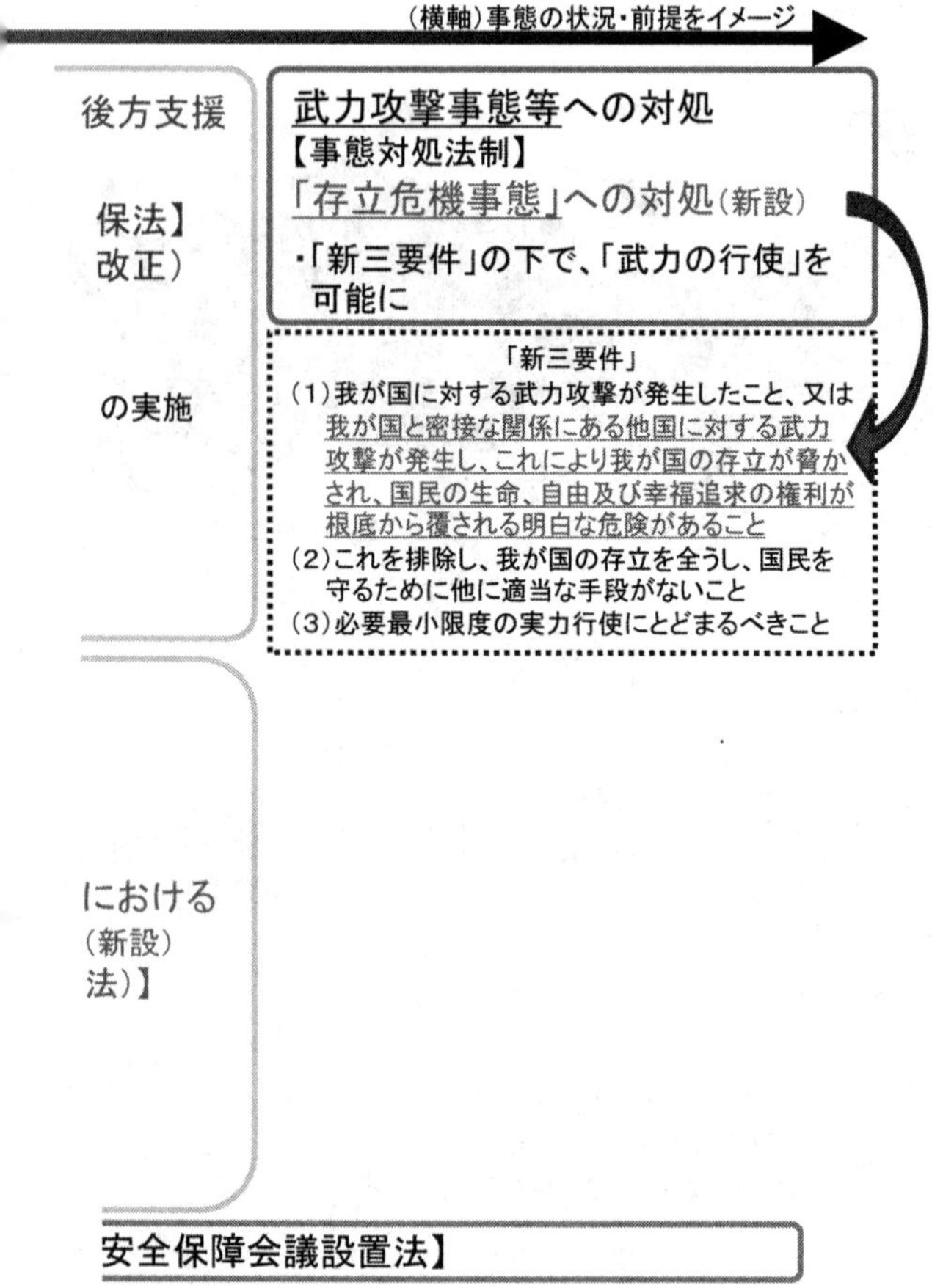
（横軸）事態の状況・前提をイメージ
後方支援
保法】
改正）
の実施
における
（新設）
法）】
武力攻撃事態等への対処
【事態対処法制】
「存立危機事態」への対処（新設）
・「新三要件」の下で、「武力の行使」を可能に
「新三要件」
（1）我が国に対する武力攻撃が発生したこと、又は我が国と密接な関係にある他国に対する武力攻撃が発生し、これにより我が国の存立が脅かされ、国民の生命、自由及び幸福追求の権利が根底から覆される明白な危険があること
（2）これを排除し、我が国の存立を全うし、国民を守るために他に適当な手段がないこと
（3）必要最小限度の実力行使にとどまるべきこと
安全保障会議設置法】

(内閣官房等作成)

15 4　核兵器国・非核兵器地帯図

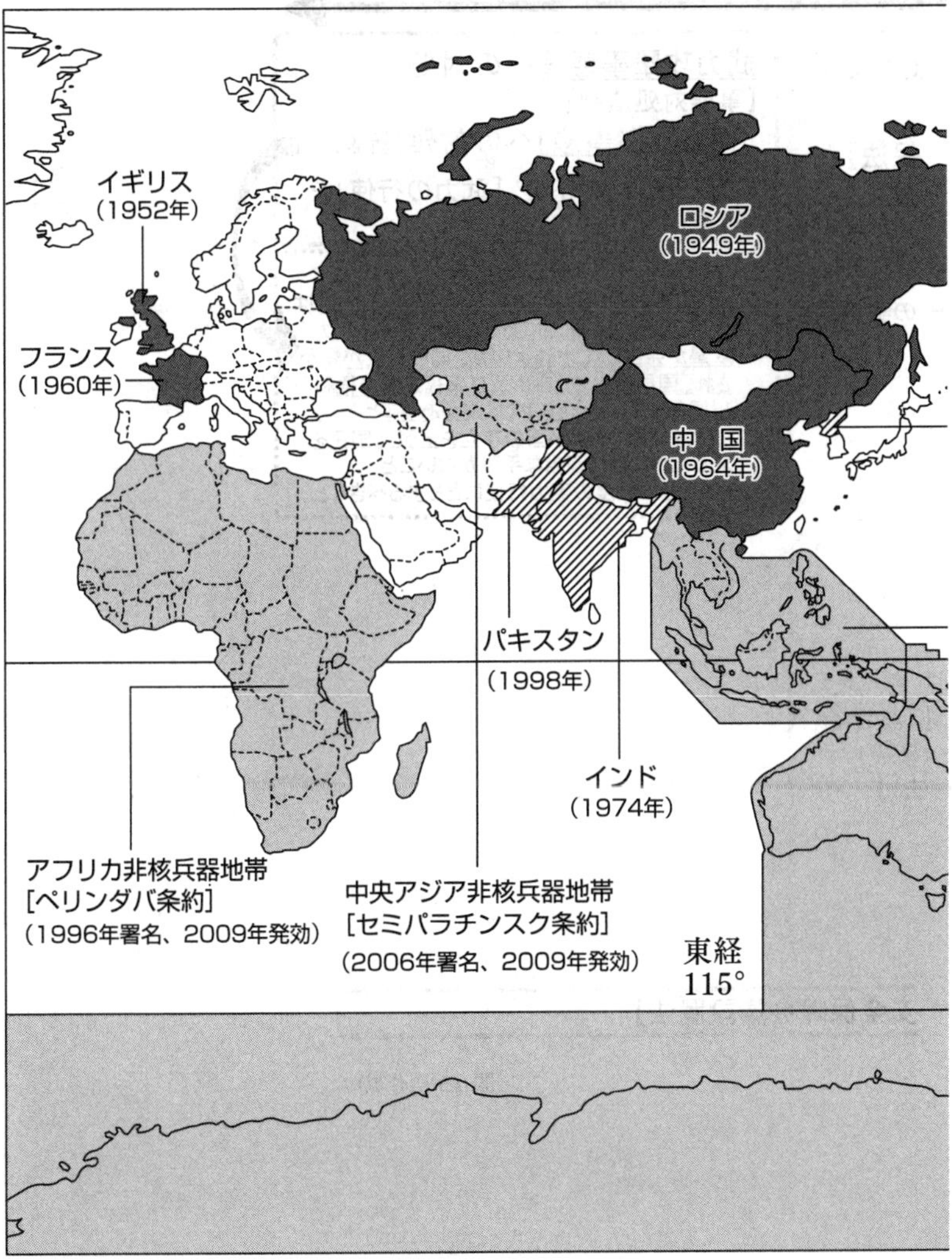

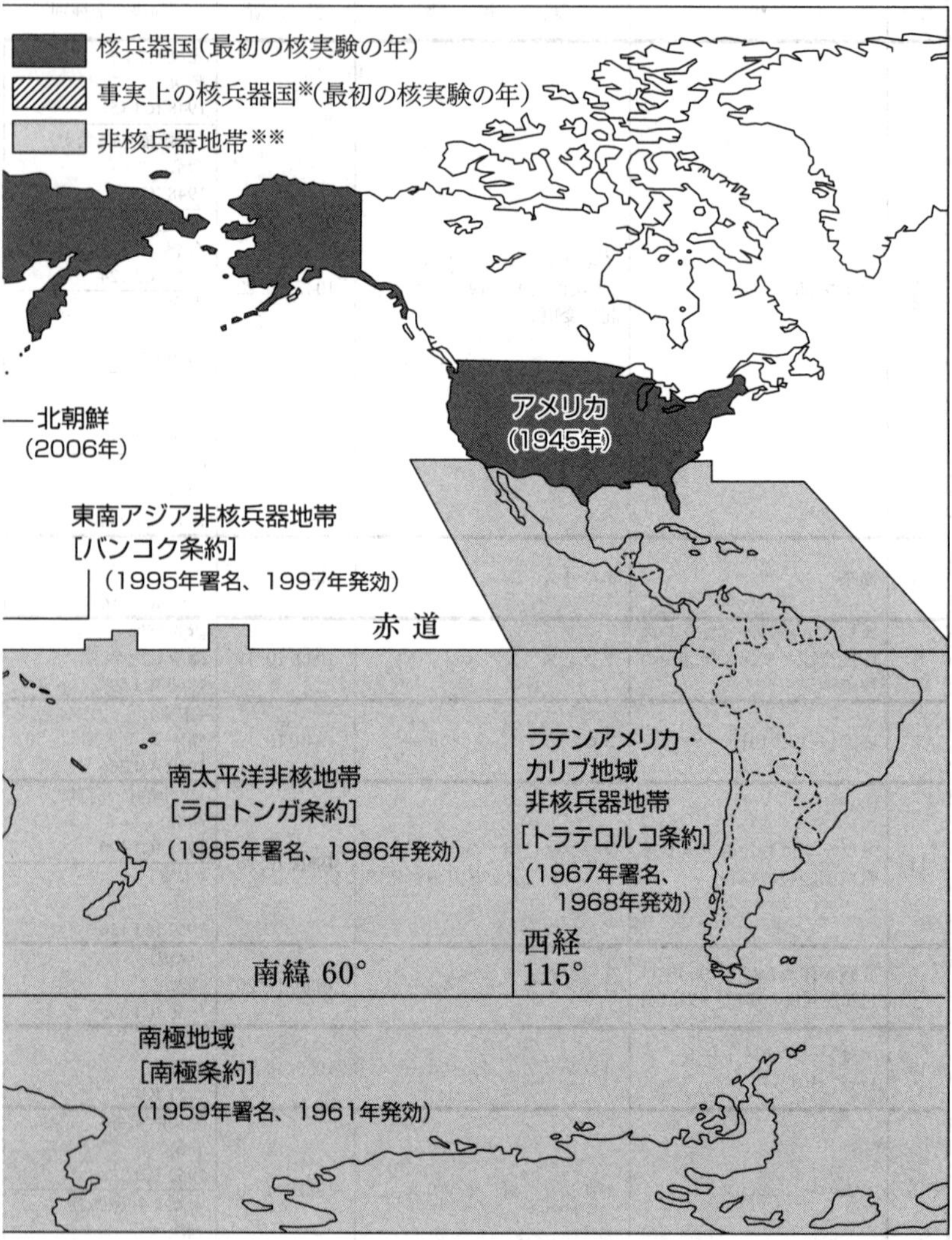

※　「事実上の核兵器国」は核実験を実施した国に限った。
※※「非核兵器地帯」は条約ベースのものに限った。

15 5 国際司法裁判所争訟事件一覧表

番号	事件名	当事者	提訴	判決命令種別
1 2	コルフ海峡	イギリス 対 アルバニア (先決的抗弁判決後、合意付託に変更)	1947. 5. 22	先決的抗弁 判決 1948 ICJ 15
				(管轄権基礎変更) 命令 1948 ICJ 53
				(鑑定人嘱託) 命令 1948 ICJ 124
				本案 判決 1949 ICJ 4
				賠償額査定 命令 1949 ICJ 237
				賠償額査定 判決 1949 ICJ 244
5	漁業	イギリス 対 ノルウェー	1949. 9. 28	(本案) 判決 1951 ICJ 116
6	エジプトにおけるフランス国民及びフランス保護民の保護	フランス 対 エジプト	1949. 10. 13	訴訟打切 命令 1950 ICJ 59
7	庇護[→13、14]	コロンビア ／ ペルー	1949. 10. 15	(本案) 判決 1950 ICJ 266
11	モロッコにおけるアメリカ合衆国国民の権利	フランス 対 アメリカ合衆国	1950. 10. 28	(先決的抗弁打切) 命令 1951 ICJ 109
				(本案) 判決 1952 ICJ 176
13	庇護事件における1950年11月20日判決の解釈[→7、14]	コロンビア ／ ペルー	1950. 11. 20	(解釈) 判決 1950 ICJ 395
14	アヤ・デ・ラ・トーレ[→7、13]	コロンビア ／ ペルー	1950. 12. 13	(本案) 判決 1951 ICJ 71
15	アムバティエロス	ギリシャ 対 イギリス	1951. 4. 9	先決的抗弁 判決 1952 ICJ 28
				本案：仲裁義務 判決 1953 ICJ 10
16	アングロ・イラニアン石油会社	イギリス 対 イラン	1951. 5. 26	仮保全措置指示要請 命令 1951 ICJ 89
				先決的抗弁 判決 1952 ICJ 93

判決命令日	要　　　旨
1948. 3. 25 管轄権確認	アルバニアは、国連非加盟国であり、裁判所規程の非当事国であったが、紛争を裁判所に付託すべきであるという安全保障理事会の勧告(決議22(1947))を受諾し、かつ出廷の意思を明らかにしており、管轄権受諾を行ったと認められる(応訴管轄)。
1948. 3. 26	1948年3月26日、イギリスとアルバニアは付託合意を締結し、裁判所に通告した。この付託合意が、これ以降の裁判管轄権の基礎を構成する。訴答書面提出期限は、1948年3月25日判決通りであることを確認。
1948. 12. 17	ノルウェー、スウェーデン、オランダ海軍軍人から成る鑑定委員会を構成。機雷敷設の状況、掃海活動の効果、損害の状況等について報告書を作成するよう要請。
1949. 4. 9	軍艦も国際海峡では無害通航権を有する。イギリス軍艦の触雷に関し、アルバニアは機雷の存在を通告する義務に違反したため国家責任を負う。触雷後の掃海につき、イギリスは、アルバニアの主権を侵害した。
1949. 11. 19	イギリス軍艦が被った損害に関しイギリスが提出した賠償額について、査定を行うために、オランダ海軍軍人2名に、鑑定を嘱託。鑑定人に対し、賠償額査定報告書の提出を要請。
1949. 12. 15	アルバニアは管轄権を争い、裁判所に出廷しなかったが、管轄権を確認した判決は拘束力を有し、この問題は既判事項となっている。鑑定人の報告にしたがい、イギリスの請求額をそのまま認容する。
1951. 12. 18	海岸の一般的方向と離れておらず、陸地と密接な関連があれば、直線基線を引くことができる。基線の長さは10カイリに限定されない。ノルウェーの基線に対し、他国の反対はなく、黙認があり、国際法上有効。
1950. 3. 29	フランス国民及び保護民の身体、財産、権利、利益に対してエジプト政府がとっていた措置が撤回されたため、フランスは提訴を取り下げ。エジプト政府が異議を申し立てなかったため、訴訟打ち切り。総件名簿より削除。
1950. 11. 20	外交的庇護は、領域国の主権侵害を含んでいる。ラテンアメリカにおいても地域的慣習法として認められていない。ハバナ条約第2条2項では緊急な場合に限って庇護を認めているが、本件では緊急性がなく同条違反。
1951. 10. 31	アメリカ合衆国が、先決的抗弁を取り下げた。フランスが、アメリカ合衆国の先決的抗弁取り下げに異議を申し立てない旨通告。先決的抗弁手続を打ち切り、本案手続を再開する。
1952. 8. 27	フランスの保護国であるモロッコにおいてもフランスの経済的特権は認められず、最恵国条項に基づく待遇をアメリカ合衆国に与えねばならない。しかしアメリカ合衆国は自国民が被告となる事件に関し領事裁判権を有しない。
1950. 11. 27	コロンビアは、アヤ・デ・ラ・トーレの引き渡し義務について解釈を求めたが、この問題は前判決(第7事件)でふれていない新たな問題であり、裁判所規程第60条が定める判決の解釈にあたらない。これに関し当事者間に紛争もない。
1951. 6. 13	コロンビアは、アヤ・デ・ラ・トーレをペルーに引き渡す義務を有していないが、庇護を終了させる義務を有する。庇護の終了方法については、裁判所が助言を与えることはできない。司法機能と相容れないからである。
1952. 7. 1 管轄権確認	1926年条約は仲裁機関としてPCIJをあげているが、同条約の発効前に生じた本件紛争について遡及的に適用することはできない。1886年条約に基づき、紛争の仲裁付託義務の存否について裁判所は決定する管轄権を有する。
1953. 5. 19	1886年条約第10条の最恵国条項及び同第15条の「裁判所を自由に利用することができる」という規定について両当事者間で紛争が存在しており、本件は1886年条約に基づく請求として認められ、仲裁裁判付託義務が存在する。
1951. 7. 5 仮措置指示	イランによる国有化措置に対するイギリスの請求は、裁判管轄権の外にあるということはできない。他方当事者の権利を害したり、紛争を悪化させるような行為を行ってはならない。会社の操業は維持されるべきである。
1952. 7. 22 抗弁認容	イランの1932年選択条項受諾宣言は、宣言受諾後に締結された条約の適用に関する紛争についてのみ管轄権を設定。1933年利権協定は、一国政府と一企業との契約であって、二国間の条約ではない。管轄権なし。

番号	事件名	当事者	提訴	判決命令種別
17	マンキエ及びエクレオ	フランス　／　イギリス	1951. 12. 5	(本案) 判決 1953 ICJ 47
18	ノッテボーム	リヒテンシュタイン　対　グアテマラ	1951. 12. 17	先決的抗弁 判決 1953 ICJ 111
				第二段階 判決 1955 ICJ 4
19	1943年にローマから移送された通貨用の金塊	イタリア　対　フランス、イギリス、アメリカ合衆国	1953. 5. 19	先決的問題 判決 1954 ICJ 19
20	ベイルート電気会社	フランス　対　レバノン	1953. 8. 14	(訴訟打切) 命令 1954 ICJ 107
22	ハンガリーにおけるアメリカ合衆国の航空機と乗組員の取り扱い	アメリカ合衆国　対　ハンガリー	1954. 3. 3	(訴訟中止) 命令 1954 ICJ 99
23	ハンガリーにおけるアメリカ合衆国の航空機と乗組員の取り扱い	アメリカ合衆国　対　ソ連	1954. 3. 3	(訴訟中止) 命令 1954 ICJ 103
25	1953年3月10日の航空機事件	アメリカ合衆国　対　チェコスロバキア	1955. 3. 29	(訴訟中止) 命令 1956 ICJ 6
26	南極大陸	イギリス　対　アルゼンチン	1955. 5. 4	(訴訟中止) 命令 1956 ICJ 12
27	南極大陸	イギリス　対　チリ	1955. 5. 4	(訴訟中止) 命令 1956 ICJ 15
28	1952年10月7日の航空機事件	アメリカ合衆国　対　ソ連	1955. 6. 2	(訴訟中止) 命令 1956 ICJ 9
29	ノルウェー公債	フランス　対　ノルウェー	1955. 7. 6	(管轄権本案併合) 命令 1956 ICJ 73
				(先決的抗弁) 判決 1957 ICJ 9
32	インド領通行権	ポルトガル　対　インド	1955. 12. 22	先決的抗弁 判決 1957 ICJ 125
				(本案) 判決 1960 ICJ 6
33	未成年者の後見に関する1902年条約の適用	オランダ　対　スウェーデン	1957. 7. 10	(本案) 判決 1958 ICJ 55
34	インターハンデル	スイス　対　アメリカ合衆国	1957. 10. 1	仮保全措置指示要請 命令 1957 ICJ 105

判決命令日	要　　旨
1953.11.17	相対立する証拠のうち相対的に信憑性のある証拠によって決定する。封地授与という権原は、実効的占有がなければ、法的効果を有しない。イギリスが長年、司法・地方行政・立法を実施しており、イギリスの領有を認める。
1953.11.18 管轄権確認	グアテマラの選択条項受諾宣言は、5年間の期限が付されており、提訴日から数週間後の1952年1月26日に失効したが、宣言が提訴日に有効であったので、裁判所は、管轄権を行使できる(ノッテボーム・ルール)。
1955. 4. 6 受理不可能	国籍の付与は国内管轄事項であるが、外交的保護権の有無は国際法が決定する。ノッテボームは、リヒテンシュタインに帰化したが、真正な結合関係は存在せず、原告は、外交的保護権を有していない。請求却下。
1954. 6.16 抗弁認容	原告が先決的抗弁を提出。アルバニア通貨用金塊に対するイタリアの請求権の有無を決定するためには、まず、アルバニアがイタリアに対して損害を発生させたかどうかを決定しなければならないが、アルバニアの参加がない以上決定不可能。
1954. 7.29	レバノン政府がベイルート電気会社に与えていたコンセッションをめぐる紛争は、当事者による解決を見たため、訴訟打ち切り。総件名簿より削除。
1954. 7.12	アメリカ合衆国は、ハンガリーが裁判管轄権を受諾していないのを知りつつつ、訴訟を提起し、管轄権受諾を勧誘したが、ハンガリーはこれを受け入れなかったため、訴訟続行は不可能。総件名簿より削除。
1954. 7.12	アメリカ合衆国は、ソ連が裁判管轄権を受諾していないのを知りつつ、訴訟を提起し、管轄権受諾を勧誘したが、ソ連はこれを受け入れなかったため、訴訟続行は不可能。総件名簿より削除。
1956. 3.14	アメリカ合衆国は、チェコスロバキアが裁判管轄権を受諾していないのを知りつつ、訴訟を提起し、管轄権受諾を勧誘したが、チェコスロバキアはこれを受け入れなかったため、訴訟続行は不可能。総件名簿より削除。
1956. 3.16	イギリスは、アルゼンチンが裁判管轄権を受諾していないのを知りつつ、訴訟を提起し、管轄権受諾を勧誘したが、アルゼンチンはこれを受け入れなかったため、訴訟続行は不可能。総件名簿より削除。
1956. 3.16	イギリスは、チリが裁判管轄権を受諾していないのを知りつつ、訴訟を提起し、管轄権受託を勧誘したが、チリはこれを受け入れなかったため、訴訟続行は不可能。総件名簿より削除。
1956. 3.14	アメリカ合衆国は、ソ連が裁判管轄権を受諾していないのを知りつつ、訴訟を提起し、管轄権受諾を勧誘したが、ソ連はこれを受け入れなかったため、訴訟続行は不可能。総件名簿より削除。
1956. 9.28	フランスが、先決的抗弁を本案に併合することを要請。ノルウェーは、先決的抗弁を維持しつつ、フランスの併合要請に異議を申し立てない旨通告。先決的抗弁を本案に併合することを認める。
1957. 7. 6	フランスの選択条項受諾宣言には、「フランスの判断により本質的に国内管轄に属する事項」を除外する留保が付されていた。ノルウェーが相互主義に基づきこれを援用したため、裁判所は管轄権なし。
1957.11.26 管轄権確認	ポルトガルの選択条項受諾宣言には、一方的廃棄の留保が付されていたが、ひとたび訴訟が開始された以上、裁判管轄権を奪うことはできない。事務総長への受諾宣言寄託3日後の提訴であっても、管轄権は有効。
1960. 4.12	インド領内にあるポルトガルの飛び地への自由な通行を認める慣行が存在している。ただし、軍隊や武装警官等は通行権を有しない。通行権は、インドの主権行使に従属し、インドは通行を規制する権限を有する。
1958.11.28	1902年後見条約は、後見に関する法の抵触を解決するためのものである。保護教育を命じたスウェーデンの青少年保護法は、属地的適用のみがあるものであり、後見条約の対象外である。
1957.10.24 仮措置却下	アメリカ合衆国は、敵国財産として接収したインターハンデル社の財産(アメリカ合衆国企業の株)の売却または処分を、国内裁判所の最終的な決定まで行う意図がないので、その中止を求める仮保全措置は現在必要がない。

番号	事　件　名	当　事　者	提　訴	判決命令種別
34	インターハンデル	スイス　対　アメリカ合衆国	1957. 10. 1	先決的抗弁 判決 1959 ICJ 6
35	1955年7月27日の航空機事件	イスラエル　対　ブルガリア	1957. 10. 16	先決的抗弁 判決 1959 ICJ 127
36	1955年7月27日の航空機事件	アメリカ合衆国　対　ブルガリア	1957. 10. 28	(訴訟打切) 命令 1960 ICJ 146
37	1955年7月27日の航空機事件	イギリス　対　ブルガリア	1957. 11. 22	(訴訟打切) 命令 1959 ICJ 264
38	国境地方に対する主権	ベルギー　／　オランダ	1957. 11. 27	(本案) 判決 1959 ICJ 209
39	1906年12月23日にスペイン国王が下した仲裁裁判判決	ホンジュラス　対　ニカラグア	1958. 7. 1	(本案) 判決 1960 ICJ 192
40	1954年9月4日の航空機事件	アメリカ合衆国　対　ソ連	1958. 8. 22	(訴訟中止) 命令 1958 ICJ 158
41	バルセロナ・トラクション電力会社[→50]	ベルギー　対　スペイン	1958. 9. 23	(訴訟打切) 命令 1961 ICJ 9
42	ベイルート港湾埠頭及び倉庫会社並びにラジオ・オリアン会社	フランス　対　レバノン	1959. 2. 13	(訴訟打切) 命令 1960 ICJ 186
44	1954年11月7日の航空機事件	アメリカ合衆国　対　ソ連	1959. 7. 7	(訴訟中止) 命令 1959 ICJ 276
45	プレア・ビヘア寺院[→151]	カンボジア　対　タイ	1959. 10. 6	先決的抗弁 判決 1961 ICJ 17 本案 判決 1962 ICJ 6
46 47	南西アフリカ	エチオピア　対　南アフリカ リベリア　対　南アフリカ	1960. 11. 4	(訴訟併合) 命令 1961 ICJ 13 先決的抗弁 判決 1962 ICJ 319 第二段階 判決 1966 ICJ 6
48	北カメルーン	カメルーン　対　イギリス	1961. 5. 30	先決的抗弁 判決 1963 ICJ 15
50	バルセロナ・トラクション電力会社[→41]	ベルギー　対　スペイン	1962. 6. 19 (新提訴)	先決的抗弁 判決 1964 ICJ 6

判決命令日	要　　　　　旨
1959. 3. 21 抗弁認容	国内救済完了は国際法上確立した原則である。スイスの請求は、アメリカ合衆国により接収されたスイス国民の財産の返還を求めるものであり、国内救済完了が必要。アメリカ合衆国の国内裁判所で係属中のため、受理不可能。
1959. 5. 26 抗弁認容	ブルガリアは、PCIJの選択条項受諾を宣言していた。しかし、裁判所規程第36条5項にしたがいICJへ管轄権の移行が認められるのは、国連憲章及び裁判所規程の原署名国のみである。非署名国ブルガリアに対し管轄権なし。
1960. 5. 30	ブルガリアにより打ち落とされた航空機に乗っていたアメリカ合衆国国民の損害賠償に関し、アメリカ合衆国が訴訟の取り下げを申請。ブルガリアが異議を申し立てない旨通告したため、訴訟打ち切り。総件名簿より削除。
1959. 8. 3	ブルガリアにより打ち落とされた航空機に乗っていたイギリス国民の損害賠償に関し、イギリスが訴訟の取り下げを申請。ブルガリアが異議を提出しなかったため黙認を推定し、訴訟打ち切り。総件名簿より削除。
1959. 6. 20	係争地域である飛び地についてベルギーへの帰属を国境協定が定めている。協定付属議事録と地区議事録に齟齬があっても、協定自体は有効。係争地域でのオランダの行政行為もベルギーの主権を否定しない。
1960. 11. 18	仲裁裁判官の選任は、仲裁裁判条約の規定に合致していた。ニカラグアは、行態を通じて、仲裁裁判判決の有効性を認めた。仲裁裁判官に、権限踰越、錯誤、判決理由の不備及び不明瞭は存在せず、仲裁裁判判決は有効。
1958. 12. 9	アメリカ合衆国は、ソ連が裁判管轄権を受諾していないのを知りつつ、訴訟を提起し、管轄権受諾を勧誘したが、ソ連はこれを受け入れなかったため、訴訟続行は不可能。総件名簿より削除。
1961. 4. 10	バルセロナ・トラクション電力会社に関し、ベルギーが訴訟の取り下げを申請。スペインが異議を申し立てない旨通告したため、訴訟打ち切り。総件名簿より削除。
1960. 8. 31	レバノンとの和解の成立及び紛争の消滅をフランスが裁判所に通告。レバノンも紛争解決に関する両国の協定を裁判所に送付。総件名簿より削除。
1959. 10. 7	アメリカ合衆国は、ソ連が裁判管轄権を受諾していないのを知りつつ、訴訟を提起し、管轄権受諾を勧誘したが、ソ連はこれを受け入れなかったため、訴訟続行は不可能。総件名簿より削除。
1961. 5. 26 管轄権確認	タイの1950年選択条項受諾宣言は、PCIJに対して行った1929年選択条項受諾宣言を更新するものとしているが、ICJの管轄権を受諾する旨のものであり、第35事件（イスラエル対ブルガリア）判決は適用されない。
1962. 6. 15	1904年国境条約によれば、国境線は分水嶺と規定されていた。1908年地図の国境線は分水嶺と一致していなかった。地図は法的拘束力を有しないが、タイは地図の効力を黙示的に承認してきた。地図通り、寺院はカンボジア領。
1961. 5. 20	エチオピア（第46事件）とリベリア（第47事件）の請求内容及び請求書、ならびに申述書は、ほぼ同じものであり、両国は同一の訴訟利益を有するものと認定し、二つの訴訟を併合する。
1962. 12. 21 管轄権確認	委任状は、受任国と国際連盟理事会との間の国際条約であり、連盟が消滅しても依然有効である。連盟加盟国が受任国を提訴できるのは、司法的保護を確保するためのものであり、連盟解散の影響を受けない。
1966. 7. 18 受理不可能	訴訟には、義務違反の存在だけではなく、法益侵害が必要である。委任状には、行為規定と特別利益規定が存在し、後者についてのみ連盟加盟国は法益を有する。本件は行為規定に関わるもので、原告に法益なし。
1963. 12. 2 抗弁認容	北カメルーンがナイジェリアに併合されることについて、信託統治協定をめぐる法的紛争が存在する。原告は、受任国であった被告の協定違反の宣言的判決を求めているが、協定の終了により訴訟の目的を失った。
1964. 7. 24 管轄権確認	一度訴訟を取り下げたとしても、同一内容で新たな提訴可能。1927年条約は、PCIJへの付託を規定しているが、この規定は現在も有効であり、ICJと読み替えることが可能。第35事件は選択条項に関するもので、裁判条項に基づく本件とは無関係。

番号	事　件　名	当　事　者	提　訴	判決命令種別
50	バルセロナ・トラクション電力会社[→41]	ベルギー　対　スペイン	1962. 6. 19 (新提訴)	第二段階 判決 1970 ICJ 3
51 52	北海大陸棚	西ドイツ　／　デンマーク 西ドイツ　／　オランダ	1967. 2. 20	(訴訟併合) 命令 1968 ICJ 9
				(本案) 判決 1969 ICJ 3
54	ICAO理事会の管轄権に関する上訴	インド　対　パキスタン	1971. 8. 30	(本案) 判決 1972 ICJ 46
55	漁業管轄権	イギリス　対　アイスランド	1972. 4. 14	仮保全措置指示要請 命令 1972 ICJ 12
				裁判管轄権 判決 1973 ICJ 3
				仮保全措置継続 命令 1973 ICJ 302
				本案 判決 1974 ICJ 3
56	漁業管轄権	西ドイツ　対　アイスランド	1972. 6. 5	仮保全措置指示要請 命令 1972 ICJ 30
				裁判管轄権 判決 1973 ICJ 49
				仮保全措置継続 命令 1973 ICJ 313
				本案 判決 1974 ICJ 175
58	核実験	オーストラリア　対　フランス	1973. 5. 9	仮保全措置指示要請 命令 1973 ICJ 99
				訴訟参加申請 命令 1973 ICJ 320
				(受理可能性) 判決 1974 ICJ 253
				訴訟参加申請 命令 1974 ICJ 530
59	核実験[→97]	ニュージーランド　対　フランス	1973. 5. 9	仮保全措置指示要請 命令 1973 ICJ 135
				訴訟参加申請 命令 1973 ICJ 324

判決命令日	要　　旨
1970. 2. 5 受理不可能	ベルギーは、カナダで設立された会社のベルギー人株主のために外交的保護権の行使を行うが、株主の権利が直接侵害された場合を除き、会社の解散、会社の訴訟能力欠如といった場合以外には外交的保護権の行使は不可能。
1968. 4. 26	1967年付託合意附属議定書によれば、デンマーク(第51事件)とオランダ(第52事件)は同一の訴訟利益を有し、特別選任裁判官の選任については一当事者として扱い、三国は訴訟の併合を求めることとされていた。二つの訴訟を併合する。
1969. 2. 20	大陸棚に対する沿岸国の権利は、単なる近接性ではなく、領土の自然の延長を基礎とする。大陸棚条約第6条2項の等距離原則は、留保に服するものであり、慣習法ではない。衡平原則にしたがって境界画定されるべきである。
1972. 8. 18 仮措置指示	ICAO理事会の決定に対するICJへの上訴に関し、インドが国際民間航空条約の運用停止を主張していても、同条約中の裁判条項を援用することは可能。条約の解釈適用に関し紛争が存在し、ICAO理事会は管轄権を有する。
1972. 8. 17	紛争を激化させる行為、本案判決を害する行為を行ってはならない。アイスランドは、12カイリを越える水域で行政的・司法的措置をとってはならない。イギリスの漁獲は年間17万トン以下であること。
1973. 2. 2 管轄権確認	アイスランド欠席のため、裁判所規程第53条に基づき職権により管轄権確認。1961年交換公文は、自由な交渉の結果締結されたもので、武力による威嚇は立証されなかった。事情変更原則も適用ない。交換公文により管轄権確認。
1973. 7. 12 仮措置継続	1972年8月17日の仮保全措置指示命令は、裁判所が終局判決を下すまで継続して効力を有するものとする。
1974. 7. 25	沿岸漁業に特に依存する被告は優先的漁業権を有する。被告の50カイリ漁業水域は、他国を一方的に排除する対抗力を有しない。イギリスは、歴史的漁業権を有する。漁業資源の衡平な利用のために交渉すべきである。
1972. 8. 17 仮措置指示	紛争を激化させる行為、本案判決を害する行為を行ってはならない。アイスランドは、12カイリを越える水域で行政的・司法的措置をとってはならない。西ドイツの漁獲は、年間11万9千トン以下であること。
1973. 2. 2 管轄権確認	アイスランド欠席のため、裁判所規程第53条に基づき職権により管轄権確認。1961年交換公文は、自由な交渉の結果締結されたもので、武力による威嚇は立証されなかった。事情変更原則も適用ない。交換公文により管轄権確認。
1973. 7. 12 仮措置継続	1972年8月17日の仮保全措置指示命令は、裁判所が終局判決を下すまで継続して効力を有するものとする。
1974. 7. 25	沿岸漁業に特に依存する被告は優先的漁業権を有する。被告の50カイリ漁業水域は、他国を一方的に排除する対抗力を有しない。西ドイツは、歴史的漁業権を有する。漁業資源の衡平な利用のために交渉すべきである。
1973. 6. 22 仮措置指示	紛争を激化させる行為、他方当事者の権利を害する行為を行ってはならない。特にフランスは、オーストラリア領域に放射能を降下させるような核実験を行ってはならない。
1973. 7. 12	1973年5月16日フィジーが裁判所規程第62条に基づき訴訟参加を申請。訴訟参加の前提として、裁判所が本案管轄権及び受理可能性を確認することが必要である。それまで、訴訟参加の許可について決定を延期する。
1974. 12. 20 受理不可能	フランスは、1975年以降、大気圏内核実験を中止する宣言を行った。一方的宣言により、国際義務の引き受けを行ったのである。信義誠実原則により義務の履行が要請される。そのため原告の請求目的は消滅した。
1974. 12. 20 参加却下	原告の請求目的消滅のため、フィジーの訴訟参加申請は意味がない。
1973. 6. 22 仮措置指示	紛争を激化させる行為、他方当事者の権利を害する行為を行ってはならない。特にフランスは、ニュージーランド領域に放射能を降下させるような核実験を行ってはならない。
1973. 7. 12	1973年5月16日フィジーが裁判所規程第62条に基づき訴訟参加を申請。訴訟参加の前提として、裁判所が本案管轄権及び受理可能性を確認することが必要である。それまで、訴訟参加の許可について決定を延期する。

番号	事　件　名	当　事　者	提　訴	判決命令種別
59	核実験[→97]	ニュージーランド　対　フランス	1973. 5. 9	(受理可能性) 判決 1974 ICJ 457 訴訟参加申請 命令 1974 ICJ 535
60	パキスタン人捕虜裁判	パキスタン　対　インド	1973. 5. 11	仮保全措置指示要請 命令 1973 ICJ 328 (訴訟打切) 命令 1973 ICJ 347
62	エーゲ海大陸棚	ギリシャ　対　トルコ	1976. 8. 10	仮保全措置指示要請 命令 1976 ICJ 3 裁判管轄権 判決 1978 ICJ 3
63	大陸棚[→71]	チュニジア　／　リビア	1978. 12. 1	訴訟参加申請 判決 1981 ICJ 3 (本案) 判決 1982 ICJ 18
64	テヘランにおけるアメリカ合衆国の外交領事職員	アメリカ合衆国　対　イラン	1979. 11. 29	仮保全措置指示要請 命令 1979 ICJ 7 (管轄権・本案) 判決 1980 ICJ 3 (訴訟打切) 命令 1981 ICJ 45
67	メイン湾海洋境界画定	カナダ　／　アメリカ合衆国	1981. 11. 25	小法廷構成 命令 1982 ICJ 3 鑑定人嘱託 命令[小法廷] 1984 ICJ 165 本案 判決[小法廷] 1984 ICJ 246
68	大陸棚	リビア　／　マルタ	1982. 7. 26	訴訟参加申請 判決 1984 ICJ 3 (本案) 判決 1985 ICJ 13
69	国境紛争	ブルキナファソ　／　マリ	1983. 10. 20	小法廷構成 命令 1985 ICJ 6

判決命令日	要　旨
1974. 12. 20 受理不可能	フランスは、1975年以降、大気圏内核実験を中止する宣言を行った。一方的宣言により、国際義務の引き受けを行ったのである。信義誠実原則により義務の履行が要請される。そのため原告の請求目的は消滅した。
1974. 12. 20 参加却下	原告の請求目的消滅のため、フィジーの訴訟参加申請は意味がない。
1973. 7. 13 仮措置却下	パキスタンが、請求に関わる交渉をインドと開始する旨通告し、さらに仮保全措置手続の延期を要請した。仮保全措置は緊急事項として取り扱われるが、このような状況下では、緊急性がないものと判断する。
1973. 12. 15	1973年8月28日、当事者間で和解が成立。パキスタンが訴訟の取り下げを裁判所に通告。インドも、取り下げに同意する旨を裁判所に通告したため、総件名簿より削除。
1976. 9. 11 仮措置却下	被告による天然資源探査は、天然資源に関する原告の情報入手権を害するとしても、賠償が可能であり、回復不可能な損害を発生させない。安保理が平和的解決を求める決議395(1976)を採択したため、仮保全措置は不要。
1978. 12. 19 管轄権否定	国際紛争平和的処理一般議定書には、原告が領土状態に関する留保を付しており、この留保は大陸棚に関する紛争に適用される。1975年両国首相によるコミュニケは、合意付託をめざすもので一方的付託を認めるものでない。
1981. 4. 14 参加却下	1981年1月30日マルタが裁判所規程第62条に基づき訴訟参加を申請。マルタは、リビアとチュニジアに対抗する形で参加要請を行っているが、この裁判によって影響を受ける法的利害関係を有するものと認められない。
1982. 2. 24	自然の延長は、隣接国間の境界画定には必ずしも適切に機能しない。衡平原則は、結果における衡平を求めるもので、国際法の一部である。関連事情として、両国が事実上認めた線を評価。さらに半分効果も適用。
1979. 12. 15 仮措置指示	被告欠席にもかかわらず仮保全措置の指示は可能。被告は、大使館・領事館の不可侵及び人質の解放を保証し、並びに外交・領事職員に対する特権免除を付与すること、両国は紛争を激化させる行動をとらないことを命令。
1980. 5. 24	安保理に係属していても裁判所は審理可能。管轄権確認。被告は防止義務違反だけでなく、大使館占拠という私人の行為を容認するという国家の行為を通して、外交・領事関係に関する国際法違反の責任を負う。
1981. 5. 12	当事者間で和解が成立し、原告が取り下げを申請。ただし、原告は、被告が和解を無視し人質解放を行わない場合における再提訴の権利を留保した。しかし裁判所は通常の取り下げのみ認容可能であることを通告し、原告了承。訴訟打ち切り。
1982. 1. 20	当事者間の付託合意にしたがった要請に基づき、5人の裁判官から成る小法廷をつくることを決定し、当事者が選出した者を裁判官として宣言する。その内の1人の裁判官は、カナダが特別選任裁判官を任命した後、交代する。
1984. 3. 30	両当事者は、付託合意に基づき、連名の書簡により、イギリス海軍退役軍人を鑑定人として嘱託することを小法廷に要請。海洋境界の線引きに関する専門的な事項について援助を与えるよう、要請通り嘱託する。
1984. 10. 12	大陸棚とEEZとの境界を画定する単一の線引きを求められているので、両者を衡平に分割する線が必要。地理的基準に照らして幾何学的方法が採用される。一本の直線での分割は不可能で、区域を分けて線引き。
1984. 3. 21 参加却下	1983年10月24日イタリアが裁判所規程第62条に基づき訴訟参加を申請。イタリアの申請を認めると、イタリアの大陸棚に対する権利の確認を行わねばならず、新たな紛争を導入することになる。イタリアは法的利害関係を有さない。
1985. 6. 3	イタリアの権利が影響を受けない区域のみ検討。EEZは慣習国際法であり大陸棚にも距離基準を適用。ただし中間線は義務的でない。衡平な結果を求める衡平原則の適用の際、関連事情として海岸線の長さを考慮。
1985. 4. 3	当事者間の付託合意にしたがった要請に基づき、5人の裁判官から成る小法廷をつくることを決定する。その内の2人の裁判官は、両国の特別選任裁判官とし、選出した裁判官を宣言する。

番号	事件名	当事者	提訴	判決命令種別
69	国境紛争	ブルキナファソ　／　マリ	1983. 10. 20	仮保全措置指示要請 命令[小法廷] 1986 ICJ 3
				(本案) 判決[小法廷] 1986 ICJ 554
				鑑定人嘱託 命令[小法廷] 1987 ICJ 7
70	ニカラグアに対する軍事活動及び準軍事活動	ニカラグア　対　アメリカ合衆国	1984. 4. 9	仮保全措置指示要請 命令 1984 ICJ 169
				訴訟参加宣言 命令 1984 ICJ 215
				管轄権・受理可能性 判決 1984 ICJ 392
				本案 判決 1986 ICJ 14
				(訴訟打切) 命令 1991 ICJ 47
71	大陸棚事件における1982年2月24日判決の再審及び解釈の請求[→63]	チュニジア　対　リビア	1984. 7. 27	(再審・解釈) 判決 1985 ICJ 192
73	国境及び越境武力行動	ニカラグア　対　コスタリカ	1986. 7. 28	(訴訟打切) 命令 1987 ICJ 182
74	国境及び越境武力行動	ニカラグア　対　ホンジュラス	1986. 7. 28	仮保全措置指示要請 命令 1988 ICJ 9
				管轄権・受理可能性 判決 1988 ICJ 69
				(訴訟打切) 命令 1992 ICJ 222
75	陸・島及び海洋境界紛争[→127]	エルサルバドル　／　ホンジュラス (ニカラグア参加)	1986. 12. 11	小法廷構成 命令 1987 ICJ 10
				小法廷構成 命令 1989 ICJ 162
				訴訟参加申請 命令 1990 ICJ 3
				訴訟参加 判決[小法廷] 1990 ICJ 92
				(本案) 判決[小法廷] 1992 ICJ 351

判決命令日	要　　　　　　　　旨
1986. 1. 10 仮措置指示	当事者双方が仮保全措置指示を要請。1985年の停戦について合意した際、撤退問題は首脳会議まで延期することに決定したが、紛争の激化防止のため軍隊の撤退は必要。紛争の激化防止を唯一の目的として仮保全措置を指示。
1986. 12. 22	ウティ・ポシデティスは独立達成時の境界線を尊重するという規則であり、アフリカでも適用可能な一般的適用のある規則である。権原と実効性が不一致の場合は権原が優先。権原が不明確な場合に実効性が機能。
1987. 4. 9	付託合意にしたがい裁判所判決を1年以内に実施するため、国境線の具体的線引き作業を補佐する3人の鑑定人を嘱託するよう当事者が要請。要請に応じ、鑑定人を嘱託。
1984. 5. 10 仮措置指示	アメリカ合衆国は、ニカラグアの港湾における機雷敷設を中止すること、ニカラグアの主権を侵害しないこと、両国は、紛争を激化する行動、相手方の権利を侵害するおそれのある行動をとらないことを命令。
1984. 10. 4 参加却下	1984年8月15日エルサルバドルが裁判所規程第63条に基づき訴訟参加を申請。申請書は本案に関する問題もふれているが、訴訟の現段階は管轄権・受理可能性に関するものであるため、申請に関する口頭弁論を行うことなく、却下する。
1984. 11. 26 管轄権確認	原告はPCIJ規程署名議定書の批准書を寄託していないが、選択条項受諾宣言は有効。被告の1984年受諾宣言修正通告は、宣言の半年前予告条項を無視するもの。安保理に係属中でも審理可能。現在進行中の武力紛争であっても第64事件の先例に従い裁判可能。
1986. 6. 27	被告の多数国間紛争留保が作用。慣習法等は適用可能。集団的自衛権の行使には被害国の要請が必要。原告によるエルサルバドル反政府軍への武器供与があっても集団的自衛権を正当化する武力攻撃に該当しない。被告による機雷敷設等は国際法違反。
1991. 9. 26	1986年判決において、被告が機雷敷設等に関し武力行使禁止義務・主権尊重義務に違反し、損害賠償義務を負うことを判示したが、損害賠償額の決定については係属中であった。原告が取り下げを申請し、被告了承。総件名簿より削除。
1985. 12. 10	原告はリビア閣僚評議会決議という新事実を提出し、第63事件の再審を求めたが、その事実を知らなかったのは原告の過失。解釈に関する管轄権は裁判所規程第60条から直接由来。しかし1982年判決に追加すべきものはない。請求棄却。
1987. 8. 19	1987年8月7日中米5カ国大統領によりエスキプラスII協定が締結され、ニカラグアは訴訟取り下げを申請。コスタリカは訴訟取り下げに異議を申し立てない旨通告。総件名簿より削除。
1988. 3. 31	1988年3月21日ニカラグアが仮保全措置指示を要請したが、要請の取り下げを申請。取り下げを記録する。
1988. 12. 20 管轄権確認	ボゴタ規約第31条は、裁判所規程第36条2項にしたがってICJへの紛争付託を規定しているが、被告の選択条項受諾宣言に付された留保は、ボゴタ規約第31条の裁判付託義務に適用されない。規約第31条は独自に管轄権を設定しているものであるから。
1992. 5. 27	両国が善隣関係を強化する協定を裁判外で締結したため、原告は訴訟の取り下げを申請。被告は、訴訟取り下げに異議を申し立てない旨通告。総件名簿より削除。
1987. 5. 8	当事者間の付託合意にしたがった要請に基づき、3人のICJ判事から成る小法廷をつくることを決定する。さらに両国の選任する特別選任裁判官が2人加わる。選出した裁判官を宣言する。
1989. 12. 13	ホンジュラス選任の特別選任裁判官の死去にともない、新たな裁判官を選任。エルサルバドルが異議を申し立てなかったため、選任を承認。
1990. 2. 28	1989年11月17日ニカラグアが裁判所規程第62条に基づき訴訟参加を申請。訴訟参加手続は、申請国の法的利害関係の有無を検討するもので、本案を審理する機関が決定すべき付随手続。したがって小法廷が可否を決定する。
1990. 9. 13 参加許可	申請国と当事者との間の管轄権の結びつきは訴訟参加の要件ではない。参加国は、訴訟当事者となるのではない。したがって、訴訟上限定的な権利をもつのみ。フォンセカ湾の法制度についてのみ参加を許可する。
1992. 9. 11	付託合意に基づきウティ・ポシデティス原則を適用。独立以前の証拠が不明瞭な場合は、独立後の実効性に関する証拠も検討。フォンセカ湾は複数国家の歴史的湾であり、水域は共同所有。参加国に対し判決は拘束力を有さない。

番号	事　件　名	当　事　者	提　訴	判決命令種別
76	シシリー電気会社 (ELSI)	アメリカ合衆国　対 イタリア	1987. 2. 6	小法廷構成 命令 1987 ICJ 3 小法廷構成 命令 1988 ICJ 158 (本案) 判決[小法廷] 1989 ICJ 15
78	グリーンランドとヤンマイエンとにはさまれた海域の海洋境界画定	デンマーク　対　ノルウェー	1988. 8. 16	(本案) 判決 1993 ICJ 38
79	1988年7月3日の航空機事件	イラン　対　アメリカ合衆国	1989. 5. 17	(訴訟打切) 命令 1996 ICJ 9
80	ナウル・リン鉱山	ナウル　対　オーストラリア	1989. 5. 19	先決的抗弁 判決 1992 ICJ 240 (訴訟打切) 命令 1993 ICJ 322
82	1989年7月31日の仲裁裁判判決[→85]	ギニアビサオ　対　セネガル	1989. 8. 23	仮保全措置指示要請 命令 1990 ICJ 64 (本案) 判決 1991 ICJ 53
83	領土紛争	リビア　／　チャド	1990. 8. 31 9. 1	(付託合意認定) 命令 1990 ICJ 149 (本案) 判決 1994 ICJ 6
84	東ティモール	ポルトガル　対 オーストラリア	1991. 2. 22	(受理可能性) 判決 1995 ICJ 90
85	ギニアビサオとセネガルの海洋境界画定[→82]	ギニアビサオ　対　セネガル	1991. 3. 12	(訴訟打切) 命令 1995 ICJ 423
86	大ベルト海峡通航権	フィンランド　対 デンマーク	1991. 5. 17	仮保全措置指示要請 命令 1991 ICJ 12 (訴訟打切) 命令 1992 ICJ 348
87	カタールとバーレーンの海洋境界画定及び領土問題	カタール　対　バーレーン	1991. 7. 8	管轄権・受理可能性 判決 1994 ICJ 112 管轄権・受理可能性 判決 1995 ICJ 6 (暫定報告書提出) 命令 1998 ICJ 243

判決命令日	要旨
1987. 3. 2	アメリカ合衆国が小法廷による審理を要請。イタリアも同意する旨通告。5人のICJ判事から成る小法廷をつくることを決定する。選出した裁判官を宣言する。
1988. 12. 20	小法廷担当裁判官であるICJ判事の死去にともない、新たな裁判官で空席の補充を行うことを決定する。新たな裁判官を選任し、宣言する。
1989. 7. 20	国内救済が完了していないことを主張する側が証明責任を負う。原告はELSI社(アメリカ合衆国企業が株主)の経営悪化がパレルモ市長による徴用にあることを根拠に損害賠償を求めたが、徴用時点で倒産状態にあったため請求棄却。
1993. 6. 14	デンマークはグリーンランドから200カイリ線、ノルウェーは中間線を主張するが、いずれも衡平な結果を導かない。海岸線の長さの不均衡、漁業資源の衡平な利用可能性等を考え、中間線を東へ移動させ、境界画定。
1996. 2. 22	両当事者が協定を締結し紛争の完全かつ最終的な解決に到達したため、共同で訴訟の取り下げを申請。訴訟打ち切り。総件名簿より削除。
1992. 6. 26 管轄権確認	ナウルの信託統治終了により紛争が消滅したわけでない。信託統治終了時、当事者間で紛争が存在していたことは周知の事実のため。信託統治共同施政国であるイギリス、ニュージーランドが当事者でなくても、審理可能。
1993. 9. 13	両当事者が紛争解決に至ったため、訴訟の取り下げに合意した旨を共同で通告してきた。取り下げの申請に基づき、訴訟打ち切り。総件名簿より削除。
1990. 3. 2 仮措置却下	仮保全措置の目的は紛争の主題となっている権利を保全することである。原告が仮保全措置により保全を求めている権利は、海洋の開発に関わる権利であるが、本件の主題は仲裁裁判判決の効力に関わるもので、本案と無関係。
1991. 12. 12	2対1により決定された仲裁裁判判決には裁判長(多数派)の宣言が付されており、それが実質上反対意見であるため判決は無効であると原告は主張するが、判決と宣言の内容に矛盾があるとしても評決が優先し判決は有効。
1990. 10. 26	8月31日リビアがチャドを相手取り一方的提訴。9月1日チャドがリビアを相手取り一方的提訴。両当事者とも、1989年領域紛争解決枠組み協定を根拠にしており、同一の合意付託に基づく同一の紛争であると認定。
1994. 2. 3	国境線は合意により創設される。1955年のリビア・フランス(チャドの旧宗主国)友好善隣条約第3条及び附属書Iは、国境に関する条約を列挙する方法で国境線を示しており、これによって境界を決定する。
1995. 6. 30	旧ポルトガル領東チモールは、インドネシアが武力編入。1989年被告がインドネシアとチモール沖大陸棚開発協定を締結したことは自決権侵害であると原告は主張。しかし東チモールの帰属が前提問題であり、インドネシアの参加なしに決定できない。
1995. 11. 8	第82事件の本案判決後、1993年10月14日に協定を締結。両当事者が国際開発機構を設立し、共同開発を行うことで合意。1995年6月2日には国際開発機構に関する議定書締結。原告が取り下げを申請し、被告も同意。訴訟打ち切り。総件名簿より削除。
1991. 7. 29 仮措置却下	被告の大ベルト海峡架橋計画により喫水の高い船舶が通航できなくなることから、原告は建設の停止を求めた。被告は1994年末までは通行の妨害になるものではない旨保証を与えており、緊急性がない。
1992. 9. 10	原告は、両当事者間で紛争解決に至ったことを通告し、かつ訴訟の取り下げを裁判所に申請した。被告が、異議を申し立てない旨通告してきたため、取り下げを認める。総件名簿より削除。
1994. 7. 1	1987年交換書簡並びに1990年両国外相及びサウジアラビア外相により作成された議事録は、ICJへの紛争付託を認める国際的な合意文書である。原告により紛争の一部しか提出されておらず、紛争全体を提出する機会を両当事者に与える。
1995. 2. 15 管轄権確認	1987年交換書簡やドーハ議事録により、当事者は紛争全体を一方的に付託することに合意していた。94年判決以降、紛争の再提出について合意できなかったが、原告の一方的再提出により、紛争全体が付託された。
1998. 3. 30	申述書付属書類として原告が提出した81の書面の信憑性に関し、被告が疑義を申し立てた。原告は本案で争われるべき問題であると主張した。代理人との協議の結果、原告がこの問題について暫定報告書を提出することになり、その提出期日を命令。

番号	事件名	当事者	提訴	判決命令種別
87	カタールとバーレーンの海洋境界画定及び領土問題	カタール　対　バーレーン	1991. 7. 8	(書面放棄確認) 命令 1999 ICJ 3
				本案 判決 2001 ICJ 40
88	ロッカビー航空機事件をめぐる1971年モントリオール条約の解釈適用	リビア　対　イギリス	1992. 3. 3	仮保全措置指示要請 命令 1992 ICJ 3
				先決的抗弁 判決 1998 ICJ 9
				(訴訟打切) 命令 2003 ICJ 149
89	ロッカビー航空機事件をめぐる1971年モントリオール条約の解釈適用	リビア　対　アメリカ合衆国	1992. 3. 3	仮保全措置指示要請 命令 1992 ICJ 114
				先決的抗弁 判決 1998 ICJ 115
				(訴訟打切) 命令 2003 ICJ 152
90	オイル・プラットフォーム	イラン　対　アメリカ合衆国	1992. 11. 2	先決的抗弁 判決 1996 ICJ 803
				反訴 命令 1998 ICJ 190
				(書面手続) 命令 2001 ICJ 568
				(本案) 判決 2003 ICJ 161
91	ジェノサイド条約の適用 [→122]	ボスニア・ヘルツェゴビナ 対 ユーゴスラビア (2003年国名変更のため) ボスニア・ヘルツェゴビナ 対 セルビア・モンテネグロ	1993. 3. 20	仮保全措置指示要請 命令 1993 ICJ 3
				第二次仮措置要請 命令 1993 ICJ 325
				先決的抗弁 判決 1996 ICJ 595
				反訴 命令 1997 ICJ 243
				(反訴撤回確認) 命令 2001 ICJ 572
				(本案) 判決 2007 ICJ 43

判決命令日	要　　旨
1999. 2. 17	被告により信憑性が疑われている82の書面を原告は放棄することに決定したと、暫定報告書の中で述べた。裁判所は、この原告の決定を記録にとどめ、抗弁書ではこの書面に依拠しないように決定する。原告の要請に基づき抗弁書提出期日を2カ月延長。
2001. 3. 16	1939年英国決定は仲裁判決ではないが、拘束力は合意済み。海洋法条約の多くの規定は慣習法。領海画定は中間線原則適用。両国から12カイリ内の低潮高地は、画定の際無視。大陸棚・EEZの衡平な画定には、とりあえず中間線を適用し、事情を考慮し修正。
1992. 4. 14 仮措置却下	安保理は決議731(1992)で、航空機爆破犯人のイギリスへの引き渡し請求に応じるようリビアに要求し、口頭弁論の3日後、決議748(1992)において憲章第7章措置の発動を決定した。憲章第25条及び第103条にしたがい条約よりも決議が優先する。
1998. 2. 27 管轄権確認	本件適用法規、特にモントリオール条約第7条及び第11条に関し法的紛争が存在。安保理決議748及び決議883は提訴後の決議であり、管轄権及び受理可能性に影響なし。訴訟目的消滅の問題は本案と密接に関連しており、完全に先決的であるとは言えない。
2003. 9. 10	訴訟を取り下げる旨の合意が当事者間でなされ、最終的確定的な効果を持つものであると、2003年9月9日付け書簡にて、当事者双方の代理人が共同で裁判所に通告した。そのため、訴訟打ち切り。総件名簿より削除。
1992. 4. 14 仮措置却下	安保理は決議731(1992)で、アメリカ合衆国の航空機爆破犯人引き渡し請求に応じるようリビアに要求し、口頭弁論の3日後、決議748(1992)において憲章第7章措置の発動を決定した。憲章第25条及び第103条にしたがい条約よりも決議が優先する。
1998. 2. 27 管轄権確認	本件適用法規、特にモントリオール条約第7条及び第11条に関し法的紛争が存在。安保理決議748及び決議883は提訴後の決議であり、管轄権及び受理可能性に影響なし。訴訟目的消滅の問題は本案と密接に関連しており、完全に先決的であるとは言えない。
2003. 9. 10	訴訟を取り下げる旨の合意が当事者間でなされ、最終的確定的な効果を持つものであると、2003年9月9日付け書簡にて、当事者双方の代理人が共同で裁判所に通告した。そのため、訴訟打ち切り。総件名簿より削除。
1996. 12. 12 管轄権確認	油田施設破壊のような武力行使問題が、管轄権の基礎である友好条約の対象外であると言い切ることはできない。第10条1項の通商の自由は、通商に密接に付随する一切の活動を含む。石油製造も通商の一部であり、施設破壊に関し管轄権が存在する。
1998. 3. 10 反訴受理	米国船舶に対する原告による7件の攻撃に関し被告が反訴を提出。この軍事活動は、海商に危害を与えたと主張されており、友好条約第10条1項に基づく管轄権に入る。本訴も反訴も同種の事実に基づき、同じ条約違反を主張しており、両者は直接関係。
2001. 8. 28	原告が、被告の反訴に対し書面による意見申立てを希望。被告は反対せず、反論の機会の確保を求めた。裁判所は、反訴命令において、当事者平等の確保のため、原告の意見表明を認めており、反訴に限定して意見表明を許可。
2003. 11. 6	油田施設破壊は自衛権で正当化できない。一方、87年10月19日の破壊対象は操業中止中の施設。88年4月18日の破壊は、被告による禁輸措置以降のことで通商に影響なし。原告の請求棄却。被告の反訴は、締約国領域間の通商に影響なく、棄却。
1993. 4. 8 仮措置指示	被告の国連加盟国たる地位の承継に関し争いがあるが、ジェノサイド条約の当事国とみなしうる限り人的管轄権がある。本案に関わるジェノサイド条約上の権利のみ保全する必要があり、ジェノサイド防止を命令。
1993. 9. 13 仮措置指示	原告が再度仮保全措置指示を要請。新たに被告も仮保全措置指示を要請。裁判所規則第75条2項にしたがい、全体的もしくは部分的に異なる措置を指示することができるが、その必要はない。第一次仮保全措置指示命令を確認すればよい。
1996. 7. 11 管轄権確認	ジェノサイド条約加入以前に原告が行った提訴は尚早であっても、加入により治癒した。同条約は対世的義務を規定しており、時間的な限定も、地域的な限定もなく、平時であれ武力紛争時であれ、国内紛争であれ適用可能。
1997. 12. 17 反訴受理	被告が原告のジェノサイド条約違反の確認、損害賠償等を求める反訴を提出。反訴は本訴に付随するものであるが、別の訴えである点で本訴と独立しており、単に本案に関する防御ではない。ジェノサイド条約違反の確認という点で本訴と直接関係。
2001. 9. 10	被告が、反訴を撤回したい旨通告。原告は反対しなかった。反訴の撤回を記録にとどめる。
2007. 2. 26	セルビアが唯一被告の地位。管轄権確認判決には既判力あり。ジェノサイド条約第1条は、ジェノサイド行為の禁止義務を国家に課す。スレブレニツァでのジェノサイド禁止義務違反は被告に帰属しない。ICTYへの協力義務違反。仮保全措置命令違反。

番号	事件名	当事者	提訴	判決命令種別
92	ガブチコボ・ナジマロシュ計画	ハンガリー ／ スロバキア	1992. 10. 23 ハンガリーが管轄権基礎なく一方的付託 1993. 7. 2 付託合意提出	(現地視察) 命令 1997 ICJ 3
				(本案) 判決 1997 ICJ 7
				(追加的判決についての訴訟打切) 係属中
94	カメルーンとナイジェリアの領土及び海洋境界 [→101]	カメルーン 対 ナイジェリア (赤道ギニア参加)	1994. 3. 29	(書面手続) 命令 1994 ICJ 105
				仮保全措置指示要請 命令 1996 ICJ 13
				先決的抗弁 判決 1998 ICJ 275
				(反訴) 命令 1999 ICJ 983
				訴訟参加申請 命令 1999 ICJ 1029
				(書面手続) 命令 2001 ICJ 9
				(本案) 判決 2002 ICJ 303
96	漁業管轄権	スペイン 対 カナダ	1995. 3. 28	(書面手続) 命令 1996 ICJ 58
				裁判管轄権 判決 1998 ICJ 432
97	核実験事件1974年12月20日判決第63項にしたがった事情の再検討要請[→59]	ニュージーランド 対 フランス	1995. 8. 21	(再検討要請) 命令 1995 ICJ 288
98	カシキリ／セドゥドゥ島	ボツワナ ／ ナミビア	1996. 5. 17	(本案) 判決 1999 ICJ 1045
99	ウィーン領事関係条約	パラグアイ 対 アメリカ合衆国	1998. 4. 3	仮保全措置指示要請 命令 1998 ICJ 248
				(訴訟打切) 命令 1998 ICJ 426
101	領土及び海洋境界事件における1998年6月11日管轄権判決の解釈要請[→94]	ナイジェリア 対 カメルーン	1998. 10. 28	先決的抗弁 判決 1999 ICJ 31

判決命令日	要　旨
1997. 2. 5	スロバキアより現地視察の招請。ハンガリー快諾。1995年11月14日、両国が裁判所による視察に関し合意議定書締結。1997年2月3日、実施方法に関する合意録を提出。現地にて証拠収集を行う目的で、現地視察を行うことについて、裁判所受諾。
1997. 9. 25	発電・灌漑用ダムを造る計画が合意されたが、ハンガリーが環境破壊の緊急性を理由に工事中止。環境破壊は予測可能で他の手段が可能。一方的条約終了は理由なし。スロバキアの転流工事は均衡性を欠き対抗措置として不可。共同運用制度を作るべき。
2017. 7. 21	1998年9月3日、スロバキアが追加的判決を要請。両当事国は交渉を再開し定期的に進捗状況を裁判所へ報告していたが、2017年6月30日にスロバキアが訴訟の打ち切りを要請。ハンガリーに異議がないことを確認した後、訴訟打ち切りを記録にとどめる。
1994. 6. 16	1994年6月6日、原告が追加的請求を提出。これを請求の変更として取り扱う。その上で原告の申述書及び被告の答弁書の提出期日を定める。
1996. 3. 15 仮措置指示	両当事者間で武力紛争が発生していることから、紛争を激化させないことが紛争解決に必要である。紛争を激化しないこと、及び1996年2月17日の武力紛争停止に関する協定を遵守することを命令。
1998. 6. 11 管轄権確認	原告は3月3日受諾宣言。3月29日提訴。被告が受諾を知らなくても宣言は寄託により有効。提訴の事前通知なくても信義則違反なし。被告からの提訴は事実上不可能としても相互主義適用なし。交渉は訴の前提でない。第三国への影響は先決的でない。
1999. 6. 30 反訴受理	被告が原告による国境付近での国境侵犯行為に関する国家責任を求める反訴を提出。反訴は本訴と同種の国境上で生じた事実に関するもので、いずれも同種の国家責任及び賠償を求めている点で同一の法目的を追求しており、両者は直接関係している。
1999. 10. 21 参加許可	本件海洋画定は第三国の権利にふれる可能性があると、管轄権判決で確認済み。そこで赤道ギニアが海洋画定に関してのみ参加申請。ただし管轄権の連関がなく、規程第62条に基づく、非当事者としての参加を申請。原告や被告から異議がなく参加許可。
2001. 2. 20	原告が、被告の反訴に含まれた誤謬を訂正するための意見申立てを希望。被告は反対しなかった。裁判所は、反訴命令において、当事者平等の確保のため、原告の意見表明を認めており、反訴に限定して書面提出を許可。
2002. 10. 10	チャド湖地域の1931年国境線東側は従来通り原告領。バカシ半島は1913年英独協定により原告領。マロウア宣言は国内法にかかわらず元首署名即発効。海洋は等距離線を修正する事情なし。海底油井も影響なし。両国とも国境線より速やかに撤兵する義務。
1996. 5. 8	原告が抗弁書の提出許可を求めたが、被告が反対。管轄権に関し当事者が依拠する事実及び法について、裁判所は充分承知しており、さらに書面の提出を必要とは考えない。
1998. 12. 4 抗弁認容	被告が国内法に基づき公海上の北西大西洋漁業機構規制区域にて原告漁船を拿捕。原告受諾宣言には同規制区域に関わる紛争を除外する留保。留保を解釈する際には留保の文言及び留保国の意図が重要。被告の行為は留保の適用対象に入る。
1995. 9. 22	第59事件1974年判決第63項において、判決の基礎に影響を与えるような事情が存在すれば原告はその再検討を要請できることとなっていた。しかし、原告が問題にしているのは地下核実験であって、大気圏内核実験に関する1974年判決とは別問題。
1999. 12. 13	島が川を二分。1890年条約上、境界は主流の中心(タールベーク)。深さ・幅・水量・航行可能性から主流は北流。地図は南流を境界とするが当事国の意思に反する。タールベークは最深部。国境は北流最深部。時効適用なし。島周辺で両国民は内国民待遇。
1998. 4. 9 仮措置指示	パラグアイ国民がバージニア州にて逮捕勾留されたがパラグアイ領事に対して通報がなされず、領事の援助を受けることができず、死刑判決を受けた。4月14日執行されれば回復不可能な損害が発生する可能性がある。死刑執行停止措置をとるよう命令。
1998. 11. 10	1998年11月2日付け書簡にて、原告が最終的確定的な効果を持つものとして取り下げを行いたい旨裁判所に申請。被告も取り下げに同意したため、訴訟打ち切り。総件名簿より削除
1999. 3. 25 抗弁認容	原告は提訴後に生じた事実につき第94事件の主題でないとの確認を要請。解釈要請は管轄権判決についても可能。解釈は主文と、主文に不可分の理由に及ぶ。事実及び法的主張の追加は紛争を変質しない限り可能である旨管轄権判決で判示済。受理不可能。

番号	事　件　名	当　事　者	提　訴	判決命令種別
102	リギタン島及びシパダン島に対する主権	インドネシア　／　マレーシア	1998. 11. 2	訴訟参加申請 判決 2001 ICJ 575
				(本案) 判決 2002 ICJ 625
103	アーマドゥ･サディオ･ディアロ	ギニア　対　コンゴ民主共和国	1998. 12. 30	先決的抗弁 判決 2007 ICJ 582
				(本案) 判決 2010 ICJ 639
				賠償 判決 2012 ICJ 324
104	ラグラン	ドイツ　対　アメリカ合衆国	1999. 3. 2	仮保全措置指示要請 命令 1999 ICJ 9
				(本案) 判決 2001 ICJ 466
105	武力行使の合法性	ユーゴスラビア　対　ベルギー (2003年国名変更のため) セルビア・モンテネグロ　対　ベルギー	1999. 4. 29	仮保全措置指示要請 命令 1999 ICJ 124
				先決的抗弁 判決 2004 ICJ 279
106	武力行使の合法性	ユーゴスラビア　対　カナダ (2003年国名変更のため) セルビア・モンテネグロ　対　カナダ	1999. 4. 29	仮保全措置指示要請 命令 1999 ICJ 259
				先決的抗弁 判決 2004 ICJ 429
107	武力行使の合法性	ユーゴスラビア　対　フランス (2003年国名変更のため) セルビア・モンテネグロ　対　フランス	1999. 4. 29	仮保全措置指示要請 命令 1999 ICJ 363
				先決的抗弁 判決 2004 ICJ 575
108	武力行使の合法性	ユーゴスラビア　対　ドイツ (2003年国名変更のため) セルビア・モンテネグロ　対　ドイツ	1999. 4. 29	仮保全措置指示要請 命令 1999 ICJ 422
				先決的抗弁 判決 2004 ICJ 720
109	武力行使の合法性	ユーゴスラビア　対　イタリア (2003年国名変更のため) セルビア・モンテネグロ　対　イタリア	1999. 4. 29	仮保全措置指示要請 命令 1999 ICJ 481
				先決的抗弁 判決 2004 ICJ 865

判決命令日	要　　　　　　　　旨
2001. 10. 23 参加却下	フィリピンが第62条参加を申請。添付資料がない書面手続終了後の申請も、規則第81条違反でない。当事者参加を望まない以上、管轄権の結びつきは不要。規程第62条の「裁判」は、理由付け含む。しかし、具体的にいかなる利害が影響されるか立証なし。
2002. 12. 17	インドネシア援用の英蘭条約は島の帰属に関し沈黙。マレーシア主張の承継による権原連鎖は立証無し。両者とも条約上の権原無し。実効性に関し、両島への適用を明示する立法・行政行為のみ検討。インドネシアは立法・行政行為無し。マレーシア領。
2007.　5. 24 管轄権確認	ディアロ(コンゴで貿易会社を経営)が国外退去処分により損失。外交的保護の事項的範囲は人権に拡大。行政的救済も恩赦でなければ国内救済の対象。有限会社の代位請求不可。ディアロ個人の権利及び有限会社社員としての直接の権利に関し受理可能。
2010. 11. 30	1988-89年拘留に関する申立ては新訴であり不受理。ディアロの国外追放・逮捕抑留は法律に基づいたものでなく自由権規約等違反。有限会社の単独社員となっても会社は別人格。会社に対する支配は国外でも可能。配当など直接の権利に対する損害なし。
2012. 6. 19	ディアロが被った非物質的損害として85,000米ドル、物質的損害として10,000米ドルを賠償額として認定。逸失利益(違法な逮捕拘留・国外追放による収入および収入機会の喪失)に関する賠償請求は棄却。
1999.　3.　3 仮措置指示	ドイツ国民ラグランがアリゾナ州で逮捕・勾留されたが領事への通報がなく援助を受けることができなかった。本日死刑執行予定であり、口頭弁論なしに仮保全措置指示を原告要請。超緊急性を有するものとして、職権にて、死刑執行停止措置を命令。
2001.　6. 27	領事条約選択議定書により管轄権確認。領事条約第36条1項は個人の権利を創設。被告は同条違反。下級審で領事条約違反を主張しなかったことを根拠とするアメリカ合衆国の手続懈怠原則は援用不可。仮保全措置は拘束力を有す。被告の違反及び再発防止義務認定。
1999.　6.　2 仮措置却下	原告の1999年4月26日付受諾宣言は、4月25日以降の紛争のみ管轄権を認めるが、コソボ空爆に関する紛争は4月24日以前に発生。空爆自体はジェノサイドにあたらず、ジェノサイド条約は管轄権を付与しない。1930年条約の提起は遅すぎた。管轄権なし。
2004. 12. 15 抗弁認容	2000年原告国連加盟以前はICJ規程当事国でない。非加盟国も規程第35条2項により現行条約を根拠に裁判所利用可。但し「現行」はICJ規程発効時。ジェノサイド条約は管轄権基礎でない。PCIJ付託条項がICJ付託の根拠となるのは規程当事国間のみ。
1999.　6.　2 仮措置却下	原告の1999年4月26日付選択条項受諾宣言は、4月25日以降の紛争のみ管轄権を認めるが、コソボ空爆は3月24日に開始し、本件紛争は4月24日以前に発生。空爆自体はジェノサイドにあたらず、ジェノサイド条約は管轄権の基礎とならない。管轄権なし。
2004. 12. 15 抗弁認容	2000年原告が国連加盟。それ以前は特殊な地位をもつが、ICJ規程当事国でない。非加盟国も規程第35条2項により現行条約を根拠に裁判所を利用できるが、「現行」はICJ規程発効時を意味し、ジェノサイド条約は管轄権の基礎とならない。
1999.　6.　2 仮措置却下	空爆はユーゴスラビア国民の集団殺害を意図したものであると原告は主張するが、武力による威嚇及び武力行使自体がジェノサイドにあたるとはいえない。ジェノサイド条約に基づく管轄権なし。応訴による管轄受諾を勧誘したが被告拒否。管轄権なし。
2004. 12. 15 抗弁認容	2000年原告が国連加盟。それ以前は特殊な地位をもつが、ICJ規程当事国でない。非加盟国も規程第35条2項により現行条約を根拠に裁判所を利用できるが、「現行」はICJ規程発効時を意味し、ジェノサイド条約は管轄権の基礎とならない。
1999.　6.　2 仮措置却下	空爆はユーゴスラビア国民の集団殺害を意図したものであると原告は主張するが、武力による威嚇及び武力行使自体がジェノサイドにあたるとはいえない。ジェノサイド条約に基づく管轄権なし。応訴による管轄受諾を勧誘したが被告拒否。管轄権なし。
2004. 12. 15 抗弁認容	2000年原告が国連加盟。それ以前は特殊な地位をもつが、ICJ規程当事国でない。非加盟国も規程第35条2項により現行条約を根拠に裁判所を利用できるが、「現行」はICJ規程発効時を意味し、ジェノサイド条約は管轄権の基礎とならない。
1999.　6.　2 仮措置却下	空爆はユーゴスラビア国民の集団殺害を意図したものであると原告は主張するが、武力による威嚇及び武力行使自体がジェノサイドにあたるとはいえない。ジェノサイド条約に基づく管轄権なし。応訴による管轄受諾を勧誘したが被告拒否。管轄権なし。
2004. 12. 15 抗弁認容	2000年原告が国連加盟。それ以前は特殊な地位をもつが、ICJ規程当事国でない。非加盟国も規程第35条2項により現行条約を根拠に裁判所を利用できるが、「現行」はICJ規程発効時を意味し、ジェノサイド条約は管轄権の基礎とならない。

番号	事　件　名	当　事　者	提　訴	判決命令種別
110	武力行使の合法性	ユーゴスラビア　対 オランダ (2003年国名変更のため) セルビア・モンテネグロ 対　オランダ	1999. 4. 29	仮保全措置指示要請 命令 1999 ICJ 542 先決的抗弁 判決 2004 ICJ 1011
111	武力行使の合法性	ユーゴスラビア　対 ポルトガル (2003年国名変更のため) セルビア・モンテネグロ 対　ポルトガル	1999. 4. 29	仮保全措置指示要請 命令 1999 ICJ 656 先決的抗弁 判決 2004 ICJ 1160
112	武力行使の合法性	ユーゴスラビア　対 スペイン	1999. 4. 29	仮保全措置指示要請 命令 1999 ICJ 761
113	武力行使の合法性	ユーゴスラビア　対 イギリス (2003年国名変更のため) セルビア・モンテネグロ 対　イギリス	1999. 4. 29	仮保全措置指示要請 命令 1999 ICJ 826 先決的抗弁 判決 2004 ICJ 1307
114	武力行使の合法性	ユーゴスラビア　対 アメリカ合衆国	1999. 4. 29	仮保全措置指示要請 命令 1999 ICJ 916
115	コンゴ領域における軍事活動	コンゴ民主共和国　対 ブルンジ	1999. 6. 23	(訴訟打切) 命令 2001 ICJ 3
116	コンゴ領域における軍事活動	コンゴ民主共和国　対 ウガンダ	1999. 6. 23	仮保全措置指示要請 命令 2000 ICJ 111 (反訴) 命令 2001 ICJ 660 (本案) 判決 2005 ICJ 168 鑑定意見要請 命令 2020 ICJ 鑑定人嘱託 命令 2020 ICJ 係属中
117	コンゴ領域における軍事活動[→126]	コンゴ民主共和国　対 ルワンダ	1999. 6. 23	(訴訟打切) 命令 2001 ICJ 6
118	ジェノサイド条約の適用	クロアチア 対 ユーゴスラビア (2003年セルビア・モンテネグロへ国名変更。2006年モンテネグロ独立) クロアチア 対 セルビア	1999. 7. 2	先決的抗弁 判決 2008 ICJ 412 (本案) 判決 2015 ICJ 3

判決命令日	要　　　旨
1999. 6. 2 仮措置却下	原告の1999年4月26日付受諾宣言は、4月25日以降の紛争のみ管轄権を認めるが、コソボ空爆に関する紛争は4月24日以前に発生。空爆自体はジェノサイドにあたらず、ジェノサイド条約は管轄権を付与しない。1931年条約の提起は遅すぎた。管轄権なし。
2004. 12. 15 抗弁認容	2000年原告国連加盟以前はICJ規程当事国でない。非加盟国も規程第35条2項により現行条約を根拠に裁判所利用可。但し「現行」はICJ規程発効時。ジェノサイド条約は管轄権基礎でない。PCIJ付託条項がICJ付託の根拠となるのは規程当事国間のみ。
1999. 6. 2 仮措置却下	原告の1999年4月26日付受諾宣言は、4月25日以降の紛争のみ管轄権を認めるが、コソボ空爆に関する紛争は4月24日以前に発生。被告は訴訟開始時ジェノサイド条約の非当事国であるが、空爆自体はジェノサイドにあたらず同条約に基づく管轄権なし。
2004. 12. 15 抗弁認容	2000年原告が国連加盟。それ以前は特殊な地位をもつが、ICJ規程当事国でない。非加盟国も規程第35条2項により現行条約を根拠に裁判所を利用できるが、「現行」はICJ規程発効時を意味し、ジェノサイド条約は管轄権の基礎とならない。
1999. 6. 2 仮措置却下	原告の1999年4月26日付受諾宣言は、4月25日以降の紛争のみ管轄権を認めるが、コソボ空爆に関する紛争は4月24日以前に発生。被告はジェノサイド条約第11条(紛争解決条項)全体について留保。被告、応訴管轄否定。管轄権なし。総件名簿より削除。
1999. 6. 2 仮措置却下	被告の受諾宣言には、相手当事国の選択条項受諾宣言が訴訟提起12カ月前までに批准寄託されていることを条件とする留保があるが、本件付託は受諾3日後。空爆自体ジェノサイドにあたらず、ジェノサイド条約は管轄権を付与しない。管轄権なし。
2004. 12. 15 抗弁認容	2000年原告が国連加盟。それ以前は特殊な地位をもつが、ICJ規程当事国でない。非加盟国も規程第35条2項により現行条約を根拠に裁判所を利用できるが、「現行」はICJ規程発効時を意味し、ジェノサイド条約は管轄権の基礎とならない。
1999. 6. 2 仮措置却下	ジェノサイド条約第11条(紛争解決条項)に基づくICJへの付託について同意を要する被告の留保が存在。ジェノサイド条約は留保を禁止しておらず、原告の異議もない。応訴による管轄受諾を勧誘したが被告拒否。管轄権なし。総件名簿より削除。
2001. 1. 30	原告が、新たな管轄権の基礎に基づき、後に訴訟を開始する権利を留保しつつ、訴訟の取り下げを申請。被告が同意したため、訴訟打ち切り。総件名簿より削除。
2000. 7. 1 仮措置指示	原告が、被告の侵略行為停止を求めた。安保理決議1304(2000)が同じ問題を扱うが、拘束力のない決議。ルサカ合意も管轄権行使の阻害要因でない。緊急性を考慮し、両当事者に、紛争激化防止、国連憲章等の義務遵守、人権尊重及び人道法遵守を命令。
2001. 11. 29 反訴一部受理	原告侵略に関する反訴は、本訴よりも時間的範囲が大であるが、本訴と同じ法目的を持ち受理。大使館等に対する攻撃に関する反訴は、本訴と同種の事実に基づき受理。ルサカ合意違反については、紛争解決方法に関する問題で異種。よって不受理。
2005. 12. 19	軍隊駐留の同意撤回は様式不問。被告への武力攻撃に原告が関与したという証明なし。安保理への報告なし。被告による自衛の主張は根拠なく、違法な武力行使。軍事占領中、被告は人権法および人道法違反。原告は被告大使館攻撃により外交法違反。
2020. 9. 8	ウガンダの国際義務違反によりコンゴ民主共和国が被った一定の損害(人命喪失等)について、裁判所の命令によって嘱託される4名の独立した鑑定人から意見を得る。鑑定人は、すでに裁判所に提出された証拠および公開されている文書に基づき、報告書を作成する。
2020. 10. 12	鑑定人候補4名を両当事国に通知。ウガンダは、うち3名の選任につき異議を唱えたが、候補者の独立性に問題があることを立証せず。当該4名について、鑑定人の嘱託を決定。
2001. 1. 30	原告が、新たな管轄権の基礎に基づき、後に訴訟を開始する権利を留保しつつ、訴訟の取り下げを申請。被告が同意したため、訴訟打ち切り。総件名簿より削除。
2008. 11. 18 管轄権確認	モンテネグロが独立しセルビアが唯一の被告。被告の地位について既判事項でない。2000年被告国連加盟により手続瑕疵が治癒。裁判所利用可。新ユーゴは1992年宣言で条約を承継。1992年以前の行為、容疑者引渡等に関する問題は先決的でない。
2015. 2. 3	1992年以前の行為に関する原告請求および被告反訴についても管轄権認容。原告請求については、2条(a) (b) に該当する行為は認定されるが、ジェノサイドの意図が立証不十分のため、請求全体として棄却。反訴についても、上記と同様の理由によって、棄却。

番号	事件名	当事者	提訴	判決命令種別
119	1999年8月10日の航空機事件	パキスタン　対　インド	1999. 7. 2	管轄権 判決 2000 ICJ 12
120	カリブ海における海洋画定	ニカラグア　対　ホンジュラス	1999. 12. 8	(本案) 判決 2007 ICJ 659
121	2000年4月11日付け逮捕令状	コンゴ民主共和国　対　ベルギー	2000. 10. 7	仮保全措置指示要請 命令 2000 ICJ 182
				(訴訟手続) 命令 2001 ICJ 559
				(本案) 判決 2002 ICJ 3
122	ジェノサイド条約の適用事件における1996年7月11日判決の再審請求[→91]	ユーゴスラビア　対　ボスニア・ヘルツェゴビナ	2001. 4. 24	先決的抗弁 判決 2003 ICJ 7
123	所有権	リヒテンシュタイン　対　ドイツ	2001. 6. 1	先決的抗弁 判決 2005 ICJ 6
124	領域及び海洋紛争	ニカラグア　対　コロンビア	2001. 12. 6	先決的抗弁 判決 2007 ICJ 832
				訴訟参加申請 判決 2011 ICJ 348
				訴訟参加申請 判決 2011 ICJ 420
				(本案) 判決 2012 ICJ 624
125	国境紛争	ベナン　／　ニジェール	2002. 3. 3	小法廷構成 命令 2002 ICJ 613
				(本案) 判決[小法廷] 2005 ICJ 90
126	コンゴ領域における軍事活動[→117]	コンゴ民主共和国　対　ルワンダ	2002. 5. 28 (新提訴)	仮保全措置指示要請 命令 2002 ICJ 219
				管轄権・受理可能性 判決 2006 ICJ 6
127	陸・島及び海洋境界紛争(エルサルバドル／ホンジュラス：ニカラグア参加)事件における1992年9月11日判決の再審請求[→75]	エルサルバドル　対　ホンジュラ	2002. 9. 10	小法廷構成 命令 2002 ICJ 618
				(再審) 判決[小法廷] 2003 ICJ 392

判決命令日	要　　旨
2000. 6.21 抗弁認容	1974年被告は国際紛争平和的処理一般議定書の当事国でない旨国連へ通告。少なくとも廃棄通告とみなしうる。被告の選択条項受諾宣言に付されたコモンウェルス留保は有効。規程第36条1項の「憲章に規定するすべての事項」は、根拠とならない。
2007.10. 8	決定的期日は紛争ごとに異なる。非植民地化後の実効的占有を根拠にホンジュラスが島嶼を領有。突出した地形のため中間線が適用できない特別の事情がある。突端と２地点を結ぶ線によって示される海岸線の全体像を基礎として二等分線を引く。
2000.12. 8 仮措置却下	人道法違反の罪で令状発布。外相は、国外に出ることが出来なくなった。外相は内閣改造時に文相に。令状の取消しという訴訟目的は消滅していない。文相は外相ほど外国訪問の機会は多くなく、回復不可能な権利侵害の発生が立証されていない。
2001. 6.27	訴訟促進のため管轄権及び本案の両方に関し訴答書面を提出することで合意。その後、外相(後、文相)は閣僚でなくなった。ベルギーは、訴訟目的消滅を根拠に先決的抗弁段階をもつことを希望。コンゴは拒否。訴訟手続の変更は認めない。
2002. 2.14	令状の合法性について紛争が存在。訴訟目的は消滅していない。外交的保護のための訴訟でない。管轄権確認。外相は任期中、公私にわたり裁判権免除有。裁判権免除と刑事責任は別問題。令状発布だけで免除を侵害。被告に令状を取り消すよう命令。
2003. 2. 3 抗弁認容	2000年11月国連加盟承認を新事実として原告提出。ICJ規程やジェノサイド条約の非当事国であったことを示す事実と主張。新事実は判決当時存在し新たに発見されることが必要。裁判所にとって既知。加盟承認は遡及的にユーゴの地位を変更しない。
2005. 2.10 抗弁認容	1945年ベネシュ勅令によりチェコが没収した原告国王の絵画がドイツで発見され返還請求。独裁判所は1952年条約を根拠に却下。管轄権の基礎である1957年欧州紛争解決条約では発効以前の事実に関する紛争除外。紛争の真の原因は勅令及び1952年条約。
2007.12.13 一部抗弁棄却	1928年条約は3島の領土問題を解決した。ボゴタ規約第6条により管轄権なし。被告と米国が争っていた3つの礁については、原告との関係で未解決。海洋画定も未解決。ボゴタ規約第31条により管轄権あり。選択条項受諾宣言について議論する必要なし。
2011. 5. 4. 参加申請却下	コスタリカは「非当事国」参加を申請し(規程62条)、本案判決によって影響を受け得る「法的利益」があると考えられる海域を提示したが、判例上、ICJは第三国の法的利益に触れるような画定は行わないため、「影響を受ける可能性」はない。
2011.5.4 参加申請却下	ホンジュラスは、境界画定紛争への「当事者参加」と権利保護のための「非当事者参加」を申請。2007年判決は、第三国権利の画定までは境界終結点は未決としているため、ホンジュラスは本件本案判決の影響を受ける法的利益を有さない。
2012.11.19	7つの島及び礁はコロンビア領。ニカラグアの基線から200海里以遠の大陸棚境界画定は却下し、200海里までの海域において単一線引き。海岸線の長さを考慮して暫定的中間線を東へ移動。コロンビア領の島及び礁は周囲に12海里の幅で海域を保持。
2002.11.27	付託合意の中で、紛争を小法廷に付すること、特別選任裁判官２人を含むことが規定されていた。裁判所長との会合において、両当事者は5人の小法廷設置を希望。選挙の結果、ICJ判事より３人の裁判官を選出し、5人の裁判官を宣言。
2005. 7.12	両国は旧仏植民地。特別協定によりウティ・ポシデティス適用。その際仏国内法を事実要素として適用。両国とも権原の立証なし。実効性適用可。国境線はニジェール川の航行可能最深線。メクロウ川は航行不可のため中間線。橋の国境は川の国境に従う。
2002. 7.10 仮措置却下	被告は受諾宣言無く、拷問禁止条約の非当事国。人種差別撤廃条約及びジェノサイド条約は被告が留保。条約法条約は第65条の要件を満たしていない。女子差別撤廃条約、WHO憲章、UNESCO憲章、モントリオール条約も管轄権基礎なし。
2006. 2. 3 抗弁認容	一般的表現は一方的義務引き受けにならない。ジェノサイド条約上の権利義務は対世的であり強行規範だが、管轄権の基礎にならない。ジェノサイド条約第9条、人種差別撤廃条約第22条の留保は趣旨及び目的と両立。留保の撤回には通告必要。
2002.11.27	裁判所長と両当事者代理人との会合において、2人の特別選任裁判官を含む5人の新たな小法廷設置を望んでいる旨を両当事者が表明。選挙の結果、ICJ判事より３人の裁判官を選出し、5人の裁判官を宣言。
2003.12.18	原告は第6係争地の国境として旧河床を立証する科学的検証や地図、文書を提出。旧河床の主張は1972年からで、それまでは現河川を容認しており、1821年当時の国境線と無関係。新たに提出された地図と以前との違いは細部のみ。再審棄却。

番号	事件名	当事者	提訴	判決命令種別
128	アヴェナ等メキシコ国民 [→139]	メキシコ　対　アメリカ合衆国	2003. 1. 9	仮保全措置指示要請 命令 2003 ICJ 77
				(管轄権・本案) 判決 2004 ICJ 12
129	フランスにおける刑事訴訟	コンゴ共和国　対　フランス	2002. 12. 9 一方的付託 2003. 4. 11 管轄権受諾	仮保全措置指示要請 命令 2003 ICJ 102
				(訴訟打切) 命令 2010 ICJ 635
130	ペドラ・ブランカ(白岩礁)／プラウ・バツ・プテー(バツ・プテー島)、中岩、南岩棚に対する主権	マレーシア　／　シンガポール	2003. 7. 4	(本案) 判決 2008 ICJ 12
132	黒海における海洋境界画定	ルーマニア　対　ウクライナ	2004. 9. 16	(本案) 判決 2009 ICJ 61
133	航行および関連する権利に関する紛争	コスタリカ　対　ニカラグア	2005. 9. 25	(本案) 判決 2009 ICJ 213
134	国際連合に対して派遣された外交使節が本部所在地国に対して有する地位	ドミニカ　対　スイス	2006. 4. 26	(訴訟打切) 命令 2006 ICJ 107
135	ウルグアイ川沿いの製紙工場	アルゼンチン　対　ウルグアイ	2006. 5. 4	仮保全措置指示要請 命令 2006 ICJ 113
				仮保全措置指示要請 命令 2007 ICJ 3
				(本案) 判決 2010 ICJ 14
136	刑事司法共助問題	ジブチ　対　フランス	06. 1. 10一方的付託 06. 8. 9 管轄権受諾	(管轄権・本案) 判決 2008 ICJ 177
137	海洋紛争	ペルー　対　チリ	2008. 1. 16	(本案) 判決 2014 ICJ 3
138	除草剤空中散布	エクアドル　対　コロンビア	2008. 3. 31	(訴訟打ち切り) 命令 2013 ICJ 278
139	アヴェナ等メキシコ国民事件における2004年3月31日判決の解釈 [→128]	メキシコ　対　アメリカ合衆国	2008. 6. 5	仮保全措置指示要請 命令 2008 ICJ 311
				(解釈) 判決 2009 ICJ 3

判決命令日	要　　旨
2003. 2. 5 仮措置指示	死刑囚として服役中のメキシコ人の内、49人は領事援助の権利の通告無し。4人は通告に遅延。1人は別件で通告を受けたのみ。イリノイ州知事の死刑執行停止決定に基づき3件は撤回。近く死刑執行の危険性がある3人について執行停止を命令。
2004. 3. 31	管轄権確認。重国籍の立証責任は被告だが、立証不十分。領事条約第36条1項の「遅滞なく」は、「外国人であると判明してからできる限り速やかに」という意味。被告の条約違反認定。被告が選択する手段により個々の事件の再審査必要。
2003. 6. 17 仮措置却下	人道及び拷問の罪でコンゴ大統領尋問のため司法共助命令が発給されたとされるが事実でない。フランス刑訴法では同意なく外国の国家代表に証言を求めることは不可。軍監察長官の手続は開始されたが在仏中のみ。権利の回復不可能性なし。
2010. 11. 16	2010年11月5日付書簡にて、コンゴ共和国が請求の撤回を通告。11月8日付書簡にてフランスは訴訟打切に同意。訴訟打切を記録にとどめ、総件名簿から削除。
2008. 5. 23	白岩礁の原初権原はジョホール王国。他国の領域権発現に対応しない場合、黙認により権原が移転。1953年ジョホールは白岩礁の主権主張をしないとの書簡。以降シンガポールが主権発現。中岩に関し移転なくマレーシア領。南岩棚は低潮高地。
2009. 2. 3	単一線引き。①暫定的な等距離中間線。②衡平・関連事情。③海岸線との不均衡テスト。海に突き出た堤防は陸地点のみ暫定線引きの基点。沖合の島は基点とならず領海のみ。本件国家活動は関連事情とならない。海岸線と区画面積との不均衡なし。
2009. 7. 13	コスタリカは、1858年条約により通商(旅客輸送を含む)に関してはサンフアン川の自由航行権を持つが、同国公船による警察機能の行使は認められない。ニカラグアは同河川の航行を規制する権限を持つが、通商目的の航行に査証等を強要できない。
2006. 6. 9	2006年5月15日付け書簡にて、ドミニカが訴訟不継続の意思を裁判所に伝え、訴訟の無条件の打ち切りを記録に残すよう裁判所に求めた。スイスはいかなる訴訟手続もとっていなかった。訴訟打ち切りを記録にとどめ、総件名簿より削除。
2006. 7. 13 仮措置却下	被告が製紙工場建設を許可したことにより、河川の汚染が懸念され、ウルグアイ川規程上の原告の権利を侵害したと原告主張。回復不可能な侵害であるとの証明なし。工場稼働までは、汚染の危険なし。建設差し止めを必要とする状況ではない。
仮措置却下 2007. 1. 23	アルゼンチン市民がウルグアイ川に架かる橋を封鎖したため、ウルグアイが仮保全措置要請。保全されるべき被告の権利は、原告の請求の仕方に依存しない。本案の訴えと十分な関係あり。しかし、被告主張の権利侵害の危険性に関し緊急性なし。
2010. 4. 20	被告は建設許可前にウルグアイ川規程にしたがった情報提供を怠ったため手続義務違反。環境影響評価がなければ監視・防止義務違反となるが、その内容は各国が決定できる。環境汚染が立証されておらず、被告に実体法上の義務違反なし。
2008. 6. 4	被告は殺人事件記録簿の提供を拒否、原告国家元首等に証人喚問状発送。提訴後の逮捕状に関しては応訴管轄否定。司法共助は国内裁判所の判断に依存。1986年条約上、防衛機密により情報提供拒否可。理由の提示がなく違法。証人喚問状は礼譲違反。
2014. 1. 27	合意された単一海洋境界線が1954年までには黙示的に存在しており、それは80海里まで(Point Aまで)の範囲の陸地国境の基点を通る緯線である。80海里(Point A)以遠でチリの200海里限界線(Point C)までの範囲は等距離線により単一の線引きを行う。
2013. 9. 13	2013年9月12日付け書簡にて、エクアドルは同国の請求が同月9日の合意で完全かつ最終的に解決されたとして、訴訟の取り下げを申請。コロンビアが同意したため、訴訟打ち切りを記録にとどめ、総件名簿より削除。
2008. 7. 16 仮措置指示	メキシコ国民に死刑執行の危険性。規程60条は管轄権基礎不要。同条の争は紛争より広い。128事件判決が結果の義務を創設という点で両国一致。同義務が被告の連邦だけでなく州にもあるかどうかで見解異なり紛争存在。刑執行は回復不可能な損害を発生。
2009. 1. 19	判決義務の執行手段については米国に選択の余地がある。よって判決の解釈不要。メデリン氏死刑執行により仮措置違反確認。判決は依然として拘束力あることを確認し、再発防止を求めるメキシコの要求は却下。

番号	事　件　名	当　事　者	提　訴	判決命令種別
140	あらゆる形態の人種差別の撤廃に関する国際条約の適用	ジョージア　対　ロシア	2008. 8. 12	仮保全措置指示要請 命令 2008 ICJ 353
				先決的抗弁 判決 2011 ICJ 70
142	1995年9月13日の暫定協定の適用	マケドニア旧ユーゴスラビア共和国　対　ギリシャ	2008. 11. 17	(管轄権・本案) 判決 2011 ICJ 644
143	ドイツの主権免除	ドイツ　対　イタリア	2008. 12. 23	反訴 命令 2010 ICJ 310
				訴訟参加 命令 2011 ICJ 494
				(本案) 判決 2012 ICJ 99
144	訴追か引渡しかの義務事件	ベルギー　対　セネガル	2009. 2. 19	仮保全措置指示要請 命令 2009 ICJ 139
				(管轄権・本案) 判決 2012 ICJ 422
145	民事及び商事に関する裁判管轄と判決執行	ベルギー　対　スイス	2009. 12. 21	(訴訟打切) 命令 2011 ICJ 341
147	外交関係に関する問題	ホンジュラス　対　ブラジル	2009. 10. 28	(訴訟打切) 命令 2010 ICJ 303
148	南極捕鯨	オーストラリア　対　日本	2010. 5. 31	訴訟参加 命令 2013 ICJ 3
				(本案) 判決 2014 ICJ 226
149	国境紛争	ブルキナファソ　／　ニジェール	2010. 5. 20	(本案) 判決 2013 ICJ 44
				鑑定人嘱託 命令 2013 ICJ 226
150	国境地帯におけるニカラグアの活動	コスタリカ　対　ニカラグア	2010. 11. 18(コスタリカ)	仮保全措置指示要請 命令 2011 ICJ 6
				訴訟併合 命令 2013 ICJ 166, 184

判決命令日	要　　　旨
2008. 10. 15 仮措置指示	南オセチア及びアブハジアにおけるグルジア民族に対する攻撃は人種差別と原告主張。人種差別撤廃条約(CERD)が管轄権基礎。CERDの適用につき領域的制限なし。状況によって、原告要請と異なる内容の指示可能。両国に対し差別を慎むよう命令。
2011. 4. 1 抗弁認容	安保理における両国代表のやり取りから、CERDの義務履行に関する「紛争」が両国間に存在した。ただし、裁判付託以前にCERDの解釈・適用に関する「交渉」が両国間で行われておらず、CERD上の裁判付託要件(交渉前置)を満たさないため、管轄権なし。
2011. 12. 5	管轄権と受理可能性を容認。マケドニア旧ユーゴ共和国のNATO加盟申請に対し、名称(マケドニア)を根拠としたギリシャの反対は暫定協定11条1項の違反。ギリシャの正当化(契約義務不履行抗弁、条約の重大な違反、対抗措置)を棄却。違法宣言が適切な精神的満足。
2010. 7. 6 反訴却下	被告イタリアが反訴を提起し、ドイツの賠償義務(第二次世界大戦中のナチス・ドイツによる犯罪の被害者への賠償)の違反、違法行為の停止および賠償を求めた。当該紛争は、時間的管轄権要件(1957年の欧州平和的紛争解決条約1条)を満たさないため、イタリアの反訴は受理不能。
2011. 7. 4 訴訟参加容認	ギリシャは本案判決の影響を受け得る法的性質の利益を有するため、当該利益をICJに通知するために非当事者参加(ICJ規程62条)を認める。
2012. 2. 3	イタリア裁判所が第二次世界大戦中のドイツ軍の行為に関して免除を否定したことは、慣習国際法違反。不法行為免除例外も強行規範との「抵触」も本件の免除否定を正当化しない。ドイツ財産への抵当権設定及びギリシャ裁判所判決が執行可能との判断も違法。
2009. 5. 28 仮措置却下	ベルギーは受動的属人主義に基づき元チャド大統領ハブレを訴追するようセネガルに求めたが経済的理由で実現せず、拘禁継続の仮措置要請。拷問禁止条約が管轄権の基礎。セネガルは国外退去させないとの確約をしており、仮措置は不必要。
2012. 7. 20	拷問等禁止条約6条2項及び7条1項の解釈・適用に関して紛争が存在。これら条文は当事国対世的義務を規定しており、他の締約国による同条の履行請求は受理可能。セネガルの上記諸義務違反を認定。引渡さない限り、訴追手続を即時開始するよう命令。
2011. 4. 5	ベルギー判決の承認不可能性の判断に既判力がないことがスイス連邦裁判決において確認されたため、ベルギーが請求を撤回。総件名簿から削除。
2010. 5. 12	外交関係に関する問題及び国内管轄事項不干渉に関連する問題について付託されたが、ホンジュラスが訴訟継続の意思がないこと及び請求を撤回することを通告。総件名簿より削除。
2013. 2. 6 訴訟参加容認	裁判所規程63条に基づく訴訟参加は裁判所規則82条の形式要件の充足により判断される。また、規程63条の訴訟参加は特任裁判官の任命には影響を与えない。ニュージーランドの参加要請は上記要件を満たしているため、訴訟参加および特任裁判官の任命を認める。
2014. 3. 31	本件紛争主題は留保事項に該当せず、管轄権認容。JARPAⅡ計画は捕獲頭数や調査方法等から科学的研究「のため」と言えないため、同計画に対する特別許可は捕鯨取締条約8条1項の範囲外であり、同条約違反。ただし、同条約付表30項の許可手続の違反はない。
2013. 4. 16	画定に合意がある二区間については付託合意の範囲外のため請求却下。付託合意によりウティ・ポシデティスを適用。具体的な適用方法は1987年協定に則り、1927年フランス行政決定および1960年フランス国土地理院作製地図に依拠して線引きを実施。
2013. 7. 12	付託合意にしたがい裁判所判決を18ヶ月以内に実施するため、国境線の具体的線引き作業を補佐する3人の鑑定人を嘱託するよう当事者が要請。要請に応じ、鑑定人を嘱託。
2011. 3. 8 仮措置指示	民間人・警官を問わず、両国は紛争地域に人員を派遣・駐在させてはならない。コスタリカは、湿地帯への回復し得ない損害を回避するために環境保全要員を派遣し得る。紛争の悪化・拡大行為の禁止。仮保全命令の履行を通知する義務あり。
2013. 4. 17	152事件の申述書(2012年12月19日付け)でニカラグアが150事件との併合を要請。 裁判所は、両事件が事実と法の両面において共通点が多いことに鑑み、健全な司法運営の原則および訴訟経済の必要性にしたがい裁判所規則47条に基づき事件の併合を決定。

番号	事　件　名	当　事　者	提　訴	判決命令種別
152	サンフアン川沿いのコスタリカ領における道路建設	ニカラグア 対 コスタリカ	2011. 12. 22 (ニカラグア)	反訴 命令 2013 ICJ 200
				仮保全措置修正要請 命令 2013 ICJ 230
150 152	国境地帯におけるニカラグアの活動 サンフアン川沿いのコスタリカ領における道路建設	コスタリカ 対 ニカラグア ニカラグア 対 コスタリカ	2010. 11. 18(コスタリカ) 2011. 12. 22 (ニカラグア)	新仮保全措置指示要請 命令 2013 ICJ 354
				仮保全措置指示要請 命令 2013 ICJ 398
				(本案) 判決 2015 ICJ 665
				賠償【→150事件】 判決 2018 ICJ 15
151	プレア・ビヘア寺院事件の1962年6月15日判決の解釈請求[→45]	カンボジア 対 タイ	2011. 4. 28	仮保全措置指示要請 命令 2011 ICJ 537
				本案 判決 2013 ICJ 281
153	太平洋へのアクセスについての交渉義務	ボリビア 対 チリ	2013. 4. 24	先決的抗弁 判決 2015 ICJ 592
				本案 判決 2018 ICJ 507
154	ニカラグアの海岸線から200海里を越える区域の大陸棚境界画定 [→124]	ニカラグア 対 コロンビア	2013. 9. 16	先決的抗弁 判決 2016 ICJ 100
				係属中
155	カリブ海における主権的権利および海域に対する侵害[→124]	ニカラグア 対 コロンビア	2013. 11. 26	先決的抗弁 判決 2016 ICJ 3
				反訴 命令 2017 ICJ 289
				係属中
156	公文書およびデータの押収・留置に関する問題	東ティモール 対 オーストラリア	2013. 12. 17	仮保全措置指示要請 命令 2014 ICJ 147
				仮保全措置修正要請 命令 2015 ICJ 556
				(訴訟打切) 命令 2015 ICJ 572

判決命令日	要　　　　旨
2013. 4. 18 反訴却下	ニカラグアの第一反訴は、併合された152事件の主位請求と同一のため、判断の必要なし。第二・第三反訴は、本訴請求との関連性が事実上も法上も立証されていないため、却下。第四請求は、反訴の有無と関わりなく本案で判断されうるため、判断の必要なし。
2013. 7. 16 要請却下	裁判所規則76条にしたがい事情の変更による仮保全措置の修正を原告・被告の両国が要請。ニカラグアの要請を正当化する事情の変更はない。コスタリアの要請については事情の変更が認められるが、修正は不要。2011年3月8日の仮保全措置指示命令を再確認する。
2013. 11. 22 仮措置指示	ニカラグアには、係争地(特に新運河)での浚渫等の禁止、新運河北側の水路の埋め戻し、民間人を含めた人員の係争地への立入禁止を命じる。コスタリカには、新運河に関して環境保全のために適当な措置の実施を認める。両国に履行状況の定期通知義務あり。
2013. 12. 13 要請却下	ニカラグアが求める環境影響評価等の情報提供は本案請求と同一のため却下。道路法面の浸食等の防止や建設停止の継続については、河川堆積物や生態系に対する道路建設の影響が立証されておらず、回復不能の損害が生じる緊急の危険が認められないため却下。
2015. 12. 16	150事件について、ニカラグアによる領域主権侵害、仮措置命令違反および通航権侵害を認定し、有形的損害の金銭賠償も認容(賠償額算定は保留)。国際環境法上の義務違反は棄却。152事件については、コスタリカによる環境影響評価実施義務違反のみ認定。
2018. 2. 2	環境損害に関する賠償額算定に関しても、原則は「違法行為の結果を全て消去する」賠償額とすることを確認した上で、違法行為と損害との「直接かつ確実な因果関係」の範囲で賠償を命じる。
2011. 7. 18 仮措置指示	管轄権の基礎、本案権利の蓋然性、仮保全権利との関連性、回復し得ない損害の危険がある。両国に非軍事暫定区域からの撤退を求める。ASEAN内の協力を継続しなければならない。紛争の悪化・拡大を慎むこと。仮保全措置の履行をICJへ通知すること。
2013. 11. 11	62年判決主文2にいう寺院「周辺」は、寺院の建つ「高台」を指す。62年判決の主題は国境画定ではないため、附属地図は「周辺」の解釈にのみ参照し、プノントラップ丘(＝係争地)の帰属も判決の射程外。タイは「高台」に駐留する人員を撤退させる義務を負う。
2015. 9. 24	本件の紛争主題は領域主権や太平洋へのアクセス権の性格ではなく、それら問題に関する交渉義務の存否及び違反の有無である。この紛争主題は1904年平和条約で既に解決済ないし同条約に規律される事項でないため、ボゴタ条約6条は適用されず、管轄権認容。
2018. 10. 1	当事者の二国間合意は本件の交渉義務を確立するものと解されない。また、被告チリの一方的行為、黙認、正当な期待および国際機構(国連および米州機構)の設立文書や決議も本件の交渉義務の法的根拠とはならない。チリの交渉義務は不存在であり、請求棄却。
2016. 3. 17 管轄権確認	ボゴタ条約は即時廃棄を認めておらず提訴時に管轄権有効。原告第一請求(200海里以遠の境界画定)は、2012年判決の既判力によって遮断されず受理可能。同第二請求(未確定区域における国際法原則の決定)は、現実の紛争と関連せず、内容も未特定のため却下。
2016. 3. 17 管轄権確認	ボゴタ条約は即時廃棄を認めておらず管轄権あり。主権的権利侵害に関する紛争は存在するが、武力行使禁止原則違反に関する紛争は不存在。紛争主題は直接交渉による解決対象ではなく、2012年判決の執行でもない。判決不履行宣言の「固有の管轄権」は検討不要。
2017. 11. 15 反訴一部受理	第1反訴(海洋環境の保護義務違反)と第2反訴(群島住民の権利の保護義務違反)は、本訴と直接関係がない。第3反訴(伝統的漁業権の侵害)と第4反訴(直線基線の採用)は、本訴と直接関係があり、管轄権基礎(ボゴタ条約31条)の範囲内であるため、受理。
2014. 3. 3 仮措置指示	法律顧問と秘密裏に通信する権利は、主権平等から導かれ、仮保全措置で保護され得る。被告は押収した資料が利用されないよう確保し、本件を初めとした関連手続(仲裁裁判手続や海洋境界画定の二国間交渉を含む)で被告の上記通信権に干渉してはならない。
2015. 4. 22 修正認容	被告が係争物たる公文書およびデータを返還する意向を示した上で、仮措置の修正を要請。修正を正当化する「事情の変更」が認められるため、上記返還を認可し、返還の実施および実施日の通知を両当事国に求める。被告に公文書等の封印を求める措置は終了。
2015. 6. 11	公文書およびデータが返還されたことにより本訴訟の目的は達したとして、原告東ティモールが訴えの取り下げを通告。被告オーストラリアも同意したため、訴訟打ち切りを記録にとどめ、総件名簿より削除。

番号	事件名	当事者	提訴	判決命令種別
157 165	カリブ海および太平洋における海洋境界画定 ポルティリョス島北部の領土境界画定	コスタリカ　対　ニカラグア	2014. 2. 25 (157事件) 2017. 1. 16 (165事件)	鑑定意見要請 命令 2016 ICJ 235
				鑑定人嘱託 命令 2016 ICJ 240
				訴訟併合 命令 2017 ICJ 91
				本案 判決 2018 ICJ 139
158	核軍備競争の停止および核軍縮に関する交渉義務	マーシャル諸島　対　インド	2014. 4. 24	管轄権・受理可能性 判決 2016 ICJ 255
159	核軍備競争の停止および核軍縮に関する交渉義務	マーシャル諸島　対　パキスタン	2014. 4. 24	管轄権・受理可能性 判決 2016 ICJ 552
160	核軍備競争の停止および核軍縮に関する交渉義務	マーシャル諸島　対　イギリス	2014. 4. 24	先決的抗弁 判決 2016 ICJ 833
161	インド洋における海洋境界画定	ソマリア　対　ケニア	2014. 8. 28	先決的抗弁 判決 2017 ICJ 3
				係属中
162	シララ川の地位および使用に関する紛争	チリ　対　ボリビア	2016. 6. 6	係属中
163	裁判権免除と刑事訴訟	赤道ギニア　対　フランス	2016. 6. 13	仮保全措置指示要請 命令 2016 ICJ 1148
				先決的抗弁 判決 2018 ICJ 292
				本案 判決 2020 ICJ
164	イランの資産	イラン　対　アメリカ合衆国	2016. 6. 14	先決的抗弁 判決 2019 ICJ 7
				係属中
166	テロリズムに対する資金供与の防止に関する国際条約および人種差別撤廃条約の適用	ウクライナ　対　ロシア	2017. 1. 16	仮保全措置指示要請 命令 2017 ICJ 104
				先決的抗弁 判決 2019 ICJ 558
				係属中

判決命令日	要　　　旨
2016. 5. 31	係争地域の事実状況に関する情報を得るため、両当事者の意見を聴取した後、裁判所が独自に鑑定意見(鑑定人による現地視察を含む)を要請することを決定。
2016. 6. 23	裁判所が指名した2名の鑑定人候補を両当事者に通知し、異議がないことを確認した後、鑑定人の嘱託を決定。
2017. 2. 7	157事件の鑑定人による現地視察(2016年12月4-6日)後、翌1月16日にコスタリカが陸地境界の位置に関する紛争を提訴し157事件との併合を要請。165事件の原告請求と157事件の紛争との間に密接な関係があることから、規則47条に基づき事件の併合を決定。
2018. 2. 2	陸地境界は鑑定意見に基づき画定。画定の結果コスタリカ領となる土地へのニカラグア軍駐留は主権侵害。海洋境界のカリブ海側基点は二海里沖合の固定点。カリブ海・太平洋共にEEZと大陸棚は暫定中間線を島の効果で修正し、海岸線距離との均衡性を確認して画定。
2016. 10. 5 抗弁認容	紛争の存在には、見解の積極的否定を被告側が認識していることが必要。提訴前の事実は慣習法上の核軍縮交渉義務の存在と範囲に関する紛争の立証には不十分。提訴後の事実は紛争の存否認定の証拠ではなく判例も紛争を創設すると解していない。
2016. 10. 5 抗弁認容	紛争の存在には、見解の積極的否定を被告側が認識していることが必要。提訴前の事実は慣習法上の核軍縮交渉義務の存在と範囲に関する紛争の立証には不十分。提訴後の事実は紛争の存否認定の証拠ではなく判例も紛争を創設すると解していない。
2016. 10. 5 抗弁認容	紛争の存在には、見解の積極的否定を被告側が認識していることが必要。提訴前の事実は核不拡散条約6条及び慣習法上の核軍縮交渉義務の範囲に関する紛争の立証には不十分。提訴後の事実は紛争の存否認定の証拠ではない。決議への投票行動も紛争の立証には不十分。
2017. 2. 2 管轄権確認	本件の了解覚書は「他の解決手続に付託する」合意に該当せず、そうした合意を理由としたケニアによる留保の適用範囲外。国連海洋法条約第15部も上記留保にいう合意ではない。ソマリアによる了解覚書の違反は、提訴の有効性にも管轄権にも影響しない。
2016. 12. 7 仮措置指示	副大統領への刑事手続停止については国連国際組織犯罪防止条約上の紛争がなく、一応の管轄権なし。副大統領所有建物の地位について外交関係条約上の紛争があり、同22条の不可侵権に対する侵害の回復不能性や緊急性も認められるため、当該建物を公館として扱う措置をとるよう命じる。
2018. 6. 6 管轄権確認	国連国際組織犯罪防止条約第4条は裁判権免除の慣習法を包含しないため、原告請求は同条約の解釈又は適用に関連せず、管轄権なし。外交関係条約選択議定書に基づく請求は、副大統領所有建物の大使館としての法的地位に関する限りで管轄権を認容。
2020. 12. 11	赤道ギニアの指定に対するフランスの異議は、時宜に適ったものであり、恣意的でも差別的でもない。よって、問題の建物は外交関係条約1条(i)号にいう「使節団の公館」の地位を獲得せず。フランスの立入り、捜索等は同条約22条に基づく義務の違反を構成せず。
2019. 2. 13	1955年条約20条1項1(d)の安全保障例外は本案の防御。慣習法上の主権免除侵害は、1955年条約と関係がなく管轄権なし(抗弁認容)。イラン中央銀行の「会社」該当性は、活動の性格を検討する必要があり、本案で判断(先決的性質否認)。その他抗弁(手続濫用等)は却下。
2017. 4. 19 仮措置指示	テロ資金供与防止条約については、権利の蓋然性が立証不十分のため却下。人種差別撤廃条約については、回復不能な緊急の危険が認められ、クリミア・タタール人に対する権利制限を控えること及びウクライナ語教育の保障を命じる。紛争悪化防止も命令。
2019. 11. 8 管轄権確認	テロ資金供与防止条約の適用可能性判断(第2条該当性)は、事実認定に依存しており、本案判断事項。人種差別撤廃条約第22条における裁判付託条件である交渉と同条約上の手続は選択的な条件であり、本件は交渉の存在により要件を充足。

番号	事件名	当事者	提訴	判決命令種別
167	ペドラ・ブランカ(白岩礁)／プラウ・バツ・プテー(バツ・プテー島)、中岩、南岩棚に対する主権事件の2008年5月23日判決の再審請求 [→130]	マレーシア　対　シンガポール	2017. 2. 2	(訴訟打切) 命令 2018 ICJ 284
168	ジャダヴ事件	インド　対　パキスタン	2017. 5. 8	仮保全措置指示要請 命令 2017 ICJ 231
				本案 判決 2019 ICJ 418
170	ペドラ・ブランカ(白岩礁)／プラウ・バツ・プテー(バツ・プテー島)、中岩、南岩棚に対する主権事件の2008年5月23日判決の解釈要請 [→130]	マレーシア　対　シンガポール	2017. 6. 30	(訴訟打切) 命令 2018 ICJ 288
171	1899年10月3日の仲裁判断	ガイアナ　対　ベネズエラ	2018. 3. 29	管轄権 判決 2020 ICJ
				係属中
172	人種差別撤廃条約の適用	カタール　対　アラブ首長国連邦	2018. 6. 11	仮保全措置指示要請 命令 2018 ICJ 406
				仮保全措置指示要請 命令 2019 ICJ 361
				係属中
173	国際民間航空条約第84条に基づくICAO理事会の管轄権に関する上訴	バーレーン、エジプト、サウジアラビア、アラブ首長国連邦　対　カタール	2018. 7. 4	判決 2020 ICJ
174	国際航空業務通過協定(1944年)第2条2項に基づくICAO理事会の管轄権に関する上訴	バーレーン、エジプト、アラブ首長国連邦　対　カタール	2018. 7. 4	判決 2020 ICJ
175	友好・経済関係・領事条約(1955年)の違反	イラン　対　アメリカ合衆国	2018. 7. 16	仮保全措置指示要請 命令 2018 ICJ 623
				係属中
176	アメリカ合衆国大使館のエルサレムへの移転	パレスチナ　対　アメリカ合衆国	2018. 9. 28	係属中
177	グァテマラの領土、島および海洋の請求	グァテマラ　／　ベリーズ	2019. 6. 18	係属中
178	ジェノサイド条約の適用	ガンビア　対　ミャンマー	2019. 11. 11	仮保全措置指示要請 命令 2020 ICJ
				係属中

注記

1. 2020年12月18日現在、国際司法裁判所で下された判決及び命令を掲載している。ただし、網羅的なリストではなく、書面提出期限を定める命令等は割愛している。
2. 事件番号については、裁判所が争訟事件と勧告的意見を合わせて通し番号が付されている。そのため、一覧表の中で番号が欠けているところは、勧告的意見の事件番号である。
3. 事件名の中の[→　]で示した数字は、参照すべき事件の番号である。
4. 当事者表記については、以下の通りである。当事者が複数記載されている場合は、共同訴訟国。
　X国 対 Y国……原告 対 被告を意味し、原告による一方的提訴で訴訟が開始。
　X国 ／ Y国……付託合意(コンプロミー)に基づく共同付託。

判決命令日	要　　　旨
2018. 5. 29	原告マレーシアが当事者間で訴の取下げに合意した旨を書面により通報。被告シンガポールも当該同意を書面で確認したため、訴訟打ち切りを記録にとどめ、総件名簿より削除。
2017. 5. 18 仮措置指示	インド国民ジャダヴに対して、領事との通信・面接を認めない中でパキスタンが死刑判決。領事関係条約選択議定書に基づき一応の管轄権認容。領事関係条約36条1項の権利に関して、権利の蓋然性、回復不能な損害及び緊急性を認定。死刑執行停止措置を命令。
2019. 7. 17	受理可能性抗弁(手続・権利の濫用等)を却下。ウィーン領事関係条約36条はスパイ容疑など一定の人物を除外していない。2008年の二国間条約もウィーン条約の義務を変更しない。パキスタンの無通告・無通報は上記条約違反であり、判決の実効的再審査を命じる。
2018. 5. 29	原告マレーシアが当事者間で訴の取下げに合意した旨を書面により通報。被告シンガポールも当該同意を書面で確認したため、訴訟打ち切りを記録にとどめ、総件名簿より削除。
2020. 12. 18	ベネズエラの訴訟手続不参加は遺憾。ジュネーブ協定Ⅳ条2項に基づく国連事務総長の紛争解決手段選択は当事国を拘束。1899年仲裁判断の有効性およびそれに関連する陸地境界紛争の解決につき管轄権あり。協定署名後の出来事に起因する請求については管轄権なし。
2018. 7. 23 仮措置指示	カタール国籍者に対するUAEの措置(退去強制、入国制限)は、人種差別撤廃条約の違反として、一応の管轄権および権利の蓋然性あり。回復不能な損害と緊急性も認められるため、家族の統合・就学の保証・裁判アクセスの保障を命じる。紛争悪化防止措置も指示。
2019. 6. 14	Prima facie管轄権は2018年暫定措置命令での認定を踏襲。人種差別撤廃委員会への付託取下げおよび2018年命令の履行妨害差し止めは、同条約上の権利の有理性がない。紛争悪化防止措置は、特定の権利保全措置が指示される場合にのみ可能で、単独での指示は不可。
2020. 7. 14	ICAO理事会に提起された意見の相違はシカゴ条約84条の射程に含まれる。本案において対抗措置が援用される見込みは、理事会の管轄権に影響を与えない。同条の交渉前置要件に関する理事会の判断に誤りはない。上訴棄却。理事会の管轄権あり。申立は受理可能。
2020. 7. 14	[国際航空業務通過協定の非当事国であるサウジアラビアが上訴国となっていない点において173事件と異なる。しかし、同協定Ⅱ条2項がシカゴ条約18章(ICJへの上訴を定める84条はこの章に含まれる)を参照により編入しており、判決内容は173事件とほぼ同一。]
2018. 10. 3 仮措置指示	核合意(JCPOA)からの離脱に伴う制裁措置は、1955年条約の違反として、一応の管轄権あり。医薬品等の人道上必要な物資に関しては、権利の蓋然性、回復不能な損害、緊急性が認められるため、それら物資の輸出制限の解除を命じる。紛争悪化防止措置も指示。
2020. 1. 23 仮措置指示	一応の管轄権あり。ジェノサイド条約は当事国間対世的義務を定めており、ガンビアに一応の原告適格が認められる。権利の蓋然性、回復不能な損害、緊急性も認められる。同条約2条に該当する行為の実行を防止するあらゆる措置をとるようミャンマーに命じる。

（Z国参加）……Z国が訴訟参加を申請し、裁判所から許可された場合。

5. 判決及び命令の種別は、裁判所の種別にしたがっている。本案、管轄権、仮保全措置指示要請といった中身は、裁判所の記載にしたがっているが、記載がない場合、作成者が付記している。その場合（　）で表示している。
6. 提訴日は、裁判所書記局が請求を受領した日である。
7. 1948 ICJ 15は、The International Court of Justice, *Reports of Judgments, Advisory Opinions and Orders 1948*, p.15の略記である。通常は、*I.C.J. Reports 1948*, p.15と記載されるものである。
8. 判決命令種別欄の[小法廷]は、特別裁判部(小法廷)が下した判決・命令であることを示している。
9. 係属中の事件については、判決命令種別欄に係属中と明記している。

15 6　国際司法裁判所勧告的意見一覧表

番号	事　　件	諮問機関	(諮問決定日) 諮問受領日	意見日付 判例集登載頁	意　見　要　旨
3	国家の国連加入の条件(憲章第4条)	国連総会	(1947.11.17) 1947.11.29	1948. 5.28 1948 ICJ 57	国連加入の条件は、第4条が明示するものに限り、その条件を充足する国家の加入を、他の国の加入と抱き合せてはならない。
4	国連の職務中に蒙った損害に対する賠償	同　上	(1948.12. 3) 1948.12. 7	1949. 4.11 1949 ICJ 174	国連は、国連又はその職員に加えられた損害の賠償を、加害国に請求する資格を有する。
8	ブルガリア、ハンガリー及びルーマニアとの平和諸条約の解釈	同　上	(1949.10.22) 1949.11. 3	1950. 3.30 1950 ICJ 65 1950. 7.18 1950 ICJ 221	3国における基本的人権と自由の侵害は、3国と連合国との各平和条約の規定を適用しうる紛争であり、3国は規定履行の義務がある。
9	国家の国連加入に対する総会の権限	同　上	(1949.11.22) 1949.11.28	1950. 3. 3 1950 ICJ 4	総会は、安全保障理事会が国連への加入申請国につき勧告を行わなかったときに、単独で加入を決定することはできない。
10	南西アフリカの国際的地位	同　上	(1949.12. 6) 1949.12.27	1950. 7.11 1950 ICJ 128	南西アフリカは南アの受任する委任統治地域であり、連盟規約第22条の義務を南ア連邦は負う。
12	集団殺害犯罪の防止と処罰に関する条約に対する留保	同　上	(1950.11.16) 1950.11.20	1951. 5.28 1951 ICJ 15	ジェノサイド条約に対する留保は、それが条約の目的と両立するならば有効である。両立性の認定権は各当事国が有する。
21	国連行政裁判所が下した補償裁定の効果	同　上	(1953.12. 9) 1953.12.20	1954. 7.13 1954 ICJ 47	行政裁判所は、国連とその職員との内部紛争を扱う国連の司法機関であり、その判決の履行を総会は拒絶しえない。
24	南西アフリカ地域に関する報告と請願の問題に関する表決手続	同　上	(1954.11.23) 1954.12. 6	1955. 6. 7 1955 ICJ 67	この問題に関する総会の決定は、国連憲章第18条2項の意味における重要問題である。
30	ユネスコに対する苦情についてのILO行政裁判所の判決	UNESCO	(1955.11.25) 1955.12. 2	1956.10.23 1956 ICJ 77	ILO行政裁判所は、UNESCOに対する旧職員の訴を聴取できる。同裁判所の判決は最終的なものである。
31	南西アフリカ委員会による請願者聴取の許容性	国連総会	(1955.12. 3) 1955.12.22	1956. 6. 1 1956 ICJ 23	南西アフリカ委員会は書面による請願を行った者に口頭による弁論をも許してよい。これは1950年の勧告的意見と矛盾しない。
43	IMCO海事安全委員会の構成	IMCO	(1957. 1.17) 1959. 3.25	1960. 6. 8 1960 ICJ 150	1959年1月15日に選挙されたIMCOの海事安全委員会はIMCO憲章に従って構成されていない。
49	ある種の国連経費(憲章第17条2項)	国連総会	(1961.12.20) 1961.12.27	1962. 7.20 1962 ICJ 151	国連緊急軍(UNEF)及び国連のコンゴにおける活動(ONUC)関係経費は、国連憲章第17条2項の意味での国連機構の経費である。
53	安全保障理事会の決議276(1970)にもかかわらず南アフリカがナミビア(南西アフリカ)に引きつづいて存在することの諸国に対する法的帰結	安全保障理事会	(1970. 7.29) 1970. 8.10	1971. 6.21 1971 ICJ 16	南アがナミビアを保有しつづけるのは違法であり、直ちにその統治を終了して領域の支配をとく義務がある。

番号	事件	諮問機関	(諮問決定日) 諮問受領日	意見日付 判例集登載頁	意見要旨
57	国連行政裁判所の判決第158号の再審請求	国連行政裁判所再審請求委員会	(1972. 6.20) 1972. 7. 3	1973. 7.12 1973 ICJ 166	行政裁判所に付与された管轄権は行使されており、同裁判所による手続上の基本的過誤はない。
61	西サハラ	国連総会	(1974.12.13) 1974.12.21	1975.10.16 1975 ICJ 12	西サハラはスペイン植民地化の時モロッコ及びモーリタニアと法的な絆を有した。しかしこの両国の領有権は立証できない。
65	WHOとエジプト間1951年3月25日協定の解釈	WHO	(1980. 5.20) 1980. 5.28	1980.12.20 1980 ICJ 73	両者にはWHOアレキサンドリア事務所移転に当たり、誠実に行動する相互的義務がある。
66	国連行政裁判所の判決第237号の再審請求	国連行政裁判所再審請求委員会	(1981. 7.13) 1981. 7.28	1982. 7.20 1982 ICJ 325	国連行政裁判所の判決は、国連憲章の規定の適用を誤らず、権限の踰越も認められない
72	国連行政裁判所の判決第333号の再審請求	国連行政裁判所再審請求委員会	(1984. 8.23) 1984. 9.10	1987. 5.27 1987 ICJ 18	行政裁判所に付与された管轄権は行使されており、国連憲章の規定との関連でも過誤はない。
77	国連とアメリカ間本部協定(第21条)の解釈	国連総会	(1988. 3. 2) 1988. 3. 7	1988. 4.26 1988 ICJ 3	アメリカには本部協定の当事国として、国連との間の紛争解決のため仲裁に入る義務がある。
81	国連特権免除条約(第6条22項)の適用可能性	経済社会理事会	(1989. 5.24) 1989. 6.13	1989.12.15 1989 ICJ 177	右条約第6条22項(専門家の特権・免除)は人権委員会小委員会特別報告者にも適用される。
93	武力紛争時における国家の核兵器使用の合法性	WHO	(1993. 5.14) 1993. 9. 3	1996. 7. 8 1996 ICJ 66	WHOは核兵器使用の合法性を取り扱う権限を有しておらず、本件諮問はWHOの活動の範囲外。
95	核兵器による威嚇または核兵器使用の合法性	国連総会	(1994.12.15) 1995. 1. 6	1996. 7. 8 1996 ICJ 226	核兵器の使用は一般的に国際法違反であるが、自衛の極限状況について、合法性を判断できない。
100	人権委員会特別報告者の訴訟手続からの免除	経済社会理事会	(1998. 8. 5) 1998. 8.10	1999. 4.29 1999 ICJ 62	人権委員会特別報告者は訴訟手続からの免除を享有する。マレーシアは報告者の免除を尊重すべき。
131	パレスチナ占領地域における分離壁建設の法的帰結	国連総会	(2003.12. 8) 2003.12.10	2004. 7. 9 2004 ICJ 136	征服による領域取得は違法。係争地は占領地域。イスラエルは占領国。人権法・人道法違反。軍事的必要・自衛・緊急状態援用不可。
141	コソボ暫定自治政府による一方的独立宣言の国際法適合性	国連総会	(2008.10. 8) 2008.10.10	2010. 7.22 2010 ICJ 403	一般国際法は一方的独立宣言を禁止していない。安保理決議1244は最終的地位を決定せず、国連加盟国及び国連機関以外は義務なく、同決議違反なし。
146	国際農業開発基金(IFAD)に対する不服申立に関するILO行政裁判所第2867号判決の再審請求	IFAD	(2010. 4.22) 2010. 4.26	2012.2.1 2012 ICJ 10	ILO行政裁判所にはIFADに対する砂漠化対処条約地球機構旧職員の不服申立を審理する権限があり、手続の重大な過誤もないため、判決は有効。
169	1965年にモーリシャスからチャゴス諸島を分離したことの法的帰結	国連総会	(2017.6.22) 2017.6.23	2019.2.25 2019 ICJ 95	諮問は脱植民化に関する総会の役割と不可分であり、意見付与を拒否する決定的理由なし。人民の自由意思に基づかない限り、施政国よる非自治地域の一部を分離は自決権の侵害。英国は違法行為を即時停止しなければならず、全国連加盟国は脱植民地化に協力する義務あり。

15 7　常設国際司法裁判所争訟事件一覧表

判決集 No.	事　件	当事者	提訴日付	判決(命令)日付	備　考
A, 1	ウインブルドン号	イギリス、フランス、イタリア、日本対ドイツ	1923. 1. 16	1923. 6. 28 1923. 8. 17	ポーランド訴訟参加容認 キール運河の通航拒絶は不当(4国勝訴)
A, 2	マブロマチスのパレスチナ特許(管轄権)	ギリシャ　対　イギリス	1924. 5. 13	1924. 8. 30	エルサレムの特許につき裁判管轄権確認。ヤッファの特許につき裁判管轄権否認
A, 3	ヌイイ条約第179条(解釈)	ギリシャ／ブルガリア	1924. 3. 18	1924. 9. 12	条約の解釈(ギリシャ勝訴)
A, 4	ヌイイ条約第179条(判決No.3の解釈)	ギリシャ　対　ブルガリア	1924. 11. 27	1925. 3. 26	判決の解釈請求(ギリシャの請求却下)
A, 5	マブロマチスのエルサレム特許	ギリシャ　対　イギリス	1924. 5. 13	1925. 3. 26	特許は有効。イギリスの国際義務違反。ギリシャに賠償請求権なし。特許は改訂しうる(ギリシャ勝訴)
A, 6	ポーランド領上部シレジアのドイツ人の利益	ドイツ　対　ポーランド	1925. 5. 15	1925. 8. 25	裁判管轄権確認
A, 7	ポーランド領上部シレジアのドイツ人の利益(本案)	ドイツ　対　ポーランド	1925. 5. 15	1926. 5. 25	条約による個人の権利・利益の保護とそれに反する国内法の規制(ドイツ勝訴)
A, 8	中国・ベルギー間の条約の廃棄(仮保全措置)	ベルギー　対　中国	1926. 11. 25	(1927. 1. 8) (1927. 2. 15) (1927. 6. 18)	仮保全措置請求認容 仮保全措置の失効 答弁書・抗弁書・再抗弁書の提出期間延長
A, 9	ホルジョウ工場(賠償請求)(管轄権)	ドイツ　対　ポーランド	1927. 2. 8	1927. 7. 26	裁判管轄権確認
A, 10	ロチュース号	フランス／トルコ	1927. 1. 4	1927. 9. 7	公海上での衝突。被害船の旗国による刑事裁判権行使はローザンヌ条約・国際法に抵触しない(トルコ勝訴)
A, 11	マブロマチスのエルサレム特許の改訂(管轄権)	ギリシャ　対　イギリス	1927. 5. 28	1927. 10. 10	裁判管轄権否認
A, 12	ホルジョウ工場(賠償)	ドイツ　対　ポーランド	1927. 11. 15	(1927. 11. 21)	仮保全措置請求棄却
A, 13	ホルジョウ工場(判決の解釈)	ドイツ　対　ポーランド	1927. 10. 18	1927. 12. 16	国際紛争の意義。判決の解釈(ドイツ勝訴)
A, 14	中国・ベルギー間の条約の廃棄	ベルギー　対　中国	1926. 11. 25	1928. 2. 21	答弁書・抗弁書・再抗弁書の提出期間延長
A, 15	上部シレジアの少数者の権利(少数者学校)	ドイツ　対　ポーランド	1928. 1. 2	1928. 4. 26	個人の宣言による少数者に属するか否かの決定(ドイツ一部勝訴)
A, 16	中国・ベルギー間の条約の廃棄	ベルギー　対　中国	1926. 11. 25	(1928. 8. 13)	答弁書・抗弁書・再抗弁書の提出期間延長
A, 17	ホルジョウ工場(賠償請求)(本案)	ドイツ　対　ポーランド	1927. 2. 8	1928. 9. 13	私人に対する国家の不法行為責任(ドイツ勝訴)

判決集No.	事件	当事者	提訴日付	判決(命令)日付	備考
A, 18	中国・ベルギー間の条約の廃棄	ベルギー 対 中国	1926. 11. 25	(1929. 5. 25)	訴訟取下げ
A, 19	ホルジョウ工場(賠償)	ドイツ 対 ポーランド	1927. 2. 8	(1929. 5. 25)	賠償額につき和解成立
A, 20	セルビア国債	フランス／セルブ・クロアト・スロベーヌ	1928. 5. 24	1929. 7. 12	国内法上の問題に関し管轄権確認。金条項による支払容認(フランス勝訴)
A, 21	ブラジル国債	フランス／ブラジル	1928. 4. 27	(1929. 7. 12)	金フランによる支払容認(フランス勝訴)
A, 22	上部サヴォアとジェクスの自由地帯	スイス／フランス	1928. 3. 29	(1929. 8. 19)	当事国間の交渉期間設定
A, 23	オーデル河国際委員会	ポーランド／ドイツ、デンマーク、フランス、イギリス、スウェーデン、チェコスロバキア	1928. 11. 29	1929. 9. 10	可航水路全面に対する委員会の管轄権容認(6国勝訴)
A, 24	上部サヴォアとジェクスの自由地帯(第二段階)	スイス／フランス	1928. 3. 29	1930. 12. 6	再度交渉期間設定
A／B, 46	上部サヴォアとジェクスの自由地帯	スイス／フランス	1928. 3. 29	1932. 6. 7	自由地帯維持の権利承認。仏関税線後退(スイス勝訴)
A／B, 47	メーメル領域規程の解釈(先決的抗弁)	イギリス、フランス、イタリア、日本対リスアニア	1932. 4. 11	1932. 6. 24 (1932. 6. 24)	裁判管轄権確認 リスアニアの答弁書提出期間設定
A／B, 48	東南部グリーンランドの法的地位	デンマーク 対 ノルウェー	1932. 7. 18	(1932. 8. 2) (1932. 8. 3)	双方から提訴された訴訟の結合。ノルウェーの仮保全措置請求棄却
A／B, 49	メーメル領域規程の解釈(本案)	イギリス、フランス、イタリア、日本対リスアニア	1932. 4. 11	1932. 8. 11	メーメル総督による施政長官免職正当(リスアニア勝訴
A／B, 51	カルテロリゾ島とアナトリア海岸の間の領海の境界	トルコ 対 イタリア	1931. 11. 18	(1933. 1. 26)	合意により訴訟取下げ(裁判所リストより削除)
A／B, 52	プレス公の財産管理(先決的抗弁)	ドイツ 対 ポーランド	1932. 5. 18	(1933. 2. 4)	先決的抗弁の本案併合
A／B, 53	東部グリーンランドの法的地位	デンマーク 対 ノルウェー	1931. 7. 12	1933. 4. 5	デンマークの主権容認。ノルウェーの先占宣言無効。征服の概念(デンマーク勝訴)
A／B, 54	プレス公の財産管理(仮保全措置)	ドイツ 対 ポーランド	1932. 5. 18	(1933. 5. 11)	仮保全措置請求理由消滅
A／B, 55	東南部グリーンランドの法的地位	デンマーク 対 ノルウェー	1932. 7. 18	1933. 5. 11	両当事者訴訟取下げ(裁判所リストより削除)
A／B, 56	ハンガリー・チェコ混合仲裁裁判所の判決の上訴	チェコスロバキア 対 ハンガリー	1932. 7. 7 1932. 7. 20	1933. 5. 12	チェコスロバキア訴訟取下げ(裁判所リストより削除)
A／B, 57	プレス公の財産管理	ドイツ 対 ポーランド	1932. 5. 18	(1933. 7. 4)	答弁書提出期間延長
A／B, 58	ポーランド農業改革(仮保全措置)	ドイツ 対 ポーランド	1933. 7. 1	(1933. 7. 29)	仮保全措置請求棄却

判決集No.	事件	当事者	提訴日付	判決(命令)日付	備考
A/B, 59	プレス公の財産管理	ドイツ 対 ポーランド	1932. 5. 18	(1933. 12. 2)	ドイツ訴訟取下げ(裁判所リストより削除)
A/B, 60	ポーランド農業改革	ドイツ 対 ポーランド	1933. 7. 1	(1933. 12. 2)	ドイツ訴訟取下げ(裁判所リストより削除)
A/B, 61	ハンガリー・チェコ混合仲裁裁判所の判決の上訴(ペテル・パズマニー大学)	チェコスロバキア 対 ハンガリー	1933. 5. 9	1933. 12. 15	国家の監督下にある大学の法人格承認(ハンガリー勝訴)
A/B, 62	フランス・ギリシャの燈台	フランス／ギリシャ	1933. 5. 23	1934. 3. 17	被占領地における特許の許可可能(フランス勝訴)
A/B, 63	オスカー・チン	イギリス／ベルギー	1934. 5. 1	1934. 12. 12	特定企業への補償は通商の自由・平等を害さない(ベルギー勝訴)
A/B, 66	ユーゴスラビア農業改革(先決的抗弁)	ハンガリー 対 ユーゴスラビア	1935. 12. 1	(1936. 5. 23)	先決的抗弁の本案併合
A/B, 67	ロサンジェ会社(先決的抗弁)	スイス 対 ユーゴスラビア	1935. 11. 23	(1936. 6. 27)	先決的抗弁の延長期間内提出可能。本案併合
A/B, 68	ユーゴスラビア農業改革(本案)	ハンガリー 対 ユーゴスラビア	1935. 12. 1	1936. 12. 16	上訴受理不可能(一部ユーゴスラビア勝訴。一部ハンガリー勝訴)
A/B, 69	ロサンジェ会社	スイス 対 ユーゴスラビア	1935. 11. 23	(1936. 12. 14)	当事者間の和解による訴訟打切り(裁判所リストより削除)
A/B, 70	ミューズ川の引水	オランダ 対 ベルギー	1936. 8. 1	1937. 6. 28	国際河川の地位(両当事者の申立棄却)
A/B, 71	クリート島とサモス島の燈台	フランス／ギリシャ	1936. 10. 27	1937. 10. 8	特許更新契約はギリシャに帰属した領土の燈台に関し有効(フランス勝訴)
A/B, 72	ボルクグラーヴ(先決的抗弁)	ベルギー／スペイン	1937. 3. 5	1937. 11. 6	裁判管轄権確認
A/B, 73	ボルクグラーヴ	ベルギー／スペイン	1937. 3. 5	(1938. 4. 30)	合意により訴訟中止(裁判所リストより削除)
A/B, 74	モロッコの燐酸塩(先決的抗弁)	イタリア 対 フランス	1936. 3. 30	1938. 6. 14	選択条項受諾宣言に付した留保の相互性(裁判管轄権否認)
A/B, 75	パネベジス・サルヅチスキス鉄道(先決的抗弁)	エストニア 対 リスアニア	1937. 11. 2	(1938. 6. 30)	先決的抗弁の本案併合
A/B, 76	パネベジス・サルヅチスキス鉄道	エストニア 対 リスアニア	1937. 11. 2	1939. 2. 28	国内的救済未完了(裁判管轄権否認)
A/B, 77	ソフィア電気会社(先決的抗弁)	ベルギー 対 ブルガリア	1938. 1. 26	1939. 4. 4	裁判管轄権確認
A/B, 78	ベルギー商事会社	ベルギー 対 ギリシャ	1938. 5. 5	1939. 6. 15	特殊事情下での申立変更可能。仲裁判決の既判力承認(両当事者一部勝訴)
A/B, 79	ソフィア電気会社(仮保全措置)	ベルギー 対 ブルガリア	1938. 1. 26	(1939. 12. 5)	仮保全措置請求認容
A/B, 80	ソフィア電気会社	ベルギー 対 ブルガリア	1938. 1. 26	(1940. 2. 26)	不可抗力の抗弁棄却(訴訟続行)

15 8　常設国際司法裁判所勧告的意見一覧表

判例集No.	事　　件	諮問機関	諮問日付	意見日付	意　見　要　旨
B, 1	オランダの国際労働代表	連盟理事会	1922. 5. 22	1922. 7. 31	第3回国際労働総会に対するオランダの労働代表は、ヴェルサイユ条約第389条3項の規定に従って任命されたものである。
B, 2・3	国際労働機関の権限	連盟理事会	1922. 5. 22	1922. 8. 12	国際労働機関の権限は、農業労働条件の国際的規律に及ぶ。生産手段に関する問題の審査は、国際労働機関の権限に属さない。
B, 4	チュニスとモロッコの国籍法	連盟理事会	1922. 11. 6	1923. 2. 7	チュニスとモロッコの国籍法とそれをイギリス人に適用することについての英仏間の紛争は、国際法上の国内管轄事項ではない。
B, 5	東部カレリアの地位	連盟理事会	1923. 4. 27	1923. 7. 23	ロシア(非連盟国)が協力を拒否したから、裁判所は審査を継続し意見を下すことができない。
B, 6	ポーランドにおけるドイツ系農民	連盟理事会	1923. 3. 2	1923. 9. 10	ドイツ系農民の土地を国有化し農民を追放したポーランドの措置は、少数者保護条約に定められた国際義務違反を惹起する。
B, 7	ポーランドの国籍の取得	連盟理事会	1923. 7. 11	1923. 9. 15	少数者保護条約における国籍取得の問題は、連盟の権限内に入る。同条約第4条は、出生の時のみにおける親の住所を指す。
B, 8	ヤウォリナ(ポーランド・チェコ国境)	連盟理事会	1923. 9. 29	1923. 12. 6	ポーランドとチェコの間の国境は、大使会議の決議によって確定された。ただし、僅少の変更をなす権利は留保されている。
B, 9	聖ナウム僧院(アルバニア国境)	連盟理事会	1924. 6. 17	1924. 9. 4	僧院がアルバニアに帰属するとの大使会議の決議によって、主たる同盟及び連合国はアルバニア・ユーゴ国境に関する任務を完了した。
B, 10	ギリシャとトルコの住民交換(ローザンヌ条約第2条)	連盟理事会	1924. 12. 18	1925. 2. 21	条約の意思は相互性の原則によりギリシャ人とトルコ人を同様に取扱うことにある。「定住」の語は、永続的性質の居住を指す。
B, 11	ダンチッヒにおけるポーランドの郵便事務	連盟理事会	1925. 3. 14	1925. 5. 16	ポーランドはダンチッヒ港内で、郵便箱の設置・郵便物の集配を行いうる。郵便設備は一般公衆も利用できる。
B, 12	トルコとイラクの国境(ローザンヌ条約第3条)	連盟理事会	1925. 9. 23	1925. 11. 21	ローザンヌ条約に従って理事会の行う決定は、両国の国境を確定する。この決定は、当事国を除く全会一致によることを要する。
B, 13	使用者労働に関する国際労働機関の権限	連盟理事会	1926. 3. 20	1926. 7. 23	使用者自身による労働を附随的に規律する労働立法を作成・提議することは、ILOの権限に属する。
B, 14	ダニューヴ河ヨーロッパ委員会の権能	連盟理事会	1926. 12. 18	1927. 12. 8	海ダニューブ全体で司法権を含む権能を委員会が行使する。港における規則制定及び司法権は領域国に、航行の自由の監視権は委員会に。

判例集No.	事　件	諮問機関	諮問日付	意見日付	意　見　要　旨
B, 15	ダンチッヒ裁判所の管轄権	連盟理事会	1927. 9. 24	1928. 3. 3	当事国の意思により条約上直接個人の権利・義務を設定できる判決の承認と履行は、裁判所の管轄権承認の帰結である。
B, 16	1926年のギリシャ・トルコ協定の解釈	連盟理事会	1928. 6. 7	1928. 8. 28	混合仲裁裁判所付託の条件が充たされていることの決定及び付託の権利は、混合委員会のみに属する。
B, 17	ギリシャ・ブルガリア「共同体」	連盟理事会	1930. 1. 17	1930. 7. 31	ギリシャとブルガリアの住民交換に関する1919年条約にいう共同体は、人種･宗教･言語･伝統の同一性による連帯感で結合した人々の存在する一定地域をいう。
B, 18	ダンチッヒの国際労働機関加入	連盟理事会	1930. 5. 15	1930. 8. 26	ダンチッヒ自由市は、連盟の保護下にあり、外交関係をポーランドに委任している特殊な法的地位の故に、ILOに加入できない。
A / B, 40	上部シレジアのドイツ人少数者学校	連盟理事会	1931. 1. 24	1931. 5. 15	理事会の決議による語学試験に基づき少数者学校から排斥された児童は、現在では、少数者学校の入学を拒絶されることはない。
A / B, 41	ドイツ・オーストリア関税連合	連盟理事会	1931. 5. 19	(1931. 7. 20) 1931. 9. 5	同一の利害を有する当事者は1当事者とみなすとして特別裁判官の任命請求を拒否した。関税連合の樹立は、オーストリアの経済的独立維持義務と両立しない。
A / B, 42	リスアニアとポーランドの鉄道運輸	連盟理事会	1931. 1. 28	1931. 10. 15	現行国際約定の下で、リスアニアは係争区間に鉄道を敷設する義務を負わない。交渉義務は協定義務を含まない。
A / B, 43	ダンチッヒ港におけるポーランド軍艦の入港・碇泊	連盟理事会	1931. 9. 25	1931. 12. 11	ポーランドは、ダンチッヒ港・水路において軍艦の入港・碇泊の権利を有しない。条約解釈は専ら正文に基づかねばならない。
A / B, 44	ダンチッヒにいるポーランド人の待遇	連盟理事会	1931. 5. 23	1932. 2. 4	ダンチッヒのポーランド人は、ポーランドにいる少数者と同じ待遇を受け、ダンチッヒの他の少数者・外国人より不利な待遇を受けない。
A / B, 45	1927年のギリシャ・ブルガリア協定の解釈	連盟理事会	1931. 9. 26	1932. 3. 8	ギリシャの移民債務とブルガリアの賠償との相殺の可否は、移民債務の性質決定とは別問題である。
A / B, 50	女子の夜間労働に関する条約の解釈	連盟理事会	1932. 5. 9	1932. 11. 15	当該条約は、監督・管理の地位を有し通常は筋肉労働に従事しない女子に対して適用がある。
A / B, 64	アルバニアの少数者学校	連盟理事会	1935. 1. 23	1935. 4. 6	少数者は、他国民と完全な平等の地位に置かれ、民族的特徴を保存するに適当な手段がとられ、実効的かつ真正な平等を与えられる。
A / B, 65	ダンチッヒ法令の憲法違反	連盟理事会	1935. 9. 30	1935. 12. 4	連盟はダンチッヒ憲法の保障者であり、裁判所は自由市の国内立法を審査しうる。罪刑法定主義を排除した法令は憲法に違反する。

ハンディ条約集〔第2版〕　＊本体価格は表紙に表示してあります。

2009年4月1日　初　版第1刷発行　〔検印省略〕
2021年6月30日　第2版第1刷発行

編集代表©浅田正彦　発行者　下田勝司　印刷・製本／中央精版印刷

東京都文京区向丘1-20-6　郵便振替00110-6-37828
〒113-0023　TEL(03)3818-5521　FAX(03)3818-5514
発行所 株式会社 東信堂

published by **TOSHINDO PUBLISHING CO., LTD.**
1-20-6, Mukougaoka, Bunkyo-ku, Tokyo, 113-0023, Japan
http://www.toshindo-pub.com/　E-mail: tk203444@fsinet.or.jp

ISBN978-4-7989-1714-6 C3032